Rosenberger

Verträge über Forschung und Entwicklung

2. Auflage

Verträge über Forschung und Entwicklung

F&E-Kooperationen in rechtlicher und wirtschaftlicher Sicht

2. Auflage

Von

Dr. Hans-Peter Rosenberger

Carl Heymanns Verlag 2010

Zitiervorschlag: Rosenberger, F&E-Verträge, Kap. 2 Rdn. 35

Bibliografische Information der Deutschen Nationalbibliothek

Die Deutsche Nationalbibliothek verzeichnet diese Publikation in der Deutschen Nationalbibliografie; detaillierte bibliografische Daten sind im Internet über http://dnb.d-nb.de abrufbar.

ISBN 978-3-452-27207-2

www.wolterskluwer.de
www.heymanns.com

Umschlagkonzeption: Martina Busch, Grafikdesign, Fürstenfeldbruck
Satz: Reemers Publishing Services GmbH, Krefeld
Druck und Weiterverarbeitung: Wilhelm & Adam OHG, Heusenstamm

Gedruckt auf säurefreiem, alterungsbeständigem und chlorfreiem Papier.

Vorwort zur 2. Auflage

Nach der erfreulich positiven Aufnahme der 1. Auflage soll die neue Auflage unter anderem der Einzelkritik von *Beilhack* (GRUR Int. 2007, S. 873 ff.) und *Pierson* (JurPC Web-Dok.107/2006, Abs. 1–16) Rechnung tragen.

Deshalb wurde unter anderem das bisherige Kapitel 6, das sich unter dem Titel »Bedeutung der Bestimmungen des BGB über Allgemeine Geschäftsbedingungen« nur »versteckt« mit der Rechtsnatur von F&E-Verträgen nach deutschem Recht befasste, unterteilt in ein neues Kapitel 6, das die Einordnung der verschiedenen Typen von F&E-Verträgen in das Vertragssystem des BGB erörtert, und ein neues Kapitel 7, das den Titel des bisherigen Kapitel 6 trägt. Auf dieser Basis beschäftigt sich Kapitel 8 (früher Kapitel 7) betr. die Gestaltung von F&E-Verträgen auch intensiver mit der Frage, wie bei den verschiedenen Typen von F&E-Verträgen, die deutschem Recht unterliegen, Regelungslücken auszufüllen sind. Da außerdem Verträge, nach denen industrielle Unternehmen an Hochschulen, ggf. unter Einbindung namentlich genannter Hochschullehrer, oder an öffentlich finanzierte Forschungseinrichtungen Aufträge zur Durchführung von F&E erteilen, sowie Verträge zu einem gemeinsamen Zweck über arbeitsteilige F&E mit Hochschulen in der 1. Auflage zu kurz kamen, räumt die neue Auflage nun auch diesen Verträgen breiteren Raum ein. Das gilt sowohl für den allgemeinen Teil als auch für den Musterteil, der um zwei deutschsprachige Vertragsmuster für derartige F&E-Verträge einschließlich diesbezüglicher Kommentierungen erweitert wurde.

Die Texte aller Vertragsmuster stehen nun auch im Internet zum Download zur Verfügung und können so die Basis für individuelle Vertragsentwürfe bilden (s. Hinweise für die Online-Nutzung, S. IX).

Kapitel 5 betr. die kartellrechtliche Beurteilung von F&E-Verträgen berücksichtigt jetzt auch, dass die Leitlinien der Kommission für vertikale Beschränkungen von 2000 (Vertikal-LL) für F&E-Verträge relevant sein können und rückt in diesem Zusammenhang von der bisher vertretenen Auffassung ab, dass auch F&E-Verträge zwischen auf verschiedenen Produktionsstufen tätigen Herstellern von der Gruppenfreistellungsverordnung für F&E-Verträge (F&E-GFVO) erfasst werden und wegen der Subsidiarität der GFVO für vertikale Verträge (Vertikal-GFVO) nicht in deren Geltungsbereich fallen. Dies machte neben zahlreichen Änderungen der Kommentierung der F&E-GFVO, die auch in anderen Punkten überarbeitet wurde, eine Kommentierung solcher Bestimmungen der Vertikal-GFVO und der Vertikal-LL erforderlich, die für F&E-Verträge als besonders relevant erscheinen.

Ein weiterer Schwerpunkt der neuen Auflage sind zwischenzeitlich notwendig gewordene Aktualisierungen. Diese betreffen vor allem in Kapitel 4 die Bedingungen der öffentlichen Förderung von F&E-Verträgen durch die EU nach dem nun geltenden 7. Rahmenprogramm sowie die Darstellung und

Erörterung des neuen Gemeinschaftsrahmens der EU-Kommission für staatliche Beihilfen für Forschung, Entwicklung und Innovation. Bei dieser Gelegenheit wurde das Kapitel stärker detailliert und um eine Darstellung der Kriterien für die Beurteilung der Frage erweitert, ob sich eine Initiative zur Erlangung von Fördermitteln für ein gemeinsames F&E-Projekt lohnt.

Die zahlreichen Hervorhebungen und Verweisungen dienen vor allem dem Zweck, den Nutzen des Buchs als Nachschlagewerk zu erhöhen.

Außer den Verfassern der Besprechungen bin ich Herrn Rechtsanwalt Dr. Rieger sowie Herrn Rechtsanwalt Nikolai Schmeißer und Herrn Dr. Zirkel, beide juristische Referenten der Fraunhofer-Gesellschaft, für wertvolle Anregungen und Hinweise dankbar.

München, im Dezember 2009 *Hans-Peter Rosenberger*

Vorwort zur 1. Auflage

Vor dem Hintergrund der strategischen Bedeutung von Forschung und Entwicklung und der Globalisierung der Märkte nimmt die Bedeutung von F&E-Kooperationen auf nationaler und besonders auch auf internationaler Ebene ständig zu. Eine erhebliche Rolle spielen dabei die öffentliche Förderung und die Tendenz der Unternehmen zur Personaleinsparung auch im F&E-Bereich (Stichworte Headcount und Outsourcing). Trotz der zunehmenden Bedeutung von F&E-Kooperationen gibt es nur wenige Literatur und Muster zur Gestaltung der Verträge über Forschung und Entwicklung. Dabei werden meist jeweils nur einzelne Typen von F&E-Verträgen vorgestellt und kommentiert, ohne das wirtschaftliche Für und Wider zu erörtern.

Dieses Buch befasst sich daher mit F&E-Verträgen aller Art nicht nur unter rechtlichen, sondern auch unter kommerziellen Aspekten. Dabei geht es hauptsächlich um die Beantwortung folgender Fragen: Was spricht für und was gegen das Eingehen einer F&E-Kooperation – ggf. unter Berücksichtigung der Möglichkeiten öffentlicher Förderung? Wie sollte ein industrielles Unternehmen bei der Anbahnung von F&E-Verträgen vorgehen? Und wie sind diese Verträge unter Berücksichtigung der legitimen Interessen auch der anderen Vertragsseite und unter Beachtung des Kartellrechts und sonstiger rechtlicher Erfordernisse zu formulieren?

Zielgruppe sind in erster Linie Rechtsberater industrieller deutscher Unternehmen, seien diese nun angestellte Unternehmensjuristen oder externe Anwälte. Außerdem soll das Buch mit seinen Ausführungen zur Zweckmäßigkeit, öffentlichen Förderung, Anbahnung und Durchführung von F&E-Kooperationen auch den Leitern von F&E-Abteilungen nützliche Anregungen vermitteln. Daneben hofft der Verfasser auch auf Interesse bei den Kartellbehörden, insbesondere bei der EG-Kommission, und im wissenschaftlichen Bereich.

Unterteilt ist das Buch in zwei Abschnitte:

Der erste Abschnitt »Allgemeiner Teil« widmet sich hauptsächlich den kommerziellen und rechtlichen Fragen, die für die Entscheidung über das Eingehen von F&E-Kooperationen und die Gestaltung von Verträgen über Forschung und Entwicklung eine Rolle spielen. Der erste Abschnitt schließt mit Checklisten für die Beurteilung der Zweckmäßigkeit von F&E-Kooperationen und der Freistellung von F&E-Verträgen nach der Gruppenfreistellungsverordnung der EG-Kommission für diese Verträge, die über § 2 Abs. 2 GWB auch für die Beurteilung der Zulässigkeit solcher Verträge nach deutschem Kartellrecht von Bedeutung ist.

Der zweite Abschnitt enthält Vertragsmuster in deutscher und englischer Sprache für internationale F&E-Verträge und vorgeschaltete Geheimhaltungsvereinbarungen sowie Muster in deutscher Sprache für bestimmte Typen nationaler F&E-Verträge. Die Vorbemerkung zur Benutzung der Muster dient auch als Wegweiser für die Auswahl des am ehesten passenden Musters.

Die Anmerkungen zu den einzelnen Mustern verweisen jeweils an passenden Stellen auf detaillierte Erläuterungen im allgemeinen Teil, umgekehrt verweisen die Ausführungen im allgemeinen Teil zur Gestaltung von F&E-Verträgen gelegentlich auf Detailregelungen in den Musterverträgen.

Vielen Damen und Herren aus dem Bereich der EU-Kommission, des BMBF, des BMJ, des VDI/VDE und des hiesigen Finanzamts sowie den Herren Gernot Kaube, ehemaliger Vorsitzender der Schiedsstelle für Arbeitnehmererfindungsrecht beim DPMA, Prof. Dr. Joachim Heitbaum, zuletzt Leiter des Forschungsbereichs der Chemetall GmbH in Frankfurt a.M., und Prof. Dr. Matthias Pierson von der FH Braunschweig/Wolfenbüttel schulde ich Dank für Auskünfte und nützliche Hinweise zu in diesem Buch behandelten Themen. Herrn Jonathan Stanley von der Anwaltskanzlei Skadden Arps, London, danke ich für die sprachliche Überprüfung vorhandener englischer Fassungen von Vertragsmustern. Besonders danke ich Herrn Rechtsanwalt Dr. Kai Endlich, Syndikus des Carl Heymanns Verlags, für die geduldige Förderung des Buchprojekts und manchen guten Rat.

München, im November 2005 *Hans-Peter Rosenberger*

Hinweise für die Online-Nutzung

Die Texte der Vertragsmuster stehen im Internet zum Download bereit:
http://www.wolterskluwer.de/rosenberger_2010
Passwort: r272072

Inhaltsübersicht

Inhalt

Abkürzungen

a.a.O.	am angegebenen Ort
abgedr.	abgedruckt
ABl.	Amtsblatt der Europäischen Gemeinschaften (Internet-Zugang über http://europa.eu.int/eur-lex/de/)
Abs.	Absatz/Absätze
abw.	abweichend
AG	Aktiengesellschaft
AGB	Allgemeine Geschäftsbedingungen
a.E.	am Ende
a.F.	alter Fassung
a.M.	anderer Meinung
AIF	Arbeitsgemeinschaft Industrieller Forschungsvereinigungen
Anm.	Anmerkung(en)
a.o.	außerordentlich
ArbEG	Arbeitnehmererfindungsgesetz
Art.	Artikel
AT	Allgemeiner Teil
Aufl.	Auflage
Bagatell-Bekanntmachung	Bekanntmachung der Kommission vom 22.12.2001 über Vereinbarungen von geringer Bedeutung, die den Wettbewerb gemäß Art. 81 Abs. 1 des Vertrages zur Gründung der Europäischen Gemeinschaft nicht spürbar beschränken (de minimis), ABl. C 368 vom 22.12.2001, S. 13 = Anhang 3
BB	Betriebsberater
bearb.	bearbeitet
Beschluss RP7 EG	Beschluss Nr. 1982/2006/EG des Europäischen Parlaments und des Rates vom 18.12.2006 über das Siebte Rahmenprogramm der Europäischen Gemeinschaft für Forschung, technologische Entwicklung und Demonstration (2007 bis 2013), ABl. L 412 vom 18.12.2006, S. 1
betr.	betreffend, betreffende, betreffender oder betreffenden
BGB	Bürgerliches Gesetzbuch
BGH	Bundesgerichtshof
BGHZ	Entscheidungen des Bundesgerichtshofs in Zivilsachen
BKartA	Bundeskartellamt
BMBF	Bundesministerium für Bildung und Forschung
BMBF-Merkblatt gem. Vordruck 0110	Merkblatt des BMBF für Antragsteller/Zuwendungsempfänger zur Zusammenarbeit der Partner von Verbundprojekten, BMBF-Vordruck 0110/06.06, abrufbar über das Internet mit Hilfe eines Suchsystems wie z.B. »Google« und das Suchwort »bmbf-formularschrank«
BMELV	Bundesministerium für Ernährung, Landwirtschaft und Verbraucherschutz
BMFT	ehemaliges Bundesministerium für Forschung und Technologie
BMU	Bundesministerium für Umwelt, Naturschutz und Reaktorsicherheit
BMVBS	Bundesministerium für Verkehr, Bau und Städteentwicklung

BMWi	Bundesministerium für Wirtschaft und Technologie
BRRG	Beamtenrechtsrahmengesetz
BT-Drucks.	Bundestagsdrucksache
Buchst.	Buchstabe(n)
BVerfGE	Sammlung der Entscheidungen des Bundesverfassungsgerichts
bzgl.	bezüglich
bzw.	beziehungsweise
Collaborations Guidelines	»Antitrust Guidelines for Collaborations Among Competitors« der FTC und des DoJ, April 2000
DB	Der Betrieb
DBA	Doppelbesteuerungsabkommen
DBW	Die Betriebswirtschaft
ders.	derselbe
d.h.	das heißt
Diss.	Dissertation
DoJ	Department of Justice der USA
Durchführungs-VO zu Art. 81/82 EGV	Verordnung (EG) Nr. 1/2003 des Rates vom 16.12.2002 zur Durchführung der in den Artikeln 81 und 82 EGV niedergelegten Wettbewerbsregeln, ABl. L 1 vom 04.01.2003, S. 1
EG	Europäische Gemeinschaft
EGBGB	Einführungsgesetz zum Bürgerlichen Gesetzbuche
EG-Vertrag	Vertrag zur Gründung der Europäischen Gemeinschaft
EGV	s. EG-Vertrag
einschl.	einschließlich
EIRMA	European Industrial Research Management Association
entspr.	entsprechend
EPÜ	Europäisches Patentübereinkommen
ErwGrd.	Erwägungsgrund
EU	Europäische Union
EuGH	Europäischer Gerichtshof
EuGEI	Europäisches Gericht erster Instanz
EWS	Europäisches Wirtschafts- und Steuerrecht
f. bzw. ff.	Folgeseite(n)
FE-Vertrag-AN	FE-Vertrag (= F&E-Vertrag) der Auftragnehmer des BMBF, BMBF-Vordruck 0270b
FE-Vertrag-ZE	FE-Vertrag (= F&E-Vertrag) der Zuwendungsempfänger des BMBF, BMBF-Vordruck 0270b
FKVO	Verordnung (EG) Nr. 139/2004 des Rates über die Kontrolle von Unternehmenszusammenschlüssen vom 20.01.2004, ABl. L 24 vom 29.01.2004, S. 1
FKVO **1989**	Verordnung (EG) Nr. 4064/89 des Rates über die Kontrolle von Unternehmenszusammenschlüssen vom 21.12.1989 i.d.F. des Beschlusses vom 01.01.1995 und der VO vom 30.06.1997
Fn.	Fußnote(n)
Freistellungs-LL	Leitlinien der Kommission zur Anwendung von Art. 81 Abs. 3 EGV, ABl. C 101 vom 27.04.2004, S. 97
FTC	Federal Trade Commission der USA
F&E (oder FuE)	Forschung und/oder Entwicklung
F&E-GFVO	Verordnung (EG) Nr. 2659 der Kommission vom 29.11.2000 über die Anwendung von Art. 81 Abs. 3 des Vertrages auf Gruppen von Vereinbarungen über Forschung und Entwicklung, ABl. L 304 vom 05.12.2000, S. 7 = Anhang 2

F&E-GFVO 1984	Verordnung (EG) Nr. 418 der Kommission vom 19.12.1984 über die Anwendung von Art. 85 Abs. 3 des Vertrages auf Gruppen von Vereinbarungen über Forschung und Entwicklung, zuletzt geändert durch die Verordnung (EG) Nr. 2236/97, ABl. L 306 vom 11.11.1997, S. 12
FuEuI	Forschung, Entwicklung und Innovation
FuL	Forschung und Lehre
GebrMG	Gebrauchsmustergesetz
Gemeinschaftsrahmen 2007	Gemeinschaftsrahmen der Kommission für staatliche Beihilfen für Forschung, Entwicklung und Innovation, in Kraft getreten am 01.01.2007, ABl. C 323 vom 31.12.2006, S. 1
GFVO	Gruppenfreistellungs-Verordnung(en) der Kommission
GG	Grundgesetz
GRUR	Gewerblicher Rechtsschutz und Urheberrecht
GRUR Int.	Gewerblicher Rechtsschutz und Urheberrecht, Internationaler Teil
GWB	Deutsches Gesetz gegen Wettbewerbsbeschränkungen
hins.	hinsichtlich
h.M.	herrschende Meinung
Horizontal-LL	Bekanntmachung der Kommission vom 06.01.2001: Leitlinien zur Anwendbarkeit von Artikel 81 EG-Vertrag auf Vereinbarungen über horizontale Zusammenarbeit, ABl. C 3 vom 06.01.2001, S. 2
HRG	Hochschulrahmengesetz
hrsg.	herausgegeben
Hrsg.	Herausgeber
i.d.F.	in der Fassung
i.d.R.	in der Regel
IIC	International Review of International Property and Copyright Law
IP	Industrial Property
IRI	Industrial Research Institute
i.S.	im Sinne
Kap.	Kapitel
KG	Kammergericht
KMU	Kleine und mittlere Unternehmen
Kommission	Kommission der Europäischen Gemeinschaften
LG	Landgericht
LL	Leitlinien
Marimon-Bericht	Bericht des hochrangigen Gremiums unabhängiger Sachverständiger unter der Leitung von Prof. *Marimon* zur Bewertung der Effizienz der neuen Instrumente des 6. Rahmenprogramms vom 21.06.2004
MDR	Monatsschrift für deutsches Recht
Mitt.	Mitteilungen Deutscher Patentanwälte
m.N.	mit Nachweis(en)
m.w.N.	mit weiteren Nachweisen

NCRA	»National Cooperative Research Act« (USA) von 1984
NCRPA	»National Cooperative Research and Production Act« (USA) von 1993
n.F.	neue Fassung
NJW	Neue Juristische Wochenschrift
NKBF 98	Nebenbestimmungen für Zuwendungen auf Kostenbasis des Bundesministeriums für Bildung und Forschung an Unternehmen der gewerblichen Wirtschaft für Forschungs- und Entwicklungsvorhaben, Stand April 2006, abgedr. als Anhang 5
OLG	Oberlandesgericht
PatG	Patentgesetz
PVÜ	Pariser Verbandsübereinkunft
QZ	Qualität und Zuverlässigkeit
RBerG	Rechtsberatungsgesetz
Rdn.	interne Randnummer = Randnummer dieses Buchs
RefE ArbEG	Referentenentwurf eines Gesetzes zur Änderung des Gesetzes über Arbeitnehmererfindungen (Stand: 25.10.2001)
RegE	Regierungsentwurf
RegE 7. GWB-Novelle	Bundesregierung, Entwurf eines Siebten Gesetz zur Änderung des Gesetzes gegen Wettbewerbsbeschränkungen mit Begründung, BT-Drucks. 15/3640
Relevanter-Markt-Bekanntmachung	Bekanntmachung der Kommission über die Definition des relevanten Markts im Sinne des Wettbewerbsrechts der Gemeinschaft, ABl. C 372 vom 09.12.1997, S. 5
Research Guide	»Antitrust Guide Concerning Research Joint Ventures« des DoJ, 1980 (abgedr. in Auszügen in WuW 1982, 353 und in GRUR Int. 1981, 308)
RG	Entscheidungen des Reichsgerichts
RIW	Recht der internationalen Wirtschaft
RIW/AWD	Recht der Internationalen Wirtschaft/Außenwirtschaftdienst
Rn.	externe Randnummer = Randnummer einer in diesem Buch zitierten anderen Veröffentlichung
RP7	7. Rahmenprogramm der EG gemäß Beschluss RP7 EG und VO RP7 EG
RP7 Model Grant Agreement	Muster für eine Finanzhilfevereinbarung der EG nach dem RP7, abrufbar unter http://cordis.europa.eu/fp7/calls-grant-agreement_en.html
s.	siehe
S.	Seite
Sec.	Section
Slg.	Sammlung der Rechtsprechung des EuGH und des EuGEI
s.o.	siehe oben
Spezialisierungs-GFVO	Verordnung (EG) Nr. 2658/2000 der Kommission über die Anwendung von Art. 81 Abs. 3 des Vertrages auf Gruppen von Spezialisierungsvereinbarungen vom 20.11.2000, ABl. L 304 vom 05.12.2000, S. 3
s.u.	siehe unten

TB	Tätigkeitsbericht des Bundeskartellamts
TT-GFVO	Verordnung (EG) Nr. 772/2004 der Kommission vom 27.04.2004 zur Anwendung von Art. 81 Abs. 3 des Vertrages auf Gruppen von Technologietransfer-Vereinbarungen, ABl. L 123 vom 27.04.2004, S. 1 (in Kraft nach ihrem Art. 11 seit 01.05.2004)
TT-GFVO **1996**	Verordnung (EG) Nr. 240/96 der Kommission vom 31.01.1996 zur Anwendung von Art. 81 Abs. 3 des Vertrages auf Gruppen von Technologietransfer-Vereinbarungen, Ab. L 31 vom 09.02.1996, S. 2
TT-LL	Leitlinien zur Anwendung von Artikel 81 EGV auf Technologietransfer-Vereinbarungen, ABl. C 101 vom 27.04.2004, S. 2
Tz.	Teilziffer
u.a.	und andere oder unter anderem
UmwG	Umwandlungsgesetz
UrhG	Urheberrechtsgesetz
US	United States (Vereinigte Staaten)
USA	Vereinigte Staaten von Amerika
UStG	Umsatzsteuergesetz
u.U.	unter Umständen
Vertikal-GFVO	Verordnung (EG) Nr. 2790/1999 der Kommission vom 22.12. 1999 zur Anwendung von Art. 81 Abs. 3 des Vertrages auf Gruppen von vertikalen Vereinbarungen und aufeinander abgestimmten Verhaltensweisen, ABl. L 336 vom 29.12.1999, S. 21
Vertikal-LL	Leitlinien der Kommission für vertikale Beschränkungen, ABl. C 291 vom 13.10.2000, S. 1
vgl.	vergleiche
VO	Verordnung
Voraufl.	Vorauflage
VO RP7 EG	Verordnung (EG) Nr. 1906/2006 des Europäischen Parlaments und des Rates vom 18.12.2006 zur Festlegung von Regeln für die Beteiligung von Unternehmen, Forschungszentren und Hochschulen an Maßnahmen des Siebten Rahmenprogramms sowie für die Verbreitung der Forschungsergebnisse (2007–2013), ABl. L 391 vom 30.12.2006, S. 1
WissR	Wissenschaftsrecht. Wissenschaftsverwaltung. Wissenschaftsförderung
WiSt	Wirtschaftswissenschaftliches Studium
WM	Zeitschrift für Wirtschafts- und Bankrecht, Wertpapiermitteilungen Teil IV
WuW	Wirtschaft und Wettbewerb
z.B.	zum Beispiel
ZIP	Zeitschrift für Wirtschaftsrecht
z.T.	zum Teil
Zulieferbekanntmachung	Bekanntmachung der Kommission vom 18.12.1978 über die Beurteilung von Zulieferverträgen nach Artikel 85 Absatz 1 des Vertrages zur Gründung der Europäischen Wirtschaftsgemeinschaft, ABl. C 1 vom 03.01.1979, S. 2
zust.	zustimmend
Zwischenstaatlichkeitsklausel-LL	Leitlinien der Kommission über den Begriff der Beeinträchtigung des zwischenstaatlichen Handels in den Art. 81 und 82 des Vertrags, ABl. C 191 vom 27.04.2004, S. 81
z.Zt.	zur Zeit

Literatur

Asschenfeldt	Forschungs- und Entwicklungskooperation nach Art. 85 EWG-Vertrag, Diss. Göttingen 1972
Axster, H.	Forschungs- und Entwicklungsgemeinschaften im deutschen Kartellrecht, Mitt. 1969, S. 299
Axster, O.	Forschungskooperation und Wettbewerbsbeschränkung, GRUR 1980, S. 343
Bahr/Loest	Die Beurteilung von Vereinbarungen über Forschung und Entwicklung nach europäischem Kartellrecht, EWS 2002, S. 263
Bartenbach/ Hellebrand	Zur Abschaffung des Hochschullehrerprivilegs (§ 42 ArbEG) – Auswirkungen auf den Abschluss von Forschungsaufträgen, Mitt. 2002, S. 165 ff.
Bartenbach/Volz	Erfindungen an Hochschulen – Zur Neufassung des § 42 ArbEG, GRUR 1982, S. 743
Bartenbach/Volz	Aspekte der universitären Auftragsforschung, in *Einsele/Franke* (Hrsg.), Festschrift 50 Jahre VPP, Duisburg 2005
Bartenbach/Volz (ArbEG)	Arbeitnehmererfindergesetz, 4. Aufl., Köln u.a. 2002
BDI-Handbuch FIF	s. *v. Freyend/Kreklau*
Bechtold	GWB, 3. Aufl., München 2002
Bechtold/Bosch/ Brinker/Hirsbrunner	EG-Kartellrecht, München 2005
Benisch	Kooperationsfibel, 4. Aufl., Bergisch-Gladbach 1973
Bergmann	Erfindungen von Hochschulbeschäftigten nach der Reform von § 42 ArbNErfG, Köln u.a. 2006
Berliner Vertrag	»Vertragsbausteine Berliner Vertrag« für Auftragsforschung zwischen Hochschule und Industrie bzw. für Kooperationen in Forschung und Entwicklung zwischen Hochschule und Industrie, Version vom Juli 2007, abrufbar über www.ipal.de und die Links »Downloads und Wissenswertes« und »Downloads«
Beyerlein	Umgehungsgeschäfte beim Gesetz über Arbeitnehmererfindungen (ArbEG) durch Vereinbarungen zwischen Arbeitnehmer und Dritten unter besonderer Berücksichtigung der Hochschulkooperationsverträge?, Mitt. 2005, S. 152
Blackshaw	EEC Research and Development Joint Ventures, 1985 International Business Lawyer, S. 265
Blaurock	Forschungskooperationen und Wettbewerb, in *Festschrift von Caemmerer*, S. 477

Bleicher — Effiziente Forschung und Entwicklung: personelle, organisatorische und führungstechnische Instrumente, Wiesbaden 1989

Blohm/Danert — (Hrsg.), Forschungs- und Entwicklungsmanagement, Stuttgart 1983

Blum/Kaufmann — Ziele, Grenzen und praktische Wege einer Zusammenarbeit zwischen Hochschule und Industrie, WissR 1985, S. 1

Brockhoff — Forschung und Entwicklung, Planung und Kontrolle, München – Wien 1997

Bruder/Dose — Forschungs- und Technologiepolitik in der Bundesrepublik Deutschland, in *Bruder* (Hrsg.). Forschungs- und Technologiepolitik in der Bundesrepublik Deutschland, Opladen 1986, S. 11

Bürgel — F&E-Kooperationen, DBW 1995, S. 120 ff.

Bürgel/Haller/Binder — Forschung und Entwicklung/Management, 1. Aufl., München 1996

Bunte — Die Bedeutung salvatorischer Klauseln in kartellrechtswidrigen Verträgen, GRUR 2004, S. 301

Bunte (Kartellrecht) — Kartellrecht, München 2003

Bunte/Sauter — EG-Gruppenfreistellungsverordnungen, München 1988

Busse — Patentgesetz, 6. Aufl., Berlin 2003

Corsten/Reiss — (Hrsg.) Handbuch Unternehmensführung, Wiesbaden 1995

Dauner-Lieb/Heidel/Lepa/Ring — Anwaltskommentar Schuldrecht, 2002

Dauses — (Hrsg.) Handbuch des EU-Wirtschaftsrechts, Loseblatt, Stand Dez. 2004, München 2005

Döser — Anglo-amerikanische Vertragsstrukturen in deutschen Vertriebs-, Lizenz- und sonstigen Vertikalverträgen, NJW 2000, S. 1451

Dresselhaus — Technologische Kooperation zwischen kleineren und mittleren Unternehmen, Diss. Stuttgart 1991

Dreyer/Kotthoff/Meckel — Heidelberger Kommentar zum Urheberrecht, Heidelberg 2004

Drucker — Innovations-Management für Wirtschaft und Politik, Düsseldorf 1985

Drygas — Kostenschätzungen bei Forschungs- und Entwicklungsprojekten, in *Paschen/Krauch* (1972), S. 119

Drygas/Paschen — Die Anwendung der Parallelstrategie bei der Durchführung von Entwicklungsprojekten, in *Paschen/Krauch* (1972), S. 185

Düttmann — Forschungs- und Entwicklungskooperationen und ihre Auswirkungen auf den Wettbewerb, Diss. Bergisch-Gladbach 1989

Eistert — Gemeinschaftsforschung kleiner und mittlerer Unternehmen, BB 1983, S. 1549

Emmerich — Kartellrecht, 11. Aufl., München 2008

Erman — BGB, 12. Aufl., Köln 2008

v. Falck/Schmaltz Hochschulerfindungen: Zuordnung und Vergütung in Deutschland, den Niederlanden, Frankreich, Großbritannien, den USA und Japan, GRUR 2004, S. 469

Faull/Nikpay The EC Law of Competition, Oxford 1999

Festschrift 50 Jahre VVP hrsg. von Eisele/Franke, Duisburg 2005

Festschrift v. Caemmerer Festschrift für Ernst von Caemmerer zum 70. Geburtstag, hrsg. von *Ficker* u.a., Tübingen 1978

Festschrift Fikentscher Festschrift für *Wolfgang Fikentscher* zum 70. Geburtstag, hrsg. von *Großfeld/Sack/Möllers/Drexl/Heinemann*, Tübingen 1998

Festschrift Günther Festschrift für *Eberhard Günther* zum 65. Geburtstag, hrsg. Von *Gutzler/Herion/Kaiser*, Baden-Baden 1976

Festschrift Polters Festschrift für *Dirk-Meints Polter*, hrsg. von *Mielert/Kaiser*, ohne Angabe des Erscheinungsorts, 2007

Festschrift Steindorff Festschrift für *Ernst Steindorff* zum 70. Geburtstag, hrsg. von *Baur/Hopt/Mailänder*, Berlin/New York 1990

Festschrift Thode Festschrift für *Reinhold Thode* zum 65. Geburtstag, hrsg. von *Eisele/Franke*, Duisburg 2005

Fischer Schadensersatz für den nichtausschließlichen Lizenznehmer, GRUR 1980, S. 374

Fischer Verwertungsrechte bei Patentgemeinschaften, GRUR 1977, S. 313

FK Frankfurter Kommentar zum Kartellrecht, herausgegeben von *v. Hahn*, *Jaeger*, *Pohlmann*, *Rieger* und *Schroeder*, Köln

- 43. Lieferung März 1999, Kurzdarstellung § 1 GWB n.F., bearb. von *Huber*
- 44. Lieferung November 1999, EG-Vertrag Art. 81 Abs. 1 Grundfragen, bearb. von *Roth/Ackermann*
- 46. Lieferung Sept. 2000, §§ 1 ff. GWB 1999, bearb. von *Bunte*
- 49. Lieferung November 2001, Art. 81 Abs. 1, 3 EGV, Fallgruppen I, bearb. von *Kulka*
- 58. Lieferung 2003, Art. 81 EGV, Bußgeldrechtliche Folgen, bearb. von *Kindhauser*
- 66. Lieferung Juli 2008, Ausland, A. USA Antitrust Recht, bearb. von *Blechman/Patterson*

Folz Technologiegemeinschaften und Gruppenfreistellung, Band 119 der Schriftenreihe des Max-Planck-Instituts für ausländisches und internationales Patent-, Urheber- und Wettbewerbsrecht, Köln u.a. 2002

Fontanari Kooperationsgestaltungsprozesse in Theorie und Praxis, Berlin 1996

Franz F&E-Kooperationen aus wettbewerbspolitischer Sicht, Baden-Baden 1995

Frascati-Handbuch s. *OECD*

v. Freyend Kooperations- und Fusionsplanung zur Durchsetzung von Innovation in der Industrie, in *Meissner/Kroll* (Hrsg.), Management technischer Innovationen, München 1974, S. 127

v. Freyend/Kreklau BDI-Handbuch Forschungs- und Innovationsförderung, 3 Bände, Loseblatt, Köln, Stand 167. Ergänzungslieferung Dezember 2004

Frieling Forschungstransfer: Wem gehören universitäre Forschungsergebnisse?, GRUR 1987, S. 407

Fuchs Kartellrechtliche Grenzen der Forschungskooperation, Baden-Baden 1988

GK Gemeinschaftskommentar, begründet von *Müller-Henneberg* und *Schwartz*, Gesetz gegen Wettbewerbsbeschränkungen und Europäisches Kartellrecht, Köln u.a.; 3. Aufl. herausgegeben von *Müller-Henneberg/Schwartz*, 4. Aufl., hrsg. von *Benisch* bzw. *Hootz*; 5. Aufl., hrsg. von *Hootz*

- 3. Aufl., 10. Lieferung 1974, §§ 20, 21 GWB mit Anhang, bearb. von *O. Axster*
- 4. Aufl., 20. Lieferung 1997, EG-Gruppenfreistellungen – Spezialisierungsvereinbarungen, F&E-Vereinbarungen, bearb. von *Schrödermeier/Wagner*
- 5. Aufl., 1. Lieferung 1999, § 1 Kartellverbot, bearb. von *Hootz*
- 5. Aufl., 2. Lieferung 2000, (Deutsche) Zusammenschlusskontrolle (§§ 35–43 GWB), bearb. von *Schütz*
- 5. Aufl., 3. Lieferung 2000, EU-Fusionskontrolle, Einführung und Art. 1–3 VO 4064/89, bearb. von *Schütz*
- 5. Aufl., 5. Lieferung 2001, EU-Fusionskontrolle, Art. 4–25 VO 4064/89, bearb. von *Schütz*

Gleiss/Hirsch Kommentar zum EG-Kartellrecht, Band 1, 4. Aufl. 1993

Grabitz/Hilf Das Recht der Europäischen Union, München

- Ergänzungslieferung 16, Juli 2000, Art. 81 EGV, bearb. von *Stockenhuber*
- Ergänzungslieferung 17, Januar 2001, Art. 81 EGV, bearb. von *Schroeder*

Gresser Nutzen-Kosten-Analyse in Forschung und Entwicklung, in *Paschen/Krauch* (Hrsg.) »Methoden und Probleme der Forschungs- und Entwicklungsplanung«, München-Wien 1972, S. 125

v. d. Groeben/Thiesen/Ehlermann Kommentar zum EU-/EG-Vertrag, 5. Aufl., Band 2/I, Baden-Baden 1999

Hamburger Vertrag — Mustervertrag »Hamburger Vertrag« für F&E-Kooperationen zwischen Wirtschaft (Industriellen Auftraggebern) und Hochschulen, vorgestellt am 25.10.2005 auf einer Veranstaltung der Handelskammer Hamburg, erhältlich auf Anfrage unter der E-Mail-Adresse michaela.pietsch@freshfields.com

Hansen, A. — Öffentliche Aufträge für Forschung und Entwicklung, Frankfurt am Main 1973

Hansen, H. — Die wettbewerbspolitische Beurteilung von Forschungs- und Entwicklungskooperationen zwischen konkurrierenden Unternehmen, WuW 1999, S. 468

Hartmer/Dettmer — (Hrsg.) Hochschulrecht, Heidelberg 2004

Hauschildt — Innovationsmanagement, 2. Aufl., München 1997

Hailbronner/Geis — (Hrsg.) Hochschulrecht in Bund und Ländern, Loseblatt, bis 36. Aktualisierung 2008, Heidelberg

Hirsch/Montag/Säcker — s. *Münchener Kommentar (Europ. Wettbewerbsrecht)*

Hoffmann, W. — Die Rolle der Patentrecherche in der patentstrategischen Planung für das Unternehmen, BB 1994, S. 1800

Hollmann — Strategische Allianzen, unternehmens- und wettbewerbspolitische Aspekte, WuW 1992, S. 293 ff.

Hossenfelder/Lutz — Die neue Durchführungsverordnung zu den Artikeln 81 und 82 EG-Vertrag, WuW 2003, S. 118

Immenga/Mestmäcker (EG-Wettbewerbsrecht) — (Hrsg.) EG-Wettbewerbsrecht, Teil 1 bis 3, München 2007 (Voraufl.: Teil 1 und 2, München 1997, sowie Loseblatt-Ergänzungsband München 1997 ff.)

IHK-Leitfaden — Vereinigung der Industrie- und Handelskammern in Nordrhein-Westfalen, Forschungs- und Entwicklungsverträge zwischen Unternehmen und Hochschulen, Leitfaden mit Mustertexten, 1. Aufl. Neuss 2007, abrufbar unter http://www.ihk-nrw.de/forschungs_entwicklungsvertraege.html

Immenga/Mestmäcker (GWB) — (Hrsg.) Wettbewerbsrecht Band 2. GWB, 4. Aufl., München 2004 (Voraufl. München 2001)

Jacobs — Internationale Unternehmensbesteuerung, 5. Aufl., München 2002

Jaquemin — Cooperative Agreements in R&D and European Antitrust Policy, in European Economic Review, Vol. 32, März 1988, Nr. 2/3, S. 551

Jaquemin/Spinoit — Economic and Legal Aspects of Cooperative Research: A European Review, 1985 Corp. L. Inst., S. 482

Kaufer — Ökonomie von Forschung und Entwicklung, in *Mestmäcker* (Hrsg.), Wettbewerb als Aufgabe, S. 399

Kern/Schröder — Forschung und Entwicklung in der Unternehmung, Reinbek bei Hamburg 1977

Klawitter/Zintler — Neuer Mustervertrag für F&E-Kooperationen zwischen Wirtschaft (industriellen Auftraggebern) und Hochschulen, Mitt. 2006, S. 116

Korah	R&D and the EEC Competition Rules – Regulation 418/85, Oxford 1986
Kranz/Siebert	Chancen und Möglichkeiten für kleine und mittlere Unternehmen, herausgegeben vom Ministerium für Wirtschaft, Mittelstand und Technologie des Landes Nordrhein-Westfalen, 1993
Kraßer	Patentrecht, 6. Aufl., München 2009
Krauch	Die organisierte Forschung, Neuwied, Berlin 1970
Krauch/Kunz/Rittel	Forschungsplanung, München 1966
Kroitzsch	Erfindungen in der Vertragsforschung und bei Forschungs- und Entwicklungsgemeinschaften unter dem Blickpunkt des Arbeitnehmererfindungsgesetzes, GRUR 1974, S. 177 ff
Kuder	Die Gründung eines Forschungs- und Entwicklungs-Gemeinschaftsunternehmens in kartellrechtlicher Sicht nach deutschem Recht, Diss. Mannheim 1976
Langen/Bunte	Kommentar zum deutschen und europäischen Kartellrecht, 10. Aufl., Neuwied u.a. 2006
Leuze	Kritische Anmerkungen zu § 42 ArbEG, GRUR 2005, S. 27
Liebscher/Flohr/ Petsche (Hrsg.)	Handbuch der EU-Gruppenfreistellungsverordnungen, München/Wien 2003
Lindstaedt/Pilger/ Rosenberger	Muster für Patentlizenzverträge, Heidelberger Musterverträge Nr. 40, 7. Aufl. 2002
Loewenheim/Belke	Gesetz gegen Wettbewerbsbeschränkungen, Loseblatt, Herne/Berlin, fortgeführt bis März 1993
Loewenheim/Meessen/ Riesenkampff	(Hrsg.), Kartellrecht, 2. Aufl., München 2009
Lutz/Broderick	Forschungs- und Entwicklungsvertrag nach EG-Kartellrecht – Formular, RIW/AWD 1986, 5
Lux	Rechtsfragen der Kooperation zwischen Hochschule und Wirtschaft, Diss., Köln 2001
Machunsky	Forschungskooperationen im Recht der Wettbewerbsbeschränkungen, Göttingen 1985
Majer	Industrieforschung in der Bundesrepublik Deutschland, Tübingen 1978
Maurer	Forschungs- und Entwicklungskooperationen in der Wettbewerbspolitik der Europäischen Gemeinschaft, Frankfurt am Main 1994
Mestmäcker	(Hrsg.) Wettbewerb als Aufgabe: Nach zehn Jahren Gesetz gegen Wettbewerbsbeschränkungen, Bad Homburg u.a. 1968
Mestmäcker/Schweitzer	Europäisches Wettbewerbsrecht, 2. Aufl., München 2004
Meusel	Außeruniversitäre Forschung im Wissenschaftsrecht, 2. Aufl., Köln u.a. 1999

Meyer, D. — Forschungs- und Entwicklungskooperationen in der Entscheidungspraxis nationaler und europäischer Kartellbehörden, WuW 1993, S. 193

Meyer, M. — Forschungssubventionen aus wettbewerbspolitischer Sicht, Baden-Baden 1995

Möffert — Forschungs- und Entwicklungsverträge, in Münchener Vertragshandbuch, S. 895 ff.

Möffert (F&E-Vertrag) — Der Forschungs- und Entwicklungsvertrag, 2. Aufl. München 2001

Monopolkommission — VIII. Hauptgutachten 1988/89, Kapitel VII, Kooperation in Forschung und Entwicklung, S. 336 ff., Baden-Baden 1990

Möschel — Die EG-Gruppenfreistellungsverordnung für Forschungs- und Entwicklungsgemeinschaften, RIW 1985, S. 261

Möschel (Techn. Zusammenarbeit) — Technologische Zusammenarbeit nach deutschem und europäischem Kartellrecht, in: FIW (Hrsg.), Strukturanpassung durch Wettbewerb oder Staatshilfen, XVIII. FIW-Symposium, Köln u.a. 1985, S. 87

Müller-Henneberg/Schwartz — siehe *GK*

Münchener Kommentar (Europ. Wettbewerbsrecht) — Band 1 »Europäisches Wettbewerbsrecht« des Kommentars zum Europäischen und Deutschen Wettbewerbsrecht, herausgegeben von *Hirsch/Montag/Säcker*, München 2007

Münchener Vertragshandbuch — hrsg. von Schütze und Weipert, Band 2, Wirtschaftsrecht I, 5. Aufl., München 2004

Nebel — Les contrats de recherche scientifique et technique, Genf 1973

Nicklisch — (Hrsg.) Forschungs- und Entwicklungsverträge in Wissenschaft und Technik, München 2004

Oberender — Industrielle Forschung und Entwicklung, Bern-Stuttgart 1973

OECD — Die Messung wissenschaftlicher und technischer Fähigkeiten, Allgemeine Richtlinien für statistische Übersichten in Forschung und experimenteller Entwicklung, Frascati-Handbuch 1980 (Übersetzung herausgegeben vom BMFT), Bonn 1982

ORGALIME-Leitfaden — Leitfaden von ORGALIME (VDMA) für die Erstellung eines internationalen Entwicklungsvertrags, 2. Aufl. 2000

Over — Zivilrechtliche Haftung für Fehlleistungen in der Forschung, Karlsruhe 1991

Pagenberg/Beier — Lizenzverträge, 6. Aufl., Köln u.a. 2008

Palandt — Bürgerliches Gesetzbuch, 68. Aufl., München 2009

Paschen/Krauch — (Hrsg.) Methoden und Probleme der Forschungs- und Entwicklungsplanung, München-Wien 1972

Peter — Die »Flucht in die Nebentätigkeit« – ein Schlupfloch aus der Neuregelung des § 42 ArbnErfG bei Erfindungen von Hochschullehrern?

Peter/Runge/Wille — Leitfaden zu Forschungs- und Entwicklungsverträgen zwischen Hochschulen und der Industrie, 3. Aufl., Düsseldorf 2006

Pfeiffer	Möglichkeiten und Grenzen der Auftragsforschung, in Forschung und Entwicklung als Aufgabe der Unternehmensführung, Bern 1970
v. Pierer/Mirow	Das Management strategischer Allianzen, in *Corsten/Reiss*, S. 705
Plompen	Commission Regulation No. 418/85 of 19 December 1984 on the Application of Art. 85 (3) of the Treaty to Categories of Research and Development Agreements, Leg. Iss. Eur. Integr. 1985 (2), S. 46
Polley/Seeliger	Das neue Kartellrecht für Vereinbarungen über horizontale Zusammenarbeit, WRP 2001, S. 494
Popp	Zur Planung von F&E-Projekten, DBW 1988, S. 735
Post/Kuschka	Verwertungspflichten der Hochschulen nach Abschaffung des Hochschullehrerprivilegs, GRUR 2003, S. 494
Reetz	Erfindungen an Hochschulen, Bonn 2006
Reimer/Schade/ Schippel	Das Recht der Arbeitnehmererfindung, (begründet von *Reimer/Schade/ Schippel*, weitergeführt von *Kaube*, 8. Aufl. bearb. von *Himmelmann, Leuze, Rothe* und *Trimborn*, Berlin 2007
Rennen/Caliebe	Rechtsberatungsgesetz, 3. Aufl., München 2001
Reukauf	Mögliche Regelungen der Lizenzerteilung im Zusammenhang mit Kooperationen, GRUR 1986, S. 415
RKW-Handbuch	RKW-Handbuch Forschung, Entwicklung, Konstruktion (FuE), herausgegeben von *Moll* u.a., Loseblatt Berlin ab 1976
Roloff	Forschungs- und Entwicklungsgemeinschaften in der EWG, in Studienvereinigung Kartellrecht (Hrsg.), Gewerbliche Schutzrechte im EWG-Kartellrecht, Köln u.a. 1971, 105 ff.
Rosenberger	Zur Problematik von Subventionen für F&E-Projekte – Eine Auseinandersetzung mit den Konzepten der EU und der Bundesrepublik Deutschland, Wirtschaft und Verwaltung 2009, S. 133
Rotering, C.	Forschungs- und Entwicklungskooperationen zwischen Unternehmen, Stuttgart 1990
Rotering, J.	Zwischenbetriebliche Kooperation als alternative Organisationsform, Stuttgart 1993
Saad/Roussel/Tiby	Management der F&E-Strategie, Wiesbaden 1991
Sandberger	Gestaltungsfragen bei Forschungs- und Entwicklungsverträgen, in *Nicklisch*, S. 17 ff.
Sauer/Hirsch-Kreinsen	(Hrsg.) Zwischenbetriebliche Kooperation, Frankfurt am Main 1996
Schätzle	Forschung und Entwicklung als unternehmerische Aufgabe, Köln-Opladen 1965
Schimmel/Schramm	Möglichkeiten und Grenzen von Qualitätssicherungssystemen in der angewandten Forschung, QZ 1987, 557
Schmeißer/Zirkel	Forschungs- und Entwicklungsverträge – Rechtliche Einordnung und vertragliche Gestaltung, MDR 2003, S. 849

Schmid	Gebietsbeschränkungen in Patentlizenz- und Know-how-Verträgen im Wettbewerbsrecht der USA und der EG, Bern 1987
Schmidt, D. O.	Unternehmenskooperation in Deutschland: Voraussetzungen und Verbreitung, Wiesbaden 1997
Schmidt, K.	Umdenken im Kartellverfahrensrecht!, BB 2003, S. 1237
Schmidt-Ott	Zur Anwendbarkeit der europäischen Wettbewerbsregeln (Art. 85, 86 EG-V) und der europäischen Fusionskontrolle (FKVO) auf strategische Allianzen, Festschrift *Raisch*, Köln 1994, S. 501
Schmieder	Die kartellrechtliche Beurteilung von Forschungskooperationen, GRUR 1981, S. 241
Scholz	Definition und Abgrenzung der Begriffe Forschung, Entwicklung, Konstruktion, in RKW-Handbuch, sub 2020
Schrader	Organisation der zwischenbetrieblichen Kooperation, in *Sauer/Hirsch-Kreinsen*, S. 49
Schultze/Pantke/ Wagener	(Hrsg.) Die Gruppenfreistellungsverordnung für vertikale Vereinbarungen, Praxiskommentar, Heidelberg 2008
Schulte	Patentgesetz mit EPÜ, 8. Aufl., Köln u.a. 2008
Spieler	Kartellrechtliche Zulässigkeit wettbewerbsbeschränkender Vereinbarungen in voll bezahlten Forschungs- und Entwicklungsverträgen, WuW 1991, S. 451
Starbatty/Vetterlein	Die Technologiepolitik der Europäischen Gemeinschaft«, Baden-Baden 1990, S. 140
Staub	Die Unternehmenskooperation in der Produktinnovation, Diss. Bern-Stuttgart 1975
Staudt/Kriegesmann/ Weber	Zwischenbetriebliche Kooperationen, in *Kern/Schröder/Behrend* (Hrsg.), Handwörterbuch der Produktionswirtschaft, 2. Aufl., Stuttgart 1996
Störi	Forschungs- und Entwicklungsverträge, Zürich 1979
Straube	Zwischenbetriebliche Kooperation, Wiesbaden 1972
Strebel	Unternehmenskooperation bei Innovationen, WiSt 1983, S. 59
Stumpf/Groß	Der Lizenzvertrag, 7. Aufl., Heidelberg 1998
Strebel	Die Bedeutung von Forschung und Entwicklung für das Wachstum industrieller Unternehmungen, Berlin 1968
Thieme	Deutsches Hochschulrecht, 3. Aufl., Köln u.a. 2004
Täger	Technologie- und wettbewerbspolitische Wirkungen von Forschungs- und Entwicklungskooperationen, Ifo-Institut für Wirtschaftsforschung, München 1988
Teske	Die Zulässigkeit von Forschungs-Entwicklungsgemeinschaften nach deutschem und europäischem Wettbewerbsrecht, Diss. Bielefeld 1974

Triantafillakis	Die Abgrenzung von Kooperation und Kartell im deutschen und EG-Recht, Diss. Frankfurt a.M. u.a. 1985
Ullrich	Auslegung und Ergänzung der Schutzrechtsregeln gemeinsamer Forschung und Entwicklung, GRUR 1993, S. 338
Ullrich	Geschäftsrisiko und Unternehmenskooperation, in *Festschrift Steindorff*, S. 281
Ullrich	Lizenzkartellrecht auf dem Weg zur Mitte, GRUR Int. 1996, S. 555
Ullrich	Zum Werkerfolgsrisiko beim Forschungs- und Entwicklungsvertrag, in *Festschrift Fikentscher*, S. 298
Ullrich (Koop. Forschung)	Kooperative Forschung und Kartellrecht – eine Kritik der Wettbewerbsaufsicht über FuE-Gemeinschaften in den USA, der EWG und der Bundesrepublik Deutschland, Heidelberg 1988
Ullrich (Privatrechtsfragen)	Privatrechtsfragen der Forschungsförderung in der Bundesrepublik Deutschland, Weinheim 1984
Ulmer, P.	Rule of Reason im Rahmen von Artikel 85 EGV, RIW 1985, S. 517 ff.
Ulsenheimer	Die zwischenbetriebliche Forschungs- und Entwicklungskooperation, Frankfurt am Main 2002
Venit	The Research and Development Block Exemption, 10 European Law Review 1985, 151
Volz	Das Recht der Arbeitnehmererfindung im öffentlichen Dienst, Köln u.a. 1985
Weyand/Haase	Der Innovationstransfer an Hochschulen nach Novellierung des Hochschulerfindungsrechts – eine Zwischenbilanz in rechtspolitischer Absicht, GRUR 2007, S. 28
White	Research and Development Joint Ventures under EEC Competition Laws, 16 IIC 663 (1985)
Wiedemann	Kommentar zu den Gruppenfreistellungsverordnungen des EWG-Kartellrechts, Köln: Bd. 1, 1989, Bd. 2, 1990
Winzer	Die Freistellungsverordnung der Kommission über Forschungs- und Entwicklungsverträge vom 01.01.2001, GRUR Int. 2001, S. 413
Winzer (F&E-Verträge)	Forschungs- und Entwicklungsverträge, München 2006
Witte	Vergütungsprobleme bei Auftrags-Diensterfindungen, Mitt. 1962, S. 195
Ziegler	Die Zulässigkeit der Forschungskooperation im Kartellrecht der EG und der USA: eine Untersuchung unter besonderer Berücksichtigung der Gruppenfreistellungsverordnung für Forschung und Entwicklung und des National Cooperative Research Act, Köln u.a. 1991
Zirkel	Innovation durch Vertragsforschung/Zur Entwicklung eines Rechtsgebiets, in *Festschrift Polter*, S. 51

Abschnitt 1 Allgemeiner Teil

Kapitel 1 Begriffe: Forschung und Entwicklung, Unterscheidungen innerhalb der F&E, F&E-Verträge und F&E-Kooperationen

I. Forschung und Entwicklung – F&E

Das *Frascati-Handbuch*,[1] dessen Definitionen u.a. die Grundlage für die Statistiken der OECD bilden, definiert F&E als »systematische, schöpferische Arbeit zur Erweiterung wissenschaftlicher und technischer Erkenntnisse und deren Verwendung mit dem Ziel, neue Anwendungsmöglichkeiten zu finden«. 1

Diese Definition befriedigt nicht. Gegen sie spricht einmal, dass F&E nach dem Sprachgebrauch nicht notwendig systematische Arbeit voraussetzt, vielmehr auch »intuitiv« erfolgen kann. Weiter ist F&E auch nicht notwendig »schöpferisch«: Wenn dieses Merkmal überhaupt einen Sinn haben soll, wird man sein Vorliegen nur bei einer gewissen Originalität bejahen können. Daran kann es aber fehlen, z.B. bei Reihenversuchen, die das Spektrum aller Möglichkeiten in dem jeweiligen F&E-Bereich durchgehen. Schließlich zielt die Verwendung bestehender wissenschaftlicher und technischer Kenntnisse mit dem Ziel, neue Anwendungsmöglichkeiten zu finden, ihrerseits wieder auf neue Erkenntnisse und ist daher schon durch den ersten Teil der Definition des *Frascati-Handbuchs* mit abgedeckt. 2

Unter diesen Umständen versteht dieses Buch unter F&E alle Arbeiten zur Erlangung von Erkenntnissen, welche jedenfalls für den/die Durchführenden neu sind[2] und zumindest möglicherweise für bereits bestehende oder noch unbekannte technische Anwendungen nutzbar sind. 3

II. Unterscheidungen innerhalb der »F&E«

1. Vorbemerkung

Für die hier vorzunehmenden Untersuchungen könnte es unter zwei Aspekten sinnvoll sein, Unterscheidungen innerhalb der »F&E« zu treffen: 4

1 S. 11, zustimmend *Majer* S. 10; ihm folgend *Störi* S. 6 und die dort unter Fn. 3 Genannten; ähnlich *Schätzle* S. 9 f.; *Kern/Schröder* S. 16; *Fuchs* S. 35.

2 In diesem Sinne auch *Fuchs* S. 35 und die dort unter Fn. 2 Genannten, wenn sie die Vergrößerung des Wissensstandes des betreibenden Unternehmens für ausreichend halten.

Diese könnten einmal für die rechtliche Beurteilung eines ins Auge gefassten F&E-Vertrags von Bedeutung sein.[3] Verschiedene Autoren[4] vertreten die Auffassung, dass für die kartellrechtliche Beurteilung eines F&E-Vertrags danach zu unterscheiden sei, ob er die Stufen »Grundlagenforschung«, »angewandte Forschung« oder »Entwicklung« zum Gegenstand hat.[5] Die Kommission vertritt außerdem im Gemeinschaftsrahmen 2007 (s. dazu Kap. 4 Rdn. 64–82) die Auffassung, dass es für die Frage, wann und in welcher Höhe staatliche F&E-Beihilfen mit Art. 87 EGV vereinbar sind, ein wichtiges Kriterium ist, ob es sich bei der jeweiligen F&E um »Grundlagenforschung«, »industrielle Forschung« oder »experimentelle Entwicklung« handelt.[6] Und *Möffert*[7] meint, es spiele für die Frage, ob ein F&E-Auftrag als Werkvertrag oder als Dienstvertrag i.S. des BGB einzustufen ist,[8] eine Rolle, ob er sich auf »Forschung« oder »Entwicklung« bezieht.

Weiter könnten derartige Unterscheidungen innerhalb der F&E für die kommerzielle Beurteilung von F&E-Verträgen relevant sein.

5 Die Brauchbarkeit dieser Unterscheidungen für die rechtliche bzw. kommerzielle Beurteilung ist schon deswegen zu verneinen, weil sich die vorgenannten Begriffe nicht scharf gegeneinander abgrenzen lassen.[9] Dies wird nachfolgend unter Rdn. 6–8 für die am Sprachgebrauch orientierte Definition von »Forschung« und »Entwicklung« und unter Rdn. 9–15 hinsichtlich der gängigen Dreiteilung der F&E in »Grundlagenforschung«, »angewandte Forschung« und »Entwicklung« für einige repräsentative Definitionen dieser Begriffe im Schrifttum dargelegt. Auch die Definitionen »Grundlagenforschung«, »Industrielle Forschung« und »Vorwettbewerbliche Entwicklung« in Art. 1 Nr. 2 b) der Verordnung (EG) Nr. 364/2004 der Kommission vom 25.02.2004 zur Änderung der Verordnung der Verordnung (EG) Nr. 70/2001 im Hinblick auf die Erstreckung ihres Anwendungsbereichs auf Forschungs- und Entwicklungsbeihilfen[10] sowie die Definitionen »Grundlagenforschung«, »Industrielle Entwicklung« und »Experimentelle Entwicklung« in Nr. 2.2. e), f) und g) des Gemeinschaftsrahmens 2007 sind nicht klar voneinander abgegrenzt, wie im Einzelnen unter Kap. 4 Rdn. 59–62 und Kap. 4 Rdn. 71–74 dargelegt wird.

3 Generell verneinend *Störi* S. 11.

4 So neuerdings noch *Fuchs* S. 181 ff.; vgl. auch Abs. 55 der Horizontal-LL der Kommission und die diesbezügliche Anm. unter Kap. 5 Rdn. 255–257; dagegen *Ullrich/Konrad* in *Immenga/Mestmäcker (EG-Wettbewerbsrecht)*, GRUR, »E. Gemeinsame Forschung und Entwicklung«, Rn. 3, unter Bezugnahme auf *Ullrich (Kooper. Forschung)* S. 163 ff.; eine rechtliche Bedeutung der Unterscheidungen verneint auch *Störi* S. 11.

5 So z.B. *O. Axster* GRUR 1980, S. 343, 349; *Fuchs* S. 39, 254; trotz Erkenntnis der Unschärfe der Unterscheidungen auch *Kuder* S. 158 ff., *Düttmann* S. 43 ff. und *Maurer* S. 99, vgl. aber auch S. 60; dagegen *Ullrich (Koop. Forschung)* S. 37 und S. 108, Fn. 24; *Ziegler* S. 15; *Zimmer* in *Immenga/Mestmäcker*, § 1 Rn. 376; im Prinzip auch *Machunsky* S. 31 ff.

6 Siehe dazu Kap. 4 Rdn. 71–74 und 78.

7 S. 38.

8 Siehe dazu unten Kap. 6 Rdn. 11–25.

9 So auch *Krauch* S. 40 ff.; *Kuder* S. 159 ff.; *Ullrich (Koop. Forschung)* S. 37 mit Fn. 133 und S. 108 ff. mit Fn. 24; *Teske* S. 5; *Brockhoff* S. 24 ff.; *Düttmann* S. 43; einschränkend *Schätzle* S. 24 ff.; kritisch dazu *Brockhoff* S. 40 ff.; treffend das Resumee von *Maurer* S. 32 f.

10 ABl. L 63/22 vom 28.02.2004.

2. Überschneidungen zwischen »Forschung« und »Entwicklung« im Sprachgebrauch

Nach dem Sprachgebrauch bedeutet »Erforschen« eine Tätigkeit zur Gewinnung von Erkenntnissen über ein Phänomen auf physikalischem, chemischem, biologischem oder technischem Gebiet, während »Entwickeln« die Tätigkeit zur Schaffung von etwas (zumindest für den Entwickler) Neuem, nämlich von neuen, zumindest möglicherweise praktisch anwendbaren Produkten oder Verfahren, ist. Diese Unterscheidung entspricht weitgehend der patentrechtlichen zwischen »Entdecken« und »Erfinden« (vgl. Art. 52 EPÜ, § 1 PatG).[11] Zum Prozess des »Entwickelns« gehört dabei aber meist auch ein »Erforschen« in einer oder mehreren Stufen dieses Prozesses. 6

Das Substantiv »Forschung« wird jedoch nicht oder doch nicht immer in dem engen Sinne von »Erforschen« verwendet. So wird z.B. beim Begriff »Forschungsförderung« die »Forschung« als Förderung der gesamten F&E einschließlich der »Entwicklung« verstanden. Umgekehrt wird aber unter »Entwicklung« nie allein das »Erforschen« verstanden. 7

Jedenfalls lässt sich sagen, dass sich nach dem Sprachgebrauch »Forschung« und »Entwicklung« überschneiden. Unter diesen Umständen können die Begriffe jedenfalls dann, wenn man sie gemäß dem Sprachgebrauch definiert, weder rechtlich noch kommerziell relevant sein. 8

3. Mangelnde Brauchbarkeit der gängigen Unterscheidungen zwischen »Grundlagenforschung«, »angewandter Forschung« und »Entwicklung«

Nach dem *Frascati-Handbuch*[12] sind unter »Grundlagenforschung« alle Forschungsarbeiten zu verstehen, die ausschließlich auf die Gewinnung neuer wissenschaftlicher Erkenntnisse gerichtet sind, ohne überwiegend an dem Ziel einer praktischen Anwendbarkeit orientiert zu sein, und unter »angewandter Forschung« alle Anstrengungen, die ausschließlich auf die Gewinnung neuer wissenschaftlicher oder technischer Erkenntnisse gerichtet sind und sich vornehmlich auf eine spezifische praktische Zielsetzung oder Anwendung beziehen. Demgegenüber wird »experimentelle Entwicklung« (der *Scholz*[13] die »konstruktive Entwicklung« gegenüberstellt) definiert als die Nutzung wissenschaftlicher Erkenntnisse, um zu neuen oder wesentlich verbesserten Materialien, Geräten, Produkten, Verfahren, Systemen oder Dienstleistungen zu gelangen. 9

11 Vgl. *Ullrich (Privatrechtsfragen)* S. 101, der für die Definition der »Grundlagenforschung« auf § 1 Abs. 2 Ziff. 1, 3 PatG und Art. 52 Abs. 2 Ziff. 1, 3 EPÜ verweist.

12 Siehe dort S. 11.

13 In *RKW-Handbuch*, sub 2020.

10 Dass die hier vorgenommene Abgrenzung zwischen Grundlagenforschung und angewandter Forschung unscharf ist, liegt auf der Hand: Wann sind Forschungsarbeiten »überwiegend« am Ziel der praktischen Anwendbarkeit orientiert, und wann liegt »vornehmlich« eine spezifische praktische Zielsetzung oder Anwendung vor? Bei der Abgrenzung gegenüber der »experimentellen Entwicklung« ist zunächst zu berücksichtigen, dass auch Grundlagenforschung und angewandte Forschung nach den Definitionen des *Frascati-Handbuchs* (nebenbei oder überwiegend) am Ziel einer praktischen Anwendbarkeit (also der Anwendbarkeit bei »neuen oder wesentlich verbesserten Materialien, Geräten, Produkten, Verfahren oder Dienstleistungen«) orientiert sein können. Das unterscheidende Merkmal soll offenbar sein, dass Grundlagenforschung und angewandte Forschung »ausschließlich« auf die Gewinnung neuer wissenschaftlicher bzw. technischer Erkenntnisse und damit nicht auf die Nutzung bestehender wissenschaftlicher Erkenntnisse, die »experimentelle Entwicklung« aber (ausschließlich oder neben dem Ziel der Erarbeitung neuer wissenschaftlicher bzw. technischer Erkenntnisse) auf die Nutzung bestehender wissenschaftlicher bzw. technischer Erkenntnisse gerichtet ist. Dieses Kriterium erscheint aber von vornherein ungeeignet, da kaum eine F&E denkbar ist, bei der keine bestehenden wissenschaftlichen bzw. technischen Erkenntnisse genutzt werden sollen.

11 *Fuchs*[14] zählt zur »Grundlagenforschung« Forschungsaktivitäten, welche auf die Gewinnung neuer wissenschaftlicher Erkenntnisse prinzipieller Art ohne Rücksicht auf ihre praktische Anwendbarkeit gerichtet sind,[15] zur »angewandten Forschung« Forschungsaktivitäten, bei denen neue wissenschaftliche Erkenntnisse im Hinblick auf eine vorgegebene praktische Zielsetzung gewonnen werden sollen,[16] und – im Anschluss an *Schätzle*[17] – zur »Entwicklung« Arbeiten, deren Gegenstand die Anpassung der durch angewandte Forschung erworbenen Kenntnisse an die Erfordernisse von Produktion und Absatz ist. Was den Unterschied zwischen Grundlagenforschung und angewandter Forschung betrifft, bemerkt *Fuchs* selbst, dass auch Grundlagenforschung in der Industrie nie zweckfrei, sondern immer anwendungsorientiert betrieben werde,[18] und bemerkt an anderer Stelle,[19] dass die Übergänge von der Grundlagen- in die angewandte Forschung unscharf sind. Auch die von *Fuchs* vorgenommene Abgrenzung zur »Entwicklung« ist nicht praktikabel. Eine Anpassung der durch angewandte Forschung erworbenen Kenntnisse an die Erfordernisse von Produktion und Absatz schließt nicht aus, dass dabei – möglicherweise nicht nur aus der Sicht »ex post«, sondern auch aus der Sicht »ex ante« – neue wissenschaftliche Erkenntnisse erarbeitet werden müssen. Dies kann z.B. notwendig sein, um Ziele wie Betriebssicherheit, Umweltschutz und kostengünstige Produktionsverfahren oder ausreichende Lebensdauer und Leistung eines

14 S. 35 f.
15 Ähnlich *Schätzle* S. 24 f. und, ihm folgend, *Machunsky* S. 4; *Düttmann* S. 44.
16 Ähnlich *Schätzle* S. 31; und, ihm folgend, *Machunsky* S. 4 und *Düttmann* S. 45.
17 S. 35 f.; ähnlich *Kern/Schröder* S. 23 und *Machunsky* S. 4 f.
18 S. 35 im Anschluss an *Schätzle* S. 25; ähnlich *Teske* S. 4.
19 S. 37 m.w.N. unter Fn. 18.

Produkts zu erreichen. Beispiele hierfür bildeten in der Vergangenheit einige große, letztlich fehlgeschlagene F&E-Projekte wie die Groß-Windkraftanlage »Growian« und – trotz der bereits erfolgten Markteinführung von ihm angetriebener Automobile – der von *Wankel* erfundene Kreiskolbenmotor. Ein aktuelles Beispiel ist die bereits viele Jahre betriebene Entwicklung einer für den Antrieb von Kraftfahrzeugen geeignete Brennstoffzelle, bei der auch »nur noch« bestehendes Basiswissen an die Erfordernisse von Produktion und Absatz anzupassen ist.

Deshalb ist auch nicht generell davon auszugehen, dass F&E-Projekte, bei denen die Gewinnung neuer wissenschaftlicher Erkenntnisse im Vordergrund steht, im Hinblick auf den damit später erreichbaren Nutzen unsicherer sind als Projekte zur Produktentwicklung.[20] Der Weg von einer grundlegenden Erkenntnis zur kommerziellen Verwertung kann kurz und Erfolg versprechend sein. Man denke etwa an die Nutzung des von den Nobelpreisträgern *Grünberg* und *Fert* entdeckten Riesenmagnetowiderstands für das Lesen von Daten, die auf einer Festplatte gespeichert sind, zu der *Grünberg* bemerkte:[21] »Zu erkennen, dass dieser Effekt für Festplattenlaufwerke tauglich ist, war eigentlich keine große Leistung. Das lag auf der Hand.« Dagegen kann ein Projekt zur Entwicklung eines marktfähigen Produkts auf der Basis bestehender wissenschaftlicher Erkenntnisse nicht nur hinsichtlich der dafür benötigten Zeit, sondern auch hinsichtlich der Erreichbarkeit des angestrebten Erfolgs als solchem ziemlich unsicher sein kann (s. obige Beispiele). 12

Als Ergebnis lässt sich festhalten, dass es keine brauchbaren Kriterien für die Abgrenzung von »Forschung« und »Entwicklung« gibt. Schon deshalb lässt sich z.B. die Frage, ob ein F&E-Auftrag als Werk- oder als Dienstvertrag einzuordnen ist, nicht danach entscheiden, ob der Auftrag »Forschung« oder »Entwicklung« betrifft.[22] 13

Damit lassen sich auch aus der Beantwortung der Frage, ob ein F&E-Vertrag »Grundlagenforschung«, »angewandte Forschung« oder »Entwicklung« i.S. der im Schrifttum vertretenen Definitionen dieser Begriffe betrifft, schon wegen der Unschärfe dieser Definitionen keine Schlüsse auf seine rechtliche oder kommerzielle Beurteilung ziehen. 14

Die aufgezeigten Definitionsprobleme rechtfertigen jedoch nicht die Annahme, dass es für die kommerzielle Beurteilung eines F&E-Vertrags durch ein Unternehmen gleichgültig ist, ob sich die Kooperation auf alle Phasen des jeweiligen Innovationsprozesses oder nur auf einen Teil desselben bezieht und 15

20 In gleichem Sinne *Brockhoff* S. 40 ff. hinsichtlich der Erfolgswahrscheinlichkeit von »Grundlagenforschung« im Verhältnis zur Produktentwicklung. Vgl. dazu auch den Hinweis von *Ullrich (Privatrechtsfragen)* S. 52, dass die Erfüllung von Aufgaben der Forschung wie auch solcher der Entwicklung wegen grundsätzlicher Ungewissheit, welche die Unkenntnis über den Umfang des Unbekannten einschließt, Überraschungen ausgesetzt bleibt.

21 Zitiert in »Die Zeit« Nr. 42 vom 11.10.2007, S. 49.

22 In diesem Sinne auch BGH in JZ 2003, 369, 370, der bei der Auseinandersetzung mit der Gegenmeinung von *Möffert* S. 37 f. ausführt, die Grenzen zwischen Forschung und Entwicklung können im Einzelfall fließend sein.

welche Phase(n) sie im letzteren Fall betrifft. So kann es einem Unternehmen in der Anfangsphase eines Innovationsprozesses, in der es um die Klärung grundsätzlicher Lösungsmöglichkeiten für ein technisches Problem geht, vorteilhaft sein, mit mehreren Partnern zur schnellen Überprüfung dieser Lösungsmöglichkeiten zu kooperieren – s. Kap. 2 Rdn. 37 und 39 –, zumal in dieser Phase auch noch nicht der Abfluss von wertvollem vorhandenem Know-how zu befürchten ist. Umgekehrt kann die Kooperation mit Dritten bei einem weit fortgeschrittenen Innovationsprozess (z.B. zur Verbesserung eines bereits zur Marktreife entwickelten Produkts) im Hinblick auf den dann meist unvermeidlichen Know-how-Abfluss bedenklich sein (s. dazu Kap. 2 Rdn. 44).

III. Verträge über Forschung und Entwicklung – F&E-Verträge

16 »F&E-Vertrag« i.S. dieses Buchs ist jeder Vertrag, der künftige F&E auf einem bestimmten naturwissenschaftlichen oder technischen Gebiet (»F&E-Gebiet«) betrifft. F&E-Verträge sind danach insbesondere

- Verträge zwischen industriellen Unternehmen über die Gründung eines Gemeinschaftsunternehmens, dem die Durchführung von F&E und ggf. auch die Verwertung der dabei erzielten Ergebnisse zugewiesen wird; einen Sonderfall dieses Typs von Gemeinschaftsunternehmen bilden Forschungsvereinigungen, welche technologische Probleme bearbeiten, die für alle Unternehmen der Branche von Interesse sind,[23] wie z.B. die zahlreichen Forschungsvereinigungen der AIF.
- Verträge zwischen industriellen Unternehmen, ggf. unter Beteiligung von Forschungsunternehmen und Hochschulen, über künftige Einzel-F&E und den Austausch von dabei erzielten Ergebnissen. Dabei kann die F&E ohne oder mit Koordinierung der F&E, z.B. unter arbeitsteiliger Zusammenarbeit der Forschungsabteilungen, erfolgen.[24] Derartige Verträge werden häufig zwischen Unternehmen geschlossen, die komplementäre Güter herstellen oder in einem Zuliefer-/Abnehmerverhältnis zueinander stehen.[25] Zu derartigen Verträgen mit Koordinierung zählen auch die sog. »Systemgemeinschaften«,[26] bei denen mehrere Unternehmen, meist unter Einschluss der Spitzenunternehmen verschiedener technologisch fortgeschrittener Bran-

23 Siehe dazu *Ziegler* S. 22 f.; *Machunsky* S. 10 mit Fn. 38; *Benisch* S. 209; *Eistert* BB 1983, S. 1549, 1550; *Teske* S. 7; *Köenigs* in *Festschrift Günther*, S. 331, 335 und Kommission »Eurogypsum« v. 26. 2. 1968, ABl. 1968 L 57, 9 sowie »Europäische Schuhindustrie« ABl. 1976 C 209, 5.

24 Siehe dazu *Machunsky* S. 11, *Teske* S. 7 und *Kuder* S. 25.

25 Vgl. *Monopolkommission* S. 338 unter Tz. 928.

26 Siehe dazu *Ziegler* S. 22.

chen und Produktionszweige, mit dem Ziel der Entwicklung eines besonders komplizierten Verfahrens oder Produkts unter Aufteilung der Arbeitsgebiete zusammenarbeiten.[27]

- F&E-Aufträge (wobei »Aufträge« in diesem Zusammenhang kaufmännisch und nicht i.S. von Verträgen zur unentgeltlichen Geschäftsbesorgung i.S. von § 662 BGB gemeint sind) mit einem oder mehreren Unternehmen als Auftraggeber(n)[28] oder, im Falle der Auftragserteilung durch einen öffentlichen Auftraggeber, als Auftragnehmer(n).
- F&E-Beratungsverträge, mit denen sich ein »freier Mitarbeiter« (Ingenieur, Hochschullehrer oder sonstiger Wissenschaftler) gegenüber einem Unternehmen zu Beratungsleistungen auf einem bestimmten F&E-Gebiet verpflichtet.

Einbezogen sind Nebenabreden und ergänzende Abreden, z.B. über den Aus- 17
tausch bereits vorhandener Technologie, die Verwertung der F&E-Ergebnisse oder das Verbot, F&E auf dem F&E-Gebiet außerhalb der Kooperation während eines bestimmten Zeitraums eigenständig oder in Zusammenarbeit mit Dritten zu betreiben.

IV. F&E-Kooperation

»F&E-Kooperation« im Sinne dieses Buches ist jede Zusammenarbeit bei einem 18
F&E-Projekt, das nach einem F&E-Vertrag durchzuführen oder für das Beratung nach einem F&E-Vertrag zu leisten ist, einschließlich der Erfüllung der diesbezüglichen vertraglichen Verpflichtungen. Der Begriff erstreckt sich damit u.a. auch auf die Gründung eines Gemeinschaftsunternehmens zur Durchführung eines F&E-Projekts der Vertragspartner sowie die Zusammenarbeit zwischen den Vertragspartnern und dem Gemeinschaftsunternehmen, die Kooperation zwischen einem Unternehmen und seinem Auftragnehmer im Rahmen eines F&E-Auftrags (wobei hier allerdings nur ein Vertrag über arbeitsteilige F&E zwischen einem Unternehmen und einer Hochschule zur Unterscheidung von einem der Hochschule erteilten F&E-Auftrag als »F&E-Kooperationsvertrag« bezeichnet wird) sowie die Zusammenarbeit zwischen einem Unternehmen und seinem Berater im Rahmen eines F&E-Beratungsvertrags.

27 Vgl. jedoch die abweichende Definition der *Monopolkommission* S. 339 unter Tz. 932.
28 Siehe zum letzteren Fall *Teske* S. 7.

Kapitel 2 Kriterien für die Beurteilung der Zweckmäßigkeit einer F&E-Kooperation

I. Vorbemerkung

Die nachfolgenden Rdn. 6–24 erörtern zunächst die Kriterien, die für die Beurteilung aller F&E-Projekte unabhängig davon gelten, ob diese Projekte mit oder ohne Beteiligung Dritter durchgeführt werden (»Basiskriterien«). Hierbei kann der Verfasser nur die aus seiner Sicht besonders wichtigen oder interessanten Kriterien aufzeigen. Im Übrigen ist auf die reichhaltige einschlägige, hier nur ausschnittsweise berücksichtigte Literatur zu verweisen. 1

Die nachfolgenden Rdn. 25–62 gehen dann auf die speziellen Kriterien für F&E-Projekte ein, die unter Beteiligung Dritter durchgeführt werden. Diese Beurteilung ist dann bei der Gesamtbeurteilung solcher Projekte nach den Basiskriterien mit zu berücksichtigen. 2

Die verschiedenen Kriterien hängen z.T. eng zusammen. Das gilt z.B. bei den Basiskriterien für den Zusammenhang zwischen Kosten und Zeitaufwand sowie bei den speziellen, kooperationsbezogenen Kriterien für den Zusammenhang zwischen den möglichen Vorteilen einer Verbreiterung der Know-how-Basis, der Nutzung verschiedener Kompetenzen und einer möglichen Zeitersparnis einerseits sowie den möglichen Nachteilen mangelnden Engagements und mangelnder fachlicher Eignung beim Partner bzw. seinen Mitarbeitern andererseits. Trotz dieser Korrelationen und Überschneidungen behält aber jedes Kriterium eigenständige Bedeutung. 3

Allgemein ist jedenfalls für größere F&E-Projekte von Unternehmen zu empfehlen, dass dafür ein Genehmigungsprocedere vorgesehen wird und die Genehmigung nur auf der Grundlage eines schriftlich begründeten Antrags erteilt werden kann. Damit bei der Prüfung keine wesentlichen Aspekte »unter den Tisch fallen«, sollte sich die Begründung an den Kriterien für die Beurteilung des Projekts orientieren, die in der Checkliste in Kap. 10 unter I. aufgeführt sind. Zu denken wäre hier auch an die Benutzung eines Antragsformulars nach Art des von der ALUSUISSE entwickelten, bei *Staub*[29] abgebildeten Musters mit der Überschrift »Projektevaluation und Projektplan«. 4

Viele Elemente der Vorprüfung sind auch schon im Rahmen moderner Qualitätsmanagementsystem fest etabliert. z.B. 5

- die Marktanalyse
- die Konkurrenzanalyse

29 S. 85 bis 89.

- die Kostenanalyse
- die Wirtschaftlichkeitsberechnung
- die Literaturrecherche
- die Patentrecherche
- die Machbarkeitsstudie und
- die Ressourcenplanung.

II. Basiskriterien für die Beurteilung von F&E-Projekten

6 Für die Beurteilung von F&E-Projekten ist stets eine (auch nach Ingangsetzung des Projekts periodisch zu aktualisierende) **Chancen-/Risikoprognose** anzustellen. Gegeneinander abzuwägen sind hierbei die Wahrscheinlichkeit der Erzielung eines Gewinns und dessen Höhe gegen die Wahrscheinlichkeit eines Verlustes und dessen Höhe.

7 Bei der Schätzung der Wahrscheinlichkeit eines Gewinns und dessen Höhe spielen u.a. folgende Faktoren eine Rolle:

- voraussichtliche Umsätze mit den aus der F&E hervorgehenden Produkten und daraus erzielbare Erträge; hierfür sind wieder u.a. maßgeblich
  - Befriedigung bisher nicht abgedeckter (aktueller oder künftig, z.B. aufgrund verschärfter Umweltschutzgesetzgebung, zu erwartender) Kundenbedürfnisse durch diese Produkte;
  - Akzeptanz der aus der F&E hervorgehenden neuen bzw. verbesserten Produkte durch die Kunden; diese kann z.B. beeinträchtigt werden durch bestehende oder künftig zu erwartende Industrienormen, Umstellungskosten bei unmittelbaren oder mittelbaren Kunden oder durch das Interesse von Kunden, für jeden Produkttyp mehrere Anbieter zu haben;
  - die zu erwartende Konkurrenzsituation, für die wieder die Möglichkeit des Schutzes der neuen Technologie durch Schutzrechte (s. unten) oder durch Geheimhaltung von Bedeutung ist;
- die voraussichtlich erzielbaren Preise für die neuen bzw. verbesserten Produkte;
- die dafür voraussichtlich aufzuwendenden Produktions- und Vertriebskosten;
- Kosten der F&E;
- ggf. der Ergebniseffekt durch Ersetzung bisher vertriebener Produkte (entweder mit dem Gewinn aus der Vermarktung der neuen bzw. verbesserten Produkte zu verrechnende Einbuße oder zusätzlicher Gewinn durch Verstopfung einer Verlustquelle);
- Gewinnerzielungspotenzial durch die neuen bzw. verbesserten Produkte im Hinblick auf den Produktlebenszyklus auf dem relevanten Markt.

8 *Saad/Roussel/Tiby*[30] betonen bei der Gewinnschätzung die **Bedeutung des »strategischen Nutzens«**, der als Nutzen für die Ziele gemeint sein dürfte, welche für das Unternehmen Priorität haben. Sie halten diesen für das erste Kriterium für die Attraktivität von F&E-Projekten, welches die Unternehmensleitungen erstaunlich wenig bei der Beurteilung heranziehen würden. Ursache für diese Vernachlässigung sei, dass die hoch spezialisierten Forscher und Entwickler, die von Natur kreativ und optimistisch seien, die technische Herausforderung höher einstufen als die Relevanz ihrer Forschungs- und F&E-Ergebnisse für das Unternehmen in seiner gegebenen »strategischen Situation« (gemeint ist wohl die Situation des Unternehmens, welche die Verfolgung bestimmter Ziele mit Vorrang erfordert). Diese Beobachtung deckt sich mit den Erfahrungen des Verfassers.

9 Bei der Schätzung des Verlustrisikos sind das **technische Risiko und das Vermarktungsrisiko**, d.h. das Risiko unzureichender Verwertbarkeit der F&E-Ergebnisse bei Erreichung des technischen F&E-Ziels, zu unterscheiden.[31] Welches dieser beiden Risiken höher einzuschätzen ist, hängt von den Umständen des Einzelfalls ab. Es ist deshalb der Auffassung von *Fuchs*[32] zu widersprechen, dass das eigentliche Wagnis regelmäßig nur das Vermarktungsrisiko darstellt.[33]

10 Beim **technischen Risiko** ist allerdings zu berücksichtigen, dass dieses oft schon nach einer ersten, mit geringem Kostenaufwand durchgeführten Orientierungsphase gegenüber der ersten Einschätzung, bei der die Gangbarkeit des ins Auge gefassten Lösungswegs oft noch völlig unsicher ist, als sehr viel geringer einzuschätzen ist. Dem entspricht die grobe Regel, dass die Ungewissheiten über den technischen Erfolg eines F&E-Projekts, die dafür benötigte Zeit und die dafür aufzuwendenden Mittel (und damit das Lösungs-, das Kosten- und das Zeitrisiko[34]) mit zunehmendem Projektfortschritt des Projekts abnehmen, und zwar nicht linear, sondern anfänglich stark und dann immer schwächer.[35] (Dies schließt nicht aus, dass im Einzelfall überraschende, nicht vorhergesehene Schwierigkeiten auftauchen; eine gewisse Wahrscheinlichkeit dafür besteht z.B. beim »Upscaling« industrieller Anlagen, d.h. beim Bau einer Großanlage nach dem Konzept einer funktionierenden Versuchsanlage.)

11 Die **Kosten eines F&E-Projekts** werden im Allgemeinen viel zu niedrig eingeschätzt. Nach *Gresser*[36] übersteigen die effektiven Kosten die ursprünglich geschätzten oft bis zum Dreifachen. *Düttmann*[37] spricht von zwei- bis dreifachen Überschreitungen gegenüber Schätzungen im frühen Stadium eines

30 S. 97 f.
31 Siehe z.B. *Monopolkommission* S. 337 (Tz. 922); *M. Meyer* S. 62.
32 S. 61 f.
33 Vgl. auch *Ullrich (Koop. Forschung)*, S. 30 mit Fn. 96, der den »relativen« F&E-Fehlschlag für häufiger hält als den »absoluten«.
34 Unterscheidungen von *Strebel* S. 52 ff., nach Zitat *Ullrich (Privatrechtsfragen)* S. 51, Fn. 49.
35 *Störi* S. 16; *M. Meyer* S. 63.
36 S. 106.
37 S. 81 m.w.N. unter Fn. 2.

F&E-Projekts. Weitergehend meint *Drygas*,[38] dass dreifache Kostenüberschreitungen das Mittel bilden und auch fünf- bis zehnfache Kostenüberschreitungen nicht selten sind.

12 Von erheblicher Bedeutung für den wirtschaftlichen Erfolg eines F&E-Projekts ist auch der **Zeitbedarf**. Er hat nicht nur Rückwirkungen auf die F&E-Kosten; vielmehr steigt mit ihm auch das Risiko mangelnder Verwertbarkeit der F&E-Ergebnisse aufgrund erfolgreicher Parallelentwicklungen der Konkurrenz. Diese können nicht nur zu einer Reduzierung der Produktlebenszeit und damit von Ergebniseinbußen führen.[39] Im schlimmsten Fall, der aber nach den Erfahrungen des Verfassers gar nicht so selten eintritt, kann die Konkurrenz die gleiche Erfindung früher machen und an ihr ein blockierendes Patent erwerben.[40] Dementsprechend betont *Fuchs*,[41] dass in Branchen mit raschem technologischem Wandel dem Zeitaspekt im Innovationswettlauf häufig eine ausschlaggebende Bedeutung zukommt.

13 Damit ist auch das **Vermarktungsrisiko** angesprochen. Hier sind neben der erwähnten Gefahr, dass die Konkurrenz schneller mit einem gleichwertigen oder besseren Produkt am Markt ist, u.a. zu bewerten

- negative Auswirkungen einer möglichen Änderung der wirtschaftlichen Rahmenbedingungen (z.B. neu geschaffene oder veränderte Industrienormen, Änderung von Konsumgewohnheiten, verschärfte Umweltschutzgesetzgebung, Verteuerung von Rohstoffen und Energie)
- die Blockierung der Vermarktung durch Schutzrechte Dritter (s. unten) und
- umgekehrt die Absicherung der Vermarktung durch zur Verfügung stehende Basisschutzrechte.

14 Speziell bei der Entwicklung eines neuen Produkts ist für die Chancen/Risikoprognose von Bedeutung, ob im Betrieb Basis-Know-how betr. das zu entwickelnde Produkt vorhanden ist. Dem entspricht die wohl in der Praxis zutreffende These der insgesamt umstrittenen »demand pull Theorie«,[42] dass die meisten Inventionen von Leuten gemacht werden, die mit der relevanten Technik und den Erfordernissen ihrer Branche wohl vertraut sind. In wirtschaftlicher Hinsicht hängt die Chancen/Risikoprognose auch davon ab, ob das betr. Unternehmen eine für den Vertrieb des zu entwickelnden Produkts geeignete Vertriebsstruktur hat bzw. inwieweit die Vermarktung durch zur Verfügung stehende Basisschutzrechte abgesichert ist. Die Auswirkung dieser Kriterien auf das Risiko eines F&E-Projekts zeigt folgendes, dem Verfasser aus seiner Dienstzeit erinnerliches Diagramm:

38 S. 119.
39 Siehe *Bürgel/Haller/Binder*, Diagramm auf S. 39; *Rittel* in *Krauch/Kunz/Rittel*, S. 49.
40 Auf diese Gefahr weist auch *Düttmann* S. 96 f. hin.
41 S. 73.
42 Dazu *Kaufer* S. 404 f.

→ Vertriebsstruktur ↓ Basis-Know-how	Vorhanden	Teilweise vorhanden	Nicht vorhanden
Vorhanden	Geringes Risiko	Unterdurchschnittliches Risiko	Durchschnittliches Risiko
Teilweise vorhanden	Unterdurchschnittliches Risiko	Durchschnittliches Risiko	Überdurchschnittliches Risiko
Nicht vorhanden	Durchschnittliches Risiko	Überdurchschnittliches Risiko	Hohes Risiko

Das Diagramm hat Ähnlichkeit mit der »Vertrautheits-Matrix« (familiarity matrix) von *Roberts/Berry*.[43] Diese gibt in Abhängigkeit von ähnlichen Parametern – einerseits Grad der Vertrautheit mit den Technologien, der für das technologische Risiko bedeutsam ist, und andererseits Grad der Vertrautheit mit dem Markt, der wesentliche Bedeutung für das Vermarktungsrisiko hat – Empfehlungen zur Art der Technologiebeschaffung.[44] Genannt werden hierbei z.B. eine oder mehrere der folgenden Beschaffungsarten: interne Grundlagen- oder Produktentwicklung, Lizenznahme, strategische Allianz (»New Style Joint Venture«), Bildung eines Joint Ventures und Unternehmenskauf. 15

Ihre Beurteilung von F&E-Projekten in Abhängigkeit von der Höhe des »strategischen Nutzens« und der Höhe des Risikos stellen *Saad/Roussel/Tiby* im Diagramm wie folgt dar[45]: 16

→ Risiko* ↓ Strategischer Nutzen	Niedrig	Mittel	Hoch
Niedrig	Unattraktive F&E-Investition (»So what«)	Inakzeptable F&E-Investition	Inakzeptable F&E-Investition (Dead duck)
Mittel	Gute F&E-Investition	Fragwürdige F&E-Investition	Unattraktive F&E-Investition
Hoch	Attraktive F&E-Investition (»Heißes Projekt«)	Gute F&E-Investition	Vabanque-Spiel

*) Produkt aus Unsicherheit und Schadenspotenzial

Interessant ist dabei die Beurteilung einer F&E-Investition als fragwürdig schon dann, wenn sowohl der strategische Nutzen als auch das Risiko im mittleren Bereich liegen; vgl. hierzu auch das vierte und fünfte der nachfolgend aufgeführten fünf Gebote von *Drucker*[46] für das Innovationsmanagement: 17

43 S. 3–17, abgebildet in *Brockhoff* S. 120.
44 Siehe dazu *Brockhoff* S. 119 ff.
45 S. 81, Abbildung 5.1.
46 S. 203 ff.

- Die zielbewusste und systematische Innovation beginnt mit der *Analyse der Chancen*. Hierzu seien die verschiedenen Quellen für Innovationschancen systematisch zu erforschen, z.B. unvermutete Markterfolge oder -misserfolge[47] und unerwartete äußere Ereignisse.[48]
- *Gehe hinaus, stelle Fragen, höre zu!* Die Notwendigkeit der Erforschung der Kundenbedürfnisse ist nicht oft genug zu betonen.
- Eine Innovation muss *einfach und konzentriert* sein. Wenn eine Innovation nicht einfach ist, wird sie auch nicht funktionieren. Und wenn sie nicht nur ein Ziel hat, entsteht Verwirrung.
- Effektive Innovationen fangen *klein* an. Es ist besser, im Innovationsbereich klein anzufangen, d.h. zunächst mit wenigen Mitteln, wenig Mitarbeitern und auf einem nur kleinen und überschaubaren Markt. Sonst bleibt nicht genug Zeit und Geld für die Anpassungen und Veränderungen, die immer nötig sind, damit sich eine Innovation durchsetzt.
- Eine Innovation muss auf eine *Führungsposition* abzielen. Sonst entsteht daraus lediglich eine Chance für die Konkurrenz.

18 Von großer und sogar entscheidender Bedeutung für die Chancen-/Risiko-Prognose kann die **Schutzrechtslage** sein. Natürlich sollte ein F&E-Projekt nicht auf ein F&E-Ergebnis zielen, das wegen entgegenstehender valider Fremdschutzrechte nicht verwertet werden kann. Schon aus diesem Grunde ist die Klärung der Schutzrechtslage vor Beginn einer F&E, die über eine grobe Orientierung hinausgeht, unumgänglich. Ggf. kann die Schutzrechtsrecherche auch zu der Entscheidung führen, den Erwerb einer Lizenz an bestehender fremder Technologie anzustreben, statt allein oder zusammen mit einem Kooperationspartner eine neue Technologie zu entwickeln.

19 Eine vorherige Recherche nach (noch in Kraft befindlichen und bereits erloschenen) Schutzrechten/Schutzrechtsanmeldungen ist aber auch aus folgendem Grund dringend zu empfehlen: Wichtige Erfindungen werden in der Regel zu Schutzrechten angemeldet. Eine Schutzrechtsrecherche vermittelt deshalb in der Regel einen besseren Überblick über den Stand der Technik als eine bloße Literaturrecherche, die damit aber nicht als überflüssig hingestellt werden soll.

20 Der **Überblick über den Stand der Technik** ist für eine fundierte Chancen-/Risiko-Prognose unerlässlich. Dies zeigt auch der Hinweis von *Bürgel/Haller/Binder*,[49] dass sich nach Schätzungen von Experten bis zu 30 % aller F&E-Aufwendungen bei konsequenter Inanspruchnahme der zugänglichen technischen Informationen einsparen lassen. Der Stand der Technik ist schließlich auch für die Frage wichtig, ob sich ein angestrebtes F&E-Ergebnis voraussichtlich patentieren lässt (was entgegen der bei patentrechtlichen Laien häufig anzutreffenden Vorstellung wegen der Möglichkeit der Abhängigkeit von Patenten die Verletzung fremder Schutzrechte nicht ausschließen würde), bzw. ob ein mögliches Patent einen ausreichenden, d.h. technisch und wirtschaftlich gleich-

47 S. 67 ff.
48 S. 87 ff.
49 S. 3 und S. 243.

wertige Umgehungen ausschließenden Schutzumfang haben würde. Muss diese Frage verneint werden, und lässt sich das angestrebte F&E-Ergebnis bei Verwertung auch nicht geheim halten, z.B. weil es mit dem Inverkehrbringen des entwickelten Produkts offenkundig werden würde, verkürzt sich der mögliche Wettbewerbsvorsprung erheblich zu Lasten der Gewinnchance.

Im Übrigen kann die Schutzrechtsrecherche auch für die Chancen-/Risiko-Prognose wichtige **Einblicke in die Aktivitäten der Konkurrenz** auf dem Gebiet eines ins Auge gefassten F&E-Projekts gewähren; denn es gibt keine anderen schriftlichen Dokumentationen als Patentschriften bzw. veröffentlichte Patentanmeldungen, in denen über technische Innovationen so frühzeitig berichtet wird.[50] Ergibt die Recherche, dass die Konkurrenz auf diesem Gebiet bereits »die Nase vorn hat«, kann das ein erheblicher Risikofaktor für ein ins Auge gefasstes F&E-Projekt auch dann sein, wenn mit diesem ein Weg beschritten werden soll, der durch fremde Schutzrechte bzw. Schutzrechtsanmeldungen noch nicht abgedeckt ist und voraussichtlich durch Patente ausreichend geschützt oder geheim gehalten werden kann. 21

Die für die Chancen-/Risiko-Prognose maßgeblichen Faktoren können im Übrigen nur in enger **Kooperation zwischen dem F&E-Bereich und dem Marketing-Bereich** des betreffenden Unternehmens ermittelt werden.[51] Arbeiten die beiden Bereiche nicht eng genug zusammen, so besteht u.a. die Gefahr, dass 22

- Produkte an relevanten Kundenwünschen vorbei und/oder gleichzeitig technisch überperfektioniert und damit zu teuer werden,
- Produkte bis zur Marktreife entwickelt werden, für die es ein zu geringes Absatzpotenzial gibt, oder
- durch eine nicht zeitgenaue (d.h. zu späte oder auch zu frühe) Markteinführung neuer Produkte wesentliche Absatz- und Ertragspotenziale nicht erschlossen werden können.[52]

Ist ein F&E-Projekt als solches positiv zu beurteilen, kann seine Durchführung dennoch dem Unternehmensinteresse in folgenden Fällen zuwiderlaufen: 23

Fall 1:

Das Projekt verbraucht die für die Durchführung eines noch wichtigeren F&E-Projekts benötigte personelle und/oder finanzielle Kapazität.[53] Es sind deshalb vor der Durchführung eines F&E-Projekts auch folgende Fragen zu klären:

- Welchen Rang nimmt das Projekt unter Prioritätsaspekten gegenüber anderen F&E-Projekten, die ebenfalls als solche positiv zu beurteilen sind, ein (**Frage der Priorität des Projekts**)?
- Besteht für seine Kosten unter Berücksichtigung dieses Rangs von dem für die gesamte F&E des betreffenden Unternehmens bzw. Unternehmensteils eine **Deckung durch das festgelegte F&E-Budget**?

50 *Hoffmann* BB 1994, 1800, 1801.

51 Siehe z.B. *Bürgel/Haller/Binder*, S. 59 und *Krauch* S. 116 f.

52 *Bürgel/Haller/Binder* S. 59.

53 Siehe *Rittel* in *Krauch/Kunz/Rittel* S. 49.

Fall 2:

Es gibt **günstigere Alternativen zur Durchführung des F&E-Projekts** (Erwerb der erstrebten technischen und kommerziellen Position durch Unternehmenskauf oder Lizenznahme).

Fall 3:

Mit dem Projekt wird in der F&E alles auf eine Karte gesetzt (Vabanque-Spiel in der F&E).

24 Die Entscheidung über die Durchführung eines F&E-Projekts ist nach alledem durch viele Unsicherheiten gekennzeichnet, komplex und schwierig und wird durch die Mitberücksichtigung der Aspekte, die für oder gegen eine Kooperation bei dem Projekt sprechen, (s. dazu unten Rdn. 25–62) nicht leichter. Unter diesen Umständen kann es sich nach Aussage des erfolgreichen F&E-Managers des Unternehmens der Spezialchemie, bei welchem der Verfasser tätig war, am Ende des Evaluierungsprozesses empfehlen, die Entscheidung davon abhängig zu machen, ob folgende **subjektive bzw. personenbezogenen Voraussetzungen** erfüllt sind:
- Hartnäckigkeit und persönliches Engagement der mit dem F&E-Projekt betrauten Personen;
- deren fester Glaube, dass das Projekt Erfolg haben wird; und
- Bauchgefühl des bzw. der über das F&E-Projekt entscheidenden Manager(s): »Das ist was Gutes«.

III. Bei den Basiskriterien zu berücksichtigende Vor- und Nachteile einer Beteiligung Dritter an F&E-Projekten

1. (Mögliche) Vorteile der F&E-Kooperation

a) Überflügelung Dritter im Forschungswettbewerb

25 Bei Kooperationen zwischen Unternehmen, welche das F&E-Ergebnis auf der gleichen Produktionsstufe verwerten wollen, ist in der Regel die Überflügelung Dritter auf dem Projektgebiet das gemeinsame übergreifende Kooperationsziel. In diesem Sinne äußert sich auch *Düttmann*[54] im Anschluss an *Straube*[55]: »Durch das kollektive Vorgehen in Forschung und Entwicklung sollen Wettbewerbsvorteile gegenüber Unternehmen, die nicht an der Kooperation beteiligt sind,

54 S. 77 und S. 110.
55 S. 225.

erlangt werden. Die Wettbewerbsfähigkeit der Kooperationsunternehmen wird dadurch erhöht und ihre langfristige wirtschaftliche Unabhängigkeit gesichert.« Dementsprechend ist auch ein wesentliches Ziel der öffentlichen Förderung von F&E-Kooperationen durch die EU, die Wettbewerbsfähigkeit der beteiligten EU-Unternehmen gegenüber Unternehmen in anderen Regionen, insbesondere in den USA und Japan, zu stärken.[56]

Die Aussicht, aus einem möglichen Wettbewerbsvorteil gegenüber Dritten 26
Gewinn zu ziehen, sinkt allerdings mit wachsender Zahl der Kooperationspartner, welche die Projektergebnisse auf der gleichen Produktionsstufe verwerten wollen; denn mit der höheren Zahl der Partner gewinnt die Konkurrenz zwischen ihnen bei einer Verwertung der Projektergebnisse an Gewicht. Dies kann wieder negative Rückwirkungen auf das Engagement des einzelnen Partners bei der Verfolgung des F&E-Ziels haben, s. Kap. 2 Rdn. 48.

Auch aus anderen Gründen wirkt sich eine höhere Zahl von Kooperationspartnern negativ auf die Chance zur Gewinnrealisierung aus.[57] Bei Projektbeginn bestehende Betriebsgeheimnisse werden dabei stärker verbreitet,[58] was aus den nachfolgend unter Rdn. 44–47 genannten Gründen nachteilig ist. Und je mehr Partner sich an einem F&E-Projekt beteiligen, desto weniger kann dieses auf die Bedürfnisse des einzelnen Unternehmens zugeschnitten werden.[59] Hinzu kommt: Der Informationsaustausch wird schwerfälliger und die Projektleitung aufwändiger, s. Kap. 2 Rdn. 55; außerdem wird die ohnehin schwierige Kontrolle, ob die anderen Partner die von ihnen erzielten Projektergebnisse vollständig übermitteln, – s. Kap. 2 Rdn. 60 und 61 – zusätzlich erschwert.[60]

b) Ausschaltung des Kooperationspartners als Forschungskonkurrent

Als weiteres mit einer F&E-Kooperation verfolgtes strategisches Unterneh- 27
menszie kommt die Ausschaltung des jeweiligen Kooperationspartners bzw. der jeweiligen Kooperationspartner als Forschungskonkurrent(en) auf dem Projektgebiet in Frage. Sie kann nicht nur eine Reduzierung des Amortisationsrisikos des jeweiligen F&E-Projekts bewirken,[61] sondern auch Schutz vor einer Überflügelung durch den bzw. die Kooperationspartner gewähren.[62] Zumindest dann, wenn über dieses Ziel hinaus eine Verzögerung der Innovation bezweckt ist, wird es allerdings kartellrechtlich kritisch.

56 Siehe Kap. 5 Rdn. 11.
57 Siehe dazu *Düttmann* S. 110 f.
58 *Düttmann* S. 110.
59 *Düttmann* S. 110 f.
60 Vgl. *Düttmann* S. 111.
61 Nur diesen Aspekt erwähnt *Machunsky* S. 2.
62 Siehe dazu z.B. *H. Hansen* WuW 1999, S. 468, 470 m.w.N.

c) Verbreiterung der Know-how-Basis

28 Das für ein F&E-Projekt von den Kooperationspartnern zur Verfügung gestellte Know-how kann aus Kenntnissen bestehen, welche direkt zum Projekterfolg beitragen, oder negativen Erfahrungen, welche dem Projekt mittelbar zugute kommen, indem sie vor der Beschreitung von Irrwegen schützen und damit den Arbeits- und Zeitaufwand für das Projekt mindern.[63]

Einen wertvollen Know-how-Zuwachs kann auch schon allein die Erlangung der Kenntnis über die Anforderungen bringen, die eine Neuentwicklung erfüllen muss.

Der Know-how-Gewinn kann auch andere parallele oder künftige Projekte der F&E-Partner befruchten.[64] Das gilt bei Know-how, das in negativen Erfahrungen besteht, sogar für solche Partner, die nach dem Vertrag nicht zur »Benutzung« des ihnen übermittelten Know-how berechtigt sind, da in der Berücksichtigung eines nur in negativen Erfahrungen bestehenden Know-how keine »Benutzung« im Sinne des Vertrages liegen dürfte.

29 Die Know-how-Basis eines Unternehmens verbreitert sich insbesondere bei F&E- Kooperationen mit Partnern, die komplementäre Kenntnisse zur Verfügung stellen können.[65] Dies sind vor allem Partner, welche als Verwender der neu oder weiter entwickelten Produkte in Betracht kommen, z.B. bei einem Unternehmen, das Korrosionsschutzmittel für Automobilbleche liefert, die Automobilhersteller, oder bei einem Engineering-Unternehmen, das industrielle Großanlagen konzipiert und errichtet, die Betreiber solcher Anlagen. Komplementäres Know-how können auch Hersteller solcher Komponenten besitzen, die bei der Anwendung zusammenwirken, wie z.B. Hersteller von Korrosionsschutzmitteln und Hersteller darauf aufzutragender Lacke.

d) Nutzung unterschiedlicher Kompetenzen

30 Für den Erfolg eines gemeinsamen F&E-Projekts ist auch wesentlich, dass die Partner unterschiedliche Kompetenzen besitzen. Dementsprechend nennt ein Protokoll der IRI und der EIRMA über ein Kontakt-Meeting vom 5.–7. 3. 1975[66] als eine Bedingung für eine erfolgreiche F&E-Partnerschaft, dass die Fähigkeiten der Partner in der Forschung vorwiegend komplementär (statt vorwiegend identisch) sind.

31 Diese Bedingung dürfte regelmäßig erfüllt sein bei der Zusammenarbeit von Unternehmen unterschiedlicher Produktionsstufen, z.B. bei F&E-Kooperationen zwischen Anlagenherstellern und Anlagenbetreibern oder zwischen Zulie-

63 Vgl. hierzu die Darstellung des instruktiven Falls »Honeywell v. Sperry Rand« (1974 Tr. Cases § 74. 874 = 180 US PQ 673) bei *Ullrich (Koop. Forschung)* S. 54 ff, in dem der Gewinn negativer Kenntnisse durch einen Lizenzaustausch den Firmen IBM und Sperry Rand einen entscheidenden Entwicklungsvorsprung vor der Klägerin Honeywell verschaffte.

64 Vgl. *Monopolkommission* S. 349 unter Tz. 970.

65 Siehe z.B. *Monopolkommission* a.a.O.; *Düttmann* S. 89.

66 Zitiert bei *Störi* S. 47 f.

ferern und Verwendern. So kann in der Regel nur das Unternehmen der nachgelagerten Produktionsstufe den »Feedback« aus Feldversuchen liefern, die im Laufe der gemeinsamen F&E mit den von dem Unternehmen entwickelten Produkten bzw. Anlagen durchgeführt werden. Zwar kann ein Unternehmen seine neu oder weiter entwickelten Produkte im Labor-, vielleicht auch im Technikumsmaßstab, testen. Solche Tests sind aber noch nicht genügend aussagekräftig. Die »Nagelprobe« bilden oft erst die Versuche im industriellen Maßstab.

Eine sinnvolle Kompetenzergänzung ist auch häufig bei einer Zusammen- 32
arbeit zwischen Unternehmen und Wissenschaftlern aus dem universitären Bereich gegeben; z.B. kann das F&E-Team eines Unternehmens zwar bestimmte Vor- und Nachteile von dem Unternehmen selbst und/oder seiner Konkurrenz vertriebener Produkte kennen, sich aber über die physikalischen bzw. chemischen Gründe dieser Vor- und Nachteile nicht im Klaren sein. Aufgrund ihres breiten Basiswissens auf dem betreffenden Gebiets können Wissenschaftler aus dem universitären Bereich besonders geeignet erscheinen, die Wirkungsmechanismen aufzudecken, die den besagten Vor- und Nachteilen zugrunde liegen.

e) Erweiterung der betriebsinternen F&E-Kapazität

Die F&E-Kooperation kann weiter ein Mittel sein, die betriebsinterne F&E- 33
Kapazität zu erweitern.[67]

Dies gilt zunächst hinsichtlich der Ausstattung an Laboreinrichtungen. *Fuchs*[68] weist diesbezüglich darauf hin, dass u.a. die fixen Kosten, die mit der Unterhaltung von Forschungseinrichtungen verbunden sind, auf eine größere Zahl von Projekten verteilt werden können.

Das gilt weiter hinsichtlich der personellen Kapazität. Als Alternative zur F&E-Kooperation kommt oft nur die Einstellung zusätzlichen F&E-Personals in Frage. Dabei ist zu berücksichtigen, dass das Heranholen hochqualifizierter Kräfte zeitraubend und schwierig ist und die Zeit von der Einstellung bis zum Erreichen der vollen Effektivität oft 2 bis 3 Jahre beträgt.[69] Gegen die Personalaufstockung kann auch sprechen, dass langfristig, also auch in der Zeit nach Abschluss des Projekts, kein Bedarf für das zusätzliche Personal besteht, die Trennung von dem neu eingestellten Personal aber in aller Regel aus arbeitsrechtlichen Gründen schwierig[70] oder doch kostspielig ist.

Oft werden Unternehmen erst durch die Erweiterung der F&E-Kapazität in die Lage versetzt, gemeinsam die Innovationsfähigkeit eines Konkurrenten mit hoher Entwicklungskapazität zu erreichen oder zu übertreffen.

67 Dazu *Störi* S. 27 f.
68 S. 72.
69 *Krauch* S. 123.
70 *Düttmann* S. 85.

f) Verringerung des Zeitbedarfs für das jeweilige F&E-Projekt

34 Die Zusammenarbeit kann weiter zu einer erheblichen Verringerung des Zeitbedarfs für das jeweilige F&E-Projekt führen.[71] *Ullrich*[72] nennt in diesem Zusammenhang die »Beschleunigung der Inventionsphase innerhalb des Innovationsprozesses« als wichtigen Kooperationsgrund. Der Realisierung eines Zeitvorteils durch die Kooperation können u.a. mangelndes Engagement oder mangelnde fachliche Eignung eines Partners oder mehrerer Partner sowie Mängel bei der Koordinierung der Leitung des Projekts durch die Partner entgegenstehen, s. Kap. 2 Rdn. 48–52 und 55–58. Es ist hierbei auch darauf hinzuweisen, dass bei einem arbeitsteiligen F&E-Projekt der Gesamterfolg desselben, wie *Ullrich*[73] unter Anführung eines Beispiels darlegt, in der Hand des Partners liegt, d.h.: Die Erreichung des Teilziels, das der F&E-Vertrag einem Partner auf dem ihm zugewiesenen Arbeitsgebiet steckt, kann dadurch entwertet werden, dass der andere Partner das diesem für sein Arbeitsgebiet gesteckte Teilziel nicht erreicht.

g) Zugang zu öffentlicher Förderung

35 Sowohl auf europäischer Ebene als auch auf den Ebenen des Bundes und der Bundesländer werden regelmäßig nur F&E-Projekte gefördert, an denen sich mehrere Partner beteiligen, s. dazu im Einzelnen Kap. 4 Rdn. 7–13 bzw. 93. Aus verschiedenen Gründen, zu denen die im Durchschnitt geringe Wahrscheinlichkeit eines Erfolgs von Initiativen zur Erlangung von Fördergeldern gehört, sollte man sich aber den Entschluss, eine solche Initiative zu ergreifen, nicht leicht machen, s. dazu im Kap. 4 Rdn. 110–127.

h) Verringerung der F&E-Kosten des einzelnen Kooperationspartners

36 Die Chance des einzelnen F&E-Partners, durch die Kooperation (auch unter Berücksichtigung der Kooperationskosten, s.u. Kap. 2 Rdn. 62) F&E-Kosten zu sparen, ist abzuwägen gegen die möglichen Nachteile der Kooperation wie Teilung der Innovationsvorteile, Know-how-Abfluss usw. (s. unten Kap. 2 Rdn. 40–62).

i) Verminderung des Risikos eines F&E-Projekts durch Parallelstrategie

37 *Drygas/Paschen*[74] haben zur Verminderung des Risikos eines sich über mehrere Stufen erstreckenden F&E-Projekts eine sog. Parallelstrategie vorgeschlagen, bei

71 *Machunsky* S. 2 m.w.N. unter Fn. 7; *Fuchs* S. 73 m.w.N. unter Fn. 79; *Düttmann* S. 90, 99; *H. Hansen* WuW 1999, S. 468, 470; s. zur erheblichen Bedeutung der Erwartung eines Zeitgewinns für das Eingehen von F&E-Kooperationen auch *Monopolkommission* S. 341 unter Tz. 939.

72 *(Kooperative Forschung)* S. 30.

73 In Festschrift für *Steindorff*, S. 281, 283 ff.

74 S. 187; dazu auch *Störi* S. 30 f.

der in der ersten Phase eines solchen Projekts zwei oder mehrere in Betracht kommende Lösungen in Angriff genommen werden. Dieser Vorschlag basiert auf der Erkenntnis, dass normalerweise bei einem F&E-Projekt die Unsicherheit über den einzuschlagenden Weg am Anfang am größten ist und mit zunehmendem Projektfortschritt rasch abnimmt,[75] so dass der Aufwand für die Parallelstrategie durch die Verminderung der Gefahr eines Irrwegs überkompensiert wird.

j) Eröffnung weiterer Kooperationsmöglichkeiten durch die F&E-Zusammenarbeit

Die F&E-Zusammenarbeit kann den Ausgangspunkt für weitere Kooperationen mit dem bzw. den anderen F&E-Partner(n) bilden.[76] Sie schafft einen »Approach« zu diesem bzw. diesen, der z.B. für die Etablierung einer Lieferbeziehung genutzt werden könnte. 38

Grundsätzlich kann ein Unternehmen eine solche Parallelstrategie auch intern unter Bildung mehrerer F&E-Gruppen verfolgen, von denen jede eine grundsätzliche Lösungsmöglichkeit untersucht. Dies setzt aber entsprechende personelle Kapazitäten voraus, die oft nicht vorhanden sind. Als Ausweg bietet sich hier an, die Untersuchung extern durch einen oder mehrere Kooperationspartner durchführen zu lassen,[77] wobei im Falle mehrerer Kooperationspartner die Konkurrenzsituation zwischen denselben dem Ergebnis zugute kommen kann. Die Einschaltung externer Stellen nur in diesem Anfangsstadium ist für das Unternehmen meist noch nicht mit dem Nachteil des Abflusses von wesentlichem bei Beginn des F&E-Projekts vorhandenem Know-how – s. Kap. 2 Rdn. 44 – verbunden, während sich das Unternehmen andererseits (sofern kartellrechtlich zulässig) durch entsprechende Vertragsgestaltung das Recht sichern kann, den am günstigsten erscheinenden Lösungsansatz zum Patent anzumelden und bei Erteilung eines solchen dieses allein zu verwerten. 39

2. (Mögliche) Nachteile der F&E-Kooperation

a) Verzicht auf Überflügelung des Kooperationspartners im Forschungswettbewerb und andere Wettbewerbsnachteile

Dieser Verzicht bildet die Kehrseite des Vorteils für das Unternehmen, auf dem Projektgebiet keine Überflügelung durch den Kooperationspartner befürchten zu müssen, s. Kap. 2 Rdn. 27. 40

75 *Drygas/Paschen* S. 187–190; *A. Hansen* S. 37 f.; *Störi* S. 30; *Monopolkommission* S. 345 unter Tz. 958.

76 Siehe den BMBF-Leitfaden »Antragstellung im 7. EU-Forschungsrahmenprogramm«, abrufbar über den Link »Das Deutsche Portal zum 7. EU-Forschungsrahmenprogramm« zu http://www.bmbf.de/de/rp7-auftakt.php, S. 18.

77 Darauf weist auch *Düttmann* S. 97 hin.

41 Dabei ist es in aller Regel unausbleiblich, dass jeder Partner im Rahmen der F&E-Kooperation über den Austausch technischer Informationen hinaus auch andere sensible Unternehmensdaten preisgibt[78] (z.B. Unternehmensstrategien, insbesondere F&E-Strategien, Marktdaten hins. der zu ersetzenden oder zu verbessernden Produkte und Einkaufsinformationen). Jeder Partner erhält auch Einblick in die Fähigkeiten der an dem Projekt beteiligten Mitarbeiter des bzw. jeden anderen Partners und könnte auf längere Sicht versucht sein, besonders qualifizierte Mitarbeiter des bzw. eines anderen Partners abzuwerben. Die wettbewerblichen Auswirkungen der Kooperation können unter diesen Umständen erheblich über die Verhinderung technologischer Vorsprünge im Verhältnis zwischen den F&E-Partnern hinausgehen.

b) Teilung der Innovationsvorteile

42 Ein Unternehmen kann Innovationsvorteile mit einem Kooperationspartner auf verschiedene Weise teilen:

Die weniger problematische Beteiligung liegt regelmäßig in der bloßen Zahlung von Lizenzgebühren, z.B. für die eigene Verwertung von Schutzrechten oder Schutzrechtsanmeldungen für F&E-Ergebnisse, die der Partner bei Durchführung der F&E-Kooperation allein oder gemeinsam mit dem Unternehmen erzielt.

Schwerer kann die Beteiligung des Partners durch Einräumung von Verwertungsrechten wiegen. Hier wird es darauf ankommen,

- ob der Partner im Prinzip selbst mit dem Unternehmen konkurrieren kann,
- ob der Partner nach dem Vertrag auch Dritten Lizenzen am F&E-Ergebnis erteilen kann,
- wie weit bereits ein positives Ergebnis des F&E-Projekts den Partner bzw. einen Lizenznehmer desselben dazu in die Lage versetzen würde, mit dem Unternehmen zu konkurrieren (eine Frage, die wesentlich vom Projektgegenstand abhängen wird), und
- inwieweit und für welchen Zeitraum sich eine solche Konkurrenz vertraglich unter Berücksichtigung des Kartellrechts wirksam ausschließen lässt.

c) Verzicht auf interne Lernprozesse bei koordinierter F&E

43 Das Vertrauen auf die Kompetenz des Partners wird erkauft mit dem Verzicht auf den Erwerb eigener Fähigkeiten, deren Besitz u.a. das Risiko von Fehlentscheidungen betr. künftige F&E-Projekte mindern kann.[79]

d) Abfluss von bei Beginn des F&E-Projekts vorhandenem Know-how

44 Je weiter ein Innovationsprozess bei einem Unternehmen schon fortgeschritten ist, desto mehr wertvolles Know-how wird es im Rahmen einer Kooperation

78 Vgl. *Monopolkommission* S. 227 unter Tz. 924 und S. 341 unter Tz. 940.
79 *D. Meyer* in WuW 1993, S. 193, 201.

zur Fortführung der Innovation, z.B. in Richtung der Verbesserung eines bereits marktfähigen Produkts, dem bzw. den Partner(n) des F&E-Vertrags offenbaren müssen. Umgekehrt wird die Gefahr des Abflusses von wertvollem Know-how in der Anfangsphase eines Innovationsprozesses relativ gering sein. IRI und EIRMA meinen sogar, dass es zu den Bedingungen für den Erfolg von F&E-Partnerschaften gehört, dass sie sich auf gemeinsame Projekte beziehen, die in einem frühen Stadium begonnen werden – jedenfalls bevor einseitig wichtige Erfindungen oder Entdeckungen getätigt worden sind.[80]

Das trifft jedoch in dieser Allgemeinheit nicht zu (s. aber Kap. 2 Rdn. 46). Erfolg versprechend können auch F&E-Kooperationen zwischen Partnern sein, die beide wertvolle Erfindungen und ggf. diesbezügliche Schutzrecht sowie Know-how zum Erfolg des gemeinsamen Projekts beisteuern. Dies gilt insbesondere dann, wenn sich zur Verfügung gestellte Technologien ergänzen.

Der Abfluss von vorhandenem Know-how ist natürlich, isoliert gesehen, stets 45
dann für den übermittelnden Partner nachteilig, wenn der jeweils empfangende Partner Rechte an dem ihm zugänglich werdenden Know-how erlangt. Sehr wichtig ist hier bei einem Konkurrenzverhältnis zwischen den Partnern, dass der übermittelnde Partner zum Ausgleich entsprechende Rechte an gleichwertigem Know-how bzw. Patentrechten des anderen Partners erhält. Besteht hier keine Balance, steigt die Wahrscheinlichkeit, dass der andere Partner die Kooperation nur deshalb eingeht, um an das Know-how des übermittelnden Partners heranzukommen. Er kann auch auf eine vorzeitige Beendigung des F&E-Vertrags »hinarbeiten«, um die F&E in Konkurrenz zum übermittelnden Partner eigenständig fortsetzen zu können. Dabei gibt es vielfältige Möglichkeiten, eine F&E-Kooperation ohne nachweisbare Vertragsverletzung zu torpedieren. So kann sich ein Vertragspartner zwar formal i.S. eines »Dienstes nach Vorschrift«, in Wahrheit aber nicht ernsthaft bei der gemeinsamen F&E engagieren. Er kann auch bei der Konkretisierung von Anpassungen des F&E-Programms, die im Hinblick auf die zunächst erzielten F&E-Ergebnisse notwendig werden, »mauern«. Beides wird früher oder später zu einer einvernehmlichen Aufhebung des Vertrags oder zu seiner Kündigung aus wichtigem Grund bzw. nach der einschlägigen vertraglichen Bestimmung – s. z.B. Muster A, Klausel 10.3 a) – führen.

Besondere Probleme bestehen hier bei F&E-Kooperationen mit Hochschu- 46
len, da diese im Hinblick auf ihre Lehr- und Forschungsaufgabe, aber auch aufgrund ihres Interesses, sich die Zusammenarbeit mit Dritten nicht zu verbauen, an einer zeitlich eng begrenzten Verpflichtung zur Geheimhaltung interessiert sind, s. hierzu Kap. 8 Rdn. 252 Nr. 4 sowie 383 Nr. 1, 384 und 385.

Dieser Aspekt lässt es für Unternehmen grundsätzlich geraten erscheinen, F&E-Kooperationen mit Hochschulen nur auf solchen technischen Gebieten ins Auge zu fassen, auf denen die Unternehmen noch kein wesentliches Know-how haben.

80 Siehe das von *Störi* auf S. 47 f zitierte Protokoll über ein Kontakt-Meeting vom 5.–7. 3. 1975.

47 Selbst dann, wenn der Partner keine Rechte an dem übermittelten Know-how erlangt, birgt dessen Abfluss Risiken für den übermittelnden Partner, weil eine unkontrollierte Weitergabe des Know-how durch den empfangenden Partner auch bei entsprechender Geheimhaltungsverpflichtung desselben nie vollständig auszuschließen ist. Dementsprechend ist die Sorge um die Geheimhaltung verbreitet, was sich nach *Ullrich*[81] besonders auf die Kooperationsbereitschaft kleiner und mittlerer Unternehmen negativ auswirkt. Schadensersatzansprüche wegen Verletzung der Geheimhaltungsverpflichtung sind schwer durchzusetzen; sie können sowohl am Nachweis der Verletzung der Geheimhaltungspflicht als auch am Nachweis eines Schadens scheitern. Dies gilt insbesondere bei ausländischen Vertragspartnern. Die Risiken erhöhen sich weiter, wenn ein ausländischer Gerichtsstand vereinbart ist; z.B. können bei Prozessführung in den USA die Prozesskosten einen erstrittenen Schadensersatz kompensieren oder sogar erheblich übersteigen.

e) Mangelndes Engagement des Partners

48 Wie bereits dargelegt (Kap. 2 Rdn. 34), liegt bei arbeitsteiligen F&E-Kooperationen der Erfolg in der Hand des Partners. Wichtig ist daher, dass der Partner ein eigenes Interesse hat, sich selbst aktiv für einen Erfolg des F&E-Projekts einzusetzen. Insbesondere bei einem Partner, welcher die F&E-Ergebnisse auf der gleichen Produktionsstufe verwerten will, kann die Gefahr bestehen, dass sich dieser selbst nicht ernsthaft engagieren will und die Kooperation nur deshalb eingeht, um die vom anderen Partner eingebrachte Technologie und erzielten F&E-Ergebnisse als »Trittbrettfahrer« zu nutzen. Das gilt besonders dann, wenn die von ihm eingebrachte Technologie (Patentrechte und Know-how) mit derjenigen des anderen Partners nicht gleichwertig ist, s. schon Kap. 2 Rdn. 45. Die Gefahr mangelnden Engagements steigt im Übrigen mit wachsender Zahl derjenigen Kooperationsteilnehmer, welche die F&E-Ergebnisse auf der gleichen Produktstufe verwerten wollen,[82] weil dann die Chancen zur Realisierung hoher Gewinne aufgrund eigener Beiträge zu den F&E-Ergebnissen wegen der zahlreichen zur Mitverwertung berechtigten Konkurrenten sinken, s. Kap. 2 Rdn. 26.

49 Zu den vertraglichen Mitteln, die eine gewisse Gewähr für das Engagement der Partner bei der Durchführung einer geplanten gemeinsamen F&E-Projekts bieten können, gehören u.a. die Verpflichtung jeden Partners, Aufzeichnungen über die von ihm durchgeführten F&E-Arbeiten zu führen und dem bzw. den anderen Partner(n) in diese Aufzeichnungen Einblick zu gewähren, sowie – auch wegen ihrer disziplinierenden Wirkung – die Vereinbarung einer kurzen Frist zur Kündigung des Vertrags.

81 S. 33.

82 Dieser Aspekt ist auch kartellrechtlich relevant, z.B. nach dem US-Antitrustrecht; s. Kap. 5 Rdn. 746.

f) Mangelnde Eignung der auf Seiten des Partners für die Projektleitung und -durchführung vorgesehenen Personen

Für ein Unternehmen hängt der Erfolg einer F&E-Kooperation oft von der 50 Eignung der Personen ab, die auf Seiten des Partners mit der Leitung und an maßgeblicher Stelle mit der Durchführung der vom Partner durchzuführenden F&E-Arbeiten betraut werden. Deren Fachwissen, Ideenreichtum, Führungsqualitäten und Kooperationsbereitschaft können von ausschlaggebender Bedeutung sein.

Sind dem Unternehmen die Personen, die auf Seiten des Partners zum Einsatz 51 kommen sollen, nicht bekannt, sollte es bei der Anbahnung des Vertrags auf jeden Fall die Frage nach diesen Personen stellen und sicherstellen, dass diese an den Vertragsgesprächen teilnehmen, damit es sich einen Eindruck von ihrer Eignung verschaffen kann.

Kommt es aus der Sicht des Unternehmens für den Erfolg des Projekts auf 52 den Einsatz ganz bestimmter Mitarbeiter des anderen Partners an, ist auch zu erwägen, den Partner zum Einsatz dieser Mitarbeiter vertraglich zu verpflichten (s. jedoch Kap. 8 Rdn. 89–110 zur Notwendigkeit der Einbindung von Hochschulwissenschaftlern bei F&E-Kooperationen mit Hochschulen mittels einer den F&E-Vertrag mit der Hochschule ergänzenden separaten Vereinbarung). Für den Fall, dass diese Mitarbeiter nicht mehr für die Durchführung des Projekts zur Verfügung stehen, könnte ein besonderes Kündigungsrecht vereinbart werden.

g) Ungleichgewicht der F&E-Beiträge der Partner

Mit einem solchen Ungleichgewicht ist zu rechnen, wenn die Partner nicht ein 53 vergleichbares technologisches Niveau besitzen oder nicht über ein ähnliches Potential an Forschungsressourcen verfügen.[83]

Die Gefahr des Ungleichgewichts infolge unterschiedlicher F&E-Kapazitäten 54 lässt sich mildern durch die Zuweisung gleichgewichtiger Entwicklungsbeiträge im Rahmen einer koordinierten F&E, die jeden Partner zur Bereitstellung bei ihm noch nicht vorhandener F&E-Kapazitäten zwingt, oder gänzlich beheben durch Übertragung der F&E auf ein Gemeinschaftsunternehmen, dessen Kosten beide bzw. alle Partner zu tragen haben.

h) Kommunikations- und Leitungsprobleme

Bei F&E-Projekten, die im Rahmen von F&E-Kooperationen durchgeführt 55 werden, stellen sich auch Kommunikations- und Leitungsprobleme. Diese verschärfen sich mit der Zahl der Projektteilnehmer.[84]

83 Vgl. *Monopolkommission* S. 340 unter Tz. 937.
84 Vgl. *Monopolkommission* S. 350 unter Tz. 971.

56 Ungünstig wirkt sich hierbei schon allein die Entfernung zwischen den Verwaltungen und Forschungsstätten der F&E-Partner aus. Dieses Problem lässt sich allerdings mildern durch den Gebrauch moderner Kommunikationsmittel wie telefonischer Konferenzschaltungen und Fernsehübertragungen.

57 Schwerer wiegt das Fehlen einer einheitlichen Leitung des Projekts durch eine Person, bei der »alle Fäden zusammenlaufen«, so dass sie ständig über alle wichtigen Ergebnissen der Partner informiert ist und gebotene Anpassungen ohne Verzögerung verfügen kann.[85] Zu den Maßnahmen, die diesen Nachteil mildern können, gehören

- die Übertragung der Leitungsbefugnis auf ein von allen Partnern gebildetes, relativ häufig tagendes F&E-Komitee sowie
- vertragliche Verpflichtungen jeden Partners zur Mitwirkung an einer gebotenen Programmanpassung und unverzüglicher Mitteilung von Ergebnissen, die eine solche Anpassung erforderlich machen, an den oder die anderen Partner bzw. dessen/deren Mitglieder des F&E-Komitees.

58 Der weiteren Entschärfung des Leitungsproblems kann die Bildung eines Gemeinschaftsunternehmens zur Durchführung des Projekts dienen. Auch dieses bietet aber einem beteiligten Unternehmen wegen der Notwendigkeit einer Abstimmung mit dem Partner bzw. den Partnern in wichtigen Fragen nicht die gleiche Flexibilität wie bei einem nur intern durchgeführten F&E-Projekt.[86]

i) Unmöglichkeit oder Erschwerung des Abbruchs des F&E-Projekts

59 Ein Kooperationspartner kann ein Interesse am Abbruch des gemeinsamen F&E-Projekts haben, weil sich im Laufe der Durchführung desselben herausgestellt hat, dass nur noch geringe Aussicht auf Verwirklichung des für ihn wichtigen technischen F&E-Ziels besteht, oder weil er wegen einer Änderung der wirtschaftlichen Rahmenbedingungen (z.B. Änderung von Rohstoffpreisen oder Änderung der Bedarfsstruktur) nicht mehr erwartet, die angestrebten F&E-Ergebnisse profitabel verwerten zu können. Ob und ggf. wann er in einem solchen Fall den Vertrag kündigen kann, richtet sich in einem solchen Fall nach dem Recht, dem der Vertrag unterliegt, und nach der Vertragsgestaltung, s. dazu Kap. 8 Rdn. 653–656. Soweit der Kooperationspartner ausnahmsweise den Vertrag jederzeit kündigen kann, wird dies mit Nachteilen verknüpft sein. So wird der Auftraggeber bei einem F&E-Auftrag, für den eine am Aufwand des Auftragnehmers orientierte Vergütung zu leisten ist, dem Auftragnehmer außer der für die bisherigen Arbeiten geschuldeten Vergütung zumindest noch einen Ersatz der Kosten vertraglich zubilligen müssen, die bei ihm auch in Anbetracht des Projektabbruchs noch notwendig anfallen, soweit dies nicht zur Überschreitung eines vereinbarten Höchstbetrags der Vergütung führt. Ggf. sind

85 Die Probleme bei der Errichtung einer Führung erwähnt auch *D. Meyer* WuW 1993, S. 193, 199.

86 Vgl. *D. Meyer* a.a.O., der von der »Bürokratisierung der Entscheidungsprozesse« bei koordinierter F&E spricht.

hier bei einem Vertrag, der deutschem Recht unterliegt, auch die AGB-Bestimmungen des BGB zu beachten, s. dazu Kap. 7 Rdn. 18–20.

j) Begrenzte Kontrollmöglichkeit hinsichtlich Engagements des jeweiligen Partners und der Vollständigkeit der Know-how-Übermittlung

Ob ein Partner seinen vertraglichen Verpflichtungen hinsichtlich der Durchführung des Projekts und der Know-how-Übermittlung voll genügt, lässt sich von außen nur in begrenztem Umfang kontrollieren. Dementsprechend ist eine Verletzung dieser Verpflichtungen oft auch nur schwer nachzuweisen mit der Folge, dass ein nach dem wahren Sachverhalt an und für sich gegebenes außerordentliches Kündigungsrecht oft mangels Beweises nicht geltend gemacht werden kann. In diesem Sinne weist auch *Schrader*[87] darauf hin, dass die an einem Forschungs-Joint Venture beteiligten Unternehmen häufig zwar fähig seien, die Beiträge der einzelnen Partner einzuschätzen, jedoch kaum vertragliche Möglichkeiten besitzen, um kooperatives Verhalten einzufordern. 60

Hilfreich ist es immerhin, jeden Partner zu verpflichten, über die von ihm durchgeführten F&E Aufzeichnungen zu führen sowie dem bzw. den anderen Partner(n) auf Verlangen Einsicht in diese zu gewähren. Eine gewisse disziplinierende Wirkung kann auch die Vereinbarung von Besuchsrechten jeden Partners bei dem bzw. jedem anderen Partner zum Zwecke der Beobachtung der bei diesem laufenden F&E-Arbeiten und des Studiums der von diesem erzielten Ergebnisse haben. 61

k) Erhöhte Kosten aufgrund der Kooperation

Die Kosten können sich aufgrund der Kooperation aus verschiedenen Gründen erhöhen. 62

Hier sind zunächst die Kosten für die Ausarbeitung und Verhandlung des F&E-Vertrags zu nennen.

Weiter verursacht die Durchführung des Projekts besondere Koordinations- und Kommunikationskosten einschließlich Reisekosten[88] sowie Kosten für die Kontrolle der Vertragserfüllung durch den jeweiligen Partner.[89] Dies gilt besonders bei einer hohen Zahl von Projektteilnehmern.

Bei Gründung einer rechtlich selbständigen Forschungsgesellschaft fallen dadurch, ggf. auch durch eine Fusionskontrolle, besondere Kosten an, zu denen nach Gründung die Kosten eines separaten Managements einschließlich separater Buchführung, Bilanzerstellung und Controlling kommen.

Bei F&E-Aufträgen sind zunächst die Vergütungsansprüche des Auftragnehmers aus der Durchführung der F&E zu berücksichtigen. Diesen kann aber eine Ersparnis an internen F&E-Aufwendungen gegenüberstehen, so dass die Ko-

87 in *Sauer/Hirsch-Kreinsen* S. 57.
88 Die erhöhten Koordinationskosten erwähnt auch *D. Meyer* WuW 1993, S. 193, 199.
89 Siehe *D. Meyer* a.a.O.

operation von der Kostenseite zunächst meist positiv zu beurteilen sein wird. Nicht selten wird aber der Auftraggeber dem Auftragnehmer für eine Verwertung von Schutzrechten für bei diesem entstehende Erfindungen zusätzlich Lizenzgebühren zubilligen müssen, welche über der Vergütung liegen, die für solche Erfindungen nach dem ArbEG an eigene Mitarbeiter zu zahlen wären, und dadurch negativ zu Buch schlagen.

Kapitel 3 Anbahnung von F&E-Kooperationen

I. Grobprüfung der Zweckmäßigkeit der Kooperation

Bevor ein Unternehmen einen möglichen Partner wegen einer Kooperation bei 1
einem bestimmten ins Auge gefassten F&E-Projekt anspricht, sollte es aufgrund einer ersten groben Prüfung der Kriterien gemäß oben 2 (s. auch die Checkliste in Kap. 10 unter I.) zu dem Ergebnis gekommen sein, dass es sinnvoll sein kann, das Projekt gemeinsam mit dem Partner durchzuführen. Dies ist nicht nur ein Gebot ökonomischen Umgangs mit der ihm selbst zur Verfügung stehenden Zeit und Arbeitskraft und der Rücksichtnahme auf den Partner, sondern kann sich auch zur Vermeidung unnötiger Offenbarung von F&E-Plänen empfehlen.

II. Klärung des grundsätzlichen Interesses des ins Auge gefassten Partners

Der nächste Schritt ist eine Anfrage beim möglichen Partner, ob bei ihm 2
grundsätzliches Interesse an der Zusammenarbeit besteht. In dieser Phase sollte das Unternehmen noch keine Einzelheiten des in Aussicht genommenen Projekts mitteilen, die als Betriebsgeheimnisse einzustufen sind. Wenn das Unternehmen Interesse an der Geheimhaltung seiner F&E-Pläne hat, sollte es hierbei versuchen, zumindest eine mündliche Verpflichtungserklärung des Partners zu erhalten, diese Pläne wenigstens für die Dauer der Verhandlungen geheim zu halten. Die Verpflichtung kann dann später in einer förmlichen Geheimhaltungsvereinbarung gemäß nachfolgend Kap. 3 Rdn. 3 und 7 erneuert und im F&E-Vertrag zeitlich weiter erstreckt werden.

III. Vorbereitung eines ersten Vertragsgesprächs

1. Geheimhaltungsvereinbarung

3 Im Rahmen der Vertragsverhandlungen muss das Unternehmen regelmäßig technische und ggf. auch kommerzielle Betriebsgeheimnisse offenbaren, zu denen auch schon der Umstand gehören kann, dass es auf einem bestimmten Gebiet F&E betreibt bzw. auf diesem Gebiet eine Kooperation mit dem in Aussicht genommenen Partner erwägt. Zum Schutz dieser Betriebsgeheimnisse ist der Abschluss einer Geheimhaltungsvereinbarung unerlässlich.

4 Bei einer in Aussicht genommenen **F&E-Kooperationen mit nur einem Partner** sind in Abhängigkeit davon, ob auch der Partner ein entsprechendes Geheimhaltungsinteresse hat, einseitige oder beiderseitige Geheimhaltungsverpflichtungen (s. Muster I bzw. J) vorzusehen.

5 Bei einer ins Auge gefassten **F&E-Kooperationen mit mehreren Partnern** ist es zweckmäßig, statt mehreren bilateralen Geheimhaltungsvereinbarungen nur eine mehrseitige Geheimhaltungsvereinbarung abzuschließen (s. dazu Muster K). Der Grund liegt darin, dass bei einer bilateralen Vereinbarung, wenn in dieser nichts Anderes bestimmt ist, jeder der möglichen anderen Kooperationspartner »Dritter« sein würde mit der Folge, dass ein der bilateralen Vereinbarung unterliegender Partner keine von ihm nach der bilateralen Vereinbarung geheim zu haltenden Informationen an einen nicht an dieser Vereinbarung beteiligten Partner weitergegeben dürfte. Der Ausweg, in der bilateralen Vereinbarung (wie im Muster K für mehrseitige Vereinbarungen) »Dritte« so zu definieren, dass die anderen prospektiven Kooperationspartner nicht unter diesen Begriff fallen, würde wiederum bedeuten, dass zur Vermeidung von Schutzlücken alle bilateralen Vereinbarungen zugleich unterzeichnet werden müssten oder das Inkrafttreten jeder bilateralen Vereinbarung vom Abschluss der anderen bilateralen Vereinbarungen abhängig gemacht werden müsste.

6 Bei einer ins Auge gefassten F&E-Kooperation können die potenziellen Vertragspartner ein Interesse an der **Zuziehung Dritter zu den Vertragsverhandlungen** haben, welche nicht schon als Anwälte beruflich zur Geheimhaltung verpflichtet sind. So kann es für ein als konzernangehöriges Unternehmen zweckmäßig sein, von vornherein Mitarbeiter der zentralen Rechtsabteilung oder auch Angehörige des Management einer Obergesellschaft zu den Verhandlungen hinzuziehen; und Hochschulen werden oft darauf Wert legen, dass Mitarbeiter der für sie »zuständigen« PVA (s. dazu Kap. 8 Rdn. 77 und 112) an den Verhandlungen teilnehmen. In diesen Fällen muss der potenzielle Vertragspartner, der eine Hinzuziehung eines Dritten beabsichtigt, diese Absicht rechtzeitig dem bzw. den anderen Verhandlungspartner(n) offenbaren und dessen/deren Zustimmung erbitten. Diese wird sicher nur dann erteilt, wenn sich auch dieser Dritte zur Geheimhaltung verpflichtet.

7 In Betracht kommt auch eine **Ausdehnung der Geheimhaltungsverpflichtung auf die bei der Aufnahme von Verhandlungen zutage tretende Unter-**

nehmensstrategie, d.h. auf den Umstand, dass es auf einem bestimmten Gebiet F&E betreibt bzw. auf diesem Gebiet eine Kooperation mit dem in Aussicht genommenen Partner erwägt.[90] Wenn ein Unternehmen eine solche Ausdehnung wünscht, ist es wichtig, dass es auf diesen Wunsch schon bei dem ersten Kontakt mit dem in Aussicht genommenen Partner hinweist, damit die betr. Informationen nicht schon vor Abschluss der Geheimhaltungsvereinbarung an Dritte gelangen und damit nicht mehr zum Gegenstand der Geheimhaltungsverpflichtung des Partners gemacht werden können.

2. Interne Festlegung der Verhandlungsziele

Es ist jedem Unternehmen zu empfehlen, bereits in die erste Verhandlung mit dem bzw. den in Aussicht genommenen Vertragspartner(n) nur nach vorausgehender interner Abstimmung über die Verhandlungsziele zu gehen. Dies sollte unter **Hinzuziehung des zuständigen Juristen** erfolgen. Nur dieser hat den Überblick über die zu regelnden rechtlichen Fragen und kann »blauäugige« Vorstellungen des kommerziellen Managements, z.B. über das kartellrechtlich Machbare, rechtzeitig korrigieren. Die Vorstellung des kommerziellen Managements, man wisse schon, was man wolle, erweist sich oft als irrig. Welcher Nichtjurist hat z.B. die Bedeutung der Unterscheidung zwischen Rechten bzgl. einschlägiger Alttechnologie und solchen bzgl. während der Vertragsdauer neu erarbeiteter Technologie oder die Frage der nachvertraglichen Rechte und Pflichten im Visier? 8

Natürlich sollte das Unternehmen die Definition seiner Verhandlungsziele nicht nur von der eigenen Warte her vornehmen, sondern die von vornherein erkennbaren berechtigten Interessen der Gegenseite berücksichtigen. Soweit Interessenkonflikte sichtbar sind, die es möglichst im eigenen Sinne gelöst sehen möchte, sollte es die Argumente dafür im Voraus sammeln; wer sofort eine tragfähige Begründung für seine Linie vorbringen kann, hat erfahrungsgemäß bessere Aussichten zur Durchsetzung derselben. 9

IV. Mündliche Vertragsverhandlungen

Wie oben bereits in Kap. 2 Rdn. 51 ausgeführt, sollte jedes Unternehmen, das eine F&E-Kooperation ins Auge fasst, sich über die Personen informieren, die auf Seiten des Partners mit der Leitung und an maßgeblicher Stelle mit der Durchführung des F&E-Projekts betraut werden sollen, und nach Möglichkeit 10

90 Siehe dazu *Ullrich (Privatrechtsfragen)* S. 99.

sicherstellen, dass diese Personen an den Vertragsverhandlungen teilnehmen, damit es sich ein Bild über deren Eignung machen kann.

11 Die Partner sollten, soweit sie es im Vorfeld noch nicht schriftlich getan haben, in der ersten mündlichen Vertragsverhandlung ihr Wissen über alle ihnen bekannten Umstände, die für den Erfolg der F&E-Kooperation von wesentlicher Bedeutung erscheinen, insbesondere über möglicherweise diesem Erfolg entgegenstehende Schutzrechte (s. Kap. 2 Rdn. 18), austauschen. Der einladende Partner sollte den bzw. die anderen Partner rechtzeitig – z.B. im Wege der Übersendung einer Agenda für das Treffen – rechtzeitig darauf hinweisen, dass ein solcher Austausch vorgesehen ist.

V. Unterzeichnung gegenseitiger Absichtserklärungen (»Letter of Intent«) vor Ausarbeitung eines detaillierten Vertrags?

12 Gegenseitige Absichtserklärungen dienen allgemein dazu, einen in den hauptsächlichen Punkten erzielten Konsens potenzieller Vertragspartner festzuhalten, ohne die Partner diesbezüglich bereits rechtlich zu binden. Die unterzeichneten Absichtserklärungen können so die Basis für die weitere Vertragsverhandlung bilden, für die sie zwar nicht rechtlich, aber doch faktisch Gewicht haben können.

13 Ihr Nutzen ist allerdings zweifelhaft, da sie, wie gesagt, noch keine rechtliche Bindung hinsichtlich des endgültigen Vertragsinhalts schaffen und die anschließende Verhandlung über den endgültigen Vertragstext nicht notwendig merklich entlasten, weil bei diesem der Teufel bekanntlich im Detail steckt. Bei gegenseitigen Absichtserklärungen im Vorfeld von F&E-Verträgen kommt hinzu, dass durch ihre Formulierung und Verhandlung sowie die erforderliche interne Absegnung durch die dafür bei jedem Vertragspartner zuständigen Personen und Gremien wertvolle Zeit für das gemeinsame F&E-Projekt verloren gehen kann. Es ist deshalb zu empfehlen, gleich einen detaillierten Vertragsentwurf auszuarbeiten und über diesen zu verhandeln.

14 Will man trotzdem solche gegenseitigen Absichtserklärungen vorschalten, sollten diese, um nicht als Vorvertrag missverstanden zu werden, einen klaren Hinweis auf ihre rechtliche Unverbindlichkeit enthalten. Selbst bei einem solchen Hinweis könnten sie – ebenso wie einseitige Absichtserklärungen – noch eine Haftung des sie abgebenden potenziellen Vertragspartners aus dem durch die Aufnahme von Vertragsverhandlungen begründeten Schuldverhältnis (vgl. für das deutsche Recht § 311 Abs. 2 BGB) unter dem Aspekt auslösen, dass der andere potenzielle Vertragspartner ihretwegen auf das Zustandekommen des Vertrags vertrauen kann und dieses Vertrauen enttäuscht wird. Deshalb

sollten Absichterklärungen eines potenziellen Vertragspartners zur Vermeidung des erwähnten Haftungsrisikos einen Hinweis auf interne bzw. konzerninterne Genehmigungserfordernisse für einen Vertrag, z.B. auf das Erfordernis der Genehmigung desselben durch den Aufsichtsrat, eine Obergesellschaft oder den »Board« (subject to board approval) enthalten.

VI. Vorlage des ersten Vertragsentwurfs

Es ist für einen Verhandlungspartner immer vorteilhaft, den ersten Entwurf 15 vorzulegen. Er hat so bessere Chancen, seine Vorstellungen, zumindest in einigen Detailfragen, durchzusetzen. Überlässt er die Vorlage eines ersten Entwurfs dem anderen Verhandlungspartner, so haben sich bei diesem im Zuge der internen Diskussion und internen »Absegnung« seines Entwurfs evtl. schon einige Vorstellungen in wichtigen Punkten verfestigt. In diesem Fall wird es schwierig, hier noch erhebliche Änderungen durchzusetzen.

Jedenfalls hat der Empfänger des ersten Vertragsentwurfs immer den 16 »schwarzen Peter«, wenn dieser Entwurf für ihn nicht akzeptabel ist. Bei seinem Gegenentwurf sollte er, wenn möglich, dem Aufbau des ursprünglichen Entwurfs folgen, ohne natürlich auf die für ihn wichtigen inhaltlichen Änderungen zu verzichten. Diese sollte er mit diplomatischem Geschick begründen, um nicht schon in der Phase der Vertragsverhandlung Emotionen beim Vertragspartner und damit eine Trübung des für die F&E-Kooperation so wichtigen guten Klimas zu riskieren.

Kapitel 4 Öffentliche Förderung von F&E-Projekten mit mehreren Teilnehmern[91]

I. Förderung von F&E-Projekten mit mehreren Teilnehmern durch die Europäische Union

1. Förderprogramme der EU

a) Die Grundlagen im EGV und im Euratom-Vertrag

Der EGV hat der technologischen Entwicklung mit Titel XIII (Art. 163 bis 173 1
EGV) einen eigenen Abschnitt gewidmet, welcher auch für die Förderung gemeinsamer F&E-Projekte einen Rahmen setzt: Nach Art. 163 Abs. 2 EGV unterstützt die Gemeinschaft die Unternehmen der Mitgliedsländer – einschließlich der kleinen und mittleren Unternehmen –, die Forschungszentren und die Hochschulen bei ihren Bemühungen auf dem Gebiet der Forschung und technologischen Entwicklung von hoher Qualität und fördert ihre Zusammenarbeitsbestrebungen, damit die Unternehmen vor allem die Möglichkeiten des Binnenmarktes voll nutzen können. Zur Erreichung dieser Ziele trifft die Gemeinschaft nach Art. 164 verschiedene Maßnahmen, welche die in den Mitgliedsstaaten durchgeführten Aktionen ergänzen. Zu diesen gehören die Durchführung von Programmen für Forschung, technologische Entwicklung und Demonstration unter Förderung der Zusammenarbeit mit und zwischen Unternehmen, Forschungszentren und Hochschulen, sowie die Förderung der Zusammenarbeit mit dritten Ländern und internationalen Organisationen auf dem Gebiet der gemeinschaftlichen Forschung, technologischen Entwicklung und Demonstration. Nach Art. 166 stellt der Rat gemäß dem Verfahren des Art. 251 ein mehrjähriges Rahmenprogramm auf, in dem alle Aktionen der Gemeinschaft zusammengefasst werden, und legt zur Durchführung dieses Programms die Regeln für die Beteiligung der Unternehmen, der Forschungszentren und der Hochschulen sowie für die Verbreitung der Forschungsergebnisse fest.

91 Die nachfolgende Darstellung der faktischen und rechtlichen Grundlagen der öffentlichen Förderung von F&E-Projekten in der EU und der Bundesrepublik Deutschland entspricht weitgehend der Darstellung dieser Grundlagen in *Rosenberger*, Wirtschaft und Verwaltung, S. 133 ff. Sie bildet dort die Basis für die rechtspolitische Beurteilung projektbezogener Subventionierung von F&E-Projekten.

2 Für den Nuklearbereich legt nach Art. 7 des Euratom-Vertrags der Rat einstimmig auf Vorschlag der Kommission, die den Ausschuss für Wissenschaft und Technik anhört, die Forschungs- und Ausbildungsprogramme der Gemeinschaft für einen Zeitraum von jeweils höchstens 5 Jahren fest. Dabei kann die Kommission nach Art. 10 des Euratom-Vertrags Mitgliedstaaten, Personen oder Unternehmen sowie dritte Staaten, zwischenstaatliche Einrichtungen oder Angehörige dritter Staaten durch Vertrag mit der Durchführung bestimmter Teile des Forschungsprogramms der Gemeinschaft betrauen.

b) Die aktuellen Rahmenprogramme der EU zur Forschungsförderung

3 Das aktuelle Rahmenprogramm i.S. von Art. 166 EGV ist das 7. Rahmenprogramm, gemäß Beschluss Nr. 1982/2006/EG des Europäischen Parlaments und Rates vom 18.12.2006[92] (nachfolgend kurz als »Beschluss RP7 EG« bezeichnet) sowie der Verordnung (EG) Nr. 1906/2006 des Europäischen Parlaments und Rates vom 18.12.2006[93] (nachfolgend kurz als »VO RP7 EG« bezeichnet) betreffend die Jahre 2007 bis 2013.

Auch für die Europäische Atomgemeinschaft (Euratom) wird ein 7. Rahmenprogramm durchgeführt, und zwar gemäß Beschluss des Rates Nr. 2006/969/EG vom 18.12.2006[94] (»Beschluss RP7 Euratom«) sowie der Verordnung (Euratom) Nr. 1908/2006 des Rates vom 19.12.2006[95] (»VO RP7 Euratom«) betreffend die Jahre 2007 bis 2011.

Die vorgenannten Dokumente sind auch über die Internet-Adressen http://cordis.europa.eu/fp7/find-doc_de.html und http://rp7.ffg.at/dokumente abrufbar. Diese Adressen gewähren zugleich Zugang zu weiteren Rechtsgrundlagen betr. das 7. Rahmenprogramm von EG und Euratom, welche die vorgenannten Beschlüsse und Verordnungen ergänzen, sowie zu Durchführungsregeln, Informationsmaterial und Tipps der für die Durchführung der Rahmenprogramme zuständigen EU-Kommission. Eine Einführung in das 7. Rahmenprogramm sowie spezielle Informationen zu den einzelnen Förderbereichen enthält auch die im Internet abrufbare BMBF-Broschüre »Das 7. EU-Forschungsrahmenprogramm«,[96] das in Deutschland für die Beratung zu Fragen der EU-Rahmenprogramme mitzuständig ist. Diese Broschüre führt auch die nationalen Kontaktstellen für Informationen zu den EU-Rahmenprogrammen auf.

4 Der Beitrag der EG für ihr 7. Rahmenprogramm beträgt insgesamt 50 521 Mio. €. Er soll nach Art. 4 Nr. 1 Beschluss RP7 EG auf die Programmteile »Zusammenarbeit«, »Ideen«, »Menschen« und »Kapazitäten« sowie auf Maßnahmen der »Gemeinsamen Forschungsstelle« (GFS) außerhalb des Nuklearbereichs aufgeteilt werden. Dabei umfassen die Programmteile »Zusammen-

92 ABl. L 412 vom 30.12.2006, S. 1.
93 ABl. L 391 vom 30.12.2006, S. 1.
94 ABl. L 391 vom 30.12.2006, S. 19.
95 ABl. L 400 vom 30.12.2006, S. 1.
96 Über den Link »Das Deutsche Portal zum 7. EU-Forschungsrahmenprogramm« zu http://www.bmbf.de/de/rp7-auftakt.php abrufbar.

arbeit«, »Ideen« und »Kapazitäten« die Gewährung von Subventionen für F&E-Projekte.

Für das 7. Rahmenprogramm von Euratom sind Mittel in Höhe von 2 751 Mio. € vorgesehen. Davon soll nach Art. 3 Beschluss RP7 Euratom der weitaus größte Teil, nämlich 1 947 Mio. €, in die Fusionsforschung fließen. Diese betrifft primär F&E für den Bau der Versuchsanlage »ITER« zur Erzeugung von Fusionsenergie und für den anschließenden Bau des »Demonstrations«-Fusionskraftwerks »DEMO«. Daneben sind für Kernspaltung und Strahlenschutz 287 Mio. € und für Maßnahmen der GFS im Nuklearbereich 517 Mio. € vorgesehen. Auf dem Gebiet von Kernspaltung und Strahlenschutz können nach Punkt 2. a) von ANHANG II zu dem vorgenannten Beschluss (wie im Falle des Programmteils »Zusammenarbeit« beim 7. Rahmenprogramm der EG) auch »Verbundprojekte« (s. zu diesem Begriff Kap. 4 Rdn. 9) und damit F&E-Projekte mehrere Teilnehmer subventioniert werden. 5

Wegen seiner weitaus größeren Bedeutung für die Subventionierung gemeinsamer F&E-Projekte durch die EU wird nachfolgend nur auf das 7. Rahmenprogramm der EG näher eingegangen. 6

Nach Art. 4 Nr. 1 Beschluss RP7 EG sollen auf den Programmteil **»Zusammenarbeit«** 32 413 Mio. €, also knapp zwei Drittel des Beitrags der EG zum 7. Rahmenprogramm, entfallen. Gegenstand dieses Programmteils sind nach Art. 2 Nr. 1 i) Beschluss RP7 EG folgende Themen, die in Abschnitt I 1. von ANHANG I näher spezifiziert werden und für welche nach ANHANG II zum Beschluss RP7 EG folgende Beiträge der EG vorgesehen sind:[97] 7

(a) Gesundheit: 6 100 Mio. €
(b) Lebensmittel, Landwirtschaft und Fischerei, sowie Biotechnologie: 1 935 Mio. €
(c) Informations- und Kommunikationstechnologien: 9 050 Mio. €
(d) Nanowissenschaften, Nanotechnologien, Werkstoffe und neue Produktionstechnologien: 3 475 Mio. €
(e) Energie: 2 350 Mio. €
(f) Umwelt (einschließlich Klimaänderungen): 1 890 Mio. €
(g) Verkehr (einschließlich Luftverkehr): 4 160 Mio. €
(h) Sozial-, Wirtschafts- und Geisteswissenschaften: 623 Mio. €
(i) Weltraum: 1 430 Mio. €
(j) Sicherheit: 1 400 Mio. €

Diese Themen entsprechen – mit Ausnahme des unter anderem wegen terroristischer Bedrohungen unter (j) mit aufgenommenen Themas »Sicherheit« – inhaltlich weitgehend den »thematischen Prioritäten« für das 6. Rahmenprogramm der EG.

Sieht man beim 7. Rahmenprogramm vom Themenbereich gemäß (h) ab, der mit insgesamt 623 Mio. € gefördert werden soll und damit bei der Förderung durch das 7. Rahmenprogramm nur eine relativ geringe Rolle spielen wird, liegt 8

97 Siehe auch Anhang II der Entscheidung des Rates vom 19.12.2006, ABl. L 400/86 vom 30.12.2006.

der Schwerpunkt bei den Themenbereichen des Programmteils »Zusammenarbeit« auf technischem Gebiet. Dabei wird nach Abschnitt I 1. von ANHANG I zum Beschluss RP7 EG die »Verbundforschung« mit den Förderformen »Verbundprojekte«, »Exzellenznetze« und »Koordinierungs-/Unterstützungsmaßnahmen« den Hauptteil und das Kernstück der gemeinschaftlichen Forschungsförderung darstellen.

9 Unter diesen Förderformen wird die Förderform »Verbundprojekte« (welche die hauptsächlichen Förderinstrumente des 6. Rahmenprogramms, nämlich »Integrierte Projekte« und »Spezifische Gezielte Forschungsprojekte« – »STREPs« – umfasst[98]) im Vordergrund stehen. »Verbundprojekte« werden in Anhang III zum Beschluss RP7 EG unter a)1. definiert als Forschungsprojekte, die von Konsortien mit Teilnehmern aus verschiedenen Ländern durchgeführt werden mit dem Ziel, neues Wissen, Produkte oder gemeinsame Ressourcen für die Forschung zu entwickeln. Die weitaus meisten der so definierten Verbundprojekte werden F&E-Projekte sein, die von Unternehmen oder unter ihrer Beteiligung durchgeführt werden. Dies ist dem Verfasser seitens der Kommission in einem Telefonat bestätigt worden.

10 Dagegen betrifft die Förderform »Exzellenznetze« nicht unmittelbar F&E-Projekte: »Exzellenznetze« werden von mehreren Forschungseinrichtungen gebildet, die ihre Tätigkeiten in einem bestimmten Bereich unter Bildung von Forschungsteams zusammenlegen, um ein Programm im Rahmen einer längerfristigen Zusammenarbeit durchzuführen – vgl. die Definition in Anhang III zum Beschluss RP7 EG unter a)2. Diese Förderform soll die europäische wissenschaftliche und technologische Spitzenforschung stärken, indem Forschungskapazitäten auf Gebieten mit erstrangiger Bedeutung gebündelt werden.[99] Nach telefonischer Auskunft der BMBF-Förderberatung geht es dabei jeweils um den Aufbau eines virtuellen Exzellenzzentrums, in das die Teilnehmer ihre Ressourcen einschließlich ihrer Projekte integrieren, nicht jedoch wie bei Verbundprojekten unmittelbar um die Erzielung wissenschaftlicher oder technischer Ergebnisse.[100]

11 Ebenso wenig werden bei der Förderform »Koordinierungs-/Unterstützungsmaßnahmen« unmittelbar konkrete F&E-Projekte gefördert. Diese Förderform dient nach Anhang III, a) 3. zum Beschluss RP7 EG nur der Koordinierung oder Flankierung von Forschungstätigkeiten und -strategien (Vernetzung, Austausch, grenzüberschreitender Zugang zu Forschungsinfrastrukturen, Studien, Konferenzen usw.).

12 Der Programmteil »**Ideen**«, für den nach Art. 4, 1. Beschluss RP7 EG Fördermittel in Höhe von 7 510 Mio. € vorgesehen sind, dient nach Anhang I, Abschnitt II zum Beschluss RP7 EG der Unterstützung von wissenschaftlich angeregten Forschungsprojekten »in den Grenzbereichen des Wissens« (Stichwort: »Pionierforschung«), die in allen Bereichen von einzelnen, auf europä-

98 Siehe BMBF-Leitfaden »Antragstellung im 7. EU-Forschungsprogramm«, S. 18.
99 Bundesbericht Forschung 2006, S. 528.
100 Siehe auch Bundesbericht Forschung 2006, S. 530.

ischer Ebene miteinander konkurrierenden Teams durchgeführt werden. Förderanträge können hierbei von mehreren oder auch von einzelnen Wissenschaftlern (»Individual Teams«) eingereicht werden.[101] Die Mittel für diese Förderform werden ausschließlich anhand des Kriteriums der Exzellenz autonom von dem neu gebildeten Europäischen Forschungsrat (ERC) verteilt. Wie eine telefonische Rückfrage bei der Förderberatung des BMBF ergeben hat, können bei diesem Programmteil die Wissenschaftler, welche die konkurrierenden Forschungsteams bilden, sowohl aus dem Bereich ganz oder und überwiegend staatlich finanzierter Forschungseinrichtungen (einschließlich Hochschulen) als auch aus Unternehmen kommen. Die Forschungseinrichtungen oder Unternehmen können jedoch nicht selbst Antragsteller sein.

Auch nach dem Programmteil »**Kapazitäten**«, für den insgesamt 4 097 Mio. € 13
eingeplant sind, können nach ANHANG I, Abschnitt IV. zum Beschluss RP7 EG in gewissem Umfang F&E-Projekte subventioniert werden, und zwar solche, die kleinere Gruppen von kleinen und mittleren Unternehmen (KMU),[102] welche ihre Forschung auslagern müssen, an öffentliche oder private Forschungsdienstleister in Auftrag geben.

c) Voraussetzungen für die Förderung von F&E-Projekten mit mehreren Teilnehmern nach der VO RP7 EG

Die VO RP7 EG (nachfolgend kurz als »VO« bezeichnet) legt gemäß Art. 1 14
derselben unter anderem die Voraussetzungen fest, unter denen sich Rechtspersonen (Unternehmen, Hochschulen, Forschungszentren oder andere Rechtspersonen i.S. von Art. 2 Abs. 1 der VO) an »**indirekten Maßnahmen**«, das sind durch einen oder mehrere Teilnehmer mittels der in ANHANG III, Buchst. a des Beschlusses RP7 EG festgelegten Förderformen durchgeführte Maßnahmen, beteiligen können. Diese »indirekten Maßnahmen« umfassen Subventionen (im hier verstandenen Sinne) für F&E-Projekte.

Nach Art. 29 kann jede in einem Mitgliedstaat oder einem assoziierten Lande 15
ansässige oder nach dem Gemeinschaftsrecht gegründete Rechtsperson und unter besonderen Bedingungen auch jede internationale Organisation von europäischem Interesse und jede in einem Partnerland der internationalen Zusammenarbeit ansässige Rechtsperson einen finanziellen Beitrag der Gemeinschaft erhalten. Nach Art. 5 Abs. 1 der VO darf die **Mindestanzahl der Teilnehmer** an indirekten Maßnahmen grundsätzlich nicht unter drei voneinander unabhängigen Rechtspersonen liegen, von denen jede ihren Sitz in einem Mitgliedstaat oder assoziierten Land hat und von denen keine zwei ihren Sitz in demselben Mitgliedstaat oder assoziierten Land haben. Ausnahmen von diesem Grundsatz sehen Art. 7 bis 10 der VO vor. So genügt nach Art. 10 der VO dann, wenn die Mindestteilnahmebedingungen durch die Teilnahme von

101 BMBF-Broschüre »Das 7. EU-Forschungsrahmenprogramm«, S. 60.

102 Siehe dazu die in der Kommissionsempfehlung 2003/361/EG (ABl. L 124 vom 20.05.2003) vorgesehen Definition.

mehreren Rechtspersonen erfüllt würden, die sich ihrerseits in einer Rechtsperson zusammengeschlossen haben, die Teilnahme dieser Rechtsperson, sofern diese ihren Sitz in einem Mitgliedstaat oder assoziierten Land hat. Nach Art. 12 der VO können die **spezifischen Programme oder Arbeitsprogramme** aber zusätzliche Bedingungen hinsichtlich der Mindesteilnehmerzahl oder hinsichtlich der Art des einzelnen Teilnehmers und ggf. des Orts seines Sitzes festlegen.

»Arbeitsprogramm« ist nach Art. 2 Abs. 15 der VO ein von der Kommission angenommener Plan für die Durchführung eines spezifischen Programms i.S. von Art. 3 des Beschlusses RP7 EG. Dort wird allerdings der Begriff »spezifisches Programm« nicht erwähnt. Mit diesem Begriff sind wohl die einzelnen Programme gemeint, die in Anhang II zum Beschluss RP7 EG genannt sind. Bei den »Arbeitsprogrammen« dürfte es sich damit de facto damit des facto um von der Kommission festgelegte Unterprogramme zu den »spezifischen Programmen« im vorstehenden Sinne handeln.

Eine Festlegung gemäß Art. 12 der VO ist, wie die BMBF-Förderberatung in einem Telefonat bestätigt hat, für Aufträge von KMU an Forschungsdienstleister nach dem spezifischen Programm »Kapazitäten« erfolgt. Hier ist die Auftragserteilung durch eine Gruppe von mindestens drei voneinander unabhängigen KMU an mindestens zwei Forschungsinstitute, Hochschulinstitute, Forschungslabors oder forschende Unternehmen Fördervoraussetzung.[103]

16 Zu beachten sind auch die **Tipps des BMBF zur Bildung eines erfolgreichen Konsortiums** in seinem Leitfaden zur Antragstellung im 7. EU-Forschungsrahmenprogramm,[104] die dort stichwortartig folgendermaßen zusammengefasst werden:

- Unbestreitbare Expertise der Projektpartner in ihrem Arbeitspaket;
- Konsortium weist für Erreichung der Projektziele komplementäre Kenntnisse vor;
- Erfahrung in der Einreichung und Durchführung von EU-Projekten;
- Angemessenes und professionelles Management;
- Konsortium kann die notwendigen Ressourcen (Personal, Großgeräte) nachweisen.
- Ggf. Einbindung von Nutzer/innen, soweit relevant.

17 Das **Vergabeverfahren** beginnt nach Art. 13 der VO grundsätzlich (Ausnahmen s. Art. 14 der VO) mit Aufforderungen der Kommission zur Einreichung von »Vorschlägen für indirekte Maßnahmen« (=Förderanträgen) gemäß den Anforderungen, die in den einschlägigen spezifischen Programmen und Arbeitsprogrammen festgelegt sind. Diese Aufforderungen (nachfolgend als »Ausschreibungen« bezeichnet) können sich auch an spezielle Gruppen wie z.B. KMU richten. Die Ausschreibungen und die jeweils für die Antragstellung geltenden Fristen werden laufend im Internet auf »CORDIS«[105] veröffentlicht.

103 Siehe BMBF-Broschüre »Das 7. EU-Forschungsrahmenprogramm«, S. 73.

104 Über den Link »Das Deutsche Portal zum 7. EU-Forschungsrahmenprogramm« zu http://www.bmbf.de/de/rp7-auftakt.php abrufbar.

105 Siehe http://cordis.europa.eu/fp7/calls_de.html.

Auch bei der Vorbereitung und Stellung von Förderanträgen ist dringend zu empfehlen, die diesbezüglichen Tipps des BMBF, das in Deutschland für die Beratung hins. der EU-Rahmenprogramme mitzuständig ist, in seinem Leitfaden zur Antragstellung im 7. EU-Forschungsrahmenprogramm (s. dazu bereits Kap. 4 Rdn. 16) zu beachten. Zu ihnen gehört der wichtige Hinweis, dass die Vorbereitungen für einen EU-Antrag im Idealfall bereits mindestens sechs Monate vor Erscheinen des Ausschreibungstextes im Amtsblatt der EU beginnen. Dabei könnten die Ausschreibungstermine der »Roadmap« eines jeden Arbeitsprogramms entnommen werden, so dass eine vorausschauende Planung über längere Zeiträume möglich sei. Wichtig ist auch der Rat, die Anträge auf Englisch einzureichen; nur so könne eine internationale Evaluierung gewährleistet werden, obwohl es möglich sei, die Anträge in jeder der offiziellen Amtssprachen der EU einzureichen. 18

Die Bewertung der eingereichten Förderanträge, für die nach Art. 17 der VO unabhängige Sachverständige herangezogen werden, hat gemäß Art. 15 Abs. 1 der VO nach den grundsätzlichen Kriterien und nach Auswahl- und Gewährungskriterien zu erfolgen, die in den spezifischen Programmen und Arbeitsprogrammen festgelegt sind. Während, wie oben bereits erwähnt, für die Unterstützung von Maßnahmen der Pionierforschung beim Programmteil »Ideen« ausschließlich das Kriterium der Exzellenz gilt, worauf auch Art. 15 Abs. 1 c) der VO hinweist, gelten nach Art. 15 Abs. 1 a) der VO für die Bewertung von Förderanträgen, die auf eine Förderung nach den Programmteilen »Zusammenarbeit« oder »Kapazitäten« gerichtet sind, folgende Basiskriterien, die durch die Arbeitsprogramme ergänzt bzw. konkretisiert werden: 19

- wissenschaftliche und/oder technologische Exzellenz;
- Relevanz für die Ziele dieser spezifischen Programme;
- potenzieller Effekt aufgrund der Entwicklung, Verbreitung und Nutzung der Projektergebnisse;
- Qualität und Effizienz der Durchführung und Verwaltung.

Nach Art. 15 Abs. 3 VO RP7 EG werden die Vorschläge, also die Förderanträge, entsprechend den Bewertungsergebnissen nach einer Rangfolge geordnet und die Finanzierungsbeschlüsse anhand dieser Rangfolge gefasst. Nach Art. 16 Abs. 1 der VO werden dabei, wenn die Aufforderung zur Einreichung von Förderanträgen ein Zwei-Schritt-Verfahren vorsieht, nur diejenigen Förderanträge einer weiteren Bewertung unterzogen, welche die Bewertungskriterien des ersten Schritts, der auf der Bewertung anhand einer beschränkten Auswahl von Kriterien beruht, erfüllt haben. 20

Nach ErwGrd. 3 der VO ist das 7. Rahmenprogramm der EG außerdem in Übereinstimmung mit den Gemeinschaftsregeln über staatliche Beihilfen durchzuführen.[106] Diese Regelungen haben ihren Ausgangspunkt in den Art. 87 ff. EGV und werden durch Gruppenfreistellungsverordnungen, die auf 21

106 Gleiches gilt für die Förderung nach dem 7. Rahmenprogramm von Euratom nach ErwGrd. (3) der Ratsverordnung Nr. 1908/2006.

der Ratsverordnung (EG) Nr. 994/1998 basieren, und durch den Gemeinschaftsrahmen 2007 konkretisiert. Da sie unmittelbar nur die Mitgliedstaaten binden,[107] werden sie erst bei der Erörterung der Frage, wann F&E-Beihilfen des Bundes und der Bundesländer mit Art. 87 EGV vereinbar sind bzw. als vereinbar gelten, in Kap. 4 Rdn. 54–82 dargestellt.

Die Kommission unterliegt nach ErwGrd. 3 der VO RP7 Euratom auch bei Fördermaßnahmen im Rahmen des 7. Rahmenprogramms von Euratom den Gemeinschaftsregeln über staatliche Beihilfen.

d) Förderhöhe

22 Nach Art. 30 bis 32 der VO wird die Förderung bei gemeinsamen F&E-Projekten grundsätzlich in Form der vollständigen oder teilweisen Erstattung der erstattungsfähigen Kosten gewährt. Die Höchstgrenzen betragen nach Art. 33 Abs. 1 der VO bei Tätigkeiten der F&E im Falle von KMU 75 % und im Falle anderer Teilnehmer 50 % der erstattungsfähigen Kosten. Bei sicherheitsbezogener F&E kann die Förderung nach 33 Abs. 1 der VO jedoch auch bis zu 75 % und bei Pionierforschungsmaßnahmen nach 33 Abs. 3 der VO bis zu 100 % betragen.

2. Rechte und Pflichten der Teilnehmer an einem EG-geförderten F&E-Projekt

a) Vorgaben der VO RP7 EG für die Finanzhilfevereinbarung und die Konsortialvereinbarung

23 **Finanzhilfevereinbarung**: Wenn die Kommission einem Förderantrag entsprechen will, schließt sie nach Art. 18 Abs. 2 i. V. mit Art. 19 Abs. 8 der VO RP7 EG mit den Teilnehmern des betr. Projekts eine Finanzhilfevereinbarung auf der Grundlage einer Mustervereinbarung ab, welche die Kommission durch Entschließung vom 10.04.2007[108] in englischer Sprache festgelegt hat (nachfolgend kurz als »RP7 Model Grant Agreement« bezeichnet).

24 Die Finanzhilfevereinbarung tritt nach Art. 23 der VO mit der Unterzeichnung durch den Koordinator (s. zu diesem Kap. 4 Rdn. 28) in Kraft. Sie findet auf jeden weiteren Teilnehmer Anwendung, der ihr förmlich beigetreten ist. Aus Haftungsgründen (s. Kap. 4 Rdn. 29) wird sich der Koordinator bei Unterzeichnung der Vereinbarung rechtlich absichern müssen, dass die anderen Teilnehmer der Vereinbarung beitreten, oder, besser noch, sich eine Vollmacht zur Unterzeichnung der Beitrittserklärungen in ihren Namen erteilen lassen müssen.

107 Siehe für den Vorgänger von Art. 87 EGV, Art. 92 EGV a.F., *M. Meyer* S. 235 m.w.N.
108 Siehe http://cordis.europa.eu/fp7/calls-grant-agreement_en.html.

Die Finanzhilfevereinbarung regelt nach Art. 19 Abs. 1 der VO die Rechte und Pflichten der Teilnehmer in Bezug auf die Gemeinschaft, d.h. die EG, im Einklang mit dem Beschluss RP7 EG, der Haushaltsordnung, ihrer Durchführungsverordnung und den allgemeinen Grundsätzen des Gemeinschaftsrechts sowie der VO selbst (welche ja unmittelbar nur die Kommission bindet). Sie legt ebenfalls im Einklang mit den vorgenannten Bedingungen die Rechte und Pflichten derjenigen Teilnehmer fest, die erst Teilnehmer der indirekten Maßnahme während ihrer Durchführung werden. 25

Über diesen notwendigen Inhalt geht das RP7 Model Grant Agreement hinaus, indem es nicht nur im Einklang mit der VO die Rechte und Pflichten der Teilnehmer im Verhältnis zur EG regelt, sondern auch schon die in der VO vorgegebene Basisregelung für die Benutzungs- und Verwertungsrechte der Teilnehmer an bei der Durchführung des Projekts entstehenden »neuen Kenntnissen und Schutzrechten« (s. dazu die Definition in Art. 2 Abs. 4 der VO, nachfolgend unter dem Begriff »F&E-Ergebnisse« zusammengefasst) und »bestehenden Kenntnissen und Schutzrechten« (s. dazu die Definition in Art. 2 Abs. 5 der VO, nachfolgend unter dem Begriff »Background« zusammengefasst) trifft. Damit hat die Finanzhilfevereinbarung wohl eine Doppelnatur: Sie stellt einerseits eine Vereinbarung zwischen der EG und den Teilnehmern der indirekten Maßnahme dar, andererseits aber auch schon eine Vereinbarung zwischen diesen Teilnehmern. 26

Konsortialvereinbarung: Nach Art. 24 Abs. 1 der VO haben die Teilnehmer einer indirekten Maßnahme in Ergänzung der Finanzhilfevereinbarung zur Regelung des Rechtsverhältnisses zwischen ihnen eine Konsortialvereinbarung (d.h. einen F&E-Vertrag im Sinne dieses Buches) zu schließen, sofern in der Ausschreibung nichts Anderes festgelegt ist; s. dazu im Einzelnen Kap. 4 Rdn. 40–46. 27

Koordinator/Berichtspflichten der Teilnehmer/Kontrollrechte: Die Teilnehmer haben nach Art. 25 Abs. 1 der VO aus ihrem Kreis den Koordinator auszuwählen. Er ist in der Finanzhilfevereinbarung nach Art. 25 Abs. 2 der VO zu benennen. Neben seiner Zuständigkeit zur Unterzeichnung der Finanzhilfevereinbarung (s. Kap. 4 Rdn. 24) hat der Koordinator die in Art. 25 festgelegten Aufgaben. Zu ihnen gehören die Entgegennahme des finanziellen Beitrags der Gemeinschaft und dessen Aufteilung unter den Teilnehmern sowie die regelmäßige Berichterstattung an die Teilnehmer und die Kommission über die Projektfortschritte. Zu den Berichtspflichten des Koordinators treten nach Art. 34 Abs. 1 der VO Verpflichtungen der Teilnehmer, unter anderem über die erstattungsfähigen Kosten zu berichten. Kontrollrechte der Mitgliedstaaten und der Kommission sehen Art. 8 und 9 der Verordnung (EG, Euratom) Nr. 2988/95 des Rates vom 18.12.1995[109] vor. 28

Verpflichtung zur Durchführung der indirekten Maßnahme: Die Teilnehmer sind nach Art. 18 Abs. 1 der VO zur Durchführung der indirekten Maßnahme (siehe zu diesem Begriff Kap. 4 Rdn. 14) verpflichtet und haften für die Erfüllung dieser Verpflichtung gesamtschuldnerisch. 29

109 ABl. L 312 vom 23.12.1995, S. 1.

Zwar beschränkt Art. 38 der VO die finanzielle Haftung jeden Teilnehmers auf seine eigenen Verbindlichkeiten (mit der Einschränkung, dass zur Abdeckung des Risikos einer erfolglosen Rückforderung von Beträgen, die an die EG zurückzuzahlen sind, ein Garantiefonds einzurichten ist, dem jeder Teilnehmer bis zu 5 % des ihm geschuldeten finanziellen Beitrags der EG zuzuführen hat). Versteht man aber Art. 18 Abs. 1 der VO so, dass die gesamtschuldnerische Haftung die Durchführung der gesamten Maßnahme zu einer eigenen Verbindlichkeit jedes Teilnehmers macht, schränkt Art. 38 der VO seine diesbezügliche finanzielle Haftung nicht ein, vgl. hierzu auch das RP7 Model Grant Agreement, Annex II, Art. II.3 a).

30 **Eigentum an F&E-Ergebnissen**: Nach Art. 39 Abs. 1 der VO sind Kenntnisse, die im Rahmen von indirekten Maßnahmen erworben werden (in der nachfolgenden Darstellung als »F&E-Ergebnisse« bezeichnet) und im Rahmen von indirekten Maßnahmen erworbene Schutzrechte grundsätzlich Eigentum der Teilnehmer, welche die Arbeiten, bei denen die F&E-Ergebnisse und Schutzrechte erworben wurden, durchgeführt haben. Haben mehrere Teilnehmer gemeinsam solche Arbeiten durchgeführt, und lässt sich nicht feststellen, welchen Anteil an diesen Arbeiten sie jeweils hatten, so sind sie nach Art. 40 Abs. 1 der VO grundsätzlich gemeinsam Eigentümer dieser F&E-Ergebnisse.

Art. 40 Abs. 1 der VO ist unklar formuliert. Wenn davon die Rede ist, dass Teilnehmer Arbeiten gemeinsam durchführen, klingt das so, als wären nur Arbeiten gemeint, an denen sich eine Beteiligung mehrerer Teilnehmer feststellen lässt, und als würde jeder dieser Teilnehmer nur dann Miteigentum erwerben, wenn sich die Höhe seiner Beteiligung nicht feststellen lässt. Das kann aber nicht gemeint sein. Wenn sich überhaupt eine Beteiligung mehrerer Teilnehmer an einer Arbeit, bei der ein F&E-Ergebnis entsteht, feststellen lässt, ist sicher unabhängig von der Höhe dieser Beteiligung Miteigentum aller dieser Teilnehmer anzunehmen. Die Bestimmung dürfte deshalb den Fall betreffen, dass sich bei der einzelnen Arbeit, bei der ein F&E-Ergebnis entsteht, nicht feststellen lässt, ob diese Arbeit von einem, mehreren oder allen an der Gesamtheit der Arbeiten beteiligten Teilnehmer(n) durchgeführt wurde, und für diesen Fall Miteigentum aller diese Teilnehmer vorsehen.

31 Abweichend von diesen Grundsätzen werden nach Art. 41 der VO in den Fällen einer indirekten Maßnahme zugunsten einer speziellen Gruppe die F&E-Ergebnisse und Schutzrechte gemeinsames Eigentum der Gruppenmitglieder, soweit diese nichts Anderes vereinbaren. Deshalb werden bei subventionierten F&E-Aufträgen, die kleinere Gruppen von kleinen und mittleren Unternehmen (KMU) im Rahmen des Programmteils »Kapazitäten« an öffentliche oder private Forschungsdienstleister erteilen (s. Kap. 4 Rdn. 13), mangels abweichender Vereinbarung die Mitglieder dieser Gruppen Miteigentümer der erarbeiteten F&E-Ergebnisse.

32 **Übertragung von F&E-Ergebnissen und Schutzrechten**: Art. 42 der VO ist jeder Teilnehmer grundsätzlich berechtigt, F&E-Ergebnisse und diesbezügliche Schutzrechte an eine beliebige Rechtsperson zu übertragen, welche die diesbezüglichen Verpflichtungen gemäß der Finanzhilfevereinbarung über-

nimmt und sich weiter verpflichtet, diese Verpflichtungen auf jeden weiteren Rechtsnachfolger zu übertragen.

Schutz von F&E-Ergebnissen: Nach Art. 44 Abs. 1 der VO hat der Eigentümer von F&E-Ergebnissen, die sich für die industrielle oder kommerzielle Anwendung eignen, unter gebührender Berücksichtigung seiner legitimen Interessen sowie der legitimen Interessen der anderen Teilnehmer für einen angemessenen und wirksamen Schutz dieser F&E-Ergebnisse zu sorgen. 33

Bei der Auslegung dieser Bestimmung ist der Leitfaden der Kommission zu geistigen Eigentumsrechten[110] zu beachten. Dieser stellt zunächst unter 4. klar, dass die Formulierung »unter gebührender Berücksichtigung seiner legitimen Interessen sowie der legitimen Interessen der anderen Teilnehmer« bedeutet, dass es von der Verpflichtung des Eigentümers zur Herbeiführung eines Schutzes Ausnahmen gibt, und führt verschiedene Beispiele für solche Ausnahmen an. Eine Ausnahme von der Anmeldepflicht dürfte z.B. auch dann anzuerkennen sein, wenn bei einer Diensterfindung, die im Rahmen der Durchführung des geförderten Projekts im Betrieb eines deutschen Teilnehmers entstanden ist und nach dem ArbEG unbeschränkt in Anspruch genommen worden ist, berechtigte Belange des Betriebs erfordern, diese Diensterfindung nicht bekannt werden zu lassen und der Teilnehmer deshalb unter Anerkennung der Schutzfähigkeit der Diensterfindung gegenüber dem Arbeitnehmer von der Erwirkung eines Schutzrechts gemäß § 17 ArbEG absehen will.[111]

Darauf, dass der Eigentümer von F&E-Ergebnissen nicht unbedingt selbst Maßnahmen zur Herbeiführung eines diesbezüglichen Schutzes zu treffen hat, weist Art. 44 Abs. 2 der VO hin: Der Eigentümer kann gemäß Art. 42 der VO die F&E-Ergebnisse (ebenso wie diesbezügliche Schutzrechte) auf einen anderen Teilnehmer, eine in einem Mitgliedstaat oder assoziierten Land ansässige verbundene Rechtsperson oder an einen dort ansässigen Dritten zusammen mit seinen diesbezüglichen Verpflichtungen übertragen.

Verpflichtung zur Nutzung von F&E-Ergebnissen und diesbezüglichen Schutzrechten: Art. 46 der VO verpflichtet die Teilnehmer einer indirekten Maßnahme, die F&E-Ergebnisse und die diesbezüglichen Schutzrechte, deren Eigentümer sie sind, zu nutzen bzw. für ihre Nutzung (s. zu diesem Begriff die Definition in Art. 1 der VO) zu sorgen. 34

Vermutlich ist hier keine unbedingte Verpflichtung gemeint, sondern nur eine Verpflichtung, sich um eine Nutzung zu bemühen.

Verbreitung von F&E-Ergebnissen: Nach Art. 46 der VO haben die Teilnehmer die F&E-Ergebnisse auch so rasch wie möglich zu verbreiten (s. zum Begriff der »Verbreitung« die Definition in Art. 1 der VO), wobei Verbreitungsmaßnahmen jedoch mit dem Schutz des geistigen Eigentums, den Ver- 35

110 »Guide to Intellectual Property Rules for FP7 Projects«, abrufbar über http://cordis.europa.eu/fp7/find-doc_de.html oder http://rp7.ffg.at/dokumente, s. auch das RP7 Model Grant Agreement.

111 Siehe dazu *Bartenbach/Volz (ArbEG)*, § 17 Rn. 24 ff.

traulichkeitspflichten und den legitimen Interessen des Eigentümers der neuen Kenntnisse und Schutzrechte vereinbar sein müssen.

Dies klingt so, als müsse der Eigentümer seine F&E-Ergebnisse stets verbreiten,[112] wobei nur für Zeitpunkt, Ausmaß und Art Verbreitung der Schutz des geistigen Eigentums, die Vertraulichkeitspflichten (gegenüber anderen Teilnehmern und Dritten) sowie die legitimen Interessen des Eigentümers zu berücksichtigen sind. Das kann aber nicht gemeint sein, weil jedenfalls Geheimhaltungsverpflichtungen gegenüber Dritten absolut sein können und damit eine Einschränkung der Verbreitungspflicht als solcher erfordern. Dies spricht wiederum für die Annahme, dass eine Verbreitung bestimmter F&E-Ergebnisse auch wegen legitimer Interessen des Eigentümers ganz unterbleiben kann. Ein solches legitimes Interesse wäre wohl z.B. bei einem deutschen Eigentümer anzunehmen, der von der Erwirkung eines Schutzes für eine zu den F&E-Ergebnissen gehörende, unbeschränkt in Anspruch genommene Diensterfindung gemäß § 17 ArbEG absehen will, s. dazu schon Kap. 4 Rdn. 33.

36 **Zugangsrechte/Ausschluss von Background**: Die Zugangsrechte der Teilnehmer zum Background und zu den F&E-Ergebnissen sind in Kap. III, Abschnitt 2 (Art. 47 bis 51) der VO geregelt. Dabei können die Teilnehmer gemäß Art. 47 der VO in einer schriftlichen Vereinbarung den Background, der für die Zwecke der indirekten Maßnahme benötigt wird, festlegen und, soweit erforderlich, spezielle Teile des Background ausschließen.

Mit der durch die Worte »soweit erforderlich« (englische Version: »where appropriate«) gesetzten Bedingung für den Ausschluss dürfte jedenfalls der Fall angesprochen sein, dass ein Teilnehmer bestimmte Teile seines Background wegen Verpflichtungen gegenüber Dritten (z.B. Geheimhaltungsverpflichtungen) nicht für die Zwecke der indirekten Maßnahme zur Verfügung stellen kann. Welche weiteren Fälle erfasst werden sollten, ist unklar.

37 **Zugangsrechte zur Durchführung der F&E-Arbeiten:** Nach Art. 49 Abs. 1 der VO hat jeder Teilnehmer an seinen F&E-Ergebnissen allen anderen Teilnehmern unentgeltlich Zugangsrechte zur Durchführung ihrer Arbeiten im Rahmen der indirekten Maßnahme zu erteilen. Entsprechendes gilt nach Art. 49 Abs. 2 der VO für den nicht gemäß Art. 47 der VO ausgeschlossenen Background, mit folgender Maßgabe: Teilnehmer (außer FTE-Akteuren i.S. von Art. 2 Abs. 18 der VO) können vor ihrem Beitritt zur Finanzhilfevereinbarung vereinbaren, dass die erwähnten Zugangsrechte zum Background entgeltlich sind.

38 **Zugangsrechte für die Nutzung**: Darüber hinaus hat jeder Teilnehmer nach Art. 50 der VO an seinen F&E-Ergebnissen und seinen diesbezüglichen Schutzrechten sowie an seinem Background jedem anderen Teilnehmer auf dessen Verlangen, das innerhalb der in Art. 50 Abs. 4 festgelegten Frist oder ggf. einer davon abweichenden vereinbarten Frist zu stellen ist, auch eine Nutzungslizenz zu fairen und angemessenen Bedingungen oder unentgeltlich gemäß einer zu treffenden Vereinbarung zu erteilen, jedoch nur insoweit, als der andere Teilnehmer diese Nutzungslizenz zur Nutzung seiner eigenen F&E-Ergebnisse

112 Siehe dazu auch Annex II, Art. II.30 Nr. 1 des RP7 Model Grant Agreement.

benötigt. Soweit nichts anderes vereinbart wird, erhält jeder andere Teilnehmer nach Art. 50 Abs. 3 der VO auch ein Recht zur Erteilung von Unterlizenzen an jede in einem Mitgliedstaat oder assoziierten Land ansässige »verbundene Rechtsperson«, wie in Art. 2 Abs. 2 der VO definiert, und zwar zu den gleichen Bedingungen, die für den anderen Teilnehmer selbst gelten. Da dieser aber nach der VO nur eine Lizenz beanspruchen kann, soweit er sie zur Nutzung eigener F&E-Ergebnisse benötigt, kann er nur an eine solche verbundene Rechtsperson eine Unterlizenz erteilen, denen er seine eigenen F&E-Ergebnisse überträgt, s. RP7 Model Grant Agreement, Annex II, Art. II.34 Abs. 3.

Obwohl die VO dies nicht ausdrücklich erwähnt, kann die Konsortialvereinbarung jedoch die Zugangsrechte von Teilnehmern gegenüber der von der VO vorgesehenen Basisregelung erweitern, indem sie z.B. einen Teilnehmer von der Beschränkung befreit, die Lizenz nur insoweit zu nutzen, als sie für die Nutzung von dessen eigenen F&E-Ergebnissen benötigt wird, und/oder seine Berechtigung zur Erteilung von Unterlizenzen ausdehnt, s. dazu Kap. 4 Rdn. 44 und zur kartellrechtlichen Notwendigkeit einer Ausdehnung Kap. 4 Rdn. 47–53.

Ausschließliche Lizenzen: Nach Art. 48 Abs. 3 der VO können einem Teil- 39
nehmer auch ausschließliche Lizenzen an F&E-Ergebnissen und diesbezüglichen Schutzrechten oder Background gewährt werden, sofern alle anderen Teilnehmer auf ihre diesbezüglichen Zugangsrechte verzichten.

Es dürfte jedoch nicht möglich sein, einen solchen Verzicht bereits in der Konsortialvereinbarung zu verankern, s. dazu Kap. 4 Rdn. 45.

b) Rechte und Pflichten nach der Konsortialvereinbarung

Wie bereits erwähnt, haben die Teilnehmer einer indirekten Maßnahme nach 40
Art. 24 Abs. 1 der VO in Ergänzung der Finanzhilfevereinbarung zur Regelung des Rechtsverhältnisses zwischen ihnen eine Konsortialvereinbarung (d.h. einen F&E-Vertrag im Sinne dieses Buches) zu schließen, sofern in der Ausschreibung nichts Anderes festgelegt ist. Selbst dann, wenn die Ausschreibung den Abschluss einer Konsortialvereinbarung nicht verlangt, sollten die Teilnehmer nicht darauf verzichten, um das Rechtsverhältnisses zwischen ihnen interessengerecht zu regeln. In jedem Fall sollte die Konsortialvereinbarung schon vor Unterzeichnung der Finanzhilfevereinbarung geschlossen werden, vgl. Annex II zum RP7 Model Grant Agreement, Art. 1, 4.: »The beneficiaries are deemed to have concluded a *consortium agreement* (the »*consortium agreement*«) regarding the internal organisation of the *consortium*«.

Natürlich muss die Konsortialvereinbarung mit der Finanzhilfevereinbarung 41
konsistent sein. Dementsprechend bestimmt Art. 18 Abs. 3 der VO, dass die Teilnehmer keine der Finanzhilfevereinbarung widersprechenden Verpflichtungen eingehen dürfen. Zur Sicherheit sollte die Konsortialvereinbarung die Klausel enthalten, dass die zwingenden Regelungen der Finanzhilfevereinbarung Vorrang vor damit unvereinbaren Bestimmungen der Konsortialvereinbarung haben.

42 In der Konsortialvereinbarung wird nach Art. 24 Abs. 1 der VO unter anderem Folgendes geregelt:

a) die interne Organisation des Konsortiums;
b) die Aufteilung des finanzielles Beitrags der Gemeinschaft (d.h. der EG);
c) Regeln für die Verbreitung und Nutzung sowie Zugangsrechte, die die Regeln des Kapitels III der VO sowie die Regeln in der Finanzhilfevereinbarung ergänzen;
d) Beilegung interner Streitfälle einschließlich Fällen von Machtmissbrauch;
e) Haftungs-, Entschädigungs- und Vertraulichkeitsvereinbarungen zwischen den Teilnehmern.

43 Nach Art. 24 Abs. 2 der VO soll die Kommission zu den wichtigsten Fragen der Konsortialvereinbarung, einschließlich solcher, welche die Förderung der Teilnahme von KMU betreffen, Leitlinien erlassen. Bisher hat die Kommission hierzu eine im Internet abrufbare Checkliste in englischer Sprache[113] verfasst (nachfolgend als »RP7 Consortium Agreement Checklist« bezeichnet).

44 Als Regelungen der Konsortialvereinbarung, welche die Regeln der VO und der Finanzhilfevereinbarung betr. die Zugangsrechte ergänzen, kommen alle Erweiterungen derselben in Betracht (so auch Abs. 9.6 der RP7 Consortium Agreement Checklist), s. dazu bereits Kap. 4 Rdn. 38. Zu ihnen gehören

– Streichung der Beschränkung, dass eine zu erteilende Lizenz nur insoweit ausgeübt werden kann, als sie für die Nutzung eigener F&E-Ergebnisse des Lizenz nehmenden Teilnehmers benötigt wird. Für diese Streichung wird vor allem bei arbeitsteiliger F&E innerhalb des geförderten Projekts Anlass bestehen, weil jeder daran beteiligte Teilnehmer an der Nutzung aller dabei entstehenden F&E-Ergebnisse unabhängig davon interessiert sein wird, ob er sie für die Nutzung eigener F&E-Ergebnisse benötigt. Die Streichung kann in einem solchen Fall auch kartellrechtlich geboten sein, s. Kap. 4 Rdn. 48–53.
– Erweiterung der Unterlizenzierungsrechte.

45 Die Konsortialvereinbarung kann jedoch noch keine ausschließliche Lizenz eines Teilnehmers am (nicht durch Art. 47 der VO ausgeschlossenen) Background und/oder an den F&E-Ergebnissen eines anderen Teilnehmers vorsehen. Das würde mit dem aus der VO ableitbaren Prinzip, dass jeder Teilnehmer Zugangsrechte an diesem Background und allen F&E-Ergebnissen für die Nutzung haben muss, kollidieren und deshalb nicht nur eine Ergänzung der Regelungen der VO darstellen. Aus Art. 48 Abs. 3 der VO, welcher die Vergabe ausschließlicher Lizenzen für F&E-Ergebnisse oder Background ermöglicht, sofern alle anderen Teilnehmer auf ihre diesbezüglichen Zugangsrechte verzichten, ergibt sich nichts anderes, da ein Verzicht auf künftige Ansprüche nicht möglich ist (s. auch Abs. 9.6 der RP7 Consortium Agreement Checklist, wo unter den Regelungsgegenständen der Konsortialvereinbarung nur das Verfahren betr. einen möglichen Verzicht auf Zugangsrechte, aber nicht dieser Verzicht selbst genannt ist).

113 Version 28/06/2007, abrufbar über http://cordis.europa.eu/fp7/find-doc_de.html oder http://rp7.ffg.at/dokumente.

Um der VO RP7 EG und damit der Finanzhilfevereinbarung zu entsprechen, muss die Konsortialvereinbarung unter anderem in den nachfolgend aufgeführten Punkten von einem F&E-Vertrag vom Typ des Musters A dieses Buchs abweichen: 46

- Sie muss das Eigentumsrecht an F&E-Ergebnissen und diesbezüglichen Schutzrechten grundsätzlich zunächst dem Teilnehmer bzw. gemeinsam den Teilnehmern zuweisen, von dem bzw. denen die Arbeiten durchgeführt werden, bei dem die betr. F&E-Ergebnisse entstanden sind (s. Art. 39 und 40 der VO). Das schließt nach Art. 42 eine nachträgliche Vergemeinschaftung von F&E-Ergebnissen bzw. Schutzrechten oder deren Abtretung an andere Teilnehmer oder Dritte, welcher die diesbezüglichen Verpflichtungen aus der Finanzhilfevereinbarung übernehmen, nicht aus. Die Konsortialvereinbarung kann deshalb z.B. auch vorsehen, dass diejenigen unter den Teilnehmern, die mangels Eigentum oder Miteigentum an einer zu den F&E-Ergebnissen gehörenden Erfindung zunächst nicht zu diesbezüglichen Schutzrechtsanmeldungen berechtigt sind, ein subsidiäres Anmelderecht erhalten, dessen Ausübung jedoch nur unter gleichzeitiger Übernahme der erwähnten Verpflichtungen aus der Finanzhilfevereinbarung möglich ist.[114]
- Die Konsortialvereinbarung muss gemäß Art. 44 der VO den jeweiligen Eigentümer bzw. die jeweiligen Miteigentümer von F&E-Ergebnissen dazu verpflichten, unter gebührender Berücksichtigung seiner/ihrer legitimen Interessen sowie der legitimen Interessen – insbesondere der wirtschaftlichen Interessen – der übrigen Teilnehmer des Projekts in angemessenem Rahmen Schutzrechtsanmeldungen vorzunehmen.
- Sie muss den Teilnehmern Verpflichtungen zur Verwertung und Verbreitung der F&E-Ergebnisse gemäß Art. 46 der VO auferlegen.
- Sie muss gemäß Art. 50 der VO jeden Teilnehmer, der Eigentümer von F&E-Ergebnissen bzw. diesbezüglichen Schutzrechten ist, dazu verpflichten, allen anderen Teilnehmer zu fairen und angemessenen Bedingungen oder unentgeltlich Lizenzen zur Nutzung dieser F&E-Ergebnisse/Schutzrechte und auch des (nicht durch Art. 47 der VO ausgeschlossenen) Background erteilen, und zwar mindestens insoweit, als diese Lizenzen für die Nutzung der F&E-Ergebnissen und der diesbezüglichen Schutzrechte dieser anderen Teilnehmer benötigt werden.

c) Zulässigkeit der Finanzhilfevereinbarung und der Konsortialvereinbarung nach EG-Kartellrecht

Die Finanzhilfevereinbarung und die Konsortialvereinbarung müssen natürlich kartellrechtlich zulässig sein. Insbesondere müssen sie mit Art. 81 EGV vereinbar sein (s. dazu im Einzelnen Kap. 5 Rdn. 38–631). Diesbezügliche Pro- 47

114 Siehe hins. des 6. Rahmenprogramms Section 10.2.2 des von der Kommission gebilligten Musters für ein »CONSORTIUM AGREEMENT FOR INTEGRATED PROJECTS IN THE FP 6«, Version 4.0.5, wo ein solches subsidiäres Anmelderecht vorgesehen ist.

bleme können, wie nachfolgend dargelegt wird, insbesondere dann bestehen, wenn die in der VO RP7 EG und damit auch in der Finanzhilfevereinbarung festgelegte Basisregelung für die Zugangsrechte der Teilnehmer in die Finanzhilfevereinbarung und/oder die Konsortialvereinbarung ohne Ergänzung übernommen wird.

48 Nach der durch Art. 49 und 50 VO RP7 EG muss jeder Teilnehmer den anderen Teilnehmern ein Recht auf Zugang zu seinen F&E-Ergebnissen und seinen diesbezüglichen Schutzrechten sowie zu seinem Background nur insoweit gewähren, als diese anderen Teilnehmer diesen Zugang zur Durchführung ihrer eigenen Arbeiten im Rahmen der indirekten Maßnahme bzw. zur Nutzung ihrer eigenen F&E-Ergebnisse und ihrer diesbezüglichen Schutzrechte benötigen.

49 Der Prüfung, ob diese Beschränkung des Zugangsrechts im konkreten Fall eine spürbare Wettbewerbsbeschränkung bewirkt, hat die Ermittlung der für diese Prüfung relevanten Märkte vorauszugehen. Zu diesen können nicht nur vorhandene Produkt-, Dienstleistungs- und Technologiemärkte, sondern, da es sich um eine Beschränkung von Verwertungsrechten an F&E-Ergebnissen handelt, auch künftige Produkt-, Dienstleistungs- und Technologiemärkte gehören, s. dazu im Einzelnen Kap. 5 Rdn. 104–147 und die Zusammenfassung unter Kap. 5 Rdn. 158–166.

50 Die Beschränkung könnte unabhängig davon, ob sie einen vorhandenem relevanten Markt oder einen künftigen relevanten Markt betrifft, eine spürbare Wettbewerbsbeschränkung bewirken. Bei ihr ist nämlich nicht immer gewährleistet, dass jeder an eigener Nutzung interessierte Teilnehmer alle nutzbaren F&E-Ergebnisse nutzen kann. Sind z.B. bei mehreren vorstellbaren Wegen zur Erreichung des F&E-Ziels die F&E-Aufgaben unter den Teilnehmern so aufgeteilt, dass jeder von ihnen nur einen dieser Wege zu untersuchen hat, und erweist sich nur einer dieser Wege unter technischen und wirtschaftlichen Aspekten als gangbar, so würde die genannte Beschränkung dazu führen, dass nur derjenige Teilnehmer, der diesen Weg verfolgte, seine F&E-Ergebnisse nutzen kann. Damit könnte die Beschränkung i.S. von Nr. 16 der Freistellungs-LL (s. Kap. 5 Rdn. 224) spürbare negative Auswirkungen auf die Wettbewerbsparameter wie Preise, Produktionsmenge und Produktvielfalt auf einem vorhandenen oder künftigen Markt haben, da sie jeden Teilnehmer, der im Rahmen des geförderten gemeinsamen Projekts nur nicht nutzbare F&E-Ergebnisse beigesteuert hat, daran hindern würde, dem einzigen Teilnehmer, dessen F&E-Beitrag zum Erfolg geführt hat, unter Nutzung der von diesem erzielten F&E-Ergebnisse Konkurrenz zu machen.

51 Eine Freistellung der Beschränkung nach der F&E-GFVO käme nicht in Frage: Es würde bereits an den Freistellungsvoraussetzungen gemäß Art. 3 Abs. 2 F&E-GFVO fehlen (s. dazu Kap. 5 Rdn. 396–403). Hinzu kommt, dass es bei »reinen« F&E-Verträgen – um einen solchen würde es sich bei der Konsortialvereinbarung mangels vorgesehener gemeinsamer Verwertung der F&E-Ergebnisse handeln – nach Art. 3 Abs. 3 F&E-GFVO jeder Vertragspartei grundsätzlich freistehen muss, die dabei erzielten Ergebnisse und vorher beste-

hendes, für die Verwertung erforderliches Know-how selbständig zu verwerten (s. dazu im Einzelnen Kap. 5 Rdn. 404–421).

Ebenso wenig wären die Voraussetzunge einer Freistellung nach Art. 81 Abs. 3 EGV bei direkter Anwendung dieser Bestimmung gegeben: 52

In dem geschilderten Fall würde schon die Freistellungsvoraussetzung »wirtschaftlicher Nutzen« (s. dazu insbesondere Kap. 5 Rdn. 348 und 349 sowie Rdn. 555–564 und 583) nicht erfüllt sein.

Allerdings wäre in einem Fall der geschilderten Art damit zu rechnen, dass die Teilnehmer schon aus eigenem wirtschaftlichen Interesse die genannte Beschränkung in der Konsortialvereinbarung aufheben, s. dazu Kap. 4 Rdn. 44. Trotzdem besteht Anlass zu der Warnung, nicht blind darauf zu vertrauen, dass die Vereinbarung der in der VO festgelegten Basisregelung in jedem Fall mit Art. 81 EGV vereinbar ist. 53

II. Förderung von F&E-Projekten mit mehreren Teilnehmern durch die Bundesrepublik Deutschland und die Bundesländer

1. Der durch das Beihilferecht der EG gesetzte Rahmen

a) Vereinbarkeit der Förderung mit Art. 87 EGV

Die Mitgliedstaaten der EG unterliegen hins. staatlicher Beihilfen den Bestimmungen der Art. 87 bis 89 EGV (ehemals Art. 92–94 EGV). Zu diesen staatlichen Beihilfen gehört auch die finanzielle Förderung gemeinsamer F&E-Projekte durch die Bundesrepublik Deutschland und die Bundesländer. 54

Nach Art. 87 Abs. 1 EGV sind staatliche oder aus staatlichen Mitteln gewährte Beihilfen gleich welcher Art, die durch die Begünstigung bestimmter Unternehmen oder Produktionszweige den Wettbewerb verfälschen oder zu verfälschen drohen, grundsätzlich mit dem Gemeinsamen Markt unvereinbar, soweit sie den Handel zwischen Mitgliedstaaten beeinträchtigen. Ausnahmen von diesem Grundsatz sieht Art. 87 Abs. 3 EGV vor. Für F&E-Beihilfen kann in erster Linie Buchst. b oder Buchst. c dieser Bestimmung relevant sein. Nach Buchst. b können »Beihilfen zur Förderung wichtiger Vorhaben von gemeinsamem europäischen Interesse oder zur Behebung einer beträchtlichen Störung im Wirtschaftsleben eines Mitgliedstaats« und nach Buchst. c »Beihilfen zur Förderung der Entwicklung gewisser Wirtschaftszweige oder Wirtschaftsgebiete, soweit sie die Handelsbedingungen nicht in einem Maß beeinträchtigen, das dem gemeinsamen Interesse zuwiderläuft«, mit dem Gemeinsamen Markt vereinbar sein. 55

56 Nach Art. 88 Abs. 3 EGV haben die Mitgliedstaaten der Kommission grundsätzlich jede von ihnen beabsichtigte Einführung oder Umgestaltung einer staatlichen Beihilfe zu notifizieren, soweit sie nicht durch eine GFVO davon befreit sind, s. dazu Kap. 4, Rdn. 57–63. Wenn die Kommission der Auffassung ist, dass die Einführung oder Umgestaltung einer staatlichen Beihilfe mit Art. 87 EGV unvereinbar sein würde, leitet sie ein Verfahren gemäß Art. 88 Abs. 2 EGV mit dem Ziel einer Aufhebung bzw. Umgestaltung der betr. Maßnahme ein.

b) Gruppenfreistellungsverordnungen

57 Die Ratsverordnung (EG) Nr. 994/1998 über die Anwendung von Art. 92 und 93 EGV (heute Art. 87 und 88 EGV) auf bestimmte Gruppen horizontaler Beihilfen[115] hat die Kommission ermächtigt, in Gruppenfreistellungsverordnungen zu erklären, dass Beihilfen unter bestimmten Voraussetzungen mit dem Gemeinsamen Markt vereinbar sind und nicht der Anmeldepflicht nach Art. 88 Abs. 3 EGV unterliegen. Von dieser Ermächtigung hat die Kommission durch verschiedene Verordnungen Gebrauch gemacht, von denen die beiden nachfolgend erörterten auch F&E-Beihilfen betreffen:

58 Das gilt einmal für die Verordnung (EG) Nr. 1998/2006 vom 15.12.2006 über die Anwendung der Art. 87 und 88 EGV auf »De-minimis-Beihilfen«.[116] Sie enthält eine Gruppenfreistellung für Beihilfen – und damit auch für F&E-Beihilfen – in der Form von Barzuwendungen, deren Gesamtbetrag bezogen auf einen Zeitraum von drei Jahren € 200 000.– nicht übersteigt, als Maßnahmen gelten, welche nicht alle Tatbestandsmerkmale des Art. 87 Abs. 1 EGV erfüllen und damit nicht der Anmeldungspflicht gemäß Art. 88 Abs. 3 EGV unterliegen.

59 Das gilt weiter für die Verordnung (EG) Nr. 70/2001 vom 12.01.2001 über die Anwendung der Art. 87 und 88 EGV auf staatliche Beihilfen für kleine und mittlere Unternehmen,[117] deren Anwendungsbereich durch die Verordnung (EG) Nr. 364/2004 auf F&E-Beihilfen erstreckt wurde. Nach dem dadurch eingefügten Art. 5a können KMU F&E-Beihilfen erhalten, sofern folgende auf der Grundlage der zulässigen Kosten des Vorhabens berechnete Beihilfeintensitäten nicht überschritten werden:

- 100 % für »Grundlagenforschung«,
- 60 % (höchstens 75 %, wenn besondere Bedingungen erfüllt werden) für »industrielle Forschung« und
- 35 % (höchstens 50 %, wenn besondere Bedingungen erfüllt werden) für »vorwettbewerbliche Entwicklung«.

115 ABl. L 142/1 vom 14.05.1988.

116 ABl. L 379/5 vom 28.12.2006.

117 ABl. L 10/33 vom 13.01.2001, geändert durch Siehe Verordnungen (EG) Nr. 364/2004 (ABl. L, 63 vom 28.02.2004), 1040/2006 (ABl. L 187 vom 08.07.2006) und Nr. 1976/2006 (ABl. L 268 vom 23.12.2006).

Die Begriffe »Grundlagenforschung« »industrielle Forschung« und »vorwettbewerbliche Entwicklung« sind in Art. 2 h), i) und j) definiert, jedoch leiden diese Definitionen, – ebenso wie die gängigen Unterscheidungen zwischen »Grundlagenforschung«, »Angewandte Forschung« und »Entwicklung, s. Kap. 1 Rdn. 9 ff. – an Unschärfe oder mangelnder Brauchbarkeit, wie nachfolgend dargelegt wird.

»Grundlagenforschung« wird in Art. 2 h) der Verordnung definiert als Forschungstätigkeit zur Erweiterung der wissenschaftlichen und technischen Kenntnisse, die nicht auf industrielle oder kommerzielle Ziele ausgerichtet sind. 60
Nimmt man es mit dieser Definition genau, so scheidet nach ihr Grundlagenforschung durch Unternehmen aus, weil, wie in der Literatur[118] zu Recht bemerkt wird, Forschung in der Industrie nie zweckfrei, sondern immer anwendungsorientiert betrieben wird.

»Industrielle Forschung« bezeichnet nach Art. 2 i) der Verordnung planmäßiges Forschen oder kritisches Erforschen zur Gewinnung neuer Kenntnisse mit dem Ziel, diese Kenntnisse zur Entwicklung neuer Produkte, Verfahren oder Dienstleistungen oder zur Verwirklichung erheblicher Verbesserungen bei bestehenden Produkten, Verfahren oder Dienstleistungen nutzen zu können. Diese Definition überschneidet sich mit der Definition der »vorwettbewerblichen Entwicklung«, s. dazu die nachfolgenden Ausführungen. 61

»Vorwettbewerbliche Entwicklung« bedeutet nach der Grunddefinition in Art. 2 j) der Verordnung Umsetzung von Erkenntnissen der industriellen Forschung in einen Plan, ein Schema oder einen Entwurf für neue, geänderte oder verbesserte Produkte, unabhängig davon, ob sie zum Verkauf oder zu Verwendung bestimmt sind, einschließlich der Schaffung eines ersten, nicht zur kommerziellen Verwendung geeigneten Prototyps. Die erwähnte Umsetzung von Erkenntnissen der »industriellen Forschung« in einen Plan usw. kann indessen ebenfalls wieder die Merkmale der »industriellen Forschung« selbst erfüllen, weil sie planmäßiges Forschen oder kritisches Erforschen zur Gewinnung neuer Kenntnisse mit dem Ziel umfassen kann, diese Kenntnisse zur Entwicklung neuer Produkte usw. nutzen zu können. 62

Die Kommission hat ihre Absicht bekundet, die bisher nur für KMU geltende GFVO durch eine allgemeine GFVO zu ersetzen, die sich auf sämtliche weniger problematische F&E-Beihilfen erstrecken soll.[119] 63

c) Der Gemeinschaftsrahmen 2007

Die Vereinbarkeit staatlicher F&E-Beihilfen, die nicht von den bestehenden Gruppenfreistellungsverordnungen oder einer späteren allgemeinen Gruppenfreistellung erfasst werden und deshalb bei der Kommission angemeldet werden müssen, beurteilt die Kommission auf der Grundlage ihres am 01.01.2007 in Kraft getretenen Gemeinschaftsrahmens (»Gemeinschaftsrahmen 2007«). Nach 64

118 *Fuchs* S. 35 in Anschluss an *Schätzle* S. 25; ähnlich *Teske* S. 4.
119 Siehe Nr. 35 ihres Aktionsplans 2005 und Nr. 1.2 des Gemeinschaftsrahmens 2007.

ErwGrd. (3) der VO RP7 EG bzw. nach ErwGrd. (3) der Verordnung (Euratom) Nr. 1908/2006 des Rates[120] gilt der Gemeinschaftsrahmen 2007 auch für Beihilfen der EU nach dem 7. Rahmenprogramm der EG bzw. nach dem 7. Rahmenprogramm von Euratom. Nachfolgend werden die im Gemeinschaftsrahmen 2007 aufgestellten Beurteilungskriterien skizziert.

65 Nach **Nr. 1.3.1** ist für die Beurteilung der Zulässigkeit der Beihilfe eine **Abwägungsprüfung** vorzunehmen, bei der folgende Fragen zu beantworten sind:

1. Dient die geplante Beihilfe einem genau definierten Ziel von gemeinsamem Interesse der Mitgliedsländer (z.B. Wachstum, Beschäftigung, Zusammenhalt, Umwelt)?
2. Ist die Beihilfe geeignet, das im gemeinsamen Interesse liegende Ziel zu verwirklichen? Im Einzelnen:
   i) Ist die staatliche Beihilfe das geeignete Mittel?
   ii) Hat sie einen Anreizeffekt, d.h. ändert sie das F&E-Verhalten von Unternehmen?
   iii) Ist sie verhältnismäßig, d.h. könnte dieselbe Verhaltensänderung auch mit weniger Beihilfe erreicht werden?
3. Sind die Verfälschungen von Wettbewerb und Handel in ihrem Ausmaß begrenzt, so dass die positiven Folgen die negativen überwiegen?

Die Basiskriterien für die Beantwortung dieser Fragen sind in Nr. 1.3.2 bis 1.3.6 aufgeführt (s. dazu Kap. 4 Rdn. 66 bis 70). Hins. des Anreizeffekts sind auch die Kriterien gemäß Nr. 6 zu berücksichtigen, s. Kap. 4 Rdn. 81. Für den Fall, dass nach Nr. 7.1 eine eingehendere Prüfung zu erfolgen hat, gelten zusätzlich die unter Nr. 7.2 bis 7.5 aufgeführten Kriterien, s. dazu Kap. 4 Rdn. 82.

66 Nach **Nr. 1.3.2** ist ein gemeinsames Interesse der Mitgliedsländer an der Beihilfe dann anzunehmen, wenn sie folgende Formen von **Marktversagen** behebt, die verhindern, dass FuEuI in der Gemeinschaft ein optimales Niveau erreicht:[121]

- FuEuI kann für die gesamte Gesellschaft durch die unintendierte Verbreitung von Wissen (Wissens-Spillover) positive Effekte haben, die diesbezüglichen Projekte können aber deshalb, weil sie aus privatwirtschaftlicher Sicht unrentabel erscheinen, mangels Eingreifens des Staats unterbleiben.
- Allgemeines Wissen, das bei Grundlagenforschung generiert wird, ist ein nicht schutzfähiges öffentliches Gut, und kann deshalb auch von Unternehmen, die es nicht generieren, wegen des stattfindenden Wissens-Spillover kostenlos genutzt werden; deshalb besteht u.U. ohne Unterstützung des Staats kein Anreiz für Unternehmen, Grundlagenforschung zu betreiben.
- Wegen unzureichender und/oder asymmetrischer Informationen können private Anleger davor zurückschrecken, sinnvolle Projekte zu finanzieren; hochqualifiziertes Personal erhält möglicherweise keine Kenntnis von Beschäftigungsmöglichkeiten in innovativen Unternehmen. Im Ergebnis kann dies zu einer unzweckmäßigen Verteilung von Human- und Finanzressourcen führen, so dass wirtschaftlich wertvolle Vorhaben nicht durchgeführt werden.

120 ABl. L 400/1 vom 30.12.2006.
121 Siehe dazu auch schon Nr. 2.1 und 2.2 des Konsultationspapiers 2005.

- Die Fähigkeit von Unternehmen, ihre FuEuI-Vorhaben zu koordinieren oder wenigstens zusammenzuarbeiten und die Vorhaben so erfolgreich zum Abschluss zu bringen, kann wegen verschiedener Probleme, z.B. Schwierigkeiten bei der Koordinierung von FuE und der Gewinnung geeigneter Partner, beeinträchtigt sein.

Nach **Nr. 1.3.3** sollte bei Frage, ob die Beihilfe das **geeignete Mittel** zur Über- 67
windung des Marktversagens ist, nicht vergessen werden, dass es zur Steigerung der FuEuI-Tätigkeit möglicherweise sinnvollere Instrumente wie Regulierung, verbesserte Finanzierung von Hochschulen oder allgemeine steuerliche Maßnahmen zugunsten von FuEuI gibt.

Nach **Nr. 1.3.4** ist ein **Anreizeffekt** dann gegeben, wenn das Ergebnis von 68
Beihilfen ein gemessen an Umfang, Reichweite, aufgewendeten Mitteln oder Geschwindigkeit gesteigerte FuEuI-Tätigkeit sein würde. Die Mitgliedstaaten müssten eindeutig festlegen, wie sie den Anreizeffekt gewährleisten wollen.

Nr. 1.3.5 bejaht die **Verhältnismäßigkeit** der Beihilfe, wenn dasselbe Ergeb- 69
nis nicht durch eine weniger wettbewerbsverfälschende Maßnahme hätte erzielt werden können; vor allem Beihilfebetrag und Beihilfeintensität müssten auf das für die Durchführung der geförderten FuEuI-Tätigkeit absolut erforderliche Minimum begrenzt werden.

Nach **Nr. 1.3.6** müssen die positiven Folgen einer staatlichen FuEuI-Beihilfe 70
deren negativen Folgen überwiegen, zu denen folgende **Wettbewerbsverfälschungen** zu rechnen sind:

- Störung der marktwirtschaftlichen Anreize für Unternehmen und Verdrängung;
- Förderung ineffizienter Produktion;
- Verdrängungswettbewerb und Stärkung von Marktmacht;
- Auswirkungen für die Ansiedlung von Wirtschaftstätigkeiten in den Mitgliedstaaten;
- Folgen für die Handelsströme im Binnenmarkt.

Dabei seien die negativen Auswirkungen umso größer, je höher die Beihilfebeträge und je größer die Marktnähe der geförderten Tätigkeit sei.

Nr. 2.2 enthält die maßgebenden **Definitionen**, unter anderem zu den Begriffen 71
»Kleine und mittlere Unternehmen«, »Große Unternehmen«, »Grundlagenforschung«, »Industrielle Forschung« und »Experimentelle Entwicklung«, die insbesondere für die höchstzulässige Beihilfeintensität von Bedeutung sind, s. dazu Kap. 4 Rdn. 78 und 79.

»Grundlagenforschung« wird hier anders als in der Verordnung (EG) Nr. 364/2004 definiert, s. dazu Kap. 4 Rdn. 60, weil man offenbar die dort vorgenommene Definition als nicht brauchbar erkannte, während die »industrielle Forschung« ähnlich wie dort definiert wird und die »experimentelle Entwicklung« zwar an die Stelle der »vorwettbewerblichen Entwicklung« getreten ist, sich aber nach ihrer Definition nur marginal von dieser unterscheidet. Auch die neuen Definitionen sind wegen ihrer Unschärfe nicht brauchbar, wie nachfolgend dargelegt wird.

72 »Grundlagenforschung« wird nun definiert als »experimentelle oder theoretische Arbeiten, die in erster Linie dem Erwerb neuen Grundlagenwissens ohne erkennbare direkte praktische Anwendungsmöglichkeiten dienen«. Wie ist bei dieser Definition das Merkmal zu verstehen, dass Grundlagenforschung »in erster Linie« dem Erwerb neuen Grundlagenwissens dient, und wann ist eine »direkte« praktische Anwendung – und nicht nur eine »indirekte« praktische Anwendung – erkennbar?

73 »Industrielle Forschung« bezeichnet nach der Grunddefinition nun planmäßiges Forschen oder kritisches Erforschen zur Gewinnung neuer Kenntnisse und Fertigkeiten mit dem Ziel, (damit) neue Produkte, Verfahren oder Dienstleistungen zu entwickeln oder (sie) zur Verwirklichung erheblicher Verbesserungen bei bestehenden Produkten, Verfahren oder Dienstleistungen nutzen zu können. Diese Definition überschneidet sich sowohl mit der Definition der »Grundlagenforschung« (kein Ausschluss des Erwerbs neuen Grundlagenwissens mit praktischen Anwendungsmöglichkeiten) als auch mit der Definition der »Experimentellen Entwicklung«, s. dazu die nachfolgenden Ausführungen.

74 »Experimentelle Entwicklung« ist nach der prinzipiellen Definition, die dann in Nr. 2.2 durch Beispiele konkretisiert wird, der Erwerb, die Kombination, die Formung und die Verwendung vorhandener wissenschaftlicher technischer, wirtschaftlicher und sonstiger einschlägiger Kenntnisse und Fertigkeiten zur Erarbeitung von Plänen und Vorkehrungen von Konzepten für neue, veränderte oder verbesserte Produkte, Verfahren oder Dienstleistungen. Die Kombination und Formung vorhandener Kenntnisse kann jedoch die Gewinnung neuer Kenntnisse und Fertigkeiten mit dem in der Definition von »industrieller Forschung« genannten Ziel bedeuten. Dieses Ziel überschneidet sich wiederum mit dem Ziel (»zur Erarbeitung ...«), das Merkmal der »experimentellen Entwicklung« sein soll.

75 Nr. 3.2 befasst sich mit der Frage, wann mittelbare staatliche Beihilfen an Unternehmen im Falle von Kooperationen mit staatlich finanzierten öffentlichen Forschungseinrichtungen (sowohl im Falle von Aufträgen an diese als auch im Falle einer arbeitsteiligen Zusammenarbeit mit diesen) anzunehmen sind.

76 Bei F&E-Aufträgen an staatlich finanzierte Forschungseinrichtungen verneint **Nr. 3.2.1** eine Beihilfe, wenn

- die Forschungseinrichtung die Dienstleistung zum Marktpreis erbringt, oder
- die Forschungseinrichtung die Dienstleistung zu einem Preis erbringt, der sowohl sämtliche Kosten als auch eine angemessene Gewinnspanne enthält, sofern es keinen Marktpreis gibt.

77 Für den Fall einer (arbeitsteiligen) **Zusammenarbeit mit staatlich finanzierten Forschungseinrichtungen** verneint **Nr. 3.2.2** eine Beihilfe jedenfalls dann, wenn eine der folgenden Voraussetzungen erfüllt ist:

- Die beteiligten Unternehmen tragen sämtliche Kosten des Vorhabens.
- Die FuEuI-Ergebnisse, für die keine Rechte des geistigen Eigentums begründet werden, können weit verbreitet werden, wohingegen derartige Rechte an

solchen Ergebnissen, die aus der Tätigkeit der Forschungseinrichtung hervorgehen, in vollem Umfang dieser Einrichtung zugeordnet werden.

- Jede Forschungseinrichtung erhält von den beteiligten Unternehmen für die Rechte des geistigen Eigentums, die sich aus den von den von der Forschungseinrichtung im Rahmen des Vorhabens ausgeführten Forschungsarbeiten ergeben und auf die beteiligten Unternehmen übertragen werden, ein marktübliches Entgelt, wobei finanzielle Beiträge der beteiligten Unternehmen zu den Kosten der Forschungseinrichtung von diesem Entgelt abgezogen werden können. Dabei sind nach Fn. 29 unter dem »marktüblichen Entgelt für die Rechte des geistigen Eigentums« eine Vergütung in der vollen Höhe des wirtschaftlichen Nutzens aus diesen Rechten zu verstehen. (Anm.: Diese Definition beruht auf einem Denkfehler, weil kein Lizenznehmer bereit sein wird, ein Entgelt in der Höhe des vollen zu erwartenden Nutzens, den er aus der Lizenz zieht, zu entrichten. Der zu erwartende Nutzen kann deshalb nicht das marktübliche Entgelt sein.) Jedoch betrachtet die Kommission nach Fn. 29 angesichts der Schwierigkeit, den Marktwert der Rechte des geistigen Eigentums zu beziffern, die genannte Voraussetzung als erfüllt, wenn die Forschungseinrichtung als Verkäuferin der Rechte bei Aushandlung des Vertrags den bestmöglichen Preis zu erzielen bestrebt ist.

Ist keine der vorgenannten Voraussetzungen erfüllt, kann der Mitgliedstaat eine Einzelfallbewertung des Zusammenarbeitsprojekts durchführen. Eine staatliche Beihilfe kann beispielsweise auch dann ausgeschlossen werden, wenn die Würdigung der vertraglichen Vereinbarungen zwischen den Partnern zu der Schlussfolgerung führt, dass die Rechte an geistigem Eigentum und der Zugang zu den Ergebnissen gemessen an ihren jeweiligen Interessen, ihrem Arbeitsaufwand sowie ihren finanziellen und sonstigen Beiträgen zu dem Vorhaben ausgewogen auf die beteiligten Partner aufgeteilt werden. Liegt keine der Voraussetzungen 1, 2 oder 3 vor, stuft die Kommission den Gesamtwert des Beitrags der Forschungseinrichtung zum Vorhaben als Beihilfe für die Unternehmen ein. (Anm.: Das Verhältnis dieses letzten Satzes zu den vorhergehenden Sätze, die ja ebenfalls den Fall betreffen, dass keine der drei Voraussetzungen erfüllt sind, ist unklar.)

Nach **Nr. 5.1.2** dürfen die Beihilfeintensitäten grundsätzlich nicht folgende auf 78
der Grundlage der förderbaren Kosten errechneten Beihilfeintensitäten überschreiten:

- 100 % für »Grundlagenforschung«
- 50 % für »industrielle Forschung« und
- 25 % für »experimentelle Entwicklung«,

wobei jedoch die Begriffe »Grundlagenforschung«, »industrielle Forschung« und »experimentelle Entwicklung« unscharf sind, s. Kap. 1 Rdn. 9–14, Kap. 4 71–74.

Nach Nr. **5.1.3** sind in Abhängigkeit davon, ob es sich bei dem Teilnehmer um 79
ein kleines, ein mittleres oder ein großes Unternehmen handelt – s. dazu die Definitionen in Nr. 2.2 a) und b) –, und ob das jeweilige Unternehmen grenzüberschreitend oder mit mindestens einem KMU oder mit einer Forschungs-

einrichtung zusammenarbeitet, Aufschläge zugelassen, die bei »industrieller Forschung« bis 30 % und bei »experimenteller Entwicklung« bis zu 35 % betragen können.

80 Nach **Nr. 5.3** (s. auch schon Nr. 1.5) können außerdem Beihilfen für die Kosten von KMU zum Erwerb gewerblicher Schutzrechte unter bestimmten Bedingungen als mit Art. 87 Abs. 3 Buchst. c) als vereinbar gelten.

81 **Nr. 6** schließt einen Anreizeffekt aus, wenn die FuEuI-Tätigkeit (mit Ausnahme von Durchführbarkeitsstudien, die nicht von dem Antrag auf staatliche Beihilfe erfasst werden) bereits begonnen wurde, bevor der Begünstigte bei den nationalen Behörden einen Beihilfeantrag eingereicht hat. In den Fällen, in denen die FuEuI-Tätigkeit nach Einreichung des Beihilfeantrags beginnt, wird nach Nr. 6 der Anreizeffekt in bestimmten Fällen, die vor allem KMU betreffen, automatisch als gegeben angenommen, wie z.B. bei Projektbeihilfen an KMU und Beihilfen für Durchführbarkeitsstudien von KMU, deren Betrag je KMU und Vorhaben unter 7,5 Mio. € liegt. Soweit ein Anreizeffekt nicht automatisch anzunehmen ist, ist über sein Vorliegen unter Heranziehung bestimmter in Nr. 6 genannter Einzelkriterien zu entscheiden.

82 Nach **Nr. 7** hat bei bestimmten, insbesondere sehr großen FuEuI-Projekten (s. im Einzelnen Nr. 7.1) eine eingehende Würdigung der Vereinbarkeit der Beihilfe mit Art. 87 EGV zu erfolgen, wobei nach Nr. 7.2 Beihilfen für vom Markt weit entfernte Tätigkeiten in geringerem Maße einer umfangreichen Würdigung unterliegen. Nr. 7.3 befasst sich mit den bei der Abwägung zu berücksichtigenden positiven Auswirkungen der Beihilfe. Dabei nennen Nr. 7.3.1 bis 7.3.4 spezielle Kriterien betr. das Vorliegen eines Marktversagens, der Eignung der Beihilfe als Instrument zur Beseitigung des Marktversagens, des Anreizeffektes und der Notwendigkeit der Beihilfe sowie der Verhältnismäßigkeit der Beihilfe.

Was speziell den Anreizeffekt betrifft, gelten zusätzlich zu den Basiskriterien gemäß Nr. 1.3.4 und Nr. 6 die in Nr. 7.3.3 aufgeführten Einzelkriterien. So muss die Verhaltensänderung, welche durch die staatliche Beihilfe bezweckt wird, genau spezifiziert und ihr Eintritt durch eine Analyse erhärtet werden. Die Wahrscheinlichkeit eines Anreizeffekts ist außerdem größer, wenn das betr. Vorhaben für ein Unternehmen nicht rentabel, für die Gesellschaft aber von großem Nutzen wäre. Für eine Anreizwirkung sprechen außerdem hohe Anfangsinvestitionen, ein niedriger Betrag des aneigbaren Rückflusses und ein beträchtlicher Anteil von Einnahmen, die erst in ferner Zukunft entstehen. Weiter steigt die Wahrscheinlichkeit des Anreizeffektes mit dem Ausmaß des mit einem Forschungsvorhaben verbundenen Risikos, wobei z.B. die Endgültigkeit der Investition und die Wahrscheinlichkeit des geschäftlichen Misserfolgs zu berücksichtigen sind.

Nr. 7.4 regelt, wie die Analyse der Wettbewerbs- und Handelsverzerrungen im Einzelnen vorzunehmen ist.

2. Förderung von F&E-Projekten mit mehreren Teilnehmern durch die Bundesrepublik Deutschland

a) Volumen der Förderung und ihre Verteilung auf bestimmte technische Gebiete

Nach dem Bundesbericht Forschung 2006[122] betrugen die Aufwendungen des Bundes im Zeitraum von 1993 bis 2005 für F&E im Rahmen der direkten Projektförderung und Ressortforschung zwischen jährlich 3,2 und 3,6 Mrd. €; für 2006 waren 4 Mrd. € geplant. Der Anteil des BMVg daran betrug zwischen 0,9 und 1,3 Mrd. €. 83

Die Verteilung der F&E-Ausgaben des Bundes auf bestimmte technische Gebiete hat sich dabei nach dem Bundesbericht Forschung 2006[123] in den Jahren 2002 bis 2006 (wenn man für letzteres Jahr die im Bundesbericht genannten Planzahlen zugrunde legt) nur wenig geändert. An der Spitze lagen im zivilen Bereich die F&E-Ausgaben für »Weltraumforschung und Weltraumtechnik« mit jährlich um 800 Mio. €, für »Informationstechnik (einschließlich Multimedia und Fertigungstechnik)« mit jährlich um 600 Mio. €, für »Gesundheit und Medizin« mit jährlich um 580 Mio. €, für »Umweltgerechte, nachhaltige Entwicklung« (ohne »Energieforschung und Energietechnologie«) mit jährlich ebenfalls um 580 Mio. €, für »Energieforschung und Energietechnologie« mit jährlich um 420 Mio. €, für »Materialforschung; physikalische und chemische Technologien« mit jährlich um 320 Mio. € und für »Biotechnologie« mit jährlich um 210 Mio. €. Diese Zahlen können auch für die nachfolgenden Jahre als Anhaltspunkt dienen, wobei zu berücksichtigen ist, dass nach der Lissabon-Strategie der EU die jährlichen öffentlichen Aufwendungen für F&E um 6 % wachsen sollten.[124]

b) Förderprogramme des Bundes im zivilen Bereich

Für die Subventionierung von F&E-Projekten im zivilen Bereich sind auf Bundesebene außer dem Ministerium für Bildung und Forschung BMBF auch das Ministerium für Wirtschaft und Technologie (BMWi), das Ministerium für Umwelt, Naturschutz und Reaktorsicherheit (BMU), das Ministerium für Ernährung, Landwirtschaft und Verbraucherschutz (BMELV) und das Ministerium für Verkehr, Bau und Stadtentwicklung (BMVBS) im Rahmen ihrer jeweiligen fachorientierten Förderprogramme (Fachprogramme) zuständig. 84

Detaillierte Informationen sind über das Förderportal des Bundes[125] erhältlich, das über den Link »Förderberatung« auch Zugang zu den Adressen und Telefonnummern der für die Förderberatung zuständigen Ansprechpartner gewährt.

122 Siehe dort Tabelle 9, S. 633 ff.
123 Siehe Abb. 16 auf S. 172.
124 Siehe Nr. 1.1 des Gemeinschaftsrahmens 2007.
125 Siehe http://foerderportal.bund.de/.

85 Aktuell gewährt der Bund im zivilen Bereich F&E-Subventionen grundsätzlich nur für F&E-Projekte, die einem der folgenden vier Bereiche zugehören:[126]

- dem Bereich **»Neue Technologien«**,[127] der gänzlich zum Zuständigkeitsbereich des BMBF gehört und wiederum durch eine Reihe von Programmen konkretisiert ist, von denen die folgenden (nur bzw. auch) F&E-Projekte betreffen: Das »Rahmenprogramm Informations- und Kommunikationstechnik«, das »Programm Multimedia«, dessen Ziel es ist, die Entwicklung, Nutzung und Verbreitung moderner Informations- und Kommunikationstechnologien zu fördern, das »Rahmenprogramm Mikrosysteme«, das Rahmenprogramm »Optische Technologien«, das »Rahmenkonzept Forschung für die Produktion von morgen«, das unter anderem die Verwendung grundlagenorientierter Ergebnisse für die Produktion betrifft, das »Rahmenprogramm Werkstoffinnovationen für Industrie und Gesellschaft« und der »Förderschwerpunkt Nanotechnologie«;
- dem Bereich **»Lebenswissenschaften«**,[128] der ebenfalls gänzlich zum Zuständigkeitsbereich des BMBF gehört; von den Programmen, die diesen Bereich konkretisieren, betreffen das »Rahmenprogramm Biotechnologie – Chancen nutzen und gestalten« und das »Rahmenprogramm Gesundheitsforschung: Forschung für den Menschen« zum Teil F&E-Projekte.
- dem Bereich **»Forschung für die Nachhaltigkeit«**;[129] dieses betrifft mit dem »Rahmenprogramm Forschung für die Nachhaltigkeit« (Zuständigkeit: BMBF), dem »Förderbereich Entsorgung« (Zuständigkeit: BMWi), der »Energieforschung und Energietechnik« (Zuständigkeit: BMWi, BMU, BMELV, BMBF), dem »Förderprogramm nachwachsende Rohstoffe« (Zuständigkeit: BMELV) und der »Agrarforschung und Innovationsförderung im Agrar- und Lebensmittelsektor« (Zuständigkeit: BMELV mit Überschneidungen zu Programmen des BMBF, des BMWi und des BMU) Programme, die (nur bzw. auch) F&E-Projekte betreffen; und
- dem Bereich **»Verkehrtechnologien, Raumfahrt, Luftfahrt, Schifffahrt, Meerestechnik; Bauen«**.[130] Die Einzelprogramme dieses Bereichs, nämlich »Zivile Luftfahrtforschung und -technologie« (Zuständigkeit: BMWi), »Rahmenprogramm Schifffahrt und Meerestechnik für das 21. Jahrhundert« (Zuständigkeit: BMWi), »Weltraumforschung und -technik« (Zuständigkeit: BMWi) und »Bauforschung und -technik für eine nachhaltige Stadt- und Raumentwicklung« (Zuständigkeit: BMVBS) betreffen auch F&E-Projekte.

86 Zu den oben aufgeführten Einzelprogrammen, insbesondere den dazu gehörenden Rahmenprogrammen, gibt es wiederum spezielle Ausschreibungen in Form von Bekanntmachungen der Ministerien, welche aus diesen Einzelprogrammen einzelne Themen bzw. Förderschwerpunkte auswählen und dafür besondere Förderbedingungen und Antragsfristen festlegen.

126 Siehe www.foerderinfo.bmbf.de/de/166.php.
127 Siehe www.foerderinfo.bmbf.de/de/275.php.
128 Siehe www.foerderinfo.bmbf.de/de/277.php.
129 Siehe www.foerderinfo.bmbf.de/de/279.php.
130 Siehe www.foerderinfo.bmbf.de/de/286.php.

Es gibt daneben auch einige **»technologieoffene Förderprogramme«**,[131] also inhaltlich nicht eingegrenzte Förderprogramme für F&E-Projekte, nämlich 87

- das Förderprogramm **»PRO INNO II«** für Verbundprojekte (s. zu diesem Begriff Kap. 4 Rdn. 93) zwischen mehreren KMU bzw. zwischen KMU und externen Industrieforschungseinrichtungen (Zuständigkeit: BMWi);
- das Programm zur Förderung von Forschung und Entwicklung bei Wachstumsträgern in benachteiligten Regionen **»INNO-WATT«** (Zuständigkeit: BMWi); und
- das Programm für die industrielle Gemeinschaftsforschung **»IGF«** und das Initiativprogramm Zukunftstechnologien für kleine und mittlere Unternehmen **»ZUTECH«** zur Unterstützung von Forschungskooperationen in branchenweiten und/oder branchenübergreifenden Netzwerken (Zuständigkeit: jeweils BMBF).

Ein neues, technologieunabhängiges Förderinstrument des BMBF stellt die **Forschungsprämie** dar.[132] Sie kann auf Antrag an staatlich anerkannte Hochschulen sowie an gemeinsam von Bund und Ländern finanzierte Forschungseinrichtungen für F&E-Aufträge von Unternehmen mit maximal 1000 Beschäftigten gewährt werden und beträgt 25 % des Auftragsvolumens (ohne MWSt.) mit einer Prämienuntergrenze von 2 500 € und einer Prämienobergrenze von 100 000 € pro F&E-Auftrag. Für das bis Ende 2009 befristete Förderinstrument werden insgesamt nur rund 100 000 € zur Verfügung stehen, es dürfte also bis dahin nur an eine Testphase gedacht sein. 88

Wie bei F&E-Subventionen der EG erfahren **KMU** auch bei F&E-Subventionen des Bundes besondere Berücksichtigung. Das gilt nicht nur für die auf KMU zugeschnittenen Förderprogramme PRO INNO II und ZUTECH, s. bereits Kap. 4 Rdn. 86, sondern auch für die Förderprogramme, die allen Unternehmen offen stehen. Bei diesen erhöht die Teilnahme von KMU die Aussichten auf die Förderung des gemeinsamen F&E-Projekts. Außerdem können KMU mit einem höheren Fördersatz rechnen als andere Unternehmen, s. Kap. 4 Rdn. 79. Weiter wird bei ihnen im Rahmen der Prüfung, ob ihre Förderung mit dem Gemeinschaftsrahmen vereinbar ist, der Anreizeffekt für Vorhaben mit einem Volumen bis zu 7,5 Mio. € unterstellt, s. Kap. 4 Rdn. 68. Schließlich erkennen die NKBF 98 die Kosten der Anmeldung von Schutzrechten für die Ergebnisse der subventionierten F&E als zuwendungsfähig an, s. Kap. 4 Rdn. 103. 89

c) Voraussetzungen für die Förderung gemeinsamer F&E-Projekte im Rahmen der Forschungsprogramme und diesbezüglicher Bekanntmachungen des Bundes

Zuwendungen des Bundes im Rahmen von Förderprogrammen und der dazu ggf. ergangenen Bekanntmachungen erfolgen auf der Grundlage von Zuwen- 90

131 Siehe www.foerderinfo.bmbf.de/de/288.php.
132 Siehe dazu www.hightech-strategie.de/de/131.php.

dungsanträgen. Nach den Bekanntmachungen des BMBF – für die Förderung durch das BMWi, das BMELV und das BMU gilt dies ebenfalls – beginnt das Bewilligungsverfahren mit der Einreichung einer **Projektskizze** an den fachlich zuständigen Projektträger und ausführlicher Beratung über die wissenschaftlich-technischen Inhalte des betreffenden Förderprogramms.

91 Nach der Einreichung der Projektskizze muss jeder Partner, der in den Genuss von Zuwendungen kommen will, über das Internet System »Easy«[133] einen eigenen **Förderantrag** einreichen, s. dazu das Formular »Antrag auf Gewährung einer Bundeszuwendung an Unternehmen der gewerblichen Wirtschaft (AZK)«,[134] das von industrielle Unternehmen und der Fraunhofer-Gesellschaft zu verwenden ist, und das Formular »Antrag auf Gewährung einer Bundeszuwendung auf Ausgabenbasis (AZA)«,[135] das normalerweise bei Zuwendungsanträgen von Hochschulen oder überwiegend öffentlich finanzierten Einrichtungen außer der Fraunhofer-Gesellschaft zu verwenden ist; s. hierzu auch die »Richtlinien für Zuwendungsanträge auf Kostenbasis von Unternehmen der gewerblichen Wirtschaft (AZK)«[136] (die sinngemäß auch für andere Antragsteller auf Kostenbasis gelten, soweit keine spezifischen Regelungen des BMBF bestehen) und die Richtlinien für Zuwendungsanträge auf Ausgabenbasis (AZA).[137] Will ein Antragsteller F&E-Arbeiten durch Erteilung eines F&E-Auftrags an ein Forschungsinstitut oder eine Hochschule »auslagern«, sich aber auch seine diesbezüglichen Kosten bezuschussen lassen, muss er die Zuwendung auch hinsichtlich der Kosten dieses Auftrags beantragen.

92 **Voraussetzungen für den Erfolg von Zuwendungsanträgen gewerblicher Unternehmen** sind unter anderem:[138]

- An der Förderung besteht ein öffentliches Interesse.
- Die geplanten Arbeiten und Ziele entsprechen einem der Fachprogramme.
- Das Vorhaben ist bei begründeten Erfolgsaussichten mit einem wirtschaftlich-wissenschaftlich-technischen Risiko verbunden.
- Der Antragsteller verfolgt über eine ausreichende Qualifikation und Kapazität für die Durchführung.
- Der Antragsteller hat geordnete wirtschaftliche Verhältnisse und kann die ordnungsgemäße Verwendung der öffentlichen Mittel nachweisen.
- Er ist bereit, eine angemessene Eigenbeteiligung – grundsätzlich mindestens die Hälfte, je nach Finanzkraft – an den F&E-Aufwendungen zu tragen.

133 Siehe www.kp.dir.de/profi/easy/index.htm.

134 BMBF-Vordruck 0041a, abrufbar über das Internet mit Hilfe eines Suchsystems wie z.B. »Google« und das Suchwort »bmbf-formularschrank«.

135 BMBF-Vordruck 0021, abrufbar über das Internet mit Hilfe eines Suchsystems wie z.B. »Google« und das Suchwort »bmbf-formularschrank«.

136 BMBF-Vordruck 0047/06.06, abrufbar über das Internet mit Hilfe eines Suchsystems wie z.B. »Google« und das Suchwort »bmbf-formularschrank«.

137 BMBF-Vordruck 0027/03.07_1, abrufbar über das Internet mit Hilfe eines Suchsystems wie z.B. »Google« und das Suchwort »bmbf-formularschrank«.

138 Vgl. z.B. die Information des DLR auf der Internet-Seite über Umweltforschung und -technik.

Sieht man von dem Programm für die industrielle Gemeinschaftsforschung (IGF) und dem Förderinstrument der Forschungsprämie ab, wird es sich bei geförderten F&E-Projekten in aller Regel um »**Verbundprojekte**« i.S. des BMBF-Merkblatts gemäß Vordruck 0110 handeln. Sie werden dort definiert als Projekte, bei denen mindestens zwei Verbundpartner (z.B. Unternehmen der gewerblichen Wirtschaft, wissenschaftliche Einrichtungen) projektbezogen zusammenarbeiten (wobei Dritte, die nur durch Leistungsaustausch im Auftragsverhältnis zuarbeiten nicht als Verbundpartner gelten). Dabei gilt weiterhin der Grundsatz, dass vorrangig **Forschungsverbünde zwischen wissenschaftlichen Einrichtungen und Unternehmen** gefördert werden.[139] Für Verbundprojekte gelten nach dem erwähnten Merkblatt u.a. folgende Besonderheiten: 93

Im Interesse einer vertrauensvollen Zusammenarbeit soll bei der Auswahl der Verbundpartner darauf geachtet werden, dass diese in der späteren **Wertschöpfungskette** nicht wirtschaftlich konkurrieren. 94

Auf jeden Fall muss vor der Förderentscheidung eine **grundsätzliche Übereinkunft** der Verbundpartner durch mindestens folgende Informationen über das Verbundprojekt nachgewiesen werden: 95

- Verbundpartner,
- Ausgaben/Kosten und beantragtes Fördervolumen
- Laufzeit,
- Arbeitsplan,
- Verwertungsplan und bestehende Schutzrechte,
- Verbundkoordinator (Verbundpartner, der das Verbundprojekt koordiniert, möglichst mit einschlägigen Erfahrungen, auch als Zuwendungsempfänger).

Einzelheiten der Zusammenarbeit regeln die Verbundpartner durch eine schriftliche **Kooperationsvereinbarung**, für die vom BMBF kein Vertragsmuster vorgegeben ist, s. aber das Muster für eine Vereinbarung nach Nr. 4.6 der Richtlinie zum Programm des BMWi »Förderung von innovativen Netzwerken« (InnoNet) vom 01.06.2006.[140] Die Kooperationsvereinbarung ist dem BMBF oder dem von ihm beauftragten Projektträger auf ausdrücklichen Wunsch vorzulegen. Sie soll Regelungen mit einer ausgewogenen Verteilung von Rechten und Pflichten zur Benutzung und Verwertung von Wissen und Ergebnissen unter den Verbundpartnern nach bestimmten Grundsätzen aufnehmen, von denen vor allem die nachfolgend skizzierten erwähnenswert erscheinen: 96

- Jeder Verbundpartner ist berechtigt, die bei ihm im Rahmen des Verbundprojekts entstandenen Ergebnisse uneingeschränkt zu nutzen.
- Die mit Erfindungen verbundenen besonderen Leistungen sind anzuerkennen; sie sind deshalb anders zu behandeln als übrige im Projekt gewonnene Erkenntnisse.

139 Siehe die BMBF-Information »Forschungsförderung des Bundes«, abrufbar unter www.foerderinfo.bmbf.de/de/166.php, S. 1.

140 Abrufbar unter www.vdivde-it.de/innonet/foerderung/antrag/Kooperations_Vereinbarung.doc.

- Die Verbundpartner räumen sich gegenseitig für die Zwecke der Durchführung des Verbundprojekts an Know-how, urheberrechtlich geschützten Ergebnissen, an Erfindungen und erteilten Schutzrechten, die bei Beginn des Verbundprojekts vorhanden sind oder im Rahmen des Verbundprojekts entstehen, ein nicht ausschließliches unentgeltliches Nutzungsrecht ein.
- Zusätzlich können die Verbundpartner vereinbaren, dass aus dem Verbundprojekt hervorgehende Erfindungen zunächst den übrigen Verbundpartnern zur Nutzung außerhalb der Durchführung des Projekts angeboten werden (Erstverhandlungsrecht) und/oder dass solche Erfindungen Dritten nicht zu günstigeren Konditionen zu einer solchen Nutzung überlassen werden dürfen.
- Projektpartner, die an einer Gemeinschaftserfindung beteiligt sind, erteilen sich grundsätzlich gegenseitig Lizenzen für die Nutzung außerhalb der Durchführung des Projekts, wobei dann, wenn ihre Beiträge als gleichgewichtig anzusehen sind, die Vergütungsansprüche für die gegenseitige Rechtseinräumung abgegolten sind.
- Auch Projektpartner ohne Beteiligung an der erfinderischen Leistung können für eine Nutzung außerhalb der Durchführung des Projekts von dem/den Eigentümer(n) der Erfindung Lizenzen erwerben, jedoch grundsätzlich nur zu marktüblichen, vor einer beabsichtigten Nutzung zu vereinbarenden Bedingungen, wobei jedoch Beiträge dieser Verbundpartner, die als notwendige, aber nicht hinreichende Voraussetzung für die Erfindung zu werten sind, bei der Bemessung der Lizenzgebühren angemessen zu berücksichtigen sind.
- Die Verbundpartner sollen für Streitigkeiten über Schutzrechtfragen ein Schiedsverfahren absprechen, in dem eine gütliche Einigung angestrebt wird.

97 Es fällt auf, dass das Merkblatt Grundsätze zu der Frage, ob und zu welchen Bedingungen Lizenzen zur Nutzung von Know-how und urheberrechtlich geschützten Ergebnissen außerhalb der Durchführung des Projekts zu erteilen sind, nicht aufstellt. Hier ist allerdings, was die Nutzung von Know-how betrifft, Folgendes zu berücksichtigen: Nach den Förderregeln besteht eine grundsätzliche Verpflichtung der Zuwendungsempfänger zur Veröffentlichung der Ergebnisse, s. dazu Kap. 4 Rdn. 102. Mit der Veröffentlichung werden aber Ergebnisse, für die keine Schutzrechte bestehen, frei verwertbar.

d) Rechte und Pflichten nach den NKBF 98 bei Inanspruchnahme von Zuwendungen auf Kostenbasis

98 Mit der Inanspruchnahme von Zuwendungen ist das Anerkenntnis der nach dem Zuwendungsbescheid zu übernehmenden Verpflichtungen verbunden. Dazu gehören bei Zuwendungen auf Kostenbasis, die industriellen Unternehmen oder der Fraunhofer-Gesellschaft vom BMBF gewährt werden, regelmäßig die Verpflichtungen nach den »Nebenbestimmungen für Zuwendungen auf Kostenbasis für Unternehmen der gewerblichen Wirtschaft für Forschungs- und Entwicklungsvorhaben (NKBF 98)«, s. Anhang 5. Ähnliche Regelungen

gelten für Zuwendungen des BMBF auf Ausgabenbasis.[141] Bei Zuwendungen, für deren Gewährung andere Ministerien zuständig sind, dürften ähnliche Regelungen gelten. Für gemeinsame F&E-Projekte, für die Zuwendungen auf Kostenbasis gewährt werden, sind vor allem die nachfolgend aufgeführten Regelungen der NKBF 98 von Bedeutung.

Eigentum an Ergebnissen: Jeder Zuwendungsempfänger (ZE) ist nach Nr. 9.2 NKBF 98 Eigentümer der von ihm erzielten bzw. erarbeiteten »Ergebnisse« (Definition s. Nr. 9.1 NKBF 98). 99

Rechte zur Nutzung der Ergebnisse: Der ZE hat an seinen Ergebnissen nach Nr. 12 NKBF 98, vorbehaltlich seiner Verpflichtungen aus der Kooperationsvereinbarung (s. Kap. 4 Rdn. 96) ein ausschließliches Nutzungsrecht. Dies gilt natürlich nur, soweit und solange für die Ergebnisse faktischer Schutz (durch Geheimhaltung) oder rechtlicher Schutz (Patente oder Urheberrechte) besteht. 100

Die NKBF 98 sehen jedoch insbesondere folgende Ausnahmen von diesem ausschließlichen Nutzungsrecht vor:

- Der ZE hat nach Nr. 12.1 NKBF 98 nur ein nicht ausschließliches Nutzungsrecht, wenn die ausschließliche Nutzung zu einer marktbeherrschenden Stellung führen würde.
- Er hat die Ergebnisse nach Nr. 13.1 NKBF Forschung und Lehre in Deutschland auf Anfrage unentgeltlich zur Verfügung zu stellen, z.T. allerdings nur auf der Grundlage einer Vertraulichkeitsvereinbarung.
- Er hat nach Nr. 13.2 NKBF 98 dem Zuwendungsgeber (»ZG«), d.h. der Bundesrepublik Deutschland, in Fällen eines besonderen öffentlichen Interesses an den Ergebnissen und den urheberrechtlich geschützten Teilen der Ergebnisse ein nicht ausschließliches, übertragbares Benutzungs- und Nutzungsrecht zu erteilen, das mangels anderweitiger Bestimmung unentgeltlich zu erteilen sein dürfte. Dieses übertragbare Recht der Bundesrepublik Deutschland dürfte nur in ganz seltenen Fällen zu bejahen sein und ausgeübt werden.
- Nach Nr. 18.1 erlischt sein Recht auf ausschließliche Nutzung, wenn er seiner Verwertungspflicht (s. Kap. 4 Rdn. 101) innerhalb einer angemessenen Frist – soweit im Verwertungsplan nichts anderes festgelegt: 2 Jahre – nach Beendigung des Vorhabens ohne ausreichende Gründe nicht nachkommt. In diesem Fall hat er u.a. nach Nr. 18.2 NKBF 98 Dritten ein nicht ausschließliches und nicht übertragbares Benutzungs- bzw. Nutzungsrecht an den Ergebnissen zu erteilen.

Ausübungs- und Verwertungspflicht: Nach Nr. 9.2 NKBF 98 hat der ZE die Ergebnisse zu Innovationen zu nutzen und eine diesbezügliche Ausübungs- und Verwertungspflicht. 101

Einschränkungen dieser Pflichten sind zwar nicht ausdrücklich vorgesehen, bestehen aber de facto im Hinblick auf Nr. 18.1 NKBF 98: Nach dieser

141 Siehe »Besondere Nebenbestimmungen für Zuwendungen des Bundesministeriums für Bildung und Forschung zur Projektförderung auf Ausgabenbasis (BNBest-BMBF 98), BMBF-Vordruck 0330a/06.06, abrufbar über das Internet mit Hilfe eines Suchsystems wie z.B. »Google« und das Suchwort »bmbf-formularschrank«.

Bestimmung erlischt das ausschließliche Verwertungsrecht des ZE, wie bereits unter Kap. 4 Rdn. 100 erwähnt, an seinen Ergebnissen erst nach Ablauf der dort genannten Frist und nur dann, wenn der ZE seiner Verwertungspflicht binnen dieser Frist ohne ausreichende Gründe nicht nachkommt.

102 **Veröffentlichungen**: Die Ergebnisse sind nach Nr. 11.4 NKBF 98 innerhalb von 9 Monaten nach Abschluss des Vorhabens den fachlich interessierten Stellen in der Bundesrepublik Deutschland zugänglich zu machen oder in anderer angemessener Weise zu veröffentlichen.

Der ZE kann jedoch, wie sich aus Nr. 11.6 und 13.1 NKBF 98 ergibt, bestimmte Teile des Ergebnisses von der Veröffentlichung ausnehmen. Für die dafür maßgebenden Kriterien gibt Abs. II des Musters für den Schlussbericht, der den NKBF 98 gemäß Nr. 8.2 derselben als Anlage 2 beigefügt ist, einen Anhalt. Es heißt dort: »Wenn zur Wahrung berechtigter Interessen des ZE oder Dritter oder aus anderen sachlichen Gesichtspunkten bestimmte Einzelheiten aus dem Bericht vertraulich zu behandeln sind (z.B. zur Wahrung der Priorität bei Schutzrechtsanmeldungen), so hat der ZE den ZG ausdrücklich darauf hinzuweisen.«

103 **Anmeldung, Aufrechterhaltung und Übertragung gewerblicher Schutzrechte**: Nach Nr. 11.1 NKBF 98 sind die Ergebnisse vor der grundsätzlich gebotenen Veröffentlichung durch Anmeldung gewerblicher Schutzrechte zu sichern. Das gilt jedenfalls für das Inland (Nr. 10.1). Dabei sind jedoch für KMU – wie durch Nr. 1.5 und Nr. 5.3 des Gemeinschaftsrahmens 2007 für zulässig erklärt – nach Nr. 10.1, letzter Satz i. V. mit Nr. 5.6.1 der NKBF 98 die Kosten der Anmeldung von Schutzrechten für die Ergebnisse als zuwendungsfähig anerkannt.

Der ZG kann auch verlangen, dass der ZE Schutzrechte, die er nicht aufrechterhalten oder verteidigen will, auf den ZG auf dessen Kosten überträgt (Nr. 10.4). Der ZE darf Schutzrechte nur veräußern, wenn der Erwerber seine hierauf bezogenen Verpflichtungen für sich und seine Rechtsnachfolger übernimmt (Nr. 16.1).

104 **Berichte**: Der ZE hat dem ZG oder seinem Beauftragten innerhalb von sechs Wochen nach Ablauf eines Kalenderhalbjahrs einen Zwischenbericht über die Durchführung und den Stand des Vorhabens nach einem vorgegebenen Muster unter Fortschreibung des Verwertungsplans vorzulegen. Innerhalb von 6 Monaten nach Beendigung des Vorhabens ist ein Schlussbericht, ebenfalls nach einem vorgegebenen Muster, vorzulegen.

105 **Erteilung von Aufträgen an Dritte**: Für die Erteilung von Aufträgen an Dritte im Rahmen des Projekts, die über eine bestimmte Größenordnung hinausgehen (Vergütung von mehr als 500 000 € bei Zuwendungen bis einschl. 50 %), sind nach Nr. 3.4 NKBF 98 der Mustervertrag[142] und die »Allgemeinen Bestimmungen für Forschungs- und Entwicklungsverträge der Zuwendungs-

142 BMBF-Vordruck 0270b/09.05, abgedruckt im BDI-Handbuch FIF unter B I.1.1.4.7. BMBF; abrufbar auch über das Internet mit Hilfe eines Suchsystems wie z.B. »Google« und das Suchwort »bmbf-formularschrank«.

empfänger des BMBF«[143] (BEBF-ZE 98) anzuwenden. Allerdings dürften Klauseln, welche die Kündigung solcher Aufträge sowie ihre Folgen betreffen und gemäß den vorgenannten Bestimmungen zum Vertragsbestandteil gemacht werden, nicht bzw. nicht immer wirksam sein, s. Kap. 7 Rdn. 19 und 20.

Prüfungen der Mittelverwendung, Auskunftspflicht des ZE: Der ZE ist 106
nach Nr. 20 NKBF 98 verpflichtet, Prüfungen der Verwendung zuzulassen und die dafür erforderlichen Unterlagen bereitzuhalten sowie Auskünfte zu erteilen.

3. Förderung gemeinsamer F&E-Projekte durch einzelne Bundesländer

Auch bei den Bundesländern geht die Tendenz dahin, nur F&E-Projekte zu 107
fördern, bei denen mehrere, und zwar mindestens zwei Partner kooperieren, von denen mindestens ein Partner ein Industriepartner ist. Vorzugsweise werden aber Projekte mit mindestens zwei Industriepartnern und mindestens einem Forschungsinstitut gefördert. Wichtig ist wie bei durch den Bund geförderten Verbundprojekten (s. Kap. 4 Rdn. 94) dabei, dass die Partner des jeweiligen Projekts eine Wertschöpfungskette bilden. Zu den Fördergrundsätzen gehört auch, dass nur solche Projekte gefördert werden, von denen jede auf eine Vielzahl von Anwendungen gerichtet ist, also nicht nur auf eine einzelne Anwendung. Dieser Grundsatz soll die Förderung solcher Projekte vermeiden helfen, welche nur auf die Bedürfnisse eines einzelnen Anwenders zugeschnitten sind.

Die Bedingungen der Förderung hängen vom jeweiligen Zuwendungs- 108
bescheid bzw. Fördervertrag ab, sind aber meist so beschaffen, dass sich die Zuwendungsempfänger die F&E-Ergebnisse reservieren können. Dabei ist vorzusehen, dass die von nur einem Partner erzielten F&E-Ergebnisse nur diesem zustehen.

Einen Überblick über die Förderprogramme der Länder gibt das *BDI-Hand-* 109
buch FIF unter A.II. Auskünfte über diese Programme und die Förderbedingungen erteilt neben den industriellen Fachverbänden und den örtlich zuständigen Industrie- und Handelskammern

Herr Klaus Beumler
VDI-VDE Technologiezentrum Informationstechnik GmbH
Rheinstr. 10 B
14513 Teltow

143 BMBF-Vordruck 0370b/03.00, abgedruckt im BDI-Handbuch FIF unter B I.1.1.5.3. BMBF; abrufbar auch über das Internet mit Hilfe eines Suchsystems wie z.B. »Google« und das Suchwort »bmbf-formularschrank«.

III. Kriterien für die Beurteilung der Zweckmäßigkeit von Initiativen zur Erlangung von Subventionen für F&E-Projekte mit mehreren Teilnehmern

1. Übersicht über alle Kriterien

110 Wer erwägt, sich um eine Subvention der EU oder des Bundes für ein F&E-Projekt mit mehreren Teilnehmern zu bemühen, sollte sich die Entscheidung nicht leicht machen. Dabei wird für die Entscheidungsfindung das nachfolgend beschriebene schrittweise Vorgehen empfohlen.

111 Zunächst erfolgt – zweckmäßigerweise unter Konsultation der Förderberatung des BMBF – eine Prüfung, ob für das ins Auge gefasste Projekt die Fördervoraussetzungen erfüllt sind bzw. erfüllbar erscheinen.

Grundvoraussetzung ist, dass dieses Projekt in ein aktuelles Förderprogramm passt, s. dazu für die EG-Förderung Kap. 4 Rdn. 7–13 und für die Förderung durch den Bund Kap. 4 Rdn. 85–87.

Außerdem müssen für die EG-Förderung die weiteren in Kap. 4 Rdn. 14–21 genannten Voraussetzungen und für die Förderung durch den Bund die weiteren in Kap. 4 Rdn. 90–96 genannten Voraussetzungen erfüllt sein.

So muss für die EG-Förderung ein Arbeitsprogramm festgelegt worden sein, unter welches das ins Auge gefasste Projekt fällt, dazu eine Ausschreibung erfolgt sein, und das darin festgelegte Ende der Frist für die Stellung des Förderantrags noch ausreichend weit in der Zukunft liegen, s. Kap. 4 Rdn. 17. Mit den Vorbereitungen für den Förderantrag sollte aber schon mindestens 6 Monate vor dem Ausschreibungszeitpunkt, welcher der »Roadmap« für das betr. Arbeitsprogramm zu entnehmen ist, begonnen werden; s. Kap. 4 Rdn. 18.

Wenn an eine Förderung durch den Bund gedacht und eine Ausschreibung erfolgt ist, die für das ins Auge gefasste Projekt einschlägig ist, müssen die darin festgelegten besonderen Förderbedingungen erfüllt sein und der darin festgelegte Endzeitpunkt der Antragsfrist noch ausreichend weit in der Zukunft liegen.

112 Erscheinen die Fördervoraussetzungen aufgrund einer entsprechenden Prüfung als erfüllt bzw. erfüllbar, ist zu klären, mit welchem Fördersatz bei Erfolg der Subventionsbemühungen zu rechnen ist, s. dazu für EG-Subventionen Kap. 4 Rdn. 22 und für die Förderung durch den Bund Kap. 4 Rdn. 78 bis 80 bzw. 88, und welcher Subventionsbetrag sich daraus errechnet.

113 Auf dieser Basis ist zu beurteilen, ob sich das Projekt unter Berücksichtigung der Kriterien, die nach Kapitel 2 bzw. nach der Checkliste in Kap. 10 unter II. auch für die Beurteilung von gemeinsamen, nicht subventionierten F&E-Projekten gelten, bei Gewährung der möglichen Subvention lohnen würde.

In dieser Hinsicht besteht nach den Erfahrungen des Verfassers Anlass zu folgender Warnung: Industrielle Unternehmen sollten sich durch die Aussicht auf öffentliche Förderung und deren absolute Höhe nicht dazu verleiten lassen, sich bei ihrer F&E strategisch zu verzetteln oder dabei doch ihre Prioritäten falsch zu setzen (s. dazu oben Kap. 2 Rdn. 7 und 23).

Dabei erscheint besondere Zurückhaltung bei Projekten mit vielen Teilnehmern geboten, wie sie von der EU gefördert werden. Hier fällt neben den besonders hohen Kosten für Koordination und Kommunikation (s. Kap. 2 Rdn. 62) u.a. ins Gewicht, dass bei einzelnen Teilnehmern mit einer »Trittbrettfahrermentalität« zu rechnen ist (s. Kap. 2 Rdn. 48). Sind Wettbewerber eines Partners beteiligt, wird er diesen gegenüber keine wesentlichen Wettbewerbsvorteile erringen können, weil er ihnen (meist schon aus kartellrechtlichen Gründen) kostenpflichtige Lizenzen am eigenen Background und an den eigenen F&E-Ergebnissen zu erteilen hat (s. Kap. 2 Rdn. 26).

Bei einem positiven Ergebnis dieser Beurteilung sind zusätzlich folgende 114
Kriterien zu berücksichtigen, auf die unter Kap. 4 Rdn. 115–127 näher eingegangen wird:
- das Verhältnis der voraussichtlichen Kosten der konkreten Initiative zur Höhe der möglichen Subvention und die absolute Höhe dieser Kosten;
- der Grad der Wahrscheinlichkeit, dass die Initiative zur Erlangung von Fördermitteln erfolgreich ist; und
- die Belastungen durch die Verpflichtungen, die bei Subventionsgewährung gegenüber dem Zuwendungsgeber zu übernehmen sind.

Dabei ist der Prozentsatz, der das Verhältnis der voraussichtlichen Kosten der konkreten Initiative zur Höhe der möglichen Subvention ausdrückt, im Hinblick auf den Prozentsatz der Erfolgswahrscheinlichkeit der Initiative von Bedeutung: Betragen z.B. die voraussichtlichen Kosten der konkreten Initiative 15 % der möglichen Subvention oder mehr, und ist die Erfolgswahrscheinlichkeit der Initiative mit 15 % oder weniger einzuschätzen, so erscheint der Einsatz der Kosten für die Initiative als nicht lohnend, weil das hohe Risiko, diesen Einsatz zu verlieren, nicht mehr durch die Höhe der möglichen Subvention überkompensiert wird. Eine Ausnahme könnte für ein die Initiative erwägendes Unternehmen dann gelten, wenn es bei Durchführung des Projekts besonders hohe Vorteile erwarten kann, das Projekt aber ohne Subvention nicht finanzieren könnte.

Natürlich ist auch die absolute Höhe der Kosten der Initiative von Bedeutung, weil diese Kosten bei Erfolg der Initiative den Vorteil aus der gewährten Subvention mindern und damit im Ergebnis den Eigenanteil des Subventionsempfängers an den Projektkosten erhöhen.

Nicht zu vernachlässigen sind bei der Gesamtbeurteilung auch die Belastungen aus den Verpflichtungen, die bei Subventionsgewährung gegenüber dem Zuwendungsgeber zu übernehmen sind.

2. Das Verhältnis der voraussichtlichen Kosten der Initiative zur Höhe der möglichen Subvention und die absolute Höhe dieser Kosten

115 *Starbatty/Vetterlein*[144] schätzen in ihrem 1990 (d.h. vor dem Übergang des Bundes auf ein zweistufiges Bewilligungsverfahren) erschienenen Buch die Kosten eines Antrags auf Gewährung einer Bundessubvention (gemeint sind wohl die Kosten des Antrags einschließlich der Kosten der Vorbereitungshandlungen) auf mindestens 10 % der beantragten Mittel. Sie meinen hier wohl den durchschnittlichen Prozentsatz, da die Kosten des einzelnen Antragstellers aus den nachfolgend aufgeführten Gründen variieren können.

116 Je niedriger die erstrebte Subvention ist, umso höher ist unter sonst gleichen Umständen der Prozentsatz, der das Verhältnis zwischen den Kosten der Subventionsbemühung und der Höhe der erstrebten Subventionen ausdrückt, und umgekehrt.[145]

117 Die Höhe der Kosten und ihr Verhältnis zu der erstrebten Subvention hängen auch wesentlich davon ab, ob sich der betreffende Subventionsinteressent bei dem betr. Zuwendungsgeber laufend um die Gewährung von Subventionen für F&E-Projekte bemüht. Tut er es nur einmalig oder jeweils nur in großen zeitlichen Abständen, dürften die Kosten seiner Subventionsbemühung mangels laufender Vertrautheit mit den Förderbedingungen und mangels Routine in der Vorbereitung und Verfolgung von Förderanträgen relativ hoch sein, es sei denn, er wird von einem anderen Subventionsinteressenten, der das erforderliche Förder-Know-how hat, »mitgenommen«.

118 Außerdem hat sicher ein Subventionsinteressent, welcher das Konzept für das Projekt entwickelt und dann andere potenzielle Projektpartner einbezieht, absolut gesehen regelmäßig höhere Kosten als jeder dieser anderen potenziellen Partner, da diese auf seinen Vorarbeiten aufbauen können. Andererseits wird der Projektanteil des Interessenten, der den Anstoß für das gemeinsame Projekt gibt, meist größer sein als der Projektanteil jedes anderen Partners, so dass er bei Erfolg der Initiative auch meist eine höhere Subvention im Vergleich zu jedem anderen Partner erhalten wird, der mit dem gleichen Fördersatz gefördert wird. Das kann den Nachteil seiner höheren Kostenbelastung durch seine Vorreiterrolle im konkreten Fall zumindest ausgleichen.

119 Einfluss auf die Kosten von Initiativen zur Erlangung von F&E-Subventionen hat auch die Anzahl der Teilnehmer an dem Projekt, da mit der Teilnehmerzahl der Aufwand für die Abstimmung zwischen den Teilnehmern steigt.

Was die Förderung gemeinsamer F&E-Projekte durch die EU betrifft, kommt diese nur bei einer Mindestanzahl von 3 Teilnehmern aus 3 verschiedenen Mitgliedsländern oder assoziierten Staaten in Frage, s. Kap. 4 Rdn. 15.

144 S. 140.
145 Vgl. die Bemerkung von *M. Meyer*, es müsse bezweifelt werden, dass die Antragskosten proportional zur Projektgröße steigen.

Offenbar lag aber die durchschnittliche Zahl der Teilnehmer an von der EG subventionierten F&E-Projekten erheblich höher: So erwähnt Tabelle 3a des statistischen Anhangs zum Bericht der Kommission über die F&E-Aktivitäten der EU im Jahre 2004[146] (nachfolgend als »Jahresbericht 2004« bezeichnet) 727 Förderverträge, die auf den Gebieten der sechs ersten thematischen Prioritäten des 6. Rahmenprogramms der EU mit 10 699 Teilnehmern geschlossen wurden, was eine durchschnittliche Teilnehmerzahl pro Finanzhilfevereinbarung von fast 15 bedeutet. Und nach dem Jahresbericht der Kommission über die Tätigkeiten der EU im Bereich der Forschung und technologischen Entwicklung im Jahre 2003[147] wurden zum Kapitel »Bündelung und Integration der Forschung der Europäischen Gemeinschaft« des 6. Rahmenprogramms mehr als 10 000 Vorschläge eingereicht, von denen über 1 600 mit über 24 000 Mitwirkenden für eine Bezuschussung ausgewählt wurden. Daraus errechnet sich jedenfalls für die nach dem genannten Kapitel im Jahre 2003 geförderten Projekte ebenfalls eine durchschnittliche Teilnehmerzahl von 15.

Es mag allerdings sein, dass die tatsächlichen Anforderungen an die Teilnehmerzahl bei der Subventionierung von F&E-Projekten nach dem 7. Rahmenprogramm im Vergleich zum 6. Rahmenprogramm entschärft werden. Anlass dazu könnte die Kritik des von der EG berufenen Ausschusses zur Bewertung der beim 6. Rahmenprogramm neu geschaffenen Förderinstrumente »Integrierte Projekte« (im 7. Rahmenprogramm von der Förderform »Verbundprojekte« umfasst, s. Kap. 4 Rdn. 9) und »Exzellenznetze« (im 7. Rahmenprogramm unter den »Förderformen« aufgeführt, s. dazu Kap. 4 Rdn. 10) unter dem Vorsitz von *Marimon*.[148] Die Voraussetzung für die Subventionierung gemeinsamer F&E-Projekte durch die EG, dass Rechtspersonen aus mindestens drei Mitgliedstaaten oder assoziierten Ländern kooperieren, wird aber vermutlich weiterhin zu einer im Durchschnitt erheblich höheren Teilnehmerzahl als drei führen, so dass die Kostenbelastung für die Abstimmung zwischen den Teilnehmern beträchtlich bleiben dürfte.

Auch wenn die durchschnittliche Zahl der Teilnehmer an F&E-Projekten, die durch den Bund gefördert wurden, nicht zu ermitteln war, ist doch unter Berücksichtigung von dem Verfasser bekannten Förderfällen davon auszugehen, dass sie wesentlich unter der Durchschnittszahl der EG-geförderten F&E-Projekte lag und auch in Zukunft wesentlich niedriger liegen wird. Initiativen zur Erlangung von Bundessubventionen für gemeinsame F&E-Projekte dürften aus diesem Grund kostengünstiger sein.

Dagegen dürfte es für die Kosten einer Initiative zur Erlangung von Sub- 120
ventionen für gemeinsame F&E-Projekte nur eine begrenzte Rolle spielen, ob das Bewilligungsverfahren ein- oder zweistufig ausgestaltet ist.

146 SEC(2005) 1326 = COM (2005) 517 final.

147 SEK(2005) 725 = KOM/2005/0233 endgültig.

148 Gutachten vom 05.07.2005; siehe dazu die unter http://cordis.europa.eu/fp6/instruments_review/ abrufbare Inhaltsangabe.

Das für Bundessubventionen zwingend vorgeschriebene zweistufige Bewilligungsverfahren, bei dem in der ersten Stufe nur eine Projektskizze vorzulegen ist, bringt dem Subventionsinteressenten sicher in dieser Stufe gewisse Kostenvorteile. Er kann sich in dieser Stufe darauf beschränken, nur die Grundzüge des Projekts darzustellen, und muss sich mit den anderen Projektteilnehmern noch nicht über alle Einzelheiten der Zusammenarbeit und der wechselseitigen Rechte und Pflichten einigen.

Dennoch ist nicht wahrscheinlich, dass ein zweistufiges Verfahren die durchschnittlichen Kosten von Subventionsbemühungen wesentlich mindert. Jeder Subventionsinteressent muss jedenfalls, um eine realistische Chance auf Subventionserlangung zu haben, schon bei Vorlage der Projektskizze die wesentlichen Argumente anführen, die das ins Auge gefasste Projekt in einem günstigen Licht erscheinen lassen; und andererseits kommt er nicht darum herum, schon vor Einreichung der Projektskizze eine grundsätzliche Übereinkunft mit den anderen Teilnehmern hinsichtlich des Projekts zu treffen.

Für alle Subventionsinteressenten, die nicht schon in der ersten Stufe entmutigt werden, kommen zu den Kosten der ersten Stufe des Verfahrens noch die Kosten der zweiten Stufe, d.h. der Antragstellung, hinzu. Für diese Subventionsinteressenten wäre ein einstufiges Verfahren kostengünstiger gewesen.

3. Erfolgswahrscheinlichkeit der Bemühungen zur Erlangung von Subventionen für gemeinsame F&E-Projekte

a) Erfolgswahrscheinlichkeit zur Erlangung von EU-Subventionen

121 *Die geringe* Erfolgswahrscheinlichkeit *von Bemühungen zur Erlangung von EU-Subventionen unter dem 6. Rahmenprogramm geht aus folgenden Veröffentlichungen hervor:*

Nach Nr. 14 der Leitlinien der Kommission zur Forschungsförderung der EU vom 16.06.2004[149] konnte von den Tausenden eingegangener Förderanträge, die im Rahmen des 6. Rahmenprogramms der EG gestellt wurden, wegen fehlender Mittel nur jeder fünfte ausgewählt werden. Vor allem sei nur eine Finanzierung von etwas unter 50 % der als qualitativ hervorragend eingestuften Projekte möglich gewesen. Im Abschnitt 2.1 des Berichts der Kommission über die F&E-Aktivitäten der EU im Jahre 2004[150] heißt es sogar, dass unter dem 6. Rahmenprogramms im Jahre 2004 fast 16 000 Vorschläge mit mehr als 84 400 Teilnehmer eingegangen seien, von denen fast 2 000 Vorschläge mit etwa 13 700 Teilnehmern zur Förderung angenommen wurden. Hier war also nur jeder 8. Förderantrag erfolgreich, was einer Erfolgsquote von 12,5 % entspricht!

149 KOM(2004) 353 endgültig.
150 SEC(2005) 1326.

Hinzuweisen ist hier auch auf die im Marimon-Bericht[151] wiedergegebene Statistik zu den unter dem 6. Rahmenprogramm bis zum Jahr 2003 gewährten Subventionen. Danach bestand für alle Förderinstrumente des 6. Rahmenprogramms eine »Financial oversubscription rate« (Verhältnis der Summe der beantragten Subventionen zur Summe der unter der Bedingung des Abschlusses eines Fördervertrags gewährten Subventionen[152]) von 7,3. Dies entspricht einer Erfolgsquote im Verhältnis zu den beantragten Mitteln von durchschnittlich ca. 14,2 %.

Auch beim 7. Rahmenprogramm der EG bzw. von Euratom ist eine grund- 122
legende Erhöhung der Erfolgschancen nicht zu erwarten. Dies ist offenbar auch die Meinung des BMBF, das auf S. 18 seines Leitfadens »Antragstellung im 7. EU-Forschungsprogramm«[153] ausführt: »Erfolgschancen für Anträge im Forschungsrahmenprogramm sind häufig geringer als in nationalen Programmen (zwischen 10 und 25 %).«

b) Erfolgswahrscheinlichkeit der Erlangung von Bundessubventionen

Bei Anträgen auf Bundessubventionen schätzte eine Mitarbeiterin der BMBF- 123
Förderberatung bei einer telefonischen Anfrage des Verfassers die Erfolgsquote auf 40 %. Dieser Prozentsatz liegt zwar weit über der bisherigen Erfolgsquote von Förderanträgen zur Erlangung von EU-Subventionen. Das dürfte aber vor allem daran liegen, dass das Bewilligungsverfahren in Deutschland bereits seit längerem in der Weise zweistufig ausgestaltet ist, dass die Antragstellung zur Erlangung von F&E-Subventionen erst nach Einreichung einer Projektskizze an den fachlich zuständigen Projektträger und ausführlicher Beratung über die wissenschaftlich-technischen Inhalte des betreffenden Förderprogramms erfolgen kann, s. Kap. 4 Rdn. 90. Es ist anzunehmen, dass bereits eine Vielzahl von Subventionsbemühungen bereits nach der ersten Stufe abgebrochen werden, weil der Projektträger die vorgelegten Projektskizzen ungünstig beurteilt und den betr. Subventionsinteressenten deshalb keine oder nur geringe Hoffnung auf Gewährung von Subventionen gemacht hat.

c) Subventionsinitiativen mit erhöhter Erfolgswahrscheinlichkeit

Eine erhöhte Chance auf Subventionen bieten sicher solche Initiativen, die erst 124
nach sorgfältiger Prüfung der Voraussetzungen für die Subventionsgewährung und einem positivem Ergebnis dieser Prüfung ergriffen werden.

Außerdem dürften solche Subventionsinteressenten bessere Erfolgschancen mit ihren Initiativen haben, welche diese im Rahmen laufender Kontakte mit

151 Bericht des hochrangigen Gremiums unabhängiger Sachverständiger unter der Leitung von *Prof. Marimon* zur Bewertung der Effizienz der neuen Instrumente des 6. Rahmenprogramms vom 21.06.2004, S. 9.

152 Siehe *Marimon*-Bericht S. 46.

153 Über den Link »Das Deutsche Portal zum 7. EU-Forschungsrahmenprogramm« zu http://www.bmbf.de/de/rp7-auftakt.php abrufbar.

der einschlägigen Förderbürokratie jeweils im Zusammenwirken mit dieser von langer Hand vorbereiten, zumal sie dabei versuchen können, auf passende Arbeitsprogramme bzw. Ausschreibungen (s. für die EG Kap. 4 Rdn. 17 und für den Bund Kap. 4 Rdn. 92 a.E.) hinzuwirken. Allerdings erfordert diese Strategie einen hohen zusätzlichen Aufwand.

Dabei muss man sich darüber klar sein, dass sich die Erfolgswahrscheinlichkeit von Initiativen zur Erlangung von F&E-Subventionen nur bis zu einem gewissen Grade erhöhen lässt: Die Grobaufteilung der Fördermittel auf einzelne breit definierte Förderprogramme und die anschließende Feinaufteilung auf deren Unterprogramme begrenzt die zur Verfügung stehenden Fördermittel pro Förderprogramm und pro Unterprogramm desselben. Damit kann auch Projekten eine Förderung versagt bleiben, die eigentlich den Vorzug gegenüber Projekten, für die Subventionen nach anderen Förderprogrammen bzw. nach anderen Unterprogrammen desselben Förderprogramms gewährt werden, verdient hätten.

4. Belastungen durch Verpflichtungen gegenüber dem Zuwendungsgeber im Förderungsfall

125 Die Verpflichtungen, welche die Partner im Förderungsfall einzugehen haben, sind im Einzelnen hins. der EG-Förderung unter Kap. 4 Rdn. 23–46 und hins. der Förderung durch die Bundesrepublik Deutschland für Zuwendungen auf Kostenbasis unter Kap. 4 Rdn. 98–106 dargestellt. Erhebliche Belastungen können dabei insbesondere die nachfolgend aufgeführten Verpflichtungen darstellen.

126 Während das 7. Rahmenprogramm der EG die Teilnehmer an geförderten F&E-Projekten nur grundsätzlich zur Verbreitung der Ergebnisse verpflichtet, s. Kap. 4 Rdn. 35, haben die Teilnehmer von F&E-Projekten, die vom Bund gefördert werden, deren Ergebnisse sogar grundsätzlich zu veröffentlichen, s. für Zuwendungen auf Kostenbasis Kap. 4 Rdn. 102. Empfänger von Bundessubventionen müssen daher in aller Regel ihre Ergebnisse, soweit sie nicht durch Schutzrechte geschützt sind, der Allgemeinheit zur Verfügung stellen.

127 Sowohl bei der EU-Förderung als auch bei der Bundesförderung fallen schließlich die Kosten der Abgabe von Berichten an die Zuwendungsgeber bzw. deren Beauftragte, des Nachweises der Verwendung der erhaltenen Zuwendungen und ggf. der Duldung und Unterstützung von Prüfungsmaßnahmen ins Gewicht.

Kapitel 5 Zur kartellrechtlichen Beurteilung von F&E-Verträgen

I. Vorbemerkung und Überblick

Ein F&E-Vertrag kann dem Kartellrecht der EG und/oder nationalem Kartellrecht wie z.B. dem deutschen und/oder US-Kartellrecht unterliegen. 1

Die meisten Länder sehen das Kartellrecht als Teil ihres »ordre public« und damit als zwingendes Recht an. Die grundsätzliche Anwendbarkeit deutschen Rechts auf einen F&E-Vertrag aufgrund deutschen internationalen Privatrechts oder aufgrund vertraglicher Rechtswahl schließt deshalb die Anwendung des Kartellrechts anderer Staaten auf diesen Vertrag nicht aus (s. auch Art. 27 Abs. 3 EGBGB und die diesbezüglichen Ausführungen unter Kap. 8 Rdn. 665).

Allerdings ist der deutsche Richter, wenn der Vertrag deutschem Recht unterliegt bzw. unterstellt ist, nicht gehalten, zwingendes Recht anderer Staaten anzuwenden.[154] Für Vertragspartner von F&E-Verträgen, die sich auf die Verletzung von Kartellrecht eines anderen Staates berufen wollen, bleibt deshalb nur der Weg, wegen einer solchen Verletzung vor einem zuständigen Gericht dieses Staates zu klagen. Für eine solche Klage kann es jedoch in diesem Staat besondere Voraussetzungen geben, s. für das US-amerikanische Recht Kap. 5 Rdn. 708 und 709.

Das Kartellrecht ist bereits für die Prüfung der Zweckmäßigkeit des Abschlusses eines F&E-Vertrags von Bedeutung, da es die Freiheit der Vertragspartner bei der Vertragsgestaltung, insbesondere bei der Regelung der Verwertungsrechte, begrenzt, siehe Kap. 2 Rdn. 42. Seine Nichtbeachtung bei Vertragsschluss kann nicht nur die teilweise oder gänzliche Unwirksamkeit des Vertrages, sondern auch die Verhängung von Bußgeldern durch die Kartellbehörden und Schadensersatzansprüche Dritter nach sich ziehen. 2

Die nachfolgende Darstellung folgt im Wesentlichen systematischen Gesichtspunkten. Sie stellt dabei unter Rdn. 7–13 die Argumente für die grundsätzliche wettbewerbspolitische Beurteilung von F&E-Kooperationen voran, wobei F&E-Kooperationen zwischen Wettbewerbern im Fokus der Betrachtung stehen. Diese Argumente erscheinen nicht nur für die künftige Rechtsentwicklung, sondern auch für die Auslegung geltenden Kartellrechts von Bedeutung. Die anschließenden Ausführungen unter Kap. 5 Rdn. 14–759 be- 3

154 BGH 31, 367, 371; s. dazu *Hohloch* in *Erman*, Art. 34 EGBGB Rn. 20 ff.; siehe für den Fall der vertraglichen Wahl deutschen Rechts *Thorn* in *Palandt*, Rn. 4 zu Art. 34 EGBGB und speziell zur Nichtberücksichtigung des ordre public eines anderes Staates *Thorn* in *Palandt*, Rn. 8 zu Art. 6 EGBGB.

treffen nur das EG-Kartellrecht sowie das deutsche und US-Kartellrecht. Für F&E-Verträge kann aber auch das Kartellrecht anderer Länder innerhalb und außerhalb der EU relevant sein.

4 Das deutsche Kartellverbotsrecht ist durch die Neufassung der §§ 1 und 2 GWB fast vollständig an das EG-Kartellverbotsrecht (Art. 81 EGV) angeglichen worden. Auch im Verhältnis zwischen EG- und US-Kartellverbotsrecht ist eine weitgehende Angleichung der beiden Rechtssysteme auch und gerade bei der kartellrechtlichen Beurteilung von FE-Verträgen festzustellen (siehe dazu Kap. 5 Rdn. 752–760). Zu berücksichtigen ist dabei allerdings, dass es in den USA, wenn man von dem »Small Business Act« mit seinem sehr begrenzten Anwendungsbereich absieht (s.u. Kap. 5 Rdn. 707), keine »safe harbor«-Gesetzgebung entsprechend der zu Art. 81 Abs. 3 EGV erlassenen F&E-GFVO gibt, die den Vertragspartnern eines F&E-Vertrags auch im Verhältnis zu Dritten Sicherheit über die kartellrechtliche Zulässigkeit des Vertrags verschaffen kann.

5 Im Zentrum der kartellrechtlichen Prüfung wird bei F&E-Verträgen, in denen nur in der EU ansässige Unternehmen beteiligt sind, normalerweise Art. 81 EGV mit der zu Art. 81 Abs. 3 EGV erlassenen F&E-GFVO stehen. Da Art. 81 EGV im Konfliktfall Vorrang vor dem Kartellverbotsbestimmungen der EG-Mitgliedsländer hat, können diese Bestimmungen für die Frage der kartellrechtlichen Zulässigkeit von F&E-Verträgen nur noch in solchen Fällen eine entscheidende Rolle spielen, in denen der Vertrag das Tatbestandsmerkmal von Art. 81 Abs. 1 EGV, Eignung zu (spürbarer) Beeinträchtigung des zwischenstaatlichen Handels, nicht erfüllt.

6 Sieht der F&E-Vertrag die Gründung eines Gemeinschaftsunternehmens vor, unterliegt diese nur sehr selten der EU-Fusionskontrolle nach der FKVO. Voraussetzung hierfür ist grundsätzlich (Ausnahmen siehe Art. 4 Abs. 5 und Art. 22 FKVO), dass es sich bei dem Gemeinschaftsunternehmen um ein Vollfunktions-Gemeinschaftsunternehmen von gemeinschaftsweiter Bedeutung handelt. In diesem Fall kommt eine Fusionskontrolle nach dem Kartellrecht der EG-Mitgliedsländer nicht in Betracht. Meist werden aber die vorgenannten Voraussetzungen für das Eingreifen der EG-Fusionskontrolle nicht erfüllt sein, so dass die Gründung eines Gemeinschaftsunternehmens statt der EG-Fusionskontrolle eines oder mehrerer der EG-Mitgliedstaaten unterliegen kann.

II. Grundsätzliche wettbewerbspolitische Beurteilung von F&E-Verträgen

7 Auch künftig wird die grundsätzliche wettbewerbspolitische Bewertung von F&E-Kooperationen nicht nur für die Rechtsetzung auf diesem Gebiet, sondern auch für die Auslegung und Anwendung der jeweils bestehenden einschlägigen

kartellrechtlichen Bestimmungen und für die öffentliche Förderung solcher Kooperationen eine wesentliche Rolle spielen. Sie ist in der internationalen Diskussion sehr umstritten,[155] wobei es insbesondere um die Bewertung von F&E-Kooperationen zwischen Wettbewerbern geht.

Ausgangspunkt für diese Bewertung sind die Funktionen des Wettbewerbs. 8
Zu unterscheiden sind dabei die gesellschaftspolitische Funktion (d.h. die Herstellung einer einigermaßen gleichmäßigen Machtverteilung in Wirtschaft und Gesellschaft) und wirtschaftspolitische Funktionen, zu denen in erster Linie die Steuerungs- oder Ordnungsfunktion sowie die Verteilungs- und Antriebs- oder Leistungsfunktion gehören.[156] In Anbetracht dieser Funktionen wird es heute allgemein als Hauptaufgabe einer rationalen Wettbewerbspolitik angesehen, die Märkte offenzuhalten, damit die Machtposition von Unternehmen im Wettbewerb bedroht bleibt und im Zeitablauf auch wieder abgebaut werden kann.[157] Eine vollständige Konkurrenz ist nach der heute herrschenden dynamischen Theorie nicht anzustreben, ja nicht einmal wünschenswert; aufrechtzuerhalten ist nur ein kontinuierlicher Prozess, in dem Vorstöße einzelner Unternehmen Verfolgungs- bzw. Überholungsaktionen anderer Unternehmen auslösen.[158] Auf dieser Basis sind die (möglichen) gesamtwirtschaftlichen Vor- und Nachteile von F&E-Kooperationen gegeneinander abzuwägen.

Unter den Begründungen für eine unter wettbewerbspolitischen Aspekten 9
eher günstige Bewertung von F&E-Kooperationen[159] finden sich folgende Argumente (»**Pro-Argumente**«):

1. Die Zusammenarbeit bei F&E verringert unnötige Doppelkosten, fördert die gegenseitige Befruchtung mit Ideen und Erfahrungen und bewirkt somit eine schnellere Entwicklung von Produkten und Techniken, als dies ohne Vereinbarung der Fall wäre.[160] F&E-Kooperationen führen so zu Effizienzgewinnen, die unter dem Gesichtspunkt des internationalen Leistungszwangs der Innovationsvielfalt oder auch -redundanz eines umfassenden Wettbewerbs vorzuziehen sind.[161]

155 Vgl. *Franz* S. 14 f. unter Aufführung neuerer positiver und negativer Beurteilungen unter Fn. 19.

156 Siehe dazu *Emmerich* S. 2 f.; vgl. auch *Maurer* S. 54 ff.

157 *Emmerich* S. 6 und 10.

158 Vgl. *Emmerich* S. 6.

159 Vertreter dieser Richtung sind neben der Kommission u.a. *White* 16 IIC S. 663, 667 ff. (1985); s. auch die Zusammenstellungen für die Zeit bis 1988 bei *Ullrich (Koop. Forschung)* (1988) S. 120 f. unter Fn. 73 und 74 und für die Zeit ab 1990 bei *Franz* (1995) S. 15 unter Fn. 19; kritisch gegenüber der Kommission bei grundsätzlich günstiger Bewertung von F&E-Kooperationen *Machunsky* (1985) S. 65 ff., 168.

160 Kommission in Nr. 40 der Horizontal-LL; hinsichtlich des Arguments »Vermeidung von Doppelaktivitäten und Doppelkosten« ebenso BKartA, siehe z.B. die Entscheidungen »Drehbänke«, WuW/E BKartA 687, 692 und »Kali II«, WuW/E BKartA 695, 698; kritisch zu diesem Argument *Ullrich (Koop. Forschung)* S. 164; *D. Meyer* in WuW 1993, S. 193, 201; S. 33 und *Folz* S. 488; vgl. auch die Ausführungen zur Zweckmäßigkeit von F&E-Kooperationen in Kap. 2 Rdn. 25–62.

161 Vgl. dazu Nr. 4 der Horizontal-LL (Abwägung wettbewerbswidriger Auswirkungen gegen den wirtschaftlichen Nutzen) und die von *Ullrich (Koop. Forschung)* als grundsätzlichem Kritiker dieser Auffassung auf S. 144 unter Fn. 190 Genannten. Gegen die pauschale Annahme

2. Mit der F&E-Kooperation ist eine Risikominderung verbunden.[162] Diese schafft zusätzliche Anreize zu Forschungsarbeiten.[163]
3. F&E-Kooperationen bilden oftmals die Grundlage für weitergehende Innovationen.[164]
4. Der Nachteil einer gewissen Einschränkung des Wettbewerbs wird durch die sozialen Vorteile aufgehoben, die sich aus verstärkter Innovation ergeben.[165]
5. Die Globalisierung macht wegen der von ihr ausgehenden Verstärkung des Wettbewerbsdrucks F&E-Kooperationen erforderlich.[166]
6. Insbesondere zwischen kleinen und mittleren Unternehmen (KMU) sind Kooperationen zur Schaffung von »Gegenmacht«[167] zu den marktbeherrschenden Unternehmen zuzulassen.[168]
7. Es besteht eine Korrelation zwischen Unternehmensgröße und wirtschaftlicher Leistungsfähigkeit; deshalb müssen im Interesse einer umfassenden Förderung von F&E notfalls Großunternehmen auch auf Kosten eines umfassenden Wettbewerbsschutzes hingenommen werden.[169]
8. Die optimale Marktform ist nicht das Polypol, sondern das weite Oligopol; die Wettbewerbspolitik muss daher darauf gerichtet sein, überall die Kooperation bzw. Konzentration von kleinen und mittleren Unternehmen so weit zu fördern, bis sich die Märkte in weite Oligopole verwandelt haben.[170]
9. Das bestehende fundamentale Ungleichgewicht zwischen den Kriterien der Fusionskontrolle, die eine Versagung wettbewerbsbeschränkender Zusammenschlüsse nur in krassen Fällen und unter besonderen Voraussetzungen gestattet, und der Strenge eines nicht einschränkend interpretierten Kartellverbots[171]

von Rationalisierungswirkungen von F&E-Kooperationen: *Mestmäcker/Schweitzer* S. 748 (§ 29 Rn. 8); *Ullrich/Konrad* in *Immenga/Mestmäcker (EG-Wettbewerbsrecht)* (1997), GRUR, E. Gemeinsame Forschung und Entwicklung, Rn. 2; *Jaquemin* S. 551 ff.; s. auch oben Kap. 2 Rdn. 25–62 zu den Vor- und Nachteilen von F&E-Kooperationen aus der Sicht des einzelnen Unternehmens.

162 Kritisch zu diesem Argument *Ullrich* in *Festschrift Steindorff*, S. 281 ff. *Ullrich* demonstriert dort an einem instruktiven Beispiel, dass bei arbeitsteiliger F&E-Kooperation der Erfolg eines Partners auf seinem Arbeitsgebiet durch den Misserfolg des anderen Partners auf dessen Arbeitsgebiet entwertet werden kann.

163 Vgl. *Fuchs* S. 148.

164 *Mestmäcker/Schweitzer* S. 747 (§ 29 Rn. 6) m.w.N. unter Fn. 13.

165 Kommission in Europäische Wirtschaft Nr. 35, S. 125 (zitiert nach *Franz* S. 13).

166 Vgl. Nr. 3 der Horizontal-LL.

167 Siehe dazu z.B. *Blaurock* S. 477, 478 mit Literatur zum Gegenmachtprinzip allgemein unter Fn. 5; das Gegenmachtprinzip stammt von *Galbraith*; kritisch dazu *Triantafillakis* S. 38 mit Fn. 1.

168 In diesem Sinne Nr. 41 der Horizontal-LL; kritisch dazu *Triantafillakis* S. 36 ff.

169 Gegen diese verbreitete These *Emmerich* S. 9 m.w.N. unter Fn. 20; differenzierend *Triantafillakis* S. 25 ff. und – unter ausführlicher Darstellung des Meinungsstands – *Maurer* S. 63 ff.

170 These von *Kantzenbach*, s. dazu die ausführliche Kritik von *Triantafillakis* S. 41 ff. und allgemein zum Meinungsstand über die innovationsfördernde Marktstruktur *Ullrich (Koop. Forschung)* S. 150 und 153 mit Literaturangaben unter Fn. 13 und 26; vgl. auch *Fuchs* S. 70 f. und die von ihm unter Fn. 69 Genannten, nach deren Ansicht »mäßige Marktzutrittsschranken« die Innovation am meisten fördern.

171 Siehe zu diesem Ungleichgewicht und der Frage ihrer wettbewerbspolitischen Berechtigung *Folz* S. 360 ff.

führt zu einer unerwünschten Verstärkung der Konzentration, indem die Unternehmen als Alternative zur Kooperation den Weg des Zusammenschlusses wählen.[172]

Die Pro-Argumente werden von Vertretern einer unter wettbewerbspolitischen 10
Aspekten grundsätzlich zurückhaltenden bis negativen Bewertung von F&E-Kooperationen[173] z.T. kritisch beleuchtet.[174] Unter den von ihnen zur Stützung der eigenen Auffassung in den Vordergrund gerückten Argumenten finden sich folgende (»**Contra-Argumente**«):

1. In der Mehrzahl der Fälle dient unabhängige Parallelforschung von Unternehmen dem technischen Fortschritt und dem wirtschaftlichen Wachstum mehr als die gemeinsame F&E.[175]
2. Der vorstoßende Wettbewerb zwischen den bei der F&E kooperierenden Unternehmen wird – unter Beseitigung der Ungewissheit über die Aktivitäten und technologischen Fähigkeiten der Partner[176] – ausgeschaltet[177]: Diese sehen von einer unabhängigen Parallelforschung auf dem Gebiet der gemeinsamen F&E auch ohne dahingehende Verpflichtung ab.[178] Allein schon die Zusammenlegung der F&E[179] bzw. der Informationsaustausch[180] beschränkt die Fähigkeit der beteiligten Unternehmen zur Gewinnung technologischer Vorsprünge voreinander.
3. Die Abstimmung der F&E-Bemühungen kann zu einer vorzeitigen Fixierung auf nur einen von mehreren Lösungswegen führen, so dass Alternativen von Anfang an unentdeckt bleiben.[181]

172 Kritisch zu dieser These *Triantafillakis* S. 50 ff. unter Angabe einschlägiger Literatur.

173 Das sind unter Kritik der Haltung der Kommission in neuerer Zeit u.a. *Ullrich (Koop. Forschung)* (1988) S. 119 ff., 148 ff.; *Triantafillakis* (1988) mit Fazit auf S. 55 ff. und 411 ff.; *Monopolkommission* S. 374 ff. unter Nr. 1059 ff.; *Ziegler* (1991) S. 27, 154; *D. Meyer* WuW 1993, S. 193, 204; *Franz* (1995) mit Fazit auf S. 135 ff. und Hinweisen auf weitere kritische Stimmen aus der Zeit ab 1990 auf S. 15 unter Fn. 19; *Maurer* (1995) mit Schlussfolgerung auf S. 259 ff.; *Ullrich/Konrad* in *Immenga/Mestmäcker (EG-Wettbewerbsrecht)* (1997), GRUR, E. Gemeinsame Forschung und Entwicklung, Rn. 2 ff.; vgl. auch *Fuchs* (1988) S. 72 ff. mit Zusammenfassung der nach seiner Ansicht maßgeblichen wettbewerbspolitischen und -rechtlichen Kriterien auf S. 506 ff.

174 Siehe Fußnoten zu den Pro-Argumenten.

175 So *Ullrich (Koop. Forschung)* S. 178; *Triantafillakis* S. 55; vgl. auch *Emmerich* S. 9 und *Fuchs* S. 81.

176 Siehe *Zimmer* in *Immenga/Mestmäcker (GWB)*, Rn. 379 zu § 1.

177 *Ullrich (Koop. Forschung)* S. 154; *Schroeder* in *Grabitz/Hilf*, Rn. 525 zu Art. 81 EGV unter Kritik der Vernachlässigung dieses Aspekts in den Horizontal-LL.

178 Siehe z.B. *Mestmäcker/Schweitzer* S. 747 (§ 29 Rn. 7); *Asschenfeldt* S. 44 ff.; *Kuder* S. 31, 93; *O. Axter* in *GK*, Anh. §§ 20, 21 Rn. 17 a.E.; *Ullrich (Koop. Forschung)* S. 119 ff.; *Machunsky* S. 71 f.; *Fuchs* S. 76 m.w.N. unter Fn. 90; *Schroeder* in *Grabitz/Hilf* Rn. 525 zu Art. 81 EGV.

179 So *Ullrich (Koop. Forschung)* S. 122 ff.

180 So *Machunsky* S. 49 ff.

181 *Mestmäcker/Schweitzer* S. 747 (§ 29 Rn. 7); *Maurer* S. 69; *Monopolkommission*, Nr. 970; *D. Meyer* WuW 1993, S. 193, 201.

4. Weitere Folge der Beschränkung des Forschungswettbewerbs ist eine Verringerung der Angebotsvielfalt[182] und – bei Vereinbarung des gemeinsamen Vertriebs – der Anbieterzahl.[183]
5. Im Verhältnis zwischen den Kooperationspartnern lässt der Wettbewerbsdruck nach.[184]
6. Daraus folgt auch eine Minderung des Zwangs zur effizienten Durchführung des Neuerungsprozesses. Deshalb ist auch gegenüber dem Argument Vorsicht geboten, die hohen Kosten von F&E erforderten ihre gemeinsame Bewältigung. Ein auf diese Annahme gegründeter Verzicht auf individuelle Kartellaufsicht schaltet die wettbewerbliche Kostenkontrolle aus und begünstigt teure F&E-Vorhaben.[185]
7. F&E-Kooperationen führen zu langfristiger Stabilisierung der Marktstellung der beteiligten Unternehmen[186] und damit zu einer Vermachtung der Märkte.[187]
8. Die bei der F&E kooperierenden Unternehmen versuchen, ihre Verwertungsrechte untereinander aufzuteilen. Es ergibt sich dadurch eine starke Tendenz zur Marktschranken-Kollusion.[188]
9. Durch die Bildung einer starken F&E-Gemeinschaft können Außenseiter von eigenen F&E-Bemühungen abgeschreckt werden.[189]
10. Die Zusammenlegung von F&E-Kapazitäten kann Marktzutrittsschranken schaffen oder erhöhen oder sogar zur Marktschließung führen.[190]
11. Die genannten wettbewerbspolitischen Nachteile treten wegen der Bedeutung des »Basis-Know-how« und der möglichen Sperre von Außenseitern durch Patente auch und gerade bei gemeinsamen F&E-Projekten ein, die langfristig angelegt und damit »marktfern« sind.[191]
12. F&E-Kooperationen zwischen Unternehmen bergen auch die Gefahr in sich, dass die Zusammenarbeit nicht auf den Projektbereich beschränkt wird[192] und in einer Fusion endet.[193]
13. Bei öffentlicher Förderung des gemeinsamen F&E-Projekts kommt hinzu, dass der Gruppeneffekt die Chance des Außenseiters auf Beteiligung an der

182 So z.B. *Ullrich (Koop. Forschung)* S. 148 f.; *Teske* S. 23; dies sieht auch die Kommission, s. *Beecham/Parke Davis*, ABl. 1979, L 70, 11 sowie Nr. 22 und 75 der Horizontal-LL.

183 So *Machunsky* S. 71 m.w.N. unter Fn. 289.

184 So *Möschel* RIW 1985, S. 261; *Ullrich (Koop. Forschung)* S. 164; *Asschenfeldt* S. 44 f.; *Machunsky* S. 72, 77 und 79; vgl. auch Nr. 22 und 61 der Horizontal-LL.

185 *Ullrich (Koop. Forschung)* S. 164.

186 *Ullrich (Koop. Forschung)* S. 154 f.

187 *Ullrich/Konrad* in *Immenga/Mestmäcker (EG-Wettbewerbsrecht)*, GRUR, E. Gemeinsame Forschung und Entwicklung, Rn. 2.

188 *M. Meyer* S. 206 f.

189 *Maurer* S. 68.

190 *Maurer* S. 68 f.

191 *Ullrich (Koop. Forschung)* S. 152 f. und 155 f.

192 *Maurer* S. 69 ff. m.w.N.; vgl. dazu auch Nr. 61 der Horizontal-LL.

193 So z.B. *Fuchs* S. 79; *Blaurock* S. 477, 479; *Triantafillakis* S. 54; vgl. auch *Machunsky* S. 72 f. und 77.

Förderung oder auch nur an ihren Ergebnissen vermindert, ganz zu schweigen von der kollektiven Beeinträchtigung seiner allgemeinen Wettbewerbsstellung.[194]

Die **wettbewerbspolitische Bewertung von F&E-Kooperationen in der EU** war von jeher grundsätzlich günstig. Die Kommission hebt dabei vor allem die Pro-Argumente unter 1. bis 4 hervor. Eine erhebliche Rolle spielt dabei auch ihre Absicht, die Wettbewerbsfähigkeit der europäischen Industrie zu stärken,[195] insbesondere im Verhältnis zu den USA und Japan.[196] Sie befindet sich dabei auf einer Linie mit Parlament und Rat der EG, wie die finanzielle Förderung solcher Kooperationen,[197] zuletzt durch die 7. Rahmenprogramme von EG und Euratom zeigt, siehe dazu Kap. 4 Rdn. 3–22. Die Kommission hat bereits früher ihre grundsätzliche kartellrechtliche Billigung solcher Kooperationen nicht nur in zahlreichen Einzelentscheidungen[198] dokumentiert, sondern auch in der F&E-GFVO **1984** sowie in zwei Bekanntmachungen, welche Leitlinien für bestimmte von Art. 81 EGV nicht erfasste Arten von Kooperationsvereinbarungen[199] und für die Bewertung kooperativer Gemeinschaftsunternehmen[200] enthielten. Bemerkenswert ist, dass die Kommission, soweit ersichtlich, allen vor Inkrafttreten der Durchführungs-VO zu Art. 81/82 EGV, d.h. vor dem 1. 5. 2004 gestellten Anträgen auf Einzelfreistellung von F&E-Verträgen nach Art. 81 Abs. 3 EGV (wenn auch z.T. mit Auflagen) stattgegeben hat[201] und offenbar auch nach Inkrafttreten der vorgenannten VO (welche Art. 81 Abs. 3 EGV in eine Legalausnahme umfunktioniert hat, siehe Kap. 5 Rdn. 54–63) keine F&E-Kooperationen untersagt hat. Damit war auch eine günstige Beurteilung verschiedener in F&E-Verträgen enthaltener Nebenabreden, welche die Handlungsfreiheit der beteiligten Unternehmen beschränken, verbunden. Ihre Tendenz zu positiver Beurteilung von F&E-Kooperaionen hat sich mit der am 1. 1. 2001 in Kraft getretenen F&E-GFVO und den am 6. 1. 2001 bekanntgemachten Horizontal-LL (welche nach ihrer Nr. 8 die beiden oben genannten Bekanntmachungen ablösen), noch verstärkt. Das zeigt sich insbesondere darin, dass die Kommission 11

- in der F&E-GFVO gemäß Art. 4 Abs. 2 derselben die Freistellung bei Kooperationen zwischen konkurrierenden Unternehmen erst bei Überschreitung eines gemeinsamen Marktanteils von 25 % (gegenüber 20 % gemäß Art. 3 Abs. 2 F&E-GFVO **1984**) ausschließt, wobei sie den gesamten räumlich relevanten Markt derjenigen Produkte, die durch die Vertragsprodukte verbessert oder ersetzt werden können, und nicht nur, wie es noch die

194 *Ullrich* in *Dauses*, Band 2, N. Forschungs- und Technologiepolitik, Rn. 25; *M. Meyer* S. 213 f.
195 IP (84) 30; vgl. auch *Mestmäcker/Schweitzer* S. 748 (§ 29 Rn. 9) mit Fn. 18.
196 Vgl. *Ullrich (Koop. Forschung)* S. 144, Fn. 190.
197 Vgl. dazu die Darstellung und Kritik von *Ullrich (Koop. Forschung)* S. 105 ff.
198 Siehe Anhang 6.
199 ABl. C 75 vom 29. 7. 1968, S. 3.
200 ABl. C 43 vom 16. 2. 1993, S. 2.
201 Siehe *Monopolkommission* (1990), Nr. 1033; *Folz* (1995) S. 414 unter Bezugnahme auf *Franz* S. 149.

F&E-GFVO **1984** in Art. 3 Abs. 2 vorsah, den räumlich relevanten Markt dieser Produkte innerhalb des Gemeinsamen Markts oder in einem wesentlichen Teil desselben für maßgeblich erklärt.

- in der F&E-GFVO eine Freistellung eines F&E-Vertrags außer an die Erfüllung der Grundvoraussetzungen gemäß Art. 3 und das Nichtüberschreiten der Marktanteilsschwelle von 25 % nur noch an die Voraussetzung knüpft, dass der Vertrag bestimmte »schwarze Klauseln« nicht enthält, siehe Erw.Grd. 7 sowie Art. 5 F&E-GFVO im Vergleich zu Art. 4 und 5 F&E-GFVO **1984**, die nur bestimmte »weiße« Klauseln freistellten;
- den F&E-Partnern bei Nichtüberschreitung der Marktanteilsschwelle von 25 % bzw. bei Fehlen erheblicher Marktmacht größere Freiheit und eine längere Freistellung auch hinsichtlich der gemeinsamen Vermarktung der im Rahmen der gemeinsamen F&E entwickelten Produkte zugesteht, siehe Erw.Grd. 11 sowie Art. 1 a) bzw. b) i.V. mit Art. 2 Nr. 11, Art. 4 und Art. 5 Abs. 2 b) F&E-GFVO bzw. Nr. 59, 63, 64, 65, 68 und 72 der Horizontal-LL im Vergleich zu Art. 4 f) F&E-GFVO **1984**; und
- in der F&E-GFVO für den Fall gemeinsamer Verwertung der Ergebnisse das Verbot der Kundenaufteilung für sieben Jahre nach dem ersten Inverkehrbringen eines »Vertragsprodukts« für zulässig erklärt, siehe Art. 5 Abs. 1 e) F&E-GFVO im Vergleich zu Art. 6 Abs. 1 e) F&E-GFVO **1984**.

12 Der »liberalen« Linie der Kommission entspricht die grundsätzlich günstige **wettbewerbspolitische Beurteilung von F&E-Kooperationen in den USA**.

Dies hat u.a. ihren Ausdruck im Erlass des NCRA von 1984 und des ihn ersetzenden und erweiternden NCRPA von 1993 gefunden. Der NCRPA erhebt wie sein Vorgänger unter bestimmten Voraussetzungen die »rule of reason« zum alleinigen Beurteilungsmaßstab für F&E-Verträge und schließt unter diesen Voraussetzungen dreifachen Schadensersatz für eine Verletzung des Antitrustrechts aufgrund solcher Verträge aus. Dabei gilt der NCRPA anders als sein Vorgänger auch für Vereinbarungen über gemeinsame Produktion. Er greift allerdings der endgültigen antitrustrechtlichen Beurteilung von F&E-Verträgen nach der »rule of reason« nicht vor. Das DoJ hat jedoch keinen einzigen der unter dem NCRA von 1984 angemeldeten F&E-Verträge – bis Juni 1992 waren dies ca. 550[202] – beanstandet.[203] Darüber, ob in der Folgezeit unter dem NCRA bzw. unter dem NCRPA Beanstandungen erfolgten, liegen dem Verfasser keine Informationen vor.

Das FTC und das DoJ haben ihre grundsätzlich positive Einstellung zu F&E-Verträgen zuletzt in den »Guidelines for Collaborations Among Competitors« vom April 2000 (hier kurz als »Collaborations Guidelines« bezeichnet) bekräftigt. Sie gewähren dort unter bestimmten, allerdings engen Voraussetzungen antitrustrechtliche Sicherheitszonen für Kooperationen zwischen Wettbewerbern, und zwar neben einer für alle Verträge zwischen Wettbewerbern geltenden Sicherheitszone auch eine Sicherheitszone, die speziell für die Wir-

202 *Franz* S. 155.
203 *Franz* S. 156; vgl. auch *Ullrich (Koop. Forschung)* S. 106.

kungen von F&E-Verträgen zwischen Wettbewerbern in relevanten »Innovationsmärkten« gilt. Allerdings gelten die Sicherheitszonen nur für das Verhältnis der Kooperationspartner zu den beiden Behörden, nicht für ihr Verhältnis zu Dritten. Bei zu erwartenden Effizienzgewinnen sind die beiden Behörden auch bereit, Wettbewerbsbeschränkungen, die normalerweise gemäß der »per se«-rule ohne nähere Prüfung als unzulässig angesehen werden, nach der »rule of reason« zu beurteilen. Damit dürfte sich z.B. auch die Möglichkeit ergeben, dass die Antitrustbehörden Bestimmungen in F&E-Verträgen unbeanstandet passieren lassen, die eine Vergemeinschaftung des Vertriebs der zu entwickelnden Erzeugnisse während eines begrenzten Zeitraums oder eine Marktaufteilung in der Phase der Einführung dieser Erzeugnisse vorsehen.

Bei einem **Vergleich der kartellrechtlichen Beurteilung von F&E-Verträgen durch die Kartellrechtsbehörden in der EU und den USA** besteht der Eindruck, dass es dabei nur noch geringe Unterschiede gibt, wobei sich das US-Antitrustrecht und das EU-Kartellrecht hier wie auch sonst ersichtlich gegenseitig beeinflusst haben, siehe dazu im Einzelnen Kap. 5 Rdn. 752–760. 13

III. Beurteilung von F&E-Verträgen nach europäischem Kartellrecht

1. Gründung von Gemeinschaftsunternehmen im Rahmen von F&E-Verträgen – EU-Fusionskontrolle nach der Fusionskontrollverordnung

a) Vorbemerkung und Überblick

Der ursprüngliche F&E-Vertrag oder ein nachfolgender Vertrag über die Verwertung der im Rahmen des ursprünglichen Vertrags erzielten F&E-Ergebnisse kann eine Vereinbarung zur Gründung eines Gemeinschaftsunternehmens enthalten, das die Durchführung der F&E und/oder die Verwertung der F&E-Ergebnisse übernehmen soll. In diesem Fall stellt sich für das europäische Recht die Frage, ob der betr. Vertrag der Fusionskontrolle nach der FKVO unterliegt (siehe zur Fusionskontrolle nach deutschem Recht unten Kap. 5 Rdn. 640–655 und nach US-Recht unten Kap. 5 Rdn. 698, 711 und 712). 14

Dafür ist stets Voraussetzung, dass es sich bei dem Gemeinschaftsunternehmen um ein sog. »Vollfunktions- Gemeinschaftsunternehmen« handelt, s. dazu Kap. 5 Rdn. 24–27), und regelmäßig auch Voraussetzung, dass die Gründung des Gemeinschaftsunternehmens »gemeinschaftsweite Bedeutung« hat, siehe dazu Kap. 5 Rdn. 19–22. Unterliegt die Gründung eines Gemeinschaftsunternehmens der EU-Fusionskontrolle, erstreckt sich die Prüfung durch die Kom- 15 mission (und damit ihre Entscheidung) nach Art. 6 Abs. 1 Buchst. b Unterabsatz 2 und Art. 8 Abs. 2 Unterabsatz 3 FKVO auf die mit der Gründung »unmittelbar verbundenen und für diese notwendigen Einschränkungen«, siehe dazu Kap. 5 Rdn. 35.

16 Nur ausnahmsweise wird bereits der ursprüngliche F&E-Vertrag die Gründung eines Gemeinschaftsunternehmens vorsehen, welche der EU-Fusionskontrolle unterliegt. Im Zeitpunkt des Abschlusses des ursprünglichen F&E-Vertrags ist die Erreichbarkeit des F&E-Ziels nämlich meist noch so unsicher, dass die Vertragspartner jedenfalls in diesem Zeitpunkt den Aufwand für die Gründung und das Management eines Vollfunktions-Gemeinschaftsunternehmens einschließlich des Aufwands für die Anmeldung bei der Kommission scheuen werden.

17 Dagegen werden die Partner eines F&E-Vertrags nicht selten die Gründung eines Gemeinschaftsunternehmens, welche nach der FKVO bei der Kommission anzumelden ist, vereinbaren, nachdem sie das angestrebte F&E-Ziel erreicht haben.

18 Wandeln die Partner ein aufgrund des F&E-Vertrags gegründetes Gemeinschaftsunternehmen, das kein Vollfunktions-Gemeinschaftsunternehmen ist und deshalb nicht der EU-Fusionskontrolle unterliegt, später durch Satzungsänderung in ein Vollfunktions-Gemeinschaftsunternehmen um, liegt in dieser Umwandlung nicht die »Gründung« eines Vollfunktions-Gemeinschaftsunternehmens und damit kein Zusammenschluss i.S. von Art. 3 Abs. 4 FKO. Deshalb dürfte hier die EU-Fusionskontrolle nicht eingreifen (siehe Kap. 5 Rdn. 23).

b) Das Merkmal des Zusammenschlusses

19 Für die Fusionskontrolle nach der FKVO ist zunächst Voraussetzung, dass die vorgesehene Gründung des Gemeinschaftsunternehmens einen Zusammenschluss i.S. von Art. 3 Abs. 4 FKVO darstellt. Dies ist nur dann der Fall, wenn das Gemeinschaftsunternehmen auf Dauer alle Funktionen einer selbständigen, wirtschaftlichen Einheit erfüllt,[204] also ein sogenanntes »Vollfunktions-Gemeinschaftsunternehmen« ist.

20 Ein solches Gemeinschaftsunternehmen kann eine juristische Person oder auch eine Personengesellschaft ohne Rechtspersönlichkeit sein. Auf die Rechtsform kommt es also nicht an; es gilt – wie im gesamten EU-Kartellrecht und übrigens auch im deutschen Kartellrecht – der funktionale Unternehmensbegriff.[205]

21 Unter welchen Voraussetzungen im Einzelnen ein »Vollfunktions-Gemeinschaftsunternehmen« i.S. von Art. 3 Abs. 2 FKVO zu bejahen ist, lässt sich nicht abstrakt definieren; maßgebend sind die Funktionen, die Unternehmen in dem betr. Wirtschaftszweig und in der betr. Wirtschaftsstufe im Allgemeinen

204 Vgl. dazu die Mitteilung der Kommission vom 2. 3. 1998 über den Begriff des Vollfunktions-Gemeinschaftsunternehmens, ABl. 1998 C 66/1.

205 Dazu ausführlich *Schütz* in *GK*, Art. 1 FKVO, Rn. 4 ff.

haben.[206] Diese Funktionen muss das Gemeinschaftsunternehmen wirtschaftlich selbständig erfüllen; dazu zählen ein sich dem Tagesgeschäft widmendes Management und ausreichende finanzielle, personelle und sachliche Mittel.[207] Konzernangehörigkeit schließt wirtschaftliche Selbständigkeit nicht aus, es geht hier mehr um eine »operationelle Selbständigkeit«.[208] Daran fehlt es, wenn das Gemeinschaftsunternehmen nur Hilfsfunktionen für die Mütter wahrnimmt.[209]

Deshalb ist ein reines Forschungs-Gemeinschaftsunternehmen kein Voll- 22
funktions-Gemeinschaftsunternehmen,[210] wenn es nicht ausnahmsweise auf einem Markt tätig ist, auf dem sich andere Unternehmen darauf beschränken, zu forschen und zu entwickeln und die Ergebnisse als Technologieanbieter zu vermarkten, ohne selbst zu produzieren.[211] Auch die Zuweisung der zusätzlichen Aufgabe, für die Mütter zu produzieren, macht das Gemeinschaftsunternehmen noch nicht zu einem Vollfunktions-Gemeinschaftsunternehmen. Diesen Charakter hat es erst dann, wenn es auch Dritte beliefert, ohne überwiegend – außer in der Anlaufphase – die Mütter zu beliefern.[212]

Die EU-Fusionskontrolle dürfte nicht eingreifen, wenn die Partner eines 23
F&E-Vertrags zunächst ein Gemeinschaftsunternehmen gründen, das kein Vollfunktions-Gemeinschaftsunternehmen ist (z.B. weil es zunächst auf Forschung und Produktion für die Mütter beschränkt ist) und deshalb jedenfalls zunächst nicht der EU-Fusionskontrolle unterliegt, dieses Gemeinschaftsunternehmen aber nach Erreichung des F&E-Ziels durch Satzungsänderung in ein Vollfunktions-Gemeinschaftsunternehmen umwandeln (das wäre bei einem zunächst auf Forschung und Produktion für die Mütter beschränkten Gemeinschaftsunternehmens der Fall, wenn es an Stelle der Mütter auch den Vertrieb an Dritte übernehmen soll). Die »Gründung« eines Vollfunktions-Gemeinschaftsunternehmens findet hier nicht statt, weil das Gemeinschaftsunternehmen, aus dem das Vollfunktions-Gemeinschaftsunternehmen hervorgeht, schon gegründet wurde. Es wäre deshalb allenfalls an eine analoge Anwendung von Art. 3 Abs. 2 FKVO zu denken. Dagegen spricht aber, dass eine Verletzung der dann gemäß Art. 4 bestehenden Anmeldeverpflichtung nach Art. 14 FKVO eine Geldbuße nach sich ziehen kann, der Anwendungsbereich bußgeldbewehrter Bestimmungen aber nicht durch Analogie erweitert werden darf.[213] Deshalb dürfte die Gegenstandsänderung nur außerhalb des Verfahrens gemäß der FKVO nach den Kriterien des Art. 81 EGV zu prüfen sein. Dabei dürfte aber, wenn die Gegenstandsänderung auf die Bildung eines konzentrativen Gemein-

206 Vgl. *Schütz* in *GK*, Rn. 57 zu Art. 3 FKVO.
207 Mitteilung der Kommission vom 2. 3. 1998 über den Begriff des Vollfunktions-Gemeinschaftsunternehmens, ABl. 1998 C 66/1 Tz. 12.
208 *Schütz* in *GK*, Rn. 57 zu Art. 3 FKVO.
209 *Schütz* in *GK*, Rn. 58 zu Art. 3 FKVO.
210 Vgl. Mitteilung der Kommission vom 2. 3. 1998 über den Begriff des Vollfunktions-Gemeinschaftsunternehmens, ABl. 1998 C 66/1 Tz. 13.
211 *Schroeder* in *Grabitz/Hilf*, Rn. 523 zu Art. 81 EGV.
212 Mitteilung der Kommission vom 2. 3. 1998 über den Begriff des Vollfunktions-Gemeinschaftsunternehmens, ABl. 1998 C 66/1 Tz. 14.
213 *Kindhauser* in *FK*, Art. 81 EGV, Bußgeldrechtliche Folgen, Rn. 24.

schaftsunternehmens hinausläuft, eine Wettbewerbsbeschränkung i.S. von Art. 81 Abs. 1 EGV zu verneinen sein, siehe Kap. 5 Rdn. 34. Als »Bremse« kommt, wenn nicht das Kartellrecht eines Landes außerhalb der EU einschlägig ist, hier nur noch die Fusionskontrolle nach dem nationalen Recht von EU-Mitgliedsstaaten in Frage, siehe zur deutschen Fusionskontrolle unten Kap. 5 Rdn. 650–655.

c) Das Merkmal der gemeinschaftsweiten Bedeutung

24 Nach Art. 1 Abs. 1 FKVO unterliegen grundsätzlich nur Gründungen von Gemeinschaftsunternehmen von »gemeinschaftsweiter Bedeutung« der Fusionskontrolle nach der FKVO. Ob Gemeinschaftsunternehmen eine solche Bedeutung haben, hängt von bestimmten Umsatzkriterien bei den Müttern ab, die in Art. 1 Abs. 2 und 3 FKVO festgelegt sind.

Diese Kriterien sind nach Art. 1 Abs. 2 FKVO jedenfalls dann erfüllt, wenn die Mütter einen weltweiten Gesamtumsatz von mehr als 5 Milliarden ECU und mindestens zwei von ihnen einen gemeinschaftsweiten Gesamtumsatz von jeweils mehr als 250 Millionen ECU erzielen, es sei denn, dass die Mütter jeweils mehr als zwei Drittel ihres gemeinschaftsweiten Gesamtumsatzes in ein und demselben Mitgliedstaat erzielen (»Zwei-Drittel-Regelung«).

Sind die Merkmale nach Art. 1 Abs. 2 FKVO nicht erfüllt, kann die Gründung des Gemeinschaftsunternehmens nach Art. 1 Abs. 3 FKVO trotzdem noch gemeinschaftsweite Bedeutung haben, wenn

- der weltweite Gesamtumsatz aller Mütter mehr als 2,5 Milliarden ECU beträgt,
- der Gesamtumsatz aller Mütter in mindestens drei Mitgliedstaaten jeweils 100 Millionen ECU übersteigt, und
- der gemeinschaftsweite Umsatz von mindestens zwei Müttern jeweils 100 Millionen ECU übersteigt,

mit der Maßgabe, dass auch hier die »Zwei-Drittel-Regelung« gilt.

25 Auch Gründungen von Vollfunktions-Gemeinschaftsunternehmen in Drittstaaten können nach ErwGrd. 10 FKVO Zusammenschlüsse von gemeinschaftsweiter Bedeutung darstellen, wenn die Gesamtumsätze der beteiligten Unternehmen die vorgenannten Schwellenwerte übersteigen und sie in erheblichem Umfang in der Gemeinschaft (also im Gebiet der EU) tätig sind.[214]

26 Ausnahmsweise ist die Kommission nach Art. 4 Abs. 5 und Art. 22 FKVO auch für Entscheidungen betr. Gründungen solcher Gemeinschaftsunternehmen zuständig, die zwar nach Art. 3 Abs. 4 FKVO Zusammenschlüsse darstellen, aber keine gemeinschaftsweite Bedeutung i.S. von Art. 1 Abs. 2 und 3 FKVO haben.

214 Vgl. für das bisherige Recht schon Kommission »Gencor/Lonrho« v. 24. 4. 1996, ABl. 1997 L 11/30 und »Boeing/MDC« v. 30. 7. 1997, ABl. 1997 L 3365/16; EuGEI »Gencor/Kommission« v. 23. 5. 1999, Slg. 1999, II-753, Abs. 76 ff.; EuGH Slg. 1988, 5193 (5242 ff.) »Ahlström«.

Nach Art. 4 Abs. 5 ist diese Zuständigkeit gegeben, wenn

- die Mütter einen begründeten Antrag auf Verweisung stellen, der von der Kommission unverzüglich an alle Mitgliedstaaten weiterzuleiten ist, und
- kein Mitgliedstaat, der nach seinem Wettbewerbsrecht für die Prüfung der Gründung eines Gemeinschaftsunternehmens zuständig ist, innerhalb von 15 Arbeitstagen nach Erhalt des Antrags die beantragte Verweisung ablehnt.

Nach Art. 22 Abs. 1 ist diese Zuständigkeit auch dann gegeben, wenn

- die Prüfung der Gründung eines Vollfunktions-Gemeinschaftsunternehmens von einem oder mehreren Mitgliedstaaten beantragt wird, und zwar innerhalb von 15 Arbeitstagen, nachdem diese Gründung eines Gemeinschaftsunternehmens bei dem bzw. den betr. Mitgliedstaat(en) angemeldet oder, soweit keine Anmeldung erforderlich ist, ihm bzw. ihnen zur Kenntnis gebracht worden ist, und
- die Kommission binnen 10 Arbeitstagen nach Erfüllung ihrer Informationspflichten nach Art. 22 Abs. 2 und Ablauf der darin festgelegten Frist für andere Mitgliedstaaten, sich dem Antrag anzuschließen, beschließt, die Gründung eines Gemeinschaftsunternehmens zu prüfen, oder binnen dieser Frist keine Entscheidung trifft.

Umgekehrt kann die Kommission durch Verweisung gemäß Art. 9 auf Antrag 27
eines Mitgliedstaats auch dessen Zuständigkeit begründen, die Zulässigkeit der Gründung eines Vollfunktions-Gemeinschaftsunternehmen, welche einen Zusammenschluss von gemeinschaftsweiter Bedeutung darstellt, nach seinem Kartellrecht zu prüfen, wenn die Gründung den Wettbewerb in einem Markt innerhalb eines Mitgliedstaats, der alle Merkmale eines »gesonderten Marktes« aufweist, erheblich zu beeinträchtigen droht. Die Kommission ist nach Art. 9 Abs. 3, letzter Unterabsatz, zur Verweisung verpflichtet, wenn der Mitgliedstaat der Kommission mitgeteilt hat, dass die Gründung eines Gemeinschaftsunternehmens in seinem Gebiet einen gesonderten Markt beeinträchtigt, der keinen wesentlichen Teil des Gemeinsamen Markts darstellt und die Kommission der Auffassung ist, dass ein gesonderter Markt betroffen ist.

d) Materielle Prüfung unter die Fusionskontrollverordnung fallender Gemeinschaftsunternehmen

Ist die Kommission für die Prüfung der Zulässigkeit des Gemeinschaftsunter- 28
nehmens nach der FKVO zuständig, gilt Folgendes (ggf. unter Berücksichtigung von Änderungen, die nach der Anmeldung des Zusammenschlussvorhabens erfolgen):

Nach **Art. 2 Abs. 3 FKVO** ist ein nach der FKVO zu beurteilender Zusam- 29
menschluss und damit auch die Gründung eines solchen Gemeinschaftsunternehmens für unvereinbar mit dem Gemeinsamen Markt zu erklären, wenn er wirksamen Wettbewerb im Gemeinsamen Markt oder einem wesentlichen Teil desselben erheblich behindern würde (**Behinderungs-Kriterium**), insbesondere durch Begründung oder Verstärkung einer beherrschenden Stellung (**Marktbeherrschungskriterium**). Damit begründet in Abweichung vom bis-

herigen Recht, nach dem erst die Erfüllung beider Kriterien, d.h. sowohl des Marktbeherrschungskriteriums als auch des Behinderungskriteriums, zur Unzulässigkeit des Zusammenschlusses führte, allein schon die Erfüllung des Behinderungskriteriums dessen Unzulässigkeit. Das Marktbeherrschungskriterium bleibt aber insofern von Bedeutung, als »insbesondere« dessen Erfüllung zur Erfüllung des Behinderungskriteriums führen kann. Für horizontale Zusammenschlüsse (d.h. Zusammenschlüsse in den Fällen, in denen die beteiligten Unternehmen tatsächliche oder potenzielle Wettbewerber auf demselben relevanten Markt sind) sind hier auch die **Leitlinien der Kommission zur Bewertung horizontaler Zusammenschlüsse** gemäß der Ratsverordnung über die Kontrolle von Unternehmenszusammenschlüssen vom 16. 2. 2004 (ABl. C 31, S. 5) zu beachten.

30 Wenn die Gründung des Gemeinschaftsunternehmens die Koordinierung des Wettbewerbsverhaltens unabhängig bleibender Unternehmen bezweckt oder bewirkt, ist zusätzlich **Art. 2 Abs. 4 FKVO** einschlägig. Eine solche Koordinierung ist nach den Kriterien des Art. 81 Abs. 1 und 3 EGV zu beurteilen. Dabei hat die Kommission nach **Art. 2 Abs. 5 FKVO** insbesondere zu berücksichtigen,

- ob es auf dem Markt des Gemeinschaftsunternehmens oder auf einem diesem vorgelagerten oder benachbarten oder eng mit ihm verknüpften Markt eine nennenswerte und gleichzeitige Präsenz von zwei oder mehr Gründerunternehmen gibt, und
- ob die aus der Gründung des Gemeinschaftsunternehmens erwachsende Koordinierung den beteiligten Unternehmen die Möglichkeit eröffnet, für einen wesentlichen Teil der betreffenden Waren und Dienstleistungen den Wettbewerb auszuschalten.

31 Zweifelhaft bleibt auch nach neuem Recht, ob es sich bei der Koordinierung i.S. von Art. 2 Abs. 5 FKVO (= Art. 2 Abs. 4 FKVO **1989**) um eine Koordinierung des Wettbewerbsverhaltens zwischen den beteiligten Unternehmen im Verhältnis zueinander handeln muss,[215] oder ob die Koordinierung im Verhältnis zum Gemeinschaftsunternehmen genügt.[216] Es ist wohl das Letztere anzunehmen: Bei der Aufführung der insbesondere zu berücksichtigenden Umstände spricht Art. 2 Abs. 5, 2. Teilstrich zwar nur das Verhältnis zwischen den Gründerunternehmen an; dies schließt aber eine Berücksichtigung des Verhältnisses zum Gemeinschaftsunternehmen nicht aus. Diese erscheint jedoch schon deshalb geboten, weil die Regelung des Verhältnisses zum Gemeinschaftsunternehmen unter Art. 81 EGV fallen kann, die FKVO aber, wie allgemein anerkannt ist,[217] als nachrangiges Recht die Anwendung des Art. 81 EGV nicht ausschließen oder beschränken konnte.

215 So *Schütz* in *GK*, Art. 2 FKVO, Rn. 165 im Gegensatz zu seinen Ausführungen in *GK*, Einführung in die deutsche Fusionskontrolle, Rn. 62.

216 So *Folz* S. 366.

217 *Emmerich* S. 278; *Folz* S. 369; *Schütz* in *GK*, Art. 2 FKVO, Rn. 163 sowie Einführung zur EU-Fusionskontrolle, Rn. 24 m.w.N.

Liegt eine Koordinierung i.S. von Art. 2 Abs. 4 vor, spricht man von einem »kooperativen Gemeinschaftsunternehmen«. Bei Fehlen einer Koordinierung liegt dagegen ein sog. »konzentratives Gemeinschaftsunternehmen« vor, das sich unter Berücksichtigung der Kriterien für die Koordinierung definieren lässt als ein Vollfunktions-Gemeinschaftsunternehmen, bei dem 32

- die Mütter weder aktuelle noch potenzielle Wettbewerber auf dem Tätigkeitsbereich des Gemeinschaftsunternehmens waren oder dies zwar waren, sich aber dauerhaft aus diesem Tätigkeitsbereich zurückziehen[218] und
- nicht auf einem vor- oder nachgelagerten Markt (vertikal) oder auf einem benachbarten oder eng mit ihm verknüpften Markt (horizontal) tätig bleiben.[219]

Nach einer breiteren, für das deutsche Fusionsrecht vertretenen Definition[220] liegt ein »konzentratives Gemeinschaftsunternehmen« immer schon dann vor, wenn es alle wesentlichen Unternehmensfunktionen aufweist, marktbezogenen Leistungen erbringt und nicht ausschließlich oder überwiegend auf einer vor- oder nachgelagerten Wirtschaftsstufe für die Muttergesellschaften tätig ist, und das als selbständige Wirtschaftseinheit eigenständig plant und handelt, also eine neue, selbständige Planungseinheit darstellt, während die Muttergesellschaften sich auf die bloße Wahrnehmung ihrer Kapitalbeteiligung beschränken und sich aus dem Markt des Gemeinschaftsunternehmens zurückziehen, so dass eine Koordinierung des Marktverhaltens der Mütter ausscheidet. Auf der Basis dieser breiteren Definition, nach der schon das Fehlen »überwiegender« Tätigkeit auf einem vor- oder nachgelagerten Markt genügen soll, so dass eine Tätigkeit auf einem benachbarten Markt oder eng mit einem solchen Markt verknüpften Markt der Annahme eines konzentrativen Gemeinschaftsunternehmens nicht notwendig entgegensteht, gäbe es noch Raum für die Erfüllung des Tatbestands des Art. 81 EGV. Deshalb wäre bei Zugrundelegung dieser breiteren Definition dem Einwand von *Emmerich*[221] gegen das Kriterium, ob das Gemeinschaftsunternehmen »kooperativ« oder »konzentrativ« ist, zuzustimmen. 33

Bei einem »konzentrativen Gemeinschaftsunternehmen« gemäß der obigen engen Definition liegt mangels Koordinierung des Wettbewerbsverhaltens unabhängig bleibender Unternehmen **keine Wettbewerbsbeschränkung** vor,[222] so dass eine Verletzung von Art. 81 EGV (dessen Anwendung die FKVO, wie gesagt, nicht einschränken konnte) ausscheidet. 34

218 Vgl. *Schütz* in *GK*, Einführung zur Zusammenschlusskontrolle nach §§ 35–49 GWB, Rn. 75.

219 Vgl. den Katalog der insbesondere zu berücksichtigenden Umstände in Art. 2 Abs. 5, 1. Teilstrich, und *Schütz* in *GK*, Rn. 166 zu Art. 2 FKVO.

220 Vgl. *Hootz* in *GK*, Rn. 178 zu § 1 m.w.N.

221 S. 279.

222 Siehe z.B. *Bunte (Kartellrecht)* S. 447; *Hirzbrunner* EuZW 2001, 197, 198; vgl. zum deutschen Recht auch *Huber* in *FK*, Kurzdarstellung § 1 n.F., Rn. 46 und *Schütz* in *GK*, Einführung Zusammenschlusskontrolle nach §§ 35 bis 49 GWB, Rn. 75; vgl. auch ErwGrd. 7 FKVO: »Die Artikel 81 und 82 des Vertrags sind zwar nach der Rechtsprechung des Gerichtshofs auf bestimmte Zusammenschlüsse anwendbar, reichen jedoch nicht aus, um alle Zusammenschlüsse zu erfassen, die sich als unvereinbar mit dem vom Vertrag geforderten System des unverfälschten Wettbewerbs erweisen könnten«.

35 Die **Prüfung durch die Kommission** erstreckt sich nach Art. 6 Abs. 1 Buchst. b Unterabsatz 2 und Art. 8 Abs. 2 Unterabsatz 3 FKVO auf die mit der Gründung »unmittelbar verbundenen und für diese notwendigen Einschränkungen«. Die Kommission hat in ihrer Bekanntmachung vom 4. 7. 2001, ABl. 2001/C 188/3 dargelegt, wann sie solche Einschränkungen annimmt. Zu diesen können nach Abschnitt B der Bekanntmachung z.B. Lizenzen durch die Gründer an das Gemeinschaftsunternehmen gehören, und zwar unabhängig davon, ob es sich dabei um ausschließliche, nichtausschließliche, befristete oder unbefristete Lizenzen handelt.

e) Verfahren bei der EU-Fusionskontrolle

36 Stellt die Gründung eines Gemeinschaftsunternehmens einen Zusammenschluss von gemeinschaftsweiter Bedeutung dar, ist sie **nach Art. 4 Abs. 1 FKVO** nach Vertragsschluss bzw. Erwerb einer die Kontrolle begründenden Beteiligung und vor ihrem Vollzug **anzumelden**. Sie darf nach Art. 7 FKVO grundsätzlich erst aufgrund einer Entscheidung der Kommission gemäß Art. 6 Abs. 1 Buchst. b oder Art. 8 Abs. 1 oder 2 oder einer Vermutung gemäß Art. 10 Abs. 6 FKVO vollzogen werden. Zu weiteren Einzelheiten des Verfahrens wird auf Art. 6 bis 13 FKVO verwiesen.

37 Ist die Kommission ausnahmsweise nach Art. 4 Abs. 5 bzw. 22 FKVO auch für Entscheidungen betr. Gründungen von Gemeinschaftsunternehmen ohne gemeinschaftsweite Bedeutung zuständig – s.o. Kap. 5 Rdn. 26 –, sind für das Verfahren Art. 7 Abs. 1 bzw. 22 Abs. 4 FKVO zu beachten.

2. Beurteilung von F&E-Verträgen nach Art. 81 EGV

a) Vorbemerkung und Überblick

38 Sieht der F&E-Vertrag die Gründung eines Vollfunktions-Gemeinschaftsunternehmens vor, das der Fusionskontrolle nach der FKVO unterliegt, (siehe dazu Kap. 5 Rdn. 19–27) und bezweckt oder bewirkt diese Gründung die Koordinierung des Wettbewerbsverhaltens unabhängig bleibender Unternehmen, erfolgt eine Prüfung der Gründung und der mit dieser unmittelbar verbundenen und für diese notwendigen Einschränkungen nach den Kriterien von Art. 81 EGV ausschließlich im Verfahren der EU-Fusionskontrolle (siehe dazu Kap. 5 Rdn. 36 und 37). Im Übrigen ist die Frage, ob ein F&E-Vertrag mit Art. 81 EGV vereinbar ist, eine Rechtsfrage, die ohne Durchführung eines behördlichen Verfahrens zu klären ist.[223]

223 Siehe jedoch neben Art. 5 und Art. 9 Abs. 1 Satz 2 der Durchführungs-VO zu Art. 81/82 EGV (betr. Entscheidungen der Kommission, nicht tätig zu werden) Art. 10 der Durchführungs-VO zu Art. 81/82 EGV, der die Möglichkeit »deklaratorischer Freistellungen« durch die Kommission im öffentlichen Interesse vorsieht; vgl. dazu *K. Schmidt* BB 2003, S. 1237, 1241 f.

Bei der Beurteilung dieser Rechtsfrage ist zweckmäßigerweise zunächst zu prüfen, ob der betr. F&E-Vertrag nach einer einschlägigen GFVO bzw. mehreren einschlägigen GFVO freigestellt ist (siehe dazu Kap. 5 Rdn. 351–549 und – speziell für die Freistellung nach der F&E-GFVO – die Checkliste in Kap. 10 unter II.). Ist dies zu bejahen, erübrigt sich die Prüfung, ob der Vertrag überhaupt von Art. 81 Abs. 1 EGV erfasst wird. Ist dies hingegen zu verneinen, muss sich die Prüfung anschließen, ob der Vertrag i.S. von Art. 81 Abs. 1 EGV den Handel zwischen Mitgliedstaaten beschränkt und eine Wettbewerbsbeschränkung bezweckt oder bewirkt und ob er im Falle der Bejahung dieser Frage aufgrund direkter Anwendung von Art. 81 Abs. 3 EGV freigestellt ist. 39

Die nachfolgende Darstellung nimmt jedoch unter systematischen Aspekten einen anderen Gang: 40

Zunächst erörtert sie in Kap. 5 unter Rdn. 50–63 die Bedeutung der Durchführungs-VO zu Art. 81/82 EGV für die Prüfung von F&E-Verträgen nach Art. 81 EGV. Während in der Zeit vor dem Inkrafttreten dieser Durchführungs-VO, d.h. vor dem 1. 5. 2004, ein Vertrag, der den Verbotstatbestand des Art. 81 Abs. 1 EGV erfüllte, gemäß Art. 81 Abs. 3 EGV nur durch eine GFVO oder einer Einzelentscheidung der Kommission freigestellt werden konnte, hat Art. 81 Abs. 3 EGV durch die genannte Durchführungs-VO den Charakter einer Legalausnahme vom Verbot des Art. 81 Abs. 3 erhalten, wobei sich die Freistellung auch weiterhin aus einer oder mehreren GFVO ergeben kann. Dabei bleibt das Grundsatz-/Ausnahmeverhältnis zwischen Abs. 1 und Abs. 3 von Art. 81 Abs. 3 für die Verteilung der Beweislast von Bedeutung. Die neue Rechtslage ermöglicht bei einem Vertrag, der gegen Art. 81 EGV verstoßende Teile enthält, insbesondere dann, wenn dieser eine »salvatorische Klausel« enthält, nicht nur eine Reduktion auf den nach Art. 81 Abs. 1 EGV, sondern auch auf den nach Art. 81 Abs. 3 EGV zulässigen Inhalt. 41

Die Darstellung wendet sich dann in Kap. 5 unter Rdn. 64–89 der Frage des Anwendungsbereichs und der Bedeutung der aktuellen bzw. noch aktuellen Bekanntmachungen der Kommission zu. Von diesen enthalten die 2001 bekanntgemachten »Leitlinien zur Anwendbarkeit von Art. 81 EG-Vertrag auf Vereinbarungen über horizontale Zusammenarbeit« (»Horizontal-LL«) spezielle Ausführungen darüber, wie folgende F&E-Verträgen nach Art. 81 EGV zu beurteilen sind: 42

- F&E-Verträge zwischen Unternehmen auf derselben Marktstufe einschl. Verträge über eine F&E-Zusammenarbeit, mit der industrielle Unternehmen F&E an spezialisierte Unternehmen, Forschungsinstitute oder andere akademische Einrichtungen, die mit der gewerblichen Nutzung der Ergebnisse selbst nicht befasst sind, auslagern sowie
- F&E-Verträge zwischen Unternehmen auf verschiedenen Marktstufen, wenn diese Unternehmen Wettbewerber sind.

Außerhalb des Anwendungsbereichs der Horizontal-LL bleiben damit vor allem F&E-Verträge zwischen Lieferanten und Abnehmern, die keine (aktuellen oder potenziellen) Wettbewerber sind, über die Entwicklung von Produkten, welche der Lieferant herstellen und der Abnehmer verwenden will. Für 43 diese Verträge sind vor allem die Vertikal-LL und die Zulieferbekanntmachung relevant, s. dazu Kap. 5 Rdn. 327–336, 343 sowie 344 und Rdn. 616–631 bzw. Rdn. 337–340 und 344.

44 Es wird dann in Kap. 5 unter Rdn. 90–146 untersucht, welche Märkte im Rahmen der Prüfung der Vereinbarkeit von F&E-Verträgen mit Art. 81 EGV relevant sind. Hier ist zu unterscheiden zwischen den nach Art. 4 Abs. 2 und 3 F&E-GFVO bzw. nach Art. 3 und 9 Vertikal-GFVO relevanten Produktmärkten und den bei direkter Anwendung von Art. 81 EGV für F&E-Verträge relevanten Märkten. Für die Bestimmung der letzteren Märkte sind die Ausführungen der Horizontal-LL und der Vertikal-LL zu berücksichtigen, siehe dazu die Zusammenfassung in Kap. 5 unter Rdn. 158–169. Die Horizontal-LL und die Vertikal-LL führen als mögliche relevante Märkte zwar nur vorhandene Märkte (für deren Abgrenzung auch die Relevanter-Markt-Bekanntmachung unmittelbar bzw. mittelbar von Bedeutung ist), zu denen im Fall der Horizontal-LL auch die sog. »Innovationsmärkte« gehören. Indirekt erkennen sie aber, indem sie die Vereinbarkeit von Beschränkungen der Verwertungsrechte der Vertragspartner an F&E-Ergebnissen mit Art. 81 EGV erörtern, auch künftige Märkte als mögliche relevante Märkte an.

45 Anschließend erfolgt in Kap. 5 unter Rdn. 176–248 eine allgemeine Erörterung der für alle Vereinbarungen relevanten Tatbestandsmerkmale von Art. 81 Abs. 1 EGV, nämlich der Merkmale »Vereinbarungen zwischen Unternehmen« (Kap. 5 Rdn. 176 und 177), »Eignung der Vereinbarungen zur Beeinträchtigung des Handels zwischen Mitgliedstaaten« (Kap. 5 Rdn. 178–215) sowie »Wettbewerbsbeschränkender Zweck oder wettbewerbsbeschränkende Wirkung der Vereinbarungen« (Kap. 5 Rdn. 216–248).

46 Die Erörterung des Merkmals »Eignung der Vereinbarungen zur Beeinträchtigung des Handels zwischen Mitgliedstaaten«, d.h. der »Zwischenstaatlichkeitsklausel«, erfolgt dabei auf der Basis der Zwischenstaatlichkeitsklausel-LL, die dieses Merkmal unter Berufung auf die Rechtsprechung der Gemeinschafsgerichte sehr weit interpretiert, siehe dazu die Zusammenfassung in Kap. 5 unter Rdn. 212.

47 Bei der Frage, wann eine Vereinbarung unabhängig von ihrem Typ eine Wettbewerbsbeschränkung bezweckt oder bewirkt, stehen die diesbezüglichen Ausführungen der Freistellungs-LL aus dem Jahre 2004 im Mittelpunkt, siehe dazu die Zusammenfassung in Kap. 5 unter Rdn. 247 und 248. Diese Leitlinien dokumentieren, soweit ersichtlich, erstmals oder jedenfalls erstmals deutlich folgende Auffassungen der Kommission:

- Im Rahmen von Art. 81 Abs. 1 sind die wettbewerbswidrigen Auswirkungen nicht gegen die wettbewerbsfördernden abzuwägen; eine solche Abwägung hat vielmehr erst im Rahmen von Art. 81 Abs. 3 zu erfolgen.
- Bei der Frage, ob eine Wettbewerbsbeschränkung bezweckt ist, kommt es allein darauf an, ob die Vereinbarung »ihrem Wesen nach« geeignet ist, den Wettbewerb zu beschränken, d.h. darauf, ob die Beschränkungen ein derart großes Potential für negative Auswirkungen auf den Wettbewerb haben, dass es für die Anwendung von Art. 81 Abs. 1 EGV nicht notwendig ist, deren

tatsächliche Auswirkungen im Markt (einschließlich der Spürbarkeit derselben) nachzuweisen. Für die Prüfung nach diesem Kriterium, das an die »per se«-rule im US-Antitrustrecht erinnert, bilden die »schwarzen« Klauseln« in den GFVO sowie die Beschränkungen, die in den Bekanntmachungen der Kommission als »Kernbeschränkungen« eingestuft sind, eine Orientierungshilfe.

Unter Mitberücksichtigung der Freistellungs-LL erfolgt dann unter Kap. 5 48
Rdn. 249–344 eine Detailuntersuchung zu der Frage, wann speziell F&E-Verträge eine Wettbewerbsbeschränkung bezwecken oder eine spürbare Wettbewerbsbeschränkung bewirken, und zwar getrennt für F&E-Verträge, die unter die Horizontal-LL fallen, siehe dazu die Zusammenfassung in Kap. 5 unter Rdn. 321, und für von den Vertikal-LL erfasste F&E-Verträge, siehe dazu die Zusammenfassung in Kap. 5 unter Rdn. 344.

Die Darstellung schließt mit der Erörterung der Freistellung von Verträgen, 49
welche dem grundsätzlichen Verbot des Art. 81 Abs. 1 EGV unterliegen, nach Art. 81 Abs. 3 EGV, siehe Kap. 5 Rdn. 345–631. Dabei werden zunächst die Freistellungsvoraussetzungen nach den einschlägigen GFVO untersucht (s. zur Freistellung nach der F&E-GFVO Kap. 5 Rdn. 351–512, nach der Vertikal-GFVO Kap. 5 Rdn. 513–535 und nach einer oder mehrerer der anderen GFVO Kap. 5 Rdn. 536–549). Es folgen Erörterungen zur Freistellung aufgrund direkter Anwendung von Art. 81 Abs. 3 EGV (siehe Kap. 5 Rdn. 550–631). Sie beginnen bei den einschlägigen Ausführungen der Freistellungs-LL (Kap. 5 Rdn. 550–583) und befassen sich dann in Kap. 5 unter Rdn. 584–615 bzw. 616–631 mit den speziellen Freistellungsvoraussetzungen für F&E-Verträge, die unter die Horizontal-LL fallen (s. Kap. 5 Rdn. 584–615) bzw. für F&E-Verträge, die unter die Vertikal-LL bzw. die Zulieferbekanntmachung fallen (s. Kap. 5 Rdn. 616–631).

b) Die Bedeutung der Verordnung (EG) des Rates Nr. 1/2003 für die Prüfung von F&E-Verträgen nach Art. 81 EGV

aa) Zuständigkeiten zur Anwendung von Art. 81 EGV und Verhältnis des EU-Kartellrechts zum einzelstaatlichen Kartellrecht nach der Verordnung Nr. 1/2003

Nach Art. 3 Abs. 1 der am 1. 5. 2004 in Kraft getretenen Ratsverordnung 50
Nr. 1/2003 (Durchführungs-VO zu Art. 81/82 EGV) sind vorbehaltlich Art. 3 Abs. 3 dieser VO die Art. 81 und 82 EGV nicht nur von der Kommission sondern – vorbehaltlich Art. 11 Abs. 6 sowie Art. 16 der VO (s. Kap. 5 Rdn. 51 – auch von den Wettbewerbsbehörden der Mitgliedstaaten und den einzelstaatlichen Gerichten anzuwenden, wenn sie einzelstaatliches Wettbewerbsrecht auf die diesbezüglichen Vereinbarungen anwenden (Gebot der parallelen Anwendung von nationalem Kartellrecht und Art. 81/82 EGV). Jedoch dürfen die Entscheidungen der nationalen Wettbewerbsbehörden und Gerichte nach Art. 3 Abs. 2 dieser VO, wieder vorbehaltlich Art. 3 Abs. 3 dieser VO, nicht zum Verbot solcher Vereinbarungen führen, die zwar zur (spürbaren) Beein-

trächtigung des Handels zwischen Mitgliedstaaten geeignet sind, aber nach Art. 81 EGV zulässig sind (Vorrang von Art. 81 EGV gegenüber strengerem nationalem Kartellrecht).

51 Nach Art. 11 Abs. 6 der VO entfällt die Zuständigkeit der Wettbewerbsbehörden zur Anwendung von Art. 81 und 82 EGV, wenn die Kommission ein Verfahren zum Erlass einer Entscheidung betr. die Feststellung und Abstellung von Zuwiderhandlungen gegen Art. 81 und 82 EGV bzw. betr. die Feststellung der Nichtanwendbarkeit dieser Bestimmungen eingeleitet hat. Auch dürfen nach Art. 16 der VO weder die Gerichte noch die Wettbewerbsbehörden der Mitgliedstaaten, wenn sie nach Art. 81 oder 82 EGV über Vereinbarungen, Beschlüsse oder Verhaltensweisen zu befinden haben, die bereits Gegenstand der Entscheidung der Kommission sind, Entscheidungen treffen, die der Entscheidung der Kommission zuwiderlaufen. Darüber hinaus dürfen sich die Gerichte der Mitgliedstaaten auch nicht in Widerspruch zu nur beabsichtigten Entscheidungen der Kommission setzen.

52 Das Gebot der parallelen Anwendung von nationalem Kartellrecht und Art. 81/82 EGV sowie der Vorrang von Art. 81 EGV gegenüber strengerem nationalem Kartellrecht gelten nach Art. 3 Abs. 3 der VO ausnahmsweise nicht

- für die Anwendung von Vorschriften der nationalen Fusionskontrolle und
- von nationalen Regelungen, die überwiegend keine kartellrechtliche Zielsetzung haben.[224]

53 Dabei scheidet allerdings die Anwendung der Vorschriften über die Fusionskontrolle nach nationalem Kartellrecht aus, soweit die EU-Fusionskontrolle eingreift, siehe Kap. 5 Rdn. 640–642. Soweit eine nicht der EU-Fusionskontrolle unterliegende Gründung eines Gemeinschaftsunternehmens nach dem nationalem Recht eines Mitgliedstaates sowohl den Vorschriften über die Fusionskontrolle als auch den Vorschriften über Kartelle unterliegt, wie dies nach deutschem Kartellrecht gemäß der herrschenden »Zweischrankentheorie« der Fall ist – siehe Kap. 5 Rdn. 662 –, bedeutet die Ausnahme gemäß dem ersten Teilstrich nur, dass eine Gründung eines Gemeinschaftsunternehmens, die nach den nationalen Vorschriften über die Fusionskontrolle zu verbieten ist, nicht deshalb als zulässig zu behandeln ist, weil sie trotz Beeinträchtigung des zwischenstaatlichen Handels in der EU nach Art. 81 EGV erlaubt ist. Sie bedeutet insoweit hingegen nicht, dass die nationalen Wettbewerbsbehörden und Gerichte bei Zulässigkeit der Gründung eines Gemeinschaftsunternehmens nach nationalem Fusionsrecht davon absehen dürfen, das Gemeinschaftsunternehmen bei Erfüllung des Verbotstatbestands des Art. 81 für unzulässig zu erklären.

bb) Das Verhältnis zwischen Art. 81 Abs. 1 und Art. 81 Abs. 3 EGV nach der Verordnung Nr. 1/2003

54 Nach früherem Recht (Art. 9 Abs. 1 der VO Nr. 17 des Rates vom 6. 2. 1962, ABl. 1962 13, S. 204, zuletzt geändert durch die VO Nr. 1236/1999, ABl. 1999

224 Vgl. *Hossenfelder/Lutz* WuW 2003, S. 118, 121.

L 148, 5) war die Kommission vorbehaltlich der Entscheidung durch den Gerichtshof ausschließlich zuständig, Art. 85 (jetzt Art. 81) Abs. 1 EGV nach Art. 85 (jetzt Art. 81) Abs. 3 EGV für nicht anwendbar zu erklären (sei es durch eine GFVO, sei es durch Einzelfreistellung).

Diese Rechtslage hat sich mit der Ratsverordnung Nr. 1/2003 (Durchführungs-VO zu Art. 81/82 EGV) grundlegend geändert.[225] Diese VO stellt unter Aufhebung der VO Nr. 17 (siehe Art. 43 Abs. 1 mit Übergangsregelung) in Art. 1 Abs. 2 Vereinbarungen, Beschlüsse und aufeinander abgestimmte Verhaltensweisen im Sinne von Art. 81 Abs. 1 EGV, welche die Voraussetzungen des Art. 81 Abs. 3 EGV erfüllen, automatisch frei. Art. 81 Abs. 3 wird damit zur Legalausnahme. 55

Allerdings erstreckt sich die automatische Freistellung gemäß Art. 1 Abs. 2 der Durchführungs-VO zu Art. 81/82 nicht auf Gründungen von Gemeinschaftsunternehmen, die der EU-Fusionskontrolle unterliegen.[226] Insoweit ist die FKVO lex specialis. 56

Nach Art. 2 der Durchführungs-VO zu Art. 81/82 EGV obliegt die Beweislast für eine Zuwiderhandlung gegen Art. 81 Abs. 1 EGV der Partei oder der Behörde, die diesen Vorwurf erhebt, während die Beweislast für das Vorliegen der Voraussetzungen für die Freistellung nach Art. 81 Abs. 3 EGV den Unternehmen oder Unternehmensvereinigungen obliegt, die sich darauf berufen. Im Zivilprozess bedeutet dies jedoch nur, worauf *K. Schmidt*[227] hinweist, dass die Fakten, welche die Freistellung rechtfertigen, von der sich darauf berufenden Partei vorzutragen und unter Beweis zu stellen sind. 57

Die bestehenden GFVO – und damit auch die F&E-GFVO – bleiben jedoch in Kraft, wie ErwGrd. 10 und Art. 29 der Durchführungs-VO zu Art. 81/82 zu entnehmen ist. Die automatische Freistellung nach Art. 81 Abs. 3 i.V. mit Art. 1 Abs. 2 der Durchführungs-VO zu Art. 81/82 und die Freistellung nach einer GFVO können danach nebeneinander bestehen (sog. »Doppelwirkung im Recht«[228]), müssen es aber nicht: 58

Einmal können die Voraussetzungen nach Art. 81 Abs. 3 erfüllt sein, während die Freistellungsvoraussetzungen nach der bzw. den einschlägigen GFVO, die wegen ihrer unvermeidlichen Typisierung und Schematisierung keine Einzelfalldetails berücksichtigen können,[229] nicht gegeben sind. Dies kann erhebliche praktische Bedeutung haben: 59

So macht die F&E-GFVO in Art. 4 Abs. 2 und 3 die Freistellung von F&E-Verträgen davon abhängig, dass die beteiligten Unternehmen als aktuelle Konkurrenten auf dem Markt der Produkte, die durch die Kooperation verbes- 60

225 Siehe zu dieser VO und zu den Zweifeln über ihre rechtliche Zulässigkeit *Hossenfelder/Lutz* WuW 2003, 118, 123; *K. Schmidt* BB 2003, S. 1237.

226 Zumindest überholt erscheint deshalb die Aussage von *Schroeder* in *Grabitz/Hilf*, Rn. 544 zu Art. 81 EGV, eine Prüfung nach Art 2 Abs. 4 FKVO erübrige sich, wenn bereits eine Freistellung nach Art. 81 Abs. 3 vorliege.

227 BB 2003, S. 1237, 1238.

228 Siehe dazu *K. Schmidt* BB 2003, S. 1237, 1241.

229 *Möschel (Techn. Zusammenarbeit)* S. 87, 103.

sert oder ersetzt werden können, bestimmte Marktanteile nicht überschreiten, siehe Kap. 5 Rdn. 435–438. Dies schließt jedoch nicht aus, dass wettbewerbsbeschränkende F&E-Verträge auch bei höheren Marktanteilen der Beteiligten den Freistellungsvoraussetzungen von Art. 81 Abs. 3 genügen, siehe Nr. 109 Freistellungs-LL (s.u. Kap. 5 Rdn. 579) sowie Nr. 69 und 77 der Horizontal-LL (s.u. Kap. 5 Rdn. 586, 587, 608 und 609).

61 Eine kartellrechtlich günstigere Beurteilung von FE-Verträgen bei direkter Anwendung von Art. 81 Abs. 3 EGV gegenüber der Anwendung der F&E-GFVO ist auch aus folgendem Grund möglich: Die F&E-GFVO macht die Freistellung eines F&E-Vertrags davon abhängig, dass dieser keine sog. »schwarze Klausel« enthält (im Falle der F&E-GFVO ist dies eine Klausel i.S. von Art. 5 dieser GFVO), d.h.: Enthält der Vertrag eine »schwarze Klausel«, so wird auch keine andere Vertragsbestimmung, die unter Art. 81 Abs. 1 EGV fällt, nach der GFVO freigestellt, selbst wenn bei Fehlen der »schwarzen Klausel« die Voraussetzungen dafür vorliegen würden (»Alles-oder-nichts-Prinzip«). Zwar wird im Normalfall die betr. »schwarze Klausel« die Voraussetzungen des Art. 81 Abs. 3 EGV auch bei direkter Anwendung dieser Bestimmung nicht erfüllen, so dass sich an ihrer Nichtigkeit bei direkter Prüfung nach Art. 81 Abs. 3 normalerweise nichts ändern dürfte. Dies führt aber nicht notwendig zur Nichtigkeit des gesamten Vertrags: Nach europäischem Recht bleiben, wenn einzelne Vertragsbestimmungen wegen Verstoßes gegen Art. 81 EGV nichtig sind, die übrigen Vertragsbestimmungen wirksam, soweit diese von der nichtigen Klausel trennbar sind und nicht ihrerseits gegen Art. 81 verstoßen.[230] Das bedeutet aber: Die Nichtigkeit der »schwarzen Klausel« führt nicht zur Nichtigkeit anderer Vertragsbestimmungen, die zwar unter Art. 81 Abs. 1 EGV fallen, aber die Freistellungsvoraussetzungen nach Art. 81 Abs. 3 EGV erfüllen. Davon wird man aber bei Klauseln, die grundsätzlich durch die betr. GFVO freigestellt werden können, im Normalfall ausgehen dürfen. Im Ergebnis wird damit das »Alles-oder-nichts-Prinzip« erheblich gemildert. Möglich bleibt allerdings, dass die durch den Wegfall der »schwarzen Klausel« gegebene Teilnichtigkeit des Vertrages zur Gesamtnichtigkeit des Vertrags nach dem nationalen Zivilrecht führt, dem der Vertrag unterliegt. Diese Folge wird aber insbesondere dann, wenn der Vertrag eine »salvatorische Klausel« (siehe dazu Kap. 8 Rdn. 702–705) enthält, meist nicht eintreten.

62 Diese Zusammenhänge werden noch einmal anhand des folgenden Beispiels illustriert, wobei zum Verständnis der dort erwähnten Bestimmungen der F&E-GFVO auf die diesbezüglichen Ausführungen in Kap. 5 unter Rdn. 351–512 verwiesen wird:

Fall:

Die in der gesamten EU aktiven Parteien haben als »konkurrierende Unternehmen« i.S. von Art. 2 Nr. 12 F&E-GFVO einen Vertrag über gemeinsame F&E unter Aufteilung der F&E-Aufgaben i.S. von Art. 2 Nr. 11 c)

230 Siehe z.B. EuGH vom 30. 6. 1966, Rechtssache 56/65 »Société technique minière«, Slg. 1966, 282; vom 28. 2. 1991, Rechtssache C-234/89 »Delimitis«, ECR I-935, Randnr. 40.

F&E-GFVO (koordinierte Einzelforschung) mit »salvatorischer Klausel« abgeschlossen. Der Vertrag ist deutschem Recht unterstellt. Die Summe der Marktanteile der Parteien für diejenigen Produkte, welche durch die zu entwickelnden Vertragsprodukte verbessert oder ersetzt werden sollen, liegt unterhalb der 25 %-Grenze des Art. 4 Abs. 2 F&E-GFVO. Nach dem Vertrag wird die Produktion der zu entwickelnden Vertragsprodukte im Interesse beider Parteien bei einer Partei konzentriert, so dass der Fall einer »gemeinsamen Verwertung« i.S. von Art. 2 Nr. 11 c) F&E-GFVO vorliegt. Jede Partei kann die Vertragsprodukte selbständig vertreiben, verpflichtet sich aber, die entwickelten Vertragsprodukte für einen Zeitraum von 7 Jahren ab ihrem ersten Inverkehrbringen im Gemeinsamen Markt nicht in einem bestimmten Teilgebiet dieses Marktes zu vertreiben, das der anderen Partei vorbehalten ist. Da diese Vertriebsbeschränkung nicht nur für den Vertrieb unter Verfolgung einer aktiven Verkaufspolitik, sondern auch für den »passiven« Verkauf vereinbart ist, enthält der Vertrag eine »schwarze Klausel« i.S. von Art. 5 Abs. 1 Buchst. f F&E-GFVO. Daran scheitert eine Freistellung nach der F&E-GFVO, obwohl im gedachten Fall die in Art. 3 F&E-GFVO aufgeführten allgemeinen Freistellungsvoraussetzungen erfüllt sind.

Beurteilung der Wirksamkeit des Vertrags:
Die Vereinbarungen der Parteien über die Beschränkungen des Vertriebs von Vertragsprodukten und wohl auch über die Konzentrierung der Herstellung dieser Produkte bei einer Partei dürften Wettbewerbsbeschränkungen sein, welche die Verbotsvoraussetzungen des Art. 81 Abs. 1 EGV erfüllen. Da die Vertriebsbeschränkungen eine »schwarze Klausel« i.S. von Art. 5 Abs. 1 Buchst. f enthalten, kommt, wie gesagt, eine Freistellung dieser Wettbewerbsbeschränkungen nach Art. 81 Abs. 3 GFVO durch die F&E-GFVO nicht in Frage. Möglich bleibt aber eine Freistellung aufgrund direkter Anwendung von Art. 81 Abs. 3. Allerdings dürfte – Richtigkeit der von der Kommission vertretenen, in der F&E-GFVO und den Horizontal-LL zum Ausdruck gekommenen Auffassungen zur Freistellungsfähigkeit von Vereinbarungen in F&E-Verträgen vorausgesetzt – zwar die Vereinbarung über die Konzentrierung der Herstellung von Vertragsprodukten bei einer Partei den Freistellungsvoraussetzungen des Art. 81 Abs. 3 EGV genügen, nicht jedoch die zur Vertriebsregelung gehörende »schwarze Klausel«. Da der Vertrag aber eine »salvatorische Klausel« enthält (d.h. eine Klausel des Typs, dass jede unwirksame Vertragsbestimmung nicht zur Gesamtnichtigkeit des Vertrags führt, sondern durch eine wirksame Regelung zu ersetzen ist, die den mit der unwirksamen Bestimmung verfolgten Absichten der Parteien am nächsten kommt), dürfte die »schwarze Klausel« durch die – wegen Freistellung aufgrund direkter Anwendung des Art. 81 Abs. 3 EGV – vermutlich wirksame vertragliche Regelung zu ersetzen sein, dass jede Partei Vertragsprodukte zwar auch in dem der anderen Partei vorbehaltenen Gebiet verkaufen, dort aber für diese Produkte keine aktive Vertriebspolitik während des mit dem ersten Inverkehrbringen beginnenden 7-Jahres-Zeitraums betreiben darf. Nach dem anwendbaren deutschen Zivilrecht dürfte die Teilunwirksamkeit des Vertrags im Hinblick auf die

Ersetzung der »schwarzen Klausel« auch nicht zu seiner Gesamtnichtigkeit führen. Im Ergebnis bleibt damit der F&E-Vertrag – allerdings mit hinsichtlich der Vertriebsregelung geändertem Inhalt – wirksam, obwohl die Verbotsvoraussetzungen des Art. 81 Abs. 1 EGV in mehrfacher Beziehung erfüllt sind und eine Freistellung durch die F&E-GFVO ausscheidet.

63 Seltener als der Fall, in dem sich die Freistellung eines F&E-Vertrags zwar nicht aus der F&E-GFVO und ggf. einer anderen GFVO, wohl aber direkt aus Art. 81 Abs. 3 EGV ergibt, dürfte der umgekehrte Fall auftreten. In diesem Fall – siehe dazu die Beispiele in Art. 7 F&E-GFVO (siehe dazu Kap. 5 Rdn. 504–510) – kann allerdings die Kommission die durch die GFVO gewährte Freistellung mit Wirkung für die Zukunft nach Art. 29 Abs. 1 der Durchführungs-VO zu Art. 81/82 bzw. nach den entsprechenden Bestimmungen der einschlägigen GFVO widerrufen. Außerdem ist dann, wenn die mit Art. 81 Abs. 3 EGV unvereinbaren Wirkungen im Gebiet eines Mitgliedsstaats oder in einem Teilgebiet dieses Mitgliedsstaats auftreten, das alle Merkmale eines gesonderten räumlichen Marktes aufweist, nach Art. 29 Abs. 2 der Durchführungs-VO zu Art. 81/82 auch die Wettbewerbsbehörde dieses Mitgliedsstaats zum Widerruf der Freistellung in diesem Gebiet bzw. Teilgebiet befugt.

c) Für die Beurteilung von F&E-Verträgen nach Art. 81 EGV relevante Bekanntmachungen der Kommission und ihr Anwendungsbereich

aa) Vorbemerkung

64 Die nachfolgenden Ausführungen sollen einen Überblick darüber geben, welche Bekanntmachungen der Kommission für die Beurteilung von F&E-Verträgen hauptsächlich relevant sein können.

65 Im Gegensatz zur F&E-GFVO binden diese Bekanntmachungen nur die Kommission selbst,[231] und dies nur vorbehaltlich abweichender Rechtsprechung des EuGEI und des EUGH.[232] Sie sind also für die Vertragsparteien und Dritte rechtlich nicht verbindlich. Allerdings orientieren sich insbesondere die Zwischenstaatlichkeitsklausel-LL und die Freistellungs-LL am gegenwärtigen Stand der Rechtsprechung der beiden genannten europäischen Gerichte.[233] Damit geben sie nicht nur einen guten Überblick über diese Rechtsprechung, sondern gewinnen auch einen erhöhten Grad an Verlässlichkeit.

66 Die unmittelbare Bedeutung der Bekanntmachungen liegt darin, dass die Kommission aufgrund von Verträgen, die nach den Kriterien dieser Bekanntmachungen nicht unter Art. 81 fallen, jedenfalls insoweit und so lange gegen die Vertragspartner keine Maßnahmen ergreifen, insbesondere keine Bußgelder verhängen kann, als das EuGEI oder der EuGH den in den Bekanntmachungen

231 So auch *Polley/Seeliger* WRP 2001, S. 494, 496 hinsichtlich der Horizontal-LL.

232 Siehe hinsichtlich der Zwischenstaatlichkeitsklausel-LL Nr. 5 derselben, hinsichtlich der Bagatellbekanntmachung Nr. 6 derselben, hinsichtlich der Horizontal-LL Nr. 16 derselben und hinsichtlich der Relevanter-Markt-Bekanntmachung Nr. 5 derselben.

233 Siehe für die Zwischenstaatlichkeitsklausel-LL Nr. 3 und für die Freistellungs-LL Nr. 7.

vertretenen Beurteilungsmaßstäben nicht widersprochen bzw. diese nicht einschränkend interpretiert hat. Die Bekanntmachungen dürften sich darüber hinaus auch dahingehend auswirken, dass die Kommission aufgrund von F&E-Verträgen, die zwar nach den Beurteilungsmaßstäben der Bekanntmachungen nach Art. 81 verboten sind, nach diesen Maßstäben aber mit gut vertretbaren Gründen als mit Art. 81 EGV vereinbar angesehen werden können, keine Geldbußen verhängen wird.[234]

Dabei dürfte es sich, was speziell die Horizontal-LL betrifft, in der Bußgeld- 67
frage auch zugunsten der Vertragspartner auswirken, dass diese Leitlinien – jedenfalls insoweit, als sie F&E-Verträge betreffen – in weiten Teilen kaum verständlich, unsystematisch, widersprüchlich oder aus anderen Gründen nicht nachvollziehbar sind, siehe z.B. Kap. 5 Rdn. 110, 113–115, 122, 127, 131, 133, 136, 138, 143, 272–279, 285, 295, 607, 610.

bb) Die Leitlinien der Kommission von 2004 über den Begriff der Beeinträchtigung des zwischenstaatlichen Handels in den Art. 81 und 82 EGV (»Zwischenstaatlichkeitsklausel-LL«)

Die Zwischenstaatlichkeitsklausel-LL enthalten sehr ausführliche allgemeine 68
Erörterungen zum Tatbestandsmerkmal »Eignung zur Beeinträchtigung des zwischenstaatlichen Handels« von Art. 81 Abs. 1 EGV, d.h. zur »Zwischenstaatlichkeitsklausel«, die auch für F&E-Verträge relevant sind.

cc) Die Leitlinien der Kommission von 2004 zur Anwendung von Art. 81 Abs. 3 EGV (»Freistellungs-LL«)

Die Freistellungsleitlinien sollen nach Nr. 4 und 5 derselben Anleitung bei der 69
Anwendung von Art. 81 Abs. 1 (!) und 3 EGV geben. Sie enthalten keine Ausführungen speziell zu F&E-Verträgen, sind aber auch für diese relevant. Die Erstreckung der Ausführungen auf die Frage, wann Vereinbarungen eine Wettbewerbsbeschränkung i.S. von Art. 81 Abs. 1 bezwecken oder bewirken, begründet Nr. 12 der Leitlinien damit, dass die Bejahung dieser Frage Voraussetzung für die Prüfung dieser Vereinbarungen nach Art. 81 Abs. 3 EGV ist. Dabei würden die Leitlinien nur das analytische Gerüst für die Anwendung von Art. 81 Abs. 1 EGV, für welche die Vertikal-LL, Horizontal-LL und die (mit den Freistellungs-LL gleichzeitig erlassenen) TT-LL eine detaillierte Anleitung geben, »rekapitulieren«. Tatsächlich enthalten die Freistellungs-LL aber auch wichtige neue Aussagen zu diesem Thema, die teilweise mit den Ausführungen der Horizontal-LL nicht konsistent sind, siehe Kap. 5 Rdn. 303–305 und Kap. 5 Rdn. 310–312.

234 Vgl. die ausdrückliche Klarstellung in den Leitlinien für die Zwischenstaatlichkeitsklausel unter Nr. 50, letzter Satz, dass die Kommission gegen Unternehmen, die in gutem Glauben davon ausgehen, dass ihre Vereinbarung unter die in dieser Nr. erörterte Negativvermutung fällt, keine Geldbuße festsetzen wird.

dd) *Die Leitlinien der Kommission von 2004 zur Anwendung von Art. 81 EGV auf Technologietransfer-Vereinbarungen (»TT-LL«)*

70 Rn. 45 TT-LL ist für die Frage relevant, wann Lizenzverträge, welche den Lizenznehmer zur Durchführung von F&E im Bereich der lizenzierten Technologie verpflichten, unter die TT-GFVO und wann sie unter die F&E-GFVO bzw. die Vertikal-GFVO fallen (s. dazu Kap. 5, Rdn. 538 bzw. 525). Rn. 59 und 60 TT-LL lassen den Standpunkt der Kommission zu der Frage erkennen, welche GFVO für Bestimmungen in einem F&E-Vertrag einschlägig ist, die einen Vertrag mit einem Dritten vorsehen oder gestatten (s. dazu Kap. 5 Rdn. 539 und 540).

ee) *Die Mitteilung der Kommission von 2001 über Vereinbarungen von geringer Bedeutung, welche den Wettbewerb i.S. von Art. 81 Abs. 1 EGV nicht spürbar beschränken (»Bagatellbekanntmachung«)*

71 Die Bagatellbekanntmachung betrifft die Frage der »quantitativen« Spürbarkeit (im Gegensatz zur »qualitativen« Spürbarkeit, s. dazu Kap. 5 Rdn. 251) von Wettbewerbsbeschränkungen bei Vereinbarungen. Sie enthält keine speziellen Ausführungen zu F&E-Verträgen, ist aber auch für diese relevant (s. für horizontale F&E-Verträge Kap. 5 Rdn. 251 sowie 314–318 und für vertikale F&E-Verträge Kap. 5 Rdn. 327–330).

ff) *Die Leitlinien der Kommission von 2001 zur Anwendbarkeit von Art. 81 EGV auf Vereinbarungen über horizontale Zusammenarbeit (»Horizontal-LL«)*

72 Die Horizontal-LL widmen F&E-Verträgen, die in ihren Anwendungsbereich fallen, ein eigenes Kapitel (Kapitel 2, Nr. 39 bis 77). Welche Typen von F&E-Verträgen dies sind, wird nachfolgend erörtert.

73 Die Horizontal-LL gelten nach Nr. 1 und 9 derselben für alle Vereinbarungen über eine »horizontale« Zusammenarbeit, d.h. für Verträge zwischen Unternehmen, die auf derselben Marktstufe, z.B. derselben Stufe der Produktion oder des Vertriebs, tätig sind (nachfolgend auch kurz als »horizontale Vereinbarungen« bezeichnet). Zu diesen Vereinbarungen gehören auch Verträge zwischen Parteien, die auf vorhandenen Produktmärkten nicht konkurrieren, aber Konkurrenten um bestimmte Innovationen sind, die einen bestehenden oder neuen, selbständigen Produktmarkt betreffen.[235]

74 Zu beachten sind hierbei auch Nr. 57 und Nr. 76 Horizontal-LL. Nr. 57 betrifft Verträge über die Auslagerung von zuvor selbst durchgeführter F&E an »spezialisierte Unternehmen, Forschungsinstitute oder andere akademische Einrichtungen, welche mit der gewerblichen Nutzung der Ergebnisse selbst nicht befasst sind« (vgl. hierzu die ähnliche, allerdings nicht identische Formu-

235 Vgl. *Fuchs* in *Immenga/Mestmäcker (EG-Wettbewerbsrecht)*, FuE-VO, Rn. 2.

lierung in Art. 3 Abs. 2 Satz 2 F&E-GFVO); und Nr. 76 betrifft einen Fall, in dem ein Unternehmen F&E, die es selbst noch nicht begonnen hat, unter Beisteuerung von Know-how und Ressourcen von einem kleinen Forschungsunternehmen durchführen lässt, das die Basistechnologie für das zu entwickelnde Produkt bereits besitzt. Der Anwendungsbereich der Horizontal-LL erstreckt sich damit auch auf F&E-Aufträge an Auftragnehmer, die selbst keine Produktions- und Vertriebsinteressen haben.

Dagegen fallen »vertikale Vereinbarungen« grundsätzlich aus dem Anwen- 75
dungsbereich der Horizontal-LL heraus. Sie werden in Nr. 11 definiert als Vereinbarungen zwischen Unternehmen, die auf unterschiedlichen Stufen der Produktions- oder Vertriebskette tätig sind.

Die Definition ist weniger eng als die Definition in Art. 2 Abs. 1 Unterabs. 1 Vertikal-GFVO (s. dazu Kap. 5 Rdn. 513–516). Ebenso wie nach letzterer Definition dürften vertikale Vereinbarungen auch nach der Definition in Nr. 11 Verträge zwischen Vertragspartnern umfassen, die bei Vertragsschluss noch nicht auf unterschiedlichen Produktions- bzw. Vertriebsstufen tätig sind, sondern sich nach dem Vertrag erst auf solchen unterschiedlichen Stufen etablieren sollen. Andererseits ist nach Nr. 11 ebenso wie nach Art. 2 Abs. 1 Vertikal-GFVO ein vertikaler Vertrag nicht schon allein deshalb anzunehmen, weil die Vertragspartner auf irgendeinem Produktgebiet auf unterschiedlichen Produktions- bzw. Vertriebsstufen tätig sind. Erforderlich ist vielmehr, dass der Vertrag selbst ein Tätigwerden auf solchen unterschiedlichen Stufen vorsieht (was in. Art. 2 Abs. 1 Vertikal-GFVO wohl mit dem Merkmal »zwecks Durchführung der Vereinbarung« klargestellt werden sollte).

Schwierigkeiten bei der Abgrenzung horizontaler von vertikalen F&E-Ver- 76
trägen ergeben sich, wenn die Parteien vereinbaren, dass die Herstellung des zu entwickelnden Produkts bzw. einer zu entwickelnden Komponente, die in ein bestehendes oder zu entwickelndes Endprodukt eingebaut werden soll, auf einen oder mehrere der Vertragspartner konzentriert wird. Hier stellt sich die Frage, ob ein in jeder Beziehung vertikaler F&E-Vertrag vorliegt oder aber ein grundsätzlich horizontaler F&E-Vertrag, in den zwecks gemeinsamer Verwertung i.S. von Art. 2 Nr. 11 Buchst. c F&E-GFVO (s. dazu Kap. 5 Rdn. 377–378) eine vertikale Vereinbarung integriert ist (nach der z.B. ein Vertragspartner die Herstellung der Vertragsprodukte allein zu übernehmen, diese aber gemäß Art. 3 Abs. 5 F&E-GFVO an alle anderen Vertragspartner zu liefern hat). Das entscheidende Abgrenzungskriterium dürfte sein, ob der Vertrag schon die Aufgabenverteilung in der F&E-Phase an dem für die Verwertungsphase vorgesehenen vertikalen Verhältnis ausrichtet, so dass schon die F&E-Phase als dem vertikalen Verhältnis zugehörig erscheint. Das ist anzunehmen, wenn die eigentliche Produktentwicklung nur durch denjenigen oder diejenigen Vertragspartner erfolgt, der bzw. die als Hersteller vorgesehen ist bzw. sind, während sich jeder an der Herstellung nicht beteiligte Vertragspartner auf Vorgaben und Tests der entwickelten Produkte beschränkt. Ist das der Fall, dürfte grundsätzlich nicht ein horizontaler, sondern ein vertikaler F&E-Vertrag vorliegen.

Allerdings dürfte ein F&E-Vertrag unabhängig von darin enthaltenen vertikalen Elementen als horizontal zu qualifizieren sein, wenn er vorsieht, dass alle oder mehrere Vertragspartner das zu entwickelnde Endprodukt einzeln oder gemeinsam vertreiben, weil dann die Vertragspartner oder mehrere von ihnen beim Vertrieb des Endprodukts auf einer Stufe stehen.

Hierfür bildet der von *Winzer*[236] erwähnte Vertrag zwischen Thyssen-Krupp, Siemens und Daimler-Chrysler über die Entwicklung, Herstellung und Vermarktung der Magnetschwebebahn »Transrapid« ein instruktives Beispiel. Hier wurde nach *Winzer* »cum grano salis« vereinbart, dass Thyssen-Krupp die mechanischen Komponenten, Daimler-Chrysler sowie Siemens dagegen die elektrischen Komponenten für die Magnetschwebebahn entwickeln, herstellen und liefern sollten, wobei Thyssen-Krupp die Verantwortung für das Funktionieren des Gesamtsystems übernahm. Dabei sah die Endfassung des Vertrags vor, dass ein aus Siemens und Thyssen-Krupp gebildetes Konsortium gemeinsam anbietet. *Winzer* schließt hier einen horizontalen Vertrag mit der Begründung aus, dass die drei beteiligten Unternehmen keine Wettbewerber bei der Magnetschwebebahn sind, da keines ohne die anderen anbieten kann. Ein horizontaler F&E-Vertrag setzt jedoch nicht voraus, dass die Vertragspartner hins. des zu entwickelnden Produkts Wettbewerber sind, s. z.B. Nr. 56 Horizontal-LL (Kap. 5 Rdn. 258–267). Für den Fall, dass vereinbart worden wäre, dass Thyssen-Krupp als Systemführer und Hersteller der mechanischen Komponenten den »Transrapid« allein anbietet und die elektrischen Komponenten von Siemens und Daimler-Chrysler bezieht, nimmt *Winzer* in Übereinstimmung mit der hier vertretenen Auffassung einen vertikalen Vertrag an.

77 Ein Beispiel für einen vertikalen F&E-Vertrag bildet auch der in Rn. 213 Vertikal-LL erörterte Vertrag, nach dem ein Vertragspartner unter Beachtung der vom anderen Vertragspartner vorgegebenen Spezifikationen einen neuen Komponententyp für ein Endprodukt entwickeln und nach erfolgreichem Abschluss der Entwicklung herstellen und an den anderen Vertragspartner zu liefern hat (s. dazu im Einzelnen Kap. 5 Rdn. 617–626).

Ein weiteres Beispiel für einen vertikalen F&E-Vertrag bildet der im Fall »ACEC-Berliet«[237] zu beurteilende Vertrag. Hier wurde nicht nur die Entwicklung einer Komponente für ein Endprodukt, sondern die Entwicklung des Endprodukts selbst vereinbart. Bei diesem handelte es sich um einen Omnibus, bei dem durch Verbrennungsmotoren erzeugte Bewegungsenergie in elektrische Energie umgewandelt werden sollte, die wiederum ein elektrisches Antriebssystem in den Rädern speisen sollte, wobei Berliet den für diesen Antrieb geeigneten Omnibustyp (einschl. Verbrennungsmotor) entwickeln und herstellen sollte, während ACEC den von ihr für einen solchen Antrieb konzipierten elektrischen Räderantrieb an den von Berliet zu entwickelnden Omnibustyp anpassen und an Berliet liefern sollte, wobei ACEC bzgl. Lieferungen dieses Antriebs an Dritte Beschränkungen unterworfen wurde.

236 *(F&E-Verträge)* S. 8 f. (Rn. 7 und 8).
237 GRUR Int. 1969, S. 64.

Ausnahmsweise gelten die Horizontal-LL nach Nr. 11 (s. dazu auch die Vertikal-LL in Rn 26 im Vorgriff auf die zur Zeit ihres Erlasses schon zur Veröffentlichung anstehenden Horizontal-LL) auch für vertikale Verträge und damit auch für vertikale F&E-Verträge, sofern die beteiligten Unternehmen auf dem betreffenden relevanten Markt (aktuelle oder potenzielle) Wettbewerber sind (gemeint ist natürlich auf dem betroffenen relevanten Markt bzw. den betroffenen relevanten Märkten). Das schließt jedoch, wie Nr. 11 weiter ausführt, eine ergänzende Anwendung der Vertikal-LL nicht aus, um die in den betr. Vereinbarungen enthaltenen vertikalen Beschränkungen zu ermitteln. Rn. 26 Vertikal-LL bemerkt hierzu ergänzend, dass die vertikalen Elemente solcher Vereinbarungen nach den Vertikal-LL zu beurteilen sind. 78

Die Horizontal-LL erörtern nach Nr. 12 (siehe speziell für F&E-Verträge auch Nr. 39) dagegen nicht Zusammenarbeitsverträge, die von der FKVO erfasst werden. Von dieser Einschränkung abgesehen, spielt es nach Nr. 39 für die Anwendbarkeit der Horizontal-LL auf F&E-Verträge keine Rolle, ob diese die Form einer Kooperationsvereinbarung oder eines gemeinsam kontrollierten Unternehmens annehmen. 79

Die Horizontal-LL sind weiter nach Nr. 10 nur anwendbar auf solche Arten der Zusammenarbeit, »die zu Effizienzgewinnen führen können«. Unter diesem Aspekt sind nach Nr. 10 u.a. Vereinbarungen zwischen Wettbewerbern über bloßen Informationsaustausch »getrennt zu behandeln« (obwohl man die Auffassung vertreten kann, dass auch solche Vereinbarungen in bestimmten Fällen zu Effizienzgewinnen führen können). Die Horizontal-LL erfassen damit nicht F&E-Verträge, die zwar einen Austausch der von den beteiligten Unternehmen separat erzielten F&E-Ergebnisse, jedoch keine Koordinierung der von ihnen betriebenen F&E vorsehen. Dem entspricht es, dass eine Freistellung nach Art. 1 F&E-GFVO nur für Verträge erfolgt, die eine i.S. von Art. 2 Nr. 11 F&E-GFVO gemeinsame F&E vorsehen und/oder eine gemeinsame Verwertung der aus einer solchen F&E hervorgegangenen F&E-Ergebnisse, siehe Kap. 5 Rdn. 356 und 357. 80

Zu beachten ist schließlich, dass eine Anwendbarkeit von Kapitel 2 der Horizontal-LL betr. Vereinbarungen über Forschung und Entwicklung (Nr. 39 bis 77) nicht allein deswegen angenommen werden kann, weil der Vertrag *unter anderem* F&E betrifft. Für die Abgrenzung gegenüber den anderen Kapiteln 3 bis 6 mit den Überschriften »Produktionsvereinbarungen (einschließlich Spezialisierungsvereinbarungen«, »Einkaufsvereinbarungen«, »Vermarktungsvereinbarungen«, »Vereinbarungen über Normen« und »Umweltschutzvereinbarungen« ist nach Nr. 12 der Schwerpunkt der Vereinbarung entscheidend. Bei dessen Ermittlung seien zwei Faktoren zu berücksichtigen, nämlich der Ausgangspunkt der Zusammenarbeit und der Grad der Integration der verschiedenen miteinander kombinierten Funktionen. Für F&E-Verträge, die auch eine gemeinsame Fertigung der zu entwickelnden Produkte vorsehen, sei normalerweise Kapitel 2 einschlägig, da eine gemeinsame Fertigung nur aufgenommen werde, wenn die gemeinsame F&E erfolgreich war. Dies bedeute, dass die Ergebnisse der gemeinsamen F&E ausschlaggebend für die gewerbliche Nut- 81 zung sein müssen, so dass der F&E-Vertrag als der Ausgangspunkt für die Zusammenarbeit angesehen werden könne. Diese Einschätzung ändere sich aber, wenn eine Vereinbarung zwar eine vollständige Integration im Bereich der Produktion, aber nur eine Teilintegration von einigen F&E-Tätigkeiten vorsieht. In diesem Fall sei der Vertrag nach dem Kapitel 3 über Produktionsvereinbarungen zu beurteilen.

82 Außerdem kann sich nach Nr. 64 auch ein Vertrag, der eine Vollintegration von F&E-Tätigkeiten sowie die gemeinsame Produktion der aus ihnen hervorgehenden Produkte vorsieht, einer Produktionsvereinbarung i.S. der Horizontal-LL annähern, wenn es um die Verbesserung oder Verfeinerung bestehender Produkte geht, aber entsprechende Arbeiten der Vertragspartner vor Vertragsschluss schon so weit gediehen sind, dass die zu verbessernden oder zu verfeinernden Produkte kurz vor der Markteinführung stehen.

83 Die Horizontal-LL befassen sich nach Nr. 14 nicht mit der Frage, ob die darin erörterten Vereinbarungen den Handel zwischen Mitgliedstaaten der EU beeinträchtigen können.

84 Die Horizontal-LL stecken für die von ihnen erfassten Verträge F&E-Verträge einen »analytischen Rahmen« zur Bewertung dieser Verträge nach Art. 81 ab und ergänzen dadurch die F&E-GFVO (siehe Nr. 7, 8 und 37). Hinsichtlich der von ihnen erfassten F&E-Verträge befassen sich die Horizontal-LL mit

- den Märkten, die für die Beurteilung diese Verträge anhand der einzelnen Tatbestandsmerkmale von Art. 81 EGV relevant sind (s. dazu Kap. 5 Rdn. 104–147)
- der Frage der Wettbewerbsbeschränkung bei solchen Verträgen (s. dazu Kap. 5 Rdn. 249–321)
- den Voraussetzungen für die Freistellung dieser Verträge, soweit sie spürbar wettbewerbsbeschränkend sind, aufgrund unmittelbarer Anwendung von Art. 81 Abs. 3 EGV (s. dazu Kap. 5 Rdn. 584–615).

85 Die Horizontal-LL sind damit vor allem für solche in ihren Anwendungsbereich fallende F&E-Verträge von Interesse, in denen nicht alle Freistellungsvoraussetzungen nach der F&E-GFVO erfüllt sind. Zu diesen F&E-Verträgen gehören insbesondere

- F&E-Verträge zwischen Wettbewerbern, die deshalb nicht nach der F&E-GFVO freigestellt sind, weil bei ihrem Abschluss der gemeinsame Marktanteil der beteiligten Unternehmen die 25 %-Schwelle des Art. 4 Abs. 2 F&E-GFVO in Höhe von 25 % überschreitet, siehe Kap. 5 Rdn. 435 und 446, und
- F&E-Verträge, die keine gemeinsame Verwertung vorsehen, also sog. »reine« F&E-Verträge sind, aber deswegen, weil die Rechte der Vertragspartner zur eigenständigen Verwertung über das nach Art. 3 Abs. 2 Satz 2, Art. 3 Abs. 3 Satz 2 F&E-GFVO und Art. 5 Abs. 1 Buchst. h zulässige Maß hinaus beschnitten werden, nicht nach der F&E-GFVO freigestellt sind.

gg) Die Leitlinien der Kommission für vertikale Beschränkungen von 2000 (»Vertikal-LL«)

Die Vertikal-LL erfassen ebenso wie die Zulieferbekanntmachung (s. dazu Kap. 5 Rdn. 89) zwischen Nicht-Wettbewerbern geschlossene »vertikale« F&E-Verträge, s. zu diesem Begriff Kap. 5 Rdn. 75–77. Bei zwischen (aktuellen oder potenziellen) Wettbewerbern geschlossenen vertikalen F&E-Verträgen sind die Vertikal-LL bei Prüfung der Vereinbarkeit mit Art. 81 EGV ergänzend zu den Horizontal-LL heranzuziehen (s. dazu auch schon Kap. 5 Rdn. 78). Da Unternehmen, die kein Interesse an eigener Produktion haben, in aller Regel auch kein Interesse an F&E haben dürften, werden vertikale F&E-Verträge fast immer Verträge zwischen Herstellern sein. 86

Die Vertikal-LL enthalten u.a. 87

- Erläuterungen zur Anwendung der Vertikal-GFVO (s. dazu Rn. 21–69, 89–95 und 97–99), die wegen des engen zeitlichen Zusammenhangs zwischen der erstmaligen Veröffentlichung der Vertikal-GFVO (am 29.10.1999) und der erstmaligen Veröffentlichung der Vertikal-LL (im Internet in englischer Sprache kurz vor dem 01.06.2000)[238] für die Auslegung der Vertikal-GFVO wichtige Anhaltspunkte geben, und
- Ausführungen zur Prüfung der Vereinbarkeit vertikaler Verträge mit Art. 81 bei direkter Anwendung dieser Bestimmung (Rn. 96 sowie 100–229), wobei Rn. 213 unter der Überschrift »Beispiel für Alleinbelieferung« speziell die Freistellungsfähigkeit eines vertikalen F&E-Vertrags in direkter Anwendung von Art. 81 Abs. 3 EGV erörtert.

hh) Die Bekanntmachung der Kommission von 1997 über die Definition des relevanten Markts i.S. des Wettbewerbsrechts der Gemeinschaft (»Relevanter-Markt-Bekanntmachung«)

Die Relevanter-Markt-Bekanntmachung betrifft unmittelbar nur vorhandene Produktmärkte (= Waren- und Dienstleistungsmärkte) und damit nur einen Teil der relevanten Märkte, die nach Nr. 43–52 Horizontal-LL bei der Beurteilung von unter diese LL fallenden F&E-Verträge nach den einzelnen Tatbestandsmerkmalen von Art. 81 EGV zu berücksichtigen sind. Mittelbar ist sie auch für die Errechnung von Marktanteilen auf Technologiemärkten i.S. von Nr. 47 ff. Horizontal-LL von Bedeutung, da die Methode zur Definition von Technologiemärkten nach Nr. 48 Horizontal-LL den gleichen Grundsätzen folgen soll wie die Definition des Produktsmarkts. Auf der Basis der Relevanter-Markt-Bekanntmachung ist weiter die Prüfung vorzunehmen, ob die Marktanteilsschwellen nach Art. 4 Abs. 2 und 3 sowie Art. 6 Abs. 2 bis 4 F&E-GFVO bzw. Art. 3 und 9 Vertikal-GFVO überschritten sind. Entsprechendes gilt für die Marktanteilsschwellen gemäß der Bagatellbekanntmachung, siehe dort Nr. 10. Schließlich kann die Bekanntmachung nach Nr. 48 der Zwischenstaatlichkeitsklausel-LL 88

238 Siehe *Schultze/Pautke/Wagener* S. 19 (Rn. 9).

für die Abgrenzung der relevanten Märkte zum Zwecke der Prüfung heranzuziehen sein, ob die Marktanteile der beteiligten Unternehmen eine spürbare Beeinträchtigung des zwischenstaatlichen Handels erwarten lassen.

ii) Die Bekanntmachung der Kommission von 1978 über die Beurteilung von Zulieferverträgen nach Art. 85 Abs. 1 (jetzt 81 Abs. 1) EGV (»Zulieferbekanntmachung«)

89 Die Zulieferbekanntmachung, welche trotz ihres Alters weiterhin in Kraft ist,[239] kann bei F&E-Verträgen zwischen einem Zulieferer und einem Abnehmer für die Beurteilung von folgenden Abreden nach Art. 81 EGV von Bedeutung sein: Abreden über ausschließliche Bezugsrechte des Abnehmers hinsichtlich der zu entwickelnden Produkte und Abreden über eine vom Zulieferer an den Abnehmer zu erteilenden ausschließliche oder nicht ausschließlichen Lizenz an den F&E-Ergebnissen, siehe dazu Kap. 5 Rdn. 337–340.

d) Die für die Beurteilung von F&E-Verträgen nach Art. 81 EGV und den dazu erlassenen Gruppenfreistellungsverordnungen relevanten Märkte

aa) Die Bedeutung der relevanten Märkte bei F&E-Verträgen

90 Jeder Wettbewerb und dementsprechend jede Wettbewerbsbeschränkung ist marktbezogen.[240] Deshalb ist für die Prüfung, ob eine Vereinbarung ein wettbewerbsbezogenes Tatbestandsmerkmal des Art. 81 oder einer Gruppenfreistellung zu Art. 81 Abs. 3 erfüllt, in der Regel zunächst zu klären, welcher Markt hierfür jeweils in Betracht zu ziehen, d.h. »relevant« ist.[241]

91 Dabei ist heute so gut wie unstreitig,[242] dass F&E industrieller Unternehmen als solche und damit auch die von ihnen abgeschlossenen F&E-Verträge stets marktbezogen[243] und nicht etwa aufgrund ihrer in der Regel nur mittelbaren Marktwirkungen[244] »vorwettbewerblich« sind.[245] Wegen dieses regelmäßig nur

239 So ausdrücklich Nr. 44 TT-LL; s. auch Fn. 1 zu den Vertikal-LL und Fn. 38 zu den Horizontal-LL.

240 Siehe z.B. *Hootz* in *GK*, Rn. 84 zu § 1 GWB; *M. Meyer* S. 151.

241 Vgl. EuGEI vom 10. 3. 1992, Rs. T-69 u.a./89 »SIV«, Slg. 1992, II-1403 (1463 Rn. 159), Nr. 27 der Freistellungs-LL, Nr. 27 der Horizontal-LL, Nr. 85 der Vertikal-LL und Nr. 16 der TT-LL.

242 Siehe z.B. *Blaurock* S. 477, 479; *Möschel (Techn. Zusammenarbeit)* S. 87, 95 f; *Machunsky* S. 24 ff.; *Ullrich (Koop. Forschung)* S. 148; *Ullrich/Konrad* in *Immenga/Mestmäcker (EG-Wettbewerbsrecht)*, GRUR, E. Gemeinsame Forschung und Entwicklung, Rn. 3; *Roth/Ackermann* in *FK*, EG-Vertrag Art. 81 Abs. 1, Grundfragen, Rn. 162; *Franz* S. 113, 135; *Ziegler* S. 14 ff.; vgl. auch die ausführliche Darstellung des früheren Streits bei *O. Axster* in *GK*, Anhang zu §§ 20, 21 GWB, Rn. 12 ff. i.V.m. Rn. 19.

243 Anderer Meinung früher *Benisch* (1963) unter 1 (Vorbemerkung); *H. Axster* Mitt. 1969, 299, 302 und die bei *Blaurock* S. 477, 479 unter Fn. 8 Genannten.

244 Allenfalls können von F&E unmittelbare Marktwirkungen über eine gewisse Werbewirkung ausgehen, vgl. *Machunsky* S. 24 m.w.N. unter Fn. 98.

245 Siehe zur früher vertretenen »Theorie des unmittelbaren Marktbezugs« vor allem *Machunsky* S. 24 ff.; vgl. auch *Folz* S. 217 f.

mittelbaren Marktbezugs, der ggf. auch nur ein Bezug auf einen noch nicht bestehenden und auch nicht mit Sicherheit entstehenden Markt ist, stellt allerdings bei diesen Verträgen die Festlegung der Märkte, die für die Prüfung wettbewerbsbezogener Tatbestandsmerkmale von Art. 81 bei unmittelbarer Anwendung dieser Bestimmung relevant sind, ein besonderes Problem dar.

Die relevanten Märkte spielen nicht nur für wettbewerbsbezogene Tatbestandsmerkmale von Art. 81 EGV eine Rolle. Sie sind auch bei der Prüfung zu berücksichtigen, ob die »Zwischenstaatlichkeitsklausel« (das Merkmal »Eignung zur Beeinträchtigung des Handels zwischen Mitgliedstaaten«) erfüllt ist, und zwar im Hinblick auf die Negativvermutung hinsichtlich der erforderlichen Spürbarkeit der Beeinträchtigung nach Nr. 52 der Zwischenstaatlichkeitsklausel-LL, siehe dazu Kap. 5 Rdn. 203–205. 92

Bei F&E-Verträgen ist die Festlegung der relevanten Märkte damit u.a. für folgende Fragen von Bedeutung, die bei der Prüfung der Vereinbarkeit von F&E-Verträgen mit Art. 81 EGV eine Rolle spielen: 93

- Sind die Vertragspartner des jeweiligen F&E-Vertrags hins. der vereinbarten F&E-Kooperation aktuelle oder potenzielle Wettbewerber?
- Wie stark ist ihre diesbezügliche Marktstellung?
- Erfüllt eine durch einen F&E-Vertrag bewirkte Wettbewerbsbeschränkung das Spürbarkeitserfordernis?
- Wann eröffnet ein F&E-Vertrag i.S. von Art. 81 Abs. 3 Buchst. b EGV Möglichkeiten, für einen wesentlichen Teil der betreffenden Waren den Wettbewerb auszuschalten?
- Ist die Marktanteilsschwelle von 25 % gemäß Art. 4 Abs. 2 bzw. Abs. 3 F&E-GFVO oder von 30 % gemäß Art. 6 Abs. 2 und 3 F&E-GFVO überschritten?
- Ist die Marktanteilsschwelle von 30 % gemäß Art. Abs. 1 bzw. Abs. 3 Vertikal-GFVO oder von 35 % gemäß Art. 9 Abs. 2 Buchst. c bzw. d Vertikal-GFVO überschritten?
- Fehlt es nach den Zwischenstaatlichkeitsklausel-LL im Hinblick auf geringe Marktanteile bei gleichzeitig geringem Umsatz der beteiligten Unternehmen an einer spürbaren Beeinträchtigung des zwischenstaatlichen Handels?

bb) Die für die Marktanteilsschwellen gemäß der F&E-GFVO bzw. der Vertikal-GFVO relevanten Märkte

aaa) Die relevanten Märkte für die Marktanteilsschwellen gemäß Art. 4 Abs. 2 und 3 sowie Art. 6 Abs. 2 und 3 F&E-GFVO

Nach Art. 4 Abs. 2 und 3 sowie Art. 6 Abs. 2 bis 4 F&E-GFVO hängt die Freistellung der in den Geltungsbereich dieser GFVO fallenden F&E-Verträge u.a. davon ab, dass bestimmte Marktanteilsschwellen nicht überschritten sind bzw. werden, s. dazu Kap. 5 Rdn. 435–439 und 500–503. Den relevanten Markt für diese Marktanteilsschwellen bildet im Falle von Art. 4 Abs. 2 F&E-GFVO der **»relevante Markt derjenigen Produkte, die durch die Vertragsprodukte** 94

verbessert oder ersetzt werden können« und im Falle von Art. 4 Abs. 3 F&E-GFVO, der durch Art. 6 Abs. 2 bis 4 F&E-GFVO ergänzt wird, der **»relevante Markt der Vertragsprodukte«**. Damit ist in Abweichung von Art. 3 Abs. 2 und 3 F&E-GFVO **1984** für die Frage, ob die jeweils maßgebliche Marktanteilsschwelle überschritten wird, der gesamte sachlich und räumlich relevante Markt der betr. Produkte und nicht nur der sachlich relevante Markt dieser Produkte im Gemeinsamen Markt in Betracht zu ziehen.

95 Dementsprechend definiert Art. 2 Nr. 13 F&E-GFVO den »relevanten Markt der Vertragsprodukte« ohne Einschränkung als den sachlich und räumlich relevanten Markt bzw. die sachlich und räumlich relevanten Märkte, zu dem bzw. denen die »Vertragsprodukte« gehören. Ein »Vertragsprodukt« ist nach Art. 2 Nr. 7 F&E-GFVO »ein Produkt, das aus den gemeinsamen Forschungs- und Entwicklungsarbeiten hervorgeht oder unter Anwendung des Vertragsverfahrens hergestellt bzw. bereitgestellt wird«. »Vertragsverfahren« ist nach Art. 2 Nr. 6 F&E-GFVO wiederum »eine Technologie oder ein Verfahren, die bzw. das aus den gemeinsamen Forschungs- und Entwicklungsarbeiten hervorgeht«.

96 Was im Einzelnen unter »sachlich und räumlich relevantem Markt« i.S. von Art. 2 Nr. 13 F&E-GFVO zu verstehen ist, ergibt sich aus der Relevanter-Markt-Bekanntmachung, siehe dazu Kap. 5 Rdn. 170–175. Zu beachten ist insbesondere, dass sich nach Nr. 7 dieser Bekanntmachung ein relevanter Markt, zu dem bestimmte Produkte gehören, nicht auf den Markt dieser Produkte beschränkt, sondern auch die Erzeugnisse umfasst, die von den Verbrauchern hinsichtlich ihrer Eigenschaften, Preise und ihres vorgesehenen Verwendungszwecks als austauschbar oder substituierbar angesehen werden.

97 Was die Errechnung der Marktanteile bei der Prüfung der vorerwähnten Marktanteilsschwellen anbelangt, ist auch auf die Ausführungen in Nr. 53 und 54 der Horizontal-LL hinzuweisen.

98 Im Übrigen bleibt festzuhalten, dass es bei den relevanten Märkten i.S. der vorgenannten Bestimmungen der F&E-GFVO um relevante Märkte für vorhandene Produkte geht, die speziell für die Prüfung der Marktanteilsschwelle von 25 % nach Art. 4 Abs. 2 und 3 F&E-GFVO bzw. von 30 % nach Art. 6 Abs. 2 und 3 F&E-GFVO Bedeutung haben. Für die direkte Prüfung wettbewerbsbezogener Tatbestandsmerkmale des Art. 81 EGV bei F&E-Verträgen sind ggf. nach den Horizontal-LL auch andere relevante Märkte zu berücksichtigen, siehe dazu die Zusammenfassung in Kap. 5 Rdn. 158–166.

bbb) Die relevanten Märkte für die Marktanteilsschwellen gemäß Art. 3 und 9 Vertikal-GFVO

99 Die Vertikal-LL befassen sich u.a. eingehend mit den bestehenden Produktmärkten, die für die Berechnung der 30 %-Marktanteilsschwelle nach Art. 3 Vertikal-GFVO (und damit auch für die Berechnung der 35 %-Marktanteilsschwelle nach Art. 9 Abs. 2 Buchst. c und d) – s. dazu Kap. 5 Rdn. 527, 528 und 534 – relevant sind. Grundlage für die Abgrenzung auch dieser speziellen

relevanten Märkte bildet nach Rn. 88 Vertikal-LL die Relevanter-Markt-Bekanntmachung (s. dazu Kap. 5 Rdn. 170–175). Auf dieser Basis erörtern

- Rn. 89 bis 95 speziell die Frage der relevanten Produktmärkte für die Berechnung der 30 %-Marktanteilsschwelle gemäß Art. 3 der Vertikal-GFVO und
- Rn. 97 bis 99 speziell die Berechnung des Marktanteils zur Anwendung der Vertikal-GFVO.

Die folgenden Ausführungen skizzieren nur diejenigen der vorgenannten Rn., die bei der Prüfung, ob bei vertikalen F&E-Verträgen die für die Freistellung nach der Vertikal-GFVO maßgeblichen Marktanteilsschwellen überschritten sind, wohl in erster Linie zu beachten sind.

Nach **Rn. 89** ist für die Anwendung der Vertikal-GFVO grundsätzlich der 100 Marktanteil des Lieferanten auf dem relevanten Produktmarkt maßgeblich. Lediglich im Falle der Alleinbelieferung i.S. von Art. 1 Buchst. c (d.h. im Falle aller unmittelbaren oder mittelbaren Verpflichtungen, die den Lieferanten veranlassen, die in der Vereinbarung bezeichneten Waren oder Dienstleistungen zum Zwecke einer spezifischen Verwendung oder des Weiterverkaufs nur an einen einzigen Käufer innerhalb der Gemeinschaft zu verkaufen) ist nach Rn. 89 der Marktanteil des Käufers, und nur dieser, maßgeblich.

Nach **Rn. 90** ist es zur Abgrenzung des relevanten Markts notwendig, den 101 sachlich und den räumlich relevanten Markt zu definieren. Der **sachlich relevante Markt** umfasst nach der Rn. alle Waren und Dienstleistungen, die vom Käufer hins. ihrer Eigenschaften und Preise sowie des Verwendungszwecks als austauschbar angesehen werden. Der räumlich **relevante Markt** umfasst nach der Rn. das Gebiet, in dem die beteiligten Unternehmen an der Nachfrage und Lieferung relevanter Waren oder Dienstleistungen teilnehmen, in dem die Wettbewerbsbedingungen hinreichend homogen sind und das sich von benachbarten Gebieten mit merklich anderen Wettbewerbsbedingungen unterscheidet.

Rn. 91 und 92 enthalten Einzelheiten zur Ermittlung des Marktanteils des 102 Lieferanten, wenn dieser nach Rn. 89 maßgebend ist, und zur Ermittlung des Marktanteils des Käufers, wenn dieser nach Rn. 89 maßgebend ist.

Rn. 94 betrifft die Frage, wann im Falle eines Herstellers, der sowohl Original- 103 ausrüstungen als auch Reparatur- und Ersatzteile produziert, nur der den Ersatzteilmarkt einschließende Erstausrüstungsmarkt den relevanten Markt bildet oder zwei getrennte Märkte – der Erstausrüster- und der Anschlussmarkt – relevant sind.

cc) Die relevanten Märkte für die Prüfung der Vereinbarkeit von F&E-Verträgen mit Art. 81 EGV anhand der einzelnen Tatbestandsmerkmale

aaa) Vorbemerkung

In der wissenschaftlichen Literatur finden sich zu der Frage, welche Märkte für 104 die Prüfung der Vereinbarkeit von F&E-Verträgen mit Art. 81 EGV anhand der einzelnen Tatbestandsmerkmale dieser Bestimmung relevant sind, nur wenige eingehende Stellungnahmen.[246]

Dagegen hat sich die Kommission in den Horizontal-LL zu den vorerwähnten relevanten Märkten hins. der unter diese LL fallenden F&E-Verträge ausführlich geäußert: So enthalten die Horizontal-LL Ausführungen speziell bzgl. solcher F&E-Verträgen, die unter diese LL fallen, (s. dazu Kap. 5 Rdn. 72–85)[247]. Diese sind allerdings z.T. unverständlich oder widersprüchlich und vermengen die Frage der relevanten Märkte mit der Frage der Wettbewerbsbeschränkung.

Die Vertikal-LL erörtern dagegen die relevanten Märkte für die unter diese LL fallenden Verträge nur allgemein, ohne gesondert auf die relevanten Märkte bzgl. derjenigen F&E-Verträge, die unter diese LL fallen, (s. dazu Kap. 5 Rdn. 86) gesondert einzugehen.

bbb) Die relevanten Märkte für die Beurteilung von F&E-Verträgen, die unter die Horizontal-LL fallen, anhand der einzelnen Tatbestandsmerkmale von Art. 81 EGV

105 **Nr. 43** Horizontal-LL gibt über die relevanten Märkte für die Prüfung des Tatbestands des Art. 81 EGV bei F&E-Verträgen, die unter die Horizontal-LL fallen, einen **Überblick**. Danach müssen bei der Definition der relevanten Märkte zur Bewertung der Auswirkungen einer F&E-Vereinbarung diejenigen Produkte, Techniken und F&E-Arbeiten ermittelt werden, die als Gegenkraft im Wettbewerb wirken. Hierbei unterscheidet Nr. 43 drei Fälle:

Fall 1:

An einem Ende des Spektrums möglicher Sachverhalte könne die Innovation zu einem Produkt oder einer Technologie führen, die den Wettbewerb in einem bereits vorhandenen Produkt- oder Technologiemarkt ergänzt. Dies sei der Fall, wenn die F&E auf kleine Verbesserungen oder Abwandlungen neuer Modelle eines bestimmten Produkts abzielen. Hier beträfen mögliche Wirkungen den Markt für vorhandene Produkte.

Fall 2:

Am anderen Ende des Spektrums könne die Innovation zu einem neuen Produkt führen, das einen eigenen neuen Markt bildet (z.B. ein neuer Impfstoff für eine bisher unheilbare Krankheit). In einem solchen Fall seien die vorhandenen Märkte nur insoweit relevant, als sie mit der betr. Innovation im Zusammenhang stehen. Hierbei seien die Wirkungen der Zusammenarbeit auf die Innovation zu würdigen.

246 Siehe jedoch *Ullrich (Koop. Forschung)* S. 158 ff. und *Fuchs* S. 66 ff., 185 f., sowie 508 und hinsichtlich des US-Antitrustrechts S. 119 ff., 127 ff. und 136 ff.

247 Vgl. zu der diesen Äußerungen vorausgehenden Entscheidungspraxis der Kommission *Folz* S. 240 mit Fn. 996.

Fall 3:

Die meisten Fälle würden zwischen diesen beiden Extremen liegen, d.h. die Innovationsanstrengungen würden Produkte oder Technologien schaffen, die im Laufe der Zeit vorhandene Produkte oder Technologien ersetzen sollen (z.B. Compact Discs als Ersatz für Schallplatten). Eine genaue Untersuchung derartiger Sachverhalte werde sowohl die vorhandenen Märkte als auch die Wirkung der Vereinbarung auf die Innovation einbeziehen müssen.

Unter »**Produkten**« sind dabei im Hinblick auf Nr. 13 sowohl Waren als auch Dienstleistungen zu verstehen. Dementsprechend bedeutet »Produktmarkt« Waren- oder Dienstleistungsmarkt. 106

»**Innovation**« ist offenbar in Nr. 43 nicht i.S. einer möglichen Innovation als Ergebnis der einschlägigen F&E-Arbeiten, sondern i.S. der auf diese Innovation gerichteten Arbeiten selbst, also i.S. von Innovationsanstrengungen gemeint. Dies ergibt sich in den Passagen betr. Fall 1 bzw. 2 aus den Formulierungen »kann die Innovation zu einem Produkt oder einer Technologie führen(!)« bzw. »kann die Innovation zu einem vollständig neuen Produkt führen(!)". Dem entspricht es, dass in der Beschreibung von Fall 3 ausdrücklich von »Innovationsanstrengungen« die Rede ist. 107

Nr. 43 erläutert nicht, wann im Fall 2 vorhandene Märkte mit dem F&E-Projekt »**in Zusammenhang stehen**«. Hier kann nicht ein Zusammenhang gemeint sein, der dadurch begründet ist, dass die zu entwickelnden Produkte die Produkte eines vorhandenen Markts ersetzen, weil dieser Zusammenhang für Fall 3 kennzeichnend ist. Es muss sich deshalb um einen Zusammenhang wegen möglicher anderer mittelbarer Auswirkungen auf Märkte für vorhandene Produkte handeln. Ein solcher Zusammenhang kann sich z.B. durch eine Minderung der Herstellkosten für vorhandene Produkte ergeben, wenn für diese die gleichen Vorstoffe zum Einsatz kommen, die auch für die zu entwickelnden Produkte benötigt würden, und wenn der durch die zu entwickelnden Produkte zu erwartende höhere Bedarf an diesen Vorprodukten eine kostengünstigere Produktion derselben erlauben würde. 108

Letztlich geht es der Kommission in Nr. 43 wie im gesamten Abschnitt 2.2 der Horizontal-LL ersichtlich um Klärung der Frage, wann bei der Prüfung, ob eine spürbare Wettbewerbsbeschränkung vorliegt, nur die Wirkungen des F&E-Vertrags auf den Wettbewerb in vorhandenen Märkten, wann nur dessen Wirkungen auf den Innovationswettbewerb (= auf Innovation gerichteter Wettbewerb = Forschungswettbewerb) und wann sowohl dessen Wirkungen auf den Wettbewerb in vorhandenen Märkten als auch dessen Wirkungen auf den Forschungswettbewerb zu berücksichtigen sind. 109

Dabei findet man eine deutliche Antwort auf die Frage, welche Märkte denn für den Forschungswettbewerb, soweit dieser nicht auf Märkten für vorhandene Produkte/Technologien stattfindet, relevant sein sollen, in Nr. 43 ebenso wenig wie im gesamten Abschnitt 2.2. Erst die Nr. 56, 60 und 73 in den weiteren Abschnitten 2.3 bzw. 2.4 lassen erkennen, dass die sog. »**Innovationsmärkte**« die diesbezüglichen relevanten Märkte sein sollen. 110

111 Vorbild für das Konzept, nach dem auch die »Innovationsmärkte« zu den relevanten Märkten zu zählen sind, dürfte das US-amerikanische Kartellrecht gewesen sein, in dem sich die Begriffe der »innovation markets«[248] oder »research markets«[249] eingebürgert hat. Das BKartA[250] sowie die deutsche kartellrechtliche Literatur[251] sind diesem Konzept weitgehend gefolgt, wobei statt von »Innovationsmarkt« meist von »Forschungsmarkt«,[252] der dem Begriff »research market« entspricht, oder alternativ vom »Markt für Forschungs- und Entwicklungsleistungen«[253] die Rede ist.

112 Streng genommen bildet nun aber ein Forschungsmarkt keinen eigenen Markt, da ein Markt das Aufeinandertreffen von Angebot und Nachfrage voraussetzt.[254] Die »Innovationsmärkte« bzw. »Forschungsmärkte« sind unter diesen Umständen nur als eine Denkfigur anzusehen, welche der Berücksichtigung des Forschungswettbewerbs als selbständiger Wettbewerbsebene neben den Märkten für vorhandene Produkte/Technologien dienen soll.[255]

113 Die Äußerungen der Horizontal-LL zu den Innovationsmärkten sind insofern verwirrend, als Nr. 56, Nr. 60 und Nr. 73 dieser Leitlinien die »Innovationsmärkte« den »vorhandenen Märkten« als relevante Märkte gegenüberstellen, Nr. 60 und Nr. 73 aber auch die »Innovationsmärkte« als vorhanden bezeichnen[256]: So

248 Siehe z.B. Collaborations Guidelines unter Sec. 3.32 (c) und Guidelines for the Licensing of Intellectual Property unter Sec. 3.2.3.

249 Siehe hierzu z.B. Sec. 3 NCRPA sowie *Fuchs* S. 127 ff. und *Mestmäcker/Schweitzer* S. 749 (§ 29 Rn. 10 und 11).

250 Vgl. Entscheidungen betr. die Gründung des »Instituts für Aggregattechnik und Verkehrfahrzeuge« B7-126/83, die Gründung der »MVP-Versuchs- und Planungsgesellschaft« B3-1005/84 und die Gründung der »Metallspezialrohr GmbH« B7-80/77; s. dazu *Monopolkommission* S. 360 f. unter Nr. 1006 f.

251 So z.B. *Fuchs* S. 185 f., sowie 508; *Ziegler* S. 18; *Maurer* S. 103 f.; *Mestmäcker/Schweitzer* S. 749 (§ 29 Rn. 10); *Monopolkommission* S. 343 f. unter Nr. 954 f. und S. 360 f. unter Nr. 1005 ff.; *Roth/Ackermann* in *FK*, EG-Vertrag Art. 81 Abs. 1 Grundfragen, Rn. 162 (unter nicht passendem Hinweis auf »KSB/Goulds/Lowara/ITT«, ABl. 1991 L 19/25).

252 Siehe die in den beiden vorangehenden Fn. genannten Fundstellen; andere Autoren verwenden zwar auch den Begriff »Forschungsmärkte«, verstehen aber darunter Technologiemärkte, so *Franz* S. 58; *M. Meyer* S. 156 f. (s. aber auch S. 167); *Ullrich (Koop. Forschung)* S. 98 und S. 101 (mit Fn. 205), der auch die in Sec. 3 des NCRA von 1984 (und ebenso in Sec. 3 des NCRPA von 1993) erwähnten »research and development markets« als Technologiemärkte versteht; vgl. auch *D. Meyer* in WuW 1993, S. 193, 204: »Die Außerachtlassung des Forschungsmarktes übersieht, dass Lizenzen, Know-how und Auftragsforschungen eigenständig gehandelt werden.«.

253 *Monopolkommission* S. 360 unter Nr. 1005; vgl. auch *Ziegler* S. 18, der den Forschungsmarkt konkretisiert als »Markt aller Forschungsleistungen, die auf die Gewinnung solchen (Anm.: Gemeint ist wohl: einschlägigen) technischen Wissens gerichtet sind«.

254 So bemerken auch *Mestmäcker/Schweitzer* S. 749 (§ 29 Rn. 10), dass es sich bei den Innovationsmärkten nicht um Märkte im üblichen Sinne handelt, da die Forschung nicht als Dienstleistung entgeltlich für Dritte erbracht werden soll.

255 Zustimmend *Fuchs* in *Immenga/Mestmäcker (EG-Wettbewerbsrecht)*, FuE-VO, Rn. 26; vgl. auch *Mestmäcker/Schweitzer* S. 749 (§ 29 Rn. 10).

256 Dies übersieht *Schroeder* in *Grabitz/Hilf*, wenn er in Rn. 522 zu Art. 81 als »Innovationsmarkt« i.S. der Horizontal-LL den anfangs noch gar nicht existierenden, neuen Produktmarkt bezeichnet; wie hier *Liebscher/Petsche* in *Liebscher/Flohr/Petsche*, Verordnung 2659/2000, Rn. 37.

erwähnt z.B. Nr. 60 den Fall, dass eine F&E-Zusammenarbeit »in der Phase kurz vor der Markteinführung zwischen Unternehmen vereinbart wird, die Wettbewerber entweder in bestehenden Produkt-/Technologiemärkten oder den Innovationsmärkten *sind*«; und in Nr. 73 ist, wie gesagt, davon die Rede, dass die »Bewertung zum Zeitpunkt der Entstehung der Zusammenarbeit auf die *zu jener Zeit vorhandenen* Produkt- oder Technologiemärkte und/oder Innovationsmärkte ... beschränkt« ist (Hervorhebungen vom Verfasser).

Diese verwirrende Darstellung dürfte wie folgt zu erklären sein: Einerseits sind Innovationsmärkte als vorhandene »Märkte« konzipiert, die durch die aktuellen Innovationsanstrengungen ihrer »Teilnehmer«, d.h. bestehender F&E-Pole i.S. von Nr. 51 (s. Kap. 5 Rdn. 140–143), gebildet werden. Andererseits sollen sie sich nach den Horizontal-LL nur auf F&E beziehen, die auf die Entwicklung von Produkten/Technologien gerichtet ist, welche neue Märkte bilden würden.[257] Dies lässt sich allerdings den Horizontal-LL nur mittelbar entnehmen, u.a. den Nr. 44, Nr. 45 und Nr. 51 dieser Leitlinien, siehe unten Kap. 5 Rdn. 115, 121–125 und 144. 114

Nr. 43 selbst ist in dieser Beziehung nicht eindeutig. Zwar ist klar, dass im Fall 1 nur ein vorhandener Produktmarkt relevant sein soll, und Fall 2 in erster Linie Wirkungen auf die Innovationsanstrengungen in Bezug auf die Entwicklung eines vollständig neuen Produkts, das einen neuen Markt bilden würde, in Betracht zieht. Unklar ist aber, ob Nr. 43 im Fall 3 nur Innovationsanstrengungen im Auge hat, die auf Produkte/Technologien gerichtet sind, die einem neuen Markt bilden würden, oder auch auf Produkte/Technologien, welche einem vorhandenen Markt zuzurechnen sind. Für letzteres spricht, dass, wie Nr. 45 zu entnehmen ist, auch zu entwickelnde Produkte, die bestehende Produkte ersetzen, einem vorhandenen Markt zugehören können, nämlich dann, wenn die Ersetzung der bestehenden Produkte vollständig und kurzfristig erfolgt. Für ersteres spricht, dass in dem zu Fall 3 gebildeten Beispiel (Ersetzung von Schallplatten durch Compact Discs) die zu entwickelnden Produkte eindeutig einem neuen Markt zuzurechnen sind, weil die Ersetzung langfristig und unvollkommen erfolgen würde. Erst aus Nr. 44 dürfte zu schließen sein, dass letztlich allein entscheidend ist, ob das zu entwickelnde Produkt einem bestehenden Produktmarkt angehören würde (dann ist nur dieser bestehende Produktmarkt relevant) oder ob dies nicht der Fall ist (dann ist jedenfalls der Innovationsmarkt – allein oder neben einem vorhandenen Produktmarkt – relevant). Daraus ist dann wieder zu schließen, dass Fall 3 von Nr. 43 nur eine Produktersetzung im Auge hat, die nicht vollständig und kurzfristig erfolgt. 115

Die Konstruktion von »Innovationsmärkten« läuft darauf hinaus, dass die Horizontal-LL auch künftige Märkte hins. des auf sie bezogenen Forschungswettbewerbs für relevant erklären. 116

Eine Relevanz künftiger Märkte hins. des darauf bezogenen Forschungswettbewerbs ist darüber hinaus unter folgendem Aspekt anzunehmen: Unter Berücksichtigung von Art. 1 Abs. 2 F&E-GFVO können auch Verbote zur Zu- 117

257 Vgl. *Mestmäcker/Schweitzer* S. 749 (§ 29 Rn. 10).

sammenarbeit mit Dritten bei der F&E gegen Art. 81 EGV verstoßen, und zwar unabhängig davon, ob sich das Verbot auf das Gebiet und die Dauer der gemeinsamen F&E beschränkt oder nicht, s. Kap. 5 Rdn. 234, 278, 343 und 618.

118 Darüber hinaus erkennen jedoch die Horizontal-LL, wenn auch nur mittelbar und nicht ausdrücklich, die **Relevanz möglicher künftiger Märkte** in einem weiteren Bereich an: Es handelt sich hier um den Bereich der in den erfassten F&E- Verträgen enthaltenen Verwertungsabreden, soweit diese das Recht jedes beteiligten Unternehmens zur unbeschränkten eigenständigen Verwertung der F&E-Ergebnisse beschneiden, siehe z.B. Nr. 57 und Nr. 67 (unten Kap. 5 Rdn. 268 und 309); vgl. auch Art. 3 Abs. 2 F&E-GFVO, der die Freistellung von F&E-Verträgen grundsätzlich davon abhängig macht, dass alle Vertragspartner Verwertungsrechte erhalten, und zwar unabhängig davon, ob die Produkte/Technologien, auf die das vereinbarte F&E-Projekt zielt, einem vorhandenen Markt oder einem künftigen Markt angehören.

119 Dagegen sind nach Abschnitt 2.2. der Leitlinien künftige Märkte nicht hinsichtlich des auf ihnen möglicherweise stattfindenden Wettbewerbs relevant. Dazu führt Nr. 73 im Abschnitt 2.4 – siehe dazu Kap. 5 Rdn. 602–605 – aus: »Am Anfang einer FuE-Zusammenarbeit sind Erfolg und Faktoren wie z.B. die zukünftige Marktstellung der Vertragspartner sowie die Entwicklung zukünftiger Produkt- und Technologiemärkte noch nicht bekannt. Deshalb ist die Bewertung zum Zeitpunkt der Entstehung der Zusammenarbeit auf die zu jener Zeit vorhandenen Produkt- oder Technologiemärkte und/oder Innovationsmärkte wie in diesem Kapitel beschrieben beschränkt.«

120 **Nr. 44 bis 49** sind speziell der Relevanz von »**vorhandenen Märkten**« (i.S. von vorhandenen Produkt- und Technologiemärkten) gewidmet. Dabei führen zunächst **Nr. 44 bis 46** hinsichtlich der **vorhandenen Produktmärkte** Folgendes aus:

121 Nach **Nr. 44** bilden, wenn die Zusammenarbeit nur F&E-Arbeiten zur Verbesserung bestehender Produkte betrifft, diese Produkte einschließlich ihrer nahen Substitute den die Zusammenarbeit betreffenden relevanten Markt.

122 Dem Wortlaut nach geht Nr. 44 über die Aussage in Nr. 43, dass mögliche Wettbewerbswirkungen den Markt für ein vorhandenes Produkt betreffen, wenn die F&E auf kleine Verbesserungen oder Abwandlungen neuer Modelle eines bestehenden Produkts abzielt, hinaus. Daraus, dass Fn. 24 (siehe auch Nr. 27) zur näheren Bestimmung des jeweils relevanten Markts auf die Relevanter-Markt-Bekanntmachung verweist, ergibt sich aber, dass für die Frage der Zuordnung eines zu entwickelnden Produkts zu einem relevanten vorhandenen Markt letztlich nicht entscheidend ist, ob es eine »kleine Verbesserung oder Abwandlung« (Nr. 43), »spürbare Veränderung« (Nr. 45), »Ersetzung« (Nr. 43 Fall 3, Nr. 45 und Nr. 50) oder »Verbesserung oder Verfeinerung« (Nr. 64) eines bestehenden Produkts darstellen würde, sondern eben die Zugehörigkeit des Produkts zu einem relevanten Markt i.S. der Relevanter-Markt-Bekanntmachung (siehe dazu Kap. 5 Rdn. 170–175). Die erwähnten Unterscheidungen begründen daher nur eine Wahrscheinlichkeit hinsichtlich der Frage der Zuord-

nung zu einem vorhandenen Produktmarkt. Zur Sicherheit sollte man deshalb hier stets die Relevanter-Markt-Bekanntmachung zu Rate ziehen.

123 Die Kernaussage von Nr. 44 dürfte unter diesen Umständen sein, dass bei F&E-Arbeiten, die auf die Entwicklung eines Produkts gerichtet ist, welches einem vorhandenen Markt angehören würde, nur dieser Markt für die Beurteilung nach Art. 81 relevant ist und nicht etwa ein »Innovationsmarkt«, siehe zur Natur dieses »Markts« oben Kap. 5 Rdn. 110–114.

124 **Nr. 45** hat folgenden Wortlaut: »Zielt die Forschung und Entwicklung auf eine spürbare Veränderung eines bestehenden Produkts oder gar ein vollständig neues Produkt zur Ersetzung eines bestehenden Produkts ab, kann die Substitution des vorhandenen Produkts unvollkommen sein oder erst langfristig erfolgen. Deshalb ist nicht davon auszugehen, dass die alten und die neu entstehenden Produkte demselben relevanten Markt angehören. Der Markt der vorhandenen Produkte kann dennoch betroffen sein, wenn die Zusammenlegung der FuE-Tätigkeiten zur Koordinierung des Verhaltens der Partner als Lieferanten bestehender Produkte führt. Die Anwendung von Macht in dem bestehenden Markt ist jedoch nur möglich, wenn die Beteiligten zusammen sowohl auf dem vorhandenen Produktmarkt als auch bei den FuE-Tätigkeiten eine starke Stellung einnehmen.«

125 Nr. 45 betrifft folgende Frage: Kann dann, wenn ein zu entwickelndes Produkt, das ein vorhandenes Produkt ersetzen soll, nicht dem Markt dieses Produkts zuzurechnen ist (siehe hierzu schon Kap. 5 Rdn. 115, 122 und 123), dieser Markt trotzdem relevant sein, und ggf. inwieweit? Nr. 45 nennt hier nur eine Koordinierung des Verhaltens der Partner als Lieferanten des bestehenden Produkts. Es ist allerdings nicht anzunehmen, dass dies wirklich abschließend gemeint ist. Selbst dann, wenn die F&E auf ein vollständig neues Produkt gerichtet ist, das keinen Ersatz für ein bestehendes Produkt bildet, kann nach Nr. 43 noch ein Zusammenhang mit einem vorhandenen Markt bestehen, der den Schluss erlaubt, dass auch dieser vorhandene Markt relevant ist. In dem in Nr. 45 erörterten Fall ist deshalb die Koordinierung des Verhaltens der Partner als Lieferanten des bestehenden Produkts nur als ein Beispiel für einen Zusammenhang zu verstehen, der auch die Berücksichtigung des vorhandenen Produktmarkts erfordert.

126 **Nr. 46** enthält u.a. folgende Aussagen: Betrifft die F&E einen wichtigen Bestandteil eines Endprodukts, kann nicht nur der Markt für diesen Bestandteil, sondern auch der bestehende Markt für das Enderzeugnis relevant sein. Dies gelte aber nur dann, wenn der Bestandteil technisch oder wirtschaftlich ein Schlüsselelement für das Endprodukt ist und die Partner der F&E-Vereinbarung wichtige Wettbewerber bei dem Endprodukt sind.

127 Es bleibt dabei im Unklaren, wann Wettbewerber »wichtig« sind.[258]

258 *Liebscher/Petsche* in *Liebscher/Flohr/Petsche*, Verordnung 2659/2000, Rn. 38.

128 Nach **Nr. 47** können außer vorhandenen Produktmärkten auch **vorhandene Technologiemärkte** relevant sein, wenn geistiges Eigentum (Patente, Know-how) getrennt von den betr. Produkten vermarktet wird.[259]

129 Dabei folgt nach **Nr. 48** die Methode zur Definition der relevanten vorhandenen Technologiemärkte den gleichen Grundsätzen wie die Definition der vorhandenen relevanten Produktmärkte, d.h.: Ausgehend von der Technologie, welche die Beteiligten vermarkten, seien die anderen Technologien zu ermitteln, zu denen die Kunden in Erwiderung auf eine geringe, jedoch dauerhafte Erhöhung der relativen Preise überwechseln könnten. Seien jene Technologien ermittelt, könnten die Marktanteile errechnet werden, indem man die von den Beteiligten erzielten Lizenzeinnahmen durch die gesamten Lizenzeinnahmen sämtlicher Erteiler substituierbarer Technologien dividiert.[260]

130 Wichtig erscheint hierbei, dass Nr. 47 Technologiemärkte nur dann als vorhanden betrachtet, wenn »geistiges Eigentum getrennt von den betr. Produkten vermarktet wird«. Daraus folgt: Wenn zur Zeit des Abschlusses des F&E-Vertrags separat von den Produkten des relevanten Produktmarkts keine entsprechende Technologie vermarktet wird, fehlt es nach den Horizontal-LL an vorhandenen Technologiemärkten. die als relevante Märkte in Betracht kommen.

131 Diese Konsequenz erscheint problematisch: Die Kommission berücksichtigt damit vorhandene Technologie als Wettbewerbsfaktor nur dann, wenn sich die Machtposition der jeweiligen Technologieinhaber bereits durch die Vergabe von Lizenzen verdünnt hat. Ein 100 %iger Marktanteil eines Unternehmens auf einem vorhandenen Technologiemarkt, wie ihn die Kommission in den Horizontal-LL definiert, muss deshalb kein Hinweis auf eine außergewöhnliche Wettbewerbsposition dieses Unternehmens sein. Umgekehrt ist es gerade die nicht lizenzierte (durch Patentrechte oder als Betriebsgeheimnis geschützte) Technologie, welche Marktmacht vermittelt und deshalb wettbewerbliche Berücksichtigung verdient. Sie kann, wie sich in der Praxis laufend zeigt, jederzeit zum Gegenstand von Lizenzen werden. Man könnte hier deshalb von einem zwar zeitweise schlafenden, aber durchaus vorhandenen Markt sprechen.

Ob auf diesem Markt Lizenzen tatsächlich erteilt werden, hängt, wenn es sich um eine wirklich wertvolle Technologie handelt, i.d.R. nur davon ab, welcher Preis für diese Technologie geboten wird.

Man könnte allerdings dann nicht mehr von einem echten Technologiemarkt sprechen, wenn eine bisher nicht vermarktete konkurrierende Technologie nur zu exorbitant hohen Lizenzgebühren lizenziert würde.[261] Unter den vorbezeichneten Aspekten wäre deshalb daran zu denken, analog der Denkfigur

259 So grundsätzlich auch Nr. 22 der TT-LL: »Technologiemärkte bestehen aus der lizenzierten Technologie und ihren Substituten, d.h. anderen Technologien, die aufgrund ihrer Eigenschaften, ihrer Lizenzgebühren (!) und ihres Verwendungszwecks mit der lizenzierten Technologie als austauschbar oder substituierbar angesehen werden.« Vgl. dazu auch ErwGrd. 8, Art. 1 Abs. 1 Buchst. j unter i) und Art. 3 Abs. 3 TT-GFVO.

260 Anders Art. 3 Abs. 3 TT-GFVO.

261 Vgl. Nr. 22 TT-LL.

des »Innovationsmarkts« als eines aus »F&E-Polen« bestehenden Markts den Technologiemarkt als einen Markt zu definieren, der sich aus »Technologiepolen« zusammensetzt.

In jedem Fall wäre das Verhältnis des »Produktmarkts« zum Technologiemarkt zu klären. Dabei wäre zu unterscheiden zwischen Technologien, die schon bei der Produktion verwendet werden, und solchen Technologien, bei denen das nicht der Fall ist; vgl. hierzu Nr. 22 und 23 TT-LL.

Nach **Nr. 49** ist die Stellung der Beteiligten auf dem Markt der bestehenden Technologie nur dann ein relevantes Bewertungskriterium, wenn die FuE-Zusammenarbeit auf eine spürbare Verbesserung einer bestehenden Technologie oder auf eine neue Technologie zielt, die das Potential hat, die bestehende Technologie abzulösen. Der Marktanteil der Beteiligten könne bei dieser Untersuchung nur als Ausgangspunkt genommen werden. In den Technologiemärkten müsse der potenzielle Wettbewerb besonders gewürdigt werden. Unternehmen, die noch keine Lizenzen für ihre Technologie erteilt haben, jedoch in den Technologiemarkt einzutreten gedenken, könnten die Beteiligten in ihrer Fähigkeit schwächen, die Preise für ihre Technologie zu erhöhen. Dabei weist Nr. 49 auf das unter Nr. 77 angeführte Beispiel 3 hin, siehe dazu Kap. 5 Rdn. 608–610. 132

Systematisch befindet sich Nr. 49 an falscher Stelle, da diese Nr. nicht die Frage des vorhandenen relevanten Technologiemarktes, sondern die Frage der Wettbewerbsbeschränkung auf diesem betrifft. Dabei ist zu dem Hinweis, dass besonders auch der potenzielle Wettbewerb auf vorhandenen Technologiemärkten durch solche Unternehmen zu berücksichtigen ist, die in den Technologiemarkt einzutreten gedenken, Folgendes zu bemerken: Da eine Absicht von Unternehmen zum Eintritt in den vorhandenen Technologiemarkt, und das heißt ja nach der Definition dieses Markts durch die Horizontal-LL eine Lizenzerteilungsabsicht, nur sehr selten festzustellen sein dürfte, räumt dieser Hinweis die oben in Kap. 5 unter Rdn. 131 bei den Ausführungen zu Nr. 48 geäußerten grundsätzlichen Bedenken gegen den Ansatz der Kommission nicht aus. 133

Nach der Teilüberschrift »Vorhandene Märkte« zu den Nr. 44 bis 49 hätte man eigentlich erwartet, dass sich die **Nr. 50 bis 52** unter der Teilüberschrift »Künftige Märkte« mit diesen befassen. Stattdessen widmen sie sich entsprechend der vorausgehenden Teilüberschrift »Innovationswettbewerb (FuE-Arbeiten)« diesem Thema, dessen Zugehörigkeit zum Abschnitt 2.2 »Relevante Märkte« für den Leser nicht ohne weiteres erkennbar ist. Mittelbar beantworten sie aber die Frage, wann die sog. »Innovationsmärkte« unter dem Aspekt des Forschungswettbewerbs relevant und wie sie strukturiert sind, siehe dazu bereits Kap. 5 Rdn. 110–114. 134

Nr. 50 führt u.a. aus: 135

»Die Zusammenarbeit in Forschung und Entwicklung kann den Wettbewerb über die vorhandenen Märkte hinaus auch im Bereich der Innovation beeinträchtigen. Dies ist der Fall, wenn die Zusammenarbeit auf die Entwicklung neuer Produkte/Technologien abzielt, die eines Tages die vorhandenen Produkte/Technologien ersetzen können oder für einen neuen Verwendungszweck entwickelt werden und deshalb nicht die vorhandenen Produkte ersetzen, sondern eine vollständig neue Nachfrage begründen sollen. Die erheblichen Auswirkungen auf den Wettbewerb im Bereich der Innovation können in einigen Fällen nicht durch die Analyse des tatsächlichen oder potenziellen Wettbewerbs bei vorhandenen Produkt-/Technologiemärkten hinreichend gewürdigt werden.«

136 Der erste Satz weicht inhaltlich von der englischen Fassung ab, die wie folgt lautet: »R&D competition may not – or not only – affect competition in existing markets, but competition in innovation.« Diese Fassung besagt im Einklang mit Nr. 43 und 45, dass der Wettbewerb in vorhandenen Märkten neben dem Forschungswettbewerb betroffen sein kann, aber nicht muss, während die Formulierung »über die vorhandenen Märkte hinaus« in der deutschen Fassung suggeriert, dass Forschungswettbewerb nur zusätzlich zu dem Wettbewerb in vorhandenen Märkten beeinträchtigt werden kann.

137 Unter Berücksichtigung der als maßgebend erscheinenden englischen Fassung ist der zweite Satz als Antwort auf die Frage zu verstehen, wann der Forschungswettbewerb allein oder neben dem Wettbewerb in vorhandenen Märkten zu berücksichtigen ist.

138 Nicht ohne weiteres verständlich ist der dritte Satz: Danach soll »in einigen Fällen« die Analyse des tatsächlichen oder potenziellen Wettbewerbs auf vorhandenen Märkten nicht zur Würdigung der Auswirkungen auf den »Wettbewerb im Bereich der Innovation«, d.h. auf den Forschungswettbewerb genügen. Abgesehen davon, dass auch dieser Satz suggeriert, vorhandene Märkte (i.S. vorhandener Produkt-/Technologiemärkte) seien immer relevant, vermisst man hier Ausführungen zu der Frage, wann denn eine Analyse des Wettbewerbs in vorhandenen Märkten schon zur Würdigung der Auswirkungen auf den Forschungswettbewerb genügt. Vermutlich würde die Kommission in dem Fall, dass das zu entwickelnde Produkt ein bestehendes Produkt ersetzen soll und einem neuen Markt zugehören würde, eine Beschränkung des Forschungswettbewerbs schon aufgrund der Analyse der vorhandenen Märkte verneinen, wenn die beteiligten Unternehmen auf dem Markt des bestehenden Produkts nur geringe Marktanteile haben, siehe auch Nr. 66 und die diesbezüglichen Ausführungen in Kap. 5 unter Rdn. 306 und 307.

139 Soweit die Analyse der vorhandenen Märkte nicht zur Würdigung der Auswirkungen des F&E-Vertrags auf den Forschungswettbewerbs genügt (Anm.: Auch diese Aussage impliziert wieder in irreführender Weise, dass vorhandene Märkte in jedem Fall relevant sind), sind nach Nr. 50 a.E. je nach Art des in einem Wirtschaftszweig stattfindenden Innovationsprozesses die beiden in **Nr. 51 und 52** beschriebenen Sachverhalte zu unterscheiden.

140 **Nr. 51** betrifft das Szenarium, welches z.B. in der pharmazeutischen Industrie gängig sei, dass der Innovationsprozess so strukturiert ist, dass in einem frühen Stadium **»FuE-Pole«** ausgemacht werden können. Diese definiert Nr. 51 als »FuE-Arbeiten, die auf ein neues Produkt oder eine neue Technologie gerichtet sind, und die Arbeiten, die auf die Entwicklung von Substituten für diese

Produkte oder Technologien abzielen, einen ähnlichen Zugang zu den Ressourcen haben und den gleichen Zeitplan aufweisen«.

Da in der wohl als maßgebend anzusehenden englischen Fassung von Nr. 51 die Rede ist von »similar timing«, ist der »gleiche Zeitplan« der deutschen Fassung wohl als »ähnlicher Zeitplan« zu lesen. 141

Nr. 51 führt weiter aus: »In diesem Fall (Anm.: Gemeint ist das vorher beschriebene Szenarium) kann untersucht werden, ob nach Abschluss der Vereinbarung eine ausreichende Zahl von FuE-Polen übrig bleibt. Ausgangspunkt der Marktanalyse sind die Forschungs- und Entwicklungsarbeiten der Beteiligten. Daraufhin müssen glaubhafte konkurrierende FuE-Pole ausgemacht werden. Hierbei sind folgende Gesichtspunkte zu berücksichtigen: Art, Erfassungsbereich und Umfang möglicher anderer FuE-Arbeiten, deren Zugang zu Finanz- und Humanressourcen, Know-how/Patente oder andere spezifische Aktiva sowie der entsprechende Zeitplan und die Fähigkeit, die entstehenden Ergebnisse zu nützen. Ein FuE-Pol ist kein glaubhafter Wettbewerber, wenn er z.B. im Hinblick auf den Zugang zu Ressourcen oder den Zeitplan nicht als ein nahes Substitut für die FuE-Arbeiten der Beteiligten angesehen werden kann.« 142

Es fällt auf, dass Nr. 51 »FuE-Pole« zwar als FuE-Arbeiten kennzeichnet, ihnen dann aber Attribute wie z.B. den Zugang zu Ressourcen oder einen Zeitplan zuerkennt, die nur Unternehmen oder Unternehmensverbindungen haben können. Sie sind deshalb wohl richtigerweise als diejenigen Unternehmen oder Unternehmensverbindungen (einschließlich der durch den F&E-Vertrag geschaffenen Unternehmensverbindung) zu verstehen, von denen jedes bzw. jede F&E-Arbeiten der in Nr. 50 näher bezeichneten Art durchführt und die weiteren in Nr. 50 genannten Kriterien erfüllt. 143

Unter diesen Umständen sollte Nr. 51 wohl u.a. die Frage beantworten, wer in dem erwähnten »Szenarium« als Wettbewerber auf dem »Innovationsmarkt« zu berücksichtigen ist, bzw. welche Unternehmen bzw. Unternehmensverbindungen hier als miteinander im Forschungswettbewerb stehend anzusehen sind. Wichtig ist hierbei, dass ein »FuE-Pol« nach Nr. 51 nur dann anzunehmen ist, wenn er FuE-Arbeiten betreibt, die auf ein neues Produkt/eine neue Technologie oder Substitute für dieses Produkt/diese Technologie gerichtet sind. Die Voraussetzung für die Anerkennung eines F&E-Pols, dass dieser F&E zur Entwicklung eines neuen Produkts bzw. einer neuen Technologie oder Substitute für dieses Produkt/diese Technologie betreibt, dürfte unter Berücksichtigung von Nr. 44 den Schluss zulassen, dass die »Innovationsmärkte« i.S. von Nr. 56. 60 und 73 nur solche Märkte sind, die sich auf Produkte/Technologien beziehen, die einem künftigen Markt angehören würden. 144

Nr. 52 betrifft anders als Nr. 51 ein Szenarium, in dem die Innovationsarbeiten eines Wirtschaftszweigs nicht so eindeutig strukturiert sind, dass FuE-Pole ausgemacht werden können (Anm.: Gemeint ist offenbar: zu dem FuE-Pol der beteiligten Unternehmen konkurrierende FuE-Pole). Hier will sich die Kommission, »sofern keine außergewöhnlichen Umstände vorliegen« (Anm.: Wann solche Umstände vorliegen, bleibt offen), nach Nr. 52 auf die Bewertung 145 der Produkt- und/oder Technologiemärkte beschränken, die mit der betr. FuE-Zusammenarbeit verbunden sind (Anm.: Gemeint ist offenbar: ggf. verbunden sind).

146 Mit letzteren Märkten sind offenbar die für den F&E-Vertrag ggf. relevanten vorhandenen Produkt- bzw. Technologiemärkte gemeint, siehe dazu schon oben die Ausführungen zu Nr. 44 bis 49 unter Kap. 5 Rdn. 120–133.

147 Wenn die Annahme einer Beschränkung des Forschungswettbewerbs auf einem bestimmten »Innovationsmarkt« jeweils die Annahme voraussetzt, dass nur eine geringe Zahl von F&E-Polen auf diesem »Innovationsmarkt« vorhanden ist, dürfte in dem Szenarium gemäß Nr. 52 nicht nur die Kommission gehindert sein, eine spürbare Beeinträchtigung des Forschungswettbewerbs anzunehmen, da nach Art. 2 der Durchführungs-VO zu Art. 81/82 EGV die Beweislast für eine Zuwiderhandlung gegen Art. 81 Abs. 1 EGV der Partei oder der Behörde obliegt, die diesen Vorwurf erhebt. (Dabei ist die Frage, wer bei einer F&E-Kooperation, für die ein Innovationsmarkt relevant ist, die Beweislast für das Nichtbestehen weiterer F&E-Pole neben dem von den beteiligten Unternehmen gebildeten FuE-Pol trägt, von der Frage der Relevanz dieses »Innovationsmarkts« zu unterscheiden.)

ccc) Die relevanten Märkte für die Beurteilung von F&E-Verträgen, die unter die Vertikal-LL fallen, anhand der einzelnen Tatbestandsmerkmale von Art. 81 EGV

148 Die Vertikal-LL enthalten neben Ausführungen zur Frage der relevanten Märkte für die Berechnung von Marktanteilen nach Art. 3 Vertikal-GFVO und zur Frage der Berechnung dieser Marktanteile auch Ausführungen zu den Märkten, die für die Prüfung relevant sind, ob in ihren Anwendungsbereich fallende Verträge die Tatbestandsmerkmale von Art. 81 EGV erfüllen. Die Vertikal-LL gehen dabei, wie schon erwähnt, speziell auf F&E-Verträge, die in ihren Anwendungsbereich fallen, nicht gesondert ein.

149 Die Bestimmung der Vertikal-LL, nach der die relevanten Märkte für die unter diese LL fallenden Verträge zu ermitteln sind, ist **Rn. 96**. Danach müssen bei der individuellen Beurteilung vertikaler Vereinbarungen, für die die Freistellung nach der Vertikal-GFVO nicht gilt, neben dem für die Anwendung der Vertikal-GFVO relevanten Markt (s. dazu Kap. 5 Rdn. 99–103) ggf. noch weitere Märkte berücksichtigt werden. Eine vertikale Vereinbarung wirke sich nämlich möglicherweise nicht nur auf dem Lieferanten-/Käufermarkt, sondern auch auf nachgelagerten Märkten aus. Folglich seien bei der Einzelbewertung vertikaler Vereinbarungen die relevanten Märkte auf jeder einzelnen Handelsstufe zu untersuchen, auf der die in der Vereinbarung enthaltenen Beschränkungen Folgen zeitigen.

150 Von besonderer Bedeutung erscheinen hierbei für vertikale F&E-Verträge die folgende Ausführungen unter i), da diese F&E-Verträge häufig eine Alleinbelieferungsverpflichtung des Lieferanten vorsehen (s. dazu Kap. 5 Rdn. 336–338 und 617–625): Bei Zwischenprodukten, die der Käufer in seine

eigenen Waren bzw. Dienstleistungen einfügt, wirken sich vertikale Beschränkungen im Allgemeinen nur auf dem Lieferanten-/Käufermarkt aus. Im Falle der Alleinbelieferung ist aber auch die Stellung des Käufers auf dem nachgelagerten Markt bzw. den nachgelagerten Märkten von Bedeutung, da das den Marktausschluss bewirkende Verhalten des Käufers nur dann spürbare negative Wirkungen entfalten kann, wenn dieser im nachgelagerten Bereich über Marktmacht verfügt.

Wie auf dieser Basis bei vertikalen F&E-Verträgen die Voraussetzungen für eine Freistellung in direkter Anwendung von Art. 81 Abs. 3 EGV bei F&E-Verträgen zu prüfen sind, die ein mit einem ausschließlichen Lieferrecht des Lieferanten kombiniertes ausschließliches Bezugsrecht des Käufers vorsehen, illustriert das Beispiel in Rn. 213 der Vertikal-LL (s. dazu Kap. 5 Rdn. 617–626). 151

Mit relevanten Märkten meint Rn. 96 der Vertikal-LL nur vorhandene Produktmärkte (i.S. von Waren- und Dienstleistungsmärkten), für deren Abgrenzung die Relevanter-Markt-Bekanntmachung (s. dazu Kap. 5 Rdn. 170–175) zu berücksichtigen ist. Es stellt sich die Frage, ob und inwieweit auch künftige Märkte relevant sein können. 152

Anders als bei den unter die Horizontal-LL fallenden F&E-Verträgen erscheinen »Innovationsmärkte« (s. dazu Kap. 5 Rdn. 110–115 und Kap. 5 Rdn. 140–147 sowie die Zusammenfassung in Kap. 5 Rdn. 162–164) für unter die Vertikal-LL fallenden F&E-Verträgen als nicht relevant, da letztere Verträge als solche die Zahl von »F&E-Polen«, aus denen sich nach den Horizontal-LL die Innovationsmärkte zusammensetzen, nicht beschränken. 153

Dagegen können künftige Märkte hins. des darauf bezogenen Forschungswettbewerbs bei Abreden relevant sein, die einen oder mehrere Vertragspartner an einer F&E-Zusammenarbeit mit Dritten hindern sollen. Dies ist wie bei den unter die Horizontal-LL fallenden F&E-Verträgen (s. Kap. 5 Rdn. 117) im Hinblick auf Art. 1 Abs. 2 F&E-GFVO anzunehmen. 154

Darüber hinaus kommt eine Relevanz möglicher künftiger Märkte bei Verwertungsabreden in Frage, welche das Recht eines Vertragspartners beschränken, die von ihm erzielten F&E-Ergebnisse zu benutzen und daran zumindest nicht ausschließliche Lizenzen zu erteilen (was auf einen Ausschluss von den betr. künftigen Märkten hinauslaufen kann). Dagegen ist bei den unter die Vertikal-LL fallenden F&E-Verträgen – anders als bei den unter die Horizontal-LL fallenden F&E-Verträgen (s. Kap. 5 Rdn. 118) – die Relevanz künftiger Märkte nicht schon allein deshalb zu prüfen, weil nicht alle Vertragspartner an allen F&E-Ergebnissen Verwertungsrechte erhalten, da dieser Umstand bei unter die Vertikal-LL fallenden F&E-Verträgen keine Wettbewerbsbeschränkung begründet, s. unten Kap. 5 Rdn. 324–325. 155

Andererseits sind bei unter die Vertikal-LL fallenden F&E-Verträgen (wie bei unter die Horizontal-LL fallenden F&E-Verträgen) künftige Märkte nicht im Hinblick auf den auf ihnen möglicherweise stattfindenden Wettbewerb als relevant zu betrachten. Kap. 5 Rdn. 119 gilt hier entsprechend. 156

Auch wenn die Kooperation auf ein Produkt gerichtet ist, das einem neuen Markt angehören würde, kann bei mittelbaren Auswirkungen auf einen vor- 157 handenen Produktmarkt dieser (allein oder – in dem in Kap. 5 Rdn. 154 und 155 angegebenen Rahmen – neben dem künftigen Produktmarkt) relevant sein; insoweit gelten die Ausführungen für unter die Horizontal-LL fallende F&E-Verträge (Kap. 5 Rdn. 115) entsprechend.

ddd) Zusammenfassung: Die für die Prüfung wettbewerbsbezogener Tatbestandsmerkmale von Art. 81 EGV relevanten Märkte bei F&E-Verträgen

158 Bei den **unter die Horizontal-LL fallenden F&E-Verträgen** dürfte die Kommission die Frage der relevanten Märkte im Wesentlichen wie folgt sehen[262]:

159 Die relevanten Märkte bei F&E-Kooperationen sind nicht allein nach der Relevanter-Markt-Bekanntmachung, welche nur vorhandene Produktmärkte (= Waren- oder Dienstleistungsmärkte) betrifft, zu bestimmen.

160 Relevant können hier zunächst neben vorhandenen Produktmärkten auch vorhandene Technologiemärkte sein. Letztere liegen nach den Horizontal-LL jedoch nur dann vor, wenn bereits bei Abschluss des F&E-Vertrags geistiges Eigentum getrennt von den betr. Produkten vermarktet wird. Diese einschränkende Definition der Technologiemärkte reduziert deren Bedeutung als relevante Märkte erheblich. Im Übrigen sind die Grundsätze, die für die Abgrenzung der vorhandenen relevanten Produktmärkte gelten, auf die Abgrenzung von vorhandenen Technologiemärkten entsprechend anzuwenden.

161 Vorhandene Produkt-/Technologiemärkte sind stets dann relevant, wenn das Produkt/die Technologie, auf welche die gemeinsame F&E zielt, dem gleichen Markt angehört wie ein bestehendes Produkt/eine bestehende Technologie. Dabei kann dann, wenn die F&E einen wichtigen Bestandteil eines Endprodukts betrifft, nicht nur der vorhandene Markt für diesen Bestandteil, sondern auch der vorhandene Markt für das Endprodukt relevant sein.

162 Wenn die Zusammenarbeit auf die Entwicklung neuer Produkte/Technologien abzielt, die einen neuen Markt bilden würden, sind unter dem Aspekt des Forschungswettbewerbs stets zumindest die sog. »Innovationsmärkte« relevant. Die »Innovationsmärkte« sind als Märkte gedacht, obwohl auf ihnen Angebot und Nachfrage nicht aufeinander treffen, und zwar als existente Märkte, obwohl die Horizontal-LL mit »vorhandenen Märkten« nur die vorhandenen Produkt- und Technologiemärkte meinen. Als Wettbewerber auf den »Innovationsmärkten« gelten die sog. »F&E-Pole«, das sind neben der Unternehmensverbindung, die durch den zu beurteilenden F&E-Vertrag begründet wird, alle diejenigen Unternehmen und Unternehmensverbindungen, welche

- F&E betreiben, die auf die Entwicklung von Produkten/Technologien gerichtet ist, die einen neuen Markt bilden würden,
- einen ähnlichen Zugang zu den benötigten Ressourcen haben wie die Vertragspartner des zu beurteilenden F&E-Vertrags und
- für ihre F&E einen ähnlichen Zeitplan haben.

262 Siehe dazu auch *Schroeder* in *Grabitz/Hilf*, Rn. 522 zu Art. 81 EGV.

Die Beweislast dafür, dass zu einem relevanten Innovationsmarkt außer den F&E-Polen, die von den Partnern des F&E-Vertrags gebildet werden und sich sonst feststellen lassen, keine weiteren F&E-Pole gehören, trägt im Hinblick auf Art. 2 der Durchführungs-VO zu Art. 81/82 EGV die Partei bzw. die Behörde, die sich darauf beruft. 163

Auch dann, wenn die F&E auf Produkte/Technologien abzielt, welche einem neuen Markt angehören würden, können vorhandene Produkt- bzw. Technologiemärkte neben den »Innovationsmärkten« relevant sein. Das ist z.B. dann der Fall, wenn das neue Produkt/die neue Technologie, welches/welche dem neuen Markt angehört, eine vorhandenes Produkt/eine vorhandene Technologie ersetzt und die Zusammenlegung der F&E-Tätigkeiten zur Koordinierung des Verhaltens der Partner als Lieferanten bestehender Produkte bzw. als Lizenzgeber für bestehende Technologien führt. Es kann auch dann der Fall sein, wenn die F&E auf einen völlig neues Produkt wie einen Impfstoff für eine bisher unheilbare Krankheit gerichtet ist, von der Produktion und dem Vertrieb des völlig neuen Produkts aber mittelbare wettbewerbsrelevante Wirkungen auf vorhandene Produkt- bzw. Technologiemärkte ausgehen. 164

Künftige Produkt- bzw. Technologiemärkte können nach den Horizontal-LL (ohne dass dies dort klar ausgesprochen wird) für F&E-Verträge insoweit (ggf. neben den vorhandenen Produkt-/Technologiemärkten und/oder »Innovationsmärkten«) relevant sein, als diese Verträge auf die Entwicklung von Produkten bzw. Technologien abzielen, die solchen künftigen Produkt- bzw. Technologiemärkte angehören würden, und entweder die Freiheit von Vertragspartnern zum Eingehen von F&E-Kooperationen mit Dritten beschränken oder nicht jedem Vertragspartner umfassende Verwertungsrechte an den F&E-Ergebnissen einräumen. 165

Die Horizontal-LL lassen den Markt für F&E-Dienstleistungen[263] (zu unterscheiden von Dienstleistungsmärkten, auf die sich die gemeinsame F&E ggf. bezieht) als relevanten Markt außer Betracht. Dass ein F&E-Vertrag den Wettbewerb auf diesem Markt spürbar beschränkt, ist aber durchaus denkbar, z.B. in dem Fall, dass nur ein bestimmter Anbieter von F&E-Dienstleistungen die für F&E auf einem bestimmten technischen Gebiet notwendigen, sehr kostspieligen Versuchsausrüstungen hat und durch einen F&E-Auftrag verpflichtet werden soll, nur für den Auftraggeber auf diesem Gebiet F&E zu leisten; vgl. auch den in Art. 7 Buchst. a) F&E-GFVO genannten Grund für einen Widerruf einer nach der F&E-GFVO erfolgten Freistellung. 166

Bei den **unter die Vertikal-LL bzw. die Zulieferbekanntmachung fallenden F&E-Verträgen** ergibt sich unter Berücksichtigung der Vertikal-LL für die relevanten Märkte Folgendes: 167

Wenn bei einer F&E-Kooperation, die auf die Entwicklung eines Vorprodukts durch einen Lieferanten und die Verwendung dieses Vorprodukts durch einen Abnehmer gerichtet ist, das zu entwickelnde Vorprodukt einem bestehenden Produktmarkt angehören würde, bildet dieser Produktmarkt den sach- 168

263 Siehe dazu *Möschel (Techn. Zusammenarbeit)* S. 87, 95.

lich und räumlich relevanten Markt. Er ist einerseits ein Liefermarkt, auf dem der Lieferant einen bestimmten Marktanteil hat, und andererseits ein Beschaffungsmarkt, auf dem der Abnehmer einen bestimmten Marktanteil hat.

Relevant können darüber hinaus die Märkte (und die diesbezüglichen Marktanteile des Abnehmers) auf allen nachfolgenden Handelsstufen sein, auf der die in der Vereinbarung enthaltenen Beschränkungen Folgen zeitigen. Als ein solcher Markt kommt insbesondere der Markt für das mit dem zu entwickelnden Vorprodukt herzustellende Endprodukt in Betracht.

169 Wenn die Kooperation auf die Entwicklung eines Vorprodukts gerichtet ist, das einem neuen Markt angehören würde, gilt Folgendes:

Die für F&E-Verträge, welche unter die Horizontal-LL fallen, ggf. relevanten Innovationsmärkte sind für unter die Vertikal-LL bzw. die Zulieferbekanntmachung fallenden F&E-Verträge nicht relevant.

Künftige Märkte sind aber für unter die Vertikal-LL fallenden F&E-Verträgen im Hinblick auf Abreden relevant,

- welche einen oder mehrere Vertragspartner an einer F&E-Zusammenarbeit mit Dritten hindern sollen, oder
- das Recht eines Vertragspartners beschränken, die von ihm erzielten F&E-Ergebnisse zu benutzen und daran nicht ausschließliche Lizenzen zu erteilen.

dd) Die relevanten Märkte nach der Relevanter-Markt-Bekanntmachung

170 Die Relevanter-Markt-Bekanntmachung betrifft, wie bereits erwähnt, unmittelbar nur vorhandene Produktmärkte (=Waren- oder Dienstleistungsmärkte), also nicht vorhandene Technologiemärkte sowie »Innovationsmärkte«, die nach den Horizontal-LL ebenfalls für die Beurteilung von F&E-Verträgen nach Art. 81 EGV relevant sein können.

171 Nach Nr. 9 der Relevanter-Markt-Bekanntmachung bestimmt sich der für die Würdigung einer Wettbewerbsfrage relevante Markt erst durch eine Kombination des sachlich und räumlich relevanten Markts.

172 Ausgangspunkt für die Bestimmung des sachlich relevanten Produktmarkts ist nach Nr. 7 folgende Definition:

»Der *sachlich* relevante Produktmarkt umfasst sämtliche Erzeugnisse und/oder Dienstleistungen, die von den Verbrauchern hinsichtlich ihrer Eigenschaften, Preise und ihres vorgesehenen Verwendungszwecks als austauschbar oder substituierbar angesehen werden.«

Als besonders wichtig erscheint dabei die Substituierbarkeit hins. des Preises, zu der in Nr. 17 ausgeführt wird: »Die zu beantwortende Frage lautet, ob die Kunden der Parteien als Reaktion auf eine angenommene kleine, bleibende Erhöhung der relativen Preise (im Bereich zwischen 5 und 10 %) für die betreffenden Produkte und Gebiete auf leicht verfügbare Substitute ausweichen würden. ...«

Für den *räumlich* relevanten Produktmarkt ist nach Nr. 8 folgende Definition der Ausgangspunkt: 173

»Der geographisch relevante Markt umfasst das Gebiet, in dem die beteiligten Unternehmen die relevanten Produkte oder Dienstleistungen anbieten, in dem die Wettbewerbsbedingungen hinreichend homogen sind und das sich von benachbarten Gebieten durch spürbar unterschiedliche Wettbewerbsbedingungen unterscheidet.«

Nach Nr. 51 ist der jeweils relevante Markt nicht notwendig auf das Gebiet der EU oder des Europäischen Wirtschaftsraums oder einen Teil dieses Gebiets beschränkt. Es kann sich vielmehr um lokale bis zu globalen Märkten handeln. 174

Die Substituierbarkeit von Produkten kann sich aus der »Nachfragesubstituierbarkeit« als der unmittelbarsten und wirksamsten disziplinierenden Kraft, aber auch aus der »Angebotssubstituierbarkeit« ergeben (Nr. 13 bis 19). Kriterium für erstere ist nach Nr. 15 bis17, ob die Kunden der Parteien als Reaktion auf eine angenommene kleine, bleibende Erhöhung der relativen Preise (im Bereich zwischen 5 und 10 %) für die betr. Produkte auf leicht verfügbare Substitute ausweichen würden. Nach Nr. 24 ist dagegen der potenzielle Wettbewerb bei der Definition des relevanten Markts nicht heranzuziehen. 175

e) Die Beurteilung von F&E-Verträgen nach Art. 81 Abs. 1 EGV

aa) Tatbestandsmerkmale des Art. 81 Abs. 1 EGV

aaa) Vereinbarungen zwischen Unternehmen

Der Verbotstatbestand des Art. 81 Abs. 1 EGV betrifft in erster Linie Vereinbarungen zwischen Unternehmen. 176

Der Begriff »Unternehmen« i.S. von Art. 81 Abs. 1 EGV ist – ähnlich wie im deutschen Kartellrecht – in einem sehr weiten Sinne zu verstehen. Er erstreckt sich auf jede eine wirtschaftliche Tätigkeit ausübende Einheit, unabhängig von der Art ihrer Rechtsform, von dem Vorliegen einer Gewinnerzielungsabsicht sowie von der Art ihrer Finanzierung.[264] Somit werden alle F&E-Verträge i.S. dieses Buchs, einschließlich F&E-Aufträgen an einzelne Wissenschaftler und F&E-Beratungsverträgen mit Wissenschaftlern, zwischen »Unternehmen« im kartellrechtlichen Sinne abgeschlossen.

Für die Frage, ob bei einer Gesamtvereinbarung über F&E, die sich auf mehrere Tätigkeiten erstreckt, i.S. von Art. 81 Abs. 1 EGV eine Vereinbarung bildet oder mehrere Vereinbarungen umfasst, von denen jede einzeln auf ihre Zulässigkeit nach Art. 81 Abs. 1 EGV zu überprüfen ist, kommt es nach Nr. 14 der Zwischenstaatlichkeitsklausel-LL darauf an, ob diese Tätigkeiten unmittelbar miteinander zusammenhängen und Regelungen bezüglich aller dieser Tätigkeiten integraler Bestandteil der Gesamtvereinbarung sind, siehe dazu Kap. 5 Rdn. 183–185. 177

264 Siehe z.B. EuGH Slg. 1984, 2099 (3016) »Hydrotherm« und *Emmerich* S. 409 m.w.N unter Fn. 2.

bbb) Eignung der Vereinbarungen zur Beeinträchtigung des Handels zwischen Mitgliedstaaten (»Zwischenstaatlichkeitsklausel«)

178 Die zum Verbotstatbestand des Art. 81 Abs. 1 EGV gehörende Zwischenstaatlichkeitsklausel ist das einzige unterscheidende Merkmal von Art. 81 EGV gegenüber § 1 und § 2 Abs. 1 GWB. Da für den Freistellungstatbestand des § 2 Abs. 1 GWB die GFVO der Kommission nach § 2 Abs. 2 GWB entsprechend anzuwenden sind, greift bei Verträgen, die den Handel zwischen Mitgliedstaaten nicht beeinträchtigen, aber alle anderen Verbotsvoraussetzungen des Art. 81 EGV (auch unter Berücksichtigung der einschlägigen GFVO) erfüllen, § 1 GWB ein, sofern die Wettbewerbsbeschränkungen Auswirkungen im Geltungsbereich des GWB i.S. von § 130 Abs. 2 GWB haben und die Verbotsausnahme für Mittelstandskartelle nach § 3 GWB (siehe dazu Kap. 5 Rdn. 680–691) nicht greift. Umgekehrt können Verträge, die zwar die Zwischenstaatlichkeitsklausel erfüllen, aber nach Art. 81 EGV zulässig sind, schon gemäß Art. 3 Abs. 2 Durchführungs-VO zu Art. 81/82 EGV nicht nach nationalem Kartellrecht der Mitgliedstaaten unzulässig sein, siehe dazu schon Kap. 5 Rdn. 50 und 52 und unten Kap. 5 Rdn. 182.

179 Die Nichterfüllung der Zwischenstaatlichkeitsklausel erscheint danach zivilrechtlich nur unter den Aspekten gemäß nachfolgend 1. und 2. von Bedeutung:

1. Erfüllt eine Vereinbarung nicht die Zwischenstaatlichkeitsklausel, wäre sie aber auch bei Erfüllung derselben nach Art. 81 EGV (unter Berücksichtigung der GFVO) zulässig, kann sie noch nach nationalem Kartellrecht anderer EU-Mitgliedsländern als Deutschland unzulässig sein, deren Kartellverbotsrecht strenger ist als das EU-Kartellverbotsrecht.
2. Umgekehrt kann eine Vereinbarung, welche die Zwischenstaatlichkeitsklausel nicht erfüllt, aber im Falle ihrer Erfüllung nach Art. 81 verboten wäre, nach nationalem Kartellrecht zulässig sein, soweit dieses milder ist als das EU-Kartellverbotsrecht (siehe für Deutschland die bereits erwähnte Erweiterung der Freistellung für Mittelstandskartelle gemäß § 3 GWB).

180 Die Kommission hat die Zwischenstaatlichkeitsklausel in den »Leitlinien über den Begriff der Beeinträchtigung des zwischenstaatlichen Handels in den Artikeln 81 und 82 des Vertrages« (hier kurz als »**Zwischenstaatlichkeitsklausel-LL**« bezeichnet) sehr ausführlich erörtert (siehe zu diesen Leitlinien schon Kap. 5 Rdn. 68 und zur generellen Bedeutung von Bekanntmachungen der Kommission Kap. 5 Rdn. 56 und 66). Die nachfolgenden Ausführungen können nur einen Überblick über diese umfangreichen Leitlinien unter Berücksichtigung ihrer Relevanz gerade für F&E-Verträge geben.

181 Die Leitlinien behandeln nach ihrer **Nr. 3** die Grundsätze, die von den Gemeinschaftsgerichten zur Auslegung des in den Art. 81 und 82 EGV enthaltenen Begriffs der Beeinträchtigung des zwischenstaatlichen Handels entwickelt wurden.

182 **Nr. 10** weist darauf hin, dass nach Art. 3 Abs. 2 der Durchführungs-VO zu Art. 81/82 EGV die Anwendung des nationalen Wettbewerbsrechts u.a. nicht zur Untersagung von Vereinbarungen führen darf, die zwar den Handel zwischen Mitgliedstaaten zu beeinträchtigen geeignet sind, aber den Wettbewerb

nicht i.S. von Art. 81 Abs. 1 beschränken, oder die Bedingungen von Art. 81 Abs. 3 erfüllen oder nach einer GFVO freigestellt sind. Die Zwischenstaatlichkeitsklausel ist damit Kollisionsnorm zwischen dem Gemeinschaftsrecht und dem innerstaatlichen Recht und bestimmt zugleich den sachlichen Verbotsbereich des Art. 81 EGV mit.[265]

Nr. 14 hat im Wesentlichen folgenden Inhalt: Zur Erfüllung der Zwischenstaatlichkeitsklausel ist nicht erforderlich, dass jeder einzelne Teil der Vereinbarung geeignet ist, den Handel zwischen Mitgliedstaaten zu beeinträchtigen. Es genügt, dass die Gesamtvereinbarung diese Eignung hat. Erstrecken sich die vertraglichen Beziehungen der Partner auf mehrere Tätigkeiten, müssen diese insoweit derselben Vereinbarung zugerechnet werden, als diese Tätigkeiten unmittelbar miteinander zusammenhängen und integraler Bestandteil der betr. Gesamtvereinbarung sind. Soweit dies nicht der Fall ist, muss man von mehreren Vereinbarungen ausgehen, die jeweils separat auf ihre Zulässigkeit nach Art. 81 EGV und damit auch auf Erfüllung der Zwischenstaatlichkeitsklausel zu überprüfen sind. 183

Die in Nr. 14 erörterte Frage, wann nur von einer und wann von mehreren Vereinbarungen auszugehen ist, betrifft nicht nur die Zwischenstaatlichkeitsklausel, sondern ist für die Prüfung des gesamten Tatbestands des Art. 81 von Bedeutung. 184

Man wird aus Nr. 14 z.B. zu schließen haben, dass ein F&E-Vertrag nur *eine* Vereinbarung im vorstehenden Sinne bildet, wenn er nicht nur die Produktion der zu entwickelnden Erzeugnisse vergemeinschaftet, sondern auch die Produktion von anderen Erzeugnissen, wenn diese anderen Erzeugnisse technisch oder wirtschaftlich mit den zu entwickelnden Erzeugnissen zusammenhängen. 185

Nach **Nr. 16** ist zur Erfüllung der Zwischenstaatlichkeitsklausel eine Verbindung zwischen der mutmaßlichen Wettbewerbsbeschränkung und der Eignung zur Beeinträchtigung des zwischenstaatlichen Handels nicht erforderlich. Die mutmaßlichen, aus einer Vereinbarung hervorgehenden Wettbewerbsbeschränkungen könnten jedoch einen deutlichen Hinweis auf die Erfüllung der Klausel geben. So sei z.B. eine Vertriebsvereinbarung, die ein Ausfuhrverbot vorsieht, ihrem Wesen nach geeignet, den Handel zwischen Mitgliedstaaten zu beeinträchtigen, wenn auch nicht unbedingt in einem spürbaren Ausmaß. 186

Nach **Nr. 18** sind bei der Prüfung, ob die Klausel erfüllt ist, drei Elemente zu berücksichtigen: 187

a) der Begriff »Handel zwischen Mitgliedstaaten«
b) die Formulierung »zu beeinträchtigen geeignet«, und
c) der Begriff der »Spürbarkeit«

Nr. 19 bis 22 befassen sich speziell mit dem Begriff »**Handel zwischen Mitgliedstaaten**«. 188

Nach **Nr. 19** ist der Begriff Handel nicht auf den traditionellen grenzüberschreitenden Austausch von Waren und Dienstleistungen beschränkt. Er um- 189

265 *Folz* S. 321

fasst vielmehr alle grenzüberschreitenden wirtschaftlichen Tätigkeiten einschließlich der Niederlassung.

190 **Nr. 20** weist darauf hin, dass nach ständiger Rechtsprechung der Begriff »Handel« auch schon erfüllt ist, wenn die Wettbewerbsstruktur des Markts durch Vereinbarungen oder Verhaltensweisen beeinträchtigt wird.

191 Nach **Nr. 21** setzt das Erfordernis der Beeinträchtigung zwischen Mitgliedstaaten voraus, dass Auswirkungen auf grenzüberschreitende wirtschaftliche Tätigkeiten zwischen mindestens zwei Mitgliedstaaten vorliegen.

192 **Nr. 23 bis 41** betreffen die Formulierung »**zu beeinträchtigen geeignet**«.

193 Nach **Nr. 23** kommt es für dieses Merkmal darauf an, ob sich mit hinreichender Wahrscheinlichkeit anhand objektiver oder rechtlicher Umstände voraussehen lässt, dass die Vereinbarung den Warenverkehr (Anm.: gemeint als Waren- oder Dienstleistungsverkehr, siehe Fn. 10 zu den Leitlinien) unmittelbar oder mittelbar, tatsächlich oder potenziell beeinflussen kann. Darüber hinaus sei darauf abzustellen, ob die Vereinbarung die Wettbewerbsstruktur beeinträchtigt.

194 **Nr. 25** bemerkt zum Kriterium »hinreichende Wahrscheinlichkeit aufgrund objektiver rechtlicher oder tatsächlicher Umstände«, dass ein subjektiver Wille nicht erforderlich sei. Wenn aber eine Absicht zur Handelsbeeinträchtigung vorliege, sei dies ein relevanter Gesichtspunkt, der zu berücksichtigen sei.

195 Nach **Nr. 33** (siehe auch schon Nr. 23) genügt für eine »Beeinträchtigung« jede Beeinflussung des »Warenverkehrs« zwischen Mitgliedstaaten.

196 Nach **Nr. 34** ist eine solche Beeinflussung schon dann anzunehmen und damit das Gemeinschaftsrecht anwendbar, wenn sich der Handel zwischen Mitgliedstaaten aufgrund der Vereinbarung anders entwickelt, als dies ohne sie anzunehmen wäre.

Daraus folgt, dass eine Beeinflussung auch bei einer Zunahme des zwischenstaatlichen Handels gegeben ist.

197 **Nr. 41** definiert potenzielle Auswirkungen (die nach Nr. 23 genügen) als Auswirkungen, die mit hinreichender Wahrscheinlichkeit in der Zukunft entstehen werden. »Mit anderen Worten« müssten die vorhersehbaren Marktentwicklungen berücksichtigt werden.

198 **Nr. 44 bis 57** betreffen das Erfordernis der »**Spürbarkeit**«, das angesichts der sehr weiten Auslegung des Begriffs »Beeinträchtigung des Handels zwischen Mitgliedstaaten« von besonderer Bedeutung ist.

199 Nach **Nr. 44** ist das Erfordernis der Spürbarkeit ein quantitatives Element, das die Anwendung des Gemeinschaftsrechts auf Vereinbarungen beschränkt, die geeignet sind, Auswirkungen eines bestimmten Ausmaßes zu verursachen. Unter Art. 81 EGV würden daher nicht Vereinbarungen fallen, die wegen der schwachen Marktstellung der beteiligten Unternehmen den Produktmarkt nur geringfügig beeinträchtigen (Anm.: Siehe jedoch Kap. 5 Rdn. 205).

200 **Nr. 45** macht u.a. die wichtige Aussage, dass die Schwelle der Spürbarkeit bei Vereinbarungen, die »ihrem Wesen nach« geeignet sind, den Handel zwischen Mitgliedstaaten zu beeinträchtigen, (Anm.: Siehe zu diesen Vereinbarungen Kap. 5 Rdn. 210 und 211) niedriger anzusetzen ist als bei anderen Vereinbarungen.

Nr. 50 führt aus, dass es nicht möglich ist, allgemeine quantitative Regeln aufzustellen, die alle Arten von Vereinbarungen erfassen und angeben, wann der Handel zwischen Mitgliedstaaten spürbar beeinträchtigt ist. Es bestehe aber, wie die Kommission auch schon in der Bagatellbekanntmachung festgestellt habe, eine »widerlegbare Negativvermutung«, d.h. eine Vermutung für mangelnde Spürbarkeit der Beeinträchtigung des zwischenstaatlichen Handels, bei Vereinbarungen zwischen KMU gemäß der Definition im Anhang der Empfehlung der Kommission 96/280/EG.[266] Nach dieser Definition sind KMU Unternehmen, die weniger als 250 Mitarbeiter haben und deren Jahresumsatz 40 Mio. € oder deren Bilanzsumme 27 Mio. € nicht übersteigt. Inzwischen sind KMU, worauf Fn. 38 hinweist, durch die Empfehlung der Kommission 2003/361/EG[267] neu definiert worden, wobei die Schwellenwerte für den Jahresumsatz bzw. die Bilanzsumme auf 50 Mio. bzw. 43 Mio. € erhöht wurden. Nach dem Wortlaut von Nr. 50 ist aber für die Negativvermutung weiterhin die alte Definition der KMU maßgebend. Grund für diese Negativvermutung sei die Erwägung, dass die Tätigkeiten der so definierten KMU in der Regel lokal oder regional ausgerichtet seien. KMU könnten jedoch insbesondere dann der Anwendung des Gemeinschaftsrechts unterliegen, wenn sie grenzüberschreitend tätig werden. 201

Unter diesem Aspekt kann auch bei einem F&E-Vertrag zwischen KMU, die in einem Mitgliedsstaat oder in mehreren Mitgliedstaaten ansässig sind, eine spürbare Beeinträchtigung des zwischenstaatlichen Handels zu verneinen sein, wenn zu erwarten ist, dass die Vertragspartner die Ergebnisse der vereinbarten F&E in erster Linie in ihrem Heimatland verwerten wollen. Normalerweise zielt F&E allerdings nicht nur auf einen territorial begrenzten Markt, so dass die erwähnte Negativvermutung häufig widerlegbar sein wird. 202

Nach **Nr. 52** gilt eine Negativvermutung im vorstehenden Sinn auch dann, wenn die folgenden Voraussetzungen kumulativ erfüllt sind: 203

a) Der gemeinsame Marktanteil der Parteien überschreitet auf keinem von der Vereinbarung betroffenen relevanten Markt innerhalb der Gemeinschaft 5 %, und
b) im Falle horizontaler Vereinbarungen überschreitet der gesamte Jahresumsatz der beteiligten Unternehmen innerhalb der Gemeinschaft mit den von der Vereinbarung erfassten Waren nicht den Betrag von 40 Mio. €.

Nr. 52 b) gilt auch für Vereinbarungen betr. den gemeinsamen Erwerb von Waren und für vertikale Vereinbarungen (unter Festlegung von wiederum speziellen Kriterien für Lizenzvereinbarungen und Vereinbarungen zwischen einem Käufer und mehreren Lieferanten), jedoch wird für solche Vereinbarungen der relevante Umsatz abweichend definiert. Weiter legt Nr. 52 Toleranzgrenzen bei geringfügiger Überschreitung der Schwellenwerte während zweier aufeinander folgender Jahre fest. 204

266 ABl. L 107 vom 30. 4. 1996, S. 4.
267 ABl. L 124 vom 20. 5. 2003, S. 36 ff.

205 Für F&E-Verträge über eine F&E, die auf Produkte/Technologien gerichtet sind, die einem neuen Markt angehören würden, ist folgende Aussage in Nr. 52 zu beachten: Die nach Nr. 52 grundsätzlich bestehende Negativvermutung gilt ausnahmsweise nicht, wenn die Vereinbarung einen in Entwicklung begriffenen, noch nicht existierenden Markt betrifft, auf dem die Parteien weder einen relevanten Umsatz erzielen noch relevante Marktanteile halten. Die Spürbarkeit möge in diesen Fällen anhand der Stellung der Parteien auf benachbarten Produktmärkten oder ihrer Stärke in den von der Vereinbarung betroffenen Technologien zu beurteilen sein.

206 **Nr. 53** stellt umgekehrt eine widerlegbare Positivvermutung, d.h. eine Vermutung für die Spürbarkeit der Beeinträchtigung des zwischenstaatlichen Handels, für den Fall auf, dass die Vereinbarung ihrem Wesen nach zur Beeinträchtigung des Handels zwischen Mitgliedstaaten geeignet ist (da sie beispielsweise Einfuhren und Ausfuhren betrifft oder sich auf mehrere Mitgliedstaaten erstreckt), sofern der gemäß den Nr. 52 und 54 errechnete Umsatz der Unternehmen mit den von der Vereinbarung erfassten Waren 40 Mio. € überschreitet.

207 Nach **Nr. 54** wird im Hinblick auf den Schwellenwert von 40 Mio. € (siehe Nr. 52) der Umsatz auf der Grundlage der gesamten von den betr. Unternehmen während des vorangehenden Geschäftsjahrs mit den von der Vereinbarung erfassten Waren (Vertragserzeugnisse) erzielten Umsätze vor Steuern ermittelt. Umsätze zwischen Gesellschaften, die Teil desselben Unternehmens sind, seien dabei nicht zu berücksichtigen.

208 Nach **Nr. 55** muss zur Anwendung des Schwellenwerts der sachlich und räumlich relevante Markt gemäß der Relevanter-Markt-Bekanntmachung abgegrenzt werden, siehe dazu Kap. 5 Rdn. 170–175.

209 **Nr. 59 bis 109** befassen sich mit der Anwendung der genannten Grundsätze auf verbreitete Formen von Vereinbarungen und missbräuchlichen Verhaltensweisen. Dabei gelten **Nr. 61 bis 72** für Vereinbarungen, die mehrere Mitgliedstaaten betreffen oder in mehreren Mitgliedstaaten durchgeführt werden, **Nr. 77 bis 92** für Vereinbarungen, die einen einzigen Mitgliedstaat oder einen Teil eines Mitgliedstaats betreffen, und **Nr. 100 bis 109** für Vereinbarungen betr. Ein- und Ausfuhren mit Unternehmen in Drittländern und Vereinbarungen betr. Unternehmen in Drittländern.

210 **Nr. 63** rechnet zur Gruppe der Vereinbarungen, die ihrem Wesen nach die Zwischenstaatlichkeitsklausel erfüllen, u.a. Vereinbarungen, die eine Beschränkung von Einfuhren und Ausfuhren, einschl. des aktiven und passiven Verkaufs, enthalten.

211 **Nr. 67** betrifft Vereinbarungen über horizontale Zusammenarbeit, z.B. bei Produktion oder Vertrieb, unter Bildung von Gemeinschaftsunternehmen, welche die wirtschaftliche Tätigkeit in zwei oder mehr Mitgliedstaaten ausüben, oder Waren herstellen, die durch die Muttergesellschaften in zwei oder mehr Mitgliedstaaten verkauft werden. Derartige Vereinbarungen seien i.d.R. ihrem Wesen nach zur Beeinträchtigung des zwischenstaatlichen Handels geeignet.

Nach **Nr. 77** kann es bei Vereinbarungen, die nur das Gebiet eines Mitgliedstaats erfassen, notwendig sein, gemäß den nachfolgenden Nr. ihre Eignung zur Beeinträchtigung des zwischenstaatlichen Handels näher zu prüfen. 212

Entsprechendes gilt nach **Nr. 89** für Vereinbarungen, die nur einen Teil eines Mitgliedstaats erfassen. 213

Nach **Nr. 101** genügt es für die Anwendbarkeit des Gemeinschaftsrechts, dass eine Vereinbarung oder Verhaltensweise, die Drittländer oder Unternehmen in Drittländern betrifft, geeignet ist, die grenzüberschreitende Wirtschaftstätigkeit innerhalb der Gemeinschaft zu beeinträchtigen. Die Einfuhr in einen Mitgliedstaat könne genügen, um Wirkungen dieser Art auszulösen. 214

Zusammenfassung: 215
Die Zwischenstaatlichkeitsklausel-LL legen das Merkmal »Beeinträchtigung des Handels zwischen Mitgliedstaaten« unter Berufung auf die einschlägige Rechtsprechung der Gemeinschaftsgerichte sehr weit aus.[268] Danach genügt zur Erfüllung dieses Merkmals jede spürbare Beeinflussung des zwischenstaatlichen Handels, wobei »Handel« weit i.S. aller grenzüberschreitenden wirtschaftlichen Tätigkeiten zu verstehen ist, und auch jede Beeinträchtigung der Wettbewerbsstruktur in der EU als Beeinträchtigung des zwischenstaatlichen Handels gilt. Die Eignung zur Beeinträchtigung ist zu bejahen, wenn sich mit hinreichender Wahrscheinlichkeit anhand objektiver oder rechtlicher Umstände voraussehen lässt, dass die Vereinbarung den Handel zwischen Mitgliedstaaten unmittelbar oder mittelbar, tatsächlich oder potenziell beeinflusst. Die erforderliche Spürbarkeit der Beeinflussung ist ein quantitatives Element, wobei die Schwelle der Spürbarkeit bei Vereinbarungen, die »ihrem Wesen nach« geeignet sind, den zwischenstaatlichen Handel zu beeinträchtigen (z.B. Regelungen über Ein- und Ausfuhren enthalten), niedriger anzusetzen ist als bei anderen Vereinbarungen. Dabei gibt es für die Erfüllung der Zwischenstaatlichkeitsklausel gewisse widerlegbare negative und gewisse widerlegbare positive Vermutungen. Eine negative Vermutung besteht z.B. im Falle von Vereinbarungen zwischen KMU i.S. folgender Definition: Unternehmen mit weniger als 250 Mitarbeitern, einem Jahresumsatz nicht über 40 Mio. € und einer Bilanzsumme nicht über 27 Mio. €. Für F&E-Verträge, die nicht zwischen KMU abgeschlossen werden und auf ein Produkt gerichtet sind, das einen neuen Markt bilden würde, ist wichtig, dass es keine Negativvermutung hinsichtlich der Spürbarkeit der Beeinträchtigung des zwischenstaatlichen Handels durch solche Verträge gibt.

ccc) Das Bezwecken oder Bewirken einer Wettbewerbsbeschränkung

Vereinbarungen können nur dann unter den Verbotstatbestand des Art. 81 Abs. 1 EGV fallen, wenn sie eine Verhinderung, Einschränkung oder Verfäl- 216

268 Vgl. dazu auch *Folz* S. 323.

schung des Wettbewerbs innerhalb des gemeinsamen Markts bezwecken oder bewirken. Die Verhinderung, Einschränkung oder Verfälschung des Wettbewerbs wird nachfolgend – wie in Nr. 17 der Horizontal-LL – unter dem Oberbegriff »Wettbewerbsbeschränkung« zusammengefasst.[269]

217 Bei der Frage, ob eine Vereinbarung eine Wettbewerbsbeschränkung bezweckt oder bewirkt, ist von Folgendem auszugehen:

218 Ebenso wenig wie der Begriff »Wettbewerb« ist der Begriff der **»Wettbewerbsbeschränkung«** (im obigen Sinne) im EGV definiert. Art. 81 Abs. 1 EGV führt unter a) bis e) nur Regelbeispiele für Wettbewerbsbeschränkungen an, von denen für F&E-Verträge vor allem die Einschränkung oder Kontrolle der Erzeugung, des Absatzes und der technischen Entwicklung – Art. 81 Abs. 1 b) – und die Aufteilung der Märkte oder Versorgungsquellen – Art. 81 Abs. 1 c) – relevant sind. Auch in den Entscheidungen der europäischen Gerichte und der Kommission ist keine Definition der beiden Begriffe zu finden. Im Schrifttum ist bis heute umstritten, ob eine Definition des Wettbewerbs und der Wettbewerbsbeschränkung überhaupt möglich ist.[270] Einigkeit besteht nur darüber, dass diese Begriffe etwas mit der Freiheit unternehmerischer Planung zu tun haben, so dass die Beeinträchtigung der unternehmerischen Handlungs- und Entscheidungsfreiheit den Kern von Wettbewerbsbeschränkungen bildet.[271]

219 Nicht jede Beeinträchtigung der unternehmerischen Handlungs- oder Entscheidungsfreiheit stellt aber bereits eine Wettbewerbsbeschränkung dar, und zwar schon deshalb nicht, weil die unternehmerische Handlungsfreiheit niemals umfassend sein kann; man kommt deshalb nicht ohne Wertungen aus.[272] Zu beantworten ist daher die Frage, welche Verhaltensweisen als wettbewerbsbeschränkend gelten sollen,[273] bzw. welcher Wettbewerb schutzwürdig ist und welcher nicht.[274]

220 Nachfolgend werden zunächst – immer mit Blick auf die mögliche Relevanz auch für F&E-Verträge – die Ausführungen skizziert, wie die **Freistellungs-LL** (die entgegen dem ersten Anschein nicht nur Ausführungen zur Vereinbarkeit von Vereinbarungen mit Art. 81 Abs. 3 EGV enthalten) die Frage, wann eine Vereinbarung eine Wettbewerbsbeschränkung bezweckt oder bewirkt, im Allgemeinen beantworten (siehe zu diesen Leitlinien schon Kap. 5 Rdn. 69). Wie diese Frage speziell bei F&E-Verträgen zu beurteilen ist, wird dann unter Kap. 5 Rdn. 249–344 erörtert, und zwar getrennt für F&E-Verträge, die unter die Horizontal-LL fallen, und solche F&E-Verträge, die unter die Vertikal-LL bzw. die Zulieferbekanntmachung fallen.

269 Das Verhältnis der drei Begriffe zueinander und ihre Abgrenzung gegeneinander ist in der Literatur streitig; vgl. *Emmerich* S. 417, *Teske* S. 79 ff.; *Maurer* S. 78 ff.; *Folz* S. 316.

270 Vgl. *Emmerich* S. 10 unter Angabe weiterer Literatur unter Fn. 24; *Teske* S. 33 ff.; *Kuder* S. 66 ff.; *Machunsky* S. 21 ff.; *Maurer* S. 78 ff.

271 Siehe z.B. *Emmerich* S. 10, 39 und 408; *Loewenheim/Belke* § 1 Rn. 58; *Machunsky* S. 22.

272 *Emmerich* S. 10 mit Literatur unter Fn. 24.

273 *Emmerich* S. 10.

274 Vgl. z.B. *Emmerich* S. 408; *O. Axster* GRUR 1980, S. 343, 349; *Machunsky* S. 23 f.

Gemäß **Nr. 11** (und ebenso gemäß Nr. 30) der Freistellungs-LL erfolgt eine **Abwägung von wettbewerbsfördernden und wettbewerbswidrigen Auswirkungen** einer Vereinbarung nicht im Rahmen der Beurteilung dieser Vereinbarung nach Art. 81 Abs. 1 EGV, sondern nur bei Prüfung der Freistellungsvoraussetzungen nach Art. 81 Abs. 3 EGV. 221

Dies ist eine neue Aussage, welche die Kommission, soweit ersichtlich, bisher nicht gemacht hat. Im Gegenteil lassen verschiedene Passagen in den Horizontal-LL den Schluss zu, dass sie bisher auch zur Feststellung der Wettbewerbsbeschränkung eine Abwägung der genannten Art gemacht hat, s.u. Kap. 5 Rdn. 303, 304 und 311. Vermutlich hängt die neue Linie der Kommission damit zusammen, dass die Durchführungs-VO zu Art. 81/82 EGV die Bestimmung des Art. 81 Abs. 3 EGV in eine Legalausnahme umfunktionierte. Damit entfiel das Hauptargument für eine Abwägung schon im Rahmen von Art. 81 Abs. 1 EGV, nämlich das Argument, die Wirksamkeit einer von Art. 81 Abs. 1 erfassten Vereinbarung hänge von einem Rechtsakt der Kommission ab.[275] 222

Mit ihrer neuen Linie erteilt die Kommission auch eine Absage an Tendenzen, für die Prüfung, ob eine Vereinbarung eine Wettbewerbsbeschränkung i.S. von Art. 81 Abs. 1 EGV bezweckt oder bewirkt, die US-amerikanische »rule of reason« zu übernehmen,[276] soweit diese eine Abwägung von wettbewerbsfördernden und wettbewerbswidrigen Auswirkungen verlangt. Dagegen erkennt die Kommission die von der »rule of reason« umfasste »ancillary restraints«-Doktrin bis zu einem gewissen Grade an, siehe dazu Kap. 5 Rdn. 231 und 245. 223

Nach **Nr. 16** der Freistellungs-LL beschränkt eine Vereinbarung den Wettbewerb, wenn sie geeignet ist, spürbare negative Auswirkungen auf die Wettbewerbsparameter im Markt wie Preise, Produktionsmenge, Produktvielfalt und Innovation zu haben. Eine Vereinbarung könne diese Auswirkungen haben, wenn der Wettbewerbsdruck zwischen den Parteien der Vereinbarung oder zwischen ihnen und Dritten erheblich gemindert wird. 224

Nach **Nr. 17** richtet sich die Antwort auf diese Frage nach den tatsächlichen Wettbewerbsgegebenheiten, die bestünden, wenn die Vereinbarung mit ihren vermuteten Beschränkungen nicht praktiziert würde. 225

Nach **Nr. 18** sind hierbei wiederum zwei Teilfragen zu unterscheiden, deren Beantwortung einen nützlichen Anhaltspunkt dafür gebe, ob die Vereinbarung den Wettbewerb tatsächlich oder wahrscheinlich beeinträchtigt: Die erste Teilfrage geht dahin, ob die Vereinbarung den tatsächlichen oder potenziellen Wettbewerb beeinträchtigt, der ohne sie bestanden hätte; die zweite Teilfrage geht dahin, ob die Vereinbarung einen tatsächlichen oder potenziellen Wettbewerb beschränkt, der bestanden hätte, wenn es die vertraglichen Beschränkungen nicht gegeben hätte. 226

275 Vgl. *P. Ulmer* RIW 1985, S. 517, 518.

276 Grundsätzlich für die Anwendung auf der Basis der vor Erlass der Durchführungs-VO zu Art. 81/82 bestehenden Rechtslage z.B. *P. Ulmer* RIW 1985, S. 517 ff.; *White* IIC 1985, S. 663, 671, 676; *Wiedemann*. Allgemeiner Teil, I. Grundlagen, Rn. 24; vgl. auch *Fuchs* S. 176 ff.; verneinend *Langen/Bunte*, Rn. 41 zu Art. 81; für das frühere deutsche Recht verneinend z.B. *Machunsky* S. 47; *Zimmer* in *Immenga-Mestmäcker (GWB)*, § 1 Rn. 195.

227 **Nr. 18 Punkt 1** befasst sich mit der ersten Teilfrage. Sie verneint dabei einen Wettbewerb zwischen den Parteien hinsichtlich der von der Vereinbarung erfassten Tätigkeiten, wenn es z.B. wegen bestehender finanzieller Risiken und der technischen Fähigkeiten der Parteien aufgrund objektiver Faktoren unwahrscheinlich ist, dass jede Partei in der Lage wäre, diese Tätigkeiten allein durchzuführen. Es sei jedoch Sache der Parteien, entsprechende Nachweise zu unterbreiten.

228 Der beschriebene Fall kann in zwei verschiedenen Unterfällen gegeben sein:

Im ersten Unterfall ist wenigstens eine Partei in der Lage, die Tätigkeiten allein durchzuführen. Hier soll ein Wettbewerbsverhältnis zu der anderen Partei offenbar auch dann entfallen, wenn diese die Tätigkeit gemeinsam mit einem Dritten, der ebenfalls nicht allein zur Durchführung der Tätigkeit imstande wäre, durchführen könnte. Zwingend erscheint dies nicht.

Im zweiten Unterfall ist keine der Parteien allein zur Durchführung der Tätigkeit in der Lage. Die Verneinung einer Wettbewerbsbeziehung zwischen den Parteien entspricht hier dem »Arbeitsgemeinschaftsgedanken«. Es ist umstritten, ob dieser Gedanke die Verneinung einer Wettbewerbsbeschränkung rechtfertigen kann, insbesondere auch bei F&E-Verträgen (siehe dazu Kap. 5 Rdn. 265 und 266).

229 Problematisch ist die in Nr. 18 Punkt 1 enthaltene Bestimmung, dass Vertragsparteien, die sich auf Unfähigkeit zur individuellen Durchführung der betr. Tätigkeit berufen, dafür die Beweislast tragen (siehe dazu auch Kap. 5 Rdn. 267): Nach Art. 2 der Durchführungs-VO zu Art. 81/82 EGV obliegt nämlich die Beweislast dafür, dass die Verbotsvoraussetzungen gemäß Art. 81 Abs. 1 EGV vorliegen, und damit auch für das Vorliegen einer Wettbewerbsbeschränkung der Partei oder der Behörde, die sich darauf beruft. Ist aber diese Beweislastregelung entgegen der Auffassung der Kommission auch in dem in Nr. 18 Punkt 1 beschriebenen Fall zu beachten, ergeben sich verstärkte Bedenken dagegen, hier stets bereits ein Wettbewerbsverhältnis zwischen den Parteien zu verneinen.

230 **Nr. 18 Punkt 2** führt bei der Erörterung der zweiten Teilfrage aus, dass bestimmte in Vertriebsvereinbarungen enthaltene Beschränkungen, die normalerweise eine Wettbewerbsbeschränkung bewirken, wie z.B. Preisbindungen und gebiets- oder kundenbezogene Absatzbeschränkungen zwischen Vertriebshändlern, in einigen Fällen nicht von Art. 81 Abs. 1 EGV erfasst würden, wenn sie für das Bestehen einer Vereinbarung dieser Art oder dieser Beschaffenheit objektiv notwendig sind. Die Frage sei hier nicht, ob die Parteien in ihrer besonderen Lage nicht bereit gewesen wären, eine weniger beschränkende Vereinbarung zu schließen, sondern ob angesichts der Art der Vereinbarung und der Merkmale des Markts eine weniger beschränkende Vereinbarung unter ähnlichen Gegebenheiten nicht geschlossen worden wäre. So könnten z.B. Gebietsbeschränkungen in einer Vereinbarung zwischen einem Anbieter und einem Vertriebshändler für einen bestimmten Zeitraum nicht von Art. 81 Abs. 1 erfasst werden, wenn die Beschränkungen objektiv erforderlich seien, damit der Vertriebshändler in einen neuen Markt eintreten könne.

Danach ist dafür, dass eine bestimmte Vertriebsvereinbarung trotz der genannten Beschränkungen keine Wettbewerbsbeschränkung i.S. von Art. 81 Abs. 1 EGV bezweckt oder bewirkt, jedenfalls Voraussetzung, dass diese Beschränkungen für das Bestehen einer Vereinbarung dieser Art oder dieser Beschaffenheit objektiv notwendig sind. Dieses Kriterium entspricht der von der »rule of reason« umfassten »ancillary restraints«-Doktrin, siehe zu dieser Doktrin Kap. 5 Rdn. 720. Unklar bleibt dabei im Hinblick auf die Formulierung »in einigen Fällen«, ob es neben dieser Voraussetzung noch weitere Voraussetzungen für die Verneinung des Bezweckens oder Bewirkens einer Wettbewerbsbeschränkung gibt. 231

Zu beachten ist hier auch Nr. 11 Buchst. b der (gleichzeitig mit den Freistellungs-LL erlassenen) TT-LL. Danach können auch territoriale Beschränkungen in Lizenzverträgen unter der genannten Voraussetzung »unter bestimmten Umständen« nicht als Wettbewerbsbeschränkung anzusehen sein. Als Beispiel wird der Fall von zeitlich begrenzten Gebietsbeschränkungen in Lizenzverträgen zwischen Nichtwettbewerbern genannt, wenn diese Gebietsbeschränkungen für den Lizenznehmer objektiv erforderlich sind, um einen neuen Markt zu erschließen. Auch hier stellt damit die Kommission wie im Beispiel von Nr. 18 Punkt 2 der Freistellungs-LL auf die Notwendigkeit der Gebietsbeschränkung für die Erschließung eines neuen Markts ab. 232

Damit vermeidet die Kommission einen Widerspruch zu den EuGH-Entscheidungen *Maissaatgut*[277] und *Coditel II*,[278] welche die Diskussion über die Anwendung der »rule of reason« bei der Beurteilung der Frage der Wettbewerbsbeschränkung angefacht haben. Die diesen Entscheidungen zugrunde liegenden Fälle betrafen die Erteilung einer ausschließlichen Lizenz für ein bestimmtes Territorium. Der EuGH verneinte hier eine Wettbewerbsbeschränkung, wenn die Ausschließlichkeit »offen« ist, d.h. wenn sie die Rechte Dritter bei Paralleleinfuhren nicht beeinträchtigt und erforderlich ist, um dem Lizenznehmer den notwendigen Anreiz zur Einführung einer neuen Technologie bzw. einer neuen Pflanzensorte in dem betr. Territorium zu geben.

Unter diesen Umständen ist wohl der Schluss erlaubt, dass die Kommission auch bei F&E-Verträgen, die auf die Entwicklung eines neuen Produkts gerichtet sind, nicht notwendig eine Wettbewerbsbeschränkung in dem Fall annehmen würde, dass diese Verträge während der Markteinführungsphase für das zu entwickelnde neue Produkt eine Marktaufteilung zwischen den Vertragspartnern vorsehen würden. 233

Eine weitere Frage ist, ob nach dem gleichen Maßstab auch bei anderen Vereinbarungen als den in den Nr. 18 Punkt 2 der Freistellungs-LL und Nr. 11 Buchst. b der TT-LL ausdrücklich genannten Vereinbarungen eine Wettbewerbsbeschränkung zu verneinen sein kann. So wäre bei F&E-Verträgen daran zu denken, diesen Prüfungsmaßstab auch bei einem Verbot für die Vertragspartner anzuwenden, eigenständig oder in Zusammenarbeit mit Dritten während der 234

277 Slg. 1982, 2015 = WuW/E EWG/MUV 551.
278 Slg. 1982, 3381 = WuW/E EWG/MUV 578.

vertraglichen F&E-Phase F&E in dem der Vereinbarung unterliegenden Bereich oder in einem eng verwandten Bereich zu betreiben.[279] Dagegen spricht allerdings Art. 1 Abs. 2 F&E-GFVO, der dieses Verbot als Beispiel für Bestimmungen in F&E-Vereinbarungen aufführt, die zwar nicht den eigentlichen Gegenstand solcher Vereinbarungen bilden, die aber mit deren Durchführung unmittelbar verbunden und für diese notwendig sind und deshalb von der Freistellung (!) umfasst sind.[280] Große Bedeutung hat die Frage sicher nicht, da ein solches Verbot der Parallelforschung, wenn es als Wettbewerbsbeschränkung zu betrachten ist, in aller Regel nach Art. 1 Abs. 2 F&E-GFVO bzw. direkt nach Art. 81 Abs. 3 freigestellt sein dürfte (siehe dazu Kap. 5 Rdn. 590 und 591).

235 Es ist danach anzunehmen, dass der Anwendungsbereich für die Maßstäbe gemäß Nr. 18 Punkt 2 Freistellungs-LL und Nr. 11 Buchst. b TT-LL auf die dort genannten Fälle und verwandte Fälle begrenzt bleibt. Man muss sich dabei fragen, ob selbst in diesen Fällen eine Anwendung dieser Maßstäbe für die Prüfung der Wettbewerbsbeschränkung noch zeitgemäß ist, nachdem die Durchführungs-VO zu Art. 81/82 EGV die Bestimmung des Art. 81 Abs. 3 EGV in eine Legalausnahme umfunktionierte und damit genügend Freiraum geschaffen hat, eine Vereinbarung in diesen Fällen ohne behördlichen Akt als zulässig einzustufen.[281]

236 Nach **Nr. 20** ist die Unterscheidung in Art. 81 Abs. 1 EGV zwischen Wettbewerbsbeschränkungen, welche die Vereinbarung bezweckt, und solchen, die sie bewirkt, von erheblicher Bedeutung: Wenn nämlich eine Vereinbarung eine Wettbewerbsbeschränkung bezwecke, müssten ihre konkreten Auswirkungen nicht berücksichtigt werden.

237 Nach **Nr. 21** liegt eine **bezweckte Wettbewerbsbeschränkung** vor, wenn die Beschränkung »ihrem Wesen nach« geeignet ist, den Wettbewerb zu beschränken. Dies sei der Fall, wenn die Beschränkungen ein derart großes Potential für negative Auswirkungen auf den Wettbewerb haben, dass es für die Anwendung von Art. 81 Abs. 1 EGV nicht notwendig ist, deren tatsächliche Auswirkungen im Markt nachzuweisen.

Für die Beurteilung der Frage, wann solche negativen Auswirkungen vorliegen, bieten gemäß Nr. 23 (s. Kap. 5 Rdn. 241) die »schwarzen« Klauseln in den GFVO

279 In diesem Sinne vertritt *White* IIC 1985, S. 663, 676 die Auffassung, dass diese Beschränkung, wenn sie für das Zustandekommen der vereinbarten Zusammenarbeit essentiell ist, keine Wettbewerbsbeschränkung darstellt; auf dieser Linie liegt auch die Äußerung von *Spieler* WuW 1991, S. 451, 459, dass im Hinblick auf die auch im EG-Kartellrecht geltende begrenzte »rule of reason« in der besonderen Ausprägung der »ancillary restraints doctrine« eine Wettbewerbsbeschränkung zu verneinen sei, wenn die Ausschließlichkeitsbindung für das Zustandekommen oder die Durchführung des F&E-Auftrags erforderlich ist.

280 Vgl. auch ErwGrd. 3 zur F&E-GFVO sowie Art. 4 Abs. 1 Buchstabe a und b F&E-GFVO **1984**; dementsprechend gehen *Pagenberg/Beier* S. 484 (Rn. 13 zu Muster 8) hier stets von einer Wettbewerbsbeschränkung aus.

281 Etwas Anderes mag in dem ebenfalls in Nr. 18 Punkt 2 Freistellungs-LL erwähnten, für F&E-Verträge aber kaum relevanten Beispiel gelten, dass die Vertriebsbeschränkung aus Gründen der Sicherheit oder der Gesundheit angesichts der Gefährlichkeit des Produkts objektiv erforderlich ist.

und die in Bekanntmachungen der Kommission als »Kernbeschränkungen« eingestuften Beschränkungen eine »nicht erschöpfende Orientierungshilfe«.

Da es nach Nr. 21 bei bezweckten Wettbewerbsbeschränkungen auf die tatsächlichen Auswirkungen nicht ankommt, ist bei ihnen auch die Frage ihrer **Spürbarkeit** nicht zu prüfen. Die Freistellungs-LL weisen deshalb in Nr. 24 (siehe Kap. 5 Rdn. 242) auch nur hinsichtlich bewirkter Wettbewerbsbeschränkungen auf das Erfordernis spürbarer negativer wettbewerblicher Auswirkungen hin. 238

Sie folgen damit nicht der durch die Entscheidung »Voelk/Verwaecke«[282] begründeten Linie des EuGH und der h.M. in der Literatur, nach der die Spürbarkeit auch bei bezweckten Wettbewerbsbeschränkungen zu prüfen ist.[283] Andererseits betonen aber auch die Gemeinschaftsgerichte in neueren Entscheidungen[284] und ihnen folgend auch Vertreter der h.M.[285], dass die tatsächlichen Auswirkungen einer Vereinbarung bei einer bezweckten Wettbewerbsbeschränkung nicht festgestellt zu werden brauchen. Beide Positionen lassen sich aber nicht miteinander vereinbaren, zumal allgemein anerkannt ist, dass für die Bejahung der Spürbarkeit von Wettbewerbsbeschränkungen die Eignung des Vertrags zur Hervorbringung spürbarer negativer wettbewerblicher Auswirkungen genügt.[286] Es ist deshalb anzunehmen, dass die Gemeinschaftsgerichte dadurch, dass sie in ihren neueren Entscheidungen bei bezweckten Wettbewerbsbeschränkungen auf eine Prüfung der tatsächlichen Auswirkungen der Vereinbarung verzichten, die noch in »Voelk/Verwaecke« vertretene Position aufgegeben haben, dass auch diese Wettbewerbsbeschränkungen spürbar sein müssen. 239

Nach **Nr. 22** ist der Nachweis einer Absicht der Parteien, den Wettbewerb zu beschränken, zwar ein relevanter Faktor für eine bezweckte Wettbewerbsbeschränkung, jedoch keine notwendige Voraussetzung dafür. 240

Nach **Nr. 23** bieten für die Beurteilung, ob die Vereinbarung eine Wettbewerbsbeschränkung bezweckt, die Beschränkungen gemäß den »schwarzen Klauseln« in den GFVO oder die in Bekanntmachungen der Kommission als »Kernbeschränkungen« eingestuften Beschränkungen eine nicht erschöpfende Orientierungshilfe. Im Falle horizontaler Vereinbarungen umfassten die bezweckten Wettbewerbsbeschränkungen Preisabsprachen, Begrenzungen der Produktionsmengen und die Aufteilung von Märkten oder Kunden. 241

282 Slg.1969, s. 295, Entscheidungsgründe, Rn. 5 bis 7.

283 Siehe z.B. *Mestmäcker/Schweitzer* S. 291 (§ 10 V) m.w.N. unter Fn. 122; dagegen vertreten bereits *Woods/Filliponi* in *Faull/Nikpay*, Rn. 734 die Auffassung, dass das Erfordernis der Spürbarkeit bei bezweckten Wettbewerbsbeschränkungen nicht gilt und hier nur noch die Spürbarkeit der Beeinträchtigung des Handels zwischen Mitgliedstaaten zu prüfen ist.

284 Siehe vor allem EuGH vom 8. 7. 1999, Slg. 1999 I 4125, 4179 »Kommission/Anic Partecipazioni« und die dort zitierten früheren Urteile.

285 Siehe z.B. *Mestmäcker/Schweitzer* S. 283 (§ 10 IV. 1.) mit weiteren Nachweisen aus der Rechtsprechung unter Fn. 83.

286 Siehe z.B. *Mestmäcker/Schweitzer* S. 291 (§ 10 V.) m.N. aus der Rechtsprechung des EuGH unter Fn. 123; vgl. auch Nr. 24 der Freistellungs-LL, die im Anschluss an die vorerwähnte EuGH-Entscheidung »Voelk/Verwaecke« für spürbare negative wettbewerbliche Auswirkungen eine »hinreichende Wahrscheinlichkeit« derselben ausreichen lässt.

242 Nach **Nr. 24** ist dann, wenn eine Vereinbarung keine Wettbewerbsbeschränkung bezweckt, zu prüfen, ob sie eine **Wettbewerbsbeschränkung bewirkt.** Das sei zu bejahen, wenn sie den gegenwärtigen oder potenziellen Wettbewerb in einem solchen Ausmaß beeinträchtigen kann, dass mit hinreichender Wahrscheinlichkeit negative Auswirkungen auf Preise, Produktionsmengen, Innovationen oder Vielfalt bzw. Qualität von Waren und Dienstleistungen erwartet werden können. Diese Auswirkungen müssten spürbar sein. Allein mit der Feststellung bestimmter Marktanteile, welche die Schwellenwerte der Bagatellbekanntmachung oder der Gruppenfreistellungsverordnungen übersteigen, lasse sich das Bewirken einer Wettbewerbsbeschränkung nicht begründen.

243 Nach **Nr. 25** entstehen negative Auswirkungen auf den Wettbewerb im relevanten Markt häufig, wenn die Parteien einzeln oder zusammen ein gewisses Maß an Marktmacht haben oder erlangen und die Vereinbarung zur Begründung, Erhaltung oder Verstärkung dieser Marktmacht beiträgt. »Marktmacht« wird dabei definiert als die Fähigkeit, Preise über einen erheblichen Zeitraum auf einer Höhe oberhalb des freien Marktpreises oder die Produktionsmenge, Produktqualität, Produktvielfalt oder Innovation für einen erheblichen Zeitraum unterhalb des Wettbewerbsniveaus aufrecht zu erhalten.

244 Nach **Nr. 29** fallen dann, wenn der Hauptgegenstand einer Vereinbarung, z.B. einer Vertriebsvereinbarung oder eines Vertrags zur Gründung eines Gemeinschaftsunternehmens, keine Wettbewerbsbeschränkungen bezweckt oder bewirkt, darin enthaltene sog. »Nebenabreden« nicht unter Art. 81 Abs. 1 EGV, d.h. vermutete Wettbewerbsbeschränkungen, die mit der Durchführung bzw. mit dem Hauptgegenstand der Vereinbarung unmittelbar verbunden, dafür notwendig und angemessen sind. Derartige Beschränkungen weisen nach Nr. 29 eine unmittelbare Verbindung mit dem Hauptgegenstand der Vereinbarung auf, wenn sie dessen Durchführung untergeordnet und untrennbar mit ihm verbunden sind.

245 Die so definierten »Nebenabreden« wären wohl nach dem US-Antitrustrecht durch die »ancillary restraints«-Doktrin als Teil der »rule of reason« gedeckt, siehe zu dieser Doktrin Kap. 5 Rdn. 720. Dabei liegt der Unterschied der Kriterien gemäß Nr. 29 zu den Kriterien in den Fällen von Nr. 18 Punkt 2 darin, dass die sog. »Nebenabreden« nach ihrer Definition mit der Durchführung bzw. mit dem Hauptgegenstand der Vereinbarung im obigen Sinne »unmittelbar verbunden« sein müssen.

246 **Nr. 31** nennt als Beispiel für »Nebenabreden« i.S. von Nr. 29 u.a. Beschränkungen, die für die Funktionsfähigkeit eines den Wettbewerb nicht beschränkenden Gemeinschaftsunternehmens erforderlich sind.

247 **Zusammenfassung:**

Den Freistellungs-LL lassen sich vor allem folgende, auch für F&E-Verträge wichtige Grundsätze zu der Frage entnehmen, wann eine Vereinbarung eine Wettbewerbsbeschränkung bezweckt oder bewirkt:

Bei der Prüfung dieser Frage ist keine Abwägung zwischen wettbewerbsfördernden und wettbewerbswidrigen Auswirkungen vorzunehmen. Eine solche Abwägung erfolgt nur bei Prüfung der Freistellungsvoraussetzungen nach Art. 81 Abs. 3 EGV.

Um unter Art. 81 Abs. 1 zu fallen, muss eine Vereinbarung geeignet sein, spürbare negative Auswirkungen auf die Wettbewerbsparameter im Markt wie Preise, Produktionsmenge, Produktvielfalt und Innovation zu haben. Ob dies der Fall ist, richtet sich nach den tatsächlichen Wettbewerbsgegebenheiten, die bestünden, wenn die Vereinbarung mit ihren vermuteten Beschränkungen nicht praktiziert würde. Dabei ist dann, wenn es aufgrund objektiver Faktoren unwahrscheinlich ist, dass jede Partei in der Lage wäre, ohne die Vereinbarung die von dieser erfassten Tätigkeiten allein durchzuführen, ein Wettbewerb zwischen den Parteien zu verneinen. Für diese Unwahrscheinlichkeit trägt die Vertragspartei, die sich darauf beruft, trotz Art. 2 der Durchführungs-VO zu Art. 81/82 EGV die Beweislast.

Eine Vereinbarung bezweckt eine Wettbewerbsbeschränkung, wenn sie »ihrem Wesen nach« zur Beschränkung des Wettbewerbs geeignet ist, d.h. Beschränkungen enthält, die ein derart großes Potential für negative Auswirkungen auf den Wettbewerb haben, dass es für die Anwendung von Art. 81 Abs. 1 EGV nicht notwendig ist, tatsächliche Auswirkungen im Markt nachzuweisen. Für die Frage, welche Beschränkungen das sind, geben die »schwarzen Klauseln« der einschlägigen GFVO sowie die Leitlinien und sonstigen Bekanntmachungen der Kommission, indem sie bestimmte Beschränkungen als »Kernbeschränkungen« einstufen, eine Orientierungshilfe, die aber nicht als erschöpfend anzusehen ist. Lässt sich feststellen, dass die Vereinbarung eine Wettbewerbsbeschränkung bezweckt, sind ihre konkreten Auswirkungen und damit auch deren Spürbarkeit nicht mehr zu prüfen.

Bezweckt eine Vereinbarung keine Wettbewerbsbeschränkung, bleibt zu untersuchen, ob sie eine Wettbewerbsbeschränkung bewirkt. Das ist nur zu bejahen, wenn aufgrund einer gründlichen Marktuntersuchung anzunehmen ist, dass sie den gegenwärtigen oder potenziellen Wettbewerb in einem solchen Ausmaß beeinträchtigen kann, dass mit hinreichender Wahrscheinlichkeit spürbare negative Auswirkungen auf Preise, Produktionsmengen, Innovationen oder Vielfalt bzw. Qualität von Waren und Dienstleistungen erwartet werden können. Dabei sind solche negativen Wirkungen häufig, wenn die Parteien einzeln oder zusammen in einem relevanten Markt ein gewisses Maß an Marktmacht haben oder erlangen und die Vereinbarung zur Begründung, Erhaltung oder Stärkung dieser Marktmacht beiträgt.

Wenn der Hauptgegenstand einer Vereinbarung keine Wettbewerbsbeschränkungen bezweckt oder bewirkt, fallen auch darin enthaltene sog. »Nebenabreden« nicht unter Art. 81 Abs. 1 EGV, d.h. vermutete Wettbewerbsbeschränkungen, die mit der Durchführung bzw. mit dem Hauptgegenstand der Vereinbarung unmittelbar verbunden, dafür notwendig und angemessen sind.

Es wird ergänzend noch einmal darauf hingewiesen, dass nach ganz h.M. die 248
Gründung eines konzentrativen Gemeinschaftsunternehmens keine Wettbewerbsbeschränkung bezweckt oder bewirkt, siehe dazu bereits Kap. 5 Rdn. 34. Damit kann auch die Vereinbarung über die Gründung eines solchen

Gemeinschaftsunternehmens in einem F&E-Vertrag nicht unter Art. 81 Abs. 1 EGV fallen. Die verschiedenen Leitlinien lassen dies jedoch unerwähnt.

bb) Das Bezwecken oder Bewirken einer Wettbewerbsbeschränkung speziell bei F&E-Verträgen

aaa) Das Bezwecken oder Bewirken einer Wettbewerbsbeschränkung speziell bei F&E-Verträgen, die in den Anwendungsbereich der Horizontal-LL fallen

249 Die Horizontal-LL befassen sich in einem besonderen Abschnitt, nämlich dem Abschnitt 2.3 = Nr. 55 bis 67 mit der Frage, wann bei den in ihren Anwendungsbereich fallenden F&E-Verträgen (siehe dazu Kap. 5 Rdn. 72–85) eine Wettbewerbsbeschränkung i.S. von Art. 81 Abs. 1 EGV bewirken. Zu berücksichtigen sind bei dieser Frage auch Unterabschnitt 1.3.1 des Allgemeinen Teils der Horizontal-LL (Nr. 17 bis 30), da Abschnitt 2.3 auf diesem Unterabschnitt basiert, sowie das Fallbeispiel in Nr. 76 und Nr. 15. Da die Horizontal-LL die Frage, wann die von ihr erfassten F&E-Verträge eine Wettbewerbsbeschränkung bezwecken, nicht erörtern, sind diesbezüglich die für alle Vereinbarungen geltenden Ausführungen in Nr. 21–23 Freistellungs-LL zu berücksichtigen (s. dazu Kap. 5 Rdn. 237–241).

250 Eine Vorfrage zur Frage der Wettbewerbsbeschränkung ist die Frage der relevanten Märkte, siehe zu deren Abgrenzung bei F&E-Verträgen schon den diesbezüglichen Abschnitt 2.2 = Nr. 43 bis 54 und die diesbezüglichen Ausführungen unter Kap. 5 Rdn. 104–170. Wie dort dargelegt, behandelt Abschnitt 2.2 die Frage der relevanten Märkte bei den von den Horizontal-LL erfassten F&E-Verträgen nicht abschließend und z.T. nur mittelbar. So erwähnt dieser Abschnitt nicht die Relevanz künftiger Produkt- und Technologiemärkte bei Verwertungsabreden, welche die Freiheit der Vertragspartner zur unbeschränkten eigenständigen Verwertung der F&E-Ergebnisse beschneiden, und deutet die Relevanz der sog. »Innovationsmärkte« nur mittelbar an, indem er die Auffassung der Kommission zu der Frage darlegt, unter welchen Voraussetzungen auch spürbare Beschränkungen des Forschungswettbewerbs in Frage kommen. Außerdem betrifft er z.T. auch schon die Frage der Wettbewerbsbeschränkung auf den für F&E-Verträgen relevanten Märkten. So hebt er in Nr. 49 die Bedeutung des potenziellen Wettbewerbs auf vorhandenen Technologiemärkten hervor.

251 Weiter ist darauf hinzuweisen, dass die Horizontal-LL die Frage der Wettbewerbsbeschränkung grundsätzlich nicht separat von der Frage ihrer (qualitativen und quantitativen) **Spürbarkeit** behandeln, d.h. unter Wettbewerbsbeschränkung meist nur eine spürbare Wettbewerbsbeschränkung verstehen.[287] Ausdrücklich angesprochen wird allerdings die Frage der Spürbarkeit in Nr. 15 (s. dazu im Einzelnen Kap. 5 Rdn. 314–318), welche auch auf die Anwendbarkeit

287 Siehe hierzu auch *Bahr/Loest* EWS 2002, S. 263, 269.

der jeweils geltenden *de minimis*-Bekanntmachung und damit aktuell auf die hier als Bagatellbekanntmachung bezeichnete Bekanntmachung hinweist. Diese betrifft nicht die »qualitative«, sondern die »quantitative Spürbarkeit«[288] von Wettbewerbsbeschränkungen auf vorhandenen relevanten Produktmärkten. Für die Frage der Wettbewerbsbeschränkung bei F&E-Verträgen, die unter die Horizontal-LL fallen, können allerdings auch andere Märkte als vorhandene Produktmärkte, wie z.B. die sog. »Innovationsmärkte«, (allein oder neben vorhandenen Produktmärkten) relevant sein, s. dazu Kap. 5 Rdn. 104–166 und 250. Bei Wettbewerbsbeschränkungen auf solchen anderen relevanten Märkten lässt sich deren Spürbarkeit daher nicht unter Berufung auf die jeweils gültige Bagatellbekanntmachung verneinen, vgl. dazu auch Nr. 63 Horizontal-LL (Kap. 5 Rdn. 293).

Dabei findet sich in den Horizontal-LL kein Hinweis darauf, dass die Kommission bereits beim Erlass dieser Leitlinien die nun von ihr in den Freistellungs-LL geäußerte Auffassung vertrat, dass bei bezweckten Wettbewerbsbeschränkungen deren Auswirkungen (und damit auch die Spürbarkeit solcher Auswirkungen) nicht zu prüfen sind, s. dazu Kap. 5 Rdn. 237–239 und 241. Nach Nr. 23 Freistellungs-LL indizieren dabei die »schwarzen« Klauseln in den GFVO und die in Bekanntmachungen der Kommission als »Kernbeschränkungen« eingestuften Beschränkungen (und damit auch die in der Bagatellbekanntmachung als »Kernbeschränkungen« bezeichneten Beschränkungen) das Vorliegen einer bezweckten Wettbewerbsbeschränkung.

Die Darstellung folgt zunächst den Nr. 55 bis 67 und 76, ggf. unter Berück- 252
sichtigung einschlägiger Ausführungen in den Nr. 17 bis 30. Anschließend geht sie separat auf die Nr. 15, 21 und 30 ein. Am Schluss (Kap. 5 Rdn. 321) fasst sie die Kriterien zusammen, die nach den Horizontal-LL für die Beurteilung der Frage der Wettbewerbsbeschränkung bei den von ihr erörterten F&E-Verträgen gelten.

Die **Nr. 55 bis 67** unterscheiden bei der Frage der Wettbewerbsbeschränkung 253
– entsprechend der Dreiteilung aller von den Horizontal-LL erfassten Kooperationsvereinbarungen im »Allgemeinen Teil« der Horizontal-LL, siehe Nr. 24 ff. – **drei Kategorien** von F&E-Vereinbarungen, nämlich

- von Art. 81 Abs. 1 nicht erfasste Vereinbarungen (Nr. 55 bis 58),
- Vereinbarungen, die fast immer von Art. 81 Abs. 1 erfasst werden, (Nr. 59) und
- Vereinbarungen, die von Art. 81 Abs. 1 erfasst werden können (Nr. 60 bis 67).

Die Ausführungen zur **ersten Kategorie** behandeln, wie sich aus der Existenz 254
der dritten Kategorie ergibt, die Frage der Wettbewerbsbeschränkung nicht abschließend. Sie treffen vielmehr nur die grundsätzliche Unterscheidung zwischen F&E-Vereinbarungen, die von vornherein eindeutig als unbedenklich zu bewerten sind, und F&E-Vereinbarungen, bei denen die Frage der Wettbewerbsbeschränkung einer näheren Untersuchung bedarf und die daher zur dritten Kategorie gehören.

288 Siehe zur Unterscheidung zwischen quantitativer und qualitativer Spürbarkeit *Mestmäcker/ Schweitzer* S. 291 f., *Triantafillakis* S. 156 ff.; *Emmerich* S. 417 ff.; *Maurer* S. 95 ff.; *Teske* S. 91 ff.; *Folz* S. 308; kritisch zur Beurteilung der Spürbarkeit nach rein quantitativen Kriterien die beachtliche Kritik von *Triantafillakis* S. 96 ff., insbesondere S. 112 f.

255 Zur ersten Kategorie zählen nach **Nr. 55** die meisten F&E-Vereinbarungen. Als Beispiel für Vereinbarungen der ersten Kategorie nennt Nr. 55 Vereinbarungen über die F&E-Zusammenarbeit in einem noch theoretischen Stadium, weit entfernt von der Verwertung möglicher Ergebnisse.

256 In diesem Beispiel erinnert das Merkmal »in einem noch theoretischem Stadium« an die in der Literatur verbreitete Meinung,[289] dass F&E-Verträge betr. »Grundlagenforschung« kartellrechtlich unbedenklich sind. Wie oben in Kap. 1 unter Rdn. 9–14 dargelegt, ist diese Auffassung bereits wegen der Unmöglichkeit einer sinnvollen Abgrenzung zwischen Grundlagenforschung einerseits und angewandter Forschung sowie Entwicklung andererseits abzulehnen. Auch das Kriterium des »theoretischen Stadiums« erscheint wenig scharf. Sind z.B. F&E-Arbeiten, welche die Festkörperphysik von Halbleiterwerkstoffen ergründen sollen, diesem Stadium zuzurechnen, obwohl die angestrebten Erkenntnisse u.U. kurzfristig zur Entwicklung neuer Halbleiterwerkstoffe führen können?

257 Das weitere, in dem in Nr. 55 angeführten Beispiel angeführte Merkmal, die große Marktferne des gemeinsamen F&E-Projekts, rechtfertigt auch nach der h.M. in der Literatur[290] die Verneinung der Wettbewerbsbeschränkung. Eine Mindermeinung[291] misst jedoch Marktnähe oder Marktferne grundsätzlich keine Bedeutung zu. Zur Begründung dieser Mindermeinung weist *Fuchs*[292] darauf hin, dass die Problematik der Forschungskooperation gerade in den mittel- bis längerfristigen Wirkungen von Verhaltenskonzertierungen liegt. Auch *Fuchs*[293] will allerdings die Spürbarkeit dann verneinen, wenn nur theoretisch denkbare wettbewerbsbeschränkende Wirkungen so weit in der Zukunft liegen, dass mit ihrem Eintritt bei Anwendung realistischer Prognosetechniken nicht ernsthaft zu rechnen ist.

258 Nach **Nr. 56** beschränkt insbesondere die F&E-Zusammenarbeit zwischen Nichtwettbewerbern – d.h. im Hinblick auf Nr. 9 zwischen Unternehmen, die weder aktuelle noch potenzielle Wettbewerber sind – im Allgemeinen nicht den Wettbewerb. Eine Ausnahme gilt nach Fn. 30 und Nr. 61 (vgl. auch Nr. 24) für den Fall, dass sich die Zusammenarbeit auf die ausschließliche Nutzung von Ergebnissen (Anm.: Gemeint ist wohl: auf die Nutzung von Ergebnissen ausschließlich durch die Vertragspartner) bezieht und von Unternehmen vereinbart wird, von denen mindestens eines bei einer Schlüsseltechnologie erhebliche Marktmacht hat. In diesem Fall könne die Zusammenarbeit wegen der Abschottungswirkungen gegenüber Dritten den Wettbewerb beschränken.

289 *O. Axster* GRUR 1980, S. 343, 349; derselbe in *GK*, Anhang zu §§ 20,21 GWB, Rn. 16; *Fuchs* S. 39, 254; trotz Erkenntnis der Unschärfe der Unterscheidungen auch *Kuder* S. 158 ff., *Düttmann* S. 43 ff. und *Maurer* S. 99, vgl. aber auch S. 60; dagegen *Asschenfeldt* S. 41; *Ullrich (Koop. Forschung)* S. 37 und S. 108, Fn. 24; *Ziegler* S. 15; *Zimmer* in *Immenga/Mestmäcker (GWB)*, Rn. 376 zu § 1; im Prinzip auch *Machunsky* S. 31 ff.

290 Siehe *H. Axster* Mitt. 1969, 299, 300; *Teske* S. 62 (1974); *O. Axster* GRUR 1980, 343, 349; *derselbe* in *GK*, Anhang zu §§ 20, 21 GWB, Rn. 14; *White*, 16 IIC 663, 673 (1985); *Möschel (Techn. Zusammenarbeit)* S. 87, 90 (1985); *Machunsky* S. 43 (1985).

291 Siehe *Fuchs* S. 182 f. (1988); *Ullrich (Koop. Forschung)* S. 11 Fn. 1 (1988). vgl. auch *Kuder* S. 162 (1976) und *Ziegler* S. 15 f. (1992).

292 S. 182.

293 S. 183; vgl. auch *Ullrich (Koop. Forschung)* S. 161.

Für die Frage der Wettbewerbsbeziehung zwischen den Partnern sind nach Nr. 56 die betroffenen (Anm.: Gemeint sind offenbar die relevanten) »vorhandenen Märkte«, d.h. vorhandene Produkt- bzw. Technologiemärkte, und/oder »Innovationsmärkte« zu untersuchen. 259

Was die Wettbewerbsbeziehung zwischen den Partnern auf den »vorhandenen Märkten« betrifft, ist die enge Definition des Begriffs »potenzieller Wettbewerber« in Fn. 9 (vgl. dazu auch Art. 2 Nr. 7 Spezialisierungs-GFVO) zu berücksichtigen. Besonders einengend wirkt sich dabei der dort aufgestellte, auch für F&E-Verträge bedeutsame Grundsatz aus, dass »in der Regel« nur ein solches Unternehmen als potenzieller Wettbewerber eines anderen Unternehmens anzusehen ist, das in den relevanten Markt binnen kurzer Frist eintreten kann – erwähnt wird hier unter Bezugnahme auf Nr. 26 der Vertikal-LL eine Frist von höchstens (!) einem Jahr. 260

Soweit nur oder auch sog. »Innovationsmärkte« relevant sind (das ist der Fall, wenn die F&E auf Produkte/Technologien gerichtet ist, die einen neun Markt bilden würden, siehe dazu Kap. 5 Rdn. 110–114), ist für die Frage der Wettbewerbsbeziehung zwischen den Partnern nach Nr. 51 der Horizontal-LL darauf abzustellen, ob jedes der beteiligten Unternehmen hinsichtlich des jeweils angestrebten neuen Produkte bzw. der jeweils angestrebten neuen Technologie bereits einen »F&E-Pol« i.S. von Nr. 51 bildet, d.h. bei Abschluss des F&E-Vertrags bereits F&E-Arbeiten in Angriff genommen hat, die auf die mit der Kooperation angestrebten neuen Produkte bzw. Technologien abzielen, oder solche F&E-Arbeiten, die auf die Entwicklung von Substituten für solche Produkte bzw. Technologien abzielen und für die ein ähnlicher Zugang zu den Ressourcen besteht und ein ähnlicher Zeitplan gilt. 261

Nr. 56 verneint weiter eine Wettbewerbsbeschränkung, wenn die Beteiligten bei realistischer Betrachtungsweise nicht in der Lage sind, die notwendigen F&E-Arbeiten eigenständig durchzuführen.[294] Als Beispiel wird der Fall genannt, dass Unternehmen sich ergänzende Fertigkeiten, Technologien und sonstige Ressourcen zusammenlegen. Gemeint ist offenbar der Fall, dass keines der Unternehmen ohne eine solche Zusammenlegung die F&E-Arbeiten selbständig durchführen könnte.[295] Dafür spricht auch die Schlussbemerkung von Nr. 56, dass die entscheidende Frage sei, ob jeder Beteiligte für sich über die erforderlichen Mittel hinsichtlich Aktiva, Know-how und sonstiger Ressourcen verfügt. Sind Unternehmen auf einem bestimmten F&E-Gebiet Inhaber sich gegenseitig blockierender Schutzrechte, genügt allerdings zur Beseitigung ihrer Unfähigkeit, auf diesem Gebiet eigenständig F&E zu betreiben, ein Lizenztausch.[296] 262

294 Einen derartigen Fall nahm die Kommission in ihrer Entscheidung »Konsortium ECR«, ABl. 1998 L 228, 31 an.

295 In diesem Sinne bemerken auch *Machunsky* S. 35 ff. und *Fuchs* S. 164, dass die Fähigkeit der beteiligten Unternehmen zur eigenständigen Durchführung des F&E-Projekts an mangelndem Erfahrungs- und Entwicklungspotenzial oder auch an mangelnder Finanzkraft scheitern kann; vgl. auch *Ziegler* S. 73.

296 *Machunsky* S. 39.

263 Eine Ausnahme von dem in Nr. 56 aufgestellten Grundsatz gilt nach Nr. 24 aus dem Allgemeinen Teil der Horizontal-LL für den Sonderfall, dass die beteiligten Unternehmen erhebliche Marktmacht (Anm.: Gemeint ist, wie sich auch aus der zugehörigen Fn. 17 ergibt, auf relevanten vorhandenen Märkten) haben und Abschottungsprobleme gegenüber Dritten zu erwarten sind.

264 Nach verbreiteter Auffassung[297] soll die Wettbewerbsbeschränkung nicht erst bei objektiver Unfähigkeit jedes Beteiligten zu alleiniger Finanzierung entfallen, sondern schon dann, wenn die alleinige Finanzierung nach kaufmännischen Gesichtspunkten dem Gebot wirtschaftlicher Vernunft widersprechen würde.

265 Die Verneinung der Wettbewerbsbeschränkung wegen Unfähigkeit der Beteiligten zu eigenständiger Durchführung eines F&E-Projekts entspricht dem auch in Nr. 18 Punkt 1 der Freistellungs-LL zum Kriterium erhobenen »Arbeitsgemeinschaftsgedanken«, siehe dazu schon oben Kap. 5 Rdn. 227 und 228. Nach diesem scheidet eine Wettbewerbsbeschränkung bei Arbeitsgemeinschaften wie z.B. Bietergemeinschaften für Bauvorhaben aus, wenn keines der beteiligten Unternehmen in der Lage gewesen wäre. die Leistung allein zu erbringen.

266 Die Übertragung des Arbeitsgemeinschaftsgedankens, der als solcher ebenfalls umstritten ist,[298] auf F&E-Kooperationen entspricht der h.M.[299], stößt aber in der Literatur auch z.T. auf Kritik.[300] Die dagegen vorgebrachten Argumente sind insbesondere folgende:

- Die sachlichen Bedingungen für die betr. F&E sowie das Risikoverhalten der Unternehmen lassen sich nur scheinbar objektiv feststellen; es geht hier vielmehr um subjektive Einschätzungen.[301]
- F&E ist im Gegensatz zu industriellen Großprojekten nicht sicher planbar; die Übertragung des Arbeitgemeinschaftsgedankens ist deshalb auf den größten Teil von F&E – gewisse Bereiche der Großforschung u.U. ausgenommen – verfehlt.[302]
- Zumeist konkurrieren mehrere Innovationsmöglichkeiten mit unterschiedlichen technischen und finanziellen Anforderungen miteinander[303]; die kooperative Beschränkung auf eine dieser Innovationsmöglichkeiten verhindert die Entdeckung und Durchführung der »optimalen Innovation«.[304]

297 Siehe *Machunsky* S. 39 m.w.N. unter Fn. 159; *Fuchs* S. 168 f. m.w.N. unter Fn. 71 und 72; *Monopolkommission*, S. 370 unter Nr. 1037.

298 Kritisch z.B. *Ullrich (Koop. Forschung)* S. 164.

299 Vgl. z.B. *Monopolkommission* S. 351 unter Nr. 972 und S. 380 unter Nr. 1080; *O. Axster* GRUR 1980, S. 343, 349; *White* S. 671; *Triantafillakis* S. 163; *Machunsky* S. 35 ff.; *Fuchs* S. 164 und 267; *Ziegler* S. 73.

300 Siehe *Ullrich (Koop. Forschung)* S. 163 f.; *D. Meyer* in WuW 1993 S. 193, 202 m.w.N. unter Fn. 47; *Ullrich/Konrad* in *Immenga/Mestmäcker (EG-Wettbewerbsrecht)*, GRUR, E. Gemeinsame Forschung und Entwicklung, Rn. 3; *Folz* S. 488.

301 *D. Meyer* in WuW 1993, S. 193, 202.

302 *Folz* S. 488.

303 *D. Meyer* in WuW 1993, S. 193, 202.

304 *Ullrich (Koop. Forschung)* S. 164.

- Der Ansatz lädt zur konzertierten Überwindung der Wirksamkeit von Wettbewerb geradezu ein und unterschätzt die Möglichkeiten der Unternehmen, allein F&E-Gelegenheiten entsprechend ihrem Potential und ihrer Risikofreude auszunutzen.[305]

Die hier erörterte Frage könnte vor allem wegen der Beweislastregel des Art. 2 der Durchführungs-VO zu Art. 81/82 EGV von erheblicher Bedeutung sein: Behauptet ein Vertragspartner eines F&E-Vertrags, dass keiner der Vertragspartner zur eigenständigen Durchführung des F&E-Projekts in der Lage gewesen wäre, und folgt man der u.a. von der Kommission vertretenen Auffassung, dass die Richtigkeit dieser Behauptung eine Wettbewerbsbeschränkung durch Abschluss des F&E-Vertrags ausschließen würde, so hat bei strikter Befolgung dieser Beweislastregel derjenige, welcher eine Wettbewerbsbeschränkung aufgrund des F&E-Vertrags geltend machen will, (das kann eine Kartellbehörde, ein anderer Vertragspartner oder ein Dritter sein) zu beweisen, dass entgegen der aufgestellten Behauptung mindestens einer der Vertragspartner zur eigenständigen Durchführung des F&E-Projekts in der Lage gewesen wäre. Die Kommission vertritt allerdings in Nr. 18 Punkt 1 der Freistellungs-LL trotz Art. 2 der Durchführungs-VO zu Art. 81/82 EGV die Auffassung, dass die Beweislast für die Fakten, die nach Meinung der Kommission die Anwendung des Arbeitsgemeinschaftsgedankens rechtfertigen, bei den Vertragsparteien liegt, siehe dazu schon oben Kap. 5 Rdn. 229. 267

Nr. 57 bemerkt, dass eine F&E-Zusammenarbeit im Wege der Auslagerung von zuvor selbst durchgeführter Forschung und Entwicklung häufig von spezialisierten Unternehmen, Forschungsinstituten oder anderen akademischen Einrichtungen, welche mit der gewerblichen Nutzung der Ergebnisse selbst nicht befasst sind, vorgenommen wird, und dass derartige Verträge häufig die Weitergabe von Know-how und/oder eine ausschließliche Lieferklausel für die entstehenden Ergebnisse vorsehen. Da sich die Arbeiten der Partner bei einer solchen Zusammenarbeit ergänzen, komme Art. 81 Abs. 1 nicht zur Anwendung. 268

Die Ergänzung der Arbeiten rechtfertigt jedoch entgegen den Ausführungen in Nr. 57 noch nicht den Schluss, dass die betr. Verträge nicht unter Art. 81 Abs. 1 EGV fallen, zumal sich auch bei kooperativer Gemeinschaftsforschung zwischen industriellen Unternehmen die Arbeiten der Partner ergänzen, ohne dass allein deshalb eine Wettbewerbsbeschränkung verneint werden kann. Eher lässt sich die Vereinbarkeit mit Art. 81Abs. 1 EGV mit dem Fehlen einer Wettbewerbsbeziehung zwischen den beteiligten industriellen Unternehmen und den genannten spezialisierten Unternehmen usw. begründen. Hier stellt sich aber wieder die Frage, ob man die erwähnten spezialisierten Unternehmen usw. nicht als Wettbewerber auf einem vorhandenen Technologiemarkt ansehen muss, wenn sie, was nicht selten der Fall sein wird, über wertvolle einschlägige Technologie bereits verfügen, siehe dazu Kap. 5 Rdn. 130 und 131. *Ullrich*[306] 269

305 *D. Meyer* WuW 1993 S. 193, 202; *Ullrich/Konrad* in *Immenga/Mestmäcker (EG-Wettbewerbsrecht)*, GRUR, E. Gemeinsame Forschung und Entwicklung, Rn. 3.

306 *(Koop. Forschung)* S. 162 f.

tritt generell der Auffassung entgegen, dass F&E-Aufträge an vom Staat getragene Wissenschaftseinrichtungen nicht vom Kartellrecht betroffen seien, zumal diese Einrichtungen als Inhaber von technischem Gerät oder Spitzenwissen sogar erhebliche Marktmacht besitzen könnten.

270 Während Art. 3 Abs. 2 Satz 2 F&E-GFVO F&E-Verträge mit Forschungsinstituten usw. betrifft, die »Forschungs- und Entwicklungsleistungen in Form gewerblicher Dienste erbringen und sich üblicherweise nicht als Verwerter von Ergebnissen betätigen«, bezieht sich Nr. 57 auf Verträge mit spezialisierten Unternehmen usw., »welche mit der gewerblichen Nutzung der Ergebnisse selbst nicht befasst sind«. »Verwerter von Ergebnissen« i.S. von Art. 3 Abs. 2 F&E-GFVO dürften im Hinblick auf die weite Definition des Begriffs »Verwertung der Ergebnisse« in Art. 2 Nr. 8 F&E-GFVO auch Vertragspartner sein, die sich üblicherweise mit der Lizenzierung von Technologie befassen, siehe dazu Kap. 5 Rdn. 403. Dagegen dürften »mit der gewerblichen Nutzung der Ergebnisse selbst befasste« spezialisierte Unternehmen usw. i.S. von Nr. 57 nur solche Vertragspartner sein, die selbst zur betrieblichen Nutzung der Ergebnisse in der Lage sind: Die in Nr. 57 erwähnte »ausschließliche Lieferklausel« dürfte die Erteilung einer ausschließlichen Lizenz gegen Entgelt umfassen, so dass Nr. 57 in sich widersprüchlich wäre, wenn die dort erwähnten spezialisierten Unternehmen usw. wegen der Erteilung einer solchen Lizenz als »mit der gewerblichen Nutzung der Ergebnisse selbst befasst« anzusehen wären.

271 Nach **Nr. 58** wird eine F&E-Zusammenarbeit, die sich nicht auf die gemeinsame Nutzung der Ergebnisse durch die Erteilung von Lizenzen, die Produktion und/oder den Absatz erstreckt, nur in seltenen Fällen von Art. 81 Abs. 1 erfasst. Solche »reinen« F&E-Vereinbarungen könnten nur Wettbewerbsprobleme schaffen, wenn wirksamer Wettbewerb in Bezug auf die Innovation wesentlich verringert werde.

272 Entgegen dem Anschein verneinen jedoch die **Nr. 55 bis 58** eine spürbare Wettbewerbsbeschränkung bei den erwähnten F&E-Verträgen noch nicht unter allen Aspekten:

273 So sollten Nr. 55 bis 58 sicher nicht solche Abreden für zulässig erklären sollen, die »verbotene Praktiken« i.S. von Nr. 59 vorsehen. Enthalten die Verträge solche Abreden, sind sie nicht der ersten, sondern der zweiten Kategorie zuzurechnen. Hierzu ein Beispiel: Zwar erfüllt ein Vertrag über ein F&E-Projekt, das keiner der Partner eigenständig durchführen kann, aus diesem Grund in der Regel die ausdrücklich genannten Kriterien der ersten Kategorie, ist aber trotzdem der zweiten Kategorie zuzurechnen, wenn er eine Marktaufteilung zwischen den Partnern bei der Verwertung der F&E-Ergebnisse vorsieht und die Dauer dieser Marktaufteilung über die Markteinführungsphase für die zu entwickelnden neuen Produkte hinaus erstreckt, siehe Kap. 5 Rdn. 285.

274 Überhaupt dürften Nr. 55 bis 58 im Hinblick auf Art. 3 Abs. 3 F&E-GFVO (s.u. Kap. 5 Rdn. 404–421) grundsätzlich nicht solche Verwertungsabreden als unbedenklich einstufen, die das Recht von Vertragspartnern zur umfassenden eigenständigen Verwertung der F&E-Ergebnisse einschl. von bestehendem, für

die Verwertung erforderlichem Know-how beschneiden. Dem entspricht es, dass die Nr. 64 und 65 bei der Frage, ob und inwieweit die Vereinbarung einer gemeinsamen Verwertung eine Wettbewerbsbeschränkung bedeutet, je nach Fallgestaltung differenzieren (s.u. Kap. 5 Rdn. 299 und 301).

Eine Ausnahme von diesem Grundsatz gilt für die F&E-Verträge i.S. von Nr. 57, die eine »ausschließliche Lieferklausel« für die entstehenden Ergebnisse zulässt. 275

Dagegen dürfte der Umstand, dass der Vertrag einem oder mehreren der Vertragspartner die Lizenz vorenthält, bei der Verwertung von F&E-Ergebnissen vorbestehende Schutzrechte eines anderen Vertragspartners mitzuverwerten, der Vereinbarkeit des Vertrags mit Art. 81 Abs. 1 EGV nach den Nr. 55 bis 58 der Horizontal-LL nicht entgegenstehen, und zwar aus den gleichen Gründen, die dafür maßgebend sein dürften, dass Art. 3 Abs. 3 Satz 1 F&E-GFVO die Freistellung von F&E-Verträgen nicht von der Erteilung einer solchen Lizenz abhängig macht; siehe zu diesen Gründen Kap. 5 Rdn. 410. 276

Voraussetzung dafür, dass F&E-Verträge gemäß Nr. 55 bis 58 nicht von Art. 81 Abs. 1 EGV erfasst werden, dürfte im Hinblick auf Art. 3 Abs. 3 Satz 1 F&E-GFVO grundsätzlich weiter sein, dass jeder Vertragspartner zur Mitteilung seiner einschlägigen Alttechnologie verpflichtet wird. 277

Diese Voraussetzung dürfte wiederum nach Nr. 57 bei F&E-Verträgen entfallen, mit denen ein Unternehmen zuvor selbst durchgeführte F&E an eines der dort näher bezeichneten spezialisierten Unternehmen, Forschungsinstitute und anderen akademischen Einrichtungen auslagert.

Nr. 55 bis 58 sollten wohl auch nicht den Vertragspartnern auferlegte Verbote für unbedenklich erklären, eigenständig oder in Zusammenarbeit mit Dritten auf dem Projektgebiet oder außerhalb desselben F&E zu betreiben, siehe dazu schon Kap. 5 Rdn. 234. Soweit ein solches Verbot über die F&E-Phase hinaus erstreckt wird, dürfte es sogar zu den verbotenen Praktiken i.S. von Nr. 59 zu zählen sein (s.u. Kap. 5 Rdn. 284). 278

Dagegen ist anzunehmen, dass Nr. 55 bis 58 von der Zulässigkeit der mit diesen Verträgen verbundenen »Nebenabreden« i.S. von Nr. 29 der Freistellungs-LL ausgehen, z.B. von Abreden, die für die Funktionsfähigkeit eines den Wettbewerb nicht beschränkenden Forschungs-Gemeinschaftsunternehmens erforderlich sind; vgl. Nr. 31 der Freistellungs-LL (Kap. 5 Rdn. 246). 279

Zur **zweiten Kategorie**, d.h. zu »Vereinbarungen, die fast immer von Art. 81 Abs. 1 EGV erfasst werden«, führt **Nr. 59** aus, dass F&E-Vereinbarungen unter das Verbot des Art. 81 Abs. 1 EGV fallen, die in Wirklichkeit nicht die Zusammenarbeit auf dem Gebiet der F&E, sondern die Bildung eines verdeckten Kartells bezwecken, das verbotene Praktiken wie Festsetzung von Preisen, Beschränkung der Produktion oder Aufteilung von Märkten verschleiern soll. 280

In Nr. 59 heißt es dann weiter, dass eine F&E-Vereinbarung, welche die gemeinsame Vermarktung zukünftiger Forschungsergebnisse einbezieht, nicht notwendigerweise den Wettbewerb beschränkt. Eine »gemeinsame Vermarktung von Forschungsergebnissen« betrifft zwar streng genommen nur die gemeinsame Veräußerung oder Lizenzierung von Forschungsergebnissen. Dass aber auch die 281 gemeinsame Vermarktung der unter Verwendung dieser Forschungsergebnisse hergestellten Produkte gemeint ist, folgt aus Nr. 65 (s.u. Kap. 5 Rdn. 301).

282 Auffällig sind in Nr. 59 die Formulierungen »Bildung eines verdeckten Kartells« und »verbotene Praktiken ... verschleiern soll«. Diese Formulierungen dürften nur als Hinweis darauf zu verstehen sein, dass besonders bei den von den Horizontal-LL erfassten F&E-Verträgen der wirkliche Zweck dieser Verträge zu ergründen ist. Sie sollen dagegen sicher nicht andeuten, dass möglicherweise keine spürbare Wettbewerbsbeschränkung vorliegt, wenn die Beteiligten ganz offen »verbotene Praktiken« wie die genannten vereinbaren. In einem wie im anderen Falle dürfte nämlich eine bezweckte Wettbewerbsbeschränkung i.S. der Freistellungs-LL vorliegen, siehe dazu oben Kap. 5 Rdn. 237–241.

283 Damit stimmen auch Nr. 18 und Nr. 25 aus dem Allgemeinen Teil der Horizontal-LL überein.

Nr. 18 merkt an, dass in manchen Fällen bereits die Art der Zusammenarbeit auf die Anwendbarkeit des Art. 81 Abs. 1 hinweise. Dies gelte z.B. für Vereinbarungen, die durch die Festsetzung der Preise, Begrenzung der Produktion oder Aufteilung der Märkte oder Kunden eine Wettbewerbsbeschränkung bezwecken. Bei diesen Vereinbarungen werde davon ausgegangen, dass sie negative Auswirkungen auf den Markt haben. Daher brauchten die tatsächlichen Auswirkungen auf den Wettbewerb und den Markt nicht im Hinblick auf die Erfüllung der Tatbestandsmerkmale des Art. 81 Abs. 1 untersucht werden. Nr. 18 erwähnt nicht Art. 81 Abs. 3, so dass er Raum für eine Freistellung der genannten Vereinbarungen nach Art. 81 Abs. 3 EGV lässt (vgl. auch die aus Art. 5 Abs. 1 Buchst. e und g F&E-GFVO ableitbare Freistellung zeitlich begrenzter Kundenbeschränkungen und gewisser territorialer Beschränkungen, siehe dazu Kap. 5 Rdn. 456–460 und 464–467).

Nr. 25 merkt an, dass Kooperationsvereinbarungen, die durch die Festsetzung von Preisen, die Beschränkung der Produktion oder die Aufteilung von Märkten oder Kunden eine Einschränkung des Wettbewerbs bezwecken, »normalerweise« unter Art. 81, also auch unter Abs. 3 dieser Bestimmung fallen (vgl. auch Nr. 11 der Relevanter-Markt-Bekanntmachung).

284 Als Abrede, die zu den »verbotenen Praktiken« i.S. von Nr. 59 gehört, wird man z.B. auch das Verbot für einen, mehrere oder alle Vertragspartner zählen müssen, nach Beendigung der F&E-Phase eigenständig oder in Kooperation mit Dritten auf dem Projektgebiet F&E zu betreiben, vgl. die »schwarze Klausel« des Art. 5 Abs. 1 Buchst. a F&E-GFVO und die Ausführungen dazu unter Kap. 5 Rdn. 444–446. Zu beachten ist dabei, dass die in Nr. 59 angeführten Fälle eines verdeckten Kartells nur als Beispiele gedacht sind, wie sich aus der Formulierung »verbotene Praktiken *wie* ...« (Hervorhebung vom Verfasser) ergibt. Man wird deshalb ein verdecktes Kartell z.B. auch dann annehmen müssen, wenn der eigentliche Zweck des F&E-Vertrags – wie im Fall »US v. Automobile Manufacturers Association«[307] – die Verzögerung des Innovationsprozesses ist.

307 1969 Tr. Cases § 72, 907 (consent decree) bestätigt durch 307 F. Supp. 617 (C. D. Cal 1969. cert. den. sub nom. City of New York v. US, 397 US 248); s. dazu auch *Ullrich* a.a.O., S. 66 f.

Vergeblich sucht man im Text von Nr. 59 nach einer Erläuterung der in der Überschrift zu Nr. 59 (»Vereinbarungen, die fast immer von Art. 81 Abs. 1 erfasst werden«) mit den Worten »fast immer« angedeuteten Einschränkung. Diese Worte sollen sicher keinen Hinweis auf das Erfordernis der Erfüllung der Zwischenstaatlichkeitsklausel geben, da ein solcher Hinweis nicht der Systematik der Horizontal-LL entsprechen würde, die nach Nr. 14 die Frage der spürbaren Beeinträchtigung des zwischenstaatlichen Handels ausklammern, und weil insoweit auch die Wortwahl »fast immer« nicht passen würde. Vermutlich beruht die Einschränkung darauf, dass die Kommission schon z.Zt. des Erlasses der Horizontal-LL in seltenen Fällen auch Beschränkungen, die zu den »verbotenen Praktiken« i.S. von Nr. 59 zählen, nicht als Wettbewerbsbeschränkung einstufte, z.B. eine auf die Markteinführungsphase begrenzte Marktaufteilung hinsichtlich eines zu entwickelnden neuen Produkts (siehe dazu Kap. 5 Rdn. 230–233). 285

Zur **dritten Kategorie**, nämlich zu den »Vereinbarungen, die von Art. 81 Abs. 1 erfasst werden können«. gehören nach **Nr. 60** solche F&E-Vereinbarungen, die nach den Ausführungen zur ersten Kategorie nicht von vornherein als »eindeutig unbedenklich« zu bewerten sind. Nicht ausdrücklich ausgesprochen, aber sicher mitgemeint ist dabei sicherlich, dass die Vereinbarungen auch nicht zur zweiten Kategorie gehören. Nr. 60 betrifft damit nach den vorangehenden Ausführungen z.B. alle F&E-Vereinbarungen (mit Ausnahme der F&E-Verträge gemäß Nr. 57), die nicht jedem Vertragspartner die uneingeschränkte eigenständige Verwertung der F&E-Ergebnisse gestatten. 286

Für die Beurteilung von F&E-Vereinbarungen der dritten Kategorie nach Art. 81 Abs. 1 EGV erklärt Nr. 60 eine Prüfung ihres »wirtschaftlichen Umfelds« für erforderlich (vgl. dazu auch die parallele Nr. 26 aus dem Allgemeinen Teil der Horizontal-LL, nach der marktbezogene Kriterien, z.B. die Marktstellung der Partner und »sonstige strukturelle Faktoren« zu untersuchen sind). Dies gelte (Anm.: Gedanklich ist hier zu ergänzen: »z.B.«) für eine F&E-Zusammenarbeit, die in der Phase kurz vor der Markteinführung (Anm.: Gedanklich ist hier offenbar zu ergänzen: »von Produkten oder Technologien, die von den Vertragspartnern bereits außerhalb der F&E-Zusammenarbeit entwickelt wurden«) zwischen Unternehmen vereinbart wird, die Wettbewerber (Anm.: Gedanklich ist hier offenbar zu ergänzen: »bezüglich dieser Produkte oder Technologien«) entweder in bestehenden Produkt-/Technologiemärkten oder den Innovationsmärkten sind. Dabei sind »Wettbewerber in Innovationsmärkten« wohl zu verstehen als »F&E-Pole« i.S. von Nr. 51, siehe dazu Kap. 5 Rdn. 140–144. 287

Auf die Prüfung des in Nr. 60 erwähnten wirtschaftlichen Umfelds beziehen sich die nachfolgenden Nr. 61 ff unter der Überschrift »Marktmacht und Marktstrukturen« parallel zu den in den unter der gleichen Überschrift stehenden Nr. 27 bis 29 des Allgemeinen Teils der Horizontal-LL. 288

289 Nach **Nr. 61** kann eine F&E-Zusammenarbeit nachteilige Wirkungen in dreierlei Hinsicht haben: Sie kann

- die Innovation (Anm.: hier wohl als Innovationsanstrengungen zu verstehen) einschränken,
- zu einem abgestimmten Verhalten der Beteiligten in vorhandenen Märkten führen und/oder
- Abschottungsprobleme bei der Nutzung der F&E-Ergebnisse schaffen.

290 Derartige Wirkungen ergeben sich nach Nr. 61 in der Regel nur, wenn die Beteiligten erhebliche Marktmacht in den vorhandenen Märkten ausüben und/oder der »Wettbewerb im Bereich der Innovation« wesentlich zurückgeht. Ohne Marktmacht (hier ist im Hinblick auf den vorangegangenen Satz gedanklich wohl zu ergänzen: »in den vorhandenen Märkten«) bestehe kein Anreiz für ein abgestimmtes Verhalten in vorhandenen Märkten oder einen Abbau bzw. ein Hinauszögern der Innovation.

291 Nach **Nr. 62** gibt es keine Marktanteilsschwelle, deren Überschreiten anzeigt, dass die F&E-Vereinbarung ein bestimmtes Maß an Marktmacht bei den Vertragspartnern »begründet« (Anm.: im Hinblick auf Nr. 27 wohl zu lesen als »aufrechterhält, begründet oder verstärkt«) und damit unter Art. 81 Abs. 1 fällt.

292 Damit müssen, wie **Nr. 63** ausführt, auch F&E-Vereinbarungen zwischen Vertragspartnern mit einem gemeinsamen Marktanteil von mehr als 25 % den Wettbewerb nicht notwendigerweise beschränken, obwohl hier die Freistellungsvoraussetzungen nach der F&E-GFVO (siehe dort Art. 4 Abs. 2 und 3) nicht erfüllt sind. Je stärker aber die gemeinsame Stellung der Beteiligten auf den vorhandenen Märkten sei und/oder je mehr der Innovationswettbewerb beschränkt werde, desto wahrscheinlicher werde die Anwendung von Art. 81 Abs. 1 und damit auch das Erfordernis einer eingehenderen Untersuchung.

293 Wenn die Horizontal-LL hier die Möglichkeit implizieren, dass Art. 81 Abs. 1 EGV trotz Beschränkung des »Innovationswettbewerbs« nicht zur Anwendung kommt, muss man dies wohl als Hinweis darauf verstehen, dass in einem solchen Fall noch die erforderliche »Spürbarkeit« der an und für sich zu bejahenden Wettbewerbsbeschränkung fehlen kann.

294 **Nr. 64 bis 66** beleuchten im Einzelnen drei Fälle von F&E-Verträgen, die der Dreiteilung der Verträge bei der Abgrenzung der relevanten Märkte nach Nr. 43 entsprechen dürfte:

Fall 1 (Nr. 64):

Hier ist die F&E gerichtet auf die bloße Verbesserung oder Verfeinerung vorhandener Produkte/Technologien mit möglichen Wirkungen auf die Preise, die Erzeugung oder die Innovation in vorhandenen Märkten.

Fall 2 (Nr. 65):

Hier ist die F&E auf ein neues Produkt oder eine neue Technologie gerichtet, die einen neuen Markt bilden.

Fall 3 (Nr. 66):

In diesem als hauptsächlich vorkommend bezeichneten Fall kann die F&E-Vereinbarung Auswirkungen nicht nur in den vorhandenen Märkten, sondern auch auf die Innovation zeitigen.

Die Abgrenzung von Fall 1 gegenüber Fall 3 bereitet Schwierigkeiten, da beide Fälle u.a. Auswirkungen auf die »Innovation« betreffen. Dabei ist allerdings in Fall 1 nur von Auswirkungen auf die Innovation in vorhandenen Märkten die Rede. Geht man bei den Nr. 64 bis 66 von der gleichen Dreiteilung aus wie beim Überblick über die relevanten Märkte in Nr. 43 (siehe dazu oben Kap. 5 Rdn. 105–115), dürfte Fall 3 nur eine Innovation meinen, die einem neuen Markt zuzuordnen ist. 295

Zum **Fall 1** führt **Nr. 64** aus, dass Auswirkungen auf die Preise, die Erzeugung und die Innovation in vorhandenen Märkten nur anzunehmen sind, wenn 296
- die Partner gemeinsam eine starke Stellung einnehmen,
- ein Markteintritt schwierig ist, und
- nur wenige andere innovative Tätigkeiten auszumachen sind.

Außerdem seien Auswirkungen bei den Enderzeugnissen nur sehr begrenzt, wenn die F&E ausschließlich ein unbedeutendes Einsatzgut für ein Endprodukt betrifft (vgl. zur Relevanz des Marktes der Endprodukte, wenn die gemeinsame F&E einen wichtigen Bestandteil eines dieser Endprodukte betrifft, Nr. 46). 297

»Reine« F&E-Vereinbarungen würden, »wie bereits erwähnt« (mit diesen Worten nimmt Nr. 64 offenbar auf Nr. 58 Bezug), nur selten von Art. 81 Abs. 1 erfasst, was insbesondere für Vereinbarungen gelte, die eine begrenzte Verbesserung eines vorhandenen Produkts oder einer vorhandenen Technologie bezwecken. 298

Zu F&E-Vereinbarungen, die nicht als »rein« i.S. der Horizontal-LL einzustufen sind, bemerkt Nr. 64: »Umfasst die Zusammenarbeit nur die gemeinsame Nutzung im Wege der Lizenzvergabe, ist von beschränkenden Wirkungen, z.B. Marktabschottung, kaum auszugehen. Die Zusammenarbeit muss jedoch genauer untersucht werden, wenn sie die gemeinsame Herstellung und/oder Vermarktung des geringfügig verbesserten Produkts einbezieht. Dabei sind nachteilige Wirkungen hinsichtlich Preisen und Produktion wahrscheinlicher, wenn es sich um starke Wettbewerber handelt. Auch kann sich eine Verlagerung des Schwerpunkts der Vereinbarung von der F&E-Vereinbarung zu einer Produktionsvereinbarung ergeben.« 299

Hierzu ist zu anzumerken, dass bei Verlagerung des Schwerpunkts der Vereinbarung von der F&E-Vereinbarung zu einer Produktionsvereinbarung nach Nr. 12 des Allgemeinen Teils nur die Ausführungen der Horizontal-LL zu Produktionsvereinbarungen maßgeblich sind, siehe dazu schon Kap. 5 Rdn. 81. 300

Im **Fall 2** sind nach **Nr. 65** Wirkungen auf die Preise und die Produktion in bestehenden Märkten eher unwahrscheinlich. Wenn dies der Fall sei, müsse sich die Bewertung auf »Innovationsbeschränkungen« (Anm.: hier offenbar im Hinblick auf die nachfolgend aufgeführten Beispiele gemeint als Beschränkungen der möglichen Innovation), z.B. bei der Qualität und Vielfalt möglicher 301 zukünftiger Produkte und Technologien oder der Geschwindigkeit der Innovation (Anm.: hier wohl gemeint als Innovationsprozess) konzentrieren. Derartige beschränkende Wirkungen könnten entstehen, wenn zwei oder mehr der wenigen an der Entwicklung des neuen Produkts beteiligten Unternehmen in einem Stadium aufnehmen, wo sie einzeln jeweils kurz vor der Einführung des neuen Produkts stehen. In einem solchen Fall könne die Innovation (Anm.: hier wohl wieder zu verstehen als Innovationsanstrengungen) auch durch eine »reine« F&E-Vereinbarung beschränkt werden. Grundsätzlich sei jedoch eine F&E-Vereinbarung in Bezug auf vollständig neue Produkte wettbewerbsfördernd. Diese Grundannahme ändere sich nicht erheblich, wenn die gemeinsame Nutzung der Ergebnisse oder auch die gemeinsame Vermarktung vereinbart werden. (Anm.: Auch die gemeinsame Vermarktung bedeutet eine gemeinsame Nutzung der Ergebnisse. Die entsprechende Passage der englischen Fassung: »... if the joint exploitation of the results, even joint marketing, is involved« lässt immerhin ein Verständnis in diesem Sinne zu.) Die Frage der gemeinsamen Nutzung sei in einem solchen Fall nur von Bedeutung, wenn die Abschottung (Anm.: Gedanklich ist hier zu ergänzen: »Dritter«) von Schlüsseltechnologien eine Rolle spiele. Derartige Probleme würden sich aber nicht stellen, wenn die Partner Lizenzen an Dritte erteilen.

302 Die Horizontal-LL wollen hier eine spürbare Wettbewerbsbeschränkung sicher nicht unabhängig von der Dauer verneinen, für welche die gemeinsame Nutzung durch gemeinsame Produktion oder sogar durch gemeinsamen Vertrieb vereinbart wird, da in Nr. 65 von »Grundannahme« die Rede ist und die Dauer der gemeinsamen Nutzung bei F&E-Verträgen, welche den Wettbewerb spürbar beschränken, nach Nr. 72 bis 74 auch für die Freistellung von Bedeutung ist.

303 Bemerkenswert ist, dass Nr. 65 bei gemeinsamer F&E, die auf vollständig neue Produkte gerichtet sind, entgegen dem Grundsatz der Nr. 11 und 30 der Freistellungs-LL bei der Beurteilung, ob die Vereinbarung eine spürbare Wettbewerbsbeschränkung bewirkt, die wettbewerbsfördernden gegen die wettbewerbsbeschränkenden Auswirkungen unter Berücksichtigung der Umstände des Einzelfalls abwägt, siehe die Passage:

»Grundsätzlich ist jedoch eine FuE-Vereinbarung in Bezug auf vollständig neue Produkte wettbewerbsfördernd. Diese Grundannahme ändert sich nicht erheblich, wenn die gemeinsame Nutzung der Ergebnisse oder auch die gemeinsame Vermarktung vereinbart werden. Die Frage der gemeinsamen Nutzung ist in derartigen Fällen nur von Bedeutung, wenn die Abschottung von Schlüsseltechnologien eine Rolle spielt. Derartige Probleme stellen sich nicht, wenn die Partner Lizenzen an Dritte vergeben.«

304 Mit anderen Worten: Die Kommission bewertet eine gemeinsame F&E, die auf vollständig neue Produkte gerichtet ist, im Allgemeinen als so positiv, dass der Wegfall des Wettbewerbs zwischen den Partnern bei der gemeinsamen Nutzung der F&E-Ergebnisse demgegenüber grundsätzlich nicht ins Gewicht fällt. Das bedeutet letztlich eine Abwägung aufgrund der Umstände des Einzelfalls, wie sie die Kommission auch im Falle von Nr. 76 (s.u. Kap. 5 Rdn. 311 und 312) vornimmt; vgl. dazu auch die allgemeine Aussage in Nr. 4 Horizontal-LL,

dass Art. 81 der rechtliche Rahmen für eine ausgewogene Bewertung sei, wobei die wettbewerbswidrigen Auswirkungen gegen den wirtschaftlichen Nutzen abzuwägen seien.

Obwohl Nr. 12 der Freistellungs-LL den Anschein erweckt, als betrachte die Kommission die Horizontal-LL weiterhin in vollem Umfang als verbindlich, wird man wohl im Hinblick auf Nr. 11 und Nr. 30 der Freistellungs-LL annehmen müssen, dass nach der aktuellen Auffassung der Kommission in den Fällen von Nr. 65 und Nr. 76 eine Abwägung aufgrund der Umstände des Einzelfalls erst bei Prüfung der Freistellungsvoraussetzungen nach Art. 81 Abs. 3 EGV zu erfolgen hat. 305

Im **Fall 3** sind nach **Nr. 66** Bewertungskriterien 306

- die gemeinsame Stellung der Vertragspartner,
- der Konzentrationsgrad,
- die Anzahl der Marktteilnehmer/Innovatoren und
- die Marktzugangsbedingungen.

In einigen Fällen könnten hier durch die Verlangsamung der Entwicklungsgeschwindigkeit beschränkende Preis-/Produktionswirkungen in vorhandenen Märkten und eine nachteilige Wirkung auf die Innovation eintreten. Beschränkende Wirkungen könnten z.B. entstehen, wenn wichtige Wettbewerber in einem bestehenden Technologiemarkt zusammenarbeiten, um eine neue Technologie zu entwickeln, mit der eines Tages vorhandene Produkte ersetzt werden können, und diese Wettbewerber erhebliche Macht auf dem bestehenden Markt (die Anreize zur Ausnutzung dieser Stellung bietet) ausüben und im F&E-Sektor eine starke Stellung haben. Eine »ähnliche Wirkung« könne entstehen, wenn das beherrschende Unternehmen mit »einem wesentlichen kleineren oder gar einem potenziellen Wettbewerber« (Anm.: Ein »kleinerer Wettbewerber« kann ein aktueller oder ein potenzieller Wettbewerber sein, ein »potenzieller Wettbewerber« ist also demgegenüber keine Steigerung!) zusammenarbeite, der kurz vor der Einführung einer neuen Ware/neuen Technologie steht, mit der die Stellung des beherrschenden Marktteilnehmers bedroht werden könnte. 307

Es fällt auf, dass Nr. 66 für den Fall 3 nicht – wie Nr. 64 und 65 für die Fälle 1 bzw. 2 – die Frage anspricht, inwieweit andere als »reine« F&E-Vereinbarungen, also F&E-Vereinbarungen, die auch eine gemeinsame Nutzung der F&E-Ergebnisse vorsehen, den Wettbewerb spürbar beschränken können. Da Fall 3 in der Mitte zwischen Fall 1 und Fall 2 liegt, dürfte die Kommission im Fall 3 Vereinbarungen über eine gemeinsame Nutzung durch Lizenzvergabe mindestens ebenso wenig kritisch sehen wie im Fall 1, dagegen aber Vereinbarungen über eine weitergehende gemeinsame Nutzung bei Produktion bzw. Vertrieb nicht von vornherein für grundsätzlich unbedenklich halten wie im Fall 2. 308

Nr. 67 befindet sich systematisch im Abschnitt 2.3 »Bewertung nach Art. 81 Abs. 1« an und für sich an falscher Stelle; denn sie betrifft die Möglichkeit der Freistellung von F&E-Vereinbarungen, die ausschließliche Zugangsrechte für einen Vertragspartner vorsehen, nach Art. 81 Abs. 3. Sie wird deshalb erst bei den Ausführungen zu Abschnitt 2.4 betr. die Bewertung nach Art. 81 Abs. 3 EGV, d.h. im Zusammenhang mit Nr. 70 in Kap. 5 unter Rdn. 596 im Einzelnen erörtert. 309

Mittelbar ist Nr. 67 aber auch für die Frage der Wettbewerbsbeschränkung von Bedeutung, weil sie den Standpunkt der Kommission erkennen lässt, dass die Versagung von Zugangsrechten freistellungsbedürftig und damit eine spürbare Wettbewerbsbeschränkung ist, es sei denn, diese Zugangsrechte werden akademischen Einrichtungen, Forschungsinstituten oder spezialisierten Unternehmen, welche sich nicht mit der gewerblichen Nutzung der Ergebnisse befassen, von einem Unternehmen verwehrt, das zuvor selbst durchgeführte F&E an solche akademischen Einrichtungen usw. auslagert (siehe dazu schon die obigen Ausführungen zu Nr. 57 in Kap. 5 unter Rdn. 270).

310 Bei den in den Nr. 75 bis 77 angeführten drei Fallbeispielen kommt die Kommission nur bei dem in **Nr. 76** enthaltenen zweiten Beispiel zu dem Ergebnis, dass keine (spürbare) Wettbewerbsbeschränkung vorliegt. Das Beispiel lautet wie folgt: »Ein kleines Forschungsunternehmen A, das keine eigene Vertriebsorganisation unterhält, hat eine pharmazeutische Substanz mit einer neuen Technologie entdeckt und patentieren lassen, mit der neue Wege zur Behandlung einer bestimmten Krankheit beschritten werden können. A geht eine FuE-Vereinbarung mit einem großen Arzneimittelhersteller B ein, dessen Erzeugnisse bisher für die Behandlung dieser Krankheit verwendet worden sind. Unternehmen B verfolgt kein vergleichbares FuE-Programm. Bei den vorhandenen Produkten hält B einen Marktanteil von rund 75 % in sämtlichen Mitgliedstaaten, seine Patente laufen jedoch in den nächsten fünf Jahren aus. Es gibt zwei weitere Forschungspole, die sich ungefähr in der gleichen Entwicklungsphase befinden und die gleiche neue Grundlagentechnologie anwenden. Das Unternehmen B wird umfangreiche Geldmittel und Know-how für die Produktentwicklung bereitstellen und den zukünftigen Zugang zum Markt ermöglichen. Es erhält eine Lizenz für die ausschließliche Herstellung und Verteilung des Produkts für die Laufzeit des Patents. Es ist zu erwarten, dass die Partner gemeinsam das Produkt in fünf bis sieben Jahren auf den Markt bringen können.«

Mit der Begründung, dass

a) das Produkt voraussichtlich einem neuen relevanten Markt angehört,
b) die Partner sich ergänzende Ressourcen und Fertigkeiten in die Zusammenarbeit einbringen,
c) dadurch die Wahrscheinlichkeit, dass das neue Produkt auf den Markt kommt, erheblich zunimmt,
d) andererseits aber die erhebliche Macht des Pharmaunternehmens auf dem vorhandenen Markt in Kürze abnimmt,
e) das Vorhandensein weiterer Forschungspole jegliche Versuchung beseitigen wird, die F&E-Bemühungen zu verringern,
f) das Pharmaunternehmen während der verbleibenden Patentlaufzeit die ihm von dem Forschungsunternehmen eingeräumten Nutzungsrechte benötigen wird, um die erforderlichen umfangreichen Investitionen tätigen zu können, und
g) das Forschungsunternehmen keine eigenen Vertriebsressourcen hat,

verneint Nr. 76 hier bereits eine (spürbare) Wettbewerbsbeschränkung.

Es fällt hier wie schon bei Nr. 65 auf, dass die Kommission bei der Frage der Wettbewerbsbeschränkung nicht nur mögliche wettbewerbswidrige Auswirkungen der Vereinbarung in Betracht zieht – zu diesen könnte man z.B. auch den Ausschluss einer Lizenz- oder F&E-Kooperation des Forschungsunternehmens mit einem anderen Arzneimittelhersteller rechnen, der nicht zu den existierenden F&E-Polen gehört und noch keine Medikamente zur Behandlung der betr. Krankheit herstellt –, sondern dass sie auch eine auf den Einzelfall bezogene Abwägung der möglichen wettbewerbswidrigen Auswirkungen mit wettbewerbsfördernden Auswirkungen vornimmt: Siehe die Begründung gemäß vorstehend a), die wieder erkennen lässt, dass die Kommission Kooperationen zur Entwicklung von Produkten, die einem neuen Markt angehören, für grundsätzlich wettbewerbsfördernd hält, sowie die Begründung gemäß b) und c). 311

Wie schon im Falle von Nr. 65 (s.o. Kap. 5 Rdn. 304 und 305) wird man auch bei dem Beispiel gemäß Nr. 76 im Hinblick auf Nr. 11 und 30 der Freistellungs-LL annehmen müssen, dass die Kommission die Abwägung im konkreten Fall nach ihrer aktuellen Auffassung nicht mehr bei der Beurteilung der Vereinbarung nach Art. 81 Abs. 1 EGV, sondern erst bei deren Beurteilung nach Art. 81 Abs. 3 EGV vornehmen würde. 312

Ergänzend sind folgende Ausführungen im Allgemeinen Teil der Horizontal-LL zu berücksichtigen: 313

Nr. 15 führt aus: »Art. 81 gilt nicht für Vereinbarungen von geringer Bedeutung, weil diese Vereinbarungen nicht geeignet sind, eine erhebliche Einschränkung des Wettbewerbs zu bezwecken oder zu bewirken. Diese Leitlinien lassen daher die Anwendung der geltenden Bekanntmachung über Vereinbarungen von geringer Bedeutung (*de minimis*) oder künftige einschlägige Bekanntmachungen unberührt.« 314

Mit der Eignung, eine erhebliche Einschränkung des Wettbewerbs zu bezwecken oder zu bewirken, ist dabei die »**Spürbarkeit**« der Wettbewerbsbeschränkung als ungeschriebenes Merkmal von Art. 81 Abs. 1 EGV angesprochen, die jedoch bei bezweckten Wettbewerbsbeschränkungen nicht zu prüfen ist; s. dazu schon Kap. 5 Rdn. 251. 315

Aus Nr. 15 folgt, dass aktuell die hier als **Bagatellbekanntmachung** bezeichnete *de minimis*-Bekanntmachung von 2001 »unberührt« bleibt. Diese lässt nun allerdings wiederum nach ihrer Fn. 2 u.a. die Grundsätze der Horizontal-LL »unberührt«. Daraus dürfte zu schließen sein, dass jede dieser Bekanntmachungen die Spürbarkeit von Wettbewerbsbeschränkungen durch unter die Horizontal-LL fallende Verträge, und damit auch durch unter die Horizontal-LL fallende F&E-Verträge, selbständig eingrenzt. Für derartige F&E-Verträge gilt dies allerdings nur in dem Bereich, in dem sich die Anwendungsbereiche beider Bekanntmachungen überschneiden, d.h. hins. Wettbewerbsbeschränkungen auf relevanten vorhandenen Produktmärkten, nicht jedoch hins. Wettbewerbsbeschränkungen auf anderen relevanten Märkten, die für unter die Horizontal-LL fallende F&E-Verträge ggf. relevant sind, s. Kap. 5 Rdn. 251. Dabei ist Gegenstand der Bagatellbekanntmachung nur die »quantitative Spürbarkeit«. 316

Neben der quantitativen Spürbarkeit muss die Wettbewerbsbeschränkung, um den Tatbestand von Art. 81 Abs. 1 EGV zu erfüllen, auch die sog. »qualitative« Spürbarkeit aufweisen, s. ebenfalls Kap. 5 Rdn. 251.

317 Die Spürbarkeit ist nach Nr. 7 a) der Bagatellbekanntmachung bei einem Vertrag zwischen (aktuellen oder potenziellen) **Wettbewerbern** auf vorhandenen Produktmärkten zu verneinen, wenn der gemeinsame Marktanteil dieser Wettbewerber auf keinem dieser Märkte 10 % überschreitet und der Vertrag keine der Kernbeschränkungen i.S. von Nr. 11 Punkt 1 (z.B. Aufteilung von Märkten oder Kunden) bzw. dann, wenn die Wettbewerber zwecks Durchführung der Vereinbarung auf unterschiedlichen Produktions- oder Vertriebsstufen tätig sind, keine der Kernbeschränkungen i.S. von Nr. 11 Punkt 1 oder 2 enthält.

318 Nach Nr. 7 b) der Bagatellbekanntmachung (s. dazu auch Kap. 5 Rdn. 329) beschränkt ein Vertrag zwischen **Nichtwettbewerbern** auf vorhandenen Produktmärkten den Wettbewerb auf diesen Märkten nicht spürbar, wenn nicht einer dieser Nichtwettbewerber auf diesen Märkten einen Marktanteil von mehr als 15 % hat und der Vertrag keine Kernbeschränkung i.S. von Nr. 11 Punkt 2 enthält. Dabei gilt dann, wenn die Einstufung der Unternehmen als Wettbewerber oder Nichtwettbewerber Schwierigkeiten macht, die Marktanteilsschwelle von 10 %.

319 Nach **Nr. 21** der Horizontal-LL gehört zu den Faktoren, die über die Wahrscheinlichkeit einer Koordinierung des Marktverhaltens der Beteiligten entscheiden, auch der Umfang, in welchem sie ihre Tätigkeiten zusammenlegen.

320 Nach **Nr. 30** sind über die bisher erörterten Kriterien hinaus die Stabilität der Marktanteile über einen bestimmten Zeitraum, die Nachfragemacht der Käufer/Lieferanten und die Beschaffenheit der Produkte (z.B. Homogenität, Produktreife) in Erwägung zu ziehen.

321 **Zusammenfassung:**

Die Horizontal-LL befassen sich zwar mit der Frage der Wettbewerbsbeschränkung, unterscheiden aber nicht wie die (später erlassenen) Freistellungs-LL zwischen dem Bezwecken und dem Bewirken einer Wettbewerbsbeschränkung. Allerdings ist in Nr. 59 von dem Bezwecken bestimmter verbotener Praktiken die Rede.

Hins. der quantitativen Spürbarkeit von Wettbewerbsbeschränkungen verweisen die Horizontal-LL in Nr. 15 auf die Bagatellbekanntmachung.

Was speziell die Frage der spürbaren Wettbewerbsbeschränkung bei den von ihnen erfassten F&E-Verträgen betrifft,[308] lassen sich den Horizontal-LL folgende Antworten entnehmen, wobei wegen der oft widersprüchlichen und unverständlichen Ausführungen erhebliche Unsicherheiten bleiben:

308 Siehe dazu auch *Schroeder* in *Grabitz/Hilf*, Rn. 522 ff. zu Art. 81 EGV.

Unterschieden werden drei Kategorien von F&E-Verträgen:

Eindeutig unbedenklich und damit der **1. Kategorie** angehörend sind F&E-Vereinbarungen, welche

1. die F&E-Zusammenarbeit in einem noch theoretischen Stadium, weit entfernt von der Verwertung möglicher Ergebnisse, betreffen (Nr. 55), oder
2. zwischen Nichtwettbewerbern getroffen werden (Nr. 56) und nicht dadurch zu Abschottungswirkungen gegenüber Dritten führen können, dass mindestens eines der beteiligten Unternehmen bei einer Schlüsseltechnologie erhebliche Marktmacht hat und eine Nutzung der Ergebnisse ausschließlich durch die Vertragspartner vereinbart wird (Fn. 30 und Nr. 61), oder
3. zwischen Vertragspartnern getroffen werden, welche bei realistischer Betrachtungsweise nicht in der Lage sind, die notwendigen F&E-Arbeiten eigenständig durchzuführen (Nr. 56), es sei denn, die Vertragspartner haben erhebliche Marktmacht auf relevanten vorhandenen Produkt- oder Technologiemärkten und die Zusammenarbeit kann zu Abschottungsproblemen gegenüber Dritten führen (Nr. 24), oder
4. in F&E-Verträgen zur Auslagerung von F&E mit spezialisierten Unternehmen, Forschungsinstituten oder anderen akademischen Einrichtungen bestehen, welche mit der gewerblichen Nutzung der Ergebnisse selbst nicht befasst sind (Nr. 57), oder
5. sog. »reine F&E-Vereinbarungen« sind (d.h. nicht eine gemeinsame Nutzung der Ergebnisse durch die Erteilung von Lizenzen, die Produktion und/oder den Absatz vorsehen) und wirksamen Forschungswettbewerb nicht wesentlich verringern (Nr. 58),

wenn folgende zusätzliche Voraussetzungen erfüllt sind:

- Die Verträge enthalten nicht eine Vereinbarung »verbotener Praktiken« i.S. von Nr. 59.
- Jeder Vertragspartner behält das Recht, selbständig oder gemeinsam mit Dritten F&E innerhalb und außerhalb des Gebiets des gemeinsamen F&E-Projekts zu betreiben.
- Die Verträge gemäß vorstehend Nr. 1 bis 3 und 5 schränken das Recht jeden Vertragspartners zur umfassenden eigenständigen Verwertung der F&E-Ergebnisse einschl. von vorher bestehendem, für die Verwertung erforderlichem Know-how nicht ein.
- Die Verträge gemäß vorstehend Nr. 1 bis 3 und 5 verpflichten jeden Vertragspartner zur Mitteilung seiner einschlägigen Alttechnologie.

Ohne weiteres wettbewerbsbeschränkend und damit der **2. Kategorie** angehörend sind dagegen nach den Horizontal-LL solche F&E-Verträge, die offen oder verdeckt »verbotene Praktiken« wie die Festsetzung von Preisen, Beschränkung der Produktion oder die Aufteilung von Märkten bezwecken (Nr. 59).

Zur **3. Kategorie** gehören alle Verträge, welche weder der 1. noch der 2. Kategorie angehören. Für die Frage, ob diese Verträge eine spürbare Wett-

bewerbsbeschränkung bewirken, haben nach den Horizontal-LL die folgenden, z.T. miteinander zusammenhängenden Kriterien besondere Bedeutung:
- Wie stark ist die Marktstellung der beteiligten Unternehmen auf den vorhandenen Produkt- und Technologiemärkten?
- Wie hoch ist der Konzentrationsgrad auf dem Markt der Produkte/Technologien, welche durch die gemeinsame F&E verbessert bzw. ersetzt werden sollen?
- Wie sind die Marktzugangsbedingungen? Bestehen hohe Marktzutrittsschranken?
- Wird die F&E-Zusammenarbeit erst kurz vor der Einführung von Produkten/Technologien vereinbart, deren Entwicklung die beteiligten Unternehmen schon separat betrieben haben?
- Ist zu erwarten, dass die F&E-Vereinbarung die mögliche Innovation seitens der beteiligten Unternehmen einschränkt?
- Ist zu erwarten, dass sie zu einem abgestimmten Verhalten der beteiligten Unternehmen auf vorhandenen Produkt-/Technologiemärkten führt?
- Sind aufgrund der Nutzung der zu erwartenden F&E-Ergebnisse durch die beteiligten Unternehmen Probleme der Marktabschottung gegenüber Dritten zu erwarten?
- Wie viele parallele innovative Tätigkeiten Dritter sind auszumachen?
- Wo sind die Produkte/Technologien, auf deren Entwicklung die gemeinsame F&E gerichtet ist, in dem Spektrum angesiedelt, das von kleinen Verbesserungen vorhandener Produkte/Technologie bis zu vollständig neuen Produkten/Technologien, die einen eigenen neuen Markt bilden würden, reicht?
- Handelt es sich bei dem Vertrag um einen »reinen« F&E-Vertrag oder nicht, d.h. beschränkt sich die vorgesehene Zusammenarbeit auf die F&E-Phase oder erstreckt sie sich auf die gemeinsame Verwertung?
- Schließt ein nicht »reiner« F&E-Vertrag nur die eigenständige Erteilung von Lizenzen an Dritte durch jedes beteiligte Unternehmen oder auch die eigenständige Herstellung und/oder den eigenständigen Vertrieb durch jedes beteiligte Unternehmen aus?

bbb) Das Bezwecken oder Bewirken einer Wettbewerbsbeschränkung speziell bei F&E-Verträgen, die in den Anwendungsbereich der Vertikal-LL bzw. der Zulieferbekanntmachung fallen

322 Nach Nr. 11 Horizontal-LL sollen »vertikale Vereinbarungen« (s. zu diesem Begriff Kap. 5 Rdn. 75–77) grundsätzlich nach der Vertikal-GFVO und den Vertikal-LL behandelt werden. Eine Ausnahme von dem Grundsatz der Behandlung nach den Vertikal-LL gilt nach Nr. 11 Horizontal-LL und Rn. 26 Vertikal-LL für vertikale Vereinbarungen zwischen Wettbewerbern, wobei jedoch auch bei diesen Vereinbarungen die vertikalen Elemente nach den Vertikal-LL zu beurteilen sind (s. dazu Kap. 5 Rdn. 78 und 86). Während die

Vertikal-GFVO überhaupt keine Bestimmungen enthält, die auf ihre Geltung für »vertikale« F&E-Verträge ausdrücklich hinweisen, erörtern die Vertikal-LL an einer Stelle, nämlich in Rdn. 213, speziell einen vertikalen F&E-Vertrag. Nicht in Nr. 11 der Horizontal-LL erwähnt, aber ebenfalls einschlägig ist die Zulieferbekanntmachung, die weiterhin in Kraft ist; s. dazu schon Kap. 5 Rdn. 89.

Im Vergleich zu den von den Horizontal-LL erfassten F&E-Verträgen sind 323
bei vertikalen F&E-Verträgen zwischen Vertragspartnern, die weder aktuelle noch potenzielle Wettbewerber sind (s. zum Begriff des potenziellen Wettbewerbers Rn. 26 Vertikal-LL und Fn. 9 zu den Horizontal-LL, dazu Kap. 5 Rdn. 260), folgende **Besonderheiten der Interessenlage** zu berücksichtigen: Der Lieferant, der eine verbesserte oder neue Komponente für ein Endprodukt entwickeln will, dessen Herstellung durch ihn selbst aber nicht in Frage kommt, ist i.d.R. auf die Zusammenarbeit mit mindestens einem Abnehmer angewiesen, der die Voraussetzungen für die Herstellung des Endprodukts erfüllt. Dieser muss ihm ggf. die Anforderungen an die Komponente im Hinblick auf das damit herzustellende Endprodukt nennen, das entwickelte Produkt großtechnisch erproben und ihm die Ergebnisse der Erprobung mitteilen. Der Abnehmer ist andererseits meist darauf angewiesen, vom Lieferanten Basisinformationen über das jeweils entwickelte Produkt und Hinweise zu dessen Verwendung zu erhalten, um das Produkt gefahrlos verwenden und dabei den angestrebten Erfolg erzielen zu können.

Wegen dieses Zwangs zur Zusammenarbeit sind solche Verträge zwischen 324
Nichtwettbewerbern jedenfalls nicht allein deshalb als wettbewerbsbeschränkend einzustufen, weil sie nicht jeden Partner verpflichten, die von ihm erzielten F&E-Ergebnisse (einschließlich der in diese eingeflossenen Vorkenntnisse) dem anderen Partner mitzuteilen und diesem daran eine Lizenz zu erteilen[309]. Im Gegenteil kann die Verpflichtung zur Erteilung einer solchen Lizenz, soweit diese nicht nur die Durchführung von Arbeiten im Rahmen der F&E-Kooperation ermöglichen soll, also eine Nutzungslizenz darstellt, den Wettbewerb spürbar beschränken.

Dies gilt grundsätzlich dann, wenn sich die zu erteilende Lizenz auf Tech- 325
nologie erstreckt, die der jeweils zur Lizenzerteilung verpflichtete Partner zur Herstellung »seines« Produkts benötigt. In diesem Fall kann seine Verpflichtung zur Lizenzerteilung darauf hinauslaufen, dass er den anderen Partner in die Lage zu versetzen hat, ihm auf seinem angestammten Gebiet Konkurrenz zu machen oder ihn, wenn die Lizenz das Recht zur Erteilung von Unterlizenzen umfasst, der Konkurrenz durch einen Dritten auszusetzen. Schon die bloße Option des anderen Partners hierzu kann den zur Lizenzerteilung verpflichteten Partner in eine ungünstige wirtschaftliche Position in seinem Verhältnis zum anderen Partner bringen. Zum Beispiel kann ihn eine solche Option des anderen Partners bei den Kaufverhandlungen bzgl. der von ihm zu liefernden

309 Dies hat auch die Kommission in ihrer Entscheidung »ACEC/Berliet«, GRUR Int. 1969, S. 64 incidenter anerkannt.

oder abzunehmenden Vertragsprodukte schwächen oder auch ohne dahingehende Verpflichtung zur Alleinbelieferung bzw. zum Alleinbezug veranlassen. Dies könnte die Erklärung dafür sein, dass Art. 2 Abs. 3 Vertikal-GFVO unter Art. 81 Abs. 1 EGV fallenden vertikalen Verträgen, welche Nutzungslizenzen enthalten, die Freistellung nach der Vertikal-GFVO grundsätzlich versagt (s. dazu Kap. 5 Rdn. 517–523).

Dagegen dürften vertikale F&E-Verträge, welche jeden Partner verpflichten, dem jeweils anderen Partner eine nicht ausschließliche Lizenz an F&E-Ergebnissen nur für die Herstellung und den Vertrieb der von diesem herzustellenden Vertragsprodukte zu erteilen, i.d.R. keine qualitativ spürbare Wettbewerbsbeschränkung bewirken.

326 Nachfolgend werden zunächst – immer mit Blick auf die von ihnen erfassten vertikalen F&E-Verträge – zunächst die einschlägigen Ausführungen der Vertikal-LL und der Zulieferbekanntmachung skizziert. Anschließend wird noch auf die übergreifenden Fragen der Wettbewerbsbeschränkung bei nicht ausschließlichen Lizenzen des Lieferanten an den Käufer, die nach Art. 2 Abs. 3 Vertikal-GFVO ausnahmsweise freigestellt sind, bei Vereinbarung von Meistbegünstigung und bei einem Verbot zur Durchführung paralleler F&E mit Dritten eingegangen.

327 Die **Vertikal-LL** äußern sich ebenso wenig wie die Horizontal-LL zu der Frage, wann die unter sie fallenden Vereinbarungen eine Wettbewerbsbeschränkung bezwecken, sondern erörtern nur die Frage, wann diese Vereinbarungen eine Wettbewerbsbeschränkung bewirken. Dabei wird die Frage der **Spürbarkeit der Wettbewerbsbeschränkung**, wenn man von dem Hinweis auf die jeweils geltende *de minimis*-Bekanntmachung in Rn. 8 und von den diesbezüglichen, auf die *de minimis*-Bekanntmachung von 1997 bezogenen Anmerkungen in Rn. 9–11 absieht, nicht gesondert angesprochen. Grundlage für die Prüfung, ob der Vertrag eine Wettbewerbsbeschränkung bewirkt, bildet die Feststellung der einschlägigen relevanten Märkte, s. dazu schon Kap. 5 Rdn. 148–157 mit der Zusammenfassung in Kap. 5 Rdn. 167–169.

328 **Rn. 8** stellt klar, dass die Vertikal-LL die Anwendung geltender oder künftiger Bekanntmachungen über die Vereinbarung von geringer Bedeutung (*de minimis)* unberührt lassen, wobei aus **Rn. 9** hervorgeht, dass das Überschreiten der Marktanteile, bis zu deren Erreichung eine Spürbarkeit nach der jeweils geltenden *de minimis*-Bekanntmachung zu verneinen ist, keine Vermutung für das Bestehen der Spürbarkeit begründet. Dies folgt auch schon daraus, dass die *de minimis*-Bekanntmachungen nur die quantitative, nicht aber die qualitative Spürbarkeit betreffen, s. zu der Unterscheidung Kap. 5 Rdn. 251. Aktuell gilt die 2001 veröffentlichte *de minimis*-Bekanntmachung, die hier als **Bagatellbekanntmachung** bezeichnet wird. Anders als bei Verträgen, die unter die Horizontal-LL fallen, sind im Falle von Verträgen, welche von der Vertikal-LL erfasst werden, nur vorhandene Produktmärkte relevant. Deshalb entfällt die Spürbarkeit von Wettbewerbsbeschränkungen, die solche Verträge bewirken, jedenfalls dann, wenn die Voraussetzungen erfüllt sind, unter denen die Bagatellbekanntmachung die Spürbarkeit verneint.

Da die Vertikal-LL für horizontale Verträge überhaupt nicht und für vertikale Verträge zwischen Wettbewerbern nur ergänzend zu den Horizontal-LL gelten (s. Kap. 5 Rdn. 78 und 86), sind für unter die Vertikal-LL fallende F&E-Verträge grundsätzlich nur die Ausführungen der Bagatellbekanntmachung zur Spürbarkeit von Wettbewerbsbeschränkungen zwischen Nichtwettbewerbern relevant. Nach der insoweit einschlägigen Nr. 7 b) der Bagatellbekanntmachung (s. dazu schon Kap. 5 Rdn. 318) beschränkt ein Vertrag zwischen Nichtwettbewerbern auf vorhandenen Produktmärkten den Wettbewerb auf diesen Märkten nicht spürbar, wenn 329

- nicht einer dieser Nichtwettbewerber auf diesen Märkten einen Marktanteil von mehr als 15 % hat, und
- der Vertrag keine Kernbeschränkung i.S. von Nr. 11 Punkt 2 enthält. Diese Kernbeschränkungen betreffen Preisbindungen für den Käufer, Beschränkungen des Käufers hins. des Verkaufsgebiets und der zu beliefernden Kunden, Beschränkungen in selektiven Vertriebssystemen und Behinderungen des Lieferanten hinsichtlich des Vertriebs von Ersatzteilen.

Kernbeschränkungen gemäß dem zweiten Teilstrich indizieren nun allerdings, dass eine bezweckte Wettbewerbsbeschränkung vorliegt (s. Kap. 5 Rdn. 241), bei der die Spürbarkeit nicht zu prüfen ist (s. Kap. 5 Rdn. 237–239). Von diesen Kernbeschränkungen dürften bei vertikalen F&E-Verträgen nur Behinderungen des Lieferanten hins. des Vertriebs von Ersatzteilen im Wege der Vereinbarung einer uneingeschränkten Alleinbelieferungsverpflichtung vorkommen (s. dazu auch Kap. 5 Rdn. 529). Daher werden unter die Vertikal-LL fallende F&E-Verträge, wenn sie eine solche Kernbeschränkung nicht enthalten, nur Wettbewerbsbeschränkungen bewirken. Deren quantitative Spürbarkeit hängt nach dem ersten Teilstrich davon ab, ob eines der beteiligten Unternehmen auf den relevanten vorhandenen Produktmärkten (s. dazu Kap. 5 Rdn. 148–152) einen Marktanteil von über 15 % hat. 330

Rn. 11 stellt die These auf, dass Vereinbarungen zwischen kleinen und mittleren Unternehmen nach der Definition im Anhang zur Kommissionsempfehlung 96/280/EG[310] **(KMU)** nur selten geeignet sind den Handel zwischen Mitgliedstaaten oder den Wettbewerb im Gemeinsamen Markt i.S. des Artikels 81 Abs. 1 EGV spürbar zu beeinträchtigen. 331

Rn. 103 erörtert **negative Wirkungen** vertikaler Beschränkungen, welche bei der Frage, ob diese Beschränkungen den Wettbewerb spürbar beschränken, zu berücksichtigen sind. Unter diesen negativen Wirkungen erscheint dabei der in Rn. 103 unter i) genannte Ausschluss anderer Lieferanten oder anderer Käufer vom Markt durch Errichtung von Marktzutrittschancen für vertikale F&E-Verträge von besonderer Bedeutung. 332

Die Beschränkungen, welche die in Rn. 103 aufgeführten negativen Wirkungen haben können, werden in **Rn. 104** in vier Kategorien (»Markenzwang«, »Vertriebsbeschränkung«, »Vertikale Preisbindung« und »Marktaufteilung«) 333

310 ABl. L 197 vom 30.04.1996, S. 4.

unterteilt, von denen besonders die Kategorien »Markenzwang« und »Vertriebsbeschränkungen« auch für vertikale F&E-Verträge bedeutsam erscheinen.

Nach **Rn. 106** liegt ein »Markenzwang« (s. dazu auch Rn. 138–160) vor, wenn der Käufer veranlasst wird, seine Bestellungen für ein bestimmtes Produkt auf einen Lieferanten zu konzentrieren.

Nach **Rn. 109** bedeutet »Vertriebsbeschränkung« (s. dazu auch Rn. 161–177), dass der Hersteller nur an einen Käufer oder eine begrenzte Anzahl von Käufern verkauft.

334 An die in Rn. 103–114 enthaltene Darstellung der negativen Wirkungen vertikaler Beschränkungen und der in Rn. 115–118 enthaltene Darstellung der positiven Wirkungen dieser Beschränkungen (die nach Nr. 11 der Freistellungs-LL für die Frage der Wettbewerbsbeschränkung nicht in Betracht zu ziehen sind, s. dazu Kap. 5 Rdn. 221–223) stellt Rn. 119 für die Beurteilung der Wirkungen vertikaler Beschränkungen auf den Wettbewerb allgemeine Regeln auf. Für vertikale F&E-Verträge ist dabei die Aussage in Nr. 10 dieser Rn. bedeutsam, dass vertikale Beschränkungen im Zusammenhang mit der Erschließung neuer Produktmärkte den Wettbewerb grundsätzlich nicht einschränken, wobei dieser Grundsatz unter der Voraussetzung fehlender Kernbeschränkungen i.S. von Art. 4 Vertikal-GFVO (s. dazu Kap. 5 Rdn. 529) unabhängig vom Marktanteil des Lieferanten für zwei Jahre im Anschluss an die Markteinführung gelten soll.

335 **Rn. 121** bezeichnet folgende **Faktoren** als besonders wichtig für die Klärung der Frage einer **spürbaren Wettbewerbsbeschränkung**:

a) Marktstellung des Lieferanten,
b) Marktstellung von Wettbewerbern,
c) Marktstellung des Käufers,
d) Marktzutrittsschranken,
e) Marktreife,
f) Handelsstufe,
g) Beschaffenheit des Produkts und
h) Sonstige Faktoren.

Nach der in **Rn. 122** gegebenen Orientierungshilfe zur Gewichtung dieser Faktoren wird auf dieselben in **Rn. 124 bis 133** im Einzelnen eingegangen.

336 **Rn. 213** ist, wie bereits erwähnt, die einzige Rn. der Vertikal-LL, die sich unter der Überschrift »Beispiel für Alleinbelieferung« speziell mit einem vertikalen F&E-Vertrag befasst. Dabei geht es um die Frage, ob ein F&E-Vertrag zwischen einem Lieferanten von Komponenten und einem diese Komponenten für ein Endprodukt verwendenden Käufer nach Art. 81 Abs. 3 EGV in direkter Anwendung freigestellt ist, wenn er die Entwicklung eines neuen Typs von Komponenten durch den Lieferanten und bezüglich dieses zu entwickelnden neuen Typs eine 5-jährige Alleinbelieferungsverpflichtung des Lieferanten vorsieht, die mit einer für den gleichen Zeitraum vereinbarten Alleinbezugsverpflichtung der Käufers hins. der entwickelten Komponenten kombiniert ist (s. zu den sonstigen Randbedingungen des Beispiels und zur Beurteilung der Freistellungsfähigkeit des Vertrags in diesem Beispiel 5 Rdn. 617–626).

Der Umstand, dass Rn. 213 nur die Freistellungsfähigkeit des Vertrags erörtert, zeigt, dass die Kommission im Beispielsfall eine spürbare Wettbewerbsbeschränkung angenommen hat, und zwar dürfte sie im Hinblick auf die oben skizzierten Kriterien der Vertikal-LL (negative Wirkungen im Hinblick auf Markenzwang und Vertriebsbeschränkung, Dauer der Beschränkungen länger als 2 Jahre, Marktmacht des Lieferanten und des Käufers auf den relevanten Märkten) sowohl in der Alleinlieferungsverpflichtung des Lieferanten als auch in der Alleinbezugsverpflichtung des Käufers hins. der entwickelten Produkte spürbare Wettbewerbsbeschränkungen gesehen haben, wie sie es bereits im dem von ihr im Jahre 1968 entschiedenen Fall ACEC-Berliet[311] getan hat.

Eine Ausnahme von diesem Grundsatz sieht die **Zulieferbekanntmachung** vor, welche u.a. F&E-Aufträge an Zulieferer erfasst. Sie verneint eine Wettbewerbsbeschränkung bei einer Alleinbelieferungsverpflichtung des Zulieferers, wenn 337

1. der Zulieferer nach dem F&E-Vertrag Erzeugnisse nach den Weisungen des Abnehmers zu entwickeln hat, und diese Entwicklung besondere Kenntnisse oder Betriebsmittel des Abnehmers erfordert, die der Abnehmer dem Zulieferer zur Verfügung zu stellen hat, und
2. der Zulieferer hinsichtlich dieser Erzeugnisse nicht als selbständiger Anbieter auf dem Markt in Erscheinung tritt, und
3. der Zulieferer nicht selbst über die erforderlichen Kenntnisse und Betriebsmittel verfügt, um die gewünschten Erzeugnisse zu entwickeln und sich diese auch nicht unter angemessenen Bedingungen verschaffen kann, was regelmäßig jedenfalls dann zu verneinen ist, wenn sich der Abnehmer darauf beschränkt, allgemeine Angaben zu liefern, die nur der Beschreibung des Auftrags dienen.

Die Voraussetzung gemäß vorstehend 3. ist nach der Zulieferbekanntmachung regelmäßig dann erfüllt, wenn die Erfüllung des Vertrags davon abhängt, dass 338

- der Zulieferer gewerbliche Schutzrechte in der Form von Patenten, Gebrauchsmustern, Geschmacksmustern oder ähnliche Rechten oder geheimes Know-how benutzt, sofern diese Schutzrechte bzw. dieses Know-how dem Abnehmer gehören oder er darüber verfügen kann, oder
- der Zulieferer für die Erfüllung des Vertrags vom Abnehmer oder für dessen Rechnung ausgearbeitete Entwürfe, Pläne oder sonstige Unterlagen oder dem Abnehmer gehörende Stanzen, Formen oder Werkzeuge und deren Zubehör benötigt, für die zwar kein gewerbliches Schutzrecht besteht oder die keinen geheimen Charakter tragen, mit deren Hilfe aber ein Erzeugnis hergestellt werden kann, das sich nach Form, Funktion oder Zusammensetzung von anderen hergestellten oder auf dem Markt befindlichen Erzeugnissen unterscheidet.

Wichtig für F&E-Aufträge ist auch, dass die Zulieferbekanntmachung bei Erfüllung der übrigen Voraussetzungen für ihre Anwendung auch die Erteilung ausschließlicher Lizenzen durch den Zulieferer an den Abnehmer hinsichtlich 339

311 Entscheidung vom 17.07.1968 ABl. 1968 L 201, 7 = GRUR Int. 1969, S. 64.

Verbesserungen und Erfindungen insoweit gestattet, als die Verbesserungen oder Erfindungen ohne Benutzung der geheimen technischen Kenntnisse oder des Grundpatents des Abnehmers nicht verwertbar sind.

340 Ansonsten kann bei F&E-Aufträgen, die Abnehmer Zulieferern erteilen, die Erteilung einer nicht ausschließlichen oder ausschließlichen Lizenz des Lieferanten an den Abnehmer entgegen der Auffassung von *Spieler* den Wettbewerb beschränken, s. dazu auch Kap. 5 Rdn. 324. Wenn *Spieler*[312] dagegen meint, dass bei bezahlten F&E-Aufträgen selbst ausschließliche Lizenzen den Wettbewerb nicht beschränkten, da der Auftraggeber das Ergebnis kaufe, ist dies in dieser Allgemeinheit schon unter zivilrechtlichen Aspekten nicht stichhaltig.[313] Außerdem setzt diese Begründung fälschlich den Vorrang des Zivilrechts vor dem Kartellrecht voraus.

341 Eine generelle Ausnahme von dem Grundsatz, dass Lizenzen an den Abnehmer den Wettbewerb beschränken, dürfte für nicht ausschließliche Lizenzen gelten, die nach Art. 2 Abs. 3 Vertikal-GFVO ausnahmsweise mit freigestellt sind, wie z.B. die **»produktbegleitende Lizenz«** (s. dazu Kap. 5 Rdn. 519).

342 Auch die Vereinbarung von **Meistbegünstigung** des Abnehmers für von ihm bezogene Vertragsprodukte dürfte keine Wettbewerbsbeschränkung bewirken, so auch schon die Entscheidung der Kommission ACEC-Berliet vom 17. 7. 1968.[314]

343 Dagegen dürfte das **Verbot zur Durchführung paralleler F&E** mit Dritten den Wettbewerb beschränken, zumal derartige Verpflichtungen nach der in Rn. 25 der Vertikal-LL geäußerten Auffassung der Kommission nicht von der Vertikal-GFVO freigestellt sind. Jedoch werden solche Verpflichtungen, soweit sie im Rahmen eines vertikalen F&E-Vertrags zwischen Nichtwettbewerbern und nur für die Zeit der F&E-Kooperation vereinbart werden, oft die Voraussetzungen für eine Einzelfreistellung nach Art. 81 Abs. 3 EGV erfüllen; s. Kap. 5 Rdn. 627 und 628.

344 **Zusammenfassung:**

Bei vertikalen F&E-Verträgen zwischen Lieferanten und Abnehmern von Produkten, die im Rahmen einer schon begründeten oder erst geplanten Lieferbeziehung bei der Entwicklung neuer bzw. verbesserter Produkte arbeitsteilig zusammenarbeiten wollen, ohne auf den relevanten Märkten Wettbewerber zu sein, dürfte das Fehlen einer Abrede, dass jeder Partner dem anderen Partner auch solche Alt- und Neutechnologie mitzuteilen hat, die der andere Partner nicht für seinen Arbeitsanteil bei der koordinierten F&E benötigt, den Wettbewerb nicht beschränken. Weiterhin dürfte bei diesen Verträgen nicht schon allein darin eine Wettbewerbsbeschränkung liegen, dass sich jeder Partner das Recht vorbehält, die von ihm im Rahmen der Kooperation erarbeiteten F&E-Ergebnisse, soweit sie geheimes Know-

312 WuW 1991, S. 451, 461.

313 Siehe *Ullrich (Privatrechtsfragen)* S. 110 ff.

314 GRUR Int. 1968, S. 64, 65; s. dazu die Skizzierung der von den ACEC und Berliet vorgesehenen gemeinsamen F&E in Kap. 5 Rdn. 79.

how darstellen oder patentrechtlich geschützt sind, allein zu verwerten. Umgekehrt dürfte aber auch eine Verpflichtung jeden Vertragspartners, dem jeweils anderen Vertragspartner eine nicht ausschließliche Lizenz an F&E-Ergebnissen, die der andere Vertragspartner zur Herstellung und zum Vertrieb »seines« Vertragsprodukts benötigt, zu erteilen, noch keine spürbare Wettbewerbsbeschränkung bewirken. Dagegen kommt eine spürbare Wettbewerbsbeschränkung in Frage, wenn sich die Lizenz auf die Herstellung von Produkten erstreckt, die der lizenzierende Partner im Rahmen der F&E-Kooperation zum Zwecke der eigenen Herstellung entwickelt hat. Andererseits erscheint die Vereinbarung von Meistbegünstigung für den Abnehmer beim Bezug der zu entwickelnden Produkte mit Art. 81 Abs. 1 EGV vereinbar. Das Verbot der Parallelforschung mit Dritten während der Phase der gemeinsamen F&E dürfte dagegen den Wettbewerb beschränken. Ebenso dürften ausschließliche Liefer- bzw. Bezugsbindungen der Vertragspartner grundsätzlich den Wettbewerb beschränken, abgesehen von solchen ausschließlichen Lieferbindungen des Zulieferes, die von der Zulieferbekanntmachung gedeckt sind. Entsprechendes gilt für die Verpflichtung des Zulieferers, dem Abnehmer ausschließliche Lizenzen an F&E-Ergebnissen zu erteilen. Die für die Erfüllung des Tatbestands von Art. 81 Abs. 1 EGV erforderliche quantitative Spürbarkeit einer nur bewirkten Wettbewerbsbeschränkung kann nach der Bagatellbekanntmachung zu verneinen sein.

f) Freistellung unter Art. 81 Abs. 1 EGV fallender F&E-Verträge nach Art. 81 Abs. 3 EGV

aa) Vorbemerkung und Überblick

Die Freistellung unter Art. 81 Abs. 1 EGV fallender F&E-Verträge kann sich 345
nach der Durchführungs-VO zu Art. 81/82 EGV aus unmittelbarer Anwendung des Art. 81 Abs. 3 EGV ergeben, aber auch aus einer oder mehreren der bestehenden Gruppenfreistellungsverordnungen. Bei horizontalen F&E-Verträgen, d.h. F&E-Verträgen zwischen Vertragspartnern, die auf der gleichen Marktstufe tätig sind, und F&E-Verträgen, an denen F&E-Dienstleister wie öffentliche Forschungseinrichtungen oder Hochschulen beteiligt sind, kommt in erster Linie eine Freistellung nach der F&E-GFVO in Betracht. Bei »vertikalen« F&E-Verträgen, d.h. solchen, die zwischen Vertragspartnern auf verschiedenen Herstellungs- und Vertriebsstufen tätig sind, ist dagegen zu prüfen, ob sich eine Freistellung aus der Vertikal-GFVO ergibt. Schließlich können hins. solcher Teile von F&E-Verträgen, die weder zu ihrem eigentlichen Gegenstand gehören noch unmittelbar mit ihrer Durchführung verbunden sind, sowie solchen Teilen von F&E-Verträgen, die zwar zu ihrem eigentlichen Gegenstand gehören, aber nicht das Innenverhältnis zwischen den Vertragspartnern, sondern ihr Verhältnis zu Dritten betreffen, auch andere GFVO anwendbar sein.

346 Die Erfüllung der in den GFVO festgelegten Freistellungsvoraussetzungen ist trotz erheblicher redaktioneller Mängel[315] erheblich leichter zu beurteilen als die Erfüllung der in Art. 81 Abs. 3 EGV nur abstrakt formulierten Freistellungsvoraussetzungen. Auch die Frage, ob und inwieweit ein F&E-Vertrag überhaupt wettbewerbsbeschränkende Regelungen enthält, ist nicht immer leicht zu beurteilen. Dies gilt auch unter Berücksichtigung der diesbezüglichen Ausführungen in den Freistellungs-LL, den Horizontal-LL und den Vertikal-LL. Es ist deshalb grundsätzlich zu empfehlen, einen F&E-Vertrag an den Freistellungsvoraussetzungen der einschlägigen GFVO auszurichten.[316]

347 Nur dann, wenn die Voraussetzungen für die Freistellung eines F&E-Vertrags nach den einschlägigen GFVO nicht erfüllt sind, ist zu prüfen, ob dieser Vertrag unter Art. 81 Abs. 1 EGV fällt und, wenn ja, ob sich aus direkter Anwendung von Art. 81 Abs. 3 EGV seine Freistellung ergibt.

348 Nach Art. 81 Abs. 3 EGV sind von Art. 81 Abs. 1 EGV erfasste Vereinbarungen freigestellt, wenn sie

- zur Verbesserung der Erzeugung oder Verteilung von Produkten oder zur Förderung des technischen oder wirtschaftlichen Fortschritts beitragen,
- den Verbraucher angemessen am entstehenden Gewinn teilhaben lassen,
- keine Beschränkungen auferlegen, die für die Verwirklichung der gemeinsamen Ziele nicht unerlässlich sind und
- nicht die Möglichkeit eröffnen, für einen wesentlichen Teil der betreffenden Waren den Wettbewerb auszuschalten

(Anordnung der Tatbestandsmerkmale gemäß Nr. 31 der Horizontal-LL).

349 Schlagwortartig lassen sich diese vier Voraussetzungen entsprechend den Überschriften vor Nr. 32, 34, 35 und 36 der Horizontal-LL bezeichnen als

- Wirtschaftlicher Nutzen,
- Angemessene Beteiligung der Verbraucher,
- Unerlässlichkeit und
- Keine Ausschaltung des Wettbewerbs.

350 Die nachfolgende Darstellung beginnt aufgrund der oben angeführten Überlegungen bei den Voraussetzungen der Freistellung von F&E-Verträgen nach der F&E-GFVO, der Vertikal-GFVO und anderen GFVO und erörtert schließlich die Voraussetzungen für eine Freistellung aufgrund direkter Anwendung von Art. 81 Abs. 3 EGV. Bei dem letztgenannten Thema beginnt sie wiederum bei den Grundsätzen, die nach den für alle Vertragstypen geltenden Freistellungs-LL bei direkter Anwendung von Art. 81 Abs. 3 EGV zu beachten sind (s. dazu die Zusammenfassung unter Kap. 5 Rdn. 583), geht dann über zu den Voraussetzungen der Freistellung speziell bei F&E-Verträgen, die unter die Horizontal-LL fallen (s. dazu die Zusammenfassung in Kap. 5 unter Rdn. 615), und erörtert schließlich in Kap. 5 unter Rdn. 616–631 die Freistellungsvoraussetzungen speziell bei F&E-Verträgen, die unter die Vertikal-LL fallen.

315 Diese beanstandet speziell hins. der F&E-GFVO auch z.B. *Winzer* GRUR Int. 2001, S. 413 ff.
316 So für die F&E-GFVO auch *Bahr/Loest* EWS 2002, S. 263.

bb) Freistellung von F&E-Verträgen durch die F&E-GFVO

Die F&E-GFVO hat die F&E-GFVO **1984** mit Wirkung ab 1. 1. 2004 abgelöst. Diese unterschied noch zwischen ausdrücklich freigestellten sog. »weißen Klauseln«, sog. »schwarzen Klauseln«, welche der Freistellung entgegenstehen, und sog. »grauen Klauseln«, d.h. allen Klauseln, die weder zu den sog. »weißen Klauseln« noch zu den sog. »schwarzen Klauseln« gehören und im Rahmen eines Widerspruchsverfahrens freigestellt werden konnten. Die neue F&E-GFVO stellt dagegen bei Vorliegen der weiteren Freistellungsvoraussetzungen alle Klauseln außer den sog. »schwarzen Klauseln« automatisch frei, was auch bedeutet, dass es keine »grauen Klauseln« mehr gibt. 351

In der Vorauflage wurde noch die Auffassung vertreten, dass die F&E-GFVO auch für F&E-Verträge gilt, die vertikale Verträge i.S. von Art. 2 Abs. 1 Vertikal-GFVO (s. dazu Kap. 5 Rdn. 513) sind, z.B. für F&E-Verträge, die auf die Verbesserung von Komponenten gerichtet sind, welche ein Lieferant an einen Abnehmer liefert, der diese für ein Endprodukt verwendet. Dabei wurde darauf hingewiesen, dass die Vertragspartner auch bei diesen Verträgen die Aufgaben bei der F&E unter sich aufteilen, so dass der Vertrag eine i.S. von Art. 2 Nr. 11 F&E-GFVO »gemeinsame« F&E betrifft. Andererseits erfasst die Vertikal-GFVO nach Art. 2 Abs. 5 derselben keine vertikalen Vereinbarungen, die in den Geltungsbereich einer anderen GFVO fallen. Der Verfasser meinte deshalb, der in Nr. 11 der Horizontal-LL aufgestellte Grundsatz, dass vertikale Vereinbarungen nach der Vertikal-GFVO zu behandeln seien, gelte nicht für vertikale F&E-Verträge. Diese Auffassung wird aus den nachfolgend aufgeführten Gründen nicht mehr aufrechterhalten. 352

Einerseits wird die F&E-GFVO den speziellen kartellrechtlichen Problemen von vertikalen F&E-Verträgen nicht gerecht. Typisch für derartige Verträge ist eine Regelung, nach der jeder Partner zum Alt-Know-how und den F&E-Ergebnissen des jeweils anderen Partners nur begrenzt, nämlich nur insoweit, als er dieses bzw. diese für seinen eigenen Entwicklungsanteil benötigt, Zugang i.S. von Art. 3 Abs. 2 F&E-GFVO – siehe dazu Kap. 5 Rdn. 397 – erhält, so dass bei Anwendbarkeit der F&E-GFVO die durch diese Bestimmung festgelegte Freistellungsvoraussetzung nicht erfüllt sein würde, obwohl in der erwähnten Beschränkung des Zugangs zum Alt-Know-how und zu den F&E-Ergebnissen bei vertikalen F&E-Verträgen jedenfalls dann, wenn die Vertragspartner keine aktuellen oder potenziellen Wettbewerber sind, keine Wettbewerbsbeschränkung liegen dürfte, s. dazu Kap. 5 Rdn. 324–325. 353

Andererseits gibt es mit der Vertikal-GFVO eine für vertikale F&E-Verträge passende GFVO.

Deshalb dürfte der **Geltungsbereich der F&E-GFVO auf »horizontale« F&E-Kooperationen beschränkt** sein, unter **Einbeziehung von Kooperationen industrieller Unternehmen mit F&E-Dienstleistern** wie Hochschulen, Forschungsinstitute und ausschließlich F&E-Leistungen erbringende 354

Unternehmen.[317] Zu der danach für den Geltungsbereich der F&E-GFVO bedeutsamen und z.T. schwierigen **Abgrenzung von horizontalen gegenüber vertikalen F&E-Verträgen** wird auf Kap. 5 Rdn. 75–77 verwiesen.

355 Eine Ausnahme von dem Grundsatz, dass die F&E-GFVO nur für horizontale Verträge gilt, ist auch nicht für **vertikale F&E-Verträge zwischen aktuellen oder potenziellen Wettbewerbern** anzuerkennen. Zwar merkt Nr. 11 Horizontal-LL in Bezug auf alle vertikalen Vereinbarungen zwischen Wettbewerbern an, dass die Wirkungen solcher Vereinbarungen im Markt und etwaige Wettbewerbsprobleme mit solchen von horizontalen Vereinbarungen vergleichbar sein könnten, so dass auch solche Vereinbarungen gemäß den Grundsätzen der HorizontaL-LL gewürdigt werden müssten. Dabei weist Nr. 11 Horizontal-LL aber darauf hin, dass die Anwendung der Horizontal-LL eine ergänzende Anwendung der Vertikal-LL nicht ausschließt. Dementsprechend sind bei der Prüfung, ob vertikale F&E-Verträge zwischen Wettbewerbern mit Art. 81 EGV vereinbar sind, sowohl die für horizontale Vereinbarungen als auch die für vertikale Vereinbarungen geltenden Grundsätze zu berücksichtigen. Die F&E-GFVO trägt jedoch nur den für horizontale F&E-Verträge geltenden Grundsätzen Rechnung, so dass ihre Anwendung auch bei vertikalen F&E-Verträge zwischen Wettbewerbern als nicht gerechtfertigt erscheint.

356 **Art. 1 Abs. 1** F&E-GFVO stellt – unter den weiteren in der F&E-GFVO genannten Voraussetzungen – von Art. 81 Abs. 1 erfasste F&E-Verträge zwischen zwei oder mehr Unternehmen frei, welche die Bedingungen betreffen, unter denen diese Unternehmen eines der nachstehenden Ziele verfolgen:

a) die gemeinsame Forschung und Entwicklung von Produkten (Anm.: zu verstehen als Waren und/oder Dienstleistungen in Form von Zwischen- oder Endprodukten, siehe Art. 2 Nr. 5) oder Verfahren und die gemeinsame Verwertung der dabei erzielten Ergebnisse oder
b) die gemeinsame Verwertung der Ergebnisse von Forschung und Entwicklung in Bezug auf Produkte oder Verfahren, die von denselben Vertragsparteien aufgrund einer früheren Vereinbarung durchgeführt worden sind, oder
c) die gemeinsame Forschung und Entwicklung von Produkten oder Verfahren ohne die gemeinsame Verwertung der Ergebnisse.

357 Damit sind nur Wettbewerbsbeschränkungen in folgenden 3 Typen von F&E-Verträgen nach der F&E-GFVO freigestellt:

Typ A:

Verträge zur Durchführung gemeinsamer F&E und zur gemeinsamen Verwertung der Ergebnisse;

Typ B:

Verträge zur gemeinsamen Verwertung der Ergebnisse nach vorausgegangenem Vertrag über gemeinsame F&E; und

317 Für das Erfordernis einer (Mit-)Beteiligung von Unternehmen, die auch Herstellungs- und Vertriebsinteressen haben, offenbar auch *Winzer (F&E-Verträge)* S. 109 unter Rn. 384 und 385; *derselbe* in GRUR Int. 2001, 413.

Typ C:
Verträge zur Durchführung gemeinsamer F&E ohne Vereinbarung einer gemeinsamen Verwertung der Ergebnisse, d.h. sog. »reine« F&E-Verträge.

Der einem Vertrag des Typs B vorausgehende Vertrag wird meist ein Vertrag 358
des Typs C sein. Es kann sich aber auch um einen Vertrag des Typs A handeln: Möglich ist z B., dass die F&E-Zusammenarbeit nach einem Vertrag des Typs A neben erwarteten Ergebnissen, für welche die Partner von vornherein eine gemeinsame Verwertung vereinbart haben, unerwartete Ergebnisse hervorbringt, für die dann nachträglich ebenfalls eine gemeinsame Verwertung durch einen Vertrag des Typs C vereinbart wird.

Die Freistellung gilt nach Art. 1 Abs. 1 nur für **F&E-Verträge zwischen** 359
»Unternehmen«. Praktisch dürfte das aber keine Einschränkung bedeuten, da auch hier der »funktionale Unternehmensbegriff« – vgl. dazu schon Kap. 5 Rdn. 176 – gelten dürfte; vgl. dazu auch Art. 3 Abs. 2 Satz 2, aus dem hervorgeht, dass auch F&E-Verträge, an denen reine Forschungsinstitute und Hochschulen beteiligt sind, nach der F&E-GFVO freigestellt sein können.

Von zentraler Bedeutung für die Zuordnung eines FE-Vertrags zu einem der 360
drei Typen A bis C sind die **Begriffe »gemeinsame Forschung und Entwicklung« und »gemeinsame Verwertung der Ergebnisse«**.

Der in Art 1 Abs. 1 verwendete Begriff »**Forschung und Entwicklung**« 361
dürfte identisch sein mit dem Begriff »Forschungs- und Entwicklungsarbeiten«, der nach Art 2 Nr. 4 den Erwerb von Know-how und die Durchführung theoretischer Analysen, systematischer Studien oder Versuche, einschließlich versuchsweiser Herstellung und technischer Prüfung von Produkten oder Verfahren, die Errichtung der dazu erforderlichen Anlagen und die Erlangung von Rechten an geistigem Eigentum an den Ergebnissen umfasst. **»Rechte an geistigem Eigentum«** sind nach Art. 2 Nr. 9 gewerbliche Schutzrechte, Urheberrechte und verwandte Schutzrechte. **»Know-how«** bedeutet nach Art. 2 Nr. 10 eine Gesamtheit nicht patentierter praktischer Kenntnisse, die durch Erfahrungen und Versuche gewonnen werden und die geheim, wesentlich und identifiziert sind; hierbei bedeutet »geheim«, dass die Gesamtheit praktischer Kenntnisse nicht allgemein bekannt und nicht leicht zugänglich ist, »wesentlich«, dass die Gesamtheit praktischer Kenntnisse umfasst, die für die Herstellung der Vertragsprodukte oder die Anwendung der Vertragsverfahren unerlässlich ist, und »identifiziert«, dass die Gesamtheit praktischer Kenntnisse umfassend genug beschrieben ist, so dass geprüft werden kann, ob sie die Merkmale »geheim« und »wesentlich« erfüllt.

Unter **»Verwertung der Ergebnisse«** ist nach Art. 2 Nr. 8 zu verstehen die 362
Herstellung oder der Vertrieb der Vertragsprodukte, die Anwendung der Vertragsverfahren, die Abtretung von Rechten an geistigem Eigentum oder die Vergabe diesbezüglicher Lizenzen oder die Weitergabe von Know-how, das für die Herstellung oder Anwendung (Anm.: Gedanklich ist hier zu ergänzen: »der Vertragsprodukte« bzw. »der Vertragsverfahren«) erforderlich ist. »Vertragsprodukt« ist wiederum nach Art. 2 Nr. 7 ein Produkt, das aus den gemeinsamen Forschungs- und Entwicklungsarbeiten hervorgeht oder unter Anwendung von

Vertragsverfahren hergestellt wird, und »Vertragsverfahren« bedeutet nach Art. 2 Nr. 6 eine Technologie oder ein Verfahren, die bzw. das aus den gemeinsamen Forschungs- und Entwicklungsarbeiten hervorgeht.

363 **»Gemeinsam«** bedeutet nach Art. 2 Nr. 11 im Zusammenhang mit F&E oder mit der Verwertung der Ergebnisse die Ausübung der betreffenden Tätigkeiten
a) durch eine gemeinsame Arbeitsgruppe oder Organisation oder ein gemeinsames Unternehmen oder
b) durch einen gemeinsam bestimmten Dritten oder
c) durch die Vertragsparteien selbst, von denen jede eine bestimmte Aufgabe – Forschung, Entwicklung, Herstellung oder Vertrieb – übernimmt.

364 Wenn **Buchst. a** auch die **Ausübung der Tätigkeiten durch ein gemeinsames Unternehmen** erwähnt, bedeutet dies keine Freistellung solcher Gründungen von Gemeinschaftsunternehmen, die auch zum Zweck der gemeinsamen F&E erfolgen, aber unter die Fusionskontrollverordnung fallen, d.h. in erster Linie von Gründungen von Vollfunktions-Gemeinschaftsunternehmens von gemeinschaftsweiter Bedeutung, siehe Kap. 5 Rdn. 19–27. Die F&E-GFVO kann nämlich Unternehmensgründungen, die unter die Fusionskontrollverordnung fallen, nicht freistellen.[318]

365 Wenn es sich bei den »betreffenden« Tätigkeiten auch oder nur um die **Erteilung von Lizenzen an Dritte** handelt, kann sich der Tatbestand von Buchst. a mit dem Tatbestand von Buchst. b überschneiden, soweit die Lizenzerteilung **durch eine »gemeinsame Arbeitsgruppe oder Organisation«** erfolgt. Buchst. a behält aber in solchen Fällen selbständige Bedeutung, in denen die Lizenzerteilung nicht durch die Vertragsparteien selbst, sondern durch ein von ihnen gegründetes Unternehmen vorgesehen ist.

366 Zu beachten ist, dass es zu den Kennzeichen von Verträgen der Vertragstypen A und B (s. Kap. 5 Rdn. 357) gehört, dass die Vertragsparteien mit ihnen das Ziel der gemeinsamen Verwertung der Ergebnisse i.S. von Art. 1 Abs. 1 der VO verfolgen.

Daraus wird man schließen müssen, dass es für eine gemeinsame Verwertung nicht genügt, dass die Vertragspartner einen gemeinsamen Lizenzierungsausschuss einrichten, der ggf. über eine Lizenzierung von geheimen F&E-Ergebnissen bzw. von Schutzrechten für F&E-Ergebnisse zu entscheiden hätte.[319] Vielmehr muss wohl hinzukommen, dass die Vertragspartner dem Lizenzierungsausschuss den Auftrags erteilen, sich ernsthaft um eine solche Lizenzierung zu bemühen. Allerdings kann eine jedem Vertragspartner auferlegte Verpflichtung, Lizenzen an Dritte nicht selbständig zu erteilen, gemäß Art. 5 Abs. 1 Buchst. h auch bei reinen, nicht auf eine gemeinsame Verwertung gerichteten Verträgen freistellungsfähig sein, s. Kap. 5 Rdn. 468–484.

318 Zu weit geht die Äußerung von *Liebscher/Petsche* in *Liebscher/Flohr/Petsche*, Verordnung 2659/2000, Rn. 36, dass F&E-Kooperationen in der Form von Zusammenschlüssen und Vollfunktionsunternehmen nicht von der F&E-GFVO erfasst werden.

319 Dagegen sieht wohl *Winzer (F&E-Verträge)* S. 125 Rn. 453, eine Gemeinsamkeit schon dann als gegeben an, wenn der Vertrag die Lizenzvergabe von einem Zusammenwirken aller Vertragspartner abhängig macht.

Nach **Buchst. b** kann die Gemeinsamkeit von F&E bzw. der Verwertung der Ergebnisse auch dadurch begründet werden, dass **ein gemeinsam bestimmter Dritter** die »betreffenden Tätigkeiten« ausübt. 367

Die Übertragung der Gesamtheit oder eines Teils der F&E-Aufgaben auf einen gemeinsam bestimmten Dritten bedeutet die Einbeziehung dieses Dritten als Vertragspartner in den mit dieser Einbeziehung erweiterten F&E-Vertrag. Dies bedeutet: In demselben Augenblick, in dem der »Dritte« F&E-Aufgaben übernimmt, ist er nicht mehr »Dritter«, sondern Vertragspartner des erweiterten F&E-Vertrags. Folglich ist die Freistellung des Vertrags erneut unter Berücksichtigung der Beteiligung des Dritten zu prüfen. 368

Aus diesem Grund erscheint die **Bestimmung nicht für die Gemeinsamkeit der F&E, sondern nur für die Gemeinsamkeit der Verwertung relevant**. Wird ein Dritter von den die F&E durchführenden Vertragspartnern mit Verwertungsaufgaben betraut, so bleibt er im Verhältnis zu diesen Dritter. Er wird Vertragspartner eines zusätzlichen Vertrags, der zwar für die Parteien des ursprünglichen F&E-Vertrags die Gemeinsamkeit der Verwertung begründet, dessen Vereinbarkeit mit Art. 81 EGV aber gesondert zu prüfen ist. Im Rahmen dieser Prüfung kommt die Anwendung anderer GFVO als der F&E-GFVO wie der TT-GFVO, der Vertikal-GFVO und der Spezialisierungs-GFVO in Betracht, s. dazu im Einzelnen Kap. 5 Rdn. 537–543. 369

Ein F&E-Vertrag mit dem Ziel einer gemeinsamen Verwertung durch Übertragung von Verwertungsaufgaben auf einen **»gemeinsam bestimmten« Dritten** dürfte nicht erfordern, dass der Dritte bereits im F&E-Vertrag bestimmt wird. Wäre dies Voraussetzung, so ließe sich eine solche Verwertung nicht realisieren, wenn sich die Vertragspartner mit dem Dritten nicht über die Bedingungen des mit ihm abzuschließenden Vertrags einigen können. 370

Wenn in Buchst. b nur von der Ausübung der »betreffenden Tätigkeiten« durch **»einen« gemeinsam bestimmten Dritten** die Rede ist, so dürfte dies nur bedeuten, dass zur Begründung der Gemeinsamkeit der Verwertung die Ausübung von Verwertungstätigkeiten durch einen Dritten genügt, so dass die Gemeinsamkeit der Verwertung nicht deshalb entfällt, weil mehrere Dritte mit diesen Tätigkeiten betraut werden. 371

Wenn **Buchst. c** bestimmt, dass sich die Gemeinsamkeit auch dadurch begründen lässt, dass jede der Vertragsparteien eine bestimmte Aufgabe – Forschung, Entwicklung, Herstellung oder Vertrieb – übernimmt, weist dies jedenfalls auf das Erfordernis einer **Aufgabenteilung** hin. Wie diese beschaffen sein muss, um die Gemeinsamkeit der Verwertung zu begründen, ist eine schwer zu beantwortende Frage. 372

Die deutsche Fassung von Buchst. c erweckt den Eindruck, als ließe sich die Gemeinsamkeit nicht schon dadurch herstellen, dass jede Vertragspartei innerhalb der Bereiche Forschung, Entwicklung, Herstellung oder Vertrieb eine bestimmte Aufgabe übernimmt. So eng ist die Bestimmung aber sicher nicht zu interpretieren, da schon nach Art. 1 Abs. 2, Buchst. a, letzter Teilstrich, F&E-GFVO **1984** (der noch nicht den gemeinsamen Vertrieb freistellte) eine Aufteilung der Aufgaben aufgrund einer Spezialisierung in (!) der Forschung, 373

Entwicklung oder Produktion die Gemeinsamkeit begründete und die aktuelle F&E-GFVO eine solche Spezialisierung sicher nicht von der Freistellung ausnehmen wollte. Dafür, dass dies so ist, spricht auch die englische Fassung von Art. 2 Nr. 11 Buchst. c F&E-GFVO, welche entsprechend Art. 1 Abs. 2, Buchst. a, letzter Teilstrich F&E-GFVO **1984** wie folgt lautet: »allocated between the parties by way of specialisation in research, development, production or distribution«.

374 *Winzer*[320] meint im Hinblick auf diese Fassung, eine Gemeinsamkeit nach Buchst. c sei überhaupt nur dann gegeben, wenn die Aufgaben *innerhalb* der genannten Bereiche auf die Vertragsparteien verteilt werden, also dann fehle, wenn eine Vertragspartei einen der Bereiche Forschung, Entwicklung, Herstellung und Vertrieb, und jede andere Vertragspartei einen anderen dieser Bereiche übernimmt. Indessen schließt die Formulierung »specialisation in« nicht aus, dass auch eine Spezialisierung durch Aufteilung dieser Bereiche auf die Vertragspartner die Gemeinsamkeit der F&E bzw. der Verwertung begründet.

375 Was die **Spezialisierung hins. Forschung und Entwicklung** betrifft, ist zunächst darauf hinzuweisen, dass sich beide Bereiche nicht scharf voneinander trennen lassen (s. Kap. 1 Rdn. 5–15). »Forschung und Entwicklung« ist deshalb als ein Bereich zu betrachten. Dafür, dass auch bei Zuweisung dieses gesamten Bereichs an einen Vertragspartner eine »gemeinsame F&E« i.S. von Art. 2 Nr. 11 Buchst. c (und damit auch i.S. von Art. 1 Abs. 1 Buchst. a und c) vorliegt[321], spricht Art. 3 Abs. 2 Satz 2. Diese Bestimmung geht bei der Regelung der Frage, ob bzw. inwieweit Beschränkungen der Rechte von Forschungsinstituten usw., die F&E-Leistungen in Form gewerblicher Dienste erbringen und sich üblicherweise nicht als Verwerter von Ergebnissen betätigen, die Freistellung ausschließen, ersichtlich von der Freistellungsfähigkeit auch von F&E-Aufträgen aus, bei denen sich der Auftraggeber nicht an den nach dem Vertrag durchzuführenden F&E-Arbeiten beteiligt (vgl. auch Nr. 39 Horizontal-LL, die als eine Form der von ihr erfassten F&E-Vereinbarungen die »Auslagerung« bestimmter F&E-Tätigkeiten nennt).

376 Soweit die Vertragspartner einen bloßen Austausch aller Ergebnisse von F&E-Arbeiten auf einem bestimmten technischen Gebiet vereinbaren, fehlt es an einer Aufgabenteilung hinsichtlich dieser Arbeiten als Voraussetzung für eine »gemeinsame« F&E.

320 *(F&E-Verträge)* S. 125 unter Rn. 454, allerdings in Widerspruch zu S. 137 (Rn. 511); auch *Mestmäcker/Schweitzer*, § 29 Rn. 27 (S. 755) scheint die Aufgabenteilung innerhalb der genannten Bereiche als Voraussetzung für die Gemeinsamkeit nach Buchst. c zu betrachten; s. aber auch § 29 Rn. 41 (S. 760).

321 Bejahend *Bahr/Loest* EWS 2002, 263, 264; *Bechtold/Bosch/Brinker/Hirsbrunner*, Art. 3 VO 2059/2000, Rn. 7; *Chrocziel/v. Merveldt* in *Münchener Kommentar (Europ. Wettbewerbsrecht)*, Art. 2 GVO Nr. 2659/2000, Rn. 23; zweifelnd *Schütze* in *Loewenheim/Meessen/Riesenkampff*, Rn. 28 zu GVO-FuE; verneinend *Winzer (F&E-Verträge)* S. 125 unter Rn. 454; *Mestmäcker/Schweitzer*, § 29 Rn. 26 (S. 755); *Fuchs* in *Immenga/Mestmäcker (EG-Wettbewerbsrecht)*, F&E-VO Rn. 63 mit Fn. 132.

Dies kann aber nicht bedeuten, dass nur solche Ergebnisse zu den **Ergebnissen gemeinsamer F&E** i.S. der F&E-GFVO zu rechnen sind, welche jeder Partner bei der Erfüllung der ihm vertragliche zugewiesenen F&E-Aufgaben erzielt. Es ist ganz normal, dass jeder Partner einer arbeitsteiligen F&E gelegentlich seinen Zuständigkeitsbereich überschreitet. So kommt es z.B. häufig vor, dass die Partner beim Austausch der allseitig erzielten Ergebnisse über diese diskutieren und dabei auch ein Partner wesentliche Ideen beisteuert, die den Aufgabenbereich eines anderen Partners betreffen. Es kann nicht im Sinne der F&E-GFVO liegen, solchen Ideen den Charakter von Ergebnissen der gemeinsamen F&E abzusprechen mit der Folge, dass eine i.S. von Art. 2 Nr. 11 »gemeinsame« Verwertung dieser Ideen nicht gemäß Art. 1 Abs. 1 freigestellt wäre.

Allerdings wird man aus den Definitionen von »Vertragsprodukt« und »Vertragstechnologie« in Art. 2 Nr. 6 und 7 F&E-GFVO schließen müssen, dass nur solche Kenntnisse und Erfahrungen zu den Ergebnissen gemeinsamer F&E zu rechnen sind, die aus der vertragsgemäßen F&E hervorgehen. Diese Beschränkung kann aber bedeuten, dass nicht alle Kenntnisse und Erfahrungen, die dem F&E-Ziel dienen oder dienen können und während der Vertragsdauer oder, wenn diese über die F&E-Phase hinausgeht, während der F&E-Phase auf Seiten eines Vertragspartners gewonnen werden, zu den Ergebnissen der gemeinsamen F&E i.S. der F&E-GFVO zu rechnen sind. Dennoch sollte der Vertrag diese Kenntnisse und Erfahrungen, soweit es sich bei ihnen nicht um Arbeitnehmererfindungen von Vertragspartnern handelt, auf welche diese keinen Zugriff haben, oder Geheimhaltungsverpflichtungen gegenüber Dritten der Lizenzierung entgegenstehen, generell in die F&E-Ergebnisse einbeziehen. Ohne eine solche Einbeziehung bestünde die Gefahr, dass sich Vertragspartner mit der Behauptung, bei ihnen gewonnene Kenntnisse und Erfahrungen dieser Art seien nicht aus der vertragsgemäßen F&E hervorgegangen, ihren vertraglichen Verpflichtungen entziehen, s. Kap. 8 Rdn. 447 und 448. Dass die Vertragspartner bezüglich aller derartigen Kenntnisse und Erfahrungen den gleichen Beschränkungen unterworfen werden, die hins. der »Ergebnisse der gemeinsamen F&E« nach der F&E-GFVO zulässig sind, dürfte für sich allein genommen der Freistellung nach Art. 81 Abs. 3 aufgrund unmittelbarer Anwendung dieser Bestimmung nicht entgegenstehen.

Entsprechend der für die Spezialisierung hins. der F&E geltenden Regel ist 377
(mit der sich aus Art. 3 Abs. 3 Satz 2 ergebenden Ausnahme, s. dazu Kap. 5 Rdn. 379) eine die Gemeinsamkeit der Verwertung begründende **Spezialisierung hins. der Herstellung** nicht nur dann anzunehmen, wenn die Herstellungsrechte unter den Vertragspartnern aufgeteilt werden, sondern auch dann, wenn die Herstellung aller Vertragsprodukte einem Vertragspartner allein zugewiesen wird[322]. Dafür spricht, dass die Kommission bereits in ihrer Ent-

322 Ganz h.M.: s. *Bahr/Loest* EWS 2002, S. 263, 264; *Fuchs* in *Immenga/Mestmäcker (EG-Wettbewerbsrecht)*, F&E-VO Rn. 63; *Bechtold/Bosch/Brinker/Hirsbrunner*, Art. 3 VO 2059/2000, Rn. 7; *Chrocziel/v. Merveldt* in *Münchener Kommentar (Europ. Wettbewerbsrecht)*, Art. 2

scheidung vom 25.01.1991 »KSB/Goulds/Lowara/ITT«[323] bei der Prüfung der Freistellung einer Vereinbarung nach der der F&E-GFVO **1984** eine Spezialisierung in der Herstellung allein aufgrund des Umstandes annahm, dass eine der Vertragspartner mit der gesamten Produktion der entwickelten Produkte betraut wurde.

Dieses Ergebnis legt auch Art. 1 Abs. 1 Buchst. a Spezialisierungs-GFVO nahe. Danach sind u.a. Vereinbarungen über einseitige Spezialisierung freistellungsfähig, in denen eine Vertragspartei sich dazu verpflichtet, die Produktion bestimmter Produkte einzustellen oder von deren Produktion abzusehen und die betr. Produkte von einem konkurrierenden Unternehmen zu beziehen, welches sich seinerseits verpflichtet, die fraglichen Produkte zu produzieren und zu liefern.

378 Schließlich dürfte (mit der sich aus Art. 3 Abs. 3 Satz 2 ergebenden Ausnahme, s. dazu Kap. 5 Rdn. 379) eine die Gemeinsamkeit der Verwertung begründende **Spezialisierung hins. des Vertriebs** nicht nur dann vorliegen, wenn Kunden- und Gebietsaufteilungen in den von Art. 5 Abs. 1 Buchst. e bis g gesteckten Grenzen vorgenommen werden, sondern auch dann, wenn der Vertrieb nur einem Vertragspartner zugewiesen wird[324]. Sinn und Zweck von Art. 5 Abs. 1 Buchst. e bis g dürften dem nicht entgegenstehen: Da diese »schwarzen Klauseln« ersichtlich nur dauerhafte Kunden- bzw. Marktaufteilungen verhindern sollen, dürften sie nicht den Fall betreffen, dass der gesamte Vertrieb nur einem Vertragspartner zugewiesen wird.

379 Eine Ausnahme von dem Grundsatz, dass eine Aufgabenteilung bei der Herstellung bzw. beim Vertrieb von Vertragsprodukten die Gemeinsamkeit der Verwertung begründet, ergibt sich aus Art. 3 Abs. 3 Satz 2: Nach dieser Bestimmung steht es der Freistellung von »reinen«, also eine gemeinsame Verwertung nicht vorsehenden F&E-Verträgen nicht entgegen, wenn diese das Recht von Vertragspartnern zur selbständigen Verwertung von F&E-Ergebnissen und von vorbestehendem, für die Verwertung erforderlichem Knowhow auf einzelne technische Anwendungsbereiche beschränken, sofern die Vertragspartner bei Abschluss der F&E-Vereinbarung keine konkurrierenden Unternehmen sind (s. dazu Kap. 5 Rn. 420). Nun bedeutet aber diese Beschränkung eine Aufgabenteilung sowohl bei der Herstellung als auch beim Vertrieb.

GVO Nr. 2659/2000, Rn. 23; *Schütze* in *Loewenheim/Meessen/Riesenkampff*, Rn. 28 zu GVO-FuE; für Art. 1 Abs. 3 Buchst. a dritter Teilstrich; auch *Winzer (F&E-Verträge)* S. 137 (Rn. 511) in Widerspruch zu S. 125 (Rn. 454); hins. der F&E-GFVO **1984** Kommission in »KSB/Goulds/Lowara/ITT«, ABl. 1991 L 19/25 unter Nr. 2 und 22; *Ulrich/Konrad* in *Immenga/Mestmäcker (EG-Wettbewerbsrecht)*, Voraufl., GRUR, E. Gemeinsame Forschung und Entwicklung, Rn. 16; *Wiedemann*, Rn. 27 zu Art. 1; *White* IIC 1985, S. 663, 683.

323 Siehe vorige Fn.

324 *Bahr/Loest* EWS 2002, S. 263, 264; *Fuchs* in *Immenga/Mestmäcker (EG-Wettbewerbsrecht)*, F&E-VO Rn. 63; *Chrocziel/v. Merveldt* in *Münchener Kommentar (Europ. Wettbewerbsrecht)*, Art. 2 GVO Nr. 2659/2000, Rn. 23; *Bechtold/Bosch/Brinker/Hirsbrunner*, Rn. 7 zu Art. 3 VO 2059/2000; wohl auch *Schütze* in *Loewenheim/Meessen/Riesenkampff*, Rn. 28 zu GVO-FuE; a.M. *Winzer (F&E-Verträge)* S. 125 unter Rn. 454.

Daraus ist zu schließen, dass im Fall der erwähnten Beschränkung trotz dieser Aufgabenteilung keine gemeinsame Verwertung anzunehmen ist.[325]

Eine andere Möglichkeit zur Lösung der Diskrepanz zwischen Art. 2 Nr. 11 Buchst. c und Art. 3 Abs. 3 Satz 2 wäre, entspr. der in der Voraufl. vertretenen Auffassung (s. dort Kap. 5 Rdn. 381) eine Aufgabenteilung i.S. von Art. 2 Nr. 11 Buchst. c nur unter der zusätzlichen Voraussetzung anzunehmen, dass die einem Vertragspartner vorbehaltene Verwertung dazu bestimmt ist, auch dem bzw. jedem anderen Vertragspartner Nutzen zu bringen. Das würde bedeuten, dass auch bei Kunden- und Gebietsaufteilungen i.S. von Art. 5 Abs. 1 Buchst. e bzw. f ein »reiner« F&E-Vertrag gegeben wäre, der in den Grenzen von Art. 5 Abs. 1 Buchst. e–g freistellungsfähig wäre. Im Ergebnis würde sich damit an den Freistellungskriterien nichts ändern.

Für die in dieser Aufl. vertretene, der h.M. entsprechende Auffassung, dass für eine Aufgabenteilung i.S. von Art. 2 Nr. 11 Buchst. c die genannte zusätzliche Voraussetzung nicht erfüllt sein muss, spricht der Wortlauf des Art. 3 Abs. 3. Diese Bestimmung stellt in Satz 1 den Grundsatz auf, dass bei reinen F&E-Verträgen jeder Vertragspartner zur selbständigen Verwertung berechtigt sein muss, und scheint in Satz 2 nur eine Ausnahme von diesem Grundsatz zuzulassen, nämlich die Ausnahme, dass die Verwertungsrechte nach technischen Anwendungsbereichen aufgeteilt werden. Allerdings wird dieses Argument dadurch geschwächt, dass Art. 5 Abs. 1 Buchst. h (s. dazu Kap. 5 Rdn. 468–484) ersichtlich auch bei reinen F&E-Verträgen in gewissen Grenzen ein Verbot der Vergabe von Lizenzen und damit eine weitere Einschränkung des Rechts von Vertragspartnern solcher F&E-Verträge zur selbständigen Verwertung zulässt.

Art. 2 Nr. 11 Buchst. c befasst sich nicht mit der Frage, ob auch die **Spezialisierung hins. der Erteilung von Lizenzen**, die nach Art. 2 Buchst. 8 ebenfalls eine Form der Verwertung ist, die Gemeinsamkeit der Verwertung begründet.[326] 380

»Vertrieb« i.S. der Bestimmung ist ersichtlich als Gegenpol zu »Herstellung« gemeint, so dass er den »Lizenzvertrieb« nicht umfasst.

Winzer[327] hält den Umstand, dass Buchst. c diese Frage nicht bejaht, für ein redaktionelles Versehen. Dies ist jedoch nicht anzunehmen. Buchst. c ist ersichtlich Art. 1 Abs. 3 Buchst. a, 3. Teilstrich, F&E-GFVO **1984** nachgebildet, der ebenfalls die Lizenzerteilung nicht erwähnte, dafür aber in Art. 1 Abs. 3 Buchst. b unter anderem vorsah, dass Absprachen über die Vergabe von Lizenzen auf gewerbliche Schutzrechte oder die Mitteilung von Know-how an Dritte die Gemeinsamkeit der Verwertung begründen. Letztere Bestimmung wurde jedoch, was sicher kein Versehen war, nicht in die F&E-GFVO übernommen. Die Spezialisierung hins. der Erteilung von Lizenzen *allein* dürfte deshalb die Gemeinsamkeit der Verwertung nicht begründen.

325 Ebenso *Chrocziel/v. Merveldt* in *Münchener Kommentar (Europ. Wettbewerbsrecht)*, Art. 3 GVO Nr. 2659/2000, Rn. 6.

326 Bejahend *Winzer (F&E-Verträge)* S. 125 f. (Rn. 455);

327 *(F&E-Verträge)* S. 125 f. (Rn. 455).

Dies bedeutet jedoch nicht, dass die F&E-GFVO F&E-Verträgen, welche das Recht von Vertragspartnern zur selbständigen Erteilung von Lizenzen an Dritte ausschließen oder beschränken, die Freistellung generell versagt. Vielmehr geht aus Art. 5 Abs. 1 Buchst. h F&E-GFVO hervor, dass solche Verträge unabhängig davon, ob es sich bei ihnen um Verträge mit dem Ziel der gemeinsamen Verwertung oder um »reine« Verträge handelt, unter bestimmten Voraussetzungen nach der F&E-GFVO freigestellt sein können (s. dazu Kap. 5 Rdn. 468–484).

381 Gemäß **Art. 1 Abs. 2** (siehe auch ErwGrd. 13) gilt die Freistellung nach Art. 1 Abs. 1 nicht nur für Bestimmungen in F&E-Vereinbarungen, die den **eigentlichen Gegenstand** dieser Verträge bilden, sondern auch für Bestimmungen, die, ohne zum eigentlichen Gegenstand solcher Vereinbarungen zu gehören, **mit der Durchführung von F&E-Vereinbarungen unmittelbar verbunden und für diese notwendig** sind, wie z.B. die Verpflichtung, allein oder im Verbund mit Dritten im Laufe der Durchführung der Vereinbarung keine F&E in dem der Vereinbarung unterliegenden Bereich oder einem eng verwandten Bereich zu betreiben. Dabei werden aber von der Freistellung ausdrücklich ausgenommen Bestimmungen, die den gleichen Zweck haben wie die in Art. 5 Abs. 1 aufgeführten wettbewerbsbeschränkenden Bestimmungen.

382 Die letztgenannte Einschränkung bedeutet gegenüber der »schwarzen Liste« des Art. 5 Abs. 1 kein zusätzliches Freistellungshindernis, da schon Art. 5 Abs. 1 nach seinem einleitenden Satz allein auf den Zweck der jeweiligen Klausel abstellt. Eigenständige Bedeutung für die Freistellung hat Art. 1 Abs. 2 deshalb lediglich insoweit, als er klarstellt, dass nur solche wettbewerbsbeschränkende Bestimmungen in einem F&E-Vertrag durch die F&E-GFVO freigestellt sein können, die dem »eigentlichen Gegenstand« des Vertrags angehören oder doch mit der Durchführung des Vertrags unmittelbar verbunden und für diese notwendig sind.

383 Man wird das Merkmal »**eigentlicher Gegenstand**« im Hinblick auf die Liste der »schwarzen Klauseln« in Art. 5 Abs. 1 weit auslegen müssen. Aus dieser Liste ergibt sich, dass verschiedene Beschränkungen, z.B. Kundenbeschränkungen (Buchst. e) und territoriale Beschränkungen (Buchst. g) in bestimmten Grenzen freigestellt sein können. Würden sie aber nicht bereits als Bestandteil von Verträgen zur gemeinsamen Verwertung der Ergebnisse als zu deren »eigentlichen Gegenstand« gehörig unter Art. 1 Abs. 1 fallen, so würden sie auch nicht die Freistellungsvoraussetzungen nach Art. 1 Abs. 2 erfüllen, da sie sicher nicht für die Durchführung von F&E-Verträgen, die auf eine i.S. von Art. 2 Nr. 11 »gemeinsame« Verwertung gerichtet sind, notwendig sind.

384 Zum eigentlichen Gegenstand eines unter Art. 1 Abs. 1 Buchst. a) oder c) fallenden Vertrags wird man unter diesen Umständen alle darin enthaltenen Bestimmungen rechnen können, welche Regelungen über die gemeinsame F&E und die Verwertung der daraus hervorgehenden Ergebnisse treffen, während den eigentlichen Gegenstand eines unter Art. 1 Abs. 1 Buchst. b) fallenden Vertrages alle darin enthaltenen Bestimmungen bilden dürften, welche Regelungen über die Verwertung der daraus hervorgehenden Ergebnisse treffen.

Damit gehören z.B. zu dem eigentlichen Gegenstand eines F&E-Vertrags, der auf eine gemeinsame Verwertung der Ergebnisse durch eine i.S. von Art. 2 Nr. 11 »gemeinsame« Herstellung gerichtet ist, auch alle Regelungen zwischen den Vertragspartnern betreffend den Vertrieb der »gemeinsam« hergestellten Produkte. 385

Zum eigentlichen Gegenstand gehören auch bei einem »reinen« F&E-Vertrag, d.h. einem Vertrag, der das Ziel einer gemeinsamen Forschung und Entwicklung von Produkten oder Verfahren ohne gemeinsame Verwertung der Ergebnisse verfolgt, – siehe Art. 1 Abs. 1 Buchst. c – Bestimmungen über die (nicht gemeinsame) Verwertung. Allerdings sieht die F&E-GFVO eine Freistellung reiner Verträge, welche das Recht der Vertragspartner zur selbständigen Verwertung der F&E-Ergebnisse einschränken, nur in engen Grenzen vor, s. Art. 3 Abs. 2 und 3 sowie Art. 5 Abs. 1 Buchst. h und die diesbezüglichen Ausführungen unter Kap. 5 Rdn. 396–421 bzw. 468–484. 386

Die Regelung von Verwertungsrechten an F&E-Ergebnissen bedarf im Hinblick auf die Möglichkeit, dass Alttechnologie eines Vertragspartners, welche durch Schutzrechte desselben geschützt ist oder werden kann oder von dem/den anderen Vertragspartner(n) geheim zu halten ist, in die Ergebnisse einfließt oder für die Verwertung von Ergebnissen benötigt wird, auch einer Regelung von Rechten bezüglich solcher Alttechnologie. Deshalb dürfte auch eine solche Regelung zum eigentlichen Gegenstand des Vertrags zu rechnen sein, vgl. auch Art. 3 Abs. 3 Satz 1 (s.u. Kap. 5 Rdn. 410). 387

Ebenso dürfte bei einem Vertrag, der auf eine gemeinsame Verwertung der Ergebnisse durch Aufgabenteilung bei der Herstellung gerichtet ist, die Verpflichtung eines Vertragspartners bzw. aller Vertragspartner zum eigentlichen Gegenstand des Vertrags gehören, Vertragsprodukte ausschließlich von dem Vertragspartner, der gemeinsamen Einrichtung, dem gemeinsamen Unternehmen, der dritten Einrichtung oder dem dritten Unternehmen zu beziehen, der bzw. die bzw. das nach dem Vertrag mit der Herstellung betraut worden ist. Auch eine solche Verpflichtung gehört noch zum Komplex »Verwertung der Ergebnisse«. Sie kann darüber hinaus sogar Freistellungsvoraussetzung sein, siehe Art. 3 Abs. 5 (Kap. 5 Rdn. 425). 388

Bestimmungen in F&E-Verträgen, die nicht ihren eigentlichen Gegenstand bilden, können nach Art. 1 Abs. 2 noch deshalb freigestellt sein, weil sie **»mit deren Durchführung unmittelbar verbunden und für diese notwendig«** sind. 389

Dies hat Bedeutung für Verpflichtungen der Vertragspartner, sich nach der Phase der gemeinsamen F&E gegenseitig ihre Erfahrungen bei der Verwertung der Ergebnisse mitzuteilen und sich nicht ausschließliche **Lizenzen an Anwendungs- und Verbesserungstechnologie** zu gewähren. Derartige Verpflichtungen, die noch durch Art. 4 Abs. 1 Buchst. g F&E-GFVO **1984** ohne besondere Voraussetzungen ausdrücklich freigestellt waren, dürften nach den vorstehenden Ausführungen nicht mehr zum »eigentlichen Gegenstand« des Vertrags gehören. Sie erscheinen aber bei F&E-Verträgen, die eine i.S. von Art. 2 Nr. 11 »gemeinsame« Verwertung der Ergebnisse im Wege einer Spezialisierung hins. 390

der Herstellung (Spezialisierung eines Partners auf die Herstellung und eines anderen Partners auf den Vertrieb oder Spezialisierung jeden Partners innerhalb der Herstellung) vorsehen, hins. Verbesserungs- und Anwendungstechnologie, die während des Zeitraums einer solchen Spezialisierung von den Vertragspartnern entwickelt wird, »mit der Durchführung dieser Verträge unmittelbar verbunden und für diese notwendig«: Die Spezialisierung wäre nämlich für den Vertragspartner, der während einer solchen gemeinsamen Verwertung an der Herstellung überhaupt nicht beteiligt wird, bzw. für jeden Partner, wenn die Herstellung nach Produkttypen zwischen den Partnern aufgeteilt wird, wirtschaftlich mit erheblichen Nachteilen verbunden, wenn er nach der Phase der Spezialisierung nicht Verbesserungs- und Anwendungserfindungen, die der bzw. jeder andere Vertragspartner während dieser Spezialisierung entwickelt hat, verwerten könnte.

391 Im Übrigen ist auf verschiedene **redaktionelle Mängel von Art. 1 Abs. 2** hinzuweisen:

In dem in dieser Bestimmung erwähnten Beispiel (Verbot der parallelen F&E) ist die Formulierung »im Laufe der Durchführung der Vereinbarung« zu weit, gemeint kann hier nur die Durchführung der Vereinbarung in der F&E-Phase sein. Dies folgt zwingend aus Art. 5 Abs. 1 Buchst. a, siehe Kap. 5 Rdn. 444–446.

Außerdem ist in Art. 1 Abs. 2 a.E. die Bezugnahme auf Art. 5 Abs. 1 unvollständig. Auch hier sind die in Art. 5 Abs. 2 vorgesehenen Einschränkungen des Anwendungsbereichs von Art. 5 Abs. 1 zu berücksichtigen.

392 Bei dem erwähnten Beispiel für die Erweiterung der Freistellung durch Art. 1 Abs. 2 (Verbot, keine F&E in dem der Vereinbarung unterliegenden Bereich oder einem eng verwandten Bereich im Laufe der Durchführung der Vereinbarung zu betreiben) stellt sich die Frage, was unter einem **»eng verwandten Bereich«** zu verstehen ist. Die Versagung der Freistellung für das Verbot von Parallelforschung in einem nicht eng verwandten Bereich soll wohl dazu beitragen, dass sich die Vertragspartner auf das gemeinsame F&E-Projekt konzentrieren[328] und dieses nicht etwa zugunsten eines Parallelprojekts, das dem gleichen wirtschaftlichen Ziel dient, vernachlässigen. Als »eng verwandter Bereich« dürfte deshalb nur ein Forschungsbereich außerhalb des vertraglichen F&E-Bereichs anzusehen sein, der die Entwicklung solcher Produkte/Technologien zum Gegenstand hat, die dem gleichen relevanten Markt angehören würden wie die Produkte/Technologien, auf deren Entwicklung die gemeinsame F&E gerichtet ist.[329]

328 So hinsichtlich der Freistellung nach der F&E-GFVO **1984** *White* IIC 1985, S. 663, 689 f. und *Schrödermeier/Wagner* in *GK*, Rn. 7 zu Art. 4 F&E-GFVO **1984**.

329 Ebenso hinsichtlich der Auslegung dieses Begriffs bei seiner Verwendung in Art. 4 Abs. 1 Buchstabe a und b F&E-GFVO **1984** *Wiedemann* Bd. 1, Art. 4 GFVO 418/85, Rn. 11 zu Art. 4; *Schrödermeier/Wagner* in *GK* a.a.O.; ähnlich *Ziegler* S. 9, der auf den relevanten Markt der Vertragserzeugnisse abstellt, und *Ullrich/Konrad* in *Immenga/Mestmäcker (EG-Wettbewerbsrecht)*, GRUR, E. Gemeinsame Forschung und Entwicklung, Rn. 45, welche zu verwandten Bereichen jedenfalls die Substitutionsprodukte zählen; abw. stellt *Korah* S. 40 f.

Von der hier vertretenen Auffassung zur Bedeutung und zur Auslegung von Art. 1 Abs. 1 und 2 weicht die Ansicht von *Bahr/Loest*[330] ab, nach der Art. 1 Abs. 2 lediglich klarstellen soll, dass »nur gelegentlich« der F&E-Vereinbarung getroffene Abreden vom Anwendungsbereich der F&E-GFVO ausgenommen sind. Gegen diese Auffassung lässt sich einwenden, dass sie nicht auf einer entsprechenden Auslegung von Art. 1 basiert und eine scharfe Abgrenzung der »nur gelegentlich« der F&E-Vereinbarung getroffenen Abreden gegenüber anderen Abreden als nicht möglich erscheint. 393

Art. 2 enthält unter Nr. 1 bis 13 verschiedene Definitionen von Begriffen, die in verschiedenen Bestimmungen der F&E-GFVO verwendet werden und für das Verständnis dieser Bestimmungen wichtig sind. Unter diesen Definitionen ist insbesondere die Definition von »gemeinsam« auslegungsbedürftig, siehe dazu Kap. 5 Rdn. 363–380. 394

Die Freistellung nach Art. 1 gilt nach **Art. 3 Abs. 1** unter den in Art. 3 Abs. 2 bis 5 genannten Voraussetzungen. 395

Art. 3 Abs. 2 bestimmt: Alle Vertragsparteien müssen **Zugang zu den Ergebnissen der gemeinsamen Forschungs- und Entwicklungsarbeiten für weitere Forschungs- oder Verwertungszwecke** haben (Satz 1). Forschungsinstitute, Hochschulen oder Unternehmen, die Forschungs- und Entwicklungsleistungen in Form gewerblicher Dienste erbringen und sich üblicherweise nicht als Verwerter von Ergebnissen betätigen, können jedoch vereinbaren, die Ergebnisse ausschließlich zum Zwecke der Durchführung weiterer Forschungsarbeiten zu verwenden (Satz 2). 396

»Zugang« i.S. von Satz 1 bedeutet entsprechend dem Wortsinn dieses Begriffs nur den tatsächlichen Zugriff auf die Ergebnisse: Da Zugang »für« weitere Forschungs- oder Verwertungszwecke bestehen muss, können mit diesem Begriff nicht sowohl Zutritts- als auch Verwertungsrechte gemeint sein. Zugleich stellt aber die Zweckbestimmung »für …« klar, dass auch letztere Rechte bestehen müssen[331] (Ausnahme siehe Satz 2). 397

Die Formulierung **»für weitere Forschungs- oder Verwertungszwecke«** ist allerdings auslegungsbedürftig. Entgegen der h.M.[332] dürften hier nicht nur Zwecke außerhalb des Gebietes der gemeinsamen F&E gemeint sein. Die Formulierung beruht wohl auf einem Fehler bei der Übersetzung der – aller- 398

darauf ab, ob dadurch, dass ein Partner parallele F&E betreibt und ggf. exklusive Rechte erlangt, die Ergebnisse der übrigen Partner in ihrem Wert gemindert werden können.

330 EWS 2002, S. 263, 264 unter Fn. 14.

331 So im Ergebnis wohl auch *Winzer (F&E-Verträge)* S. 128 f. unter Rdn. 546; *derselbe* in GRUR Int. 2001, S. 413, 416.

332 *Winzer* (F&E-Verträge), S. 128 ff.; *derselbe* in GRUR Int. 2001, S. 413, 416; tendenziell auch *Mestmäcker/Schweitzer* S. 757 (§ 29 Rn. 33 mit Fn. 49) und *Chroczielv. Merveldt* in *Münchener Kommentar (Europ. Wettbewerbsrecht)*, Art. 3 VO 2659/2000, Rn. 2; der hier vertretenen Auffassung nähern sich im Ergebnis *Bechtold/Bosch/Brinker/Hirsbrunner*, Art. 3 VO 2659/2000, Rn. 2 an: Beziehe sich die Vereinbarung nur auf eine gemeinsame F&E ohne eine gemeinsame Verwertung der Ergebnisse, sei i.S. von Satz 1 jede Verwertungstätigkeit eine weitere Verwertung; sie müsse den Vertragsparteien freigestellt sein; zustimmend *Fuchs* in *Immenga/Mestmäcker* in *(EG-Wettbewerbsrecht)*, FuE-VO, Rn. 69.

dings mehrdeutigen – entsprechenden Passage der englischen Fassung »for the purposes of further research or exploitation«. Gemeint dürfte sein »for the purposes of (i) further research or (ii) exploitation«, d.h. »zu den Zwecken (i) der weiteren Forschung oder (ii) der Verwertung«. Das Wort »weitere« dürfte sich also nur auf die Forschung beziehen. Die Verwendung dieses Wortes erklärt sich insoweit bereits daraus, dass bei Vorliegen von Ergebnissen eben schon F&E geleistet worden ist.

399 Für diese Auslegung spricht u.a. auch Satz 2, der, wie das darin enthaltene Wort »jedoch« indiziert, eine Ausnahme von dem Grundsatz des Satz 1 statuieren soll: Die Rechte der dort genannten Forschungsdienstleister können auf die »Verwendung« der Ergebnisse für die Durchführung weiterer Forschungsarbeiten beschränkt werden. Das bedeutet umgekehrt, dass der Vertrag diesen Forschungsinstituten usw. überhaupt keine Verwertungsrechte einräumen muss. Etwas Anderes dürfte sich auch nicht aus der »schwarzen Klausel« des Art. 5 Abs. 1 Buchst. h hinsichtlich der Erteilung von Lizenzen an Dritte für die Herstellung der Vertragsprodukte oder für die Anwendung von Vertragsverfahren ergeben, wenn eine solche Verwertung durch den nach dem Vertrag allein verwertungsberechtigten Auftraggeber »nicht erfolgt«, siehe dazu Kap. 5 Rdn. 484.

400 Dementsprechend ist auch in Nr. 67 der Horizontal-LL, der Bezug auf Art. 3 Abs. 2 der F&E-GFVO nimmt, nur die Rede von der Beschränkung des Zugangs (hier ersichtlich im weiten Sinne gemeint als tatsächlicher Zugang und Verwertungsrechte). Hätte die Kommission hier nur an »Zugang« für Zwecke außerhalb des Gebiets der gemeinsamen F&E gedacht, hätte sie dies vermutlich zum Ausdruck gebracht.

401 Die aus Art. 3 Abs. 2 F&E-GFVO abzuleitende Freistellungsvoraussetzung, dass die Vertragspartner (wenn sie nicht zu den in Satz 2 genannten Forschungsinstituten usw. gehören) einzeln oder zusammen Verwertungsrechte an den F&E-Ergebnissen haben müssen, bedeutet nicht, dass sich diese Verwertungsrechte auf jede Art der Verwertung i.S. von Art. 2 Nr. 8 erstrecken müssen, siehe aber den in Kap. 5 unter Rdn. 404–421 kommentierten Art. 3 Abs. 3.

402 Dagegen ist aus Art. 3 Abs. 2 das Erfordernis abzuleiten, dass grundsätzlich jeder Vertragspartner an allen Ergebnissen Verwertungsrechte haben muss. Eine Einschränkung dieses Grundsatzes folgt aber aus Art. 3 Abs. 3 Satz 2: Wenn diese Bestimmung bei »reinen« F&E-Verträgen die Beschränkung der Verwertungsrechte der Vertragspartner an Ergebnissen auf einzelne technische Anwendungsgebiete erlaubt, bedeutet dies auch, dass ein bestimmtes technisches Anwendungsgebiet einem Vertragspartner vorbehalten werden kann und damit auch die Verwertung bestimmter F&E-Ergebnisse, die nur auf diesem technischen Anwendungsgebiet verwendbar sind.

403 Die in Art. 3 Abs. 2 Satz 2 genannten **Forschungsdienstleister** dürften sich im Hinblick auf die weite Definition des Begriffs »Verwertung der Ergebnisse« in Art. 2 Nr. 8 F&E-GFVO auch dann **üblicherweise als »Verwerter von**

Ergebnissen« betätigen, wenn sie sich üblicherweise nur mit der Lizenzierung bzw. Übertragung von F&E-Ergebnissen befassen.[333]

Dies ist nicht nur der Fall bei öffentlichen und privaten Forschungsdienstleistern wie die Fraunhofer-Gesellschaft und dem Battelle-Institut, sondern seit der Streichung des sog. Hochschullehrerprivilegs im deutschen Arbeitnehmererfindungsrecht (s. dazu Kap. 8 Rdn. 42 ff.) auch wohl bei den meisten **deutschen Hochschulen**. Diese werden überwiegend die Strategie verfolgen, zumindest die patentfähigen Ergebnisse ihrer F&E-Tätigkeit (und zwar auch solche, die sie außerhalb ihrer Auftragsforschung erzielt haben) entweder an industrielle Unternehmen zu lizenzieren oder aber an gemeinsam gegründete Verwertungsgesellschaften zu übertragen.

In diesem Fall darf der Vertrag ihnen also Verwertungsrechte nicht versagen, wenn er die Freistellungsvoraussetzungen der F&E-GFVO erfüllen soll.

Nach **Art. 3 Abs. 3** betrifft F&E-Vereinbarungen, die lediglich die gemein- 404
same F&E, also nicht auch die gemeinsame Verwertung vorsehen (sog. **»reine F&E-Vereinbarungen«**). Sie bestimmt, dass es bei solchen reinen F&E-Vereinbarungen unbeschadet der Bestimmungen des Absatzes 2 jeder Vertragspartei freistehen muss, die dabei erzielten **Ergebnisse und vorher bestehendes, für die Verwertung erforderliches Know-how selbständig zu verwerten** (Satz 1). Ein solches Verwertungsrecht kann sich auf einzelne Anwendungsbereiche beschränken, sofern die Vertragsparteien bei Abschluss der F&E-Vereinbarung keine konkurrierenden Unternehmen sind (Satz 2).

Der Grundsatz, dass das Recht jeden Vertragspartners zur selbständigen 405
Verwertung nicht eingeschränkt werden kann, gilt nach Art. 3 Abs. 3 Satz 1 (mit den sich aus Satz 2 und Art. 5 Abs. 1 Buchst. h ergebenden Ausnahmen, s. dazu Kap. 5 Rdn. 411–421 bzw. Kap. 5 Rdn. 468–484) nur für reine F&E-Vereinbarungen und damit vorbehaltlich Art. 5 nicht für Verträge mit dem Ziel der gemeinsamen Verwertung. Dem scheint allerdings die Formulierung in ErwGrd. 14 entgegenzustehen, nach der bei gemeinsamer Verwertung jede Vertragspartei die Möglichkeit erhalten soll, die Ergebnisse zu nutzen, die für sie ggf. von Interesse sind. Eine solche Bedingung würde jedoch die gemeinsame Verwertung sinnlos erscheinen lassen.[334] Die erwähnte Formulierung in ErwGrd. 14 beruht deshalb vermutlich auf einem redaktionellen Versehen.

Art. 3 Abs. 3 **Satz 1** beginnt mit der Passage **»Unbeschadet der Bestimmun-** 406
gen des Absatzes 2«. Diese Passage soll offenbar darauf hinweisen, dass Abs. 3 einem Ausschluss der in Abs. 2 Satz 2 erwähnten Forschungsdienstleister von der Verwertung nicht entgegensteht.

333 Entgegen der von *Winzer (F&E-Verträge)* S. 132 unter Rn. 488 vertretenen Ansicht liefert die Passage »die … sich üblicherweise nicht als Verwerter von Ergebnissen betätigen« nicht eine Begründung für die generelle Sonderbehandlung von Forschungsinstituten usw. Sie bildet vielmehr ein Merkmal des Tatbestands, bei dem diese Sonderbehandlung möglich ist.

334 Ebenso *Chrocziel/v. Merveldt* in *Münchener Kommentar (Europ. Wettbewerbsrecht)*, GVO Nr. 2659/2000, Rn. 7 und *Mestmäcker/Schweitzer*, § 29 Rn. 35.

407 In der Literatur wird teilweise[335] die Auffassung vertreten, Satz 1 regele eine Kooperation, für die eine Verwertungsregelung fehlt. Diese Interpretation verbietet sich jedoch schon deshalb, weil es eine solche Kooperation gar nicht gibt:[336] Wenn der F&E-Vertrag keine ausdrückliche Verwertungsregelung enthält, erschließt sich diese aus dem Recht, dem der F&E-Vertrag unterliegt. Satz 1 betrifft deshalb nicht die Vereinbarung über eine gemeinsame Forschung ohne jede Verwertungsregelung, sondern nur die Vereinbarung über eine gemeinsame Forschung ohne Vereinbarung einer i.S. von Art. 2 Nr. 11 F&E-GFVO »gemeinsamen« Verwertung.[337]

Dagegen werden zwei Argumente vorgebracht,[338] die jedoch nicht überzeugen:

Einmal wird darauf hingewiesen, dass im Text von Art. 3 Abs. 3 Satz 1 nicht von Vereinbarungen die Rede ist, die keine gemeinsame Verwertung vorsehen, sondern nur von Vereinbarungen, die lediglich die gemeinsame F&E vorsehen. Bei der Typenliste des Art. 1 Abs. 1 Buchst. c werden aber die Verträge, die nur eine gemeinsame F&E vorsehen, nur solchen Verträgen gegenübergestellt, die eine gemeinsame Verwertung der Ergebnisse vorsehen. Dies impliziert, dass auch Verträge, die zwar keine gemeinsame Verwertung, wohl aber eine selbständige Verwertung durch die Vertragsparteien vorsehen, Verträge sind, die i.S. der F&E-GFVO »lediglich die gemeinsame F&E vorsehen«.

Zum anderen wird geltend gemacht, die hier vertretene Interpretation führe zu einem seltsamen Ergebnis: Wenn alle FuE-Kooperationen gemeint seien, die keine gemeinsame Verwertung vorsehen, wären auch alle Regelungen betroffen, in denen sich die Parteien gegenseitig eingeschränkte Verwertungsrechte gewähren; diese Regelungen wären dann nur zugelassen, wenn gleichzeitig alle Parteien uneingeschränkte selbständige Verwertungsrechte hätten. Dieses Argument übersieht, dass durch Art. 3 Abs. 3 eben nicht alle Regelungen betroffen sind, in denen sich die Parteien gegenseitig eingeschränkte Verwertungsrechte gewähren, da in solchen Einschränkungen (wenn man von den »field-of-use«-Beschränkungen gemäß Art. 3 Abs. 3 Satz 2 absieht) eine Spezialisierung i.S. von Art. 2 Nr. 11 Buchst. c liegen kann, die den Vertrag zu einem Vertrag mit dem Ziel der gemeinsamen Verwertung machen, für den Art. 3 Abs. 3 die Freistellung nicht ausschließt.

408 Die **»selbständige Verwertung der Ergebnisse«** umfasst nach der Definition in Art. 2 Nr. 8 (siehe dazu Kap. 5 Rdn. 362) auch die **selbständige Vergabe von Lizenzen** an Schutzrechten für F&E-Ergebnisse sowie an Know-how, das zu den F&E-Ergebnissen gehört.

335 *Winzer* (F&E-Verträge) S. 135 f. (Rn. 502–507); *derselbe* in GRUR Int. 2001, S. 413, 416; *Chrocziel/v. Merveldt* in Münchener Kommentar (Europ. Wettbewerbsrecht), GVO Nr. 2659/2000, Art. 3, Rn. 6.

336 Auf diesen Umstand weist *Winzer* in GRUR Int. 2001, S. 413, 416 selbst hin.

337 *Liebscher/Petsche* in *Liebscher/Flohr/Petsche*, Verordnung Nr. 2659/2000, Rn. 3; *Fuchs* in *Immenga/Mestmäcker (EG-Wettbewerbsrecht)*, FuE-VO Rn, 72 mit Fn. 146; *Mestmäcker/Schweitzer*, § 29 Rn. 35.

338 Siehe *Winzer* (F&E-Verträge) S. 137 (Rn. 507).

Daraus könnte man den Schluss ziehen, dass Art. 3 Abs. 3 Satz 1 die Freistellung »reiner« F&E-Verträge ausschließt, welche das Recht jeden Vertragspartners ausschließen oder beschränken, selbständig derartige Lizenzen zu erteilen. Aus Art. 5 Abs. 1 Buchst. h geht jedoch hervor, dass in Abweichung von Art. 3 Abs. 3[339] auch derartige reine F&E-Verträge freigestellt sein können, wenn eine Verwertung durch mindestens einen Vertragspartner i.S. von Art. 5 Abs. 1 Buchst. h »vorgesehen« ist und auch »erfolgt«; s. dazu im Einzelnen Kap. 5 Rdn. 468–484.

Diese durch Art. 5 Abs. 1 Buchst. h eröffnete Möglichkeit, das Recht zur selbständigen Erteilung von Lizenzen unter bestimmten Voraussetzungen auch bei »reinen« F&E-Verträgen auszuschließen oder zu beschränken, mindert die Bedeutung von Art. 3 Abs. 3 Satz 1 für die Freistellungsfähigkeit von F&E-Verträgen erheblich: Wollen die Vertragspartner die Kooperation auch auf die Phase der Verwertung erstrecken, können sie dies durch die Vereinbarung einer i.S. von Art. 2 Buchst. 11 »gemeinsamen« Verwertung, die ErwGrd. 11 als »logische Folge« gemeinsamer F&E bezeichnet, tun. Wollen sie dies nicht, können sie wenigstens in den Grenzen von Art. 5 Abs. 1 Buchst. h die selbständige Erteilung von Lizenzen an Dritte durch jeden von ihnen und damit die Nutzung der F&E-Ergebnisse durch nicht an der gemeinsamen F&E beteiligte Wettbewerber einschränken oder ausschließen.

Insbesondere dann, wenn nur ein Vertragspartner verwertet, stellt sich die Frage, ob eine vom Umfang der Verwertung abhängige vertragliche **Vergütungspflicht** der von Art. 3 Abs. 3 Satz 1 geforderten Selbständigkeit der Verwertung entgegenstehen würde. 409

Dies wird von *Fuchs*[340] mit der Begründung verneint, eine solche Verpflichtung sei bei einer reinen, von vornherein auf die gemeinsame F&E beschränkten Kooperation ein Fremdkörper. Warum sollte aber dann, wenn nur einer von zwei Vertragspartnern verwertet, der andere Vertragspartner leer ausgehen, wenn auch er sich an den Kosten der gemeinsamen F&E beteiligt hat und/oder dafür wertvolles Alt-Know-how beigesteuert hat? Dies wäre ganz besonders dann unbefriedigend, wenn das von ihm beigesteuerte Alt-Know-how wertvoller ist als das vom verwertenden Vertragspartner beigesteuerte Alt-Know-how oder er sich an den Kosten der F&E-Arbeiten in stärkerem Maße beteiligt hat. Dementsprechend führte Art. 5 Abs. 1 Buchst. f F&E-GFVO **1984** die Verpflichtung, an andere Vertragspartner Entgelte oder Leistungen zu entrichten, um ungleiche Beiträge zur gemeinsamen F&E oder eine ungleiche Verwertung der aus ihr hervorgegangenen Ergebnisse auszugleichen, unter den »weißen« Klauseln auf.

339 Nicht nachvollziehbar ist die Bemerkung von *Mestmäcker/Schweitzer*, § 29 Rn. 37 und von *Chrocziel/v. Merveldt* in *Münchener Kommentar (Europ. Wettbewerbsrecht)*, GVO Nr. 2659/2000, Rn. 8, Buchst. h solle die freie und selbständige Verwertung des bei der Kooperation erworbenen Wissens in Ergänzung (?) zu Art. 3 Abs. 3 sicherstellen.

340 In *Immenga/Mestmäcker* in *(EG-Wettbewerbsrecht)*, FuE-VO, Rn. 72.

Es ist allerdings für eine Selbständigkeit der Verwertung zu fordern, dass die Vergütungspflicht weder behindernd noch diskriminierend wirkt.[341] Ist diese Voraussetzung erfüllt, erscheint auch die Vereinbarung einer vom Umfang der Verwertung abhängigen Vergütungspflicht des jeweils verwertenden Vertragspartners, wenn mehrere oder alle Vertragspartner verwerten, mit Art. 3 Abs. 3 Satz 1 vereinbar.

410 Die Rechte jeden Partners müssen sich nach Satz 1 bei nicht nur auf die selbständige »Verwertung der Ergebnisse«, sondern auch auf die **Verwertung von vorher bestehendem, für die Verwertung der Ergebnisse erforderlichem »Know-how«** – siehe zu diesem Begriff Kap. 5 Rdn. 361 – erstrecken. Bemerkenswert ist, dass Art. 3 Abs. 3 Satz 1 eine Erstreckung der Verwertungsrechte auf vorbestehende Schutzrechte nicht fordert. Das Recht eines Vertragspartners zu selbständiger Verwertung kann damit für die Geltungsdauer vorbestehender einschlägiger Schutzrechte anderer Vertragspartner ins Leere laufen. Die dahinter stehende Überlegung dürfte folgende sein: Schutzrechte genießen im Gegensatz zu geheimem Know-how absoluten Schutz. Ein Vertragspartner wird deshalb nicht schlechter gestellt als jeder Dritte, wenn ihm ein anderer Vertragspartner das Recht zur Benutzung seiner vorbestehenden Schutzrechte verweigert. Folglich ist in dieser Verweigerung keine Wettbewerbsbeschränkung zu sehen.

411 Nach Art. 3 Abs. 3 **Satz 2** ist jedoch bei nicht gemeinsamer Verwertung die **Beschränkung des Verwertungsrechts jeden Vertragspartners auf einzelne Anwendungsbereiche** möglich, wenn die Vertragspartner bei Abschluss der F&E-Vereinbarung keine »konkurrierenden Unternehmen« (siehe zur Definition dieses Begriffs Art. 2 Nr. 12) sind.

412 Art. 3 Abs. 3 Satz 2 schränkt nur Art 3 Abs. 3 Satz 1 ein. Art 3 Abs. 3 Satz 1 gilt aber wiederum nur »unbeschadet der Bestimmungen des Absatzes 2« (s. dazu Kap. 5 Rdn. 406). Deshalb ändert Art. 3 Abs. 3 Satz 2 nichts daran, dass der Vertrag den in Abs. 2 Satz 2 erwähnten Forschungsinstituten usw. jedes Verwertungsrecht aberkennen kann.

413 **»Anwendungsbereiche«** i.S. von Art. 3 Abs. 3 Satz 2 sind wohl im Hinblick auf ErwGrd. 14, in dem nur von einer Beschränkung auf technische Anwendungsbereiche die Rede ist, als derartige Anwendungsbereiche (einschließlich medizinischer Anwendungsbereiche[342]) zu verstehen.[343] Dementsprechend war auch in der Vorgängerin der Bestimmung, der »weißen Klausel« des Art. 4 Abs. 1 Buchst. e F&E-GFVO **1984**, von Beschränkungen auf einen oder meh-

341 *Fuchs* in *Immenga/Mestmäcker (EG-Wettbewerbsrecht)*, FuE-VO, Rn. 76; für den Fall, dass nur ein Vertragspartner »verwertet«, auch *Bechtold/Bosch/Brinker/Hirsbrunner*, VO 2659/2000, Art. 3, Rn. 2 und 4.

342 Siehe *Winzer (F&E-Verträge)*, S. 136 (Rn. 505).

343 Vgl. *Fuchs* in *Immenga/Mestmäcker (EG-Wettbewerbsrecht)*, FuE-VO, Rn. 73: »In der Regel wird es dabei um verschiedene technische Anwendungsbereiche einer Technologie oder um unterschiedliche Einsatzzwecke bestimmter Zwischenprodukte gehen.« Es wird sich indessen auch bei den erwähnten unterschiedlichen Einsatzzwecken um technische Einsatzzwecke handeln, s. dazu auch Kap. 5 Rdn. 421.

rere technische Anwendungsbereiche die Rede. Implizit freigestellt sind also Beschränkungen der Verwertung der Ergebnisse und von vorher bestehendem, für eine solche Verwertung erforderlichem Know-how auf einzelne technische Anwendungsbereiche, die man auch als »field-of-use«-Beschränkungen bezeichnen kann[344].

414 Die Literatur zu Art. 4 Abs. 1 Buchst. e F&E-GFVO **1984** geht überwiegend davon aus, dass eine Beschränkung auf einzelne technische Anwendungsbereiche immer dann vorliegt, wenn die jeweils einem Vertragspartner vorbehaltene Anwendung Produkte betrifft, die einem anderen sachlich relevanten Markt angehören als die Produkte, die bei der einem anderen Vertragspartner vorbehaltenen Anwendung entstehen.[345] Dies überzeugt jedoch nicht. Es ist nämlich möglich, dass Produkte zwar verschiedenen sachlich relevanten Produktmärkten angehören, aber unter Verwendung der gleichen Technik hergestellt werden. Möglich ist dies z.B. bei (kleinen) Kolben für Motoren von Motorrädern und (größeren) Kolben für PKW-Motoren. Diese beiden Kolbentypen dürften im Hinblick auf die bei ihnen unterschiedliche Nachfrage- und Angebotssituation verschiedenen sachlich relevanten Märkten angehören, obwohl durchaus denkbar ist, dass bei ihrer Herstellung die gleiche Technik zur Anwendung kommt. Bei einem F&E-Vertrag, der auf die Herstellung neuartiger Kolben für Verbrennungsmotoren zielt, wären daher Beschränkungen, nach denen ein Vertragspartner nur den einen Kolbentyp und ein anderer Vertragspartner nur den anderen Kolbentyp unter Verwertung von Ergebnissen und von vorher bestehendem, für die Verwertung erforderlichem Know-how herstellen darf, nicht durch Art. 3 Abs. 3 Satz 2 gedeckt.

415 Für die hier vertretene Auffassung spricht auch die Unterscheidung zwischen Beschränkungen auf bestimmte technische Anwendungsbereiche und Beschränkungen auf bestimmte Produktmärkte in Art. 4 Abs. 1 Buchst. c, i) TT-GFVO bzw. in Art. 2 Abs. 1 Nr. 8 TT-GFVO **1996**[346]. Zutreffend ist allerdings der Hinweis von *Ullrich/Konrad*,[347] dass bei unterschiedlichen sachlich relevanten Märkten meistens auch mehrere technische Anwendungsbereiche vorliegen werden.

416 Ein Beispiel, in dem Beschränkungen der Verwertung auf einzelne technische Anwendungsbereiche nach Art. 3 Abs. 3 Satz 2 zulässig sind, bildet folgender Fall: Ein Unternehmen stellt elektronische Bauteile her, die es unter Verwendung eines bestimmten Gießharzes einkapselt, während ein anderes Unternehmen Mehrscheiben-Sicherheitsverglasungen unter Verwendung eines Gießharzes gleichen Typs für die Verklebung der einzelnen Scheiben herstellt. Beide

344 So z.B. *Fuchs* in *Immenga/Mestmäcker (EG-Wettbewerbsrecht)*, FuE-VO, Rn. 73; *Chrocziel/v. Merveldt* in *Münchener Kommentar (Europ. Wettbewerbsrecht)*, GVO 2659/2000, Art. 2, Rn. 6.

345 Vgl. *White* 16 IIC 663, 692; *Wiedemann*; zweifelnd *Korah* S. 43; dagegen *Stumpf/Groß* S. 627 f. (Rn. 1021); vgl. auch *Liebscher/Stockinger* in *Liebscher/Flohr/Petsche*, Verordnung Nr. 240/1996, Rn. 127 (S. 489).

346 Siehe dazu *Stumpf/Groß* Rn. 1021 (S. 628).

347 In *Immenga/Mestmäcker (EG-Wettbewerbsrecht)*, GRUR, E. Gemeinsame Forschung und Entwicklung, Rn. 47.

Unternehmen schließen einen F&E-Vertrag zur grundsätzlichen Verbesserung des Gießharzes hinsichtlich Gießfähigkeit, Aushärtungszeit und Beständigkeit gegen Zersetzung und zur Konditionierung und Verarbeitung des zu entwickelnden verbesserten Gießharzes entsprechend den Anforderungen der beiden unterschiedlichen Anwendungen, wobei sich jeder Partner die Verwertung der bei der gemeinsamen F&E erzielten Ergebnisse und des vorher bestehenden, für die Verwertung erforderlichen Know-how für die von ihm traditionell betriebene technische Anwendung (Verkapselung von elektronischen Bauteilen bzw. Verklebung von Glasscheiben zur Herstellung von Sicherheitsverglasungen) vorbehält. Schon der aktuell verwendete Gießharztyp ist je nachdem, für welche der beiden Anwendungen er zum Einsatz kommt, in unterschiedlicher Weise zu konditionieren und zu vergießen. Hier ist deshalb von technisch verschiedenen Anwendungsbereichen auszugehen. Die Aufteilung der Verwertungsrechte nach den beiden Anwendungsbereichen ist deshalb durch Art. 3 Abs. 3 Satz 2 gedeckt.

417 Wenn Art. 3 Abs. 3 Satz 2 die Beschränkung auf einzelne technische Anwendungsbereiche erlaubt, impliziert dies, dass die Ergebnisse grundsätzlich auf mehreren technischen Anwendungsbereichen verwertbar sind. Die Aufteilung darf deshalb wohl auch nicht dazu führen, dass z.B. dann, wenn die Ergebnisse verschiedene Produktionsstufen (z.B. Rohmaterialien, Halbzeuge und Fertigfabrikate) betreffen können, jeweils eine Produktionsstufe einem Vertragspartner vorbehalten wird.

418 Dies schließt nicht aus, dass dann, wenn einem Vertragspartner, der trotz der Beschränkung auf einen bestimmten technischen Anwendungsbereich noch Vertragsprodukte auf jeder Produktionsstufe herstellen kann, die Verwertung bestimmter Ergebnisse versagt bleibt, weil diese Ergebnisse nur in einem technischen Anwendungsbereich verwendbar sind, welches einem anderen Vertragspartner vertraglich vorbehalten ist. So werden im obigen Beispiel aufgrund der Aufteilung der technischen Anwendungsbereiche zwischen den Vertragspartnern bestimmte F&E-Ergebnisse, welche die Konditionierung und Verarbeitung von Gießharzen betreffen, nur jeweils für einen Vertragspartner für den ihm vorbehaltenen technischen Anwendungsbereich (Verkapselung von elektronischen Bauteilen bzw. Verklebung von Glasscheiben zur Herstellung von Sicherheitsverglasungen) verwendbar sein. Dies dürfte die Kommission trotz Art. 3 Abs. 2 Satz 1, nach dem der Vertrag grundsätzlich jedem Partner Verwertungsrechte an allen Ergebnissen einräumen muss, in Kauf genommen haben, weil andernfalls kaum noch Raum für eine Anwendung von Art. 3 Abs. 3 Satz 2 bestünde.

419 Die Beschränkung des Verwertungsrechts eines Vertragspartners nach Art. 3 Abs. 3 Satz 2 auf einzelne technische Anwendungen ist inhaltlich identisch mit dem Ausschluss des betr. Vertragspartners von der Verwertung der Ergebnisse und von vorher bestehendem, für eine solche Verwertung erforderlichem Know-how bei anderen technischen Anwendungen. Da der Begriff »Verwertung der Ergebnisse« nach Art. 2 Nr. 8 die Erteilung von Lizenzen umfasst, bedeutet dieser Ausschluss für den betr. Vertragspartner auch, dass er grund-

sätzlich keine Lizenzen an den Ergebnissen und an dem vorerwähnten Know-how für andere technische Anwendungen erteilen kann. Eine Freistellung des Lizenzierungsverbots scheidet aber gemäß Art. 5 Abs. 1 Buchst. h (s. dazu Rdn. 468–484) aus, wenn eine Verwertung der Ergebnisse und des vorerwähnten Know-how durch mindestens einen Vertragspartner selbst auf keinem der technischen Anwendungsbereiche, die jeweils einem Vertragspartner vorbehalten sind, erfolgt bzw. weiterhin erfolgt.

Die Beschränkungen sind nach Art. 3 Abs. 3 Satz 2 nur freigestellt, wenn die Vertragspartner bei Vertragsschluss **keine »konkurrierenden Unternehmen«** i.S. von Art. 2 Nr. 12 sind. (Statt von Vertragspartnern müsste hier eigentlich, worauf *Bahr/Loest*[348] zutreffend hinweisen, von »beteiligten Unternehmen« i.S. von Art. 2 Nr. 2 die Rede sein.) 420

Es ist denkbar, dass ein F&E-Vertrag zwar eine »gemeinsame Verwertung« von Ergebnissen und ggf. von für diese Verwertung erforderlichem Know-how hins. der Herstellung bestimmter Vertragsprodukte vorsieht, die Verwertung von Ergebnissen und von dafür erforderlichem Know-how bei der Weiterverarbeitung der vorgenannten Vertragsprodukte zu weiteren Vertragsprodukten aber jedem einzelnen Vertragspartner unter Beschränkung desselben auf einen technischen Anwendungsbereich überlässt. Im obigen Beispiel könnte der Vertrag z.B. eine gemeinsame Verwertung hins. der Herstellung der Grundsubstanz des verbesserten Gießharzes vorsehen, während er die Konditionierung desselben und seine Verarbeitung entsprechend den Anforderungen der beiden unterschiedlichen Anwendungen jedem Vertragspartner nur für »seinen« technischen Anwendungsbereich (Verkapselung von elektronischen Bauteilen bzw. Verklebung von Glasscheiben zur Herstellung von Sicherheitsverglasungen) gestattet. Auch eine solche **Mischform eines »reinen« und eines nicht »reinen« F&E-Vertrags** dürfte grundsätzlich nach der F&E-GFVO freistellungsfähig sein. Eine Voraussetzung dafür wäre natürlich auch hier im Hinblick auf Art. 3 Abs. 3 Satz 2, dass die Vertragspartner bei Abschluss des F&E-Vertrags keine Wettbewerber sind. 421

Die in **Art. 3 Abs. 4** genannten **Voraussetzungen für die Freistellung der gemeinsamen Verwertung** von Ergebnissen gehen über die Voraussetzungen, die sich schon aus der Definition des Begriffs »Verwertung der Ergebnisse« in Art. 2 Nr. 8 ergeben, noch hinaus. Verlangt wird, dass die gemeinsam verwerteten Ergebnisse 422

- entweder durch Rechte an geistigem Eigentum geschützt sind
- oder Know-how darstellen, das wesentlich zum technischen oder wirtschaftlichen Fortschritt beiträgt, und
- für die Herstellung der Vertragsprodukte oder für die Anwendung der Vertragsverfahren von entscheidender Bedeutung sind.

Winzer[349] weist darauf hin, dass sich das Merkmal **»wesentlicher Beitrag zum technischen und wirtschaftlichen Fortschritt«** nach der englischen Fassung 423

348 EWS 2004, S. 263, 266.
349 *(F&E-Verträge)* S. 509 unter Rn. 509; *derselbe* in GRUR Int. 2001, S. 413, 418.

(»... intellectual property rights or ... know-how, which contribute to ...«) sowohl auf die Rechte an geistigem Eigentum als auch auf das Know-how bezieht. Es handelt sich also offenbar wieder um einen Übersetzungsfehler.

424 Das Merkmal **»entscheidende Bedeutung für die Herstellung der Vertragsprodukte oder für die Anwendung der Vertragsverfahren«**[350] hätte bezüglich Know-how nicht eigens genannt werden müssen: »Know-how« muss nämlich nach der Definition in Art. 2 Nr. 10 Kenntnisse umfassen, die für die Herstellung der Vertragsprodukte oder für die Anwendung der Vertragsverfahren »unerlässlich« (und damit auch »von entscheidender Bedeutung«) sein.

425 **Art. 3 Abs. 5** nennt eine **zusätzliche Freistellungsvoraussetzung** für den Fall der gemeinsamen Verwertung i.S. von Art. 2 Nr. 11 durch im Wege der **Konzentrierung von Herstellungsaufgaben auf bestimmte Unternehmen**. Danach müssen die bei einer solchen Konzentrierung mit der Herstellung von Vertragsprodukten betrauten Unternehmen Lieferaufträge aller Vertragsparteien erfüllen, es sei denn, dass die F&E-Vereinbarung auch den gemeinsamen Vertrieb vorsieht. Dabei ist über den Wortlaut des Art. 3 Abs. 5 hinaus zu verlangen, dass die Belieferung zu nicht diskriminierenden Bedingungen erfolgt.[351]

426 Da die F&E-GFVO auch zulässt, dass die Herstellung nur einem Unternehmen zugewiesen wird (s. Kap. 5 Rdn. 373), muss die Art. 3 Abs. 5 nach ihrem Sinn und Zweck auch für diesen Fall gelten. Deshalb ist die Formulierung **»die ... mit der Herstellung betrauten Unternehmen«** nur als Hinweis darauf zu verstehen, dass die Bestimmung auch für den Fall der Betrauung mehrerer Unternehmen mit der Herstellung von Vertragsprodukten gilt.

427 Von Bedeutung erscheint, dass von mit der Herstellung betrauten **»Unternehmen«** und nicht von »mit der Herstellung betrauten Vertragsparteien« die Rede ist. Deshalb dürfte die Bestimmung im Einklang mit ihrem Sinn und Zweck einen der folgenden Fälle der gemeinsamen Verwertung (s. dazu Kap. 5 Rdn. 363–380) betreffen[352] oder auch eine Kombination dieser Fälle:

- Zuweisung von Herstellungsaufgaben (ohne gleichzeitige Zuweisung des gesamten Vertriebs) an ein Gemeinschaftsunternehmen gemäß Art. 2 Nr. 11 Buchst. a,
- Zuweisung von Herstellungsaufgaben (ohne gleichzeitige Zuweisung des gesamten Vertriebs) an einen Dritten gemäß Art. 2 Nr. 11 Buchst. b[353], und
- Zuweisung von Herstellungsaufgaben an einen der Vertragspartner gemäß Art. 2 Nr. 11 Buchst. c[354].

350 Siehe dazu auch *Schroeder* in *Grabitz/Hilf*, Rn. 538 zu Art. 81 EGV.

351 *Bechtold/Bosch/Brinker/Hirsbrunner*, Rn. 7 zu Art. 3 VO 2059/2000; *Fuchs* in *Immenga/Mestmäcker (EG-Wettbewerbsrecht)*, FuE-VO Rn. 76.

352 So *Fuchs* in *Immenga/Mestmäcker (EG-Wettbewerbsrecht)*, FuE-VO, Art. 3 Rn. 76.

353 Nur diesen Fall subsumieren *Bechtold/Bosch/Brinker/Hirsbrunner*, Rn. 7 zu Art. 3 VO 2059/2000 unter die Bestimmung.

354 *Schütze* in *Loewenheim/Meessen/Riesenkampff*, Rn. 39 zu GVO-FuE und *Chrocziel/v. Merveldt* in *Münchener Kommentar (Europ. Wettbewerbsrecht)*, GVO 2659/2000, Art. 2, Rn. 17, subsumieren nur diesen Fall unter Art. 3 Abs. 5.

Dementsprechend dürfte unter »**Aufgabenteilung**« nicht notwendig eine Aufgabenteilung unter den Vertragspartnern i.S. von Art. 2 Nr. 11 Buchst. c zu verstehen sein.

Eine Verpflichtung des bzw. der herstellenden Unternehmen(s) zur Belieferung aller Vertragspartner ist nach **Art. 3 Abs. 5** nicht Freistellungsvoraussetzung, wenn die F&E-Vereinbarung auch den »**gemeinsamen Vertrieb**« vorsieht. Da nach Sinn und Zweck der Bestimmung auch dann eine Verpflichtung des bzw. der herstellenden Unternehmen(s) zur Belieferung aller Vertragspartner bestehen muss, wenn die Vertragsparteien gemäß Art. 5 Abs. 1 Buchst. e eine Kundenaufteilung vornehmen oder gemäß Art. 5 Abs. 1 Buchst. g das Recht zum aktiven Vertrieb von Vertragsprodukten in Gebieten innerhalb des Gemeinsamen Markts für den in diesen Bestimmungen bezeichneten 7-Jahres-Zeitraum unter sich aufteilen, muss das Wort »gemeinsamen« innerhalb des Merkmals »gemeinsamen Vertrieb« i.S. von »gemeinschaftlich« ausgelegt werden[355]; eine Aufgabenteilung beim Vertrieb, wie sie, vom Fall des Art. 3 Abs. 3 Satz 2 abgesehen, zur Begründung der »gemeinsamen Verwertung« ausreicht (s. dazu Kap. 5 Rdn. 378 und 379), genügt also nicht. 428

Art. 4 betrifft die **Freistellungsdauer** für F&E-Verträge und, soweit die beteiligten Unternehmen bei Vertragsschluss schon konkurrierende Unternehmen sind, auch eine Freistellungsvoraussetzung (s.u. Kap. 5 Rdn. 436 zu Art. 4 Abs. 2). 429

Es ist hierbei zu beachten, dass bei **Gründung eines konzentrativen Gemeinschaftsunternehmens** nach der ganz h.M. schon eine Wettbewerbsbeschränkung zu verneinen ist, siehe Kap. 5 Rdn. 34. Deshalb ist für die Vereinbarung einer solchen Gründung auch dann, wenn sie im Rahmen eines F&E-Vertrags erfolgt, eine Freistellung nach Art. 81 Abs. 3 EGV nicht erforderlich. Das bedeutet auch: Bei Zulässigkeit der Gründung eines konzentrativen Gemeinschaftsunternehmens nach den einschlägigen Fusionskontrollbestimmungen ist die damit verbundene Vergemeinschaftung des Vertriebs von Vertragsprodukten zeitlich unbeschränkt zulässig. 430

Art. 4 Abs. 1 betrifft die **Freistellungsdauer für F&E-Verträge zwischen nicht »konkurrierenden Unternehmen«** (siehe zu diesem Begriff die Definition in Art. 2 Nr. 12; gedanklich ist zu ergänzen: »zum Zeitpunkt des Vertragsschlusses«). Für diese nicht konkurrierenden Unternehmen – zu Ausnahmen s. Kap. 5 Rdn. 431 und Rdn. 432 – erstreckt sich die Freistellung zunächst nur auf die Dauer der Durchführung der F&E-Arbeiten und – für den Fall anschließender gemeinsamer Verwertung der Ergebnisse – auf einen weiteren Zeitraum von sieben Jahren beginnend mit dem Tag des ersten Inverkehrbringens der Vertragsprodukte im Gemeinsamen Markt. 431

355 In der Sache gleicher Ansicht (keine Anwendung von Art. 3 Abs. 5 bei Vergemeinschaftung des Vertriebs) *Schütze* in *Loewenheim/Meessen/Riesenkampff*, GFVO-FuE, Rn. 39; offenbar auch Fuchs in Immenga/Mestmäcker (EG-Wettbewerbsrecht), FuE-VO, Rn. 75 (s. dort seine Bemerkung: »Bei einem gemeinsamen Vertrieb fehlt es an der in Abs. 5 vorausgesetzten Aufgabenteilung.« Diese Bemerkung erscheint allerdings insoweit nicht zutreffend, als Abs. 5 eine Aufgabenteilung nicht hins. des Vertriebs, sondern hins. der Herstellung voraussetzt, die auch bei gemeinschaftlichem Vertrieb möglich ist.).

Winzer[356] meint, bei dem Fall nicht konkurrierender Unternehmen sei an eine F&E bezüglich einer Komponente zu denken, die in verschiedenen, nicht miteinander konkurrierenden Produkten Eingang finde. Das Fehlen eines Konkurrenzverhältnisses bei Beginn der F&E ist aber nicht auf diesen Fall beschränkt. Es ist z.B. auch möglich, dass bei Beginn der gemeinsamen F&E noch keines oder nur eines der beteiligten Unternehmen bezüglich des Produkts, das i.S. von Art. 2 Nr. 12 durch das Vertragsprodukt verbessert oder ersetzt werden kann, ein tatsächlicher oder potenzieller Wettbewerber i.S. von Art. 2 Nr. 12 ist.

432 Nach ihrem Wortlaut könnte die Bestimmung auch F&E-Verträge i.S. von Art. 3 Abs. 2 Satz 2 erfassen, d.h. F&E-Verträge zwischen industriellen Unternehmen und Forschungsinstituten, Hochschulen oder Unternehmen, die Forschungs- und Entwicklungsleistungen in Form gewerblicher Diensten erbringen und sich üblicherweise nicht als Verwerter von Ergebnissen betätigen, in welchen den Forschungsinstituten usw. nur das Recht zur Verwendung der Ergebnisse zum Zwecke der Durchführung weiterer Forschungsarbeiten eingeräumt wird. Entgegen der Auffassung von *Winzer*[357] wird man aber annehmen müssen, dass Art. 3 Abs. 2 Satz 2 für diese Verträge eine abschließende Regelung trifft, die Vorrang vor den Regelungen des Art. 4 hat.[358] Sonst käme man tatsächlich zu der von *Winzer* mit Recht als befremdlich bezeichneten, jedoch von ihm als zwingend betrachteten Schlussfolgerung, dass die Freistellung dieser F&E-Verträge mit dem Ende der F&E-Phase endet, wenn das industrielle Unternehmen schon bei Beginn der Kooperation oder am Ende der F&E-Phase mehr als 25 % Marktanteil auf dem relevanten Markt derjenigen Produkte hat, die durch die Vertragsprodukte verbessert oder ersetzt werden könnten.

433 Weiter stellt sich die **Frage**, ob die **Beschränkung der Freistellungsdauer** gemäß Art. 4 Abs. 1 auch **für »reine« F&E-Verträge** i.S. von Art. 3 Abs. 3 Satz 2 gilt, d.h. für F&E-Verträge zwischen nicht konkurrierenden Unternehmen, die lediglich eine gemeinsame F&E vorsehen, jedem beteiligten Unternehmen aber nur Verwertungsrechte an den F&E-Ergebnissen und vorher bestehendem, für die Verwertung erforderlichem Know-how in einem einzelnen technischen Anwendungsbereich einräumen (s. dazu im Einzelnen Kap. 5 Rdn. 411–421). Man wird auch Art. 3 Abs. 3 Satz 2 als abschließende Regelung und damit als lex specialis gegenüber Art. 4 Abs. 1 betrachten müssen, da jeder Partner bei der Konstellation gemäß Art. 3 Abs. 3 Satz 2 meist über Basis-Know-how betr. »seines« speziellen technischen Anwendungsbereichs verfügt und ein berechtigtes Interesse daran hat, dass er den bzw. jeden anderen Vertragspartner an der Verwertung dieses Basis-Know-how auch nach Beendigung der F&E-Phase unabhängig davon hindern kann, ob alle Vertragspartner

356 *(F&E-Verträge)* S. 138 unter Rn. 516.
357 *(F&E-Verträge)* S. 236.
358 Vgl. auch Kap. 5 Rdn. 484. Dort wird die Auffassung vertreten, dass Art. 3 Abs. 2 Satz 2 auch gegenüber Art. 5 Abs. 1 Buchst. h lex specialis ist.

zusammen am Ende der F&E-Phase mehr als 25 % Marktanteil auf dem relevanten Markt derjenigen Produkte haben, die durch die Vertragsprodukte verbessert oder ersetzt werden könnten.[359]

Für die unter Art. 4 Abs. 1 fallenden F&E-Verträge ist die Freistellungsdauer – Vorliegen aller Freistellungsvoraussetzungen vorausgesetzt – nicht so eng begrenzt, wie es nach dem Wortlauf dieser Bestimmung der Fall zu sein scheint. Vielmehr kommt eine **Verlängerung der Freistellungsdauer** nach folgenden Bestimmungen in Frage: 434

- Art. 4 Abs. 3 erstreckt die Freistellungsdauer für die ggf. vereinbarte gemeinsame Verwertung über die in Abs. 1 genannte 7-Jahres-Frist bis zu dem Zeitpunkt, in dem die Summe der Anteile der beteiligten Unternehmen am relevanten Markt der Vertragsprodukte 25 % überschreitet (siehe Kap. 5 Rdn. 438); und
- eine über den Rahmen von Art. 4 Abs. 3 hinausgehende Freistellungsdauer kann sich aus Art. 6 Abs. 2 bis 4 ergeben, siehe dazu Kap. 5 Rdn. 500–503.

Nach **Art. 4 Abs. 2** gilt die **Freistellung für den Fall**, dass zwei oder mehrere beteiligte Unternehmen (Anm.: Hier ist wieder gedanklich zu ergänzen: »zum Zeitpunkt des Vertragsschlusses«) **konkurrierende Unternehmen** sind, für den in Abs. 1 genannten Zeitraum nur, wenn zum Zeitpunkt des Abschlusses der F&E-Vereinbarung die Summe der Anteile der »beteiligten Unternehmen« (Anm.: Siehe zu diesem Begriff die Definition in Art. 2 Nr. 2) am relevanten Markt derjenigen Produkte, die durch die Vertragsprodukte verbessert oder ersetzt werden könnten, 25 % nicht überschreitet. 435

Genau genommen begrenzt die Bestimmung nicht erst die Dauer der Freistellung von F&E-Verträgen, an denen konkurrierende Unternehmen beteiligt sind, sondern macht schon die Freistellung dieser Verträge von der Nichtüberscheitung der Marktanteilsschwelle von 25 % bei Abschluss des Vertrags abhängig[360]; siehe zum maßgeblichen relevanten Markt und zur Errechnung des diesbezüglichen Marktanteils Kap. 5 Rdn. 94–98. Dies gilt entgegen der Ansicht von *Bahr/Loest*[361] auch für »reine« F&E-Verträge, d.h. F&E-Verträge, die keine gemeinsame Verwertung vorsehen, siehe die auch diese Verträge einschließende Aussage in ErwGrd. 15: »Vereinbarungen zwischen konkurrierenden Unternehmen, die bei Abschluss der Vereinbarung am Markt der Erzeugnisse oder Dienstleistungen, die aufgrund der Ergebnisse der Forschungs- und Entwicklungsarbeiten verbessert oder ersetzt werden könnten, einen gemeinsamen Anteil haben, der eine bestimmte Größenordnung überschreitet, sind von der Gruppenfreistellung auszuschließen.« 436

Soweit danach überhaupt eine Freistellung in Frage kommt, erstreckt sich diese nach Art. 4 Abs. 2 über den **»in Abs. 1 genannten Zeitraum«**. Da Abs. 1 für Verträge, die keine gemeinsame Verwertung der Ergebnisse vorsehen, die 437

359 Vgl. auch Kap. 5 Rdn. 439. Dort wird die Auffassung vertreten, dass Art. 3 Abs. 3 Satz 2 auch gegenüber Art. 5 Abs. 1 Buchst. h lex specialis ist.

360 So im Ergebnis auch *Polley/Seeliger* WRP 2001, S. 494, 500.

361 EWS 2004, S. 263, 265.

Freistellung nur auf die Dauer der Durchführung der F&E-Arbeiten erstreckt, für solche Verträge, die eine gemeinsame Verwertung der Ergebnisse vorsehen, aber eine Freistellung für die erwähnte 7-Jahres-Frist vorsieht, ist dies so zu verstehen, dass sich die Freistellungsdauer nach Abs. 1 bemisst. Die diesbezüglichen Ausführungen zu Abs. 1 unter Kap. 5 Rdn. 434 gelten deshalb auch hier.

438 **Art. 4 Abs. 3** bestimmt, dass die Freistellung **»nach Ablauf des in Abs. 1 genannten Zeitraums«** (gemeint ist nach Ablauf der in Abs. 1 genannten 7-Jahres-Frist) solange gilt, wie die Summe der Anteile der beteiligten Unternehmen am relevanten Markt der Vertragsprodukte 25 % nicht überschreitet. Die Bestimmung wird ergänzt durch die Bestimmungen des Art. 6 Abs. 2 bis 4, welche die Freistellungsdauer in bestimmten fällen trotz Überschreitung der Marktanteilsschwelle von 25 % verlängern (s. Kap. 5 Rdn. 499–503).

439 **Art. 5 Abs. 1** schließt – mit der sich aus Art. 5 Abs. 2 ergebenden Einschränkung – die Freistellung aus, wenn der F&E-Vertrag unmittelbar oder mittelbar, für sich allein oder in Verbindung mit anderen Umständen unter der Kontrolle der Vertragsparteien etwas bezweckt, was unter einen oder mehrere der Buchst. a bis j (Anm.: hier, wie in der Literatur üblich, als **»schwarze Klauseln«** bezeichnet) fällt.

440 Nur diese »schwarzen Klauseln«, nicht jedoch andere wettbewerbsbeschränkende Abreden stehen – bei Vorliegen der sonstigen Freistellungsvoraussetzungen der Freistellung nach der F&E-GFVO entgegen. Insoweit unterscheidet sich die F&E-GFVO erheblich von der F&E-GFVO **1984**, die in Art. 4 und 5 konkret die sog. »weißen Klauseln«, d.h. die freigestellten bzw. vorsorglich für den Fall ihrer wettbewerbsbeschränkenden Wirkung freigestellten Klauseln nannte. Wettbewerbsbeschränkende Klauseln, die weder zu diesen weißen Klauseln noch zu den schwarzen Klauseln i.S. von Art. 6 der F&E-GFVO **1984** gehörten und als »graue Klauseln« bezeichnet wurden, waren nicht von vornherein freigestellt. Sie wurden aber bei Anmeldung des Vertrags automatisch mit freigestellt, wenn die Kommission innerhalb von 6 Monaten keinen Widerspruch erhob.

441 Die Vereinbarung oder das sonstige Bezwecken einer »schwarzen Klausel« gemäß Art. 5 der F&E-GFVO zieht nur den Ausschluss der Freistellung des betr. F&E-Vertrags nach der F&E-GFVO nach sich, nur insoweit gilt das »Alles-oder-nichts-Prinzip«. Wenn die »schwarze« Klausel, was regelmäßig der Fall sein wird, als spürbare Wettbewerbsbeschränkung zu qualifizieren ist, die auch nicht aufgrund direkter Anwendung von Art. 81 Abs. 3 EGV freigestellt sein kann, bedeutet dies zunächst nur, dass der Vertrag insoweit nichtig ist. Weitere spürbar wettbewerbsbeschränkende Klauseln können dagegen seit Inkrafttreten der Durchführungs-VO zu Art. 81/82 EGV noch aufgrund direkter Anwendung von Art. 81 Abs. 3 EGV freigestellt sein, siehe dazu das Fallbeispiel unter Kap. 5 Rdn. 62. Dabei wird die Frage, ob die Nichtigkeit der schwarzen Klausel zur Gesamtnichtigkeit des Vertrages führt, meist zu verneinen sein, siehe dazu auch Kap. 8 Rdn. 702–705.

Nach der wohl h.M.[362] stehen »schwarze Klauseln« auch dann der Freistellung nach den GFVO entgegen, wenn sie im Einzelfall keine Wettbewerbsbeschränkung bezwecken oder bewirken. 442

Nach der hier vertretenen Auffassung[363] ergibt sich folgende **Einteilung der schwarzen Klauseln**: 443

1. Gruppe:

schwarze Klauseln, die sowohl für reine F&E-Verträge als auch für F&E-Verträge mit dem Ziel der gemeinsamen Verwertung relevant sein können, nämlich die Klauseln gemäß Buchst. a, b, c, d, h und j (hier schlagwortartig gekennzeichnet als Beschränkungen der Freiheit zur Durchführung von F&E, Nichtangriffsklauseln, Mengenbeschränkung, Preisfestsetzung, Lizenzierungsverbot, Erschwerung des Bezugs von Vertragsprodukten bei Wiederverkäufern).

2. Gruppe:

schwarze Klauseln, die nur für F&E-Verträge mit vorgesehener gemeinsamer Verwertung relevant sein können, nämlich die Klauseln gemäß Buchst. e, f, g, und i (hier schlagwortartig gekennzeichnet als Kundenbeschränkung, Verbot des passiven Verkaufs, Verbot des aktiven Verkaufs, Verbot der Bestellannahme, jeweils bezogen auf Gebiete, die anderen Vertragspartnern vorbehalten sind).

Nach Art. 5 Abs. 1 **Buchst. a** F&E-GFVO, der inhaltlich weitgehend Art. 6 Buchst. a F&E-GFVO **1984** entspricht, gehört zu den schwarzen Klauseln die **Beschränkung der Freiheit zur Durchführung von F&E**, nämlich der Freiheit der beteiligten Unternehmen, eigenständig oder in Zusammenarbeit mit Dritten F&E in einem anderen Bereich oder – nach Abschluss der Arbeiten – in demselben Bereich oder einem damit zusammenhängenden Bereich zu betreiben. 444

Nach seinem Wortlaut steht der erste Teil dieser Bestimmung, der die Beschränkung zur Durchführung von F&E in einem **»anderen Bereich«** vor dem Abschluss der Arbeiten betrifft, im Widerspruch zu Art. 1 Abs. 2, nach dem auch die Verpflichtung der Vertragspartner freistellungsfähig ist, weder allein noch gemeinsam mit Dritten während der F&E-Phase in dem der Vereinbarung unterliegenden Bereich oder »in einem eng verwandten Bereich« F&E zu betreiben; denn auch ein eng verwandter Bereich ist streng genommen ein »anderer Bereich«. Der zweite Teil der Bestimmung lässt aber erkennen, dass der »andere« Bereich als Gegensatz zu »demselben Bereich oder einem damit zusammenhängenden Bereich« gemeint ist. Dabei kann der »damit zusammenhängende Bereich« im Hinblick auf Art. 1 Abs. 2 GFVO nichts 445

362 Die Literatur zu Art. 5 F&E-GFVO bzw. deren Vorgängerin, Art. 6 F&E-GFVO **1984** hält sich meist an den Wortlaut dieser Bestimmungen, ohne die Frage zu thematisieren; gegen die Versagung der Freistellung wegen »schwarzer Klauseln«, die ausnahmsweise den Wettbewerb nicht spürbar beschränken, *Wiedemann*, Allgemeiner Teil, Rn. 331 ff. und Rn. 12 zu Art. 6 F&E-GFVO **1984**; unentschieden *Schroeder* in *Grabitz/Hilf*, Rn. 542 zu Art. 81 EGV.

363 Abweichend nehmen *Schütze* in *Loewenheim/Meessen/Riesenkampff*, GVO-F&E, Rn. 46 und 47 sowie *Fuchs* in *Immenga/Mestmäcker (EG-Wettbewerbsrecht)*, FuE-VO, Rn. 97 und 98 eine Einteilung in drei Gruppen vor, wobei *Schütz* die schwarzen Klauseln gemäß Buchst. c, d sowie h und *Fuchs* nur die schwarze Klausel gemäß Buchst. h einer dritten Gruppe (Relevanz nur für »reine« F&E-Verträge) zurechnet.

anderes bedeuten als der »eng verwandte Bereich« i.S. dieser Bestimmung (siehe zur Auslegung dieses Begriffs Kap. 5 Rdn. 392).

446 Im Übrigen erscheinen die Verbote, die nach Art. 5 Abs. 1 Buchst. a »schwarze Klauseln« darstellen, schon nach Art. 1 Abs. 2 als nicht freistellungsfähig, weil sie nicht mehr als i.S. von Art. 1 Abs. 2 mit der Durchführung der F&E-Vereinbarung unmittelbar verbunden und für diese notwendig angesehen werden können. Für derartige Verbote dürfte auch keine Freistellung in direkter Anwendung von Art. 81 Abs. 3 EGV in Frage kommen, siehe dazu Kap. 5 Rdn. 591 und 592.

447 Nach **Buchst. b**, der weitgehend Art. 6 Buchst. b F&E-GFVO **1984** entspricht, schließen unter bestimmten Voraussetzungen sog. **»Nichtangriffsklauseln«** die Freistellung aus. Es handelt sich dabei um Klauseln, welche die beteiligten Unternehmen an der Anfechtung der Gültigkeit von »Rechten am geistigen Eigentum« hindern. Diese Rechte umfassen nach der Definition in Art. 2 Nr. 9 nicht nur gewerbliche Schutzrechte – nur diese waren Gegenstand von Art. 6 Buchst. b F&E-GFVO **1984** –, sondern auch Urheberrechte – zu denken ist hier insbesondere an Urheberrechte an Software – und verwandte Schutzrechte.

448 Im Einzelnen trifft Buchst. b folgende Regelungen:

- Handelt es sich um Rechte der genannten Art, über die die beteiligten Unternehmen im Gemeinsamen Markt verfügen und die für die Arbeiten von Bedeutung sind, entfällt die Freistellung, wenn das Verbot der Anfechtung ihrer Gültigkeit auf die Zeit nach Abschluss der F&E erstreckt wird.
- Handelt es sich dagegen um Rechte der genannten Art, über die die beteiligten Unternehmen im Gemeinsamen Markt verfügen und welche die Ergebnisse der Arbeiten schützen, entfällt die Freistellung, wenn die Anfechtung ihrer Gültigkeit auf die Zeit nach Beendigung der F&E-Vereinbarung erstreckt wird.

449 Diese Regelungen gelten nach dem letzten Satz von Buchst. b »unbeschadet der Möglichkeit, die Beendigung der Forschungs- und Entwicklungsvereinbarung für den Fall vorzusehen, dass eine Vertragspartei die Gültigkeit solcher Eigentumsrechte anficht«.

450 Zur Auslegung von Buchst. b ist Folgendes zu bemerken:

Die in beiden Passagen, welche vorstehend nach den beiden Teilstrichen wiedergegeben sind, enthaltene Formulierung **»über die die beteiligten Unternehmen ... verfügen«**, ist unscharf (präziser insoweit Art. 6 Buchst. b F&E-GFVO **1984**). Diese Formulierung soll sicher nicht bedeuten, dass alle beteiligten Unternehmen gemeinsam über diese Rechte verfügen. Vielmehr ist mit ihr offenbar gemeint, dass eine unterhalb der Gesamtzahl der beteiligten Unternehmen liegende Zahl derselben – dies wäre bei zwei beteiligten Unternehmen nur eines der beiden – über die betr. Rechte verfügt.

Die in der Passage nach dem ersten Teilstrich genannten Rechte können bei Abschluss des F&E-Vertrags schon bestehen oder auch nachträglich von einem Vertragspartner für die Arbeiten zur Verfügung gestellt worden sein. Dabei wird man allerdings Rechte, welche sowohl für die Arbeiten von Bedeutung sind als auch die Ergebnisse der gemeinsamen F&E schützen, allein zu den in der Passage nach dem zweiten Teilstrich genannten Rechten rechnen müssen.

Mit der an verschiedenen Stellen verwendeten Formulierung **»Beendigung der F&E-Vereinbarung«** dürfte nicht die Beendigung des F&E-Vertrags in toto, sondern nur die Beendigung der Kooperation gemeint sein, d.h. der gemeinsamen F&E und ggf. der gemeinsamen Verwertung.[364]

Nach Auffassung von *Wiedemann*[365] beschränkt eine in einem F&E-Vertrag enthaltene Nichtangriffsklausel im Hinblick auf EuGH »Bayer/Süllhöfer«[366] nicht notwendig den Wettbewerb. Auf der Basis dieser Auffassung wären auch schwarze Klauseln i.S. von Art. 5 Abs. 1 Buchst. b nicht notwendig wettbewerbsbeschränkend. Nach wohl h.M. kommt es aber für die Freistellung nach einer GFVO nicht darauf an, ob eine von der betr. GFVO in die Liste der »schwarzen Klauseln« aufgenommene Bestimmung im Einzelfall den Wettbewerbs beschränkt oder nicht (siehe schon Kap. 5 Rdn. 442). 451

Buchst. c erklärt die **»Beschränkung der Produktion oder des Absatzes«** zu einer schwarzen Klausel, s. zu ihrer ausnahmsweisen Freistellung gemäß Art. 5 Abs. 2 (Kap. 5 Rdn. 490). Buchst. c ist an die Stelle von Art. 6 Buchst. c F&E-GFVO **1984** getreten, der die Freistellung für den Fall ausschloss, dass die Vertragpartner »ihre Freiheit beschränken, die Mengen der herzustellenden oder zu verkaufenden Vertragserzeugnisse oder die Zahl der Benutzungshandlungen für die Vertragsverfahren festzusetzen«. 452

Obwohl die Formulierung »Beschränkung der Produktion oder des Absatzes«, separat betrachtet, auch weit i.S. jeder Beeinträchtigung von Produktion und Absatz ausgelegt werden könnte, meint sie offenbar nur die Mengenbeschränkung.[367] Dies ergibt sich nicht nur aus der englischen Fassung »limitation (= Begrenzung) of output (=Produktionsmenge) or sales«, sondern auch daraus, dass die F&E-GFVO verschiedene Absatzbeschränkungen zulässt, z.B. bei gemeinsamer Verwertung zeitlich begrenzte Kundenbeschränkungen (Art. 5 Abs. 1 Buchst. e) und zeitlich begrenzte Verbote aktiven Vertriebs in Gebieten, die anderen Vertragsparteien vorbehalten sind (Art. 5 Abs. 1 Buchst. g). Auffällig ist, dass Buchst. c nicht mehr entsprechend Art. 6 Buchst. c F&E-GFVO **1984** die Beschränkung der Zahl der Benutzungshandlungen für die Vertragsverfahren ausdrücklich mit einschließt. Hierin wird man aber keinen materiellen Unterschied sehen können, weil die Beschränkung der Zahl der Benutzungshandlungen für die Vertragsverfahren auf Mengenbeschränkungen bei der Herstellung und beim Vertrieb von Produkten hinauslaufen dürfte, die damit i.S. des einleitenden Satzes von Art. 5 Abs. 1 mittelbar bezweckt sein dürften. 453

Buchst. d, der Art. 6 Buchst. d F&E-GFVO **1984** entspricht, erklärt die **Festsetzung der Preise** für den Verkauf des Vertragsprodukts an dritte Abneh- 454

364 So schon hins. Art. 6 Buchstabe b) F&E-GFVO **1984** *Wiedemann*, Rn. 14 zu Art. 6.

365 Rn. 14 zu Art. 6 F&E-GFVO **1984**.

366 Urteil vom 27. 9. 1988, Rs. 65/86, RIW 1988, 900.

367 Ebenso *Schroeder* in *Grabitz/Hilf*, Rn. 542 zu Art. 81 EGV; *Mestmäcker/Schweitzer* S. 760 (§ 29 Rn. 40).

mer zur »schwarzen Klausel«; s. zu ihrer ausnahmsweisen Freistellung gemäß Art. 5 Abs. 2 Buchst. b (s. Kap. 5 Rdn. 490).

455 Den Begriff **»dritte Abnehmer«** wird man als Gegensatz zu den »beteiligten Unternehmen« i.S. von Art. 2 Nr. 2 verstehen müssen, so dass es sich bei einem Abnehmer, der ein mit einem Vertragspartner »verbundenes Unternehmen« i.S. von Art. 2 Nr. 3 ist, nicht um einen »dritten Abnehmer« handeln dürfte.

456 **Buchst. e** betrifft sog. **Kundenbeschränkungen**, und zwar schließt er die Freistellung aus, wenn die beteiligten Unternehmen in ihrer Freiheit hins. der Wahl der zu beliefernden Kunden für den Zeitraum nach Ablauf des mit dem Tag des ersten Inverkehrbringens der Vertragsprodukte im Gemeinsamen Markt beginnenden Siebenjahreszeitraums beschränkt werden.

Das bedeutet umgekehrt, dass Kundenbeschränkungen nicht mehr, wie es noch Art. 6 Buchst. e F&E-GFVO **1984** vorsah, generell zu den schwarzen Klauseln gehören.

457 Buchst. e erfasst nicht Beschränkungen von Vertragspartnern auf technische Anwendungsbereiche. Die letztgenannten Beschränkungen sind, obwohl sie i.d.R. auch auf eine Beschränkung des Kundenkreises hinauslaufen,[368] im Rahmen von Art. 3 Abs. 3 Satz 2 unter den dort genannten Voraussetzungen mit freigestellt. Dies ist auch für gewisse Mischformen von »reinen« und nicht »reinen« F&E-Verträgen anzunehmen, siehe Kap. 5 Rdn. 421.

458 Die Kundenbeschränkung ist hinsichtlich jeden **»Vertragsprodukts«** freigestellt, das ist nach der Definition gemäß Art. 2 Nr. 7 ein Produkt, das aus den gemeinsamen F&E-Arbeiten hervorgeht oder unter Anwendung des Vertragsverfahrens hergestellt bzw. bereitgestellt wird, wobei Art. 2 Nr. 6 »Vertragsverfahren« wiederum definiert als eine Technologie oder ein Verfahren, die bzw. das aus den gemeinsamen F&E-Arbeiten hervorgeht. Es ist danach nicht Freistellungsvoraussetzung, dass die Herstellung, der Gebrauch und der Vertrieb jeden der Kundenbeschränkung unterliegenden Vertragsprodukts durch »Rechte an geistigem Eigentum« i.S. von ein Art. 2 Nr. 9 geschützt ist oder die Benutzung von »Know-how« i.S. von Art. 2 Nr. 10 erfordert. Ob die Kommission dies gesehen und so gewollt hat, ist zweifelhaft.

459 Der **7-Jahres-Zeitraum**, bis zu dessen Ablauf nach Buchst. e eine zeitliche Begrenzung von Kundenbeschränkungen zulässig ist, dürfte bereits ab dem Zeitpunkt laufen, in dem erstmals *ein* Vertragsprodukt in Verkehr gebracht worden ist, obwohl in Buchst. e vom »ersten Inverkehrbringen der Vertragsprodukte« die Rede ist.

460 Entgegen der Ansicht von *Liebscher/Petsche*[369] dürfte kein grundsätzlicher Konflikt zwischen Buchst. e und Buchst. f bestehen, der das Verbot des »passiven Verkaufs« in Gebieten, die anderen Vertragsparteien vorbehalten sind, zur schwarzen Klausel erklärt (siehe dazu im Einzelnen Kap. 5 Rdn. 461–463). Die Kundenbeschränkung für einen Vertragspartner läuft normalerweise (bei der

368 So auch *White*, IIC 1985 S. 663, 692 in Bezug auf die Kundenbeschränkungen noch nicht zulassende F&E-GFVO **1984**.

369 In *Liebscher/Flohr/Petsche*, Verordnung Nr. 2659/2000, Rn. 60.

gebotenen wirtschaftlichen Sicht) nicht auf das Verbot des passiven Verkaufs in einem Gebiet hinaus.[370] Nur wenn der Vertragspartner, welcher der Kundenbeschränkung unterliegt, ihretwegen bei wirtschaftlicher Betrachtungsweise nicht in der Lage ist, Lieferungen in ein solches Gebiet vorzunehmen, kommt wegen Buchst. f die Freistellung der Kundenbeschränkung nicht in Frage, da diese dann nur die absolute Gebietssperre »verkleidet«. Dabei ist aber zu berücksichtigen, dass für einen Vertragspartner, welcher einer Kundenbeschränkung unterliegt, die Lieferung in ein bestimmtes Gebiet nicht notwendig deshalb tabu ist, weil dort nur Kunden ansässig sind, die er nicht beliefern darf. Das hindert ihn nämlich grundsätzlich nicht, auf Verlangen von in anderen Gebieten ansässigen Kunden, die er beliefern darf, in dieses Gebiet zu liefern.

Nach **Buchst. f** – vgl. dazu die Voraussetzungen für die Freistellung ver- 461
schiedener Vertriebsbeschränkungen in Art. 4 Abs. 1 Buchst. f sowie fa bis fc in F&E-GFVO **1984** – entfällt die Freistellung bei **Verbot des passiven Verkaufs** in Gebieten, die anderen Vertragsparteien vorbehalten sind.

Der Begriff »**passiver Verkauf**« ist weder in der F&E-GFVO noch in der 462
TT-GFVO definiert.

Er wird aber schon in Art. 4 Buchst. c Vertikal-GFVO verwendet und soll dort nach Rn. 50 Vertikal-LL die Erfüllung *unaufgeforderter* Bestellungen individueller Kunden, d.h. das Liefern von Waren an bzw. das Erbringen von Dienstleistungen für solche Kunden bedeuten und allgemeine Werbe- oder Verkaufsfördermaßnahmen in den Medien oder im Internet umfassen, die Kunden oder Kundengruppen in Gebieten erreichen, welche einem anderen Vertriebshändler ausschließlich zugewiesen sind, die aber eine vernünftige Alternative darstellen zur Ansprache von Kunden- oder Kundengruppen, z.B. im eigenen Gebiet oder in Gebieten, die keinem Vertriebshändler zugewiesen sind.

Der Gegenpol zum Begriff des »passiven Verkaufs« bildet der Begriff des **»aktiven Verkaufs«**, der schon in Art. 4 Buchst. b und c Vertikal-GFVO verwendet wird und dort nach Rn. 50 Vertikal-LL gemeint ist als die aktive Ansprache individueller Kunden in einem Gebiet oder individueller Mitglieder einer Kundengruppe, das bzw. die ausschließlich einem anderen Vertriebshändler zugewiesen wurde. Als Beispiele werden u.a. genannt der Direktversand von Briefen oder der Errichtung eines Lagers oder einer Vertriebsstätte in einem Gebiet, das ausschließlich einem anderen Vertriebshändler zugewiesen wurde.

Man wird diese Definitionen, wenn man für den »anderen Vertriebshändler« jeweils die bzw. eine »andere Vertragspartei« einsetzt, auch als maßgebend ansehen müssen für die Auslegung des Begriffs »passiver Verkauf« in Buchst. f und »aktive Verkaufspolitik« in Buchst. g (s. Kap. 5 Rn. 464).

Mit **»Gebieten«** dürften hier nur das Gesamtgebiet der EU sowie Teilgebiete 463
der EU gemeint sein, da Vertriebsbeschränkungen für Gebiete außerhalb der

370 Vgl. auch *Polley/Seeliger* WRP 2001, S. 494, 501, nach denen der Wortlaut von Buchstabe f passiven Verkäufen an Gruppen von Kunden nicht entgegensteht.

EU in aller Regel den Wettbewerb in der EU nicht beschränken können; vgl. auch Buchst. g, i und j, die nur Beschränkungen, welche sich auf Gebiete innerhalb des Gemeinsamen Markts beziehen, zu »schwarzen Klauseln« erklären. Folgt man dieser Auffassung nicht, stellt sich weiter die Frage, ob das in den betr. F&E-Vertrag aufgenommene Verbot des passiven Verkaufs in Gebieten außerhalb der EU den Wettbewerb in der EU ausnahmsweise spürbar beschränkt, und ob »schwarze Klauseln« wie das Verbot des passiven Vertriebs, die im konkreten Fall den Wettbewerb in der EU nicht spürbar beschränken, der Freistellung entgegenstehen.

464 **Buchst. g**, dessen Vorgänger Art. 6 Buchst f F&E-GFVO **1984** ist, betrifft in erster Linie **Beschränkungen des Absatzes** von Vertragsprodukten **in Gebieten** innerhalb des Gemeinsamen Markts, **die anderen Vertragsparteien vorbehalten sind**. Und zwar schließt er die Freistellung bei einem Verbot aus, die Vertragsprodukte in Gebieten innerhalb des Gemeinsamen Markts, die anderen Vertragsparteien vorbehalten sind, in Verkehr zu bringen oder im Rahmen einer aktiven Verkaufspolitik abzusetzen für den Zeitraum nach Ablauf des mit dem Tag des ersten Inverkehrbringens der Vertragsprodukte im Gemeinsamen Markt beginnenden Siebenjahreszeitraums.

465 Schwer verständlich erscheint vor dem Hintergrund, dass ein Verbot passiver Verkäufe in Gebieten, die einem anderen Vertragspartner nach Buchst. f vorbehalten sind, unzulässig ist und Nutzer sowie Wiederverkäufer nach Buchst. i nicht am Weitervertrieb bezogener Vertragsprodukte innerhalb des Gemeinsamen Marktes gehindert werden können, die in Buchst. g vorgenommene Unterscheidung zwischen dem Verbot, die Vertragsprodukte in Gebieten innerhalb der EU, die anderen Vertragspartnern vorbehalten sind, in Verkehr zu bringen und dem Verbot, die Vertragsprodukte in diesen Gebieten im Rahmen einer aktiven Verkaufspolitik abzusetzen. Die Erklärung für diese Unterscheidung kann man wohl nur darin sehen, dass ein Vertragspartner eine aktive Verkaufspolitik betr. eines bestimmten Gebiets innerhalb des Gemeinsamen Markts auch dann betreiben kann, wenn er die Vertragsprodukte in diesen Gebieten nicht selbst in Verkehr bringt, z.B. durch Einschaltung eines Vertriebspartners, der sich nach dem Vertriebsvertrag speziell um die Vermarktung von Vertragsprodukten in diesen Gebieten kümmern soll.

466 Es ist nicht Voraussetzung für die zeitlich begrenzte Freistellung der in Buchst. g genannten Verbote, dass die Herstellung, der Gebrauch und der Vertrieb jeden Vertragsprodukts, das Gegenstand dieser Verbote ist, durch »Rechte an geistigem Eigentum« i.S. von ein Art. 2 Nr. 9 geschützt ist oder die Benutzung von »Know-how« i.S. von Art. 2 Nr. 10 erfordert; vgl. hierzu die Ausführungen zu Buchst. e in Kap. 5 unter Rdn. 458.

467 In Anbetracht der Globalisierung können auch Kooperationspartner, die außerhalb der EU ansässig sind, für den Wettbewerb innerhalb der EU von erheblicher Bedeutung sein bzw. werden. Auch das Gesamtgebiet des Gemeinsamen Markts dürfte deshalb als »Gebiet innerhalb des Gemeinsamen Markts« i.S. von Buchst. g anzusehen sein.

Nach **Buchst. h**, der Art. 6 Buchst. g F&E-GFVO **1984** in seiner zuletzt gültigen Fassung entspricht (der allerdings eine Spezialisierung im Vertrieb nicht einbezog), betrifft ein **Lizenzierungsverbot**, nämlich die Verpflichtung, Dritten keine Lizenzen für die Herstellung der Vertragsprodukte oder die Anwendung der Vertragsverfahren zu erteilen. Nach Buchst. h entfällt bei einem solchen Verbot die Freistellung, wenn die Verwertung der Ergebnisse der gemeinsamen Forschungs- und Entwicklungsarbeiten durch mindestens eine Vertragspartei selbst nicht vorgesehen ist oder nicht erfolgt. 468

Es ist offenbar **Zweck der Bestimmung** zu verhindern, dass die Vertragspartner eine Verwertung der Ergebnisse der gemeinsamen F&E vertraglich blockieren, so dass diese »in der Schublade bleiben«[371] und so die innovatorische Rechtfertigung der Freistellung nicht erbringen[372]. Dabei dürfte für die Kommission entscheidend gewesen sein, dass die Ergebnisse der gemeinsamen F&E und die damit verbundenen Effizienzgewinne der Allgemeinheit überhaupt zu Gute kommen.[373] Auch unter Berücksichtigung dieses vermutlichen Zwecks bereitet die Auslegung dieser Bestimmung aber erhebliche Schwierigkeiten. 469

Die Erfüllung des Tatbestands von Buchst. h setzt zunächst eine **Verpflichtung** voraus, **Dritten keine Lizenzen** für die Herstellung der Vertragsprodukte oder die Anwendung der Vertragsverfahren **zu erteilen**. 470

Eine Verpflichtung zur Nichterteilung von Lizenzen an Dritte dürfte unter Berücksichtigung des Zwecks der Bestimmung stets grundsätzlich immer dann anzunehmen sein wenn der Vertrag zumindest einen Vertragspartner hindert oder dessen Recht einschränkt[374], Lizenzen der bezeichneten Art selbständig, d.h. ohne Abstimmung mit dem bzw. den anderen Vertragspartner(n)[375] zu erteilen.

Bezüglich der Auslegung von Art. 6 Buchst. g F&E-GFVO **1984** war noch umstritten, ob die Bindung der Lizenzerteilung an die Zustimmung jeden anderen Vertragspartners den Tatbestand erfüllte. Dies wurde von einer Reihe von Autoren[376] mit der Begründung verneint, ein Zustimmungsvorbehalt müsse wegen der Zulässigkeit der Verpflichtung zur Geheimhaltung von Know-how möglich bleiben. Diesem Argument steht jetzt Art. 3 Abs. 3 Satz 1 F&E-GFVO entgegen, der die Freistellung bei reinen F&E-Verträgen grundsätzlich von dem Recht jedes Vertragspartners abhängig macht, nicht nur die F&E-Ergebnisse, sondern auch vorher bestehendes, für die Verwertung erforderliches Know-how selbständig zu verwerten, also auch zu lizenzieren. 471

371 Vgl. hierzu auch *Winzer* GRUR Int. 2001, S. 413, 418; *Bahr/Loest* EWS 2002, S. 263, 267 f.; *Chrocziel/v. Merveldt* in *Münchener Kommentar (Europ. Wettbewerbsrecht)*, Art. 5 GVO Nr. 2659/2000, Rn. 21; hins. Art. 6 Abs. 1 Buchstabe g F&E-GFVO **1984** *Maurer* S. 199 f.

372 Vgl. hins. Art. 6 Abs. 1 Buchstabe g F&E-GFVO **1984** *Maurer* S. 200; *Ziegler* S. 104.

373 *Bahr/Loest* EWS 2002, S. 263, 267 f. unter Hinweis auf Art. 7 Buchst. c in Fn.53.

374 Eine Beschränkung der Lizenvergabe lassen auch *Bechtold/Bosch/Brinker/Hirsbrunner*, Art. 6 VO 2790/1999, Rn. 17 genügen.

375 So auch ausdrücklich *Winzer (F&E-Verträge)* S. 149 (Rn. 566).

376 *Wiedemann*, GVO 418/85, Art. 6 Rn. 35; *Wissel* WuW 1985, S. 772, 776 f.; *Bunte/Sauter*, VO Nr. 418/85, Art. 6 Rn. 47, und *Koenigs* DB 1985, S. 1115, 1117 im Gegensatz zu *White* IIC 1985, S. 663, 695; *Möschel* RIW 1985, S. 261, 264 und *Ziegler* S. 104.

472 Dagegen dürfte eine im Rahmen reiner F&E-Verträgen erfolgende Vereinbarung, dass ein Lizenz erteilender Vertragspartner zur **Beteiligung anderer Vertragspartner an der erzielten Lizenzvergütung** verpflichtet ist, unter den Voraussetzungen, die generell für die Vereinbarung einer vom Umfang der jeweiligen Verwertung abhängigen Vergütung nach Art. 3 Abs. 3 Satz 1 bei reinen F&E-Verträgen erfüllt sein müssen, (s. dazu Kap. 5 Rdn. 409) nicht als Verbot oder Beschränkung des Rechts zur selbständigen Erteilung von Lizenzen an Dritte zu beurteilen sein.

473 Eine Verpflichtung, Dritten keine Lizenzen zu erteilen, ist danach sowohl bei reinen F&E-Verträgen als auch F&E-Verträgen mit dem Ziel der gemeinsamen Verwertung möglich: Zum Beispiel bei einem reinen F&E-Vertrag, der einem von zwei Vertragspartnern die Lizenzerteilung an Dritte untersagt, ihm nur eine Erteilung von Lizenzen mit Zustimmung des anderen Vertragspartners gestattet, oder nur die Lizenzerteilung an eine bestimmte Gruppe von Unternehmen, z.B. an »verbundene Unternehmen« i.S. von Art. 2 Nr. 2, zulässt, oder bei einem F&E-Vertrag mit dem Ziel der gemeinsamen Verwertung, der i.S. von Art. 2 Abs. 11 Buchst. a die Aufgabe der Lizenzierung allein einem gemeinsam gebildeten Ausschuss oder einem gemeinsamen Unternehmen zuweist oder überhaupt nur eine Verwertung durch gemeinsame Lizenzerteilung an Dritte zulässt.

474 Das Lizenzierungsverbot muss sich auf die **Herstellung der Vertragsprodukte oder die Anwendung der Vertragsverfahren** beziehen.

Damit dürfte klar sein, dass auch dann eine Verpflichtung zur Unterlassung der Lizenzerteilung i.S. von Buchst. h anzunehmen ist, wenn einem Vertragspartner die Lizenzierung von Schutzrechten für F&E-Ergebnisse oder von vorher bestehendem Know-how, das für die Herstellung von Vertragsprodukten oder die Anwendung der Vertragsverfahren i.S. von Art. 3 Abs. 3 Satz 1 erforderlich ist, untersagt wird. Wird allerdings die Benutzung von Altschutzrechten eines Vertragspartners für die Herstellung der Vertragsprodukte oder die Anwendung der Vertragsverfahren benötigt, die Lizenzierung dieser Altschutzrechte aber untersagt, dürfte der Tatbestand von Buchst. h nicht erfüllt sein, weil sich die Vertragspartner solche Altschutzrechte auch nicht gegenseitig lizenzieren müssen, s. Kap. 5 Rdn. 410.

Auf der anderen Seite ist mit der Herstellung der Vertragsprodukte bzw. der Anwendung von Vertragsverfahren nach Sinn und Zweck von Buchst. h natürlich eine Ausübung dieser Tätigkeiten zu Verwertungszwecken gemeint. Deshalb kann der Tatbestand von Buchst. h z.B. auch dann erfüllt sein, wenn der Vertrag nur eine Lizenzerteilung zur Herstellung von Vertragsprodukten und nicht auch zum Vertrieb derselben zulässt.

475 Nach Buchst. h steht die Verpflichtung zur Nichterteilung von Lizenzen an Dritte der Freistellung dann entgegen, wenn die Verwertung der Ergebnisse der gemeinsamen F&E-Arbeiten durch mindestens eine Vertragspartei selbst nicht vorgesehen ist oder nicht erfolgt. Für beide Fälle ist damit zunächst die Passage **»Verwertung der Ergebnisse der gemeinsamen Forschungs- und Entwicklungsarbeiten durch mindestens eine Vertragspartei«** von Bedeutung. Diese

Passage erfasst mehrere Fälle, nämlich die Verwertung durch einen, mehrere oder alle Vertragspartner, und zwar entweder die selbständige Verwertung oder die gemeinschaftliche Verwertung.

Probleme bereitet, dass nach dem Wortlaut von Buchst. h die Freistellung entfällt, wenn keine Verwertung vorgesehen ist oder erfolgt, die durch mindestens einen Vertragspartner **»selbst«** vorgenommen wird. Dies liest sich als Gegensatz zu der eingangs erwähnten Lizenzerteilung an Dritte für die Herstellung der Vertragsprodukte oder die Anwendung von Vertragsverfahren und scheint deshalb eine solche Lizenzerteilung nicht zu umfassen. Das würde bedeuten: Selbst wenn ein Vertragspartner tatsächlich eine Lizenz an einen Dritten mit Zustimmung jeden anderen Vertragspartners erteilt und die Lizenz auch tatsächlich ausgeübt wird, entfällt die Freistellung. Dagegen spricht indessen der Zweck von Buchst. h, dass die Ergebnisse der gemeinsamen F&E und die damit verbundenen Effizienzgewinne der Allgemeinheit überhaupt zu Gute kommen (s. Kap. 5 Rdn. 469). 476

Dem Wort »selbst« dürfte unter diesen Umständen (entgegen der noch in der Vorauf l. vertretenen Ansicht) keine Bedeutung zukommen.[377] Darauf weisen auch folgende Umstände hin: Die entsprechende Passage in der englischen Fassung von Buchst. h lautet: »… where the exploitation by at least one of the parties of the results of the joint research and development is not provided for or does not take place«, enthält also nichts, was die Einfügung des Wortes »selbst« in der deutschen Fassung rechtfertigen würde. Zwar war das Wort »selbst« noch in der deutschen Fassung der Vorgängerbestimmung des Art. 6 Buchst. g F&E-GFVO **1984** in der Passage »… obwohl eine Verwertung der Ergebnisse der gemeinsamen Forschung und Entwicklung durch die Vertragspartner selbst nicht vorgesehen ist oder nicht stattfindet« enthalten. Diese Passage entsprach dort aber auch der englischen Fassung (»… even though the exploitation by the parties themselves of the results of the joint research and development is not provided for or does not take place«). Wenn nun in der englischen Fassung der jetzt gültigen F&E-GFVO das Wort »themselves« nicht mehr enthalten ist, dürfte dies von der Kommission durchaus beabsichtigt gewesen sein. Deshalb dürfte die Aufnahme des Wortes »selbst« in die deutsche Fassung von Art. 5 Abs. 1 Buchst. h (wieder einmal) auf einen Fehler bei der Übersetzung der englischen Fassung zurückgehen, der wohl darauf beruhte, dass sich der Übersetzer an der deutschen Fassung von Art. 6 Buchst. g F&E-GFVO 1984 orientierte, ohne auf die inhaltlichen Unterschiedliche in den englischen Fassungen von Art. 6 Buchst. g F&E-GFVO **1984** und Art. 5 Abs. 1 Buchst. h zu achten.

Buchst. h schließt die Freistellung der erwähnten Verpflichtung zunächst dann aus, wenn eine Verwertung der F&E-Ergebnisse durch mindestens eine Vertragspartei **»nicht vorgesehen«** ist. 477

377 Davon scheint auch *Winzer (F&E-Verträge)* S.149 f. (Rn. 567 und 569) auszugehen, ohne auf das beschriebene Problem einzugehen; im gleichen Sinne *Mestmäcker/Schweitzer*, § 29 Rn. 37, indem sie darauf abstellen, ob die Verwertung der F&E-Ergebnisse (also irgendeine Verwertung) durch mindestens »ein Unternehmen« nicht vorgesehen ist oder tatsächlich nicht erfolgt.

Da eine Verwertung durch »mindestens einen Vertragspartner« auch dann gegeben ist, wenn jeder Vertragspartner mit Zustimmung jeden anderen Vertragspartners verwertet oder die Vertragspartner gemeinsam verwerten, und diese Möglichkeiten auch dann bestehen, wenn sich der Vertrag über Verwertungsrechte der Vertragspartner ausschweigt, verbietet es sich, das Merkmal »nicht vorgesehen« eng i.S. von »vertraglich nicht gestattet« auszulegen.

Andererseits kann man das Merkmal sicher nicht allein deshalb als erfüllt ansehen, weil der Vertrag die Vertragspartner nicht zu einer Verwertung verpflichtet; denn kaum ein Vertragspartner wird eine solche Verpflichtung angesichts der Ungewissheit einer Verwertbarkeit der F&E-Ergebnisse unter technischen und kommerziellen Aspekten eingehen wollen.

Unter diesen Umständen kann auch nicht der Auffassung gefolgt werden, »nicht vorgesehen« bedeute »vertraglich nicht vorgesehen«[378], weil damit nur entweder »vertraglich erlaubt« oder »vertraglich geboten« gemeint sein kann.

Unter diesen Umständen wird man »nicht vorgesehen« wohl i.S. von »nicht von den Vertragspartnern bezweckt« zu verstehen haben.

478 Das Merkmal dürfte danach nie bei F&E-Verträgen erfüllt sein, mit denen die Vertragspartner i.S. von Art. 1 Abs. 1 Buchst. a und b i.V. mit Art. 2 Nr. 11 das Ziel einer gemeinsamen Verwertung verfolgen. Auch bei »reinen« F&E-Verträgen i.S. von Art. 1 Abs. 1 Buchst. c dürfte das Merkmal nur ausnahmsweise erfüllt sein wie z.B. in den folgenden Fällen:

- Den Vertragspartnern geht es nur um die Klärung einer wissenschaftlichen Frage, ohne dass an eine Verwertung der F&E-Ergebnisse gedacht ist.
- Die Vertragspartner wollen nur herausfinden, ob Technologien, die als gleichwertige Alternativen zu den von ihnen aktuell benutzten, patentgeschützten Technologien in Betracht kommen, tatsächlich unter technischen und kommerziellen Aspekten konkurrenzfähig sind, und ggf. Sperrpatente für solche alternativen Technologien erwerben, um Dritte an ihrer Benutzung zu hindern.

479 Buchst. h dürfte danach hauptsächlich in dem Fall anwendbar sein, dass zwar eine Verwertung durch mindestens einen Vertragspartner in obigem Sinne vorgesehen ist, jedoch tatsächlich **»nicht erfolgt«**.[379] Dieser Fall dürfte grundsätzlich bereits dann gegeben sein, wenn weder eine Mehrheit von Vertragspartnern (eigenständig oder gemeinsam) noch ein einzelner Vertragspartner in der Zeit nach dem Ende der gemeinsamen F&E **noch Schritte in Richtung Herstellung der Vertragsprodukte oder Anwendung der Vertragsverfahren unternimmt**. Das Merkmal kann nämlich nicht erst dann als erfüllt angesehen werden, wenn endgültig feststeht, dass solche Verwertungshandlungen seitens der Vertragspartner unterbleiben, weil man sich dessen kaum jemals für alle Zukunft sicher sein kann.

378 So *Bahr/Loest*, EWS 2002, S. 263, 267; *Fuchs* in *Immenga/Mestmäcker (EG-Wettbewerbsrecht)*, FuE-VO, Rn. 115.

379 *Winzer (F&E-Verträge)* S. 149 (Rn. 567) und schon in GRUR Int. 2001, S. 413, S. 418, liest jedoch das Wort »oder« in der Passage »… nicht vorgesehen ist oder nicht erfolgt.« offenbar als »und« im Gegensatz zu *Bahr/Loest* EWS 2002, S. 263, 267 mit Fn. 52, die irrtümlich annehmen, insoweit mit *Winzer* einer Meinung zu sein.

Als Schritte in Richtung auf solche Verwertungshandlungen wird man auch eine Weiterentwicklung der Vertragsprodukte bzw. der Vertragsverfahren ansehen müssen, die sich an die gemeinsame F&E anschließt.

Allerdings muss man wohl im Hinblick auf Art. 7 Buchst. c fordern, dass derartige **Schritte ohne sachlich gerechtfertigten Grund unterbleiben.**[380] Solch ein sachlich gerechtfertigter Grund wäre z.B. dann anzunehmen, wenn eine Verwertbarkeit der F&E-Ergebnisse (durch Nutzung seitens der Vertragspartner selbst oder aber auch durch Dritte) aktuell wegen ungünstiger Rahmenbedingungen, z.B. hoher Rohstoffpreise, nicht gegeben ist. Es kann nicht Sinn und Zweck von Buchst. h sein, dem F&E-Vertrag in einem solchen Fall allein deswegen, weil er nicht jedem Vertragspartner die selbständige Erteilung von Lizenzen an Dritte gestattet, ein für alle Mal die Freistellung zu entziehen. 480

Das Merkmal »nicht erfolgt« kann nach den obigen Ausführungen nicht nur bei »reinen« F&E-Verträgen, sowohl bei F&E-Verträgen mit dem Ziel der gemeinsamen Verwertung erfüllt sein, so dass Buchst. h für beide Vertragsarten relevant sein kann.[381] 481

Es wird in der Literatur die Auffassung vertreten,[382] dass ein F&E-Vertrag, der mindestens eine Vertragspartei i.S. von Buchst. h verpflichtet, Dritten keine Lizenzen für die Herstellung der Vertragsprodukte oder für die Anwendung der Vertragsverfahren zu erteilen, nur dann nach der F&E-GFVO freigestellt sein kann, wenn er für die Lizenzierungsbeschränkung eine auflösende Bedingung für den Fall vorsieht, dass eine Verwertung durch mindestens eine Vertragspartei nicht bzw. nicht mehr erfolgt. Es besteht aber kein Grund, einem Vertrag, der eine solche auflösende Bedingung nicht enthält, von vornherein die Freistellung nach der F&E-GFVO zu versagen. Vielmehr dürfte Buchst. h so zu interpretieren sein, dass dann, wenn eine Verwertung durch mindestens einen Vertragspartner wenigstens »vorgesehen« ist, aber nicht »erfolgt«, die zunächst gewährte Freistellung endet; siehe zur zeitlichen Begrenzung von Freistellungen aufgrund veränderter Umstände auch Nr. 44 Freistellungs-LL (siehe dazu Kap. 5 Rdn. 552). 482

Es kann indessen sinnvoll sein, entsprechend dem Vorschlag von *Fuchs*[383] durch eine Öffnungsklausel sicherzustellen, dass dann, wenn eine Verwertung

380 Vgl. die Äußerung von *Fuchs* in *Immenga/Mestmäcker (EG-Wettbewerbsrecht)*, FuE-VO, Rn. 115, dass Buchst. h im Zusammenhang mit dem Entzugstatbestand des Art. 7 Buchst. c zu sehen ist.

381 Anders die h.M., die bei der Frage, für welche Vertragsarten Buchst. h relevant sein kann, nicht zwischen den Tatbestandsmerkmalen »nicht vorgesehen« und »nicht erfolgt« differenziert und auf dieser Basis Buchst. h nur bezüglich reiner F&E-Verträge für relevant hält: s. *Schütze* in *Loewenheim/Meessen/Riesenkampff*, GVO-F&E, Rn. 47; *Fuchs* in *Immenga/Mestmäcker (EG-Wettbewerbsrecht)*, FuE-VO, Rn. 97 und 98; vgl. aber auch Rn. 115; wohl auch *Chrocziel/v. Merveldt* in *Münchener Kommentar (Europ. Wettbewerbsrecht)*, GVO Nr. 2659/2000, Rn. 8, wenn sie bemerken, dass Buchst. h Art. 3 Abs. 3 ergänzt. Ähnlich bemerken *Mestmäcker/Schweitzer*, § 29 Rn. 37, Buchst. h solle die freie und selbständige Verwertung des erworbenen Wissens in Ergänzung zu Art. 3 Abs. 3 sicherstellen.

382 So von *Bahr/Loest* EWS 2004, S. 263, 268; vgl. auch *Winzer* GRUR Int. 2001, S. 413, 418 f.

383 In *Immenga/Mestmäcker (EG-Wettbewerbsrecht)*, FuE-VO, Art. 5, Rn. 115.

durch mindestens einen Vertragspartner nicht i.S. von Buchst. h erfolgt, die selbständige Erteilung von Lizenzen an Dritte erlaubt ist, so dass der Vertrag dann auch weiterhin nach der F&E-GFVO freigestellt ist.

483 Stimmt man der hier vertretenen Auffassung zu, dass wegen des Lizenzierungsverbots dann, wenn eine Verwertung durch mindestens einen Vertragspartner zwar im obigen Sinne vorgesehen ist, aber nicht erfolgt, nur die zunächst gewährte Freistellung erlischt, wird man auch den Fall unter Buchst. h subsumieren müssen, dass zwar zunächst Schritte zur Verwertung durch mindestens einen Vertragspartner unternommen werden, dann aber ohne sachlich gerechtfertigten Grund unterbleiben. In diesem Fall dürfte die Freistellung schon aufgrund von Buchst. h enden, so dass es eines Widerrufs der Freistellung durch die Kommission gemäß Art. 7 Buchst. c nicht bedarf.

484 Schließlich stellt sich die **Frage des Verhältnisses von Buchst. h zu Art. 3 Abs. 2 Satz 2.** Nach letzterer Bestimmung sind Beschränkungen der Verwertungsrechte, die der Vertrag den in dieser Bestimmung genannten Forschungsinstituten usw. auferlegt, also auch Beschränkungen betr. die Erteilung von Lizenzen, unbeschränkt zulässig, siehe dazu Kap. 5 Rdn. 270, 396 und 403. Es stellt sich damit die Frage, ob Art. 5 Abs. 1 Buchst. h den Geltungsbereich von Art. 3 Abs. 2 Satz 2 einschränkt oder ob die letztere Bestimmung als abschließende Regelung zu betrachten ist. Man wird wohl Letzteres annehmen müssen; vgl. auch Nr. 57 und 76 der Horizontal-LL (Kap. 5 Rdn. 268 und 310). Dafür spricht einmal ErwGrd. 14 der F&E-GFVO, welcher eine Einschränkung der Geltung von Art. 3 Abs. 2 Satz 2 nicht andeutet. Zum anderen ist hier zu berücksichtigen, dass bei der Konstellation gemäß Art. 3 Abs. 2 Satz 2 in die F&E-Ergebnisse typischerweise auch produktionsbezogenes Basis-Know-how einfließen wird, welches der industrielle Partner für die F&E-Arbeiten zur Verfügung stellt, und dieser Partner ein berechtigtes Interesse daran hat, dass dieses Basis-Know-how auch dann, wenn er von einer Verwertung der F&E-Ergebnisse ohne sachlich gerechtfertigten Grund absieht, nicht über eine vom Vertragspartner erteilte Lizenz an Dritte gelangt (was nur dem industriellen Partner, nicht aber seinem Vertragspartner weh tun würde).

485 **Buchst. i**, der Art. 6 Buchst. h, 1. Teilstrich F&E-GFVO **1984** entspricht, steht der Freistellung eines F&E-Vertrags entgegen, wenn dieser die Vertragspartner dazu verpflichtet, die Annahme von Bestellungen solcher in ihrem jeweiligen Gebiet ansässiger Nutzer oder Wiederverkäufer zu verweigern, welche die Vertragsprodukte in anderen Gebieten innerhalb des Gemeinsamen Markts in Verkehr bringen wollen.

486 Die Bestimmung dient ebenso wie der nachfolgende Buchst. j dem freien Warenverkehr in der EU. Beide Bestimmungen sollen Maßnahmen der Vertragspartner entgegentreten, die auf eine Abschottung einzelner Teilmärkte in der EU hinauslaufen.[384]

487 **Buchst. j**, der Art. 6 Buchst. h, 2. Teilstrich F&E-GFVO **1984** entspricht, erklärt Verpflichtungen für nicht freigestellt, Nutzern oder Wiederverkäufern

384 *Wiedemann* Art. 6 Rn. 39 und 45 hinsichtlich Art. 6 Buchstabe h F&E-GFVO **1984**.

den **Bezug der Vertragsprodukte** bei anderen Wiederverkäufern innerhalb des Gemeinsamen Markts zu **erschweren** und insbesondere Rechte an geistigem Eigentum geltend zu machen oder Maßnahmen zu treffen, um Nutzer oder Wiederverkäufer daran zu hindern, Produkte, die von einer anderen Vertragspartei entweder selbst oder mit ihrer Zustimmung rechtmäßig in der Gemeinschaft in Verkehr gebracht worden sind, zu beziehen oder im Gemeinsamen Markt in Verkehr zu bringen.

Die Bestimmung soll sicherstellen, dass direkte Abnehmer eines Vertrags- 488
partners durch den Wiederverkauf der bezogenen Vertragsprodukte in Wettbewerb zu dem liefernden und jedem anderen Vertragspartner treten können.

Winzer[385] meint, das Verbot, Rechte an geistigem Eigentum geltend zu machen, 489
sei überflüssig, da der Patentschutz mit dem Erstverkauf erlösche. Hierzu ist zunächst zu bemerken, dass »Rechte an geistigem Eigentum« nach der Definition in Art. 2 Nr. 9 nicht nur gewerbliche Schutzrechte, sondern auch Urheberrechte und verwandte Schutzrechte einschließen, die nicht mit dem Inverkehrbringen eines Vertragsprodukts erlöschen (Beispiel: urheberrechtlich geschützte Software, die eine zu den Vertragsprodukten gehörende Maschine steuert). Außerdem erlöschen mit dem ersten Inverkehrbringen von Produkten zwar diesbezügliche Stoff- bzw. Vorrichtungspatente, nicht aber solche Patente, die erst für ihre Verwendung benötigt werden. Buchst. j macht damit die Freistellung davon abhängig, dass der jeweils liefernde Vertragspartner seine »Rechte am geistigem Eigentum« jedenfalls insoweit, als die bestimmungsgemäße Verwendung der gelieferten Produkte dies erfordert, nicht nur seinen direkten, sondern auch seinen indirekten Abnehmern in der EU lizenziert. Dabei kann der liefernde Vertragspartner nicht nur eine Lizenz an Urheberrechten und verwandten Schutzrechten, sondern nach Art. 2 Abs. 3 Vertikal-GFVO auch eine Lizenz an Verwendungspatenten im Wege der »produktbegleitenden Lizenz« auf die Verwendung der gelieferten Produkte beschränken.[386]

Art. 5 Abs. 2 gelten die »schwarzen Klauseln« gemäß Abs. 1 Buchst. c und d 490
nicht für folgende Regelungen:

a) die **Aufstellung von Produktionszielen**, wenn die Verwertung die gemeinsame Produktion der Vertragsprodukte einschließt, und
b) die **Aufstellung von Verkaufszielen und die Festsetzung von Preisen** gegenüber Direktabnehmern, wenn die Verwertung der Ergebnisse den gemeinsamen Vertrieb der Vertragsprodukte einschränkt.

Da »gemeinsamer Vertrieb« in Art. 3 Abs. 5 i.S. von »gemeinschaftlicher Ver- 491
trieb« ausgelegt werden muss (s. Kap. 5 Rdn. 428), ist der Begriff auch in Art. 5 Abs. 2 in diesem Sinne zu verstehen. Dies macht auch Sinn, weil dann, wenn jeder Vertragspartner selbständig vertreibt, eine Aufstellung von Verkaufszielen oder eine Preisfestsetzung nicht als eine i.S. von Art. 81 Abs. 3 EGV unerlässliche Beschränkung erscheint.

385 GRUR Int. 2001, S. 413, 419.

386 Siehe hinsichtlich der Beschränkung der Lizenz an den Verwendungspatenten *Lindstaedt/Pilger/Rosenberger* S. 6.

Entsprechend wird man »gemeinsame Produktion« i.S. von »gemeinschaftlicher Produktion« verstehen müssen, da nicht anzunehmen ist, dass »gemeinsam« innerhalb der gleichen Bestimmung verschieden zu interpretieren ist. Dafür spricht auch, dass der bzw. die jeweils herstellende(n) Vertragspartner, wenn der Vertrieb nicht dem bzw. den anderen Vertragspartner(n) ausschließlich zugewiesen wird, auch selbst vertreiben kann/können und in diesem Fall keine Rechtfertigung dafür besteht, ihn bzw. sie hins. der Menge der hergestellten Vertragsprodukte zu beschränken.

Es genügt damit zur Freistellung der schwarzen Klauseln gemäß Art. 5 Abs. 1 Buchst. c bzw. d nicht, dass eine Gemeinsamkeit der Verwertung durch Aufgabenteilung bei der Produktion bzw. beim Vertrieb begründet wird, so dass diese schwarzen Klauseln auch für F&E-Verträge mit vorgesehener gemeinsamer Verwertung relevant sein können.

492 **Art. 6 Abs. 1** enthält **Regeln für die Berechnung der Marktanteile** der Vertragspartner, die für die in Art. 4 Abs. 2 und 3 sowie Art. 6 Abs. 2 bis 4 festgelegten Marktanteilsschwellen von Bedeutung sind.

493 Nach **Buchst. a** wird der Marktanteil anhand des Absatzwerts berechnet, wobei dann, wenn keine Angaben über den Absatzwert vorliegen, zur Ermittlung des Marktanteils Schätzungen vorgenommen werden können, die auf anderen verlässlichen Marktdaten unter Einschluss der Absatzmengen beruhen.

Unter »Absatzwert« ist hier wohl der Umsatz ohne Mehrwertsteuer zu verstehen.

494 Nach **Buchst. b** wird der Marktanteil anhand der Angaben für das vorhergehende Kalenderjahr ermittelt.

Aktuell kann damit der Marktanteil erheblich über den genannten Marktanteilsschwellen liegen.

495 Nach **Buchst. c** wird der Marktanteil der in Art. 2 Nr. 3 Buchst. e genannten Unternehmen zu gleichen Teilen jedem Unternehmen zugerechnet, das die in Art. 2 Nr. 3 Buchst. a bezeichneten Rechte und Einflussmöglichkeiten hat.

496 Die Bestimmung ist vor folgendem Hintergrund zu sehen: Art. 4 Abs. 2 und 3 und dementsprechend auch Art. 6 Abs. 2 bis 4 stellen ab auf die Marktanteile der »beteiligten Unternehmen«, unter denen nach Art. 2 Nr. 2 nicht nur die Vertragspartner des jeweiligen F&E-Vertrags, sondern auch die mit diesen jeweils »verbundenen Unternehmen« zu verstehen sind. Der Begriff der »verbundenen Unternehmen« ist wiederum in Art. 2 Nr. 3 Buchst. a bis e definiert. Dabei erklärt Buchst. e dieser Bestimmung auch solche Unternehmen zu verbundenen Unternehmen, bei denen

i) die Vertragsparteien der F&E-Vereinbarung oder mit ihnen jeweils verbundene Unternehmen i.S. von Art. 2 Nr. 3 Buchst. a bis d oder
ii) eine oder mehrere Vertragsparteien der F&E-Vereinbarung oder eines oder mehrere der mit ihnen jeweils verbundenen Unternehmen i.S. von Art. 2 Nr. 3 Buchst. a bis d und ein oder mehrere dritte Unternehmen

gemeinsam die unter Art. 2 Nr. 3 Buchst. a bezeichneten Rechte oder Einflussmöglichkeiten haben.

Vor diesem Hintergrund stellt sich nun die Frage, warum nach Art. 6 Abs. 1 Buchst. c im Falle von verbundenen Unternehmen i.S. von Art. 2 Nr. 3 Buchst. e – und nur in diesem Fall – überhaupt eine Zurechnung zu verschiedenen Unternehmen erfolgt; denn nach dem Wortlaut von Art. 4 Abs. 2 und 3 scheint es nur auf die Summe der Marktanteile der beteiligten Unternehmen selbst anzukommen, zu denen, wie gesagt, auch verbundene Unternehmen gemäß Art. 2 Nr. 3 Buchst. e gehören. Obwohl die F&E-GFVO dies weder in Art. 6 Abs. 1 Buchst. c noch an anderer Stelle klarstellt, kann diese Zurechnung wohl nur einen Sinn haben: In dem Unterfall gemäß Art. 2 Nr. 3 Buchst. e, ii) ist der Marktanteil des betr. verbundenen Unternehmens nur insoweit im Rahmen von Art. 4 Abs. 2 und 3 sowie Art. 6 Abs. 2 bis 4 zu berücksichtigen, als er nach Art. 6 Abs. 1 Buchst. c den Vertragspartnern und/oder den mit diesen verbundenen Unternehmen zuzurechnen ist. 497

Beispiel: 498

Der F&E-Vertrag zielt auf die Ersetzung eines bestehenden Produkts ab, das u.a. von einem Vertragspartner des F&E-Vertrags mit einem Anteil von 10 % und einem Gemeinschaftsunternehmen in der Form einer AG mit einem Anteil von 36 % an dem für das bestehende Produkt relevanten Markt hergestellt wird. An dem Gemeinschaftsunternehmen halten der andere Vertragspartner des F&E-Vertrags 20 % der stimmberechtigten Aktien und zwei dritte Unternehmen jeweils 40 % der stimmberechtigten Aktien, so dass nur alle drei Aktionäre gemeinsam die in Art. 2 Nr. 3 Buchst. a bezeichneten Rechte und Einflussmöglichkeiten haben.

Beteiligte Unternehmen i.S. von Art. 2 Nr. 2 und gleichzeitig konkurrierende Unternehmen i.S. von Art. 2 Nr. 12 sind hier einerseits der Vertragspartner mit dem Marktanteil von 10 % und andererseits das Gemeinschaftsunternehmen als ein gemäß Art. 2 Nr. 3 Buchst. e mit dem anderen Vertragspartner verbundenes Unternehmen mit dem Marktanteil von 36 %. Dieser Marktanteil ist aber nach Art. 6 Abs. 1 Buchst. c dem an dem Gemeinschaftsunternehmen beteiligten Vertragspartner nur zu 12 % zuzurechnen. Bei der Prüfung, ob die für die Freistellung und ihre Dauer relevanten Marktanteilsschwellen überschritten sind, dürfte aber bei verbundenen Unternehmen i.S. von Art. 2 Nr. 3 Buchst. e, ii) nur derjenige Teil ihres gesamten Marktanteils zu berücksichtigen sein, welcher den Vertragspartnern und/oder den mit diesen verbundenen Unternehmen zuzurechnen ist. Damit ist im Beispielsfall der Marktanteil des Gemeinschaftsunternehmens im Hinblick auf Art. 6 Abs. 1 Buchst. c nur in Höhe von 12 % zu berücksichtigen. Dieser Prozentsatz ist zu dem Marktanteil des nicht an dem Gemeinschaftsunternehmen beteiligten Vertragspartners in Höhe von 10 % zu addieren, so dass die Summe der zu berücksichtigenden Marktanteile 22 % beträgt. Damit ist die 25 %-Schwelle des Art. 4 Abs. 2 nicht überschritten mit der Folge, dass insoweit kein Freistellungshindernis für den F&E-Vertrag besteht.

499 **Art. 6 Abs. 2 bis 4** sehen für bestimmte Fälle eine **Verlängerung der Freistellungsdauer gegenüber der Regelung des Art. 4 Abs. 3** vor, der zunächst nur eine Freistellung bis zur Überschreitung der Marktanteilsschwelle von 25 % vorsieht.

500 **Art. 6 Abs. 2** bestimmt: Beträgt der in Art. 4 Abs. 3 bezeichnete Marktanteil zunächst nicht mehr als 25 %, und überschreitet er anschließend diese Schwelle, übersteigt jedoch nicht 30 %, so gilt die Freistellung nach Art. 1 im Anschluss an das Jahr, in welchem die 25 %-Schwelle erstmals überschritten wird, noch für zwei weitere Kalenderjahre.

501 **Art. 6 Abs. 3** regelt den Fall, dass nicht nur die 25 %-Schwelle, sondern auch die 30 %-Schwelle erstmals überschritten wird. Für diesen Fall gilt die Freistellung vorbehaltlich Art. 6 Abs. 4 noch für ein weiteres Kalenderjahr.

502 Nach **Art. 6 Abs. 4** dürfen die in den Absätzen 2 und 3 genannten Vorteile nicht in der Weise miteinander verbunden werden, dass ein Zeitraum von 2 Kalenderjahren (Anm.: Gedanklich ist zu ergänzen: für die Ausdehnung der Freistellungsdauer) überschritten wird.

503 **Beispiel:**

In einem Kalenderjahr (»Kalenderjahr 1«) steigt die Summe der Marktanteile der beteiligten Unternehmen auf 27 %, im zweiten der beiden nachfolgenden Jahre (»Kalenderjahr 3«) auf 35 %.

Gemäß Art. 6 Abs. 2 gilt die Freistellung nach Ablauf von Kalenderjahr 1 noch für zwei weitere Kalenderjahre, also bis zum Ende von Kalenderjahr 3. Da erst in letzterem Kalenderjahr die 30 %-Schwelle überschritten wird, würde sich die Freistellung gemäß Abs. 3 noch um ein weiteres Kalenderjahr verlängern, wenn Abs. 4 die mögliche Verlängerung der Freistellung nicht auf 2 Kalenderjahre begrenzt hätte.

504 Nach **Art. 7**, dem Art. 10 der F&E-GFVO **1984** weitgehend entspricht, kann die Kommission die Freistellung widerrufen, wenn sie feststellt, dass eine nach Art. 1 freigestellte F&E-Vereinbarung gleichwohl Wirkungen hat, die mit den Voraussetzungen des Art. 81 Abs. 3 EGV unvereinbar sind.

Dies steht im Einklang mit der übergreifenden Regelung des Art. 29 Abs. 1 der Durchführungs-VO zu Art. 81/82 EGV, dass die Kommission den Vorteil einer GFVO entziehen kann, wenn sie in einem bestimmten Fall feststellt, dass eine Vereinbarung, für welche die GFVO gilt, Wirkungen hat, die mit Art. 81 Abs. 3 EGV unvereinbar sind.

505 Ein Widerruf ist nach Art. 7 F&E-GFVO insbesondere in den dort unter Buchst. a bis e aufgeführten Fällen möglich, die hier nur schlagwortartig beschrieben werden:

506 **Buchst. a**: Die Möglichkeit Dritter zur Durchführung von F&E-Arbeiten in dem relevanten Bereich durch die Inanspruchnahme von F&E-Kapazitäten seitens der Vertragspartner wird erheblich beschränkt. Hier dürfte vor allem daran gedacht sein, dass die Vertragspartner die relevanten F&E-Kapazitäten eines Forschungsinstituts, auf die jedes in dem relevanten Bereich forschende Unternehmen angewiesen ist, ausschließlich für sich reservieren.

Buchst. b: Der F&E-Vertrag schränkt die Möglichkeit Dritter, Zugang zum Markt der Vertragsprodukte zu erhalten, infolge der besonderen Angebotsstruktur auf diesem Markt erheblich ein. 507

Buchst. c: Die Vertragspartner verwerten die Ergebnisse der gemeinsamen F&E nicht, ohne dass dafür ein sachlich gerechtfertigter Grund besteht. 508

Buchst. d: Es fehlt wirksamer Wettbewerb im Gemeinsamen Markt oder einem wesentlichen Teil desselben zwischen Vertragsprodukten und Produkten, die aufgrund ihrer Eigenschaften, ihres Preises oder ihres Verwendungszwecks als gleichartig angesehen werden. 509

Buchst. e: Die Existenz der F&E-Arbeiten gemäß dem F&E-Vertrag schaltet wirksamen Forschungswettbewerb in einem bestimmten Markt aus. Das lässt sich wohl auch so sagen: Die Kenntnis von der gemeinsamen F&E der Vertragspartner nimmt allen anderen Unternehmen den Anreiz zu eigenen F&E-Anstrengungen auf dem F&E-Gebiet. 510

Bei einem Widerruf wird die Kommission aber die Grundsätze von Nr. 44 und Nr. 45 der Freistellungs-LL zu beachten haben, siehe dazu Kap. 5 Rdn. 552–554. 511

Art. 10 erstreckt die Geltungsdauer der F&E-GFVO bis zum 31. 12. 2010. Das dürfte nicht darauf hinauslaufen, dass F&E-Verträge, die bis zu diesem Datum abgeschlossen werden, nach diesem Datum nicht mehr freigestellt sind. Es ist nämlich damit zu rechnen, dass entweder die Geltungsdauer der F&E-GFVO über dieses Datum hinaus verlängert wird oder aber eine ab dem 1. 1. 2011 gültige neue GFVO für F&E-Verträge eine Übergangsregelung entsprechend Art. 8 F&E-GFVO enthält, nach welcher die bis zu diesem Datum abgeschlossenen und nach der F&E-GFVO freigestellten Verträge entweder weiterhin nach der F&E-GFVO oder nach der an ihre Stelle tretenden GFVO freigestellt sind. 512

cc) Freistellung von F&E-Verträgen durch die Vertikal-GFVO

Art. 2 Abs. 1 Vertikal-GFVO sieht (unter den weiteren in der GFVO genannten Voraussetzungen) eine Freistellung von »vertikalen Vereinbarungen« vor, soweit diese »vertikale Beschränkungen« enthalten, d.h. Wettbewerbsbeschränkungen, die unter Art. 81 Abs. 1 EGV fallen. **»Vertikale Vereinbarungen«** werden dabei definiert als Vereinbarungen oder aufeinander abgestimmte Verhaltensweisen zwischen zwei oder mehr Unternehmen, von denen jedes zwecks Durchführung der Vereinbarung auf einer unterschiedlichen Produktions- oder Vertriebsstufe tätig ist, und welche die Bedingungen betreffen, zu denen die Parteien bestimmte Waren oder Dienstleistungen beziehen, verkaufen oder weiterverkaufen. 513

Zu den vertikalen Vereinbarungen können nach dieser Definition auch F&E-Verträge gehören. Die Frage, ob ein F&E-Vertrag als vertikal oder als horizontal einzustufen ist, bildet zugleich das entscheidende Kriterium für die Abgrenzung des Geltungsbereichs der F&E-GFVO gegenüber dem Geltungsbereich der Vertikal-GFVO. s. zu dieser teilweise schwierigen Abgrenzung bereits Kap. 5 Rdn. 352–355 und Rdn. 525.

514 Grundvoraussetzung für eine »vertikale Vereinbarung« gemäß Art. 2 Abs. 1 ist, dass jeder Vertragspartner auf einer **»unterschiedlichen Produktions- oder Vertriebsstufe tätig ist«**. Insoweit entspricht die Definition der vertikalen Vereinbarung in Nr. 11 Horizontal-LL, so dass auf die Ausführungen zu dieser Definition in Kap. 5 Rdn. 75–77 Bezug genommen werden kann.

515 Das in die Definition in Art. 2 Abs. 1, nicht aber in der Definition in Nr. 11 Horizontal-LL enthaltene Merkmal **»zwecks Durchführung der Vereinbarung«** soll wohl nur deutlich machen, dass es keineswegs ausreichend ist, wenn die Unternehmen überhaupt auf zueinander vor- oder nachgelagerten Märkten tätig sind, dass sich vielmehr das vertikale Stufenverhältnis gerade bei Durchführung der freizustellenden Vereinbarung ergeben muss.[387] Dieses Erfordernis dürfte aber auch in die Definition in Nr. 11 Horizontal-LL hineinzuinterpretieren sein.

516 Zu den Merkmalen vertikaler Verträge i.S. von Art. 2 Abs. 1 gehört zusätzlich, dass sie die **Bedingungen** (i.S. von Voraussetzungen[388]) betreffen, **zu denen die Parteien bestimmte Waren oder Dienstleistungen beziehen, verkaufen oder weiterverkaufen können**. Damit erfasst die Vertikal-GFVO keine Beschränkungen oder Verpflichtungen, die nicht diese Bedingungen betreffen und welche die Parteien ggf. in eine ansonsten vertikale Vereinbarung aufgenommen haben. Nicht erfasst sind deshalb z.B. Einschränkungen des Rechts der Vertragsparteien, eigenständige F&E-Arbeiten durchzuführen, s. Rn. 25 Vertikal-LL.

Bei einem F&E-Vertrag kann zu den Bedingungen i.S. von Art. 2 Abs. 1 insbesondere die Verpflichtung der Lieferanten gehören, von ihm zu entwickelnde Komponenten für ein End- oder Zwischenprodukt während eines bestimmten Zeitraums nur an den Abnehmer zu liefern (Fall einer »Alleinbelieferungsverpflichtung« i.S. von Art. 1 Buchst. c Vertikal-GFVO), sowie die Verpflichtung des Abnehmers, die zu entwickelnden Komponenten nur vom Lieferanten bezieht (unter die Wettbewerbsverbote i.S. von Art. 1 Buchst. c Vertikal-GFVO fallende »Alleinbezugsverpflichtung«), aber auch Verpflichtungen zur Übertragung oder Lizenzierung von geistigen Eigentumsrechten, die allerdings gemäß Art. 2 Abs. 3 Vertikal-GFVO nur in begrenztem Umfang freigestellt sind.

517 Nach **Art. 2 Abs. 3** erstreckt sich die Freistellung gemäß Art. 2 Abs. 1 auf Bestimmungen, welche die **Übertragung von geistigen Eigentumsrechten auf den Käufer oder die Nutzung solcher Rechte durch den Käufer** betreffen, sofern diese Bestimmungen
- nicht Hauptgegenstand der Vereinbarung sind,
- sich unmittelbar auf die Nutzung, den Verkauf oder den Weiterverkauf von Waren oder Dienstleistungen durch den Käufer oder seine Kunden beziehen, und

387 *Schultze/Pautke/Wegener* Rn. 225. Dagegen bringt das Merkmal nach *Veelken* in *Immenga/Mestmäcker (EG-Wettbewerbsrecht)*, Vertikal-GVO, Rn 78 zum Ausdruck, dass ein innerer Zusammenhang mit dem von Art. 2 Abs. 1 Unterabsatz 1 Vertikal-GFVO geforderten bestehenden oder geplanten Austauschverhältnis erkennbar sein muss. Gegen diese Auslegung spricht, dass, wie *Veelken* selbst anmerkt, dass die Parteien einen solchen Zusammenhang in der Vereinbarung selbst herstellen, so dass sein Fehlen kaum vorstellbar ist.

388 Siehe Rn. 25 Vertikal-LL.

– in Bezug auf Vertragswaren oder -dienstleistungen keine Wettbewerbsbeschränkungen mit demselben Zweck oder derselben Wirkung enthalten wie vertikale Beschränkungen, die durch die Vertikal-GFVO nicht freigestellt werden.

»Geistige Eigentumsrechte« sind offenbar bedeutungsgleich mit »Intellektuellen Eigentumsrechten« i.S. von Art. 1 Buchst. e. Obwohl dort Know-how, das wiederum separat in Art. 1 Buchst. f definiert ist, nicht als Beispiel für »Intellektuelle Eigentumsrechte« aufgeführt ist, rechnen die Vertikal-LL z.B. in Rn. 35 und 37 Know-how zu den geistigen Eigentumsrechten.[389] Dabei betreffen nach Rn. 37 Vertikal-LL die nach Art. 2 Abs. 3 freigestellten Bestimmungen hauptsächlich geistiges Eigentum in Form von Warenzeichen, Urheberrechten und Know-how. 518

Daraus, dass eine Vereinbarung nur dann als vertikal einzustufen ist, wenn sie die Voraussetzungen festlegt, unter denen die Vertragsparteien bestimmte Waren oder Dienstleistungen beziehen, verkaufen oder weiterverkaufen dürfen, leitet Rn. 32 Vertikal-LL die zusätzliche Freistellungsvoraussetzung ab, dass die Rechte an geistigem Eigentum **nicht** im Rahmen einer Vereinbarung über die Übertragung von diesen Rechten oder Lizenzvergabe an diesen Rechten **für die Herstellung von Waren** erteilt werden dürfen.[390] Konkret wird u.a. die Überlassung eines Rezepts genannt, jedoch soll nach Rn. 35 Vertikal-LL in dem Fall der Lieferung eines Konzentrats eine Lizenz zur Verdünnung des Konzentrats und Abfüllung der daraus hergestellten Flüssigkeit zum Weiterverkauf als Getränk von der Freistellung umfasst sein. 519

Ohne dass die Vertikal-LL dies erwähnen, dürfte die Freistellung nach Art. 2 Abs. 3 die Freistellung auch für die **»produktbegleitende Lizenz«** gelten, die eine auf die Verwendung der gelieferten Produkte beschränkte Lizenz darstellt. Diese kann auch im Rahmen von vertikalen F&E-Verträgen von Bedeutung sein: Betrifft die F&E z.B. die Entwicklung einer neuen oder verbesserten Komponente für ein Endprodukt und besitzt der Hersteller der entwickelten Komponente für deren Verwendung in dem betr. Endprodukt ein Patent, so benötigt sein F&E-Partner hieran eine Lizenz, um das betr. Endprodukt herstellen zu können. Ist diese Lizenz nichtausschließlich, dürfte es allerdings schon an einer Wettbewerbsbeschränkung fehlen, so dass es insoweit einer Freistellung nicht bedarf (s. Kap. 5 Rdn. 341).

Die Freistellung gilt gemäß Art. 2 Abs. 3 nur für Bestimmungen der genannten Art, die **nicht** den **Hauptgegenstand** der Vereinbarung bilden. Nach Rn. 34 Vertikal-LL ist diese Freistellungsvoraussetzung nur dann erfüllt, wenn die Bestimmungen über Rechte an geistigem Eigentum lediglich der Durchführung der vertikalen Vereinbarung dienen. 520

389 Zustimmend *Veelken* in *Immenga/Mestmäcker (EG-Wettbewerbsrecht)*, Vertikal-GVO, Rn 48; a.A. *Bechtold/Bosch/Brinker/Hirsbrunner*, Art. 1 VO 2790/1999, Rn. 21.

390 Kritisch dazu *Veelken* in *Immenga/Mestmäcker (EG-Wettbewerbsrecht)*, Vertikal-GVO, Rn. 107; vgl. auch *Schultze/Pautke/Wagener* S. 123 (Rn. 273).

521 Weiter ist nach Art. 2 Abs. 3 Freistellungsvoraussetzung, dass ein **unmittelbarer Zusammenhang** mit der Nutzung, dem Verkauf oder Weiterverkauf von Waren oder Dienstleistungen durch den Käufer oder dessen Kunden besteht. Dies erfordert nach Rn. 34 Vertikal-LL, dass die betr. Vertragsbestimmungen die Nutzung bzw. den Verkauf oder Wiederverkauf von Waren oder Dienstleistungen für den Käufer oder dessen Kunden erleichtern.

522 Schließlich schließt Art. 2 Abs. 3 die Freistellung aus, wenn die betr. Bestimmungen in Bezug auf die Vertragswaren oder -dienstleistungen **Wettbewerbsbeschränkungen mit demselben Zweck oder denselben Wirkungen** enthalten wie vertikale Beschränkungen, die durch die Vertikal-GFVO nicht freigestellt werden.[391]

523 Aus Art. 2 Abs. 3 ist nach Rn. 30 Vertikal-LL der **Umkehrschluss** zu ziehen, dass die Freistellung nach der Vertikal-GFVO nicht für vertikale Vereinbarungen gilt, welche Bestimmungen betr. die Übertragung von geistigen Eigentumsrechten oder die Nutzung solcher Rechte enthalten, welche durch Art. 2 Abs. 3 nicht freigestellt sind. Damit gilt die Freistellung nach der Vertikal-GFVO u.a. nicht für die Erteilung von Nutzungsrechten durch den Käufer an den Lieferanten, was Rn. 33 Vertikal-LL unter Hinweis auf die evtl. Anwendbarkeit der Zulieferbekanntmachung in Fn. 1 bestätigt.

Es ist hier aber darauf hinzuweisen, dass für vertikale F&E-Verträge, die wettbewerbsbeschränkende Bestimmungen über die Übertragung von geistigen Eigentumsrechten oder die Nutzung solcher Rechte enthalten, nach Art. 2 Abs. 5 statt der Vertikal-GFVO die TT-GFVO anwendbar sein kann (s. dazu Kap. 5 Rdn. 525). Eine gleichzeitige Anwendung der Vertikal-GFVO und der TT-GFVO dürfte aber im Hinblick auf die Definition der »Technologietransfer-Vereinbarung« in Art. 1 Abs. 1 Buchst. b TT-GFVO nicht in Betracht kommen, s. dazu Kap. 5 Rdn. 548.

524 **Art. 2 Abs. 4** schließt eine Freistellung nach Art. 2 Abs. 1 für **vertikale Vereinbarungen zwischen Wettbewerbern** zwar grundsätzlich aus, legt aber einige Ausnahmen von diesem Grundsatz für nicht wechselseitige vertikale Vereinbarungen zwischen Wettbewerbern fest (was impliziert, dass insoweit der Anwendungsbereich der Vertikal-GFVO weiter ist als der Anwendungsbereich der Vertikal-LL, s. zu letzterem Anwendungsbereich Kap. 5 Rdn. 86). Eine solche Ausnahme gilt nach Art. 2 Abs. 4 Buchst. a auch für den bei vertikalen F&E-Verträgen möglichen Fall, dass der jährliche Gesamtumsatz des Käufers 100 Mio. € nicht überschreitet.

525 **Art. 2 Abs. 5** bestimmt zum **Verhältnis der Vertikal-GFVO zu anderen GFVO** Folgendes: »Diese Verordnung gilt nicht für vertikale Vereinbarungen, deren Gegenstand in den Geltungsbereich einer anderen Gruppenfreistellungsverordnung fällt.«

Voraussetzung für das Zurücktreten der Vertikal-GFVO gegenüber einer anderen GFVO ist danach zunächst, dass auch diese andere GFVO für **»vertikale Vereinbarungen«** i.S. von Art. 2 Abs. 1 gilt. Diese Vereinbarungen

391 Siehe dazu das von *Schultze/Pautke/Wagener* S. 127 (Rn. 284) gebildete Beispiel.

können den Hauptgegenstand von Verträgen bilden (wie es bei Verträgen der Fall ist, welche unter die Kfz.-GFVO fallen), müssen es aber nicht.[392] Dementsprechend weist Rn. 45 Vertikal-LL darauf hin, dass Art. 2 Abs. 5 auch vertikale Vereinbarungen vom Geltungsbereich der Vertikal-GFVO ausnimmt, die unter den Anwendungsbereich der TT-GFVO **1996** und ihrer Nachfolge-GFVO fallen oder in Verbindung mit horizontalen Vereinbarungen, für die eine andere GFVO gilt, getroffen werden.

Auch dann, wenn die andere GFVO vertikale Vereinbarungen i.S. von Art. 2 Abs. 1 erfasst, schließt sie die Anwendung der Vertikal-GFVO nach Art. 2 Abs. 5 nur insoweit aus, als der **»Gegenstand«** dieser vertikalen Vereinbarungen in ihren Geltungsbereich fällt.

Beide Kriterien erfüllt die **Kfz.-GFVO**, so dass sie der Vertikal-GFVO vorgeht. Sie betrifft jedoch lediglich den Handel mit und die Wartung von Kraftfahrzeugen und dürfte daher F&E-Verträge nicht erfassen.

Auch die **TT-GFVO** kann für vertikale Vereinbarungen gelten, deren Gegenstand in ihren Anwendungsbereich fällt, nämlich für Abreden über den Kauf von Waren im Rahmen folgender Zulieferverträge (s. Rn. 44 TT-LL):

- Zulieferverträge, mit denen der Lizenzgeber seine Technologie an einen Lizenznehmer lizenziert, der sich im Gegenzug verpflichtet, ausschließlich für den Lizenzgeber bestimmte Erzeugnisse auf dieser Grundlage zu produzieren; und
- Zulieferverträge, die für die Lieferung von Ausrüstungsgegenständen durch den Lizenzgeber gelten, die für die Produktion der unter die Vereinbarung fallenden Waren und Dienstleistungen verwendet werden. Diese Art von Zulieferverträgen fällt jedoch nur dann unter die TT-GFVO, wenn nicht die gelieferte Ausrüstung, sondern die lizenzierte Technologie den eigentlichen Gegenstand der Vereinbarung bildet.

Dabei können Zulieferverträge gemäß dem ersten Teilstrich nach Nr. 45 TT-LL auch einen F&E-Vertrag enthalten, der unter die TT-GFVO fällt, s. dazu Kap. 5 Rdn. 538. Die F&E-Ergebnisse werden hier Verbesserungen der lizenzierten Technologie betreffen, so dass eine Verpflichtung des Lizenznehmers, hieran dem Lizenzgeber eine ausschließliche Lizenz zu erteilen oder sie auf den Lizenzgeber zu übertragen, nach Art. 5 TT-GFVO nur dann freigestellt ist, wenn es sich um »abtrennbare Verbesserungen« i.S. von Art. 1 Abs. 1 Buchst. n TT-GFVO handelt.

Schließlich kann auch die **F&E-GFVO** für vertikale Vereinbarungen gelten, die in Verbindung mit von ihr erfassten horizontalen Verträgen getroffen werden und von ihrem Gegenstand umfasst werden, s. dazu bereits Kap. 5 Rdn. 76.

Art. 3 macht die Freistellung davon abhängig, dass auf verschiedenen rele- 526
vanten Märkten jeweils eine Marktanteilsschwelle von 30 % nicht überschritten wird. Die Bestimmung ist zusammen mit Art. 9 zu lesen, der wichtige Ergänzungen enthält, s. dazu Kap. 5 Rdn. 534.

392 Anderer Ansicht *Bechtold/Bosch/Brinker/Hirsbrunner*, Art. 3 VO 2790/1999, Rn. 18 und 28.

Liegen die Voraussetzungen für eine Freistellung nach der Vertikal-GFVO wegen Überschreitung des jeweils maßgebenden Marktanteils nicht bzw. nicht mehr vor, kommt noch eine Freistellung bzw. Verlängerung der Freistellung von Alleinbelieferungs- und Alleinbezugsverpflichtungen in direkter Anwendung von Art. 81 Abs. 3 EGV in Betracht, s. dazu Kap. 5 Rdn. 617–626 und 631.

527 **Art. 3 Abs. 1** macht die Freistellung nach Art. 2 davon abhängig, dass der Anteil des Lieferanten an dem relevanten Markt, auf dem er die Vertragswaren oder -dienstleistungen verkauft, 30 % nicht überschreitet.

Das bedeutet speziell für einen vertikalen F&E-Vertrag zwischen Nichtwettbewerbern, dass die Freistellung eines solchen Vertrags nach Art. 2 von vornherein dann ausscheidet, wenn die vom Lieferanten zu entwickelnden Produkte einem relevanten Markt angehören würden, auf dem er bereits im Kalenderjahr vor Abschluss des Vertrags einen Marktanteil von mehr als 30 % hat.

528 **Art. 3 Abs. 2** gilt die Freistellung nach Art. 2 im Falle von vertikalen Vereinbarungen, die Alleinbelieferungsverpflichtungen (s. dazu die Definition in Art. 1 Buchst. c) enthalten, nur, wenn der Anteil des Käufers an dem relevanten Markt, auf dem er die Vertragswaren oder Dienstleistungen einkauft, 30 % nicht überschreitet.

Für vertikale F&E-Verträge zwischen Nichtwettbewerbern bedeutet dies: Hat der als Abnehmer der zu entwickelnden Produkte auf dem relevanten Markt, auf dem er diese Produkte einkaufen würde, im Kalenderjahr vor Abschluss des F&E-Vertrags bereits einen Marktanteil von über 30 %, ist eine Alleinbelieferungsverpflichtung des Lieferanten für diese Produkte nach der Vertikal-GFVO nicht freigestellt. Hier wird aber oft eine Freistellung in direkter Anwendung von Art. 81 Abs. 3 EGV in Frage kommen.

529 **Art. 4** führt die **»Kernbeschränkungen«** auf, welche die Freistellung nach der Vertikal-GFVO ausschließen. Zu ihnen gehören u.a. Beschränkungen des Käufers bei der Festsetzung seiner Verkaufspreise (s. im Einzelnen Buchst. a) sowie Beschränkungen des Käufers hins. seines Verkaufsgebiets und seines Kundenkreises (s. im Einzelnen Buchst. b).

Was speziell vertikale F&E-Verträge zwischen Nichtwettbewerbern betrifft, ist besonders auf Buchst. e hinzuweisen. Danach ist die Freistellung nach der Vertikal-GFVO im Falle von Beschränkungen ausgeschlossen, die zwischen dem Lieferanten und dem Käufer von Bestandteilen, welche dieser in andere Erzeugnisse einfügt, vereinbart werden, und die den Lieferanten hindern, diese Bestandteile als Ersatzteile an Endverbraucher oder an Reparaturwerkstätten oder andere Dienstleistungserbringer zu verkaufen, die der Käufer nicht mit der Reparatur oder Wartung seiner eigenen Erzeugnisse betraut hat. Die Vereinbarung einer Alleinbelieferungsverpflichtung des Lieferanten hins. der von ihm nach dem F&E-Vertrag zu entwickelnden Bestandteile ist daher nur nach der Vertikal-GFVO freigestellt, wenn die Lieferung dieser Bestandteile als Ersatzteile, wie in Buchst. e näher beschrieben, von dieser Verpflichtung ausgenommen wird.[393]

393 *Winzer (F&E-Verträge)* S. 183 f. (Rn. 86–88).

Art. 5 nimmt die dort unter Buchst. a bis c spezifizierten Verpflichtungen (in der Literatur oft als **»rote Klauseln«** bezeichnet) von der Freistellung aus. Enthält die Vereinbarung eine dieser Verpflichtungen, bedeutet dies nur, dass nur diese Verpflichtung nicht nach der Vertikal-GFVO freigestellt ist. Einer Freistellung anderer in der Vereinbarung enthaltener Wettbewerbsbeschränkungen durch die Vertikal-GFVO steht Art. 5 also nicht entgegen. 530

Buchst. a nimmt grundsätzlich (mit der in dieser Bestimmung spezifizierten engen Ausnahme) unmittelbare oder mittelbare **Wettbewerbsverbote i.S. der Vertikal-GFVO** von der Freistellung aus, welche für eine unbestimmte Dauer oder für eine Dauer von mehr als fünf Jahren vereinbart werden, wobei Wettbewerbsverbote, die sich über den Zeitraum von 5 Jahren stillschweigend verlängern, als auf unbestimmte Dauer vereinbart gelten. »Wettbewerbsverbote« i.S. der Vertikal-GFVO sind nach Art. 1 Buchst. b 531

- alle unmittelbaren oder mittelbaren Verpflichtungen zu verstehen, die den Käufer veranlassen, keine Waren oder Dienstleistungen herzustellen, zu beziehen, zu verkaufen oder weiterzuverkaufen, die mit den Vertragswaren oder -dienstleistungen im Wettbewerb stehen, sowie
- alle unmittelbaren oder mittelbaren Verpflichtungen des Käufers, mehr als 80 % seiner auf der Grundlage des Einkaufswertes des vorherigen Kalenderjahres berechneten gesamten Einkäufe von Vertragswaren oder -dienstleistungen sowie Substitute auf dem relevanten Markt vom Lieferanten oder anderen vom Lieferanten bezeichneten Unternehmen zu beziehen.

Buchst. a betrifft damit insbesondere Alleinbezugsverpflichtungen des Käufers.

Buchst. b schließt grundsätzlich (mit der in dieser Bestimmung spezifizierten engen Ausnahme) eine Freistellung von Verpflichtungen aus, Waren und Dienstleistungen nach Beendigung der Vereinbarung nicht herzustellen bzw. nicht zu erbringen, zu beziehen, zu verkaufen oder weiterzuverkaufen. 532

Art. 6 sieht in Übereinstimmung mit Art. 29 Abs. 1 Durchführungs-VO Art. 81 den nachträglichen **Entzug der Freistellung** vor, wenn diese mit Art. 81 Abs. 3 EGV unvereinbare Wirkungen hat. 533

Art. 9 enthält Bestimmungen zur **Berechnung des Marktanteils** im Hinblick auf die Marktanteilsschwelle des Art. 3 Abs. 1 und über die **zeitliche Ausdehnung der Freistellung bei nachträglicher Überschreitung dieser Marktanteilsschwelle**. Dabei legt Abs. 2 Buchst. a fest, dass der Marktanteil anhand der Angaben für das vorhergehende Kalenderjahr ermittelt wird. Und aus Art. 9 Abs. 2 Buchst. c bis e geht hervor, dass die Freistellung nicht sofort endet, wenn der Marktanteil zunächst (also im Kalenderjahr vor Abschluss des Vertrags) nicht mehr als 30 % beträgt, aber anschließend diese Schwelle überschreitet. Dabei wird wiederum danach differenziert, ob auch eine Marktanteilsschwelle von 35 % überschritten wird oder nicht. Die Regelung entspricht derjenigen in Art. 6 Abs. 2 bis 4 F&E-GFVO, s. dazu Kap. 5 Rdn. 500–503. 534

Nach Art. 13 endet die **Geltungsdauer** der Vertikal-GFVO am 31.05.2010. Falls sie nicht über dieses Datum hinaus verlängert wird, ist nach der bisherigen Praxis Kommission mit einer Übergangsregelung zu rechnen, nach der durch die Vertikal-GFVO freigestellte Verträge freigestellt bleiben. 535

dd) Anwendung anderer Gruppenfreistellungsverordnungen als der F&E-GFVO bzw. der Vertikal-GFVO auf F&E-Verträge

aaa) Anwendung anderer Gruppenfreistellungsverordnungen als der F&E-GFVO auf F&E-Verträge

536 Die Kriterien für die grundsätzliche Abgrenzung des Geltungsbereichs der F&E-GFVO gegenüber dem Geltungsbereich der Vertikal-GFVO wurden bereits in Kap. 5 Rdn. 352–355 herausgearbeitet. Die folgenden Ausführungen befassen sich mit der Frage, wie das Verhältnis der F&E-GFVO zu anderen GFVO im Übrigen zu sehen ist. Dabei wird auch auf die Frage eingegangen, ob die Vertikal-GFVO ausnahmsweise neben der F&E-GFVO auf einen horizontalen F&E-Vertrag angewendet werden kann, wenn dieser Vertrag bei der Regelung der Rechte der Vertragspartner an den F&E-Ergebnissen den Abschluss eines vertikalen Vertrags mit einem Dritten vorsieht oder zulässt.

537 Die F&E-GFVO **1984** bestimmte in ErwGrd. 14, dass den in ihr »geregelten« Vereinbarungen »außerdem« die rechtlichen Vorteile der übrigen GFVO der Kommission, nämlich der Spezialisierungs-GFVO Nr. 417/85 (die inzwischen durch die Spezialisierungs-GFVO Nr. 2658/2000 ersetzt wurde), der Alleinvertriebs-GFVO Nr. 1983/83 und der Alleinbezugs-GFVO 1984/83 (die inzwischen beide durch die Vertikal-GFVO ersetzt wurden) sowie der Patentlizenz-GFVO Nr. 2349/84 (an deren Stelle zunächst die TT-GFVO **1996** getreten war und inzwischen die neue TT-GFVO getreten ist), zugute kommen, falls diese Vereinbarungen die Voraussetzungen für die vorgenannten Gruppenfreistellungsverordnungen erfüllten; diese seien jedoch nicht anwendbar, soweit die F&E-GFVO **1984** »besondere Bestimmungen« enthalte.[394] In der neuen F&E-GFVO fehlen jedoch entsprechende Hinweise auf die Anwendbarkeit anderer Gruppenfreistellungsverordnungen und eine entsprechende Abgrenzungsregel.[395]

538 Für die spezielle Frage, ob für **Bestimmungen in Technologietransfer-Vereinbarungen über vom Lizenznehmer durchzuführende F&E** die F&E-GFVO bzw. die Vertikal-GFVO oder die TT-GFVO die einschlägige GFVO ist, lässt jedoch die nachfolgend zitierte **Rn. 45 TT-LL** den Standpunkt der Kommission erkennen:

»Die TT-GFVO gilt auch für Vereinbarungen, nach denen der Lizenznehmer, bevor er ein marktreifes Produkt oder Verfahren anbieten kann, Entwicklungsarbeiten durchführen muss, vorausgesetzt, es wurde ein Vertragsprodukt festgelegt. Gegenstand der Vereinbarung ist die Produktion eines bestimmten Vertragserzeugnisses, auch wenn weitere Arbeiten und Investitionen erforderlich sind. Die TT-GFVO und die LL gelten allerdings nicht für Vereinbarungen, in denen eine Technologie-Lizenz zu dem Zweck erteilt wird, dem

394 Vgl. hierzu *Korah* S 15 ff.; *Lutz/Broderick* RIW 1986, S. 5, 7; *Wiedemann* S. 87 ff.; *Ullrich/Konrad* in *Immenga/Mestmäcker (EG-Wettbewerbsrecht)*, GRUR, E. Gemeinsame Forschung und Entwicklung, Rn. 9; *Folz* S. 495 ff.

395 Siehe dazu *Folz* S. 498 ff.

Lizenznehmer die Durchführung weiterer F&E-Arbeiten in verschiedenen Bereichen zu ermöglichen. Die TT-GFVO und die LL erfassen beispielsweise nicht die Vergabe einer Lizenz für ein Forschungsinstrument, das für weitere Forschungsarbeiten eingesetzt werden soll. TT-GFVO und LL gehen davon aus, dass zwischen der lizenzierten Technologie und dem Vertragsprodukt eine direkte Verbindung besteht. In Fällen, in denen eine solche Verbindung nicht besteht, ist F&E Hauptgegenstand der Vereinbarung und nicht das Inverkehrbringen eines bestimmten Produkts. Der analytische Rahmen der TT-GFVO und der LL ist für eine Prüfung solcher Vereinbarungen nicht geeignet. Aus denselben Gründen gelten die TT-GFVO und LL auch nicht für die Vergabe von Unteraufträgen im Bereich F&E, in denen sich der Lizenznehmer verpflichtet, F&E-Arbeiten im Bereich der lizenzierten Technologie durchzuführen und dem Lizenzgeber die Verbesserungen zu überlassen. Hauptziel solcher Vereinbarungen ist die Erbringung von F&E-Leistungen, mit denen die Technologie verbessert wird, im Gegensatz zu Produktion von Waren und Dienstleistungen auf der Grundlage der lizenzierten Technologie.«

Dies dürfte im Ergebnis vor allem Folgendes bedeuten:

- Die TT-GFVO ist einschlägig, wenn der Vertrag vorsieht, dass der Lizenznehmer mit der lizenzierten Technologie ein bestimmtes Vertragserzeugnis nach Durchführung von F&E, die direkt auf die Erzielung der Marktreife dieses Vertragserzeugnisses gerichtet ist, produziert. Verpflichtet sich der Lizenznehmer jedoch zur Durchführung darüber hinausgehender F&E, ist die TT-GFVO nicht einschlägig, jedoch kann insoweit wohl die F&E-GFVO oder die Vertikal-GFVO einschlägig sein.
- Die TT-GFVO ist auch nicht einschlägig, wenn der Lizenznehmer nach dem Vertrag nur eine Lizenz zur Durchführung von F&E im Bereich der lizenzierten Technologie erhält und dem Lizenzgeber die Rechte an den F&E-Ergebnissen zu überlassen hat. Auch hier könnte, wenn eine Wettbewerbsbeschränkung nicht aufgrund der Zulieferbekanntmachung zu verneinen ist (s. dazu Kap. 5 Rdn. 337–340), die F&E-GFVO einschlägig sein, wobei jedoch eine Freistellung an Art. 3 Abs. 2 F&E-GFVO (s. dazu Kap. 5 Rdn. 396–403), aufgrund des Ausschlusses des Lizenznehmers von der Verwertung der F&E-Ergebnisse scheitern würde, wenn es sich bei dem Lizenznehmer nicht um einen Forschungsdienstleister i.S. von Art. 3 Abs. 2 Satz 2 F&E-GFVO handelt.

Das Verhältnis der F&E-GFVO zur TT-GFVO betreffen auch **Rn. 59 und 60** 539
TT-LL. Zwar erörtern diese Rn. unmittelbar nur die Frage, ob Bestimmungen über Lizenzen, die ein unter die F&E-GFVO fallender F&E-Vertrag vorsieht, nach der F&E-GFVO oder nach der TT-GFVO zu beurteilen sind. Sie geben mittelbar aber auch generell Aufschluss über den Standpunkt der Kommission zur Frage der **Gruppenfreistellung von Bestimmungen in horizontalen F&E-Verträgen bzgl. Verträgen mit Dritten.**

Nach den vorgenannten Rn. folgt aus den Regeln des Art. 2 Nr. 11 F&E-GFVO über die Gemeinsamkeit der Durchführung von F&E sowie der Verwertung der Ergebnisse, dass die F&E-GFVO Anwendung auf die Gewährung von Lizenzen findet, die die Parteien einer FuE-Vereinbarung einander oder einer gemeinsamen Einrichtung erteilen. Im Rahmen einer solchen Vereinbarung könnten die Parteien auch die Bedingungen für die Lizenzierung der Ergebnisse der FuE-Vereinbarung an Dritte festlegen. Da jedoch dritte Lizenznehmer nicht Vertragsparteien der FuE-Vereinbarung seien, falle eine mit Dritten geschlossene Lizenzvereinbarung nicht unter die F&E-GFVO. Vielmehr fielen diese Lizenzvereinbarungen unter die Gruppenfreistellung der TT-GFVO, wenn sie die Voraussetzungen dieser Verordnung erfüllen.

Daraus lassen sich folgende übergreifende Grundsätze ableiten:

- Einerseits sind Verträge mit Dritten, welche in F&E-Verträgen vorgesehen oder zugelassen werden, die in den Geltungsbereich der F&E-GFVO fallen, nicht nach der F&E-GFVO, sondern nach den für die Verträge mit den Dritten einschlägigen GFVO bzw. direkt nach Art. 81 EGV zu beurteilen.[396]
- Andererseits ist aber für die Gruppenfreistellung wettbewerbsbeschränkender Bestimmungen, die in solchen F&E-Verträgen enthalten sind und Verträge mit Dritten über die Verwertung der F&E-Ergebnisse betreffen, allein die F&E-GFVO maßgeblich. Dies gilt unabhängig davon, ob diese Bestimmungen den Abschluss eines Vertrags mit einem Dritten unter bloßer Bezeichnung des Vertragstyps betreffen oder darüber hinaus auch schon einzelne Bedingungen für einen solchen Vertrag festlegen.

Beide Grundsätze erscheinen zutreffend:[397] Da Verwertungsregelungen in F&E-Verträgen zum eigentlichen Gegenstand dieser Verträge gehören (s. Kap. 5 Rdn. 383–388), fallen sie in den Geltungsbereich der F&E-GFVO. Für alle Regelungen, welche in den Geltungsbereich der F&E-GFVO fallen, legt diese jedoch die Voraussetzungen für die Gruppenfreistellung abschließend fest.

540 In Fällen, in denen die im F&E-Vertrag erfolgende Festlegung von Bedingungen für den Vertrag mit dem Dritten nicht den Tatbestand einer »schwarzen Klausel« erfüllt (wie z.B. den Tatbestand der bezweckten Beschränkung der Produktion oder des Absatzes i.S. von Art. 5 Abs. 1 Buchst. c F&E-GFVO), kann sich damit die eigenartige Situation ergeben, dass der F&E-Vertrag nach der F&E-GFVO freigestellt ist, obwohl der Abschluss eines darin vorgesehenen oder erlaubten Vertrags mit einem Dritten und damit die Durchführung des F&E-Vertrags gegen Art. 81 EGV verstößt.

Das bedeutet indessen nicht, dass die Vertragspartner, wenn sie im F&E-Vertrag die Frage regeln, ob und zu welchen Bedingungen sie einen Vertrag mit einem Dritten abschließen sollen oder dürfen, die Vereinbarkeit dieses Vertrags mit Art. 81 EGV außer Acht lassen können. Würde ein solcher Vertrag Art. 81 EGV verletzen, weil er weder den Freistellungsvoraussetzungen einer GFVO entspricht noch durch Art. 81 EGV bei direkter Anwendung dieser Bestimmung gedeckt ist, wäre der F&E-Vertrag auch dann, wenn er mit europäischem

396 Vgl. hierzu speziell in Bezug auf Verträge mit Dritten, die nach Art. 2 Nr. 11 Buchst. b F&E-GFVO die Gemeinsamkeit der Verwertung begründen, auch *Schütze* in *Loewenheim/Meessen/Riesenkampff*, GVO-FuE, Rn. 27, unter Hinweis auf die unter der F&E-GFVO **1984** bestehende diesbezügliche Kontroverse.

397 Anders hins. des zweiten Grundsatzes noch die Voraufl.

und damit auch mit deutschem Kartellverbotsrecht vereinbar ist, nicht in jeder Beziehung durchführbar und damit jedenfalls dann, wenn er deutschem Recht unterliegt,[398] aber wohl auch dann, wenn er einem ausländischen Recht unterstellt wird, jedenfalls teilweise nichtig.

Unter diesem Aspekt wird es sich meist empfehlen, vor Abschluss eines F&E-Vertrags, der Regelungen über einen Vertrag mit einem Dritten enthalten soll, auch die Frage der **Gruppenfreistellung des Vertrags mit dem Dritten** zu prüfen.

Wenn der F&E-Vertrag eine »Lohnfertigung« der Vertragsprodukte durch einen Dritten vorsieht (Fall des Art. 2 Nr. 11 Buchst. a und/oder b F&E-GFVO), kann ein daraufhin abgeschlossener Lohnfertigungsvertrag nach der **TT-GFVO** freigestellt sein, s. Nr. 44 TT-LL, wobei auch eine Anwendung der Zulieferbekanntmachung in Frage kommt, vgl. Kap. 5 Rdn. 89 sowie 337–340[399]. 541

Erhält der Dritte weitergehend das Recht, (auch) an Dritte zu vertreiben, kommt ebenfalls eine Freistellung nach der TT-GFVO in Frage.

Die TT-GFVO stellt nun allerdings nach Art. 2 nur Technologietransfer-Vereinbarungen zwischen zwei Unternehmen (einschl. der mit ihnen verbundenen Unternehmen, siehe Art. 1 Abs. 2 TT-GFVO) frei, so dass sich die Frage stellt, ob sich die Partner des F&E-Vertrags bei gemeinsamer Erteilung der Lizenz an Dritte auf die Freistellung dieser Lizenz nach der TT-GFVO berufen können. Rn. 60 TT-LL bejaht dies. Eine mögliche Begründung für diese Auffassung wäre, dass die F&E-GFVO incidenter bestimmt, dass die am F&E-Vertrag beteiligten Unternehmen, wenn sie die F&E-Ergebnisse gemeinsam an Dritte lizenzieren, hierbei als ein Unternehmen i.S. der jeweils gültigen TT-GFVO anzusehen sind.[400] Handelt es sich bei den Partnern des F&E-Vertrags um deutsche Unternehmen, lässt sich auch argumentieren, dass sie zum Zweck der Lizenzerteilung eine BGB-Gesellschaft gebildet haben, die durch die Lizenzerteilung unter Begründung eigener Rechte und Pflichten am Rechtsverkehr teilnimmt und damit nach neuerer Rechtsprechung eine rechtsfähige Einheit darstellt[401], und dass deshalb die Lizenzerteilung nur durch ein (neu gebildetes) Unternehmen i.S. von Art. 2 TT-GFVO erfolgt. Entsprechendes gilt für den Fall, dass die Partner zum Zwecke der Lizenzerteilung eine Europäische wirtschaftlichen Interessenvereinigung (EWIV) gründen.

Übernimmt der Dritte nur den Vertrieb, kommt eine Freistellung darin enthaltener Wettbewerbsbeschränkungen nach der **Vertikal-GFVO** in Frage, s. dazu Kap. 5 Rdn. 513–529[402]. 542

Werden die Rechte in der Weise zwischen den Vertragspartnern und dem Dritten aufgeteilt, dass der Dritte nur bestimmte Vertragsprodukte herstellt und 543

398 Vgl. z.B. für das deutsche Recht *Ellenberger* in *Palandt*, Überblick 27 vor § 104: »Nichtigkeit bedeutet, dass das Rechtsgeschäft die nach seinem Inhalt bezweckten Rechtswirkungen von Anfang an nicht hervorbringen kann.«.

399 Siehe hierzu auch *Schütze* in *Loewenheim/Meessen/Riesenkampff*, GVO-FuE, Rn. 27.

400 Vgl. zur Beurteilung dieser Frage nach der F&E-GFVO **1984** *Korah* S. 15 f.

401 BGHZ 146, 341; s. dazu *Sprau* in *Palandt*, Rn. 24 zu § 705.

402 Siehe hierzu auch *Schütze* in *Loewenheim/Meessen/Riesenkampff*, GVO-FuE, Rn. 27.

vertreibt, während die Herstellung und der Vertrieb der anderen Vertragsprodukte den Vertragspartnern vorbehalten bleibt, kommt auch eine Freistellung nach Art. 1 Abs. 1 Buchst. b **Spezialisierungs-GFVO** in Betracht.

544 Auch wenn F&E-Verträge grundsätzlich in den Geltungsbereich der F&E-GFVO fallen, bleibt doch eine **Anwendung anderer GFVO als der F&E-GFVO möglich hins.** solcher in derartigen F&E-Verträgen enthaltener **Bestimmungen, die vom Geltungsbereich der F&E-GFVO nicht umfasst werden.** Dies sind solche Bestimmungen, die weder zum eigentlichen Gegenstand solcher F&E-Verträge gehören (s. dazu Kap. 5 Rdn. 383–388) noch mit seiner Durchführung unmittelbar verbunden und für diese notwendig sind (s. dazu Kap. 5 Rdn. 389 und 390).

545 Zu den Sachverhalten, bei denen auf dieser Basis die Anwendung anderer Gruppenfreistellungsverordnungen in Betracht kommt, wird man z.B. rechnen können:

1. die Erteilung von Lizenzen an vorbestehender Technologie für andere Zwecke als die Erarbeitung und Verwertung von Ergebnissen der gemeinsamen F&E; in diesem Fall kommt eine Freistellung nach der TT-GFVO in Frage, soweit es sich um eine Vereinbarung zwischen zwei Unternehmen handelt (Art. 2 Abs. Satz 1 TT-GFVO) und die maßgebliche Marktanteilsschwelle auf dem betroffenen relevanten Technologie- und Produktmarkt gemäß Art. 3 TT-GFVO nicht überschritten ist, die im Falle konkurrierender Unternehmen schon bei einem gemeinsamen Marktanteil von 20 % und im Falle nicht konkurrierender Unternehmen bei einem individuellen Marktanteil der einzelnen Partei von 30 % liegt; zu pauschal erscheint deshalb die Äußerung der Kommission in Nr. 60 der TT-LL, die F&E-GFVO sei immer dann anwendbar (gemeint ist offenbar »allein anwendbar«), wenn es um die Gewährung von Lizenzen gehe, welche die Parteien einer FuE-Vereinbarung einander oder einer gemeinsamen Einrichtung erteilen;
2. eine Spezialisierung bei der Produktion, soweit sie sich über eine i.S. von Art. 2 Nr. 11 F&E-GFVO »gemeinsame« Produktion von »Vertragsprodukten« hinaus auch auf andere Produkte erstreckt; insoweit kommt noch eine Freistellung nach der Spezialisierungs-GFVO in Frage.

546 Bei der Erteilung einer Lizenz an Anwendungs- und Verbesserungstechnologie zu F&E-Ergebnissen, welche die Vertragspartner eines F&E-Vertrags erzielen, wird man unterscheiden müssen:

Soweit diese Erteilung unmittelbar mit der Durchführung der betr. F&E-Vereinbarung verbunden ist – das ist bei F&E-Verträgen, die eine gemeinsame Verwertung vorsehen, anzunehmen in der Phase, in der die Vertragspartner die F&E-Ergebnisse gemeinsam verwerten, siehe Kap. 5 Rdn. 390 –, richtet sich die Freistellung allein nach der F&E-GFVO.

Ist jedoch diese unmittelbare Verbindung nicht gegeben, weil es sich um einen »reinen« (d.h. eine gemeinsame Verwertung nicht vorsehenden) F&E-Vertrag handelt, oder bei einem F&E-Vertrag, der eine gemeinsame Verwertung vorsieht, nicht mehr gegeben, weil die Phase der gemeinsamen Verwertung geendet hat, scheidet eine Anwendung der F&E-GFVO aus. Hier kommt aber grundsätzlich auch nicht die Anwendung der TT-GFVO in Frage, weil die Lizenzierung der unter dem F&E-Vertrag erzielten F&E-Ergebnisse als derjenigen Technologie, auf die sich die Anwendungs- und Verbesserungstechnologie bezieht, in der Regel nur der Beurteilung nach der F&E-GFVO und nicht auch der Beurteilung nach der TT-GFVO unterliegt. Eine Ausnahme von diesem Grundsatz ist nur in dem Fall anzuerkennen, dass der F&E-Vertrag auch eine Lizenz i.S. von vorstehend 1. (s. Rdn. 545) an vorbestehender Technologie für andere Zwecke als die Erarbeitung und Verwertung von Ergebnissen vorsieht und die Anwendungs- und Verbesserungstechnologie zu den F&E-Ergebnissen gleichzeitig Anwendungs- und Verbesserungstechnologie zu der vorbestehenden Technologie bildet. Wenn die Lizenzierung der Anwendungs- und Verbesserungstechnologie weder in den Anwendungsbereich der F&E-GFVO noch in den Anwendungsbereich der TT-GFVO fällt, bleibt noch zu prüfen, ob sie aufgrund direkter Anwendung von Art. 81 Abs. 3 EGV freigestellt ist, siehe dazu Kap. 5 Rdn. 611–613.

bbb) Anwendung anderer Gruppenfreistellungsverordnungen als der Vertikal-GFVO auf F&E-Verträge

Zur grundsätzlichen Abgrenzung zwischen dem Geltungsbereich der Vertikal-GFVO und dem Geltungsbereich der F&E-GFVO wird auf Kap. 5 Rdn. 536 verwiesen und zu der speziellen Frage, ob die Vertikal-GFVO neben der F&E-GFVO auf einen horizontalen F&E-Vertrag anwendbar ist, wenn dieser im Rahmen der Regelung der Verwertungsrechte einen vertikalen Vertrag mit einem Dritten vorsieht oder zulässt, auf Kap. 5 Rdn. 539 und 540. 547

Zu klären bleibt die Frage, ob den Wettbewerb spürbar beschränkende Bestimmungen über die Übertragung und Nutzung von geistigen Eigentumsrechten in vertikalen F&E-Verträgen, wenn sie nicht durch Art. 2 Abs. 3 Vertikal-GFVO gedeckt sind, nach der TT-GFVO freigestellt sein können.[403] Wie in Kap. 5 Rdn. 325 und 344 ausgeführt, kommt unter Berücksichtigung der besonderen Interessenlage bei einem vertikalen Verhältnis eine spürbare Wettbewerbsbeschränkung jedenfalls dann in Frage, wenn sich die Lizenz auf die Herstellung von Produkten erstreckt, die der lizenzierende Partner im Rahmen des vertikalen Vertrages zum Zwecke der eigenen Herstellung entwickelt. Dieser besonderen Interessenlage würde man jedoch nicht Rechnung tragen, wenn man eine derartige Lizenz nach der TT-GFVO freistellen würde. 548

Auf derartigen Erwägungen beruht möglicherweise, dass Art. 1 Abs. 1 Buchst. b TT-GFVO eine Patentlizenzvereinbarung, eine Know-how-Vereinbarung, eine Softwarelizenz-Vereinbarung oder gemischte Patentlizenz-, Know-how- oder Softwarelizenzvereinbarungen mit Bestimmungen, die sich auf den Erwerb oder Verkauf von Produkten beziehen, nur dann als Technologietransfer-Vereinbarung qualifiziert, wenn diese Bestimmungen nicht den eigentlichen Gegenstand dieser Vereinbarung bilden. Die Anwendbarkeit der

403 Bejahend *Schultze/Pautke/Wagener* S. 123 (Rn. 273).

TT-GFVO auf einen Vertrag, der neben der Vereinbarung einer Herstellungslizenz Bestimmungen über den Erwerb oder den Verkauf von Produkten enthält, erscheint danach ausgeschlossen, wenn diese Bestimmungen den Hauptgegenstand der Vereinbarung bilden. Damit dürfte im Ergebnis die Anwendung der TT-GFVO nur bei solchen vertikalen Verträgen möglich sein, für die nach Art. 2 Abs. 5 Vertikal-GFVO die Anwendung der Vertikal-GFVO ausscheidet, s. dazu Kap. 5 Rdn. 525.

Auch wenn man entgegen der hier vertretenen Auffassung eine weitergehende Anwendung der TT-GFVO bejahen wollte,[404] würde dies noch nicht eine Freistellung spürbarer Wettbewerbsbeschränkungen bedeuten, die nicht durch die Lizenzerteilung begründet werden, insbesondere von Verpflichtungen zur Alleinbelieferung und zum Alleinbezug. Für eine Freistellung solcher Wettbewerbsbeschränkungen bleibt jedenfalls die Vertikal-GFVO die einschlägige GFVO, so dass zumindest insoweit die in ihr festgelegten Freistellungsvoraussetzungen erfüllt sein müssen. Daran fehlt es aber, wenn eine nicht durch Art. 2 Abs. 3 Vertikal-GFVO gedeckte Lizenz erteilt wird.

549 Im Übrigen gilt die Abgrenzungsregel des Art. 2 Abs. 5 Vertikal-GFVO, dass diese GFVO nicht für solche vertikale Vereinbarungen gilt, deren Gegenstand in den Geltungsbereich einer anderen GFVO fällt, s. dazu Kap. 5 Rdn. 525.

ee) Freistellung aufgrund unmittelbarer Anwendung von Art. 81 Abs. 3 EGV

aaa) Grundsätze der Freistellungs-LL für die unmittelbare Anwendung von Art. 81 Abs. 3 EGV

550 Eine umfangreiche Erörterung von Art. 81 Abs. 3, die nicht auf einen bestimmten Vertragstyp fokussiert ist, enthalten die Nr. 38 bis 116 der **Freistellungs-LL** (siehe zu diesen Leitlinien schon Kap. 5 Rdn. 69 sowie 220–246). Diejenigen Passagen dieser Leitlinien, welche dem Verfasser gerade auch für die Beurteilung von F&E-Verträgen nach Art. 81 Abs. 3 EGV als wichtig erscheinen, werden nachfolgend wiedergegeben oder skizziert und z.T. kommentiert.

551 **Nr. 43** bemerkt, dass die Freistellungsvoraussetzung **»Angemessene Beteiligung der Verbraucher«** normalerweise bedinge, dass die Effizienzgewinne infolge der wettbewerbsbeschränkenden Vereinbarung auf einem relevanten Markt die wettbewerbswidrigen Auswirkungen der Vereinbarung gerade auf

404 Vgl. *Loewenheim/Meessen/Riesenkampff*, GVO-Vertikal, Rn. 74, die ohne auf die Definition der »Technologietransfer-Vereinbarung« in Art. 1 Abs. 1 Buchst. b TT-GFVO einzugehen, offenbar unter Berücksichtigung der jeweiligen Interessenlage differenzieren wollen: Art. 2 Abs. 3 Vertikal-GFVO diene der notwendigen Abgrenzung, unter welchen Voraussetzungen die Vertikal-GFVO auf wettbewerbsbeschränkende Vereinbarungen anwendbar ist, die sich auf geistige Eigentumsrechte beziehen. In derartigen Fällen bestehe ein Spannungsverhältnis zwischen dem wesensmäßigen Schutz von geistigen Eigentumsrechten einerseits und der Notwendigkeit, eine Aushöhlung von Wettbewerbsregelungen zu verhindern. Bei den Regelungen über geistige Eigentumsrechte sei daher stets ein differenzierender Ausgleich der widerstreitenden Interessen erforderlich.

diesem Markt aufwiegen müssten, und nennt die Voraussetzungen, unter denen diese Bedingung bei miteinander verknüpften Märkten ausnahmsweise nicht gelten soll.

Nr. 44 stellt hins. der **Dauer der Freistellung** den Grundsatz auf, dass die Ausnahmeregelung von Art. 81 Abs. 3 so lange gilt, wie ihre vier Voraussetzungen erfüllt sind, und keine Anwendung mehr findet, sobald dies nicht mehr der Fall ist. Bei der Anwendung von Art. 81 dürfe jedoch nicht von der ex ante-Natur der Investitionsentscheidung abstrahiert werden. Das Risiko, vor dem die Parteien stehen (Anm.: Gemeint ist offenbar: zu dem Zeitpunkt, in dem sie die Investitionsentscheidung treffen), und die verlorenen Investitionen (sunk investment), die zur Durchführung der Vereinbarung vorgenommen werden, könnten somit bewirken, dass die Vereinbarung nicht unter Art. 81 Abs. 1 falle bzw. die Voraussetzungen von Abs. 3 für den Zeitraum erfülle, der erforderlich ist, um die Investitionskosten zu amortisieren. 552

Nr. 45 stellt in diesem Zusammenhang fest, dass in einigen Fällen die wettbewerbsbeschränkende Vereinbarung ein irreversibles Ereignis ist. So könne es im Falle einer F&E-Vereinbarung, in deren Rahmen die Parteien übereinkommen, ihre jeweiligen Forschungsarbeiten einzustellen und ihre Kapazitäten zusammenzulegen, technisch und wirtschaftlich unmöglich sein, das einmal aufgegebene Projekt wieder aufzunehmen. Die Beurteilung der wettbewerbswidrigen und der wettbewerbsfördernden Auswirkungen einer Vereinbarung, die individuellen Forschungsprojekte aufzugeben, müsse daher zu dem Zeitpunkt erfolgen, an dem ihre Umsetzung abgeschlossen wird. (Anm.: »abgeschlossen« ist hier offenbar i.S. von »beendet« gemeint; normalerweise wird der Zeitpunkt der Beendigung der individuellen Forschungsprojekte mit dem Zeitpunkt zusammenfallen, in dem die Parteien den F&E-Vertrag abschließen.) Wenn die Vereinbarung zu diesem Zeitpunkt mit Art. 81 vereinbar sei, z.B. weil eine ausreichende Anzahl konkurrierender F&E-Vorhaben von Dritten betrieben wird, bleibe die Übereinkunft der Parteien, ihre eigenen Projekte aufzugeben, mit Art. 81 vereinbar, selbst wenn zu einem späteren Zeitpunkt die Drittprogramme nicht erfolgreich sind. Art. 81 könne jedoch auf andere Teile der Vereinbarung anwendbar sein, für die sich die Frage der Irreversibilität nicht stelle. Wenn die Vereinbarung z.B. neben der gemeinsamen F&E auch die gemeinsame Verwertung umfasse, könne Art. 81 auf diesen Teil der Vereinbarung anwendbar sein, sofern sie aufgrund der zwischenzeitlich erfolgten Marktentwicklungen wettbewerbsbeschränkend wird und die Voraussetzungen von Abs. 3 nicht (mehr) erfüllt, wobei gemäß Nr. 44 die verlorenen ex ante-Investitionen (sunk investment) zu berücksichtigen seien (Anm.: Aufgrund eines offensichtlichen Schreibfehlers ist im deutschen Text von »ex ante-Inventionen« die Rede). 553

Diese Ausführungen modifizieren den Grundsatz gemäß Nr. 44 in einem für F&E-Verträge wichtigen Punkt. Danach zwingt Art. 81 Abs. 3 EGV die Vertragspartner nicht zum Abbruch einer einmal begonnenen F&E-Kooperation, wenn die Vereinbarung derselben mit Art. 81 vereinbar war, kann aber z.B. den Zeitraum für eine gemeinsame Verwertung, deren Vereinbarung von Art. 81 554

EGV zunächst gedeckt war, verkürzen, wobei wiederum das Interesse der Partner an einer Amortisation ihrer Investitionen zu berücksichtigen ist. Ob die Berücksichtigung dieses Interesses mit Art. 81 Abs. 3 EGV vereinbar ist, erscheint allerdings zweifelhaft. Sie könnte nämlich mit den Freistellungsvoraussetzungen von Abs. 81 Abs. 3 EGV allenfalls unter dem Aspekt etwas zu tun haben, dass Unternehmen aus Angst vor einer zu starken Verkürzung der Freistellungsdauer einer geplanten gemeinsamen Verwertung Abstand von einer zunächst überwiegend wettbewerbsfördernd erscheinenden Kooperation nehmen könnten. Dieser Aspekt dürfte indessen im Hinblick auf das viel größere Risiko jeder F&E, dass die technischen und wirtschaftlichen Ziele derselben nicht erreicht werden, keine Bedeutung für die Entscheidung der Unternehmen haben.

555 **Nr. 48 bis 72** befassen sich mit der Freistellungsvoraussetzung »**Wirtschaftlicher Nutzen**« **bzw.**, wie ihn diese Nr. schlagwortartig bezeichnet, mit der Voraussetzung »**Effizienzgewinne**«.

556 Nach **Nr. 49** können nur bei objektiver Betrachtung zu erwartende Effizienzgewinne Berücksichtigung finden; auf den subjektiven Standpunkt der Parteien komme es nicht an.

557 **Nr. 50** führt u.a. aus: Da für die Anwendung von Art. 81 Abs. 3 die wettbewerbsfördernden Wirkungen einer Vereinbarung die wettbewerbswidrigen Wirkungen aufwiegen müssen, muss die Verknüpfung zwischen der Vereinbarung und den behaupteten Effizienzgewinnen sowie deren Wert überprüft werden.

558 Nach **Nr. 51** müssen daher die Effizienzgewinne substantiiert werden, um folgendes nachprüfen zu können:

a) die Art der geltend gemachten Effizienzgewinne,
b) die Verknüpfung zwischen der Vereinbarung und den Effizienzgewinnen,
c) die Wahrscheinlichkeit und das Ausmaß jedes geltend gemachten Effizienzgewinns, und
d) wie und wann jeder geltend gemachte Effizienzgewinn erreicht wird.

559 **Nr. 53** stellt zu vorstehend b) klar, dass sich die Effizienzgewinne aus der Wirtschaftstätigkeit ergeben müssen, die Gegenstand der Vereinbarung ist. Bei diesen Tätigkeiten handele es sich z.B. um den Vertrieb, die Lizenzierung bestimmter Technologien, die gemeinsame Produktion oder gemeinsame F&E.

560 **Nr. 54** stellt zusätzlich klar, dass es sich bei dem Kausalzusammenhang zwischen der Vereinbarung und den behaupteten Effizienzgewinnen in der Regel um einen direkten Zusammenhang handeln muss; indirekte Wirkungen seien in der Regel zu ungewiss und zu fern liegend, um berücksichtigt werden zu können. Deshalb sei z.B. die Behauptung, eines Unternehmens, eine wettbewerbsbeschränkende Vereinbarung würde es in die Lage versetzen, seine Gewinne zu erhöhen und dadurch mehr F&E zu betreiben, nicht zu berücksichtigen.

561 **Nr. 59 bis 72** befassen sich mit den verschiedenen Arten von Effizienzgewinnen. Dabei unterscheiden sie zwischen Kosteneinsparungen (Nr. 64 bis 68) und qualitativen Effizienzgewinnen (Nr. 69 bis 72).

Nr. 64 bezeichnet die Entwicklung neuer Produktionstechniken und -verfahren als sehr wichtige Quelle von Kosteneinsparungen. Allgemein seien es Technologiesprünge, die das größte Einsparungspotenzial haben. 562

Nr. 65 bezeichnet als weitere wichtige Quelle für Effizienzgewinne Synergieeffekte infolge der Zusammenlegung bestehender Vermögenswerte. Dabei nennt Nr. 65 u.a. die Verbindung sich ergänzender Technologien. 563

Nr. 70 hebt bei der Erörterung qualitativer Effizienzgewinne hervor, dass technische und technologische Fortentwicklungen ein unverzichtbarer und dynamischer Bestandteil des Wirtschaftsgeschehens sind und bedeutende Vorteile in der Form verbesserter Waren und Dienstleistungen erbringen. 564

Die **Nr. 73 bis 82** erörtern die Freistellungsvoraussetzung der **Unerlässlichkeit** der Beschränkungen. 565

Nach **Nr. 73** verlangt diese eine zweistufige Prüfung: Erstens muss die Vereinbarung insgesamt vernünftigerweise notwendig sein, um die Effizienzgewinne zu erzielen. Zweitens müssen auch die einzelnen, sich aus der Vereinbarung ergebenden Wettbewerbsbeschränkungen hierfür vernünftigerweise notwendig sein. 566

Nach **Nr. 74** geht es dabei nicht um die Frage, ob die Vereinbarung ohne die Wettbewerbsbeschränkung geschlossen worden wäre, sondern vielmehr darum, ob mehr Effizienzgewinne mit der Vereinbarung oder Beschränkung als ohne sie erzielt werden. 567

Nr. 75 befasst sich mit der ersten Stufe der Prüfung gemäß Nr. 73 betr. das Erfordernis, dass die Vereinbarung insgesamt vernünftigerweise notwendig ist, um die Effizienzgewinne zu erzielen. Dieses Erfordernis sehe die Kommission als erfüllt an, wenn die Parteien erläutern und belegen, warum realistisch erscheinende und weniger wettbewerbsbeschränkende Alternativen für die Vereinbarung erheblich weniger effizient wären. 568

Nr. 76 betrifft die zweite Stufe der Prüfung gemäß Nr. 73, bei der es um die Frage geht, ob die Parteien die Effizienzgewinne durch eine weniger wettbewerbsbeschränkende Art von Vereinbarung hätten erzielen können. Zur Klärung dieser Frage kann es nach Nr. 76 notwendig sein zu prüfen, ob die Parteien (Anm.: Gemeint ist vermutlich »jede der Parteien oder wenigstens eine von ihnen«) die Effizienzgewinne allein hätten erzielen können. 569

Nach **Nr. 80** hat die Beurteilung der Unerlässlichkeit im Rahmen des tatsächlichen wirtschaftlichen Umfelds, in dem die Vereinbarung Anwendung findet, zu erfolgen, wobei insbesondere der Marktstruktur, den mit der Vereinbarung verbundenen Risiken und den Anreizen für die Parteien Rechnung zu tragen ist. Je ungewisser der Erfolg eines Produkts sei, das Gegenstand der Vereinbarung ist, umso mehr könnte die Wettbewerbsbeschränkung notwendig sein, um zu gewährleisten, dass Effizienzgewinne erzielt werden. Wettbewerbsbeschränkungen könnten ferner unerlässlich sein, um die Anreize für die Vertragsparteien anzugleichen und sicherzustellen, dass sie ihre Anstrengungen auf die Durchführung der Vereinbarung konzentrieren. 570

Nr. 81 weist darauf hin, dass Wettbewerbsbeschränkungen in manchen Fällen lediglich für einen befristeten Zeitraum unerlässlich sein können. 571

572 Aus **Nr. 82** geht hervor, dass Verbote des aktiven Verkaufs unerlässlich sein können, um Trittbrettfahrereffekte auszuschließen.

573 **Nr. 83 bis Nr. 104** betreffen die Voraussetzung »**Angemessene Beteiligung der Verbraucher**«.

574 **Nr. 84** stellt dabei klar, dass der Begriff »Verbraucher« alle Nutzer der Produkte umfasst, auf die sich die Vereinbarung bezieht, einschließlich Produzenten, die die Ware als Vorprodukte benötigen, Großhändler, Einzelhändler und Endkunden, also Kunden der Vertragsparteien und die späteren Käufer der Produkte.

575 **Nr. 92** führt aus: »Hat eine Vereinbarung sowohl erhebliche wettbewerbswidrige als auch erhebliche wettbewerbsfördernde Auswirkungen, ist eine sorgfältige Untersuchung erforderlich. Bei der Abwägungsprüfung ist in solchen Fällen zu berücksichtigen, dass der Wettbewerb langfristig ein wichtiger Motor für die Verwirklichung von Effizienzsteigerungen und Innovationen ist. Beherrschende Unternehmen, die keinem wirksamen Wettbewerbsdruck unterliegen, haben z.B. weniger Anreiz, Effizienzgewinne zu sichern oder auszubauen. Je umfangreicher die Auswirkungen der Vereinbarungen auf den Wettbewerb sind, umso wahrscheinlicher werden die Verbraucher langfristig Nachteile davontragen.«

576 **Nr. 105 bis 116** erörtern die Voraussetzung »**Keine Ausschaltung des Wettbewerbs**«.

577 **Nr. 105** stellt hierzu fest, dass der Schutz des Wettbewerbsprozesses das eigentliche Ziel von Art. 81 bleibt, und zwar nicht nur auf kurze, sondern auch auf lange Sicht.

578 Nach **Nr. 107** ist die Feststellung einer Ausschaltung des Wettbewerbs abhängig vom Grad des Wettbewerbs vor Abschluss der Vereinbarung und von den Auswirkungen der beschränkenden Vereinbarung auf den Wettbewerb. Je stärker der Wettbewerb auf dem betreffenden Markt bereits geschwächt sei, um so geringer brauchten die Wettbewerbsbeschränkungen sein, die bereits zu einer Ausschaltung des Wettbewerbs i.S. von Art. 81 Abs. 3 führen.

579 **Nr. 109** bemerkt zu Marktanteilen, dass diese zwar für die erwähnte Voraussetzung von Bedeutung seien, das Ausmaß der verbleibenden Quellen verbleibenden Wettbewerbs aber nicht allein anhand von Marktanteilen beurteilt werden könne.

580 Nach **Nr. 110** ist die erwähnte Voraussetzung nicht erfüllt, wenn durch die Vereinbarung eine der wichtigsten Formen des Wettbewerbs ausgeschaltet wird. Dies sei besonders der Fall, wenn eine Vereinbarung die Ausschaltung des Preiswettbewerbs oder des Wettbewerbs bei Innovationen oder der Entwicklung neuer Produkte zur Folge habe.

581 Nach **Nr. 114** sind bei der Prüfung der erwähnten Voraussetzung die Antriebskräfte des tatsächlichen Wettbewerbs die wichtigsten, jedoch sind die Quellen des potenziellen Wettbewerbs ebenfalls zu berücksichtigen. Die Beurteilung des potenziellen Wettbewerbs erfordere eine Untersuchung der Zutrittsschranken, denen sich die Unternehmen gegenübersehen, die nicht bereits auf dem relevanten Markt tätig sind. Behauptungen der Parteien, dass die

Marktzutrittsschranken niedrig seien, müssten durch Angaben belegt werden, wobei die Parteien auch substantiieren müssten, warum von diesen Quellen ein tatsächlicher Wettbewerbsdruck auf die Parteien ausgeht.

Nr. 115 nennt verschiedene Kriterien für die Beurteilung der Zutrittsschranken, u.a. (unter viii) umfangreiche Markteintritte in der Vergangenheit oder deren Fehlen. 582

Zusammenfassung: 583
Den Nr. 38 bis 116 der Freistellungs-LL lässt sich unter besonderer Berücksichtigung ihrer Bedeutung für F&E-Verträge Folgendes entnehmen:

Die Ausnahmeregelung von Art. 81 Abs. 3 gilt grundsätzlich nur so lange, wie die vier Voraussetzungen für die Freistellung erfüllt sind. Wenn aber die mit einem F&E-Vertrag verbundene Abrede der Parteien, ihre individuellen F&E-Projekte zugunsten des gemeinsamen F&E-Projekts aufzugeben, zum Zeitpunkt der Aufgabe der individuellen Projekte nach Art. 81 Abs. 3 EGV freigestellt gewesen ist, kann das gemeinsame F&E-Projekt bis zu seinem Ende durchgeführt werden. Etwas Anderes kann für die Dauer einer vereinbarten gemeinsamen Verwertung gelten; jedoch kann diese auf jeden Fall so lange erfolgen, wie dies für eine Amortisation der Investitionen der Parteien erforderlich ist.

Für die Freistellungsvoraussetzung »Wirtschaftlicher Nutzen« sind von den Vertragspartnern zu substantiieren:

a) die Art der geltend gemachten Effizienzgewinne,
b) die Verknüpfung zwischen der Vereinbarung und den Effizienzgewinnen,
c) die Wahrscheinlichkeit und das Ausmaß jedes geltend gemachten Effizienzgewinns, und
d) wie und wann jeder geltend gemachte Effizienzgewinn erreicht wird.

Dabei können zu den Effizienzgewinnen sowohl Kosteneinsparungen als auch qualitative Effizienzgewinne, z.B. in Form verbesserter Waren und Dienstleistungen, gehören. Die Vereinbarung und die Effizienzgewinne müssen i.d.R. in einem direkten Zusammenhang stehen.

Die Erfüllung der Voraussetzung »Unerlässlichkeit« erfordert zweierlei:

Erstens muss die Vereinbarung insgesamt vernünftigerweise notwendig sein, um die Effizienzgewinne zu erzielen, und zweitens müssen auch die einzelnen, sich aus der Vereinbarung ergebenden Wettbewerbsbeschränkungen hierfür nach Art und Dauer vernünftigerweise notwendig sein.

Bei der Voraussetzung »Angemessene Beteiligung der Verbraucher« umfasst der Begriff »Verbraucher« alle Kunden der Vertragsparteien und die späteren Käufer der Produkte, auf die sich die Vereinbarung bezieht.

Die Voraussetzung »Keine Ausschaltung des Wettbewerbs« ist nicht erfüllt, wenn die Vereinbarung die Ausschaltung einer der wichtigsten Formen des Wettbewerbs, z.B. den Wettbewerb bei Innovationen oder der Entwicklung neuer Produkte zur Folge hat. Ein wichtiges Kriterium ist hier, ob und ggf. inwieweit der Wettbewerb auf dem betr. Markt schon geschwächt ist.

bbb) Unmittelbare Anwendung von Art. 81 Abs. 3 EGV speziell bei den von den Horizontal-Leitlinien erfassten F&E-Verträgen

584 Für die Frage, ob wettbewerbsbeschränkende F&E-Verträge, die unter die Horizontal-LL fallen, – siehe dazu Kap. 5 Rdn. 72–85 – aufgrund unmittelbarer Anwendung von Art. 81 Abs. 3 freigestellt sind, sind neben der für alle Verträge geltenden Erörterung des Art. 81 Abs. 3 in den Freistellungs-LL (siehe dazu Kap. 5 Rdn. 550–583) die speziell F&E-Verträge betreffenden Nr. 67 bis 75 und Nr. 77 der Horizontal-LL und ergänzend die Nr. 31 bis 38 im Allgemeinen Teil dieser Leitlinien zu beachten. Die nachfolgende Darstellung erörtert zunächst Nr. 68 bis 75 und 77 dieser Leitlinien und nimmt dabei an den passenden Stellen auf die Nr. 31 bis 38 sowie 67 dieser Leitlinien Bezug.

585 Nach **Nr. 68** (vgl. dazu Nr. 64 und 65 der Freistellungs-LL) erfüllen die meisten F&E-Vereinbarungen die Freistellungsvoraussetzung »**Wirtschaftlicher Nutzen**« durch Kosteneinsparungen und die gegenseitige Befruchtung mit Ideen und Erfahrungen, wodurch verbesserte oder neue Produkte schneller entwickelt werden, als dies ohne Vereinbarung der Fall wäre. (Anm.: Die weiteren Ausführungen in Nr. 68 betreffen die Rechtfertigung der F&E-GFVO und sind deshalb für die direkte Freistellung durch Art. 81 Abs. 3 nicht relevant.)

586 Nach **Nr. 69** müssen die Beteiligten jedoch in dem Falle, dass die Zusammenarbeit erhebliche Marktmacht begründet oder verstärkt, spürbare Vorteile aufgrund der gemeinsamen F&E, nämlich die schnellere Einführung neuer Produkte/Techniken oder sonstige Leistungsgewinne nachweisen.

587 Mit diesem Nachweis ist allerdings wohl im Hinblick auf das Beispiel in Nr. 77 (s.u.) nur der Nachweis der Plausibilität solcher spürbaren Vorteile gemeint.[405] Die Aussage, dass dieser Nachweis im Falle der Begründung oder Verstärkung erheblicher Marktmacht zu führen ist – und das heißt ja wohl: nur in diesem Falle –, steht in gewissem Gegensatz zu Nr. 32, die kategorisch erklärt, dass behauptete Leistungsgewinne nachzuweisen sind. Um hier zu einer Vereinbarkeit der verschiedenen Aussagen zu kommen, muss man wohl annehmen, dass Nr. 69 in Fällen, in denen die Zusammenarbeit keine erhebliche Marktmacht begründet oder verstärkt, von einem »Beweis des ersten Anscheins« für den wirtschaftlichen Nutzen der Zusammenarbeit ausgeht.

588 Die Bedingung »**Angemessene Beteiligung der Verbraucher**« wird nicht in dem speziell F&E-Vereinbarungen gewidmeten Kapitel 2 der Horizontal-LL, sondern nur im Allgemeinen Teil derselben erörtert. Nach Nr. 34 hängt die Weitergabe des wirtschaftlichen Nutzens im Allgemeinen von der Wettbewerbsintensität im relevanten Markt ab. Diese offenbar auf relevante vorhandene Produktmärkte gemünzte Aussage passt nicht für alle F&E-Verträge; denn F&E-Verträge können ja auch auf völlig neue Produkte abzielen, die einen eigenen Markt bilden, auf dem – jedenfalls zunächst – kein Wettbewerb besteht.

405 Vgl. hierzu auch den Hinweis der *Monopolkommission* S. 370 unter Nr. 1038, dass die Kommission in einigen Freistellungsentscheidungen zu F&E-Verträgen eine höhere Forschungsergiebigkeit oder eine Fortschrittsförderung durch die Einsparung paralleler Forschungsaufwendungen ohne nähere Begründung angenommen hat.

Unter diesen Umständen wird man aus der Nichterwähnung der Bedingung in Kapitel 2 der Horizontal-LL wohl schließen müssen, dass diese Leitlinien dann, wenn von der F&E-Kooperation ein wirtschaftlicher Nutzen durch neue oder verbesserte Produkte oder Technologien zu erwarten ist, eine angemessene Beteiligung der Verbraucher als ohne Weiteres gegeben betrachten. Dies steht jedoch im Gegensatz zu der Aussage in Nr. 92 der Freistellungs-LL (siehe Kap. 5 Rdn. 575).

Nr. 70 betrifft die »**Unerlässlichkeit**«. Danach bilden die in Art. 5 F&E- 589
GFVO angeführten Beschränkungen, die eine Freistellung nach der F&E-GFVO ausschließen, einen guten Hinweis auf diejenigen Beschränkungen, die in den meisten Fällen auch eine Freistellung bei einer Einzelbewertung nach Art. 81 Abs. 3 EGV unmöglich machen.

Umgekehrt dürfte eine Vermutung dafür sprechen, dass Beschränkungen, 590
welche nach der F&E-GFVO freistellungsfähig sind, auch bei direkter Anwendung von Art. 81 Abs. 3 freistellungsfähig sind.

Danach ist z.B. im Hinblick auf Art. 5 Abs. 1 Buchst. a FE-GFVO zu 591
unterscheiden zwischen

- dem Verbot, während der Dauer der gemeinsamen F&E auf dem Projektgebiet oder einem mit diesem eng verwandten Gebiet mit Dritten zu kooperieren; dieses Verbot steht der Freistellung des F&E-Vertrags nach der F&E-GFVO nicht entgegen, siehe Kap. 5 Rdn. 444 und 445, und damit in der Regel auch nicht einer Freistellung aufgrund direkter Anwendung von Art. 81 Abs. 3 EGV; und
- dem Verbot, mit Dritten während der Dauer der gemeinsamen F&E auf einem Gebiet, das außerhalb des Projektgebiets und eines damit eng verwandten Gebiets liegt, bzw. nach Abschluss der gemeinsamen F&E auf irgendeinem F&E-Gebiet mit Dritten zu kooperieren; ein solches Verbot steht der Freistellung nach der F&E-GFVO nach deren Art. 5 Abs. 1 Buchst. a entgegen und damit in der Regel auch einer Freistellung aufgrund direkter Anwendung von Art. 81 Abs. 3 EGV.

Die unterschiedliche Bewertung der beiden Verbote lässt sich wie folgt begrün- 592
den:

F&E-Kooperationen dürften in der Regel scheitern, wenn sich ein Verbot der parallelen F&E mit Dritten nicht wenigstens für die Dauer der gemeinsamen F&E vereinbaren lässt. Dafür maßgebend ist vor allem das Interesse jeden Partners, dass alle unter Beteiligung des anderen Partners während der Laufzeit des Vertrags auf dem betr. F&E-Gebiet erzielten F&E-Ergebnisse nur dem gemeinsamen Projekt zugeordnet werden und nicht etwa einem vom anderen Partner mit einem Dritten betriebenen Projekt mit der Folge, dass die Verwertungsregelungen des Vertrags dafür nicht gelten. Trotzdem scheint die Kommission in einem nur für die Phase der gemeinsamen F&E vereinbarten Verbot der Parallelforschung mit Dritten eine Wettbewerbsbeschränkung zu sehen, siehe Kap. 5 Rdn. 234. Daran, dass ein solches Verbot auch in direkter Anwendung von Art. 81 Abs. 3 EGV freistellungsfähig ist, dürfte aber schon im Hinblick auf Art. 1 Abs. 2 F&E-GFVO in der Regel kein Zweifel bestehen.

Gegen eine Erstreckung des Verbots auf die Zeit nach Abschluss der gemeinsamen F&E spricht andererseits das von der Kommission stets betonte Interesse, unnötige Hindernisse für F&E-Kooperationen aus dem Weg zu räumen. Im Gegensatz dazu hält *Spieler*[406] bei voll bezahlten F&E-Aufträgen, die ausschließliche Rechte des Auftraggebers an F&E-Ergebnissen vorsehen, wegen Geheimhaltungsinteressen des Auftraggebers, die auch in Anbetracht einer Geheimhaltungsverpflichtung des Auftragnehmers noch bestehen, auch ein 1- bis 5-jähriges nachvertragliches Verbot für den Auftragsnehmer, Parallelforschung mit Dritten zu betreiben, für kartellrechtlich zulässig. Die Geheimhaltungsinteressen des Auftraggebers sind indessen kein sehr schwer wiegendes Argument, da sie durch die Geheimhaltungsverpflichtung des Auftragnehmers schon weitgehend abgedeckt sein dürften. Dabei muss der Auftragnehmer meist auch damit rechnen, dass eine nachvertragliche Kooperation mit einem Dritten, die das gleiche F&E-Gebiet wie der beendete F&E-Auftrag oder doch ein mit diesem F&E-Gebiet eng verwandtes Gebiet betreffen würde, einen Beweis des ersten Anscheins für eine Verletzung der Geheimhaltungsverpflichtung begründen würde.

593 Nach dem zweiten Satz von Nr. 35 des Allgemeinen Teils hängt die Erforderlichkeit einzelner Beschränkungen (und damit ihre Unerlässlichkeit) auch von den Marktbedingungen (vgl. dazu auch Nr. 80 der Freistellungs-LL, siehe Kap. 5 Rdn. 570) und der Dauer einer Vereinbarung (vgl. dazu auch Nr. 81 der Freistellungs-LL, siehe Kap. 5 Rdn. 571) ab.

594 Ersichtlich nur auf das Kriterium »Marktbedingungen« bezieht sich der dritte Satz von Nr. 35: »So können zum Beispiel Ausschließlichkeitsvereinbarungen andere Unternehmen am Trittbrettfahren hindern und damit zulässig sein.«. Da Nr. 35 dem Allgemeinen Teil der Horizontal-LL angehört und damit für alle »horizontalen« Vereinbarungen gilt, dürfte sie mit »Ausschließlichkeitsbindungen« nur den Ausschluss Dritter von der Kooperation meinen, nicht dagegen die Reservierung von F&E-Ergebnissen für die Vertragspartner eines F&E-Vertrags durch das Verbot, diesbezügliche Lizenzen an Dritte ohne Zustimmung aller Vertragspartner zu erteilen.

595 Der Aspekt »Ausschluss des Trittbrettfahrens« (vgl. zur Berücksichtigung von Trittbrettfahrer-Effekten auch Nr. 82 der Freistellungs-LL, siehe Kap. 5 Rdn. 572) kann jedoch auch eine solche Reservierung rechtfertigen. Er kann damit wohl auch ein Argument für die Freistellung einer entsprechenden Abrede bilden.

596 In diesem Zusammenhang ist auch die – systematisch falsch positionierte – Nr. 67 zu erwähnen. Danach können auch F&E-Verträge, die wegen Gewährung ausschließlicher Zugangsrechte nicht die Freistellungsvoraussetzung nach Art. 3 Abs. 2 F&E-GFVO erfüllen (siehe dort aber die Ausnahme für F&E-Verträge mit Forschungsinstituten usw., die F&E-Leistungen in Form gewerblicher Dienste erbringen und sich üblicherweise nicht als Verwerter von Ergebnissen betätigen), aufgrund direkter Anwendung von Art. 81 Abs. 3 EGV

406 WuW 1991, S. 451, 458.

freistellungsfähig sein, wenn derartige Rechte angesichts des Marktes, der Risiken und des Umfangs der zur Nutzung der Ergebnisse von Forschung und Entwicklung erforderlichen Investitionen unerlässlich sind. »Zugangsrechte« sind hier in einem weiten Sinne als Rechte auf tatsächlichen Zutritt und Verwertung zu verstehen, während in Art. 3 Abs. 2 F&E-GFVO unter »Zugang« nur der tatsächliche Zutritt zu verstehen ist, siehe Kap. 5 Rdn. 397.

Bei der »Dauer der Vereinbarung« (siehe dazu schon Nr. 44 und 45 der Freistellungs-LL und die diesbezüglichen Ausführungen unter Kap. 5 Rdn. 552–554) als dem weiteren in Rn. 36 aufgeführten Kriterium für die Beurteilung der Unerlässlichkeit ist zu beachten, dass ein F&E-Vertrag für die einzelnen in ihm enthaltenen Abreden unterschiedliche Laufzeiten festlegen kann. Das Kriterium ist deshalb so zu verstehen, dass die Dauer jeder einzelnen wettbewerbsbeschränkenden Abrede für die Unerlässlichkeit von Bedeutung ist. Dementsprechend gehört bei den »schwarzen Klauseln« gemäß Art. 5 Abs. 1 Buchst. b, e, g sowie h F&E-GFVO, die nach Nr. 70 im Normalfall ein Fehlen der Unerlässlichkeit indizieren, die Laufzeit der entsprechenden Abreden zu den Tatbestandsmerkmalen; vgl. zur zulässigen Dauer der Vereinbarung auch unten Kap. 5 Rdn. 601–605. 597

Nach **Nr. 71** ist die Bedingung »**Keine Ausschaltung des Wettbewerbs**« dann nicht erfüllt, wenn die F&E-Vereinbarung eine beherrschende Stellung auf vorhandenen Märkten oder bei der Innovation begründet oder verstärkt (Anm.: Vgl. demgegenüber Nr. 107 der Freistellungs-LL, siehe Kap. 5 Rdn. 578). Für die Innovation sei dies z.B. der Fall, wenn mit der Vereinbarung die einzigen beiden bestehenden Forschungspole zusammengelegt werden. Eine gewisse Abschwächung dieser Aussage ergibt sich allerdings aus Nr. 75, siehe Kap. 5 Rdn. 606–607. 598

»Innovation« ist hier wohl wieder i.S. von »Innovationsanstrengungen« gemeint, siehe dazu die Ausführungen zu Nr. 43 unter Kap. 5 Rdn. 107. 599

Nr. 72 bis 74, die ebenfalls noch unter der Überschrift »Keine Ausschaltung des Wettbewerbs« stehen, betreffen die Bewertungszeit und Dauer der Freistellung, insbesondere bei Vergemeinschaftung von Herstellung und Vermarktung. 600

Zur **Bewertungszeit**, die nach Nr. 72 besondere Aufmerksamkeit erfordert, führt Nr. 73 Folgendes aus: Am Anfang einer F&E-Zusammenarbeit sind Erfolg und Faktoren wie z.B. die zukünftige Marktstellung der Vertragspartner sowie die Entwicklung zukünftiger Produkt- oder Technologiemärkte noch nicht bekannt. Deshalb ist die Bewertung zum Zeitpunkt der Entstehung der Zusammenarbeit auf die zu jener Zeit vorhandenen Produkt- oder Technologiemärkte und/oder Innovationsmärkte wie in diesem Kapitel beschrieben (Anm.: Siehe zur Bedeutung des Begriffs »Innovationsmärkte« Kap. 5 Rdn. 110–114) beschränkt. Ergibt diese Bewertung keine Ausschaltung des Wettbewerbs, kann die F&E-Vereinbarung freigestellt werden. 601

Anschließend bemerkt Nr. 73 zur **Dauer der Freistellung** der Vergemeinschaftung: Führt die Bewertung zum Zeitpunkt des Abschlusses des F&E-Vertrags zu dem Ergebnis, dass ein Ausschluss von Wettbewerb auf vorhandenen 602

Märkten nicht erfolgt und auf künftigen Märkten nicht zu erwarten ist, erstreckt sich die Freistellung in der Regel auf die Dauer der F&E-Phase und, bei der gemeinsamen Produktion und Vermarktung entstehender »Ergebnisse« (Anm.: hier wohl nicht nur zu verstehen als die entwickelte Technologie, sondern auch als »Vertragsprodukte«), auf eine zusätzliche Phase für die zu erwartende Einführung in den Markt. Die zusätzliche Freistellungsphase ist dadurch begründet, dass Unternehmen, die zuerst mit einem neuen Produkt oder einer neuen Technologie in den Markt gehen, am Anfang häufig sehr hohe Marktanteile erzielen, außerdem wird eine erfolgreiche F&E in vielen Fällen durch geistige Eigentumsrechte entlohnt. Eine starke Marktstellung aufgrund der Vorteile des Zuerstkommens kann in der Regel nicht als Ursache für eine Ausschaltung des Wettbewerbs angesehen werden.

Nach Ausführungen darüber, dass sich deshalb sowohl die gruppenweise Freistellung nach der F&E-GFVO als auch die Freistellung aufgrund einer Einzelbewertung nach Art. 81 Abs. 3 EGV auch auf einen 7-Jahres-Zeitraum nach Beendigung der F&E-Phase unabhängig davon erstrecken kann, ob die Vertragspartner innerhalb dieses Zeitraums mit ihren neuen Produkten/Technologien einen hohen Marktanteil erzielen, bemerkt Nr. 73: »Dies schließt nicht die Möglichkeit aus, dass auch ein Zeitraum von mehr als sieben Jahren die Kriterien von Artikel 81 Abs. 3 erfüllt, wenn nachgewiesen werden kann, dass dies der Mindestzeitraum ist, um einen angemessenen Ertrag aus dem eingesetzten Kapital zu gewährleisten.«

603 Hier ist zunächst darauf hinzuweisen, dass sich die Freistellungsdauer nach Art. 4 Abs. 3 F&E-GFVO ohne Weiteres so lange über den erwähnten 7-Jahreszeitraum hinaus erstreckt, als die Summe der Anteile der beteiligten Unternehmen am relevanten Markt der Vertragsprodukte 25 % nicht überschreitet, und nach Art. 6 Abs. 2 bis 4 F&E-GFVO sogar noch darüber hinausgehen kann.

604 Im Ergebnis laufen die Ausführungen in Nr. 73 darauf hinaus, dass eine nur vorübergehende Ausschaltung des Wettbewerbs einer Freistellung nach Art. 81 Abs. 3 EGV nicht entgegensteht. Dabei erstaunt jedoch das Kriterium »angemessener Ertrag aus dem eingesetzten Kapital«. Da dieses Kriterium mit dem Merkmal »Keine Ausschaltung des Wettbewerbs« nichts zu tun hat, muss man sich fragen, ob es mit Art. 81 Abs. 3 EGV vereinbar ist; vgl. auch die Anmerkungen zu Nr. 45 der Freistellungs-LL unter Kap. 5 Rdn. 554.

605 Im Übrigen stehen die Ausführungen in Nr. 73 in gewissem Gegensatz zu Nr. 44 und Nr. 45 der Freistellungs-LL (siehe dazu Kap. 5 Rdn. 552–554), nach denen für die Beurteilung von F&E-Verträgen nach Art. 81 Abs. 3 EGV auch spätere Marktentwicklungen bis zu einem gewissen Grade berücksichtigt werden können und die Freistellungsdauer verkürzen können. Da die Freistellungs-LL später erlassen sind als die Horizontal-LL und hins. der Dauer der Freistellung spezielle Ausführungen zu F&E-Verträgen enthalten, sind sie jedenfalls in diesem Punkt als maßgebend zu betrachten.

606 **Nr. 75** (s. zu **Nr. 76** schon Kap. 5 Rdn. 310–312) betrifft folgendes **Fallbeispiel**: Die beteiligten Unternehmen haben auf dem Markt von elektronischen

Bauelementen zusammen einen Marktanteil von 60 %. Diese Bauelemente sollen durch zu entwickelnde, einem neuen Markt zugehörige Miniaturelemente ersetzt werden. Die Beteiligten bilden hier die einzigen beiden Forschungspole hinsichtlich des potenziellen zukünftigen Markts für die zu entwickelnden Komponenten.

Nr. 75 führt hierzu aus: Da sich die Marktanteile der Beteiligten auf dem Markt der zu ersetzenden Bauelemente zu mehr als 25 % addieren, kommt eine Freistellung des F&E-Vertrags nach der F&E-GFVO gemäß Art. 4 Abs. 2 derselben nicht in Betracht. Im Hinblick darauf. dass die Beteiligten die einzigen beiden Forschungspole bilden, kann es sich nach Nr. 75 selbst dann als unmöglich erweisen, die Voraussetzungen für eine Freistellung der F&E-Vereinbarung zu erfüllen, wenn sich die Beteiligten verpflichten, Dritten Know-how-Lizenzen für die Herstellung der zu entwickelnden Komponenten zu vertretbaren Bedingungen zu erteilen.

Die Formulierung »könnte es sich als unmöglich erweisen« lässt erkennen, 607
dass die Kommission entgegen der kategorischen Verneinung der Freistellungsmöglichkeit bei nur zwei Forschungspolen in Nr. 71 auch hier eine Freistellung im Falle der Lizenzbereitschaft der Beteiligten in Betracht zieht. Dabei überrascht, dass in diesem Zusammenhang nur von evtl. »Know-how-Lizenzen« und nicht auch von Lizenzen an evtl. entstehenden Schutzrechten die Rede ist; vgl. dazu auch Art. 3 Abs. 3 Satz 1 F&E-GFVO und die diesbezüglichen Ausführungen unter Kap. 5 Rdn. 410.

Nr. 77 betrifft ein **weiteres Fallbeispiel**, und zwar ein solches, in dem die 608
Kommission die Freistellungsfähigkeit eines F&E-Vertrags in direkter Anwendung von Art. 81 Abs. 3 bejaht: Das Beispiel betrifft die Gründung eines F&E-Gemeinschaftsunternehmens zur bloßen Verbesserung von vorhandenen Fahrzeugteilen und damit einen vorhandenen Produktmarkt. In diesem addieren sich die Marktanteile der Vertragspartner auf über 25 %, so dass auch hier eine Freistellung nach der F&E-GFVO gemäß Art. 4 Abs. 2 derselben nicht in Betracht kommt. Im Beispielsfall haben die Vertragspartner außerdem einen sehr hohen Anteil (45 %) auf dem vorhandenen Technologiemarkt. Sie werden jedoch die Produktion der betr. Fahrzeugteile weiterhin getrennt vornehmen. Die Produktzyklen sind mit 2 bis 3 Jahren relativ kurz, und in jedem der vergangenen 5 Jahre wurde von einem der führenden Hersteller eine neue Version oder eine Verbesserung eingeführt.

Nr. 77 analysiert diesen Fall inhaltlich wie folgt: Heranzuziehen ist hier neben dem Markt für die bestehenden Komponenten auch der Markt für die Erteilung von Lizenzen für die entsprechende Technologie (Anm.: Gemeint ist offenbar der vorhandene Technologiemarkt i.S. von Nr. 47 bis 49). Obwohl sich die F&E-Programme der Beteiligten weitgehend überschneiden, kann die Zusammenarbeit durch die Vermeidung von Doppelaufwendungen die Unternehmen in die Lage versetzen, mehr für F&E als einzeln aufzuwenden. Es sind noch mehrere andere Produkttechnologien vorhanden, und auch der Anteil am Erstausrüstungsmarkt verschafft den Beteiligten keine beherrschende Stellung. Obwohl der Anteil an dem Technologiemarkt mit 45 % sehr hoch ist, handelt es sich um konkurrierende Technologien. Außerdem sind die Fahrzeughersteller, die gegenwärtig ihre Technologien nicht in Lizenz vergeben, als potenzielle Marktzugänger anzusehen, wodurch die Partner in ihrer Fähigkeit zur Preiserhöhung eingeschränkt werden. Das Gemeinschaftsunternehmen (Anm.: Gemeint ist offenbar der seine Gründung vorsehende F&E-Vertrag) wird somit für eine Freistellung in Betracht kommen.

609 Bemerkenswert ist, dass die Kommission hier trotz des 45 %igen Anteils der Beteiligten am vorhandenen Technologiemarkt offenbar keine marktbeherrschende Stellung derselben auf diesem Markt annimmt. Dies ist allerdings angesichts der angreifbaren Definition dieses Marktes in Nr. 47 bis 49 – siehe dazu Kap. 5 Rdn. 130–133 – auch nicht verwunderlich.

610 Die Berücksichtigung der Fahrzeughersteller als potenzieller Wettbewerber auf dem Technologiemarkt widerspricht Nr. 49, nach der nur solche Unternehmen als potenzielle Wettbewerber zu berücksichtigen sind, die in den vorhandenen Technologiemarkt, so wie ihn die Horizontal-LL definieren, einzutreten gedenken, also bereits eine Lizenzerteilung beabsichtigen. Nach dem in dem Beispiel zugrunde gelegten Sachverhalt fehlt es jedoch an einer solchen Absicht.

611 Die Horizontal-LL lassen die Frage unbeantwortet, ob und unter welchen Voraussetzungen Art. 81 Abs. 3 bei F&E-Verträgen, die unter die Horizontal-LL fallen, auch nach Abschluss der Phase der gemeinsamen F&E und ggf. der anschließenden Phase gemeinsamer Verwertung Verpflichtungen von Vertragspartnern freistellt, einseitige oder wechselseitige **Lizenzen** an Technologien (hier gemeint als geheimes Know-how und/oder Schutzrechte/Schutzrechtsanmeldungen) **betr. die Anwendung bzw. Verbesserung der F&E-Ergebnisse** zu erteilen. Die Frage ist bedeutsam, weil, wie unter Kap. 5 Rdn. 390 und 546 ausgeführt, derartige Verpflichtungen, wenn sie über den erwähnten Zeitpunkt hinaus erstreckt werden, nicht mehr durch die F&E-GFVO und nur in Ausnahmefällen durch die TT-GFVO freigestellt sein dürften.

612 Man wird hier zwischen den verschiedenen Typen der unter die Horizontal-LL fallenden F&E-Verträge unterscheiden müssen:

Handelt es sich um einen F&E-Vertrag, nach dem ein Vertragspartner an den von ihm erarbeiteten F&E-Ergebnissen, soweit diese Know-how i.S. der F&E-GFVO darstellen, und an Schutzrechten für F&E-Ergebnisse im Einklang mit Art. 81 EGV einem anderen Vertragspartner eine ausschließliche Lizenz für die gewerbliche Nutzung erteilt (siehe dazu Art. 3 Abs. 2 F&E-GFVO sowie Nr. 57 und 76 der Horizontal-LL), dürfte auch die Erteilung einer ausschließlichen oder nicht ausschließlichen Lizenz an Anwendungs- und Verbesserungstechnologie, die während der Dauer der ausschließlichen Grundlizenz vom Lizenzgeber erarbeitet wird, nach Art. 81 EGV zulässig sein: In der Zeit vor Ablauf der ausschließlichen Grundlizenz ist nicht zu erwarten, dass der Lizenzgeber diese Anwendungs- und Verbesserungstechnologie anderweitig verwerten kann, und zwar selbst dann nicht, wenn die Verwertung dieser Technologie nicht mehr von geheimem Know-how und/oder Schutzrechten, die Gegenstand der Grundlizenz sind, abhängig ist. Unter diesen Umständen hat nämlich die Lizenzierung dieser Technologie für die Zeit bis zum Ablauf der ausschließlichen Grundlizenz nur volkswirtschaftlich positive Aspekte. Nach Ablauf der ausschließlichen Grundlizenz erscheint dagegen die Lizenzierung dieser Technologie auf ausschließlicher Basis nicht mehr mit Art. 81 Abs. 3 EGV vereinbar. Es bestehen jedoch keine Bedenken gegen ein Weiterbestehen der Lizenz an dieser Technologie auf nicht ausschließlicher Basis. Ein Zwang zur Beendigung dieser Lizenz wäre volkswirtschaftlich kontraproduktiv, weil der Auftraggeber dann u.U. bereits eingeführte Produkte nicht weiter herstellen und vertreiben dürfte.

Dagegen sind dann, wenn jeder Vertragspartner ein Verwertungsrecht an 613
F&E-Ergebnissen erhält, Lizenzen an Anwendungs- und Verbesserungstechnologie, die nach der Phase der gemeinsamen F&E und ggf. der anschließenden Phase gemeinsamer Verwertung entsteht, kritischer zu sehen. Solche Lizenzen dürften nur dann nach Art. 81 Abs. 3 EGV freigestellt sein, wenn sie wechselseitig sind. Aber auch dann dürften die Freistellungsvoraussetzungen selbst nach den milden Kriterien der Kommission in vielen Fällen nicht erfüllt sein, weil die Lizenz ggf. den Beginn der Phase, in der die Vertragspartner wieder dem uneingeschränkten wechselseitigen Forschungswettbewerb auf dem F&E-Gebiet ausgesetzt sind, über den Zeitpunkt hinaus erstrecken kann, in welchem die Partner bereits gemeinsam einen hohen Marktanteil erworben haben.

Das **Verbot der Zusammenarbeit mit Dritten** dürfte in dem Rahmen frei- 614
stellungsfähig sein, in dem es nach der F&E-GFVO durch Art. 1 Abs. 2 bzw. Art. 5 Abs. 1 Buchst. a) derselben bei Vorliegen der sonstigen Freistellungsvoraussetzungen freigestellt ist, s. dazu Kap. 5 Rdn. 591 und 592.

Zusammenfassung: 615

Die Horizontal-LL enthalten zur Freistellung der von ihnen erfassten F&E-Verträge gegenüber den Freistellungs-LL nur wenige zusätzliche Aspekte und sind in dem Punkt »Dauer der Freistellung« durch die Freistellungs-LL teilweise überholt. Von Bedeutung ist allerdings die Aussage in Nr. 70, dass Vereinbarungen, welche »schwarze Klauseln« i.S. von Art. 5 F&E-GFVO enthalten, in den meisten Fällen auch nicht aufgrund einer Einzelbewertung nach Art. 81 Abs. 3 EGV freistellungsfähig sind. Damit schieben die Horizontal-LL z.B. einer Erstreckung des Verbots einer Kooperation mit Dritten auf die Zeit nach Beendigung der gemeinsamen F&E einen Riegel vor.

Die Untersuchung widmete sich auch einigen Fragen zur Freistellung von F&E-Verträgen in direkter Anwendung von Art. 81 Abs. 3, die nicht von den Horizontal-LL angesprochen werden, und kam zu folgenden Ergebnissen:

Soweit die Erteilung einer ausschließlichen Lizenz an F&E-Ergebnissen durch einen der Vertragspartner nach Art. 81 EGV (sei es aufgrund einer GFVO, sei es deshalb, weil sich ein Verbot nicht aus einer direkter Anwendung dieser Bestimmung ergibt) zulässig ist, wird man auch die Freistellungsfähigkeit einer Verpflichtung dieses Vertragspartners, Lizenzen an während der Dauer der Ausschließlichkeit entstehender Anwendungs- und Verbesserungstechnologie zu erteilen, in direkter Anwendung von Art. 81 Abs. 3

bejahen können. Dagegen dürfte bei F&E-Verträgen, nach denen beide Vertragspartner zur Verwertung der F&E-Ergebnisse berechtigt sind, in der Regel eine Freistellung ihrer Verpflichtung ausscheiden, einander Anwendungs- und Verbesserungstechnologie, die nach der Phase der gemeinsamen F&E und ggf. der anschließenden Phase gemeinsamer Verwertung entsteht, zu lizenzieren.

Das Verbot der Zusammenarbeit mit Dritten dürfte in dem Rahmen freistellungsfähig sein, in dem es nach der F&E-GFVO durch Art. 1 Abs. 2 bzw. Art. 5 Abs. 1 Buchst. a) derselben bei Vorliegen der sonstigen Freistellungsvoraussetzungen freigestellt ist.

ccc) Unmittelbare Anwendung von Art. 81 Abs. 3 EGV speziell bei den von den Vertikal-LL erfassten F&E-Verträgen

616 Bei von den Vertikal-LL erfassten F&E-Verträgen (s. dazu Kap. 5 Rdn. 86) kann sich die Frage der Freistellung in unmittelbarer Anwendung von Art. 81 Abs. 3 EGV u.a. dann stellen, wenn sie eine Verpflichtung des Lieferanten vorsehen, die entwickelten Komponenten für einen gewissen Zeitraum (»Vorlauf«) nur an den Abnehmer zu liefern (Alleinbelieferungsverpflichtung), ggf. in Verbindung mit einer Verpflichtung des Abnehmers, die entwickelten Produkte während des Vorlaufs nur von dem Lieferanten zu beziehen (Alleinbezugsverpflichtung), und die Freistellung solcher Ausschließlichkeitsbindungen nach der Vertikal-GFVO wegen zu hoher Marktanteile der Vertragspartner auf ihren einschlägigen relevanten Märkten nicht in Frage kommt.

617 Die Problematik der Freistellung in direkter Anwendung von Art. 81 Abs. 3 erörtert für einen solchen Fall **Rn. 213 Vertikal-LL**. Dort wird unter der Überschrift **»Beispiel für eine Alleinbelieferung«** Folgendes ausgeführt:

»Auf einem Markt für einen bestimmten Komponententyp (Zwischenprodukte) kommt Lieferant A mit Käufer B überein, mit eigenem Know-how und erheblichen Investitionen in neue Maschinen sowie mit Hilfe der vom Käufer B vorgegebenen Spezifikationen einen neuen Typ von Bauteilen zu entwickeln. B muss erhebliche Investitionen tätigen, um die neue Komponente in sein Produkt einzubauen. Es wird vereinbart, dass A das neue Produkt ab dessen Markteinführung fünf Jahre ausschließlich an B verkauft. B darf das Produkt während desselben Zeitraums nur von A beziehen. Frühere Generationen des Produkts dürfen A und B jedoch weiterhin an andere Kunden verkaufen bzw. bei einem anderen Lieferanten beziehen. Der Marktanteil von Käufer B auf dem vorgelagerten Komponentenmarkt und auf dem nachgelagerten Endproduktmarkt beträgt jeweils 40 %. Der Komponentenlieferant hat einen Marktanteil von 35 %. Zwei weitere Komponentenlieferanten halten rund 20 bis 25 % Marktanteil; daneben gibt es noch eine Reihe kleinerer Anbieter.

Wegen der erheblichen Investitionen dürfte die Vereinbarung in Anbetracht der Effizienzgewinne und des geringen Marktausschlusseffekts die Voraussetzungen für eine Freistellung erfüllen. Andere Käufer werden nur von dem

Markt für eine bestimmte Version des Produkts eines Lieferanten ausgeschlossen, der einen Marktanteil von 35 % hat; außerdem gibt es noch andere Bauteillieferanten, die ähnliche neue Produkte entwickeln könnten. Desgleichen beschränkt sich der Ausschluss anderer Lieferanten nur auf den Teil des Beschaffungsmarkts, den Käufer B besetzt, d.h. höchstens 40 %.«

Im Beispiel nach Rn. 213 scheidet eine Freistellung nach der Vertikal-GFVO 618 aus mehreren Gründen aus, ohne dass dies erwähnt wird: Es fehlt an der Freistellungsvoraussetzung nach Art. 3 Abs. 1 Vertikal-GFVO, dass der Marktanteil des Lieferanten auf dem relevanten Markt, auf dem er die Vertragswaren (die zu entwickelnden Komponenten) verkauft, 30 % nicht übersteigt (s. dazu Kap. 5 Rdn. 527). Weiter ist die Freistellungsvoraussetzung nach Art. 3 Abs. 2 Vertikal-GFVO nicht erfüllt, dass der Anteil des Käufers an dem relevanten Markt, auf dem er die Vertragswaren einkauft, 30 % nicht überschreitet (s. dazu Kap. 5 Rdn. 528). Schließlich scheidet eine Freistellung nach der Vertikal-GFVO nach Art. 4 Buchst. e wegen des von der Alleinbelieferungsverpflichtung umfassten Verbots aus, die Vertragswaren als Ersatzteile an Endverbraucher oder an Reparaturwerkstätten oder andere Dienstleistungserbringer zu verkaufen, die der Käufer nicht mit der Reparatur oder Wartung seiner eigenen Erzeugnisse betraut hat (s. dazu Kap. 5 Rdn. 529).

Was zunächst im Beispiel gemäß Rn. 213 der Vertikal-LL die **Alleinbeliefe-** 619 **rungsverpflichtung** des Lieferanten A betrifft, erscheint die Begründung der Freistellungsfähigkeit derselben mit den erheblichen Investitionen, die der Käufer B tätigen muss, um die neue Komponente in sein Produkt einzubauen, nicht ohne weiteres plausibel. Der für eine Freistellung erforderliche wirtschaftliche Nutzen dieser Verpflichtung setzt voraus, dass sie für das Zustandekommen der F&E-Kooperation erforderlich ist. Davon kann man aber allein aufgrund des erheblichen Volumens der vom Käufer B vorzunehmenden Investitionen nicht ausgehen. Die Abhängigkeit der Durchführung des F&E-Projekts von der Alleinbelieferungsverpflichtung des Lieferanten wäre erst dann zu bejahen, wenn die Anpassung des Endprodukts an das zu entwickelnde Produkt mit einem so hohen Aufwand verbunden wäre, dass dieser ohne diese Alleinbelieferungsverpflichtung nicht amortisiert werden könnte.

Die Voraussetzungen für eine Freistellung der Alleinbelieferungsverpflich- 620 tung könnten auch dann erfüllt sein, wenn der Käufer B kostspielige Versuche mit vom Lieferanten im Rahmen der Entwicklung erarbeiteten Versuchsmustern durchführen müsste. Auch hier könnte die Kooperation für den Käufer B ohne Alleinbelieferungsverpflichtung des Lieferanten A uninteressant sein.

Eine Freistellung der Alleinbelieferungsverpflichtung käme auch in Frage, 621 wenn Käufer B – entgegen dem in dem Fall zugrunde gelegten Sachverhalt – zur Entwicklung des zu entwickelnden Produkts erhebliches eigenes Know-how beisteuern würde. In diesem Fall könnte ihn die Befürchtung, dass sein Know-how mittelbar auch der Konkurrenz durch den Bezug des neuen Produkts vom Lieferanten A zugute kommen würde, ohne Alleinbelieferungsverpflichtung des Lieferanten A von der F&E-Kooperation abhalten.

622 Der in Rn. 213 der Vertikal-LL vertretenen Auffassung, dass bei der Beurteilung der Freistellungsfähigkeit der Alleinbelieferungsverpflichtung der Marktanteil des Käufers B auf den von ihm besetzten Beschaffungsmarkt zu berücksichtigen ist, erscheint aus mehreren Gründen zutreffend: Je höher dieser Marktanteil ist, desto unwahrscheinlicher ist es, dass die Kooperation ohne Alleinbelieferungsverpflichtung des Lieferanten A scheitern würde, weil dann der Lieferant A ohnehin beim Absatz des neuen Produkts in hohem Grad vom Käufer B abhängig sein würde. Außerdem steigt mit der Höhe des Marktanteils des Käufers B der Marktausschlusseffekt für andere mögliche Abnehmer des Lieferanten A auf dem betr. Markt.

623 Dabei erscheint für die Freistellungsfähigkeit, vor allem wegen des Erfordernisses der Unerlässlichkeit der Wettbewerbsbeschränkung, auch die Dauer der Alleinbelieferungsverpflichtung von Bedeutung.

624 Nicht unerlässlich erscheint der Ausschluss des Lieferanten A von Lieferungen der zu entwickelnden Komponente als Ersatzteil gemäß Art. 4 Buchst. e Vertikal-GFVO. Die Kommission hätte deshalb die Freistellungsfähigkeit des F&E-Vertrags verneinen müssen.[407]

625 Im Übrigen stellt sich bei der Beurteilung der Unerlässlichkeit die Frage, ob der nötige Anreiz für die Kooperation nicht auch dadurch gewährleistet werden kann, dass der Lieferant A bei Lieferung der neuen Produkte an Dritte zur Zahlung von umsatzabhängigen Gebühren an den Käufer B verpflichtet werden kann. Solche Gebühren dürften aber für den Käufer B i.d.R. wenig attraktiv sein. Ihm können wegen der Möglichkeit der Wettbewerber, praktisch ohne Zeitverzug die neuen Vorprodukte einzusetzen, die Vorteile, die er durch den Einsatz dieser Produkte erzielen kann, weitgehend verloren gehen. Dazu kommt für ihn der bürokratische Aufwand für die Prüfung der Abrechnungen.

626 Die **Alleinbezugsverpflichtung** des Käufers B in Bezug auf die entwickelten Produkte erscheint in dem in Rn. 213 der Vertikal-LL gebildeten Beispiel als freistellungsfähig.

Grundsätzlich kann man nämlich von einem Lieferanten von Komponenten für ein Endprodukt nicht erwarten, dass er sich unter Aufwendung hoher Kosten um die Entwicklung einer neuen Technologie bemüht, für den Erfolgsfall aber auf einen Wettbewerbsvorsprung verzichtet, indem er zulässt, dass der Abnehmer das Ergebnis der gemeinsamen F&E sofort mit einem Dritten auswertet[408], siehe zur Berücksichtigung des »Trittbrettfahrer«-Aspekts schon Kap. 5 Rdn. 594 und 595.

Mit dem Hinweis, dass es im gebildeten Fall außer dem Lieferanten A noch andere Bauteilelieferanten gibt, die ähnliche neue Produkte entwickeln könnten, stellen die Erörterungen in Rn. 213 der Vertikal-LL zudem klar, dass hier hins. der Bezugsverpflichtung die Freistellungsvoraussetzung »Keine Ausschaltung des Wettbewerbs« erfüllt ist.

407 Das meint wohl auch *Winzer (F&E-Verträge)*, wenn er auf S.184 dunter Rn. 87 die Vermutung äußert, dass der Kommission bei der Beispielsbildung Art. 4 Buchst. e entgangen ist.

408 Vgl. Kommission »ACEC/Berliet« GRUR Int. 1969, S. 64, 66.

Eine weitere mögliche Abrede, die nicht zu den Randbedingungen des in Rn. 213 Vertikal-LL erörterten Falls gehört, wäre ein **Verbot der Kooperation mit Dritten** auf dem Projektgebiet oder einem mit diesem eng verwandten Gebiet für die Dauer der F&E-Phase (s. zur Wettbewerbsbeschränkung durch ein solches Verbot Kap. 5 Rdn. 343). Der Vertrag kann ein solches Verbot nur dem als Lieferanten vorgesehenen Vertragspartner, nur dem als Abnehmer vorgesehenen Vertragspartner oder beiden Vertragspartnern auferlegen. Das Verbot kann eine Alleinbelieferungsverpflichtung bzw. eine Alleinbezugsverpflichtung absichern. Derartige Verpflichtungen könnten leicht umgangen werden, wenn der bzw. die gebundene(n) Partner vertraglich frei wäre(n), während der F&E-Phase eine ähnliche Parallelentwicklung mit Dritten zu betreiben. Unter diesen Umständen dürfte seine Freistellung in direkter Anwendung von Art. 81 Abs. 3 EGV oft in Frage kommen. 627

Wie bei Verträgen, die unter die Horizontal-LL fallen, (s. dazu Kap. 5 Rdn. 591 und 592) erscheinen dagegen Verbote der Kooperation mit Dritten nicht freistellungsfähig, die sich auf die Zeit nach Abschluss der F&E-Phase erstrecken und/oder ein Gebiet außerhalb des Projektgebiets betreffen, das mit dem Projektgebiet nicht eng verwandt ist. 628

Ebenso wenig dürften Vereinbarungen in unter die Vertikal-LL fallenden F&E-Verträgen die Freistellungsvoraussetzungen erfüllen, welche zugunsten eines Partners **ausschließliche Lizenzen** an geheimem Know-how, das zu den F&E-Ergebnissen gehört, und an Schutzrechten/Schutzrechtsanmeldungen vorsehen und nicht durch die Zulieferbekanntmachung gedeckt sind (s. dazu Kap. 5 Rdn. 339 und 309). Bei solchen Vereinbarungen dürfte schon die Freistellungsvoraussetzung »Wirtschaftlicher Nutzen« nicht erfüllt sein. 629

Bei **nicht ausschließlichen Lizenzen**, welche den Wettbewerb beschränken (s. dazu Kap. 5 Rdn. 324–325), aber nicht den Freistellungsvoraussetzungen gemäß Art. 2 Abs. 3 Vertikal-GFVO entsprechen (s. dazu Kap. 5 Rdn. 517–523), wird es sich oft um beschränkte Lizenzen folgender Art handeln: 630

- eine Lizenz, welche der als Lieferant einer zu entwickelnden Komponente vorgesehene Vertragspartner (Vertragspartner A) dem als Abnehmer und Verwender dieser Komponente vorgesehenen Vertragspartner (Vertragspartner B) an seinen F&E-Ergebnissen erteilt und welche den Vertragspartner B in die Lage versetzt, die Komponente für den Eigenbedarf bzw. als Ersatzteile für die von ihm vertriebenen End- oder Zwischenprodukte (vgl. Art. 4 Abs. 2 Buchst. b iii) TT-.GFVO) auch selbst herzustellen oder für sich von einem Dritten herstellen zu lassen; und
- eine Lizenz, welche der Vertragspartner B dem Vertragspartner A mit dem Recht zur Unterlizenzierung an dessen andere Abnehmer der zu entwickelnden Komponente erteilt und welche Technologie zur Verwendung der Komponente für die Herstellung des Zwischen- oder Endprodukts betrifft.

Auch eine beschränkte Lizenz gemäß dem ersten oder zweiter Teilstrich kann den Vertragspartner, der sie erteilt, in seinem Verhältnis zum anderen Vertragspartner wirtschaftlich erheblich schwächen (s. zu den Risiken von unbeschränkten Lizenzen obiger Art schon Kap. 5 Rdn. 324 und 325), weil eine Lizenz gemäß dem ersten Teilstrich den als Abnehmer der Komponente vorgesehenen Vertragspartner in die Lage versetzt, den anderen Vertragspartner als Lieferanten der Komponente zu umgehen, und weil eine Lizenz gemäß dem zweiten Teilstrich für den als Lieferanten der Komponente vorgesehenen Vertragspartner die entscheidende Voraussetzung für den Vertrieb der Komponente auch an andere Abnehmer sein kann. Unter bestimmten Umständen kann hier aber ein wirtschaftliches Ungleichgewicht zwischen den Vertragspartnern mit Nachteilen für den Wettbewerb auf den relevanten Märkten entfallen. Das kann z.B. bei einer einseitigen Lizenz gemäß dem 2. Teilstrich der Fall sein, wenn der Lieferant seinerseits dem Abnehmer einen »Vorlauf« einräumt, d.h. sich zur ausschließlichen Belieferung desselben mit der zu entwickelnden Komponente während eines bestimmten Zeitraums verpflichtet. Auch gegenseitig erteilte Lizenzen gemäß dem 1. und 2. Teilstrich werden oft die Voraussetzungen für eine Freistellung nach Art. 81 Abs. 3 EGV erfüllen, zumal sie zu einem verstärkten Einsatz der entwickelten Komponente zum Nutzen der Verbraucher führen können.

631 **Zusammenfassung:**
Eine Freistellung vertikaler F&E-Verträge zwischen Nichtwettbewerbern, die Alleinbelieferungs- und/oder Alleinbezugsverpflichtungen der Vertragspartner hins. der nach diesen Verträgen zu entwickelnden Produkte vorsehen, in direkter Anwendung von Art. 81 Abs. 3 EGV kommt auch dann in Frage, wenn eine Freistellung nach der Vertikal-GFVO an der Überschreitung der Marktanteilsschwellen gemäß Art. 3 bzw. Art. 9 dieser GFVO scheitert. Das Verbot einer Kooperation mit Dritten auf dem Projektgebiet wird den Freistellungstatbestand von Art. 81 Abs. 3 EGV erfüllen, wenn es nur für die Dauer der F&E-Phase vereinbart wird. Ausschließliche Lizenzen, welche ein Vertragspartner dem anderen an geheimem Know-how, das zu den F&E-Ergebnissen gehört, und an Schutzrechten/Schutzrechtsanmeldungen für F&E-Ergebnisse gewährt, dürften die Freistellungsvoraussetzungen von Art. 81 Abs. 3 EGV nicht erfüllen. Dagegen kann eine Lizenz, welche der als Lieferant einer zu entwickelnden Komponente vorgesehene Vertragspartner dem anderen Vertragspartner erteilt, um diesen in die Lage zu versetzen, die Komponente zur Verwendung in einem Zwischen- oder Endprodukt auch selbst herzustellen oder von Dritten herstellen zu lassen, oder eine Lizenz, welche der als Abnehmer der Komponente vorgesehene Vertragspartner dem anderen Vertragspartner an Technologie zur Verwendung der Komponente in einem Zwischen- oder Endprodukt mit dem Recht zur Unterlizenzierung an andere Abnehmer der Komponente erteilt, oder eine Kombination solcher Lizenzen den Freistellungsvoraussetzungen von Art. 81 Abs. 3 EGV genügen, und zwar insbesondere dann, wenn die Rechte der Vertragspartner wirtschaftlich ausbalanciert sind.

IV. Beurteilung von F&E-Verträgen nach deutschem Kartellrecht

1. Überblick

Das deutsche Kartellrecht kann für F&E-Verträge 632
- im Hinblick auf die Kartellverbotsbestimmungen der §§ 1 bis 3 GWB und
- dann, wenn sie die Gründung eines Gemeinschaftsunternehmens vorsehen, unter dem Aspekt der deutschen Fusionskontrolle relevant sein.

Sieht ein F&E-Vertrag die **Gründung eines Gemeinschaftsunternehmens** 633 vor, kann diese in seltenen Fällen (regelmäßig nur dann, wenn das Gemeinschaftsunternehmen ein Vollfunktionsunternehmen von gemeinschaftsweiter Bedeutung ist, siehe Kap. 5 Rdn. 19–27) der EG-Fusionskontrolle unterliegen. In allen anderen Fällen ist zu prüfen, ob die Vereinbarung über die Gründung eines Gemeinschaftsunternehmens der deutschen Fusionskontrolle unterliegt. Dies setzt nach § 35 Abs. 1 GWB grundsätzlich voraus, dass
- die beteiligten Unternehmen insgesamt weltweit Umsatzerlöse von mehr als 500 Mio. € haben und
- mindestens ein beteiligtes Unternehmen im Inland Umsatzerlöse von mehr als 25 Mio. € hat.

Ausnahmsweise entfällt die Fusionskontrolle nach § 35 Abs. 2 auch unter diesen 634 Voraussetzungen, wenn
- sich ein Unternehmen, das nicht i.S. von § 36 Abs. 2 abhängig ist und im letzten Geschäftsjahr weltweit Umsatzerlöse von weniger als 10 Mio. € erzielt hat, mit einem anderen Unternehmen zusammenschließt, oder
- ein Markt betroffen ist, auf dem seit mindestens fünf Jahren Waren oder gewerbliche Leistungen angeboten werden und auf dem im letzten Kalenderjahr weniger als 15 Mio. € umgesetzt wurden.

Unterliegt der Vertrag über die Gründung eines Gemeinschaftsunternehmens, 635 das zunächst nur Forschungsaufgaben erfüllen soll, nach den obigen Kriterien der deutschen Fusionskontrolle, und werden dem Gemeinschaftsunternehmen, nachdem es die deutsche Fusionskontrolle unbeanstandet passiert hat, später durch Änderung seines Gegenstands auch Produktions- und/oder Vertriebsfunktionen zugewiesen, ist es nicht allein deswegen einer erneuten Fusionskontrolle unterworfen, siehe dazu im Einzelnen Kap. 5 Rdn. 644.

Nach § 36 Abs. 1 GWB ist ein der deutschen Fusionskontrolle unterliegendes 636 Gemeinschaftsunternehmen, von dem zu erwarten ist, dass es eine marktbeherrschende Stellung begründet oder verstärkt, zu untersagen. Eine Ausnahme gilt für den seltenen Fall, dass die beteiligten Unternehmen nachweisen können, dass durch den Zusammenschluss auch Verbesserungen der Wettbewerbsbedingungen eintreten und dass diese Verbesserungen die Nachteile der Marktbeherrschung überwiegen.

637 Für die Frage der marktbeherrschenden Stellung gilt der »gespaltene Marktbeherrschungsbegriff« des § 19 Abs. 2 GWB. Danach gibt es sowohl die Marktbeherrschungsform der überragenden Marktstellung als auch die Marktbeherrschungsform des fehlenden wesentlichen Wettbewerbs. Hierfür begründet § 19 Abs. 3 GWB bestimmte Vermutungen.

638 Vereinbarungen über die Gründung des Gemeinschaftsunternehmens und der Vollzug dieser Vereinbarung sind beim BKartA gemäß § 39 von den beteiligten Unternehmen anzumelden, es sei denn, es erfolgte eine Verweisung durch die Kommission an das BKartA nach Art. 9 FKVO (siehe dazu Kap. 5 Rdn. 27).

639 Die Kartellverbotsbestimmungen der **§§ 1 bis 3 GWB** sind in allen Fällen, in denen der Vertrag i.S. von § 130 Abs. 2 GWB Wettbewerbsbeschränkungen enthält, welche sich spürbar im Geltungsbereich des GWB auswirken, zu beachten, und zwar ggf. neben den GWB-Bestimmungen über die Fusionskontrolle. §§ 1 und 2 Abs. 1 GWB entsprechen, abgesehen von der Zwischenstaatlichkeitsklausel, Art. 81 EGV. Außerdem sind bei der Prüfung, ob ein F&E-Vertrag, der unter § 1 GWB fällt, nach § 2 Abs. 1 GWB freigestellt ist, gemäß § 2 Abs. 2 GWB auch die Gruppenfreistellungsverordnungen der Kommission entsprechend anzuwenden. Damit gelten für die Beurteilung eines F&E-Vertrags nach deutschem Kartellverbotsrecht im Wesentlichen die gleichen Grundsätze, die auch für das europäische Kartellverbotsrecht gelten. Eine Ausnahme, die aber gerade bei F&E-Verträgen nur selten gegeben sein dürfte, gilt für Mittelstandskartelle nach Maßgabe von § 3 GWB. Dabei ist Folgendes zusätzlich zu berücksichtigen: Erfüllt der Vertrag die Verbotsvoraussetzungen des Art. 81 EGV einschließlich der Zwischenstaatlichkeitsklausel, kann er wegen des Vorrangs des Gemeinschaftsrechts nicht unter dem Aspekt des § 3 GWB zulässig sein.

2. Gemeinschaftsunternehmen im Rahmen von F&E-Verträgen – Fusionskontrolle nach §§ 35 bis 43 GWB

a) Vorrang der EU-Fusionskontrolle

640 Nach Art. 21 Abs. 2 FKVO wenden die Mitgliedstaaten ihr innerstaatliches Wettbewerbsrecht nicht auf Zusammenschlüsse von gemeinschaftsweiter Bedeutung an; vgl. auch die Bestimmung des § 35 Abs. 3 GWB, nach der das GWB nur insoweit Anwendung findet, als nicht die Kommission nach der Fusionskontrollverordnung ausschließlich zuständig ist.

641 Es gilt damit grundsätzlich das sog. »one-stop-shop«-Prinzip, nach welchem die europäische Fusionskontrolle in ihrem Anwendungsbereich eine zusätzliche Fusionskontrolle nach dem Wettbewerbsrecht der Mitgliedstaaten ausschließt. Vorbehalten bleibt allerdings nach Art. 21 Abs. 3 Fusionskontrollverordnung eine zusätzliche nationale Fusionskontrolle zum Schutz von Interessen, die von der Fusionskontrollverordnung nicht berücksichtigt und mit dem Gemeinschaftsrecht vereinbar sind. Eine Durchbrechung des »one-stop-shop«-Prinzips

sieht auch Art. 9 FKVO Abs. 3 Buchst. b (die »deutsche Klausel«) vor. Diese Bestimmung verpflichtet die Kommission unter bestimmten Voraussetzungen, einen Zusammenschlussfall teilweise an eine oder mehrere nationale Wettbewerbsbehörden zur Beurteilung nach dem einschlägigen nationalen Kartellrecht zu verweisen.[409]

Gemeinschaftsunternehmen unterliegen der EU-Fusionskontrolle grundsätzlich nur dann, wenn es sich bei ihnen um Vollfunktions-Gemeinschaftsunternehmen von gemeinschaftsweiter Bedeutung handelt, siehe Kap. 5 Rdn. 19–27. 642

b) Voraussetzungen der Fusionskontrolle nach §§ 35 bis 39 GWB im Falle der Vereinbarung eines Gemeinschaftsunternehmens im Rahmen eines F&E-Vertrags

Die Gründung eines Gemeinschaftsunternehmens stellt stets einen Zusammenschluss i.S. von § 37 dar, und zwar wegen Anteilserwerbs (§ 37 Abs. 1 Nr. 3) und/oder wegen Kontrollerwerbs (§ 37 Abs. 1 Nr. 2). Dabei erfüllt es die Bedingung für einen Zusammenschluss durch Anteilserwerb bereits dann, wenn mehrere Unternehmen jeweils einen Anteil von mindestens 25 % am Kapital des Gemeinschaftsunternehmens erwerben; dies gilt dann als Zusammenschluss der die Anteile erwerbenden Unternehmen hinsichtlich der Märkte, auf denen das Gemeinschaftsunternehmen tätig ist (§ 37 Abs. 1 Nr. 3, Satz 3). Selbst dann, wenn mehr als vier Unternehmen ein Gemeinschaftsunternehmen gründen, an dessen Kapital sie mit jeweils weniger als 25 % beteiligt sind, stellt diese Gründung nach § 37 Abs. 1 Nr. 2 Satz 1 wegen des Erwerbs der Kontrolle dieser Unternehmen über das Gemeinschaftsunternehmen einen Zusammenschluss dar. 643

Wenn Unternehmen, die ein Gemeinschaftsunternehmen zunächst zu reinen Forschungszwecken gegründet haben, diesem durch Änderung seines Gegenstands auch Produktions- und/oder Vertriebsfunktionen zuweisen, stellt sich die Frage, ob sie damit erneut den Zusammenschlusstatbestand erfüllen. § 37 Abs. 2 betrifft diesen Fall nicht. Diese Bestimmung stellt keinen zusätzlichen Zusammenschlusstatbestand dar, sondern setzt einen solchen i.S. des Abs. 1 voraus.[410] Jedoch kann, wenn die Produktions- und Vertriebsfunktionen von mindestens einer der Mütter auf das Gemeinschaftsunternehmen übergehen, ein Zusammenschluss i.S. von § 37 Abs. 1 Nr. 1 vorliegen, da in einem solchen Übergang der Erwerb eines »wesentlichen Teils« des Vermögens der betr. Mutter bzw. Mütter durch das Gemeinschaftsunternehmen liegen kann. Ein solcher Erwerb ist nach der Rechtsprechung des BGH bereits dann anzunehmen, wenn er sich auf eine betriebliche Teileinheit bezieht, die im Rahmen der gesamten, nach außen gerichteten wirtschaftlichen Tätigkeit des Veräußerers unabhängig von dessen Größe eine eigene Bedeutung besitzt; dabei kann als eine solche betriebliche Teileinheit jede Zusammenfassung von persönlichen 644

409 Siehe dazu *Schütz* in *GK*, Einführung deutsche Fusionskontrolle, Rn. 53.
410 *Ruppelt* in *Langen/Bunte*, Rn. 54 zu § 37; *Mestmäcker/Veelken* in *Immenga/Mestmäcker* (GWB), Rn. 115 zu § 37.

und sachlichen Mitteln gewertet werden, die sich von den anderen Betriebsteilen z.B. aufgrund ihrer organisatorischen Selbständigkeit oder ihrer räumlichen Trennung oder ihrer speziellen Produktions- und Vertriebsziele deutlich unterscheidet.[411]

645 Zu den Merkmalen eines Gemeinschaftsunternehmens gehört dessen Unternehmenseigenschaft. Unternehmen i.S. des deutschen Kartellrechts sind alle Rechtsträger (natürliche oder juristische Person sowie von ihnen gebildete rechtsfähige Gesellschaften), die sich am marktwirtschaftlichen Leistungsaustausch beteiligen.[412] Die Unternehmenseigenschaft wird nicht dadurch ausgeschlossen, dass sich eine Gesellschaft auf das Angebot oder die Abnahme oder auf Geschäftsbeziehungen zu seinen Anteilseignern beschränkt.[413] Nach der h.M. genügt auch, dass sie nur unternehmerische Hilfsfunktionen für die Muttergesellschaften wahrnimmt.[414] Damit sind auch solche F&E-Gesellschaften Gemeinschaftsunternehmen, die nur für die Muttergesellschaften F&E gegen Vergütung erbringen.

646 Die Fusionskontrolle nach §§ 35 bis 43 GWB greift nur ein, wenn die am Zusammenschluss beteiligten Unternehmen die Umsatzkriterien nach § 35 erfüllen. Dies ist grundsätzlich dann der Fall (§ 35 Abs. 1), wenn

- die beteiligten Unternehmen insgesamt weltweit Umsatzerlöse von mehr als 500 Mio. € und
- mindestens ein beteiligtes Unternehmen im Inland Umsatzerlöse von mehr als 25 Mio. €

im letzten Geschäftjahr vor dem Zusammenschluss erzielt haben bzw. hat. Von diesem Grundsatz gibt es nach § 35 Abs. 2 verschiedene Ausnahmen. Für Gründungen von Gemeinschaftsunternehmen, die im Rahmen eines F&E-Vertrags vorgesehen sind, ist dabei nur relevant, dass die Fusionskontrolle entfällt, wenn

- sich ein Unternehmen, das nicht i.S. von § 36 Abs. 2 abhängig ist und im letzten Geschäftsjahr weltweit Umsatzerlöse von weniger als 10 Mio. € erzielt hat, mit einem anderen Unternehmen zusammenschließt, oder
- ein Markt betroffen ist, auf dem seit mindestens fünf Jahren Waren oder gewerbliche Leistungen angeboten werden und auf dem im letzten Kalenderjahr weniger als 15 Mio. € umgesetzt wurden.

c) Materielle Fusionskontrolle bei Gemeinschaftsunternehmen nach § 36 GWB

647 Nach § 36 Abs. 1 ist ein der deutschen Fusionskontrolle unterliegendes Gemeinschaftsunternehmen, von dem zu erwarten ist, dass es eine marktbeherrschende Stellung begründet oder verstärkt, zu untersagen, es sei denn, die

411 *Mestmäcker/Veelken* in *Immenga/Mestmäcker (GWB)*, Rn. 115 zu § 37.

412 Vgl. statt aller *Ruppelt* in *Langen/Bunte*, Rn. 17 zu § 37.

413 *Ruppelt* in *Langen/Bunte*, Rn. 7 zu § 35 unter Hinweis auf BGH vom 29. 10. 1970 »Volksbühnen«, WuW/E BGH 1143.

414 *Ruppelt* a.a.O.

beteiligten Unternehmen weisen nach, dass durch den Zusammenschluss auch Verbesserungen der Wettbewerbsbedingungen eintreten und dass diese Verbesserungen die Nachteile der Marktbeherrschung überwiegen. Nach § 36 Abs. 2 sind dabei Unternehmen, die in der dort genannten Weise miteinander verbunden sind, als einheitliches Unternehmen anzusehen.

Die Voraussetzungen für die marktbeherrschende Stellung eines Unterneh- 648
mens oder einer Mehrzahl von Unternehmen sind in § 19 Abs. 2 aufgeführt. Der »gespaltene Marktbeherrschungsbegriff« dieser Bestimmung, nach der es sowohl die Marktbeherrschungsform der überragenden Marktstellung als auch die Marktbeherrschungsform des fehlenden wesentlichen Wettbewerbs gibt, verlagert die Untersagungsgrenze bei der deutschen Fusionskontrolle im Vergleich zur EU-Fusionskontrolle nach vorn.[415]

Hat ein Unternehmen einen Marktanteil von mindestens einem Drittel, wird 649
nach § 19 Abs. 3 Satz 1 vermutet, dass es marktbeherrschend ist. Nach § 19 Abs. 3 Satz 2 gilt eine Gesamtheit von Unternehmen, die zusammen bestimmte Marktanteile erreichen, als marktbeherrschend, wenn die beteiligten Unternehmen nicht nachweisen, dass die Wettbewerbsbedingungen zwischen ihnen wesentlichen Wettbewerb erwarten lassen, oder dass die Gesamtheit der Unternehmen im Verhältnis zu den übrigen Wettbewerbern keine überragende Marktstellung hat.

Hiernach kann ein Gemeinschaftsunternehmen, das im Rahmen eines 650
F&E-Vertrags vereinbart wird, z.B. dann i.S. von § 36 Abs. 1 eine marktbeherrschende Stellung begründen, wenn

- die daran beteiligten Unternehmen ihre bisherigen Aktivitäten auf einem bestimmten Markt auf das Gemeinschaftsunternehmen unter Einbringung komplementärer Technologien übertragen, und die Zusammenführung dieser Technologien dazu führt, dass das Gemeinschaftsunternehmen auf absehbare Zeit keinem wesentlichen Wettbewerb mehr ausgesetzt ist oder im Verhältnis zu seinen Wettbewerbern eine überragende Marktstellung erhält, oder
- die an dem Gemeinschaftsunternehmen beteiligten Unternehmen zwar auf dem Markt, auf dem das Gemeinschaftsunternehmen tätig werden soll, tätig bleiben, in ihrer Gesamtheit aber aufgrund des über das Gemeinschaftsunternehmen erfolgenden Technologieaustauschs marktbeherrschend werden.

Das Gemeinschaftsunternehmen kann auch eine marktbeherrschende Stellung 651
verstärken, welche zumindest eines der beteiligten Unternehmen auf dem Markt, auf dem das Gemeinschaftsunternehmen tätig werden soll, bereits hatte.

Die beteiligten Unternehmen können, wie bereits ausgeführt, in solchen 652
Fällen die Untersagung durch den Nachweis verhindern, dass durch den Zusammenschluss auch Verbesserungen der Wettbewerbsbedingungen eintreten und dass diese Verbesserungen die Nachteile der Marktbeherrschung über-

415 Vgl. dazu im Einzelnen *Schütz* in *GK*, Einführung deutsche Fusionskontrolle, Rn. 38 und 58 sowie § 36 Rn. 58 f.

wiegen. Unter »Wettbewerbsbedingungen« sind dabei nur solche Umstände zu verstehen welche die Marktstruktur prägen. Berücksichtigungsfähig sind deshalb nur positive wettbewerbsbezogene Gesichtspunkte, nicht gesamtwirtschaftliche Vorteile.[416] Unter diesen Umständen können die Wettbewerbsbedingungen bei Gründung eines Gemeinschaftsunternehmens verbessert werden, wenn dadurch ein neuer Markt überhaupt erst geschaffen wird; denn Marktbeherrschung auf einem neuen Markt kann wettbewerbsdienlicher sein, als wenn er überhaupt nicht geschaffen wird.[417] Dieser Aspekt kann auch die Gründung eines Gemeinschaftsunternehmens rechtfertigen, das die Mütter mit der Durchführung von F&E betrauen wollen, wenn diese F&E auf die Entwicklung von Produkten gerichtet ist, die einem neuen Markt zugehören würden, und wenn das Gemeinschaftsunternehmen oder die Mütter aus obigen Gründen voraussichtlich eine marktbeherrschende Stellung auf dem Markt der zu entwickelnden Produkte erlangt bzw. erlangen.

d) Verfahren der deutschen Fusionskontrolle

653 Die Vereinbarung über die Bildung des Gemeinschaftsunternehmens und der Vollzug dieser Vereinbarung sind beim BKartA gemäß § 39 von den beteiligten Unternehmen anzumelden, es sei denn, es erfolgte eine Verweisung durch die Kommission an das BKartA nach Art. 9 FKVO (siehe dazu Kap. 5 Rdn. 27).

654 Nach § 40 Abs. 1 Satz 1 darf das BKartA die Bildung eines Gemeinschaftsunternehmens nur untersagen, wenn es den anmeldenden Unternehmen innerhalb einer Frist von einem Monat seit Eingang der vollständigen Anmeldung mitteilt, dass es in das Hauptprüfungsverfahren eingetreten ist. Im Hauptprüfungsverfahren wird nach § 40 Abs. 2 über Untersagung oder Freigabe der Bildung eines Gemeinschaftsunternehmens entschieden, wobei Untätigkeit des BKartA während 4 Monaten seit Eingang der vollständigen Anmeldung unter bestimmten Voraussetzungen als Freigabe gilt (§ 40 Abs. 2 Satz 2).

655 Die Bildung eines Gemeinschaftsunternehmens darf nach § 41 grundsätzlich erst vollzogen werden, wenn das BKartA sie freigegeben hat oder die Fristen gemäß § 40 Abs. 1 Satz 1 oder § 40 Abs. 2 Satz 2 abgelaufen sind.

3. Beurteilung von F&E-Verträgen nach §§ 1 bis 3 GWB

a) Vorbemerkung und Überblick

656 Die am 1. 7. 2005 in Kraft getretene 7. GWB-Novelle hat das deutsche Kartellverbotsrecht, wenn man von der in Art. 81 Abs. 1 enthaltenen Zwischenstaatlichkeitsklausel und der Sonderregelung des § 3 GWB für Mittelstandskartelle absieht, vollständig an Art. 81 EGV angeglichen, und zwar entspricht § 1 GWB

416 *Bechtold*, Rn. 22 zu § 36 GWB.
417 Vgl. *Bechtold*, Rn. 25 zu § 36 GWB.

der Bestimmung des Art. 81 Abs. 1 und § 2 Abs. 1 GWB der Bestimmung des Art. 81 Abs. 3 EGV. Eine weitere Anpassung an das EG-Recht sieht § 2 Abs. 2 GWB vor: Danach gelten bei der Anwendung von § 2 Abs. 1 GWB die Gruppenfreistellungsverordnungen des Rates und der Kommission entsprechend, und zwar auch insoweit, als die in Art. 81 Abs. 3 EGV genannten Vereinbarungen usw. nicht geeignet sind, den Handel zwischen Mitgliedstaaten zu beeinträchtigen.

Das Regel-/Ausnahmeverhältnis zwischen § 1 und § 2 GWB hat im Grund- 657
satz auch eine Beweislastverteilung zur Folge, die der Beweislastverteilung für den Verbotstatbestand des Art. 81 Abs. 1 EGV auf der einen Seite und den Freistellungstatbestand des Art. 81 Abs. 3 EGV auf der anderen Seite nach Art. 2 der Durchführungs-VO zu Art. 81/82 EGV entspricht.[418] Danach trägt die Beweislast für eine Zuwiderhandlung gegen das Kartellverbot des § 1 die Partei oder die Behörde, die diesen Vorwurf erhebt. Die Beweislast dafür, dass die Freistellungsvoraussetzungen nach dem neuen § 2 vorliegen, obliegt den Unternehmen oder Unternehmensvereinigungen, die sich auf diese Bestimmung berufen; hiervon unberührt bleiben jedoch der Untersuchungsgrundsatz in kartellrechtlichen Bußgeld- und Untersagungsverfahren sowie die Unschuldsvermutung in Bußgeldverfahren.[419]

Anlass für die 7. GWB-Novelle war nach der Begründung zum RegE 7. 658
GWB-Novelle[420] die Verabschiedung der Durchführungs-VO zu Art. 81/82 EGV, welche Art. 81 Abs. 3 EGV in eine Legalausnahme umfunktionierte. Die Angleichung an das EG-Recht hat den Zweck, auch hinsichtlich der Beurteilung von »Vertikalvereinbarungen« die Einheit des Wettbewerbsrechts zu wahren.[421] Dabei soll sie auch vermeiden, dass in dem »Graubereich«, in dem die Erfüllung der Zwischenstaatlichkeitsklausel und damit die Anwendbarkeit von Art. 81 EGV zweifelhaft ist, die Rechtmäßigkeit der behördlichen Entscheidungen in Frage gestellt ist.[422]

Es bleibt allerdings möglich, dass die deutschen Gerichte und Kartellbehör- 659
den zur Auslegung der sowohl in Art. 81 EGV als auch in §§ 1 und 2 Abs. 1 GWB enthaltenen Tatbestandsmerkmale bzw. zur Auslegung der nach § 2 Abs. 2 GWB entsprechend anwendbaren Gruppenfreistellungsverordnungen eine andere Auffassung als die Gemeinschaftsgerichte und die Kommission vertreten.[423]

Dabei werden sie sich grundsätzlich an der Rechtsprechung der Gemein- 660
schaftsgerichte orientieren, da diese das letzte Wort über die Auslegung von Art. 81 EGV und der Gruppenfreistellungsverordnungen haben und Verträge, welche die Zwischenstaatlichkeitsklausel erfüllen, wegen des Vorrangs des Gemeinschaftsrechts nicht nach Art. 81 als zulässig, aber im Hinblick auf §§ 1

418 Vgl. Begründung zum RegE 7. GWB-Novelle unter 4. a).
419 Begründung zum RegE 7. GWB-Novelle a.a.O.
420 Unter 2.
421 Begründung zum RegE 7. GWB-Novelle a.a.O.
422 Begründung zum RegE 7. GWB-Novelle unter 4. a).
423 Dem sollte noch der nicht Gesetz gewordene § 23 des RegE 7. GWB-Novelle entgegenwirken.

und 2 GWB als unzulässig behandelt werden können, oder umgekehrt. Es ist darüber hinaus zu erwarten, dass die deutschen Gerichte und Kartellbehörden im Interesse der Einheit des Wettbewerbsrechts auch diejenigen Grundsätze der Kommission zur Auslegung von Art. 81 EGV und der Gruppenfreistellungsverordnungen, die von den Gemeinschaftsgerichten noch nicht bestätigt worden sind, bei der Anwendung von §§ 1 und 2 GWB beachten werden, wenn nicht schwerwiegende Gründe dagegen sprechen.

661 Allerdings können insbesondere veränderte Umstände, z.B. Rechtsänderungen, wie sie mit der Durchführungs-VO zu Art. 81/82 EGV erfolgt sind, Änderungen der Rechtsprechung der Gemeinschaftsgerichte und der Kommissionspraxis zur Auslegung von Art. 81 Abs. 1 EGV rechtfertigen und damit auch Auswirkungen auf die Auslegung von § 1 GWB durch die deutschen Gerichte und das BKartA haben.

662 Wenn der F&E-Vertrag die Gründung eines Gemeinschaftsunternehmens vorsieht, welche nicht der EU-Fusionskontrolle unterliegt (siehe zu den für diese Frage maßgeblichen Kriterien oben Kap. 5 Rdn. 19–27), ist dessen Zulässigkeit nach deutschem Recht nicht nur nach den §§ 35 bis 41 GWB, sondern – unbeschadet des Vorrangs von Art. 81 EGV gegenüber § 3 GWB im Konfliktfall – auch nach §§ 1 bis 3 GWB zu prüfen.[424] Insoweit gilt damit eine »Zweischrankentheorie«.[425]

663 Allerdings bezweckt oder bewirkt die Vereinbarung der Gründung eines sog. »konzentrativen Gemeinschaftsunternehmens«, wenn man diesen Begriff entsprechend eng definiert (siehe dazu Kap. 5 Rdn. 34), keine Wettbewerbsbeschränkung.

664 Weiter ist hierbei zu berücksichtigen, dass das BKartA durch sein Verhalten im Fusionskontrollverfahren einen Vertrauenstatbestand schaffen kann, der es an einem weiteren Aufgreifen des Falls unter dem Gesichtspunkt der §§ 1 bis 3 GWB bei unveränderter Sachlage hindert. Dies gilt dann, wenn das BKartA nach vollständiger Anmeldung die Monatsfrist des § 40 Abs. 1 Satz 1 GWB ohne Mitteilung, dass es in das Hauptprüfungsverfahren eingetreten sei, verstreichen lässt, oder, nachdem es in das Hauptprüfungsverfahren eingetreten ist, eine Freigabeverfügung gemäß § 40 Abs. 2 GWB erlässt, ohne auf konkrete Bedenken gegen die Vereinbarkeit mit §§ 1 bis 3 GWB hinzuweisen.[426] Entsprechendes dürfte gelten, wenn das BKartA in den vorerwähnten Fällen eine Beanstandung einer Verletzung von Art. 81 EGV unterlässt, da die Wettbewerbsbehörden der Mitgliedstaaten nach Art. 5 Durchführungs-VO zu Art. 81/82 EGV »in Einzelfällen« u.a. für die Anwendung von Art. 81 EGV zuständig sind. (Die hier gewählte Formulierung »in Einzelfällen« soll wohl nur den Erlass von Gruppenfreistellungsverordnungen durch die Kartellbehörden

424 Vgl. BGH »Mischwerke«, Beschluss vom 1. 10. 1985, WuW/BGH 2169, 2170 = BGHZ 96, 69, 77; BGH »Transportbeton Sauerland«, Beschluss vom 22. 6. 1981, WuW/E BGH 1810, 1814; *Hootz* in *GK*, § GWB, Rn. 177 f. m.w.N.

425 *Bunte (Kartellrecht)* S. 260; *Emmerich* S. 279 m.w.N. unter Fn. 76; *Schütz* in *GK*, Einführung in die deutsche Fusionskontrolle, Rn. 73.

426 Vgl. in Bezug auf § 1 a.F. *Huber* in *FK*, Kurzdarstellung § 1 n.F. Rn. 40.

der Mitgliedstaaten ausschließen, aber ansonsten ihre Zuständigkeit zur Überwachung der Einhaltung von Art. 81 EGV nicht einschränken.)

b) Erfüllung des Tatbestands des § 1 GWB bei F&E-Verträgen

§ 1 GWB hat durch die am 01.07.2005 in Kraft getretene 7. GWB-Novelle folgende Fassung erhalten: 665

»Vereinbarungen zwischen Unternehmen, Beschlüsse von Unternehmensvereinigungen und aufeinander abgestimmte Verhaltensweisen, die eine Verhinderung, Einschränkung oder Verfälschung des Wettbewerbs bezwecken oder bewirken, sind verboten.«

Die Bestimmung ist damit in jeder Beziehung an Art. 81 Abs. 1 EGV angeglichen worden, mit folgenden Ausnahmen: 666

Zu den Tatbestandsmerkmalen gehört (selbstverständlich) nicht die Zwischenstaatlichkeitsklausel, d.h. das Merkmal der Eignung der Vereinbarungen usw., den Handel zwischen EG-Mitgliedstaaten (spürbar) zu beeinträchtigen.

Es fehlen weiter die in Art. 81 Abs. 1 EGV aufgeführten Regelbeispiele. Sie sind trotzdem nach dem der Begründung zum RegE 7. GWB-Novelle[427] bei der Auslegung und Anwendung von § 1 heranzuziehen.

Im Vergleich zu § 1 GWB a.F. enthält § 1 GWB n.F. nicht mehr das Merkmal, 667
dass die Vereinbarungen zwischen »miteinander in Wettbewerb stehenden Unternehmen« abgeschlossen sein müssen. Damit einhergehend sind auch die besonderen Bestimmungen über »Vertikalvereinbarungen« i.S. der §§ 14 bis 18 GWB a.F. entfallen. Auch solche »Vertikalvereinbarungen«, z.B. Lizenzverträge, können nun ohne weiteres von § 1 GWB erfasst werden.

Zur Auslegung der Tatbestandsmerkmale von § 1 GWB bei F&E-Verträgen 668
wird auf die Ausführungen zur Auslegung der damit identischen Tatbestandsmerkmale des Art. 81 Abs. 1 EGV verwiesen, s.o. Kap. 5 Rdn. 176–344. Wie in Kap. 5 unter Rdn. 660 und 661 bereits ausgeführt, ist zu erwarten, dass die deutschen Gerichte und Kartellbehörden sich grundsätzlich insbesondere an die dort beschriebenen Auslegungsgrundsätze der Gemeinschaftsgerichte halten werden und auch Auslegungsgrundsätze der Kommission, die von den Gemeinschaftsgerichten noch nicht bestätigt worden sind, beachten werden, soweit nicht schwerwiegende Gründe dagegen sprechen.

Das dürfte auch für folgende, in den Freistellungs-LL erstmals festgelegte 669
Grundsätze der Kommission gelten:

1. Einzelfallbezogene Abwägungen wettbewerbsfördernder und wettbewerbswidriger Auswirkungen einer Vereinbarung sind nur im Rahmen von Art. 81 Abs. 3 (entsprechend § 2 Abs. 1 GWB) vorzunehmen (siehe dazu Kap. 5 Rdn. 221–223).
2. Das Tatbestandsmerkmal »Bezwecken einer Wettbewerbsbeschränkung« ist nur bei Beschränkungen erfüllt, die ihrer Art nach ein derart großes Potential für negative Auswirkungen auf den Wettbewerb haben, dass es für die

427 S. 23 unter 4 a) aa).

Anwendung von Art. 81 Abs. 1 EGV (und damit auch von § 1 GWB) nicht notwendig ist, deren tatsächliche Auswirkungen auf den Markt nachzuweisen, siehe dazu Kap. 5 Rdn. 236–239. Diese an der »per se«-rule des Antitrustrechtsrechts anknüpfende Definition hat zur Konsequenz, dass bei einer bezweckten Wettbewerbsbeschränkung auch deren Spürbarkeit zu unterstellen ist.

670 Auch bei bezweckten Wettbewerbsbeschränkungen bleibt allerdings zu prüfen, ob die Voraussetzungen für die Anwendung des GWB nach § 130 Abs. 2 GWB erfüllt sind. Nach dieser Bestimmung müssen sich die Wettbewerbsbeschränkungen im Geltungsbereich des GWB auswirken, auch wenn sie außerhalb seines Geltungsbereichs veranlasst werden. Diese Auswirkungen müssen wiederum spürbar sein.[428] Dabei ist jedoch Folgendes zu berücksichtigen: Der in § 130 Abs. 2 GWB verwendete Begriff »Wettbewerbsbeschränkungen« besitzt hier keinen von den Einzeltatbeständen des GWB unabhängigen Gehalt, sondern ist als Oberbegriff zu den Einzeltatbeständen zu verstehen.[429] In materieller Hinsicht ist dabei nur eine solche Inlandsauswirkung relevant, die den Schutzbereich der jeweiligen Sachnorm im Inland verletzt. Eine solche Verletzung kann dabei auch in einer Gefährdung liegen.[430] Danach dürfte eine i.S. von § 1 GWB »bezweckte Wettbewerbsbeschränkung« dann spürbare Inlandsauswirkungen haben, wenn sie den Wettbewerb im Inland nicht nur abstrakt, sondern in erheblichem Ausmaß konkret gefährdet, d.h.: Es muss eine ausreichende Wahrscheinlichkeit dafür bestehen, dass die Gefährdung gerade – oder gerade auch – im Inland zu nachteiligen Wettbewerbswirkungen führt. Für die Anwendbarkeit des GWB bei bezweckten Wettbewerbsbeschränkungen genügt damit, dass die Gefährdung im Inland spürbar ist; eine darüber hinausgehende Feststellung, dass die aufgrund der Gefährdung zu erwartenden nachteiligen Inlandsauswirkungen spürbar sind, ist dafür nicht erforderlich.

671 Die Bagatellbekanntmachung dürfte im Hinblick darauf, dass sie ihre Anwendung bei bestimmten »Kernbeschränkungen« ausschließt, nur für bewirkte Wettbewerbsbeschränkungen Bedeutung haben. Insoweit wird sie bei der Beurteilung der quantitativen Spürbarkeit voraussichtlich auch von den deutschen Gerichten und Kartellbehörden beachtet werden.[431]

672 Es ist auch damit zu rechnen, dass die Grundsätze der Kommission zur Abgrenzung der relevanten Märkte bei F&E-Verträgen, die eine wichtige Weichenstellung für die Bestimmung der Marktanteile der Vertragspartner gemäß Art. 4 Abs. 2 und 3 F&E-GFVO und Art. 3 und 9 Vertikal-GFVO sowie für die Prüfung der wettbewerbsbezogenen Tatbestandsmerkmale von Art. 81 darstellen, siehe dazu Kap. 5 Rdn. 90–175, weitgehend übernommen werden. Dabei mag allerdings die von den US-Kartellbehörden übernommene,

428 Siehe dazu z.B. *Bechtold*, Rn. 15 zu § 130 GWB; *Rehbinder* in *Immenga/Mestmäcker (GWB)*, Rn. 31 f. und 68 f. zu § 130 Abs. 2 GWB.

429 *Rehbinder* in *Immenga/Mestmäcker (GWB)*, Rn. 10 zu § 130 Abs. 2 GWB.

430 *Rehbinder* in *Immenga/Mestmäcker (GWB)*, Rn. 48 zu § 130 Abs. 2 GWB.

431 Für eine Übernahme dieser Grundsätze spricht sich auch die Begründung zum RegE 7. GWB-Novelle unter 4 a) aus.

jedoch wenig überzeugende[432] Auffassung der Kommission zur Abgrenzung der relevanten vorhandenen Technologiemärkte in Frage gestellt werden.

Abzuwarten ist, ob die im deutschen Schrifttum heute überwiegende Auffassung, dass bei einem F&E-Vertrag zwischen Wettbewerbern der in der Regel anzunehmende faktische Verzicht jeden Partners auf eigene Parallelforschung eine Wettbewerbsbeschränkung darstellt,[433] bei der Auslegung von Art. 81 Abs. 1 EGV und damit auch von § 1 GWB an Boden gewinnt. Generell könnte die Umfunktionierung des Tatbestands von Art. 81 Abs. 3 in eine Legalausnahme diese Tendenz fördern. 673

c) Der Freistellungstatbestand des § 2 GWB

§ 2 GWB hat durch die 7. GWB-Novelle folgenden Wortlaut erhalten: 674

(1) Vom Verbot des § 1 freigestellt sind Vereinbarungen zwischen Unternehmen, Beschlüsse von Unternehmensvereinigungen oder aufeinander abgestimmte Verhaltensweisen, die unter angemessener Beteiligung der Verbraucher an dem entstehenden Gewinn zur Verbesserung der Warenerzeugung oder -verteilung oder zur Förderung des technischen oder wirtschaftlichen Forschritts beitragen, ohne dass den beteiligten Unternehmen
   1. Beschränkungen auferlegt werden, die für die Verwirklichung dieser Ziele nicht unerlässlich sind, oder
   2. Möglichkeiten eröffnet werden, für einen wesentlichen Teil der betreffenden Waren den Wettbewerb auszuschalten.

(2) In der Anwendung von Absatz 1 gelten die Verordnungen des Rates oder der Kommission der Europäischen Gemeinschaft über die Anwendung von Artikel 81 Abs. 3 des Vertrages zur Gründung der Europäischen Gemeinschaft auf bestimmte Gruppen von Vereinbarungen, Beschlüsse von Unternehmensvereinigungen und aufeinander abgestimmte Verhaltensweisen (Gruppenfreistellungsverordnungen) entsprechend. Dies gilt auch, soweit die dort genannten Vereinbarungen, Beschlüsse und Verhaltensweisen nicht geeignet sind, den Handel zwischen den Mitgliedstaaten der Europäischen Gemeinschaft zu beeinträchtigen.

§ 2 **Abs. 1** GWB formuliert die Ausnahmen vom Verbot wettbewerbsbeschränkender Vereinbarungen inhaltlich genauso wie Art. 81 Abs. 3 EGV in der Lesart dieser Bestimmung als Legalausnahme vom Verbot des Art. 81 Abs. 1 EGV gemäß der Durchführungs-VO zu Art. 81/82.[434] Diese Lesart bedeutet einmal, dass Art. 81 Abs. 3 EGV entsprechend der schon vor dem Erlass der vorerwähnten Verordnung von der Kommission vertretenen Auffassung zwar auf der Tatbestandsseite einen wirtschaftlichen Beurteilungsspielraum belässt, je- 675

432 Siehe Kap. 5 Rdn. 130 und 131.

433 So z.B. *Machunsky* S. 47 f.; *Fuchs* S. 255 f., 261; *Zimmer* in *Immenga/Mestmäcker (GWB)*, § 1 Rn. 378; a.M., soweit der Verzicht auf Parallelforschung zeitlich und sachlich angemessen begrenzt ist, *Monopolkommission* Nr. 973.

434 Der Begründung zum RegE 7. GWB-Novelle spricht unter 4. a) bb) von einer weitestgehenden Übernahme des Generalklauselprinzips in Anlehnung an Art. 81 Abs. 3 EGV.

doch keinen Ermessungsspielraum auf der Rechtsfolgenseite.[435] Sie bedeutet weiter, dass die Freistellung keines Rechtsakts der Kommission (in Form einer Einzelfreistellung oder in Form einer Gruppenfreistellungsverordnung) bedarf.

676 Unter diesen Umständen ist grundsätzlich aus den oben unter Kap. 5 Rdn. 659–661 aufgeführten Gründen damit zu rechnen, dass die deutschen Gerichte und Kartellbehörden bei der unmittelbaren Anwendung von § 2 Abs. 1 GWB auch bei F&E-Verträgen die gleichen Auslegungsgrundsätze anwenden wie die Gemeinschaftsgerichte und die Kommission bei der Auslegung von Art. 81 Abs. 3 EGV (siehe zu diesen Auslegungsgrundsätzen oben Kap. 5 Rdn. 550–631).

677 Das dürfte u.a. im Hinblick auf Nr. 44 und 45 Freistellungs-LL zur Folge haben, dass die deutschen Gerichte und Kartellbehörden die Freistellung eines F&E-Vertrags nach § 2 Abs. 1 aufgrund direkter Anwendung dieser Bestimmung grundsätzlich nur für den Zeitraum annehmen werden, in dem die vier Freistellungsvoraussetzungen »Wirtschaftlicher Nutzen«, »Angemessene Beteiligung der Verbraucher«, »Unerlässlichkeit« und »Keine Ausschaltung des Wettbewerbs« erfüllt sind (siehe dazu im Einzelnen Kap. 5 Rdn. 552–554).

678 Nach § 2 **Abs. 2** GWB kann sich die Freistellung gemäß § 2 Abs. 1 GWB auch aus der entsprechenden Anwendung der GFVO ergeben, und zwar auch insoweit, als die in den GFVO genannten Vereinbarungen nicht geeignet sind, den Handel zwischen den Mitgliedstaaten der Europäischen Gemeinschaft zu beeinträchtigen. Mit den GFVO sind dabei sicher die auf die jeweilige Vereinbarung (unter der Voraussetzung der Beeinträchtigung des zwischenstaatlichen Handels) jeweils anwendbaren GFVO in ihrer für die jeweilige Vereinbarung maßgeblichen Fassung gemeint.[436] Diese GFVO können die im Zeitpunkt der Verabschiedung der 7. GWB-Novelle in Kraft befindlichen GFVO in ihrer zu diesem Zeitpunkt gültigen Fassung sein, müssen es aber nicht. Für F&E-Verträge sind bis auf weiteres die F&E-GFVO (s. dazu Kap. 5 Rdn. 351–512) und die Vertikal-GFVO (s. dazu Kap. 5 Rdn. 513–535) am wichtigsten. Daneben können aber auch andere bestehende Gruppenfreistellungsverordnungen einschlägig sein, siehe Kap. 5 Rdn. 536–549).

679 Die entsprechende Anwendbarkeit der GFVO bedeutet auch, dass die Kartellbehörden eine aufgrund entsprechender Anwendung einer GFVO gewährte Freistellung widerrufen können, wenn dafür die Voraussetzungen entsprechend den Widerrufsbestimmungen der GFVO bzw. entsprechend Art. 29 der Durchführungs-VO zu Art. 81/82 EGV gegeben sind (siehe z.B. zur Möglichkeit des Widerrufs einer aufgrund der F&E-GFVO gewährten Freistellung Kap. 5 Rdn. 504–511). § 32d GWB ergänzt diese Widerrufsmöglichkeit wie folgt: Wenn Vereinbarungen, die unter eine GFVO fallen, aber Wirkungen haben, die mit § 2.1 GWB oder mit Art. 81 Abs. 3 EGV unvereinbar sind und auf einem Gebiet im Inland auftreten, das alle Merkmale eines gesonderten räumlichen

435 Siehe *Hossenfelder/Lutz* WuW 2002, S. 18.

436 Vgl. Begründung zum RegE 7. GWB-Novelle unter 4. a) bb): »Von den derzeit geltenden GVO sind insbesondere folgende hervorzuheben: …«.

Marktes aufweist, kann die Kartellbehörde den Rechtsvorteil der Gruppenfreistellung in diesem Gebiet entziehen.[437]

d) Die erweiterte Freistellung für Mittelstandskartelle nach § 3 GWB

§ 3 GWB hat folgenden Wortlaut: 680

(1) Vereinbarungen zwischen miteinander im Wettbewerb stehenden Unternehmen und Beschlüsse von Unternehmensvereinigungen, die die Rationalisierung wirtschaftlicher Vorgänge durch zwischenbetriebliche Zusammenarbeit zum Gegenstand haben, erfüllen die Voraussetzungen des § 2 Abs. 1, wenn
   1. dadurch der Wettbewerb auf dem Markt nicht wesentlich beeinträchtigt wird und
   2. die Vereinbarung oder der Beschluss dazu dient, die Wettbewerbsfähigkeit kleiner oder mittlerer Unternehmen zu verbessern.

(2) Unternehmen oder Unternehmensvereinigungen haben, sofern nicht die Voraussetzungen nach Artikel 81 Abs. 1 des Vertrages zur Gründung der Europäischen Gemeinschaft erfüllt sind, auf Antrag einen Anspruch auf eine Entscheidung nach § 32c, wenn sie ein erhebliches rechtliches oder wirtschaftliches Interesse an einer solchen Entscheidung darlegen. Diese Regelung tritt am 30. Juni 2009 außer Kraft.

Die Begründung zum RegE 7. GWB-Novelle bemerkt zu dieser Bestimmung[438]: 681

»Einer besonderen Regelung für Mittelstandskooperationen steht europäisches Recht nicht entgegen. Vereinbarungen zwischen kleinen und mittleren Unternehmen sind nach Auffassung der Kommission nur selten geeignet, den Handel zwischen Mitgliedstaaten spürbar zu beeinträchtigen. Für derartige Vereinbarungen gilt daher im Regelfall nicht der Vorrang des europäischen Rechts, der nationale Gesetzgeber hat hier einen weiten Spielraum für eigenständige Regelungen. Soweit Mittelstandskartelle ausnahmsweise zwischenstaatliche Auswirkungen haben, ist jedoch Art. 81 Abs. 3 maßgeblich.«

Diese Ausführungen der Begründung zum RegE tragen dem Umstand Rechnung, dass es nach Nr. 50 Zwischenstaatlichkeits-LL u.a. für Verträge zwischen KMU, wie in dieser Nr. definiert, eine Negativvermutung hinsichtlich der spürbaren Beeinträchtigung des zwischenstaatlichen Handels gibt, siehe dazu Kap. 5 Rdn. 201 und 202. Bei F&E-Verträgen zwischen KMU in diesem Sinne ist jedoch zu berücksichtigen, dass F&E meist nicht nur auf einen territorial begrenzten Markt zielt, so dass die erwähnte Negativvermutung häufig widerlegbar sein wird, siehe schon Kap. 5 Rdn. 202. Unter diesem Aspekt dürfte § 3 GWB im Falle von F&E-Verträgen im Hinblick darauf, dass bei Erfüllung der Zwischenstaatlichkeitsklausel Art. 81 Abs. 3 EGV Vorrang hat, nur selten eigenständige Bedeutung haben. Das gilt besonders dann, wenn sich an der 682

437 Siehe dazu Begründung zum RegE 7. GWB-Novelle unter 4. a) bb).
438 S. 28.

F&E-Kooperation von KMU auch mindestens ein Großunternehmen beteiligt, was der Erfüllung des Tatbestands von § 3 Abs. 1 GWB nicht notwendig entgegensteht (siehe dazu unten Kap. 5 Rdn. 690).

683 § 3 **Abs. 1** entspricht § 4 Abs. 1 GWB a.F., abgesehen davon, dass § 3 Abs. 1 n.F. auf § 2 Abs. 1 n.F. Bezug nimmt und eine Freistellung von Mittelstandskartellen kraft Gesetzes und nicht wie § 4 Abs. 1 GWB a.F. erst aufgrund eines Freistellungsbescheids der Kartellbehörde vorsieht. Insgesamt ist deshalb nach der Begründung zum RegE 7. GWB-Novelle[439] zu erwarten, dass die Anwendung des neuen § 3 im Wesentlichen zu gleichen Ergebnissen führt wie die Entscheidungspraxis zum bisherigen § 4 Abs. 1.

684 Die Begünstigung von Mittelstandskartellen bezweckt, kleinen und mittleren Unternehmen einen Ausgleich ihrer strukturellen Nachteile im Wettbewerb mit Großunternehmen zu ermöglichen.[440]

685 Die Form, die für die Kooperation gewählt wird, spielt keine Rolle. Daher fällt auch die Ausgliederung von Unternehmensfunktionen und deren Zusammenfassung in einem Gemeinschaftsunternehmen unter Abs. 1.[441]

686 Eine Freistellung nach § 3 hat als Grundvoraussetzung Rationalisierungseffekte der Zusammenarbeit. Bei Mittelstandskartellen, die eine gemeinsame F&E vorsehen, bedeutet dies, dass die Zusammenarbeit eine Verbesserung des Aufwand-Ertrags-Verhältnisses für die beteiligten Unternehmen bei der Durchführung ihrer F&E-Aktivitäten bewirken muss.[442] Diese Rationalisierungseffekte müssen bei allen an der Vereinbarung beteiligten Unternehmen eintreten.[443] Es wird auch die Auffassung vertreten, dass die F&E-Arbeiten selbst rationalisiert werden müssen, es also nicht genügt, dass die Partner gemeinsam eine veraltete durch eine neue Technologie ersetzen[444] und dadurch jeder von ihnen Zeit und Geld spart.[445] Selbst auf der Basis dieser restriktiven Auslegung dürfte aber eine F&E-Kooperation meist Rationalisierungseffekte haben, indem sie z.B. zu einer besseren Auslastung vorhandener technischer Einrichtungen wie Laborausrüstungen führt und durch die häufig gegebene Spezialisierung der Partner und die Zusammenführung unterschiedlicher Kenntnisse und Fertigkeiten die Aussicht erhöht, dass die F&E-Gemeinschaft bessere Ergebnisse in kürzerer Zeit erreicht.[446]

687 Eine Freistellung setzt weiter voraus, dass »der Wettbewerb auf dem Markt nicht wesentlich beeinträchtigt wird«. Wann diese Voraussetzung erfüllt ist, lässt sich nicht starr umschreiben.[447] Unter Berücksichtigung der mittelstands-

439 Unter 4. a) cc).
440 Siehe *Emmerich* S. 69 unter Bezugnahme auf die Begründung zum RegE zur 6. GWB-Novelle.
441 Siehe hinsichtlich § 4 Abs. 1 a.F. z.B. *Emmerich* S. 69 unter Bezugnahme auf den Ausschussbericht BT-Drucks. 7/765, S. 3.
442 Vgl. *Monopolkommission* Nr. 1086; Fuchs S. 273.
443 *Monopolkommission* a.a.O.
444 *Monopolkommission* Nr. 1086.
445 Dazu kritisch und differenzierend *Fuchs* S. 275 ff. zu §§ 5a, 5b und 5 Abs. 2 und 3 a.F.
446 *Fuchs* S. 276 f.
447 *Bechtold* § 4 Rn. 3.

politischen Zielsetzung der Bestimmung wird man eine wesentliche Wettbewerbsbeeinträchtigung verneinen können, wenn die Kooperation eine »ausgewogene Wettbewerbsstruktur auf den betr. Märkten fördert oder bestehen lässt«.[448]

Die Vereinbarung muss schließlich dazu dienen, die Wettbewerbsfähigkeit 688
kleiner oder mittlerer Unternehmen zu verbessern.

Ob Kooperationspartner als kleine oder mittlere Unternehmen anzusehen 689
sind, richtet sich nach ihrer relativen Größe bezogen auf die Unternehmensgrößen in den jeweils relevanten Märkten.[449] Diese sollen sich nach Ansicht der *Montopolkommission*[450] bei F&E-Kooperationen maßgeblich nach den technologischen Ressourcen des betr. Kooperationspartners bestimmen. Und nach *Fuchs*[451] kann es je nach den konkreten Marktgegebenheiten erforderlich sein, für die Größenbestimmung im Einzelfall auch auf andere Kriterien als den Umsatz abzustellen wie etwa Produktionskapazität, Beschäftigtenzahl oder Eigenkapital. Absolute Größenkriterien, wie sie etwa nach der jeweils gültigen Empfehlung der Kommission für die Definition von KMU gelten,[452] sind jedenfalls nicht maßgebend.[453]

Die Freistellung nach Abs. 1 dürfte nicht notwendig daran scheitern, dass sich 690
an Kartellen von KMU auch Großunternehmen beteiligen.[454] Die für die Gegenansicht vorgetragene Begründung,[455] dass Kooperationskartelle unter der Beteiligung von Großunternehmen in aller Regel den Wettbewerb wesentlich beeinträchtigen dürften, weil die Beteiligung anderenfalls für ein Großunternehmen ohne Interesse wäre, berücksichtigt nicht, dass Großunternehmen nicht auf jedem Gebiet, auf dem sie sich betätigen oder betätigen wollen, von vornherein eine starke Marktstellung haben oder mit einer solchen rechnen können. Wenn sich allerdings nur Großunternehmen an der Kooperation beteiligen, kann das Merkmal von Abs. 1, dass die Vereinbarung der Verbesserung der Wettbewerbsfähigkeit kleiner oder mittlerer Unternehmen dient, nicht erfüllt sein.[456]

§ 3 **Abs. 2** soll den Vertragspartnern im Hinblick darauf, dass sich durch den 691
Systemwechsel für Behörden und Unternehmen in der praktischen Anwendung des Wettbewerbsrechts erhebliche Änderungen ergeben werden, die Erlangung weitgehender Rechtssicherheit in problematischen Fällen ermöglichen.[457] Dies

448 *Bechtold* § 4 Rn. 3 unter Bezugnahme auf *Benisch* S. 49.
449 Vgl. *Fuchs* S. 301; *Emmerich* S. 70 m.w.N. unter Fn. 6; *Bunte* in *FK*, § 4 GWB 1999, Rn. 53 f.
450 Nr. 1093.
451 S. 301.
452 Siehe zuletzt Empfehlung 2003/361/EG, ABl. L 124 vom 20. 5. 2003, S. 36.
453 Siehe für das frühere Recht *Emmerich* S. 70 m.w.N. unter Fn. 10; *Bechtold* § 4 Rn. 3; Begründung zum RegE zur 5. GWB-Novelle von 1989 (BT-Drucks. 11/4610, S. 15 f); im Prinzip auch *Bunte* in *FK*, § 4 GWB 1999 Rn. 54, 55; a.M. noch BKartA TB 1976, S. 13.
454 Siehe für das frühere Recht BGHZ 99, 1, 7 = NJW 1987, S. 1639; *Bunte* in *FK*, § 4 GWB 1999 Rn. 60 ff.; stark einschränkend *Fuchs* S. 300 ff.
455 Siehe *Emmerich* S. 70 m.w.N. unter Fn. 10.
456 Siehe z.B. *Bunte* in *FK*, § 4 GWB 1999 Rn. 64.
457 Begründung zum RegE 7. GWB-Novelle unter 4. a) ee).

erfolgt durch Gewährung eines Anspruchs darauf, dass die Kartellbehörde auf Antrag eine Entscheidung nach § 33c trifft (d.h. eine Entscheidung darüber, ob Anlass zu einem Tätigwerden besteht). Der Grund für die Befristung dieser Regelung bis zum 30. 6. 2009 liegt vermutlich in der Erwartung des Gesetzgebers, dass die deutschen Kartellbehörden und Gerichte bis zu diesem Datum die Voraussetzungen für die Anwendung von § 3 Abs. 1 so weit konkretisiert haben, dass die Vertragspartner die Erfüllung dieser Voraussetzungen selbst beurteilen können.

V. Die Beurteilung von F&E-Verträgen nach dem Antitrustrecht der USA

1. Vorbemerkung

692 Die nachfolgende Darstellung ist nicht mit einem US-Anwalt abgestimmt. Die Gefahr ist deshalb relativ groß, dass sie nicht in allen Einzelheiten den neuesten Stand der Anwendung des Antitrustrechts reflektiert bzw. Fehler enthält. Sie dürfte trotzdem einem deutschen Unternehmen, das beabsichtigt, einen F&E-Vertrag mit möglichen erheblichen Auswirkungen in den USA abzuschließen, wenigstens eine grobe Prüfung der Vereinbarkeit des ins Auge gefassten Vertrags mit dem US-Antitrustrecht ermöglichen. Handelt es sich um ein kleineres F&E-Projekt, könnte das deutsche Unternehmen bei positivem Ergebnis einer solchen groben Prüfung, um Kosten zu sparen, zunächst ohne Hinzuziehung eines US-Anwalts den ersten Vertragsentwurf erstellen (was immer vorteilhaft ist, siehe Kap. 3 Rdn. 15 und 16). Sobald dann über den Inhalt des Vertrags Einigkeit erzielt worden ist, sollte aber unbedingt ein geeigneter US-Anwalt den letzten Entwurf noch einmal auf Vereinbarkeit mit dem Antitrustrecht überprüfen, wenn für den Vertragsschluss auch nur entfernt antitrustrechtliche Risiken erkennbar sind. Die Versicherung eines ggf. beteiligten US-amerikanischen Unternehmens, es bestünden keine derartigen Risiken, wäre in einem solchen Fall angesichts des Gewichts solcher Risiken im Hinblick auf die Durchsetzbarkeit von Ansprüchen aus dem Vertrag, einer Haftung gegenüber Dritten, Maßnahmen der Antitrustbehörden und – im Fall eines Prozesses in den USA – den exorbitant hohen Kosten desselben nicht ausreichend.

2. Relevante gesetzliche Bestimmungen

a) Section 1 Sherman Act

Diese auch für F&E-Verträge zentrale Bestimmung des Antitrustrechts verbietet »every contract, combination or conspiracy in restraint of trade or commerce among the several States, or with foreign nations« und damit wettbewerbsbeschränkende Vereinbarungen mit Auswirkungen auf den Handel zwischen Einzelstaaten oder den Außenhandel. Nach der Auslegung durch die amerikanischen Gerichte erfasst diese Bestimmung nur Wettbewerbsbeschränkungen, die »undue« bzw. »unreasonable«, also unangemessen bzw. unvernünftig sind. Bei einigen Wettbewerbsbeschränkungen, den »per se violations«, wird dies unwiderleglich vermutet, siehe dazu Kap. 5 Rdn. 714–719; im Übrigen entscheidet die »rule of reason«, siehe dazu Kap. 5 Rdn. 720–751. 693

b) Section 2 Sherman Act

Die Bestimmung erklärt die Monopolisierung und auch schon den Versuch derselben für ein strafbares Vergehen. Sie erfasst auch einseitige Verhaltensweisen. Ihre Verletzung setzt nach der Rechtsprechung neben einer bestimmten Markt- bzw. Monopolmacht auch eine Monopolisierungsabsicht voraus.[458] Sie ist auch auf die gemeinsame Monopolisierung oder Versuche in dieser Richtung durch mehrere Unternehmen anwendbar. Unter diesen Umständen kann sie auch für F&E-Verträge relevant werden, insbesondere dann, wenn diese Verträge zwischen marktmächtigen Unternehmen abgeschlossen werden und den Ausschluss Dritter von der Kooperation oder von deren Ergebnissen vorsehen.[459] 694

c) Sections 7 und 7A Clayton Act

Sec. 7 Clayton Act verbietet den Erwerb von Gesellschaftsanteilen oder Vermögensgegenständen einer Firma, wenn die Wirkung dieses Erwerbs »may be substantially to lessen competition, or tend to create a monopoly«, also in einer erheblichen Verringerung des Wettbewerbs liegen kann – hierzu genügt nach der Rechtsprechung die vernünftige Wahrscheinlichkeit (reasonable probability) einer wesentlichen Wettbewerbsbeschränkung in der Zukunft[460] – oder zur Bildung eines Monopols tendiert. 695

Die Bestimmung ist nach der Rechtsprechung nicht nur auf Fusionen im engeren Sinne und Vermögensübernahmen anwendbar, sondern auch auf die Bildung von Gemeinschaftsunternehmen.[461] 696

458 *Fuchs* S. 89 mit Rechtsprechungsnachweis unter Fn. 30.
459 *Fuchs* S. 89.
460 *Fuchs* S. 88 mit Rechtsprechungsnachweisen unter Fn. 26.
461 *Fuchs* S. 87 mit Rechtsprechungsnachweis unter Fn. 18.

Ihre Anwendung kommt unter diesen Umständen bei F&E-Verträgen in Frage,

- die eine Übertragung von Vermögensgegenständen (etwa eines Schlüsselpatents) vorsehen, mit der ein messbarer und relativ dauerhafter Transfer von Marktanteilen oder produktiven Kapazitäten zwischen den beteiligten Unternehmen verbunden ist,[462] oder
- die Gründung eines Gemeinschaftsunternehmens vorsehen.

697 Sec. 7 Clayton Act schließt die gleichzeitige Anwendung von Sec. 1 Sherman Act nicht aus.[463] Da auch die Analyse nach Sec. 7 Clayton Act auf die Anwendung einer rule of reason hinausläuft, sind die Unterschiede im Prüfungsmaßstab nach den beiden Bestimmungen gering.[464]

698 Nach **Sec. 7A**, welche durch den »Hart-Scott-Rodino Antitrust Improvement Act« von 1976 in den Clayton Act eingefügt wurde, kann eine Verpflichtung bestehen, die Bildung eines Gemeinschaftsunternehmens in der Form einer Kapitalgesellschaft anzumelden und vor Vollzug Wartefristen einzuhalten. Diese »premerger notification« ist sowohl bei der FTC als auch bei der Antitrust Division des DoJ von jeder Firma, die mit mindestens 15 % beteiligt ist, insbesondere dann vorzunehmen, wenn eine der Muttergesellschaften Umsätze von mindestens 100 Mio. US-$ hat, dem vorgesehenen Gemeinschaftsunternehmen Aktiva von mindestens 10 Mio. US-$ nach dem Vertrag zur Verfügung zu stellen sind, und ein anderer Beteiligter Umsätze von mindestens 10 Mio. US-$ oder mehr hat. Bei in F&E-Verträgen vereinbarten Gründungen von Gemeinschaftsunternehmen kommt die Erfüllung der Bedingung »Aktiva von mindestens 10 Mio. US-$" vor allem dann in Frage, wenn das Gemeinschaftsunternehmen nach dem Vertrag für die Produktion und/oder den Vertrieb der zu entwickelnden Produkte eine entsprechende Kapitalausstattung erhalten soll. Möglich erscheint aber auch, dass die Bedingung dadurch erfüllt wird, dass die Mütter dem Gemeinschaftsunternehmen nach dem Vertrag wertvolle Schutzrechte und/oder Know-how zu übertragen oder kostenlos zu lizenzieren haben.

d) Section 4 Clayton Act

699 Nach dieser Bestimmung können durch die Verletzung des Antitrustrechts geschädigte Kläger dreifachen Schadensersatz (»treble damages«) und den Ersatz ihrer Prozesskosten geltend machen. Der NCRPA hat jedoch den dreifachen Schadensersatz für die unter ihn fallenden F&E- und Produktionsvereinbarungen bei ordnungsgemäßer Anmeldung derselben ausgeschlossen, siehe Kap. 5 Rdn. 701.

462 *Fuchs* S. 88.
463 *Fuchs* a.a.O.
464 *Fuchs* S. 88 f.

e) Section 5 FTC Act

Die Bestimmung verbietet unfaire Handlungspraktiken, zu denen auch Verstöße gegen das Antitrustrecht gerechnet werden. Dabei gelten jedoch die zu Sec. 1 Sherman Act entwickelten Rechtsprechungsgrundsätze.[465] Sec. 5 FTC Act dürfte deshalb nicht eine gegenüber Sec. 1 Sherman Act strengere antitrustrechtliche Beurteilung von F&E-Verträgen gebieten. 700

f) Der »NCPRA«

Speziell für F&E-Verträge ist der NCPRA von 1993 von Bedeutung, durch den 701
der NCRA von 1984 eine modifizierte und erweiterte Fassung erhalten hat. Er drückt die grundsätzlich positive Einschätzung von F&E-Verträgen und Produktionsvereinbarungen durch den Gesetzgeber aus, indem er für »joint ventures« i.S. seiner Sec. 2 (s.u.) bei Anmeldung derselben die Risiken von Verletzungen des Antitrustrechts begrenzt. Dies geschieht einmal durch Sec. 3, nach der bei Prüfung einer Verletzung des Antitrustrechts aufgrund angemeldeter »joint ventures« nur die »rule of reason« anzuwenden ist, so dass diese »joint ventures« nicht als »per se« gesetzwidrig beurteilt werden können. Zum anderen begrenzt Sec. 4 Schadensersatzansprüche wegen Verletzung des Antitrustrechts aufgrund angemeldeter »joint ventures« auf den tatsächlich entstandenen Schaden, Prozesskosten plus Zinsen. Dabei kann nach Sec. 5 auch der Beklagte seine Prozesskosten geltend machen, wenn die Erhebung der Klage oder die Prozessführung durch den Kläger willkürlich, unvernünftig, unvertretbar oder bösgläubig (»frivolous, unreasonable, without foundation, or in bad faith«) war.

Die Anmeldung solcher joint ventures ist freiwillig. Sie ist nur gültig, wenn sie 702
nach Sec. 6 zugleich beim »Attorney General« der Antitrust Division des DoJ und bei der FTC binnen 90 Tagen nach Vertragsschluss vorgenommen wird.

Den Begriff »joint venture« definiert Sec. 2 Subsection (a) unter (6) und 703
Subsection (b). Darunter sind, grob gesagt, der Abschluss und die Durchführung eines F&E-Vertrags und/oder einer Produktionsvereinbarung mit oder ohne Bildung eines Gemeinschaftsunternehmens zu verstehen, wobei jedoch verschiedene Aktivitäten mehrerer Parteien nicht von diesem Begriff umfasst werden. Zu diesen Aktivitäten gehören im Wesentlichen

a) Vereinbarungen über den Vertrieb *außer solchen*, welche
   (i) die Verteilung der im Rahmen des »joint venture« nach dessen Regeln hergestellten Produkte unter den Vertragspartnern oder
   (ii) die Vermarktung von durch das »joint venture« entwickeltem geistigem Eigentum wie Patente und Betriebsgeheimnisse betreffen, sowie

465 *Fuchs* S. 90 mit Rechtsprechungsnachweis unter Fn. 33.

b) Vereinbarungen oder Verhaltensweisen, die abzielen auf
   (i) Beschränkungen von oder die Veranlassung zu Veräußerungen, Lizenzierungen oder Aufteilungen von Erfindungen, Entwicklungen, Verfahren oder Dienstleistungen, die nicht durch das »joint venture« entwickelt oder bereitgestellt werden, oder
   (ii) Beschränkungen einer Partei, die an dem »joint venture« beteiligt ist, bzgl. anderer F&E-Tätigkeiten oder die Veranlassung einer solchen Partei zu solchen anderen F&E-Tätigkeiten,

soweit diese Vereinbarungen bzw. Verhaltensweisen nicht bei vernünftiger Betrachtungsweise als geboten erscheinen, um eine rechtswidrige Aneignung von gesetzlich geschützter Information (»proprietary information«) oder der Ergebnisse des »joint venture« zu verhindern.

704 Die Vergemeinschaftung der Produktion fällt aber nur unter den NCRPA, wenn

- sich die Hauptproduktionsstätte des »joint venture« in den USA befindet und
- jede »Person« (i.S. von natürlicher Person oder Gesellschaft), die ein beteiligtes Unternehmen kontrolliert, ebenso wie jedes beteiligte Unternehmen selbst entweder eine US-amerikanische Person ist oder eine ausländische Person, die einem Land angehört, dessen Kartellrecht US-amerikanische Personen hinsichtlich der Beteiligung an Produktions-»joint ventures« nicht weniger günstig behandelt als einheimische Personen.[466]

705 Zu folgenden Fragen gibt der NCRPA keine klare Antwort:

- Geht der grundsätzliche Ausschluss der Anwendbarkeit des NCRPA bei Vertriebsabsprachen gemäß den vorstehenden Ausführungen so weit, dass der NCRPA auch dann unanwendbar ist, wenn die Marktaufteilungen zwischen den beteiligten Unternehmen durch eine entsprechende Zuordnung von Rechten an F&E-Ergebnissen bewirkt werden? Das DoJ scheint diese Frage zu verneinen, weil es in »Case 6« des (durch die »Antitrust Enforcement Guidelines for International Operations« 1995 aufgehobenen) International Operations Guide des DoJ von 1988 unter Erwähnung des NCRA von 1984 territorial beschränkte Lizenzen nicht beanstandet, die sich im Beispielsfall ein beteiligtes britisches Unternehmen und drei beteiligte US-Unternehmen an ihren für ihre jeweiligen F&E-Ergebnisse erteilten Patenten und ihrem jeweiligen zu den F&E-Ergebnissen gehörenden Know-how erteilen; vgl. auch den Hinweis von *Ullrich*,[467] dass der NCRA von 1984 (der insoweit dem NCRPA entspricht) sich auch auf Patent- und Lizenzvereinbarungen sowie sonstige Verwertungsabreden über die immateriellen Forschungsergebnisse erstreckt, ohne dass insoweit über die Beschränkung der Abreden auf die Kooperationsergebnisse hinaus irgendwelche inhaltlichen Vorgaben gemacht werden. Andererseits betont *Ziegler*,[468] dass der

466 Siehe DoJ, Antitrust Enforcement Guidelines for International Operations 1995, abgedruckt bei *Blechman/Bernstein* in *FK*, Ausland, USA, Tz. 164; vgl. auch *Franz* S. 154.

467 *(Koop. Forschung)* S. 97 mit Fn. 193; vgl. auch *Fuchs* S. 96 f.

468 S. 138.

NCRA 1984 nur die gemeinschaftliche Erzielung von Wissen und seine Weitergabe als Bestandteil eines »joint venture« definiert, während Absprachen über Produktion und Vertrieb von Erzeugnissen. die auf den gemeinsam erlangten Forschungsergebnissen basieren, (Anm.: Produktionsabsprachen sind, wie ausgeführt, jetzt jedenfalls vom NCRPA erfasst) nicht mehr zur Forschungskooperation i.S. des NCRA 1984 gehören; vgl. auch Fn. 37 zu den Collaboration Guidelines, wonach der NCRPA unter dafür geeigneten Umständen (»in appropriate circumstances«) »per se«-Beanstandungen u.a. bei Vereinbarungen über einen gemeinsamen Vertrieb der zu entwickelnden Produkte zulässt.

– Eine entsprechende Frage stellt sich, wenn die Marktaufteilung dadurch bewirkt wird, dass sich jeder Vertragspartner die Rechte an seinen vorbestehenden, für die Verwertung der F&E-Ergebnisse benötigten Schutzrechten und Betriebsgeheimnissen in »seinem« Territorium vorbehält.[469]

Es sei hierbei aber nochmals betont, das der NCRPA, soweit er anwendbar ist, 706
die Frage einer Verletzung des Antitrustrechts durch den betr. F&E-Vertrag nur insoweit beeinflusst, als er per-se-Verletzungen des Antitrust-Rechts durch den betr. F&E-Vertrag ausschließt. Damit bleibt trotz der Verabschiedung des NCPRA ein erhebliches Maß an Unsicherheit bezüglich der endgültigen antitrustrechtlichen Beurteilung vieler F&E-Kooperationen bestehen.[470]

g) Der »Small Business Act«

Nach diesem Gesetz kann die »Small Business Administration« (»SBA«) kleine 707
Unternehmen dazu ermutigen, ein »joint venture«- und Entwicklungsprogramm durchzuführen. Wenn die SBA ein solches Programm als Mittel zur Stärkung des wirtschaftlichen Systems und des Systems freier Unternehmen billigt, unterliegt ein derartiges Programm nicht dem US-Antitrustrecht, siehe 15 U.S.C. § 638 (d) (1) und § 640 (b).

3. Extraterritoriale Anwendung des US-Antitrustrechts

Auch ein Verhalten – und damit auch der Abschluss und die Durchführung von 708
F&E-Verträgen – außerhalb der USA kann zur Anwendung des US-Antitrustrechts führen.

Die Befugnis der US-Gerichte, Angelegenheiten im Zusammenhang mir dem Handel und Wirtschaftsverkehr im Ausland zu entscheiden, unterliegt jedoch den Beschränkungen des FAIA (Foreign Trade Antitrust Improvement Act), 15 U.S.C. § 6a (2000) von 1982.[471]

469 Vgl. dazu *Ullrich (Koop. Forschung)* S. 76.
470 Vgl. den entsprechenden Hinweis von *Fuchs* S. 103 hinsichtlich des NCRA von 1984.
471 *Blechman/Patterson* in *FK*, Rn. 149; Abdruck der Bestimmung unter Rn. 157.

709 Nach diesem Gesetz können US-Gerichte Klagen wegen Verletzung des US-Antitrustrechts nur stattgeben, wenn das vorgeworfene Verhalten – selbst wenn es im Ausland stattfand – einen direkten, erheblichen und angemessen vorhersehbaren Effekt auf den US-Markt hat und dieser Effekt einen Anspruch gemäß dem Sherman Act zur Folge hat (»gives rise to a Sherman Act claim«).[472]

Eine Schadensersatzverpflichtung des Beklagten besteht aber auch unter diesen Voraussetzungen nur dann, wenn der Schaden unmittelbar durch ein rechtswidriges Verhalten des Beklagten verursacht wurde, welche das Antitrustrecht zu verhindern sucht.[473]

Weiter muss der Kläger, um vor einem US-amerikanischen Gericht gehört zu werden, auch eine Berechtigung zur Klage (»standing«) haben.[474] »Standing« ist definiert in Sec. 4 Clayton Act und bedeutet, dass nur derjenige klageberechtigt ist, der auf einem Markt verletzt wurde, der in den Schutzbereich des US-Kartellrechts fällt. Weitere Voraussetzung für das »standing« ist, dass der Kläger als Wettbewerber oder Verbraucher auf dem betr. Markt auftritt.[475]

4. Antitrust-rechtliche Beurteilung von F&E-Verträgen

a) Für F&E-Verträge relevante Leitlinien der FTC und des DoJ

710 Für alle Typen von F&E-Verträgen gibt es z. Zt. keine aktuellen Leitlinien des FTC und des DoJ (der »Agencies«). Für bestimmte Typen von F&E-Verträgen sind aber die »Antitrust Guidelines for Collaborations Among Competitors« vom April 2000 (hier kurz als **»Collaborations Guidelines«** bezeichnet) zu berücksichtigen. Sie erstrecken sich nach ihrer Sec. 1.1 auf eine Vereinbarung oder mehrere Vereinbarungen, bei der/denen es sich nicht um Fusionsvereinbarungen handelt, zwischen aktuellen oder potenziellen Wettbewerbern zur gemeinsamen Durchführung wirtschaftlicher Aktivitäten wie F&E, Produktion, Vermarktung, Verteilung, Verkäufe oder Einkäufe.

711 Nach Sec. 1.3 der Collaborations Guidelines finden statt derselben die **»Horizontal Merger Guidelines«** vom 2. 4. 1992 in der Fassung vom 8. 4. 1997 Anwendung, wenn folgende Kriterien kumulativ erfüllt sind (siehe auch das Beispiel 1 im Appendix zu den Collaboration Guidelines):

(a) Die beteiligten Unternehmen sind Wettbewerber auf dem relevanten Markt, auf die sich die Zusammenarbeit bezieht;

(b) die Organisation der Zusammenarbeit (»formation of the collaboration«) schließt eine effizienzsteigernde Integration wirtschaftlicher Tätigkeit auf dem relevanten Markt mit ein;

472 *Blechman/Patterson* in *FK*, Rn. 149.
473 *Blechman/Patterson* in *FK*, Rn. 150.
474 *Blechman/Patterson* in *FK*, Rn. 151.
475 *Blechman/Patterson* in *FK*, Rn. 151.

(c) die Integration eliminiert jeden Wettbewerb der beteiligten Unternehmen auf dem relevanten Markt; und
(d) die Zusammenarbeit endet nicht innerhalb eines genügend begrenzten Zeitraums nach den dafür geltenden spezifischen und ausdrücklichen Bestimmungen.

Nach diesen Abgrenzungskriterien dürfte eine Anwendung der Horizontal Merger Guidelines auf F&E-Verträge kaum jemals in Betracht kommen. Zwar können das Kriterium nach (a) und – z.B. in dem Fall, dass der Vertrag eine gemeinsame Produktion der aus der Kooperation hervorgehenden Produkte vorsieht – auch das Kriterium gemäß (b) erfüllt sein. Möglich ist auch die Erfüllung des Kriteriums gemäß (d), die voraussetzen dürfte, dass der Vertrag nicht nach seinen spezifischen und ausdrücklichen Bestimmungen innerhalb eines genügend begrenzten Zeitraums automatisch endet. Dagegen dürfte die Erfüllung des Kriteriums nach (c), d.h. der Fall, dass die F&E-Kooperation jeglichen Wettbewerb der Vertragspartner auf dem bestehenden relevanten Markt, auf den sich die F&E-Kooperation bezieht, eliminieren würde (was auch, aber keinesfalls nur voraussetzt, dass der Vertrag eine Vergemeinschaftung des Vertriebs der zu entwickelnden Produkte vorsieht), sehr selten sein. Unter diesen Umständen wird hier auf die Horizontal Merger Guidelines nicht näher eingegangen. Die Unanwendbarkeit der Horizontal Merger Guidelines auf einen F&E-Vertrag präjudiziert jedoch nicht die Frage, ob für diesen Vertrag eine Premerger Notification nach Sec. 7A Clayton Act (siehe dazu Kap. 5 Rdn. 698) vorzunehmen ist. 712

Anhaltspunkte dafür, wie F&E-Verträge im Einzelnen antitrustrechtlich zu beurteilen sind, gab der »Antitrust Guide Concerning Research Joint Ventures« der Antitrust Division des DoJ aus dem Jahre 1980 (hier kurz als »**Research Guide**« bezeichnet). Da die Collaborations Guidelines nur wenige Aussagen speziell zu F&E-Verträgen machen, dürfte es auch jetzt noch nützlich sein, für die antitrustrechtliche Beurteilung von F&E-Verträgen ergänzend den Research Guide heranzuziehen, soweit er mit den neueren Richtlinien die »Agencies« vereinbar ist. Das gilt insbesondere für F&E-Verträge, die nicht innerhalb der von den Collaborations Guidelines in Sec. 4.2 und 4.3 definierten Sicherheitszonen liegen (s. dazu Kap. 5 Rdn. 739–741). 713

b) Bejahung einer »per-se«-Verletzung des Antitrustrechts bei F&E-Verträgen

Ein F&E-Vertrag kann, soweit er nicht unter den NCRPA fällt und nach diesem ordnungsgemäß angemeldet wird, das Antitrustrecht »per se« verletzen und damit einer Analyse nach der »rule of reason« (siehe dazu unten Kap. 5 Rdn. 720–751) entzogen sein. Die Begründung für die »per se-rule« ist wie folgt: »Certain types of agreements are so likely to harm competition and to have no significant procompetitive benefit that they do not warrant the time and expense required for particularized inquiry into their effects«.[476] (»Bei einigen 714

476 Siehe Collaborations Guidelines unter Sec. 1.2.

Typen von Verträgen ist es so wahrscheinlich, dass sie den Wettbewerb beschränken und keinen wettbewerbsfördernden Nutzen haben, dass sie nicht die Zeit und den Aufwand rechtfertigen, der für eine ins Einzelne gehende Untersuchung ihrer Auswirkungen erforderlich ist.«)

715 Als »per se« rechtswidrig haben die US-Gerichte auf dieser Basis folgende Typen von Verträgen zwischen Wettbewerbern eingestuft: Verträge zur Festlegung von Preisen oder der Produktionsmenge, zur Bestimmung des Inhalts von Angeboten (»agreements to rig bids«) oder zur Marktaufteilung durch Zuteilung von Kunden, Lieferanten, geographischen Gebieten oder Vertriebsbereichen (»lines of commerce«).[477]

716 Diese Einstufung ist aber nach den **Collaborations Guidelines** unter bestimmten Voraussetzungen nicht mehr zwingend. So enthält Sec. 3.2 dieser Guidelines folgende, auch für F&E-Verträge zwischen Wettbewerbern relevante Ausführungen:

»If, however, participants in an efficiency-enhancing integration of economic activity enter into an agreement that is reasonably related to the integration and reasonably necessary to achieve its procompetitive effects, the Agencies analyze the Agreement under the rule of reason, even if it is of a type that might otherwise be considered per se illegal ... In an efficiency-enhancing integration, participants collaborate to perform or cause to be performed (by a joint venture entity created by the collaboration or by one or more participants or by a third party acting on behalf of other participants) one or more business functions, such as ... R&D, and thereby benefit, or potentially benefit, consumers by expanding output, reducing price, or enhancing quality, service, or innovation. Participants in an efficiency-enhancing integration typically combine, by contract or otherwise, significant capital, technology or other complementary assets to achieve procompetitive benefits that participants could not achieve separately. ... The integration must be of a type that plausibly would generate procompetitive benefits cognizable under the efficiency analysis set forth in Section 3.36 below.«

717 Daraus ergibt sich für F&E-Verträge zwischen Wettbewerbern zusammengefasst annäherungsweise Folgendes: Die »Agencies« beurteilen solche Verträge selbst dann nach der »rule of reason«, wenn sie Abreden enthalten, welche normalerweise eine »per se«-Verletzung begründen, sofern

- die Zusammenarbeit – typischerweise aufgrund der Kombination von Fähigkeiten und Ressourcen der Parteien – Effizienzgewinne verspricht, welche den Verbrauchern zugute kommen oder möglicherweise zugute kommen,
- die Zusammenarbeit von einem Typ ist, der die Generierung eines i.S. von Sec. 3.36 anerkennenswerten wettbewerbsfördernden Nutzens plausibel erscheinen lässt, und
- die erwähnten Abreden einen vernünftigen Bezug zur Zusammenarbeit haben und vernünftigerweise zur Erzielung von wettbewerbsfördernden Wirkungen der Zusammenarbeit erforderlich sind.

477 Siehe Collaborations Guidelines unter Sec. 1.2 und 3.2; vgl. auch Research Guide, S. 14 ff., 17; *Ullrich (Koop. Forschung)* S. 74; *Ziegler* S. 139 und S. 142.

Ein Nutzen ist nach Sec. 3.36 (s.u. Kap. 5 Rdn. 736) anerkennenswert, wenn er 718
- nicht auf einer wettbewerbswidrigen Reduzierung von Produktionsmenge oder Service beruht und
- nicht durch praktikable, bedeutend weniger beschränkende Mittel erreicht werden könnte.

Dem letzteren Merkmal des anerkennenswerten Nutzens entspricht es, dass 719
Sec. 3.2 beschränkende Abreden nur dann als vernünftigerweise erforderlich zur Erzielung wettbewerbsfördernder Wirkungen einstuft, wenn eine gleichwertige oder vergleichbare effizienzsteigernde Zusammenarbeit nicht durch praktikable, erheblich weniger beschränkende Mittel erreichbar ist.

c) Die Anwendung der »rule of reason« bei F&E-Verträgen

Bei der Anwendung der »rule of reason« sind die wettbewerbsfördernden 720
Wirkungen der Vereinbarung gegen ihre für den Wettbewerb nachteiligen Wirkungen abzuwägen. Zu berücksichtigen sind dabei alle relevanten Umstände,[478] insbesondere die »facts peculiar to the business, the history of the restraint, and the reason why it was imposed«,[479] was sich annäherungsweise übersetzen lässt als branchenspezifische Umstände, der historische Hintergrund für die Wettbewerbsbeschränkung und die Gründe für ihre Vereinbarung. Im Rahmen der Abwägung sind für den Wettbewerb nachteilige Wirkungen nach der »ancillary restraints«-Lehre auch dann noch als zulässig anzusehen, wenn sie erforderlich sind, um die Erreichung eines wettbewerbsneutralen Hauptzwecks nicht zu gefährden.[480]

Spezielle Grundsätze für die Anwendung der »rule of reason« bei Zusammen- 721
arbeitsverträgen zwischen (aktuellen oder potenziellen) Wettbewerbern enthalten die **Collaborations Guidelines** (siehe dazu schon Kap. 5 Rdn. 710 und 716–719). Diejenigen dieser Grundsätze, die auch für F&E-Verträge besonders wichtig erscheinen bzw. speziell diese Verträge betreffen, werden nachfolgend kurz skizziert:

Einen Überblick gibt **Sec. 1.2**. Danach beginnen die »Agencies« ihre Prüfung 722
bei der Natur der Vereinbarung. Bei dieser Prüfung würden sie u.a. der Frage nachgehen, wie der unternehmerische Zweck der Vereinbarung ist und ob sie dann, wenn sie schon durchgeführt wird, bereits wettbewerbswidrige Nachteile (»anticompetitive harm«) verursacht hat. In manchen Fällen könne die Natur der Vereinbarung i.V. mit dem Fehlen von Marktmacht das Fehlen von wettbewerbswidrigen Nachteilen belegen. Wenn umgekehrt wettbewerbswidrige Nachteile nach der Natur der Vereinbarung offensichtlich seien oder solche Wirkungen bei der Durchführung der Vereinbarung schon eingetreten seien, würden die Agencies die Vereinbarung bei Fehlen von »overriding benefits«, d.h. wohl von höher zu bewertenden Vorteilen, ohne ins Einzelne gehende

478 Vgl. Sec. 3 NCRPA.
479 *Fuchs* S. 86 mit Rechtsprechungsnachweisen unter Fn. 6.
480 *P. Ulmer* RIW 1985, S. 517, 519 mit Rechtsprechungshinweisen unter Fn. 21.

Marktanalyse beanstanden. Dagegen würden die Agencies die Vereinbarung intensiver analysieren, wenn zwar die anfängliche Prüfung der Natur der Vereinbarung mögliche wettbewerbliche Einwände erkennen lasse, aber eine Beanstandung derselben ohne detaillierte Marktanalyse nicht in Betracht komme.

723 **Sec. 2.1** führt unter den möglichen wettbewerbsfördernden Vorteilen Effizienzgewinne auf, die auf der Kombination verschiedener Fähigkeiten oder Ressourcen der Parteien beruhen. So könnten z.B. zwei Firmen ihre Forschungs- oder Vermarktungsaktivitäten kombinieren, um mit der Markteinführung von Produkten verbundene Kosten zu reduzieren oder die Zeit zu verringern, die für die Entwicklung und für das erste Inverkehrbringen neuer Produkte benötigt werde. Die Verbraucher könnten von solchen gemeinsamen Aktivitäten dadurch profitieren, dass die Parteien imstande seien, Preise zu ermäßigen, die Qualität zu verbessern oder neue Produkte schneller auf den Markt zu bringen.

724 Nach **Sec. 2.2** können Vereinbarungen unter Wettbewerbern umgekehrt den Wettbewerb und Verbraucher schädigen, indem sie die Fähigkeit oder die Motivation der beteiligten Unternehmen erhöhen, die Preise gewinnbringend oberhalb des Niveaus festzusetzen oder die Produktmenge, die Qualität oder den Service oder die Innovation unter das Niveau zu drücken, das wahrscheinlich bei Fehlen der betr. Vereinbarung bestehen würde. Vereinbarungen zwischen Wettbewerbern könnten auch ausdrückliche oder stillschweigende Abstimmungen (»collusion«) fördern, indem sie Praktiken wie den Austausch von Informationen, die unter Wettbewerbsaspekten sensitiv sind, oder verstärkte Marktkonzentration ermöglichen, und zwar nicht nur auf dem Markt, auf den sich die Zusammenarbeit erstreckt, sondern auch auf anderen Märkten, auf denen die Parteien aktuelle oder potenzielle Wettbewerber sind.

725 **Sec. 3.3** beschäftigt sich detailliert mit Vereinbarungen, die nach der »rule of reason« zu analysieren sind, wobei sie an die Grundsätze gemäß Sec. 1.2 anknüpft. Sie bemerkt, dass die »Agencies« typischerweise als ersten Schritt für die Beurteilung, ob die Vereinbarung Marktmacht schafft oder verstärkt oder ihre Ausübung ermöglicht und dadurch Risiken für den Wettbewerb begründet, die relevanten Märkte definieren und die Marktanteile und den Grad der Konzentration berechnen.

726 Sie würden dabei Faktoren untersuchen, die für die Frage relevant sind, ob die Parteien auch im Hinblick auf die Zusammenarbeit die Fähigkeit und die Motivation haben, unabhängig Wettbewerb zu betreiben, z.B. ob eine Vereinbarung ausschließlich oder nicht-ausschließlich ist und welche Dauer sie hat. Sie würden auch der Frage nachgehen, ob ein Marktzutritt Dritter rechtzeitig, wahrscheinlich und ausreichend sein würde, um ggf. wettbewerbswidrigen Nachteilen entgegenzuwirken.

727 Wichtig sind die folgenden Ausführungen im Hinblick darauf, dass nach Sec. 4.2 und 4.3 keine Sicherheitszonen in Fällen bestehen, in denen die »Agencies« Vereinbarungen ohne detaillierte Marktanalyse beanstanden, siehe dazu untern Kap. 5 Rdn. 739 und 740: Wo die Wahrscheinlichkeit wettbewerbswidriger Nach-

teile nach der Natur der Vereinbarung offensichtlich ist oder eine in der Durchführung begriffene Vereinbarung bereits zu wettbewerbswidrigen Nachteilen geführt hat, würden die »Agencies« diese Vereinbarungen bei Fehlen von höher zu bewertenden Vorteilen (»overriding benefits«), welche die wettbewerbswidrigen Nachteile ausgleichen, ohne detaillierte Marktanalyse beanstanden.

Sec. 3.31 (a) enthält folgende Aussagen speziell zu F&E-Verträgen zwischen 728
Wettbewerbern: Die meisten dieser Vereinbarungen seien wettbewerbsfördernd, und sie würden typischerweise nach der »rule of reason« analysiert. Eine F&E-Zusammenarbeit könne durch die Kombination komplementärer Aktiva, Technologie oder Know-how die Parteien dazu befähigen, schneller oder effizienter neue oder verbesserte Waren, Dienstleistungen oder Produktionsprozesse zu entwickeln. Sie könne aber auch Marktmacht schaffen oder verstärken oder deren Ausübung ermöglichen, indem sie die Möglichkeit der Partner, individuell Entscheidungen zu treffen, begrenzt, oder indem sie bei ihnen gemeinsam oder bei einzelnen von ihnen die Kontrolle über für den Wettbewerb wichtige Aktiva oder die wettbewerbsrelevanten F&E-Anstrengungen bei allen oder einzelnen von ihnen konzentriert. Eine zentrale Frage sei, ob die Vereinbarung die Fähigkeit oder die Motivation verstärke, wettbewerbswidrig individuell oder im Rahmen der Zusammenarbeit verfolgte F&E-Anstrengungen zu reduzieren, indem sie z.B. das Tempo von F&E-Projekten verlangsame. Unter sonst gleichen Umständen würden F&E-Verträge eher wettbewerblichen Bedenken ausgesetzt sein, wenn die Parteien gemeinsam oder einzeln bereits eine sichere Quelle für Marktmacht bei einem bestehenden Produkt hätten und die neuen F&E-Anstrengungen die durch ihre bei normalem Wettbewerb nicht erzielbaren Erträge zunichte machen würden (»might cannibalize their supracompetitive earnings«). (Anm.: Damit wollen die »Agencies« wohl andeuten, dass die Vergemeinschaftung der F&E in einem solchen Fall den Zweck oder die Wirkung haben kann, dass die Vertragspartner die F&E nicht ernsthaft betreiben, um sich die erwähnten Erträge zu erhalten.) Weiterhin seien wettbewerbswidrige Nachteile wahrscheinlicher, wenn der Forschungswettbewerb auf Firmen mit spezialisierter Struktur oder spezialisierten Aktiva wie z.B. geistigem Eigentum beschränkt ist, oder wenn behördliche Genehmigungsprozesse die Fähigkeit von Nachzüglern begrenzen, Wettbewerber, die schon mit der einschlägigen F&E befasst sind, einzuholen.

Sec. 3.32 befasst sich mit den relevanten Märkten, die von der Zusammen- 729
arbeit berührt werden. Diese würden die »Agencies« typischerweise zur Beurteilung der Wettbewerbswirkungen identifizieren, obwohl es in einigen Fällen möglich sein könne, diese Wirkungen direkt ohne Definition des relevanten Markts bzw. der relevanten Märkte zu beurteilen. In den folgenden Sec. 3.32 (a) bis 3.32 (c) werden dann wie in den Horizontal-LL die vorhandenen Produktmärkte, die vorhandenen Technologiemärkte und – in Bezug auf F&E – die Innovationsmärkte als mögliche relevante Märkte erörtert.

Sec. 3.32 (a) verweist zur näheren Definition der relevanten vorhandenen 730
Produktmärkte und zur Berechnung der Marktanteile auf Sec. 1, 1.31 und 1.32 der Horizontal Merger Guidelines.

731 **Sec. 3.32 (b)** nimmt wie Nr. 47 der Horizontal-LL Technologiemärkte nur dann als existent an, wenn geistige Eigentumsrechte tatsächlich separat von den Produkten vermarktet werden, bei denen sie verwendet werden, siehe dazu Kap. 5 Rdn. 130 und 131. Zur näheren Bestimmung dieser Märkte verweist Sec. 3.32 (b) auf Sec. 3.2.2 der Antitrust Guidelines for the Licensing of Intellectual Property (»Intellectual Property Guidelines«).

732 **Sec. 3.32 (c)** bezeichnet Innovationsmärkte als F&E, die auf besondere neue oder verbesserte Waren oder Verfahren gerichtet ist, und die nahen Alternativen (»substitutes«) für solche F&E und verweist zur näheren Bestimmung dieser Innovationsmärkte auf Sec. 3.2.3 der Intellectual Property Guidelines. Eine Definition und Analyse von Innovationsmärkten durch die »Agencies« komme nur dann in Betracht, wenn die Wettbewerbswirkungen auf die Innovation nicht angemessen durch die Analyse von Produkt- und Technologiemärkten berücksichtigt werden können. Die Agencies würden außerdem einen Innovationsmarkt nur dann definieren, wenn die Fähigkeiten sich in F&E zu engagieren mit spezialisierten Aktiva oder Charakteristiken spezifischer Firmen in Zusammenhang gebracht werden könnten.

733 Nach **Sec. 3.33** sind Marktanteile und Marktkonzentration bedeutsam für die Wahrscheinlichkeit, dass die betr. Vereinbarung Marktmacht begründet oder verstärkt.

734 **Sec. 3.34** betrifft Faktoren, die für die Fähigkeit und die Motivation der Parteien, einzeln oder gemeinsam Wettbewerb zu betreiben, von Bedeutung sind. Dabei würden sich die »Agencies« wahrscheinlich auf folgende sechs Faktoren konzentrieren:

(a) das Ausmaß, in dem der Vertrag nicht-ausschließlich ist, als bestimmender Faktor dafür, ob die Parteien voraussichtlich weiter unabhängig außerhalb ihrer Zusammenarbeit auf dem Markt, auf die sich die Zusammenarbeit bezieht, Wettbewerb betreiben;
(b) das Ausmaß, in dem die Parteien unabhängige Kontrolle über Aktiva, die sie zum Betreiben von Wettbewerb benötigen, behalten;
(c) die Natur und das Ausmaß der finanziellen Beteiligung jeder Partei an der Zusammenarbeit oder an dem Kapital der anderen Partei(en);
(d) die Kontrolle über den wettbewerbsrelevanten Entscheidungsprozess im Rahmen der Zusammenarbeit;
(e) die Wahrscheinlichkeit wettbewerbswidrigen Informationsaustauschs; und
(f) die Dauer der Zusammenarbeit.

735 **Sec. 3.35** betont die Bedeutung der Höhe der Marktzutrittschranken. Ein leichter Marktzutritt könne sich als Bremse auswirken oder verhindern, dass Preise oberhalb oder Produktionsmenge, Qualität, Service oder Innovation unterhalb des Niveaus gehalten werden, das bei Fehlen der betr. Vereinbarung bestünde.

736 Nach **Sec. 3.36** wenden sich die »Agencies«, wenn sie zu dem Schluss gekommen sind, dass die betr. Vereinbarung wettbewerbswidrige Nachteile verursacht hat oder wahrscheinlich verursachen wird, der Frage zu, ob die Vereinbarung vernünftigerweise erforderlich ist, um anerkennenswerten Nut-

zen (»cognizable efficiencies«) zu generieren. Ein Nutzen sei anerkennenswert, wenn er nicht auf einer wettbewerbswidrigen Reduzierung von Produktionsmenge oder Service beruhe und nicht durch praktikable, bedeutend weniger beschränkende Mittel erreicht werden könne.

Sec. 3.36 (b) führt aus, dass die Frage, ob eine Vereinbarung vernünftigerweise erforderlich ist, von dem Marktkontext und von der Vereinbarungsdauer abhängen kann. So könne z.B. eine Vereinbarung, die durch die Bedürfnisse eines neuen Marktteilnehmers gerechtfertigt sein könne, im Falle anderer Marktumstände nicht vernünftigerweise erforderlich sein, um anerkennenswerten Nutzen zu generieren. 737

Sec. 4.1 gibt einen Überblick über zwei von den Guidelines gewährte »Sicherheitszonen«, nämlich eine allgemeine, in Sec. 4.2 näher definierte Sicherheitszone für alle Vereinbarungen zwischen Wettbewerbern und eine spezielle, in Sec. 4.3 näher definierte Sicherheitszone für F&E-Kooperationen, deren Wettbewerbswirkungen (gemeint ist wohl: »nur oder auch«) innerhalb eines Innovationsmarkts analysiert werden. Das bedeutet wohl, dass für F&E-Verträge, deren Wettbewerbswirkungen sowohl innerhalb eines Produkt- bzw. Technologiemarktes als auch innerhalb eines Innovationsmarktes analysiert werden, die Merkmale beider Sicherheitszonen erfüllt sein müssen (siehe dazu auch Kap. 5 Rdn. 741). Die Ansiedlung eines F&E-Vertrags in einer Sicherheitszone bzw., soweit erforderlich, in beiden »Sicherheitszonen« hat zur Folge, dass die Parteien »bei Fehlen außergewöhnlicher Umstände« vor Maßnahmen der Agencies (nicht aber vor Ansprüchen Dritter) wegen Verletzung des Antitrustrechts sicher sind. 738

Sec. 4.2 sieht eine allgemeine Sicherheitszone für Vereinbarungen zwischen Wettbewerbern unter folgenden Voraussetzungen vor: 739

1. Die Parteien haben zusammen nicht mehr als 20 % Marktanteil auf jedem relevanten Markt, auf dem der Wettbewerb beschränkt werden kann;
2. die Vereinbarungen sind nicht »per se« ungesetzlich (Anm.: siehe dazu Kap. 5 Rdn. 714–719);
3. sie würden nicht ohne detaillierte Marktanalyse von den »Agencies« beanstandet werden (Anm.: siehe dazu Kap. 5 Rdn. 727);
4. es handelt sich nicht um eine Zusammenarbeit zwischen Wettbewerbern, die als Fusion zu analysieren ist (Anm.: siehe dazu Kap. 5 Rdn. 711 und 712).

Sec. 4.3 sieht eine Sicherheitszone speziell für F&E-Verträge zwischen Wettbewerbern vor, in deren Bereich eine Beanstandung dieser Verträge durch die »Agencies« aufgrund der Wettbewerbswirkungen dieser Verträge auf einem Innovationsmarkt (»on the basis of its effects in an innovation market«) unter folgenden Voraussetzungen ausscheidet: 740

a) Es sind mindestens drei weitere unabhängige Wettbewerber auf dem relevanten Innovationsmarkt tätig, welche die erforderlichen spezialisierten Aktiva oder Charakteristiken besitzen sowie die Motivation, sich bei einer F&E zu engagieren, welche eine nahe Alternative zu der gemeinsamen F&E der Parteien ist. Bei der Beurteilung, ob die von unabhängigen Wettbewerbern durchgeführte F&E-Anstrengungen nahe Alternativen sind, berücksichtigen die »Agencies« u.a. die Natur, den Umfang und die Größe der F&E-Anstrengungen dieser Wettbewerber; ihren Zugang zu finanzieller Unterstützung; ihren Zugang zu geistigem Eigentum, Fachpersonal, oder anderen spezialisierten Aktiva, ihren Zeitplan und ihre Fähigkeit, Innovationen allein oder über andere zu vermarkten.

b) Die in Kap. 5 Rdn. 739 unter 2.–4. aufgeführten Voraussetzungen gelten auch hier.

741 Mit der Formulierung »on the basis of its effects in an innovation market« wollten die Agencies wohl klarstellen, dass die Sicherheitszone nach Sec. 4.3 nur hinsichtlich der Wettbewerbswirkungen des Vertrags auf einem »Innovationsmarkt« gilt, und dass der Vertrag dann, wenn er auch Wettbewerbswirkungen auf einem vorhandenen Produkt- oder Technologiemarkt hat, innerhalb der Sicherheitszone gemäß Sec. 4.2 liegen muss, um in jeder Beziehung vor Beanstandungen der »Agencies« sicher zu sein.[481]

742 Wie bereits oben unter Kap. 5 Rdn. 713 ausgeführt, dürfte es für die antitrustrechtliche Beurteilung von F&E-Verträgen (einschl. solchen, die nicht zwischen Wettbewerbern abgeschlossen werden) auch jetzt noch sinnvoll sein, den **Research Guide** zu berücksichtigen. Dabei kann man wohl davon ausgehen, dass die »Agencies« F&E-Verträge jedenfalls aktuell nicht strenger beurteilen als nach dem Research Guide und in verschiedenen Punkten sogar weniger streng; siehe hierzu die Ausführungen zur ausnahmsweisen Anwendung der »rule of reason« bei Beschränkungen, die normalerweise eine »per se«-Verletzung begründen, oben in Kap. 5 unter Rdn. 716–719. Insbesondere erscheint im Hinblick auf den NCRPA sicher, dass sie ihre grundsätzlich kritische Haltung zu Abreden über die Vergemeinschaftung der Produktion der zu entwickelnden Produkte aufgegeben haben. Sie dürften auch Abreden über einen vorübergehenden gemeinsamen Vertrieb zu entwickelnder neuen Produkte im Hinblick auf Sec. 3.2 des Collaborations Guide (s.o. Kap. 5 Rdn. 716) unter bestimmten Voraussetzungen zulassen. Die diesbezüglichen negativen Äußerungen des Guide erscheinen deshalb als überholt. Sie werden daher nachfolgend nicht wiedergegeben bzw. unter Hinweis auf ihre fehlende Aktualität skizziert.

743 Der Research Guide führt eine Reihe von Kriterien für die Abwägung gemäß der »rule of reason« auf, die den Kriterien der Horizontal-LL für die Beurteilung der von ihr erfassten F&E-Verträge nach Art. 81 EGV gleichen oder ihnen ähneln:

- Ist das gemeinsame F&E-Projekt der Grundlagenforschung zuzurechnen? Im Allgemeinen gelte: Je näher die gemeinsame F&E bei der Grundlagenforschung liege – d.h. je weiter sie von wesentlichen Auswirkungen auf den Markt und von Entwicklungsproblemen entfernt sei – desto weniger wahrscheinlich sei eine Verletzung des Antitrustrechts. Dabei soll nach dem Guide Grundlagenforschung normalerweise mit einer geringeren Vorhersehbarkeit ihrer Ergebnisse und daher mit einem größeren Risiko behaftet sein als die Entwicklungsforschung; siehe jedoch zur Schwierigkeit der Abgrenzung von Grundlagenforschung zu angewandter Forschung und Entwick-

481 Anderer Meinung offenbar *Mestmäcker/Schweitzer* unter § 29 III (S. 763 f.).

lung sowie zur Angreifbarkeit der Behauptung einer höheren Unsicherheit von F&E-Projekten, bei denen die Gewinnung neuer wissenschaftlicher Kenntnisse im Vordergrund steht, die Ausführungen in Kap. 1 Rdn. 9–14.
- Kann die Gemeinschaftsforschung eine marktbeherrschende Technologie betreffen oder hervorbringen?
- Sind die beteiligten Unternehmen aktuelle oder potenzielle Wettbewerber?
- Enthält der Vertrag beschränkende Vereinbarungen bezüglich der Nutzung der Forschungsergebnisse?
- Wie hoch ist die Zahl der tatsächlichen oder potenziellen Wettbewerber in der Branche, der die gemeinsame F&E zuzurechnen ist? Mit steigender Zahl solcher Wettbewerber mindere sich die Wahrscheinlichkeit einer Verletzung des Antitrustrechts.
- Wie breit ist das Feld der gemeinsamen F&E? Je enger es sei, desto günstiger sei dies für die antitrustrechtliche Beurteilung.

Auf dieser Basis unterscheidet der Guide zwischen **drei verschiedenen Arten** 744 **von Wettbewerbswirkungen**:

1. Wirkungen, welche die wesentlichen Elemente des gemeinsamen F&E-Projekts auf den bestehenden oder potenziellen Wettbewerb zwischen den beteiligten Unternehmen haben. Wenn die gemeinschaftliche Aktivität einige wahrscheinliche und erhebliche wettbewerbswidrige Wirkungen habe, stelle sich die Frage, ob das Vorhaben im Ganzen gesehen noch als wettbewerbsfördernd anzusehen sei.
2. Wirkungen beschränkender Nebenabreden. Sie könnten kartellrechtliche Bedenken hervorrufen, wenn sie nicht in angemessener Weise den wesentlichen Elementen des Vorhabens dienen oder wenn ihr Umfang oder ihre Dauer unangemessen sind.
3. Wirkungen von Zugangsbeschränkungen für Dritte betr. Teilnahme an der Gemeinschaftsforschung oder zu deren Ergebnissen. Sie könnten Antitrustprobleme aufwerfen, wenn sie zum Aufbau oder zum Missbrauch von Marktmacht bei den beteiligten Unternehmen führen.

Mit diesen drei Wirkungen beschäftigen sich dann im Einzelnen die nach- 745 folgenden Ausführungen des Guide, von denen hier nur die Hauptaspekte grob skizziert werden.

Hinsichtlich der **Wirkungen gemäß 1.** weist der Guide auf die mögliche 746 Anwendung von Sec. 7 Clayton Act neben Sec. 1 Sherman Act hin, siehe dazu schon Kap. 5 Rdn. 697.

Die durch die Vereinbarung berührte Marktstruktur sei, anders als bei Fusionen und Unternehmenskäufen, nur ein Ausgangspunkt für die antitrustrechtliche Beurteilung des gemeinsamen F&E-Projekts. Während dann, wenn nur nicht konzentrierte Märkte berührt würden, eine Vermutung für die Rechtmäßigkeit des Projekts bestehe, lege umgekehrt eine höhere Konzentration noch nicht seine Rechtswidrigkeit nahe, sondern mache nur eine eingehendere Prüfung des Projekts erforderlich. Seien nur kleine Unternehmen beteiligt, bei denen sogar eine Fusion nach den Merger Guidelines des DoJ möglich sein würde, sei ohne unangemessen beschränkende Nebenabreden die Rechtmäßigkeit des Vorhabens zu vermuten.

Die Ausschaltung des Forschungswettbewerbs zwischen größeren Firmen könne jedoch kartellrechtlich bedenklich sein. In solchen Fällen sei sowohl die Art der Forschung – u.a., ob es sich um Grundlagenforschung, angewandte oder Entwicklungsforschung handelt – als auch die möglichen, das Gemeinschaftsprojekt rechtfertigenden Gründe in Betracht zu ziehen.

Ein Rechtfertigungsgrund könne sein, dass die Beteiligten nicht bereit gewesen wären, ein ähnliches Projekt eigenständig durchzuführen. Umgekehrt könne es kartellrechtlich bedenklich sein, wenn die Beteiligten laufende eigene Forschungsprojekte zugunsten des Gemeinschaftsprojekts aufgeben.

Von Bedeutung sei weiter, ob in der betr. Branche bereits erhebliche Marktzutrittschranken bestehen. In diesem Fall könne separate Forschung der Beteiligten effizienter sein als gemeinsame F&E-Projekte derselben.

Bedenklich könnten wegen möglicher Minderung des Forschungswettbewerbs auch branchenweite F&E-Kooperationen oder F&E-Kooperationen sein, an denen das dominierende oder die dominierenden Unternehmen der Branche beteiligt sind, wie der Fall »United States v. Automobile Mfgs. Assn«[482] zeige.

747 Hins. der **Wirkungen gemäß oben 2.**, d.h. den Wirkungen beschränkender Nebenabreden, unterscheidet der Guide zwischen Nebenreden, die Patente und Know-how nicht betreffen, und solchen, die dies tun.

748 Die Rechtmäßigkeit von Nebenabreden der ersteren Art hänge weitgehend von der Enge ihrer Beziehung zu dem wesentlichen Zweck der gemeinsam forschenden Unternehmensverbindung ab sowie davon, dass weder ihr Umfang noch ihre Dauer übermäßig seien.

Als Beispiele für eng zusammenhängende Nebenabreden nennt der Guide folgende:

- Die Verpflichtung der Beteiligten zum Austausch aller F&E-Ergebnisse, die sie bereits vor Beginn des gemeinsamen Projekts auf dessen Gebiet erzielt haben;
- die Verpflichtung, Ergebnisse der gemeinsamen F&E vor ihrer Patenterteilung nicht an Außenstehende zu offenbaren; und
- die Aufteilung bestimmter Teilbereiche der F&E zwischen den Beteiligten.

Dagegen gehörten zu den Beschränkungen, die nur entfernt mit den durch die gemeinsame F&E verfolgten berechtigten Zwecken in Beziehung stehen, Beschränkungen der separaten Entwicklung, Produktion und Verwertung der aus der jeweiligen F&E hervorgehenden Erfindungen durch einzelne Beteiligte (Anm.: wegen des NCRPA und der Collaborations Guidelines überholt). So könne u.a. eine Vereinbarung zwischen den Beteiligten, unabhängige Forschung in Konkurrenz mit der Gemeinschaftsforschung zu unterlassen, eine unangemessene Beschränkung des Wettbewerbs darstellen. (Anm.: Auch diese Auffassung dürfte seit dem NCRA überholt sein, der ebenso wie jetzt Sec. 2 (b) (3)

482 1969 Tr. Cases § 72, 907 (consent decree) bestätigt durch 307 F. Supp. 617 (C. D. Cal 1969; cert. den. sub nom. City of New York v. US, 397 US 248).

NCRPA auch Vereinbarungen erfasste, welche die Parallelforschung der Partner beschränken, soweit dies zur Vermeidung einer »misappropriation«, also einer rechtswidrigen Zueignung, von eingebrachter »proprietary information«, also von Betriebsgeheimnissen oder von Ergebnissen der gemeinsamen F&E »reasonably« erforderlich ist.[483])

Beschränkende Nebenabreden der zweiten Art, also solche, die Patente und Know-how betreffen, könnten nach der »rule of reason« erlaubt sein, wenn sie dem rechtmäßigen Hauptzweck des Vorhabens dienen, wenn ihr Umfang und ihre Laufzeit nicht größer sind, als es vernünftigerweise zur Erreichung dieses Zwecks erforderlich ist, und wenn sie nicht Teil eines Gesamtbildes beschränkender Absprachen sind, die ungerechtfertigte wettbewerbswidrige Auswirkungen haben. Wiederum hänge die Rechtmäßigkeit der Beschränkung in einem hohen Grad von der Beziehung ab, die sie zum Hauptzweck der gemeinsamen F&E haben. 749

Diese Beziehung sei eng bei solchen Vereinbarungen zwischen den Partnern über die gegenseitige Lizenzierung von Patenten und den Austausch von Know-how, die direkt dem Erfolg des F&E-Projekts zugute kommen. Auch sei normalerweise ein Austausch aller technischen Informationen zulässig, welche die Partner aufgrund ihrer unabhängigen F&E während der Laufzeit des gemeinsamen F&E-Projekts gewinnen und die eine unmittelbare Bedeutung für den Erfolg dieses Projekts haben.

Dagegen begegne die Vereinbarung eines Patentpools, die für die gemeinsame F&E normalerweise nicht notwendig sei, wettbewerbsrechtlichen Bedenken.

Bei wertvollen geheimen F&E-Ergebnissen bzw. Schutzrechten für F&E-Ergebnisse stelle sich die Frage, ob diese gemeinschaftlich oder getrennt verwertet werden sollen. Dabei sei die gemeinschaftliche Verwertung die Methode, welche die größten wettbewerbsrechtlichen Risiken berge (Anm.: Seit den Collaborations Guidelines überholt).

Der Guide geht in diesem Zusammenhang nicht ein auf die Zulässigkeit von Nichtangriffsvereinbarungen, d.h. vertraglichen Verboten zum Angriff von eingebrachten und/oder aus der Zusammenarbeit resultierenden Schutzrechten. *Ziegler*[484] meint, dass solche Verbote im Hinblick auf die Supreme-Court-Entscheidung »Lear v. Adkins«[485] nach dem US-Antitrustrecht weiterhin »per se«-Verletzungen seien. 750

Auch die **Wirkungen gemäß 3.**, also die Wirkungen der Beschränkungen des Zutritts Dritter zum gemeinsamen F&E-Projekt oder seinen Ergebnissen, könnten antitrustrechtliche Probleme aufwerfen, wenn sie erhebliche Wirkungen auf den Wettbewerb haben. 751

So werfe die kollektive Verweigerung des Zutritts zum gemeinsamen F&E-Projekt oder der Lizenzierung insbesondere durch größere Wettbewerber gegenüber tatsächlichen oder potenziellen Konkurrenten mit der Folge einer erheblichen Beeinträchtigung des Wettbewerbs ernste Probleme unter

483 Vgl. *Ziegler* S. 136 f.
484 S. 146 f.
485 395 U.S. 653 (1969).

Sec. 1 Sherman Act auf, weil sie einen Boykott oder eine abgestimmte Lieferverweigerung darstellen könnten.

d) Zusammenfassung und Vergleich mit den Kriterien für die Anwendung von Art. 81 EGV bei F&E-Verträgen nach den Leitlinien der Kommission

752 Vereinbarungen und damit auch F&E-Verträge verletzen nach der Rechtsprechung der US-Gerichte das Antitrustrecht »per se«, wenn sie mit so großer Wahrscheinlichkeit den Wettbewerb beschränken und keinen wettbewerbsfördernden Nutzen haben, dass sie nicht die Zeit und den Aufwand rechtfertigen, der für eine ins Einzelne gehende Untersuchung ihrer Auswirkungen erforderlich ist. Diese Definition entspricht der Definition der »bezweckten Wettbewerbsbeschränkung« in Nr. 21 Freistellungs-LL (»Beschränkungen, die ein derart großes Potential für negative Auswirkungen auf den Wettbewerb haben, dass es für die Anwendung von Art. 81 Abs. 1 nicht notwendig ist, ihre tatsächlichen Auswirkungen im Markt nachzuweisen«), mit folgender Ausnahme: Die Definition der »per se«-Verletzung enthält als Merkmal die fehlende Wahrscheinlichkeit für einen wettbewerbsfördernden Nutzen. Der wirtschaftliche Nutzen wird aber auch bei der Beurteilung einer wettbewerbsbeschränkenden Vereinbarung nach Art. 81 EGV berücksichtigt, allerdings noch nicht bei der Prüfung des Vorliegens einer Wettbewerbsbeschränkung, sondern erst als eine der Voraussetzungen für die Freistellung nach Art. 81 Abs. 3 EGV.

753 Die Beschränkungen, die nach der Rechtsprechung der US-Gerichte das Antitrustrecht typischerweise verletzen, z.B. Preisabsprachen, Begrenzungen der Produktionsmenge und Marktaufteilungen, sind die gleichen Beschränkungen, welche die Kommission im EG-Recht typischerweise als »Kernbeschränkungen« und damit als bezweckte Wettbewerbsbeschränkungen einstuft (vgl. z.B. Nr. 21 Freistellungs-LL und Nr. 18 Horizontal-LL). F&E-Verträge, die solche Beschränkungen vorsehen, können nach dem NCRPA grundsätzlich nur dann der Beurteilung nach der »per se«-rule entzogen sein, wenn es sich bei diesen Beschränkungen nicht um Beschränkungen des eigenständigen Vertriebs durch einen oder jeden Vertragspartner handelt, s. Kap. 5 Rdn. 693 und 705. Weitergehend vertreten jedoch die »Agencies« in den Collaborations Guidelines die Auffassung, dass Beschränkungen in Verträgen, die normalerweise eine »per se«-Verletzung des Antitrustrechts begründen, ausnahmsweise dann nach der »rule of reason« zu beurteilen sind, wenn

1. die Zusammenarbeit – typischerweise aufgrund der Kombination von Fähigkeiten und Ressourcen der Parteien – Effizienzgewinne verspricht,
2. diese Effizienzgewinne den Verbrauchern zugute kommen oder möglicherweise zugute kommen,
3. die Effizienzgewinne nicht durch praktikable, bedeutend weniger beschränkende Mittel erreicht werden könnten, und
4. die Effizienzgewinne nicht auf einer wettbewerbswidrigen Reduzierung von Produktionsmenge oder Service beruhen.

Die ersten drei Voraussetzungen entsprechen den Freistellungsvoraussetzungen »Wirtschaftlicher Nutzen«, »Angemessene Beteiligung der Verbraucher« und »Unerlässlichkeit« gemäß Art. 81 Abs. 3 EGV, und nur die vierte Voraussetzung weicht von der Freistellungsvoraussetzung »Keine Ausschaltung des Wettbewerbs« gemäß Art. 81 Abs. 3 EGV ab. Es ist aber zu beachten, dass es sich bei den obigen vier Voraussetzungen zunächst einmal nur um solche für die Anwendbarkeit der »rule of reason« handelt, so dass ihre Erfüllung eine Verletzung des Antitrustrechts noch nicht ausschließt. Damit kann die Ausschaltung des Wettbewerbs i.S. der Freistellungs-LL durchaus noch zu einer negativen antitrustrechtlichen Beurteilung der Vereinbarung bei der Abwägung wettbewerbsfördernder und wettbewerbswidriger Auswirkungen nach der »rule of reason« führen. 754

Speziell zu F&E-Verträgen zwischen Wettbewerbern führen die Collaborations Guidelines aus, die meisten dieser Vereinbarungen seien wettbewerbsfördernd und typischerweise nach der »rule of reason« zu analysieren. Dabei sei einerseits zu berücksichtigen, dass eine F&E-Zusammenarbeit durch die Kombination komplementärer Aktiva, Technologie oder Know-how die Parteien dazu befähige, schneller oder effizienter neue oder verbesserte Waren, Dienstleistungen oder Produktionsprozesse zu entwickeln. Andererseits könnten F&E-Verträge aber auch Marktmacht schaffen oder verstärken oder deren Ausübung ermöglichen, indem sie die Möglichkeit der Partner, individuell Entscheidungen zu treffen, begrenzen, oder indem sie bei ihnen gemeinsam oder bei einzelnen von ihnen die Kontrolle über für den Wettbewerb wichtige Aktiva oder die wettbewerbsrelevanten F&E-Anstrengungen bei allen oder einzelnen von ihnen konzentrieren. Eine zentrale Frage sei, ob die Vereinbarung die Fähigkeit oder die Motivation verstärke, wettbewerbswidrig individuell oder im Rahmen der Zusammenarbeit verfolgte F&E-Anstrengungen zu reduzieren. Unter sonst gleichen Umständen würden F&E-Verträge eher wettbewerblichen Bedenken ausgesetzt sein, wenn die Parteien gemeinsam oder einzeln bereits eine sichere Quelle für Marktmacht bei einem bestehenden Produkt hätten. Weiterhin seien wettbewerbswidrige Nachteile wahrscheinlicher, wenn der Forschungswettbewerb auf Firmen mit spezialisierter Struktur oder spezialisierten Aktiva wie z.B. geistigem Eigentum beschränkt ist, oder wenn behördliche Genehmigungsprozesse die Fähigkeit von Nachzüglern begrenzen, Wettbewerber, die schon mit der einschlägigen F&E befasst sind, einzuholen. 755

Die meisten dieser Bewertungsfaktoren werden auch in den Freistellungs-LL bzw. den Horizontal-LL ausdrücklich oder sinngemäß für relevant erklärt, so 756

- der Aspekt, dass die Zusammenlegung komplementärer Aktiva, Technologien oder Know-how die Parteien dazu befähigen kann, schneller oder effizienter neue oder verbesserte Waren, Dienstleistungen oder Produktionsprozesse zu entwickeln (siehe z.B. Nr. 65 Freistellungs-LL sowie Nr. 40 und 68 Horizontal-LL);
- die Frage, ob die Kooperation Marktmacht schafft oder verstärkt (siehe z.B. Nr. 25 Freistellungs-LL, Nr. 27 Horizontal-LL);

- die Frage, ob die Zusammenarbeit zur Reduzierung von F&E-Anstrengungen der beteiligten Unternehmen führt (siehe z.B. Nr. 65 und 66 Horizontal-LL); und
- ggf. bestehende Marktmacht auf bestehenden Märkten (siehe z.B. Nr. 64 und 66 Horizontal-LL).

757 Wenn die Collaborations Guidelines eine höhere Wahrscheinlichkeit wettbewerbswidriger Nachteile in den Fällen annehmen, dass der Forschungswettbewerb auf Firmen mit spezialisierter Struktur oder spezialisierten Aktiva wie z.B. geistigem Eigentum beschränkt ist, oder dass z.B. behördliche Genehmigungsprozesse die Fähigkeit von Nachzüglern begrenzen, Wettbewerber, die schon mit der einschlägigen F&E befasst sind, einzuholen, weisen sie mittelbar auf die Bedeutung der Marktzugangsbedingungen hin, die sie auch generell zu einem wichtigen Kriterium für die Beurteilung von Kooperationen zwischen Wettbewerbern erklären. Dieses Kriterium spielt auch nach Auffassung der Kommission für die Beurteilung von F&E-Verträgen nach Art. 81 eine wichtige Rolle (siehe z.B. Nr. 114 und 115 Freistellungs-LL, Nr. 66 Horizontal-LL).

758 Zu den Faktoren, die allgemein für die antitrustrechtliche Bewertung von Verträgen zwischen Wettbewerbern von Bedeutung sind, gehört nach den Collaborations Guidelines weiter die Dauer der Zusammenarbeit. Diese ist auch für die Kommission ein wichtiges Kriterium, siehe z.B. Nr. 81 Freistellungs-LL und Nr. 35 Horizontal-LL.

759 Der Research Guide enthält viele Details zur Bewertung von F&E-Verträgen, die sich so oder ähnlich auch in den Horizontal-LL bzw. den Freistellungs-LL finden. Das gilt z.B. für die Kriterien der Breite des Zusammenarbeitgebiets (vgl. dazu Nr. 21 Horizontal-LL) und der Marktferne des F&E-Projekts (vgl. dazu Nr. 55 Horizontal-LL) sowie für den Arbeitsgemeinschaftsgedanken (Nr. 56 Horizontal-LL bzw. 18 Punkt 1 Freistellungs-LL).

760 Als Märkte, die für die antitrustrechtliche Beurteilung von F&E-Verträgen zwischen Wettbewerbern relevant sind, erwähnen die Collaborations Guidelines ebenso wie die Horizontal-LL ausdrücklich nur vorhandene Produktmärkte, vorhandene Technologiemärkte und die sog. »Innovationsmärkte«.

Die Guidelines betrachten dabei Technologiemärkte ebenso wie die Horizontal-LL nur dann als existent, wenn geistige Eigentumsrechte tatsächlich separat von den Produkten vermarktet werden, bei denen sie verwendet werden.

Anders als nach den Horizontal-LL gehört es nach den Collaborations Guidelines nicht zu den Merkmalen eines Innovationsmarkts, dass dieser durch F&E-Bemühungen gebildet wird, die auf die Entwicklung von Produkten/Technologien gerichtet sind, welche einem neuen Markt zugehören würden. Andererseits wollen die »Agencies« Innovationsmärkte nach den Collaborations Guidelines nur dann berücksichtigen, wenn die Fähigkeit, sich in zu diesem »Markt« gehöriger F&E zu engagieren, von spezialisierten Aktiva wie Rechten an geistigem Eigentum oder Charakteristiken spezifischer Firmen abhängt.

Die Collaborations Guidelines definieren zwei »Sicherheitszonen«, die zwar Maßnahmen der »Agencies«, nicht aber Ansprüche Dritter wegen Verletzung des Antitrustrechts ausschließen, jeweils mit der Einschränkung »bei Fehlen außergewöhnlicher Umstände«. Die erste Sicherheitszone gilt allgemein für Zusammenarbeitsverträge zwischen Wettbewerbern und hat als Grundvoraussetzung, dass die Parteien zusammen nicht mehr als 20 % Marktanteil auf jedem Markt haben, auf dem der Wettbewerb beschränkt werden kann. Die erste Sicherheitszone gilt nicht für Wirkungen, die F&E-Verträge ggf. in relevanten »Innovationsmärkten« haben.

Die andere Sicherheitszone gilt nur für F&E-Verträge, und zwar nur für die Frage der Beanstandung solcher Verträge aufgrund von Wirkungen, die sie in relevanten Innovationsmärkten haben. Grundvoraussetzung für ihre Zugehörigkeit zur zweiten Sicherheitszone ist, um es unter Benutzung des Begriffs »F&E-Pol«, wie er in den Horizontal-LL verwendet wird (siehe dazu Kap. 5 Rdn. 143 und 144), auszudrücken, dass neben dem F&E-Pol, welchen die Vertragspartner bilden, noch mindestens drei weitere unabhängige F&E-Pole existieren.

Beide Sicherheitszonen gelten im Übrigen nur, wenn die Vereinbarung nicht »per se« rechtswidrig ist, nicht einem Typ zugehört, den die »Agencies« ohne detaillierte Marktanalyse beanstanden würden, und nicht einer Fusionskontrolle nach den »Horizontal Merger Guidelines« zu unterziehen ist.

Damit können die Sicherheitszonen wegen ihrer engen, Bewertungsfaktoren einschließenden Definition und wegen ihrer Geltung nur im Verhältnis zu den »Agencies« in Zweifelsfällen nur sehr begrenzt zur Sicherheit hinsichtlich der antitrustrechtlichen Beurteilung von F&E-Verträgen beitragen. Dem entspricht im EG-Recht die begrenzte Brauchbarkeit der Horizontal-LL zur abschließenden kartellrechtlichen Beurteilung von F&E-Verträgen, die nicht die Freistellungsvoraussetzungen der F&E-GFVO erfüllen.

Insgesamt ergibt sich eine weitgehende Übereinstimmung bei der kartellrechtlichen Beurteilung von F&E-Verträgen nach dem US-Antitrustrecht und dem EG-Recht.

Kapitel 6 Rechtsnatur von F&E-Verträgen nach deutschem Recht

I. Relevanz der Rechtsnatur von F&E-Verträgen nach deutschem Recht

Die Rechtsnatur eines F&E-Vertrags nach deutschem Recht kann u.a. für folgende Fragen relevant sein: 1

- für die Frage, wie Regelungslücken auszufüllen sind, s. zu den diesbezüglichen allgemeinen Grundsätzen Kap. 8 Rdn. 30–38 und zur Lückenausfüllung für einzelne Regelungsbereiche:
  - hins. der Berechtigung und Verpflichtung zur Anmeldung von Schutzrechten und Verpflichtung zur Aufrecherhaltung von Schutzrechtspositionen für F&E-Ergebnisse bei den verschiedenen Typen von F&E-Verträgen, s. Kap. 8 Rdn. 228–244, 251, 281, 282, 289–296, 312, 317–319, 323, 324;
  - hins. der Benutzungs- und Verwertungsrechte der Vertragspartner bzgl. Alttechnologie bei den verschiedenen Typen von F&E-Verträgen Kap. 8 Rdn. 364–374, 380–382, 395, 396, 405, 406, 409, 412, 420, 421;
  - hins. der Benutzungs- und Verwertungsrechte der Vertragspartner bzgl. der F&E-Ergebnisse bei den verschiedenen Typen von F&E-Verträgen Kap. 8 Rdn. 455–460, 471–473, 489, 499, 503, 513–515, 524, 525;
  - hins. der Vertragskündigung bei verschiedenen Typen von F&E-Verträgen, s. Kap. 8 Rdn. 620, 631–633, 641, 642.
- für die Frage, ob Regelungen des Vertrags gegen die AGB-Bestimmungen des BGB verstoßen, s. dazu Kap. 7 Rdn. 5–8.

Dass die Rechtsnatur von F&E-Verträgen nach deutschem Recht unter den obigen Aspekten relevant ist, setzt grundsätzlich voraus, dass diese Verträge deutschem Recht unterliegen. Ausnahmsweise kann die Rechtsnatur eines F&E-Vertrags nach deutschem Recht trotz vertraglicher Unterstellung desselben unter ausländisches Recht im Hinblick auf Art. 27 Abs. 3 EGBGB relevant sein, wenn der »sonstige Sachverhalt« (d.h. der gesamte Sachverhalt, abgesehen von der Rechtswahl und ggf. einer flankierenden Gerichtsstandsvereinbarung) im Zeitpunkt der Rechtswahl nur mit Deutschland verbunden ist, weil auch in diesem Fall die AGB-Bestimmungen des BGB anzuwenden sind, s. Kap. 7 Rdn. 3 und Kap. 8 Rdn. 665. 2

II. Qualifikation von F&E-Verträgen nach deutschem Recht

1. Als Gesellschaftsverträge einzustufende F&E-Verträge

3 Gesellschaftsverträge sind nach § 705 BGB Verträge, durch die sich die Gesellschafter gegenseitig verpflichten, die Erreichung eines gemeinsamen Zwecks in der durch den Vertrag bestimmten Weise zu fördern, insbesondere die vereinbarten Beiträge zu leisten. Zu den Gesellschaftsverträgen gehören damit F&E-Verträge, in denen sich jeder Vertragspartner verpflichtet, ein gemeinsames F&E-Ziel durch bestimmte Beiträge zu fördern.[486]

4 Zu diesen F&E-Verträgen gehören sowohl »horizontale F&E-Verträge« über eine Forschungskooperation, an der Unternehmen auf der gleichen Marktstufe beteiligt sind, (vgl. Muster A) als auch »vertikale F&E-Verträge«, an denen Unternehmen auf verschiedenen Marktstufen beteiligt sind (s. Muster B und F).[487]

5 Auch Verträge über F&E zwischen industriellen Unternehmen einerseits und Forschungsunternehmen oder öffentlichen Forschungseinrichtungen (einschl. Hochschulen) andererseits (s. Muster D) können als Verträge zu einem gemeinsamen Zweck und damit als Gesellschaftsverträge einzustufen sein.

6 *Winzer*[488] verneint bei solchen Verträgen den gemeinsamen Zweck für den Fall, dass das industrielle Unternehmen die F&E-Arbeiten allein finanziert. Darauf, wer die Kosten der Arbeiten der Forschungseinrichtungen trägt, kommt es jedoch nicht an. Ein Zweck ist vielmehr immer schon dann gemeinsam, wenn jeder Vertragspartner von dem anderen bzw. den anderen Vertragspartnern dessen Förderung beanspruchen kann.[489] Deshalb ist ein F&E-Vertrag zwischen industriellen Unternehmen einerseits und Forschungsunternehmen oder öffentlichen Forschungseinrichtungen andererseits immer dann als Gesellschaftsvertrag einzustufen, wenn nicht nur der nichtindustrielle Partner, sondern auch der industrielle Partner zur Förderung des F&E-Ziels verpflichtet wird. Mangels ausdrücklicher Verpflichtung des industriellen Partners ist durch Auslegung zu ermitteln, ob dies der Fall ist.

7 Eine Verpflichtung beider Partner, das F&E-Ziel anzustreben, und damit ein gemeinsamer Zweck dürfte auch ohne ausdrückliche Vereinbarung einer solchen Verpflichtung stets dann anzunehmen sein, wenn nach dem Vertrag auch der industrielle Partner eigene F&E-Leistungen zu erbringen hat.

Eine dahingehende Verpflichtung des Industriepartners wird man z.B. stets dann annehmen können, wenn die vertragsgemäße F&E arbeitsteilig durchgeführt werden soll, und zwar auch dann, wenn – was die Regel sein dürfte – der Indus-

486 Vgl. *Ullrich* GRUR 1993, S. 338, 340.
487 Vgl. *Bartenbach* in *Festschrift 50 Jahre VVP*, S. 225, 231 f.
488 (F&E-Verträge), S. 9 f.
489 *Sprau* in *Palandt*, § 705 Rn. 21 unter Hinweis auf BGH WM 65, S. 795.

triepartner sich zwar ausschließliche Rechte an erfinderischen F&E-Ergebnissen sichern kann, für deren Verwertung aber eine Vergütung zu zahlen hat. Dann fordert das Vergütungsinteresse des nichtindustriellen Partners, dass auch der Industriepartner seinen Anteil an der gesamten F&E beisteuert, da davon auszugehen ist, dass Erfindungen des nichtindustriellen Partners oft nur unter gleichzeitiger Benutzung von Entwicklungsergebnissen verwertbar sein werden, deren Erzielung aufgrund der Arbeitsteilung nur vom Industriepartner zu erwarten ist.

Ein gemeinsamer Zweck ist weiter unabhängig von der Lizenzgebühren- 8
regelung dann anzunehmen, wenn auch der nichtindustrielle Partner ein Recht zur Verwertung aller F&E-Ergebnisse, also nicht nur der eigenen, erhält, wobei auf seiner Seite i.d.R. nur die Erteilung diesbezüglicher Lizenzen in Frage kommen wird. Anlass dazu, ihm solche Verwertungsrechte zuzugestehen, kann auch bei voller Finanzierung seines Arbeitsanteils durch den industriellen Partner bestehen, z.B. dann, wenn der nichtindustrielle Partner wertvolle Alttechnologie in die F&E-Kooperation »einzubringen« hat.

2. F&E-Aufträge

a) Begriff des F&E-Auftrags

Ist nur ein Partner verpflichtet, ein bestimmtes F&E-Ziel anzustreben, so dass 9
es an einem gemeinsamem Zweck fehlt, ist der F&E-Vertrag als »F&E-Auftrag« zu beurteilen, wobei »Auftrag« hier wieder im kaufmännischen Sinne (und nicht im rechtlichen Sinne als Vertrag zur unentgeltlichen Geschäftsbesorgung i.S. von § 662 BGB) gemeint ist.

In Betracht kommt auch, dass ein F&E-Vertrag, an dem neben mehreren 10
industriellen Partnern auch ein Forschungsunternehmen bzw. eine öffentliche Forschungseinrichtung beteiligt ist, insoweit, als er das Verhältnis zwischen den industriellen Partnern betrifft, als Gesellschaftsvertrag, und insoweit, als er das Verhältnis zwischen den industriellen Partnern zu dem Forschungsunternehmen bzw. zu der öffentlichen Forschungseinrichtung betrifft, als F&E-Auftrag zu beurteilen ist. Voraussetzung dafür ist, dass zwar der nichtindustrielle Partner gegenüber den industriellen Partnern zur Förderung des F&E-Ziels verpflichtet wird, die industriellen Partner dagegen nur im Verhältnis zueinander und nicht gegenüber dem nichtindustriellen Partner zur Förderung des F&E-Ziels verpflichtet werden.

b) Einstufung von F&E-Aufträgen als Dienst- oder Werkverträge

Ein F&E-Auftrag ist ein **Typenmischvertrag**[490] in dem Sinne, dass in der von 11
dem Auftragnehmer geschuldeten Leistung Elemente verschiedener Vertrags-

490 *Schmeißer/Zirkel* MDR 2003, S. 849 f.

typen untrennbar miteinander verbunden sind.[491] Er enthält neben dienstvertraglichen oder werkvertraglichen Elementen auch Elemente anderer Vertragsarten, insbesondere lizenzvertragliche Elemente.[492]

12 Bestimmte Rechtsfragen kann man bei Typenmischverträgen nur einheitlich für den ganzen Vertrag und nicht separat für die Vertragselemente, die jeweils einem bestimmten Vertragstypus zugeordnet werden können, beurteilen.[493] Jedenfalls insoweit können bis zur Erfüllung des F&E-Auftrags nur die Regelungen für denjenigen Vertragstypus Anwendung finden, dem der **Schwerpunkt des Vertrags** zuzuordnen ist.[494] Das sind entweder die Regelungen für den Dienstvertrag oder die Regelungen für den Werkvertrag.

13 Zu den Rechtsfragen, die man bei einem Typenmischvertrag und damit auch für einen F&E-Auftrag nur einheitlich für den gesamten Vertrag beurteilen kann, gehören die Fragen der Kündigung und ihrer Rechtsfolgen, für die es sowohl im Dienstvertrags- als auch im Werkvertragsrecht jeweils z.T. zwingenden Regelungen gibt (s. dazu Kap. 8 Rdn. 631–634 bzw. 641 und 642).

Zum Beispiel wird man vor Erfüllung eines F&E-Vertrags eine separate Kündigung gemäß dem Vertrag erteilter Lizenzen nach Lizenzvertragsrecht, etwa wegen Nichtzahlung von Lizenzgebühren, nicht zulassen können, weil bei Kündigung dieser Lizenzen eine Fortführung des Auftrags für den Auftraggeber sinnlos werden würde.

Ebenso verbietet sich eine separate Kündigung angenommener dienstvertraglicher bzw. werkvertraglicher Einzelelemente eines F&E-Auftrags, z.B. in dem Fall, dass sich der Auftragnehmer verpflichtet, F&E mit einem bestimmten Ziel in einer von ihm zu erstellenden Versuchsanlage mit bestimmten Merkmalen durchzuführen. Wollte man hier die Kündigungsmöglichkeiten, soweit der Vertrag den Auftragnehmer zur Erstellung der Versuchsanlage verpflichtet, nach Werkvertragsrecht, im Übrigen aber nach Dienstvertragsrecht beurteilen, käme man zu dem unhaltbaren Ergebnis, dass der Auftraggeber die Verpflichtung des Auftragnehmers zur Erstellung der Versuchsanlage jederzeit vor deren Erstellung durch eine Kündigung gemäß 649 Satz 1 BGB aus dem Vertrag »herausbrechen« und damit dessen weitere Durchführung unmöglich machen könnte.

14 Danach genügt die Zuordnung der verschiedenen Elemente eines F&E-Vertrags zu verschiedenen Vertragstypen nicht, um eine Antwort zu allen wesentlichen Rechtsfragen zu erhalten. Vielmehr ist auf jeden Fall die Entscheidung zu

491 Vgl. *Grüneberg* in *Palandt*, vor § 311 Rn. 23

492 *Schmeißer/Zirkel* MDR 2003, S. 849 f.

493 Generell gegen das Prinzip, sich der Rechtsformen des BGB nach Art eines Baukastens zu bedienen, *Ganten* in *Festschrift Thode*, S. 21, 24; zust. *Zirkel* in *Festschrift Polter*, S. 61.

494 Generell für eine Orientierung nach dem den Schwerpunkt bildenden Vertragstyp bei Kollisionen der Vorschriften verschiedener in »gemischten Verträgen« und damit auch in »Typenverschmelzungsverträgen« integrierter Vertragstypen *Grüneberg* in *Palandt*, vor § 311 Rn. 25 f. m.N. aus der Rechtsprechung des BGH.

treffen, ob der betr. F&E-Auftrag *insgesamt* nach seinem Schwerpunkt als Dienstvertrag oder als Werkvertrag einzustufen ist.[495]

Dabei ist von den **gesetzlichen Definitionen der beiden Vertragstypen in §§ 611 und 631 BGB** auszugehen: Durch den Dienstvertrag verpflichtet sich nach § 611 BGB derjenige, der die Dienste zusagt, nur zur Leistung der versprochenen Dienste. Dagegen verpflichtet sich bei einem Werkvertrag nach § 631 BGB der Unternehmer zur Herstellung des versprochenen Werks. 15

Eine Sonderform von Dienstverträgen bilden **Arbeitsverträge**, d.h. Verträge zwischen Arbeitgebern und Arbeitnehmern. Arbeitnehmer ist, wer in einem Arbeitsverhältnis weisungsgebunden und in einem persönlichen Abhängigkeitsverhältnis einem anderen (dem Arbeitgeber) zur fremdbestimmten Arbeitsleistung gegen Vergütung verpflichtet ist.[496] Danach können auch F&E-Aufträge an natürliche Personen Dienstvereinbarungen i.S. von § 310 Abs. 4 sein, wenn der Auftragnehmer nur eine Arbeitsleistung schuldet, bei seiner Arbeit den Weisungen des Auftraggebers unterliegt und von diesem persönlich abhängig ist. Die Rechtsfolgen einer solchen Zuordnung können im Rahmen dieses Buchs nicht dargestellt werden. 16

Dagegen bilden **Verträge nach § 651 BGB**, welche die Lieferung herzustellender oder zu erzeugender beweglicher Sachen zum Gegenstand haben, eine Sonderform von Werkverträgen. Diesem Vertragtypus kann z.B. ein F&E-Auftrag angehören, der den Auftragnehmer verpflichtet, einen Prototyp für ein neues Produkt zu entwickeln und herzustellen.[497] In diesem Fall finden nach § 651 BGB neben bestimmten Vorschriften über den Werkvertrag die Vorschriften über den Kauf Anwendung. Allerdings wird in der Literatur z.T. die Auffassung vertreten, dass § 651 BGB nicht anwendbar ist, wenn der wirtschaftliche Schwerpunkt auf der Werkleistung und nicht auf der zu verschaffenden Sache liegt. *Zirkel*[498] vertritt dabei hins. F&E-Aufträgen die Auffassung, dass das Werkvertragsrecht gegenüber dem Kaufrecht zurückgedrängt wird, wenn nicht die geistige Leistung den Schwerpunkt des betr. F&E-Auftrags bildet. 17

Ausgehend von den gesetzlichen Definitionen von Dienst- und Werkverträgen hat der **BGH** in seiner **grundlegenden Entscheidung vom 16.07.2002 zur Frage der Einstufung von F&E-Aufträgen als Werk- oder als Dienstverträge**[499] u.a. 18

495 So im Ergebnis auch *Ullrich (Privatrechtsfragen)* S. 56 ff., der im Hinblick auf das AGB-Recht einen Qualifikationszwang annimmt; *Zirkel* in *Festschrift Polter*, S. 61 f.; *Ganten* in *Festschrift Thode*, S. 21, 23 f.; vgl. auch BGH NJW 2002, S. 3323 = JZ 2003, S. 369 m. Anm. *Roth* = MDR 2003, S. 144 f. = BB 2002, S. 2039 f.; BGH DB 2006, S. 1422; BGH EiWR 2007, S. 103 mit Anm. von *Naujoks/Rohde*; abw. LG Hannover, NJW-RR 1999, S. 1655, 1656 (nur Zuordnung des Vertrags je nach der Art der Pflicht – Pflicht zur Durchführung der F&E-Arbeiten, Pflicht zur Erteilung von Nutzungsrechten und Pflicht zur Anfertigung von Berichten – zu verschiedenen Vertragstypen); zust. *Schmeißer/Zirkel* MDR 2003, S. 849 f.; vgl. auch *Meusel* S. 491; *Thode* NZBau 2002, S. 360 f.

496 *Weidenkaff* in *Palandt*, Einführung vor § 611 BGB, Rn. 7.

497 Siehe *Zirkel* in *Festschrift Polter*, S. 71.

498 Siehe *Zirkel* in *Festschrift Polter*, S. 71 ff. unter Darstellung des Meinungsstands.

499 BGH NJW 2002, S. 3323 = JZ 2003, S. 369 m. Anm. *Roth* = MDR 2003, S. 144 f. = BB 2002, S. 2039 f.

Folgendes ausgeführt (zitiert unter Voranstellung von Ziffern und ohne die Bezugnahmen des BGH auf einschlägige Rechtsprechung und Literatur):

1. »Für die Abgrenzung der beiden Vertragstypen ist der im Vertrag zum Ausdruck kommende Wille der Parteien maßgebend. Es kommt darauf an, ob auf dieser Grundlage eine Dienstleistung als solche oder als Arbeitsergebnis deren Erfolg geschuldet wird. Bei der tatrichterlichen Feststellung, was bei Fehlen einer ausdrücklichen Regelung Vertragsgegenstand ist, sind die gesamten Umstände des Einzelfalls zu berücksichtigen.«
2. »Diese Grundsätze gelten auch für Verträge, in denen sich der Auftragnehmer zur Erbringung von Forschungs- oder Dienstleistungen verpflichtet. Beide Arten von Leistungen können Gegenstand eines Dienstvertrags wie auch eines Werkvertrags sein. Im ersteren Fall schuldet der Auftragnehmer lediglich ein den Regeln der Wissenschaft und Technik entsprechendes Vorgehen, im letzteren Fall die Herbeiführung eines Erfolgs.«
3. »Dieser Erfolg kann in einem bestimmten Arbeitsergebnis oder auch in der ordnungsgemäßen Durchführung von Untersuchungen und der Anfertigung von Berichten bestehen. Was im Einzelfall geschuldet ist, unterliegt der Vereinbarung der Parteien.«
4. »Sofern der Vertrag hierzu keine ausdrückliche Regelung enthält, kann für dessen Auslegung eine Vielzahl von Umständen von Bedeutung sein. Für das Vorliegen eines Werkvertrags kann es sprechen, wenn die Parteien die zu erledigende Aufgabe und den Umfang der Arbeiten konkret festlegen oder eine erfolgsabhängige Vergütung vereinbaren.«
5. »Für die Frage, ob der Auftragnehmer für den Eintritt eines Erfolgs einstehen will, kann auch von Bedeutung sein, mit welcher Wahrscheinlichkeit nach der Vorstellung der Parteien mit dem Eintritt eines Erfolgs gerechnet werden kann. Zwar ist es weder logisch noch rechtlich ausgeschlossen, dass der Werkunternehmer das Erfolgsrisiko auch dann übernimmt, wenn der Eintritt des Erfolgs ungewiss ist. Je größer die mit der Tätigkeit erkennbar verbundenen Unwägbarkeiten sind, um so ferner kann es aber aus der Sicht eines verständigen Bestellers liegen, dass der Unternehmer das Erfolgsrisiko dennoch übernehmen will. Eine Regel, dass der Forschungsvertrag grundsätzlich als Dienstvertrag und der Entwicklungsvertrag grundsätzlich als Werkvertrag zu qualifizieren ist, lässt sich dabei schon deshalb nicht aufstellen, weil die Grenzen zwischen Forschung und Entwicklung im Einzelfall fließend sein können. Unabhängig steht es den Vertragsparteien im Einzelfall frei, trotz eines relativ hohen Risikos einen Werkvertrag zu schließen.«
6. »Ferner können weitere Regelungen der vertraglichen Vereinbarung die Vorstellungen der Parteien darüber widerspiegeln, wer das – größere und geringere – Risiko tragen soll, dass das erstrebte Forschungs- und Entwicklungsziel nicht oder nicht mit dem bei Vertragsschluss erwarteten Aufwand erreicht wird. So kann die Vergütung eine »Risikoprämie« für den Unternehmer enthalten. Andererseits kann die Vergütung, wenn sie zeitaufwandsabhängig in Form von Raten oder regelmäßigen Abschlagzahlungen zu leisten ist, auch darauf hinweisen, dass der Unternehmer das Risiko eines

Scheiterns des Forschungs- und Entwicklungsvorhabens wirtschaftlich oder – etwa bei einem öffentlich-rechtlich gebundenen Werkunternehmer – rechtlich vernünftigerweise nicht übernehmen kann, was wiederum ein Indiz dafür sein kann, dass eine solche Risikoübernahme von den Parteien nicht gewollt ist.«

Bei der Kritik der von den Vorinstanzen geäußerten Auffassung, der Vertrag sei deshalb als Werkvertrag zu qualifizieren, weil der Arbeitsplan und die Liste der FuE-Aufträge konkrete Entwicklungsziele bzw. »Meilensteine« enthalten, führt der BGH weiter aus:

7. »Die vertragliche Beschreibung eines Ziels ist allein kein hinreichendes Indiz für die Annahme eines Werkvertrags. Zwar ist eine konkrete Beschreibung des zu erreichenden Erfolgs ein typisches Merkmal eines Werkvertrags. Auch bei einem Dienstvertrag kann aber die geschuldete Tätigkeit der Erreichung eines bestimmten Ziels dienen. Die konkrete Beschreibung dieses Ziels im Vertragstext ist dann lediglich ein Mittel, um näher einzugrenzen, in welche Richtung die vom Auftragnehmer zu erbringende Tätigkeit gehen soll. …«

Die Ausführungen des BGH sind nicht frei von Widersprüchen: 19

Gemäß Zitat 1 kommt es darauf an, ob eine Dienstleistung als solche oder als Arbeitsergebnis deren Erfolg geschuldet wird. Im Gegensatz dazu steht die Aussage gemäß Zitat 3, der bei einem Werkvertrag geschuldete Erfolg könne in einem bestimmten Arbeitsergebnis oder (!) auch in der ordnungsgemäßen Durchführung von Untersuchungen und der Anfertigung von Berichten bestehen. Der Erfolg muss also nach Zitat 1 stets in einem Arbeitsergebnis bestehen, nach Zitat 3 dagegen nicht.

Außerdem ist nach Zitat 2 Kennzeichen des Dienstvertrags, dass nur ein den Regeln der Wissenschaft und Technik entsprechendes Vorgehen geschuldet wird, während nach Zitat 3 der Erfolg auch in der ordnungsgemäße Durchführung von Untersuchungen und Anfertigung von Berichten liegen kann. Die ordnungsgemäße Durchführung von Untersuchungen ist aber nichts anderes als ein den Regeln der Wissenschaft und Technik entsprechendes Vorgehen.

Mit den gesetzlichen Definitionen von Dienst- bzw. Werkvertrag erscheinen 20 nur die Ausführungen gemäß den Zitaten 1 und 2 vereinbar. Ein geschuldeter Erfolg als Kriterium für die Abgrenzung der beiden Vertragstypen kann nicht in der Tätigkeit selbst liegen, sondern muss etwas außerhalb der Tätigkeit Liegendes sein.[500] Wäre es anders, so wären die gesetzlichen Definitionen von Dienst- bzw. Werkvertrag ebenso wie die Abgrenzungskriterien des BGH gemäß der Zitate 1 und 2 letztlich unbrauchbar.

Dabei ist anzumerken, dass auch die Anfertigung eines Berichts über eine vorausgegangene F&E-Tätigkeit nicht das Ergebnis dieser Tätigkeit bildet, sondern nur eine weitere Tätigkeit, welche das Ergebnis der vorangegangenen F&E-Tätigkeit (ob zutreffend und vollständig oder nicht) dokumentiert.[501]

500 Dies verkennt offenbar auch *Zirkel* in *Festschrift Polter*, S. 51, 67 f.

501 Dies übersehen das LG Hannover, NJW-RR 1999, S. 1655 f. und ihm folgend *Schmeißer/Zirkel* MDR 2003, S. 849, 850.

21 Damit ist noch nicht gesagt, dass bei einem F&E-Auftrag nicht auch dann ein Erfolg geschuldet sein kann, wenn der Vertrag den Auftragnehmer *ausdrücklich* nur zur Durchführung einer Tätigkeit verpflichtet. Der Vertrag kann trotzdem dahingehend auszulegen sein, dass tatsächlich ein Ergebnis dieser Tätigkeit geschuldet ist. So kann bei einem Auftrag zur Materialuntersuchung (z.B. chemische Analyse) die Auslegung ergeben, dass nicht nur die Untersuchung als solche, sondern auch ein richtiges Untersuchungsergebnis geschuldet ist. Auch in anderen Fällen können die Umstände ergeben, dass tatsächlich ein Erfolg geschuldet ist. Hier sind die Kriterien zu berücksichtigen, die nach der Entscheidung des BGH Anhaltspunkte dafür bieten, dass der Vertrag nicht als Dienst-, sondern als Werkvertrag einzustufen ist, insbesondere Umstände, die für eine verschuldensunabhängige Haftung des Auftragnehmers für die Nichterreichung des F&E-Ziels sprechen. Vertragliche Formulierungen wie »Der Auftragnehmer wird sich um die Erreichung des F&E-Ziels bemühen, übernimmt aber für den Erfolg dieser Bemühungen keine Garantie.« schließen aber jeden Zweifel darüber aus, dass es sich bei dem betr. F&E-Auftrag um einen Dienstvertrag handelt.

22 Für die Frage der Qualifizierung eines F&E-Auftrags als Dienst- oder Werkvertrag erscheint auch das **BGH-Urteil vom 11.05.2006**[502] von Bedeutung.

Der entschiedene Fall betraf einen Vertrag zwischen einem Steuerberater und seinem Klienten, nach dem der Steuerberater verpflichtet war, alle Schritte von der Erfassung von Steuerdaten, deren Einbeziehung in die Jahresabschlüsse und Bilanzen bis zu deren Umsetzung in die Steuererklärungen für Gewerbe- und Körperschaftssteuer durchzuführen.

Der BGH führte in seiner Entscheidung aus, der Vertrag sei in seiner Gesamtheit nach der vom Auftraggeber gewählten Zielrichtung zu beurteilen. Unter diesem Gesichtspunkt werde nicht schon jede zu erbringende Einzelleistung als Erfolg i.S. des Werkvertragsrechts geschuldet, selbst wenn sie für sich gesehen auf ein bestimmtes Ergebnis gerichtet sei. Ein Werkvertrag mit Geschäftsbesorgungscharakter sei nur ausnahmsweise bei Einzelaufträgen anzunehmen, die auf eine einmalige, in sich abgeschlossene Leistung gerichtet sind, etwa die Anfertigung bestimmter Bilanzen, ein Gutachten oder eine Rechtsauskunft zum Gegenstand haben; denn in derartigen Fällen werde der Steuerberater das Risiko im Allgemeinen hinreichend abschätzen können, um für einen bestimmten Erfolg seiner Tätigkeit als Werkleistung i.S. von § 631 BGB einzustehen. Folglich beurteilte der BGH den Vertrag im konkreten Fall insgesamt als Dienstvertrag.

Trifft man auch hier entsprechend den obigen Ausführungen eine Unterscheidung danach, ob nur die reine Tätigkeit oder aber deren Erfolg (z.B. Richtigkeit der erstellten Bilanz) geschuldet wird, wird man der BGH-Entscheidung für die Frage der Einstufung von F&E-Aufträgen als Dienst- oder Werkverträge Folgendes entnehmen können:

Für die Frage, ob der Auftragnehmer einen Erfolg schuldet, ist nicht irgendein Ergebnis, auf das er die F&E-Tätigkeit zu richten hat, sondern nur die Erreichung des endgültigen F&E-Ziels in Betracht zu ziehen, das bzw. die der Auftraggeber

502 Urteil vom 11.05.2006, DB 2006, S. 1422 f.

nach dem Auftrag mit diesem verfolgt. Deshalb wird man z.B. dann, wenn der Auftragnehmer nach dem Auftrag zwecks Erreichung des F&E-Ziels u.a. eine Versuchsanlage zu erstellen hat, den maßgeblichen Erfolg nicht schon in der Bereitstellung einer funktionsfähigen Versuchsanlage sehen können.

Zwar wird man die im entschiedenen Fall vom BGH aufgestellte These, dass ein Werkvertrag ausscheidet, wenn er nicht auf eine einmalige, in sich abgeschlossene Leistung gerichtet ist, angesichts der speziellen Kriterien, welche der BGH in seiner grundlegenden Entscheidung vom 16.07.2002 für die Frage der Einstufung von F&E-Verträgen aufgestellt hat, nicht schon für diese Einstufung als allein maßgebend betrachten können. Man wird aber dem Urteil vom 11.05.2006 den Grundsatz entnehmen können, dass ein F&E-Auftrag desto eher als Dienstvertrag einzustufen ist, je weniger scharf umrissen und je umfangreicher die geschuldete Tätigkeit ist.

Allerdings wird sich auch bei einem F&E-Auftrag, der nach den obigen 23 Grundsätzen insgesamt als Dienstvertrag zu beurteilen ist, durch eine ausdrücklich vereinbarte **Garantie**[503] eine verschuldensunabhängige Haftung des Auftragnehmers für die Erzielung eines Teilerfolgs herstellen lassen. Allerdings wird in seinem solchen Fall zu prüfen sein, ob die Abrede als AGB anzusehen ist und deshalb nach § 307 BGB unwirksam ist.

Die Zuordnung eines F&E-Auftrags zum Dienst- bzw. Werkvertragsrecht 24 schließt nicht aus, für bestimmte Rechtsfragen Normen einer anderen Vertragsart anzuwenden, sofern diese Rechtsfragen nicht einheitlich für den gesamten Vertrag zu beantworten sind und entweder das Regelungsziel dieser Normen ihre Anwendung gebietet[504] oder es sich um Rechtsfragen handelt, die im Dienst- bzw. Werkvertragsrecht nicht angesprochen werden. So wird man zwar vor Erfüllung eines F&E-Vertrags eine separate Kündigung gemäß dem Vertrag erteilter Lizenzen nicht zulassen können, so dass bis dahin nur eine Kündigung des gesamten Vertrags nach Dienst- bzw. Werkvertragsrecht möglich sein dürfte (s. Kap. 8 Rdn. 6). Nach Erfüllung des F&E-Vertrags dürfte aber eine Kündigung einer solchen Lizenz bei Vorliegen eines wichtigen Grundes, z.B. beharrlicher Verweigerung der Zahlung fälliger Lizenzgebühren in erheblicher Höhe, gemäß § 314 BGB möglich sein.

Zusammenfassung: 25

Nach der hier vertretenen Auffassung ergeben sich unter Berücksichtigung der beiden besprochenen BGH-Urteile vom 16.07.2002 und vom 11.05.2006 folgende Grundsätze:

F&E-Aufträge können insgesamt nur als Dienst- oder Werkverträge qualifiziert werden. Dies schließt nicht aus, dass der Auftragnehmer innerhalb eines als Dienstvertrag zu beurteilenden F&E-Auftrags eine Garantie für einen bestimmten Teilerfolg übernimmt. Weiter können für bestimmte Rechtsfragen, die nicht für den gesamten Vertrag einheitlich zu beantworten

503 Siehe zum Garantievertrag § 276 Abs. 1 Satz 1 BGB sowie *Sprau* in *Palandt*, Einführung 16 vor § 765, Rn. 16.
504 *Ullrich (Privatrechtsfragen)* S. 59.

sind, Normen einer anderen Vertragsart als der den Vertrag insgesamt kennzeichnenden Vertragsart maßgeblich sein, sofern das Regelungsziel dieser Normen dies gebietet oder es sich um Rechtsfragen handelt, die im Dienst- bzw. Werkvertragsrecht nicht angesprochen werden.

Für die Abgrenzung der beiden Vertragstypen Dienst- und Werkvertrag ist der im Vertrag zum Ausdruck kommende Wille der Parteien maßgebend. Es kommt darauf an, ob auf dieser Grundlage eine Dienstleistung als solche oder als Arbeitsergebnis deren Erfolg geschuldet wird. Dabei ist nicht auf jedes Arbeitsergebnis abzustellen, sondern allein auf die Erreichung des F&E-Ziels, welches der Auftraggeber nach dem Auftrag mit diesem verfolgt. Auch ein Vertrag, der den Auftragnehmer ausdrücklich nur zu einer Tätigkeit verpflichtet, kann in dem Sinne auszulegen sein, dass tatsächlich die Erreichung des F&E-Ziels geschuldet ist. Allerdings kommt bei Formulierungen wie »Der Auftragnehmer wird sich um die Erreichung des F&E-Ziels bemühen, übernimmt aber für den Erfolg dieser Bemühungen keine Garantie.« nur die Einstufung des betr. F&E-Auftrags als Dienstvertrag in Frage.

Im Übrigen sind für die Beantwortung der Frage, ob nur eine ordnungsgemäße F&E-Tätigkeit oder aber als deren Erfolg die Erreichung des F&E-Ziels geschuldet ist, alle Umstände des Einzelfalls zu berücksichtigen.

Dabei rechtfertigt die Vorgabe des konkreten F&E-Ziels oder konkreter F&E-Teilziele, die z.B. in der Erreichung bestimmter »Meilensteine« innerhalb bestimmter Fristen liegen können, noch nicht den Schluss, dass ein solcher Erfolg geschuldet ist.

Das wichtigste Abgrenzungskriterium bildet die Frage, wer in dem Fall, dass der Auftragnehmer den F&E-Auftrag ordnungsgemäß durchführt, das Risiko tragen soll, dass das F&E-Ziel nicht oder nicht mit dem bei Vertragsschluss erwarteten Aufwand erreicht wird: Ergibt die Auslegung des Vertrags, dass der Auftragnehmer in diesem Fall nur nach den Verschuldensmaßstäben des § 276 BGB, im Wesentlichen also allein nach den Regeln der positiven Vertragsverletzung haften soll, handelt es sich um einen Dienstvertrag. Ergibt die Auslegung hingegen, dass der Auftragnehmer verschuldensunabhängig für die Erreichung des F&E-Ziels haften soll, so handelt es sich um einen Werkvertrag. Der Auftragnehmer trägt in diesem Fall, wenn der Vertrag nicht unter § 651 BGB fällt, bis zur Abnahme des F&E-Ergebnisses die Leistungs- und Vergütungsgefahr nach §§ 275, 644 BGB und hat für dessen Mangelfreiheit verschuldensunabhängig bis zur Abnahme nach § 633 BGB und nach der Abnahme nach Maßgabe von § 640 BGB einzustehen.[505] Fällt der Werkvertrag dagegen unter § 651 BGB, haftet der Auftragnehmer verschuldensunabhängig nach § 275 und § 651 i.V. mit § 433 BGB dafür, dass die hergestellte beweglichen Sache nicht das F&E-Ziel verkörpert,

505 Vgl. *Ullrich* in *Festschrift Fikentscher*, S. 298, 301.

und für sonstige Mängel dieser Sache verschuldensunabhängig nach § 651 BGB i.V. mit den kaufrechtlichen Bestimmungen über Sachmängel.[506]

Für die Risikozuordnung kann es schon wegen der Unmöglichkeit einer scharfen Abgrenzung zwischen Forschung und Entwicklung nicht darauf ankommen, ob Forschungs- oder aber Entwicklungsleistungen geschuldet sind. Je größer aber die mit der geschuldeten Tätigkeit erkennbar verbundenen Unwägbarkeiten sind, desto weniger kann der Auftraggeber damit rechnen, dass der Auftragnehmer das Erfolgsrisiko dennoch übernehmen will.

Dagegen spielt es für die Risikozuordnung eine Rolle, ob Regelungen der vertraglichen Vereinbarung die Vorstellungen der Parteien darüber widerspiegeln, wer diesbezüglich das – größere und geringere – Risiko tragen soll. Einen Anhaltspunkt dafür, dass dies der Auftragnehmer ist, kann die Vereinbarung einer Vergütung enthalten, welche eine »Risikoprämie« für den Auftragnehmer enthält. Andererseits kann die Vergütung, wenn sie zeitaufwandsabhängig in Form von Raten oder regelmäßigen Abschlagzahlungen zu leisten ist, auch darauf hinweisen, dass der Unternehmer das Risiko eines Scheiterns des Forschungs- und Entwicklungsvorhabens wirtschaftlich oder – etwa bei einem öffentlich-rechtlich gebundenen Werkunternehmer – rechtlich vernünftigerweise nicht übernehmen kann, was wiederum ein Indiz dafür sein kann, dass eine solche Risikoübernahme von den Parteien nicht gewollt ist.

Unter dem Aspekt der Risikozuordnung ist schließlich ein F&E-Auftrag desto eher als Dienstvertrag einzustufen, je weniger scharf umrissen und je umfangreicher die geschuldete Tätigkeit ist.

Nach diesen Kriterien wird es sich bei F&E-Aufträgen meist um Dienstverträge handeln.

c) Zuordnung von F&E-Beratungsverträgen zum Dienstvertragsrecht

Wer seinen Vertragspartner nur bei dessen F&E zu beraten hat, schuldet keinen 26
Erfolg. F&E-Beratungsverträge sind deshalb als Dienstverträge zu qualifizieren.[507] Auch sie können unter den in Kap. 6 Rdn. 16 genannten Voraussetzungen Arbeitsverträge sein.[508]

Von F&E-Aufträgen des Dienstvertragstypus unterscheiden sich F&E-Beratungsverträge darin, dass der Dienstverpflichtete nicht inhaltlich konkretisierte Leistungen und/oder das Bemühen um die selbständige Erreichung eines bereits im Vertrag festgelegten F&E-Ziels schuldet (vgl. dazu die Ausführungen in Kap. 8 Rdn. 519 zur Definition von F&E-Ergebnissen bei F&E-Beratungsverträgen). Dabei wird im Vertrag oft nur das technische Gebiet festgelegt, auf dem Beratung zu leisten ist, s. Muster G, § 1.1 und Muster H, Klausel 1.

506 Siehe zur Anwendung von § 651 BGB auf F&E-Aufträge im Einzelnen *Zirkel* in *Festschrift Polter*, S. 51, 71 f.

507 BGH vom 24.07.1956, GRUR 1956, S. 500, 501; BAG vom 08.02.1962, Mitt. S. 93, 95; BGH vom 21.03.1961, NJW 1961, S. 1251; *Ullrich (Privatrechtsfragen)* S. 59 f.

508 Vgl. *Ullrich (Privatrechtsfragen)* S. 135.

Kapitel 7 Bedeutung der Bestimmungen des BGB über Allgemeine Geschäftsbedingungen für F&E-Verträge

I. Bedeutung der Rechtswahl für die Anwendbarkeit der deutschen AGB-Bestimmungen

Neben dem deutschen AGB-Recht kann auch ausländisches AGB-Recht für F&E-Verträge bedeutsam sein. Darauf kann dieses Buch jedoch nicht eingehen. 1

An die Stelle des früheren deutschen AGB-Gesetzes sind im Zuge der Schuldrechtsreform die Bestimmungen der §§ 305 bis 310 BGB getreten. Ob diese auf einen bestimmten F&E-Vertrag anwendbar sind, hängt zunächst davon ab, ob der Vertrag deutschem Recht unterliegt. Die Beantwortung dieser Frage richtet sich nach den Art. 27 ff. EGBGB (Unterabschnitt »Vertragliche Schuldverhältnisse«). 2

Nach Art. 27 Abs. 1 EGBGB unterliegt der Vertrag grundsätzlich dem von den Parteien ausdrücklich gewählten Recht. Ausnahmen von diesem Grundsatz sehen Art. 34 und Art. 27 Abs. 3 EGBGB vor. 3

Wie in Kap. 8 unter Rdn. 664 näher ausgeführt, gebietet Art. 34 EGBGB nicht die Anwendung der AGB-Bestimmungen des BGB bei F&E-Verträgen, da diese Bestimmungen bei diesen Verträgen den Sachverhalt nicht zwingend ohne Rücksicht auf die Rechtswahl regeln: Sie dienen zwar im Hinblick auf Art. 310 Abs. 3 BGB auch dem Verbraucherschutz und sind insoweit, als sie dies tun, zwingendes Recht i.S. von Art. 34 EGBGB. Bei F&E-Verträgen dienen sie jedoch dem Zweck des Verbraucherschutzes nicht, da an diesen Verträgen Verbraucher nicht als Vertragspartner beteiligt sind.

Dagegen ist die Anwendung der AGB-Bestimmungen des BGB nach Art. 27 Abs. 3 EGBGB trotz Wahl eines ausländischen Rechts geboten, wenn der »sonstige Sachverhalt« (d.h. der gesamte Sachverhalt, abgesehen von der Rechtswahl und ggf. einer flankierenden Gerichtsstandsvereinbarung) im Zeitpunkt der Rechtswahl nur mit Deutschland verbunden ist. Diese Bedingung wird bei F&E-Verträgen, die nur von deutschen Parteien geschlossen werden, regelmäßig erfüllt sein; s. Kap. 8 Rdn. 665.

Treffen die Vertragspartner keine wirksame Rechtswahl, sind die AGB-Bestimmungen des BGB anzuwenden, wenn der Vertrag deutschem Recht unterliegt. Das ist nach Art. 28 EGBGB der Fall, wenn der Vertrag mit Deutschland die engsten Verbindungen aufweist; s. hierzu Kap. 8 Rdn. 667 und 668. 4

II. Von den AGB-Bestimmungen des BGB erfasste Typen von F&E-Verträgen

5 Auch wenn die Voraussetzungen für die Anwendung der AGB-Bestimmungen des BGB auf F&E-Verträge gemäß Kap. 7 Rdn. 2–4 vorliegen, sind nach § 310 Abs. 4 BGB Verträge auf dem Gebiet des Gesellschaftsrechts, also Gesellschaftsverträge, sowie Dienstvereinbarungen von der Anwendung dieser Bestimmungen ausgenommen. Dabei dürfte der Ausschluss der Anwendung auf Gesellschaftsverträge auf der Überlegung beruhen, dass diese Verträge i.d.R. zwischen »gleich starken« Partnern ausgehandelt werden, so dass der Schutzzweck der AGB-Vorschriften grundsätzlich nicht einschlägig ist.[509]

6 Der Ausschluss der Anwendung der AGB-Bestimmungen des BGB erstreckt sich damit auf die zahlreichen F&E-Verträge, die als Gesellschaftsverträge zu qualifizieren sind, s. dazu Kap. 6 Rdn. 3–8. Zu diesen F&E-Verträgen gehören z.B. Verträge vom Typ der Muster A, B und D. Dabei sind die Verträge vom Typ der Muster A oder B schon wegen ihrer Auslandsberührung und der Wahl eines fremden Rechts der Anwendung der AGB-Bestimmungen des BGB entzogen.

7 F&E-Verträge können auch »Dienstvereinbarungen« i.S. von § 310 Abs. 4 BGB, d.h. Arbeitsverträge, sein. Damit entfällt eine Anwendung der AGB-Bestimmungen des BGB bei F&E-Aufträgen und F&E-Beratungsverträgen, bei denen der Auftragnehmer bzw. Vertragsnehmer nur eine Arbeitsleistung schuldet, bei seiner Arbeit den Weisungen des Auftraggebers bzw. Vertragsgebers unterliegt und von diesem persönlich abhängig ist; s. Kap. 6 Rdn. 16 und 26.

8 Dagegen sind deutschem Recht unterliegende F&E-Verträge, die nicht zu den Arbeitsverträgen gehörende Dienstverträge oder Werkverträge darstellen, auf ihre Vereinbarkeit mit den AGB-Bestimmungen des BGB zu überprüfen. Zu diesen F&E-Verträgen gehören F&E-Aufträge vom Typ des Musters E und F&E-Beratungsverträge vom Typ der Muster G und H.

III. Einschluss von AGB in den von den AGB-Bestimmungen des BGB erfassten Typen von F&E-Verträgen

9 Ob und ggf. inwieweit von den AGB-Bestimmungen des BGB erfasste F&E-Verträge AGB enthalten, richtet sich nach § 305 Abs. 1 BGB. Da F&E-Aufträge

509 Vgl. *Dauner-Lieb/Heidel/Lepa/Ring*, § 310 Rn. 20.

wegen geschäftsbedingter Planungsbedürfnisse entweder nach allgemeinen Vertragsbedingungen oder doch unter geplantem Rückgriff auf den eigenen Mustervertrag geschlossen werden, sind sie meist den AGB-Bestimmungen des BGB »ausgesetzt«.[510]

Nach § 305 Abs. 1 Satz 3 BGB liegen AGB aber dann nicht vor, wenn die Vertragsbedingungen zwischen den Vertragsparteien im Einzelnen ausgehandelt werden. Dabei werden jedoch an das »Aushandeln«, das mehr ist als »Verhandeln«, von der Rechtsprechung strenge Anforderungen gestellt.[511]

IV. Unanwendbare Bestimmungen bei AGB gegenüber Unternehmern, juristischen Personen des öffentlichen Rechts und öffentlich-rechtlichen Sondervermögen

Weiter gelten nach § 310 Abs. 1 BGB die formalen Voraussetzungen für die Gültigkeit von AGB nach § 305 Abs. 2 und 3 BGB sowie die Klauselverbote der §§ 308 und 309 BGB nicht für AGB, die gegenüber einem Unternehmer, einer juristischen Person des öffentlichen Rechts oder einem öffentlich-rechtlichen Sondervermögen verwendet werden. 10

Wer **»Unternehmer«** i.S. von § 310 Abs. 1 BGB ist, richtet sich nach § 14 Abs. 1 BGB. Danach ist »Unternehmer« eine natürliche oder juristische Person oder eine rechtsfähige Personengesellschaft, die bei Abschluss eines Rechtsgeschäfts in Ausübung ihrer gewerblichen oder selbständigen beruflichen Tätigkeit handelt. Voraussetzung ist das planmäßige und dauerhafte Anbieten von Leistungen gegen Entgelt.[512] Unter diesen Umständen sind auch Privatpersonen, die keine Arbeitnehmer sind und F&E-Aufträge von industriellen Unternehmen annehmen oder sich solchen Unternehmen gegenüber zur Erbringung von F&E-Beratungsleistungen verpflichten, bei Abschluss der betr. F&E-Verträge »Unternehmer«.[513] 11

Zu den in § 310 Abs. 1 BGB ebenfalls genannten **juristischen Personen des öffentlichen Rechts** gehören auch Universitäten nach Maßgabe des einschlägigen Landesrechts oder – wie im Falle von Bundeswehrhochschulen[514] – nach Maßgabe des einschlägigen Bundesrechts. 12

510 *Ullrich (Privatrechtsfragen)* S. 56 f.
511 Siehe dazu *Möffert (F&E-Vertrag)* S. 4 mit Nachweisen.
512 *Ellenberger* in *Palandt*, § 14 Rn. 2 unter Hinweis auf BGH 2006, S. 2250 und weitere Rechtsprechung.
513 Siehe BGH NJW 1993, S. 335 f.: In dem zu entscheidenden Fall ging es um die Frage, ob sich ein Wissenschaftler, der sich gegenüber seinem Auftraggeber zu Beratungsleistungen verpflichtet hatte, auf eine in seinen AGB enthaltene Haftungsbeschränkung berufen konnte.
514 *Ellenberger* in *Palandt*, vor § 89 Rn. 2.

13 Danach ergibt sich als **Fazit**: Bei AGB, die in von den AGB-Bestimmungen des BGB erfassten F&E-Verträgen enthalten sind, ist bei Anwendbarkeit der AGB-Bestimmungen des BGB nur zu prüfen, ob und inwieweit sie nach den §§ 305 c, 306 a und 307 Abs. 1 und 2 i.V. mit 307 Abs. 3 BGB gültig sind und wie sich eine danach bestehende Ungültigkeit nach § 306 BGB auswirkt.

V. Zentrale Bedeutung von § 307 BGB für AGB in den von den AGB-Bestimmungen des BGB erfassten F&E-Verträgen

1. Inhalt von § 307 BGB

14 Zentrale Vorschrift für AGB in den von den AGB-Bestimmungen des BGB erfassten F&E-Verträgen ist § 307 BGB. Sie erklärt Bestimmungen in AGB, welche von Rechtsvorschriften abweichen oder diese ergänzen, für unwirksam, wenn sie den **Vertragspartner des Verwenders** entgegen den Geboten von Treu und Glauben **unangemessen benachteiligen**. Dabei kann sich eine unangemessene Benachteiligung nach § 307 Abs. 1 Satz 2 daraus ergeben, dass die Bestimmung nicht klar und verständlich ist, und ist nach § 307 Abs. 2 im Zweifel anzunehmen, wenn eine Bestimmung

1. mit wesentlichen Grundgedanken der gesetzlichen Regelung, von der abgewichen wird, nicht zu vereinbaren ist, oder
2. wesentliche Rechte oder Pflichten, die sich aus der Natur des Vertrags ergeben, so einschränken, dass die Erreichung des Vertragszwecks gefährdet ist.

15 Bei der Frage, was zu den **wesentlichen Grundgedanken einer gesetzlichen Regelung** gehört, unterscheidet die Rechtsprechung zwischen frei abänderbaren Zweckmäßigkeitsregelungen einerseits und formularmäßig nicht abänderbaren Gerechtigkeitsgeboten andererseits.[515]

2. Bedeutung der Qualifizierung eines F&E-Vertrags als Werk- oder Dienstvertrag für die Wirksamkeit darin enthaltener AGB

16 Unter den vorgenannten Kriterien für die Beurteilung der Frage, ob AGB in den von § 307 BGB erfassten F&E-Verträgen nach dieser Bestimmung zulässig sind, spielt es eine wesentliche Rolle, ob es sich bei diesen Verträgen um Dienst-

515 *Grüneberg* in *Palandt*, § 307 Rn. 27.

oder Werkverträge handelt und welchen Inhalt die diesbezüglichen gesetzlichen Regelungen haben. Dabei sind F&E-Beratungsverträge stets den Dienstverträgen zuzurechnen, während F&E-Aufträge entweder als Dienst- oder als Werkverträge einzustufen sind, s. dazu Kap. 6 Rdn. 11–25.

Zu den Rechtsfragen, in denen sich aus den gesetzlichen Bestimmungen verschiedene Regelungen für F&E-Verträge des Dienstvertragstypus und F&E-Verträge des Werkvertragstypus ergeben, gehören 17

- die **Merkmale des Begriffs »F&E-Ergebnisse«** (s. einerseits Kap. 8 Rdn. 499, 503 sowie 524 und andererseits Kap. 8 Rdn. 509) und damit auch die **Merkmale des Begriffs »Vertragserfindungen«**, die für die Rechte der Vertragspartner zur Anmeldung von Schutzrechten von Bedeutung sind (s. Kap. 8 Rdn. 146–148),
- die **Rechte bzgl. Alttechnologie** (s. einerseits Kap. 8 Rdn. 511, 512, 515 sowie 420 und andererseits Kap. 8 Rdn. 412) und
- die **Rechte bzgl. F&E-Ergebnissen** (s. einerseits Kap. 8 Rdn. 499, 503 sowie 526 und andererseits Kap. 8 Rdn. 513–515).

Ein weiterer Bereich, in dem die gesetzlichen Regelungen für Dienstverträge und für Werkverträge voneinander abweichen, sind die **Kündigungsrechte** und die **Folgen rechtmäßiger Kündigungen**, s. dazu Kap. 8 Rdn. 631–633 bzw. 641 und 642). 18

Bei als Dienstverträge einzustufenden F&E-Verträgen (F&E-Beratungsverträge und als Dienstverträge einzustufende F&E-Aufträge) kommt es nach § 620 BGB zunächst darauf an, ob es sich um einen Vertrag handelt, dessen Dauer bestimmt oder aus der Beschaffenheit oder dem Zweck der Dienste zu entnehmen ist. 19

Wenn das der Fall ist, endet der Vertrag nach § 620 Abs. 1 BGB mit dem Ablauf der Zeit, für den er eingegangen ist. Eine ordentliche Kündigung des Vertrags scheidet hier aus,[516] s. dazu aber auch Kap. 8 Rdn. 632.

Damit kommt hier nach der gesetzlichen Regelung nur eine außerordentliche Kündigung aus wichtigem Grund nach § 626 BGB in Betracht, deren Bestimmungen nach allgemeiner Meinung zwingendes Recht sind.[517] Ein wichtiger Grund ist nach § 626 Abs. 1 BGB nur bei Vorliegen von Tatsachen anzunehmen, auf Grund derer dem Kündigenden unter Berücksichtigung aller Umstände des Einzelfalls und unter Abwägung der Interessen beider Vertragsteile die Fortsetzung des Dienstverhältnisses bis zum Ablauf der Kündigungsfrist oder bis zur vereinbarten Beendigung des Dienstverhältnisses nicht zugemutet werden kann. Nach § 626 Abs. 2 BGB kann die Kündigung dabei nur innerhalb von zwei Wochen, gerechnet von dem Zeitpunkt, in dem der Kündigungsberechtigte von den für die Kündigung maßgebenden Tatsachen Kenntnis erlangt, erfolgen.

Ist das Dienstverhältnis weder auf eine bestimmte noch eine bestimmbare Zeit eingegangen, kommt dagegen eine ordentliche Kündigung des F&E-Auftrags nach Maßgabe der Bestimmung des § 621 BGB (s. dazu Kap. 8 Rdn. 632) in

516 *Weidenkaff* in *Palandt*, § 626 Rn. 26.
517 *Weidenkaff* in *Palandt*, § 626 Rn. 2.

Betracht, die allerdings abdingbar ist.[518] Insoweit kann aber für den Fall, dass AGB bei einem F&E-Auftrag gegenüber dem Auftragnehmer verwendet werden und von § 621 BGB abweichende Kündigungsfristen vorsehen, wieder § 307 BGB ins Spiel kommen, s. dazu Kap. 8 Rdn. 635 und 636.

20 **Bei als Werkverträge zu qualifizierenden F&E-Aufträgen** kann dagegen der Auftraggeber den Vertrag nach § 649 Satz 1 BGB jederzeit bis zur Vollendung des Werkes kündigen. Im Falle einer solchen ordentlichen Kündigung kann der Auftragnehmer zwar nach § 649 Satz 2 BGB die vereinbarte Vergütung verlangen, muss sich jedoch dasjenige anrechnen lassen, was er infolge der Aufhebung des Vertrags an Aufwendungen erspart oder durch anderweitige Verwendung seiner Arbeitskraft erwirbt oder zu erwerben böswillig unterlässt. Nach § 649 Satz 3 BGB wird dabei vermutet, dass dem Unternehmer 5 % der auf den noch nicht erbrachten Teil der Werkleistung entfallenden vereinbarten Vergütung zustehen.

Für davon abweichende Vertragsregelungen gilt Folgendes: Eine Klausel in AGB, die jede über den anteiligen Werklohn des Unternehmers hinausgehende Entschädigung bei ordentlicher Kündigung durch den Besteller ausschließt, ist nichtig.[519] Nicht unproblematisch dürfte deshalb im Hinblick auf § 307 BGB auch die Regelung der Entschädigung sein, wie sie § 15 BEBF-ZE 98 für den Fall der Kündigung eines F&E-Auftrags vorsieht, den ein Zuwendungsempfänger des BMBF im Rahmen des ihm erteilten Bewilligungsbescheids erteilt. Bei Kündigung aus wichtigem Grund besteht dagegen kein Vergütungsanspruch für noch nicht erbrachte Leistungen.[520]

VI. Auswirkungen der Ungültigkeit von AGB-Bestimmungen auf die Gültigkeit des gesamten Vertrags

21 Wie sich die Ungültigkeit von AGB auf die Gültigkeit des gesamten Vertrags auswirkt, richtet sich nach § 306 BGB. Nach § 306 Abs. 1 und 2 BGB gilt der Grundsatz, dass, wenn AGB ganz oder teilweise nicht Vertragsbestandteil geworden oder unwirksam sind, insoweit die gesetzlichen Vorschriften gelten und der Vertrag im Übrigen wirksam bleibt. Ausnahmsweise ist jedoch nach § 306 Abs. 3 BGB Unwirksamkeit des ganzen Vertrags anzunehmen, wenn das Festhalten an ihm auch bei Ersetzung der nicht Vertragsbestandteil gewordenen AGB durch die Regelung nach den gesetzlichen Vorschriften eine unzumutbare Härte für (mindestens) eine Vertragspartei darstellen würde.

518 *Weidenkaff* in *Palandt*, § 622 Rn. 2 unter Hinweis auf BGH NJW 1964, S. 350.
519 *Sprau* in *Palandt*, § 649 Rn. 17 unter Hinweis auf BGH NJW 1985, S. 631; 2007, S. 3423.
520 *Sprau* in *Palandt*, § 649 Rn. 4, 10 und 11.

Kapitel 8 Zur Gestaltung von F&E-Verträgen

I. Allgemeine Grundsätze für die Gestaltung von F&E-Verträgen

1. Klarheit und Verständlichkeit

F&E-Verträge sollten (wie andere Verträge auch) klar und möglichst leicht verständlich sein, damit Streitigkeiten vermieden werden. Diese können bei F&E-Verträgen sogar besonders nachteilig sein, da sie eine vertrauensvolle Zusammenarbeit verhindern und zu einer Demotivierung bei den F&E-Arbeiten führen können. Sind unklare oder unverständliche Vertragsbestimmungen in AGB enthalten, kann dieser Umstand, wenn der Vertrag deutschem Recht unterliegt und kein Gesellschaftsvertrag ist, eine über die entstehenden Auslegungsprobleme hinausgehende rechtliche Bedeutung erlangen: Nach § 307 Abs. 1 Satz 2 i.V. mit Satz 1 BGB sind in AGB enthaltene Bestimmungen dann nichtig, wenn sie unklar oder unverständlich sind und sich daraus unangemessene Benachteiligungen für den Vertragspartner des AGB-Verwenders ergeben. 1

Ein Mittel, die Verständlichkeit komplizierter oder abstrakter Vertragsbestimmungen zu erhöhen und so Missverständnissen vorzubeugen, kann die Illustration solcher Vertragsbestimmungen durch die Aufnahme von Beispielen in den Vertrag sein, s. z.B. Muster A, Klausel 9.2. 2

In der Praxis nicht selten vorkommende Gründe für die Unklarheit von F&E-Verträgen sind folgende: 3

Der Vertrag enthält Begriffe, die vom Wortsinn her nicht klar abgegrenzt sind und auch nicht durch eine diesbezügliche Definition eine klare Kontur erhalten. Ein vom Wortsinn her nicht klar abgegrenzter Begriff ist z.B. »Vertragsgegenstand«, denn er bezeichnet streng genommen alles, was der Vertrag regelt.

Oder im Vertrag taucht neben einem darin klar definierten Begriff ein zweiter, undefinierter Begriff auf, dem jedoch der gleiche Inhalt zugedacht war wie dem definierten Begriff; z.B. wird der Begriff »F&E-Ergebnisse«, der nach seiner vertraglichen Definition auch Erfindungen umfasst, nicht durchgehend verwendet, sondern stattdessen von »erarbeitetem Know-how« gesprochen. Dabei kann z.B. zweifelhaft bleiben, ob sich letzterer Begriff auch auf Erfindungen erstrecken soll.

Abzuraten ist auch von der Bestimmung in einer Klausel, nach der eine bestimmte andere Klausel »unberührt bleibt«. Eine solche Bestimmung ist zwar insoweit klar, als sie die uneingeschränkte Geltung der Klausel, auf die Bezug genommen wird, betont; sie lässt aber offen, ob sich die Anwendungsbereiche der beiden Klauseln überschneiden und ob in diesem Fall neben der

Klausel, auf die Bezug genommen wird, auch die Bezug nehmende Klausel anwendbar sein kann. Wenn Regelungen in zwei Klauseln in einem Überschneidungsbereich nicht miteinander vereinbar sind, sollte die insoweit nachrangige Klausel eine Formulierung folgender Art enthalten: »Soweit sich aus Klausel … nichts Anderes ergibt, gilt Folgendes: …«.

2. Durchsichtigkeit

4 Von der Klarheit des Vertrags ist dessen Durchsichtigkeit zu unterscheiden. Sie soll nicht nur dem Juristen den raschen und sicheren Zugriff auf die von ihm gesuchte Regelung, sondern auch dem Nichtjuristen eine Orientierung im Vertrag ermöglichen. Dies ist gerade auch bei F&E-Verträgen als Verträgen, die ein Dauerverschuldverhältnis begründen, von Bedeutung. Sie sollten nämlich nicht nur im Streitfalle »aus der Versenkung geholt« werden, sondern laufend Richtschnur für das praktische Handeln sein, damit erst gar nichts »aus dem Ruder läuft«, s. zu dieser Gefahr unten Kap. 9 Rdn. 6.

5 **Als Maßnahmen zur Erhöhung der Durchsichtigkeit** empfehlen sich Überschriften, Unterteilungen der einzelnen Hauptklauseln in Unterklauseln mit Kennzeichnungen durch vorangestellte Nummern oder Buchstaben, die für präzise Verweisungen verwendbar sind, sowie bei langen Verträgen Inhaltsverzeichnisse. Im Vertrag definierte Begriffe sollten als solche ohne weiteres kenntlich sein, z.B. durch ihre Schreibung in Groß- oder Kursivbuchstaben. Es ist in der Regel auch zweckmäßig, Vertragsanlagen nach der Klausel zu benennen, die erstmals auf sie Bezug nimmt, und die Bezeichnung der Vertragsanlage jeweils, z.B. durch Kursivschrift, hervorzuheben (Beispiel: Wenn erstmals in einer Vertragsklausel »5.2« auf eine bestimmte Vertragsanlage Bezug genommen wird, erhält diese die Bezeichnung *»Anlage 5.2«*.).

6 Grundsätzlich dient es auch der Durchsichtigkeit eines F&E-Vertrags, wenn er alles, was zu demselben Regelungsbereich gehört, unter einer passenden Überschrift im Zusammenhang regelt. Ein Beispiel dafür bildet die Erstellung eines Katalogs aller »nachvertraglichen Rechte und Pflichten« in einer separaten Klausel, s. Kap. 8 Rdn. 646.

Der Grundsatz der Konzentrierung aller Bestimmungen zu einem Regelungsbereich auf eine Klausel kann jedoch nicht ausnahmslos gelten. So ist es empfehlenswert, Definitionen häufig vorkommender Begriffe »vor die Klammer zu ziehen«, um Wiederholungen und damit eine unnötige Aufblähung des Vertrages zu vermeiden. Außerdem kann die Voranstellung von Definitionen sowie die Auslagerung bestimmter Detailregelungen in Vertragsanlagen (Beispiel: Lizenzbedingungen für den Fall der Ausübung einer Lizenzoption, welche der Auftragnehmer bei einem F&E-Auftrag hins. seiner vorhandenen Technologie und der von ihm im Rahmen des F&E-Auftrags erzielten F&E-Ergebnisse dem Auftraggeber einräumt, s. Muster C) dazu beitragen, dass die Grundlinien des Vertrags klar erkennbar bleiben. Schließlich kann es in einem Regelungsbereich Ausnahmen von der vertraglichen Standardregelung geben, die jeweils nur im Zusammenhang mit einem anderen Regelungsbereich relevant werden, so dass sie besser dort verankert sind (Beispiel: Recht jeden Vertragspartners zur Vertragskündigung bei Nichteinigung der Vertragspartner über ein nach dem Vertrag noch zu erstellendes F&E-Programm). Dabei sollten aber Verweisungen in der Standardregelung (im Beispiel: der Regelung über die Vertragsdauer) sicherstellen, dass der Leser diese Ausnahmen nicht übersieht, und zwar möglichst unter konkreter Angabe der Klauseln, die zusätzlich zu berücksichtigen sind. Geeignet ist hierfür die Formulierung: »Soweit Klausel ... (genaue Kennzeichnung nach Nr./Buchstaben) nichts Anderes bestimmt, ...«; möglichst zu vermeiden ist dagegen die allgemeine Verweisung: »Soweit der Vertrag an anderer Stelle nichts Abweichendes bestimmt, ...«.

3. Fairness

Vertragsentwürfe eines Vertragspartners sollten fair in dem Sinne sein, dass sie für die andere Vertragsseite zumutbar sind. Diese darf nicht den Eindruck gewinnen, sie solle »über den Tisch gezogen« werden. Andernfalls werden bei ihr Emotionen geweckt, die z.B. folgende nachteilige Wirkungen haben können: 7

Die andere Vertragsseite kann mit einem Gegenentwurf reagieren, der umgekehrt ihren Interessen in unangemessener Weise den Vorrang einräumt. Dann besteht die Gefahr, dass durch in die Länge gezogene Vertragsverhandlungen der Beginn des F&E-Projekts erheblich hinausgezögert und damit die Aussicht auf seinen kommerziellen Erfolg erheblich gemindert wird (s. zur Bedeutung des Zeitfaktors bei F&E-Projekten im Einzelnen oben Kap. 2 Rdn. 12).

Möglicherweise wird der Vertragsschluss auch gänzlich verhindert, oder der Vertrag kommt zwar zustande, es bleibt aber eine atmosphärische Störung des Verhältnisses zwischen den Vertragspartnern, die sich jederzeit bei der Vertragsdurchführung nachteilig bemerkbar machen kann.

Neben den geschäftspolitischen können bei F&E-Aufträgen und F&E-Beratungsverträgen auch rechtliche Aspekte nach dem einschlägigen AGB-Recht gegen unfaire Klauseln sprechen; s. für das deutsche AGB-Recht Kap. 7 Rdn. 14. 8

4. Regelungsumfang von Vertragsentwürfen

a) Vorbemerkung

Eine schwierige Frage bei der Gestaltung von Entwürfen für F&E-Verträgen betrifft ihren Regelungsumfang. Zu dieser Frage gibt es eine Reihe von Kriterien, die z.T. eine größere Regelungstiefe, z.T. aber auch eine geringere Regelungstiefe nahe legen und gegeneinander abzuwägen sind. 9

b) Kriterium: Bedeutung des Vertrags

10 Grundsätzlich sollte der Regelungsumfang von Verträgen in einem angemessenen Verhältnis zu ihrer Bedeutung stehen. Dabei ist u.a. zu berücksichtigen, dass ein Vertragspartner mit der Vorlage eines unangemessen langen Vertragsentwurfs das Verhältnis zum anderen Vertragspartner schon im Vorfeld trüben kann. Wenn es z.B. um die Erteilung eines F&E-Auftrags im Volumen von 20 000 € geht, wird es der in Aussicht genommene Auftragnehmer mit Recht als Zumutung empfinden, wenn ihm für den Auftrag ein 20-Seiten-Entwurf (eine als Vertragsanlage beigefügte Arbeitsbeschreibung und »Standard-Anlagen« wie eine betriebliche Reisekostenordnung nicht eingerechnet) präsentiert wird. Allerdings können auch aus »kleinen« Verträgen hohe Haftungsrisiken für einen oder beide Vertragspartner erwachsen. Auf sorgfältig formulierte Haftungsbeschränkungen sollte deshalb der jeweils von einem solchen Risiko bedrohte Vertragspartner auch bei solchen Verträgen nicht verzichten.

11 Ansonsten müssen die Vertragspartner im Interesse eines erträglichen Umfangs des Vertrags u.U. in Kauf nehmen, dass der Vertrag für manche Rechtsfrage keine ausdrückliche Regelung enthält. Dies muss allerdings für einen oder alle Partner kein gravierender Nachteil sein.

12 So dürfte das Fehlen einer ausdrücklichen Regelung dann keine Probleme bereiten, wenn mit einer Einigung der Vertragspartner bei Relevantwerden der betr. Rechtsfrage zu rechnen ist, s. Kap. 8, Rdn. 21–23.

13 Außerdem kann bei F&E-Verträgen zwischen zwei Partnern ein Partner auf die Regelung mancher Rechtsfragen meist dann verzichten, wenn der andere Partner im laufenden Geschäftsverkehr in erheblichem Maß von ihm abhängig ist, s. Kap. 8 Rdn. 24.

14 Unterliegt der Vertrag deutschem Recht und handelt es sich um eine Regelungslücke i.S. von Kap. 8 Rdn. 30, kann sich zudem aus dem dispositiven deutschen Recht bzw. aus den für das deutsche Recht geltenden Grundsätzen der ergänzenden Vertragsauslegung ergeben, wie die Lücke zu schließen ist, s. Kap. 8 Rdn. 31–38.

15 Unterliegt der Vertrag ausländischem Recht, kann noch eine Härteklausel vor unerträglichen Ergebnissen schützen, s. Kap. 8 Rdn. 26.

c) Kriterium: Wahrscheinlichkeit des Relevantwerdens der betr. Rechtsfrage

16 Ist mit Sicherheit oder hoher Wahrscheinlichkeit damit zu rechnen, dass eine Rechtsfrage bei der Durchführung des Vertrags relevant wird, spricht dies für eine ausdrückliche Regelung derselben. Auf jeden Fall sollte der Vertrag deshalb eine ausdrückliche Regelung der Verwertungsrechte der Vertragspartner an den F&E-Ergebnissen enthalten und i.d.R. auch eine Regelung der Verwertungsrechte betr. einschlägiger Alttechnologie eines Vertragspartners, soweit diese durch Schutzrechte desselben geschützt ist oder werden kann oder von dem/den anderen Vertragspartner(n) geheim zu halten ist.

Betrifft die Rechtsfrage dagegen einen Fall, dessen Eintritt wenig wahrscheinlich ist, erscheint ihre ausdrückliche Regelung eher verzichtbar.

d) Kriterium: Eignung des Vertrags als Richtschnur für das praktische Handeln

Wie bereits unter Kap. 8 Rdn. 4 angemerkt, sollen F&E-Verträge auch eine Richtschnur für das praktische Handeln sein. 17

So macht es insbesondere bei F&E-Verträgen mit arbeitsteiliger F&E grundsätzlich Sinn, nicht nur die Rechte der Vertragspartner zur Anmeldung von Schutzrechten, sondern auch das dabei einzuhaltende Procedere detailliert zu regeln, mag sich dieses Procedere für den Juristen auch aus dem anwendbaren Recht ergeben, s. dazu für horizontale F&E-Verträge Kap. 8 Rdn. 244. 18

Dagegen ist es meist weder möglich noch sinnvoll, die Durchführung des F&E-Projekts schon in allen Einzelheiten zu regeln. Hier kann es zweckmäßig sein, neben den formalen Regeln für die Durchführung des Projekts (periodische Treffen, schriftliche Berichte usw.) und dem F&E-Ziel nur die ersten Schritte zu dessen Verwirklichung verbindlich festzulegen, dagegen die Festlegung der bei der weiteren Durchführung des Projekts zu behandelnden Einzelthemen und vorzunehmenden Arbeiten der späteren Einigung zwischen den Vertragspartnern zu überlassen; denn oft können erst die jeweils erzielten F&E-Ergebnisse einen Anhaltspunkt für den Weg geben, der bei der weiteren Durchführung des Projekts am ehesten Erfolg verspricht; s. im Einzelnen Kap. 8 Rdn. 144. 19

e) Kriterium: Gefahr einer Verzögerung des gemeinsamen F&E-Projekts durch zu große Regelungstiefe von Vertragsentwürfen

Der rasche Beginn einer F&E-Kooperation kann die entscheidende Voraussetzung für ihren kommerziellen Erfolg sein. Dies spricht grundsätzlich dagegen, den Vertrag in alle nur denkbare Richtungen zu »verästeln« und dadurch zusätzlichen Diskussions- und Verhandlungsbedarf zu schaffen. 20

f) Kriterium: Wahrscheinlichkeit einer Einigung der Vertragspartner bei Relevantwerden der Rechtsfrage

Enthält ein F&E-Vertrag für eine bestimmte Rechtsfrage keine oder nur eine »holzschnittartige« Regelung, die bestimmte Ausnahmesituationen nicht berücksichtigt, ist aber hier mit gleichlaufenden Interessen der Vertragspartner hins. der Rechtsfrage zu rechnen, werden sich diese normalerweise leicht auf eine angemessene Regelung bzw. Sonderregelung einigen können. 21

Für die Einigungsbereitschaft der Partner kann auch wichtig sein, welche Konsequenzen der Vertrag für den Fall der Nichteinigung vorsieht. Dabei geht es insbesondere um die Frage, ob dadurch ein Kündigungsrecht eines Partners oder beider Partner ausgelöst wird und welche Rechte und Pflichten die Partner 22 nach Vertragsende haben. Wenn der Vertrag jedem Partner für den Fall der Nichteinigung (außer in Fällen, in denen er den betr. Partner zu einer Einigung in einem ganz bestimmten Sinn verpflichtet, etwa weil das vereinbarte F&E-Ziel eine solche Einigung zwingend gebietet) ein Kündigungsrecht einräumt, kann dies einen Partner, der unter Berücksichtigung seiner nachvertraglichen Rechte und Pflichten eine Vertragsbeendigung anstrebt (z.B. weil er damit frei wird, mit Dritten zu kooperieren), zum »Mauern« und anschließender Kündigung des Vertrags motivieren.

23 Für nicht binnen kurzer Zeit zu treffende Regelungen kann der Vertrag die Einigungsbereitschaft der Partner auch dadurch erhöhen, dass er die Entscheidung über Streitigkeiten durch ein Schiedsgericht vorsieht und dieses auch für zuständig erklärt, auf Antrag eines Partners oder aller Partner die zu treffenden Regelungen bei Nichteinigung mit bindender Wirkung festzulegen (s. dazu Kap. 8 Rdn. 705 und Muster A, Klausel 22).

g) Abhängigkeit des anderen Vertragspartners im laufenden Geschäftsverkehr

24 Bei F&E-Verträgen zwischen zwei Partnern kann ein Partner auf die Regelung mancher Rechtsfragen meist dann verzichten, wenn der andere Partner im laufenden Geschäftsverkehr in erheblichem Maß von ihm abhängig ist und es sich deshalb nicht leisten kann, sich einer nachträglichen vernünftigen Regelung der betr. Rechtsfragen zu verweigern. In einem solchen Abhängigkeitsverhältnis kann sich z.B. bei einem F&E-Vertrag zwischen dem Lieferanten bestimmter Komponenten und dem Verwender derselben der Lieferant befinden, wenn der Verwender bezüglich dieser Komponenten zu den besten Kunden des Lieferanten zählt.

h) Kriterium: Internationaler oder nationaler F&E-Vertrag

25 Bei internationalen F&E-Verträgen ist dem deutschen Vertragspartner grundsätzlich zu raten, in seinen Vertragsentwürfen alle wichtigen Rechtsfragen, bei denen mit einem gegenläufigen Interesse des ausländischen Vertragspartners zu rechnen ist, (z.B. Haftungsfragen) ausdrücklich zu regeln.

26 Ist der deutsche Partner hier bereit oder gezwungen, sich fremdem Recht zu unterwerfen, sollte er schon mangels genauer Kenntnis desselben zu diesen Fragen ausdrückliche Regelungen vorsehen. Diese Regelungen müssen notwendig etwas »holzgeschnitzt« ausfallen; so lässt sich z.B. die deutsche Rechtslage zu verschiedenen wichtigen Fragen nie vollständig abbilden (Beispiel: Berücksichtigung des Mitverschuldens eines Vertragspartners bei Bemessung des ihm zustehenden Schadensersatzes bei Vertragsverletzung des anderen Vertragspartners). Hier kann wieder eine Härteklausel (s. Kap. 8 Rdn. 658 und 659) unerträgliche Ergebnisse vermeiden helfen. Die Außer-Kraft-Setzung einer vertraglichen Bestimmung für Ausnahmefälle, in denen sie nicht passt, kann in

krassen Fällen auch über eine »Härteklausel« erreicht werden (s. Kap. 8 Rdn. 658 und 659).

Für nicht binnen kurzer Zeit zu treffende Regelungen kann der Vertrag die Einigungsbereitschaft der Partner auch dadurch erhöhen, dass er die Entscheidung über Streitigkeiten durch ein Schiedsgericht vorsieht und dieses auch für zuständig erklärt, auf Antrag eines Partners oder aller Partner die zu treffenden Regelungen bei Nichteinigung mit bindender Wirkung festzulegen (s. dazu Kap. 8 Rdn. 705 und Muster A, Klausel 22).

Die Empfehlung zur ausdrücklichen Regelung aller wichtigen Rechtsfragen 27 gilt ganz besonders dann, wenn für den Vertrag das Recht eines Landes maßgebend sein soll, in dem das Zivilrecht nicht oder nur teilweise kodifiziert ist, wie dies bei Ländern mit Common-Law-Tradition, z.B. dem Vereinigten Königreich und den USA, der Fall ist. Grundsätzlich ist dann alles zu Regelnde in den Vertrag aufzunehmen, es ist quasi inter partes für den zu regelnden Fall eine eigene Rechtsordnung zu schaffen.[521] Ein Grund für den höheren Regelungsbedarf nach dem Recht dieser Länder ist auch der Umstand, dass dort grundsätzlich der reine Wortsinn einer Vertragsklausel maßgeblich ist, weil es an generellen Auslegungsregeln, wie sie für das deutsche Recht in §§ 133 und 157 BGB enthalten sind, fehlt.[522] Deshalb sind in Verträgen mit Vertragspartnern aus diesen Ländern auch manche Bestimmungen aufzunehmen, die vom Standpunkt des deutschen Rechts als überflüssig erscheinen. Während man z.B. nach deutschem Recht davon ausgeht, dass Überschriften über Absätze oder Paragraphen des Vertrags normalerweise nur der Orientierung beim Studium des Vertrags dienen und allenfalls noch zur Auslegung nach den gesetzlichen Auslegungsregeln heranzuziehen sind, sieht man im anglo-amerikanischen Rechtskreis die Gefahr, dass sie durch die notwendige Komprimierung des Inhalts der überschriebenen Regelung deren Schwerpunkte möglicherweise verschieben.[523] Aus diesem Grund enthält Muster A eine Klausel 17, die den Überschriften ausdrücklich jede Bedeutung abspricht.

Der deutsche Partner sollte normalerweise auch dann ausdrückliche Regelun- 28 gen zu den oben bezeichneten wichtigen Rechtsfragen in seinen Vertragsentwurf aufnehmen, wenn er auf der Anwendbarkeit deutschen Rechts bestehen will. Unterlässt er dies, wird sein ausländischer Vertragspartner in seinem Gegenentwurf eine Regelung dieser Fragen vorschlagen, die meist dem Interesse des deutschen Partners zuwiderlaufen wird. Der deutsche Partner muss dann im Gegenzug versuchen, den ausländischen Partner auf eine für ihn akzeptable Linie zurückzuholen. Auch wenn dies gelingt, dürfte sich der Abschluss des Vertrags verzögern und damit wertvolle Zeit für die Durchführung des geplanten F&E-Projekts verloren gehen.

Unter zwei deutschen Partnern kann man sich dagegen meist kürzer fassen. 29 Beide Partner oder doch ihre Rechtsberater werden sich hier bewusst sein oder

521 *Döser* NJW 2000, S. 1451, 1452 f.
522 *Döser* NJW 2000, S. 1451.
523 *Döser* NJW 2000, S. 1453.

doch mit relativ geringem Aufwand ermitteln können, welche Regelungen das deutsche dispositive Recht für bestimmte Regelungslücken vorsieht bzw. wie sie sich unter Anwendung der Grundsätze der ergänzenden Vertragsauslegung schließen lassen; s. dazu Kap. 8 Rdn. 30–38.

i) Kriterium: Möglichkeit der Schließung von Regelungslücken bei Maßgeblichkeit deutschen Rechts

aa) Begriff der Regelungslücke nach deutschem Recht

30 Nach deutschem Recht ist eine Regelungslücke gegeben, wenn der Vertrag eine Bestimmung vermissen lässt, die erforderlich ist, um den ihm zugrunde liegenden Regelungsplan zu verwirklichen.[524] Die Lücke kann von Anfang an bestehen oder nachträglich entstehen.[525] Meist wird sie darauf zurückzuführen sein, dass die Parteien an einen bestimmten regelungsbedürftigen Punkt nicht gedacht haben[526], dass sie eine Regelung nicht für erforderlich hielten[527], oder dass sich die bei Vertragsschluss bestehenden wirtschaftlichen oder rechtlichen Verhältnisse geändert haben[528]. Sie kann aber auch darauf beruhen, dass die Parteien einen Punkt bewusst offen gelassen haben, etwa in der Hoffnung, sie würden sich insoweit noch einigen.[529] Auch die Unwirksamkeit einer Vertragsbestimmung kann als Regelungslücke aufzufassen sein.[530] Jedoch werden die Parteien für diesen Fall schon in der »salvatorischen Klausel« des Vertrags unabhängig vom maßgeblichem Recht eine Regelung zur Lückenfüllung treffen, s. dazu Kap. 8 Rdn. 705. Keine Regelungslücke ist dagegen anzunehmen, wenn die getroffene Regelung nach dem Willen der Parteien bewusst abschließend sein sollte.[531] Das dürfte hins. aller getroffenen Regelungen anzunehmen sein, wenn der Vertrag eine »Entire Understanding«-Regelung entsprechend Muster A, Klausel 18 enthält.

bb) Schließung von Regelungslücken nach deutschem dispositivem Recht

31 Regelungslücken lassen sich bei Maßgeblichkeit deutschen Rechts (s. dazu Kap. 8 Rdn. 660–669) oft unter Heranziehung deutschen dispositiven Rechts schließen.

524 *Ellenberger* in *Palandt*, § 157 Rn. 3 m.N. aus der Rechtsprechung.
525 *Ellenberger* in *Palandt*, § 157 Rn. 3 unter Hinweis auf BGH NJW-RR 2008, S. 562 Tz. 14.
526 *Ellenberger* in *Palandt*, § 157 Rn. 3 unter Hinweis auf BGH NJW-RR 1991, S. 177.
527 *Ellenberger* in *Palandt*, § 157 Rn. 3 unter Hinweis auf BGH NJW 2002, S. 1260, 1262.
528 *Ellenberger* in *Palandt*, § 157 Rn. 3 unter Hinweis auf BGH 123, S. 281, 285; NJW-RR 1999, S. 923 und NJW-RR 2005, S. 687.
529 *Ellenberger* in *Palandt*, § 157 Rn. 3 unter Hinweis auf BGH NJW 1975, 116 und NJW 1982, S. 2816 sowie BAG DB 1980, S. 934.
530 *Ellenberger* in *Palandt*, § 157 Rn. 3 unter Hinweis auf BGH 63, S. 132, 135; 90, S. 69, 74 und 137, S. 153, 157 sowie BayObLG 1998 S. 13, 18.
531 *Ellenberger* in *Palandt*, § 157 Rn. 3 unter Hinweis auf BGH NJW 1985, S. 1835 und OLG Hamm NJW-RR 2004, S. 298.

Dieser Weg ist allerdings nicht gangbar, wenn die Heranziehung des dispositiven Rechts dem mutmaßlichen Parteiwillen widerspricht[532] oder wenn das dispositive Recht keine oder keine interessengerechte Regelung zur Schließung der Lücke bereithält[533]. 32

Zum deutschen dispositiven Recht gehören sowohl Bestimmungen, die für alle Vertragstypen gelten, als auch solche, die eine Regelung für den jeweiligen Vertragstyp vorsehen. 33

Am wenigsten Probleme dürften Regelungslücken machen, die sich unter Rückgriff auf vom Vertragstyp unabhängiges deutsches Recht schließen lassen. Ein Beispiel ist das Fehlen einer Regelung der Frage, welche Zinsen von einem Vertragspartner zu zahlen sind, der mit einer Geldschuld in Verzug geraten ist. Hier gilt die für alle Vertragstypen erfassende Bestimmung des § 288 BGB. 34

Dagegen können Regelungslücken größere Probleme bereiten, wenn sie nur unter Rückgriff auf das für bestimmte Vertragstypen geltende dispositive deutsche Recht zu schließen sind. 35

Hierbei kommt es zunächst darauf an, welchem Grundtyp der F&E-Vertrag (Gesellschafts-, Werk- oder Dienstvertrag) dieser Vertrag zuzuordnen ist. Dabei erscheint zwar die Abgrenzung von F&E-Verträgen, die dem Grundtypus des Gesellschaftsvertrags zuzuordnen sind, gegenüber Werk- und Dienstverträgen unproblematisch, nicht jedoch die Abgrenzung von Werk- gegenüber Dienstverträgen, s. dazu Kap. 6 Rdn. 11–25. 36

Die Zuordnung zu einem Grundtyp muss aber für die Schließung der betr. Regelungslücke nicht Ausschlag gebend sein, da ein F&E-Vertrag verschiedene Vertragstypen umfassen kann. So kann ein »F&E-Auftrag« neben dem eigentlichen »Auftrag« auch einen Lizenzvertrag hins. Alttechnologie des Auftragnehmers enthalten. Oder es kann sich bei einem »Verbundvertrag«, an dem sowohl industrielle Unternehmen als auch Hochschulen beteiligt sind, gebieten, diesen teils als Gesellschaftsvertrag (soweit es um das Verhältnis zwischen den industriellen Unternehmen geht) und teils als »F&E-Auftrag« (soweit es um das Verhältnis zwischen den industriellen Unternehmen einerseits und den Hochschulen andererseits geht) zu qualifizieren. 37

cc) Schließung von Regelungslücken im Wege ergänzender Vertragsauslegung

Scheidet eine Schließung der Lücke unter Rückgriff auf das dispositive deutsche Recht aus, kommt noch die Anwendung der deutschen Grundsätze der ergänzenden Vertragsauslegung in Frage. Sie besagen, dass die vertragliche Regelung entsprechend dem »hypothetischen Parteiwillen« zu ergänzen ist.[534] Dabei ist darauf abzustellen, was die Parteien bei einer angemessenen Abwägung ihrer 38

532 *Ellenberger* in *Palandt*, § 157 Rn. 5 unter Hinweis auf BGH NJW 1975, S. 1116; NJW 1979, S. 79, 1705 und NJW-RR 1990, S. 817.

533 *Ellenberger* in *Palandt*, § 157 Rn. 6 m.w.N.

534 *Ellenberger* in *Palandt*, § 157 Rn. 7 unter Hinweis auf BGH 9, S. 273, 278, BGH 9, S. 238 und BGH 111, S. 214, 217.

Interessen nach Treu und Glauben als redliche Vertragspartner vereinbart hätten, wenn sie den nicht geregelten Fall bedacht[535] bzw. nicht bewusst offen gelassen hätten. Darüber lässt sich allerdings keine Feststellung treffen, wenn die Regelungslücke auf verschiedene Weise geschlossen werden kann und keine Anhaltspunkte dafür bestehen, für welche Alternative sich die Parteien entschieden hätten; in einem solchen Fall fehlen daher die Voraussetzungen für eine ergänzende Vertragsauslegung[536].

II. Die Gestaltung von F&E-Verträgen im Einzelnen

1. Vorbemerkung

39 Die nachfolgenden Ausführungen befassen sich nur mit solchen Fragen des Aufbaus und Inhalts eines F&E-Vertrags, die man bei jedem F&E-Vertrag bedenken sollte (was nicht bedeutet, dass man im Vertrag jede der nachfolgend aufgeführten Regelungsfragen ansprechen muss).

2. Vertragskopf

a) Vertragspartner

aa) Bedeutung der Wahl des anderen Vertragspartners bzw. der anderen Vertragspartner für die Verwertungsrechte

40 Die Frage, wer als Vertragspartner fungieren sollte, ist stets sorgfältig zu prüfen. Von großer Bedeutung ist dabei stets der Aspekt der Verwertungsrechte an vorhandener Technologie und an den F&E-Ergebnissen.

41 Wenn eine als Vertragspartner ins Auge gefasste Gesellschaft einer Unternehmensgruppe angehört, muss sich jeder andere Vertragspartner Gedanken darüber machen, ob diese Gesellschaft wirklich über alle vorhandene Technologie der Unternehmensgruppe, auf welche er Zugriff haben möchte, verfügen kann. Umgekehrt muss sich eine Unternehmensgruppe, die als Vertragspartner eine zu ihr gehörende Gesellschaft ins Auge fasst, darüber klar sein, dass diese Gesellschaft die ihr vertraglich zugestandenen Rechte zur Benutzung von

535 *Ellenberger* in *Palandt*, § 157 Rn. 7 unter Hinweis auf BGH 84, S. 1, 7; NJW 2004, S. 2449; 2006, S. 54; NJW-RR 2008, S.S. 562 Tz. 15.

536 *Ellenberger* in *Palandt*, § 157 Rn. 10 unter Hinweis auf BGH NJW 1974, S. 1323, BGH 62, S. 83, 89 und 327; BGH 90, S. 69, 80; NJW 1990, S. 1723, 1725; NJW-RR 2005, S. 1619.

F&E-Ergebnissen nur auf die anderen Gesellschaften ihrer Gruppe erstrecken kann, wenn der Vertrag ihr eine entsprechende Lizenzierungsbefugnis einräumt.

bb) Wahl der Vertragspartner sowie der Art und des Umfangs ihrer vertraglichen Einbindung speziell bei von einem industriellen Unternehmen geplanter F&E-Kooperation mit einer deutschen Hochschule bzw. Angehörigen dieser Hochschule

aaa) Vorbemerkung

Besondere Probleme wirft bei geplanten F&E-Kooperationen von industriellen Unternehmen und/oder öffentlichen oder privaten Forschungseinrichtungen mit Hochschulen bzw. Hochschulangehörigen der im Jahre 2002 neu gefasste § 42 ArbEG auf. 42

Kern der Neufassung ist der Wegfall des sog. Hochschullehrerprivilegs[537]. Der »Dienstherr« (s. dazu Kap. 8 Rdn. 44) kann jetzt Diensterfindungen aller an der Hochschule Beschäftigten in Anspruch nehmen. Im Gegensatz zur Regelung in § 42 ArbEG a.F. sind damit auch Erfindungen von Professoren, Dozenten und wissenschaftlichen Assistenten nicht mehr bzw. nicht mehr generell freie Erfindungen.

Die Neuregelung enthält aber zahlreiche weitere Details, die nicht nur für die Frage der Vertragspartner sowie der Art und des Umfangs ihrer vertraglichen Einbindung, sondern auch für weitere Fragen der Vertragsgestaltung von Bedeutung erscheinen.

Nachfolgend werden daher zunächst die besonderen Bestimmungen des § 42 ArbEG für Hochschulbeschäftigte im Einzelnen dargestellt und erörtert. Im Zusammenhang damit wird auch untersucht, ob bzw. inwieweit die mit diesen Bestimmungen verfolgten gesetzgeberischen Ziele, auch unter Berücksichtigung der Gründung jeweils für mehrere Hochschulen tätig werdender Patentverwertungsagenturen (PVA), erreichbar erscheinen.

Auf dieser Basis wird unter Berücksichtigung der zahlreichen Muster und »Vertragsbausteine«, die im Hinblick auf die neue Rechtslage entwickelt worden sind[538], der Frage nachgegangen, ob, in welcher Beziehung und in welcher Form die Hochschule, Hochschulwissenschaftler, andere Hochschulbeschäftigte, nicht an der Hochschule Beschäftigte und Patentverwertungsagenturen vertraglich in die jeweilige F&E-Kooperation eingebunden werden sollten.

537 Siehe zu der davor üblichen Praxis *Winzer (F&E-Verträge)* S. 203 f. (Rn. 4 und 5).

538 Siehe z.B. *Berliner Vertrag*; *Hamburger Vertrag* mit den diesbezüglichen Erläuterungen in *Klawitter/Zintler* Mitt. 2006, S. 116; *IHK-Leitfaden*; *Peter/Runge/Wille* mit vergleichender Darstellung und Kommentierung verschiedener Konzepte auf S. 11 ff.

bbb) Die besonderen Bestimmungen des § 42 ArbEG für Hochschulbeschäftigte

43 § 42 ArbEG trifft besondere Bestimmungen für Erfindungen von an einer Hochschule Beschäftigten.

Der Begriff der »**Hochschule**« bestimmt sich grundsätzlich nach § 1 HRG. Erfasst sind also Universitäten, Fachhochschulen, Kunsthochschulen sowie die sonstigen Einrichtungen des Bildungswesens, die nach Landesrecht staatliche Hochschulen sind. Einbezogen sind nach § 1 Abs. 2 HRG i.V. mit § 70 HRG auch staatlich anerkannte öffentliche Hochschulen, z.B. Bundeswehrhochschulen und die Fachhochschule des Bundes für öffentliche Verwaltung[539], sowie die meist als Anstalten des öffentlichen Rechts betriebenen Universitätskliniken[540]. Da § 42 ArbEG dem Abschnitt angehört, der den öffentlichen Dienst betrifft, die Beschäftigten privater Hochschulen wie der Privat-Universität Witten-Herdecke jedoch nicht im öffentlichen Dienst stehen, gehören allerdings solche privaten Universitäten nicht zu den Hochschulen i.S. von § 42.[541]

Zu den »**an einer Hochschule Beschäftigten**« zählen alle Bediensteten derselben, also das gesamte wissenschaftliche und nichtwissenschaftliche Personal. Erfasst ist also einerseits das wissenschaftliche Personal, nämlich die Hochschullehrer (§ 42 Abs. 1 HRG), zu denen die Professoren (§§ 44, 46 HRG), die Juniorprofessoren (§ 47 f. HRG), die wissenschaftlichen Mitarbeiter (vgl. § 53 HRG) und die Lehrkräfte für besondere Aufgaben (§ 56 HRG) gehören, sowie die in einem Beschäftigungsverhältnis zur Hochschule stehenden wissenschaftlichen und studentischen Hilfskräfte (vgl. § 57e HRG). Anderseits ist aber auch das nichtwissenschaftliche Personal, also das gesamte technische Personal sowie (sonstige) Verwaltungsangestellte, -arbeiter und -beamte[542] einbezogen.

Auch Gastdozenten einer Hochschule können zu den an ihr Beschäftigten gehören, wenn mit ihnen ein (befristeter) Arbeitsvertrag abgeschlossen wurde.[543]

Dagegen wird mit Lehrbeauftragten, Honorarprofessoren und außerplanmäßigen Professoren im Allgemeinen kein Beschäftigungsverhältnis begründet. Soweit dies ausnahmsweise doch der Fall ist, dürften allerdings auch diese Personen von § 42 ArbEG erfasst werden.[544]

44 **Besondere Bestimmungen für die Erfindungen *aller Hochschulbeschäftigten* enthalten § 42 Nr. 4 und 5 ArbEG.**

539 *Bartenbach/Volz (ArbEG)*, Rn. 13 zu § 42 n.F.

540 *Leuze* in *Reimer/Schade/Schippel*, Rn. 6 zu § 42 n.F.

541 *Bergmann* S. 38 (Rn. 161); vgl. auch *Bartenbach/Volz (ArbEG)*, Rn. 11 zu § 42 n.F.; a.M. *Leuze* in *Reimer/Schade/Schippel*, Rn. 6 zu § 42 n.F.

542 *Bartenbach/Volz (ArbEG)*, Rn. 13 zu § 42 n.F.12.; *Leuze* in *Reimer/Schade/Schippel*, Rn. 7–16 zu § 42 n.F.

543 *Leuze* in *Reimer/Schade/Schippel*, Rn. 13 zu § 42 n.F.; dagegen verneinen *Bartenbach/Volz* Rn. 17 zu § 42 n.F. bei Gastdozenten generell ein Beschäftigungsverhältnis.

544 Anderer Meinung *Leuze* in *Reimer/Schade/Schippel*, Rn. 13 zu § 42 n.F.; vgl. auch *Bartenbach/Volz (ArbEG)*, Rn. 17 zu § 42 n.F., die zwar allein auf das Vorliegen eines Beschäftigungsverhältnisses abstellen, ein solches aber offenbar bei dem erwähnten Personenkreis generell ausschließen.

Nr. 4 schreibt die **Höhe der Erfindervergütung**, die der »Dienstherr« für in Anspruch genommene Diensterfindungen zu zahlen hat, einheitlich auf 30 % der durch die Verwertung erzielten Einnahmen fest.

Dabei ist daraus, dass in Nr. 4 (wie auch schon in Nr. 3) von dem **»Dienstherrn«** die Rede ist, nicht zu schließen, dass die Bestimmung nur für Erfindungen von Beamten gelten soll. Die Bestimmung geht vielmehr vom Regelbild des beamteten Hochschullehrers aus. Sofern kein Beamtenverhältnis vorliegt, tritt an die Stelle des Dienstherrn der Arbeitgeber.[545]

Die nach Nr. 4 zu zahlende Erfindervergütung ist sehr hoch, weil sie nicht nach den Kriterien des Erfindungswerts und des Anteilfaktors zu ermitteln ist. Eine Besserstellung der unter § 42 ArbEG fallenden Diensterfinder ergibt sich vor allem daraus, dass die Einnahmen aus der Verwertung der Diensterfindungen voll anzusetzen sind, so dass weder Kosten für die Anmeldung und Aufrechterhaltung von Schutzrechten noch die ggf. sehr hohen Kosten für die Durchsetzung von Patentverletzungsansprüchen anzusetzen sind. Dagegen bildet – anders als sonst im Arbeitnehmererfindungsrecht – die bloße Verwertbarkeit von Erfindungen von Hochschulbeschäftigten noch keinen Vergütungsanspruch.[546]

Nach **Nr. 5** findet § 40 Nr. 1 keine Anwendung, d.h. der Dienstherr/Arbeitgeber hat nicht das Wahlrecht, anstelle der Inanspruchnahme eine angemessene Beteiligung an dem Ertrag der Diensterfindung zu verlangen, sofern dies vorher vereinbart worden ist.

Besondere Bestimmungen nur für einen *begrenzten Kreis von Hochschulbeschäftigten* enthalten dagegen **§ 42 Nr. 1 bis 3 ArbEG**. Dies ergibt aus den darin enthaltenen Passagen »im Rahmen seiner Lehr- und Forschungsfreiheit« bzw. »aufgrund seiner Lehr- und Forschungsfreiheit«. Die zu diesem Personenkreis gehörenden Personen werden allgemein als **»Hochschulwissenschaftler«** bezeichnet. 45

Es wird in der Literatur zu § 42 ArbEG die Ansicht vertreten, dass zu den Hochschulwissenschaftlern nur diejenigen Personen gehören, die sich auf die nach Art. 5 Abs. 3 GG geschützte Freiheit der Forschung und Lehre berufen können.[547] Auf dieser Basis lässt sich aber wohl der Kreis der von Nr. 1 bis 3 erfassten Personen nicht in einer dem Gesetzeszweck entsprechenden Weise eingrenzen: Nach der Rechtsprechung des Bundesverfassungsgerichts[548] schützt das in Art. 5 Abs. 3 GG enthaltene Freiheitsrecht als Abwehrrecht die wissenschaftliche Betätigung gegen staatliche Eingriffe und steht jedem zu, der wissenschaftlich tätig ist oder tätig werden will.[549] 46

545 *Bartenbach/Volz (ArbEG)*, Rn. 9 zu § 42 n.F.; s. zur Frage, wer jeweils Dienstherr bzw. Arbeitgeber ist, *Pahlow/Gärditz* WissR 2006, S. 64 ff.

546 *Bartenbach/Volz (ArbEG)*, Rn. 6 zu § 42 n.F. und *Bartenbach/Volz* GRUR 2002, S. 755; *Leuze* in *Reimer/Schade/Schippel*, Rn. 39 zu § 42 n.F.

547 So z.B. *Bartenbach/Volz (ArbEG)*, Rn. 65 zu § 42 n.F.; *Leuze* in *Reimer/Schade/Schippel*, Rn. 6 zu § 42 a.F.; *Weyand/Haase*, GRUR 2007, S. 28, 33.

548 BVerfGE 35, S. 79 ff., 112 f.

549 Wenn man – wie es der Ausgangspunkt der h.M. ist – alle Personen, die sich auf Art. 5 Abs. 3 berufen können, in den Kreis der Hochschulwissenschaftler einbezieht, ist es auf der Basis

47 Dieses Kriterium dürften aber alle wissenschaftlich tätigen Hochschulbeschäftigten unabhängig davon erfüllen, ob sie weisungsgebunden sind oder, wie die Lehrkräfte für besondere Aufgaben, überwiegend praktische Aufgaben zu erfüllen haben.[550]

Unter diesen Umständen wird man, wenn man den Anwendungsbereich von § 42 Nr. 1 bis 3 ArbEG nicht übermäßig ausdehnen will, für die Frage der Qualifizierung als Hochschulwissenschaftler darauf abstellen müssen, ob die dem betr. Hochschulbeschäftigten zugewiesenen *Aufgaben* durch die Freiheit in Forschung und Lehre gekennzeichnet sind.

48 Danach gehören jedenfalls Professoren, die nach § 43 HRG die ihnen jeweils obliegenden Aufgaben in ihren Fächern nach näherer Ausgestaltung des Dienstverhältnisses selbständig wahrnehmen, und die ihnen insoweit gleichgestellten Juniorprofessoren zu den Hochschulwissenschaftlern.[551] Zu ihnen sind dagegen nicht die Lehrkräfte für besondere Aufgaben zu rechnen, weil diese nach § 56 HRG überwiegend praktische Fähigkeiten und Kenntnisse zu vermitteln haben.[552] Die Forschungs- und Lehrfreiheit erscheint meist auch nicht für die Aufgaben der wissenschaftlichen Assistenten als kennzeichnend, weil sie bei ihrer Lehr- und Forschungstätigkeit grundsätzlich den Weisungen des vorgesetzten Hochschullehrers unterworfen sind. Sie sind jedoch dann als Hochschulwissenschaftler einzustufen, wenn ihnen nach § 53 Abs. 1 Satz 3 HRG die selbständige Wahrnehmung von Aufgaben der Forschung und Lehre übertragen worden ist.[553]

49 Von den für Hochschulwissenschaftler nach § 42 geltenden besonderen Regeln interessieren hier insbesondere die in **§ 42 Nr. 1 und 2** festgelegten, welche die **»positive« bzw. die »negative« Publikationsfreiheit** der Hochschulwissenschaftler betreffen. Dabei sind sowohl ihre positive als auch ihre negative Publikationsfreiheit für die Frage von Bedeutung, ob Unternehmen bei einer Kooperation mit Hochschulen auch die an der Kooperation beteiligten Hochschulwissenschaftler als Vertragspartner vorsehen sollten, s. dazu Kap. 8 Rdn. 89–110.

dieser Rechtsprechung nur konsequent, wenn *Bartenbach/Volz* GRUR 2002, S. 743, 745 – anders jedoch *Bartenbach/Volz (ArbEG)*, Rn. 66 zu § 42 n.F. – ohne Ausnahme auch wissenschaftliche Mitarbeiter und (obwohl die Autoren dies schon in dem vorerwähnten Aufsatz nicht unkritisch sehen) sogar Lehrkräfte für besondere Aufgaben in den Kreis der Hochschulwissenschaftler mit einzubeziehen wollen.

550 Dies verkennt z.B. *Leuze* in *Reimer/Schade/Schippel*, Rn. 6 zu § 42 a.F., wenn er ausführt, dass bei einer im Prinzip weisungsgebundenen Tätigkeit eine Berufung auf das Freiheitsrecht des Art. 5 Abs. 3 GG nicht in Frage kommt.

551 Allgemeine Meinung, s. z.B. *Bartenbach/Volz (ArbEG)*, Rn. 65 zu § 42 n.F.; *Leuze* in *Reimer/Schade/Schippel*, Rn. 17 zu § 42 n.F.

552 Herrschende Meinung, s. *Leuze* in *Reimer/Schade/Schippel*, Rn. 21 zu § 42 n.F.; Leuze in GRUR 2005, S. 27, 29; *Weyand-Haase* GRUR 2007, S. 38, 33. Dagegen halten *Bartenbach/Volz* GRUR 2002, S. 743, 745 und *Bartenbach/Volz (ArbEG)*, Rn. 66 zu § 42 n.F. ihre Einbeziehung in den Kreis der Hochschulwissenschaftler nur für zweifelhaft.

553 Im Ergebnis ebenso *Leuze* in *Reimer/Schade/Schippel*, Rn. 20 zu § 42 n.F. (anders noch *Leuze* in GRUR 2005, S. 27, 29: Gänzliche Herausnahme aus dem Kreis der Hochschulwissenschaftler); *Weyand/Haase* GRUR 2007, S. 28, 33. Dagegen neigen *Bartenbach/Volz (ArbEG)*, Rn. 66 zu § 42 n.F. ihrer generellen Einbeziehung zu.

Nr. 1 trägt der **»positiven Publikationsfreiheit«** der Hochschulwissenschaftler insofern Rechnung, als sie ihnen das Recht einräumt, Diensterfindungen im Rahmen ihrer Lehr- und Forschungstätigkeit zu offenbaren, wenn sie rechtzeitig, in der Regel zwei Monate vor der geplanten Offenbarung, ihre Offenbarungsabsicht dem Dienstherrn angezeigt haben. Insoweit unterliegen sie, wie Nr. 1 Satz 2 ausdrücklich bestimmt, nicht der grundsätzlich für Arbeitnehmererfinder geltenden Verpflichtung gemäß § 24 Abs. 2 ArbEG, eine Diensterfindung so lange geheim zu halten, als sie nicht frei geworden ist. Allerdings dürfte dies nur für Erfindungen gelten, die ein Hochschulwissenschaftler allein gemacht hat: Eine Preisgabe des Geheimnisschutzes für eine Erfindung, die gemeinsam von mehreren Erfindern gemacht wird und ihnen damit gemeinsam als Bruchteilsgemeinschaft zusteht, kann jedenfalls dann, wenn nicht durch eine Schutzrechtsanmeldung die Grundlage für einen alternativen Schutz der Erfindung gelegt wird, nicht als »ordnungsgemäße« oder »billigem Ermessen entsprechende« Verwaltung i.S. von § 745 Abs. 1 bzw. Abs. 2 BGB angesehen werden; sie dürfte vielmehr, da sie der Erfindung den selbständigen Marktwert nehmen würde, eine wesentliche Veränderung der Erfindung und damit des gemeinschaftlichen Gegenstands i.S. von § 745 Abs. 3 Satz 1 BGB bedeuten[554] und damit unzulässig sein. Dass die positive Publikationsfreiheit eines Hochschulwissenschaftlers das Recht der Bruchteilsgemeinschaft insoweit aushebeln sollte bzw. dass insoweit zwischen der Rechtslage im Verhältnis zwischen Hochschulwissenschaftler und Dienstherrn und der Rechtslage im Verhältnis zwischen dem Hochschulwissenschaftler und seinen Miterfindern zu unterscheiden wäre, ist nicht anzunehmen. 50

Als »rechtzeitig« i.S. von § 42 Satz 1 ArbEG ist die Anzeige grundsätzlich dann anzusehen, wenn dem Dienstherrn vor der zulässigen Offenbarung durch den Hochschulwissenschaftler, welche die Erfindung neuheitsschädlich vorwegnehmen kann, noch genügend Zeit für die Vornahme einer prioritätsbegründenden Anmeldung bleibt.[555] Die Wartefrist ist damit kürzer als die dem Arbeitgeber für die Inlandsanmeldung in § 13 Abs. 1 ArbEG zugestandene Frist, die erst mit dem Zeitpunkt endet, in dem die Anmeldung nicht mehr dem Erfordernis der Unverzüglichkeit genügen würde[556], s. dazu Kap. 8 Rdn. 275. Damit hängt die Länge der Wartefrist z.B. nicht davon ab, ob der Dienstherr vor der Anmeldung noch eine gründliche Neuheitsrecherche durchführen kann. 51

Allerdings muss bei Abgabe der Anzeige eine ordnungsmäßige Meldung gemäß § 5 ArbEG erfolgen bzw. erfolgt sein; wird diese später abgegeben, verlängert sich die vom Hochschulwissenschaftler einzuhaltende Wartefrist bis zur Offenbarung entsprechend.[557]

Nach alledem stellt die positive Publikationsfreiheit des Hochschullehrers gemäß § 42 Nr. 1 ArbEG insbesondere dann, wenn die Anzeige zusammen mit 52

554 *Kraßer* S. 351.
555 *Bartenbach/Volz (ArbEG)*, Rn. 85 zu § 42 n.F.
556 Vgl. *Bartenbach/Volz (ArbEG)*, Rn. 60 zu § 42 n.F.
557 *Bartenbach/Volz (ArbEG)*, Rn. 86 zu § 42 n.F.

der Erfindungsmeldung erfolgt, für die Hochschule ein erhebliches praktisches Problem dar.[558]

Dabei ist sogar umstritten, ob nicht die Einschränkung der positiven Publikationsfreiheit des Hochschulwissenschaftlers durch § 42 Nr. 1 ArbEG wegen Verletzung seiner Lehr- und Forschungsfreiheit gemäß Art. 5 Abs. 3 GG verfassungswidrig ist.[559]

53 **Nr. 2** erkennt die **»negative Publikationsfreiheit«** der Hochschulwissenschaftler an, indem sie ihnen das Recht zugesteht, von einer Meldung von Diensterfindungen, die sie nicht offenbaren wollen, abzusehen.[560] Untrennbare Folge des Entfallens der Meldepflicht ist, worauf schon die Gesetzesmaterialien hinweisen, dass der Dienstherr/Arbeitgeber Diensterfindungen von Hochschulwissenschaftlern entgegen der Regel[561] nicht ohne Meldung in Anspruch nehmen kann.[562] Er hat diese vielmehr vor der Meldung geheim zu halten, was sich entweder mit einer analogen Anwendung von § 24 Abs. 1 ArbEG oder der Fürsorgepflicht des Dienstherrn/Arbeitgebers begründen lässt.[563] Dritte (z.B. Miterfinder) sind aufgrund unmittelbarer Anwendung von § 24 Abs. 3 ArbEG zur Geheimhaltung der Diensterfindung bzw. des Beitrags des Hochschulwissenschaftler zu dieser gegenüber Dritten verpflichtet.[564]

54 Streitig ist, ob das Recht eines an einer Diensterfindung nur mitbeteiligten Hochschulwissenschaftlers, eine Meldung seines Beitrags zu der Diensterfindung zu verweigern, gegenüber der durch Art. 14 GG geschützten Rechtsposition der Miterfinder zurückzutreten hat.[565]

55 Nach **Nr. 3** verbleibt dem Hochschulwissenschaftler im Fall der Inanspruchnahme seiner Diensterfindung daran ein nichtausschließliches Recht zur Benutzung im Rahmen seiner Lehr- und Forschungstätigkeit. Damit kann der Hochschulwissenschaftler seine Diensterfindung nicht nur im Rahmen des jedermann zustehenden Versuchsprivilegs gemäß § 11 Nr. 2 PatG, sondern auch außerhalb desselben als Arbeitsmittel im Rahmen des Lehr- und Forschungsbetriebs benutzen.[566]

56 Eine wichtige Frage ist, wann Erfindungen von Hochschulbeschäftigten als **Diensterfindungen** einzustufen sind. Diensterfindungen sind entweder **»Aufgabenerfindungen«**, d.h. Erfindungen, die aus der dem Erfinder dienstlich

558 Vgl. *v. Falck/Schmaltz* GRUR 2004, S. 469, 470.

559 Siehe dazu *Leuze* in *Reimer/Schade/Schippel*, Rn. 22 und 23 zu § 42 n.F.

560 Diese sehr weitgehende negative Publikationsfreiheit betrachten die Motive zu § 42 ArbEG n.F. und ein Teil der Literatur (s. dazu *Leuze* in *Reimer/Schade/Schippel*, Rn. 30 zu § 42 n.F.) sogar als durch die Wissenschaftsfreiheit gemäß Art. 5 Abs. 3 GG geboten.

561 Siehe zum Inanspruchnahmerecht des Arbeitgebers ohne Meldung *Bartenbach/Volz (ArbEG)*, Rn. 5 zu § 6 m.w.N.

562 Siehe hierzu *Bartenbach/Volz (ArbEG)*, Rn. 120 zu § 42 n.F.

563 *Bartenbach/Volz (ArbEG)*, Rn. 121 zu § 42 n.F.

564 *Bartenbach/Volz (ArbEG)*, Rn. 121 zu § 42 n.F.

565 Bejahend *Weyand/Haase*, GRUR 2007, S. 28, 34; im Prinzip auch *Kraßer* in *Hartmer/Detmer*, S. 462, 467/Rn. 80; *v. Falck/Schmaltz* GRUR 2004, S. 469, 470; verneinend *Leuze* in *Reimer/Schade/Schippel*, Rn. 33 zu § 42 n.F.; *Bergmann* S. 174 ff.

566 *Bartenbach/Volz (ArbEG)*, Rn. 139 zu § 42 n.F. unter Hinweis auf die Gesetzesmaterialien.

obliegenden Tätigkeit entstehen (§ 4 Abs. 2 Nr. 1 ArbEG) oder **»Erfahrungserfindungen«**, d.h. Erfindungen, die maßgeblich auf Erfahrungen oder Arbeiten des Betriebs oder der öffentlichen Verwaltung beruhen (§ 4 Abs. 2 Nr. 2 ArbEG).

Umstritten ist einmal, ob bzw. inwieweit **Erfindungen von Hochschulwissenschaftlern** als **Aufgabenerfindungen** eingestuft werden können. 57

Es wird diesbezüglich teilweise die Auffassung vertreten, bei Hochschulwissenschaftlern gehöre die Forschung zwar zu den klassischen dienstlichen Aufgaben, dies reiche jedoch zur Begründung einer Aufgabenerfindung i.S. von § 4 Abs. 2 Nr. 1 ArbEG nicht aus. Erforderlich wäre dazu die Zuweisung eines bestimmten Forschungs- und Entwicklungsauftrags oder entsprechender Tätigkeiten[567], die Hochschulwissenschaftler seien aber sowohl bei der Stellung ihrer Aufgaben als auch deren Durchführung autonom[568]. Allerdings wird auch von grundsätzlichen Vertretern dieser Auffassung eine Ausnahme für den Fall anerkannt, dass sich der Hochschulwissenschaftler zur Durchführung eines drittmittelfinanzierten Forschungsprojekts der Hochschule oder eines von der Hochschule übernommenen Forschungsauftrags bereit erklärt[569] hat oder ein von der Hochschule übernommenes Forschungsprojekt dienstlich betreut[570] (zur Rechtslage bzgl. der Übernahme von Forschungsaufträgen durch die Hochschulwissenschaftler selbst s. Kap. 8 Rdn. 61–66). 58

Die im Vordringen befindliche Gegenmeinung[571] sieht dagegen in von Hochschullehrern gemachten Erfindungen grundsätzlich Aufgabenerfindungen. Sie wird darauf gestützt, dass die einem Beschäftigten obliegende Tätigkeit auch durch Selbständigkeit bei der Aufgabenstellung geprägt sein könne[572], und dass außerdem die ratio legis von § 42 ArbEG die Bejahung von Aufgabenerfindungen auch bei Hochschulwissenschaftlern gebiete[573]. Eine Ausnahme wird aber z.T. für den Fall anerkannt, dass die Erfindung »privat entsteht«[574] oder ohne dienstlichen Bezug erarbeitet wird[575]. 59

Dem von der Gegenmeinung vertretenen Grundsatz ist zuzustimmen, da § 42 ArbEG ersichtlich der Hochschule grundsätzlich auch den Zugriff auf Erfindungen von Hochschulwissenschaftlern ermöglichen sollte und dieser Zweck nach der Neufassung von § 42 ArbEG eine weite Auslegung des in § 4 Abs. 2 Nr. 1 ArbEG enthaltenen Merkmals, dass die Tätigkeit, aus dem die Erfindung 60

567 *Bartenbach/Volz (ArbEG)*, Rn. 37 zu § 42 n.F.

568 *Leuze* in GRUR 2005, S. 27, 30.

569 Siehe *Bartenbach/Volz (ArbEG)*, Rn. 37 zu § 42 n.F.; *Leuze* GRUR 2005, S. 27, 31.

570 Siehe *Bartenbach/Volz (ArbEG)*, Rn. 37 zu § 42 n.F.

571 Siehe z.B. *Kraßer* in *Hartmer/Detmer*, S. 462 f.; *v. Falck/Schmaltz* GRUR 2004, S. 469, 470; *Weyand/Haase* GRUR 2007, S. 28, 32, jedoch mit Einschränkungen für den Fall der Drittmittelforschung.

572 So *Kraßer* in *Hartmer/Detmer*, S. 462 f.; vgl. auch *Weyand/Haase* GRUR 2007, S. 28, 32.

573 In diesem Sinne z.B. *Weyand/Haase* GRUR 2007, S. 28, 32.

574 So *Weyand/Haase* GRUR 2007, S. 28, 32 und *v. Falck/Schmaltz* GRUR 2004, S. 469 unter Berufung auf BT-Drucks. 14/5975 vom 09.05.2001, S. 6.

575 So *Weyand/Haase* GRUR 2007, S. 28, 32 unter Berufung auf BT-Drucks. 14/5975 vom 09.05.2001, S. 6.

entstanden ist, dem Arbeitnehmer im Betrieb oder in der öffentlichen Verwaltung »obliegt«, erfordert. Eine Ausnahme von dem erwähnten Grundsatz ist aber anzuerkennen, wenn sich der Hochschulwissenschaftler bei seiner Erfindung außerhalb seiner dienstlichen Aufgaben bewegt. Dagegen kann ebenso wenig wie bei nicht im öffentlichen Dienst stehenden Arbeitnehmern ein Kriterium sein, ob die Erfindung innerhalb oder außerhalb der Arbeitszeit entsteht.[576]

61 Es bleibt die Frage, ob und inwieweit Erfindungen, die bei der Durchführung eines F&E-Auftrags entstehen, den ein Hochschulwissenschaftler selbst übernimmt, Aufgabenerfindungen sein können.

62 *Bartenbach/Volz*[577] meinen im Anschluss an den RegE zu Art. 1 Nr. 2 des Entwurfs für das Gesetz zur Änderung des § 42 ArbEG[578], im Falle eines drittmittelfinanzierten F&E-Auftrags, den ein Hochschulwissenschaftler selbst übernimmt, zähle deren Durchführung nach § 25 Abs. 1 HRG zu seinem dienstlichem Aufgabenkreis und sei Teil der Hochschulforschung. Erfindungen, die der Hochschulwissenschaftler bei der Durchführung eines solchen Auftrags mache, seien deshalb grundsätzlich als Aufgabenerfindungen einzustufen. Dies gelte jedenfalls dann, wenn das Forschungsvorhaben ausschließlich oder überwiegend in der Hochschule durchgeführt werde. Dagegen fehle es an einer Aufgabenerfindung regelmäßig dann, wenn der Hochschulwissenschaftler im Rahmen einer wissenschaftlichen Nebentätigkeit außerhalb seiner Dienstaufgaben tätig werde, und sei es auch im Drittauftrag.

63 Die erste Frage ist hier, ob der Hochschulwissenschaftler, wenn er selbst einen Forschungsauftrag übernimmt, damit eine Nebentätigkeit ausübt. Nach der h.M.[579] hat der Hochschullehrer ein Wahlrecht, ob er z.B. eine Forschungsarbeit als dienstliche Forschungsarbeit oder als Nebentätigkeit verstanden wissen will. Das gilt nach einem Urteil des VGH Mannheim[580] auch bei Drittmittelprojekten.

64 Nimmt man bei Drittmittelprojekten, die nach ihrem Thema innerhalb der Dienstaufgaben des Hochschulwissenschaftlers liegen, stets ein Wahlrecht des Hochschullehrers an, und entscheidet sich der Hochschulwissenschaftler für die Einstufung der Arbeit als Nebentätigkeit, stellt sich bei ihrer (nach § 42 Abs. 1 HRG erforderlichen) Genehmigung durch den Dienstherrn die weitere Frage, ob sie dienstlichen Charakter haben kann. Man wird dies entgegen der von

576 Siehe dazu *Bartenbach/Volz (ArbEG)*, Rn. 10 zu § 4.

577 *(ArbEG)*, Rn. 37 zu § 42 n.F.; vgl. auch *Weyand/Haase* GRUR 2007, S. 28, 32.

578 BR-Drucks. 583/01, S. 7 (zu Art. 1 Nr. 2).

579 *Löwer* in *Hailbrunner/Geis*, Rn. 27 zu § 25 HRG m.w.N.; zust. *Leuze* in *Reimer/Schade/Schippel*, Rn. 47 zu § 42 ArbEG n.F.; *Thieme* (Deutsches Hochschulrecht), S. 552 f. (Rn. 766) spricht davon, der Hochschullehrer könne »teilweise« frei über die Qualifikation als Nebentätigkeit frei bestimmen, erläutert hierbei jedoch nicht, was er unter »teilweise« versteht. Vermutlich wollte *Thieme* mit dieser Einschränkung darauf hinweisen, dass die Durchführung solcher Drittmittelprojekte durch einen Hochschulwissenschaftler, die schon nach ihrem Thema außerhalb seiner Dienstaufgaben liegen, nur als Nebentätigkeit in Betracht kommt.

580 FuL 2001, 551.

Bartenbach/Volz geäußerten Auffassung mit der h.M.[581] verneinen müssen, weil der beamtete Hochschullehrer nach § 43 BRRG und den entsprechenden Vorschriften in den Landesbeamtengesetzen für seine dienstliche Tätigkeit keine Vergütung durch einen Dritten annehmen kann.[582] Allerdings kann ein Beamter und damit auch der beamtete Hochschulwissenschaftler bei der Ausübung von Nebentätigkeiten Einrichtungen, Personal oder Material der Hochschule nur bei Vorliegen eines öffentlichen wissenschaftlichen Interesses mit Genehmigung des Dienstherrn und gegen Entrichtung eines angemessenen Entgelts in Anspruch nehmen; dabei hat sich das Entgelt nach den dem Dienstherrn entstandenen Kosten zu richten und muss den besonderen Vorteil berücksichtigen, der dem Beamten durch die Inanspruchnahme entsteht, s. § 42 Abs. 4 BRRG und die damit identische Bestimmung des § 65 Abs. 5 BBG. Die Nutzung macht eine Erfindung, die der beamtete Hochschullehrer bei Durchführung der Nebentätigkeit macht, jedoch nicht zur Aufgabenerfindung.[583]

Wäre dagegen im Hinblick auf § 25 Abs. 1 HRG ein Wahlrecht des Hochschulwissenschaftlers bei Drittmittelprojekten, die nach ihrem Thema innerhalb der Dienstaufgaben des Hochschulwissenschaftlers liegen, zu verneinen, so dass sie objektiv nicht als Nebentätigkeit einzustufen wären, würde man in den Fällen, in denen sie trotzdem »als Nebentätigkeiten« vom Dienstherrn genehmigt werden, wohl zum gleichen Ergebnis kommen müssen: Dann dürfte nämlich die Genehmigung als Anerkenntnis zu werten sein, dass der Hochschulwissenschaftler mit der vermeintlichen Nebentätigkeit keine dienstliche Tätigkeit ausübt. 65

Als **Fazit** lässt sich festhalten: Die Erfindung eines Hochschulwissenschaftlers ist eine Aufgabenerfindung, wenn sie nach ihrem Gegenstand innerhalb seiner Dienstaufgaben liegt und von ihm nicht im Rahmen einer genehmigten tatsächlichen oder vermeintlichen Nebentätigkeit gemacht wird. 66

Allerdings können Hochschulwissenschaftler wegen ihrer Forschungsfreiheit nicht dazu angewiesen werden, bei F&E-Aufträgen, die der Hochschule von Dritten erteilt werden, oder bei Kooperationen der Hochschule mit Dritten mitzuwirken. Die Hochschule muss sie deshalb vertraglich mit einbinden, s. Kap. 8 Rdn. 90.

Die weitere Frage ist, inwieweit **Erfindungen von Hochschulwissenschaftlern** als **Erfahrungserfindungen** zu qualifizieren sind. 67

Wie vorstehend ausgeführt, ist die Erfindung eines Hochschulwissenschaftlers, die er bei der Durchführung einer Kooperation der Hochschule mit einem Dritten macht, nach der hier vertretenen Auffassung eine Aufgabenerfindung, wenn sie nach ihrem Gegenstand innerhalb der Dienstaufgaben des Hochschulwissenschaftlers liegt. Insoweit dürfte damit die Frage, ob die Erfindung eine

581 *Thieme* in *Hailbronner/Geis*, § 43 Rn. 61; *Leuze* GRUR 2005, S. 27, 31 im Gegensatz zu *Leuze* in *Reimer/Schade/Schippel*, Rn. 47 zu § 42 n.F.; *Kraßer* in *Hartmer/Detmer*, S. 451, S. 463 (Rn. 59); *Weyand/Haase* GRUR 2007, S. 28, 32; *Peter/Runge/Wille*, S. 9; s. auch *Peter* Mitt. 2004, S. 396, 397 und *v. Falck/Schmaltz* GRUR 2004, S. 469.

582 Siehe *Thieme* in *Hailbronner/Geis*, § 43 Rn. 39.

583 Anderer Ansicht außer *Bartenbach/Volz (ArbEG)*, Rn. 37 zu § 42 n.F. auch *Weyand/Haase* GRUR 2007, S. 28, 32.

Erfahrungserfindung ist, für ihre Qualifizierung als Diensterfindung keine eigenständige Bedeutung haben. Etwas anderes gilt die Erfindung eines Hochschulwissenschaftlers,

- welche nach ihrem Gegenstand außerhalb der Dienstaufgaben des Hochschulwissenschaftlers liegt (ein sicher seltener Fall), oder
- welche der Hochschulwissenschaftler bei der Durchführung einer F&E-Kooperation macht, die er selbst als Kooperationspartner im Rahmen einer genehmigten (tatsächlichen oder vermeintlichen) Nebentätigkeit durchführt.

68 Dass in diesen Fällen eine Erfahrungserfindung vorliegen kann, entspricht der h.M.[584] Allerdings wird hier das Vorliegen einer Erfahrungserfindung z.T. von besonderen Voraussetzungen abhängig gemacht. So wird die Auffassung vertreten, dass jedenfalls die auf der eigenen wissenschaftlichen Tätigkeit beruhenden Kenntnisse, Erfahrungen und Arbeiten des Hochschulwissenschaftlers unter Berücksichtigung seiner durch Art. 5 Abs. 3 GG verfassungsrechtlich gewährleisteten Wissenschaftsfreiheit nicht als Erfahrungen und Arbeiten der Hochschule (des Dienstherrn) anzusehen sind[585], bzw. dass Erfahrungserfindungen nur dann anzunehmen sind, wenn projektspezifische Kenntnisse aus der Hochschule verwendet werden, die nicht zum allgemeinen Wissensstand des Hochschulwissenschaftlers gehören[586].

Derartige Einschränkungen erscheinen indessen nicht geboten. Allgemein gehört zu den Erfahrungen, die eine Erfahrungserfindung begründen können, auch das vom Erfinder selbst im Rahmen seiner bisherigen Tätigkeit im Unternehmen bzw. in der öffentlichen Verwaltung entwickelte Erfahrungsgut.[587] Darauf, ob die Erfahrungen über dem allgemeinem Stand der Technik liegen, kommt es nach der ganz h.M. nicht an.[588] Es ist auch nicht erkennbar, warum die durch Art. 5 Abs. 3 GG verfassungsrechtlich gewährleistete Wissenschaftsfreiheit eines Hochschulwissenschaftlers stets dadurch beeinträchtigt werden soll, dass Erfindungen desselben, die auf Kenntnissen, Erfahrungen und Arbeiten aus dessen eigener wissenschaftlichen Tätigkeit stammen, als Erfahrungserfindungen und damit als Diensterfindungen qualifiziert werden. Das Gegenargument, dass das im Dienste der Hochschule vom Hochschulwissenschaftler erarbeitete Wissen inhaltlich von diesem selbst geprägt wird und dass dieses Wissen deshalb nicht der Hochschule zugeordnet werden dürfe,[589] erscheint nicht überzeugend. Allenfalls ließe sich die negative Publikationsfreiheit des Hochschulwissenschaftlers als Gegenargument

584 Siehe *Bartenbach/Volz (ArbEG)*, Rn. 39 zu § 42 n.F; *Leuze* in *Reimer/Schade/Schippel*, Rn. 47 zu § 42 n.F. im Gegensatz zu *Leuze* in GRUR 2005, S. 27, 29 f., wonach alle von einem Professor in genehmigter Nebentätigkeit gemachten Erfindungen freie Erfindungen sein sollen; *Kraßer* in *Hartmer/Detmer*, S. 451, 463 (Rn. 59); *Weyand/Haase* GRUR 2007, S. 28, 32.; *Peter* Mitt. 2004, S. 396, 398.

585 So *Bartenbach/Volz (ArbEG)*, Rn. 39 zu § 42 n.F.

586 So *Leuze* in *Reimer/Schade/Schippel*, Rn. 47 zu § 42 n.F.; tendenziell auch *Peter/Runge/Wille* S. 9.

587 *Bartenbach/Volz (ArbEG)*, Rn. 40 zu § 4 m.w.N.

588 Siehe *Bartenbach/Volz (ArbEG)*, Rn. 36 zu § 4 m.w.N.; *Rother* in *Reimer/Schade/Schippel*, Rn. 11 zu § 4.

589 In diesem Sinne *Peter* Mitt. 2004, S. 396, 398.

in Fällen verwenden, in denen der Hochschulwissenschaftler die betr. Erfahrungen nicht publiziert hat bzw. der Publikation zugestimmt hat, wobei jedoch umstritten ist, ob eine umfassende negative Publikationsfreiheit wirklich durch Art. 5 Abs. 3 GG gewährleistet ist.[590]

Von den Erfahrungserfindungen ausgenommen dürften allerdings solche Erfindungen von Hochschulwissenschaftlern sein, die auf Erfahrungen beruhen, die er bei Durchführung von genehmigten Nebentätigkeiten gewonnen hat. Wie in Kap. 8 Rdn. 61–65 ausgeführt, liegen solche Nebentätigkeiten, auch wenn ihr Gegenstand an und für sich von seinen Dienstaufgaben umfasst wird, außerhalb derselben.[591] Im Übrigen ist zu berücksichtigen, dass der Arbeitgeber bzw. Dienstherr die Beweislast dafür trägt, dass eine Erfahrungserfindung vorliegt.[592]

In diesem Zusammenhang wird auch diskutiert, ob für **freie Erfindungen** 69
von Hochschulwissenschaftlern die Mitteilungspflicht des § 18 ArbEG und die Anbietungspflicht nach § 19 ArbEG gilt. *Leuze*[593] hält dies unter Hinweis auf das Fehlen einer Anbietungspflicht im Urheberrecht für äußerst zweifelhaft. Eine Analogie zum Urheberrecht muss aber jedenfalls insoweit ausscheiden, als das ArbEG spezielle Regelungen trifft. Es ist deshalb der Auffassung zuzustimmen, dass §§ 18 und 19 ArbEG grundsätzlich anwendbar sind, jedoch nur mit der Maßgabe, dass der Hochschulwissenschaftler im Hinblick auf § 42 Nr. 2 ArbEG die Mitteilung nach § 18 ArbEG ablehnen kann, wenn er die Erfindung nicht offenbaren will, und von der Anbietung nach § 19 ArbEG absehen kann, wenn er seine freie Erfindung unter Verzicht auf die eigene Schutzrechtsanmeldung (neuheitsschädlich) analog § 42 Nr. 1 ArbEG offenbaren will.[594].

Die Frage hat nur marginale Bedeutung, weil der Hochschulwissenschaftler der Hochschule ggf. nur die Benutzung der Erfindung durch diese selbst, nicht aber das Recht zur Erteilung von Unterlizenzen anbieten muss.

ccc) Erreichbarkeit der mit der Neufassung von § 42 ArbEG verfolgten gesetzgeberischen Ziele?

Dem Gesetzgeber ging es bei der Neufassung von § 42 ArbEG in erster Linie 70
darum, auch Erfindungen von Hochschullehrern an sich zu ziehen, und damit die Voraussetzungen für den Aufbau eines aus Verwertungserlösen finanzierten Patent- und Verwertungswesens zu schaffen.[595]

590 Siehe dazu z.B. *Weyand/Haase* GRUR 2007, S. 28, 34 und die Darstellung des Meinungsstands bei *Leuze* in *Reimer/Schade/Schippel*, Rn. 30 zu § 42 n.F.

591 Vgl. auch die bei *Rother* in *Reimer/Schade/Schippel*, Rn. 11 zu § 4 zitierte Rechsprechung, nach der Erfindungen dann Erfahrungserfindungen sind, wenn der Erfinder die Erfahrungen selbst bei der Entwicklung einer früheren Erfindung gewonnen hat, die aus der ihm obliegenden (!) Tätigkeit entstanden ist.

592 *Bartenbach/Volz (ArbEG)*, Rn. 46 zu § 4.

593 In *Reimer/Schade/Schippel*, Rn. 47 zu § 42 n.F.

594 So *Bartenbach/Volz (ArbEG)*, Rn. 47 f. zu § 42 n.F.

595 Siehe die bei *Bartenbach/Volz (ArbEG)*, Rn. 1 zu § 42 n.F. zitierte Zusammenfassung der Begründung des Rechtsausschusses des Bundestags für die Neufassung von § 42 ArbEG.

71 Eine wesentliche Rolle für seinen Optimismus hins. der Erreichbarkeit einer positiven Verwertungsbilanz spielten dabei Erfolgszahlen aus den USA, nach denen Anmeldungen von Hochschulpatenten seit 1980 sprunghaft zunahmen. Dies ist nun allerdings maßgeblich auf externe Umstände wie deutlich höhere Forschungsaufwendungen des Staates und eine zwölfmonatige Neuheitsschonfrist zurückzuführen. Außerdem haben jüngere Erhebungen gezeigt, dass Hochschulen wie das Massachusetts Institute of Technology oder die Universitäten Stanford und Columbia, die beachtliche Summen durch Patente erzielen, eher die Ausnahme darstellen. Schließlich stößt die Verwertung von Hochschulpatenten auch in den USA an ihre Grenzen, wird dort doch mittlerweile für etwa die Hälfte aller patentierten Erfindungen kein Lizenznehmer gefunden wird. Im Durchschnitt sind lediglich 3 % des Forschungsetats aller amerikanischen Hochschulen auf Einnahmen aus Patentverwertung zurückzuführen.[596]

72 Dass selbst die Hochschulen in den USA, die sich seit langem mit der Verwertung von Hochschulerfindungen befassen, damit keinen durchschlagenden Erfolg haben, verwundert indessen nicht. Hochschulpatente sind im Allgemeinen nur »nackte« Patente ohne bestehendes ergänzendes Know-how aus einer industriellen Fertigung oder wenigstens aus einer Erprobung im Technikumsmaßstab. Es ist deshalb sehr schwer, dafür Lizenznehmer zu finden, die dafür hohe, die Kosten der Patentverwaltung und -verwertung ausgleichende Lizenzgebühren zu zahlen bereit sind. Hinzu kommt, dass Hochschulen bei der Lizenzierung von Patenten auch nicht die Aussicht bieten, in Zukunft ergänzendes Know-how der vorbezeichneten Art zu erarbeiten, so dass von ihnen angebotene Patentlizenzen kaum dadurch attraktiver werden, dass sie auf künftig entwickelte Anwendungs- und Verbesserungstechnologie der Hochschule erstreckt wird.

73 Es ist danach in Ländern wie in Deutschland, wo die die Hochschulen Zugriff auf die von ihren Beschäftigten gemachten Erfindungen haben,[597] schon unabhängig von der jeweiligen gesetzlichen Regelung für die Bemessung der an diese Beschäftigte zu zahlenden Erfindervergütung zweifelhaft, ob die Hochschulen mit dem Aufbau eines eigenen Patentverwertungswesens wirtschaftlichen Erfolg haben können.

74 Für deutsche Hochschulen kommt nun hinzu, dass die in § 42 Nr. 4 vorgesehene exorbitant hohe Erfindervergütung für Diensterfindungen ihrer Beschäftigten[598] die Aussichten auf eine positive Verwertungsbilanz aus den nachfolgend aufgeführten Gründen vollends zunichte machen dürfte; entsprechend

596 Die vorstehenden Informationen sind von *Weyand/Haase* GRUR 2007, S. 28, 39 f. übernommen, die ihre Angaben wiederum auf von ihnen zitierte Literatur stützen.

597 Dieser Grundsatz gilt inzwischen in den meisten Ländern, wobei Italien allerdings diesen Grundsatz im Jahre 2001 durch Einführung einer dem ehemaligen deutschen Hochschullehrerprivileg ähnliche Ausnahmeregelung verlassen hat, s. *Weyand/Haase* GRUR 2007, S. 28, 29 ff.

598 Siehe dazu *Bartenbach/Hellebrand* Mitt. 2002, S. 165, 169 f.; *Fleuchaus/Braitmayer* GRUR 2002, S. 653, 657; vgl. auch *v. Falck/Schmaltz* GRUR 2004, S. 369, 370, 475.

groß ist deshalb auch in der Literatur die Skepsis, ob die gesetzgeberischen Ziele der Neufassung von § 42 ArbEG erreichbar sind.[599]

Nach § 42 Nr. 4 ArbEG beträgt die Erfindervergütung 30 % der Bruttoeinnahmen der Hochschule, s. dazu Kap. 8 Rdn. 44. Das bedeutet u.a.: 75

Schutzrechtskosten der Hochschule werden bei der Ermittlung der Erfindervergütung nicht berücksichtigt. Was das für die Verwertungsbilanz in Fällen bedeutet, in denen die Hochschule zwar Verwertungserlöse erzielt, ihr die Schutzrechtskosten aber nicht von öffentlichen Zuwendungsgebern oder Vertragspartnern abgenommen werden, haben *Bartenbach/Hellebrand*[600] eindrucksvoll dargelegt.

Weiter kann die Hochschule auch solche Aufwendungen nicht in Anrechnung bringen, die ihr durch die Einwerbung von Lizenzen an Diensterfindungen und dafür angemeldeten bzw. erteilten Schutzrechten entstehen.

Bei der Gesamtbilanz schlagen zusätzlich von der Hochschule zu tragende Schutzrechtskosten für Erfindungen, welche die Hochschule nicht verwerten kann, zu Buche, wobei im Hinblick auf die Erfahrungen in den USA anzunehmen ist, dass von den Erfindungen, die deutsche Hochschulen anmelden, auch dann, wenn diese bereits »Verwertungs-Know-how« erworben haben, nur jede zweite verwertet werden kann. 76

Zum Zwecke der Schaffung einer effizienten Patent- und Verwertungsinfrastruktur haben die Hochschulen in allen Bundesländern mehr oder weniger selbständige Patentverwertungsagenturen (PVA) geschaffen.[601] Dafür hat der Bund ab dem Jahre 2002 erhebliche Mittel zur Verfügung gestellt. Zum Beispiel wurde für die Berliner Hochschulen die ipal GmbH gegründet, und für Hochschulen in NRW die Provendis GmbH. Die PVA sprechen nicht nur Empfehlungen hins. der Inanspruchnahme von Erfindungen durch die Hochschule aus, sondern führen auch die tatsächliche Verwertung (z.B. durch Verkauf oder Lizenzierung von Schutzrechten) in Zusammenarbeit und Absprache mit der Hochschule durch.[602] 77

Damit kann sich bei F&E-Verträgen zwischen Hochschulen und Industrieunternehmen die Notwendigkeit ergeben, auch die jeweils »zuständige« PVA zumindest insoweit vertraglich mit einzubinden, als sie zur Geheimhaltung von Informationen über Erfindungen und darin einfließendes, zunächst geheimes Know-how verpflichtet werden, solange diese Informationen nicht im Verfahren über die Schutzrechtserteilung von Amts wegen offenbart werden; s. dazu auch Kap. 8 Rdn. 114 und 115.

599 Siehe z.B. *Bartenbach/Hellebrand* Mitt. 2002, S. 165, 169 f.; *Thieme* S. 563 (Rn. 775); *Leuze* GRUR 2005, S. 27 (s. Einleitung des Aufsatzes); *derselbe* in *Reimer/Schade/Schippel*, Rn. 1 zu § 42 n.F.; abgeschwächt *Weyand/Haase* GRUR 2007, S. 26, 37, die zwar im Hinblick auf Erhebungen in den USA meinen, dass höhere Erfindungsvergütungen zu signifikant höheren Lizenzeinnahmen führen (diesbezüglich wiederum skeptisch *Fleuchaus/Braitmayer* GRUR 2002, S. 653, 657), die Regelung in § 42 Nr. 4 aber doch für zu starr halten.

600 Mitt. 2002, S. 165, 169.

601 Siehe dazu *Weyand/Haase* GRUR 2007, S. 28, 35 ff.; *Klawitter/Zintler* Mitt. 2006, S. 116.

602 Siehe *v. Falck/Schmaltz* GRUR 2004, S. 369.

In Betracht kommt auch eine Beteiligung von PVA als Verhandlungs- und/oder Kooperationspartner, was jedoch von Seiten der Industrie als besonderer Hemmschuh für die F&E-Kooperation betrachtet wird. So lehnt insbesondere die Maschinenbauindustrie, von deren Forschungsaufwendungen mehr als 20 % an Hochschulen fließen, eine Zusammenarbeit mit den PVA ab. Auch der Bundesverband der Deutschen Industrie (BDI), der Verband der Chemischen Industrie (VCI) und die Deutsche Industrievereinigung Biotechnologie (DIB) fordern, dass bei Auftragsforschung und Forschungskooperationen vorrangig die Hochschulen Verhandlungspartner sein müssen.[603]

ddd) Die vertragliche Einbindung der Hochschule

78 Es stellt sich zunächst die **Frage**, ob die **Hochschule selbst** als **Kooperationspartner** (also als diejenige Vertragspartei, die sich gegenüber einem anderen Vertragspartner – z.B. einem industriellen Unternehmen – zur Leistung von F&E-Leistungen verpflichtet) fungieren oder diese Funktion einem oder mehreren Hochschulwissenschaftlern überlassen will, indem sie diesem bzw. diesen die außerdienstliche Durchführung des F&E-Vorhaben in genehmigter Nebentätigkeit gestattet, s. dazu Kap. 8 Rdn. 63–65.

Dabei erscheint aber auch im letzteren Fall aus Sicht des anderen Vertragspartners die Einbindung der Hochschule notwendig, weil die von dem/den Hochschulwissenschaftlern bei der Durchführung der Beratung gemachten Erfindungen Diensterfindungen in Form von Erfahrungserfindungen sein können, s. Kap. 8 Rdn. 67 und 68.

79 Einen Verzicht der Hochschule auf die Funktion des Kooperationspartners sieht der ***Hamburger Vertrag*** für einen F&E-Auftrag vor. Vertragspartner sind danach zunächst der Projektleiter (das wird i.d.R. ein Hochschullehrer sein), ein industrielles Unternehmen und die Hochschule. Während sich der Projektleiter gegenüber dem industriellen Unternehmen zur Durchführung des Forschungsvorhabens verpflichtet, erklärt die Hochschule gegenüber dem Projektleiter einen Vorausverzicht auf die Meldung und Inanspruchnahme der im Rahmen des Forschungsvorhabens gemachten Diensterfindungen und verpflichtet sich, Einrichtungen, personelle Ressourcen sowie für die Durchführung des Projekts erforderliche Materialien für das F&E-Projekt bereitzustellen. Für diese Erklärung und Verpflichtung erhält sie vom industriellen Partner eine betragsmäßig fixierte Gegenleistung. Der Projektleiter überträgt sämtliche Rechte an den F&E-Ergebnissen gegen Zahlung eines Festbetrags auf den industriellen Partner. Er kann Beschäftigte der Hochschule i.S. des § 42 ArbEG und nicht von der Hochschule i.S. von § 42 ArbEG Beschäftige wie z.B. Diplomanden und Doktoranden sowie Beschäftigte anderer Hochschulen an der Durchführung des Forschungsvorhabens beteiligen, jedoch erst dann, wenn diese »Beitrittserklärungen« abgegeben haben und dadurch in den Vertrag einbezogen worden

603 Die vorstehenden Informationen sind dem Aufsatz von *Klawitter/Zintler* Mitt. 2006, S. 116 f. entnommen.

sind. Die Beitrittserklärungen (deren Text für den Mustervertrag nicht formuliert ist und vom Benutzer des Mustervertrags erst in zwei Vertragsanlagen – getrennt für bei der Hochschule Beschäftigte und für nicht bei ihr Beschäftigte – festgelegt werden soll) sind von den beitretenden Personen gegenüber dem Industriepartner abzugeben. Mit ihnen verpflichten sich die Beitretenden, den Bestimmungen des Forschungsvertrags zu entsprechen, d.h. »insbesondere« sämtliche Rechte an den von ihnen erzielten Forschungsergebnissen auf den industriellen Partner zu übertragen.

Der *Hamburger Vertrag* geht, wenn er einen Vorausverzicht der Hochschule 80 auf Meldung und Inanspruchnahme der im Rahmen des Forschungsvorhabens gemachten Diensterfindungen vorsieht, zu Recht davon aus, dass solche Diensterfindungen entstehen können: Zwar sind nach der hier vertretenen Auffassung die bei der Durchführung eines von einem Hochschulwissenschaftler in Nebentätigkeit durchgeführten drittmittelfinanzierten F&E-Projekts keine Aufgabenerfindungen, werden aber überwiegend Erfahrungserfindungen darstellen, s. Kap. 8 Rdn. 67–68.

Gegen die Anwendbarkeit des Vertragskonzepts des *Hamburger Vertrags* 81 sprechen jedoch schon rein rechtlich mehrere Gründe:

Zu berücksichtigen ist zunächst § 42 Abs. 4 BRRG: Danach darf ein Beamter 82 (und damit auch ein beamteter Hochschullehrer, um den es sich bei dem Projektleiter regelmäßig handeln wird) bei Ausübung einer Nebentätigkeit Einrichtungen, Personal oder Material des Dienstherrn nur bei Vorliegen eines öffentlichen oder wissenschaftlichen Interesses mit dessen Genehmigung und gegen Entrichtung eines angemessenen Entgelts in Anspruch nehmen, wobei sich das Entgelt nach den dem Dienstherrn entstandenen Kosten richten und den besonderen Vorteil berücksichtigen muss, der dem Beamten durch die Inanspruchnahme entsteht; s. dazu schon Kap. 8 Rdn. 64.

Zwar wird sich ein öffentliches oder wissenschaftliches Interesse der Hochschule an der Inanspruchnahme der genannten Einrichtungen usw. im Rahmen eines in Nebentätigkeit durchgeführten drittmittelfinanzierten F&E-Projekts wohl oft begründen lassen, z.B. damit, dass diese Inanspruchnahme im konkreten Fall Voraussetzung für die Auftragserteilung durch den industriellen Partner ist und diese Auftragserteilung einen wünschenswerten Kontakt des Projektleiters mit der industriellen Praxis schafft.

Den Bedingungen des § 42 Abs. 4 BRRG trägt aber der *Hamburger Vertrag* jedenfalls insoweit nicht Rechnung, als danach ein Entgelt für die Inanspruchnahme der Einrichtungen usw. nicht vom Projektleiter, sondern vom industriellen Partner zu zahlen ist. Diese Klippe ließe sich allerdings dadurch umschiffen, dass sich der Projektleiter selbst zur Zahlung des Entgelts an die Hochschule verpflichtet, wobei der industrielle Partner ihm gegenüber (ggf. auch zusätzlich gegenüber der Hochschule durch Schuldbeitritt) die Erfüllung dieser Verpflichtung (mit-)übernimmt.

Die entscheidende rechtliche »Crux« des *Hamburger Vertrags* liegt aber in 83 der Bestimmung, dass der industriellen Partner an die Hochschule ein Entgelt für den Vorausverzicht der Hochschule auf den Anspruch auf Meldung und

Inanspruchnahme von Diensterfindungen zu zahlen hat.[604] Diese Bestimmung erscheint wegen Umgehung des § 22 ArbEG als nichtig.

Nach dem ArbEG hat der Arbeitnehmer für den Fall, dass der Arbeitgeber/Dienstherr eine Diensterfindung nicht in Anspruch nimmt, keine Vergütung zu leisten. Wird trotzdem vor Meldung einer Diensterfindung für die Nichtinanspruchnahme der Diensterfindung die Zahlung einer Vergütung durch den Arbeitnehmer an den Arbeitgeber/Dienstherr vereinbart, stellt dies eine nach § 22 ArbEG unzulässige Abweichung von den Regelungen des ArbEG zuungunsten des Arbeitnehmers dar.

Dieses Verbot wird umgangen, wenn sich entsprechend dem *Hamburger Vertrag* nicht der bzw. die Arbeitnehmer (im Falle des *Hamburger Vertrags* der Projektleiter und ggf. weitere an der Hochschule Beschäftigte), sondern der Industriepartner zur Zahlung der Vergütung an die Hochschule verpflichtet. Wirtschaftlich gesehen läuft nämlich die Verpflichtung des Industriepartners darauf hinaus, dass der Projektleiter mit dem Entgelt für den genannten Verzicht belastet wird. Der Industriepartner wäre nämlich sicher ohne weiteres bereit gewesen, das Entgelt statt an die Hochschule an den Projektleiter zu zahlen. Ein Anlass für ihn, gerade an die Hochschule zu zahlen, besteht nicht, weil er seine Rechte an den F&E-Ergebnissen vom Projektleiter und ggf. auch von anderen Personen erhält, welche dem Vertrag beitreten.

Entsprechendes würde für das von *Winzer*[605] für möglich gehaltene Konzept gelten, dass die Hochschule einem Lehrstuhlinhaber die Genehmigung für eine F&E-Kooperation des Lehrstuhlinhabers und seinen benötigten weiteren Mitarbeitern mit dem Industriepartner erteilt, wobei der Industriepartner an die Hochschule als Gegenleistung für deren Verzicht auf Inanspruchnahme von Diensterfindungen der kooperierenden Hochschulmitarbeitern eine Gegenleistung zahlt, für die das an den Lehrstuhlinhaber zu zahlende Entgelt für die Nutzung der F&E-Ergebnisse die Bemessungsgrundlage bildet.

84 Damit ist ein Vorausverzicht der Hochschule auf die Meldung und Inanspruchnahme der bei der Durchführung des Projekts entstehenden Diensterfindungen nur möglich, wenn die Hochschule kein Entgelt für diesen Verzicht enthält. Das kann aber nicht im Interesse der Hochschule liegen.[606] Für sie kann deshalb die Genehmigung von in Nebentätigkeit von Hochschulwissenschaftlern durchgeführten drittmittelfinanzierten F&E-Projekten, wenn überhaupt, nur dann in Betracht kommen, wenn sie ihre Rechte auf Inanspruchnahme der Diensterfindungen behält, die bei der Durchführung solcher F&E-Projekte entstehen (hier kommen, wie ausgeführt, nur Diensterfindungen in der Form der Erfahrungserfindungen in Betracht).

85 Auch unter dieser Voraussetzug wird sie normalerweise die Durchführung solcher Projekte in Nebentätigkeit aber nicht genehmigen, sondern Wert darauf

604 Entsprechendes.

605 *(F&E-Verträge)* S. 207 (Rn. 18).

606 Vgl. die Anmerkung von *Winzer (F&E-Verträge)* S. 205 (Rn. 9), dass bei den meisten Hochschulen keine erkennbare Bereitschaft für einen Vorausverzicht zu bestehen scheint.

legen, selbst die Position des Kooperationspartners einzunehmen,[607] wie es der ***Berliner Vertrag*** und, soweit ersichtlich, auch alle anderen veröffentlichten Vertragsmuster außer dem *Hamburger Vertrag* vorsehen[608]. Dafür gibt es eine ganze Reihe von Gründen:

Wenn sie einem Hochschulwissenschaftler die »Flucht in die Nebentätigkeit« gestatten würde, schlüge für sie vor allem negativ zu Buche, dass sie (abgesehen von Erträgen aus entstehenden Diensterfindungen, bei denen es sich nach den obigen Ausführungen nur um Erfahrungserfindungen handeln kann) nur ein Entgelt für zur Verfügung zu stellende Einrichtungen usw. erhält (s. Kap. 8 Rdn. 64), während die vom Auftraggeber für die Durchführung des Projekts zur Verfügung zu stellenden Drittmittel überwiegend an den Hochschulwissenschaftler fließen. 86

Für die Hochschule könnte es sich dabei weiter als ungünstig erweisen, dass auch dann, wenn das vom Hochschulwissenschaftler in Nebentätigkeit durchgeführte Projekt (wie das regelmäßig der Fall sein wird) an und für sich auf dem Gebiet seiner Dienstaufgaben liegt, nicht alle von ihm bei der Durchführung des Projekts gemachten Erfindungen Diensterfindungen sein werden: In Nebentätigkeit gemachte Erfindungen können nicht Diensterfindungen in der Form von Aufgabenerfindungen, sondern nur in der Form von Erfahrungserfindungen sein; s. dazu Kap. 8 Rdn. 61–65 sowie 67 und 68. Die Einstufung einer vom Hochschulwissenschaftler bei Durchführung der Nebentätigkeit gemachten Erfindung als Erfahrungserfindung kann aber daran scheitern, dass der Hochschulwissenschaftler nur Kenntnisse und Erfahrungen verwendet, die er bereits im Rahmen seiner Ausbildung, einer früheren Tätigkeit unter einem anderen Dienstherrn/Arbeitgeber oder im Rahmen einer ihm von der Hochschule genehmigten früheren Nebentätigkeit erworben hat. 87

Schließlich wird die Hochschule auch deshalb die Position des Kooperationspartners einnehmen wollen, weil nur dann die in ihrem Bereich entwickelten Forschungsergebnisse ihr zugerechnet werden und eine solche Zurechnung für die Beurteilung ihrer »Exzellenz« und damit für ihre Ausstattung mit öffentlichen Mitteln von Bedeutung sein kann.[609] 88

eee) Die vertragliche Einbindung von Hochschulbeschäftigten

Nachfolgend wird zunächst erörtert, welche Gründe bei einer F&E-Kooperation seitens der Hochschule bzw. seitens des Industriepartners dafür bestehen können, Hochschulbeschäftigte, die mit der Leitung bzw. Durchführung des Projekts betraut werden sollen, vertraglich mit einzubinden. Anschließend wird untersucht, ob Vereinbarungen, welche die negative bzw. positive Publikationsfreiheit von Hochschulwissenschaftlern gemäß § 42 Nr. 2 bzw. Nr. 1 ArbEG im 89

607 Siehe dazu auch *Winzer (F&E-Verträge)* S. 205 (Rn. 9).

608 Siehe z.B. die »Düsseldorfer Bausteine für einen F&E-Vertrag« in *Peter/Runge/Wille*, S. 17 ff. und den Mustertext im *IHK-Leitfaden*, S. 15 ff.

609 Vgl. *Weyand/Haase* GRUR 2007, S. 28, 39.

Verhältnis zum Industriepartner beschränken, wegen Umgehung dieser Bestimmungen nichtig sind. Auf dieser Basis wird schließlich zu der Frage Stellung genommen, in welcher Form die vertragliche Einbindung von Hochschulbeschäftigten erfolgen sollte.

90 **Verpflichtung von Hochschulbeschäftigten gegenüber dem Industriepartner zur Mitwirkung am jeweiligen F&E-Projekt:**

Für die Entscheidung des Industriepartners, ob er in eine F&E-Kooperation mit einer Hochschule eintritt, ist es meist von wesentlicher Bedeutung, wer die Projektleitung auf Seiten der Hochschule übernimmt – dafür wird meist nur ein Hochschulwissenschaftler in Betracht kommen – und welche Hochschulbeschäftigte sich sonst auf Seiten der Hochschule an der Durchführung des betr. F&E-Projekts beteiligen.

Um die von ihm gewünschte Mitarbeit von Hochschulbeschäftigten zu erreichen, muss der Industriepartner die Hochschule verpflichten, diese Hochschulbeschäftigten einzusetzen.

Soweit dazu auch Hochschulwissenschaftler gehören, muss die Hochschule diese Hochschulwissenschaftler, da sie diese wegen derer Forschungsfreiheit nicht zur Mitarbeit an dem Projekt anweisen kann[610], entweder – entgegen dem hier empfohlenen Konzept, s. Kap. 8 Rdn. 105–110 – in den Vertrag mit dem Industriepartner einbeziehen[611] oder – was vorzuziehen ist[612] – die Mitarbeit der betr. Hochschulwissenschaftler vor Abschluss des F&E-Vertrags durch gesonderte Vereinbarung mit den betr. Hochschulwissenschaftlern vertraglich sicherstellen.

91 **Geheimhaltungsverpflichtung der mit der Durchführung des F&E-Projekts betrauten Hochschulbeschäftigten gegenüber dem Industriepartner:**

Oft wird der Industriepartner beabsichtigen, im Rahmen der F&E-Kooperation geheimes Know-how auf dem Projektgebiet »an die Hochschule« zu übermitteln. Dabei wird er daran interessiert sein, dass dieses Know-how auch innerhalb der Hochschule nicht beliebig gestreut wird. Er sollte deshalb i.d.R. jedenfalls die Hochschule verpflichten vertraglich sicherzustellen, dass Hochschulbeschäftigte, die Kenntnis von diesem Know-how direkt oder indirekt von ihm erhalten, dasselbe während einer festzulegenden Zeitspanne nur an Personen weitergeben, die mit seiner Billigung von der Hochschule mit der Leitung bzw. Durchführung des Projekts betraut werden.

Entsprechendes gilt für F&E-Ergebnisse (s. aber zu den speziellen Problemen bei Erfindungen von Hochschulwissenschaftlern wegen § 42 Nr. 1 ArbEG Kap. 8 Rdn. 93 und 95–104). Bei weiter Verbreitung innerhalb der Hochschule wächst die Gefahr eines unkontrollierten Abflusses, der speziell bei Erfindungen zur Offenkundigkeit und damit zum Verlust der Patentfähigkeit führen kann.

610 Siehe *Bartenbach/Volz* GRUR 2002, S. 743, 758; *Bartenbach/Volz (ArbEG)*, Rn. 193 und 194 zu § 42 n.F.; *Löwer* in *Hailbronner/Geis*, § 25 Rn. 23; *Berliner Vertrag*, Synopse der beiden Vertragsbausteine, S. 3.

611 Für diesen Weg z.B. *Bartenbach/Volz* GRUR 2002, S. 743, 758; *Bartenbach/Volz (ArbEG)*, Rn. 193 zu § 42 n.F.; *Berliner Vertrag*, Synopse der beiden Vertragsbausteine, S. 3.

612 Insoweit gleicher Ansicht *Winzer (F&E-Verträge)* S. 218 (Rn. 28).

Nicht ganz klar ist dabei, ob bzw. inwieweit sich ein Hochschulwissenschaftler darauf berufen kann, eine ihm von der Hochschule auferlegte Geheimhaltungsverpflichtung sei generell, soweit sie über den Rahmen von § 42 Nr. 1 ArbEG hinausgehe, wegen Beeinträchtigung seiner Lehr- und Forschungsfreiheit gemäß § 5 Abs. 3 GG unwirksam. Sicherheitshalber sollte deshalb der Hochschulwissenschaftler gegenüber dem Industriepartner eine Verpflichtung zur Geheimhaltung übernehmen, welche der Geheimhaltungsverpflichtung der Hochschule gegenüber dem Industriepartner entspricht.

Der Industriepartner sollte auch in Betracht ziehen, jeden anderen für das Projekt eingesetzten Hochschulbeschäftigten in gleicher Weise zu binden. Dadurch würde er im Hinblick darauf, dass die betr. Hochschulbeschäftigten ihm gegenüber direkt haften würden, eine erhöhte Sicherheit erhalten, dass seine Geheimhaltungsinteressen gewahrt werden.

Verwertungsrechte des Industriepartners an Altschutzrechten, geheimem Know-how und Urheberrechten von Hochschulbeschäftigten: 92

Es muss mit der Möglichkeit gerechnet werden, dass nicht nur Hochschulwissenschaftler, sondern auch wissenschaftliche Assistenten, die normalerweise nicht zu den Hochschulwissenschaftlern gehören, (s. Kap. 8 Rdn. 42 und 48) vor dem Inkrafttreten der Neufassung von § 42 ArbEG, d.h. vor dem 07.02.2002, auf dem Gebiet der F&E-Kooperation mit der Hochschule Erfindungen gemacht haben, die von vornherein freie Erfindungen waren (s. auch § 43 Abs. 3 ArbEG), und für diese Erfindungen Schutzrechte angemeldet haben. Außerdem ist nicht auszuschließen, dass Hochschulbeschäftigte Inhaber von Schutzrechten oder Schutzrechtsanmeldungen von freigegebenen Diensterfindungen auf dem Gebiet der F&E-Kooperation sind oder die von ihnen gemachten Erfindungen deshalb freie Erfindungen sind, weil sie im Rahmen einer genehmigten Nebentätigkeit gemacht wurden – was ihre Qualifizierung als Aufgabenerfindungen ausschließt (s. Kap. 8 Rdn. 38) – und keine Erfahrungserfindungen waren (s. dazu Kap. 8 Rdn. 38 und 39).

Darüber hinaus können Hochschulwissenschaftler, aber auch nicht zu ihnen gehörende wissenschaftliche Assistenten Inhaber von geheimem Know-how sein. Während man nach der Neufassung von § 42 ArbEG wohl davon ausgehen muss, dass auch das von ihnen entwickelte geheime Know-how grundsätzlich der Hochschule zusteht, gilt dies nicht für das von ihnen vor dem Inkrafttreten dieser Neufassung entwickelte geheime Know-how. Entsprechendes gilt für das von Hochschulbeschäftigten entwickelte geheime Know-how, das sie vor ihrer Beschäftigung an der Hochschule oder im Rahmen einer genehmigten Nebentätigkeit erworben haben.

Alles dies kann Anlass für den Industriepartner sein zu versuchen, sich ein Verwertungsrecht an technischen Schutzrechten und geheimem Know-how von Hochschulbeschäftigten bei Verwertung der F&E-Ergebnisse zu sichern.

Hochschulbeschäftigte können auch Urheberrechte haben, an denen die Hochschule kein oder kein unterlizenzierbares Nutzungsrecht erworben hat.

Dieser Aspekt ist aber normalerweise wegen der geringen Reichweite des Urheberrechts im Bereich der Technik[613] vernachlässigbar.

93 **Verpflichtung von Hochschulwissenschaftlern gegenüber dem Industriepartner zur Unterlassung von Anzeigen nach § 42 Nr. 1 ArbEG:**

Hochschulwissenschaftler besitzen im Verhältnis zur Hochschule die positive Publikationsfreiheit gemäß § 42 Nr. 1 ArbEG (s. dazu Kap. 8 Rdn. 50–52), d.h. das Recht, Diensterfindungen im Rahmen ihrer Lehr- und Forschungstätigkeit zu offenbaren, wenn sie dies dem Dienstherrn rechtzeitig, i.d.R. zwei Monate zuvor angezeigt haben. Da die Hochschule ein Interesse daran hat, nicht zur Anmeldung auf eigene Kosten gezwungen zu sein, wird sie dem Industriepartner eine Option zur Übernahme von Diensterfindungen von Hochschulwissenschaftlern durch einseitige Erklärung nur mit der Maßgabe einräumen, dass der Industriepartner für den Fall der erwähnten Anzeige die Option jeweils bereits einige Tage vor dem Ende der Frist abgibt, die der Hochschule im Falle einer solchen Anzeige für die Inlandsanmeldung gemäß § 13 Abs. 1 ArbEG verbleibt, und der Hochschule innerhalb dieser Frist auch schon eine ordnungsgemäß vorbereitete Schutzrechtsanmeldung für das Inland vorlegt, s. dazu Kap. 8 Rdn. 276. Deshalb könnte die Anzeige den Industriepartner in einen inakzeptablen Zeitdruck bringen. Es liegt deshalb in seinem Interesse, die an dem F&E-Projekt beteiligten Hochschulwissenschaftler zu verpflichten, von einer solchen Anzeige an ihren Dienstherrn abzusehen.

94 **Verpflichtung von Hochschulwissenschaftlern gegenüber dem Industriepartner zur Meldung von Diensterfindungen trotz ihrer negativen Publikationsfreiheit gemäß § 42 Nr. 2 ArbEG:**

Es liegt schließlich im Interesse des Industriepartners, der eine F&E-Kooperation mit einer Hochschule eingehen will, die daran mitwirkenden Hochschulwissenschaftler zu verpflichten, trotz ihrer negativen Publikationsfreiheit gemäß § 42 Nr. 2 ArbEG (s. dazu Kap. 8 Rdn. 53 und 54) Diensterfindungen zu melden, die sie allein oder gemeinsam mit anderen Erfindern während der Dauer des F&E-Projekts auf dem Projektgebiet machen (s. zur Frage der Umgehung von § 42 Nr. 2 ArbEG durch eine solche Verpflichtung Kap. 8 Rdn. 95–103).[614] Zwar werden Hochschulwissenschaftler meist schon im eigenen Interesse wegen der ihnen winkenden hohen Erfindervergütung gemäß § 42 Nr. 4 ArbEG von dem ihnen nach § 42 Nr. 2 ArbEG gegenüber der Hochschule zustehenden Recht, die Meldung solcher Diensterfindungen zu verweigern, keinen Gebrauch machen. Auch wird der Industriepartner selbst dann, wenn er den Hochschulwissenschaftler zur Meldung verpflichten, oft faktisch keine Handhabe gegen diesen bei Unterlassung der Meldung erhalten, wenn die Diensterfindung innerhalb der Hochschule nicht (z.B. durch Protokolle des

613 Vgl. *Ullrich (Privatrechtsfragen)* S. 104 f.

614 Vgl. z.B. *Bartenbach/Volz* GRUR 2002, S. 743, 758; *Bartenbach/Volz (ArbEG)*, Rn. 193 und 194 zu § 42 n.F.; *Leuze* in *Reimer/Schade/Schippel*, Rn. 45 zu § 42 ArbEG n.F.; *Sandberger* in *Nicklisch*, S. 17, 24; *Berliner Vertrag*, Synopse der beiden Vertragsbausteine, S. 3 und Anlage 2 zu den Vertragsbausteinen Auftragsforschung bzw. zu den Vertragsbausteinen Forschungskooperation, jeweils Punkt 2; *Peter/Runge/Wille* S. 9.

Hochschulwissenschaftlers oder Wahrnehmung durch Mitarbeiter oder Miterfinder) bekannt geworden ist. Es bleibt aber ein gewisses Risiko für den Industriepartner, dass sich die Hochschulwissenschaftler auch dann, wenn sie die Meldung aus Versehen unterlassen oder verzögern, auf § 42 Nr. 2 ArbEG berufen.

Hinsichtlich der Verpflichtungen gemäß Kap. 8 Rdn. 93 und 94 stellt sich die 95 **Frage der Umgehung von § 22 ArbEG i.V. mit § 42 Nr. 1 bzw. Nr. 2 ArbEG** und damit die Frage ihrer Nichtigkeit nach § 134 bzw. § 138 BGB.

Was die Verpflichtung gemäß Kap. 8 Rdn. 94 betrifft, nehmen einige Auto- 96 ren[615] eine Umgehung mit folgender Begründung an: Sie verweisen zunächst auf den allgemein anerkannten Grundsatz, dass ein Umgehungsgeschäft dann vorliegt, wenn durch Umgehung verbotener rechtlicher Gestaltungen ein vom Gesetz verbotener Erfolg herbeigeführt werden soll.[616] Dieser Fall sei bei einem Verzicht eines Hochschulwissenschaftlers auf seine negative Publikationsfreiheit gegenüber einem Industriepartner erfüllt. Der Arbeitgeber/Dienstherr erlange »durch die Hintertür« des Vertrages zwischen Hochschulbeschäftigtem und Auftraggeber die Möglichkeit, seinem Arbeitnehmer entgegen § 22 ArbEG Rechte aus dem ArbEG vorzuenthalten, was in einer direkten Vereinbarung mit dem Hochschulbeschäftigten wegen § 22 ArbEG ausgeschlossen wäre.[617]

Es wird weiter geltend gemacht, die Hochschule werde versuchen, ihre Wissenschaftler zur Abgabe von Verzichtserklärungen gegenüber dem Industriepartner bzgl. des durch § 42 Nr. 2 ArbEG neu geschaffenen Schweigerechts zu bewegen. Der Hochschulwissenschaftler sehe sich erheblichem Druck ausgesetzt, eine solche Verzichtserklärung abzugeben, da er realistischerweise zu befürchten habe, bei Verweigerung der Abgabe der Erklärung innerhalb der Hochschule (z.B. bei der Mittelvergabe) benachteiligt zu werden.[618]

Diese Argumente reichen jedoch, wie nachfolgend dargelegt wird, im Normalfall zur Begründung einer Umgehung nicht aus.

Adressat von § 22 ArbEG ist der Arbeitgeber/Dienstherr eines Beschäftigten. 97 Handelt es sich bei dem Beschäftigten um einen Hochschulwissenschaftler, bedeutet dies u.a., dass sein Arbeitgeber/Dienstherr mit dem Hochschulwissenschaftler eine Beschränkung von dessen negativer Publikationsfreiheit gemäß § 42 Nr. 2 ArbEG nicht vereinbaren darf. Die Hochschule wird entweder selbst der Arbeitgeber/Dienstherr sein oder diesen vertreten, so dass sie entweder unmittelbar oder mittelbar dem Verbot unterliegt.

Als Adressat von § 22 ArbEG darf der Dienstherr/Arbeitgeber des Hoch- 98 schulbeschäftigten dieses Verbot auch nicht umgehen; er darf deshalb nicht durch rechtliche Gestaltungsmöglichkeiten einen nach § 22 i.V. mit § 42 Nr. 2 ArbEG verbotenen Erfolg zu erreichen suchen. Ein solcher Erfolg ist – insoweit

615 *Beyerlein* Mitt. 2005, S. 152, 154 f.; *Bergmann* S. 180 ff., dem *Leuze* in *Reimer/Schade/Schippel*, Rn. 45 zu § 42 ArbEG n.F. »nicht von der Hand zu weisende Bedenken« attestiert.

616 Siehe z.B. *Beyerlein* Mitt. 2005, S. 152, 153.

617 In diesem Sinne *Beyerlein* Mitt. 2005, S. 154 f.

618 *Bergmann* S. 185; eine »rechtlich missbilligte Drucksituation« nimmt auch *Beyerlein* Mitt. 2005, S. 154 an.

ist den Autoren, die eine Umgehung bejahen, zuzustimmen – in der faktischen Einschränkung der negativen Publikationsfreiheit der Hochschulwissenschaftler durch eine Vereinbarung mit dem Industriepartner zu sehen, die sie ihm gegenüber zur Meldung kooperationsrelevanter Diensterfindungen verpflichten.

99 Trotzdem ist in dem Abschluss einer solchen Vereinbarung mit dem Industriepartner nicht ohne weiteres eine Umgehung von § 22 i.V. mit § 42 Nr. 2 ArbEG sehen.

Die Umgehung einer Verbotsnorm setzt nämlich voraus, dass der Adressat derselben selbst tätig wird, um den verbotenen Erfolg herbeizuführen, und dieser Erfolg nicht auch ohne dieses Tätigwerden eingetreten wäre.

Dies bedeutet zwar nicht, dass ein Rechtsgeschäft nur dann den Umgehungstatbestand erfüllen kann, wenn der Adressat der Verbotsnorm selbst Partei dieses Rechtsgeschäfts ist. Man wird jedoch für die Erfüllung des Umgehungstatbestands verlangen müssen, dass der Adressat der Verbotsnorm zugunsten dieses Rechtsgeschäft aktiv geworden ist hat und das Rechtsgeschäft ohne diese Aktivität nicht zustandegekommen wäre.

100 Daher kann in der Vereinbarung zwischen Hochschulwissenschaftler und Industriepartner jedenfalls dann keine Umgehung von § 22 i.V. mit § 42 Nr. 2 ArbEG gesehen werden, wenn sich der Arbeitgebers/Dienstherr für diese Vereinbarung nicht eingesetzt hat.

101 Auch wenn er sich dafür eingesetzt hat, dürfte die Vereinbarung nur dann den Umgehungstatbestand erfüllen, wenn dieser Einsatz für den Abschluss der Vereinbarung kausal ist, die Vereinbarung also ohne diesen Einsatz nicht zustandegekommen wäre. An dieser Kausalität wird es meist fehlen:

Kooperationen zwischen Hochschulen und Industriepartnern werden normalerweise zwischen letzteren und ihnen bekannten Hochschulwissenschaftlern eingefädelt, die selbst ein Interesse am Zustandekommen solcher Kooperationen und ihrer Mitwirkung bei diesen haben.[619] Dabei ist diesen Hochschulwissenschaftlern bewusst, dass jeder Industriepartner ein (berechtigtes) Interesse daran hat, Verwertungsrechte an allen F&E-Ergebnissen oder wenigstens eine Option zur Verwertung aller F&E-Ergebnisse zu erhalten, was wiederum die Meldung dazugehöriger Diensterfindungen an die Hochschule und ihre Inanspruchnahme durch diese voraussetzt. Wegen der Vorteile, welche F&E-Kooperationen zwischen Industriepartnern und Hochschulen auch den daran beteiligten Hochschulwissenschaftlern bringen können (verbesserte personelle und sachliche Ausstattung ihres Forschungsbereichs, hohe Erfindervergütung für in Anspruch genommene Diensterfindungen), werden diese regelmäßig schon von sich aus bereit sein, diesem Interesse der Industriepartner Rechnung zu tragen, indem sie sich gegenüber dem Industriepartner zur Meldung von Diensterfindungen an die Hochschule verpflichten, welche zu den F&E-Ergebnissen des jeweiligen F&E-Projekts gehören. Die Auffassung, dass eine angeblich von der Hochschule geschaffene Drucksituation für die Über-

619 Darauf weist auch *Winzer (F&E-Verträge)* S. 207 (Rn. 17) hin.

nahme einer solchen Verpflichtung durch die Hochschulwissenschaftler maßgebend ist, wird deshalb meist an der Realität vorbeigehen.

Umgekehrt ist meist zu erwarten, dass die Industriepartner nach der Neufassung von § 42 ArbEG schon von sich auf die Übernahme einer solchen Verpflichtung gedrungen hätte, wenn sich nicht schon der Arbeitgeber/Dienstherr dafür eingesetzt hätte.

Um hierüber erst gar keine Diskussionen aufkommen zu lassen, empfiehlt es 102
sich allerdings, dass die Hochschule nicht schon selber eine solche Vereinbarung vorschlägt, indem sie z.B. einen Vertragsentwurf vorlegt, in der sich der als Projektleiter vorgesehene Hochschulwissenschaftler entsprechend Klausel 4.1 der Vertragsbausteine des *Berliner Vertrags* für Auftragsforschung bzw. Forschungskooperation gegenüber dem Industriepartner zur Meldung aller zu den F&E-Ergebnissen gehörender Diensterfindungen verpflichtet. Darüber hinaus ist zu empfehlen, den Hochschulwissenschaftler nicht als Partei eines Drei-Parteien-Vertrags vorzusehen, s. dazu Kap. 8 Rdn. 106–108.

Selbst dann, wenn die Hochschule eine Verpflichtung des Hochschullehrers 103
gegenüber dem Industriepartner zur Meldung von Diensterfindungen vorschlägt, wird die Kausalität des Vorschlags der Hochschule für das Zustandekommen einer entsprechenden Vereinbarung zwischen Industriepartner und Hochschulwissenschaftler oft zu verneinen sein. Dies gilt insbesondere dann, wenn der Industriepartner eine bei ihm gebräuchliche Mustervereinbarung vorlegen kann, die eine Verpflichtung des Hochschulwissenschaftlers vorsieht, die (hins. der erfassten Diensterfindungen) mindestens so weit geht wie die im Vorschlag der Hochschule vorgesehene Verpflichtung. Geht die in der Mustervereinbarung vorgesehene Verpflichtung des Hochschulwissenschaftlers weniger weit, sollte der Industriepartner jedoch die Verpflichtung des Hochschulwissenschaftlers gemäß der bei ihm gebräuchlichen Mustervereinbarung begrenzen.

Mit entsprechenden Argumenten wäre auch der Auffassung zu widerspre- 104
chen, dass eine Vereinbarung zwischen einem Industriepartner und einem Hochschulwissenschaftler, die auf eine Einschränkung der positiven Publikationsfreiheit des Hochschulwissenschaftlers gemäß § 42 Nr. 1 ArbEG gerichtet ist, stets oder im Regelfall wegen Umgehung von § 22 ArbEG nichtig ist.[620]

Auf dieser Basis stellt sich generell die Frage nach der **Form der vertrag- 105
lichen Einbindung von Hochschulwissenschaftlern**.

Die h.M.[621] hält einen Drei-Parteien-Vertrag zwischen Industriepartner, 106
Hochschule und dem als Projektleiter vorgesehenen Hochschulwissenschaftler

620 Siehe dazu auch *Beyerlein* Mitt. 2005, S. 152, 154 (dort Fn. 23).

621 Siehe z.B. *Bartenbach/Volz (ArbEG)*, Rn. 193 zu § 42 n.F.; *Leuze* in *Reimer/Schade/Schippel*, Rn. 45 zu § 42 n.F.; *Leuze* GRUR 2005, S. 27, 31; *Berliner Vertrag*, Synopse der beiden Vertragsbausteine, S. 3; *IHK-Leitfaden*, Mustertext unter 5.8. Dagegen betonen *Peter/Runge/Wille* zwar einerseits die Notwendigkeit der Einbeziehung des Hochschullehrers in den Vertrag (S. 10), sehen aber andererseits in ihrem Muster als Parteien des F&E-Vertrags nur die Hochschule und den Industriepartner vor; dieses Muster wird ergänzt durch das Muster einer Erklärung des Hochschullehrers, in dem dieser gegenüber dem Industriepartner auf die Geltendmachung der negativen Publikationsfreiheit verzichtet.

für geboten. Dabei erwähnt der *Berliner Vertrag* zwar auch die Möglichkeit, zwei separate Verträge (einem zwischen Hochschule und Unternehmen und einem zwischen dem »Projektleiter« und dem Unternehmen) abzuschließen, spricht sich aber der »Übersichtlichkeit und Einfachheit« halber für den dreiseitigen Vertrag aus.[622]

107 Dagegen sieht *Winzer*[623] keine überzeugenden Gründe für eine nach seiner Ansicht rechtlich und praktisch überaus schwierige Drei-Parteien-Vereinbarung. Der Vertrag zwischen Unternehmen und Hochschule könne die Person des Professors, der die Projektleitung übernimmt, sowie die Funktionen des Projektleiters festlegen. Es sei dann Sache der Hochschule, wenn sie denn kein Weisungsrecht habe, die Zustimmung des Professors zu dieser Festlegung einzuholen. Dies sei eine interne Angelegenheit zwischen Hochschule und Mitarbeiter. Die Abbedingung der negativen Publikationsfreiheit könne sehr einfach dergestalt geschehen, dass der Hochschullehrer für das betr. Projekt schriftlich gegenüber dem Unternehmen darauf verzichte. Der dritte Vertragspartner werfe hins. der Verantwortlichkeiten und Haftung nur schwierige Probleme auf. Es bestehe für den Projektleiter kein Anlass, sich in die unbequeme, weil unklare Rolle eines dritten Vertragspartners zu begeben, die ihm keine Vorteile bringe, sondern nur unklare Verantwortung.

108 Der von *Winzer* vertretenen Linie ist der Vorzug zu geben. Dabei überzeugt insbesondere sein Hinweis auf die praktische und rechtliche Schwierigkeit einer Drei-Parteien-Vereinbarung.

Entgegen der im *Berliner Vertrag* geäußerten Auffassung wird nämlich die vertragliche Gesamtregelung keineswegs dadurch einfacher und übersichtlicher, dass man auch den als Projektleiter vorgesehenen Hochschulwissenschaftler als Vertragspartei an der Vereinbarung zwischen Hochschule und Industriepartner beteiligt. Es fehlt dann an einer zusammenhängenden Gesamtregelung seiner Verpflichtungen, die man aus dem Drei-Parteien-Vertrag »herauspicken« muss.

Verwirrend kann dabei sein, dass die Verpflichtungen des Hochschulwissenschaftlers gegenüber dem Industriepartner von denjenigen gegenüber der Hochschule abweichen. Das gilt insbesondere hins. der positiven und negativen Publikationsfreiheit des Hochschulwissenschaftlers, s. dazu Kap. 8 Rdn. 93 und 94. Auch hins. der Haftung gegenüber dem Industriepartner und der Dauer der vertraglichen Bindungen kann es unterschiedliche Regelungen für die Hochschule und den Hochschulwissenschaftler geben.

Gegen die Einbindung des als Projektleiter vorgesehenen Hochschulwissenschaftlers in einen Drei-Parteien-Vertrag spricht auch das Interesse des Industriepartners, den Hochschulwissenschaftler ihm gegenüber wirksam zur Meldung aller Diensterfindungen an die Hochschule und zum Unterlassen einer Anzeige gemäß Art. 42 Nr. 1 ArbEG (s. dazu Kap. 8 Rdn. 93 und 94) zu

622 Siehe dort Synopse der beiden Vertragsbausteine, S. 3; vgl. auch *Weyand/Haase* GRUR 2007, S. 28, 38, die »neutral« von dem Erfordernis eines differenzierten Vertragswerks sprechen, bei dem die Interessen der Beteiligten – Auftraggeber, Hochschullehrer und Mitarbeiter – zu berücksichtigen und einzubeziehen sind.

623 *(F&E-Verträge)* S. 218 f. (Rn. 27 bis 31).

verpflichten. Bei einem Drei-Parteien-Vertrag wird die Hochschule in die diesbezüglichen Verhandlungen zwischen Industriepartner und Hochschulwissenschaftler einbezogen, was Diskussionen über die Umgehung von § 42 Nr. 1 bzw. 2 ArbEG (s. dazu Kap. 8 Rdn. 95–104) möglich macht.

Vertragsmuster wie der *Hamburger Vertrag* und der *Berliner Vertrag* überlassen es dem Projektleiter, nach seinem Ermessen beliebige weitere Personen an dem F&E-Projekt zu beteiligen, wenn sie den Verpflichtungen des Projektleiters beitreten. Aus Unternehmenssicht kann dies problematisch sein. Das gilt insbesondere dann, wenn das Unternehmen für die F&E-Arbeiten geheimes Know-how an die Hochschule übermitteln muss, hins. der faktischen Einhaltung mit dem Beitritt übernommenen Geheimhaltungsverpflichtung. Je größer der Personenkreis ist, der Kenntnis von diesem Know-how erhält, desto höher ist die Gefahr einer Verletzung der diesbezüglichen Geheimhaltungsverpflichtung und desto schwieriger der Nachweis einer solchen Verletzung. 109

Der Industriepartner sollte deshalb i.d.R. versuchen, eine Vertragsklausel durchzusetzen, nach der nur solche Personen am Forschungsprojekt beteiligt werden können, mit deren Beteiligung er sich schriftlich einverstanden erklärt hat. 110

fff) Die vertragliche Einbindung nicht an der Hochschule Beschäftigter

Eine Beteiligung nicht an der Hochschule Beschäftigter wie Studenten, Diplomanden und Doktoranden an den F&E-Arbeiten setzt selbstverständlich sowohl aus der Sicht der Hochschule als auch aus der Sicht des Industriepartners die vertragliche Einbindung dieser Personen voraus. Aus der Sicht des Industriepartners würde es bereits kritisch sein, wenn die Hochschule frei sein würde, solchen Personen Zugang zu Versuchsanordnungen, Forschungsberichten usw. unter Verpflichtung derselben zur Geheimhaltung zu geben, weil nicht auszuschließen ist, dass dies zu für das Projekt wichtigen Erfindungen und entsprechenden Patenten dieser Personen führt mit der Folge, dass der Industriepartner an der Verwertung dieser Erfindungen gehindert ist. 111

Ist von vornherein von Hochschule und Industriepartner geplant, solche Personen an den F&E-Arbeiten zu beteiligen oder ihnen auch nur Kenntnis von ihrer Durchführung und deren Ergebnissen oder die Möglichkeit einer solchen Kenntnisnahme zu verschaffen, sollte der Industriepartner überlegen, ob er nicht auf einer direkten vertraglichen Bindung dieser Personen ihm gegenüber bestehen sollte. 112

Was eine später geplante Beteiligung solcher Personen an den F&E-Arbeiten bzw. Zugangsrechte dieser Personen zu den F&E-Arbeiten und deren Ergebnissen betrifft, sind die Interessen des Industriepartners jedenfalls gewahrt, wenn er die Hochschule verpflichtet, solchen Personen nicht ohne seine schriftliche Zustimmung eine Beteiligung an den F&E-Arbeiten zu gestatten bzw. solche Zugangsrechte zu gewähren. Der Industriepartner kann dann die Erteilung dieser Zustimmung davon abhängig machen, dass diese Personen ihm gegenüber oder, wenn ihm das genügt, der Hochschule gegenüber die notwendigen vertraglichen Bindungen eingehen. 113

ggg) Die vertragliche Einbindung von Patentverwertungsagenturen

114 In Kap. 8 Rdn. 77 wurde bereits darauf hingewiesen, dass für jeweils mehrere Hochschulen zum Zwecke der Schaffung einer effizienten Patent- und Verwertungsinfrastruktur Patentverwertungsagenturen (PVA) wie z.B. die »ipal GmbH« oder die »Provendis GmbH« gegründet wurden und dass sich deshalb die Notwendigkeit ergeben kann, auch die jeweils »zuständige« PVA jedenfalls insoweit vertraglich mit einzubinden, als sie zur Geheimhaltung von Informationen über Erfindungen und darin einfließendes, zunächst geheimes Knowhow verpflichtet wird, solange diese Informationen nicht im Verfahren über die Schutzrechtserteilung von Amts wegen offenbart werden.

Wenn die Einschaltung einer PVA vorgesehen ist, sollte diese nicht nur, wie es der *Berliner Vertrag* in den Vertragsbausteinen in Klausel 5.5 vorsieht, eine Verpflichtung gegenüber der Hochschule, sondern auch gegenüber jedem am Vertrag beteiligten industriellen Partner übernehmen, um diesem einen direkten Schadensersatzanspruch bei Verletzung der Geheimhaltungspflicht durch die PVA zu gewähren.

115 Nehmen Mitarbeiter der jeweils »zuständigen« PVA auch an den Vertragsverhandlungen teil, was von dem bzw. den beteiligten Industriepartner(n) wohl kaum jemals mit triftigen Gründen grundsätzlich abgelehnt werden könnte, wird es erforderlich sein, diese Mitarbeiter durch die vorvertragliche Geheimhaltungsvereinbarung entsprechend zu binden, s. dazu schon Kap. 3 Rdn. 6.

116 Zu einer weitergehenden vertraglichen Einbindung von PVA dürfte normalerweise kein Anlass bestehen. Soweit die Hochschule zur Anmeldung von Schutzrechten berechtigt ist, kann sie, ohne dass dies ausdrücklich im Vertrag festgelegt werden muss, diese Anmeldungen bzw. daraus hervorgehende Schutzrechte (bzw. ihre Anteile daran) auf »ihre« PVA übertragen, bleibt aber natürlich verpflichtet, den Fortbestand diesbezüglicher Verwertungsrechte bzw. Optionen auf Verwertungsrechte ihres/ihrer Vertragspartner(s) sicherzustellen (wobei erteilte Lizenzen an Patenten und Gebrauchsmustern schon kraft Gesetzes fortbestehen, s. § 15 Abs. 3 PatG und § 22 Abs. 3 GebrMG).

cc) Angaben zu den Vertragsparteien im Vertragskopf

117 In formaler Hinsicht sollten die Vertragspartner mit dem vollständigen Namen, den sie als natürliche oder juristische Person oder als rechtsfähige Personengesellschaft haben, bezeichnet werden, möglichst mit vollständiger Adresse. Die Rechtsform jedes Vertragspartners sollte klar aus dem Vertragskopf hervorgehen. Ist eine Hochschule Vertragspartner, sollte diese und nicht nur das Institut, das nach dem Vertrag F&E-Arbeiten leisten soll, als Vertragspartner genannt werden, um keinen Zweifel darüber aufkommen zu lassen, dass der Vertrag wirklich die gesamte Hochschule und nicht etwa nur Angehörige des Instituts verpflichtet.

118 Es ist meist nicht zweckmäßig, die Person(en), die ein größeres vertragsschließendes Unternehmen in der Rechtsform einer juristischen Person vertritt

bzw. vertreten, bereits im Vertragskopf anzugeben, weil solche Unternehmen oft erst bei Abschluss des Vertrags den bzw. die Unterzeichner unter Berücksichtigung der persönlichen Verfügbarkeit der im konkreten Fall Vertretungsberechtigten festlegen. Stattdessen sollten hier Name und Stellung des/der tatsächlich Unterzeichnenden handschriftlich bei Unterzeichnung im Vertragsfuß eingetragen werden, s. Kap. 8 Rdn. 706. In den in der Praxis seltenen Fällen, in denen Zweifel über die gesetzliche Vertretungsmacht bzw. eine Bevollmächtigung oder zumindest einer Anscheinsvollmacht bestehen, müssen die anderen Vertragspartner natürlich auf einem Nachweis der Vertretungsmacht bestehen.

Es empfiehlt sich fast immer, die Vertragspartner bereits im Vertragskopf 119
durch für sie passende Kurzbezeichnungen zu definieren. Die jeweilige Kurzbezeichnung sollte einen die betr. Vertragspartei prägenden Bestandteil enthalten, um die Assoziation zum eigentlichen Parteinamen zu gewährleisten. Zu vermeiden sind also allgemeine Bezeichnungen wie »Auftragnehmer« und »Auftraggeber«. Dies führt häufig zu Verwechslungen im Vertragstext.[624]

b) Inhaltsverzeichnis

Um dem Leser bei langen und komplizierten F&E-Verträgen das Zurechtfinden 120
in ihnen zu erleichtern, sollte der Vertragskopf bei solchen Verträgen auch ein Inhaltsverzeichnis umfassen, s.o. Kap. 8 Rdn. 5.

c) Verweis auf im Vertrag enthaltene Definitionen

Wenn für Definitionen keine eigene Vertragsklausel vorgesehen ist, kommt 121
auch die Voranstellung einer Liste der definierten Begriffe in alphabetischer Reihenfolge in Frage, wobei die Liste für jeden definierten Begriff auf die Klausel verweist, in welcher seine Definition enthalten ist, s.u. Kap. 8 Rdn. 131.

3. Präambel bzw. Einleitung

Die Präambel kann nicht nur für die Auslegung des Vertrages bedeutsam sein, 122
sondern auch für die Beurteilung seiner kartellrechtlichen Zulässigkeit,[625] die ein Gericht, eine Kartellbehörde oder eine Partei, die sich von dem Vertrag unter Berufung auf seine Kartellrechtswidrigkeit lösen will, in Zweifel ziehen kann.

Unter diesen Aspekten ist es notwendig, in der Präambel die Interessenlage 123
der Vertragspartner zu skizzieren, und u.U. auch sinnvoll, in ihr die Vorgeschichte des Vertrags zu schildern.

624 Dies gilt auch für in der Literatur empfohlene Vertragsmuster, vgl. z.B. *Möffert (F&E-Vertrag)* S. 12 unter »Variante B«, 1. Zeile.

625 *Blackshaw*, International Business Lawyer, S. 265.

124 Bei F&E-Verträgen, die deutschem Recht unterliegen, kann es auch zweckmäßig sein, in der Präambel im Hinblick auf die Möglichkeit einer Kündigung aus wichtigem Grund die Erwartungen festzuhalten, welche die Parteien an den Erfolg der F&E-Kooperation knüpfen sowie an die Zeit, in welcher der Erfolg oder »Meilensteine« auf dem Weg zu ihm erzielt werden.

125 Bei geringem Bedarf an Definitionen kann die Präambel auch ein geeigneter Ort zur Vornahme derselben sein, s. Kap. 8 Rdn. 131.

4. Definitionen

126 Definitionen sind in F&E-Verträgen notwendig, um eine unnötige Aufblähung derselben zu vermeiden und sie damit lesbar zu erhalten. Die jeweils definierten Begriffe sollten dabei durch Schreibung in Großbuchstaben oder in Kursivschrift oder Einschließung in Anführungszeichen hervorgehoben und kenntlich gemacht werden.

127 **Definitionen** sind regelmäßig zu bilden **für die Vertragspartner, das Kooperationsgebiet** und, soweit es sich bei dem F&E-Vertrag nicht um einen Beratungsvertrag handelt, das **F&E-Ziel**, wobei letzteres auch mittelbar durch die Definition des zu entwickelnden Produkts oder Verfahrens bezeichnet werden kann (s. z.B. Präambel in Muster B). Regelmäßig ist es auch sinnvoll, für alles, was Gegenstand von Verwertungsrechten einzelner, mehrerer oder aller Vertragspartner sein soll, insbesondere **für Alttechnologie und technische F&E-Ergebnisse** sowie **für diesbezügliche Patente und Gebrauchsmuster einschl. Anmeldungen** dazu definierte Begriffe einzuführen. Soll nicht nur ein Vertragspartner Verwertungsrechte daran erhalten, empfiehlt sich außerdem, dazu Unterbegriffe einzuführen, z.B. bei einem F&E-Vertrag zwischen »X« und »Y«, wenn beide hins. *»Vorhandener Technologie«* Verwertungsrechte erhalten sollen, die Unterbegriffe *»Vorhandene X-Technologie«* und *»Vorhandene Y-Technologie«*. Weiter sollten definierte Begriffe gebildet werden **für Erzeugnisse und Verfahren**, die aus der Entwicklung hervorgehen und für die der Vertrag Herstellungs-, Benutzungs- oder Vertriebsbeschränkungen oder Zahlungen von Lizenzgebühren vorsehen soll, z.B. die Begriffe »Vertragsprodukte« und »Vertragsverfahren«..

128 Häufig ist es dabei zweckmäßig, die **Definition eines Begriffs wiederum unter Bezugnahme auf einen anderen definierten Begriff** vorzunehmen, vgl. z.B. die Definition des Begriffs »TECHNOLOGIE« in Muster A, Klausel 1.16. Dabei muss man sich allerdings vor dem häufig vorkommender Fehler hüten, mehrere Begriffe durch wechselseitige Bezugnahmen zu definieren, weil die Definitionen dadurch unklar werden (Beispiel: Der Begriff »Vertragsverfahren« wird unter Bezugnahme auf den Begriff »Know-how« definiert und umgekehrt).

Schon bei den Definitionen sind die **kartellrechtlichen Erfordernisse** zu berücksichtigen,[626] vgl. z.B. die Definitionen »GEHEIM«, »GEMEINSAME F&E«, »VERBUNDENES UNTERNEHMEN«, »VERTRAGSPRODUKT« und »VERTRAGSVERFAHREN« in Muster A, deutsche Fassung, Klauseln 1.15, 1.9, 1.3, 1.5 und 1.4. 129

Die definierten Begriffe sollten möglichst **griffige, ihre Bedeutung andeutende Kurzbezeichnungen** sein, vgl. hins. der Parteibezeichnungen schon oben Kap. 8 Rdn. 119. 130

Bei komplizierteren F&E-Verträgen empfiehlt sich grundsätzlich eine **Auflistung der Definitionen an einer Stelle**, s. dazu schon Kap. 8 Rdn. 6. 131

Dies kann in der Weise erfolgen, dass für die Definitionen (außer den Definitionen der Vertragsparteien, die zweckmäßigerweise schon im Vertragskopf erfolgen) eine vorangestellte eigene Klausel verwendet wird. Dabei sollten bei besonders zahlreichen Definitionen diese in alphabetischer Reihenfolge angeordnet werden, um dem Leser des Vertrags die Auffindung einer gesuchten Definition in der vorangestellten Klausel zu erleichtern.[627]

Alternativ kann man die Definitionen zwar an verschiedenen Stellen des Vertrags vornehmen, aber dem Vertrag eine Liste der definierten Begriffe in alphabetischer Ordnung voranstellen, in der für jeden definierten Begriff ein Hinweis auf die Klausel erfolgt, in der die Definition enthalten ist.

Bei nicht allzu langen F&E-Verträgen, insbesondere bei F&E-Aufträgen und F&E-Beratungsverträgen, kann man auf eine Bündelung der Definitionen in einer vorangestellten Klausel oder die Beifügung einer die Fundstelle der Definitionen anzeigenden Liste verzichten. In einem solchen Fall ist insbesondere die Präambel ein geeigneter Ort für die Vornahme der Definitionen.

5. Regelung der Zusammenarbeit bei F&E-Kooperationen

a) Die Regelung der Zusammenarbeit bei F&E-Verträgen zu einem gemeinsamen Zweck

aa) Ausrichtung der Zusammenarbeit am F&E-Ziel

Wenn die Vertragspartner ein F&E-Ziel gemeinsam verfolgen (was bei Maßgeblichkeit deutschen Rechts bedeutet, dass der Vertrag als Gesellschaftsvertrag zu qualifizieren ist, s. Kap. 6 Rdn. 3), sollte er die Vertragspartner ausdrücklich zur Zusammenarbeit auf dem Kooperationsgebiet zur Erreichung des F&E-Ziels nach Maßgabe des Vertrages verpflichten. Eine solche Verpflichtung ergibt sich, wenn der Vertrag deutschem Recht unterliegt, zwar schon aus § 705 BGB. Auch in diesem Fall ist aber die Aufnahme der erwähnten Klausel in den Vertrag zu 132

626 Siehe dazu auch das von *Lutz/Broderick* RIW 1986, S. 5, 8 vorgeschlagene Muster, das an den Freistellungsvoraussetzungen der F&E-GFVO **1984** orientiert ist.

627 Siehe dazu auch *Döser* NJW 2000, S. 1452 f.

empfehlen, da dieser nicht nur der Regelung von Rechtsfragen zu dienen hat, sondern auch eine Richtschnur für das praktische Handeln bilden soll, s. Kap. 8 Rdn. 4 und 17–19.

bb) Austausch von Alttechnologie

133 Der Vertrag sollte jeden Vertragspartner auch ausdrücklich verpflichten, dem/den anderen Vertragspartner einschlägige Alttechnologie (s. zur Definition Kap. 8 Rdn. 345), deren Kenntnis seitens des/der anderen Vertragspartner nicht vorausgesetzt werden kann, zu übermitteln, soweit ein Austausch nicht schon im Vorfeld des Vertrags stattgefunden hat (was zweckmäßig ist, s. Kap. 3 Rdn. 11). Soweit ein Partner an der Übermittlung von geheimem Know-how, das zu seiner Alttechnologie gehört, gehindert ist (z.B. durch eine Geheimhaltungsverpflichtung gegenüber Dritten oder eine von ihm erteilte diesbezügliche ausschließliche Lizenz), sollte er natürlich darauf achten, dass seine Verpflichtung entsprechend eingeschränkt wird.

134 Die grundsätzliche Verpflichtung der Vertragspartner zur gegenseitigen Übermittlung von Alttechnologie ist zwar bei Maßgeblichkeit deutschen Rechts auch ohne ausdrückliche vertragliche Festlegung anzunehmen, und zwar folgt sie in diesem Fall aus der Verpflichtung der Partner zur Förderung des Gesellschaftszwecks.[628] Auch hier ist aber der Grundsatz zu beachten, dass der Vertrag nicht nur Rechtsfragen regeln, sondern auch eine Richtschnur für das praktische Handeln der an der Kooperation Mitwirkenden bilden soll.

cc) Festlegung des F&E-Programms

135 Ein schwieriges Problem bildet bei F&E-Kooperationen zu einem gemeinsamen Zweck oft die Vertragsgestaltung hinsichtlich des Programms, das jeweils bei der gemeinsamen F&E zu befolgen ist, und der Grenzen seiner Verbindlichkeit. Das Programm hat dabei nicht nur die vorzunehmenden F&E-Arbeiten zu bezeichnen, sondern diese auch unter den Partnern aufzuteilen.

136 Die gemeinsame Festlegung eines Programms macht erst Sinn, wenn die Partner alles Know-how, das für die der Gestaltung des Programms von Bedeutung ist, ausgetauscht haben, was zweckmäßigerweise schon im Vorfeld des Vertrags erfolgt, s. Kap. 3 Rdn. 11. Wenn die Partner dieses Know-how noch nicht im Vorfeld des Vertrags ausgetauscht, können sie ein Programm erst nach Inkrafttreten des Vertrags und nach Austausch dieses Know-how festlegen. Ihre Verpflichtung dazu folgt bei Maßgeblichkeit deutschen Rechts wiederum schon aus ihrer Verpflichtung zur Förderung des F&E-Ziels.

137 Bei der Festlegung des F&E-Programms ist zu berücksichtigen, dass die Ausarbeitung eines detaillierten, viele Eventualitäten berücksichtigenden Programms für die gesamte Vertragsdauer wertvolle Zeit kostet, welche den

628 Vgl. *Ullrich* GRUR 1993, S. 338, 343.

tatsächlichen Beginn des Projekts verzögern und damit die Erzielung des erhofften technologischen Vorsprungs durch die gemeinsame F&E gefährden kann. Deshalb ist es oft zweckmäßig, nur ein Programm für die Anfangsphase der gemeinsamen F&E zu fixieren und das weitere Programm von der Vereinbarung der Vertragspartner auf der Grundlage der zunächst erzielten F&E-Ergebnisse abhängig zu machen.

Legt man nicht schon im Vertrag ein Programm für dessen gesamte Laufzeit 138 fest, so hat dies die zwangsläufige Konsequenz, dass bei Ausbleiben einer Einigung über das Gesamtprogramm bzw. ein Anfangsprogramm bzw. ein Folgeprogramm während einer im Vertrag festzulegenden Frist jedem Partner ein Kündigungsrecht einzuräumen ist. Unter diesen Umständen sollte die Interessenlage schon im Zeitpunkt des Abschlusses eines F&E-Vertrags eine gewisse Gewähr dafür bieten, dass jeder Partner sich nicht der Verabschiedung eines sinnvollen Programms verschließt. Hieran kann es z.B. bei einem F&E-Vertrag zwischen aktuellen oder möglichen Konkurrenten auf dem F&E-Gebiet fehlen, wenn der Wert der Alttechnologie, die ein Vertragspartner einzubringen hat, erheblich hinter dem Wert der Alttechnologie zurückbleibt, die ihm zur Verfügung zu stellen ist. Dies gilt jedenfalls dann, wenn der Vertrag vorsieht, dass nach Vertragsende jeder Vertragspartner sämtliche von dem bzw. den anderen Vertragspartner(n) eingebrachte Alttechnologie frei verwerten kann, ohne dafür Lizenzgebühren zahlen zu müssen. Bei deutlich unterschiedlichem Wert der jeweils einzubringenden Technologien sollte deshalb ein Partner, der einen F&E-Vertrag abschließen will, obwohl er bei Zustandekommen der Kooperation die höherwertige Alttechnologie einbringen muss, den Abschluss des Vertrags jedenfalls von einer Lizenzgebührenregelung abhängig machen, die dem Ungleichgewicht der einzubringenden Technologien Rechnung trägt.

Generell kann kein Partner ein Interesse daran haben, eine F&E gemeinsam 139 mit einem Partner fortzusetzen, der »eigentlich nicht mehr will« oder sich aus sonstigen Gründen als ungeeignet erweist. Der Vertrag muss deshalb entsprechende Kündigungsmöglichkeiten vorsehen, z.B. dann, wenn ein Partner bzw. die Partner einen vertraglich definierten »Meilenstein« nicht binnen einer vertraglich festgelegten Frist erreicht/erreichen. Eine andere Möglichkeit besteht darin, für die F&E-Phase im Vertrag eine relativ kurze Grundlaufzeit und relativ kurze Verlängerungsperioden vorzusehen mit der Maßgabe, dass jeder Partner den Vertrag, soweit dieser nicht schon wegen Erreichung des F&E-Ziels vorher endet, zum Ende der Grundlaufzeit oder einer Verlängerungsperiode kündigen kann.

Jeder Vertragspartner sollte grundsätzlich die Berechtigung erhalten, die An- 140 passung eines vereinbarten Programms zu verlangen, wenn ein anderes als das darin vorgesehene Vorgehen bessere Chancen zur Erreichung des F&E-Ziels in der dafür vorgesehenen Zeit eröffnet. Das ergibt sich, wenn der Vertrag deutschem Recht unterliegt und ein Gesellschaftsvertrag ist, zwar schon aus der Bindung der Vertragspartner an den Gesellschaftszweck. Trotzdem sollte der Vertrag dieses Recht jeden Vertragspartners ausdrücklich erwähnen, damit die jeweils mit der Durchführung der F&E befassten Personen nicht aus falsch verstandener Vertragstreue »im alten Trott« weitermachen und rechtzeitig bei der Vertragsgegenseite wegen einer Programmanpassung vorstellig werden.

dd) Ausschließlichkeit der Zusammenarbeit

141 Jeder Vertragspartner eines F&E-Vertrags zu einem gemeinsamen Zwecks hat i.d.R. ein Interesse daran, dass die vertragliche Zusammenarbeit auf dem Projektgebiet ausschließlich ist. Zu den Gründen gehört, dass das von ihm an den bzw. einen anderen Partner übermittelte geheime Know-how nicht im Rahmen eines parallelen Projekts an einen Dritten gelangt. Eine Geheimhaltungsverpflichtung des anderen Partners wird ihm in einem solchen Fall faktisch keinen ausreichenden Schutz gewähren. Soweit er zur Verwertung der F&E-Ergebnisse des anderen Partners berechtigt ist, muss er bei einer Ausschließlichkeit der Zusammenarbeit auch nicht damit rechnen, dass der andere Partner geltend macht, die betr. F&E-Ergebnisse stammten aus der Zusammenarbeit mit dem Dritten.

142 Für die Vereinbarkeit der Ausschließlichkeit der Zusammenarbeit gibt es allerdings kartellrechtliche Grenzen.

So ist bei F&E-Verträgen, für welche die F&E-GFVO die einschlägige GFVO bildet, Art. 1 Abs. 2 F&E-GFVO zu beachten. Danach ist die Verpflichtung, allein oder im Verbund mit Dritten keine F&E zu betreiben, freigestellt, wenn sie nicht über die F&E-Phase hinaus und nicht auf Gebiete erstreckt wird, die außerhalb des Projektgebiets und eines damit eng verwandten Bereichs liegen, s. dazu Kap. 5 Rdn. 392.

Handelt es sich um einen vertikalen F&E-Vertrag, der unter die Vertikal-GFVO fällt, werden zwar nach Nr. 25 Vertikal-LL Einschränkungen des Rechts von Vertragspartner, eigenständige F&E-Arbeiten durchzuführen, nicht von der GFVO erfasst. Hier kommt jedoch eine Freistellung in direkter Anwendung von Art. 81 Abs. 3 EGV in dem Rahmen in Betracht, der nach Art. 1 Abs. 2 F&E-GFVO für unter die F&E-GFVO fallende horizontale F&E-Verträge gilt, s. Kap. 5 Rdn. 627 und 628.

ee) Formaler Rahmen der Zusammenarbeit

143 Die Partner können den formalen Rahmen der Zusammenarbeit auf verschiedene Weise festzulegen. Eine Möglichkeit dazu ist die Bildung eines Gemeinschaftsunternehmens, dem die »gemeinsame« F&E übertragen wird und in dessen Rahmen alle Entscheidungen darüber zu treffen sind. Bei Verteilung der F&E-Aufgaben auf die einzelnen Vertragspartner ist es meist sinnvoll, bei jedem von ihnen einen Ansprechpartner für alle Fragen der Durchführung der gemeinsamen F&E vorzusehen. Als Ansprechpartner können auch die von dem betr. Partner bestellten Mitglieder eines F&E-Komitees fungieren, das zum Zwecke der Steuerung der gemeinsamen F&E und zur Erleichterung des Informationsaustauschs zwischen den Partnern gebildet wird.

b) Die Regelung der Zusammenarbeit bei F&E-Aufträgen des Dienstvertragstypus

aa) Abänderung des zunächst vereinbarten F&E-Programms

Bei F&E-Aufträgen des Dienstvertragstypus hat der Auftraggeber regelmäßig ein Interesse daran, ein zunächst vereinbartes F&E-Programm abändern zu können, wenn sich der zunächst vorgesehene Weg als technisch oder kommerziell nicht oder wenig erfolgversprechend erweist. Umgekehrt hat der Auftragnehmer regelmäßig ein Interesse daran, dass das ursprüngliche F&E-Programm maßgeblich bleibt, wenn eine Änderung dieses Programms für ihn einen höheren Aufwand und/oder eine längere Bindung bedeuten würde. 144

Der Auftraggeber kann hier versuchen, eine Option in den Vertrag einzubauen, die Änderung des ursprünglichen Programms innerhalb gewisser Toleranzgrenzen gegen Erstattung des Mehraufwands zu verlangen. Für den Fall der Überschreitung dieser Toleranzgrenzen oder stattdessen kann er sich einen Anspruch auf Verhandlung über eine angemessene Vertragsanpassung ausbedingen, verbunden mit dem Recht, den Vertrag zu kündigen, wenn die Verhandlungen nicht binnen eines bestimmten Zeitraums zu einer Lösung führen. Für den Fall einer solchen Kündigung wird der Auftragnehmer aber normalerweise auf eine Entschädigung im Hinblick darauf dringen, dass seine Vergütungsansprüche wegen der vorzeitigen Vertragsbeendigung gekürzt werden und damit nicht mehr in voller Höhe zur Abdeckung der mit der Annahme des Auftrags notwendig verbundenen Kosten zur Verfügung stehen, s. Kap. 2 Rdn. 59 und Kap. 7 Rdn. 18–20.

bb) Verpflichtung des Auftragnehmers zu ausschließlicher Zusammenarbeit mit dem Auftraggeber

Der Auftraggeber wird ein Interesse daran haben, dass der Auftragnehmer auf dem Projektgebiet während der Dauer des F&E-Vertrags nur mit ihm zusammenarbeitet. Die Ausführungen zur Vereinbarung der Ausschließlichkeit der Zusammenarbeit bei F&E-Verträgen des Gesellschaftsvertragstypus (Kap. 8 Rdn. 141 und 142), den dafür bestehenden Gründen und den dafür bestehenden kartellrechtlichen Grenzen gelten hier entsprechend. 145

6. Regelungen betr. die Anmeldung, Aufrechterhaltung und Geltendmachung von Schutzrechten für Vertragserfindungen

a) Begriff der Vertragserfindungen

Unter einer »Vertragserfindung« wird hier grundsätzlich (s. zu einer möglichen abweichenden Definition Kap. 8 Rdn. 148) eine mutmaßlich patent- und/oder gebrauchsmusterfähige Erfindung verstanden, deren Veröffentlichung im pa- 146 tentamtlichen Verfahren kein Vertragspartner aufgrund einer bei Entstehung der Erfindung schon bestehenden Geheimhaltungsverpflichtung gegenüber einem Dritten verhindern muss.

147 Ein Merkmal der Vertragserfindung ist damit ihre Zugehörigkeit zu den F&E-Ergebnissen. Die Kriterien, welche für die vertragliche Definition des Begriffs »F&E-Ergebnisse« in Betracht kommen, sind in Kap. 8 Rdn. 422–437 aufgeführt. Welche dieser Kriterien jeweils bei der vertraglichen Definition der F&E-Ergebnisse für einen bestimmten Typ eines F&E-Vertrags berücksichtigt werden sollten, hängt von der Interessenlage bei diesem Vertragstyp ab. Dabei werden die jeweilige Interessenlage und die sich daraus ergebenden Konsequenzen für die Definition der F&E-Ergebnisse hauptsächlich bei den Ausführungen zu den Benutzungs- bzw. Verwertungsrechten bzgl. technischer F&E-Ergebnisse bei den einzelnen Typen von F&E-Verträgen (Kap. 8 Rdn. 443 ff.) erörtert. Dort wird auch der Frage nachgegangen, was zu den F&E-Ergebnissen bei Fehlen einer vertraglichen Definition zu rechnen ist. Darauf wird bei den nachfolgenden Erörterungen betr. die Anmeldung, Aufrechterhaltung und Geltendmachung von Schutzrechten für Vertragserfindungen jeweils verwiesen.

Dass hier den Vertragserfindungen nur »mutmaßlich« patent- und/oder gebrauchsmusterfähige Erfindungen zugerechnet werden, beruht darauf, dass man nie endgültig weiß, ob eine bestimmte Technologie wirklich neu und erfinderisch ist, so dass für die Regelungen betr. Anmeldung, Aufrechterhaltung und Geltendmachung von Schutzrechten von einer vermuteten Schutzrechtsfähigkeit ausgegangen werden muss.

Der Grund für die Aufnahme des Merkmals: »… deren Veröffentlichung im patentamtlichen Erteilungsverfahren kein Vertragspartner aufgrund einer bei Entstehung der Erfindung schon bestehenden Geheimhaltungsverpflichtung gegenüber einem Dritten verhindern muss.« liegt darin, dass in F&E-Ergebnisse praktisch immer vorbekannte Technologie einfließt (s. Kap. 8 Rdn. 423 und 426), zu der auch Kenntnisse und Erfahrungen Dritter gehören können, die diesen gegenüber geheim zu halten sind. Das Merkmal wurde noch nicht bei der Definition der F&E-Ergebnisse berücksichtigt, weil die Möglichkeit besteht, dass der Dritte zwar die Unterlizenzierung dieser Kenntnisse und Erfahrungen durch den unmittelbar zur Geheimhaltung verpflichteten Vertragspartner an den bzw. jeden anderen Vertragspartner gestattet hat, nicht aber ihre Veröffentlichung.

148 Eine umfassende vertragliche Regelung der Rechte und Pflichten zur Anmeldung, Aufrechterhaltung und Geltendmachung von Schutzrechten müsste sich auch auf mutmaßliche Erfindungen erstrecken, die nur deswegen nicht unter die Definition der F&E-Ergebnisse fallen, weil sie neben mindestens einem Erfindungsanteil, der von einem Vertragspartner nach dem ArbEG unbeschränkt in Anspruch genommen werden kann, auch mindestens einen Erfindungsanteil umfassen, der von keinem Vertragspartner nach dem ArbEG unbeschränkt in Anspruch genommen werden kann. Weil Erfindungen dieser Art relativ selten sein dürften, wird in den nachfolgenden Ausführungen meist von dem engeren

Begriff der Vertragserfindungen ausgegangen, s. aber auch Kap. 8 Rdn. 269 und Muster D, Klauseln 1.3, 4.3.d), 5.2 und 7.4 sowie Muster E, Klauseln 1.3, 4.3 c), 5.2 und 7.4.

b) Bedarf für die vertragliche Regelung der Rechte und Pflichten der Vertragspartner zur Anmeldung und Aufrechterhaltung von Schutzrechten

Inwieweit die Partner eines F&E-Vertrags zur Anmeldung von Schutzrechten 149
und Aufrechterhaltung von Schutzrechtspositionen berechtigt bzw. verpflichtet sind, bildet eine schwierige Rechtsfrage, zu deren Teilaspekten die Definition der Vertragerfindungen und damit auch der F&E-Ergebnisse gehört. Sie erscheint auch insoweit, als F&E-Verträge deutschem Recht unterliegen, als weitgehend ungeklärt. Schon deshalb sollte der jeweilige Vertrag diese Frage ausdrücklich regeln. Ohne eine ausdrückliche Regelung kann es leicht zu Streitigkeiten zwischen den Vertragspartnern kommen, die nicht nur wichtige Schutzrechtsanmeldungen verzögern, sondern auch dem Kooperationsklima abträglich sein können.

Allerdings wird es oft faktisch unmöglich sein, die jeweils optimale Lösung 150
hins. Schutzrechtsanmeldungen im Vertrag festzuschreiben. Hier kann man sich u.U. damit behelfen, für bestimmte Konstellationen eine Einigung der Parteien über die – im Vertrag nicht im Einzelnen beschriebene – »zweitbeste Lösung« anzuregen und für den Fall der Nichteinigung die »zweitbeste Lösung« für bindend zu erklären (s. z.B. Muster A, Klausel 3.4).

Trotz der dringenden Empfehlung, die Rechte und Pflichten der Parteien 151
bzgl. Anmeldung und Aufrechterhaltung von Schutzrechten wenigstens in ihren Grundzügen ausdrücklich zu regeln, wird nachfolgend auch die Rechtslage nach deutschem Recht bei Fehlen einer vertraglichen Regelung für die einzelnen Typen von F&E-Verträgen untersucht. Diese Rechtslage bleibt nicht nur bei gänzlichem Fehlen einer vertraglichen Regelung oder Lücken derselben von Bedeutung, sondern auch für die Beurteilung der Wirksamkeit getroffener Regelungen zur Anmeldung und Aufrechterhaltung von Schutzrechten in F&E-Verträgen des Dienstvertrags- oder Werkvertragstypus, die als AGB zu qualifizieren sind, s. zur Frage der Einstufung von Regelungen in F&E-Verträgen als AGB Kap. 8 Rdn. 10 und zu den Grundsätzen für die Beurteilung der Wirksamkeit von AGB-Bestimmungen in F&E-Verträgen des Dienst- und Werkvertragstypus nach § 307 BGB Kap. 8 Rdn. 14–25.

c) Bedeutung der Inhaberschaft an Schutzrechten für Vertragserfindungen

Die Regelungen betr. die Anmeldung, Aufrechterhaltung und Geltendmachung 152
von Schutzrechten für Vertragserfindungen betreffen in erster Linie die Frage nach der Inhaberschaft der Schutzrechtspositionen für Vertragserfindungen. Damit stellt sich die Frage nach der Bedeutung dieser Inhaberschaft.

153 Ein **Zusammenhang zwischen der Inhaberschaft** an Schutzrechten für Vertragserfindungen **und den diesbezüglichen Verwertungsrechten** besteht insofern, als solche Schutzrechte nach den Patentgesetzen grundsätzlich (Ausnahmen: siehe z.B. §§ 11–13 PatG) absolut wirken. Der Vertrag kann aber die Frage der Verwertungsrechte an Schutzrechten für Vertragserfindungen unabhängig von der Inhaberschaft regeln, soweit nicht zwingendes Recht (insbesondere Arbeitnehmererfindungsrecht, s. insbesondere §§ 8, 13, 14, 19 ArbEG) eingreift.

154 Möglich ist danach z.B., dass ein allein anmeldender Vertragspartner jedem anderen Vertragspartner vertraglich die gleichen Verwertungsrechte an der betr. Schutzrechtsposition einräumt (und muss dies u.U. – mit den sich aus Art. 5 Abs. 1 Buchst. h F&E-GFVO ergebenden Einschränkungen – aus kartellrechtlichen Gründen sogar tun, s. für »reine« F&E-Verträge Kap. 5 Rdn. 404, 405 und 408), die ihm selbst zustehen.

155 Die Inhaberschaft oder Beteiligung eines Vertragspartners an einer Schutzrechtsposition bedeutet umgekehrt nicht notwendig, dass er diesbezüglich auch Verwertungsrechte hat. So kann z.B. ein F&E-Auftrag, den ein Industrieunternehmen einer Hochschule erteilt, die Hochschule als Mitanmelderin von Schutzrechten für bei ihr ganz oder teilweise entstandene Erfindungen nur zu dem Zweck vorsehen, die (Mit-)Urheberschaft von Hochschulangehörigen an solchen Erfindungen nach außen sichtbar werden zu lassen, s. dazu auch Kap. 8 Rdn. 252 Nr. 3.

156 Die Regelung der formalen Inhaberschaft an Schutzrechten könnte aber für die **Geltendmachung von Unterlassungs- und Schadensersatzansprüchen** wegen Schutzrechtsverletzung gegen Dritte **und die Höhe des zu leistenden Schadensersatzes** von Bedeutung sein.

Nach deutschem Recht sind nach inzwischen wohl allgemeiner Meinung nur der Schutzrechtsinhaber und der ausschließliche Lizenznehmer anspruchsberechtigt.[629] Dabei kann, wenn das Schutzrecht im Bruchteilseigentum mehrerer Teilhaber steht, jeder Teilhaber im eigenen Namen auf Unterlassung und auf Leistung von Schadensersatz an alle Teilhaber klagen.[630] Außerdem kann nach h.M. der Schutzrechtsinhaber den Schaden des einfachen Lizenznehmers nach den Grundsätzen der Schadensliquidation im Drittinteresse mit geltend machen.[631] Dabei können die Vertragspartner vereinbaren, dass der Schutzrechtsinhaber, wenn er den Verletzer auf Schadensersatz in Anspruch nimmt, den Schaden des Lizenznehmers mit geltend machen muss. In diesem Fall hat er letzteren wohl an dem erstrittenen Schadensersatz zu beteiligen[632]; jedenfalls kann der Vertrag dies ausdrücklich bestimmen.

629 *Fischer* GRUR 1980, S. 374 ff., 377 m.w.N.; *Kraßer* S. 869; *Kühnen* in *Schulte*, § 139 PatG Rn. 17.

630 *Kraßer* S. 350 m.w.N.

631 RG 16, 178, 180; *Fischer* GRUR 1980, S. 374 ff.; *Kraßer* S. 895; *Kühnen* in *Schulte*, § 139 PatG Rn. 17; vgl. auch BGH »Abstandhalterstopfen« GRUR 1974, S. 502; a.M. RG GRUR 1939, S. 826, 832.

632 Siehe dazu *Kraßer* S. 895.

Ob die gleiche Rechtslage bei ausländischen Schutzrechten besteht, hängt von dem jeweils einschlägigen Patent-, Gebrauchsmuster- und Prozessrecht ab und lässt sich im Vorfeld eines F&E-Vertrags wegen des dafür erforderlichen Aufwands kaum umfassend klären.

Ein Vertragspartner, dem der F&E-Vertrag die Beteiligung an Schutzrechtspositionen für Vertragserfindungen versagt, hat deshalb zumindest gewisse Unsicherheiten im Hinblick auf den Ersatz seines Schadens im Fall der Verletzung von ausländischen Schutzrechten für Vertragserfindungen in Kauf zu nehmen. Außerdem muss er ggf. auf die Werbewirkung verzichten, welche mit der Beteiligung an der jeweiligen Schutzrechtsposition verbunden sein kann. 157

Auf der anderen Seite bedeutet eine solche Beteiligung für ihn, soweit der Vertrag nichts anderes bestimmt, dass er die **Kosten der Schutzrechtsposition** mittragen muss. Die Nichtbeteiligung an der jeweiligen Schutzrechtsposition kann deshalb für ihn insbesondere dann, wenn er trotzdem aus der betr. Schutzrechtsposition durch Eigenverwertung oder Realisierung von Lizenzgebühren Nutzen ziehen kann, »per Saldo« vorteilhaft sein. 158

d) Der Rahmen für die vertragliche Regelung der Rechte und Pflichten zur Anmeldung, Aufrechterhaltung und Geltendmachung von Schutzrechten für Vertragserfindungen

aa) Erfinderprinzip und Anmelderechte

Das Recht an der Erfindung steht zunächst dem Erfinder zu (**»Erfinderprinzip«**)[633]. Dem entspricht der Grundsatz, dass das Recht auf das Patent zunächst dem Erfinder zusteht (s. § 6 PatG und Art. 60 EPÜ) und dass damit auch das Anmelderecht beim Erfinder liegt. 159

Eine Ausnahme von diesem Grundsatz bildet im Falle von Diensterfindungen, die dem ArbEG unterliegen, das von vornherein bestehende Recht des Arbeitgebers zur Anmeldung von Schutzrechten im Inland nach § 13 Abs. 1 ArbEG, während er Anmeldungen im Ausland nach § 14 Abs. 1 ArbEG erst nach unbeschränkter Inanspruchnahme tätigen darf. Geht das Recht an einer Diensterfindung durch unbeschränkte Inanspruchnahme auf den Arbeitgeber über, ist das Recht an der Diensterfindung wieder mit dem Anmelderecht vereint. Mit dem Recht an der Diensterfindung kann dann das Anmelderecht ganz oder z.T. auf einen Dritten übertragen werden. 160

633 Siehe zum Erfinderprinzip BGH vom 20.02.1979, GRUR 1979, S. 540, 541 – Biedermeiermanschetten und zur Bedeutung des Erfinderprinzips auf die Rechte an Erfindungen bei F&E-Aufträgen *Ullrich (Privatrechtsfragen)* S. 132 ff.

bb) Die Regelungen des ArbEG für die Anmeldung und Aufrechterhaltung von Schutzrechten für Erfindungen von Arbeitnehmern

161 Der **Geltungsbereich des ArbEG** bestimmt sich nach Art. 30 EGBGB, der folgenden Wortlaut hat:

»(1) Bei Arbeitsverträgen und Arbeitsverhältnissen darf die Rechtswahl der Parteien nicht dazu führen, dass dem Arbeitnehmer der Schutz entzogen wird, der ihm durch die zwingenden Bestimmungen des Rechts gewährt wird, das nach Absatz 2 mangels einer Rechtswahl anzuwenden wäre.

(2) Mangels einer Rechtswahl unterliegen Arbeitsverträge und Arbeitsverhältnisse dem Recht des Staates,

1. in dem der Arbeitnehmer in Erfüllung des Vertrages gewöhnlich seine Arbeit verrichtet, selbst wenn er vorübergehend in einen anderen Staat entsandt ist, oder
2. in dem sich die Niederlassung befindet, die den Arbeitnehmer eingestellt hat, sofern dieser seine Arbeit gewöhnlich nicht in ein und demselben Staat verrichtet,

es sei denn, dass sich aus der Gesamtheit der Umstände ergibt, dass der Arbeitsvertrag oder das Arbeitsverhältnis engere Verbindungen zu einem anderen Staat aufweist; in diesem Fall ist das Recht dieses Staates anzuwenden.«

Da das ArbEG als Nahtstelle zwischen deutschem Patent- bzw. Gebrauchsmusterrecht und deutschem Arbeitsrecht ein dem Schutz von Arbeitnehmern dienendes Gesetz ist, unterliegen ihm nach Art. 30 Abs. 2 Nr. 1 EGBGB grundsätzlich insbesondere alle Erfindungen von Arbeitnehmern, die ihren gewöhnlichen Arbeitsort in Deutschland haben, selbst wenn sie vorübergehend in einen anderen Staat entsandt werden; dem entspricht die Regelung in Ar. 60 Abs. 1 EPÜ für das Recht auf das europäische Patent. Darauf, ob es sich um einen in- oder ausländischen Arbeitnehmer oder bei dessen Arbeitgeber um ein in- oder ausländisches Unternehmen handelt, kommt es nicht an.[634]

162 Einem F&E-Vertrag unterliegende Erfindungen können Erfindungen von Nichtarbeitnehmern (Selbständige, Gesellschafter oder Organmitglieder juristischer Personen) oder Arbeitnehmer sein. Die Hauptrolle spielen dabei Erfindungen von Arbeitnehmern. Diese Erfindungen können im Geltungsbereich des ArbEG entweder **freie Erfindungen** i.S. von § 4 Abs. 3 ArbEG oder **Diensterfindungen** i.S. von § 4 Abs. 2 ArbEG sein.

163 Die **Anmelderechte für freie Erfindungen** stehen allein dem Arbeitnehmer zu. Das hat für die Gestaltung eines F&E-Vertrags die Konsequenz, dass sich ein Vertragspartner nicht zur Gewährung von Verwertungsrechten auch an freien Erfindungen seiner Arbeitnehmer verpflichten sollte. Der Ausschluss einer solchen Verpflichtung lässt sich vertragstechnisch wohl am besten dadurch erreichen, dass die Einbeziehung von freien Erfindungen durch eine entsprechende einschränkende Definition der F&E-Ergebnisse ausgeschlossen wird, s. Kap. 8 Rdn. 427.

634 Siehe zu den Einzelheiten *Bartenbach/Volz (ArbEG)*, § 1 Rn. 35, 108 ff.

Bei einem solchen Ausschluss bleibt für einen Vertragspartner, der trotzdem auch an Schutzrechten für freie Erfindungen von Arbeitnehmern eines anderen Vertragspartners Verwertungsrechte erwerben möchte, nur der Weg, diese Arbeitnehmer durch eine zusätzlich mit diesem getroffene Vereinbarung zur Gewährung solcher Verwertungsrechte zu verpflichten. Von Bedeutung kann dies vor allem für Industrieunternehmen bei F&E-Verträgen mit Hochschulen sein, s. dazu Kap. 8 Rdn. 92.

Die **Rechte und Verpflichtungen zur Anmeldung von Schutzrechten für** 164
Diensterfindungen bestimmen sich nach **§§ 13, 14 und 17 ArbEG.**

Nach § 13 Abs. 1 ArbEG ist der Arbeitgeber verpflichtet und allein berechtigt, Diensterfindungen im Inland unverzüglich zur Erteilung eines Schutzrechts anzumelden (s. zu den Voraussetzungen der Unverzüglichkeit Kap. 8 Rdn. 275). Dabei hat er eine patentfähige Diensterfindung zur Erteilung eines Patents anzumelden, sofern nicht bei verständiger Würdigung der Verwertbarkeit der Erfindung der Gebrauchsmusterschutz zweckmäßiger erscheint.

Der Verpflichtung zur Anmeldung im Inland wird auch durch die Anmeldung eines europäischen Patents oder einer PCT-Anmeldung genügt, sofern dabei die Bundesrepublik Deutschland als Vertragsstaat benannt wird.

Die Anmeldeberechtigung und -verpflichtung des Arbeitgebers entfällt jedoch nach § 13 Abs. 2 Nr. 1 und Abs. 4 ArbEG u.a. dann, wenn die Diensterfindung bzw. der Anteil des Arbeitnehmers daran nach § 8 Abs. 1 ArbEG frei geworden ist. Ein solches Freiwerden erfolgt nach § 8 ArbEG u.a. dann, wenn der Arbeitgeber die Diensterfindung bzw. den Anteil des Arbeitnehmers daran nicht innerhalb von 4 Monaten nach Eingang der ordnungsgemäßen Meldung unbeschränkt in Anspruch nimmt.

Nach § 14 Abs. 1 ArbEG ist der Arbeitgeber zur Anmeldung von Schutzrechten im Ausland nur nach unbeschränkter Inanspruchnahme der Diensterfindung berechtigt. Für ausländische Staaten, in denen er Schutzrechte nicht erwerben will, hat er nach § 14 Abs. 2 ArbEG die Diensterfindung dem Arbeitnehmer rechtzeitig vor Ablauf der Prioritätsfirst nach der PVÜ freizugeben und ihm auf Verlangen den Erwerb von Auslandsschutzrechten zu ermöglichen. Dies läuft, soweit sich der Arbeitnehmer nicht mit der der Nichtanmeldung im Ausland nach Meldung der Erfindung rechtsgültig einverstanden erklärt hat (in der Praxis erfolgt oft ein Abkauf seiner formalen Rechtsstellung nach §§ 14 und 16 ArbEG gegen Zahlung einer einmaligen Pauschalgebühr[635]), auf eine Verpflichtung des Arbeitgebers hinaus, für alle Staaten des Auslands anzumelden, für die er die Erfindung nicht rechtzeitig vor Ablauf der Prioritätsfrist freigegeben hat.

Nach § 17 Abs. 1 ArbEG kann der Arbeitgeber von der Erwirkung eines Schutzrechts absehen, wenn berechtigte Belange des Betriebes es erfordern, eine gemeldete Diensterfindung nicht bekannt werden zu lassen und der Arbeitgeber die Schutzfähigkeit der Diensterfindung gegenüber dem Arbeitnehmer anerkennt. »Berechtigte Belange« des Betriebs können u.a. dann gegeben sein, wenn

635 Siehe *Bartenbach/Volz (ArbEG)*, § 16 Rn. 1.2.

der Arbeitgeber die Veröffentlichung der Erfindung im patentamtlichen Verfahren aufgrund einer Dritten gegenüber bestehenden Geheimhaltungsverpflichtung verhindern muss. Dem wurde bereits durch die einschränkende Definition der »Vertragserfindung« Rechnung getragen, s. Kap. 8 Rdn. 146 und 147.

165 Seiner Verpflichtung zur Anmeldung im Inland nach § 13 Abs. 1 ArbEG kann der Arbeitgeber auch dadurch nachkommen, dass er eine prioritätsbegründende Auslandsanmeldung einreicht und unter Inanspruchnahme der so begründeten Priorität die Inlandsanmeldung während der Prioritätsfrist nachholt.[636]

166 Auch in den Fällen, in denen sowohl eine Patent-, als auch eine Gebrauchsmusteranmeldung möglich ist, der Arbeitgeber aber nach § 13 Abs. 1 Satz 2 ArbEG auf eine Patentanmeldung zugunsten einer Gebrauchsmusteranmeldung verzichten kann, verhält sich der Arbeitgeber gesetzeskonform, wenn er zunächst für das Inland eine Gebrauchsmusteranmeldung einreicht, dann aber die Patentanmeldung unter Inanspruchnahme der Priorität der Gebrauchsmusteranmeldung innerhalb der 12-monatigen Prioritätsfrist nachholt.[637]

167 Nicht im ArbEG angesprochen ist die **Frage der Verpflichtungen des Arbeitgebers zur Anmeldung von Schutzrechten und Aufrechterhaltung von Schutzrechtspositionen bei Übertragung der Rechte an der unbeschränkt in Anspruch genommenen Diensterfindung auf einen Dritten** (der auch der Vertragspartner eines F&E-Vertrags sein kann). Nach einer verbreiteten Meinung[638] entfallen diese Verpflichtungen mit der Übertragung. Man wird hier allerdings differenzieren müssen:

168 Überträgt der Arbeitgeber alle Rechte an der Erfindung auf den Dritten gegen Entgelt, ohne sich ein Verwertungsrecht vorzubehalten, bietet die mit dem Dritten ausgehandelte Vergütung (bei vergütungsfreier Übertragung oder bei Vereinbarung einer nicht angemessenen Vergütung die angemessene Vergütung) für den Arbeitgeber die Grundlage für die Berechnung der Arbeitnehmererfindervergütung. Es besteht kein schutzwürdiges Interesse des Arbeitnehmers mehr daran, dass überhaupt eine Anmeldung erfolgt, weil selbst dann, wenn sie erfolgen würde, der Dritte diese ohne Anbietungspflicht gegenüber dem Arbeitnehmer jederzeit fallen lassen könnte. Die Übertragung des Anmelderechts auf den Dritten ist damit vom Gesetzeszweck des § 13 ArbEG gedeckt und somit als zulässig zu betrachten.

169 Erteilt der Dritte dagegen dem Arbeitgeber eine Rücklizenz, überträgt dieser »per Saldo« nicht alle Rechte an der Erfindung, so dass seine eigenen Verwertungshandlungen für die Arbeitnehmererfindervergütung und damit auch der Bestand von Schutzrechten für die Diensterfindung von Bedeutung bleiben. Der Arbeitnehmer behält daher ein schutzwürdiges Interesse daran, dass An-

636 Siehe *Bartenbach/Volz (ArbEG)*, § 13 Rn. 26 ff.

637 Siehe *Bartenbach/Volz (ArbEG)*, § 13 Rn. 11.2.

638 *Bartenbach/Volz (ArbEG)*, § 13 Rn. 3, *Volz* S. 221; *Witte* Mitt. 1962, S. 195, 196 (hins. der Anmeldungen durch den Auftraggeber bei F&E-Aufträgen); im Ergebnis auch Schiedsstelle vom 2. 4. 1996 Arbeitnehmererfindungen 95/94; a.M. *Keukenschrijver* in *Busse*, § 13 ArbEG, Rn. 13 und wohl auch *Reimer/Schade/Schippel/Kaube/Leuze* § 13 ArbEG Rn. 11 unter Nr. 5.

meldungen gemäß § 13 bzw. § 14 ArbEG erfolgen und aufrechterhalten werden. Der Arbeitgeber bleibt deshalb hins. der Anmeldung der Erfindung nach §§ 13 Abs. 4 Satz 2, 14 Abs. 2 ArbEG »im Obligo«.

Außerdem hat er weiterhin gemäß § 15 Abs. 1 ArbEG gegenüber dem Diensterfinder bestimmte Informationspflichten, einschließlich der Übermittlung schriftlicher Unterlagen, hins. jeder Anmeldung zu erfüllen.

Entsprechendes gilt hinsichtlich der Verpflichtungen im Falle beabsichtigter Aufgabe von Schutzrechtspositionen für Diensterfindungen nach § 16 Abs. 1 und 2 ArbEG: Danach hat der Arbeitgeber, wenn er vor Erfüllung des Anspruchs des Arbeitnehmers auf angemessene Vergütung eine Anmeldung der Diensterfindung zur Erteilung eines Schutzrechts nicht weiterverfolgen oder das auf die Diensterfindung erteilte Schutzrecht nicht aufrechterhalten will, dem Arbeitnehmer dies mitzuteilen und ihm auf dessen Verlangen und Kosten das Recht zu übertragen sowie ihm die zur Wahrung des Rechts erforderlichen Unterlagen auszuhändigen. Zur Aufgabe des Rechts ist er erst berechtigt, wenn der Arbeitnehmer nicht innerhalb von drei Monaten nach Zugang der Mitteilung die Übertragung des Rechts verlangt.

Dabei stellt sich allerdings die Frage, ob der Arbeitgeber wirklich im vor- 170
bezeichneten Fall die erwähnten Verpflichtungen selbst erfüllen muss oder die Erfüllung dieser Verpflichtungen durch den Übernehmer der Rechte genügt. Dies wird man bejahen können:

Soweit der Arbeitgeber nach §§ 13 bzw. 14 ArbEG Inlands- bzw. Auslands- 171
anmeldungen vorzunehmen hat, dürfte es nach dem Zweck dieser Bestimmungen nur darauf ankommen, ob diese Anmeldungen überhaupt erfolgen. Es ist nicht anzunehmen, dass der Gesetzgeber z.B. ausschließen wollte, dass Anmeldungen durch Treuhänder auf deren Namen erfolgen (etwa bei Diensterfindungen von Arbeitnehmern einer konzernangehörigen Gesellschaft durch die Konzernmutter im Hinblick auf die bei dieser gebildete zentrale Patentabteilung oder bei einer durch mehrere Hochschulen betreuenden Patentverwaltungsagentur durch diese), oder dass Diensterfindungen, die in zwei Unternehmen als Gemeinschaftserfindungen entstanden sind, nur durch eines dieser Unternehmen auf dessen Namen angemeldet werden, wenn das andere Unternehmen nicht an einer gemeinsamen Anmeldung interessiert ist, (subsidiäres Anmelderecht).

Das bedeutet nicht, dass der Arbeitgeber mit der bloßen vertraglichen Ver- 172
pflichtung des Übernehmers der Rechte an der Erfindung zu Schutzrechtsanmeldungen schon seinen Verpflichtungen zur Anmeldung gemäß §§ 13 bzw. 14 ArbEG genügt. Der Übernehmer wird diesbezüglich nur als sein Erfüllungsgehilfe anzusehen sein, für dessen Verschulden, z.B. im Falle nicht unverzüglicher Anmeldung gemäß § 13 Abs. 1 Satz 3 ArbEG, er nach § 278 BGB in gleicher Weise einzustehen hat wie für eigenes Verschulden.

Entsprechendes wird man auch für die Erfüllung der Verpflichtungen des Arbeitgebers nach §§ 15 und 16 ArbEG annehmen müssen.

Grundvoraussetzung dafür, dass der Arbeitgeber bei Übertragung seiner 173
Rechte unter Vorbehalt eines eigenen Verwertungsrechts seine in diesem Fall

fortbestehenden Verpflichtungen aus §§ 13 bis 16 ArbEG erfüllen kann, ist natürlich, dass er dem Übernehmer dieser Rechte Verpflichtungen auferlegt, deren Erfüllung, soweit sie nicht gleichzeitig die Erfüllung der Verpflichtungen des Arbeitgebers aus §§ 13 bis 16 ArbEG bedeutet, dem Arbeitgeber wenigstens die Erfüllung dieser Verpflichtungen ermöglicht.

174 Die vorangehenden Ausführungen gelten entsprechend, wenn an der Diensterfindung Arbeitnehmer mehrere Arbeitgeber beteiligt sind (»Gemeinschaftserfindungen«). Dann bestehen nach dem ArbEG ein gemeinsames Anmelderecht und eine gemeinsame Anmeldepflicht dieser Arbeitgeber.

175 Abschließend wird dargelegt, dass die Bestimmungen des ArbEG betr. Anmeldung von Schutzrechten für Diensterfindungen und die Aufgabe diesbezüglicher Schutzrechtspositionen für den Vertragspartner eines F&E-Vertrags, der Benutzungs- bzw. Verwertungsrechte hins. solcher Diensterfindungen erteilt, zu einer **Zwangslage** führen können (Kap. 8 Rdn. 176–178) und wie der Vertrag unter Berücksichtigung der obigen Ausführungen gestaltet werden sollte, um eine solche Zwangslage zu vermeiden (Kap. 8 Rdn. 179).

176 Wie bereits ausgeführt, muss ein Partner, bei dem Diensterfindungen entstehen, diese nach § 13 Abs. 1 ArbEG im Inland anmelden, es sei denn, er überträgt die Rechte an der Erfindung ohne Vorbehalt eines Verwertungsrechts auf einen Dritten oder gibt die Erfindung seinem/seinen Diensterfinder(n) frei. Dabei bedeutet die Freigabe, dass der/die Diensterfinder Schutzrechte anmelden und durch Geltendmachung daraufhin erteilter Schutzrechte den anderen Vertragspartner an der Ausübung der diesem vertraglich eingeräumten Benutzungs- bzw. Verwertungsrechte hindern kann/können. Im Hinblick auf diese Möglichkeit kann die Unterlassung der unbeschränkten Inanspruchnahme und der Inlandsanmeldung, wenn der Partner an der betr. Diensterfindung nach dem Vertrag Verwertungsrechte zu erteilen hat, eine Vertragsverletzung darstellen.

Meldet ein Partner eine bei ihm allein entstandene und unbeschränkt in Anspruch genommene Diensterfindung zwar gemäß § 13 Abs. 1 ArbEG zunächst im Inland an, gibt er sie dann aber nach § 14 Abs. 2 ArbEG für die Länder, in denen er nicht anmelden will, seinem/seinen Diensterfinder(n) frei, muss er diesem/diesen auf Verlangen den Erwerb von Auslandsschutzrechten ermöglichen. Er kann sich allerdings gemäß § 14 Abs. 3 ArbEG in den betreffenden Ländern mit der Freigabe ein nicht ausschließliches Recht zur Benutzung vorbehalten und verlangen, dass seine Verpflichtungen aus dem F&E-Vertrag in den betr. Ländern des Auslands, d.h. die von ihm dort erteilten Lizenzen an seine Vertragspartner, gegen angemessene Vergütung berücksichtigt werden. Er könnte deshalb aufgrund der von ihm erteilten Rechte zur Benutzung bzw. Verwertung von Vertragserfindungen vor die Alternative gestellt sein, für diese entweder weltweit Schutzrechte anzumelden oder sich gegenüber seinem Diensterfinder/seinen Diensterfindern zur Zahlung einer angemessenen Vergütung für die Berücksichtigung der von ihm erteilten Benutzungs- bzw. Verwertungsrechte zu verpflichten.

177 Ist die Diensterfindung dagegen bei beiden Partnern entstanden, trifft jedoch einer von ihnen die Entscheidung, sich an der durch § 13 Abs. 1 ArbEG

gebotenen unverzüglichen gemeinsamen Schutzrechtsanmeldung für das Inland nicht zu beteiligen, müsste er den Anteil bzw. die Anteile des bzw. jeden auf seiner Seite beteiligten Diensterfinders freigeben.

Im Falle einer solchen Freigabe würde der andere Vertragspartner, wenn er seinerseits zumindest für das Inland anmelden will und deshalb den Anteil bzw. die Anteile seines Diensterfinders/seiner Diensterfinder unbeschränkt in Anspruch nimmt, diesem/diesen gegenüber gemäß § 13 Abs. 1 ArbEG zu einer Inlandsanmeldung verpflichtet sein, und zwar gemeinsam mit dem Diensterfinder/den Diensterfindern des nicht unbeschränkt in Anspruch nehmenden Vertragspartners, wenn der/die Diensterfinder desselben eine solche gemeinsame Anmeldung wünscht/wünschen. Der andere Partner hat zwar im Falle einer solchen Mitanmeldung im Verhältnis zu dem/den Diensterfindern, an den/die eine Freigabe erfolgt ist, im Hinblick auf § 743 Abs. 1 BGB ein Benutzungsrecht an dem für das Inland erteilten Schutzrecht und kann sich auch ein Benutzungsrecht an parallelen Schutzrechten im Ausland sichern, indem er sich an diesbezüglichen Anmeldungen beteiligt oder sich bei Freigabe für ausländische Staaten gemäß § 14 Abs. 3 Satz 1 ArbEG ein Benutzungsrecht für die betr. ausländischen Staaten vorbehält. Sieht der F&E-Vertrag für den anderen Partner aber auch ein Recht zur Lizenzierung von Schutzrechten für Vertragserfindungen (z.B. an Konzerngesellschaften) vor, kann er an der Ausübung dieses Rechts infolge der Teilhaberschaft des Diensterfinders bzw. von Diensterfindern des anderen Vertragspartners an erwirkten Schutzrechten im Hinblick auf § 747 Satz 2 BGB, nach dem die Teilhaber über den gemeinschaftlichen Gegenstand nur gemeinsam verfügen können, gehindert sein.[639] Das bedeutet: Der lizenzierende Partner könnte in einem solchen Fall vertraglich verpflichtet sein, den Anteil bzw. die Anteile des bzw. jedes auf seiner Seite beteiligten Diensterfinders doch unbeschränkt in Anspruch zu nehmen und zumindest die Inlandsanmeldung gemeinsam mit dem anderen Partner vorzunehmen.

Soweit ein Vertragspartner Schutzrechte für allein oder auch bei ihm entstandene Diensterfindungen (mit-)anmeldet, ist er im Falle einer Aufgabeabsicht nach § 16 Abs. 1 ArbEG zur Mitteilung derselben an seinen/seine Diensterfinder und auf dessen/deren Verlangen zur Übertragung der aus der Anmeldung resultierenden Schutzrechtspositionen bzw. seiner Anteile daran verpflichtet, soweit diese Schutzrechtspositionen nicht von dem bzw. einem anderen Vertragspartner allein auf dessen Kosten weiter aufrechterhalten werden. Im Falle einer Übertragung auf den oder mindestens einen seiner Diensterfinder würden zwar die von ihm dem anderen Vertragspartner eingeräumten Benutzungs- bzw. Verwertungsrechte zumindest nach deutschem Patent- und Gebrauchsmusterrecht (§ 15 Abs. 3 PatG, § 22 Abs. 3 GebrMG) erhalten bleiben, der Vertragspartner müsste aber wohl an seinen/seine übernehmenden Diensterfinder im Hinblick auf die damit verbundene Einschränkung der Rechte dieser Diensterfinder zur Verwertung der Schutzrechtspositionen ana- 178

639 Siehe z.B. *Bartenbach/Volz (ArbEG)*, § 19 Rn. 83; abw. *Fischer* GRUR 1977, S. 313, 318.

log § 14 Abs. 3 ArbEG[640] eine angemessene Vergütung zahlen, die wiederum eine erhebliche Belastung darstellen kann.

179 Zur Vermeidung der geschilderten Zwangslage wird sich i.d.R. die vertragliche Regelung empfehlen, dass ein Vertragspartner dem bzw. jedem anderen Vertragspartner Benutzungs- bzw. Verwertungsrechte an bei ihm ganz oder z.T. entstandenen Diensterfindungen nur mit der Maßgabe zu erteilen hat, dass er, soweit er nicht selbst (mit-)anmelden bzw. die Kosten für die weitere Aufrechterhaltung von Schutzrechtspositionen nicht weiter (mit-)tragen will, den Übergang seiner Rechte an der Erfindung auf die beteiligten Diensterfinder nach dem ArbEG vollziehen bzw. ermöglichen kann, soweit sich nicht der andere bzw. ein anderer Vertragspartner verpflichtet, selbst anzumelden bzw. die betr. Schutzrechtsposition (mit oder ohne Übernahme derselben) auf seine/ihre Kosten weiter aufrecht zu erhalten. Dabei muss in dem Fall, dass der Vertragspartner, der nicht (mit-)anmelden bzw. nicht weiter die Kosten für von ihm (mit-)angemeldete Schutzrechtspositionen (mit-)tragen will, aber ein Verwertungsrecht an den von dem/den anderen Vertragspartnern allein gehaltenen Schutzrechten behält, der Vertrag auch vorsehen, dass der/die anderen Vertragspartner seine Verpflichtungen nach §§ 13–16 ArbEG erfüllen bzw. ihm diese Erfüllung ermöglichen, s. dazu schon Kap. 8 Rdn. 173. Für eine entsprechende, auch andere Aspekte berücksichtigende vertragliche Regelung in einem F&E-Vertrag wird auf die Formulierungsvorschläge in Muster A, Klauseln 3.3, 3.4, 3.6 und 3.9 bis 3.11 verwiesen.

cc) Begrenzung der Anmelderechte durch Geheimhaltungsverpflichtungen

180 Ein generelles Problem der Regelung der Anmelderechte liegt darin, dass die Zuweisung solcher Rechte (als originäre oder subsidiäre Rechte) an einen Vertragspartner **Geheimhaltungsinteressen des bzw. eines anderen Vertragspartners** beeinträchtigen kann. Bei diesem kann nicht nur ein Interesse an der Geheimhaltung von Vertragserfindungen, sondern auch an der Geheimhaltung seiner Alttechnologie, die zwangsläufig in die betr. Anmeldung einfließt oder mit dieser offenbart werden muss. Eine generelle Blockierung von Anmeldungen aus diesen Gründen erscheint jedoch nicht angemessen, so dass die Bestimmungen über die Geheimhaltung insoweit »aufzuweichen« sind. Ein Anmelderecht des an einer Anmeldung jeweils interessierten Vertragspartners sollte aber jedenfalls dann entfallen, wenn der bzw. ein anderer Vertragspartner binnen einer vertraglich festgelegten kurzen Frist stichhaltige Einwände gegen die Patent- bzw. Gebrauchsmusterfähigkeit der betr. Vertragserfindung erhebt.

640 In der Literatur scheint allerdings eine solche Analogie nicht gezogen zu werden. Für den Fall der vergütungspflichtigen Lizenz nehmen *Bartenbach/Volz*, Rn. 63 zu § 16 ArbG und *Trimborn* in *Reimer/Schade/Schippel*, Rn. 19 zu § 16 ArbEG einen Übergang des Zahlungsanspruchs bzw. eine Verpflichtung zur Abtretung des Zahlungsanspruchs an. Werden keine Zahlungen vereinbart, nimmt *Trimborn* a.a.O. eine Verpflichtung des Arbeitgebers zur Entschädigung oder zur belastungsfreien Übertragung der Schutzrechtsposition an.

Dagegen können **Geheimhaltungsverpflichtungen gegenüber Dritten** der Anmeldung von Erfindungen entgegenstehen, soweit diese Geheimhaltungsverpflichtungen durch die Anmeldung von Schutzrechten für die jeweilige Erfindung verletzt werden würden, sei es, dass in die betr. Erfindungen Informationen, die solchen Geheimhaltungsverpflichtungen unterliegen, eingeflossen sind (was nicht unbedingt bedeutet, dass den jeweiligen Dritten Rechte an der Erfindung zustehen[641]), sei es, dass die betr. Erfindungen ohne Offenbarung solcher Informationen an das Patentamt nicht beschrieben werden können. 181

Deshalb erscheint es geboten, die Anmelderechte der Vertragspartner durch eine entsprechend einschränkende Definition des Begriff der »Vertragserfindung« zu beschränken, s. dazu schon Kap. 8 Rdn. 146 und 147.

dd) Berücksichtigung von Förderbedingungen bei öffentlicher Förderung des gemeinsamen F&E-Projekts

Bei Projekten, die im Rahmen des 7. Rahmenprogramms der EG gefördert werden, ist eine Erfindung, die bei Arbeiten im Rahmen des Projekts gemacht wird, nach Art. 39 Nr. 1 Und Art. 40 Nr. 1 VO RP7 EG grundsätzlich Eigentum des Teilnehmers bzw. der Teilnehmer, bei dem bzw. bei denen diese Arbeiten durchgeführt wurden. Da aber ein Teilnehmer nach Art. 42 VO RP7 EG seine Eigentumsrechte auf einen beliebigen Dritten, der seine Verpflichtungen aus der Finanzhilfevereinbarung übernimmt und für die Übernahme durch jeden weiteren Rechtsnachfolger sorgt, übertragen kann, dürfte zulässig sein, im Konsortialvertrag ein subsidiäres Anmelderecht eines Teilnehmers bzw. von Teilnehmern vorzusehen, dem bzw. denen die Erfindung ursprünglich nicht oder nicht allein gehörte, sofern dieser bzw. diese Teilnehmer auch die genannten Verpflichtungen übernimmt bzw. übernehmen; s. Kap. 4 Rdn. 33. 182

Dagegen schreibt Nr. 10.1 NKBF 98 für BMBF-geförderte Projekte vor. dass jeder Zuwendungsempfänger von ihm bzw. seinen Arbeitnehmern stammende Erfindungen jedenfalls im Inland zur Erteilung eines Schutzrechts selbst anzumelden hat. Bei von mehreren Partnern im Rahmen eines »Verbundprojekts« gemachten Erfindungen können sich die Partner jedoch darüber einigen, ob Anmeldungen von allen Partnern gemeinsam oder nur von einem oder mehreren von ihnen vorzunehmen sind, vgl. BMBF-Merkblatt gem. Vordruck 0110.[642] 183

Schließlich gilt auch bei Förderung durch die Bundesländer der Grundsatz, dass der Zuwendungsempfänger Schutzrechte für von ihm erzielte Ergebnisse des geförderten Projekts selbst anzumelden hat, s. Kap. 4 Rdn. 108. 184

641 Siehe z.B. die Ausführungen von *Kraßer* S. 338 ff. zu den Voraussetzungen der Miterfinderschaft: Eine solche sei nur im Falle der geistigen Mitarbeit bei der Problemlösung anzunehmen (S. 339). Auch führe die Verwertung fremder Vorarbeiten ohne einverständliches Zusammenwirken nicht zur Miterfinderschaft von deren Urheber (S. 343 mit Angabe einschlägiger Literatur und Rechtsprechung unter Fn. 49).

642 Abgedruckt im BDI-Handbuch FIF unter B I. 1.1.2.5 BMBF); über ein Suchsystem wie z.B. »Google« und das Suchwort »bmbf-formularschrank« auch über das Internet zugänglich.

ee) *Subsidiäre Geltung der BGB-Bestimmungen über die Bruchteilsgemeinschaft gegenüber den im F&E-Vertrag getroffenen oder aus diesem herleitbaren Regelungen bei Gemeinschaftserfindungen*

185 Sobald Erfindungen, die von mehreren Vertragspartnern stammen, von diesen Vertragspartnern unbeschränkt in Anspruch genommen worden sind, bilden diese hins. der Rechte an der Erfindung nach deutschem Recht eine BGB-Bruchteilsgemeinschaft.

186 Dies gilt auch dann, wenn der F&E-Vertrag deutschem Recht unterliegt und als Gesellschaftsvertrag zu qualifizieren ist.[643] Hier liegt jedenfalls nicht von vornherein hins. der Rechte an der Erfindung Gesamthandseigentum der betr. Vertragspartner vor, was nicht ausschließt, dass diese Rechte nach dem Vertrag auf die Gesellschaft zu übertragen und damit in Gesamthandseigentum zu überführen sind.

Dass zunächst eine Bruchteilsgemeinschaft besteht, folgt aus dem Erfinderprinzip (s. dazu Kap. 8 Rdn. 159 und 160). Danach liegen die Rechte an der Gemeinschaftserfindung zunächst bei den daran beteiligten Personen. Diese sind im Falle von Gemeinschaftserfindungen, die als Diensterfindungen dem ArbEG unterliegen, die Diensterfinder, die bezüglich dieser Rechte eine Bruchteilsgemeinschaft bilden[644]. Nach unbeschränkter Inanspruchnahme gehen die Anteile der Diensterfinder an der Erfindung auf die betr. einzelnen Vertragspartner, die Arbeitgeber der Diensterfinder sind, als deren Rechtsnachfolger über, so dass diese dann zunächst (bei Vorausverfügungen wenigstens für eine »logische Sekunde«) bezüglich der Rechte an der Erfindung eine Bruchteilsgemeinschaft bilden.

187 Es stellt sich damit die Frage, inwieweit die Bestimmungen über die Bruchteilsgemeinschaft auch die Rechte und Pflichten der Vertragspartner bezüglich Anmeldung, Aufrechterhaltung und Geltendmachung von Schutzrechten für die betr. Gemeinschaftserfindungen maßgeblich sind, soweit diesbezügliche Regelungen nicht im F&E-Vertrag enthalten sind oder sich aus diesem herleiten lassen.

188 Dabei ist zu berücksichtigen, dass bei Erlass dieser Bestimmungen weder an den Fall von Gemeinschaften bzgl. Erfindungsrechten noch überhaupt an Gemeinschaften des Immaterialgüterrechts gedacht war.[645] Die Folge ist, dass viele dieser Bestimmungen insoweit nicht passen.[646] Dies rechtfertigt es, sich bei der Beurteilung der Rechte und Pflichten von Teilhabern an Bruchteilsgemeinschaften bzgl. Gemeinschaftserfindungen von den diesbezüglichen Bestimmungen des BGB zu entfernen, soweit es die besondere Interessenlage bei solchen

643 *Kraßer* S. 347 f. unter Darstellung des Meinungsstands; *Wunderlich* S. 140; vgl. auch die Entscheidung des BGH vom 16.11.1954 (GRUR 1955, S. 286, 289), die jedoch der Annahme einer Bruchteilsgemeinschaft nicht entgegensteht, s. *Kraßer* S. 348 Fn. 61.

644 So auch *Bartenbach/Volz (ArbEG)*, § 5 Rn. 52; vgl. auch BGH vom 17.10.2000, GRUR 2001, S. 226, 227.

645 *Kraßer* S. 349 m.w.N. unter Fn. 66; *Fischer* GRUR 1977, S. 313 m.w.N. unter Fn. 3.

646 Siehe *Fischer* GRUR 1977, S. 313 und die dort unter Fn. 2 Genannten.

Gemeinschaften erfordert.[647] Dennoch versucht die Lehre, die Rechte und Pflichten von Teilhabern an Bruchteilsgemeinschaften nach diesen Bestimmungen oder in enger Anlehnung an diese zu beurteilen.[648]

Was die Anmeldung und Aufrechterhaltung von Schutzrechten für Gemeinschaftserfindungen betrifft, werden u.a. die Bestimmungen der §§ 744 und 745 BGB über die Verwaltung und des § 748 BGB über die Lasten- und Kostentragung herangezogen. Von besonderer Bedeutung ist dabei die Heranziehung von § 745 Abs. 2, § 744 Abs. 2 und § 748 BGB. 189

§ 745 Abs. 2 BGB bestimmt Folgendes: »Jeder Teilhaber kann, sofern nicht die Verwaltung und Benutzung durch Vereinbarung oder durch Mehrheitsbeschluss geregelt ist, eine dem Interesse aller Teilhaber nach billigem Ermessen entsprechende Verwaltung und Benutzung verlangen.« Daraus wird der Schluss gezogen, dass dann, wenn nicht ausnahmsweise die Geheimhaltung der Erfindung sinnvoll ist, jeder Teilnehmer die gemeinsame Anmeldung verlangen kann, da sie nach billigem Ermessen im Interesse aller Teilhaber liegt.[649] (Diese Begründung ist allerdings nicht überzeugend, wenn man nicht nur das Interesse an der Anmeldung als solcher, sondern auch ihre Beteiligung an den Schutzrechtskosten in Betracht zieht, s. unten Kap. 8 Rdn. 193–195). 190

§ 744 Abs. 2 BGB lautet wie folgt: »Jeder Teilhaber ist berechtigt, die zur Erhaltung des Gegenstands notwendigen Maßregeln ohne Zustimmung der anderen Teilhaber zu treffen; er kann verlangen, dass diese ihre Einwilligung in eine solche Maßnahme im voraus erteilen.« Daraus wird hergeleitet, dass jeder Teilhaber die Anmeldung allein vornehmen darf, wenn (wie das normalerweise der Fall sein wird) die Gefahr einer Anmeldung durch Dritte mit besserem Zeitrang besteht.[650] 191

§ 748 BGB bestimmt: »Jeder Teilhaber ist den anderen gegenüber verpflichtet, die Lasten des gemeinschaftlichen Gegenstands sowie die Kosten der Erhaltung, der Verwaltung und einer gemeinschaftlichen Benutzung nach dem Verhältnis seines Anteils zu tragen.« Daraus wird geschlossen, dass jeder Teilhaber einer Bruchteilsgemeinschaft bezüglich einer Gemeinschaftserfindung die Kosten der Anmeldung und Aufrechterhaltung entsprechend seinem Anteil mitzutragen hat.[651] 192

Diese auf der Anwendung der Bestimmungen über die Bruchteilsgemeinschaft beruhende Beurteilung der Rechtslage ist jedoch mit den Interessen der Teilhaber an einer Bruchteilsgemeinschaft bezüglich einer Gemeinschaftserfindung nicht vereinbar: 193

Eine Verpflichtung jeden Teilhabers, sich weltweit an den Kosten von Schutzrechtsanmeldungen, die einem anderen Teilhaber gewünscht werden, und der 194

647 *Fischer* GRUR 1977, S. 313.
648 Siehe z.B. *Kraßer* S. 346 ff.
649 So z.B. *Kraßer* S. 351.
650 Siehe z.B. *Kraßer* S. 351 f.
651 Siehe z.B. *Kraßer* S. 350.

Aufrechterhaltung daraufhin erteilter Schutzrechte zu beteiligen, kann die möglichen Vorteile, die er aus der Verwertung solcher Erfindungen ziehen kann, bei weitem übersteigen.

Zum Beispiel werden die Kosten, die allein bis zur Erteilung eines europäischen Patents für 6 Länder anfallen, vom Europäischen Patentamt in einer Internet-Veröffentlichung im Jahre 2005[652] auf durchschnittlich € 32 000 geschätzt. Darin ist noch nicht der interne Aufwand des Patentinhabers, der auf zusätzlich € 6 000,– pro europäischem Patent geschätzt wird, enthalten. Man betrachte diesen Aufwand auch einmal unter dem Aspekt der Kostenlast, die bei Anwendung von § 748 BGB ein an der Erfindung beteiligter Arbeitnehmer zu tragen hätte, dessen Anteil an der Erfindung im Gegensatz zu den Anteilen anderer Miterfinder nicht unbeschränkt in Anspruch genommen wurde!

Hinzu kommt, dass zur Aufrechterhaltung eines Schutzrechts auch die Verteidigung desselben im Falle Nichtigkeitsklagen gehört, die besonders in Ländern mit Common-Law-Tradition wie den USA sehr hohe Kosten verursachen kann.

195 Man kann diesen Argumenten nicht entgegenhalten, die Teilhaber würden sich schon über eine kostensparende Begrenzung der Schutzrechtsanmeldungen einigen sowie darauf, Schutzrechtsanmeldungen/Schutzrechte fallenzulassen bzw. dann, wenn sie ihre Rechte von Diensterfindern herleiten, diesen Diensterfindern die Übertragung dieser Rechte anbieten, wenn sich eine weitere Aufrechterhaltung/Verteidigung nicht mehr lohnt. Einmal können nämlich die Einschätzungen, inwieweit Schutzrechtsanmeldungen und die Aufrechterhaltung von Schutzrechtspositionen sinnvoll sind, bei den einzelnen Teilhabern auseinandergehen. Zum anderen kann ein Teilhaber, der einen geringen Anteil an der Gemeinschaftserfindung hat und sich deshalb bei Anwendung von § 748 BGB nur entsprechend diesem Anteil an den Kosten zu beteiligen hätte, versucht sein, die anderen Teilhaber zur Übernahme hoher Kosten für Anmeldung und Aufrechterhaltung zu zwingen.

196 Unter diesen Umständen erscheint es gerechtfertigt, die Rechtslage bezüglich der Rechte und Pflichten der Teilhaber hins. Anmeldungen von Schutzrechten und Aufrechterhaltung von Schutzrechtspositionen in Abkehr von den Bestimmungen über die Bruchteilsgemeinschaft wie folgt zu beurteilen:

197 Kein Teilhaber ist verpflichtet, sich an gemeinsamen Anmeldungen für eine Gemeinschaftserfindung zu beteiligen. Beteiligt er sich, hat er im Hinblick darauf, dass er die gleichen Verwertungsmöglichkeiten hat wie der/die andere(n) Teilhaber, auch den gleichen Anteil an den Kosten der jeweiligen Anmeldung und darauf erteilter Schutzrechte zu tragen wie diese(r).

198 Im Falle fehlender Bereitschaft eines Teilhabers zur Beteiligung an einer Anmeldung ist dem bzw. den anderen Teilhaber(n) die Anmeldung allein auf seinen/ihren Namen und seine/ihre Kosten zu gestatten (subsidiäres Alleinanmelderecht). Soweit die Bruchteilsgemeinschaft zwischen Partnern eines

652 Eine HTML-Version derselben ist über Google und das Stichwort »european patent office costs« zu finden.

F&E-Vertrags besteht und dem gestattenden Teilhaber nach dem Vertrag ein Verwertungsrecht an von dem/den anderen Teilhaber(n) angemeldeten Schutzrechten verbleibt, muss der anmeldende Teilhaber bzw. müssen die anmeldenden Teilhaber allerdings die Verpflichtungen des gestattenden Vertragspartners gegenüber dessen Diensterfinder(n) nach §§ 13 bis 16 ArbEG erfüllen bzw. dem gestattenden Vertragspartner die Erfüllung dieser Verpflichtungen ermöglichen, s. Kap. 8 Rdn. 167–174 und 179.

Entsprechend kann sich jeder Teilhaber, der Mitinhaber einer Schutzrechts- 199
position für eine Gemeinschaftserfindung ist, von den Kosten dieser Beteiligung für die Zukunft in folgender Weise befreien: Er muss dem/den anderen Teilhaber(n) die Übertragung seines Anteils an der Schutzrechtsposition anbieten. Wird das Angebot binnen angemessener Frist (i.d.R. wird man eine Frist von 2 Monaten als angemessen betrachten können) von dem oder mindestens einem anderen Teilhaber angenommen, geht die Verpflichtung zur Kostentragung auf den/die annehmenden Teilhaber über. Wird das Angebot nicht binnen angemessener Frist von dem bzw. mindestens einem anderen Teilhaber angenommen, ist kein Teilhaber mehr verpflichtet, für die Schutzrechtsanmeldung Kosten zu tragen.

Eine Modifizierung dieses Prinzips kann aber dann, wenn die Teilhaber Vertragspartner eines F&E-Vertrags sind und der nicht mehr zur Kostenbeteiligung bereite Teilhaber nach dem Vertrag trotz Übertragung seines Anteils an der Schutzrechtsposition auf den/die anderen Teilhaber an dieser Verwertungsrechte behält, durch § 16 ArbEG geboten sein, s. dazu Kap. 8 Rdn. 167–174 und 179.

Wenn die Bestimmungen des § 749 Abs. 1 BGB über die Aufhebung der 200
Bruchteilsgemeinschaft anwendbar wären, würde auch die Geltendmachung des darin jedem Teilhaber eingeräumten Aufhebungsanspruchs den Weg zur Befreiung von den künftigen Kosten von gemeinsamen Schutzrechtspositionen eröffnen. Eine Anwendung dieser Bestimmung wäre jedoch nicht tragbar und ist deshalb abzulehnen.[653] Sie würde bedeuten, dass alle Aufwendungen, welche der andere Partner bei seinen Verwertungsbemühungen gemacht hat, bei Aufhebung der Gemeinschaft sozusagen in der Luft hängen, da ihm der Verlust seiner Befugnis zur weiteren Schutzrechtsverwertung drohen würde.[654]

653 *Fischer* GRUR 1977, S. 313, 318 mit Angabe zustimmender und ablehnender Literatur unter Fn. 34. Für Anwendung von § 749 Abs. 1 BGB weiterhin *Kraßer* S. 356, allerdings ohne Auseinandersetzung mit den für die Nichtanwendung vorgebrachten Argumenten.

654 *Fischer* GRUR 1977, S. 313, 318.

e) Anmeldung, Aufrechterhaltung und Geltendmachung von Schutzrechten für Vertragserfindungen bei einzelnen Vertragstypen

aa) Anmeldung, Aufrechterhaltung und Geltendmachung von Schutzrechten für Vertragserfindungen bei F&E-Verträgen zwischen zwei Unternehmen auf der gleichen Marktstufe (horizontalen F&E-Verträgen)

aaa) Empfehlungen zur Regelung

201 In dem **Fall**, dass nach dem Vertrag die **Rechte an von den Vertragspartnern gewonnenen F&E-Ergebnissen auf einem Dritten zu übertragen** sind – insbesondere einem GU der Vertragspartner (sei dieses nun die bei Abschluss des F&E-Vertrags gebildete oder eine eigens zur Verwertung der F&E-Ergebnisse gegründete Gesellschaft) –, bestehen für die vertraglichen Regelungen bzgl. Anmeldung, Aufrechterhaltung und Geltendmachung von Schutzrechten für Vertragserfindungen keine Probleme.[655]

Dann erwirbt der Dritte mit den Rechten an Vertragserfindungen, die bei den Vertragspartnern entstanden ist, auch die Anmelderechte. Dabei ist eine vorherige Anmeldung auf den Namen eines Vertragspartners oder die Namen beider Vertragspartner nicht durch das ArbEG geboten, s. Kap. 8 Rdn. 168.

Mit der Übertragung der Rechte an den Vertragserfindungen ist der Dritte auch frei, diesbezügliche Schutzrechtspositionen jederzeit fallen zu lassen, also nicht zu deren Aufrechterhaltung verpflichtet.

Er ist dann auch zur Geltendmachung von Schutzrechten, die er für Vertragserfindungen erwirbt, allein berechtigt.

202 Dagegen ist nicht ohne weiteres klar, wie die Regelung hins. Anmeldung und Aufrechterhaltung von Schutzrechten für Vertragserfindungen in dem **Fall** aussehen sollte, dass die **Verwertungsrechte an den F&E-Ergebnissen bei den Vertragspartnern** liegen.

203 Zur grundlegenden **Interessenlage** in diesem Fall wird auf die Ausführungen in Kap. 8 Rdn. 443 und 444 verwiesen.

Zu der für die Abgrenzung von Vertragserfindungen von anderen Erfindungen wichtigen Frage, welche **Definition der »F&E-Ergebnisse«** in diesem Fall zu empfehlen ist, wird auf Kap. 8 Rdn. 445–448 verwiesen.

204 Auf dieser Basis wird hier grundsätzlich die **Vergemeinschaftung des Anmelderechts** empfohlen. Sie entspricht dem Interesse beider Partner an der Teilung der Schutzrechtskosten und an der Teilhabe an den Werbewirkungen der Schutzrechtsposition.

Auch bei Schutzrechtsverletzungsprozessen ist die Vergemeinschaftung evtl. von Vorteil: Zwar ist es wohl allgemeine Ansicht, dass nach deutschem Recht im Falle der Verletzung eines gemeinschaftlichen Schutzrechts jeder Teilhaber im eigenen Namen auf Unterlassung und auf Leistung von Schadenersatz an alle

655 Siehe dazu auch *Ullrich* GRUR 1993, S. 338, 340.

Teilhaber klagen kann.[656] Ob im gesamten Ausland insoweit die gleiche Rechtslage besteht, erscheint aber nicht sicher.

Die Partner können bei grundsätzlich gemeinsamem Anmelderecht auch mehrere Erfindungen, die z.T. von einem Partner und z.T. vom anderen Partner stammen, durch eine gemeinsame Anmeldung abdecken, soweit dies patentrechtlich zulässig ist.

Für die ergänzende Regelung, **bei fehlendem Interesse eines Partners** an 205
einer Schutzrechtsanmeldung für ein bestimmtes Land oder bestimmte Länder ein **subsidiäres Anmelderecht des anderen Partners allein auf seinen Namen** (und seine Kosten) für dieses Land bzw. diese Länder vorzusehen (worauf auch die Regelung gemäß Muster A, Klauseln 3.1 bis 3.5 hinausläuft), spricht das Interesse jeden Partners, sich in Anbetracht der hohen Kosten von Schutzrechtsanmeldungen nur an solchen zu beteiligen, die er für lohnend hält (s. dazu auch die Ausführungen zur Frage der Mitanmeldepflicht bei Bruchteilsgemeinschaften in Kap. 8 Rdn. 194), und andererseits bei Erfindungen, die als Diensterfindungen dem ArbEG unterliegen, das Interesse jeden Partners, dass nicht Dritte über eine Freigabe an den bzw. die Diensterfinder Rechte an wertvollen Vertragserfindungen erwerben und damit zu Konkurrenten der Vertragspartner werden können (s. Kap. 8 Rdn. 444). Eine Wahrung dieses Interesses setzt allerdings zusätzlich vertragliche Beschränkungen hins. der Übertragung der Schutzrechtsanmeldungen/Schutzrechte bzw. der daran bestehenden Anteile der Vertragspartner an Dritte (s. dazu Muster A, Klauseln 3.9–3.11) sowie die Beschränkung von Lizenzerteilungen an nicht konzernangehörige Dritte voraus (s. dazu Muster A, Klausel 6).

Die grundsätzliche Vergemeinschaftung des Anmelderechts bei subsidiärem 206
Anmelderecht des anderen Partners hat zur Folge, dass nicht notwendig derjenige Kooperationspartner nach dem Vertrag das Anmelderecht erhält, von dessen Arbeitnehmer(n) die Erfindung gemacht wurde. Da aber dieser Kooperationspartner auch dann, wenn er sich nicht an einer Anmeldung beteiligt, Verwertungsrechte an ggf. erwirkten Schutzrechten behält, muss der anmeldende Kooperationspartner vertraglich Verpflichtungen übernehmen, deren Erfüllung, soweit sie nicht gleichzeitig die Erfüllung der Verpflichtungen des nicht anmeldenden Kooperationspartners nach §§ 13 bis 16 bedeutet, dem nicht anmeldenden Kooperationspartner die Erfüllung dieser Verpflichtungen ermöglicht, s. dazu Kap. 8 Rdn. 173 und 179.

Gegen die grundsätzliche Vergemeinschaftung des Anmelderechts lässt sich 207
allerdings einwenden, dass sie bei alleiniger Erfinderschaft eines Partners dessen besondere Leistung nicht anerkennt[657] und den Anreiz für die Partner, sich um Erfindungen zu bemühen, mindern kann. Es wird deshalb die Auffassung vertreten, im Grundsatz sei einer Regelung der Anmelderechte nach der Erfinderschaft ohne subsidiäres Anmelderecht des anderen Partners der Vorzug zu geben mit der Maßgabe, dass der nicht anmeldeberechtigte Partner zwar eine

656 Siehe *Kraßer* S. 350 m.N.
657 Vgl. Merkblatt des BMBF gemäß Vordruck 0110.

nicht ausschließliche Lizenz an den Schutzrechten des allein anmeldeberechtigten Partners beanspruchen könne, für deren Ausübung aber bei ungleichgewichtigen Beiträgen der Partner Lizenzgebühren zu zahlen habe.[658]

208 Hiergegen sprechen wiederum folgende Aspekte:

Einmal sind dann, wenn man mit der erwähnten Lizenzgebührenregelung der Frage der Erfinderschaft eine hohe kommerzielle Bedeutung zubilligt, Verzögerungen des Informationsaustauschs zwischen den Partnern zu befürchten, weil dann jeder Partner versucht sein kann, von ihm allein stammende Erfindungen, solange sie noch unfertig bzw. noch unerprobt sind, dem anderen Partner vorzuenthalten. Vor allem aber kann bei einer solchen Regelung über die Frage der Erfinderschaft bzw. Miterfinderschaft der Partner und darüber, ob ihre Beiträge »gleichgewichtig« sind, Streit zwischen den Partnern ausbrechen, der auch die vertrauensvolle Zusammenarbeit bei der F&E und damit den Erfolg des gemeinsamen Projekts beeinträchtigt.[659]

209 Gegenüber diesen Aspekten erscheint es (anders als bei Projekten, an denen mehr als zwei Partner beteiligt sind) von untergeordneter Bedeutung, dass gemeinsame Anmeldungen wegen des Erfordernisses der Abstimmung zwischen beiden Partnern über den Anmeldetext und wegen der bei Gemeinschaftsanmeldungen zu erledigenden zusätzlichen patentamtlichen Formalitäten aufwändiger sind. Dabei ist auch zu berücksichtigen, dass die Abstimmung über den Anmeldetext zu einer Optimierung desselben führen und damit die Chancen auf Schutzrechtserteilung erhöhen kann.

210 Die besseren Gründe sprechen daher nach Meinung des Verfassers bei dem hier erörterten Vertragstyp für die grundsätzliche Vergemeinschaftung des Anmelderechts bei subsidiärem Anmelderecht des anmeldewilligen Partners bei Desinteresse des anderen Partners.

211 Entscheidet man sich für dieses Konzept, bleibt die **Frage**, ob und ggf. inwieweit der Vertrag einen **Anreiz zur Beteiligung an den Anmeldungen** und damit an deren Kosten schaffen sollte.

212 Einen solchen Anreiz könnte man durch den Ausschluss des nicht zur Beteiligung bereiten Vertragspartners von der Verwertung der aus der Anmeldung hervorgehenden Schutzrechte schaffen.

Dies wird aber meist schon aus kartellrechtlichen Gründen nicht in Frage kommen. Das Kartellrecht fordert in der Regel, dass der Vertrag die Verwertungsrechte der Vertragspartner an Schutzrechten betr. F&E-Ergebnisse (und damit an Schutzrechten für Vertragserfindungen) grundsätzlich unabhängig davon regelt, wem von ihnen diese Schutzrechte gehören (vgl. für das EG-Kartellrecht Art. 3 Abs. 2 Satz 1 F&E-GFVO und die diesbezüglichen Anmerkungen in Kap. 5 unter Rdn. 396–402).

658 Vgl. das Merkblatt des BMBF gemäß Vordruck 0110; dagegen sehen *Pagenberg/Beier* in Muster 8, §§ 4 Abs. 1 und § 6 (S. 490 und 492) Anmelderechte nach der Erfinderschaft unter Gewährung einer Option jeden Partners auf Erteilung einer nicht ausschließlichen, unentgeltlichen Lizenz für »die aus dem Zusammenarbeitsvertrag entstandenen Schutzrechte« (gemeint sind wohl nur Schutzrechte des anderen Partners und gemeinsame Schutzrechte) vor.

659 Im gleichen Sinne *Winzer (F&E-Verträge)* S. 220 (Rn. 220).

Davon abgesehen würde jeder Partner durch den generellen Ausschluss von der Verwertung angesichts der Globalisierung der Märkte einem unangemessen hohen Druck ausgesetzt, sich an allen Schutzrechtsanmeldungen, die der andere Partner für sinnvoll hält, und damit an deren Kosten zu beteiligen. Auch würde ein solch genereller Ausschluss von der Verwertung oft als ungerecht erscheinen. Der sich nicht beteiligende Partner müsste sie nämlich auch für Erfindungen hinnehmen, die allein bei ihm entstanden sind und/oder auf von ihm »eingebrachtem« wesentlichem Know-how beruhen, und ggf. sogar auf Verwertungsrechte an Schutzrechten verzichten, die von anderen Schutzrechten, die er selbst in die F&E-Kooperation »eingebracht« hat, abhängig sind.

Weniger weit gehend wäre es, dem anmeldungswilligen Partner ein Recht zur 213
Erteilung von Lizenzen an nicht konzernangehörige Dritte ohne Zustimmung des nicht anmeldungswilligen Partners einzuräumen. Ein solches Recht würde aber dem hier befürworteten Konzept zuwiderlaufen, dass der »Ertrag« der gemeinsamen F&E möglichst den Vertragspartnern und den mit ihnen verbundenen Gesellschaften vorzubehalten werden sollte (s. Kap. 8 Rdn. 444). Dies setzt aber voraus, dass unabhängig davon, ob die jeweiligen Schutzrechtsanmeldungen/Schutzrechte von einem Partner allein oder beiden Partnern gemeinsam gehalten werden, keinem Partner die Erteilung einer Lizenz an nicht konzerngehöriger Dritte ohne Zustimmung des anderen Partners gestattet wird. (Kartellrechtlich dürfte dieses Konzept grundsätzlich nicht bedenklich sein, vgl. die Ausführungen zu Art. 3 Abs. 3 Satz 1 und Art. 5 Abs. 1 Buchst. h F&E-GFVO in Kap. 5 Rdn. 408 und 468–478.)

Man kann jedoch, um beiden Partnern einen Anreiz zur Beteiligung an der 214
Anmeldung von Schutzrechten zu geben, das Recht zu einem Vorgehen gegen Verletzer eines nur einem Vertragspartner gehörenden Schutzrechts nur diesem Vertragspartner zuweisen und ihm einen ggf. erstrittenen Schadensersatz gegen Schutzrechtsverletzer in voller Höhe belassen (wozu schon das Fehlen einer ausdrücklichen entgegenstehenden Regelung genügt). Dem allein anmeldenden Partner bleibt es dann überlassen, ob er dem anderen Vertragspartner z.B. anbietet, sich gegen hälftige Beteiligung an den Kosten und eines ggf. erstrittenen Schadensersatzes an dem Rechtsstreit zu beteiligen.

Einen Anreiz zur Beteiligung könnte der Vertrag auch dadurch schaffen, dass 215
er denjenigen Vertragspartner, der sich nicht beteiligt, zur Zahlung einer angemessenen Lizenzgebühr für die Verwertung der betr. Schutzrechtsanmeldung und der ggf. daraus hervorgehenden Schutzrechte verpflichtet. Auch eine solche Regelung würde aber aus den oben angeführten Gründen oft als ungerecht erscheinen. Außerdem spricht gegen sie der Aufwand für die Abrechnung der Gebühren, der insbesondere dann groß sein würde, wenn die Schutzrechtsanmeldungen/Schutzrechte für Vertragserfindungen zahlreich sind.

Bei grundsätzlicher Vergemeinschaftung des Anmelderechts ist es besonders 216
wichtig, auch eine **detaillierte Regelung für das bei der Anmeldung von Schutzrechten einzuhaltende Procedere** zu treffen. Müssen sich die Vertragspartner über dieses Procedere erst bei der Entstehung einer patentfähigen Erfindung abstimmen, vergeht u.U. wertvolle Zeit bis zur Einreichung der

prioritätsbegründenden Anmeldung mit der Gefahr, dass Dritte den Vertragspartnern zuvorkommen.

217 Zu regeln ist zunächst die Berechtigung zur Vornahme der **Ursprungsanmeldung**, nach der sich der Zeitrang von Nachanmeldungen nach der PVÜ richtet.

218 Für Partner, welche die Möglichkeit haben möchten, sich bei fehlendem Anmeldungsinteresse die Kosten für eine Ursprungsanmeldung zu sparen, kommt folgende Regelung in Frage:

Wenn ein Partner ein bestimmtes F&E-Ergebnis für eine Vertragserfindung hält, wird er dem anderen Partner gegenüber erklären, ob er selbst an einer Ursprungsanmeldung interessiert ist und an den anderen Partner die Anfrage richten, ob dieser Interesse an der Ursprungsanmeldung hat. Der andere Partner kann nur binnen eines kurz bemessenen Zeitraums (z.B. binnen 45 Tagen) seinen Wunsch nach einer Ursprungsanmeldung bekunden.

Hat der anfragende Partner sein Interesse an der Ursprungsanmeldung bekundet und der andere Partner während des festgelegten Zeitraums ebenfalls seinen Wunsch nach einer Ursprungsanmeldung geäußert, erfolgt die Anmeldung auf die Namen beider Partner.

Hat zwar der anfragende Partner sein Interesse an einer Ursprungsanmeldung bekundet, der andere Partner aber ein gleichlaufendes Interesse nicht innerhalb der vertraglich festgelegten Frist geäußert und der Anmeldung auch nicht unter Angabe überzeugender Gründe gegen die Schutzfähigkeit widersprochen, erfolgt die Anmeldung auf den Namen des anfragenden Partners.

Hat umgekehrt der anfragende Partner kein Interesse an einer Ursprungsanmeldung bekundet, der andere Partner aber während der festgelegten Frist sein Interesse geäußert, erfolgt die Anmeldung auf den Namen des anderen Partners.

Hat weder der anfragende Partner bei der Anfrage noch der andere Partner während der festgelegten Frist Interesse an einer Ursprungsanmeldung bekundet, kann eine Freigabe bzw. Übertragung der Erfindung bzw. der Anteile daran, sofern dazu nach dem jeweils einschlägigen Arbeitnehmererfindungsrecht eine Verpflichtung besteht, auf den alleinigen Arbeitnehmererfinder bzw. alle beteiligten Arbeitnehmererfinder erfolgen.

219 Im Interesse der Begrenzung des Umfangs der Schutzrechtsregelung kann die Regelung über die Ursprungsanmeldung allerdings verkürzt werden, s. dazu Muster A, Klauseln 3.1 bis 3.3 und die dazugehörige Anmerkung.

In Betracht kommt auch, beide Partner zu einer gemeinsamen Ursprungsanmeldung zu verpflichten, wenn nicht wenigstens ein Partner der Anmeldung binnen einer vertraglich festgelegten kurzen Frist unter Geltendmachung überzeugender Gründe gegen die Schutzrechtsfähigkeit widerspricht. Eine solche Regelung dürfte keinen der Partner übermäßig belasten, zumal sich die Partner die diesbezüglichen Kosten teilen müssen.

220 Es ist zweckmäßig, bei Partnern aus verschiedenen Ländern als **Land für eine gemeinsame Ursprungsanmeldung**, soweit patentrechtlich möglich, mangels anderweitiger fallweiser Vereinbarung der Partner das Land desjenigen Partners vorzusehen, bei dem die betr. mutmaßliche Erfindung entstanden ist, bzw. bei

Beteiligung beider Vertragspartner an der mutmaßlichen Erfindung das Land desjenigen Vertragspartners, der als erster sein Interesse an der Vornahme der Anmeldung erklärt hat.

Der Verpflichtung eines deutschen Vertragspartners, bei dem die Erfindung als Diensterfindung ganz oder z.T. entstanden ist, zur Vornahme einer Inlandsanmeldung nach § 13 Abs. 1 ArbEG steht einer solchen Regelung nicht entgegen: Diese Verpflichtung lässt sich auch dadurch erfüllen, dass zunächst eine prioritätsbegründende Auslandsanmeldung erfolgt und dann die Inlandsanmeldung innerhalb der 12-monatigen Prioritätsfrist nachgeholt wird, s. Kap. 8 Rdn. 165.

An die Ursprungsanmeldung können sich während des Prioritätsjahres nach der PVÜ korrespondierende **Nachanmeldungen** als gemeinsame Anmeldungen oder Anmeldungen auf den Namen nur eines Vertragspartners anschließen. Es erscheint wichtig, dass eine Klärung der Frage, ob und inwieweit beide Partner an Nachanmeldungen für eine bestimmte Erfindung zu beteiligen sind, so frühzeitig vor Ablauf der Prioritätsfrist erfolgt, dass genügend Zeit für die Vorbereitung gemeinsamer Nachanmeldungen unter Berücksichtigung von Formulierungsvorschlägen beider Partner bleibt. In der Praxis gelten 2 bis 3 Monate als ausreichend. Jeder Partner sollte deshalb nur dann einen Anspruch auf Beteiligung an einer Nachanmeldung bzw. – bei Desinteresse des anderen Vertragspartners an einer Nachanmeldung – ein Recht zu einer Nachanmeldung nur auf seinen Namen haben, wenn er sich innerhalb eines bestimmten Zeitraums (z.B. innerhalb von 9 Monaten) nach der Erstanmeldung zur (Mit-)Vornahme einer solchen Nachanmeldung verpflichtet. Für Länder, bzgl. deren sich kein Vertragspartner während der vertraglich festgelegten Frist zur Vornahme bzw. Mitvornahme von Nachanmeldungen verpflichtet, muss der Vertrag eine Freigabe der Erfindung bzw. Übertragung der Rechte an der Erfindung an den bzw. die beteiligten Arbeitnehmererfinder gestatten, soweit das einschlägige Arbeitnehmererfinderrecht dies gebietet; s. dazu den Formulierungsvorschlag in Muster A, Klausel 3.4 b). 221

Eine weitere Frage ist, ob für eine Vertragserfindung, die mutmaßlich sowohl patent- als auch gebrauchsmusterfähig ist, **eine Patent- oder eine Gebrauchsmusteranmeldung** zu erfolgen hat. 222

Für Vertragserfindungen, die als Diensterfindungen dem ArbEG unterliegen, ist hierbei § 13 Abs. 1 Satz 2 ArbEG beachten. Nach dem Wortlaut dieser Bestimmung hat der Arbeitgeber bei Diensterfindungen, die sowohl patent- als auch gebrauchsmusterfähig sind, eine Patentanmeldung zu erfolgen, sofern nicht bei verständiger Würdigung der Verwertbarkeit der Erfindung der Gebrauchsmusterschutz zweckdienlicher erscheint. Er ist deshalb aber nicht gezwungen, auf der Einreichung der Ursprungsanmeldung als Patentanmeldung zu bestehen, wenn ihm der Vertrag das Recht einräumt, im Falle einer Gebrauchsmusteranmeldung allein oder gemeinsam mit dem anderen Partner unter Inanspruchnahme der Priorität der Gebrauchsmusteranmeldung innerhalb der 12-monatigen Prioritätsfrist eine Patentanmeldung nachzuholen, s. Kap. 8 Rdn. 166.

223 Der Vertragspartner, für dessen Land die Ursprungsanmeldung erfolgt, sollte auch die **Federführung** für die Ausarbeitung, Einreichung, Verfolgung, Aufrechterhaltung und Verteidigung aller für die betr. Erfindung erfolgender gemeinsamer Anmeldungen sowie für die Aufrechterhaltung und Verteidigung daraus hervorgehender gemeinsamer Schutzrechte erhalten. Gegen die Übertragung der Federführung auf einen Vertragspartner bestehen keine Bedenken nach dem Rechtsberatungsgesetz; denn die Tätigkeit des federführenden Partners wird nicht dadurch zu einer Besorgung fremder Rechtsangelegenheiten, dass er mit der darin liegenden Besorgung seiner eigenen Rechtsangelegenheiten notwendig auch fremde Rechtsangelegenheiten, nämlich diejenigen der anderen beteiligten Vertragspartner, mitbesorgt.[660]

224 Bei allen gemeinsamen Anmeldungen liegt es nahe, die daran beteiligten Vertragspartner auch gleichmäßig an den diesbezüglichen **Kosten** und den Kosten der Aufrechterhaltung (einschl. Verteidigung) daraus resultierender gemeinsamer Schutzrechte zu beteiligen.

225 Oft stellt sich allerdings im Laufe der Zeit heraus, dass sich für einen Vertragspartner eine weitere Beteiligung an den Kosten für die Aufrechterhaltung (einschl. Verteidigung) einer gemeinsamen Schutzrechtsanmeldung bzw. eines gemeinsamen Schutzrechts nicht lohnt. Der Vertrag sollte deshalb jedem Partner die Möglichkeit bieten, durch Angebot seines Schutzrechtsanteils an den anderen Vertragspartner eine **Befreiung von der weiteren Verpflichtung zur Kostenbeteiligung** unter Beachtung der Verpflichtungen der Vertragspartner aus dem einschlägigen nationalen Arbeitnehmererfindungsrecht zu erreichen, s. dazu Kap. 8 Rdn. 179 und Muster A, Klauseln 3.9 bis 3.11.

226 Es erscheint wegen der Risiken und Kosten von Patentverletzungsprozessen und der möglicherweise unterschiedlich starken Interessen der Vertragspartner an der **Geltendmachung eines *gemeinsamen* Schutzrechts** sachgerecht, jedem Vertragspartner zwar das Recht einzuräumen, sich an einem von dem anderen Vertragspartner geplanten Verletzungsprozess zu beteiligen, ihn aber nicht zu einer solchen Beteiligung zu verpflichten. Wenn nur ein Partner den Verletzungsprozess durchführen will, sollte er einerseits alle diesbezügliche Kosten allein tragen, andererseits aber Zahlungen, die ihm durch den Prozess zufließen, nicht mit dem anderen Partner teilen müssen.

227 Jedenfalls dann, wenn der Vertrag ausländischem Recht unterliegt, sollte er vorsehen, dass der Partner, der den Prozess allein betreibt, im Namen beider Partner klagen kann, damit sichergestellt ist, dass auch der Schaden, der dem anderen Partner entstanden ist, geltend gemacht werden kann (s. zur Rechtslage nach deutschem Recht bei Fehlen einer vertraglichen Regelung Kap. 8 Rdn. 204). Darüber hinaus sollte der andere Partner verpflichtet werden, ihm verfügbare Tatsachenhinweise und -beweise für den Prozess zur Verfügung zu stellen. Dies ist zwar ein Aufwand, dem kein unmittelbarer Vorteil gegenübersteht. Mittelbar kann aber ein nur von einem Partner betriebener Prozess auch dem bzw. den anderen Partner(n) zugute kommen, z.B. durch eine gegen den

660 Siehe *Rennen/Caliebe*, Rn. 29 zu Art. 1 RBerG.

Verletzer erstrittenes Unterlassungsurteil und die Abschreckung anderer möglicher Verletzer; s. zur Regelung im Einzelnen Muster A, Klausel 3.8.

bbb) Anmeldung, Aufrechterhaltung und Geltendmachung von Schutzrechten für Vertragserfindungen bei horizontalen F&E-Verträgen nach deutschem Recht im Falle des Fehlens einer vertraglichen Regelung

Unterliegt ein horizontaler F&E-Vertrag deutschem Recht, ist er nach diesem Recht als **Gesellschaftsvertrag** zu qualifizieren, s. Kap. 6 Rdn. 3 und 4. 228

Wie aufgrund dieser Zuordnung **F&E-Ergebnisse** bei Fehlen einer vertraglichen Definition zu verstehen sind, wird in Kap. 8 Rdn. 445–448 für den Fall erörtert, dass nicht ein GU oder sonstiger Dritter mit der Durchführung der vertragsgemäßen F&E betraut wird. Da nach der hier vorgenommen Definition zu den Vertragserfindungen grundsätzlich nur F&E-Ergebnisse gehören (s. Kap. 8 Rdn. 146 und 147), ist das Ergebnis dieser Erörterungen in dem vorerwähnten Fall auch für den Begriff der Vertragserfindungen von wesentlicher Bedeutung. 229

Bei Beantwortung der Frage nach den **Rechten zur Anmeldung** von Schutzrechten für Vertragserfindungen ist das »Erfinderprinzip« (s. dazu Kap. 8 Rdn. 159 und 160) zu beachten, nach dem die Rechte an der Erfindung zunächst dem Erfinder zustehen. Deshalb werden Vertragserfindungen nach § 718 BGB jedenfalls nicht von vornherein Teil des Gesellschaftsvermögens mit der Folge, dass auch das Anmelderecht von vornherein bei der von den Vertragspartnern durch den F&E-Vertrag gebildeten Gesellschaft liegt. Vielmehr können das Recht an der Erfindung und damit das Anmelderecht nur durch einen abgeleiteten Erwerb in das Gesellschaftsvermögen gelangen.[661] 230

Eine andere Frage ist, ob eine vertragliche Verpflichtung der Partner zur Übertragung der Rechte an bei ihnen entstandenen Vertragserfindungen und damit ihrer Anmelderechte, z.B. an die von ihnen mit dem Abschluss des F&E-Vertrags gebildete Gesellschaft, besteht. Die Beantwortung dieser Frage dürfte, wenn der Vertrag Regelungen über die Rechte zur Verwertung dieser Erfindungen enthält, davon abhängen, wem er diese Rechte zuweist. 231

Liegen die **Verwertungsrechte an den Vertragserfindungen** nach dem Vertrag **bei einem Dritten**, der die durch den F&E-Vertrag gebildete Gesellschaft als GU der Vertragspartner, ein von den Vertragspartnern eigens zur Verwertung der F&E-Ergebnisse gegründetes anderes GU oder ein sonstiger Dritter sein kann, ist eine Verpflichtung der Vertragspartner zur Übertragung ihrer Rechte an den Erfindungen und damit ihrer Anmelderechte auf den Dritten anzunehmen. Diese Verpflichtung ist mit der Verpflichtung zur unbeschränkten Inanspruchnahme der betr. Erfindungen verbunden, soweit es sich dabei um Diensterfindungen i.S. des ArbEG handelt. 232

Liegen die **Verwertungsrechte** an den F&E-Ergebnissen dagegen nach dem Vertrag **bei den einzelnen Vertragspartnern**, bleiben die **Anmelderechte im** 233

661 *Kraßer* S. 347 m.w.N.

Verhältnis zwischen den Vertragpartner bei ihnen, und zwar bei Vertragserfindungen, die nur bei einem Vertragspartner entstanden sind, bei diesem Vertragspartner und bei Vertragserfindungen, die bei beiden Vertragspartnern entstanden ist, bei beiden Vertragspartnern gemeinsam als Bruchteilsgemeinschaft.

234 Dabei stellt sich die **Frage**, ob jeder Partner, bei dem eine Vertragserfindung ganz oder z.T. entstanden ist, im Verhältnis zum anderen Partner auch einer **Verpflichtung zur (Mit-)Anmeldung** unterliegt.

235 Für eine solche (Mit-)Anmeldepflicht kann, soweit die Vertragserfindung eine Diensterfindung bzw. Erfindungsanteile umfasst, die den Regelungen des ArbEG über Diensterfindungen unterliegen, wegen der Rechte des Arbeitnehmererfinders bzw. der Arbeitnehmererfinder nach dem ArbEG einmal der Aspekt der Sicherung der Benutzungs- bzw. Verwertungsrechte des anderen Partners sprechen, s. dazu Kap. 8 Rdn. 175–178.

236 In Fällen, in denen der Vertrag den Partnern das Recht versagt, F&E-Ergebnisse auch durch die Erteilung von Lizenzen an nicht konzernangehörige Unternehmen zu verwerten, könnte für eine (Mit-)Anmeldungspflicht noch ein anderer Aspekt sprechen: Der Partner, der die Inanspruchnahme bzw. (Mit-)Anmeldung unterlässt, könnte mit der Nichtanmeldung gegen seine gesellschaftsrechtliche Treubindung bzw. seine nachwirkende gesellschaftsrechtliche Treubindung (s. dazu Kap. 8 Rdn. 458) verstoßen, weil er damit seinem/seinen Diensterfinder(n) – soweit er nach Meldung der Diensterfindung mit ihm/ihnen nichts anderes vereinbart – die Möglichkeit der (Mit-)Anmeldung eröffnet, dies aber dem Interesse des anderen Vertragspartner zuwiderläuft, dass die F&E-Ergebnisse den Vertragspartnern vorbehalten bleiben.

237 Man kann jedoch einen Vertragspartner, bei dem Vertragserfindungen ganz oder teilweise entstehen, kaum unter dem Aspekt der Sicherung der vertraglichen Benutzungs- bzw. Verwertungsrechte des anderen Partners oder unter dem Aspekt der diesem gegenüber bestehenden gesellschafsrechtlichen Treubindung für verpflichtet halten, diese Erfindungen weltweit auf seine Kosten (mit-)anzumelden und (mit-)aufrechtzuerhalten. Im Falle einer solchen Verpflichtung könnten die von ihm (mit-)zutragenden Schutzrechtskosten die möglichen Vorteile aus der Verwertung solcher Erfindungen bei weitem übersteigen, ja für ihn sogar den gesamten möglichen Erfolg der gemeinsamen F&E aufzehren, vgl. dazu schon die Ausführungen in Kap. 8 Rdn. 194 und 195 zu den Verpflichtungen der Teilhaber einer Bruchteilsgemeinschaft zu gemeinsamen Anmeldungen.

238 Dies bedeutet jedoch nicht, dass man die Interessen des anderen Vertragspartners an der Verwertung bzw. an der Reservierung der Verwertung für die Vertragspartner unberücksichtigt lassen darf. Man wird diesen Interessen dadurch Rechnung tragen müssen, dass man im Wege ergänzender Vertragsauslegung eine Verpflichtung jedes Vertragspartners in den Vertrag hineininterpretiert, bzgl. seiner Vertragserfindungen bzw. seiner Anteile daran dem jeweils anderen Vertragspartner zumindest die **Möglichkeit** einer von Rechten der Erfinder ungehinderten vertragsgemäßen Verwertung unter Vermeidung der Beteiligung der Erfinder an diesbezüglichen Schutzrechten zu sichern.

Konkret bedeutet dies zweierlei:[662] 239

Jeder Partner, bei dem die Erfindung ganz oder z.T. entstanden ist, muss, soweit er nicht auf seinen Namen (mit-)anmelden will, dem anderen Partner Gelegenheit geben, allein auf dessen Namen und Kosten anzumelden. Wenn der nicht an der (Mit-)Anmeldung interessierte Partner nach dem Vertrag Benutzungs- bzw. Verwertungsrechte an den vom anderen Partner angemeldeten Schutzrechten behält – was schon aus kartellrechtlichen Gründen anzunehmen sein kann (s. dazu Art. 3 Abs. 2 und 3 F&E-GFVO und die diesbezüglichen Kommentierungen unter Kap. 5 Rdn. 396–421, vgl. aber auch Kap. 8 Rdn. 453 und 454) – und damit dem bzw. jedem auf seiner Seite beteiligten Diensterfinder nach §§ 13 bis 16 ArbEG verpflichtet bleibt (s. Kap. 8 Rdn. 169), muss der allein anmeldende Partner diese Verpflichtungen erfüllen bzw. dem nicht an einer (Mit-)Anmeldung interessierten Partner die Erfüllung dieser Verpflichtungen ermöglichen. Zur Zahlung von Erfindervergütung bleibt zwar im Verhältnis zu seinem/seinen Diensterfinder(n) allein der nicht anmeldende Partner verpflichtet; im Verhältnis der Partner zueinander trägt jedoch der anmeldende Partner die Erfindervergütung für die durch ihn erfolgende Verwertung.

Entsprechend muss er, wenn er grundsätzlich die Aufgabe der Schutzrechtsposition bzw. seines Anteils daran beabsichtigt, dem anderen Partner Gelegenheit geben, die Schutzrechtsposition bzw. seinen Anteil daran und mit ihr bzw. ihm bis auf weiteres die Kosten der künftigen Aufrechterhaltung der Schutzrechtsposition zu übernehmen, um den Übergang der Rechte auf seinen/seine Diensterfinder gemäß § 16 Abs. 1 ArbEG zu vermeiden.

Die hier vertretene Auffassung steht nicht im Widerspruch zu einer vertraglichen Regelung, nach dem jeder Partner Verwertungsrechte an den F&E-Ergebnissen erhält, wenn der Vertrag zwischen den Verwertungsrechten an F&E-Ergebnissen und den Rechten an Schutzrechten für Vertragserfindungen unterscheidet. Auch eine vertragliche Bestimmung, nach der jeder Vertragspartner verpflichtet ist, dem anderen Partner seine Schutzrechte für Vertragserfindungen bzw. seine Anteile daran zu lizenzieren, zwingt nicht zu dem Schluss, dass der zur Lizenzierung verpflichtete Partner »flächendeckend« für Vertragserfindungen, die ganz oder teilweise bei ihm entstanden sind, Schutzrechte (mit-)anzumelden hat. 240

An den **Kosten** gemeinsamer Anmeldungen und der Aufrechterhaltung gemeinsamer Schutzrechtspositionen müssen sich die Partner bei Fehlen einer vertraglichen Regelung nach dem Verhältnis ihrer Anteile an der Erfindung 241

662 Vgl. hierzu auch die Ausführungen von *Ullrich* in GRUR 1993, S. 338, 343: Ein Kooperationsmitglied, das Schutzmöglichkeiten nicht ergreifen oder bestehende Schutzpositionen aufgeben wolle, habe auch ohne dahingehende ausdrückliche Vereinbarung aufgrund seiner Schutz- und Förderungspflichten den anderen Kooperationsmitglieder ein Eintrittsrecht anzubieten, wenn entsprechende Schutzrechte das gemeinsame F&E-Ergebnis betreffen und die anderen Kooperationsmitglieder sie erkennbar bei der eigenen Ergebnisverwertung einsetzen wollen oder dazu sogar benötigen.

beteiligen, wenn man hier § 748 BGB anwenden will. Gegen eine solche Anwendung spricht jedoch der Umstand, dass die Teilhaber von Bruchteilsgemeinschaften an Erfindungsrechten grundsätzlich gleiche Verwertungsrechte haben, die auch eine gleichmäßige Beteiligung an den Kosten unabhängig vom der Höhe der Erfindungsanteile rechtfertigen, s. Kap. 8 Rdn. 192–197.

242 Jeder Vertragspartner hat jedoch die Möglichkeit, eine **Befreiung von der Verpflichtung zur Kostenbeteiligung** zu erreichen, indem er gemäß Kap. 8 Rdn. 239 dem anderen Partner die Übertragung seines Anteils anbietet. Bei Nichtannahme dieses Angebots hat sich dann kein Partner mehr an den Schutzrechtskosten zu beteiligen. Allerdings wird man jeden Vertragspartner (entsprechend der vertraglichen Regelung in Muster A, Klauseln 3.9–3.11) für verpflichtet halten müssen, die Kosten für die betr. Schutzrechtsposition noch so lange mitzutragen, wie die weitere Aufrechterhaltung zur Wahrung von Rechten beteiligter Diensterfinder nach § 16 ArbEG erforderlich ist.

Wären die Bestimmungen über die Bruchteilsgemeinschaft auch für Gemeinschaften an Schutzrechtspositionen für Vertragserfindungen uneingeschränkt maßgeblich, wäre die Befreiung von der Verpflichtung zur Kostenbeteiligung auch über eine Geltendmachung des Aufhebungsanspruchs nach § 749 Abs. 1 BGB zu erreichen. Ein solcher Aufhebungsanspruch wäre aber nicht tragbar und kann deshalb nicht angenommen werden, s. Kap. 8 Rdn. 200.

243 Zur **Geltendmachung von Schutzrechten** für Vertragserfindungen ist dann, wenn das Schutzrecht nur einem Vertragspartner gehört, nur dieser Vertragspartner berechtigt. Gehört das Schutzrecht beiden Vertragspartnern, dürfte jedem Vertragspartner entsprechend der wohl allgemeinen Meinung zur Rechtslage bei der Bruchteilsgemeinschaft (s. Kap. 8 Rdn. 204) ein Recht zustehen, den Verletzer auf Unterlassung zu verklagen und von ihm die Leistung von Schadensersatz an alle Teilhaber zu verlangen und auf eigenes Risiko eine entsprechende Klage zu erheben.

244 Hins. des **Procedere bei Schutzrechtsanmeldungen** haben die Vertragspartner ihre Verpflichtungen zur Förderung des Gesellschaftszwecks und ihre gesellschaftsrechtliche Treubindung zu beachten. Daraus ergeben sich zahlreiche Informations- und Mitwirkungspflichten.[663] So wird z.B. jeder Vertragspartner jeden anderen Vertragspartner zu informieren haben, wenn er für bei ihm entstandene und von ihm für schutzrechtsfähig gehaltene F&E-Ergebnisse eine Anmeldung plant. Umgekehrt wird jeder Vertragspartner, der von dieser Anmeldeabsicht Kenntnis erlangt, den die Anmeldung planenden Vertragspartner über ihm bekanntes Material, das der Schutzrechtsfähigkeit der F&E-Ergebnisse entgegensteht, informieren müssen.

663 Siehe dazu *Ullrich* GRUR 1993, S. 338, 343 f.

bb) Anmeldung, Aufrechterhaltung und Geltendmachung von Schutzrechten für Vertragserfindungen bei Verträgen über arbeitsteilige F&E zwischen Unternehmen auf verschiedenen Marktstufen (vertikalen F&E-Verträgen)

aaa) Empfehlungen zur Regelung

245 Unter Berücksichtigung der **Interessenlage**, die sich von der Interessenlage bei horizontalen F&E-Verträgen grundlegend unterscheidet (s. Kap. 8 Rdn. 461 und 462), sollten **»F&E-Ergebnisse«** bei vertikalen F&E-Verträgen eng definiert werden, s. dazu Kap. 8 Rdn. 463.

246 Für die Anmeldung, Aufrechterhaltung und Geltendmachung von Schutzrechten für Vertragserfindungen werden je nachdem, ob es sich dabei um allein bei einem Partner oder entstandene Erfindungen (»Alleinerfindungen eines Partners«) oder um bei beiden Partnern entstandene Erfindungen (»Gemeinschaftserfindungen«) handelt, unterschiedliche Regelungen empfohlen.

247 Bei **Alleinerfindungen eines Vertragspartners** wird das Anmelderecht grundsätzlich dem allein erfindenden Vertragspartner zugewiesen. Dieser räumt jedoch dem jeweils anderen Partner ein subsidiäres Anmelderecht insoweit ein, als der andere Vertragspartner ein solches benötigt, um sich Benutzungs- bzw. Verwertungsrechte, die ihm nach dem Vertrag an Schutzrechten des erfindenden Partners für die betr. Vertragserfindungen zustehen, im Hinblick auf die Rechte der beteiligten Erfinder auch für den Fall sichern zu können, dass der erfindende Vertragspartner nicht bzw. nicht weltweit anmeldet, s. dazu Kap. 8 Rdn. 178. Meist wird dieses subsidiäre Anmelderecht nur solche Vertragserfindungen betreffen, welche die Anwendung der zu entwickelnden Produkte betreffen und damit im Überschneidungsbereich der beiderseits durchzuführenden F&E-Arbeiten liegen, vgl. Muster B, Klausel 3.2 a).

Soweit der andere Vertragspartner aufgrund seines subsidiären Anmelderechts anmeldet, der erfindende Vertragspartner aber Verwertungsrechte an den vom anderen Partner erwirkten Schutzrechten behält, sollte der Vertrag vorsehen, dass der andere Vertragspartner, wenn er aufgrund die Option eine Schutzrechtsposition für die betr. Vertragserfindung erwirbt, diese nur fallenlassen kann, wenn er sie zuvor dem erfindenden Vertragspartner angeboten hat und dieser das Angebot nicht bzw. nicht rechtzeitig angenommen hat (s. dazu Kap. 8 Rdn. 173).

248 Bei **Gemeinschaftserfindungen der Vertragspartner**, die normalerweise im Überschneidungsbereich der von beiden Partnern durchzuführenden F&E-Arbeiten liegen werden (wie Erfindungen betr. eines Verfahrens zur Anwendung der entwickelten Produkte im Falle des Musters B), erscheint es dagegen zweckmäßig, die Grundsätze anzuwenden, die nach der hier vertretenen Auffassung generell für Bruchteilsgemeinschaften bei Gemeinschaftserfindungen gelten. Das Anmelderecht steht danach grundsätzlich beiden Partnern gemeinsam zu, wobei jedoch ein Partner, wenn der andere Partner nicht an einer Anmeldung interessiert ist, allein anmelden kann, also ein subsidiäres Alleinanmelderecht hat, s. zur Regelung im Einzelnen Muster B, Klausel 3.3 f) und g).

249 Im Falle der Ausübung des subsidiären Alleinanmelderechts muss der allein anmeldende Partner die Verpflichtungen des nicht anmeldenden Partners aus §§ 13–16 ArbEG erfüllen bzw. dem nicht anmeldenden Partner deren Erfüllung ermöglichen, soweit der nicht anmeldende Partner Verwertungsrechte behält (s. Kap. 8 Rdn. 174 i.V. mit Rdn. 173).

250 Hinsichtlich **der Kosten und der Verpflichtung zur Aufrechterhaltung gemeinsamer Schutzrechtspositionen, der Geltendmachung gemeinsamer Schutzrechte und des Procedere bei deren Anmeldung** gilt nichts anderes als bei horizontalen F&E-Verträgen, so dass auf die Ausführungen in Kap. 8 Rdn. 224–227 und 216–223 verwiesen werden kann.

bbb) Anmeldung, Aufrechterhaltung und Geltendmachung bei vertikalen F&E-Verträgen nach deutschem Recht im Falle des Fehlens einer vertraglichen Regelung

251 Die hier empfohlene vertragliche **Definition der F&E-Ergebnisse**, die nach der hier vorgenommenen Definition der Vertragserfindungen grundsätzlich auch für diesen Begriff maßgebend ist, und die hier empfohlene vertragliche Regelung hins. der **Anmeldung und Aufrechterhaltung von Schutzrechten für Vertragserfindungen** bei vertikalen F&E-Verträgen entsprechen nach der hier vertretenen, nicht gesicherten Auffassung auch der Rechtslage, die ohne ausdrückliche vertragliche Regelung nach deutschem Recht bestehen würde. Dabei sprechen gegen die Annahme einer Verpflichtung jedes Partners zur (Mit-)Anmeldung von Schutzrechten für Vertragserfindungen, an denen er dem anderen Partner grundsätzlich Verwertungsrechte einzuräumen hat, die gleichen Gründe, aus denen hier eine (Mit-)Anmeldeverpflichtung bei horizontalen Verträgen verneint wird, s. dazu Kap. 8 Rdn. 205.

Für die **Geltendmachung von Schutzrechten** für Vertragserfindungen gelten die Ausführungen unter Kap. 8 Rdn. 243 entsprechend.

cc) Anmeldung, Aufrechterhaltung und Geltendmachung von Schutzrechten für Vertragserfindungen bei Verträgen über arbeitsteilige F&E (F&E-Kooperationsverträgen) zwischen industriellen Unternehmen und Hochschulen

aaa) Bei der Regelung zu berücksichtigende Interessen

252 Bei der Regelung sind folgende **Hauptinteressen der Hochschule** in Betracht zu ziehen:

1. ihr Interesse, vom Industriepartner angemessene Lizenzgebühren erzielen zu können, soweit sie diesem die Verwertung von Vertragserfindungen, die ganz oder z.T. bei ihr entstanden sind, überlässt;
2. ihr Interesse, Schutzrechtskosten für ganz oder z.T. bei ihr entstandene, zu den Vertragserfindungen gehörende Diensterfindungen vermeiden zu kön-

nen, zumal diese Kosten gemäß § 42 Nr. 4 ArbEG nicht bei der Berechnung der von ihr zu zahlenden Erfindervergütung abgezogen werden können (s. Kap. 8 Rdn. 74 und 75);
3. ihr Interesse, als Anmelderin bzw. Mitanmelderin von Schutzrechten für Vertragserfindungen, die von ihren Beschäftigten stammen oder an denen diese beteiligt ist, in Erscheinung zu treten und so ihre »Exzellenz« zu untermauern, vgl. Kap. 8 Rdn. 88; und
4. ihr Interesse, nicht durch Verpflichtungen zur Geheimhaltung der F&E-Ergebnisse an der Erfüllung ihres Lehr- und Forschungsauftrags und an späterer Zusammenarbeit mit Dritten auf dem technischen Gebiet des F&E-Projekts gehindert zu werden.

Dagegen ist das Interesse der Hochschule, auch Dritten Lizenzen an Vertragserfindungen erteilen zu können, wegen ihrer grundsätzlich relativ geringen Chance, mit solchen Lizenzen erhebliche Lizenzgebühren zu realisieren, bei realistischer Betrachtungsweise (s. dazu Kap. 8 Rdn. 70–77) normalerweise nicht zu ihren Hauptinteressen zu rechnen. Etwas anderes kann aber dann gelten, wenn die Hochschule schon vor Eintritt in die F&E-Kooperation bei Dritten auf Interesse für eine von ihr entwickelte patentgeschützte Technologie, die für die Erreichung des F&E-Ziels notwendig oder doch nützlich erscheint, gestoßen ist.

Dem stehen folgende **Hauptinteressen des Industriepartners** gegenüber: 253
1. die Möglichkeit zu erhalten, ausschließliche Verwertungsrechte an Vertragserfindungen zu erwerben, vor allem aber, die rechtliche Sicherheit erlangen zu können, dass er und ggf. seine Konzerngesellschaften nicht durch Schutzrechte der Hochschule bzw. in das jeweilige Projekt einbezogener Hochschulbeschäftigter und ggf. Dritter an der Verwertung von Vertragserfindungen gehindert werden;
2. für den Erwerb solcher Verwertungsrechte bzw. für die Erlangung der erwähnten Sicherheit keinen unangemessen hohen Preis zahlen zu müssen;
3. die Möglichkeit zu erhalten, die Anzahl der Anmeldungen für Erfindungen, die ganz oder teilweise bei der Hochschule entstehen und für die er die Kosten trägt, zu begrenzen und sich von den künftigen Kosten für die Aufrechterhaltung (einschl. Verteidigung) von Schutzrechtspositionen für Vertragserfindungen befreien zu können, wenn diese für ihn nicht mehr interessant sind oder deren Kosten die voraussichtlichen Erträge übersteigen.

bbb) Regelung für die Anmeldung und Aufrechterhaltung in den Vertragsbausteinen des *Berliner Vertrags* für F&E-Kooperationsverträge zwischen industriellen Unternehmen und Hochschulen

Unter den Vertragsmustern für F&E-Verträge zwischen Industrieunternehmen und Hochschulen nimmt der *Berliner Vertrag* eine Sonderstellung ein, weil er das Ergebnis intensiver Diskussionen zwischen Hochschul- und Industrievertretern ist. Deshalb wird nachfolgend zunächst die Regelung betr. Anmeldungen und Aufrechterhaltung von Schutzrechten für Vertragserfindungen in den 254

Vertragsbausteinen des *Berliner Vertrags* für Kooperationen (arbeitsteilige F&E) zwischen industriellen Unternehmen und Hochschulen dargestellt und anschließend bewertet. Wegen des Zusammenhangs der Anmelde- und Aufrechterhaltungsregeln mit anderen Regelungsbereichen werden dabei auch alle anderen wesentlichen Elemente der erwähnten Bausteine kurz skizziert und anschließend kommentiert. Es folgt die Darstellung eines abweichenden eigenen Konzepts.

255 Die Bausteine beziehen auch einen Hochschulwissenschaftler, der als Projektleiter als Vertragspartner und, sofern sie eine Beitrittserklärung unterzeichnet haben, andere Hochschulwissenschaftler sowie nicht an der Hochschule Beschäftigte in den F&E-Vertrag ein. Das ist aus den in Kap. 8 Rdn. 105–108 aufgeführten Gründen nicht zu empfehlen.

256 Leider enthalten die Bausteine auch verschiedene redaktionelle Mängel: So verweist Klausel 3.2.3, letzter Unterabsatz, auf Klausel 10.2 statt richtig auf Klausel 10.3. In Klausel 10.3 müsste richtig von der Vergütungsregelung für Hochschul-Ergebnisse mit einem Erfindungsanteil der Hochschule von über 50 % statt von 50 % die Rede sein (bei 50 % Hochschulanteil handelt es sich nach den Definitionen in Klausel 3.2.2 um Gemeinschafts- und nicht um Hochschul-Ergebnisse). Verständnisprobleme bereitet vor allem Klausel 10.3 (s. dazu Kap. 8 Rdn. 259 Nr. 3 und Rdn. 266 Nr. 2 a).

257 Ausgangspunkt für die in den Bausteinen vorgeschlagene Regelung für die Anmeldung und Aufrechterhaltung von Schutzrechten ist in Klausel 3.2 die Unterscheidung zwischen drei Arten von »Forschungsergebnissen« (wobei allerdings der Begriff der »Forschungsergebnisse« undefiniert bleibt):

- »**Industriepartner-Ergebnisse**« bedeuten solche Forschungsergebnisse, die ausschließlich von Mitarbeitern des Industriepartners erarbeitet wurden,
- »**Gemeinschaftsergebnisse**« bedeuten solche Forschungsergebnisse, die von dem Projektleiter und anderen Beschäftigten der Hochschule gemeinsam mit Mitarbeitern des Industriepartners erarbeitet wurden, und bei denen der Erfindungsanteil der Hochschulbeschäftigten 50 % oder weniger ist, und
- »**Hochschul-Ergebnisse**« bedeuten solche Forschungsergebnisse, die ausschließlich oder zu mehr als 50 % Erfindungsanteil von dem Projektleiter und/oder anderen Beschäftigten der Hochschule erarbeitet wurden.

258 Dabei werden die **materiellen Rechte** an den Forschungsergebnissen wie folgt zugeordnet:

1. Die Rechte an den **»Industriepartner-Ergebnissen«** stehen nach Klausel 3.2.1 allein dem Industriepartner zu.
2. Nach Klausel 3.2.2.stehen dem Industriepartner zunächst auch alle materiellen Rechte an den **»Gemeinschaftsergebnissen«** zu. (Wegen § 742 BGB, wonach den Teilhabern »im Zweifel« gleiche Anteile zustehen, läuft dies darauf hinaus, dass auch der größte Teil der Ergebnisse, an deren Erzielung die Hochschule mitbeteiligt ist, zunächst dem Industriepartner zustehen.) Dementsprechend überträgt die Hochschule im Voraus sämtliche ihrer Rechte an den Gemeinschaftsergebnissen auf den Industriepartner, jedoch unter der auflösenden Bedingung, dass der Industriepartner seine nach

Klausel 9 geschuldeten Beiträge zum Forschungsprojekt erbringt. Soweit es sich aber bei den »Gemeinschaftsergebnissen« um Erfindungen handelt, sind nach Klausel 5.2.1 die diesbezüglichen Rechte auf die Hochschule zu übertragen, wenn der Industriepartner nicht binnen 45 Tagen nach Erhalt einer Mitteilung des Vorliegens einer vollständigen Erfindungsmeldung seinen Wunsch nach der Einreichung einer prioritätsbegründenden Erstanmeldung erklärt. Gibt der Industriepartner die Erklärung nicht oder nicht rechtzeitig ab, behält er, wenn die Hochschule in einem solchen Fall die Erfindung in Anspruch nimmt (gemeint ist wohl: unbeschränkt in Anspruch nimmt), ein nichtausschließliches, nicht übertragbares Nutzungsrecht an dem betr. »Gemeinschaftsergebnis« und den daraus resultierenden Schutzrechten, wobei unklar bleibt, ob dieses Nutzungsrecht kostenlos ist. Soweit für ein »Gemeinschaftsergebnis« mindestens eine Erstanmeldung erfolgt (gemeint ist offenbar eine Erstanmeldung durch den Industriepartner), zahlt der Industriepartner nach Klausel 10.1 und 10.2 für das Recht zur kommerziellen Verwertung des Erfindungsanteils der Hochschule zunächst einen bestimmten Grundbetrag (€ 2 500.– bei einem Erfindungsanteil der Hochschule von unter 50 % und € 5 000.– bei einem Erfindungsanteil der Hochschule von 50 %) und bei Aufnahme der kommerziellen Nutzung einen weiteren Betrag. Nach einer Alternative ist die Höhe dieses weiteren Betrags niedriger, wenn die Aufnahme der kommerziellen Nutzung innerhalb von 7 Jahre nach der Erstanmeldung und höher, wenn sie sie erst nach Ablauf der 7 Jahre erfolgt und der Industriepartner den niedrigen Betrag nicht vor Ablauf der 7-Jahres-Frist ohne Nutzungsaufnahme (und damit freiwillig) schon gezahlt hat. Nach einer anderen Alternative sind im Falle der Nutzungsaufnahme weitere Beträge zu zahlen, die nach dem jeweils erreichten Umsatzbereich gestaffelt sind.

3. Die materiellen Rechte an den »**Hochschul-Ergebnissen**« stehen zwar nach Klausel 3.2.3 allein der Hochschule zu. Dementsprechend überträgt der Industriepartner, soweit er Rechte an diesen Ergebnissen hat, diese Rechte im Voraus auf die Hochschule, jedoch unter der auflösenden Bedingung, dass die Hochschule ihre nach Klausel 9 geschuldeten Beiträge zum Forschungsprojekt erbringt. Der Industriepartner erhält aber eine Option auf eine ausschließliche, weltweite und unbegrenzte Lizenz an »Hochschul-Ergebnissen« zu auszuhandelnden Bedingungen, die er jeweils für ein Hochschul-Ergebnis innerhalb von zehn Monaten nach Anmeldung eines Schutzrechts für dieses ausüben muss. Dabei kann der Industriepartner gemäß Klausel 5.3.1 binnen 45 Tagen nach Eingang einer Erfindungsmeldung der Hochschule die Anmeldung einer prioritätsbegründenden Erstanmeldung auf seine Kosten (s. Klausel 8.3) verlangen. Stellt er dieses Verlangen nicht, steht es im Belieben der Hochschule, ob sie die Erfindung in Anspruch nimmt oder nicht.
4. Nach Klausel 3.2.5 verbleibt der Hochschule jedoch stets ein nicht-ausschließliches, nicht übertragbares **Recht zur Nutzung der Forschungsergebnisse für die Forschungs- und Lehrtätigkeit**, soweit ihre vertragli-

chen **Geheimhaltungsverpflichtungen** nicht entgegenstehen. Diese Geheimhaltungsverpflichtungen werden aber nur teilweise in den Bausteinen konkretisiert: Klausel 4.2 macht Veröffentlichungen grundsätzlich von der Zustimmung des Industriepartners abhängig. Aus der Bestimmung in Klausel 4.2, dass der Industriepartner die Zustimmung zur Veröffentlichung von Forschungsergebnissen nach Ablauf von 12 Monaten ab Einreichung der (ersten) Anmeldung nicht mehr verweigern darf, geht einerseits hervor, dass Geheimhaltungsverpflichtungen der Hochschule der Anmeldung von Schutzrechten für Forschungsergebnisse letzten Endes nicht entgegenstehen. Aus der Bestimmung ist andererseits zu entnehmen, dass sich das der Hochschule auferlegte Veröffentlichungsverbot über den Zeitraum hinaus erstrecken kann, während dessen eine Einschränkung der positiven Publikationsfreiheit von Hochschulwissenschaftlern im Verhältnis zur Hochschule nach § 42 Nr. 1 ArbEG möglich ist. Nach Klausel 3.2.5 darf die Hochschule Forschungsergebnisse, solange sie diese geheim zu halten hat, grundsätzlich nur nach schriftlicher Zustimmung des Industriepartners im Rahmen der Tätigkeit für oder mit Dritten verwenden.

259 Auf dieser Basis sehen die Bausteine folgende Regelung für die **Rechte zur Anmeldung von Schutzrechten** und die **Verpflichtung des Industriepartners zur Zahlung einer Vergütung für Gemeinschaftsergebnisse und Hochschul-Ergebnisse** vor:

1. Für Erfindungen, die zu den »**Industriepartner-Ergebnissen**« gehören, liegt das alleinige Anmelderecht beim Industriepartner (Klausel 5.1).
2. Hins. »**Gemeinschaftsergebnissen**« wird differenziert:
   a) Erklärt der Industriepartner im Falle solcher Erfindungen gemäß Klausel 5.2.1 innerhalb von 45 Tagen seinen Wunsch zur Einreichung einer prioritätsbegründenden Erstanmeldung, erfolgt die Erstanmeldung nach Klausel 5.2.2 im Namen der Hochschule und des Industriepartners, und zwar auf Kosten des letzteren (Klausel 8.2), wobei die Hochschule jedoch ihren Anteil an der Anmeldung nach Klausel 6.2 nur treuhänderisch für den Industriepartner hält und diesen Anteil an der Anmeldung bzw. an einem daraufhin erteilten Schutzrecht nach Klausel 6.3 nach Ablauf von 18 Monaten ab dem Anmeldetag (also dann, wenn eine Patentanmeldung, sofern sie nicht bereits zum Patent geführt hat, nach § 32 PatG offenzulegen ist) die Anmeldung unverzüglich auf den Industriepartner zu übertragen hat. Dieser hat nach Klausel 7.1, Alternative 1, das alleinige Recht, jedoch nicht die Verpflichtung zur Vornahme von Auslandsanmeldungen.

   Bei rechtzeitiger Erklärung des Wunsches nach Vornahme der Inlandsanmeldung ist der Industriepartner nach Klausel 10.1 verpflichtet, an die Hochschule einen Betrag von € 2 500.– zu zahlen, die sich im Falle eines Erfindungsanteils der Hochschule von 50 % (also dem nach § 742 BGB im Zweifel bestehenden Erfindungsanteil) auf das Doppelte erhöht. Bei einer kommerziellen Nutzung der Erfindung (nicht notwendig einer dafür bestehenden Schutzrechtsposition) hat er der Hochschule entweder weitere nach seinem Umsatz gestaffelte Festbeträge (Alternativen 1 und 2) oder eine zu vereinbarende angemessene Zusatzvergütung (Alternative 3) zu zahlen.

b) Erfolgt die Erklärung nicht bzw. nicht innerhalb der 45-Tage-Frist, hat der Industriepartner mit den Rechten an der Erfindung auch das Anmelderecht auf die Hochschule zu übertragen.

3. Für Erfindungen, die zu den **Hochschul-Ergebnissen** gehören, liegen die Anmelderechte bei der Hochschule, jedoch wird der Industriepartner, wenn er die Option auf eine ausschließliche Lizenz nach Klausel 3.2.3 ausgeübt hat, gemäß Klausel 5.3.2 – nach Vornahme der prioritätsbegründenden Erstanmeldung unter Einschaltung eines Patentanwalts unter der Regie der Hochschule – im Hinblick auf die Anmeldung von Schutzrechten der Hochschule Herr des Verfahrens. Auslandsanmeldungen und Schutzrechtsaufgabe sind dabei nach Klausel 7.2 im Falle der Optionsausübung Gegenstand der auszuhandelnden Lizenzbedingungen.
Wird anschließend an die Optionsausübung ein Lizenzvertrag abgeschlossen, schuldet der Industriepartner nach Klausel 10.3 eine Vergütung nach bestimmten Kriterien, die jedoch teilweise unklar sind.
Am ehesten war, wenn man entgegen Klausel 10.3, aber im Einklang mit der Definition gemäß Klausel 3.2.3 Forschungsergebnisse mit einem Anteil der Hochschule von 50 % als »Gemeinschaftsergebnisse« behandelt, wohl Folgendes gemeint:
Zu differenzieren ist zwischen »Hochschul-Ergebnissen« mit einer Beteiligung des Industriepartners und solchen ohne eine solche Beteiligung.
Bei einer Beteiligung des Industriepartners ist eine Vergütung geschuldet, die 10 % höher ist als die Vergütung für Gemeinschaftsergebnisse. Gesprochen wird allerdings von einer Reduzierung um 10 % im Vergleich zu der Vergütung für Gemeinschaftsergebnisse nach Klausel 10.1 (statt wohl richtig von einer 10 %igen Erhöhung gegenüber der Vergütung nach Klausel 10.2 i.V. mit Ziff. 10.1).
Im Falle einer nur bei der Hochschule entstandenen Erfindung hat der Industriepartner eine Lizenzvergütung zu zahlen, die unter Berücksichtigung des Berechnungsbeispiels gemäß Anlage 4 zu den Bausteinen im Lizenzvertrag festzulegen ist.

Zur **Aufgabe von Schutzrechtspositionen** für »Industriepartner-Ergebnisse« 260
und – jedenfalls nach Klausel 7.1, 1. Alternative – auch für »Gemeinschaftsergebnisse« ist der Industriepartner jederzeit berechtigt. Bei »Hochschul-Ergebnissen« ist jedoch die Schutzrechtsaufgabe nach Klausel 7.2 Gegenstand der auszuhandelnden Bedingungen des aufgrund der Optionsausübung abzuschließenden Lizenzvertrags.

Wer die **Kosten für die Anmeldung, Aufrechterhaltung, Verteidigung und** 261
Durchsetzung von Schutzrechten für Vertragserfindungen zu tragen hat, ist wie folgt geregelt:

1. Soweit es sich dabei um Kosten handelt, die Schutzrechtspositionen für »Industriepartner-Ergebnisse« betreffen, sind diese nach Klausel 8.1 stets vom Industriepartner zu tragen.
2. Soweit es sich dabei um Kosten handelt, die Schutzrechtspositionen für »Gemeinschaftsergebnisse« betreffen, sind diese nach Klausel 8.2 grundsätzlich vom Industriepartner zu tragen. Wenn dieser jedoch seine Rechte daran nach Klausel 5.2.1 auf die Hochschule übertragen hat, sind diese Kosten vom Zeitpunkt der Übertragung an von der Hochschule zu tragen.
3. Soweit es sich dabei um Kosten handelt, die Schutzrechtspositionen für »Hochschul-Ergebnisse« betreffen, gilt nach Klausel 8.3 Folgendes:
   Soweit der Industriepartner eine Anmeldung von Schutzrechten für diese Ergebnisse wünscht, trägt er die Anmeldekosten.
   Übt der Industriepartner die ihm in Klausel 3.2.3 gewährte Option auf Erteilung einer ausschließlichen Lizenz aus, trägt er auch alle ab Optionsausübung anfallenden Kosten für die bis dahin auf Initiative der Hochschule eingereichten Schutzrechtsanmeldungen und daraus resultierende Schutzrechte.
   Der Industriepartner trägt auch im Falle der Nichtausübung der Option die Anmeldekosten für ausländische Schutzrechte, welche auf seinen Wunsch von der Hochschule eingereicht wurden. Ansonsten trägt die Hochschule die Kosten ihrer Schutzrechtspositionen, solange sie sie aufrechterhalten will.

ccc) Beurteilung der Vertragsbausteine des *Berliner Vertrags* für F&E-Kooperationsverträge zwischen industriellen Unternehmen und Hochschulen

262 Die Vertragsbausteine des *Berliner Vertrags* enthalten **keine ausdrückliche Definition der »Forschungsergebnisse« = F&E-Ergebnisse** und **keine Definition der Vertragserfindungen**. Dabei erweckt Klausel 3.2 den Anschein, als seien alle Erfindungen von Mitarbeitern der Vertragspartner mit einbezogen. Die Klauseln 5.3.1 und 5.3.2, in denen von der Inanspruchnahme von Erfindungen durch die Hochschule die Rede ist, lassen allerdings erkennen, dass nur Diensterfindungen erfasst sein sollen und diese auch nur insoweit, als sie die Hochschule unter Berücksichtigung der negativen Publikationsfreiheit von Hochschulwissenschaftlern gemäß § 42 Nr. 2 ArbEG unbeschränkt in Anspruch nehmen kann.

263 Klausel 5.2.1 erscheint als nicht mit dem ArbEG vereinbar: Nach dieser Bestimmung hat der Industriepartner die materiellen Rechte an einer zu den »Gemeinschaftsergebnissen« gehörenden Erfindung dann auf die Hochschule zu übertragen, wenn er dafür keine Erstanmeldung einreicht, behält aber auch bei Übertragung ein nicht-ausschließliches, weltweites, unwiderrufliches und nicht übertragbares Nutzungsrecht an der betreffenden Erfindung und den daraus resultierenden Schutzrechten. Wegen dieses ihm verbleibenden Nutzungsrechts unterliegt er nach der hier vertretenen Auffassung (s. Kap. 8 Rdn. 169) gegenüber seinem/seinen Diensterfinder(n) weiterhin den Bindungen

gemäß §§ 13 bis 16 ArbEG. Da sich aber die Hochschule mit der Übernahme der materiellen Rechte an dem Gemeinschaftsergebnis nicht verpflichtet, diesen Bindungen zu entsprechen, z.B. eine Anmeldung im Inland einzureichen, gerät der Industriepartner u.U. zwangsläufig in Konflikt mit den genannten Bestimmungen des ArbEG.

Sieht man von diesem Problem und davon ab, dass der Projektleiter und evtl. weitere Teilnehmer am F&E-Projekt nicht als Vertragspartner in den F&E-Vertrag mit der Hochschule einbezogen werden, sondern durch ergänzende Vereinbarungen gebunden werden sollten (s. Kap. 8 Rdn. 89–113), ergibt eine **Beurteilung** der Vertragsbausteine des *Berliner Vertrags* für F&E-Kooperationen **unter dem Aspekt der Hauptinteressen der Vertragspartner** Folgendes: 264

Aspekt der normalerweise bestehenden Hauptinteressen der Hochschule: 265

1. Es ist anzunehmen, dass die Vertragsbausteine dem Interesse der Hochschule, von dem Industriepartner erhebliche Lizenzgebühren für Erfindungen realisieren zu können, die ganz oder teilweise von ihr stammen, im Normalfall gerecht werden, ja sogar überhöht sind, s. Kap. 8 Rdn. 266 unter 2.. Allerdings sehen die Bausteine teilweise pauschale Vergütungen vor, die sich nicht am Wert der Erfindungen orientieren. In Ausnahmefällen können daher diese Vergütungen auch zu niedrig sein.
2. Dem Interesse der Hochschule, die Belastung mit Schutzrechtskosten für bei ihr ganz oder z.T. entstandene Diensterfindungen von vornherein bzw. für die Zukunft vermeiden zu können, werden die Bausteine in vollem Umfang gerecht: Soweit nach den Bausteinen nicht der Industriepartner diese Kosten zu tragen hat, kann die Hochschule ihre Belastung mit diesen Kosten vermeiden bzw. abwenden, indem sie die jeweilige Erfindung bzw. ihren Anteil daran nicht in Anspruch nimmt oder ihrem/ihren Diensterfinder(n) freigibt bzw. Schutzrechtspositionen auf diese(n) überträgt.
3. Nach den Bausteinen ist auch gesichert, dass die Hochschule bei allen Erfindungen, die zu Schutzrechten angemeldet werden und die ganz oder z.T. von ihren Diensterfindern gemacht werden, als Anmelderin oder Mitanmelderin in Erscheinung tritt.
4. Das Interesse der Hochschule zur Benutzung von F&E-Ergebnissen für ihre Lehr- und Forschungstätigkeit berücksichtigen die Bausteine zwar dadurch, dass sie der Hochschule grundsätzlich ein solches Recht einräumen. Dieses Recht erhält die Hochschule aber nur insoweit, als ihre Geheimhaltungsverpflichtungen nicht entgegenstehen. Diese Verpflichtungen werden aber in den Bausteinen nur teilweise konkretisiert. Jedenfalls lassen die Bausteine erkennen, dass die Hochschule aufgrund von Verpflichtungen zur Geheimhaltung von Forschungsergebnissen daran gehindert sein kann, mit Dritten zu kooperieren. Ihrem Interesse, nach Beendigung des Vertrags an solchen Kooperationen nicht gehindert zu sein, wird damit jedenfalls nicht voll entsprochen.

266 **Aspekt der Hauptinteressen des Industriepartners:**

1. Dem Interesse des Industriepartners, ausschließliche Verwertungsrechte an Vertragserfindungen erwerben zu können und wenigstens Sicherheit zu erlangen, diese Erfindungen ohne Behinderung durch Schutzrechte der Hochschule bzw. von Hochschulbeschäftigten verwerten zu können, werden die Bausteine nicht wirklich gerecht. Bei Ausübung der Option zum Erwerb ausschließlicher Verwertungsrechte an »Hochschul-Ergebnissen« bleiben die Bedingungen des abzuschließenden Lizenzvertrags weitgehend offen. Vor Abschluss des Lizenzvertrags hat aber der Industriepartner an Schutzrechten für solche Erfindungen noch keine Rechte. Akzeptabel wäre für ihn allenfalls die Regelung, dass er mit der Ausübung der Option diese Rechte erhält und die Partner dann angemessene Lizenzbedingungen zu vereinbaren haben mit der Maßgabe, dass im Nichteinigungsfall die Festlegung der Lizenzbedingungen durch ein Schiedsgericht erfolgt.
   Kritisch sind unter dem Aspekt der Sicherung von Verwertungsrechten für den Industriepartner auch die Bestimmungen in Klausel 3.2.2 und Klausel 3.2.3 zu sehen, dass die Übertragung der Erfindungsanteile der Hochschule an »Gemeinschaftsergebnissen« an den Industriepartner (ebenso wie die Übertragung von Erfindungsanteilen des Industriepartners an »Hochschul-Ergebnissen« auf die Hochschule) unter der auflösenden Bedingung steht, dass der Industriepartner (bzw. die Hochschule) die von ihr nach Klausel 9 geschuldeten Beiträge zum Forschungsprojekt erbringt. Die Bestimmungen gelten nach ihrem Wortlaut auch bei kleinen »Unterlassungssünden« und berücksichtigten nicht die Möglichkeit von Zurückbehaltungsrechten und einer vorzeitigen Beendigung des Vertrags durch Kündigung.
2. Ebenso wenig werden die Bausteine dem Interesse des Industriepartners gerecht, für den Erwerb ausschließlicher Verwertungsrechte an »Gemeinschaftsergebnissen« und »Hochschul-Ergebnissen« nicht einen unangemessen hohen Preis zahlen zu müssen:
   a) Bei Erfindungen, die zu den »Hochschul-Ergebnissen« gehören, kann sich der Industriepartner nach den Bausteinen (ausschließliche) Verwertungsrechte nur sichern, wenn er binnen 45 Tagen nach Mitteilung der Meldung durch die Hochschule den Wunsch nach Vornahme einer Inlandsanmeldung äußert. Tut er es nicht, ist die Hochschule berechtigt, die Erfindung nicht in Anspruch zu nehmen mit der möglichen Folge, dass die Erfinder der Hochschule Schutzrechte erwerben und diese gegen den Industriepartner geltend machen. Sichert sich der Industriepartner jedoch die Rechte an den Hochschul-Ergebnissen durch Äußerung seines Wunschs nach einer Inlandsanmeldung binnen der 45-Tages-Frist der Klausel 5.3.1, soll nach den Bausteinen wohl danach differenziert werden, ob dem Industriepartner ein Erfindungsanteil von unter 50 % an der Erfindung zusteht oder die Erfindung vollständig bei der Hochschule entstanden ist.
      Im ersteren Fall soll der Industriepartner wohl nach Klausel 10.3 – unabhängig davon, ob der Industriepartner die Option ausschließlicher Verwertungsrechte binnen der 10-Monats-Frist der Klausel 3.2.3 ausübt – zu einer

»Eintrittszahlung« verpflichtet sein. Dabei dürfte der missglückten Fassung von Klausel 10.3 (s. dazu schon Kap. 8 Rdn. 259 Nr. 3) zu entnehmen sein, dass diese Eintrittszahlung 10 % über der »Eintrittszahlung« liegt, die der Industriepartner im Fall von Gemeinschaftserfindungen mit 50 % Hochschul-Anteil zu zahlen hat. Dies erscheint jedoch nicht angemessen, zumal der Industriepartner die Verwertungsrechte an den betr. »Hochschul-Ergebnissen« nur bei Ausübung der Option gemäß Klausel 3.2.3 erwirbt.
Im letzteren Fall – 100 %iger Anteil der Hochschule an der Erfindung – soll offenbar eine angemessene Vergütung unter Berücksichtigung des »Berechnungsbeispiels« gemäß Anlage 4 gezahlt werden.
Hier ist zunächst auf folgendes Problem der Regelung hinzuweisen: In dem Fall, dass das F&E-Projekt überhaupt zu verwertbaren Ergebnissen führt, wird der Industriepartner diese Ergebnisse aufgrund der Arbeitsteilung zwischen den Partnern in aller Regel nur verwerten können, wenn er auch Rechte zur Verwertung von »Hochschul-Ergebnissen« erhält. Mit diesen sind aber offenbar nicht nur Erfindungen gemeint, sondern auch geheimes Know-how (s. auch Klausel 3.2.2, 2. Unterabsatz, wo bei der Regelung der Rechte an Gemeinschaftsergebnissen ausdrücklich von »nicht schutzrechtsfähigen Forschungsergebnissen« die Rede ist).[664] Der Industriepartner wird deshalb um die häufige Ausübung einer Option für eine ausschließliche Lizenz bzgl. vieler »Hochschul-Ergebnisse« gemäß Klausel 3.2.3 nicht herumkommen und sich damit hohen finanziellen Ansprüchen der Hochschule aussetzen.
Selbst wenn gemeint wäre, dass der Industriepartner geheimes Knowhow, das zu den Hochschul-Ergebnissen gehört, stets kostenlos verwerten kann und bei Ausübung der Option für die ihm dann mögliche Verwertung von Hochschulerfindungen eine Vergütung zu zahlen hat, bleibt unklar, ob eine solche Vergütung nur für die Verwertung von Schutzrechtspositionen der Hochschule gezahlt werden soll. Wenn nein, wäre die Vergütungspflicht nach den Bausteinen nicht zeitlich begrenzt, so dass davon auszugehen wäre, dass sie auch dann fortbesteht, wenn sich herausgestellt hat, dass die »Erfindung« im Hinblick auf Vorveröffentlichungen schon im Zeitpunkt ihrer Meldung offensichtlich schutzunfähig war.
Aber auch dann, wenn die Bausteine dem Industriepartner hins. »Hochschul-Ergebnissen« mit 100 % Hochschulanteil nur eine Vergütungspflicht für Schutzrechtspositionen der Hochschule auferlegen sollten, wäre die Vergütungsregelung für den Industriepartner nicht akzeptabel:
Zunächst ist darauf hinzuweisen, dass die »Berechnungsbeispiele« der Anlage 4, auf welche Klausel 10.3 verweist, trotz Anführung einiger wesentlicher Kriterien viele wichtige Punkte, z.B. die Verpflichtung zur Zahlung einer Einstiegsgebühr und/oder einer Mindestlizenz, offen las-

664 *Winzer (F&E-Verträge)* S. 221 (Rn. 41) weist diesbezüglich zu Recht auf Widersprüche in den Bausteinen des *Berliner Vertrags* hin. So ist z.B. in Klausel 3.2.3 hins. Hochschul-Ergebnissen nur von Erfindungsanteilen die Rede.

sen. Das kann aber dazu führen, dass der Industriepartner unter hohem Einigungsdruck steht, was tendenziell auf für ihn ungünstige Lizenzbedingungen hinausläuft.

Außerdem führen die »Berechnungsbeispiele« ein wesentliches Kriterium nicht an: Sie sehen nämlich keine Minderung der Vergütung für den Fall vor, dass der Industriepartner die von der Hochschule durchzuführende F&E, möglicherweise auch unter Gewährung eines angemessenen Gewinnzuschlags, ganz oder teilweise finanziert, so dass das finanzielle Risiko der arbeitsteilig durchgeführten F&E auch hins. des F&E-Anteils der Hochschule auf den Industriepartner verlagert wird. Aus diesem Grund erscheint, soweit der Industriepartner auch die F&E der Hochschule finanziert, eine analoge Anwendung des Arbeitnehmererfindungsrechts angebracht s. zu den Einzelheiten und zur Begründung Kap. 8 Rdn. 571 Nr. 3 b) und c) sowie Rdn. 572 unter »Zu 3.b) und c)«. (Dass eine Finanzierung der F&E-Arbeiten der Hochschule durch den Industriepartner bei der Höhe der Vergütung zu berücksichtigen ist, erkennt mittelbar auch der *Berliner Vertrag* an, indem dessen Vertragsbausteine für Auftragsforschung den Industriepartner zu einer wesentlich geringeren Vergütung für Erfindungen der Hochschule verpflichten als es die Vertragsbausteine für Kooperationen tun.)

b) Bei Erfindungen, die zu den »Gemeinschaftsergebnissen« gehören, wird im Hinblick auf die Vermutung des § 742 BGB meist ein Erfindungsanteil der Hochschule von 50 % anzunehmen sein. Das bedeutet, dass der Industriepartner bei »Gemeinschaftsergebnissen« im Normalfall gemäß Klausel 10.2 i.V. mit Klausel 10.1.1 bereits dann mit € 5 000.– belastet wird, wenn er gemäß Klausel 5.2.1 seinen Wunsch nach einer Inlandsanmeldung erklärt, wobei diese Erklärung Voraussetzung dafür ist, dass ihm die Rechte an der Erfindung verbleiben. Dabei ist zu berücksichtigen, dass er für seine Entscheidung, ob er den Wunsch nach einer Inlandsanmeldung erklärt, nur 45 Tage Zeit nach der Mitteilung der Meldung durch die Hochschule hat und sich in diesem Zeitraum kaum ein einigermaßen fundiertes Bild über die Schutzfähigkeit und Verwertbarkeit der mutmaßlichen Erfindung machen kann. Er wird deshalb »sicherheitshalber« geneigt sein wird, den Anmeldungswunsch zu erklären. Dabei können sich die »Eintrittszahlungen« bei zahlreichen als Erfindungen gemeldeten »Gemeinschaftsergebnissen« und »Hochschul-Ergebnissen« (s.o.) summieren, ohne dass für die Gesamtsumme eine Höchstbelastungsgrenze besteht, und dies alles vor dem Hintergrund, dass der Industriepartner bei Erklärung des Anmeldewunschs nach Klausel 8.2 auch die Kosten der Anmeldung zu tragen hat.

3. Die Bausteine wahren auch das Interesse des Industriepartners nicht ausreichend, die Anzahl der Anmeldungen für Erfindungen, die ganz oder z.T. bei der Hochschule entstehen, zu begrenzen und sich von den künftigen Kosten für die Aufrechterhaltung (einschl. Verteidigung) von Schutzrechtsanmeldungen/Schutzrechten für solche Erfindungen zu befreien. Das gilt

insbesondere für Erfindungen, die zu den Hochschul-Ergebnissen gehören. Die Bestimmung in Klausel 7.2, dass das Thema »Auslandsanmeldungen und Schutzrechtsaufgabe« im Falle von Hochschul-Ergebnissen Gegenstand der nach Optionsausübung auszuhandelnden Lizenz sein sollen, gibt dem Industriepartner keine Sicherheit.

ddd) Eigenes Konzept für die Anmeldung und Aufrechterhaltung von Schutzrechten und damit zusammenhängende Fragen bei F&E-Kooperationsverträgen zwischen industriellen Unternehmen und Hochschulen

Das eigene Konzept (s. im Einzelnen Muster D) sieht zunächst vor, dass der Industriepartner neben dem F&E-Vertrag mit der Hochschule ergänzende Vereinbarungen mit am Projekt zu beteiligenden Hochschulwissenschaftlern, evtl. auch mit sonstigen Hochschulbeschäftigten und Dritten abschließt, s. dazu schon Kap. 8 Rdn. 89–116. 267

Im F&E-Vertrag mit der Hochschule sind (ähnlich wie bei F&E-Verträgen zwischen Unternehmen auf der gleichen Marktstufe) **F&E-Ergebnisse** i.S. aller Kenntnisse und Erfahrungen zu verstehen, die aus der mit der Hochschule vereinbarten F&E hervorgehen oder, ohne daraus hervorzugehen, doch dem gemeinsamen F&E-Ziel dienen oder dienen können, ausgenommen jeweils Erfindungen, welche nicht vollständig dem Zugriff eines Vertragspartners bzw. beider Vertragspartner nach dem ArbEG unterliegen (s. im Einzelnen die Definition von »NEUTECHNOLOGIE« in Muster D, Klausel 1.13). Damit sind auch Diensterfindungen von Hochschulwissenschaftlern von den Vertragserfindungen ausgenommen, für welche diese ihre negative Publikationsfreiheit gemäß § 42 Nr. 2 ArbEG gegenüber der Hochschule geltend gemacht haben. Die ergänzenden Vereinbarungen zwischen Industriepartner und den Hochschulwissenschaftlern sollen diese Geltendmachung verhindern (s. dazu schon Kap. 8 Rdn. 94 und zur Frage der Umgehung von § 42 Nr. 2 ArbEG Kap. 8 Rdn. 95–104). 268

Den **Vertragserfindungen** werden – abweichend von der in Kap. 8 Rdn. 146 und 147 zugrunde gelegten Definition – nicht nur zu den F&E-Ergebnissen gehörenden Erfindungen zugerechnet, sondern auch Erfindungen, die nur deshalb nicht vollständig den F&E-Ergebnissen zuzurechnen sind, weil sie neben mindestens einem Erfindungsanteil, den ein Vertragspartner nach dem ArbEG unbeschränkt in Anspruch nehmen kann, mindestens einen Erfindungsanteil umfassen, den kein Vertragspartner nach dem ArbEG unbeschränkt in Anspruch nehmen kann (s. die Definition von »ERFINDUNG« in Muster D, Klausel 1.3, zweiter Teilstrich). 269

Bei den Vertragserfindungen, die allein bei den Vertragspartnern entstehen, wird unterschieden zwischen 270
- »**Industriepartner-Erfindungen**« i.S. von Vertragserfindungen, welche nur auf Seiten des Industriepartners gewonnen werden;
- »**Hochschul-Erfindungen**« i.S. von Vertragserfindungen, welche nur auf Seiten der Hochschule gewonnen werden; und

- **»Gemeinschaftserfindungen«** i.S. von Vertragserfindungen mit mehreren Erfindungsanteilen, und zwar mindestens einem Erfindungsanteil, der nur bei der Hochschule entsteht, und mindestens einem weiteren Erfindungsanteil, der nur beim Industriepartner entsteht.

Es wird damit davon abgesehen, entsprechend den Definitionen in den Vertragsbausteinen des *Berliner Vertrags* für Kooperationen zwischen Hochschule und Industrie den »Hochschul-Erfindungen« auch Erfindungen mit einem Industriepartner-Anteil von unter 50 % und dementsprechend den »Gemeinschaftserfindungen« nur Erfindungen mit einem Hochschulanteil bis zu 50 % zuzurechnen. Mit diesem Ansatz werden Streitigkeiten über die Höhe der Anteile der Partner an einer auf Seiten beider Partner entstandenen Erfindung vermieden.

271 Für die **Rechte der Partner an den Industriepartner-Erfindungen, Hochschul-Erfindungen und Gemeinschaftserfindungen** im obigen Sinne sieht das hier empfohlene Konzept Folgendes vor:

272 Die Rechte an Industriepartner-Erfindungen stehen im Verhältnis zwischen den Partnern von vornherein allein dem Industriepartner zu. Dagegen liegen die Rechte an den Hochschul-Erfindungen im Verhältnis der Partner zueinander zunächst bei der Hochschule. Was die Rechte an Gemeinschaftserfindungen betrifft, stehen jedem Partner im Verhältnis zum anderen Partner zunächst die Rechte an denjenigen Erfindungsanteilen zu, die auf seiner Seite entstanden sind.

273 Der Industriepartner hat jedoch eine Option, die (künftigen, durch unbeschränkte Inanspruchnahme entstehenden) Rechte der Hochschule an Hochschul-Erfindungen und ihren Anteilen an Gemeinschaftserfindungen durch eine schriftliche Erklärung zu erwerben, die während der Optionsfrist abzugeben ist.

274 Die Optionsfrist endet 45 Tage nach schriftlicher Mitteilung der Erfindung durch einen Partner. Handelt es sich jedoch um eine Hochschulerfindung oder eine Gemeinschaftserfindung, die von einem Hochschulwissenschaftler stammt bzw. an der ein Hochschulwissenschaftler beteiligt ist, und hat dieser der Hochschule die Offenbarung der Erfindung im Rahmen seiner Lehr- und Forschungstätigkeit gemäß § 42 Nr. 1 ArbEG angekündigt (s. dazu Kap. 8 Rdn. 50 und 51), endet die Optionsfrist schon drei Tage vor dem Datum, an dem eine Offenbarung der Erfindung durch den Hochschulwissenschaftler zulässig wird. In diesem Fall ist die Erklärung der Optionsausübung nur wirksam, wenn der Industriepartner der Hochschule vor dieser Erklärung oder gleichzeitig mit ihr eine ordnungsmäßig vorbereitete Inlandsanmeldung übermittelt (im Falle einer Gemeinschaftserfindung bereits von seiner Seite unterschrieben).

Diese Regelungen beruhen auf folgenden Überlegungen:

275 Die Hochschule wird dem Industriepartner eine Hochschul-Erfindung oder Gemeinschaftserfindung normalerweise erst nach Meldung der Erfindung durch ihre(n) Diensterfinder mitteilen. Nach einer solchen Meldung ist sie aber gemäß § 13 Abs. 1 ArbEG grundsätzlich verpflichtet, die Erfindung »un-

verzüglich« zur Erteilung eines Schutzrechts auf ihre Kosten anzumelden. Wie in Kap. 8 Rdn. 252 unter Nr. 2 dargelegt, liegt es im Interesse der Hochschule, dieser Verpflichtung zu entgehen.

Um dies zu erreichen, muss die Hochschule von einer der nachfolgend beschriebenen Möglichkeiten Gebrauch machen:

Entweder überträgt sie ihre mit der unbeschränkten Inanspruchnahme entstehenden Rechte an der Erfindung auf den Industriepartner, ohne sich ein Verwertungsrecht vorzubehalten, womit ihre Anmeldverpflichtung entfällt, s. Kap. 8 Rdn. 168. Dabei steht die Einräumung einer Option an den Industriepartner zum Erwerb der Rechte und die Ausübung der Option durch diesen i.V. mit der unbeschränkten Inanspruchnahme dieser Rechte durch die Hochschule der Übertragung gleich.

Oder sie gibt ihren Diensterfindern die Erfindung schriftlich frei, womit gemäß § 13 Abs. 2 Nr. 1 i.V. mit § 8 Abs. 1 Nr. 1 ArbEG ihr Anmeldeverpflichtung ebenfalls entfällt.

Dabei muss jedoch der Übergang der Rechte auf den Industriepartner bzw. die schriftliche Freigabe an die Diensterfinder vor dem Zeitpunkt erfolgen, in dem die Vornahme der Anmeldung nicht mehr unverzüglich wäre.

»Unverzüglich« bedeutet »ohne schuldhaftes Zögern«. *Bartenbach/Volz*[665] interpretieren diesen Begriff folgendermaßen: »Von einem schuldhaften Zögern kann so lange noch nicht gesprochen werden, als der Arbeitgeber trotz der von ihm zu verlangenden beschleunigten Erledigung die Prüfung, ob es sich bei der gemeldeten Erfindung um eine schutzfähige Erfindung handelt, noch nicht abschließen oder Maßnahmen, welche die Erfindung anmeldungsreif machen sollen, noch nicht treffen konnte. In den Rahmen gehören eine Neuheitsrecherche ebenso wie die Einschaltung außenstehender Mitarbeiter, insbesondere von Patent- und Rechtsanwälten, soweit dies für eine ordnungsgemäße Anmeldung im Einzelfall erforderlich erscheint. Gleiches kann gelten bei der Konsultation von Partnern einer F&E-Gemeinschaft oder von Partnern eines Forschungsauftrags, soweit hier für den Arbeitgeber auf vertraglicher Grundlage oder aus Treu und Glauben die Pflicht besteht, zuvor abzuklären, ob überhaupt, durch wen und in welchem Umfang Schutzrechtsanmeldungen erfolgen sollen.«

Auf der Basis dieser Auslegung dürfte die Anmeldeverpflichtung der Hochschule gemäß § 13 Abs. 1 ArbEG kaum jemals vor Ablauf der Optionsfrist zu erfüllen sein, wenn man diese entsprechend der hier gegebenen Empfehlung im Normalfall mit 45 Tagen bemisst.

Mit dieser Bemessung hat andererseits der Industriepartner wenigstens so lange Zeit für die Entscheidung über die Optionsausübung, dass er sich vor dieser Entscheidung noch ein grobes Bild über die Schutzrechtsfähigkeit der »Erfindung« und ihrer Verwertbarkeit machen kann.

Allerdings macht es § 42 Nr. 1 ArbEG erforderlich, die Optionsfrist noch 276
weiter für den Fall herabzusetzen, dass ein Hochschulwissenschaftler der Erfinder ist und aufgrund seiner positiven Publikationsfreiheit gemäß § 42

665 *(ArbEG)*, § 13 Rn. 8.

Nr. 1 ArbEG der Hochschule die Offenbarung der Erfindung im Rahmen seiner Lehr- und Forschungstätigkeit angezeigt hat (s. dazu Kap. 8 Rdn. 50–52) und das Datum, von dem an die Offenbarung nach § 42 Nr. 1 ArbEG zulässig ist, vor dem Ende der 45-Tage-Frist liegt. Diese Möglichkeit dürfte der Gesetzgeber durchaus in Betracht gezogen haben, wenn er in § 42 Nr. 1 ArbEG für die Rechtzeitigkeit der Anzeige keine bestimmte Frist nennt, sondern diese nur »in der Regel« für rechtzeitig erklärt, wenn sie zwei Monate vor der tatsächlichen Offenbarung erfolgt. Dabei dürfte die Anzeige auch dann noch »rechtzeitig« sein, wenn die Hochschule zwar noch eine fachmännisch formulierte Anmeldung einreichen kann, aber nicht mehr eine gründliche Neuheitsrecherche vorschalten kann, wie sie es ohne Verletzung ihrer Pflicht zur unverzüglichen Anmeldung gemäß § 13 Abs. 1 ArbEG tun könnte, s. dazu schon Kap. 8 Rdn. 51.[666]

Der Vertrag sollte deshalb für den Fall einer Anzeige eines Hochschulwissenschaftlers gemäß § 42 Nr. 1 ArbEG vorsehen, dass die Optionsfrist schon drei Tage Woche vor dem Datum endet, an dem eine Offenbarung der Erfindung durch den Hochschulwissenschaftler zulässig wird. Für diesen Fall sollte der Vertrag zusätzlich bestimmen, dass die Erklärung der Optionsausübung nur wirksam ist, wenn der Industriepartner der Hochschule gleichzeitig mit dieser Erklärung eine ordnungsmäßig vorbereitete Inlandsanmeldung vorlegt (im Falle einer Gemeinschaftserfindung bereits von seiner Seite unterschrieben), so dass gerade noch ausreichend Zeit für die Einreichung der Anmeldung vor der möglichen Vorveröffentlichung der Erfindung durch den Hochschulwissenschaftler verbleibt.

277 Um zu vermeiden, dass der vorstehend beschriebene Fall in der Praxis auftritt und der Industriepartner dadurch hins. der Optionsausübung und der Vorbereitung der Inlandsanmeldung in hohen und eigentlich nicht zumutbaren Zeitdruck gerät, ist nach dem hier empfohlenen Konzept der Hochschulwissenschaftler in einer ergänzenden Vereinbarung gegenüber dem Industriepartner unter anderem zu verpflichten, eine Anzeige nach § 42 Nr. 1 ArbEG gegenüber der Hochschule zu unterlassen, s. dazu Muster D, II und zur Zulässigkeit dieser Verpflichtung Kap. 8 Rdn 95–104. Eine solche ergänzende Vereinbarung bedeutet zwar für den Industriepartner keine absolute Sicherheit, dass die Anzeige unterbleibt, macht diese aber sehr unwahrscheinlich. Unterbleibt die Anzeige und übt der Industriepartner die Option innerhalb der in diesem Falle 45-tägigen Optionsfrist aus, hat er die ordnungsgemäß vorbereitete Inlandsanmeldung der Hochschule nur unverzüglich nach der Optionsausübung vorzulegen.

278 **Im Falle rechtzeitiger Ausübung der Option** gilt im Übrigen Folgendes:

1. Die Hochschule nimmt die Diensterfindung bzw. jeden diesbezüglichen Erfindungsanteil ihrer Beschäftigten nach dem ArbEG unbeschränkt in Anspruch und reicht die vom Industriepartner ordnungsgemäß vorbereitete

666 Siehe zum Verhältnis von § 42 Nr. 1 zu § 13 Abs. 1 ArbEG auch *Bartenbach/Volz* (ArbEG), § 42 n.F. Rn. 60.

bzw. vorzubereitende **Inlandsanmeldung** sofort nach Vorlage durch den Industriepartner beim Deutschen Patentamt ein. Sie legt dabei die Anmeldegebühr aus, die ihr vom Industriepartner unverzüglich zu erstatten ist.

2. Die eingereichte Inlandsanmeldung bzw. ihren Anteil daran hält sie nur noch treuhänderisch für den Industriepartner und hat, sobald die Inlandsanmeldung offengelegt worden ist oder die Veröffentlichung der Patentschrift erfolgte (siehe dazu § 32 PatG), die Anmeldung oder das Patent bzw. ihren Anteil daran unverzüglich auf den Industriepartner zu übertragen.
3. Der Industriepartner ist zur **Vornahme von Nachanmeldungen** für Hochschul- und Gemeinschaftsergebnisse auf seinen Namen und seine Kosten zwar berechtigt, nicht aber verpflichtet.
4. Er hat aber der Hochschule grundsätzlich (Ausnahme s. nachfolgend 6.) binnen 9 Monaten nach Einreichung der Inlandsanmeldung anzuzeigen, welche Nachanmeldungen er vornehmen wird. Für Länder des Auslands, die von den so angekündigten Nachanmeldungen nicht abgedeckt werden, hat er die Rechte an der betr. Erfindung an die Hochschule (zurück) zu übertragen.
5. Außerdem hat der Industriepartner vor einer beabsichtigten **Aufgabe von ihm gehörenden Schutzrechtspositionen** für Hochschul- und Gemeinschaftsergebnisse der Hochschule grundsätzlich (Ausnahme s. nachfolgend 6.) die Übertragung dieser Schutzrechtspositionen gegen Erstattung seiner externen Übertragungskosten anzubieten, wobei die Hochschule dieses Angebot nur binnen einer Frist von 2 Monaten annehmen kann.
6. Der Industriepartner wird jedoch die **Möglichkeit der Abbedingung** seiner Verpflichtungen gemäß vorstehend 4 und 5 im Wege einer darauf gerichteten schriftlichen Erklärung eingeräumt. Bei Abgabe dieser Erklärung hat er jedoch einen im Vertrag festgelegten Ausgleich zu zahlen.

   Vorbild für diese Regelung ist die Praxis bei Arbeitnehmererfindungen, nach welcher der Arbeitgeber dem Arbeitnehmererfinder dessen formale Rechtsposition nach den §§ 14 und 16 ArbEG nach unbeschränkter Inanspruchnahme der Erfindung »abkauft«[667]. Im Hinblick darauf, dass es im eigenen Interesse des Arbeitgebers liegt, die Erfindung für alle Länder des Auslands, in denen erhebliche Chancen für die Verwertung der Erfindung bestehen, zu Schutzrechten anzumelden, und dort erwirkte Schutzrechtspositionen nicht fallen zu lassen, soweit sie (noch) einen erheblichen Wettbewerbsvorteil vermitteln können, ist der mit Arbeitnehmererfindern üblicherweise vereinbarte »Abkaufpreis« meist moderat. Üblicherweise dürfte er zwischen 150 und 500 € liegen[668], wobei dieser Betrag bei mehreren Erfindern unter diesen entsprechend ihren Erfindungsanteilen aufzuteilen wäre.

   Geht man von einem mittleren Anteilsfaktor von 15 bis 18 % aus[669], entspricht dies einem Erfindungswert von € 1 000.– bis gut € 3 300.–, im Mittel

667 Siehe dazu *Bartenbach/Volz (ArbEG)*, Rn. 1.2 zu § 16.
668 Siehe dazu *Bartenbach/Volz (ArbEG)*, § 16 Rn. 1.2.
669 Siehe dazu *Bartenbach/Volz (ArbEG)*, § 9 Rn. 265.

ca. € 2 200.– bei einer Hochschul-Erfindung und einem Erfindungswert von € 500.– bis 1 650.–, im Mittel ca. € 1 100.– bei einer Gemeinschaftserfindung. Beträge in dieser Größenordnung erscheinen deshalb als Ausgleich bei analoger Anwendung dieser Vergütungspraxis dann als angemessen, wenn sich der Industriepartner nicht an den Kosten der Hochschule für die von ihr durchzuführende F&E beteiligt.

7. Eine Lizenzvergütung hat der Industriepartner nur dann zu zahlen, wenn sich für von ihm gehaltene Schutzrechtspositionen in entsprechender Anwendung des Arbeitnehmererfindungsrechts ein Erfindungswert errechnet. Dabei wird der volle Erfindungswert bei Hochschul-Erfindungen und der halbe Erfindungswert bei Gemeinschaftserfindungen nur dann als Vergütung geschuldet, wenn der Industriepartner sich an den Kosten der von der Hochschule durchzuführenden F&E nicht beteiligt; ansonsten ist die Lizenzvergütung gemäß dem Anteilsfaktor in entsprechender Anwendung des Arbeitnehmererfindungsrechts zu kürzen; s. dazu im Einzelnen Kap. 8 Rdn. 571 und 572.
8. Das Recht zur Geltendmachung von Schutzrechten folgt der Inhaberschaft an diesen.

279 **Im Falle nicht bzw. nicht rechtzeitig erfolgter Ausübung der Option** gilt für das Verhältnis der Partner zueinander Folgendes:

1. Die Rechte an einer Hochschul-Erfindung verbleiben der Hochschule.
2. Bei einer Gemeinschaftserfindung hat der Industriepartner die Rechte an dem/den Anteil(en) seiner Erfinder auf die Hochschule zu übertragen, was, soweit dieser/diese Anteil(e) den Bestimmungen über Diensterfindungen unterliegen, dessen/deren unbeschränkte Inanspruchnahme voraussetzt.
3. Damit steht auch das Recht zur Geltendmachung von Schutzrechten im Verhältnis zwischen den Vertragspartnern dem Auftragnehmer zu.

280 Zu dem F&E-Vertrag mit der Hochschule tritt zumindest eine **ergänzende Vereinbarung** zwischen dem Industriepartner und dem als Projektleiter vorgesehen Hochschulwissenschaftler, in der dieser gegenüber dem Industriepartner Verpflichtungen gemäß Kap. 8 Rdn. 5 und 6 übernimmt. Ist die Beteiligung weiterer Hochschulwissenschaftler am F&E-Projekt vorgesehen, müssen auch mit diesen ergänzende Vereinbarungen getroffen werden. Es können auch gute Gründe bestehen, mit Hochschulbeschäftigten, die keine Hochschulwissenschaftler sind, ergänzende Vereinbarungen abzuschließen, wenn diese über geheime Alttechnologie oder Schutzrechte für Alttechnologie verfügen; s. dazu Kap. 8 Rdn. 90–92. Wenn nicht an der Hochschule Beschäftigte wie Doktoranden und Studenten am Projekt beteiligt werden sollen, sind auch diese durch ergänzende Vereinbarungen zu binden, s. Kap. 8 Rdn. 111–113.

eee) Anmeldung, Aufrechterhaltung und Geltendmachung von Schutzrechten bei F&E- Kooperationsverträgen zwischen industriellen Unternehmen und Hochschulen nach deutschem Recht im Falle des Fehlens einer vertraglichen Regelung

F&E-Verträge über arbeitsteilige F&E zwischen industriellen Unternehmen und Hochschulen sind als Gesellschaftsverträge einzustufen, s. Kap. 6 Rdn. 7. Im Hinblick auf diese Einstufung dürfte – trotz deutlicher Unterschiede in der Interessenlage – nach der hier vertretenen, ungesicherten Auffassung im Verhältnis zwischen Industriepartner und Hochschule bei Fehlen einer diesbezüglichen vertraglichen Regelung hins. des Begriffs der F&E-Ergebnisse und hins. der Rechtslage betr. Anmeldung, Aufrechterhaltung und Geltendmachung von Schutzrechten für Vertragserfindungen nach deutschem Recht dasselbe gelten wie bei horizontalen F&E-Verträgen, d.h. F&E-Verträgen zwischen Unternehmen auf der gleichen Marktstufe; s. dazu Kap. 8 Rdn. 228–244. 281

Natürlich sind Hochschulwissenschaftler ohne entsprechende Vereinbarung mit dem Industriepartner nicht verpflichtet, diesem Rechte bzgl. Erfindungen und Erfindungsanteilen, auf welche die Hochschule keinen Zugriff hat, einzuräumen oder auf ihre positive Publikationsfreiheit gemäß § 42 Nr. 1 ArbEG zu verzichten. 282

dd) Anmeldung, Aufrechterhaltung und Geltendmachung von Schutzrechten für Vertragserfindungen bei F&E-Aufträgen des Dienstvertragstypus an andere Auftragnehmer als Hochschulen

aaa) Empfehlungen zur Regelung

Für die maßgebliche **Interessenlage** gelten die Ausführungen in Kap. 8 Rdn. 490–492 und für die **Definition der F&E-Ergebnisse** die Ausführungen in Kap. 8 Rdn. 493 und 494. 283

Auf dieser Basis wird empfohlen, die Anmelderechte für Vertragserfindungen in Anlehnung an das Arbeitnehmererfindungsrecht für den Normalfall wie folgt zu regeln: 284

Der Auftraggeber erhält eine Option, alle Rechte an solchen Erfindungen bzw. an diesbezüglichen Erfindungsanteilen des Auftragnehmers durch eine entsprechende Erklärung binnen der Optionsfrist zu erwerben. Diese Optionsfrist wird, sofern auf Seiten des Auftragnehmers mit Erfindungen zu rechnen ist, die als Diensterfindungen dem ArbEG unterliegen, generell mit 45 Tagen bemessen. 285

Der Grund dafür, dass die Optionsfrist so kurz bemessen wird, ist das im Normalfall bestehende Interesse des Auftragnehmers, einer Belastung mit Schutzrechtskosten entgehen zu können, s. dazu Kap. 8 Rdn. 492. Die Ausführungen unter Kap. 8 Rdn. 275 zur Bemessung der Optionsfrist bei F&E-Kooperationsverträgen zwischen industriellen Unternehmen und Hochschulen gelten hier entsprechend.

286 Im Fall der Optionsausübung gilt – ähnlich wie bei F&E-Kooperationsverträgen zwischen industriellen Partnern und Hochschulen – Folgendes:

1. Der Auftragnehmer sorgt dafür, dass der Auftraggeber alle Rechte an der Erfindung, die Gegenstand der Option sind, tatsächlich erwirbt. Dies setzt hins. Diensterfindungen, die ganz oder z.T. beim Auftragnehmer entstanden sind, die unbeschränkte Inanspruchnahme dieser Erfindungen bzw. der bei ihm entstandenen Anteile nach dem ArbEG voraus.
2. Der Auftraggeber ist daraufhin allein berechtigt und verpflichtet, unverzüglich eine prioritätsbegründende Inlandsanmeldung auf seine Kosten vorzunehmen.
   Der Auftragnehmer ist im Verhältnis zwischen den Partnern auch allein zu Nachanmeldungen berechtigt, nicht aber verpflichtet.
3. Der Auftraggeber hat aber für den Erwerb der Rechte an der Erfindung bzw. des Anteils des Auftragnehmers daran eine Vergütung gemäß Kap. 8 Rdn. 574 zu zahlen.
4. Der Auftraggeber hat, wenn er nicht von der Möglichkeit der Abbedingung gemäß nachfolgend 6. Gebrauch macht, binnen einer im Vertrag festzulegenden Frist, die 9 Monate nach Einreichung der Inlandsanmeldung und damit rechtzeitig vor dem Ablauf des Prioritätsjahrs endet, dem Auftragnehmer schriftlich zu erklären, ob und ggf. inwieweit er Nachanmeldungen vornehmen wird. Für Länder des Auslands, die von solchen Nachanmeldungen nicht abgedeckt werden, sind dann die Rechte an der Erfindung auf den Auftragnehmer (zurück) zu übertragen.
5. Wenn der Auftraggeber eine **Befreiung von den Kosten der künftigen Aufrechterhaltung** einer ihm gehörende Schutzrechtsposition erreichen will, ist er verpflichtet, wenn er nicht von der Möglichkeit der Abbedingung dieser Verpflichtung gemäß nachfolgend 6. Gebrauch macht, dem Auftragnehmer die Übertragung dieser Schutzrechtsposition gegen Erstattung seiner externen Übertragungskosten anzubieten. Nimmt der Auftragnehmer dieses Angebot nicht binnen einer Frist von zwei Monaten an, kann der Auftraggeber die Schutzrechtsposition fallen lassen.
6. Der Auftraggeber hat jedoch folgende Möglichkeit der **Abbedingung der Verpflichtungen hins. Nachanmeldungen und Aufrechterhaltung** von Schutzrechten gemäß Kap. 8 Rdn. vorstehend 4. und 5.: Er kann bis zum Ablauf der 9-Monats-Frist gemäß vorstehend 4. schriftlich erklären, dass er von diesen Verpflichtungen befreit sein will, hat aber in diesem Fall einen angemessenen Ausgleich an den Auftragnehmer zu zahlen; Kap. 8 Rdn. 278 Nr. 6 und 7 gelten entsprechend.

287 Im Falle der Nichtausübung bzw. nicht rechtzeitiger Ausübung der Option gilt Folgendes:

1. Die Rechte an einer Erfindung, die allein beim Auftragnehmer entstanden ist, verbleiben im Verhältnis der Partner zueinander bei diesem.
2. Im Falle einer gemeinsam von Erfindern des Auftragnehmers und des Auftraggebers gemachten Erfindung liegen im Verhältnis der Partner zueinander alle Rechte an der Erfindung beim Auftragnehmer. Dementsprechend über-

trägt der Auftraggeber an diesen die Rechte an dem/den auf seiner Seite entstandenen Erfindungsanteil(en) auf den Auftragnehmer, was bei jedem Erfindungsteil, der nach dem ArbEG als Diensterfindung zu behandeln ist, dessen unbeschränkte Inanspruchnahme voraussetzt.

Für die **Geltendmachung von Schutzrechten** für Vertragserfindungen gilt der Grundsatz, dass derjenige Partner zur Geltendmachung eines Schutzrechts berechtigt ist, dem dieses gehört. 288

bbb) Anmeldung, Aufrechterhaltung und Geltendmachung von Schutzrechten bei F&E-Aufträgen des Dienstvertragstypus an andere Auftragnehmer als Hochschulen im Falle des Fehlens einer vertraglichen Regelung nach deutschem Recht

Wie bei allen F&E-Verträgen ist auch bei F&E-Aufträgen des Dienstvertrags- 289
typus die Rechtslage nach deutschem Recht hins. der Anmeldung und Aufrechterhaltung von Schutzrechten für Vertragserfindungen im Falle des Fehlens einer vertraglichen Regelung in hohem Maße unsicher.[670]

Das gilt schon hins. des Begriffs der **F&E-Ergebnisse** (und damit für den 290
Begriff der Vertragserfindungen, s. Kap. 8 Rdn. 146 und 147). Dieser ist wohl im Sinne der Definition in Kap. 8 Rdn. 493 und 494 zu verstehen; s. aber auch die nachfolgend erwähnte BGH-Entscheidung »Klebemittel«.

Die erhebliche Unsicherheit besteht weiter hins. die **Anmelderechte** im 291
Verhältnis zwischen Auftragnehmer und Auftraggeber.

Zu beachten ist dabei die BGH-Entscheidung vom 21.03.1961 – Klebemittel[671]. Darin hat sich der BGH für den Fall eines F&E-Beratungsvertrags zwischen einem Unternehmen und einem »freien Mitarbeiter« auf den Standpunkt gestellt, dass der freie Mitarbeiter jedenfalls dann, wenn der Unternehmer im Hinblick auf die dem freien Mitarbeiter gestellten Aufgaben die Erzielung möglicherweise erfinderischer Arbeitsergebnisse erwarten konnte, dem Unternehmer solche Arbeitsergebnisse gegen Zahlung einer angemessenen Vergütung überlassen muss. Dabei hat er die Erfüllung der Übertragungspflichten auch in der Form der Erteilung einer ausschließlichen Lizenz zugelassen.

Will man diese Entscheidung auf einen F&E-Auftrag des Dienstvertragstypus 292
entsprechend anwenden, bleibt für den Auftragnehmer das Problem, dass er dem Auftraggeber nur dann ein weltweites ausschließliches Verwertungsrecht zukommen lassen kann, wenn er die Erfindung auch weltweit zu Schutzrechten anmeldet. Eine solche umfassende Anmeldetätigkeit ist ihm aber aus Kostengründen nicht zuzumuten.

Man wird daher das Anmelderecht hins. **Vertragserfindungen, die nur beim** 293
Auftragnehmer entstanden sind, zwar grundsätzlich diesem zubilligen müssen, jedoch mit der Maßgabe, dass er an den von ihm vorgenommenen Anmeldungen

670 Siehe dazu *Ullrich (Privatrechtsfragen)* S. 107 ff.
671 GRUR 1961, S. 432 ff. mit Anm. *Schippel.*

und daraus hervorgehenden Schutzrechten dem Auftraggeber eine ausschließliche Lizenz gegen angemessene Vergütung (s. dazu Kap. 8 Rdn. 499) erteilen muss.

Andererseits wird man nicht eine mit dem Anmelderecht korrespondierende Anmeldeverpflichtung des Auftragnehmers annehmen können. Der Auftragnehmer wird allerdings seine Rechte an der Erfindung in Ländern, in denen er nicht selber anmelden will, auf Wunsch des Auftraggebers auf diesen zu übertragen haben und diesem damit für diese Länder die Möglichkeit zu Anmeldungen geben müssen. Dabei wird der Auftraggeber dem Auftragnehmer auch für die Verwertung von ihm vorgenommener Anmeldungen und daraus resultierender Schutzrechte eine angemessene Vergütung zahlen müssen, s. dazu Kap. 8 Rdn. 499.

294 Entsprechend ist anzunehmen, dass die Anmelderechte bei Gemeinschaftserfindungen, also Vertragserfindungen, die sowohl beim Auftragnehmer als auch beim Auftraggeber entstanden sind, grundsätzlich bei beiden Partnern gemeinsam liegen. Soweit ein Partner nicht anmelden will, dürfte der andere Partner nach der hier für Bruchteilsgemeinschaften an Erfindungen vertretenen Auffassung (s. Kap. 8 Rdn. 198) allein zur Anmeldung berechtigt sein.

295 Jeder Partner dürfte die Möglichkeit haben, eine Befreiung von den künftigen Kosten der von ihm allein oder gemeinsam mit dem anderen Partner getätigten Schutzrechtsanmeldungen und der darauf erteilten Schutzrechte zu erreichen. Hierzu muss er dem anderen Partner die Übertragung seiner Schutzrechtsposition anbieten. Insoweit gelten die Ausführungen in Kap. 8 Rdn. 239, 2. Absatz, entsprechend.

296 Für die Geltendmachung von Schutzrechten für Vertragserfindungen gilt der Grundsatz, dass stets derjenige Partner zur Geltendmachung eines Schutzrechts berechtigt ist, dem dieses gehört. Außerdem kann auch der Auftraggeber Schutzrechte des Auftragnehmers, an denen ihm eine ausschließliche Lizenz zusteht, geltend machen.

ee) Anmeldung, Aufrechterhaltung und Geltendmachung von Schutzrechten für Vertragserfindungen bei F&E-Aufträgen des Dienstvertragstypus von Industrieunternehmen an Hochschulen

aaa) Bei der Regelung zu berücksichtigende Interessen

297 Die Interessenlage bei F&E-Aufträgen des Dienstvertragstypus an Hochschulen ist grundsätzlich die gleiche wie bei F&E-Aufträgen des Dienstvertragstypus an andere Auftragnehmer (s. dazu Kap. 8 Rdn. 490–492). Dabei sind aber auch die Hauptinteressen der Hochschule und des Industriepartners, wie sie bei Verträgen zur arbeitsteiligen F&E zwischen Industrieunternehmen und Hochschulen bestehen, (s. dazu Kap. 8 Rdn. 252 und 253) zu berücksichtigen.

bbb) Regelung der Anmeldung und Aufrechterhaltung von Schutzrechten in den Vertragsbausteinen des *Berliner Vertrags* für F&E-Aufträge von Industrieunternehmen an Hochschulen

Neben Vertragsbausteinen für arbeitsteilige F&E-Kooperationen zwischen Industrieunternehmen und Hochschulen enthält der Berliner Vertrag auch Vertragsbausteine für F&E-Aufträge, die Industrieunternehmen an Hochschulen erteilen. Diese unterscheiden sich von den erstgenannten Vertragsbausteinen vor allem in folgenden Punkten: 298

Alle **materiellen Rechte an den »Forschungsergebnissen«** stehen nach Klausel 3.2.1 zunächst allein dem Industriepartner zu, wobei jedoch die Hochschule nach Klausel 3.2.3 ein nicht-ausschließliches Recht zur Nutzung der Forschungsergebnisse für die Forschungs- und Lehrtätigkeit vorbehaltlich vertraglicher Geheimhaltungsverpflichtungen verbleibt. 299

Dementsprechend hat die Hochschule dem Industriepartner alle materiellen Rechte an den Forschungsergebnissen nach Klausel 3.2.1 zu übertragen. Dies gilt jedoch nach Klausel 5.1 und 5.2 bei Erfindungen, die der Hochschule nach dem ArbEG von ihren Beschäftigten gemeldet wurden, nur mit folgender Maßgabe:

Äußert der Industriepartner nicht binnen 45 Tagen nach Eingang der Erfindungsmeldung bei ihm den Wunsch zur Einreichung einer prioritätsbegründenden Erstanmeldung, stehen die Rechte an der Erfindung der Hochschule zu und werden vom Industriepartner auf die Hochschule übertragen. Ihm ist jedoch an der Erfindung und den daraus resultierenden Schutzrechten ein nicht-ausschließliches, weltweites, unwiderrufliches und nicht-übertragbares Nutzungsrecht gegen Zahlung einer nicht konkret festgelegten Vergütung (Klausel 10.3) zu gewähren.

In dem Fall, dass der Industriepartner seinen Anmeldungswunsch innerhalb der 45-Tage-Frist mitteilt, erfolgt die **Erstanmeldung** nach Klausel 6.1 **auf die Namen des Industriepartners und der Hochschule**, jedoch allein auf Kosten des Industriepartners (Klausel 8). Dabei hält die Hochschule ihren Anteil an der Anmeldung und an einem daraufhin erteilten Schutzrecht aber nur treuhänderisch für den Industriepartner (Klausel 6.2) und hat diese Schutzrechtsposition nach Ablauf von 18 Monaten nach dem Anmeldetag auch formal auf den Industriepartner zu übertragen (Klausel 6.3). 300

Nach Klausel 7.1 liegt es allein im Ermessen des Industriepartners, ob und inwieweit er **Auslandsanmeldungen** vornehmen will. Er ist nach Klausel 7.2 jederzeit zur **Aufgabe von Schutzrechtspositionen**, die ihm gehören, berechtigt. 301

Der Industriepartner schuldet der Hochschule folgende **Vergütungen für Erfindungen**, die zu den Forschungsergebnissen gehören und an denen er die Rechte aufgrund Erklärung des Wunsches zur Vornahme einer Erstanmeldung gemäß Klausel 5.2 Satz 1 behält. 302

1. Nach Klausel 10.1 hat er der Hochschule nach Erklärung des Wunsches nach einer Erstanmeldung einen Betrag von € 2 500,– zu zahlen.
2. Für den Fall, dass er die Erfindung kommerziell nutzt, hat er der Hochschule gemäß Klausel 10.2 weitere Zahlungen zu leisten, wobei »Nutzung« nach

Klausel 10.2.2 als tatsächlicher Einsatz der erfinderischen Lehre, insbesondere in den Nutzungsformen des § 9 PatG, zu verstehen ist.
Nach Alternative 1 sind das nur Festbeträge: € 2 500,– bei Aufnahme der kommerziellen Nutzung, jedoch € 10 000,–, wenn die kommerzielle Nutzung erst nach Ablauf von 7 Jahren aufgenommen wird, wobei es wiederum bei € 2 500,– bleibt, wenn der Industriepartner vor Ablauf der 7-Jahres-Frist freiwillig diesen Betrag zahlt.
Auch Alternative 2 sieht nur die Zahlung von (nicht bezifferten) Festbeträgen vor, die jeweils für einen bestimmten Bereich erfindungsgemäßer Umsätze festgelegt werden sollen.
Nach Alternative 3 hat jedoch die Hochschule im Falle kommerzieller Nutzung von »Neuschutzrechten« pro Schutzrechtsfamilie einen Anspruch auf angemessene Vergütung, deren Art, Hohe und Dauer die Vertragspartner zu gegebener Zeit in gegenseitigem Einvernehmen festzulegen haben.

ccc) Beurteilung der Regelung der Anmeldung und Aufrechterhaltung von Schutzrechten in den Vertragsbausteinen des *Berliner Vertrags* für Aufträge des Dienstvertragstypus an Hochschulen

303 Wie bei den Vertragsbausteinen für F&E-Kooperationen fehlen auch bei den Vertragsbausteinen für Auftragsforschung zwischen Hochschule und Industrie **Definitionen für »Forschungsergebnisse« = F&E-Ergebnisse und für Vertragserfindungen**.

Dabei hätte Anlass bestanden, auch bei den letzteren Vertragsbausteinen Gemeinschaftserfindungen (also Erfindungen, die gemeinsam von Beschäftigten der Hochschule und Beschäftigten des Industriepartners gemacht werden) in die Forschungsergebnisse einzubeziehen: Die Erteilung des Auftrags durch den Industriepartner schließt nicht aus, dass dieser, ohne dazu gegenüber der Hochschule verpflichtet zu sein, tatsächlich auch selbst erfinderische Beiträge zur Erreichung des von der Hochschule anzustrebenden F&E-Ziels leistet. Nicht selten dürfte das z.B. bei gemeinsamen Besprechungen mit der Hochschule der Fall sein. In Frage kommt aber auch, dass sich der Industriepartner, ohne dazu verpflichtet zu sein, tatsächlich an der F&E beteiligt.

304 Unter diesen Umständen erscheint die Regelung in Klausel 5.2, dass der Industriepartner die materiellen Rechte an allen Erfindungen, die zu den »Forschungsergebnissen« gehören, dann auf die Hochschule zu übertragen hat, wenn er dafür keine Erstanmeldung einreicht, aber auch bei Übertragung ein nicht-ausschließliches, weltweites, unwiderrufliches und nicht übertragbares Nutzungsrecht an der betreffenden Erfindung und den daraus resultierenden Schutzrechten behält, ebenso unvereinbar mit dem ArbEG wie die entsprechende Bestimmung (Klausel 5.2.1) in den Bausteinen für Kooperationen, s. dazu Kap. 8 Rdn. 263.

305 Im Übrigen sind die Regelungen der Bausteine für Auftragsforschung unter Berücksichtigung der gleichen Hauptinteressen der Hochschule bzw. des Industriepartners zu beurteilen, die auch bei Verträgen über arbeitsteilige F&E

zwischen industriellen Unternehmen und Hochschulen Berücksichtigung verdienen und in Kap. 8 Rdn. 264–266 aufgeführt sind:

Aspekt der normalerweise bestehenden Hauptinteressen der Hochschule: 306

1. Das Interesse der Hochschule, von dem Industriepartner erhebliche Lizenzgebühren für Erfindungen realisieren zu können, die ganz oder teilweise von ihr stammen, wird insofern nur unzureichend gewahrt, als die Vergütungen pauschaliert werden und sich damit nicht am Wert der Erfindungen orientieren.
   Dabei kann das dem Industriepartners in Klausel 7 eingeräumte Recht, von Auslandsanmeldungen abzusehen und bestehende Schutzrechtspositionen jederzeit fallen zu lassen, dem Interesse der Hochschule an der Erzielung von Lizenzerträgen unter mehreren Aspekten zuwiderlaufen:
   Einerseits kann die Verwertung durch nicht zum Konzern des Industriepartners gehörende Dritte, die nicht durch Lizenzvergütungen belastet sind, die Wettbewerbsposition des Industriepartners hins. der Verwertung der Erfindung beeinträchtigen und dadurch mittelbar auch den Lizenzertrag der Hochschule mindern. Dabei ist auch auf die Möglichkeit hinzuweisen, dass der Industriepartner den Geschäftsbereich, zu dem die Produkte gehören, bei deren Herstellung von der betr. Erfindung Gebrauch gemacht wird, veräußern kann, der Erwerber dieses Geschäftsbereichs aber, wenn für die Erfindung keine Schutzrechte (mehr) bestehen, an die Hochschule keine Lizenzgebühren zu entrichten hat.
   Andererseits besteht die Möglichkeit, dass eine Verwertung der Erfindung nicht oder nicht nur durch den Industriepartner selbst, sondern durch Konzerngesellschaften desselben erfolgt. In diesem Fall erhält die Hochschule von diesen Konzerngesellschaften für diese Verwertung bei Fehlen von Schutzrechten keine Lizenzgebühren. Man könnte nun zwar im Vertrag vorsehen, dass eine Verwertung der Erfindung durch Konzerngesellschaften des Industriepartners diesem zuzurechnen ist. Das würde aber wiederum für den Industriepartner nicht akzeptabel sein, weil er jedenfalls dann, wenn die betr. Konzerngesellschaft eine Ober- oder Schwestergesellschaft oder eine nur mehrheitlich beherrschte Untergesellschaft ist, nicht damit rechnen kann, von dieser einen Ausgleich für seinen erhöhten Lizenzaufwand zu erlangen.
2. Dagegen werden die Vertragsbausteine dem Interesse der Hochschule, die Belastung mit Schutzrechtskosten für Diensterfindungen, die ganz oder z.T. bei ihr entstanden sind, von vornherein bzw. für die Zukunft vermeiden zu können, in vollem Umfang gerecht. Kap. 8 Rdn. 265 Nr. 2 gilt entsprechend.
3. Nach den Bausteinen ist auch gesichert, dass die Hochschule bei allen Erfindungen, die zu Schutzrechten angemeldet werden und die ganz oder z.T. von ihren Diensterfindern gemacht werden, als Anmelderin oder Mitanmelderin in Erscheinung tritt.
4. Dem Interesse der Hochschule zur Benutzung von Vertragserfindungen für ihre Lehr- und Forschungstätigkeit wird nicht voll entsprochen. Kap. 8 Rdn. 265 Nr. 4 gilt entsprechend.

307 **Aspekt der Hauptinteressen des Industriepartners:**

1. Die Bausteine wahren das Interesse des Industriepartners, ausschließliche Verwertungsrechte an Vertragserfindungen erwerben und damit auch die rechtliche Sicherheit erlangen zu können, dass er und ggf. seine Konzerngesellschaften nicht durch Schutzrechte der Hochschule bzw. in das jeweilige Projekt einbezogener Hochschulbeschäftigter und ggf. Dritter an der Verwertung von Vertragserfindungen gehindert werden.
2. Im Normalfall dürfte auch das Interesse des Industriepartners gewahrt sein, für den Erwerb solcher Verwertungsrechte bzw. für die Erlangung der erwähnten Sicherheit keinen unangemessen hohen Preis zahlen zu müssen. In Ausnahmefällen kann die Vergütung aber auch überhöht sein:
   Das kann darauf beruhen, dass nur Pauschalvergütungen vorgesehen sind, die sich nicht am Wert der einzelnen Erfindung orientieren.
   Ein weiterer Grund kann darin liegen, dass die Vergütung nach den Bausteinen offenbar auch dann weiterzuzahlen ist, wenn sich die betr. Erfindung als schutzrechtsunfähig herausgestellt hat, und außerdem eine zeitliche Begrenzung der Vergütungspflicht nicht vorgesehen ist.
3. Dem Interesse des Industriepartners, die Anzahl der Anmeldungen für Erfindungen, die ganz oder teilweise bei der Hochschule entstehen und für die er die Kosten trägt, zu begrenzen und sich von den künftigen Kosten für die Aufrechterhaltung (einschl. Verteidigung) von Schutzrechtspositionen für Vertragserfindungen befreien zu können, werden die Bausteine gerecht.

ddd) Eigenes Konzept

308 Das eigene Gesamtkonzept für F&E-Aufträge des Dienstvertragstypus an Hochschulen (s. im Einzelnen Muster E) entspricht weitgehend dem eigenen Gesamtkonzept für Verträge über arbeitsteilige F&E (F&E-Kooperationen) zwischen Industriepartnern und Hochschulen, s. dazu Kap. 8 Rdn. 267–280.

309 Dabei entspricht die Regelung der Anmeldung, Aufrechterhaltung und Geltendmachung von Schutzrechten für Vertragserfindungen der Regelung, die allgemein für F&E-Aufträge des Dienstvertragstypus empfohlen wird, (s. dazu Kap. 8 Rdn. 283–288), mit folgenden Besonderheiten:

310 Wie bei Verträgen zur arbeitsteiligen F&E zwischen industriellen Unternehmen und Hochschulen steht dem Industriepartner für die Erstanmeldung, die er veranlassen muss, wenn er die die Option zum Erwerb aller Rechte an Vertragserfindungen ausgeübt hat, im Falle der Erfindung eines Hochschulwissenschaftler, der die bevorstehende Offenbarung seiner Erfindung gemäß § 42 Nr. 1 ArbEG angezeigt hat, u.U. nur eine sehr knapp bemessene Frist zur Verfügung, s. dazu Kap. 8 Rdn. 274.

311 Um relativ sicher zu sein, dass der Hochschulwissenschaftler diese Anzeige unterlässt und auch nicht seine negative Publikationsfreiheit gemäß § 42 Nr. 2 ArbEG geltend macht, schließt der Industriepartner zusätzlich zum F&E-Vertrag mit der Hochschule eine ergänzende Vereinbarung zumindest mit dem Hochschulwissenschaftler, der als Projektleiter vorgesehen ist, ab. Wenn wei-

tere Hochschulwissenschaftlern und/oder nicht von der Hochschule beschäftigte Dritte am F&E-Projekt beteiligt werden, erfordert dies den Abschluss weiterer ergänzender Vereinbarungen. Es kann für den Industriepartner auch sinnvoll sein, nicht zu den Hochschulwissenschaftlern gehörende Hochschulbeschäftigte durch ergänzende Vereinbarungen zu binden. Kap. 8 Rdn. 280 gilt entsprechend.

eee) Anmeldung, Aufrechterhaltung und Geltendmachung von Schutzrechten für Vertragserfindungen bei von Industrieunternehmen an Hochschulen erteilten F&E-Aufträgen des Dienstvertragstypus nach deutschem Recht im Falle des Fehlens einer vertraglichen Regelung

Hier dürfte die gleiche Rechtslage bestehen, die auch bei F&E-Aufträgen des Dienstvertragstypus an nicht zu den Hochschulen gehörende Auftragnehmer gilt, s. dazu Kap. 8 Rdn. 289–296. 312

ff) Anmeldung, Aufrechterhaltung und Geltendmachung von Schutzrechten für Vertragserfindungen bei F&E-Aufträgen des Werkvertragstypus

aaa) Empfehlungen zur Regelung

Wegen der **Interessenlage** und **Definition der F&E-Ergebnisse** bei F&E-Aufträgen des Werkvertragstypus wird auf Kap. 8 Rdn. 504–508 bzw. Kap. 8 Rdn. 509 verwiesen. 313

Die **Anmelderechte** bzgl. Vertragserfindungen sollten in Anbetracht der Interessenlage so geregelt werden, dass der Auftraggeber zumindest die Möglichkeit erhält, das vom Auftragnehmer geschuldete Ergebnis allein zu verwerten. Dies setzt voraus, dass der Auftraggeber dann, wenn der Auftragnehmer nicht selbst anmelden will, auf seine Kosten anmelden kann, also ein subsidiäres Anmelderecht erhält. Dieses subsidiäre Anmelderecht sollte wiederum, soweit der Auftragnehmer an vom Auftraggeber erwirkten Schutzrechten Verwertungsrechte behält, unter den Randbedingungen gemäß Kap. 8 Rdn. 173 erteilt werden. 314

Entsprechend sollte dem Auftragnehmer keine absolute **Verpflichtung zur Aufrechterhaltung** ihm (mit-)gehörender Schutzrechtspositionen für Vertragserfindungen auferlegt werden. Vielmehr sollte er die Möglichkeit erhalten, sich von den künftigen Kosten einer Schutzrechtsposition zu befreien, indem er diese bzw. seinen Anteil daran dem Auftraggeber anbietet. Soweit der Auftragsnehmer Verwertungsrechte behält, sollte das Angebot der Übertragung wiederum nur unter den Randbedingungen gemäß Kap. 8 Rdn. 173 abgegeben werden. 315

Entsprechend sollte auch der Auftraggeber in Fällen, in denen er eine Schutzrechtsposition unter Vorbehalt eines Verwertungsrechts für den Auftragnehmer erwirbt, sich von der Verpflichtung zur weiteren Aufrechterhaltung der Schutzrechtsposition mittels eines Angebots zur Übertragung derselben lösen können.

Für die **Geltendmachung von Schutzrechten** gilt Kap. 8 Rdn. 296 entsprechend. 316

bbb) Anmeldung, Aufrechterhaltung und Geltendmachung bei F&E-Aufträgen des Werkvertragstypus nach deutschem Recht im Falle des Fehlens einer vertraglichen Regelung

317 Die hier empfohlene Regelung entspricht nach Meinung des Verfassers auch der Rechtslage nach deutschem Recht.

318 Der BGH hat allerdings in seiner Entscheidung vom 24.02.1952 – Plattenspieler[672] allgemein die Auffassung vertreten, dass die Schutzrechte immer dann dem Besteller gebühren, wenn der Vertrag ausdrücklich oder kraft auslegungsweise ermittelten Pflichtengehalts auf erfindungsgeneigte oder -bedürftige Leistungen gerichtet ist. Weiter ging noch das RG in seiner (vom BGH nicht berücksichtigten) Entscheidung vom 28.03.1917 – Registrierwechselkasse[673] mit folgenden Ausführungen: Dem Besteller gebühre das Werk tel quel und mit ihm alle Schutzrechte daran. Der Wille und Wunsch des Bestellers, über das Werk frei verfügen zu können, sei nämlich bei Vertragsschluss unverkennbar, das Schutzrecht in den Händen des Unternehmers im übrigen eine Gefahr für die unbeschränkte geschäftliche Verwertbarkeit des Vertragsergebnisses durch den Besteller, dem die Einholung einer Lizenz nicht zugemutet werden könne.

319 Gegen die vom BGH und RG vertretenen Auffassungen sprechen jedoch folgende, von *Ullrich*[674] angeführte Argumente: In aller Regel wird nur für den Erwerb von Technologie, nicht für deren Schutz gegenüber Dritten kontrahiert. Zwar kann die Durchsetzung der Ausschließungsbefugnis durch den Unternehmer gegenüber dem Besteller die Werkannahme wirtschaftlich vereiteln. Aber deswegen muss die Schutzrechtsstellung nicht insgesamt von Vertrags wegen ganz zum Besteller wechseln. Es genügt vielmehr eine Lizenzierungspflicht des Unternehmers.

gg) Regelung der Anmeldung, Aufrechterhaltung und Geltendmachung von Schutzrechten für Vertragserfindungen bei F&E-Beratungsverträgen

aaa) Empfehlungen zur Regelung

320 Hins. der **Interessenlage** und der **Definition der F&E-Ergebnisse** bei F&E-Beratungsverträgen wird auf Kap. 8 Rdn. 516 und 517 bzw. 518–522 verwiesen.

321 Für die **Anmeldung, Aufrechterhaltung und Geltendmachung** von Schutzrechten für Vertragserfindungen gelten die Ausführungen zu F&E-Aufträgen des Dienstvertragstypus (Kap. 8 Rdn. 291–296) entsprechend.

322 Kompliziert wird es, wenn die Beratung von einem noch im Dienste einer Hochschule befindlichen **Hochschulwissenschaftler** in genehmigter Nebentätigkeit durchgeführt wird, was nicht im Interesse der Hochschule liegen

672 GRUR 1953, S. 29, 30.
673 MuW 1917/1918, S. 55, 56.
674 *(Privatrechtsfragen)* S. 112 ff.

dürfte, s. dazu Kap. 8 Rdn. 86–88. Dann scheiden Diensterfindungen des Hochschulwissenschaftlers in der Form von Aufgabenerfindungen aus, s. Kap. 8 Rdn. 63–66. Dagegen bleiben Diensterfindungen des Hochschulwissenschaftlers in der Form von Erfahrungserfindungen möglich, s. Kap. 8 Rdn. 67 und 68. Aus diesem Grund kann sich der Beratungsempfänger nicht auf den Vertrag mit dem Hochschulwissenschaftler beschränken, sondern muss auch die Hochschule mit einbinden, s. Kap. 8 Rdn. 78. Das bedeutet dann, dass einerseits mit dem Hochschulbeschäftigten, andererseits aber auch mit der Hochschule Vereinbarungen über die Anmeldung, Aufrechterhaltung und Geltendmachung von Schutzrechten getroffen werden müssen.

Eine vertragliche Einbindung von Hochschulwissenschaftlern, die an der Durchführung der Beratung beteiligt werden sollen, erscheint zwar auch dann geboten, wenn die Hochschule nach dem Vertrag als Beratungsgeber fungiert. Die mit den Hochschulwissenschaftlern zu treffenden Vereinbarungen müssen dann aber keine Regelungen über die Anmeldung, Aufrechterhaltung und Geltendmachung von Schutzrechten für Vertragserfindungen enthalten.

bbb) Anmeldung, Aufrechterhaltung und Geltendmachung von Schutzrechten für Vertragserfindungen bei F&E-Beratungsverträgen nach deutschem Recht im Falle des Fehlens einer vertraglichen Regelung

Hins. der Frage, wie **F&E-Ergebnisse** bei Fehlen einer vertraglichen Definition 323
und damit Vertragserfindungen zu verstehen sind, wird auf Kap. 8 Rdn. 524 und 525 verwiesen.

Hins. der **Anmeldung, Aufrechterhaltung und Geltendmachung** von 324
Schutzrechten für Vertragserfindungen dürften die Ausführungen zu F&E-Aufträgen des Dienstvertragstypus (Kap. 8 Rdn. 293–296) entsprechend gelten. Dabei wird auf die dort kommentierte, unmittelbar einen F&E-Beratungsvertrag betreffende BGH-Entscheidung vom 21.03.1961 – Klebemittel[675] und auf die dort erwähnten Ausführungen von *Ullrich* auch zu den sonst in der Lehre vertretenen Positionen zur Frage der Zugriffsmöglichkeit des Vertragsgebers auf Erfindungen des Vertragsnehmers bei F&E-Beratungsverträgen hingewiesen.

7. Verpflichtungen der Vertragspartner zur Geheimhaltung und Nichtverwertung von Informationen

a) Verpflichtungen zur Geheimhaltung und Nichtverwertung technischer Informationen

Zwischen der Verpflichtung zur Geheimhaltung und der Verpflichtung zur 325
Nichtverwertung technischer Informationen besteht ein **enger Zusammen-**

675 GRUR 1961, S. 432 ff. mit Anm. *Schippel.*

hang. Die Beschränkung der Rechte eines Vertragspartners zur Verwertung technischer Informationen, die nicht von ihm geheim zu halten sind und auch nicht Gegenstand von Patenten/Gebrauchsmustern oder Anmeldungen dazu sind, setzt »praktisch« seine Verpflichtung zur Geheimhaltung dieser Informationen voraus: Mangels einer solchen Verpflichtung kann er diese Informationen veröffentlichen. Sobald er dies tut, kann eine Beschränkung seiner Rechte zur Verwertung dieser Informationen schon kartellrechtlich kritisch sein (vgl. die Definition des für eine Vielzahl von Bestimmungen der F&E-GFVO wichtigen Begriffs des »Know-how« in Art. 2 Nr. 10 F&E-GFVO). Eine solche Beschränkung würde im Falle einer Veröffentlichung aber auch kaum mehr einen Sinn machen, weil ja dann jeder Dritte diese Informationen frei verwerten kann. Es erscheint deshalb geboten, im Vertrag die Rechte eines Vertragspartners zur Verwertung solcher Informationen nur insoweit und nur so lange zu beschränken, als er diese Informationen geheim zu halten hat.

326 **Vertragstechnisch** ist es dabei **zweckmäßig**, dem jeweils zur Geheimhaltung von Informationen verpflichteten Vertragspartner in der Geheimhaltungsklausel grundsätzlich auch die Verwertung dieser Informationen für die Dauer seiner Geheimhaltungsverpflichtung zu verbieten, eine Ausnahme von diesem Verbot jedoch insoweit vorzusehen, als ihm der Vertrag in konkret bezeichneten Vertragsklauseln eine Verwertung gestattet.

327 Bei der Regelung der Geheimhaltungsverpflichtung und des grundsätzlichen Verwertungsverbots (nachfolgend zusammen kurz als »**Geheimhaltungsbindung**« bezeichnet) ist zu unterscheiden zwischen F&E-Ergebnissen (s. zu den Basis-Merkmalen dieses Begriffs Kap. 8 Rdn. 423) und anderen Informationen (insbesondere Alttechnologie). Bezüglich der letztgenannten Informationen kann der Vertrag nur für den bzw. jeden empfangenden Vertragspartner, bezüglich der F&E-Ergebnisse für alle Vertragspartner unabhängig davon, von wem diese stammen und welcher Partner sie zuerst dem oder einem anderen Partner übermittelt hat, eine Geheimhaltungsbindung vorsehen.

328 Es erscheint in Übereinstimmung mit dem internationalen Standard geboten, bestimmte **generelle Ausnahmen von der Geheimhaltungsbindung** vorzusehen (s. im Einzelnen für den Fall einer beiderseitiger Geheimhaltungsbindung z.B. Muster A, Klauseln 4.1 und 4.2). So sollte die Geheimhaltungsbindung für jeden Vertragspartner

- bei F&E-Ergebnissen grundsätzlich in den Fällen der Offenkundigkeit derselben sowie ihres Erhalts seitens des betr. Vertragspartners von einem Dritten und
- bei anderen technischen Informationen grundsätzlich in den Fällen der Offenkundigkeit dieser Informationen, ihres Vorbesitzes seitens des empfangenden Partners sowie des nachträglichen Erhalts seitens des empfangenden Partners von einem Dritten

entfallen.

329 Von diesen grundsätzlich bestehenden Ausnahmen sind wiederum Ausnahmen vorzusehen (»**Ausnahmen von den Ausnahmen**«). So sollte die Geheimhaltungsbindung bezüglich F&E-Ergebnissen fortbestehen

- trotz Offenkundigkeit der betr. Information für einen Vertragspartner, der diese Offenkundigkeit selbst herbeigeführt hat (so dass dieser weiterhin in der Verwertung dieser Information beschränkt ist); und
- trotz nachträglichen Erhalts seitens eines Vertragspartners von einem Dritten, wenn letzterer gegenüber dem anderen bzw. einem anderen Vertragspartner bezüglich der betr. Information einer Geheimhaltungsverpflichtung unterliegt,

und bzgl. anderer technischer Informationen
- in den beiden vorgenannten Fällen und zusätzlich
- im Falle des Vorbesitzes der betr. Information seitens eines Vertragspartners, wenn dieser den Vorbesitz von einem Dritten erlangt hat, der gegenüber dem anderen bzw. einem anderen Vertragspartner bezüglich der betr. Information einer Geheimhaltungsverpflichtung unterliegt.

Bei nicht zu den F&E-Ergebnissen gehörenden Informationen sehen Vertrags- 330
entwürfe manchmal eine »Ausnahme von der Ausnahme« für die Fälle des Vorbesitzes und des nachträglichen Erhalts der betr. Informationen von einem Dritten dann vor, wenn der Vertragspartner, welcher sich aufgrund Erhalts von einem Dritten im Vorbesitz der Information befand oder sie nachträglich von einem Dritten erhalten hat, zu ihrer Geheimhaltung gegenüber dem Dritten verpflichtet ist. Will man sich darauf einlassen, sollte der Vertrag zusätzlich klarstellen, dass der Vertragspartner trotz Vorliegens der so formulierten »Ausnahme von der Ausnahme« nicht gehindert ist, ihm rechtmäßig erteilte Lizenzen (zu denen eine von dem Dritten erteilte Lizenz zur Verwertung der geheim zu haltenden Information gehören kann) auszuüben.

Die hier vorgeschlagene Regelung, die darauf hinausläuft, dass eine von 331
mehreren Seiten unabhängig entwickelte Information nicht mehr der Geheimhaltungsbindung unterliegt, verdient wohl den Vorzug, weil bei einer solchen Information eine gewisse Vermutung dafür besteht, dass ihre Entwicklung nicht besonders schwer ist und deshalb auch zahlreichen, einer Geheimhaltungsbindung nicht unterliegenden Wettbewerbern gelingt.

Bei der Frage der **Beweislast** ist zu unterscheiden zwischen 332
- der Beweislast für die Offenkundigkeit, den Vorbesitz und den nachträglichen Erwerb von einem Dritten, die bei dem Vertragspartner liegen sollte, der sich auf den Wegfall seiner Geheimhaltungsbindung beruft, und
- der Beweislast für die »Ausnahmen von den Ausnahmen« der Geheimhaltungsbindung, die jeweils bei dem Vertragspartner liegen sollte, der eine fortbestehende Geheimhaltungbindung geltend macht.

In der Praxis wird dies oft übersehen, indem die Beweislast für sämtliche 333
Voraussetzungen des Wegfalls der Geheimhaltungsbindung demjenigen Vertragspartner aufgebürdet wird, der sich darauf beruft.

Als **nur für einen speziellen Bereich geltende Ausnahmen von der Ge-** 334
heimhaltungsbindung kommen in Betracht:

- eine Ausnahme von der Geheimhaltungsbindung für den Fall der Anmeldung von Patenten und Gebrauchsmustern für F&E-Ergebnisse, s. dazu schon Kap. 8 Rdn. 180 und 181; und
- die Offenbarung von geheimer Alttechnologie eines Vertragspartners, die zwangsläufig mit der Ausübung von Verwertungsrechten durch einen Vertragspartner gemäß dem Vertrag verbunden ist. Insoweit verweist die Klausel über die Geheimhaltungsbindung zweckmäßig auf die Verwertungsregelungen.
- Dabei ist oft eine Klarstellung in dieser Klausel angebracht, dass ein Vertragspartner beim Vertrieb von Produkten im Rahmen seiner Verwertungsrechte das Recht hat, an aktuelle oder potenzielle Abnehmer grundsätzlich geheimzuhaltende Informationen weiterzugeben, soweit eine solche Weitergabe Voraussetzung für eine erfolgreiche Vermarktung dieser Produkte ist und ohne Verletzung von Geheimhaltungsverpflichtungen gegenüber Dritten gestattet werden kann. Sind diese Voraussetzungen erfüllt, sollte der Vertrag die Weitergabe auch nicht von der Erstreckung der Geheimhaltungsverpflichtung auf die Abnehmer abhängig machen, weil eine solche Erstreckung bei einer Vielzahl von Abnehmern praktisch unmöglich ist und die Abnehmer in der Regel auch nicht bereit sein werden, sich beim Erwerb der Produkte entsprechend zu binden.
- Es ist aber vertraglich Vorsorge zu treffen, dass die Weitergabe durch einen Vertragspartner nicht die berechtigten Interessen anderer Vertragspartner verletzt, für die betr. Informationen vor ihrer Weitergabe an die Abnehmer Patent- oder Gebrauchsmusterschutz zu erlangen, s. dazu den Formulierungsvorschlag in Muster A, Klausel 4.4.

335 Sinnvoll erscheint meist eine Bestimmung, dass die **Offenbarung von Informationen durch eine Partei an Organmitglieder oder Angestellte der bzw. einer anderen Partei** als Offenbarung an die andere Partei selbst gilt. Jede Partei kann allerdings ein Interesse daran haben, dass der Informationsaustausch in bestimmter Weise kanalisiert wird, damit jede Partei den Überblick darüber behält, welche ggf. geheim zu haltenden Informationen sie erhalten hat, und deren Weitergabe regeln und kontrollieren kann. Ggf. muss der Vertrag eine entsprechende Kanalisierung vorsehen.

336 Zweckmäßig erscheint weiter eine **Klarstellung, dass einer Partei die Kenntnis ihrer einzelnen Organmitglieder und Angestellten über Informationen zuzurechnen** ist, also nicht nur die Kenntnis ihrer Geschäftsführung und der Personen, die am Informationsaustausch beteiligt sind. So muss sich eine Partei, bei der bestimmte Informationen nachweislich vor deren Übermittlung durch die andere Partei in ihrem Hause erarbeitet wurden, aber bei ihr noch nicht »oben« angekommen sind, auf deren Vorbesitz und damit auf den Ausschluss ihrer Geheimhaltungsbindung berufen können, wenn es sich nicht um Informationen handelt, die bei ihr während der Dauer des F&E-Projekts auf dem Projektgebiet erarbeitet wurden und damit unabhängig von ihrem Urheber nach dem Vertrag der Geheimhaltungsbindung unterliegen.

Der Vertrag sollte schließlich klarstellen, dass **Nichtbeachtung der Geheimhaltungsbindung durch Organmitglieder und Angestellte einer Partei** als **Verletzung der Geheimhaltungsbindung durch die Partei selbst** gilt. Bei Anwendbarkeit deutschen Rechts mag sich dies zwar schon daraus ergeben, dass die Organmitglieder und Angestellte Erfüllungsgehilfen i.S. von § 278 BGB hins. der Geheimhaltungsbindung sind. Die Frage der Haftung der Partei kann aber jedenfalls dann zweifelhaft sein, wenn der Vertrag fremdem Recht unterliegt. 337

b) Verpflichtungen zur Geheimhaltung und Nichtverwertung von Computerprogrammen

Der F&E-Vertrag kann mindestens einen der Vertragspartner zur **Übermittlung von** bestehenden oder ggf. erarbeiteten **Computerprogrammen** (mit oder ohne Quellcode) verpflichten, die der Analyse und/oder Steuerung technischer Vorgänge auf dem F&E-Gebiet dienen. In einem solchen Fall stellt sich die Frage, ob der Vertrag den/die anderen Vertragspartner auch diesbezüglich grundsätzlich zur Geheimhaltung und Nichtverwertung verpflichten sollte. 338

Die Beantwortung dieser Frage hängt davon ab, inwieweit solche Computerprogramme urheberrechtlich geschützt sind und ob der Schutz durch das Urheberrecht die genannten Verpflichtungen überflüssig macht. Zwar wird der urheberrechtliche Schutz für derartige Programme in der Regel zu bejahen sein (s. dazu Kap. 8 Rdn. 539). Das macht jedoch eine diesbezügliche Geheimhaltungsbindung noch nicht überflüssig: Die Offenbarung eines urheberrechtlich geschützten Computerprogramms an einen nicht zu den Vertragspartnern gehörenden Dritten kann auch ohne eine Vervielfältigung oder Verbreitung desselben, die kraft Gesetzes grundsätzlich dem Urheber vorbehalten ist, erfolgen, z.B. durch Gestattung der Einsichtnahme in eine bei einem Vertragspartner vorhandene Programmunterlage oder durch Demonstration am Bildschirm. Zwar bleibt der Dritte, wenn er kein Nutzungsrecht erhält, auch bei Erlangung der Kenntnis von dem Programm an dessen Verwertung durch das Urheberrecht gehindert. Die Kenntnis kann ihn aber zu Parallelentwicklungen anregen und versetzt ihn faktisch in die Lage, das Programmkonzept in einem »eigenen« Programm zu verwenden. 339

c) Verpflichtungen zur Geheimhaltung und Nichtverwertung kommerzieller Informationen

Im Vorfeld oder bei der Durchführung von F&E-Verträgen kann es zu einseitiger Übermittlung oder zum Austausch z.B. von folgendem kommerziellen Informationen kommen: Investitionsplanungen von Vertragspartnern; Marktdaten für Produkte, die durch die gemeinsame F&E ersetzt oder verbessert werden sollen, z.B. aktuelle und potenzielle Kunden für diese Produkte; Profile dieser Kunden, z.B. hins. Investitionsbereitschaft und Kreditwürdigkeit; Absatzzahlen und Preise der vorgenannten Produkte; Ergebnisse von Erhebungen 340 über die Entwicklung des Bedarfs der betr. Produktklasse und die voraussichtliche künftige Entwicklung dieses Bedarfs; Kosten der Herstellung der genannten Produkte einschließlich der Kosten der dafür benötigten Rohstoffe und Zwischenprodukte; Bezugsquellen für diese. Daneben gibt es kommerzielle Informationen, welche die Vertragspartner bei der Durchführung eines F&E-Vertrags gemeinsam erwerben können, z.B. im Rahmen einer gemeinsamen Herstellung oder eines gemeinsamen Vertriebs der gemeinsam entwickelten Produkte. Schließlich gehört zu den kommerziellen Informationen der Umstand, dass die Partner auf dem betr. Produktgebiet kooperieren.

341 Die Liste zeigt, dass unter den Begriff »kommerzielle Informationen« sehr verschiedenartige Informationen fallen, die z.T. nur mittelbar auf das gemeinsame F&E-Projekt bezogen sind und eine über dieses Projekt weit hinausreichende Bedeutung haben können, wie folgende Beispiele zeigen: Da Rohstoffe für Produkte, die durch die gemeinsame F&E ersetzt oder verbessert werden sollen, u.U. auch für die Herstellung von Produkten einer ganz anderen Produktklasse verwendbar sind, kann die Kenntnis über Bezugsquellen und Preise für diese Rohstoffe auch für den Wettbewerb bei letzteren Produkten relevant sein. Ebenso können z.B. Profile von Kunden für Produkte, die durch die gemeinsame F&E ersetzt oder verbessert werden sollen, auch für den Absatz davon völlig verschiedener Produkte bei diesen Kunden von Bedeutung sein.

342 Unter diesen Umständen ist jedem **industriellen Unternehmen** schon unter geschäftspolitischen Aspekten davon abzuraten, sich im Vorfeld von F&E-Verträgen zur **Geheimhaltung und/oder Nichtverwertung von nicht näher spezifizierten kommerziellen Informationen** zu verpflichten. Derartige allgemeine Bindungen könnten, insbesondere bei erheblicher Dauer derselben, auch kartellrechtlich kritisch sein, wenn die Vertragspartner aktuelle oder potenzielle Wettbewerber sind.

343 Dagegen können auch bei Verträgen zwischen industriellen Unternehmen Verpflichtungen zur **Geheimhaltung spezifizierter, klar abgegrenzter kommerzieller Informationen** durchaus sinnvoll sein. Beispiele sind die Verpflichtung zur Geheimhaltung der F&E-Kooperation als solcher, s. dazu im Einzelnen Muster A, Klausel 4.6, und die Verpflichtung zur Geheimhaltung von Kunden, Absatzmengen und Preisen für die aus der gemeinsamen F&E hervorgegangenen Produkte bei gemeinsamem Vertrieb derselben (wobei sich letztere Verpflichtung schon aus Gesellschafts- und/oder Kartellrecht ergeben kann).

344 Weniger kritisch erscheint es, wenn **private F&E-Dienstleister oder Träger öffentlicher wissenschaftlichen Einrichtungen**, die selbst keine Vermarktungsinteressen haben, sich im Vorfeld von oder in F&E-Verträgen mit industriellen Partnern diesen gegenüber generell zur Geheimhaltung von kommerziellen Betriebsgeheimnissen verpflichten.

8. Benutzungs- und Verwertungsrechte bezüglich bei den Vertragspartnern vorhandener Alttechnologie

a) Begriff der Alttechnologie

Der Begriff »Alttechnologie« wird hier verstanden als zur Zeit des Inkrafttretens des F&E-Vertrags bei mindestens einem Vertragspartner vorhandene Kenntnisse und Erfahrungen, 345
- deren Berücksichtigung oder Benutzung für die Durchführung der vertragsgemäßen F&E tatsächlich oder voraussichtlich notwendig oder nützlich ist und/oder
- deren Verwertung für die Verwertung der F&E-Ergebnisse notwendig oder nützlich ist.

Der F&E-Vertrag kann »Alttechnologie« jedoch zum Zwecke der Einschränkung der diesbezüglicher Rechte enger definieren (soweit er nicht überhaupt auf eine allgemeine Definition verzichtet und nur ganz bestimmte, unmittelbar oder mittelbar definierte Alttechnologie zum Gegenstand von Rechten der Vertragspartner macht).

b) Übergreifende Regelungsaspekte

Die **Erteilung von Rechten bzgl. Alttechnologie** durch den Vertragspartner, 346 bei dem sie vorhanden ist, (den »besitzenden Vertragspartner«) an den bzw. jeden anderen Vertragspartner kann sowohl für die F&E-Kooperation als auch für die anschließende Verwertungsphase **von erheblicher Bedeutung** sein:

So ist es meist Voraussetzung für den Erfolg einer F&E-Kooperation, dass der bzw. jeder Partner, welcher nach dem Vertrag zur Durchführung von F&E verpflichtet ist, dafür die bei dem bzw. jedem anderen Vertragspartner jeweils vorhandene Alttechnologie nutzbar machen kann.

Außerdem ist, da in F&E-Ergebnisse praktisch immer vorbestehende Technologie und damit meist auch Alttechnologie im hier verstandenen Sinne einfließt, die Verwertung von F&E-Ergebnissen i.d.R. mit der Verwertung von Alttechnologie verbunden (s. Kap. 8 Rdn. 423). Auch kann Alttechnologie, die nicht Bestandteil der F&E-Ergebnisse ist, doch für die Verwertung von F&E-Ergebnissen notwendig oder nützlich sein.

Über die Erteilung oder Nichterteilung von Benutzungs- bzw. Verwertungsrechten bzgl. Alttechnologie sollten die Parteien eines F&E-Vertrags grundsätzlich eine **ausdrückliche Regelung** treffen und sich nicht darauf verlassen, dass sich eine entsprechende Lücke nach dem jeweils anwendbaren Recht schließen lässt. Dies gilt besonders dann, wenn der Vertrag nicht deutschem Recht unterstellt wird. 347

Die Frage nach der Erteilung von Benutzungs- bzw. Verwertungsrechten bzgl. Alttechnologie stellt sich natürlich nur insoweit, als der »besitzende Vertragspartner« (s. zu diesem Begriff Kap. 8 Rdn. 346) oder ein Dritter daran eine **geschützte Rechtsposition** hat oder erwerben kann. 348

349 Dabei ist zu unterscheiden zwischen nicht schutzrechtsfähiger und schutzrechtsfähiger Alttechnologie.

Bzgl. nicht schutzrechtsfähiger Alttechnologie kann der jeweils besitzende Vertragspartner oder ein Dritter nur eine geschützte Rechtsposition haben, soweit und solange diese Alttechnologie noch nicht offenkundig ist. Dabei kann die Alttechnologie auch dadurch offenkundig werden, dass für F&E-Ergebnisse, in die sie eingeflossen ist, Schutzrechte angemeldet werden.

Darüber hinaus gilt: Gegenüber einem Empfänger von Alttechnologie besteht diesbezüglich keine geschützte Rechtsposition, soweit dieser die Alttechnologie aus anderen Gründen als deren Offenkundigwerden nicht bzw. nicht mehr geheim halten muss, s. Kap. 8 Rdn. 325. Nicht schutzrechtsfähige Alttechnologie, die von dem bzw. jedem anderen Vertragspartner noch geheim zu halten ist, wird nachfolgend kurz als »nicht schutzrechtsfähige geheime Alttechnologie« bezeichnet.

Bzgl. schutzrechtsfähiger Alttechnologie hat der besitzende Vertragspartner oder ein Dritter auch bei Offenkundigkeit dieser Alttechnologie eine geschützte Rechtsposition, wenn er bereits mindestens ein diesbezügliches Schutzrecht hat oder noch mindestens ein diesbezügliches Schutzrecht erwerben kann. Dabei sollte jeder Vertragspartner, der hins. solcher Alttechnologie dem ArbEG unterliegt, vor Vertragsschluss das Risiko prüfen, mit der Gewährung von Rechten an den bzw. die anderen Vertragspartner im Hinblick auf Rechte seiner Arbeitnehmererfinder gemäß §§ 14 und 16 ArbEG in eine Zwangslage zu geraten (s. dazu Kap. 8 Rdn. 175–178), und ggf. vertragliche Vorsorge zur Vermeidung einer solchen Zwangslage gemäß Kap. 8 Rdn. 179 treffen.

Vertragstechnisch können unter diesen Umständen **getrennte Definitionen von geheimer Alttechnologie und Schutzrechten/Schutzrechtsanmeldungen für Alttechnologie** als Grundlage für die Rechtsgewährung zweckmäßig sein; s. z.B. Muster A, Klauseln 1.10 a), 1.15 und 1.16 a) i.V. mit Klauseln 5.1 und 5.2.

350 Der besitzende Vertragspartner sollte im F&E-Vertrag nur insoweit Benutzungs- und/oder Verwertungsrechte bzgl. Alttechnologie gewähren, als er nicht durch **entgegenstehende Rechte eines Dritten** bzw. diesem gegenüber bestehenden Verpflichtungen bzgl. der betr. Alttechnologie an der Rechtgewährung gehindert ist. Hier ist wieder zwischen nicht schutzrechtsfähiger geheimer Alttechnologie und schutzrechtsfähiger Alttechnologie zu unterscheiden:

351 Bei **nicht schutzrechtsfähiger geheimer Alttechnologie** kann das Lizenzierungsrecht daran scheitern, dass die Alttechnologie

- zwar auf Seiten des besitzenden Vertragspartners entwickelt wurde, aber bei Inkrafttreten des F&E-Vertrags bereits einem Dritten auf ausschließlicher Basis lizenziert wurde, oder
- von einem Dritten stammt, der dem besitzenden Vertragspartner diesbezüglich keine Lizenz mit dem Recht der Unterlizenzierung eingeräumt hat bzw. schon die bloße Weitergabe der betr. Alttechnologie nicht gestattet hat.

Jeder Vertragspartner wird daher vor der Einräumung von Rechten hins. bei ihm vorhandener, nicht schutzrechtsfähiger geheimer Alttechnologie zunächst zu prüfen haben, ob dazu auch solche gehört, an dem ihm ein Dritter keine Lizenz oder zwar eine Lizenz, aber ohne das Recht zur Unterlizenzierung erteilt hat oder die er einem Dritten auf ausschließlicher Basis lizenziert hat. Nur wenn er sich relativ sicher sein kann, dass keiner dieser Fälle gegeben ist, kann er alle bei ihm vorhandene, nicht schutzrechtsfähige geheime Alttechnologie zum Gegenstand der Rechtserteilung machen. 352

Zu beachten hat er dabei, dass geheime Alttechnologie, die er nicht (unter-)lizenzieren kann, auch Bestandteil von F&E-Ergebnissen sein könnte (s. dazu Kap. 8 Rdn. 423). Wenn er mit dieser Möglichkeit rechnen muss, sollte er bei Aushandlung des Vertrags darauf bestehen, dass F&E-Ergebnisse entsprechend einschränkend zu definiert werden oder, was vorzuziehen ist, die Rechtserteilung bzgl. F&E-Ergebnissen entsprechend eingeschränkt wird; s. dazu Kap. 8 Rdn. 426.

Bei **schutzrechtsfähiger Alttechnologie** kann das Lizenzierungsrecht insbesondere daran scheitern, dass 353

- der besitzende Vertragspartner daran zwar selber mindestens ein Schutzrecht erworben hat oder noch erwerben kann, hins. des bestehenden bzw. künftigen Schutzrechts aber einem Dritten ausschließliche Benutzungs- und Verwertungsrechte eingeräumt hat, oder
- ein Dritter (der auch ein Arbeitnehmererfinder sein kann) daran bereits mindestens ein Schutzrecht oder einen Schutzrechtsanteil erworben hat oder noch erwerben kann und nicht kraft Gesetzes oder Vertrags verpflichtet ist, dem besitzenden Vertragspartner dieses Schutzrecht bzw. diesen Schutzrechtsanteil zu übertragen bzw. ihm daran eine Lizenz mit dem Recht der Unterlizenzierung einzuräumen, wobei der Dritte auch ein Arbeitnehmer des besitzenden Vertragspartners sein kann, der die Rechte an der betr. Alttechnologie ganz oder teilweise aufgrund von Freigabe (§§ 8 Abs. 1, 14 Abs. 2 ArbEG) oder Übertragung (§ 16 ArbEG) erworben hat.

Unter diesen Umständen ist jedem Vertragspartner davon abzuraten, generell bzgl. schutzrechtsfähiger Alttechnologie gemäß der weiten Sinne Definition in Kap. 8 Rdn. 345 Rechte zu gewähren. Ein Vertragspartner kann sich nämlich kaum jemals sicher sein, dass es in seinem Bereich keine schutzrechtsfähige Alttechnologie gibt, die nicht bereits von einem Dritten zu einem Schutzrecht angemeldet worden ist oder, soweit sie nicht schon offenkundig ist, noch angemeldet wird. In Betracht kommt damit nur die Gewährung von Lizenzen an bestehenden oder künftigen Schutzrechtspositionen des Vertragspartners selbst oder bestimmter Dritter, insbesondere von Konzerngesellschaften, die diese Schutzrechtspositionen dem Vertragspartner mit dem Recht zur Unterlizenzierung bereits lizenziert haben oder lizenzieren müssen. 354

Jeder potenzielle Vertragspartner eines F&E-Vertrags sollte dabei auch die Risiken berücksichtigen, die sich einerseits aus der vertraglichen Gewährung von Benutzungs- bzw. Verwertungsrechten bzgl. schutzrechtsfähiger Alttechnologie an den anderen Vertragspartner bzw. andere Vertragspartner und ande- 355 rerseits aufgrund der Bestimmungen des ArbEG über die Anmeldung und Aufrecherhaltung von Schutzrechten ergeben können, s. dazu Kap. 8 Rdn. 175–179.

356 Soweit ein Vertragspartner einem anderen Vertragspartner Verwertungsrechte bzgl. geheimer Alttechnologie bzw. Schutzrechten für Alttechnologie gewähren will, die ihm von einem Dritten lizenziert worden sind, stellt sich die **Frage seiner Berechtigung zur Unterlizenzierung** dieser Rechte. Ohne ausdrückliche Einräumung von Unterlizenzierungsrechten (die natürlich auch durch die Einräumung umfassender Verwertungsrechte erfolgen kann) ist meist davon auszugehen, dass solche Unterlizenzierungsrechte nicht bestehen. Das gilt insbesondere dann, wenn der Vertrag auch eine Klausel enthält, dass ein Vertragspartner seine Rechte und Pflichten aus dem Vertrag nur mit Zustimmung des bzw. der anderen Vertragspartner(s) übertragen kann (s. dazu Kap. 8 Rdn. 694–698). Soweit es sich um Rechte zur Benutzung geheimzuhaltender Informationen handelt, spricht auch die Geheimhaltungsverpflichtung grundsätzlich gegen ein Unterlizenzierungsrecht. Dieses kann besonders für einen Vertragspartner von Bedeutung sein, der seine Produkte in verschiedenen Ländern über Tochtergesellschaften vertreibt. In einem solchen Fall muss er darauf bestehen, dass er seine Verwertungsrechte jedenfalls so lange, wie die betr. Tochtergesellschaften solche bleiben, auch auf diese erstrecken kann.

357 Soweit ein Vertragspartner die Berechtigung zur Erteilung von Unterlizenzen an den anderen bzw. andere Vertragspartner hat, bedeutet dies nicht notwendig, dass er dem bzw. jedem anderen Vertragspartner auch die Erteilung von Unter-Unter-Lizenzen gestatten darf. Fehlt ihm diese Befugnis, lässt sich das Problem u.U. dadurch lösen, dass dem betr. anderen Vertragspartner als Unterlizenznehmer die Option eingeräumt wird, die Erteilung weiterer Unterlizenzen an bestimmte Dritte zu verlangen.

358 Wenn ein Vertragspartner durch Verpflichtungen gegenüber Dritten nicht daran gehindert ist, in die Lizenz an den/die anderen Vertragspartner auch eine Unterlizenz an geheimer Alttechnologie oder an Schutzrechtspositionen Dritter für Alttechnologie einzuschließen, hat er zusätzlich die an den eigenen Lizenzgeber ggf. im Hinblick auf die Unterlizenzierung zu entrichtende Vergütung in Betracht zu ziehen. Diese wird allerdings i.d.R. nur bei der Gewährung von Verwertungsrechten, nicht dagegen bei der Gewährung bloßer Rechte zur Benutzung der betr. Alttechnologie für F&E-Zwecke bestehen bzw. wirtschaftlich ins Gewicht fallen. Bei erheblicher Höhe derselben wird der die Unterlizenz in Erwägung ziehenden Vertragspartner prüfen müssen, ob er vom anderen Vertragspartner die Zahlung einer Unterlizenzgebühr verlangen sollte, soweit die Erteilung der Unterlizenz nicht anderweitig, z.B. eine reziprok erteilte Lizenz und/oder Unterlizenz, kompensiert wird.

c) Rechte bzgl. Alttechnologie bei den verschiedenen Typen von F&E-Verträgen

aa) Rechte bzgl. Alttechnologie bei F&E-Verträgen zwischen Unternehmen auf der gleichen Marktstufe (horizontalen F&E-Verträgen)

aaa) Empfehlungen zur Regelung

Grundsätzlich ist dem Interesse der Vertragpartner Rechnung zu tragen, dass möglichst alle Alttechnologie, die bei den Vertragspartnern vorhanden ist, für die **Durchführung der vertragsgemäßen F&E** benutzt werden kann und auch für die **vertragsgemäße Verwertung der F&E-Ergebnisse** zur Verfügung steht. Besteht ein deutliches Ungleichgewicht zwischen den Alttechnologien, welche Gegenstand von geschützten Rechtspositionen sind und welche die verschiedenen Vertragspartner einzubringen haben, ist daran zu denken, hier einen Ausgleich durch eine Lizenzvergütung zu schaffen, s. dazu Kap. 8 Rdn. 550. 359

Allerdings muss jeder »besitzende Vertragspartner« (wie in Kap. 8 Rdn. 346 definiert) die Rechtsgewährung einschränken, soweit dieser **Rechte Dritter** bzw. Verpflichtungen diesen gegenüber entgegenstehen, s. bereits Kap. 8 Rdn. 350–357. 360

So wird jeder Vertragspartner **nicht schutzrechtsfähige geheime Alttechnologie** von der Lizenzierung ausnehmen müssen, die ihm selbst ohne das Recht zur eigenen Benutzung/Verwertung unter einer Geheimhaltungsvereinbarung übermittelt worden ist, oder die ihm zwar selbst für die eigene Benutzung lizenziert worden ist, aber ohne das Recht zur Erteilung von Unterlizenzen. Kann er sicher sein, dass solche Alttechnologie nicht bei ihm vorhanden ist, wird er die Einbeziehung aller bei den Partnern vorhandenen nicht schutzrechtsfähigen, geheimen Alttechnologie in die Rechtsgewährung vorschlagen. Der bzw. die anderen Vertragspartner wird/werden diesem Vorschlag widersprechen, wenn Rechte Dritter bzw. Verpflichtungen diesen gegenüber einer solch weiten Rechtsgewährung entgegenstehen, was den vorschlagenden Partner wiederum zu Rückfragen veranlassen wird. Erhält er auf diese Rückfragen keine befriedigende Antwort, kann dies möglicherweise seine Entscheidung über den Abschluss des F&E-Vertrags negativ beeinflussen. 361

Was die **Rechtsgewährung bzgl. schutzrechtsfähiger Alttechnologie** betrifft, ist jedem Vertragspartner bei Übernahme der weiten Definition von Alttechnologie gemäß Kap. 8 Rdn. 345 aus den in Kap. 8 Rdn. 354 aufgeführten Gründen davon abzuraten, hieran generell Benutzungs- bzw. Verwertungsrechte zu erteilen. Jeder Vertragspartner wird aber bei Abschluss des Vertrags sicher sein wollen, dass ihm nicht Rechte an solchen bestehenden oder künftigen Schutzrechten Dritter für die so definierte Alttechnologie vorenthalten werden, die einem anderen Partner bereits bei Abschluss des F&E-Vertrags lizenziert wurden. Zu denken ist hier vor allem an Schutzrechtspositionen von Konzerngesellschaften. Um hier sicher zu sein, dass eine solche Lizenz bei Abschluss des Vertrag nicht existiert, kann es sich empfehlen, in den Vertrag 362 die Versicherung jedes Vertragspartners aufzunehmen, dass er bei Abschluss des F&E-Vertrags keine Lizenz an gegenwärtigen oder künftigen Schutzrechten auf dem vertraglich definierten F&E-Gebiet besitzt; s. dazu die Formulierung in Muster A, Klausel 9.1 b).

Jeder Vertragspartner sollte auch bei der Vertragsverhandlung darauf achten, dass ihn die Rechtserteilung nicht im Hinblick auf die Rechte seines Diensterfinders bzw. seiner Diensterfinder in eine Zwangslage bringt, s. dazu Kap. 8 Rdn. 355.

363 Bei der Frage der Erteilung von (Unter-)Lizenzen bzgl. Alttechnologie an den/die anderen Vertragspartner sind auch die **kartellrechtlichen Erfordernisse** zu beachten. Da horizontale F&E-Verträge in den Anwendungsbereich der F&E-GFVO fallen, ist u.a. Art. 3 Abs. 3 dieser VO zu beachten. Diese Bestimmung macht eine Gruppenfreistellung solcher Verträge, soweit diese keine i.S. von Art. 2 Nr. 11 F&E-GFVO »gemeinsame« Verwertung der Ergebnisse vorsehen, davon abhängig, dass sich die Vertragspartner gegenseitig auch vorher bestehendes Know-how (zu dem nach Art. 2 Nr. 10 F&E-GFVO nur »geheime«, »wesentliche« und »identifizierte« praktische Kenntnisse gehören), soweit es für die Verwertung von F&E-Ergebnissen erforderlich ist, lizenzieren, fordert aber nicht, dass sich diese Lizenzen auch auf Schutzrechte für Alttechnologie, deren Benutzung mit einer solchen Verwertung notwendig verbunden ist, erstrecken, s. Kap. 5 Rdn. 404–420.

bbb) Rechte bzgl. Alttechnologie bei horizontalen F&E-Verträgen nach deutschem Recht im Falle des Fehlens einer vertraglichen Regelung

364 Da horizontalen Verträge nach deutschem Recht als **Gesellschaftsverträge** zu qualifizieren sind (s. Kap. 6 Rdn. 4), ist jeder Vertragspartner zur Förderung des auf die Erreichung des F&E-Ziels gerichteten Gesellschaftszwecks verpflichtet.[676]

365 Man wird deshalb auch ohne entsprechende Vertragsbestimmung annehmen müssen, dass jeder Vertragspartner – soweit Rechte Dritter bzw. Verpflichtungen diesen gegenüber nicht entgegenstehen – verpflichtet ist, dem bzw. jedem anderen Vertragspartner grundsätzlich ein Recht zur **Benutzung von Alttechnologie bei der Durchführung der vertragsgemäßen F&E** zu erteilen, soweit er daran nicht durch Rechte Dritter bzw. diesen gegenüber bestehende Verpflichtungen gehindert ist. Dabei ist nicht nur die bloße Rechtseinräumung, sondern die tatsächliche Wissensübermittlung geschuldet.[677] Soweit mit der Erteilung dieses Benutzungsrechts Kosten verbunden sind (z.B. weil zu dessen Sicherung die Anmeldung von Schutzrechten bzw. Aufrechterhaltung von Schutzrechtspositionen erforderlich ist), wird man eine Erteilungspflicht nur insoweit bejahen können, als sich der jeweilige andere Vertragspartner zur Erstattung dieser Kosten verpflichtet.

676 Diese Verpflichtung besteht nicht nur gegenüber der Gesellschaft, sondern auch gegenüber dem Partner, s. *Ullrich* GRUR 1993, S. 338, 342.

677 Nach *Ullrich* GRUR 1993, S. 338, 343 gilt dies nur »im Zweifel«.

Bei der Frage, inwieweit eine Verpflichtung der Vertragspartner zur **Gewährung von Verwertungsrechten bzgl. Alttechnologie** bei horizontalen F&E-Verträgen anzunehmen ist, wenn dazu eine vertragliche Regelung fehlt, sind verschiedene Fälle zu unterscheiden. 366

Wenn sich der Zweck des Vertrags auf die **Verwertung der F&E-Ergebnisse durch einen Dritten**, z.B. ein GU der Vertragspartner, erstreckt, erfordert dieser Zweck, dass der Dritte auch Rechte zur Verwertung von geheimzuhaltender Alttechnologie sowie von bestehenden Schutzrechtspositionen für Alttechnologie gegen angemessene Vergütung erhält, jedoch nur insoweit, als eine solche Verwertung für die Verwertung der F&E-Ergebnisse erforderlich ist und Rechte Dritter bzw. diesen gegenüber bestehende Verpflichtungen der Rechtsgewährung nicht entgegenstehen. 367

Sieht der Vertrag dagegen eine **Verwertung der F&E-Ergebnisse durch die einzelnen Vertragspartner** vor, sind die Verwertungsrechte der Vertragspartner bzgl. Alttechnologie unter dem Aspekt der Verpflichtung der Vertragspartner zur Förderung des Gesellschaftszwecks wie folgt zu beurteilen: 368

Wenn von vornherein der gemeinsame Zweck nur auf die Erreichung des F&E-Ziels mittels arbeitsteiliger Durchführung der F&E gerichtet ist, lässt sich nicht schon aus der Verpflichtung der Vertragspartner zu seiner Förderung eine Verpflichtung zur Erteilung von Verwertungsrechten an Alttechnologie ableiten. 369

Sieht der Vertrag dagegen auch eine gemeinsame Verwertung der F&E-Ergebnisse unter Spezialisierung jeden Vertragspartners auf die Verwertungsstufen Herstellung oder Vertrieb oder Spezialisierung innerhalb dieser Verwertungsstufen vor, so dass eine »gemeinsame Verwertung« i.S. von Art. 2 Nr. 11 Buchst. c F&E-GFVO vorliegt (s. dazu Kap. 5 Rdn. 377–378), erfordert der Vertragszweck, dass jeder Vertragspartner die ihm zugewiesene Aufgabe erfüllen kann. Damit hat jeder Vertragspartner unter dem Aspekt des Vertragszwecks jedem anderen Vertragspartner eine Lizenz bzgl. Alttechnologie für die Dauer der Spezialisierung insoweit einzuräumen, als der andere Vertragspartner sie für die Erfüllung der ihm im Rahmen der Spezialisierung zugewiesenen Aufgaben benötigt und Rechte Dritter bzw. diesen gegenüber bestehende Verpflichtungen der Rechtsgewährung nicht entgegenstehen. 370

Wenn die Phase der Spezialisierung endet, wofür es neben der Befristung oder Kündigung der Spezialisierungsabrede gemäß dem F&E-Vertrag auch kartellrechtliche Gründe geben kann, lässt sich aus der Verpflichtung jeden Vertragspartners zur Förderung des Gesellschaftszwecks nicht mehr herleiten, dass er mit dem Wegfall der durch die Spezialisierungsabrede begründeten Beschränkung seiner Rechte zur Verwertung der F&E-Ergebnisse auch das Recht erwirbt, geheimzuhaltende Alttechnologie und Schutzrechte für Alttechnologie, über die der andere bzw. die anderen Vertragspartner verfügt/verfügen, insoweit zu verwerten, als eine solche Verwertung für die Verwertung der F&E-Ergebnisse erforderlich ist. 371

Eine Verpflichtung zur Rechtsgewährung bzgl. Alttechnologie lässt, wenn bzw. soweit sich der gemeinsame Zweck nicht auf die Verwertungsphase 372 erstreckt, auch nicht aus einer »nachwirkenden gesellschaftsrechtlichen Treubindung«[678] herleiten. Zwar lässt der Umstand, dass bei F&E-Verträgen zwischen Unternehmen auf der gleichen Marktstufe eine vereinbarte arbeitsteilige Durchführung der F&E eine wechselseitige Abhängigkeit der Vertragspartner voneinander im Hinblick auf die Verwertung der F&E-Ergebnisse begründet, es gerechtfertigt erscheinen, bei Fehlen einer vertraglichen Regelung nach Beendigung der Zusammenarbeit zu einem gemeinsamen Zweck Verwertungsrechte aller Vertragspartner bzgl. der F&E-Ergebnisse unabhängig davon, bei wem von ihnen sie entstanden sind, aufgrund einer nachwirkenden gesellschaftsrechtlicher Treubindung anzunehmen (s. Kap. 8 Rdn. 458). Die einseitige oder wechselseitige Abhängigkeit, die durch geheimzuhaltende Alttechnologie oder für Alttechnologie erwirkte Schutzrechte von Vertragspartnern geschaffen wird, resultiert jedoch nicht aus ihrem Zusammenwirken zu einem gemeinsamen Zweck, sondern ist bei Abschluss des F&E-Vertrags bereits vorhanden oder doch angelegt. Sie kann deshalb Verwertungsrechte jeden Vertragspartners an geheimzuhaltender Alttechnologie oder an für Alttechnologie erwirkten Schutzrechten des bzw. jedes anderen Vertragspartners unter dem Aspekt nachwirkender gesellschaftsrechtlicher Treubindung nicht begründen.

373 Damit bleibt nach Beendigung des Zusammenwirkens der Vertragspartner zu einem gemeinsamen Zweck allein die Möglichkeit, über eine **ergänzende Vertragsauslegung** (s. Kap. 8 Rdn. 38) zur Annahme einer Verpflichtung jeden Vertragspartners zur Einräumung von Verwertungsrechten bzgl. Alttechnologie an den bzw. die anderen Vertragspartner zu gelangen, soweit der Vertragspartner nicht durch Rechte Dritter bzw. diesen gegenüber bestehende Verpflichtungen daran gehindert ist.

374 Tatsächlich dürfte die ergänzende Vertragsauslegung eine solche Annahme gebieten, wenn bereits bei Abschluss des F&E-Vertrags zu erwarten ist, dass sich die Vertragspartner aufgrund ihrer Rechte bzgl. Alttechnologie hins. der Verwertung der F&E-Ergebnisse gegenseitig blockieren werden. Jeder Vertragspartner wird dann von vornherein Sicherheit haben wollen, dass er die F&E-Ergebnisse auch tatsächlich, ohne daran durch Rechte des jeweils anderen Partners bzgl. dessen Alttechnologie gehindert zu sein, verwerten kann, und sich nicht darauf verlassen wollen, dass mit dem/den anderen Vertragspartner(n) schon eine entsprechende Lizenzvereinbarung zustande kommen wird. Er wird allerdings für jede Verwertung von geheimer Alttechnologie bzw. von jedem Schutzrecht für Alttechnologie, das ihm von dem bzw. einem anderen Vertragspartner zu lizenzieren bzw. unterzulizenzieren ist, an diesen eine angemessene Vergütung zahlen müssen.

375 Ist dagegen bei Vertragsschluss zu erwarten, dass nur ein Vertragspartner den bzw. die anderen Vertragspartner infolge seiner Rechte bzgl. Alttechnologie an der Verwertung der F&E-Ergebnisse hindert, ohne selbst durch Rechte des bzw. der anderen Vertragspartner(s) entsprechend blockiert zu werden, kann

678 Vgl. *Ullrich* GRUR 1993, S. 338, 344 unter Hinweis auf BGH NJW 1980, S. 1628 und KG OLGZ 1969, S. 311 in Fn. 44 i.V. mit Fn. 32.

auch die ergänzende Vertragsauslegung nicht das Ergebnis rechtfertigen, dass die Vertragspartner zu gegenseitiger Einräumung von Verwertungsrechten bzgl. Alttechnologie verpflichtet sind.

bb) Rechte bzgl. Alttechnologie bei Verträgen über arbeitsteilige F&E zwischen Unternehmen auf verschiedenen Marktstufen (vertikalen F&E-Verträgen)

aaa) Empfehlungen zur Regelung

Die **Interessenlage** bei vertikalen F&E-Verträgen ist von der Interessenlage bei horizontalen F&E-Verträgen grundlegend verschieden, s. dazu Kap. 8 Rdn. 461 und 462. 376

Bei vertikalen F&E-Verträgen hat jeder Vertragspartner grundsätzlich ein berechtigtes Interesse daran, dass er den anderen Vertragspartner nicht auf dem Wege über die Erteilung von **Verwertungsrechten bzgl. Alttechnologie** in die Lage versetzt, ihm auf »seiner« Marktstufe Konkurrenz zu machen. Entsprechendes gilt für die Erteilung von Verwertungslizenzen bzgl. F&E-Ergebnissen, s. dazu auch Kap. 8 Rdn. 461.

Dem entspricht es, dass Verwertungslizenzen in *vertikalen F&E-Verträgen* oft als wettbewerbsbeschränkend einzustufen sind (s. Kap. 5 Rdn. 323–325 sowie 316) und nach Art. 3 Abs. 2 Vertikal-GFVO grundsätzlich auch nicht freistellungsfähig sind, s. dazu Kap. 5 Rdn. 517 und 523 (vgl. aber Kap. 5 Rdn. 525, 538, 545 und 548 zur Anwendbarkeit anderer GFVO auf vertikale F&E-Verträge).

Dies bedeutet nun allerdings nicht, dass vertikale F&E-Verträge, denen die Vertikal-GFVO wegen darin enthaltener Verwertungslizenzen die Freistellung versagt, auch nicht der Einzelfreistellung in direkter Anwendung von Art. 81 Abs. 3 EGV zugänglich sind, s. dazu Kap. 5 Rdn. 629–631.

Damit kann unter bestimmten Voraussetzungen durch entsprechende Verwertungslizenzen bzgl. Alttechnologie und F&E-Ergebnissen auch dem Interesse eines Vertragspartners bzw. beider Vertragspartner Rechnung getragen werden, das zu entwickelnde Produkt (Vertragsprodukt) nicht nur an den jeweils anderen Vertragspartner (und, soweit von diesem gestattet, an dessen Konzerngesellschaften) liefern zu können bzw. von dem anderen Vertragspartner (und, soweit von diesem gestattet, von dessen Konzerngesellschaften) beziehen zu müssen, s. dazu im Einzelnen Kap. 8 Rdn. 467. 377

Eine Regelung, die nach einer Phase gegenseitiger Bindung den Partner, der als Lieferant des zu entwickelnden Produkts vorgesehen ist, aus dieser Bindung entlässt, indem sie ihm und seinen Konzerngesellschaften die Unterlizenzierung von geheimen F&E-Ergebnissen und geheimer Alttechnologie des anderen Partners sowie von diesem gehörenden Schutzrechten für F&E-Ergebnisse und Alttechnologie an Bezieher des zu entwickelnden Produkts für dessen Anwendung gestattet, enthalten die Klauseln 5.4, 5.7, 5.8 und 5.9 von Muster B. 378

Weniger problematisch ist dagegen die **Einräumung von Benutzungsrechten bzgl. Alttechnologie für die Durchführung der vertragsgemäßen F&E.** 379

Es liegt hier grundsätzlich im Interesse beider Partner, dass jeder Partner auch geheim zu haltende Alttechnologie bzw. Schutzrechte für Alttechnologie, an der bzw. an denen der jeweils andere Partner ohne Verletzung von Rechten Dritter Benutzungsrechte einräumen kann, bei der Durchführung der ihm vertraglich zugewiesenen F&E-Arbeiten verwenden kann, soweit eine solche Verwendung für die Erreichung des gemeinsamen F&E-Ziels notwendig oder nützlich ist oder sein kann.

bbb) Rechte bzgl. Alttechnologie bei vertikalen F&E-Verträgen im Falle des Fehlens einer vertraglichen Regelung nach deutschem Recht

380 Soweit vertikale F&E-Verträge deutschem Recht unterliegen, sind sie nach diesem Recht als **Gesellschaftsverträge** zu qualifizieren, s. Kap. 6 Rdn. 4.

381 Aus der gesellschaftsvertraglichen Verpflichtung der Vertragspartner zur Förderung des gemeinsamen Zwecks des Vertrags, d.h. der Erreichung des F&E-Ziels, lässt sich im Hinblick darauf, dass die Vertragspartner auf verschiedenen Marktstufen tätig sind, keine einseitige oder gegenseitige Verpflichtung zur Einräumung von **Verwertungsrechten bzgl. Alttechnologie** ableiten.

382 Dagegen folgt aus der Verpflichtung jedes Vertragspartners, sich um die Erreichung des F&E-Ziels zu bemühen, bei Fehlen einer vertraglichen Regelung seine Pflicht, dem anderen Vertragspartner geheime Alttechnologie und Schutzrechte für Alttechnologie zur **Benutzung bei der Durchführung der dem anderen Partner zugewiesenen F&E-Arbeiten** zu lizenzieren, soweit er daran nicht durch Rechte Dritter bzw. diesen gegenüber bestehende Verpflichtungen gehindert ist und zu erwarten ist, dass eine solche Lizenzierung für die Erreichung des F&E-Ziels notwendig oder nützlich ist.

cc) Rechte bzgl. Alttechnologie bei Verträgen über arbeitsteilige F&E (F&E-Kooperationsverträgen) zwischen Unternehmen und Hochschulen

aaa) Empfehlungen zur Regelung

383 Bei der **Interessenlage** sind besonders folgende **sechs Aspekte** zu berücksichtigen:

1. § 25 Abs. 2 HRG stellt die Regel auf, dass auch Forschungsergebnisse aus solchen Forschungsvorhaben der Hochschule, die mit Mitteln Dritter finanziert werden, in absehbarer Zeit veröffentlicht werden sollen.
2. Es ist jedoch davon auszugehen, dass Alttechnologie, die von Hochschulbeschäftigten in genehmigter Nebentätigkeit erarbeitet worden ist, im Verhältnis zwischen Hochschule und den Hochschulbeschäftigten letzteren zusteht, soweit sie schutzrechtsfähig oder zwar nicht schutzrechtsfähig, aber (noch) geheim ist; s. Kap. 8 Rdn. 92.
3. Weiter ist zu berücksichtigen, dass zu der bei der Hochschule vorhandenen Alttechnologie patent- bzw. gebrauchsmusterfähige Alttechnologie gehören kann, die vor Wegfall des Hochschullehrerprivilegs (das grundsätzlich nicht

mehr für Erfindungen gilt, die seit dem 7.2. 2002 gemacht wurden[679]) entstanden ist und deshalb von vornherein den Trägern dieses Privilegs, zu dem auch wissenschaftliche Assistenten gehörten, zustand; s. Kap. 8 Rdn. 42.

4. Es muss ggf. auch berücksichtigt werden, dass die Hochschule nach dem Wegfall des Hochschullehrerprivilegs Rechte an Diensterfindungen von Hochschulbeschäftigten auf Patentverwertungsagenturen (s. dazu Kap. 8 Rdn. 77) übertragen haben kann.
5. Schließlich ist zu beachten, dass die Hochschule normalerweise keinen Überblick darüber hat, an welcher Stelle in ihrem Bereich geheime Alttechnologie entwickelt wurde.
6. Wenn das Unternehmen über Schutzrechte bzgl. Alttechnologie verfügt oder solche noch erwerben kann, hat es ein Interesse daran, dass die Hochschule daran keine Verwertungsrechte erteilen und so seine Konkurrenten stärken kann.

Nach dem **ersten Aspekt** kann das Interesse der Hochschule an der Geheimhaltung von ihr selbst entwickelter Technologie nicht hoch bewertet werden. Damit besteht kein Anlass, den Industriepartner über eine längere Dauer zur Geheimhaltung von seitens der Hochschule entwickelter Alttechnologie zu verpflichten, soweit diese nicht schutzrechtsfähig ist und nicht Gegenstand einer Geheimhaltungsverpflichtung der Hochschule gegenüber Dritten ist. Dabei bietet sich an, die Dauer der Geheimhaltungsverpflichtung des Industriepartners grundsätzlich auf die Dauer des F&E-Vertrags zu begrenzen. Da der Industriepartner aber nach dem Ende seiner Geheimhaltungsverpflichtung nicht mehr in der Verwertung der betr. Alttechnologie beschränkt werden kann (s. Kap. 8 Rdn. 325) und vor dem Ende des Projekts in aller Regel ohnehin nicht mit der Verwertung dieser Alttechnologie durch den Industriepartner zu rechnen ist, erschiene eine Forderung der Hochschule, die Verwertung solcher Alttechnologie während der Vertragsdauer zu begrenzen oder von der Zahlung einer Vergütung abhängig zu machen, grundsätzlich nicht gerechtfertigt. 384

Umgekehrt fordert das Interesse der Hochschule an der Veröffentlichung der F&E-Ergebnisse und an der Freiheit, nach Vertragsende Kooperationen mit Dritten auf dem Vertragsgebiet eingehen zu können, dass sie geheime Alttechnologie, die der Industriepartner für das gemeinsame Projekt übermittelt und die in die F&E-Ergebnisse einfließt oder ohne deren Offenbarung die F&E-Ergebnisse nicht dargestellt werden könnten, ebenfalls nicht für eine längere Dauer geheim halten muss, es sei denn, es handelt sich um geheime Alttechnologie, welche der Industriepartner von einem Dritten erlangt hat und nur unter einer Geheimhaltungsverpflichtung weitergeben darf. 385

Der **zweite Aspekt**, dass Alttechnologie, die aus Nebentätigkeiten von Hochschulbeschäftigten resultiert, im Verhältnis zwischen Hochschule und den betr. Hochschulbeschäftigten letzteren zusteht, soweit sie schutzrechtsfähig oder zwar nicht schutzrechtsfähig, aber (noch) geheim ist, bildet einen der Aspekte, die den Industriepartner zu der Prüfung veranlassen sollten, ob nicht Hoch- 386

679 Siehe *Bartenbach/Volz (ArbEG)*, § 42 n.F. Rn. 1.

schulbeschäftigte, die auf dem technischen Gebiet des betr. F&E-Projekts schon tätig waren, durch eine ergänzende Vereinbarung zu verpflichten sind; s. Kap. 8 Rdn. 92.

387 Der **dritte Aspekt** sollte neben dem vorgenannten Aspekt und dem Umstand, dass Hochschulbeschäftigte auch Inhaber von Schutzrechtspositionen für zur Alttechnologie gehörenden Diensterfindungen aufgrund Freigabe oder Übertragung nach dem ArbEG sein können, Anlass für den Industriepartner sein, auch gezielt nach entsprechenden Schutzrechtspositionen von solchen Hochschulbeschäftigten zu recherchieren, die auf dem technischen Gebiet des betr. F&E-Projekts schon tätig waren, und bei Auffindung solcher Schutzrechtspositionen mit den betr. Hochschulbeschäftigten eine ergänzende Vereinbarung über die Lizenzierung dieser Schutzrechtspositionen zu treffen, s. schon Kap. 8 Rdn. 92.

388 Der **vierte Aspekt** sollte für den Industriepartner Anlass sein, die Hochschule danach zu fragen bzw. danach zu recherchieren, ob Rechte bzgl. bei der Hochschule vorhandener Alttechnologie auf eine Patentverwertungsagentur übertragen wurden, und sich an solchen ggf. übertragenen Rechten Benutzungs- und Verwertungsrechte auszubedingen.

389 Der **fünfte Aspekt** rechtfertigt zwar nicht eine Beschränkung der Verpflichtung der Hochschule zur Lizenzierung von geheimer Alttechnologie, wohl aber eine Beschränkung ihrer Verpflichtungen zur Berücksichtigung und Benutzung bei den F&E-Arbeiten und zur Übermittlung an den Industriepartner auf diejenige geheime Alttechnologie, von der mindestens einer der Hochschulbeschäftigten, die an der Durchführung des betr. F&E-Projekts beteiligt werden, Kenntnis hat.

390 Der **sechste Aspekt** spielt insbesondere dann eine Rolle, wenn, wie hier vorgeschlagen, jeder Partner unbeschränkte Verwertungsrechte hins. geheimer, nicht schutzrechtsfähiger F&E-Ergebnisse erhält, kann aber auch dann relevant sein, wenn das Unternehmen eine ihm gewährte Option zum Erwerb der Rechte an schutzrechtsfähigen F&E-Ergebnissen nicht ausübt.

391 Auf dieser Basis erscheint für den F&E-Vertrag zwischen Industriepartner und Hochschule normalerweise folgende Regelung der **Rechte zur Benutzung und Verwertung von Alttechnologie** empfehlenswert, jeweils mit der Maßgabe, dass die Hochschule geheime Alttechnologie, an der sie dem Industriepartner Benutzungs- bzw. Verwertungsrechte zu erteilen hat, nur insoweit übermitteln muss, als mindestens ein Hochschulbeschäftigter, der an der Durchführung des betr. F&E-Projekts beteiligt wird, von solcher Alttechnologie Kenntnis erlangt hat:

392 Jeder Partner erteilt dem jeweils anderen Partner folgende Rechte bzgl. der **Benutzung von Alttechnologie für F&E-Zwecke**:

- das Recht, bei ihm vorhandene geheime Alttechnologie zu F&E-Zwecken benutzen und
- das Recht, Schutzrechte für Alttechnologie für die Durchführung der vertragsgemäßen F&E zu benutzen, soweit eine solche Benutzung für die Erreichung des gemeinsamen F&E-Ziels tatsächlich oder voraussichtlich notwendig oder nützlich ist,

unter der Voraussetzung, dass er an dieser Rechtserteilung nicht durch Rechte Dritter bzw. diesen gegenüber bestehende Verpflichtungen gehindert ist.

Dagegen werden **die Rechte bzgl. der Verwertung von Alttechnologie** wie folgt geregelt: 393

Die Hochschule erteilt dem Unternehmen, soweit sie nicht durch Rechte Dritter (einschließlich Rechten von Hochschulbeschäftigten) bzw. diesen gegenüber bestehende Verpflichtungen daran gehindert ist, ein nicht-ausschließliches Recht zur Verwertung bei ihr vorhandener geheimer Alttechnologie und von Schutzrechten für Alttechnologie, jedoch nur insoweit, als eine solche Verwertung für die vertragsgemäße Verwertung von F&E-Ergebnissen durch das Unternehmen notwendig oder nützlich ist.

Das Unternehmen erteilt der Hochschule, soweit es nicht durch Rechte Dritter bzw. diesen gegenüber bestehende Verpflichtungen daran gehindert ist, ein nicht-ausschließliches Recht zur Verwertung bei ihr vorhandener geheimer Alttechnologie insoweit, als eine solche Verwertung für die vertragsgemäße Verwertung von F&E-Ergebnissen durch die Hochschule notwendig oder nützlich ist, jedoch keine Rechte zur Verwertung von Schutzrechten für Alttechnologie.

Hins. der zu empfehlenden Vergütungsregelung wird auf Kap. 8 Rdn. 556 und 557 verwiesen.

Dabei hat jeder Partner vom anderen Partner lizenzierte, zunächst geheime, 394
nicht schutzrechtsfähige Alttechnologie nur während der Dauer des F&E-Vertrags geheim zu halten, soweit eine länger dauernde Geheimhaltungsverpflichtung nicht aufgrund von Verpflichtungen des lizenzierenden Partners gegenüber Dritten geboten ist, und unterliegt damit einer **Verwertungsbeschränkung bzgl. solcher geheimer Alttechnologie** grundsätzlich **nur während der Vertragsdauer**. Für die Hochschule bedeutet dies auch eine Erleichterung der Kooperation mit Dritten auf dem Gebiet des gemeinsamen F&E-Projekts nach Vertragsende.

bbb) Rechte bzgl. Alttechnologie bei F&E-Kooperationsverträgen zwischen Unternehmen und Hochschulen nach deutschem Recht im Falle des Fehlens einer vertraglichen Regelung

Wegen seiner Verpflichtung zur Förderung des Gesellschaftszwecks dürfte 395
jeder Partner nach deutschem Recht verpflichtet sein, dem jeweils anderen Partner ein **Recht zur Benutzung** von geheimer Alttechnologie und von Schutzrechten für Alttechnologie bei der Durchführung des gemeinsamen F&E-Projekts einzuräumen, soweit er an einer solchen Rechtsausübung nicht durch Rechte Dritter bzw. diesen gegenüber bestehende Verpflichtungen gehindert ist und soweit eine solche Benutzung für die Erreichung des gemeinsamen F&E-Ziels notwendig oder nützlich ist oder sein kann.

Dagegen dürfte zwar nicht die Verpflichtung beider Partner zur Förderung 396
des Gesellschaftszwecks, wohl aber eine ergänzende Vertragsauslegung die Annahme rechtfertigen, dass jeder Partner, soweit er nicht durch Rechte Dritter

(einschließlich Rechten von Hochschulbeschäftigten) bzw. diesen gegenüber bestehende Verpflichtungen daran gehindert ist, dem anderen Partner gegen angemessene Vergütung ein **Recht zur Verwertung** bei ihm vorhandener geheimer Alttechnologie und von Schutzrechten für Alttechnologie insoweit zu erteilen hat, als der andere Partner bei der Ausübung seiner Rechte zur Verwertung von F&E-Ergebnissen auf die Mitverwertung solcher Alttechnologie angewiesen ist. Kap. 8 Rdn. 360–362 gilt entsprechend.

dd) Rechte bzgl. Alttechnologie bei F&E-Aufträgen des Dienstvertragstypus an andere Auftragnehmer als Hochschulen

aaa) Empfehlungen zur Regelung

397 Bei F&E-Aufträgen des Dienstvertragstypus an andere Auftragnehmer als Hochschulen stellt sich die **Interessenlage**, was Lizenzen bzgl. Alttechnologie betrifft, wie folgt dar, wobei danach zu unterscheiden ist, ob es sich um geheime nicht schutzrechtsfähige Alttechnologie oder um schutzrechtsfähige Alttechnologie handelt und ob die diesbezüglichen Rechte beim Auftragnehmer oder beim Auftraggeber liegen.

398 Bei Beurteilung der **Interessenlage bzgl. beim Auftragnehmer vorhandener nicht schutzrechtsfähiger geheimer Alttechnologie** ist zu berücksichtigen, dass der Auftraggeber damit rechnen muss, dass eine Weiterentwicklung und effektive Verwertung der F&E-Ergebnisse ohne ein Benutzungs- bzw. Verwertungsrecht bzgl. solcher Alttechnologie nicht möglich ist.

399 Hierbei spielt auch eine Rolle, dass die Kompetenz des Auftragnehmers meist für den Auftraggeber für die Wahl des Auftragnehmers und die diesem zugebilligte Vergütung für dessen Arbeitsleistung entscheidend ist. Insoweit lässt sich auch hier wieder eine Parallele zum Arbeitsverhältnis unter dem Aspekt der »verlängerten Werkbank« ziehen (s. dazu Kap. 8 Rdn. 490–492). Die Kompetenz des Auftragnehmers wird aber maßgeblich durch sein Vorwissen, also seine Alttechnologie (sei diese nun geheim oder nicht), mitbestimmt.

400 Damit spricht die Interessenlage dafür, dass der Auftragnehmer die bei ihm vorhandene geheime nicht schutzrechtsfähige Alttechnologie, soweit er daran nicht durch Rechte Dritter bzw. diesen gegenüber bestehende Verpflichtungen gehindert ist, auf nicht-ausschließlicher Basis lizenzieren muss, jedoch nur für ihre Benutzung zu F&E-Zwecken und zum Zweck der dem Auftraggeber nach dem Vertrag zustehenden Verwertung der F&E-Ergebnisse. Dabei wird er diese Alttechnologie, soweit es sich bei der Lizenz nicht um eine Unterlizenz handelt, ohne gesonderte Lizenzvergütung, und, soweit es sich bei der Lizenz um eine Unterlizenz handelt, nur gegen angemessene Vergütung erteilen müssen.

401 Ein Verlangen des Auftraggebers nach Erteilung oder nach einer Option auf Erteilung einer weitergehenden Lizenz kann jedoch bei Vorliegen besonderer Gründe (vgl. Kap. 8 Rdn. 403) gerechtfertigt sein. Allerdings wird der Auftraggeber dem Auftragnehmer in einem solchen Fall i.d.R. eine angemessene Sondervergütung zugestehen müssen.

Hins. vom Auftragnehmer lizenzierbarer schutzrechtsfähiger Alttechnologie rechtfertigt jedenfalls der Aspekt der »verlängerten Werkbank« keinerlei Verpflichtung des Auftragnehmers zur Lizenzerteilung. 402

Es gibt allerdings Fälle, in denen der Auftrag auf einer Schutzrechtsposition des Auftragnehmers basiert, s. den Fall gemäß Nr. 76 Horizontal-LL. Hier entspricht es der Interessenlage, dass der Auftragnehmer dem Auftraggeber eine Lizenz zur Verwertung der Schutzrechtsposition oder doch eine Option auf Lizenzerteilung gegen gesonderte Vergütung erteilt. Hier kann sogar die Erteilung einer ausschließlichen Lizenz oder einer Option auf eine ausschließliche Lizenz der Interessenlage entsprechen. 403

Bei der Bewertung des **Interesses des Auftragnehmers an einer Lizenz bzgl. beim Auftraggeber vorhandener Alttechnologie** ist von Folgendem auszugehen: 404

Der Auftragnehmer hat normalerweise kein berechtigtes Interesse daran, an geheimer Alttechnologie und Schutzrechten für Alttechnologie, die der Auftraggeber lizenzieren kann, **Verwertungsrechte** zu erhalten.

Dagegen spricht die Interessenlage dafür, dem Auftragnehmer ein Recht zur **Benutzung bei der Durchführung des Auftrags**, soweit eine solche Benutzung für den Erfolg des F&E-Projekts notwendig oder für dessen Erreichung wahrscheinlich nützlich ist und soweit Rechte Dritter bzw. diesen gegenüber bestehende Verpflichtungen nicht entgegenstehen, zu gewähren. Die Wahrung bzw. Erhöhung der Erfolgschance liegt nämlich nicht nur im Interesse des Auftraggebers, sondern entspricht auch dem legitimen Interesse des Auftragnehmers, der nur im Erfolgsfall mit der Erzielung verwertbarer schutzrechtsfähiger F&E-Ergebnisse (mit der Chance, dafür Lizenzvergütungen zu erhalten) und mit der Stärkung seines Rufs als innovativer F&E-Partner rechnen kann.

bbb) Rechte bzgl. Alttechnologie bei F&E-Aufträgen des Dienstvertragstypus an andere Auftragnehmer als Hochschulen nach deutschem Recht im Falle des Fehlens einer vertraglichen Regelung

Betrachtet man zunächst die **Rechtslage bzgl. beim Auftragnehmer vorhandener Alttechnologie**, ergibt sich Folgendes: 405

Der Auftragnehmer wird bei Fehlen einer vertraglichen Regelung an bei ihm vorhandener **geheimer Alttechnologie**, die in die F&E-Ergebnisse einfließt, unter den Aspekten gemäß Kap. 8 Rdn. 398–400 eine Lizenz zur Benutzung und Verwertung als Bestandteil der F&E-Ergebnisse nach Maßgabe von Kap. 8 Rdn. 495–498 einräumen müssen. Für die Annahme einer weitergehenden Lizenzerteilung ist kein Grund ersichtlich.

Dagegen ergibt sich bei Fehlen einer vertraglichen Regelung nach deutschem Recht keine Verpflichtung des Auftragnehmers, dem Auftraggeber **Schutzrechtspositionen für Alttechnologie** zu lizenzieren.

Bei Beurteilung der **Rechtslage bzgl. beim Auftraggeber vorhandener Alttechnologie** wird man bei Fehlen einer vertraglichen Regelung aufgrund 406 ergänzender Vertragsauslegung zu dem Ergebnis kommen müssen, das die Interessenlage nach Kap. 8 Rdn. 404 gebietet.

ee) Rechte bzgl. Alttechnologie bei F&E-Aufträgen des Dienstvertragstypus an Hochschulen

aaa) Empfehlungen zur Regelung

407 Neben den Empfehlungen für die Regelung von Rechten bzgl. Alttechnologie bei F&E-Aufträgen des Dienstvertragstypus an andere Auftragnehmer als Hochschulen (s. Kap. 8 Rdn. 397–404) sind auch die Empfehlungen für die Regelung von Rechten bzgl. Alttechnologie bei Verträgen über arbeitsteilige F&E zwischen industriellen Unternehmen und Hochschulen (s. Kap. 8 Rdn. 383–394) zu berücksichtigen.

408 Die Regelung sollte deshalb gegenüber den erstgenannten Empfehlungen in folgenden Punkten abweichen:

- Zu berücksichtigen ist das Veröffentlichungsinteresse der Hochschule bzgl. aller F&E-Ergebnisse und damit auch bzgl. geheimer Alttechnologie, welche, nachdem sie der Industriepartner für die Durchführung des F&E-Auftrags vertragsgemäß zu Verfügung gestellt hat, in die F&E-Ergebnisse einfließt. Trägt der Industriepartner diesem Interesse Rechnung, indem er die Dauer der Verpflichtung der Hochschule zur Geheimhaltung der F&E-Ergebnisse auf die Dauer des F&E-Auftrags begrenzt, erscheint es legitim, wenn er auch die Dauer seiner Verpflichtung zur Geheimhaltung der ihm seitens der Hochschule übermittelten geheimen Alttechnologie, welche diese ohne die Verletzung von Rechten Dritter (zu denen auch Hochschulbeschäftigte gehören können) bzw. von Verpflichtungen gegenüber Dritten lizenzieren kann, entsprechend begrenzen will mit der Folge, dass er diese Alttechnologie spätestens nach Vertragsende unbeschränkt benutzen und verwerten kann.
- Weiter wird der Industriepartner zu beachten haben, dass die Hochschule oft nicht über in ihrem Bereich vorhandene geheime Alttechnologie verfügen kann, weil diese von Hochschulbeschäftigten in genehmigter Nebentätigkeit gewonnen wurde. Dies ist einer der Aspekte, die für den Industriepartner Anlass sein sollten, ergänzende Vereinbarungen mit Hochschulbeschäftigten zu treffen.
- Da die Hochschule normalerweise keinen Überblick über die in ihrem Bereich vorhandene geheime Alttechnologie hat, sind ihre Verpflichtungen zur Berücksichtigung und Benutzung bei den F&E-Arbeiten und zur Übermittlung an den Industriepartner auf diejenige geheime Alttechnologie zu beschränken, von der mindestens einer der Hochschulbeschäftigten, die an der Durchführung des betr. F&E-Projekts beteiligt werden, Kenntnis hat.

bbb) Rechte bzgl. Alttechnologie bei F&E-Aufträgen des Dienstvertragstypus an Hochschulen im Falle des Fehlens einer vertraglichen Reglung nach deutschem Recht

Hier gelten die Ausführungen unter Kap. 8 Rdn. 405 und 406 zu F&E-Aufträgen des Dienstvertragstypus an andere Auftragnehmer als Hochschulen entsprechend. Die besondere Interessenlage bei F&E-Aufträgen des Dienstvertragstypus an Hochschulen (s. Kap. 8 Rdn. 408) kann insoweit nicht berücksichtigt werden. 409

ff) Rechte bzgl. Alttechnologie bei F&E-Aufträgen des Werkvertragstypus

aaa) Empfehlungen zur Regelung

Zur **Interessenlage** bei F&E-Aufträgen des Werkvertragstypus (s. dazu im Einzelnen Kap. 8 Rdn. 504–508) ist Folgendes zu bemerken: 410

Der **Auftraggeber** hat jedenfalls ein berechtigtes Interesse daran, dass er das geschuldete technische Ergebnis verwerten kann. Besteht das geschuldete Ergebnis in einer neuartigen Vorrichtung und hat der Auftraggeber ein Interesse am Nachbau und an der Optimierung dieser Vorrichtung wie im Fall gemäß Muster C, erstreckt sich sein Interesse auf Alttechnologie, die für den Nachbau bzw. die Optimierung notwendig oder nützlich ist.

Umgekehrt hat auch der **Auftragnehmer**, wenn das geschuldete Ergebnis nur unter Benutzung geheimer Alttechnologie und/oder von Schutzrechten für Alttechnologie erzielt werden kann, die ihm der Auftraggeber für die Durchführung des Auftrags ohne Verletzung von Rechten Dritter für die Durchführung des Auftrags lizenzieren kann, ein legitimes Interesse an der Erteilung einer solchen Lizenz auf vergütungsfreier Basis.

Unter diesen Umständen empfiehlt sich folgende **vertragliche Regelung**: 411

Bzgl. beim Auftragnehmer vorhandener Alttechnologie: An geheimer Alttechnologie und Schutzrechten für Alttechnologie, deren Benutzung für die Verwertung des geschuldeten technischen Ergebnisses benötigt wird, erhält der Auftraggeber jedenfalls eine nicht-ausschließliche Lizenz oder eine Option auf eine nicht-ausschließliche Lizenz für diese Verwendung mit der Maßgabe, dass der Auftragnehmer im Falle geschützter oder schutzrechtsfähiger Alttechnologie statt der Gewährung einer solchen Lizenz dem Auftraggeber die Möglichkeit zur Übernahme dafür bestehender Schutzrechtspositionen bzw. zur Anmeldung von diesbezüglichen Schutzrechten mit nicht-ausschließlichen Rechten für die Weiterentwicklung und Verwertung des geschuldeten Ergebnisses einräumen kann. Jedenfalls insoweit, als sich die von vornherein oder aufgrund der Ausübung einer Option gewährte Lizenz auf Schutzrechte erstreckt, sollte dem Auftragnehmer ein Anspruch auf angemessene Vergütung im Verwertungsfall eingeräumt werden, s. dazu Kap. 8 Rdn. 561.

Besteht das geschuldete Ergebnis in einer neuartigen Vorrichtung und hat der Auftraggeber ein Interesse am Nachbau und an der Optimierung dieser Vorrichtung, kommen ausschließliche Rechte oder eine Option auf den Erwerb ausschließlicher Rechte an der einschlägigen Alttechnologie in Betracht (s. Muster C).

Bzgl. beim Auftraggeber vorhandener Alttechnologie: Für den Fall, dass die Benutzung geheimer Alttechnologie und/oder von Schutzrechten für Alttechnologie Voraussetzung für die Erzielung des geschuldeten technischen Ergebnisses ist und der Auftraggeber eine Lizenz für diese Benutzung ohne Verletzung von Rechten Dritter bzw. von Verpflichtungen gegenüber Dritten erteilen kann, sollte der Vertrag die Erteilung einer solchen Lizenz auf kostenloser Basis vorsehen.

Besteht das geschuldete Ergebnis in einer neuartigen Vorrichtung, deren Nachbau der Auftraggeber ins Auge fasst, darüber aber noch keine endgültige Entscheidung treffen will, können dem Auftragnehmer im Fall einer negativen Entscheidung des Auftraggebers als Ausgleich dafür, dass der Auftragnehmer seine Alttechnologie dem Auftraggeber bis zum Ablauf einer bestimmten Frist reserviert, auch Rechte an Alttechnologie des Auftraggebers für deren Verwertung im Zusammenhang mit einer evtl. Vermarktung der eigenen Alttechnologie bei Dritten eingeräumt werden.

bbb) Rechte bzgl. Alttechnologie bei F&E-Aufträgen des Werkvertragstypus nach deutschem Recht im Falle des Fehlens einer vertraglichen Regelung

412 Nach deutschem Recht dürfte dem Auftraggeber unabhängig davon, ob das geschuldete Ergebnis in einer neuartigen Vorrichtung besteht oder nicht, nur eine nichtausschließliche Lizenz an geheimer Alttechnologie und Schutzrechten des Auftragnehmers für Alttechnologie zustehen, und auch nur, soweit der Auftraggeber diese Lizenz für die Verwertung des geschuldeten Ergebnisses benötigt, mit der Maßgabe, dass der Auftragnehmer im Falle geschützter oder schutzrechtsfähiger Alttechnologie statt der Gewährung einer solchen Lizenz dem Auftraggeber die Möglichkeit zur Übernahme dafür bestehender Schutzrechtspositionen bzw. zur Anmeldung von diesbezüglichen Schutzrechten einräumen kann.

Umgekehrt wird der Auftraggeber, soweit Rechte Dritter bzw. diesen gegenüber bestehende Verpflichtungen nicht entgegenstehen, dem Auftragnehmer in dem Umfang ein Benutzungsrecht bzgl. Alttechnologie erteilen müssen, in dem der Auftragnehmer dieses Benutzungsrecht zur Erzielung des geschuldeten F&E-Ergebnisses benötigt. Es handelt sich hier wohl um eine echte Verpflichtung und nicht nur um eine Obliegenheit, deren Nichtbeachtung die Rechtsfolgen gemäß § 642 BGB auslöst[680]. Dafür dürfte sprechen, dass private Forschungsunternehmen oder Träger öffentlicher Forschungseinrichtungen auch insoweit, als sie als Auftragnehmer eines F&E-Auftrags des Werkvertragstypus fungieren, nicht nur ein legitimes Interesse an einer angemessenen Entschädigung gemäß § 642 BGB, sondern auch an der tatsächlichen Durchführung des Auftrags haben, da sie nur im Falle der Durchführung mit der Erzielung

680 Vgl. *Sprau* in *Palandt*, § 642 Rn. 3.

verwertbarer schutzrechtsfähiger F&E-Ergebnisse und mit der Stärkung ihres Rufs als kompetenter F&E-Partner rechnen können.

gg) Rechte bzgl. Alttechnologie bei F&E-Beratungsverträgen

aaa) Empfehlungen zur Regelung

Bei der **Interessenlage** ist, was die Gewährung von Lizenzen bzgl. Alttechnologie betrifft, entsprechend der Unterscheidung bei F&E-Aufträgen des Dienstvertragstypus danach zu differenzieren, ob es sich um geheime Alttechnologie oder um Schutzrechte hins. Alttechnologie handelt und ob die diesbezüglichen Rechte beim Dienstnehmer (= Beratungsgeber) oder beim Dienstgeber (= Beratungsempfänger) liegen. 413

Die **Interessenlage hins. beim Dienstnehmer vorhandener geheimer Alttechnologie und hins. Schutzrechten für beim Dienstnehmer vorhandene Alttechnologie** entspricht der Interessenlage bei F&E-Aufträgen des Dienstvertragstypus an andere Auftragnehmer als Hochschulen. Deswegen gelten auch die Ausführungen zur Frage der Benutzungs- und Verwertungsrechte des Auftraggebers bei solchen F&E-Aufträgen in Kap. 8 Rdn. 397–404 für die Frage der Benutzungs- und Verwertungsrechte des Dienstgebers bei F&E-Beratungsverträgen entsprechend. 414

Die Parallele lässt sich jedoch für die **Interessenlage hins. beim Dienstgeber vorhandener geheimer Alttechnologie und hins. Schutzrechten für beim Dienstgeber vorhandener Alttechnologie** nicht ziehen: 415

F&E-Beratungsverträge sind dadurch gekennzeichnet, dass der Dienstnehmer weder im Vertrag inhaltlich konkretisierte Leistungen noch das Bemühen um die selbständige Erreichung eines im Vertrag festgelegten F&E-Ziels schuldet, s. Kap. 6 Rdn. 26. Die von ihm zu erbringende Beratungsleistung ist damit nicht klar umrissen, sondern bedarf der ständigen Konkretisierung im vertraglich gesteckten Rahmen unter Beachtung der Vorstellungen des Dienstgebers. Dabei kann sich der Dienstgeber auch vorbehalten, bestimmte Versuche, die ihm für die Lösung dieses Problems als notwendig oder nützlich erscheinen, selbst vorzunehmen. 416

Unter diesen Umständen ist vom Dienstgeber nicht zu erwarten, dass er dem Dienstnehmer geheime Alttechnologie, deren Benutzung für die Lösung des jeweils gestellten Problems erforderlich oder wahrscheinlich nützlich ist, für eine solche Benutzung offenbart, auch wenn er dies ohne Verletzung von Rechten Dritter tun könnte. 417

Entsprechendes gilt für die Frage, ob er dem Dienstnehmer das Recht zu einer entsprechenden Benutzung von Schutzrechten für Alttechnologie einzuräumen hat, die er dem Dienstnehmer ohne Verletzung von Rechten Dritter zum Zwecke einer solchen Benutzung lizenzieren könnte. 418

Etwas anderes gilt, wenn sich der Dienstnehmer im F&E-Beratungsvertrag zur Durchführung vom Dienstgeber gewünschter Versuche auf dem vertraglich definierten F&E-Gebiet verpflichtet. Soweit der Dienstgeber auf dieser Basis 419 seinen Wunsch zur Durchführung von Versuchen durch den Dienstnehmer erklärt, wird er, soweit er nicht durch Rechte Dritte daran gehindert ist, dem Dienstnehmer ein Recht zur Benutzung bei ihm vorhandener geheimer Alttechnologie und von Schutzrechten für bei ihm vorhandene Alttechnologie in dem Umfang einräumen müssen, in dem der Dienstnehmer ein solches Recht zur Durchführung dieser Versuche benötigt.

bbb) Rechte bzgl. Alttechnologie bei F&E-Beratungsverträgen nach deutschem Recht im Falle des Fehlens einer vertraglichen Regelung

420 Die in Kap. 8 Rdn. 414–419 empfohlene Regelung der Rechte bzgl. Alttechnologie dürfte der Rechtslage entsprechen, die ohne vertragliche Regelung nach deutschem Recht bestehen würde.

421 Dabei ist zu berücksichtigen, dass dann, wenn der Beratungsvertrag dem Dienstgeber keine Geheimhaltungsverpflichtung auferlegt (s. Muster G und H), beim Dienstnehmer vorhandene, ursprünglich geheime Alttechnologie ihren Geheimnischarakter mit der tatsächlichen Übermittlung an den Dienstgeber verliert mit der Folge, dass dieser, soweit bzw. solange dafür keine Schutzrechte bestehen, in der Verwertung solcher Alttechnologie nicht beschränkt ist.

9. Benutzungs- bzw. Verwertungsrechte bzgl. technischer F&E-Ergebnisse

a) Begriff der technischen F&E-Ergebnisse

422 Grundlage für jede Regelung der Benutzungs- bzw. Verwertungsrechte bzgl. »technischer F&E-Ergebnisse" (auch oft als »Forschungsergebnisse«, »Entwicklungsergebnisse« oder »Neutechnologie«, englisch »Foreground Technology«, bezeichnet) sollte die Definition dieses Begriffs bilden, da keineswegs selbstverständlich ist, was jeweils unter ihm bei den einzelnen Typen von F&E-Verträgen zu verstehen ist.

Die Definition der F&E-Ergebnisse bildet auch die Grundlage für die Definition der Vertragserfindungen (s. dazu Kap. 8 Rdn. 146–148) als Gegenstand vertraglicher Rechte und Pflichten der Vertragspartner zur Anmeldung, Aufrechterhaltung und Geltendmachung von Schutzrechten.

Trotz ihrer grundlegenden Bedeutung fehlt eine Definition technischer F&E-Ergebnisse in vielen F&E-Verträgen.[681]

681 Vgl. den Hinweis von *Ullrich (Privatrechtsfragen)* S. 104, dass in den gewöhnlichen Patentklauseln häufig ungeklärt bleibt, was unter »Vertragserfindung« (= zu den F&E-Ergebnissen gehörende Erfindung) zu verstehen ist. Eine Definition der F&E-Ergebnisse fehlt z.B. in den Vertragsbausteinen des *Berliner Vertrags.*

Zu den Merkmalen technischer F&E-Ergebnisse (nachfolgend kurz als »F&E-Ergebnisse« bezeichnet) gehört stets, dass es sich bei ihnen um **Kenntnisse und Erfahrungen auf dem Gebiet der Technik** handelt. Die zusätzliche Erwähnung von Erfindungen erscheint überflüssig, weil auch Erfindungen zu den Kenntnissen und/oder Erfahrungen gehören. 423

Ein weiteres Merkmal der F&E-Ergebnisse besteht stets darin, dass sie (zumindest für denjenigen oder diejenigen, welche die vertragsgemäße F&E durchführen) **durch neue Kenntnisse oder Erfahrungen gekennzeichnet** sind, deren **Entstehungszeitpunkt innerhalb der Vertragsdauer oder**, wenn die Vertragsdauer über die F&E-Phase hinausgeht, **innerhalb der F&E-Phase des Vertrags** liegen muss.

Den weiteren Bestandteil bildet praktisch immer (allgemein oder allein den Vertragspartnern) **vorbekannte Technologie** (Beispiel: Produkt, das die Komponenten X und Y enthält: vorbekannte Technologie; Produkt, das neben den Komponenten X und Y auch die Komponente Z enthält = neue Kenntnis) und damit **meist auch »Alttechnologie«** i.S. von Kap. 8 Rdn. 345.

Eine Rolle kann die in die F&E-Ergebnisse eingeflossene vorbekannte Technologie für die Benutzungs- und Verwertungsrechte der Vertragspartner jedoch nur insoweit spielen, als sie Gegenstand einer geschützten Rechtsposition ist, sei es, dass dafür Schutzrechte bestehen oder noch erworben werden können, sei es, dass sie (noch) geheim i.S. von Kap. 8 Rdn. 325 ist.

Umgekehrt ist die Definition von F&E-Ergebnissen auch für die Definition von Alttechnologie von Bedeutung, s. Kap. 8 Rdn. 345.

Über die Aufnahme **weiterer Merkmale** in die Definition sollte **unter Berücksichtigung folgender Kriterien**, die z.T. eng zusammenhängen, entschieden werden: 424

- Kreis der die Kenntnisse und Erfahrungen gewinnenden Personen,
- Lizenzierbarkeit der Kenntnisse und Erfahrungen durch den bzw. die anderen Vertragspartner unter dem Aspekt von Verpflichtungen des generierenden Vertragspartners gegenüber Dritten,
- Zugriffsmöglichkeit der Vertragspartner bei zu den betr. Kenntnissen und Erfahrungen gehörenden Arbeitnehmererfindungen,
- Tätigkeit, aus der sie hervorgehen,
- technisches Gebiet, dem sie zugehören,
- ihre (mögliche) Notwendigkeit bzw. ihr (möglicher) Nutzen für die Erreichung des vertraglichen F&E-Ziels,
- Frage, ob ihre Erarbeitung zu den vertraglichen Aufgaben von Vertragspartnern liegt, und
- Frage, ob sie auf Technologie eines anderen Vertragspartners basieren.

Kreis der die Kenntnisse und Erfahrungen gewinnenden Personen: Man kann den Kreis von Personen eingrenzen, der für die Gewinnung von F&E-Ergebnissen in Betracht kommt. Zu ihnen können gehören Unternehmensinhaber und Mitglieder von Leitungsgremien (z.B. Vorstands- oder Geschäftsführungs- 425 mitglieder)[682] sowie Arbeitnehmer eines Vertragspartners oder mehrerer/aller Vertragspartner und/oder Dritter, die mit F&E-Arbeiten von einem Vertragspartner oder von mehreren/allen Vertragspartnern betraut werden.

Man kann diesen Personenkreis auch in der Weise, wenn auch weniger scharf, in der Weise eingrenzen, dass man von Kenntnissen und Erfahrungen spricht, die auf Seiten eines Vertragspartners, beider Vertragspartner oder mit F&E-Aufgaben betrauter Dritter entstehen. Dabei ist es, wenn die Einbeziehung Dritter (etwa von Konzerngesellschaften) in die vertragsgemäße F&E nicht vorgesehen ist, natürlich nicht angebracht, von Dritten beigesteuerte Kenntnisse und Erfahrungen den F&E-Ergebnissen zuzurechnen.

426 **Lizenzierbarkeit der Kenntnisse und Erfahrungen durch den/die anderen Vertragspartner unter dem Aspekt von Verpflichtungen des generierenden Vertragspartners gegenüber Dritten:** In Kenntnisse und Erfahrungen, die bei den Vertragspartnern während der Dauer des Vertrags bzw. seiner F&E-Phase gewonnen werden, können Informationen einfließen, die von Dritten beigesteuert wurden und aufgrund von Verpflichtungen diesen gegenüber entweder überhaupt nicht an den/die anderen Vertragspartner weitergegeben werden können oder zwar an diesen bzw. diese weitergegeben werden können, aber nicht unter Gewährung von Benutzungs- und/oder Verwertungsrechten an diesen bzw. diese.

Hier kommt vor allem gegenüber Dritten geheim zu haltende Alttechnologie in Frage. Muss ein Vertragspartner mit dem Einfließen solcher Alttechnologie in die von ihm bei Durchführung der vertragsgemäßen F&E gewonnenen Kenntnisse rechnen, sollte er, um dem Dritten gegenüber nicht vertragsbrüchig zu werden, entweder auf einer entsprechenden Einschränkung der Definition der »F&E-Ergebnisse« bestehen oder die Rechtserteilung bzgl. geheimer F&E-Ergebnisse entsprechend einschränken.

Dabei ist letzteres vorzuziehen, z.B. in Form folgender Formulierung (vgl. Muster A, Klauseln 5.1 und 5.2):

»X erteilt an Y, wenn und soweit X dies zumindest in einem Zeitpunkt nach Vertragsbeginn ohne Verletzung von Verpflichtungen gegenüber Dritten tun kann, eine nicht-ausschließliche Lizenz, geheime F&E-Ergebnisse in allen Ländern der Welt zu benutzen.«

Diese Formulierung begrenzt die Rechtserteilung, soweit sie überhaupt ohne Verletzung von Verpflichtungen gegenüber Dritten möglich ist, auf das im Einzelfall mögliche Maß. Sie trägt damit z.B. dem Fall Rechnung, dass jeder Vertragspartner nach dem Vertrag seinen Konzerngesellschaften normalerweise Unter-Lizenzen an F&E-Ergebnissen erteilen kann, die der andere bzw. ein anderer Vertragspartner erzielt hat, der andere Vertragspartner aber im konkreten Fall an der Gestattung der Unter-Lizenzierung des F&E-Ergebnisses gehindert ist, weil in dieses geheime Technologie eines Dritten eingeflossen ist, der Dritte ihm aber nur das Recht zur Unterlizenzierung dieser Technologie, nicht aber zur Gestattung von deren Unter-Unter-Lizenzierung erteilt hat; vgl. dazu Kap. 8 Rdn. 357.

682 Die Einbeziehung dieser Personengruppen fehlt, worauf *Ullrich (Privatrechtsfragen)* S. 105 hinweist, in einer überraschend großen Zahl von F&E-Verträgen.

Zugriffsmöglichkeit bei Arbeitnehmererfindungen: Von den F&E-Ergebnissen sollten von Arbeitnehmern stammende Erfindungen ausgenommen werden, auf welche die Vertragspartner oder mit F&E-Arbeiten betraute Dritte keinen bzw. keinen vollständigen Zugriff haben (z.B. deshalb, weil diese Erfindungen dem ArbEG unterliegen und danach i.S. von § 4 Abs. 3 ArbEG frei sind); s. dazu z.B. die Formulierungsvorschläge in Muster A, Klausel 1.16, in Muster B, Klausel 3.1, in Muster C, Klausel 1.10 und in Muster D Klausel 1.13. Während sich eine entsprechende Einschränkung der Definition der F&E-Ergebnisse bei F&E-Verträgen, die deutschem Recht unterliegen, aus einer ergänzenden Vertragsauslegung ergeben mag, erscheint jedenfalls eine entsprechende ausdrückliche Einschränkung bei internationalen F&E-Verträgen wichtig. 427

Tätigkeit, aus der die Kenntnisse und Erfahrungen hervorgehen: Oft werden die F&E-Ergebnisse einschränkend als Kenntnisse und Erfahrungen definiert, die bei der Durchführung der vertragsgemäßen F&E anfallen bzw. aus der vertragsgemäßen F&E hervorgehen (vgl. die Definition von »Vertragsprodukt« und »Vertragsverfahren« in Art. 2 Nr. 6 und 7 F&E-GFVO). 428

Eine solche Beschränkung ist nicht unproblematisch, da sie dazu führen kann, dass ein Vertragspartner anderen Vertragspartnern Verwertungsrechte an einem wichtigen Ergebnis seiner F&E-Tätigkeit mit dem Argument vorenthält, dieses Ergebnis sei nicht bei Durchführung der vertragsgemäßen F&E, sondern unabhängig davon entstanden. So hat der Verfasser in seiner Praxis schon erlebt, dass ein Vertragspartner anderen Vertragspartnern Verwertungsrechte an einem wichtigen Ergebnis verweigert hat mit dem Argument, dieses Ergebnis sei nicht in seinem Forschungslabor entstanden, welche die vertragsgemäße F&E durchzuführen hatte, sondern in einem seiner anderen Labors, das angeblich völlig unabhängig von dem erstgenannten Labor arbeitete und nicht mit der vertragsgemäßen F&E betraut war. 429

Andererseits kann ein Vertragspartner, insbesondere dann, wenn es sich um eine Hochschule handelt, ein Interesse daran haben, F&E-Ergebnisse auf Kenntnisse und Erfahrungen zu beschränken, die in einem bestimmten Institut erarbeitet werden.

Als Schutz gegen eine Vorenthaltung von (tatsächlich oder angeblich) außerhalb der vertragsgemäßen F&E erarbeiteten Kenntnissen und Erfahrungen genügt nicht eine Vertragsklausel, die dem bzw. jedem zur Durchführung von F&E verpflichteten Vertragspartner während der Dauer des gemeinsamen Projekts untersagt, eine parallele F&E (mit Dritten oder allein) in demselben oder einem eng verwandten Bereich zu betreiben (was bei einem der F&E-GFVO unterliegenden Vertrag nach Art. 5 Abs. 1 Buchst. a F&E-GFVO und Art. 1 Abs. 2 F&E-GFVO die Freistellung nicht ausschließt). Ein Missachtung dieses Verbots verpflichtet zwar zum Schadensersatz, führt aber nach den Grundsätzen für dessen Berechnung (s. für das deutsche Recht §§ 249, 252 BGB) nicht zwangsläufig dazu, dass ein Ergebnis, welches ein Vertragspartner im Rahmen der ihm verbotenen Parallelforschung entwickelt, ebenso wie ein im Rahmen des gemeinsamen Projekts gewonnenes Ergebnis zu behandeln ist. 430

431 Es genügt auch nicht, F&E-Ergebnisse auf Kenntnisse und Erfahrungen zu erstrecken, die ... im Zusammenhang mit diesem Vertrag ...« oder »im Rahmen dieses Vertrages« entstehen. Zu Recht bemerkt *Ullrich*[683], dass solche Formulierungen ebenso häufig wie unergiebig sind.

432 Eine Lösung des erwähnten Problems besteht z.B. darin, alle solche Kenntnisse und Erfahrungen mit einzubeziehen, welche dem geschuldeten Bemühen um die Erreichung des F&E-Ziels oder – im Falle von F&E-Beratungsverträgen – dem geschuldeten Bemühen um die Lösung eines im Laufe der Durchführung des Vertrags vom Vertragsgeber benannten Problems und damit einer Tätigkeit entspringen, die im Aufgabenbereich des zur Leistung von F&E verpflichteten Vertragspartners liegt, s. Kap. 8 Rdn. 435. Alternativ kann man den F&E-Ergebnissen unabhängig davon, ob sie aus einer geschuldeten Tätigkeit hervorgehen oder nicht, alle während der Vertragsdauer oder, wenn diese über die F&E-Phase hinausgeht, während der F&E-Phase erarbeiteten Kenntnisse und Erfahrungen zurechnen, die dem F&E-Ziel oder der Lösung der gestellten Aufgabe dienen oder dienlich sein können, s. Kap. 8 Rdn. 434.

433 **Technisches Gebiet der Kenntnisse und Erfahrungen:** Wenn man nur darauf abstellt, ob die Kenntnisse und Erfahrungen auf einem bestimmten vertraglich definierten Gebiet liegen, umfassen F&E-Ergebnisse nicht bei der vertragsgemäßen F&E gewonnene Technologie, die außerhalb dieses Gebiets liegt.

434 **(Möglicher) Nutzen der Kenntnisse und Erfahrungen für die Erreichung des vertraglichen F&E-Ziels:** Eine erhebliche inhaltliche Begrenzung des Begriffs der F&E-Ergebnisse kann es auch bedeuten, wenn man nur solche Kenntnisse und Erfahrungen unter diesen Begriff fallen lässt, welche für die Erreichung des vertraglichen F&E-Ziels notwendig oder nützlich sind oder sein können.

435 **Erarbeitung der Kenntnisse und Erfahrungen im Aufgabenbereich des jeweils zu F&E verpflichteten Vertragspartners:**
Diesem Kriterium entspricht im Arbeitnehmererfindungsrecht das Merkmal von »Aufgabenerfindungen« gemäß § 4 Abs. 2 Nr. 1 ArbEG, dass die Erfindung aus der dem Arbeitnehmer im Betrieb oder in der öffentlichen Verwaltung obliegenden Tätigkeit entstanden ist.

436 **Basieren der Kenntnisse und Erfahrungen auf Technologie anderer Vertragspartner:**
Diesem Kriterium entspricht im Arbeitnehmererfindungsrecht das Merkmal von »Erfahrungserfindungen« gemäß § 4 Abs. 2 Nr. 1 ArbEG, dass die Erfindung auf Arbeiten des Betriebs oder der öffentlichen Verwaltung beruht.

437 Die **Frage, welche dieser Kriterien für die Definition der F&E-Ergebnisse jeweils maßgebend sind**, bzw. welche Definition bei Fehlen einer Definition zugrunde zu legen ist, muss je nach dem Typ des betr. F&E-Vertrags unter Berücksichtigung der Interessenlage unterschiedlich beantwortet werden, s. dazu im Einzelnen Kap. 8 Rdn. 443 ff.

683 *(Privatrechtsfragen)* S. 104 Fn. 21.

b) Übergreifende Regelungsaspekte

Die Frage nach der Erteilung von Benutzungs- bzw. Verwertungsrechten bzgl. F&E-Ergebnissen stellt sich nur insoweit, als der Vertragspartner bzw. Dritte, die sie erzielt haben, diesbezüglich gegenüber Vertragspartnern bzw. Dritten, um deren Benutzungs- bzw. Verwertungsrechte es geht, eine **geschützte Rechtsposition** hat bzw. haben. Dies ist entsprechend den Ausführungen zur Regelung der Rechte bzgl. bei den Vertragspartnern vorhandener Alttechnologie unter Kap. 8 Rdn. 348 und 349 anzunehmen, soweit bzw. solange 438

- die F&E-Ergebnisse geheim sind bzw. von dem ggf. Benutzungs- bzw. Verwertungsberechtigten geheim zu halten sind und/oder
- der besitzende Vertragspartner bzw. der Dritte mindestens ein diesbezügliches Schutzrecht hat oder noch mindestens ein diesbezügliches Schutzrecht erwerben kann.

Vertragstechnisch können unter diesen Umständen **getrennte Definitionen von geheimen F&E-Ergebnissen und von Schutzrechtspositionen für F&E-Ergebnisse** als Bezugspunkte der Rechtsgewährung zweckmäßig sein, s. z.B. Muster A, Klauseln 1.10, 1.10 b), 1.15 und 1.16 b) i.V. mit Klauseln 5.1 und 5.2.

Die **Rechtserteilung bzgl. F&E-Ergebnissen, die Gegenstand von Schutzrechtspositionen sind bzw. werden können**, setzt voraus, dass der jeweilige Vertragspartner darauf **Zugriff** hat. Dieser Voraussetzung kann bereits durch ein einschränkendes Merkmal der Definition der F&E-Ergebnisse Rechnung getragen werden, s. dazu schon Kap. 8 Rdn. 427. 439

Zu den Erfindungen, auf die der jeweilige Vertragspartner keinen Zugriff hat, können im Geltungsbereich des ArbEG freie Erfindungen von Arbeitnehmererfindern gehören und bei F&E-Verträgen mit Hochschulen auch Diensterfindungen von Hochschulwissenschaftlern, die diesbezüglich von ihrer »negativen Publikationsfreiheit« Gebrauch machen, s. dazu Kap. 8 Rdn. 53 und 54 sowie 94–103.

Auch soweit es sich hier um Diensterfindungen handelt, die nach dem ArbEG von einem Vertragspartner bzw. beiden Vertragspartnern unbeschränkt in Anspruch genommen werden können, sind bei der vertraglichen Regelung der Benutzungs- und Verwertungsrechte der Vertragspartner bzw. Dritter die **Rechte der beteiligten Arbeitnehmererfinder** zu beachten, s. dazu schon Kap. 8 Rdn. 161–181. 440

Dabei sollte der Vertragspartner bzw. Dritte, der Arbeitgeber der betr. Arbeitnehmererfinder ist, bei der Regelung von Benutzungs- bzw. Verwertungsrechten im Auge behalten, dass er dadurch aufgrund seiner Verpflichtungen gegenüber den auf seiner Seite beteiligten Arbeitnehmererfindern gemäß §§ 14 und 16 ArbEG in eine Zwangslage geraten kann, s. dazu schon Kap. 8 Rdn. 175–179. 441

Nicht zu vergessen ist die Regelung der Frage, ob und ggf. inwieweit ein Vertragspartner an ihm eingeräumten Benutzungs- und Verwertungsrechten bzgl. F&E-Ergebnissen **Unterlizenzen** erteilen kann. 442

c) Benutzungs- und Verwertungsrechte bezüglich technischer F&E-Ergebnisse bei F&E-Verträgen zwischen Unternehmen auf der gleichen Marktstufe (horizontalen F&E-Verträgen)

aa) Empfehlungen für die vertragliche Regelung

aaa) Bei der Regelung zu berücksichtigende Interessen

443 Sieht der Vertrag nicht vor, dass die Verwertungsrechte an den aus der vertragsgemäßen F&E hervorgehenden Ergebnissen bei einem von ihnen gebildeten oder zu bildenden GU liegen sollen, hat jeder Vertragspartner ein Interesse daran, eigene Verwertungsrechte an diesen Ergebnissen unabhängig davon zu erwerben, wer sie erarbeitet hat. Das bedeutet auch: Soweit diese Ergebnisse schutzrechtsfähig sind, hat jeder von ihnen ein Interesse daran, Verwertungsrechte an Schutzrechten für diese Ergebnisse unabhängig davon zu erhalten, wer von ihnen diese Schutzrechte erwirkt bzw. aufrechterhält.

444 Andererseits liegt es regelmäßig im wirtschaftlichen Interesse jeden Partners, eine Konkurrenz zwischen ihm und dem bzw. den anderen Vertragspartner(n) zu vermeiden und Dritte, die keine Konzerngesellschaften der Partner sind, an der Verwertung von Ergebnissen der gemeinsamen F&E zu hindern, soweit die Erteilung von Lizenzen an solche Dritte nicht Voraussetzung für die Verwertung auf der Basis eigener Benutzung solcher Ergebnisse ist.

bbb) Definition technischer F&E-Ergebnisse bei horizontalen F&E-Verträgen

445 Dieser Interessenlage entspricht es, für den Normalfall, dass die vertragsgemäße F&E von den einzelnen Vertragspartnern durchzuführen ist, in die F&E-Ergebnisse einzubeziehen – vgl. dazu den Vorschlag für die Definition von »NEU-TECHNOLOGIE« in Muster A, Klausel 1.16 b) –

- alle auf Seiten der Vertragspartner bei der Durchführung der vertragsgemäßen F&E gewonnenen Kenntnisse und Erfahrungen und
- alle Kenntnisse und Erfahrungen, die auf Seiten der Vertragspartner während der Vertragsdauer oder, wenn die Vertragsdauer über die F&E-Phase hinausgeht, während der F&E-Phase seitens der Vertragspartner gewonnen werden und, ohne aus der vertragsgemäßen F&E hervorzugehen, für die Erreichung des F&E-Ziels notwendig oder nützlich sind oder sein können,

ausgenommen Erfindungen, die ganz oder z.T. von solchen Arbeitnehmern stammen, deren Rechte an diesen Erfindungen

- (im Falle der Beteiligung nur solcher Arbeitnehmer an der vertragsgemäßen F&E, die dem ArbEG unterliegen, s. dazu Kap. 8 Rdn. 161) von einem PARNTER oder beiden PARTNERN nicht bzw. nicht bezüglich aller Erfindungsanteile nach dem ArbEG unbeschränkt in Anspruch genommen werden können, bzw.
- (im Falle der Durchführung des Vertrags nur oder auch durch Arbeitnehmer, die nicht dem ArbEG unterliegen) weder auf einen Vertragspartner noch auf beide Vertragspartner aufgrund gesetzlicher oder vertraglicher Regelungen

übertragen werden und nicht von einem Vertragspartner allein oder von beiden Vertragspartnern gemeinsam durch Ausübung einer gesetzlichen Option oder durch Geltendmachung eines bestehenden vertraglichen Anspruchs erworben werden können.

Nach dieser Definition erstrecken sich die F&E-Ergebnisse insbesondere nicht auf solche Erfindungen, die dem ArbEG unterliegen und i.S. von § 4 Abs. 3 ArbEG insgesamt oder hins. einzelner Erfindungsanteile frei sind.

Die grundsätzliche Einbeziehung aller auf Seiten der Vertragspartner bei der Durchführung der vertragsgemäßen F&E gewonnenen Kenntnisse und Erfahrungen beruht auf folgender Erwägung: Bei horizontalen F&E-Kooperationen, bei denen die F&E-Arbeiten von den Vertragspartnern selbst durchgeführt werden, erfolgen diese zur Vermeidung von Doppelarbeiten arbeitsteilig. Unter diesem Aspekt liegt es im Interesse jeden Vertragspartners, nicht deshalb, weil bestimmte Arbeiten nach dem Vertrag nicht von ihm, sondern vom Partner durchzuführen sind, in seinen Benutzungs- und Verwertungsrechten hins. der aus diesen Arbeiten hervorgehenden Ergebnisse verkürzt zu werden (s. dazu auch Kap. 8 Rdn. 458). 446

Die gemäß Kap. 8 Rdn. 445, zweiter Teilstrich, vorgesehene zusätzliche Einbeziehung von Kenntnissen und Erfahrungen, die zwar nicht aus der vertragsgemäßen F&E hervorgehen, aber für die Erreichung des F&E-Ziels notwendig oder nützlich sein können, erscheint empfehlenswert, um Vertragspartnern die Behauptung abzuschneiden, an einer von ihnen auf dem Projektgebiet erzielten technischen Innovation seien deshalb keine Verwertungsrechte zu erteilen, weil sie nicht bei der Durchführung der vertragsgemäßen F&E erzielt worden sei, s. dazu bereits Kap. 8 Rdn. 457–460. 447

Die erwähnte Einbeziehung entspricht allerdings nicht den Definitionen von »Vertragsverfahren« und »Vertragsprodukt« in Art. 2 Nr. 6 und 7 F&E-GFVO, dürfte aber wegen ihrer Zielrichtung, Umgehungen zu vermeiden, kartellrechtlich nicht zu beanstanden sein; s. Kap. 5 Rdn. 376.

Als Schutz gegen eine solche Umgehung genügt auch nicht eine Vertragsklausel, die dem betr. Vertragspartner während der Dauer des gemeinsamen Projekts untersagt, eine parallele F&E (mit Dritten oder allein) in demselben oder einem eng verwandten Bereich zu betreiben (was bei einem der F&E-GFVO unterliegenden Vertrag nach Art. 5 Abs. 1 Buchst. a F&E-GFVO und Art. 1 Abs. 2 F&E-GFVO die Freistellung nicht ausschließt). Ein Missachtung dieses Verbots verpflichtet zwar zum Schadensersatz, führt aber nach den Grundsätzen für dessen Berechnung (s. für das deutsche Recht §§ 249, 252 BGB) nicht zwangsläufig dazu, dass ein Ergebnis, welches ein Vertragspartner im Rahmen der ihm verbotenen Parallelforschung entwickelt, ebenso wie ein im Rahmen des gemeinsamen Projekts gewonnenes Ergebnis zu behandeln ist. 448

ccc) Regelung der Rechte zur Benutzung von F&E-Ergebnissen für F&E-Zwecke bei horizontalen F&E-Verträgen

449 Es liegt bei horizontalen F&E-Verträgen im Interesse jeden Partners, an geheimen F&E-Ergebnissen unabhängig davon, von wem sie stammen, und Schutzrechten für F&E-Ergebnisse, die einem Partner oder beiden Partnern gehören, ein **Recht zur Benutzung für weitere F&E-Arbeiten** zu erlangen.

Dabei wird die Gewährung eines solchen Rechts i.d.R. auch kartellrechtlich geboten sein, s. hierzu Art. 3 Abs. 2 F&E-GFVO (Kap. 5 Rdn. 396 ff.).

Für die Randbedingungen der Rechtserteilung gilt Kap. 8 Rdn. 451 und 452 entsprechend.

ddd) Regelung der Rechte zur Verwertung von F&E-Ergebnissen bei horizontalen F&E-Verträgen

450 Entsprechend den Interessen der Vertragspartner gemäß Kap. 8 Rdn. 443 und 444 sind jedem von ihnen grundsätzlich Rechte zur Verwertung von geheimen F&E-Ergebnissen unabhängig davon, von wem sie stammen, und von Schutzrechten für F&E-Ergebnisse, die einem Partner oder beiden Partnern gehören, zu gewähren, wobei jedoch normalerweise eine Einschränkung der Konkurrenz zwischen ihnen bei der Verwertung vorgesehen werden sollte. Dabei sind die Rechte der Arbeitnehmererfinder, Geheimhaltungsverpflichtungen der Partner gegenüber Dritten sowie die kartellrechtlichen Grenzen für die Einschränkung der Verwertungsrechte der Vertragspartner zu beachten.

451 Bzgl. der **Rechte der Arbeitnehmererfinder** hat jeder Vertragspartner zu beachten, dass er Diensterfindungen, die weder von ihm selbst noch auf seine Veranlassung von einem anderen angemeldet werden, bzw. die Anteile daran seinen Arbeitnehmererfindern grundsätzlich nach §§ 13 bzw. 14 ArbEG freizugeben hat, s. dazu Kap. 8 Rdn. 164–174. Weiter hat er dann, wenn er vor Erfüllung des Anspruchs seiner Arbeitnehmererfinder auf angemessene Vergütung selbst bestehende Schutzrechtspositionen für solche Diensterfindungen aufgeben bzw. deren Aufgabe durch den jeweiligen Inhaber gestatten will, grundsätzlich den auf seiner Seite beteiligten Arbeitnehmererfinder gemäß § 16 ArbEG davon Mitteilung zu machen und die betr. Schutzrechtspositionen auf Wunsch derselben auf diese zu übertragen; s. hierzu im Einzelnen Kap. 8 Rdn. 169.

Daraus kann sich die in Kap. 8 Rdn. 175–178 geschilderte Zwangslage ergeben. Um diese zu vermeiden, sollte der Vertrag Folgendes vorsehen:

Soweit es um Verwertungsrechte bzgl. Diensterfindungen geht, die zu den F&E-Ergebnissen gehören, ist der Partner, der diese Verwertungsrechte grundsätzlich einzuräumen hat, nicht vertraglich zu verpflichten, für diese Diensterfindungen Schutzrechte (mit-)anzumelden. Er muss allerdings, soweit er nicht (mit-)anmelden will, dem anderen Vertragspartner ein subsidiäres Anmelderecht einräumen, auf dessen Basis sich dieser die Verwertung auch im Verhältnis zu den beteiligten Arbeitnehmererfindern sichern kann, s. dazu Kap. 8 Rdn. 171–174.

Ebenso ist er nicht unbefristet zur Aufrechterhaltung ihm gehörender Schutzrechtspositionen für F&E-Ergebnisse und zur Beteiligung an den Kosten für die Aufrechterhaltung gemeinsamer Schutzrechtspositionen zu verpflichten, hat jedoch solche Schutzrechtpositionen bzw. Anteile daran, wenn er die Kosten dafür nicht weiterhin tragen will, dem/den anderen Vertragspartner(n) zur Übernahme anzubieten. Wenn kein Vertragspartner Schutzrechte anmelden bzw. Schutzrechtspositionen weiter aufrechterhalten will, sind diese auf die beteiligten Arbeitnehmererfinder zu übertragen, soweit dazu nach dem ArbEG eine Verpflichtung besteht, s. Kap. 8 Rdn. 179 sowie Rdn. 217–219 und 225.

Die Partner sollten sich Verwertungsrechte an geheimen F&E-Ergebnissen in 452
dem Fall, dass in diese Informationen eingeflossen sind, die **Geheimhaltungsverpflichtungen gegenüber Dritten** unterliegen, nur erteilen, wenn und soweit die Erteilung ohne Verletzung von Verpflichtungen gegenüber diesen Dritten erfolgen kann, s. Kap. 8 Rdn. 426.

Kartellrechtliche Grenzen für die Vermeidung von Konkurrenz hins. der 453
Verwertung von F&E-Ergebnissen gibt es insbesondere bei F&E-Verträgen zwischen aktuellen Wettbewerbern mit hohem gemeinsamem Marktanteil; s. für das EU-Kartellrecht insbesondere Art. 4 Abs. 2 F&E-GFVO (Kap. 5 Rdn. 435 und 436) und Abs. 63 der Horizontal-LL (Kap. 5 Rdn. 292).

Im Übrigen sind die kartellrechten Grenzen weit gesteckt. So stellt die 454
F&E-GFVO bei Vorliegen der weiteren Freistellungsvoraussetzungen Vertragsklauseln, welche eine solche Konkurrenz beschränken, in erheblichem Umfang frei. An dieser Stelle seien nur folgende Beispiele genannt:

Bei Vorliegen der weiteren Freistellungsvoraussetzungen können die Vertragspartner in den Grenzen von Art. 5 Abs. 1 Buchst. h F&E-GFVO die Erteilung von (Unter-)Lizenzen bzgl. F&E-Ergebnissen auszuschließen. Das gilt trotz Art. 3 Abs. 3 F&E-GFVO auch für »reine« F&E-Verträgen, d.h. solche F&E-Verträge, die keine i.S. von Art. 2 Nr. 11 F&E-GFVO»gemeinsame« Verwertung vorsehen, s. dazu Kap. 5 Rdn. 363–380. Jeder Vertragspartner sollte sich allerdings die (Unter-)Lizenzierung an Konzerngesellschaften vorbehalten.

Weiter kann sich nach Art. 5 Abs. 1 Buchst. e F&E-GFVO jeder Vertragspartner bei Vorliegen der weiteren Freistellungsvoraussetzungen für einen Zeitraum von 7 Jahren, beginnend mit dem ersten Inverkehrbringens von »Vertragsprodukten« (das sind nach Art. 2 Nr. 7 F&E-GFVO Produkte, die aus den gemeinsamen F&E-Arbeiten hervorgehen oder unter Anwendung des Vertragsverfahrens, wie in Art. 2 Nr. 6 F&E-GFVO definiert, hergestellt bzw. bereitgestellt werden) die Belieferung bestimmter Kunden bzw. Kundenkreise mit Vertragsprodukten reservieren, s. dazu Kap. 5 Rdn. 456–460.

Außerdem können die Vertragspartner nach Art. 5 Abs. 1 Buchst. g F&E-GFVO vereinbaren, dass keiner von ihnen während des vorbezeichneten 7-Jahres-Zeitraums in einem bestimmten Gebiet innerhalb des Gemeinsamen Markts Vertragsprodukte in Verkehr bringen darf, s. dazu Kap. 5 Rdn. 464–467.

bb) Rechte zur Benutzung und Verwertung von F&E-Ergebnissen bei horizontalen F&E-Verträgen nach deutschem Recht im Falle des Fehlens einer vertraglichen Regelung

455 Unterliegt ein horizontaler F&E-Vertrag deutschem Recht, ist er nach diesem Recht als **Gesellschaftsvertrag** zu qualifizieren, s. Kap. 6 Rdn. 4. Deshalb ist jeder Vertragspartner gemäß § 705 BGB gegenüber dem anderen Vertragspartner verpflichtet, die Erreichung des gemeinsamen Zwecks in der durch den Vertrag bestimmten Weise zu fördern, insbesondere die vereinbarten Beiträge zu leisten. Der gemeinsame Zweck liegt bei horizontalen F&E-Verträgen in der Erreichung des vertraglich definierten F&E-Ziels, u.U. auch in einer gemeinschaftlichen Verwertung. Jedenfalls ist das F&E-Ziel in der durch den Vertrag bestimmten Weise zu fördern.

Dies bedeutet, soweit die Vertragspartner die F&E nicht auf ein GU oder einen sonstigen Dritten verlagert haben, zunächst, dass jeder Partner die F&E, die nach dem Vertrag zur Erreichung dieses Ziels durchzuführen ist, zu betreiben hat. Aufgrund seiner nachwirkenden gesellschaftlicher Treubindung (s. dazu Kap. 8 Rdn. 458) wird man darüber hinaus, soweit keine gemeinschaftliche Verwertung der F&E-Ergebnisse vereinbart ist, verlangen können, dass er dem anderen Partner Kenntnisse und Erfahrungen, die aus der von ihm durchgeführten vertragsgemäßen F&E hervorgehen, mitzuteilen und zu lizenzieren hat, soweit er daran nicht rechtlich gehindert ist. Dabei ist nach der maßgeblichen Zweckübertragungslehre der Umfang der dem Partner einzuräumenden Benutzungs- und Verwertungsrechte durch den unmittelbaren wirtschaftlichen Zweck des Vertrags bestimmt und begrenzt.[684] Was dies im Einzelnen bedeutet, wird nachfolgend erörtert.

456 Zu den **F&E-Ergebnissen** wird man auf dieser Basis, wenn bzw. soweit die F&E nicht auf ein GU der Vertragspartner oder einen sonstigen Dritten verlagert wird, alle Kenntnisse und Erfahrungen rechnen müssen, die aus der vertragsgemäßen F&E hervorgehen, ausgenommen solche Kenntnisse und Erfahrungen der vorgenannten Art, die in Erfindungen bestehen, auf welche weder ein Vertragspartner allein noch beide Vertragspartner gemeinsam vollständigen Zugriff haben.

Damit gehören, soweit das ArbEG anzuwenden ist, insbesondere freie Erfindungen und freie Erfindungsanteile von Arbeitnehmern nicht zu den F&E-Ergebnissen.

457 Unmittelbar aus der Verpflichtung der Partner zur Förderung des Gesellschaftszwecks folgt, dass jedem von ihnen an geheimen F&E-Ergebnissen und Schutzrechten für F&E-Ergebnisse, über die ein Vertragspartner oder beide Vertragspartner verfügen kann/können, ein **Recht zur Benutzung für die Durchführung der vertragsgemäßen F&E** zusteht, jedoch mit den Randbedingungen entsprechend Kap. 8 Rdn. 451 und 452.

684 Siehe dazu *Ullrich* GRUR 1993, S. 338, 343.

Jedem Vertragspartner dürfte auch bei Fehlen einer vertraglichen Regelung ein **Recht zur Verwertung** von F&E-Ergebnissen und diesbezüglicher Schutzrechte des anderen Vertragspartners bzw. der anderen Vertragspartner und zu deren **Benutzung für die F&E außerhalb der vertragsgemäßen F&E** – wiederum mit den Randbedingungen gemäß Kap. 8 Rdn. 451 und 452 – zustehen. 458

Zwar lassen sich Benutzungs- und Verwertungsechte in diesem Rahmen in Fällen, in denen der Vertrag keine gemeinschaftliche Verwertung vorsieht, nicht schon aus der Verpflichtung der Vertragspartner zur Förderung des Gesellschaftszwecks herleiten, weil sich dann der gemeinsame Zweck nicht auf die Verwertungsphase erstreckt.

Es kann aber, wie *Ullrich*[685] es ausdrückt, bei der Beurteilung der Verwertungsrechte nicht darüber hinweggegangen werden, dass die Zusammenarbeit bei F&E im Hinblick auf die Verwertung der gemeinsam in einer Arbeitsteilung hervorgebrachten Ergebnisse erfolgt, die wechselseitige Abhängigkeiten begründet, so dass bei Fehlen einer vertraglichen Regelung nach Abschluss der F&E-Phase Verwertungsrechte der Vertragspartner bzgl. aller F&E-Ergebnisse unabhängig davon, bei wem von ihnen sie entstanden sind, aufgrund **»nachwirkender gesellschaftsrechtlicher Treubindung«** anzunehmen sein dürften (s. dazu schon Kap. 8 Rdn. 372).

Entsprechendes dürfte für die Benutzung von F&E-Ergebnissen und diesbezüglichen Schutzrechten außerhalb der vertragsgemäßen F&E gelten.

Soweit ein Vertragspartner bei der Verwertung von F&E-Ergebnissen diesbezügliche Schutzrechte des anderen Vertragspartners benutzt, dürfte hins. der Vergütung Folgendes anzunehmen sein. Ist die betr. Erfindung bei ihm allein entstanden, dürfte er für deren Verwertung keine Vergütung schulden. Ist sie allein beim anderen Partner entstanden, wird er dafür eine angemessene Vergütung zu zahlen haben. Ist die Erfindung bei beiden Partnern entstanden, dürfte die Vergütung entsprechend dem Verhältnis, in dem der/die auf seiner Seite entstandenen Erfindungsanteile zu allen Erfindungsanteilen stehen, zu kürzen sein.

Im Falle gemeinschaftlicher Schutzrechte, die nach den obigen Ausführungen bei Fehlen einer vertraglichen Regelung nur bei auf beiden Seiten gemachten Erfindungen in Frage kommen, dürfte jeder Partner zu deren vergütungsfreier Verwertung berechtigt sein. Das entspricht der Linie, welche der BGH zum Recht der Bruchteilsgemeinschaft vertritt[686], steht allerdings im Gegensatz zu der wohl h.M. in der Literatur, dass jeder Partner Ausgleichszahlungen im Umfang seiner Benutzung zu zahlen hat.[687]

Es stellt sich dabei die Frage, welchen Umfang die Verwertungsrechte aufgrund der angenommenen nachwirkenden Treubindung haben. Ein Recht zur 459

685 GRUR 1993, S. 338, 344.
686 Entscheidung vom 22.03.2005 – Gummielastische Masse II, BGH 162, S. 34 = GRUR 2005, S. 663 (Nr. 2a).
687 Siehe *Kraßer* S. 355 m.N. unter Fn. 84.

Erteilung von Unterlizenzen an Dritte wird man jedenfalls aus dieser Treubindung nicht herleiten können. Die Annahme eines diesbezüglichen Rechts dürfte grundsätzlich im Hinblick auf Art. 5 Abs. 1 Buchst. h F&E-GFVO auch nicht durch das europäische Kartellrecht geboten sein, s. dazu schon Kap. 8 Rdn. 454. Jedoch wäre im Einzelfall zu prüfen, ob nicht aufgrund ergänzender Vertragsauslegung ein Recht zur Unterlizenzierung von Konzerngesellschaften angenommen werden kann.

460 Außerdem bleibt die Frage, unter welchen Voraussetzungen ein Vertragspartner mangels vertraglicher Regelung berechtigt ist, bei ihm ganz oder z.T. entstandene schutzrechtsfähige Erfindungen, die zu den F&E-Ergebnissen gehören und die als Diensterfindungen zu qualifizieren sind, bzw. die bei ihm entstandenen, den Regelungen über Diensterfindungen unterliegenden Anteile daran seinen Arbeitnehmererfindern nach §§ 13 und 14 ArbEG freizugeben bzw. von ihm bzw. auf seine Veranlassung dafür vorgenommene Schutzrechtsanmeldungen sowie daraus resultierende Schutzrechte bzw. Anteile daran nach § 16 ArbEG auf seine Arbeitnehmererfinder zu übertragen sind. Hierzu wird auf die Ausführungen in Kap. 8 Rdn. 239 verwiesen.

d) Benutzungs- und Verwertungsrechte bezüglich F&E-Ergebnissen bei Verträgen über arbeitsteilige F&E zwischen Unternehmen auf verschiedenen Marktstufen (vertikalen F&E-Verträgen)

aa) *Empfehlungen für die vertragliche Regelung*

aaa) Bei der Regelung zu berücksichtigende Interessen

461 Bei F&E-Verträgen zwischen Unternehmen auf verschiedenen Marktstufen (hier kurz als »vertikale F&E-Verträge« bezeichnet) zu einem gemeinsamen Zweck (s. zur Gemeinsamkeit des Zwecks Kap. 6 Rdn. 3–8) ist von einer **Interessenlage** auszugehen, die sich von der Interessenlage bei F&E-Verträgen zwischen Unternehmen auf der gleichen Marktstufe grundlegend unterscheidet, s. dazu schon Kap. 8 Rdn. 376–379. So erstreckt sich das hauptsächliche Verwertungsinteresse des Partners, der als Abnehmer des zu entwickelnden Erzeugnisses (des »Vertragsprodukts«) in Frage kommt, nur auf dessen Verwendung bzw. Anwendung, und das hauptsächliche Verwertungsinteresse des Partners, der als Lieferant dieses Erzeugnisses in Frage kommt, nur auf dessen Herstellung und Vertrieb.

462 Dabei ist allerdings zu berücksichtigen, dass jeder Partner auch daran interessiert sein kann, bei der Verwertung der F&E-Ergebnisse und dafür benötigter Alttechnologie nicht auf Dauer vom anderen Partner abhängig zu sein.

So ist z.B. oft nicht damit zu rechnen, dass der Partner, der als Lieferant des Vertragsprodukts vorgesehen ist, dieses an Dritte ohne gleichzeitige Übermittlung von Verwendungs- bzw. Anwendungstechnologie, die zu den F&E-Ergebnissen und/oder zur Alttechnologie gehört, vertreiben kann. Diesbezüglich wird aber der andere Partner meist Rechte haben. Deshalb wird der als Lieferant in Betracht kommende Vertragspartner ein Interesse daran haben, dem anderen

Vertragspartner gehörende Verwendungs- bzw. Anwendungstechnologie den genannten Dritten für die Verwendung/Anwendung des von ihm bzw. seinen Konzerngesellschaften gelieferten Vertragsprodukts (unter-)lizenzieren zu können. Wenn er aber dazu die Berechtigung erhält, kann umgekehrt eine Forderung des anderen Vertragspartners legitim erscheinen, eine Gegenlizenz zur Herstellung bzw. zum Herstellenlassen des Vertragsprodukts für den eigenen Bedarf zu erhalten, zumindest aber einen »Vorlauf« im Sinne einer Zeitspanne, in welcher der als Lieferant vorgesehene Partner das Vertragsprodukt nur an ihn liefern darf. Im letzteren Fall wird er zur Sicherung seines Vorsprungs auch daran interessiert sein, dass ihm und seinen Konzerngesellschaften für den Bezug des Vertragsprodukts Meistbegünstigung eingeräumt wird.

bbb) Definition der technischen F&E-Ergebnisse

Mit Rücksicht auf die hauptsächlichen Interessen der Vertragspartner erscheint 463
eine **relativ enge Definition der F&E-Ergebnisse** nach den dafür in Betracht kommenden Kriterien (s. Kap. 8 Rdn. 424–436) angebracht. Den F&E-Ergebnissen können unter diesen Umständen bei deutschen Vertragspartnern Kenntnisse und Erfahrungen zugerechnet werden, die auf dem Gebiet der gemeinsamen F&E seitens eines Vertragspartners oder beider Vertragspartner während der Dauer des F&E-Vertrags gewonnen werden und für die Erreichung des F&E-Ziels tatsächlich oder voraussichtlich notwendig oder nützlich sind, ausgenommen Erfindungen, die ganz oder z.T. von solchen Arbeitnehmern stammen, deren Rechte an diesen Erfindungen

- (im Falle der Beteiligung nur solcher Arbeitnehmer an der vertragsgemäßen F&E, die dem ArbEG unterliegen, s. dazu Kap. 8 Rdn. 161) von einem PARNTER oder beiden PARTNERN nicht bzw. nicht bezüglich aller Erfindungsanteile nach dem ArbEG unbeschränkt in Anspruch genommen werden können, bzw.
- (im Falle der Durchführung des Vertrags nur oder auch durch Arbeitnehmer, die nicht dem ArbEG unterliegen) weder auf einen Vertragspartner noch auf beide Vertragspartner aufgrund gesetzlicher oder vertraglicher Regelungen übertragen werden und nicht von einem Vertragspartner allein oder von beiden Vertragspartnern gemeinsam durch Ausübung einer gesetzlichen Option oder durch Geltendmachung eines bestehenden vertraglichen Anspruchs erworben werden können.

ccc) Regelung der Rechte zur Benutzung von technischen F&E-Ergebnissen für F&E-Zwecke bei vertikalen Verträgen

Der Interessenlage entspricht grundsätzlich folgende vertragliche Regelung: 464

Jeder Vertragspartner ist zur Benutzung von F&E-Ergebnissen für die weitere Durchführung der vertragsgemäßen F&E berechtigt, und zwar unabhängig davon, ob er sie erzielt oder an ihrer Erzielung beteiligt ist.

Dagegen ist ihm eine Benutzung von F&E-Ergebnissen, die allein beim anderen Vertragspartner entstanden sind, für darüber hinaus gehende F&E-Zwecke nur insoweit gestattet, als diese F&E-Ergebnisse auf dem Gebiet liegen, für das dieser Vertragspartner in dem vertikalen Verhältnis als Lieferant bzw. Abnehmer zuständig ist.

465 Soweit Rechte zur Benutzung von F&E-Ergebnissen zu gewähren sind, gelten dafür wieder die Randbedingungen entsprechend Kap. 8 Rdn. 451 und 452:

Benutzungsrechte, in die Informationen eingeflossen sind, die aufgrund Verpflichtungen eines Vertragspartners oder beider Vertragspartner gegenüber Dritten geheim zu halten sind, sind nur unter den Voraussetzungen und in dem Umfang gemäß Kap. 8 Rdn. 452 zu gewähren.

Soweit es um Benutzungsrechte der vorbezeichneten Art an Diensterfindungen geht, die zu den F&E-Ergebnissen gehören, ist jeder Vertragspartner, der solche Benutzungsrechte grundsätzlich einzuräumen hat, nicht unter dem Aspekt der Sicherung solcher Benutzungsrechte vertraglich zu verpflichten, für diese Diensterfindungen Schutzrechte anzumelden und aufrechtzuerhalten, s. dazu schon Kap. 8 Rdn. 247–250.

ddd) Regelung der Rechte zur Verwertung von technischen F&E-Ergebnissen bei vertikalen F&E-Verträgen

466 Grundsätzlich sollten die Rechte zur Verwertung von F&E-Ergebnissen dem Vertragspartner zugewiesen werden, der sie erzielt hat, bzw. bei gemeinsamer Erzielung der F&E-Ergebnisse beiden Vertragspartnern.

Soweit und solange dieser Grundsatz nach dem Vertrag zu befolgen ist, dürfte dies meist darauf hinauslaufen, dass die Vertragspartner hins. Lieferung und Bezug des Vertragsprodukts aneinander gebunden sind. Dies liegt auch regelmäßig zumindest für die Startphase im Interesse des als Abnehmer vorgesehenen Vertragspartners, der sicher sein will, dass seine Konkurrenten nicht sofort die Früchte der gemeinsamen F&E als »Trittbrettfahrer« mitgenießen können, indem auch sie von dem als Lieferanten vorgesehenen Vertragspartner sofort mit dem Vertragsprodukt beliefert werden. Unter diesem Aspekt wird dem als Abnehmer vorgesehenen Vertragspartner sogar daran gelegen sei, dass der Vertrag für einen bestimmten Zeitraum eine gegenseitige Ausschließlichkeit hins. der Lieferung und des Bezugs der Vertragsprodukte ohne Rücksicht darauf festlegt, ob der Lieferant die Vertragsprodukte an Dritte auch ohne Verwertung von F&E-Ergebnissen vertreiben könnte, die der als Abnehmer vorgesehene Vertragspartner (mit-)erzielt hat.

Dabei gebietet es schon das Verkaufsinteresse des als Lieferanten vorgesehenen Vertragspartners, dass er dem als Abnehmer vorgesehenen Vertragspartner seine nicht patentierten F&E-Ergebnisse und seine Schutzrechte für F&E-Ergebnisse, deren Benutzung für die Verwendung der gelieferten Vertragsprodukte notwendig oder nützlich ist, für diese Verwendung lizenziert (wobei er von der Lizenz allerdings geheime F&E-Ergebnisse ausnehmen muss, die er wegen diesbezüglicher Verpflichtungen gegenüber Dritten nicht lizenzieren darf, s. dazu Muster B, Klauseln 5.3, 5.5, 5.6 und 5.7).

Nach der für die Startphase vereinbarten oder sich schon aus der gegenseitigen Technologieabhängigkeit ergebenden gegenseitigen Bindung wird die Interessenlage aber meist eine Lockerung derselben gebieten. Dafür kommen vor allem Lizenzen folgender Art in Betracht: 467

- eine Lizenz, welche der Vertragspartner, der in erster Linie an der Herstellung und dem Vertrieb des zu entwickelnden Produkts (des Vertragsprodukts) interessiert ist, im Interesse des anderen Vertragspartners einem Dritten für die Herstellung des Vertragsprodukts zu erteilen hat, wobei der Dritte auf die Belieferung des anderen Vertragspartners und dessen Konzerngesellschaften beschränkt wird (Lizenz zur Schaffung einer alternativen Bezugsquelle für den anderen Vertragspartner, s. Art. 4 Abs. 2 Buchst. b) iv) TT-GFVO); und
- eine Lizenz, welche der andere Vertragspartner dem in erster Linie an der Herstellung und dem Vertrieb des Vertragsprodukts interessierten Vertragspartner für die Verwendung bzw. Anwendung des von diesem hergestellten Vertragsprodukts mit der Beschränkung zu erteilen hat, dass dieser und dessen Konzerngesellschaften die Lizenz selbst nur für Versuche benutzen dürfen, aber ihren unmittelbaren und mittelbaren Kunden eine Lizenz für die kommerzielle Verwendung und Anwendung der von ihnen gelieferten Vertragsprodukte erteilen können (»produktbegleitende Lizenz«).

Jede dieser Lizenzen wird ihren Zweck, die Bindung eines Vertragspartners an den lizenzierenden Vertragspartner zu lockern, nur selten schon dann erfüllen können, wenn sie sich nur auf F&E-Ergebnisse, an denen der lizenzierende Partner Rechte hat, bezieht. Sie wird sich vielmehr auch auf Rechte des lizenzierenden Partners bzgl. Alttechnologie erstrecken müssen, s. dazu Kap. 8 Rdn. 376.

Allerdings sollte der Vertrag eine Verpflichtung zur Lizenzerteilung hins. F&E-Ergebnissen, in die Informationen einfließen, bzgl. deren mindestens ein Vertragspartner einer Geheimhaltungsverpflichtung gegenüber einem Dritten unterliegt, entsprechend Kap. 8 Rdn. 452 nur insoweit vorsehen, als die Lizenzerteilung ohne Verletzung von Verpflichtungen gegenüber diesem Dritten erfolgen kann.

Als Gegenleistung für die Erteilung der erwähnten Lizenzen kommen statt Lizenzvergütungen besondere Ausgleichszahlungen in Betracht, die nicht nur den Aspekt der Lizenzerteilung, sondern auch andere Aspekte berücksichtigen, s. dazu Kap. 8 Rdn. 552–555, 569 und 579–586. Bei Vereinbarung solcher besonderen Ausgleichszahlungen sind diese stets von einem Vertragspartner bzw. beiden Vertragspartnern zu leisten, während die Lizenz, die gemäß dem ersten Teilstrich dieser Rdn. einem Dritten zu erteilen ist, für diesen kostenlos ist.

Ob zugunsten beider Vertragspartner Lizenzen erteilt werden bzw. zu erteilen sind, sollte davon abhängig gemacht werden, ob die Gesamtregelung als wirtschaftlich ausbalanciert erscheint. 468

Dafür bildet auch ein Kriterium, ob der Vertrag ein Inkrafttreten der jeweiligen Lizenz(en) erst nach einer Phase gegenseitiger Bindung vorsieht, s. dazu die Formulierung in Muster B, Klausel 5.7, und ob der jeweils lizenzierende Partner nach dem Ende dieser gegenseitigen Bindung einen besonderen finanziellen Ausgleich verlangen kann, s. dazu Kap. 8 Rdn. 579–586.

469 Verwertungslizenzen bzgl. schutzrechtsfähiger F&E-Ergebnissen sollten wieder nur unter bestimmten Randbedingungen erteilt werden, s. dazu einerseits Kap. 8 Rdn. 179 und 249 und andererseits Kap. 8 Rdn. 426 sowie die Formulierungen in Muster B, Klauseln 3.2 a), 3.2 c) bis e), 3.3 a), e) g) und h).

470 Die jeweils ausgehandelte Regelung sollte sorgfältig auf ihre kartellrechtliche Zulässigkeit hin überprüft werden, s. zu den dafür nach europäischem Kartellrecht maßgebenden Kriterien die einschlägigen Rdn. von Kap. 5, auf die Kap. 8 Rdn. 376 verweist.

bb) Rechte zur Benutzung bzw. Verwertung von technischen F&E-Ergebnissen bei vertikalen F&E-Verträgen nach deutschem Recht im Falle des Fehlens einer vertraglichen Regelung

471 Soweit die Verträge deutschem Recht unterliegen, sind sie als Gesellschaftsverträge zu qualifizieren, s. Kap. 6 Rdn. 4. Dabei können **F&E-Ergebnisse** wohl im Sinne der für die vertragliche Regelung vorgeschlagenen Definition (s. Kap. 8 Rdn. 463) verstanden werden.

472 Aus der Verpflichtung der Vertragspartner zur Förderung des Gesellschaftszwecks ergibt sich nur eine grundsätzliche Verpflichtung, sich an den von ihnen erzielten F&E-Ergebnissen gegenseitig Rechte zur **Benutzung für die weitere Durchführung der vertragsgemäßen F&E** zu gewähren.

Weitergehende Benutzungs- und Verwertungsrechte lassen sich aus der »nachwirkenden gesellschaftsrechtlichen Treubindung« (s. dazu schon Kap. 8 Rdn. 372) nur insoweit ableiten, als sich die F&E-Kooperation auf Entwicklungsaufgaben erstreckt, die von den Partnern arbeitsteilig zu bearbeiten sind. Zu diesen Aufgaben kann insbesondere die Entwicklung einer Technologie zur Anwendung des zu entwickelnden Produkts gehören.

Im Übrigen sind nach dem Recht der Bruchteilsgemeinschaft Benutzungsrechte hins. gemeinsamer Schutzrechte für Erfindungen anzunehmen, die von Erfindern beider Partner stammen.

473 Soweit Verwertungsrechte anzunehmen sind, dürften dafür wieder folgende Randbedingungen gelten:

- Verwertungsrechte an geheimen F&E-Ergebnissen, in die Informationen eingeflossen sind, die Geheimhaltungsverpflichtungen gegenüber Dritten unterliegen, bestehen nur unter den Voraussetzungen und in dem Umfang entsprechend Kap. 8 Rdn. 452.
- Kap. 8 Rdn. 460 gilt entsprechend. Kein Partner ist deshalb im Hinblick auf Benutzungs- und Verwertungsrechte des jeweils anderen Partners verpflichtet, Schutzrechte für F&E-Ergebnisse auf seine Kosten (mit-)anzumelden und weiter die Kosten von Schutzrechtspositionen, die ihm allein oder

gemeinsam mit dem anderen Partner gehören, mitzutragen, hat aber dem anderen Partner die Möglichkeit zu geben, selbst anzumelden bzw. die Schutzrechtspositionen weiterhin auf seine Kosten aufrechtzuerhalten.

e) Benutzungs- und Verwertungsrechte bezüglich technischer F&E-Ergebnisse bei Verträgen über arbeitsteilige F&E (F&E-Kooperationsverträgen) zwischen Unternehmen und Hochschulen

aa) Empfehlungen zur Regelung

aaa) Bei der Regelung zu berücksichtigende Interessen

Hins. der Interessenlage wird auf die Ausführungen unter Kap. 8 Rdn. 252 und 253 verwiesen. Unter Berücksichtigung dieser Interessenlage ist zumindest der Abschluss ergänzender Vereinbarungen mit den in das Projekt einbezogenen Hochschulwissenschaftlern erforderlich; es kann aber auch sinnvoll sein, weitere ergänzende Vereinbarungen mit anderen an dem Projekt zu beteiligenden Hochschulbeschäftigten und Dritten abzuschließen; s. Kap. 8 Rdn. 89–94, 111–116 474

bbb) Definition technischer F&E-Ergebnisse bei F&E-Kooperationsverträgen zwischen Unternehmen und Hochschulen

Für die Definition der F&E-Ergebnisse gelten die Ausführungen in Kap. 8 Rdn. 268. 475

ccc) Regelung der Rechte zur Benutzung technischer F&E-Ergebnisse für F&E-Zwecke bei F&E-Kooperationsverträgen zwischen Unternehmen und Hochschulen

Die Regelung der Rechte der Partner zur Benutzung der F&E-Ergebnisse für F&E-Zwecke sollte der Regelung entsprechen, die in Kap. 8 Rdn. 449 für horizontale F&E-Verträge vorgeschlagen wurde. Für die Randbedingungen der diesbezüglichen Rechtserteilung gilt Kap. 8 Rdn. 451 und 452 entsprechend. 476

ddd) Rechte zur Verwertung technischer F&E-Ergebnisse bei F&E-Kooperationsverträgen zwischen Unternehmen und Hochschulen

Bei der Regelung der Rechte zur Verwertung ist zwischen geheimen nicht schutzrechtsfähigen F&E-Ergebnissen und schutzrechtsfähigen F&E-Ergebnissen zu unterscheiden. 477

An **geheimen, nicht schutzrechtsfähigen F&E-Ergebnissen** sollte unabhängig davon, bei welchem Partner diese gewonnen werden, jedem Partner ein unbeschränktes, kostenloses, nicht ausschließliches Verwertungsrecht zustehen. 478

Für diese Empfehlung ist letztlich das Interesse der Hochschule maßgebend, diese F&E-Ergebnisse bei Erfüllung ihres Lehrauftrags benutzen und nach Vertragsende in die Zusammenarbeit mit Dritten »einbringen« zu können:

479 Die zwischen den Partnern vereinbarte Arbeitsteilung bei der F&E wird i.d.R. dazu führen, dass eine Verwertung nicht schutzrechtsfähiger F&E-Ergebnisse, die von einem Partner stammen, nicht ohne gleichzeitige Verwertung derartiger F&E-Ergebnisse des anderen Partners möglich ist. Für die Hochschule läuft dies darauf hinaus, dass sie, solange sie schutzrechtsunfähige F&E-Ergebnisse des Industriepartners geheim zu halten hat, auch hins. der Benutzung ihrer eigenen, nicht schutzrechtsfähigen F&E-Ergebnisse für Lehrzwecke und für eine Zusammenarbeit mit Dritten stark eingeschränkt ist. Ihre Interessen erfordern deshalb eine enge zeitliche Begrenzung ihrer Verpflichtung zur Geheimhaltung der vom Industriepartner erarbeiteten, nicht schutzrechtsfähigen F&E-Ergebnisse, wobei sich anbietet, ein Erlöschen dieser Geheimhaltungsverpflichtungen zum Vertragsende vorzusehen. Umgekehrt gebietet der Interessenausgleich zwischen den Partnern, dass auch die Verpflichtung des Industriepartners zur Geheimhaltung nicht schutzrechtsfähiger F&E-Ergebnisse der Hochschule auf die Vertragsdauer beschränkt wird.

480 Die Begrenzung der Geheimhaltungsverpflichtung auf die Vertragsdauer hat zur Folge, dass beide Partner jedenfalls nach Vertragsende frei sind, diese F&E-Ergebnisse uneingeschränkt zu verwerten (s. zum Zusammenhang zwischen Verpflichtungen zur Geheimhaltung und Nichtverwertung Kap. 8 Rdn. 325). Unter diesen Umständen kann aber kein Vertragspartner ein starkes Interesse an der Nichtverwertung dieser F&E-Ergebnisse während der Vertragsdauer haben, zumal ohnehin vor Vertragsende nur in Ausnahmefällen eine Verwertung geheimzuhaltender F&E-Ergebnisse in Frage kommen dürfte. Dabei kann dem Interesse der Vertragspartner, dass keiner von ihnen vor Vertragsende mit einem Dritten auf dem technischen Vertragsgebiet kooperiert, durch ein auf die Vertragsdauer beschränktes Verbot solcher Kooperationen Rechnung getragen werden; s. zur kartellrechtlichen Zulässigkeit eines solchen Verbots Art. 1 Abs. 2 F&E-GFVO (Kap. 5 Rdn. 381, 392 und 393).

481 Eine andere Regelung erscheint geboten für die **Rechte zur Verwertung schutzrechtsfähiger F&E-Ergebnisse**. Hier wird es der in Kap. 8 Rdn. 252 und 253 geschilderten Interessenlage im Normalfall am ehesten entsprechen, die Verwertungsrechte dem Industriepartner zuzuweisen bzw. ihm die Möglichkeit zum Erwerb ausschließlicher Verwertungsrechte einzuräumen. Dazu wird die in Einzelnen in Kap. 8 Rdn. 267–280 beschriebene, am Arbeitnehmererfindungsrecht orientierte Regelung empfohlen, deren Kern nachfolgend noch einmal kurz skizziert wird:

482 An jeder zu den schutzrechtsfähigen F&E-Ergebnissen gehörenden »Industriepartner-Erfindung«, d.h. einer Erfindung, die allein beim Industriepartner entsteht, hat dieser im Verhältnis zur Hochschule von vornherein alle Verwertungsrechte.

483 Bzgl. einer zu den schutzrechtsfähigen F&E-Ergebnissen gehörenden »Gemeinschaftserfindung« i.S. einer Erfindung, die sowohl bei der Hochschule als

auch beim Industriepartner entsteht, und bzgl. jeder »Hochschulerfindung« i.S. eines Erfindung, die nur bei der Hochschule entsteht, hat der Industriepartner nur eine Option auf den Erwerb aller Rechte, mit folgender Maßgabe:

Der Industriepartner hat die Erfindung im Falle der Ausübung der Option zunächst nur für das Inland zur Erteilung eines Schutzrechts anzumelden. Für Länder des Auslands, in denen er nicht anmeldet, hat er die Rechte an der jeweiligen Hochschul- bzw. Gemeinschaftserfindung auf die Hochschule (zurück) zu übertragen, und muss auch vor Aufgabe ihm gehörender Schutzrechtspositionen für die betr. Erfindung der Hochschule die Übertragung derselben anbieten. Diese Rechtsfolgen kann er allerdings abbedingen, was ihn zur Zahlung eines Ausgleichs verpflichtet.

Auf dieser Basis zahlt er grundsätzlich nur eine Vergütung für die Verwertung ihm gehörender Schutzrechtspositionen (s. im Einzelnen Kap. 8 Rdn. 571 Nr. 3).

Grundlage für die Bemessung dieser Vergütung ist bei Hochschul-Erfindungen der jeweils in Analogie zu den Vergütungsrichtlinien für Arbeitnehmererfindungen zu ermittelnde Erfindungswert und bei Gemeinschaftserfindungen die Hälfte dieses Erfindungswerts. In dem Fall, dass der Industriepartner die F&E der Hochschule voll unter Einschluss eines angemessenen Gewinnzuschlags finanziert, ist als Vergütung jeweils nur ein Teil des Erfindungswerts bzw. des halben Erfindungswerts geschuldet, wobei dieser Teil unter Heranziehung der Bestimmungen der Vergütungsrichtlinien über die Bemessung des Anteilsfaktors ermittelt und bereits im Vertrag festgelegt wird. Erfolgt nur eine Teilfinanzierung, ist die Kürzung der Vergütung gegenüber dem jeweiligen Erfindungswert bzw. halben Erfindungswert entsprechend geringer zu kalkulieren.

Von diesem Konzept weicht das **Konzept von *Winzer***[688] grundlegend ab, das 484
von ihm dem Konzept des *Berliner Vertrags* (s. zu diesem schon Kap. 8 Rdn. 254–266) gegenübergestellt wird: Dem Unternehmen werden danach statt einer Option von vornherein alle ausschließlichen Rechte eingeräumt. Dafür wird in pauschaler Betrachtung der Hochschulbeteiligung an den F&E-Ergebnissen eine prozentual befristete Beteiligung am Umsatz vereinbart, die wie eine Lizenzgebühr konzipiert wird. Die F&E-Ergebnisse sind dabei in ihrer Gesamtheit von technischem Know-how und evtl. Erfindungen zu würdigen, so dass die Zahl der Erfindungen, ihre Patentfähigkeit und die (nach dem Konzept des *Berliner Vertrags*, nicht aber nach dem hier vorgeschlagenen Konzept erforderliche) Aufteilung nach Erfindungsanteilen ohne Belang ist, welche – darin ist *Winzer* zuzustimmen – ungeheuer kompliziert ist und deshalb kein Kriterium für die Rechte an Erfindungen sein sollte.

Der Vorschlag von *Winzer* lässt nicht klar erkennen, ob nach ihm die Ver- 485
gütung bereits bei Abschluss des Vertrags (**Fall 1**) oder erst nach Beendigung der F&E-Kooperation zu vereinbaren ist (**Fall 2**). In beiden Fällen erscheint er jedoch nicht interessengerecht bzw. undurchführbar.

688 *(F&E-Verträge)* S. 218 (Rn. 26) und S. 221 (Rn. 40); vgl. auch S. 220 (Rn. 38).

486 Im **Fall 1** würde die Hochschule unabhängig davon, mit welchem Engagement sie ihren Beitrag zur gemeinsamen F&E leistet und in welchem Maße dieser Beitrag zur Entwicklung eines vermarktungsfähigen Produkts beiträgt, Anspruch auf die lizenzähnliche Vergütung haben. Das erschiene aber mit den Interessen des Industriepartners nicht vereinbar. Darüber hinaus würde die Definition des für die Vergütung relevanten Umsatzes erhebliche Schwierigkeiten machen, wenn man nicht den Umsatz mit Produkten einer ganzen Produktkategorie zugrunde legen wollte.

487 Auch im **Fall 2** wären keine interessengerechten und dabei justiziablen Kriterien für die Bemessung der Vergütung erkennbar.

Wenn *Winzer* meinen sollte, dass alle vom Industriepartner genutzten Beiträge zu den F&E-Ergebnissen unabhängig davon, von wem sie stammen, berücksichtigt werden sollten, wäre dies wiederum für den Industriepartner nicht akzeptabel.

Meint *Winzer* jedoch, dass nach Vertragsende nur die vom Industriepartner genutzten Beiträge der Hochschule zu den F&E-Ergebnissen »in ihrer Gesamtheit von technischem Know-how und evtl. Erfindungen« bei der Bemessung der Vergütung zu würdigen sind, bestehen gegen sein Konzept folgende Bedenken:

Es würde dann auch die Berücksichtigung des von der Hochschule erarbeiteten nicht schutzrechtsfähigen Know-how bedeuten. Dazu bemerkt *Winzer* aber selbst[689], dass es fast unmöglich ist festzustellen, in welchem Umfang bei der Hochschule entstandenes Know-how jeweils vom Industriepartner benutzt wird. Außerdem erfordern die Lehr- und Forschungsaufgabe der Hochschule und ihr Interesse, nach Vertragsende auch mit Dritten auf dem Gebiet der F&E-Kooperation mit Dritten zusammenarbeiten zu können, dass sie nur bis zum Vertragsende zur Geheimhaltung des von ihr erarbeiteten Know-how verpflichtet ist. Bei so kurzer Geheimhaltungsverpflichtung erscheint aber eine Vergütung für dieses Know-how als nicht angemessen.

488 Es wäre aber auch nicht interessengerecht, wenn man die Vergütung nach dem Umfang der Nutzung mutmaßlicher Erfindungen – und nicht von dafür bestehender Schutzrechtspositionen – durch den Industriepartner bemessen würde, weil hierbei dem Industriepartner die Möglichkeit, die Schutzrechtsfähigkeit patentamtlich überprüfen zu lassen, abgeschnitten würde.

bb) Rechte zur Benutzung und Verwertung von F&E-Ergebnissen bei F&E-Kooperationsverträgen zwischen Unternehmen und Hochschulen nach deutschem Recht im Falle des Fehlens einer vertraglichen Regelung

489 Es dürfte hier nichts anderes gelten als bei horizontalen F&E-Verträgen, s. dazu Kap. 8 Rdn. 455–460.

689 *(F&E-Verträge)* S. 218 (Rn. 26).

f) Benutzungs- und Verwertungsrechte bezüglich technischer F&E-Ergebnisse bei F&E-Aufträgen des Dienstvertragstypus an andere Auftragnehmer als Hochschulen

aa) Empfehlungen zur Regelung

aaa) Bei der Regelung zu berücksichtigende Interessen

Bei F&E-Aufträgen des Dienstvertragstypus (s. zur Unterscheidung von F&E-Aufträgen des Werkvertragstypus nach deutschem Recht Kap. 6 Rdn. 11–25) ist die Interessenlage in mancher Beziehung vergleichbar mit der innerbetrieblichen Durchführung von F&E (Aspekt der »verlängerten Werkbank«).[690] 490

Ebenso wie der Arbeitgeber bei der innerbetrieblichen F&E die F&E-Arbeiten finanziert, hat bei einem F&E-Auftrag der Auftraggeber die Kosten der F&E-Arbeiten des Auftragnehmers zu tragen.

Dabei wird sich sowohl bei der innerbetrieblichen F&E als auch bei deren Auslagerung die Vergütung für den personellen Aufwand nach der Kompetenz der mit der Durchführung der F&E betrauten Personen und dem bei diesen vorausgesetzten Vorkenntnissen einschl. geheimen Know-hows richten.

Auch die Kosten der benötigten Infrastruktur sind insoweit, als sie den zu erbringenden F&E-Leistungen zuzurechnen sind, in beiden Fällen vom demjenigen zu tragen, der Anspruch auf die Leistung der Dienste hat.

Außerdem wird hier wie dort von dem zur Durchführung von F&E Verpflichteten zwar nicht die Erreichung des F&E-Ziels, jedoch das Bemühen um dessen Erreichung geschuldet. Soweit innerbetrieblich angeordnet bzw. im F&E-Auftrag (z.B. durch ein »Pflichtenheft«) so bestimmt, werden auch bestimmte Arbeiten geschuldet, die der Erreichung des F&E-Ziels unmittelbar oder mittelbar dienen sollen.

Es gibt aber auch stets zumindest einen erheblichen Unterschied in der Interessenlage: Der mit F&E-Aufgaben betraute Arbeitnehmer unterliegt einer besonderen Treubindung, die bei einem F&E-Auftrag für den Auftragnehmer in seinem Verhältnis zum Auftraggeber nicht gilt. Gemäß dieser Treubindung hat der Arbeitnehmer grundsätzlich auf das Wohl des Arbeitgebers bedacht zu sein. Das ist wohl der Grund, warum das ArbEG dem Arbeitgeber auch den Zugriff auf Erfahrungserfindungen seiner Arbeitnehmer i.S. von § 4 Abs. 2 Nr. 2 ArbEG einräumt[691] Dagegen besteht bei einem F&E-Auftrag mangels besonderer Treubindung des Auftragnehmers kein hinreichender Grund, dem Auftraggeber allein deswegen Zugriff auf Kenntnisse und Erfahrungen des 491

690 Vgl. *Ullrich (Privatrechtsfragen)* S. 107 ff., der ebenfalls die für Arbeitsverhältnisse entwickelte Regelung zum Ausgangspunkt für die »Schutzrechtsordnung« bei F&E-Verträgen des Dienstvertragstypus nimmt. Eine Parallele zu § 4 Abs. 2 Satz 1 ArbEG zieht auch *Schippel* in seiner Anmerkung zu BGH vom 21.03.1961 – Capysal, GRUR 1961 S. 1961, S. 432 ff.

691 In diesem Sinne *Ullrich (Privatrechtsfragen)* S. 133 ff. unter Hinweis auf weitere einschlägige Literatur unter Fn. 161.

Auftragnehmers zuzubilligen, weil diese wiederum auf Kenntnissen und Erfahrungen des Auftraggebers beruhen.[692]

492 Außerdem ist zu berücksichtigen, dass der Arbeitnehmer nur hins. nicht in Anspruch genommener oder freigegebener schutzrechtsfähiger Ergebnisse der internen F&E Lizenzierungsinteressen verfolgen kann, während das Interesse des Auftragnehmers eines F&E-Auftrags möglicherweise von vornherein auf die Lizenzierung der F&E-Ergebnisse auch an Dritte gerichtet ist. Im Falle eines solchen Lizenzierungsinteresses wird der Auftragnehmer allerdings nicht erwarten können, dass der Auftraggeber einerseits auf die Möglichkeit, an schutzrechtsfähigen F&E-Ergebnissen ausschließliche Rechte zu erwerben, verzichtet und sich andererseits bereiterklärt, die Kosten diesbezüglicher Schutzrechtsanmeldungen und der Aufrechterhaltung diesbezüglicher Schutzrechtspositionen zu tragen.

Auf dieser Basis erscheint das Interesse des Auftragnehmers an der Lizenzierung Dritter beachtlich, wenn der Auftragnehmer auf dem Gebiet des F&E-Auftrags anwendungsreifes oder doch anwendungsnahes Know-how und/oder entsprechende Schutzrechtspositionen erworben hat und bereit ist, dem Auftraggeber eine Verwertung dieser Alttechnologie bzw. dieser Schutzrechtspositionen insoweit zu gestatten, als die dem Auftraggeber nach dem Vertrag zustehende Verwertung der F&E-Ergebnisse eine damit einhergehende Verwertung dieser Alttechnologie erfordert.

Als Auftragnehmer, bei denen derartige Alttechnologie vorhanden ist, kommt z.B. das Battelle-Institut oder die Fraunhofer-Gesellschaft in Frage.

Bei einer Gesamtbetrachtung wird aber das Vorhandensein solcher Alttechnologie eine Ausnahme bilden. Deswegen wird nachfolgend bei den Empfehlungen zur Regelung der Benutzungs- bzw. Verwertungsrechte ein ggf. gerechtfertigtes Lizenzierungsinteresse des Auftragnehmers nicht berücksichtigt.

Bei Fehlen eines Interesses an der Lizenzierung Dritter ist es aber für einen Auftragnehmer unabhängig davon, ob es sich bei ihm um eine Hochschule handelt oder nicht, ein wichtiges Anliegen, eine Belastung mit Schutzrechtskosten für bei ihm allein oder beiden Partnern entstehende Erfindungen zu vermeiden.

bbb) Definition technischer F&E-Ergebnisse

493 Hins. der **Definition der F&E-Ergebnisse** (s. zu den dafür in Betracht kommenden Kriterien Kap. 8 Rdn. 424–436) bei einem F&E-Auftrag des Dienstvertragstypus erscheint es grundsätzlich empfehlenswert, alle Kenntnisse und Erfahrungen in die F&E-Ergebnisse mit einzubeziehen, die auf Seiten des

692 Vgl. dazu die Ausführungen von *Ullrich (Privatrechtsfragen)* S. 110 (mit Fn. 110) zu der Frage, wem die Schutzrechte für Erfindungen des Auftragnehmers zustehen: Zwar möge die Natur des Dienstvertrags für die Schutzrechtsüberlassung insofern sprechen, als ihm die Abführung des Ergebnisses der geschuldeten Verrichtung allgemein eigne; dieser Aspekt erfasse aber nicht die Erfahrungserfindung, geschweige denn die nur aus Anlass eines FuE-Dienstvertrags getätigte Erfindung.

Auftragnehmers oder beider Partner während der Vertragsdauer gewonnen werden, soweit diese Kenntnisse und Erfahrungen

- entweder vollständig auf Seiten des Auftragnehmers gewonnen werden und aus den geschuldeten Arbeiten hervorgehen oder, soweit das nicht der Fall ist, doch dem geschuldeten Bemühen um die Erreichung des F&E-Ziels entspringen[693], oder
- Erfindungen darstellen, die auf Seiten beider Partner entstehen, wobei der Erfindungsanteil des Auftragnehmers aus den geschuldeten Arbeiten hervorgeht oder, soweit das nicht der Fall ist, doch dem geschuldeten Bemühen um die Erreichung des F&E-Ziels entspringt,

jedoch ausgenommen Erfindungen, die ganz oder z.T. von solchen Arbeitnehmern stammen, deren Rechte an diesen Erfindungen

- (im Falle der Beteiligung nur solcher Arbeitnehmer an der vertragsgemäßen F&E, die dem ArbEG unterliegen, s. dazu Kap. 8 Rdn. 161) von einem Partner oder beiden Partnern nicht bzw. nicht bezüglich aller Erfindungsanteile nach dem ArbEG unbeschränkt in Anspruch genommen werden können, bzw.
- (im Falle der Durchführung des Vertrags nur oder auch durch Arbeitnehmer, die nicht dem ArbEG unterliegen) weder auf einen Vertragspartner noch auf beide Vertragspartner aufgrund gesetzlicher oder vertraglicher Regelungen übertragen werden und nicht von einem Vertragspartner allein oder von beiden Vertragspartnern gemeinsam durch Ausübung einer gesetzlichen Option oder durch Geltendmachung eines bestehenden vertraglichen Anspruchs erworben werden können,

Die grundsätzliche Einbeziehung von Erfindungen, an denen der Auftraggeber mitbeteiligt ist, erscheint dabei deshalb geboten, weil man Gemeinschaftserfindungen hins. der Anmelde- und Verwertungsrechte nicht »auseinanderreißen« kann.

494 Wenn jedoch ein Vertragspartner damit rechnen muss, dass in die Kenntnisse und Erfahrungen der vorstehend bezeichneten Art auch geheime Informationen einfließen, die von Dritten stammen und nicht an den anderen Vertragspartner lizenziert werden können, sollte er darauf bestehen, dass Kenntnisse und Erfahrungen, in die solche Informationen Dritter einfließen, bei der Definition der F&E-Ergebnisse von diesen ausgenommen werden.

ccc) Regelung der Rechte zur Benutzung technischer F&E-Ergebnisse aus F&E-Aufträgen des Dienstvertragstypus an andere Auftragnehmer als Hochschulen zu F&E-Zwecken

495 Bei der Regelung der Rechte zur Benutzung und Verwertung von F&E-Ergebnissen muss man zwischen den Rechten zur Benutzung vom Auftragnehmer

693 Enger *Ullrich (Privatrechtsfragen)* S. 109, der hins. Beratungsverträgen und Verträgen mit freien Mitarbeitern über zu leistende F&E von »geschuldetem erfinderischen Bemühen« spricht.

geheim zu haltender, nicht schutzrechtsfähiger F&E-Ergebnisse und den Rechten zur Benutzung schutzrechtsfähiger F&E-Ergebnisse unterscheiden.

496 Was die Benutzung der vom Auftragnehmer **geheim zu haltenden, nicht schutzrechtsfähigen F&E-Ergebnisse** zu F&E-Zwecken betrifft, verlangt der Aspekt der »verlängerten Werkbank« jedenfalls, dass der Auftraggeber in dieser Benutzung frei ist. Dieser Aspekt lässt es aber auch nicht umgekehrt geboten erscheinen, den Auftragnehmer hins. der Benutzung solcher F&E-Ergebnisse auf die (weitere) vertragsgemäße F&E zu beschränken und ihm die Benutzung außerhalb der vertragsgemäßen F&E zu versagen, soweit letztere Benutzung ohne Verletzung seiner Geheimhaltungspflichten gegenüber dem Auftraggeber erfolgt.

497 Hins. der Benutzung von **schutzrechtsfähigen F&E-Ergebnissen** für F&E-Zwecke sollte dem Auftraggeber – wie bei F&E-Kooperationsverträgen zwischen industriellen Unternehmen und Hochschulen dem Industriepartner hins. Hochschul-Erfindungen und Gemeinschaftserfindungen, s. Kap. 8 Rdn. 273 – nur eine Option auf den Erwerb der Rechte eingeräumt werden. Bei rechtzeitiger Ausübung der Option kann der Auftraggeber Schutzrechte erwerben, mit denen er Dritte von der Benutzung der betr. Erfindungen ausschließen kann, soweit die Benutzung nicht nur zu Versuchszwecken erfolgt (s. z.B. § 11 Nr. 2 PatG). Er sollte aber dem Auftragnehmer die Benutzung der betr. Schutzrechte zu F&E-Zwecken auch außerhalb der vertragsgemäßen F&E gestatten, was auch dann ein kartellrechtliches Erfordernis sein kann, wenn der Auftragnehmer zum Kreis der in Art. 3 Abs. 2 Satz 2 genannten Forschungsdienstleister gehört, s. zur Abgrenzung dieses Kreises Kap. 5 Rdn. 402 und 403.

ddd) Regelung der Rechte zur Verwertung technischer F&E-Ergebnisse aus F&E-Aufträgen des Dienstvertragstypus an andere Auftragnehmer als Hochschulen

498 Während es im Falle der typischen Interessenlage gerechtfertigt erscheint, alle Rechte zur Verwertung vom Auftragnehmer geheim zu haltender, nicht schutzrechtsfähiger F&E-Ergebnisse dem Auftraggeber einzuräumen, sollte dieser hins. schutzrechtsfähiger Erfindungen, die zu den F&E-Ergebnissen gehören, bzw. Anteilen an solchen Erfindungen nur eine Option auf den Erwerb der daran bestehenden Rechte des Auftragnehmers erhalten, s. dazu schon Kap. 8 Rdn. 497. Soweit der Auftraggeber die Rechte an solchen Erfindungen aufgrund rechtzeitiger Ausübung der Option erwirbt, sollte er für eine Verwertung diesbezüglicher Schutzrechtspositionen eine angemessene Vergütung zahlen, s. dazu im Einzelnen Kap. 8, Rdn. 574.

bb) Benutzungs- bzw. Verwertungsrechte bezüglich technischer F&E-Ergebnisse bei F&E-Aufträgen des Dienstvertragstypus an andere Auftragnehmer als Hochschulen nach deutschem Recht im Falle des Fehlens einer vertraglichen Regelung

F&E-Ergebnisse wird man wohl i.S. der Definition gemäß Kap. 8 Rdn. 493 mit der Maßgabe gemäß Kap. 8 Rdn. 494 zu verstehen haben. 499

Entsprechend dem für Dienstverträge geltenden Grundsatz, dass das Arbeitsergebnis dem Dienstberechtigten zusteht, wird man grundsätzlich die **Rechte zur Benutzung bzw. Verwertung der F&E-Ergebnisse** dem Auftraggeber zuweisen müssen.[694] Für schutzrechtsfähige Erfindungen, die zu den F&E-Ergebnisse gehören, ergeben sich aber Einschränkungen, s. dazu Kap. 8 Rdn. 291–296.

Soweit der Auftraggeber danach Verwertungsrechte an Schutzrechtspositionen für F&E-Ergebnisse erwirbt, wird er an den Auftragnehmer eine angemessene Vergütung im Verwertungsfall entrichten müssen, s. schon Kap. 8 Rdn. 293.

Diese angemessene Vergütung wird für Schutzrechtspositionen, die nur beim Auftragnehmer entstandene F&E-Ergebnisse betreffen, aber dem Auftraggeber gehören, fallweise in Analogie zum Arbeitnehmererfinderrecht festzulegen sein, wobei für die Festlegung des Anteilsfaktors eine Eingliederung der auf Seiten des Auftragnehmers tätigen Personen in den Betrieb des Auftraggebers in entsprechender Position fingiert werden könnte. Betreffen die dem Auftraggeber gehörenden Schutzrechtspositionen F&E-Ergebnisse, die auch bei ihm entstanden sind, müsste dese Vergütung entsprechend dem Verhältnis des Erfindungsanteils/der Erfindungsanteile, der/die beim Auftragnehmer entstanden ist/sind, zu allen Anteilen an der Erfindung gekürzt werden.

g) Benutzungs- und Verwertungsrechte bezüglich technischer F&E-Ergebnisse bei F&E-Aufträgen des Dienstvertragstypus an Hochschulen

aa) Empfehlungen zur Regelung

Unter Berücksichtigung der besonderen **Interessenlage** (s. dazu Kap. 8 Rdn. 297) sollten F&E-Aufträge des Dienstvertragstypus an Hochschulen – ebenso wie Verträge über arbeitsteilige F&E (F&E-Kooperationsverträge) zwischen Industrieunternehmen und Hochschulen – um Vereinbarungen mit beteiligten Hochschulwissenschaftlern, evtl. auch mit anderen Hochschulbeschäftigten und Dritten ergänzt werden. Kap. 8 Rdn. 474 gilt hier entsprechend. 500

Interessengerecht erscheint es außerdem, die **Regelung der Benutzungs- und Verwertungsrechte** im F&E-Auftrag an die Hochschule an der Regelung zu orientieren, die hier für F&E-Kooperationsverträge) zwischen Industrieunternehmen und Hochschulen vorgeschlagen wird, s. dazu Kap. 8 Rdn. 475–488. 501

694 Vgl. *Ullrich (Privatrechtsfragen)* S. 106 ff., 110 mit Rechtsprechungshinweisen.

502 Dabei sollten jedoch die **F&E-Ergebnisse** nicht wie in F&E-Kooperationsverträgen, sondern nach den Grundsätzen für F&E-Aufträge an andere Auftragnehmer als Hochschulen definiert werden, s. dazu Kap. 8 Rdn. 493 und 494.

bb) Benutzungs- und Verwertungsrechte bezüglich technischer F&E-Ergebnisse bei F&E-Aufträgen des Dienstvertragstypus an Hochschulen im Falle des Fehlens einer vertraglichen Regelung

503 Hier dürfte die gleiche Rechtslage bestehen, die auch bei F&E-Aufträgen des Dienstvertragstypus an nicht zu den Hochschulen gehörende Auftragnehmer gilt, s. dazu Kap. 8 Rdn. 499.

h) Benutzungs- und Verwertungsrechte bzgl. technischer F&E-Ergebnisse bei F&E-Aufträgen des Werkvertragstypus

aa) Empfehlungen zur Regelung

aaa) Bei der Regelung zu berücksichtigende Interessen

504 Die Interessenlage bei F&E-Aufträgen des Werkvertragstypus ist von der Interessenlage bei F&E-Aufträgen des Dienstvertragstypus grundlegend verschieden.[695]

Der Gedanke der »verlängerten Werkbank« erscheint bei diesem Vertragstyp nicht anwendbar, weil der Auftragnehmer hier eine Leistung schuldet, zu deren Erbringung der Auftraggeber sein eigenes F&E-Personal nicht verpflichten könnte.

Deshalb ist zunächst einmal nur ein Interesse des Auftraggebers anzuerkennen, das geschuldete technische Ergebnis zu erlangen.

Allerdings wird der Auftraggeber nicht nur an der bloßen Erzielung des geschuldeten Ergebnisses interessiert sein, sondern auch daran, dieses auch verwerten zu können. Er kann deshalb auch erwarten, dass er diejenigen Rechte oder wenigstens Zugang zu denjenigen Rechten erhält, die er zur Verwertung dieses Ergebnisses benötigt[696].

505 Dem Auftraggeber wird jedoch nicht nur daran gelegen sein, überhaupt Rechte zur Verwertung des geschuldeten technischen Ergebnisses zu erhalten, sondern dieses möglichst auch ausschließlich verwerten zu können.

Sein Interesse erstreckt sich dabei aber nicht auf die Verwendung von Kenntnissen und Erfahrungen des Auftragnehmers für andere Zwecke als die Verwertung des geschuldeten Ergebnisses und ggf. diesbezüglicher Verbesserungen. Ist z.B. die Schaffung einer neuartigen Lichtquelle mit bestimmten Leistungsmerkmalen geschuldet und entwickelt der Auftragnehmer hierzu ein

695 Vgl. hierzu *Ullrich (Privatrechtsfragen)* S. 137 ff.

696 Vgl. *Ullrich (Privatrechtsfragen)* S. 139 (Nutzungsrechte des Bestellers unter dem Gesichtspunkt der tatsächlichen Verwendbarkeit des bestellten Wissens).

neues, als Leuchtstoff geeignetes Synthesegas, das auch als Betäubungsmittel verwendet werden kann, wird er sich die Verwertung dieses Gases für diesen Verwendungszweck vorbehalten wollen. Diese anderweitige Verwendung kann aber wiederum die Offenbarung des Verfahrens zur Herstellung des neuen Synthesegases an Dritte erfordern.

Wenn damit zu rechnen ist, dass Kenntnisse und Erfahrungen, ohne deren Verwendung eine Verwertung des geschuldeten Ergebnisses nicht möglich ist, auch anderen Verwendungszwecken dienen können, spricht das Interesse des Auftragnehmers auch gegen seine Verpflichtung zur Geheimhaltung von ihm gewonnener, zunächst geheimer, nicht schutzrechtsfähiger Kenntnisse und Erfahrungen. Auch unter diesem Aspekt wäre kein berechtigtes Interesse des Auftraggebers an dem Erwerb ausschließlicher Verwertungsrechte anzuerkennen. 506

Soweit es um die Rechte des Auftraggebers an vom Auftragnehmer gewonnenen schutzrechtsfähige Kenntnisse und Erfahrungen geht, deren Verwendung für die Verwertung des geschuldeten Ergebnisses benötigt wird, kann dagegen auch im vorbezeichneten Fall ein Interesse des Auftraggebers anerkannt werden, hieran ausschließliche Verwertungsrechte für die Verwendung bei der Verwertung des geschuldeten Ergebnisses und ggf. dazu vom ihm entwickelter Verbesserungen erwerben zu können, wozu natürlich die Erwirkung diesbezüglicher Schutzrechte Voraussetzung ist. 507

Besteht das geschuldete Ergebnis in einer neuartigen Vorrichtung und hat der Auftraggeber ein Interesse am Nachbau und an der Optimierung dieser Vorrichtung, wird sich sein Interesse auf den Erwerb von Benutzungs- und Verwertungsrechten auch auf Kenntnisse und Erfahrungen erstrecken, die zwar nicht für die Verwertung der vom Auftragnehmer herzustellenden Vorrichtung notwendig, aber doch für ihren Nachbau oder ihre Verbesserung voraussichtlich notwendig oder auch nur nützlich sind, und zwar wird er, soweit es diese Zwecke erfordert, auch daran interessiert sein, dass ihm diese Rechte auf ausschließlicher Basis gewährt werden. Allerdings kann andererseits der Auftragnehmer daran interessiert sein, für den Fall, dass der Auftragnehmer Verwertungsmöglichkeiten nicht wahrnimmt, seinerseits neben den eigenen einschlägigen Kenntnissen und Erfahrungen auch solche des Auftraggebers zu verwerten. 508

bbb) Definition der F&E-Ergebnisse

Den F&E-Ergebnissen sollten unter Berücksichtigung der geschilderten Interessenlage jedenfalls Kenntnisse und Erfahrungen zugerechnet werden, welche allein seitens des Auftragnehmers oder seitens beider Vertragspartner während der Vertragsdauer erarbeitet werden und die in das geschuldete Ergebnis einfließen oder doch für seine Verwertung zwingend benötigt werden, ausgenommen Erfindungen von solchen Arbeitnehmern, deren Rechte an diesen Erfindungen 509

- (im Falle der Beteiligung nur solcher Arbeitnehmer an der vertragsgemäßen F&E, die dem ArbEG unterliegen, s. dazu Kap. 8 Rdn. 161) von einem Vertragspartner oder beiden Vertragspartnern nicht bzw. nicht bezüglich aller Erfindungsanteile nach dem ArbEG unbeschränkt in Anspruch genommen werden können, bzw.
- (im Falle der Durchführung des Vertrags nur oder auch durch Arbeitnehmer, die nicht dem ArbEG unterliegen) weder auf einen Vertragspartner noch auf beide Vertragspartner aufgrund gesetzlicher oder vertraglicher Regelungen übergehen und auch nicht von einem Vertragspartner allein oder von beiden Vertragspartnern gemeinsam durch Ausübung einer gesetzlichen Option oder durch Geltendmachung eines bestehenden vertraglichen Anspruchs erworben werden können.

In dem Fall, dass das geschuldete Ergebnis in einer neuartigen Vorrichtung besteht und der Auftraggeber ein Interesse am Nachbau dieser Vorrichtung in der ursprünglichen Form oder in weiterentwickelter bzw. optimierter Form hat, sollte sich die Definition der F&E-Ergebnisse auf Kenntnisse und Erfahrungen erstrecken, deren Benutzung für den Nachbau bzw. die Weiterentwicklung/Optimierung voraussichtlich notwendig oder nützlich sind. Erhält in einem solchen Fall der Auftraggeber nur eine Option zur Verwertung von F&E-Ergebnissen, sollte der Vertrag diesen auch einschlägige Kenntnisse und Erfahrungen zurechnen, die allein seitens des Auftraggebers gewonnen werden, da der Auftragnehmer im Falle der Nichtausübung der Option daran interessiert sein wird, die dann beiderseits entwickelte Technologie anderweitig zu verwerten.

ccc) Regelung der Rechte zur Benutzung technischer F&E-Ergebnisse aus F&E-Aufträgen des Werkvertragstypus zu F&E-Zwecken

510 Hier ist zwischen Rechten des Auftragnehmers und Rechten des Auftraggebers zu unterscheiden.

Es ist grundsätzlich kein Grund ersichtlich, warum der **Auftragnehmer** im Verhältnis zum Auftraggeber in der Benutzung der F&E-Ergebnisse für weitere F&E beschränkt werden sollte. Auch dann, wenn dem Auftraggeber nach dem Vertrag die Rechte an schutzrechtsfähigen F&E-Ergebnissen übertragen werden, sollte dem Auftragnehmer ein Recht zur Benutzung diesbezüglicher Schutzrechte des Auftraggebers zu weiteren F&E-Zwecken verbleiben.[697]

Bei den Rechten des **Auftraggebers** zur Benutzung der F&E-Ergebnisse für F&E-Zwecke ist wieder zwischen (zunächst) geheimen nicht schutzrechtsfähigen F&E-Ergebnissen und schutzrechtsfähigen F&E-Ergebnissen zu unterscheiden:

Hins. (zunächst) geheimer, nicht schutzrechtsfähiger F&E-Ergebnisse wird das Verwertungsinteresse des Auftraggebers meist erfordern, dass ihm selbst bzgl. des geschuldeten technischen Ergebnisses keine Geheimhaltungsver-

697 Siehe dazu *Ullrich (Privatrechtsfragen)* S. 130.

pflichtung auferlegt wird. Deshalb wird sich insoweit für F&E-Ergebnisse, die in das geschuldete Ergebnis einfließen, die Frage nach den Rechten des Auftraggebers zur Benutzung dieser F&E-Ergebnisse zu F&E-Zwecken i.d.R. nicht stellen, weil es insoweit an einer geschützten Rechtsposition des Auftragnehmers fehlen wird.

Eine Geheimhaltungsverpflichtung des Auftraggebers kann aber hins. F&E-Ergebnissen gerechtfertigt sein, die zwar nicht in das geschuldete Ergebnis einfließen, ohne deren Benutzung aber eine Verwertung dieses Ergebnisses nicht möglich ist, so dass sich insoweit die Frage nach einem Benutzungsrecht des Auftraggebers zu F&E-Zwecken stellen kann.

Wenn der Auftraggeber ein berechtigtes Interesse daran hat, das geschuldete F&E-Ergebnis fortlaufend zu verbessern, wird man ihm auch die Benutzung von ihm geheim zu haltender, nicht schutzrechtsfähiger F&E-Ergebnisse für die weitere, auf eine solche Verbesserung gerichtete F&E zubilligen müssen.

Entsprechende Benutzungsrechte sollte der Auftraggeber grundsätzlich hins. schutzrechtsfähiger F&E-Ergebnisse erhalten, die in das geschuldete Ergebnis einfließen oder für die Verwertung desselben voraussichtlich benötigt werden oder dafür nützlich sind, wobei sich allerdings der Auftragnehmer darauf beschränken kann, dem Auftraggeber die Benutzung dieser Ergebnisse zu dem vorerwähnten Zweck durch den Erwerb diesbezüglicher Schutzrechtspositionen zu ermöglichen (vgl. Kap. 8 Rdn. 314 und 315).

ddd) Regelung der Rechte zur Verwertung technischer F&E-Ergebnisse aus F&E-Aufträgen des Werkvertragstypus

Je nachdem, wie die F&E-Ergebnisse im Vertrag definiert werden, sind unterschiedliche Regelungen der diesbezüglichen Verwertungsrechte des Auftraggebers zu empfehlen. 511

Im Falle der in Kap. 8 Rdn. 509 vorangestellten Definition sollte der Auftraggeber zumindest nichtausschließliche Rechte oder die Möglichkeit zum Erwerb nichtausschließlicher Rechte zur Verwertung der F&E-Ergebnisse erhalten, jedoch nur insoweit, als die Verwertung des geschuldeten F&E-Ergebnisses eine Verwendung dieser F&E-Ergebnisse erfordert.

Im Falle der bei Nachbauinteresse des Auftraggebers vorgesehenen Definition gemäß dem letzten Absatz von Kap. 8 Rdn. 509 sollte der Auftraggeber ausschließliche Rechte oder die Möglichkeit zum Erwerb ausschließlicher Rechte zur Verwertung von F&E-Ergebnissen erhalten, allerdings bei solchen F&E-Ergebnissen, die seitens des Auftragnehmers erzielt werden, nur insoweit, als das Nachbauinteresse des Auftragnehmers und ggf. seiner Lizenznehmer die Verwendung dieser F&E-Ergebnisse erfordert. Dabei sollte dann, wenn der Auftraggeber nur eine Option zur Verwertung von F&E-Ergebnissen erhält, die seitens des Auftragnehmers entstehen, für den Fall der Nichtausübung dieser Option der Auftragnehmer auch Verwertungsrechte bzgl. vom Auftraggeber erzielter F&E-Ergebnisse erhalten, um ihm die Möglichkeit zu eröffnen, neben den auf seiner Seite gewonnenen F&E-Ergebnissen auch die inzwischen vom Auftraggeber gewonnene F&E-Ergebnisse anderweitig zu verwerten; s. dazu in Muster C die Definition von »TECHNOLOGIE« (Klausel 1.11), die Optionseinräumung (Art. 5) und die in Klausel 12.1 vorgesehenen »nachvertraglichen Rechte«.

Im Übrigen ist wieder wie bei der Regelung der Benutzungsrechte zwischen geheim zu haltenden F&E-Ergebnisse und Schutzrechtspositionen für F&E-Ergebnisse (s. Kap. 8 Rdn. 314 und 315) zu differenzieren.

512 Zumindest in dem Fall, dass der Auftragnehmer dem Auftraggeber ausschließliche Verwertungsrechte bzgl. F&E-Ergebnissen einzuräumen oder ihm den Erwerb solcher Verwertungsrechte zu ermöglichen hat, sollte ihm der Vertrag einen Anspruch auf gesonderte angemessene Vergütung im Verwertungsfall einräumen, s. dazu Kap. 8 Rdn. 545. Entsprechendes sollte gelten, wenn der Auftraggeber durch Übertragung der Rechte an schutzrechtsfähigen F&E-Ergebnissen die Möglichkeit erhält, sich durch Anmeldung von Schutzrechten ausschließliche Rechte zu verschaffen. Zur Frage der Bemessung dieser Vergütung wird auf Kap. 8 Rdn. 575–577 verwiesen.

bb) Benutzungs- und Verwertungsrechte bezüglich technischer F&E-Ergebnisse bei F&E-Aufträgen des Werkvertragstypus nach deutschem Recht im Falle des Fehlens einer vertraglichen Regelung

513 Mangels anderweitiger vertraglicher Regelung wird man einen Rechtsmangel des geschuldeten Ergebnisses annehmen müssen, wenn der Auftraggeber durch Rechte Dritter an der Verwertung des geschuldeten Ergebnisses gehindert wird.[698]

Man wird deshalb den **F&E-Ergebnissen** bei Fehlen einer vertraglichen Definition, soweit sich aus einer ergänzenden Vertragsauslegung nichts Anderes ergibt (s. dazu Kap. 8 Rdn. 515) alle Kenntnisse und Erfahrungen zurechnen müssen, welche beim Auftragnehmer während der Vertragsdauer erarbeitet werden und die in das geschuldete Ergebnis einfließen oder doch für seine Verwertung zwingend benötigt werden, und zwar einschl. Erfindungen, auf die der Auftragnehmer keinen Zugriff hat.

An den so verstandenen F&E-Ergebnissen dürfte der Auftraggeber ein **Recht zur Benutzung und Verwertung** haben, wobei der Auftragnehmer allerdings bei Schutzrechtsfähigkeit der F&E-Ergebnisse seinen Verpflichtungen auch dann genügen dürfte, wenn er dem Auftraggeber ein subsidiäres Anmelderecht einräumt bzw. ein Recht zur Übernahme von Schutzrechtspositionen, wenn er dieselben nicht mehr aufrechterhalten will, s. bereits Kap. 8 Rdn. 324.

Im Hinblick darauf, dass die F&E-Ergebnisse mangels abweichender vertraglicher Definition auch Erfindungen umfassen, auf die der Auftragnehmer keinen Zugriff hat, können sich aus diesen Rechten des Auftraggebers hohe Risiken für den Auftragnehmer ergeben.

698 *Ullrich (Privatrechtsfragen)* S. 139.

Weitergehende Benutzungs- und Verwertungsrechte dürften sich aus den gesetzlichen Bestimmungen über den Werkvertrag nicht herleiten lassen. Insbesondere bieten diese Bestimmungen keine Anhaltspunkte dafür, dass dem Auftraggeber auch Rechte an Zwischenerfindungen und allen nützlichen, »erfolgsverbessernden« oder sonst zuträglichen Erfindungen einzuräumen sind.[699] Auch ist nicht ersichtlich, warum dem Auftraggeber – entsprechend den bereits in Kap. 8 Rdn. 318 zitierten höchstrichterlichen Entscheidungen (BGH vom 24.02.1952 Plattenspieler[700] und RG vom 28.03.1917 – Registrierwechselkasse[701]) ein ausschließliches Benutzungs- und Verwertungsrecht zugebilligt werden sollte. Auch die Auffassung von *Ullrich*[702], dass die »vertragsgemäße Verwendung« allein dem Auftraggeber und ggf. seinen Lizenznehmern, die weitere Verwendung dagegen dem Auftragnehmer zustehen soll, dürfte zu weit gehen. 514

Immerhin kann dann, wenn das geschuldete Ergebnis eine neuartige Vorrichtung ist und der Vertrag das Interesse des Auftraggebers klar erkennen lässt, diese Vorrichtung nachzubauen und/oder zu verbessern, eine ergänzende Vertragsauslegung zu dem Ergebnis führen, dass der Auftragnehmer für diese Zwecke auch an den nur nützlichen, anlässlich der Entwicklung dieser Vorrichtung gewonnenen Kenntnissen und Erfahrungen des Auftragnehmers nichtausschließliche Benutzungs- und Verwertungsrechte (oder im Falle schutzrechtsfähiger Kenntnisse und Erfahrungen dieser Art alternativ das Recht zu eigener Anmeldung bzw. Aufrechterhaltung) erhält, soweit der Auftragnehmer diese Rechte ohne Verletzung von Rechten Dritter bzw. gegenüber Dritten bestehender Verpflichtungen erteilen kann. 515

i) Benutzungs- und Verwertungsrechte bezüglich technischer F&E-Ergebnisse bei F&E-Beratungsverträgen

aa) Empfehlungen zur Regelung

aaa) Bei der Regelung zu berücksichtigende Interessen

Betrachtet man zunächst die **Interessen des Vertragsgebers** (= Beratungsempfängers), so wird dieser die geschuldete Beratung grundsätzlich unter dem Aspekt der »verlängerten Werkbank« betrachten. Insoweit entsprechen seine Interessen denjenigen von Auftraggebern bei F&E-Aufträgen des Dienstvertragstypus, s. dazu Kap. 8 Rdn. 490–492. Das bedeutet auch, dass er möglichst ausschließliche Verwertungsrechte bzgl. Kenntnissen und Erfahrungen erwerben möchte, die der Vertragsnehmer (= Beratungsgeber) bei der Durchführung der Beratung gewinnt. 516

699 Siehe *Ullrich (Privatrechtsfragen)* S. 140 f.
700 GRUR 1953, S. 29, 30.
701 MuW 1917/1918, S. 55, 56.
702 *(Privatrechtsfragen)* S. 110 ff., 150; s. dazu aber auch die in Kap. 8 Rdn. 319 wiedergegebenen Ausführungen von *Ullrich*.

Dabei stellt sich allerdings die Frage, welche F&E-Tätigkeiten des Vertragsnehmers der Beratung und welche dessen sonstigen F&E-Tätigkeiten zuzurechnen sind.

517 Dem **Interesse des Vertragsnehmers** wird es hier entsprechen, den Kreis der zur Beratung zu rechnenden Tätigkeiten möglichst eng zu ziehen. Dabei wird der Vertragsnehmer zwar normalerweise bereit sein, dem Vertragsgeber die Rechte an Erfindungen, die bei der Beratung entstehen bzw. als entstanden gelten, gegen angemessene Vergütung zu übertragen, wird aber die Verwertung aller nicht schutzrechtsfähigen, bei der Beratung gewonnenen Kenntnisse und Erfahrungen dem Vertragsgeber nicht auf Dauer überlassen wollen.

bbb) Definition der F&E-Ergebnisse

518 Da nur in sehr begrenztem Umfang festgestellt werden kann, ob vom Vertragsnehmer gewonnene Kenntnisse und Erfahrungen aus der Beratungstätigkeit hervorgehen, bietet sich an, hins. der **Definition der F&E-Ergebnisse** grundsätzlich darauf abzustellen, ob sie vom Vertragsnehmer bzw. beiden Partnern auf einem bestimmten, vertraglich definierten technischen Gebiet gewonnen werden. Dieses Gebiet darf aber unter Berücksichtigung der Interessen des Vertragsnehmers nicht zu weit erstreckt werden; z.B. darf es nicht das gesamte Gebiet der Kunststoffchemie umfassen.

519 Andererseits kann der Vertragsgeber ein Interesse daran haben, dass dieses Gebiet nicht von vornherein im Vertrag zu eng definiert wird. Hier kann man sich damit helfen, dass man nur solche auf einem großen technischen Gebiet vom Vertragsnehmer während der Vertragsdauer gewonnenen Erkenntnisse und Erfahrungen zu den F&E-Ergebnissen rechnet, die

- dem Bemühen des Vertragsnehmers um die Lösung eines technischen Problems entspringen, das der Vertragsgeber dem Vertragsnehmer im Laufe der Durchführung des Vertrags benannt und dabei seinen Wunsch nach einer Lösung dieses Problems ausdrücklich oder konkludent erklärt hat,[703] oder
- auf Kenntnissen und Erfahrungen des Vertragsgebers beruhen, die dieser dem Vertragsnehmer im Vorfeld der F&E-Kooperation oder während der Durchführung derselben mitgeteilt hat und die der Vertragsnehmer geheim zu halten hat.

520 Von den F&E-Ergebnissen auszunehmen sind aber, sofern der Vertragsnehmer keine natürliche Person ist, wiederum Erfindungen, die ganz oder z.T. von solchen Arbeitnehmern stammen, deren Rechte an diesen Erfindungen

- (im Falle der Beteiligung nur solcher Arbeitnehmer an der vertragsgemäßen F&E, die dem ArbEG unterliegen, s. dazu Kap. 8 Rdn. 161) von einem Partner oder beiden Partnern nicht bzw. nicht bezüglich aller Erfindungsanteile nach dem ArbEG unbeschränkt in Anspruch genommen werden können, bzw.

703 *Ullrich (Privatrechtsfragen)* S. 109 spricht von »tätigkeitsimmanenten« Erfindungen.

– (im Falle der Durchführung des Vertrags nur oder auch durch Arbeitnehmer, die nicht dem ArbEG unterliegen) weder auf einen Vertragspartner noch auf beide Vertragspartner aufgrund gesetzlicher oder vertraglicher Regelungen übertragen werden und nicht von einem Vertragspartner allein oder von beiden Vertragspartnern gemeinsam durch Ausübung einer gesetzlichen Option oder durch Geltendmachung eines bestehenden vertraglichen Anspruchs erworben werden können,

Soweit die gewonnenen Kenntnisse und Erfahrungen Erfindungen darstellen, 521
die bei beiden Vertragspartnern entstanden sind, müssen auch diese Erfindungen den F&E-Ergebnissen zugerechnet werden, soweit die Partner auf alle Erfindungsanteile Zugriff haben, da sich derartige Erfindungen hins. der Anmeldungs- und Verwertungsrechte nicht »auseinanderreißen« lassen; vgl. Kap. 8 Rdn. 493.

Wenn jedoch ein Vertragspartner damit rechnen muss, dass in die Kenntnisse 522
und Erfahrungen der vorstehend bezeichneten Art auch geheime Informationen einfließen, die von Dritten stammen und nicht an den anderen Vertragspartner lizenziert werden können, sollte er darauf bestehen, dass Kenntnisse und Erfahrungen, in die solche Informationen Dritter einfließen, bei der Definition der F&E-Ergebnisse von diesen ausgenommen werden.

ccc) Regelung der Rechte zur Benutzung bzw. Verwertung technischer F&E-Ergebnisse aus F&E-Beratungsverträgen

Sieht man davon ab, dass hier für F&E-Beratungsverträge eine andere Defini- 523
tion der F&E-Ergebnisse vorgeschlagen wird als für F&E-Aufträge des Dienstvertragstypus (s. Kap. 8 Rdn. 518–522), gelten die Empfehlungen hins. der Regelung der Rechte zur Benutzung bzw. Verwertung von F&E-Ergebnissen für die vorbezeichneten F&E-Aufträge (Kap. 8 Rdn. 495–498) entsprechend; s. dazu im Einzelnen auch Muster G und H.

bb) Benutzungs- und Verwertungsrechte bezüglich technischer F&E-Ergebnisse bei F&E-Beratungsverträgen nach deutschem Recht bei Fehlen einer vertraglichen Regelung

Zu den **F&E-Ergebnissen** dürften bei Fehlen einer vertraglichen Definition 524
grundsätzlich alle Kenntnisse und Erfahrungen zu rechnen sein, welche der Vertragsnehmer bei der vertragsgemäßen Beratung gewinnt, jedoch mit den Randbedingungen gemäß Kap. 8 Rdn. 520–522.

Dabei besteht die Schwierigkeit (welche die Empfehlungen für die Definition in Kap. 8 Rdn. 518 und 519 zu vermeiden suchen) festzustellen, welche Kenntnisse und Erfahrungen der Beratungstätigkeit zuzurechnen sind und welche nicht. Wenn die Beratung nach dem Vertrag auf einem eng umrissenen technischen Gebiet zu leisten ist, könnte der Umstand, dass die betr. Kenntnisse und Erfahrungen des Vertragsnehmers auf diesem Gebiet gewonnen werden, als

Indiz dafür angesehen werden, dass sie auf der Beratungstätigkeit basieren. Dafür könnte ein weiteres Indiz sein, dass die betr. Kenntnisse und Erfahrungen auf Know-how des Vertragsgebers basieren, das dieser dem Vertragsnehmer mitgeteilt hat.

525 Auf der Basis des so verstandenen Begriffs der F&E-Ergebnisse wird man wohl für die **Benutzungs- bzw. Verwertungsrechte** von der Rechtslage ausgehen können, die hier nach Kap. 8 Rdn. 499 auch bei F&E-Aufträgen des Dienstvertragstypus im Falle des Fehlens einer vertraglichen Regelung angenommen wird.

10. Verwertungsrechte bezüglich Anwendungs- bzw. Verbesserungstechnologie zu den F&E-Ergebnissen

526 F&E-Verträge können für einzelne oder alle Vertragspartner auch Verwertungsrechte bezüglich solcher Anwendungs- und Verbesserungstechnologie zu den F&E-Ergebnissen vorsehen bzw. ermöglichen, die nach Abschluss der gemeinsamen F&E von mindestens einem Vertragspartner entwickelt werden.

527 Wirtschaftlich notwendig erscheinen Verwertungsrechte der Vertragspartner bzgl. solcher Anwendungs- und Verbesserungstechnologie bei horizontalen Verträgen, wenn diese eine gemeinsame Verwertung der erzielten Ergebnisse i.S. von Art. 2 Nr. 11 F&E-GFVO im Wege einer Spezialisierung hins. der Herstellung vorsehen, s. dazu Kap. 5 Rdn. 390 und Muster A, Klauseln 1.16 c), 5.1, 5.2 und 7. Entsprechende vertragliche Regelungen dürften, wie in Kap. 5 Rdn. 390 dargelegt, durch Art. 1 Abs. 2 F&E-GFVO grundsätzlich mit freigestellt sein, da sie mit der Durchführung des F&E-Vertrags unmittelbar verbunden und dafür notwendig sind, s. Kap. 5 Rdn. 390.

Eine darüber hinaus gehende Freistellung ist grundsätzlich auch nicht nach der TT-GFVO möglich (s. Kap. 5 Rdn. 546), und auch einer Freistellung aufgrund direkter Anwendung von Art. 81 Abs. 3 EGV dürften insoweit Grenzen gesetzt sein (s. Kap. 5 Rdn. 611–613).

528 Soweit die Vereinbarung von Rechten an Anwendungs- und Verbesserungstechnologie kartellrechtlich zulässig ist, sollte der Vertrag wie bei der Regelung der Rechte bzgl. Alttechnologie und F&E-Ergebnissen auch bei der Regelung der Rechte bzgl. Anwendungs- und Verbesserungstechnologie zwischen geheimen nicht schutzrechtsfähigen und schutzrechtsfähigen Kenntnissen und Erfahrungen unterscheiden.

529 Nicht zu vergessen ist auch hier die Regelung der Frage, ob und inwieweit ein Vertragspartner ihm eingeräumte Benutzungs- bzw. Verwertungsrechte unterlizenzieren kann, s. dazu schon Kap. 8 Rdn. 421.

11. Verwertungsrechte bezüglich Urheberrechten

a) Rechte zur Verwertung von Urheberrechten an Beschreibungen von technischen Kenntnissen auf dem F&E-Gebiet

Die Parteien eines F&E-Vertrags können technische Vorkenntnisse, technische F&E-Ergebnisse sowie Informationen über Anwendungen und Verbesserungen technischer F&E-Ergebnisse auf dem F&E-Gebiet in Form von Beschreibungen übermitteln, die Gegenstand von Urheberrechten sein können. Das Bestehen eines diesbezüglichen Urheberrechts setzt nach deutschem Recht voraus, dass solche Beschreibungen Werke, d.h. persönliche geistige Schöpfungen i.S. von § 2 Abs. 2 UrhG sind. Sie können dabei z.B. Sprachwerke i.S. von § 2 Abs. 1 Nr. 2 UrhG oder Darstellungen wissenschaftlicher oder technischer Art i.S. von § 2 Abs. 1 Nr. 2 UrhG sein oder diese enthalten. Da Schutzobjekt des Urheberrechts nur kulturelle Leistungen sind,[704] schützt ein Urheberrecht an technischen Beschreibungen nicht die darin beschriebene Technologie. 530

Im Rahmen seines Schutzzwecks gewährt ein Urheberrecht dem Urheber nach § 15 Abs. 1 UrhG ausschließliche Rechte zur Verwertung des Werks. Zu diesen Rechten gehören u.a. das Vervielfältigungsrecht (§ 16 UrhG) und das Verbreitungsrecht (§ 17 UrhG). Der Urheber kann nach § 31 Abs. 1 Satz 1 UrhG anderen das Recht einräumen, das Werk auf einzelne oder alle Nutzungsarten zu nutzen (Nutzungsrecht). Das Nutzungsrecht kann nach § 31 Abs. 1 Satz 2 UrhG einfach (§ 31 Abs. 2 UrhG) oder ausschließlich (§ 31 Abs. 3 UrhG) sein. Der Inhaber eines Nutzungsrechts kann dieses nach § 34 Abs. 1 UrhG nur mit Zustimmung des Urhebers übertragen. Entsprechendes gilt nach § 35 Abs. 1 UrhG für die Erteilung von Unternutzungsrechten durch den Inhaber eines ausschließlichen Nutzungsrechts. Hat der Urheber das Werk in Erfüllung seiner Verpflichtungen aus einem Arbeitsverhältnis geschaffen, stehen dem Arbeitgeber daran im Hinblick auf § 31 Abs. 5 UrhG (Zweckübertragungstheorie) und § 43 UrhG im Zweifel Nutzungsrechte in dem Umfang zu, der für seine betrieblichen Belange erforderlich ist.[705] Auf dieser Basis ist von Fall zu Fall festzustellen, ob er ein ausschließliches Nutzungsrecht benötigt. Das ist jedenfalls dann der Fall, wenn er nur hierdurch in die Lage versetzt wird, das durch den Arbeitnehmer geschaffene Werk zweckentsprechend zu verwerten.[706] Grundsätzlich wird der Arbeitgeber mit dem ausschließlichen Nutzungsrecht auch das Recht erwerben, dieses ohne ausdrückliche Zustimmung des Urheber zu übertragen bzw. daran einfache Unternutzungsrechte einzuräumen, wenn und soweit dies für die Zwecke seines Betriebs erforderlich ist.[707] 531

Ob und für welche Nutzungsarten ein Arbeitgeber an Urheberrechten an technischen Beschreibungen, die seine Arbeitnehmer in Erfüllung ihrer Dienst- 532

704 Siehe z.B. *Dreyer/Kotthoff/Meckel*, § 1 Rn. 4.
705 Siehe z.B. *Dreyer/Kotthoff/Meckel*, § 43 Rn. 13.
706 *Dreyer/Kotthoff/Meckel*, § 43 Rn. 15.
707 *Dreyer/Kotthoff/Meckel*, § 43 Rn. 16.

verpflichtungen verfasst haben, ein ausschließliches Nutzungsrecht hat und daran auch ohne deren ausdrückliche Zustimmung Unterbenutzungsrechte erteilen kann, hängt somit davon ab, ob und inwieweit seine betrieblichen Belange ein solches ausschließliches Nutzungsrecht und die Erteilung von Unternutzungsrechten erfordern. Betriebliche Belange, die ein ausschließliches Nutzungsrecht zumindest für die Nutzungsarten Vervielfältigung und Verbreitung mit dem Recht der Erteilung von Unternutzungsrechten erfordern, wird man dann bejahen müssen, wenn der Arbeitgeber die erwähnten technischen Beschreibungen für Schutzrechtsanmeldungen oder die Verwertung der darin beschriebenen technischen Kenntnisse benötigt, und zwar auch dann, wenn auch nicht urheberrechtlich geschützte Beschreibungen dieser technischen Kenntnisse möglich wären. Man wird nämlich dem Arbeitgeber auch im Falle einer solchen Möglichkeit nicht zumuten können, eigens für die genannten Zwecke eine neue Beschreibung dieser Kenntnisse erstellen zu lassen, zumal auch diese, wenn sie vergleichbare darstellerische Qualitäten aufweist, für den sie verfassenden Arbeitnehmer wiederum urheberrechtlich geschützt sein könnte. »Verwertung der beschriebenen technischen Kenntnisse« ist hier in einem weiten Sinne gemeint, so dass sie z.B. in dem Fall, dass der Arbeitgeber ein Forschungsunternehmen ist, auch die Verwendung solcher Kenntnisse bei dessen Bemühungen zur Hereinholung von F&E-Aufträgen umfasst.

533 Damit dürfte auch jeder Vertragspartner eines F&E-Vertrags grundsätzlich ein ausschließliches Nutzungsrecht an ggf. bestehenden Urheberrechten an technischen Beschreibungen, die seine Arbeitnehmer in Erfüllung ihrer Dienstverpflichtungen verfasst haben, jedenfalls für die Nutzungsarten Vervielfältigung und Verbreitung haben, einschließlich des Rechts, dem bzw. den anderen Vertragspartner(n) des F&E-Vertrags Unterbenutzungsrechte zu erteilen, wenn und soweit dies für die Erfüllung des F&E-Vertrags erforderlich ist.

534 Die weitere Frage geht dahin, wann ein F&E-Vertrag auch ohne ausdrückliche Bestimmung so auszulegen ist, dass er die Erteilung entsprechender Unternutzungsrechte an den anderen bzw. andere Vertragspartner umfasst. Dabei dürfte die Zweckübertragungstheorie (§ 31 Abs. 5 UrhG) auch hinsichtlich der Erteilung und des Umfangs solcher Unternutzungsrechte anzuwenden sein.

In den Kommentaren zum UrhG finden sich allerdings, soweit ersichtlich, keine entsprechenden Hinweise. So erwähnt der Kommentar von *Dreyer/Kotthoff/Meckel*[708] nur, dass sich eine Befugnis zur Weiterübertragung eines Nutzungsrechts aus § 31 Abs. 5 UrhG ergeben könne, während die Zweckübertragungstheorie auf die Fälle einer schuldrechtlichen Einwilligung in die Nutzung des Werkes nicht angewendet werde.

535 Zur Frage der stillschweigenden Einräumung eines Unternutzungsrechts gemäß § 31 Abs. 5 UrhG schweigt sich der Kommentar jedoch aus.

Der Unterschied der Einräumung eines Unternutzungsrechts gegenüber der nur schuldrechtlichen Einwilligung in die Nutzung liegt in dem fehlenden

708 § 31 Rn. 133.

Subjektschutz gemäß § 33 UrhG.[709] Durch Auslegung ist zu ermitteln, welche Variante gewollt ist.[710] Übermittelt ein Vertragspartner einem anderen Vertragspartner urheberrechtlich geschützte Beschreibungen einer Technologie und räumt er diesem ein Recht zur Verwendung und/oder Verwertung der beschriebenen Technologie ein, so spricht der Vertragszweck in der Regel dafür, dass der andere Vertragspartner mit dem Recht zur Verwertung der Technologie auch ein Recht zur Nutzung des Urheberrechts an den Beschreibungen für solche Nutzungsarten erwirbt, die der Verwendung bzw. Verwertung der beschriebenen Technologie dienen. Soweit für die Ausübung von Verwertungsrechten an der Technologie erforderlich, spricht der Zweck des Vertrags sogar für eine Befugnis des anderen Vertragspartners zur Unterlizenzierung seines Unternutzungsrechts. Ausnahmsweise wird man jedoch dann keine Vereinbarung eines Unternutzungsrechts annehmen können, wenn die Beschreibungen in Veröffentlichungen eines dazu autorisierten Verlegers enthalten sind und im Wege von Vervielfältigungen dieser Veröffentlichungen übermittelt werden. Hier wird der andere Vertragspartner ggf. die benötigten Vervielfältigungen der Veröffentlichung von dem Verleger erwerben müssen.

Dem Urheber steht nach dem »Territorialprinzip« kein einheitliches Urheberrecht, sondern ggf. nur ein Bündel nationaler Schutzrechte zu, deren Ausgestaltung von der jeweiligen nationalen Rechtslage abhängt.[711] Für die Anwendung des UrhG muss ein hinreichender Bezug zu dessen Geltungsbereich bestehen.[712] Steht nach deutschem Recht fest, dass der Urheber im Inland Schutz für sein Werk in Anspruch nehmen kann, kommt es nicht darauf an, ob ihm für ein solches Werk in dessen Ursprungsland ein gleichwertiger Schutz gewährt wird (»Schutzlandprinzip«). Der Schutz des Schutzlands ist damit grundsätzlich unabhängig von jenem des Ursprungslands.[713] Inwieweit auch Ausländer und Staatenlose Schutz nach dem UrhG beanspruchen können, richtet sich nach §§ 120 bis 123 UrhG. 536

Die komplizierte, von den Umständen des Einzelfalls abhängige und hinsichtlich des Auslands für einen deutschen Vertragspartner nicht überschaubare Rechtslage hinsichtlich der Frage, ob ein F&E-Vertrag auch ohne dahingehende ausdrückliche Bestimmung einem Vertragspartner Nutzungsrechte an Urheberrechten für von dem bzw. einem anderen Vertragspartner übermittelte technische Beschreibungen mit dem Recht der Erteilung von Unternutzungsrechten gewährt, spricht für eine ausdrückliche Regelung im Vertrag (s. dazu den Formulierungsvorschlag in Muster A, Klausel 5.5). Andererseits scheinen sich in der Praxis kaum Probleme hins. Urheberrechten an technischen Beschreibungen zu ergeben. Dies mag auch damit zusammenhängen, dass der Schadensersatz, der dem Urheber bzw. einem zur ausschließlichen Benutzung Berechtigten im Verletzungsfall zusteht, meist gering sein dürfte. 537

709 *Dreyer/Kotthoff/Meckel*, § 31 Rn. 16.
710 *Dreyer/Kotthoff/Meckel*, § 31 Rn. 33.
711 *Dreyer/Kotthoff/Meckel*, § 120 Rn. 4.
712 *Dreyer/Kotthoff/Meckel*, § 120 Rn. 5.
713 *Dreyer/Kotthoff/Meckel*, § 120 Rn. 5.

b) Rechte zur Verwertung von Urheberrechten an Computerprogrammen zur Analyse und/oder Steuerung technischer Vorgänge auf dem F&E-Gebiet

538 Zu den für eine F&E-Zusammenarbeit übermittelten Vorkenntnissen und den Ergebnissen der gemeinsamen F&E können außer rein technischen Ergebnissen auch Computerprogramme gehören, die technische Vorgänge analysieren und/oder steuern. Diese können von den Partnern auch nach der Phase der gemeinsamen F&E zur Anwendung und Verbesserung der in dieser Phase erzielten Ergebnisse erstellt werden.

539 Computerprogramme gehören nach § 69 a Abs. 3 UrhG zu den urheberrechtlich geschützten Werken, wenn sie individuelle Werke in dem Sinne darstellen, dass sie das Ergebnis der »eigenen geistigen Schöpfung« ihres Urhebers sind, wobei zur Bestimmung ihrer Schutzfähigkeit keine anderen Kriterien, insbesondere nicht qualitative oder ästhetische, anzuwenden sind.

Zur Begründung des Urheberschutzes genügt danach ein Mindestmaß an Individualität, so dass die Schutzfähigkeit eines nicht völlig trivialen Computerprogramms durch den Prozessgegner kaum ernsthaft bestritten werden kann.[714]

540 Zu beachten ist dabei auch § 69 b Abs. 1 UrhG als Spezialvorschrift gegenüber §§ 31 Abs. 5, 43 UrhG. Danach ist, soweit nichts Anderes vereinbart ist, bei einem Computerprogramm, das von einem Arbeitnehmer in Wahrnehmung seiner Aufgaben oder nach den Anweisungen seines Arbeitgebers geschaffen wird, ausschließlich der Arbeitgeber zur Ausübung aller vermögensrechtlichen Befugnisse an dem Computerprogramm berechtigt. Entsprechendes gilt nach § 69 b Abs. 2 UrhG für Computerprogramme, die von jemand geschaffen werden, der in einem öffentlich-rechtlichen[715] Dienstverhältnis steht.

541 Der Arbeitgeber hat damit in der Regel auch die Verwertungsrechte nach § 69 c UrhG, welche u.a. das Vervielfältigungsrecht und das Verbreitungsrecht umfassen. Eine »Verbreitung« liegt, wie sich aus § 17 Abs. 1 UrhG ergibt, nur vor, wenn das Computerprogramm in körperlicher Form der Öffentlichkeit angeboten wird. Sie setzt damit voraus, dass ein physisch vorhandenes Werkstück angeboten oder in Verkehr gebracht wird.[716] Inverkehrbringen bedeutet wiederum, dass der bisherige Inhaber des Werkstücks dieses einem außerhalb seiner internen Sphäre stehenden Dritten überlässt.

542 Es ist deshalb grundsätzlich davon auszugehen, dass die Rechte zur Verwertung von Computerprogrammen, die bei einem Vertragspartner vor Beginn der gemeinsamen F&E entstanden sind oder bei ihm während der Durchführung des gemeinsamen F&E-Projekts auf dem F&E-Gebiet entstehen, diesem Ver-

714 *Dreyer/Kotthoff/Meckel*, § 69a Rn. 22. Damit gelten die strengen Anforderungen an die Schutzfähigkeit, die nach BGH GRUR 1985, 1041 »Inkassoprogramm« bestanden, nicht mehr, wie der BGH selbst in seiner Entscheidung GRUR 1994, S. 39 »Buchhaltungsprogramm« bestätigt hat.

715 In § 69 b Abs. 2 UrhG ist zwar nur von Dienstverhältnissen die Rede, gemeint sind aber nur öffentlich-rechtliche Dienstverhältnisse, s. *Dreyer/Kotthoff/Meckel*, § 69b Rn. 3.

716 *Dreyer/Kotthoff/Meckel*, § 69c Rn. 18.

tragspartner zustehen. Soweit gewollt ist, dass auch der andere bzw. andere Vertragspartner solche Verwertungsrechte erhält bzw. erhalten, muss der Vertrag dies vorsehen.

Hierzu empfiehlt es sich, im Vertrag neben definierten Begriffen für rein technische Vorkenntnisse, technische F&E-Ergebnisse sowie Technologie betr. Anwendungen und Verbesserungen von F&E-Ergebnissen definierte Begriffe für Vorkenntnisse, F&E-Ergebnisse und Anwendungen/Verbesserungen in Form von Computerprogrammen zu gebrauchen, z.B. neben dem Oberbegriff »Technologie« mit den Unterbegriffen »Alttechnologie«, »Neutechnologie« und »Verbesserungstechnologie« den Oberbegriff »Software« mit den Unterbegriffen »Alt-Software«, »Neu-Software« und »Verbesserungs-Software«. Der Grund liegt darin, dass die beiden Typen von Ergebnissen bei der Regelung der Verwertungsrechte der Vertragspartner nicht »in einen Topf geworfen« werden können, da die Verwertung von Technologie nur in deren Benutzung, die »Verwertung« von Computerprogrammen aber vor allem in ihrer Vervielfältigung (§ 69 Abs. 1 Nr. 1 UrhG) liegt und bei der Ausgestaltung von Unterlizenzierungsrechten in der Regel zwischen beiden Bereichen unterschieden werden muss. 543

Wenn anzunehmen ist, dass Computerprogramme im Rahmen eines beabsichtigten F&E-Vertrags eine wesentliche Rolle spielen werden bzw. eine dafür eine gewisse Wahrscheinlichkeit besteht, ist eine ausdrückliche Regelung der Nutzungsrechte an diesbezüglichen Urheberrechten dringend anzuraten, zumal Verletzungen solcher Urheberrechte hohe Schadensersatzforderungen nach sich ziehen können. 544

Nicht zu vergessen ist die Regelung der Frage, ob und inwieweit ein Vertragspartner (Unter-)Nutzungsrechte, die ihm ein anderer Vertragspartner eingeräumt hat, wiederum unterlizenzieren kann. Das in Kap. 8 unter Rdn. 421 Ausgeführte gilt hier entsprechend. 545

12. Finanzielle Regelungen

a) Vergütungen für die Durchführung der vertragsgemäßen F&E

Bei F&E-Verträgen ist eine wichtige Frage, wer die Kosten der vertragsgemäßen F&E zu tragen hat bzw. in welchem Umfang sich jeder Vertragspartner an diesen Kosten zu beteiligen hat. 546

Diese Frage bildet nicht nur bei F&E-Aufträgen und F&E-Beratungsverträgen einen zentralen Verhandlungspunkt, sondern ist auch bei der Verhandlung von F&E-Verträgen anderer Typen im Auge zu behalten.

Generell ist ein Kostenausgleich immer dann in Betracht zu ziehen, wenn der Aufwand eines Vertragspartners für die von ihm durchzuführende F&E im Missverhältnis zu seinen Benutzungs- bzw. Verwertungsrechten an den F&E-Ergebnissen steht. Ist z.B. bei einem vertikalen Vertrag der Lieferant hins. des Absatzes des zu entwickelnden Produkts für einen langen Zeitraum auf den

Abnehmer beschränkt, kann das seine Forderung rechtfertigen, dass sich der Abnehmer angemessen an seinen F&E-Kosten beteiligt.

b) Kosten für die Anmeldung und Aufrechterhaltung von Schutzrechtspositionen für Alttechnologie

547 Ein Vertragspartner, der bzgl. bei ihm vorhandener schutzrechtsfähiger Alttechnologie einem anderen Partner Verwertungsrechte einräumt, kann, wenn er diesbezüglich dem ArbEG unterliegt, in die in Kap. 8 Rdn. 175–178 geschilderte Zwangslage geraten. Zur Vermeidung dieser Zwangslage kann es sich empfehlen, dem anderen Partner vertraglich die Kosten für die Anmeldung weiterer Schutzrechte für die betr. Alttechnologie bzw. für die weitere Aufrechterhaltung diesbezüglicher Schutzrechtspositionen aufzubürden, soweit und solange der andere Vertragspartner nicht auf seine Rechte zur Verwertung der betr. Alttechnologie verzichtet. Der Vertrag kann stattdessen auch vorsehen, dass der Partner, welcher der erwähnten Zwangslage ausgesetzt ist, sich von seiner Kostenbelastung nur auf dem in Kap. 8 Rdn. 179 beschriebenen Wege befreien kann.

c) Kosten für die Anmeldung und Aufrechterhaltung von Schutzrechtspositionen für F&E-Ergebnisse

548 Wer die Kosten für die Anmeldung und Aufrechterhaltung von Schutzrechtspositionen für F&E-Ergebnisse zu tragen hat und wie er sich von diesen Kosten für die Zukunft entlasten kann, wurde bereits erörtert; s. dazu allgemein Kap. 8 Rdn. 158 und 175–179; hins. der nach den Regeln über die Bruchteilsgemeinschaft zu beurteilenden Gemeinschaftserfindungen Kap. 8 Rdn. 189–199; und für die einzelnen Typen von F&E-Verträgen:
- für F&E-Verträge zwischen Unternehmen auf der gleichen Marktstufe (horizontale F&E-Verträge) Kap. 8 Rdn. 204–205, 218–219, 224, 225 und 234–242;
- für Verträge über arbeitsteilige F&E zwischen Unternehmen auf verschiedenen Marktstufen (vertikale F&E-Verträge) Kap. 8 Rdn. 250 und 251;
- für Verträge über arbeitsteilige F&E (F&E-Kooperationsverträge) zwischen industriellen Unternehmen und Hochschulen Kap. 8 Rdn. 252, 253, 272–276, 278 und 279;
- für F&E-Aufträge des Dienstvertragstypus an andere Auftragnehmer als Hochschulen Kap. 8 Rdn. 286, 287, 291–295;
- für an Hochschulen erteilte Aufträge des Dienstvertragstypus Kap. 8 Rdn. 308–310 und 312;
- für F&E-Aufträge des Werkvertragstypus Kap. 8 Rdn 314, 315 und 317;
- für F&E-Beratungsverträge Kap. 8 Rdn. 321 und 324.

d) Lizenzvergütungen bzgl. Alttechnologie

aa) Übergreifende Aspekte

Die Erteilung von Lizenzen bzgl. Alttechnologie kommt entsprechend der Definition dieses Begriffs (s. Kap. 8 Rdn. 345) normalerweise nur zum Zwecke der Durchführung der vertragsgemäßen F&E und/oder der vertragsgemäßen Verwertung von F&E-Ergebnissen in Frage. Dabei dürften sich i.d.R. nur Forderungen nach einer **Lizenzvergütung für die vertragsgemäße Verwertung**, nicht jedoch für die Benutzung zur Durchführung von F&E rechtfertigen lassen. 549

Soweit eine Lizenzvergütung angemessen erscheint, sollte deren **Festlegung bereits bei Abschluss des F&E-Vertrags** erfolgen. Sie sollte i.d.R. eine **laufende Lizenzgebühr** bilden, die in Prozent vom relevanten Umsatz bemessen wird mit der Maßgabe, dass bei Überschreitung der **Höchstbelastungsgrenze** (auch als »Höchstlizenzgrenze« bezeichnet) entsprechend den zur Ermittlung des Erfindungswerts für das deutsche Arbeitnehmererfindungsrecht entwickelten Grundsätzen[717] eine anteilige Kürzung des grundsätzlich maßgebenden Prozentsatzes zu erfolgen hat.

bb) Lizenzvergütungen bzgl. Alttechnologie für einzelne Typen von F&E-Verträgen

aaa) Lizenzvergütung bzgl. Alttechnologie bei F&E-Verträgen zwischen zwei Unternehmen auf der gleichen Marktstufe (horizontalen Verträgen)

Bei der Verhandlung eines horizontalen F&E-Vertrags sollte ein Unternehmen auf einer Vergütung für die Gewährung von Rechten zur Verwertung seiner geheimen Alttechnologie sowie seiner Schutzrechtpositionen für Alttechnologie bestehen, wenn das andere Unternehmen nicht fähig oder bereit ist, etwas Gleichwertiges in die Kooperation »einzubringen«. Eine solche Lizenzvergütung kann eine gewisse Sicherung dagegen bieten, dass der prospektive Vertragspartner den Vertrag nur anstrebt, um kostenlos seine Ausgangslage auf dem betr. F&E-Gebiet zu verbessern, und von vornherein beabsichtigt, den Vertrag bei nächster Gelegenheit zu kündigen, z.B. unter dem Vorwand, dass man sich über zu klärende Fragen des F&E-Programms nicht habe einigen können. 550

Ein Anlass für die Vergütungsforderung kann auch dann bestehen, wenn die Lizenz auch eine Unterlizenz an geheimer Alttechnologie oder Schutzrechtspositionen für Alttechnologie umfasst, die einem Dritten gehören, und der unterlizenzierende Vertragspartner im Falle der Ausübung der Unterlizenz durch den anderen Vertragspartner an den Dritten Unterlizenzgebühren entrichten muss, s. dazu schon Kap. 8 Rdn. 358. 551

717 Siehe dazu *Bartenbach/Volz (ArbEG)*, § 9 Rn. 129.1.

bbb) Lizenzvergütungen bzgl. Alttechnologie bei Verträgen über arbeitsteilige F&E zwischen Unternehmen auf verschiedenen Marktstufen (vertikalen Verträgen)

552 Bei vertikalen F&E-Verträgen kommen vor allem die in Kap. 8 Rdn. 467 beschriebenen Lizenzen in Betracht, die meist Lizenzen bzgl. F&E-Ergebnissen sein werden, die mit Lizenzen bzgl. Alttechnologie gekoppelt sind. Hier sind für die Vergütungsfrage die nachfolgend aufgeführten Aspekte zu berücksichtigen:

553 Der F&E-Vertrag könnte hier zwar jeweils die Vergütung für eine Lizenz bzgl. Alttechnologie schon vorab festlegen und bestimmen, nach welchen Kriterien Lizenzgebühren, die ggf. im Falle der Verwertung von Schutzrechtspositionen für F&E-Ergebnisse zu zahlen sind, zu ermitteln sind. Für die Bemessung der Vergütung bzgl. geheimer, nicht schutzrechtsfähiger F&E-Ergebnisse würde es aber an Kriterien fehlen, so dass ein wichtiger Baustein für die Gesamtregelung der Vergütung fehlen würde.

554 Außerdem bliebe bei einer nur den Lizenzaspekt erfassenden Vergütungsregelung unberücksichtigt, dass ein Partner dadurch, dass er eine Lizenz bzgl. Alttechnologie und F&E-Ergebnissen erteilt, auf die ausschließliche Bindung des anderen Partners hins. Lieferung bzw. Bezug der Vertragsprodukte an ihn bzw. seine Konzerngesellschaften verzichtet, dies aber schon für sich allein genommen ein ausreichender Grund für einen finanziellen Ausgleich sein kann. Für einen solchen Ausgleich kann es daneben auch weitere Gründe geben, z.B. den Umstand, dass die Risiken und Chancen der gemeinsamen F&E ungleich verteilt sind, oder den Umstand, dass der als Abnehmer des zu entwickelnden Produkts vorgesehene Vertragspartner eine mit Risiken behaftete Vorreiterrolle übernimmt, s. Kap. 8 Rdn. 580 und 581.

555 Unter diesen Umständen empfiehlt sich, einem Vertragspartner, der mit einer Lizenz der in Kap. 8 Rdn. 467 erwähnten Art auf die erwähnte ausschließliche Bindung verzichtet, statt einer Lizenzvergütung bzgl. F&E-Ergebnissen und Alttechnologie einen Anspruch auf einen besonderen finanziellen Ausgleich zu gewähren, wenn seine Interessen einen solchen gebieten.

ccc) Lizenzvergütungen bzgl. Alttechnologie bei Verträgen über arbeitsteilige F&E (F&E-Kooperationsverträgen) zwischen industriellen Unternehmen und Hochschulen

556 Die Forderung nach einer **Lizenzvergütung für die Verwertung geheimer Alttechnologie** kann insoweit gerechtfertigt sein, als geheime Alttechnologie Dritter unterlizenziert werden soll und der Dritte bei Erteilung einer solchen Unterlizenz für deren Ausübung vom unterlizenzierenden Partner eine Lizenzgebühr verlangen kann. Wie in Kap. 8 Rdn. 372–480 dargelegt wurde, entspricht im Übrigen eine Vergütung für lizenzierte geheime Alttechnologie nicht der Interessenlage.

Dagegen erscheint die Forderung nach einer angemessenen **Lizenzvergütung für die Verwertung von Schutzrechtspositionen für Alttechnologie** meist gerechtfertigt, und zwar auch insoweit, als es sich um Schutzrechtspositionen handelt, die dem lizenzierenden Vertragspartner (das wird normalerweise nur die Hochschule sein) selbst gehören. 557

ddd) Lizenzvergütungen bzgl. Alttechnologie bei F&E-Aufträgen des Dienstvertragstypus

Bei F&E-Aufträgen des Dienstvertragstypus erscheint normalerweise nur eine Verpflichtung des Auftragnehmers zur Erteilung einer Verwertungslizenz bzgl. bei ihm vorhandener, nicht schutzrechtsfähiger Alttechnologie, nicht aber bzgl. von ihm lizenzierbarer schutzrechtsfähiger Alttechnologie interessengerecht, s. Kap. 8 Rdn. 398–403, während für den Auftraggeber zur Erteilung von Verwertungslizenzen an den Auftragnehmer generell kein Anlass besteht, s. Kap. 8 Rdn. 404. 558

Dem Auftragnehmer wird dabei ein Vergütungsanspruch für die Verwertung der dem Auftraggeber lizenzierten **geheimer Alttechnologie** durch diesen normalerweise nur insoweit zuzubilligen sein, als es sich bei der erteilten Lizenz um eine Unterlizenz handelt, s. Kap. 8 Rdn. 400. 559

Dagegen erscheint die Gewährung eines Vergütungsanspruchs an den Auftragnehmer i.d.R. berechtigt, wenn der Auftraggeber ausnahmsweise vom Auftragnehmer eine Lizenz zur Verwertung **Schutzrechtspositionen für Alttechnologie** erhält, s. Kap. 8 Rdn. 403. 560

eee) Lizenzvergütungen bzgl. Alttechnologie bei F&E-Aufträgen des Werkvertragstypus

Da der Auftragnehmer bei F&E-Aufträgen des Werkvertragstypus dem Auftraggeber das geschuldete technische Ergebnis rechtsmängelfrei zur Verfügung zu stellen hat und die Nichtverwertbarkeit einen Rechtsmangel bilden dürfte (s. Kap. 8 Rdn. 513), wäre bei Fehlen einer vertraglichen Regelung von Folgendem auszugehen (s. Kap. 8 Rdn. 412): Der Auftragnehmer müsste dem Auftraggeber geheime Alttechnologie, welche letzterer zur Verwertung des geschuldeten Ergebnisses benötigt, für diese Verwertung auf nichtausschließlicher Basis kostenlos zur Verfügung stellen. Entsprechend müsste der Auftragnehmer, wenn der Vertrag keine anderweitige Regelung trifft, dem Auftraggeber an Schutzrechten für Alttechnologie, deren Verwendung für die Verwertung des geschuldeten Ergebnisses benötigt werden, für diese Verwertung eine kostenlose nichtausschließliche Lizenz erteilen oder stattdessen dem Auftraggeber die Übernahme dieser Schutzrechte ohne Vergütungspflicht für deren Verwertung bei der Verwertung des geschuldeten Ergebnisses anbieten. 561

Sieht der Vertrag jedoch – nach der hier vertretenen Auffassung in Abweichung von der Rechtslage nach Werkvertragsrecht, s. Kap. 8 Rdn. 412 – für den Auftraggeber ausschließliche Rechte der erwähnten Art oder eine Option auf 562 solche ausschließlichen Rechte vor, dürften Ansprüche des Auftragnehmers auf Lizenzvergütung im Verwertungsfall auch ohne ausdrückliche vertragliche Gewährung anzunehmen sein. Dabei stellt sich allerdings die schwierige Frage, wie diese Vergütung zu bemessen ist.

Der Vertrag wird hier zweckmäßig eine einheitliche Regelung treffen, die nicht danach differenziert, ob die Lizenzvergütung Alttechnologie, F&E-Ergebnissen oder Verbesserungstechnologie betrifft, s. Kap. 8 Rdn. 577.

fff) Lizenzvergütungen bzgl. Alttechnologie bei F&E-Beratungsverträgen

563 Hier gelten die Empfehlungen für Aufträge des Dienstvertragstypus (Kap. 8 Rdn. 558–560) entsprechend.

e) Lizenzvergütungen für die Verwertung von technischen F&E-Ergebnissen

aa) Übergreifende Aspekte

564 Bei Erteilung von Lizenzen bzgl. F&E-Ergebnissen dürfte zunächst einmal **nur eine Lizenzvergütung für die Einräumung von Verwertungsrechten** bzgl. F&E-Ergebnissen in Frage kommen, also nicht für die Einräumung von Rechten zur Benutzung von F&E-Ergebnissen für F&E-Zwecke.

Ein Problem bildet aber auch die Festlegung von Lizenzvergütungen für die Verwertung von geheimen, nicht schutzrechtsfähigen F&E-Ergebnissen. Diese F&E-Ergebnisse lassen sich nämlich nicht im Einzelnen definieren. Außerdem fehlt es bei ihnen – anders als bei Schutzrechtspositionen für F&E-Ergebnisse – an Bewertungsmaßstäben.

Diese Aspekte sprechen allerdings nicht dagegen, auch für die Verwertung geheimer, nicht schutzrechtsfähiger F&E-Ergebnisse die Lizenzvergütungen bzw. leicht zu beurteilende Kriterien für ihre Bemessung schon vorab im Vertrag festzulegen (Einmalgebühren, insbesondere bei Ausübung einer Option zur Erlangung von Verwertungsrechten, und/oder umsatzabhängige Lizenzgebühren in Prozent vom Umsatz, wobei der für die Errechnung maßgebende Prozentsatz vorab fixiert wird).

Gegen eine solche Vorab-Festlegung kann wiederum sprechen, dass sie nicht nach der Bedeutung des jeweiligen geheimen F&E-Ergebnisses für die Verwertung differenziert. Sie erscheint trotzdem in einigen Fällen angebracht. Dies gilt vor allem dann, wenn zu erwarten ist, dass in die F&E-Ergebnisse jeweils wertvolle geheime Alttechnologie des Lizenzgebers einfließt bzw. dass die Verwertung der F&E-Ergebnisse ohne Verwertung geheimer Alttechnologie bzw. Schutzrechten für Alttechnologie nicht möglich ist. In solchen Fällen wird es i.d.R. zweckmäßig sein, vorab Lizenzvergütungen festzulegen, die auch die Mitverwertung geheimer Alttechnologie und ggf. auch von geheimer Verbesserungstechnologie mit abdeckt, s. Kap. 8 Rdn. 577 und Muster C, Annex 5, § 2.

565 Wollen prospektive Vertragspartner vereinbaren, dass einer von ihnen eine Lizenzvergütung für die Verwertung von Schutzrechtspositionen für gemein-

sam erarbeitete F&E-Ergebnisse, also von **Gemeinschaftserfindungen**, zu zahlen hat und die Höhe dieser Lizenzvergütung jeweils nachträglich in Abhängigkeit vom Wert der betr. Gemeinschaftserfindung ermittelt wird, sollten sie bei der Bemessung der Höhe dieser Vergütung nicht zusätzlich danach differenzieren, wie hoch die Erfindungsanteile der einzelnen Partner jeweils sind, sondern stets gleich hohe Erfindungsanteile zugrunde legen. Die Frage der Erfindungsanteile ist immer schwer zu beantworten und kann deshalb leicht Gegenstand von Streitigkeiten zwischen den Vertragspartnern werden.[718] Dabei wäre eine Differenzierung nach Erfindungsanteilen kommerziell meist nur von begrenzter Bedeutung, da die Erfindungsanteile nach § 742 BGB im Zweifel gleich hoch sind und sich im Übrigen die durchschnittlichen Erfindungsanteile der Partner mit wachsender Zahl der gemeinsamen Schutzrechte/Schutzrechtsanmeldungen tendenziell angleichen dürften.

Lizenzvergütungen für die Verwertung von Schutzrechtspositionen für zu 566
den F&E-Ergebnisse gehörende Erfindungen, die nach dem Vertrag jeweils unter Berücksichtigung des Werts dieser Erfindungen zu ermitteln sind, sollten grundsätzlich nur laufende Lizenzgebühren sein, die in Prozent vom relevanten Umsatz zu berechnen sind. Dabei ist – wie bei Lizenzgebühren bzgl. Alttechnologie (s. Kap. 8 Rdn. 549) – die **Höchstbelastungsgrenze** entsprechend den zur Ermittlung des Erfindungswerts für das deutsche Arbeitnehmererfindungsrecht entwickelten Grundsätzen zu beachten.

Dabei werden sich die Vertragspartner normalerweise über den Prozentsatz, 567
der für die Ermittlung der Lizenzvergütung (vorbehaltlich einer späteren Herabsetzung unter dem Aspekt der Höchstbelastungsgrenze) maßgebend ist, jeweils zu gegebener Zeit einigen. Gelingt ihnen dies nicht, bleibt nur der Weg einer Festsetzung durch das zuständige staatliche Gericht bzw., wenn Schiedsgerichtsbarkeit vereinbart wurde, durch das Schiedsgericht.

Unterliegt der Vertrag deutschem Recht, wird man annehmen können, dass jeder Partner mangels Einigung die gerichtliche Festsetzung beantragen kann, wenn der Anspruch auf Lizenzvergütung dem Grunde nach entstanden ist, also z.B. dann, wenn ein Vertragspartner die Rechte an einer bei ihm entstandenen Arbeitnehmererfindung auf den anderen Vertragspartner übertragen hat und dieser dadurch dem Grunde nach lizenzgebührenpflichtig wird.

bb) Lizenzvergütungen bzgl. F&E-Ergebnisse bei einzelnen Typen von F&E-Verträgen

aaa) Lizenzvergütungen bzgl. F&E-Ergebnissen bei F&E-Verträgen zwischen zwei Unternehmen auf der gleichen Marktstufe (horizontalen Verträgen)

Nach der hier vertretenen Auffassung – s. Kap. 8 Rdn. 215 – sollten horizontale 568
F&E-Verträge einem Vertragspartner keine Verpflichtung zur Zahlung von

718 In diesem Sinne auch *Winzer (F&E-Verträge)* S. 220 f. Rn. 39.

Lizenzgebühren für die Verwertung von Schutzrechtspositionen auferlegen, die für F&E-Ergebnisse bestehen und von einem anderen Vertragspartner gehalten werden.

bbb) Lizenzvergütungen bzgl. F&E-Ergebnissen bei Verträgen über arbeitsteilige F&E zwischen Unternehmen auf verschiedenen Marktstufen (vertikalen F&E-Verträgen)

569 Vertikale F&E-Verträge können unter Berücksichtigung des kartellrechtlichen Spielraums Vereinbarungen über die Erteilung von beschränkten Verwertungslizenzen enthalten, die nicht nur F&E-Ergebnisse, sondern auch Alttechnologie betreffen, s. Kap. 8 Rdn. 467.

Wie schon zur Frage von Lizenzvergütungen bzgl. Alttechnologie bei vertikalen F&E-Verträgen dargelegt wurde (s. Kap. 8 Rdn. 552–555), bietet sich hier, wenn die Interessenlage die Zahlung einer Lizenzvergütung an und für sich als angemessen erscheinen lässt, statt der Festlegung einer gesonderten Lizenzvergütung die Vereinbarung eines besonderen finanziellen Ausgleichs an, der neben dem Aspekt der Lizenzvergütung noch andere Aspekte abdeckt, s. dazu Kap. 8 Rdn. 579–586.

ccc) Lizenzvergütungen bzgl. F&E-Ergebnissen bei Verträgen über arbeitsteilige F&E (F&E-Kooperationsverträgen) zwischen industriellen Unternehmen und Hochschulen

570 Bei Verträgen über F&E-Kooperationen zwischen industriellen Unternehmen und Hochschulen entspricht der Interessenlage nach der hier vertretenen Auffassung grundsätzlich folgende, sowohl vom Konzept des *Berliner Vertrags* (s. Darstellung in Kap. 8 Rdn. 254–261 und Beurteilung in Kap. 8 Rdn. 262–266) als auch von dem Konzept von *Winzer* (s. dazu Kap. 8 Rdn. 484–488) grundlegend verschiedene Regelung (s. dazu auch die Kurzdarstellung in Kap. 8 Rdn. 482 und 483 sowie die ausführliche Darstellung in Kap. 8 Rdn. 267–280):

1. Der Industriepartner erhält nicht nur das ausschließliche Recht zur Verwertung schutzrechtsfähiger F&E-Ergebnisse, die allein bei ihm entstehen, sondern auch eine Option, alle Rechte bzgl. schutzrechtsfähiger F&E-Ergebnisse, die allein bei der Hochschule oder als Gemeinschaftserfindungen bei beiden Partnern entstehen, zu erwerben. Im Falle der Optionsausübung hat der Industriepartner eine Schutzrechtsanmeldung für das Inland auf seine Kosten in die Wege zu leiten.
2. Für Länder des Auslands, für die er keine Nachanmeldungen für eine Hochschul-Erfindung bzw. Gemeinschaftserfindung tätigt, sind die Rechte an diesen Erfindungen an die Hochschule (zurück) zu übertragen, und der Industriepartner muss auch vor der Aufgabe ihm gehörender Schutzrechtspositionen für die betr. Erfindung der Hochschule die Übertragung derselben anbieten. Diese Rechtsfolgen kann der Industriepartner allerdings abbedingen, was ihn zur Zahlung eines Ausgleichs verpflichtet, s. dazu schon Kap. 8 Rdn. 278 Nr. 6.

Für den Fall der Ausübung der Option umfasst das hier vertretene Konzept eine Vergütungsregelung gemäß Muster D, I., auf das hiermit wegen der Einzelheiten verwiesen wird. Nach diesem Konzept gelten folgende Grundsätze: 571

1. Der Industriepartner zahlt, soweit sich aus nachfolgend 2. nichts anderes ergibt, eine Vergütung nur für die Verwertung ihm gehörender Schutzrechtspositionen für eine Hochschul-Erfindung oder Gemeinschaftserfindung, wie hier definiert, s. Kap. 8 Rdn. 270. Die Verwertung einer solchen Schutzrechtsposition ist anzunehmen, sobald und soweit sich in entsprechender Anwendung der Vergütungsrichtlinien für Arbeitnehmererfindungen ein Erfindungswert errechnet.
2. Solange der Industriepartner eine tatsächlich bestehende Schutzrechtsposition nicht verwertet, gelten die Vergütungsgrundsätze gemäß Nr. 21 bis 24 der Vergütungsrichtlinien entsprechend.
3. Die vertragliche Regelung der Vergütungshöhe erfolgt nach folgenden Grundsätzen:
   a) Hat der Industriepartner an die Hochschule für die von ihr durchzuführende F&E kein Entgelt zu leisten, hat er an die Hochschule im Falle einer Vergütungspflicht nach vorstehend 1. oder 2. im Falle der Verwertung bzw. Nichtverwertung von Schutzrechtspositionen für Hochchul-Erfindungen jeweils eine Vergütung in Höhe des Erfindungswerts, der in entsprechender Anwendung der Vergütungsrichtlinien ermittelt wird, bzw. im Falle der Verwertung von Schutzrechtspositionen für Gemeinschaftserfindungen jeweils eine Vergütung in Höhe der Hälfte dieses Erfindungswerts zu zahlen.
   b) Hat der Industriepartner dagegen für die von der Hochschule durchzuführende F&E ein Entgelt zu leisten, das nicht nur die diesbezüglichen voraussichtlichen Personen- und Sachkosten der Hochschule abdeckt, sondern auch einen angemessenen Gewinnaufschlag enthält, (nachfolgend als »volles Entgelt« bezeichnet), schuldet der Industriepartner nur einen Bruchteil des Erfindungswerts bzw. des halben Erfindungswerts, der dem Anteilsfaktor entspricht, welcher unter analoger Anwendung der einschlägigen Bestimmungen der Vergütungsrichtlinien (Nr. 30–38) auf das Verhältnis zwischen Industriepartner und Hochschule zu ermitteln ist.
   Dabei ist eine Einbindung der Hochschule in den Betrieb des Industriepartners als Leiterin einer Entwicklungsabteilung bzw. Gruppenleiterin in der Forschung i.S. von Nr. 34 der Vergütungsrichtlinien (Wertzahl c: 2) zu fingieren.
   Bei Ermittlung der Wertzahl b) für die Lösung der Aufgabe (Nr. 32 der Vergütungsrichtlinien) ist dabei von Folgendem auszugehen:
   Von der Hochschule stammende vergütungsrelevante Erfindungen bzw. ihre Anteile an vergütungsrelevanten Erfindungen werden überwiegend mit Hilfe »betrieblich geläufiger Überlegungen« erzielt.
   Ihre Erzielung »auf Grund betrieblicher Arbeiten oder Kenntnisse« ist dann anzunehmen, wenn sie auf Arbeiten und Kenntnissen des Industriepartners beruhen.

Benutzen die Hochschulbeschäftigten bei der Erzielung vergütungsrelevanter Erfindungen technische Hilfsmittel der Hochschule, ist auch das Kriterium »Unterstützung des Betriebs mit technischen Hilfsmitteln« zu bejahen, da bei Vereinbarung des vollen Entgelts dieses auch eine Gegenleistung für die Benutzung von technischen Hilfsmitteln der Hochschule enthalten wird.

Da es unter diesen Umständen möglich sein wird, den mittleren Anteilsfaktor bei vergütungsrelevanten Erfindungen im Voraus zu schätzen, empfiehlt es sich, schon im F&E-Vertrag einen einheitlichen Anteilsfaktor und damit denjenigen Bruchteil des Erfindungswerts bzw. des halben Erfindungswerts, der jeweils die Vergütung bildet, festzulegen. Damit werden auch spätere Diskussionen darüber vermieden, ob wirklich ein »volles Entgelt« vereinbart war.

c) Verpflichtet der Vertrag den Industriepartner nur zur Zahlung eines Teils des »vollen Entgelts«, ist nur hins. desjenigen Anteils des Erfindungswerts bzw. des halben Erfindungswerts eine Kürzung gemäß vorstehend b) zu kalkulieren, der dem vom Industriepartner zu tragenden Teil des »vollen Entgelts« entspricht, und auf dieser Basis ein einheitlicher Prozentsatz für die Kürzung des Erfindungswerts bzw. des halben Erfindungswerts vorab im F&E-Vertrag festzulegen.

572 Zu einzelnen Punkten dieses Vergütungskonzepts werden die nachfolgenden **Erläuterungen** gegeben:

Zu 3.a): Es ist aus den in Kap. 8 Rdn. 567 angeführten Gründen sinnvoll, bei Gemeinschaftserfindungen immer gleich hohe Erfindungsanteile der Partner anzunehmen.

Zu 3.b) und c): Es erscheint angemessen, die vom Industriepartner geschuldete Lizenzvergütung zu kürzen, wenn der Industriepartner das »volle Entgelt« oder einen Teil desselben zu entrichten hat, und zwar aus folgenden Gründen:

Auch bei der innerbetrieblichen F&E trägt der Industriepartner die diesbezüglichen Personen- und Sachkosten. Dabei wird er die eingesetzten Personen ebenso entsprechend ihrer Qualifikation entlohnen, wie das die Hochschule bei dem von ihr für F&E-Projekte eingesetzten Personen tun wird. Soweit er für Diensterfindungen seiner Arbeitnehmer Erfindervergütung zu zahlen hat, ist dafür nach den Vergütungsrichtlinien nicht der volle Erfindungswert, sondern der gemäß dem Anteilsfaktor gekürzte Erfindungswert anzusetzen.

Lagert der Industriepartner dagegen die F&E teilweise an eine Hochschule aus und verpflichtet er sich dieser gegenüber zur Zahlung des »vollen Entgelts«, hat er zunächst im Vergleich zur innerbetrieblichen F&E den Nachteil, dass er mit dem »vollen Entgelt« auch einen angemessenen Gewinnaufschlag an die Hochschule entrichtet. Dieser Nachteil wird allerdings durch den Vorteil kompensiert, dass er für die betr. F&E nicht eigenes Personal vorhalten muss.

Die Waagschale würde sich aber zu Ungunsten der Kooperation mit der Hochschule neigen, wenn der Industriepartner der Hochschule den vollen bzw. halben Erfindungswert ohne Kürzung unter Berücksichtigung eines Anteilsfaktors zukommen lassen müsste, obwohl er ihr das »volle Entgelt« oder einen Teil desselben zu entrichten hat.

ddd) Lizenzvergütungen bzgl. schutzrechtsfähiger F&E-Ergebnisse bei F&E-Aufträgen des Dienstvertragstypus

Bei F&E-Aufträgen des Dienstvertragstypus sollte der Auftraggeber im Falle der typischen Interessenlage eine Option auf den Erwerb der Rechte an Erfindungen erlangen, die zu den F&E-Ergebnissen gehören, wobei die Ausübung der Option die Verpflichtung des Auftraggebers nach sich zieht, für das Inland eine Patentanmeldung auf seine Kosten einzureichen, s. Kap. 8 Rdn. 286 Nr. 1 bzw. Rdn. 309. 573

Für den Fall der Ausübung der Option ist dem Auftraggeber außerdem die Verpflichtung zur Zahlung einer Lizenzvergütung für die Verwertung ihm zustehender Schutzrechtspositionen in Analogie zum Arbeitnehmererfinderrecht aufzuerlegen, wobei sich die Lizenzvergütung für Erfindungen, die bei beiden Partnern entstehen, also »Gemeinschaftserfindungen« sind, halbiert. Insoweit gilt das gleiche wie bei F&E-Kooperationsverträgen zwischen industriellen Unternehmen und Hochschulen, s. dazu Kap. 8 Rdn. 571 und 572. 574

Dabei kann man davon ausgehen, dass der Auftraggeber an den Auftragnehmer für die Durchführung der F&E das »volle Entgelt« entsprechend der Definition in Kap. 8 Rdn. 571 Nr. 3 b) zu entrichten hat, so dass die Lizenzvergütung im Falle von Schutzrechtspositionen für Erfindungen, die nur beim Auftragnehmer entstehen, nur einen Teil des gesamten Erfindungswerts bzw. im Falle von Schutzrechtspositionen für Erfindungen, die bei beiden Partnern entstehen, nur einen Teil des halben Erfindungswerts beträgt, wobei dieser Teil unter Berücksichtigung der Bestimmungen der Vergütungsrichtlinien für Arbeitnehmererfindungen über den Anteilsfaktor von vornherein im F&E-Vertrag festgelegt wird.

Zu der Lizenzvergütung tritt ggf. ein finanzieller Ausgleich entsprechend Kap. 8 Rdn. 278 Nr. 6.

eee) Lizenzvergütungen bzgl. F&E-Ergebnissen bei F&E-Aufträgen des Werkvertragstypus

Zumindest dann, wenn der Auftragnehmer dem Auftraggeber ausschließliche Verwertungsrechte an Schutzrechtspositionen für F&E-Ergebnisse gewährt oder ihm eine Option zum Erwerb solcher ausschließlichen Rechte einräumt, sollte ihm der Vertrag einen Anspruch auf gesonderte angemessene Vergütung für die Verwertung solcher Schutzrechtspositionen einräumen. Bei Erteilung ausschließlicher Verwertungsrechte an F&E-Ergebnissen, welche der Auftraggeber geheim zu halten hat, kommt auch eine Vergütung für die Verwertung solcher F&E-Ergebnisse in Frage. 575

Die Vergütung kann, wenn der Auftragnehmer dem Auftraggeber eine Option zur Erlangung der Verwertungsrechte einräumt, neben einer bei Ausübung 576 der Option zahlbaren Gebühr die Zahlung einer laufenden, umsatzabhängigen Lizenzgebühr im Verwertungsfall umfassen. Sowohl die Höhe der ggf. zu zahlenden Einmalgebühr bei Ausübung der Option als auch Bezugsgröße und Prozentsätze, die für die Errechnung der laufenden Lizenzgebühr maßgebend sind, sollten bereits im F&E-Auftrag festgelegt werden. Dabei sollte für die Verwertung von Schutzrechtspositionen für F&E-Ergebnisse (mit oder ohne gleichzeitige Verwertung von geheimen F&E-Ergebnissen) ein höherer Prozentsatz vorgesehen werden als für die bloße Verwertung von geheimen F&E-Ergebnissen.

577 Erstreckt sich die vom Auftragnehmer zu erteilende Lizenz bzw. Lizenzoption auf Alttechnologie (s. Kap. 8 Rdn. 411) und/oder Verbesserungstechnologie bzw. diesbezügliche Schutzrechtspositionen, ist es zweckmäßig, anstelle gesonderter Lizenzvergütungen für die Verwertung jeder lizenzierten Technologie bzw. diesbezüglicher Schutzrechtspositionen Lizenzvergütungen bzgl. aller lizenzierten Technologien bzw. diesbezüglicher Schutzrechtspositionen vorzusehen, s. dazu Muster C, Annex 5, § 2.

fff) Lizenzvergütungen bzgl. F&E-Ergebnissen bei F&E-Beratungsverträgen

578 Für F&E-Beratungsverträge gelten die Empfehlungen bzgl. Lizenzvergütungen für schutzrechtsfähige F&E-Ergebnisse bei F&E-Aufträgen des Dienstvertragstypus (Kap. 8 Rdn. 574) entsprechend, wobei jedoch Folgendes zu beachten ist:

- F&E-Ergebnisse sind bei F&E-Beratungsverträgen anders zu definieren als bei F&E-Aufträgen des Dienstvertragstypus, s. dazu Kap. 8 Rdn. 518–522.
- Bei einem F&E-Beratungsvertrag kann auch eine Einzelperson Dienstnehmer (=Beratungsgeber) sein. In diesem Fall besteht kein Anlass, schon im Voraus einen Anteilsfaktor entsprechend dem deutschen Arbeitnehmererfinderrecht festzulegen, s. dazu die Regelung in Muster G, § 4.2 und die verkürzte Regelung in Muster H, Nr. 8 und 9.

Dabei tritt zu der Lizenzvergütung ggf. wie bei F&E-Aufträgen des Dienstvertragstypus ein finanzieller Ausgleich entsprechend Kap. 8 Rdn. 286 Nr. 6.

f) Besonderer finanzieller Ausgleich bei vertikalen F&E-Verträgen

579 Bei vertikalen F&E-Verträgen lässt das europäische Kartellrecht in weitem Umfang zu, dass die Vertragspartner eine einseitige oder gegenseitige Bindung hins. der Lieferung bzw. des Bezugs des zu entwickelnden Produkts (Vertragsprodukts) vereinbaren, s. zu den einschlägigen Bestimmungen der Vertikal-GFVO insbesondere Kap. 5 Rdn. 516 und 526–528. Dabei kann für einen Vertragspartner schon der Verzicht auf die Vereinbarung einer Bindung des anderen Vertragspartners einen ausreichenden Grund bilden, vom anderen Partner einen besonderen finanziellen Ausgleich zu verlangen (s. aber den Hinweis in Kap. 5 Rdn. 625, dass die Vorteile eines Alleinbezugsrechts des Käufers kaum durch den finanziellen Ausgleich kompensiert werden).

Das gilt z.B. dann, wenn das Kostenrisiko, das ein Partner mit der Beteiligung an der vertragsgemäßen F&E übernimmt, ohne einen solchen finanziellen Ausgleich nicht ausreichend kompensiert würde. 580

Ist vorgesehen, dass derjenige Partner, dessen Interesse in erster Linie auf die Verwendung bzw. Anwendung des Vertragsprodukts gerichtet ist, der erste Abnehmer des Vertragsprodukts ist, kann ein besonderer finanzieller Ausgleich auch im Hinblick auf das Risiko des Ersteinsatzes dieses Produkts gerechtfertigt sein. 581

Das gilt insbesondere dann, wenn es sich bei dem Vertragsprodukt um ein technisch komplexes Produkt (wie z.B. eine chemische Anlage) handelt, bei dessen Ersteinsatz mit »Kinderkrankheiten« zu rechnen ist. In solchen Fällen kann die Ausgleichszahlung auch durch nachvertragliche Pflichten des Erstabnehmers, z.B. zur Mitteilung von Problemen bei Verwendung des Vertragsprodukts, gerechtfertigt sein.

Eine einseitige Bindung eines Vertragspartners oder eine gegenseitige Bindung beider Vertragspartner kann auch aus bestehenden oder künftigen Rechtspositionen folgen, die ein Vertragspartner oder jeder von ihnen bzgl. F&E-Ergebnissen bzw. für deren Verwertung benötigter Alttechnologie erwarten kann bzw. innehat. 582

Dabei kann es im Interesse eines Vertragspartners bzw. beider Vertragspartner liegen, auch eine einseitige bzw. gegenseitige Bindung, die auf solchen Rechtspositionen beruht, durch die Erteilung einseitiger oder gegenseitigen Lizenzen zu vermeiden oder zu befristen, s. dazu Kap. 8 Rdn. 376–378 und 462. 583

Auch hier lässt sich ein besonderer finanzieller Ausgleich rechtfertigen, soweit sie bei einer Gesamtbetrachtung der wirtschaftlichen Balance der beiderseitigen Rechte und Pflichten dienen. 584

Zu berücksichtigen ist dabei natürlich der Aspekt einer angemessenen Lizenzvergütung. Daneben können aber auch andere Aspekte wie die in Kap. 8 Rdn. 580 und 581 genannten zur Rechtfertigung des besonderen finanziellen Ausgleichs beitragen.

Die Ausgleichszahlung kann, wenn der primär an der Herstellung des Vertragsprodukts interessierte Vertragspartner für sich und seine Konzerngesellschaften die Freiheit behält bzw. erhält, das Vertragsprodukt nicht nur an den anderen Partner und dessen Konzerngesellschaften, sondern auch an andere Kunden zu liefern, als laufende Gebühr festgelegt werden, die von ihm während eines im F&E-Vertrag bestimmten Zeitraums zu zahlen ist und in Prozent vom Nettoverkaufspreis seiner Verkäufe des Vertragsprodukts an diese anderen Kunden bemessen wird. 585

Sie kann dagegen, wenn der in erster Linie an dem Bezug des Vertragsprodukts interessierte Vertragspartner für sich und seine Konzerngesellschaften die Freiheit behält oder erhält, das Vertragsprodukt für den Eigenbedarf nicht nur vom anderen Vertragspartner und dessen Konzerngesellschaften, sondern auch von einem anderen Hersteller seiner Wahl zu beziehen, als laufende Gebühr festgelegt werden, die von ihm während eines im F&E-Vertrag bestimmten Zeitraums zu zahlen ist und in Prozent vom Nettoeinkaufspreis der von ihm 586 und seinen Konzerngesellschaften getätigten Einkäufe des Vertragsprodukts bei dem betr. anderen Hersteller bemessen wird. Hat der in erster Linie an der Herstellung und an dem Vertrieb des Vertragsprodukts interessierte Vertragspartner einem anderen Hersteller eine Lizenz gemäß Kap. 8 Rdn. 467, 1. Teilstrich erteilt, schuldet dieser keine Lizenzvergütung. Die Gegenleistung für die Lizenz wird vielmehr durch den besonderen finanziellen Ausgleich, den der in erster Linie am Bezug des Vertragsprodukts interessierte Partner für Einkäufe bei dem anderen Hersteller zu leisten hat, mit abgedeckt.

13. Steuern

a) Vorbemerkung

587 Bei internationalen F&E-Verträgen sind die steuerrechtlichen Probleme nicht zu vernachlässigen. Die folgenden Ausführungen sollen zwar den Blick für diese Probleme schärfen, sind aber nicht dazu gedacht, bei der Gestaltung von F&E-Verträgen ungeprüft berücksichtigt zu werden. In Zweifelsfällen ist die Hinzuziehung eines steuerlichen Experten zu empfehlen.

b) Umsatzsteuer

588 Umsatzsteuer kann bei F&E-Verträgen nach deutschem oder nach ausländischem Recht anfallen.

589 Nach deutschem Umsatzsteuerrecht unterliegen der Umsatzsteuer grundsätzlich

1. Lieferungen und sonstige Leistungen i.S. von § 3 UStG, die ein Unternehmen im Inland gegen Entgelt im Rahmen seines Unternehmens ausführt (§ 1 Abs. 1 Nr. 1 UStG),
2. die Einfuhr von Gegenständen im Inland oder in den österreichischen Gebieten Jungholz und Mittelberg. (§ 1 Abs. 1 Nr. 4 UStG) sowie
3. der innergemeinschaftliche Erwerb im Inland gegen Entgelt (§ 1 Abs. 1 Nr. 5 UStG).

590 Für eine Verpflichtung zur Zahlung deutscher Umsatzsteuer nach vorstehend 1. ist damit von Belang, ob eine Lieferung oder sonstige Leistung im Inland oder Ausland ausgeführt wird bzw. als ausgeführt gilt. Zu beachten ist hierbei für eine Lieferung, dass diese grundsätzlich dort als ausgeführt gilt, wo die Beförderung oder Versendung an den Abnehmer beginnt, unabhängig davon, ob der Lieferer oder Abnehmer für die Beförderung oder Versendung sorgt, s. § 3 Abs. 5 a i.V. mit Abs. 6 UStG.

591 Daraus folgt, dass bei einem F&E-Auftrag an ein ausländisches Unternehmen die Vergütung für im Rahmen des Auftrags entwickelte Maschinen usw., die es vom Ausland an den deutschen Auftraggeber versendet, nicht nach vorstehend 1., sondern nur nach vorstehend 2. oder 3. steuerbar ist.

Ist das deutsche Unternehmen der Auftragnehmer und exportiert es die entwickelte Maschine an den ausländischen Auftraggeber, gilt die Lieferung zwar nach vorstehenden Ausführungen als im Inland ausgeführt; die dafür vom Auftraggeber geschuldete Vergütung unterliegt aber als Ausfuhrlieferung nach § 4 Nr. 1 a) UStG oder als innergemeinschaftliche Lieferung nach § 4 Nr. 1 b) UStG trotzdem nicht der deutschen Umsatzsteuer. 592

Für »sonstige Leistungen« ist zu berücksichtigen, dass sie zwar grundsätzlich an dem Ort als ausgeführt gelten, an dem der sie ausführende Unternehmer sein Unternehmen betreibt bzw. an dem die Betriebsstätte liegt, von der sie ausgeführt werden (§ 3 a Abs. 1 UStG); davon abweichend gelten aber nach § 3 a Abs. 3 UStG die sonstigen Leistungen i.S. von § 3 a Abs. 4 UStG als dort ausgeführt, wo der Empfänger sein Unternehmen betreibt. Zu diesen sonstigen Leistungen gehören die Einräumung, Übertragung und Wahrnehmung von Patenten, Urheberrechten, Markenrechten und ähnlichen Rechten (§ 3 a Abs. 4 Nr. 1 UStG) und die Überlassung von Informationen einschließlich gewerblicher Verfahren und Erfindungen (§ 3 a Abs. 4 Nr. 5 UStG). Damit sind auch im Rahmen von F&E-Verträgen von einem ausländischen Unternehmen an ein inländisches Unternehmen erteilte entgeltliche Patent- und Know-how-Lizenzen sowie entgeltliche Lizenzen an Urheberrechten im Inland umsatzsteuerpflichtig. Steuerschuldner ist aber nicht das ausländische Unternehmen, sondern nach § 13 b Abs. 2 UStG der Empfänger, d.h. das deutsche Unternehmen. 593

Der ausländische Lizenzgeber hat nach § 14 a Abs. 5 UStG eine Rechnung auszustellen, in der auf die Steuerschuldnerschaft des deutschen Lizenznehmers hinzuweisen ist. 594

Der Erhalt einer solchen Rechnung ist für den deutschen Lizenznehmer wegen § 15 Abs. 1 Nr. 1 UStG wichtig. Danach kann ein Unternehmen Vorsteuer für Lieferungen und sonstige Leistungen, die von einem anderen Unternehmen ausgeführt worden sind, nur abziehen, wenn es eine nach den §§ 14, 14 a UStG ausgestellte Rechnung besitzt. Dabei ist der gesondert ausgewiesene Steuerbetrag auf eine Zahlung vor Ausführung der Umsätze bereits abziehbar, wenn die Rechnung vorliegt und die Zahlung geleistet worden ist. 595

Auch im Falle eines Lizenztausches liegt ein im Inland steuerbarer Umsatz vor, und zwar auch dann, wenn das deutsche Unternehmen wegen angenommener Gleichwertigkeit der Lizenzen keine finanziellen Vergütungen zu leisten hat. Hier empfiehlt sich u.U., die Frage, wie die Lizenz finanziell zu bewerten ist, schon vor Vertragsschluss mit dem zuständigen Finanzamt zu klären. 596

Ob jeweils auch nach ausländischem Recht Umsatzsteuer zu zahlen ist, richtet sich nach dem jeweiligen ausländischen Recht und kann deshalb hier nicht erörtert werden. Erwähnt sei lediglich, dass das Umsatzsteuerrecht in der EG Gegenstand der Sechsten Richtlinie 77/388/EWG und der Achten Richtlinie 79/1072/EWG zur Harmonisierung der Rechtsvorschriften der Mitgliedsstaaten über die Umsatzsteuer ist. 597

Auf der Basis der vorstehend skizzierten Rechtslage in Deutschland empfiehlt sich für ein Unternehmen, das einen F&E-Vertrag abschließen möchte, nach dem es als Empfänger einer nach deutschem Recht umsatzsteuerpflichtigen 598

Lieferung oder sonstigen Leistung in Frage kommt, in den Vertrag folgende Regelungen aufzunehmen: Bei Beteiligung eines ausländischen Vertragspartners trägt dieser die ggf. zu zahlende ausländische Umsatzsteuer, ggf. zu zahlende inländische Umsatzsteuer trägt das deutsche Unternehmen (s. hierzu im Einzelnen die Formulierung in Muster C, Klauseln 10.1 und 10.2). Unabhängig davon, ob ein ausländischer Vertragspartner beteiligt ist, erklärt der F&E-Vertrag jede nach ihm geschuldete Vergütung erst dann für zahlbar, wenn sie mit einer entsprechenden Rechnung angefordert worden ist, ggf. unter Aufführung des Umsatzsteuerpflichtigen und, wenn der ggf. zu zahlende Umsatzsteuerbetrag nach dem einschlägigen Umsatzsteuerrecht in der Rechnung aufzuführen ist, unter Ausweis desselben.

c) Sonstige Steuern und Abgaben, insbesondere Einkommen- bzw. Körperschaftssteuer

599 Bei F&E-Verträgen zwischen inländischen Vertragspartnern ist es nicht notwendig, zu diesen Steuern Regelungen vorzusehen, da hier auch ohne dahin gehende ausdrückliche Bestimmung klar ist, dass jeder Vertragspartner die von ihm geschuldete Einkommen- bzw. Körperschaftssteuer und ggf. sonstigen Steuern und Abgaben zu tragen hat und der Abzug von Quellensteuer durch den Vergütungspflichtigen hier nicht in Betracht kommt.

600 Anders kann es bei Beteiligung eines ausländischen Unternehmens als Vertragspartner sein. So können z.B. Lizenzvergütungen und Vergütungen für F&E-Leistungen sowohl im Inland als auch im Ausland der Einkommens- bzw. Körperschaftssteuer mit der Folge der Erhebung von Quellensteuer unterliegen, soweit nicht internationale Abkommen zur Vermeidung der Doppelbesteuerung (»Doppelbesteuerungsabkommen« = DBA) einen Ausschluss oder eine Verminderung der Quellenbesteuerung ermöglichen.

601 Soweit auch unter Berücksichtigung des jeweils einschlägigen DBA noch Quellensteuer erhoben werden kann, stellt sich die Frage, ob und ggf. inwieweit die erhobene Steuer die vom Zahlungsempfänger in seinem Land geschuldete Einkommens- bzw. Körperschaftssteuer mindern kann. Das deutsche Steuerrecht ermöglicht deutschen Unternehmen, wenn von der ihnen geschuldeten Vergütung ausländische Quellensteuer einzubehalten ist, eine solche Minderung unter bestimmten Voraussetzungen und in bestimmten Grenzen nach der »Anrechnungsmethode« oder der »Freistellungsmethode«.[719] Nach der ersteren Methode wird die im Ausland erhobene Quellensteuer auf die deutsche Einkommen- bzw. Körperschaftssteuer ganz oder z.T. angerechnet, die Freistellungsmethode gestattet dem deutschen Steuerpflichtigen die Minderung des zu versteuernden Betrags um die im Ausland einbehaltene Quellensteuer. Normalerweise dürfte die Anrechnungsmethode zu einem für den Steuerpflichtigen günstigeren Ergebnis führen.

719 Siehe dazu *Jacobs* S. 11 ff.

Soweit die völlige oder teilweise Freistellung von deutscher Quellensteuer nach einem DBA möglich ist, muss der ausländische Gläubiger einen Freistellungsbescheid des Bundesamts für Finanzen erwirken. Ist der inländische Vertragspartner der Gläubiger, dürfte umgekehrt nach dem einschlägigen ausländischen Recht im Land des Zahlungspflichtigen eine entsprechende Freistellungsbescheinigung zur Vermeidung bzw. Minderung der Steuer im Ausland erforderlich sein. 602

Unter diesen Umständen ist einem deutschen Unternehmen, das unter einem F&E-Vertrag Zahlungen in das Ausland zu leisten hat, zu empfehlen, in seinem Vertragsentwurf eine Klausel mit folgendem Inhalt aufzunehmen: Das deutsche Unternehmen darf nur Abzüge vornehmen, zu denen es rechtlich verpflichtet ist. Soweit es von seiner Abzugsverpflichtung nach dem einschlägigen DBA ganz oder z.T. befreit werden kann, wird es einen Freistellungsantrag stellen. Bei Stellung und Verfolgung des Antrags werden die Vertragspartner im notwendigen Umfang zusammenwirken. 603

Umgekehrt sollte ein deutsches Unternehmen, das nach einem F&E-Vertrag, z.B. für die Erteilung einer Lizenz an seinen vorbestehenden Schutzrechten, Anspruch auf Zahlungen aus dem Ausland hat, versuchen, folgende Regelung durchzusetzen: Alle ihm nach dem Vertrag zustehenden Zahlungen sind ohne jeden Abzug vorzunehmen, mit folgender Maßgabe: Soweit der ausländische Partner nach dem in seinem Land geltenden Recht verpflichtet ist, von den zu leistenden Zahlungen Steuern und/oder Gebühren einzubehalten und abzuführen, erhöhen sich die entsprechenden von ihm geschuldeten Beträge in dem Umfang, der erforderlich ist, um dem deutschen Partner nach Abzug der einzubehaltenden Steuern bzw. Gebühren die vollen nach dem Vertrag zu leistenden Zahlungen zukommen zu lassen. Dies gilt nicht, soweit der deutsche Partner nach dem DBA zwischen Deutschland und dem Land des ausländischen Vertragspartners eine den einbehaltenen Beträgen entsprechende Steuergutschrift beanspruchen kann. Die Partner werden gegebenenfalls in der erforderlichen Weise kooperieren, um alle rechtlichen Möglichkeiten zur Vermeidung bzw. Reduzierung des Einbehalts durch den ausländischen Vertragspartner auszuschöpfen, insbesondere alle dazu erforderlichen Anträge stellen und Erklärungen abgeben. 604

14. Haftung

Bei einem F&E-Vertrag stellt sich u.a. die Frage der Haftung der Vertragspartner für 605

1. die Richtigkeit und Vollständigkeit der im Vorfeld des Vertrags und während dessen Laufzeit übermittelten Informationen;
2. die technische Brauchbarkeit der übermittelten Informationen;
3. das Fehlen einer Abhängigkeit von Schutzrechten Dritter, was die von den Vertragspartnern in das gemeinsame F&E-Projekt »eingebrachte« geheime Alttechnologie sowie die von ihnen in das gemeinsame F&E-Projekt »einge-

brachten« Schutzrechte/Schutzrechtsanmeldungen für Alttechnologie betrifft; und

4. das Fehlen von Vorbenutzungsrechten Dritter an ggf. von den Vertragspartnern »eingebrachten« Schutzrechten/Schutzrechtsanmeldungen.

606 Nach deutschem Recht könnte man bei der Beantwortung dieser Fragen an die Anwendbarkeit der Rechtsgrundsätze für den Lizenzvertrag denken.[720] Danach könnte sich ohne ausdrücklichen Haftungsausschluss z.B. eine Haftung für fehlende Abhängigkeit »eingebrachter« Altschutzrechte[721] und für deren technische Brauchbarkeit[722] ergeben.

607 Zumindest bei F&E-Verträgen zwischen Parteien, welche die F&E-Ergebnisse auf der gleichen Marktstufe verwerten wollen, ist aber eine entsprechende Haftung in der Regel nicht angebracht. Hier werden alle Vertragspartner ein Interesse an vollständiger Einbringung auch nur möglicherweise einschlägiger Altschutzrechte haben, ohne dass der jeweils einbringende Vertragspartner hinsichtlich dieser Schutzrechte irgendeine Garantie, die über seine Rechtsmacht zur Erteilung der Lizenz hinausgeht, übernehmen will. Die Übernahme der Haftungsgrundsätze für Lizenzverträge erscheint deshalb jedenfalls insoweit als verfehlt. Wie ein Gericht im Streitfall entscheiden würde, ist jedoch unsicher. Es empfiehlt sich deshalb jedenfalls bei F&E-Verträgen der genannten Art eine ausdrückliche vertragliche Regelung zu diesen Fragen.

608 Allerdings werden dabei allgemeine Haftungsausschlüsse folgender Art:

> »Die Vertragspartner übernehmen keine Haftung dafür, dass im Rahmen dieses Vertrages zur Verfügung gestellte Kenntnisse, Arbeitsergebnisse und Unterlagen richtig, brauchbar und vollständig sind oder dass durch ihre Anwendung keine Schutzrechte Dritter verletzt werden.«[723]

der Interessenlage nicht gerecht. Sie würden nämlich auch generell für den Fall gelten, dass der eine Information zur Verfügung stellende Vertragspartner weiß, dass die Information unrichtig oder in irreführender Weise unvollständig ist, und auch generell für den Fall, dass der zur Verfügung stellende Vertragspartner Kenntnis davon hat, dass bei Benutzung der Information ein erhebliches Risiko der Verletzung des Schutzrechts eines Dritten besteht. Im ersteren Fall sollte die Haftung des zur Verfügung stellenden Vertragspartners nur ab dem Zeitpunkt ausgeschlossen sein, in dem er sein Wissen um die Unrichtigkeit bzw. irreführende Unvollständigkeit dem anderen Vertragspartner mitgeteilt hat; im zweiten Fall sollte die Haftung des zur Verfügung stellenden Vertragspartners nur ausgeschlossen sein, wenn er den anderen Vertragspartner auf das fremde Schutzrecht hingewiesen hat, s. dazu im Einzelnen Muster A, Klausel 9.2 i.V. mit Klausel 9.1.

720 Vgl. den Verweis in *Pagenberg/Beier* in Rn. 59 zu Muster 8 auf Rn. 36–67 ff. und Rn. 224–227 ff. zu Muster 1.

721 *Pagenberg/Beier* in Rn. 42 zu Muster 1.

722 *Pagenberg/Beier* in Rn. 48 ff. zu Muster 1.

723 Zitat aus *Pagenberg/Beier*, Muster 8, § 13.

Bei internationalen F&E-Verträgen zwischen Parteien, welche die F&E-Ergebnisse auf der gleichen Marktstufe verwerten wollen, erscheint es zweckmäßig, die Haftungsklausel wie folgt zu gliedern: 609

- Zunächst führt sie alle Gewährleistungen und Verpflichtungen auf, für deren Verletzung der jeweils gewährleistende oder sich verpflichtende Vertragspartner nach dem Vertrag haften soll, soweit der Vertrag diese Gewährleistungen und Verpflichtungen nicht schon an anderer Stelle vorgesehen hat. Dabei kann sie die Haftung für die Verletzung von Verpflichtungen von einem Verschulden abhängig machen.
- Sodann schließt sie die vertragliche Haftung für die Verletzung nicht ausdrücklich vereinbarter Gewährleistungen und Verpflichtungen aus. Ggf. begrenzt sie zusätzlich die Haftung für einzelne Gewährleistungen und Verpflichtungen der Höhe nach.
- Darüber hinaus bestimmt sie, dass ein Vertragspartner, dem von einem anderen Vertragspartner Schutzrechte lizenziert oder Informationen übermittelt worden sind, das Risiko für die Benutzung bzw. Verwertung dieser Schutzrechte und Informationen trägt, soweit nicht ein anderer Vertragspartner für Schäden aus dieser Benutzung bzw. Verwertung wegen Verletzung einer ausdrücklich vereinbarten Gewährleistung oder Verpflichtung haftet. Insoweit erfolgt auch ein Ausschluss von nicht vertraglichen Ansprüchen, z.B. aus unerlaubter Handlung wegen Übermittlung unrichtiger, Personen- oder Sachschäden verursachender Schäden.
- Schließlich verpflichtet die Klausel in Fällen, für die nach dem Vertrag ein Vertragspartner nach dem Vertrag allein haftet oder das Risiko trägt, diesen Vertragspartner zur Freistellung des anderen Vertragspartners bzw. der anderen Vertragspartner und dessen/deren Mitarbeiter von Ansprüchen Dritter. Es kann sich hier z.B. handeln um Ansprüche aus unerlaubter Handlung, die auf der Übermittlung unrichtiger, Personen- oder Sachschäden auslösender Informationen durch einen Vertragspartner beruhen (und nicht nur gegen diesen, sondern auch gegen den unmittelbar benutzenden Vertragspartner gerichtet sein können), oder Ansprüche wegen Beteiligung an der Verletzung eines Schutzrechts durch Lizenzierung von unter das Schutzrecht fallender Technologie ohne Aufklärung des unmittelbar benutzenden Vertragspartners über das Verletzungsrisiko.

Bei derartigen Haftungsausschlüssen bzw. -begrenzungen bzw. Verpflichtungen zur Haftungsfreistellung muss man sich allerdings darüber klar sein, dass man hierdurch ggf. die Versicherer bestehender Haftpflichtversicherungen entlastet. Man könnte deshalb daran denken, die Haftung insoweit aufrechtzuerhalten, als sie durch eine entsprechende Versicherung gedeckt ist. Dagegen spricht wiederum, dass ein wesentlicher Faktor für die laufende bzw. periodische Anpassung der im Rahmen eines Versicherungsverhältnisses zu zahlenden Versicherungsprämien der tatsächliche Schadenanfall ist, so dass jeder Vertragspartner ein Interesse am Ausschluss bzw. an der Begrenzung seiner Haftung und der Freistellungsverpflichtung des anderen Vertragspartners selbst insoweit 610 haben muss, als er ohne entsprechende vertragliche Vereinbarung Versicherungsschutz in Anspruch nehmen könnte.

611 Bei F&E-Aufträgen stellt sich vor allem die Frage, ob und ggf. inwieweit der Auftragnehmer für den Erfolg der F&E einzustehen hat.

Diese Frage ist allerdings, wenn der Vertrag deutschem Recht unterliegt, Hauptkriterium für die Einstufung des Vertrags als Dienst- oder Werkvertrag, s. Kap. 6 Rdn. 11–24 mit Zusammenfassung in Kap. 6 Rdn. 25. Das schließt allerdings auch dann, wenn der Vertrag insgesamt als Dienstvertrag einzustufen ist, ausdrücklich vereinbarte Garantien für die Erzielung von Teilerfolgen nicht aus, s. Kap. 6 Rdn. 23. Solche Garantien entsprechen allerdings nicht der gesetzlichen Regelung für Dienstverträge. Sie könnten deshalb, soweit sie als AGB anzusehen sind, nach § 307 BGB unwirksam sein, s. schon Kap. 6 Rdn. 23.

612 Allein schon die Verpflichtung, das F&E-Ziel unter Anwendung von »best efforts« = bestmöglichen Anstrengungen zu verfolgen, kann kritisch für den Auftragnehmer sein. Akzeptiert er eine solche Verpflichtung, sollte er wenigstens auf einer flankierenden angemessenen Haftungsbegrenzung bestehen.

613 Bei F&E-Verträgen zwischen einem potenziellen Lieferanten und einem potenziellen Verwender der zu entwickelnden Erzeugnisse, die keinen Entwicklungsauftrag des potenziellen Verwenders darstellen, erscheinen ausdrückliche Haftungsregelungen oft als verzichtbar.

Was die Haftung der Vertragspartner in der F&E-Phase betrifft, erscheint das Risiko überschaubar; in Betracht kommt vor allem eine Haftung gegenüber dem anderen Vertragspartner wegen Verletzung von Personen oder Beschädigung von Sachen, die aber in der Regel, abgesehen von dem meist vereinbarten Selbstbehalt, durch eine Haftpflichtversicherung gedeckt sein wird. Man kann sich deshalb bezüglich dieser Phase grundsätzlich ohne große Skrupel der Regelung unterwerfen, welche das Recht, dem der Vertrag unterliegt, für die Haftung bei fehlender vertraglicher Regelung vorsieht.

Andererseits wird die Haftung nach dem F&E-Vertrag in der Verwertungsphase, was die Lieferbeziehungen zwischen den Vertragspartnern betrifft, überlagert von den Haftungsregelungen in den einzelnen Lieferverträgen.

15. Vertragsdauer

a) Inkrafttreten von F&E-Verträgen

614 Ein F&E-Vertrag tritt, wenn nichts Anderes bestimmt ist, wie andere Verträge normalerweise mit seiner Unterzeichnung in Kraft. Wenn der Vertrag allerdings bei Vollzug einen Fusionstatbestand erfüllen würde – Hauptfall ist hier die Gründung eines Gemeinschaftsunternehmen – und deshalb einer behördlichen Fusionskontrolle, z.B. durch die EU-Kommission (s. Kap. 5 Rdn. 14–37) oder eine nationale Kartellbehörde (s. für Deutschland Kap. 5 Rdn. 640–655 und für die USA Kap. 5 Rdn. 696–698, 711 und 712) unterliegt, besteht bei Vollzug der Fusion vor dem Genehmigungszeitpunkt (d.h. dem Zeitpunkt, in dem die

Fusion tatsächlich genehmigt wird oder als genehmigt gilt) in der Regel ein Bußgeldrisiko. Deshalb sollte hier das Inkrafttreten des »Hauptteils« des Vertrags auf den Genehmigungszeitpunkt verschoben werden, während die Verpflichtungen zur Geheimhaltung und Nichtverwertung zwischenzeitlich ausgetauschter Informationen (wenn diese Verpflichtungen nicht schon nach einer im Vorfeld des Vertrags getroffenen, weiter geltenden Vereinbarung bestehen) sowie die Verpflichtung zur Mitwirkung im Fusionskontrollverfahren mit dem Ziel der Erlangung der Genehmigung sofort in Kraft treten.

Bei einem internationalen F&E-Vertrag mit einem Vertragspartner in einem Land außerhalb der EU ist außerdem zu prüfen, ob er, z.B. im Hinblick auf Devisenrecht oder die in ihm enthaltenen Verpflichtungen zur Übertragung oder Lizenzierung von Schutzrechten und Know-how, nach dem Recht dieses Landes zu seiner Wirksamkeit der Genehmigung bedarf. In Betracht kommt z.B. eine solche Genehmigungspflicht in China, Brasilien oder – bei Lizenzvergabe an ein indisches Unternehmen – in Indien. In einem solchen Fall ist – zumal der Zeitfaktor bei F&E-Projekten eine große Rolle spielt, s. Kap. 2 Rdn. 12 – an die Aufnahme einer Klausel zu denken, nach der die Bindung der Parteien an den Vertrag erlischt, wenn bis zu einem bestimmten Zeitpunkt noch keine Genehmigung erteilt ist. 615

Spielen für den Vertrag Fristen eine Rolle, die ab seinem Inkrafttreten laufen, prägen sie sich den Personen, welche sie zu beachten haben, leichter ein, wenn man den Vertragsbeginn auf den ersten Tag eines Monats legt. 616

Wenn für ein gemeinsames F&E-Projekt öffentliche Mittel beantragt werden sollen, ist bei der Festlegung des Inkrafttretens des F&E-Vertrags Nr. 6 des Gemeinschaftsrahmens 2007 zu beachten. Diese Bestimmung schließt einen Anreizeffekt als Voraussetzung der Förderung aus, wenn die F&E-Tätigkeit (mit Ausnahme von Durchführbarkeitsstudien, die nicht von dem Antrag auf staatliche Beihilfe erfasst werden) bereits begonnen wurde, bevor der Begünstigte bei den nationalen Behörden einen Beihilfeantrag eingereicht hat (s. Kap. 4 Rdn. 81). Dies gilt entsprechend für die Förderung von F&E-Projekten nach den aktuellen Rahmenprogrammen der EU, s. Kap. 4 Rdn. 64. Selbst bei Beginn der Arbeiten nach Einreichung des Beihilfeantrags droht die Gefahr, dass der vom Zuwendungsgeber festgelegte Förderungszeitraum erst nach Antragstellung beginnt, so dass für die Anfangsphase des Projekts keine öffentlichen Mittel gewährt werden. Der F&E-Vertrag sollte daher eine Durchführung des Projekts davon abhängig machen, dass die Förderung für die im Vertrag vorgesehene Projektdauer erfolgt, s. Muster F, Klausel 1.3. 617

b) Laufzeit von F&E-Verträgen

aa) Überblick über die in Betracht kommenden Laufzeitregelungen und den dafür maßgeblichen rechtlichen Rahmen

Zu unterscheiden ist zwischen 618

- der normalen Laufzeit des Vertrags, für die eine automatische Beendigung durch Zeitablauf oder aufgrund des Eintritts bzw. Nichteintritts eines bestimmten Ereignisses oder eine Beendigung durch ordentliche Kündigung i.S. einer Kündigung ohne Vorliegen eines wichtigen Grundes maßgebend sein kann, und

– der verkürzten Laufzeit aufgrund Vertragsbeendigung durch a.o. Kündigung aus wichtigem Grund.

Bei den Regelungen zur normalen Vertragslaufzeit können im Rahmen des rechtlich Zulässigen für den betr. Vertrag auch Mindest- oder Höchstlaufzeiten, automatische Verlängerungen bei Nichtkündigung binnen festgelegter Fristen (»Evergreen-Klausel«) oder auch eine Verlängerung aufgrund Ausübung einer einseitigen Verlängerungsoption vorgesehen werden.

619 Welche Laufzeitregelungen zulässig sind, ergibt sich aus zwingendem Recht wie z.B. Kartellrecht, dessen Anwendung auf den Vertrag die Vertragspartner nicht wirksam abbedingen können, und aus dem Recht, dem der Vertrag im Übrigen unterliegt. Soweit es sich bei letzterem Recht um deutsches Recht handelt, ist für die Zulässigkeit der jeweiligen Laufzeitregelung zunächst zu berücksichtigen, ob der betr. Vertrag als Gesellschaftsvertrag, als Dienstvertrag oder als Werkvertrag zu qualifizieren ist und welche zwingenden Regelungen das BGB zur Laufzeit von Verträgen des jeweiligen Vertragstyps trifft. Weicht die Laufzeitregelung im Falle eines Dienst- oder Werkvertrags von der jeweiligen gesetzlichen Standardregelung ab, kann sich die Unzulässigkeit dieser Regelung auch aus den AGB-Bestimmungen des BGB ergeben.

bb) Laufzeit von F&E-Verträgen des Gesellschaftsvertragstyps

aaa) Regelung der Laufzeit von Gesellschaftsverträgen im BGB

620 Horizontale F&E-Verträge zwischen Unternehmen auf der gleichen Marktstufe und vertikale F&E-Verträge zwischen Unternehmen auf verschiedenen Marktstufen, bei denen jedes beteiligte Unternehmen F&E-Leistungen zur Erreichung eines gemeinsamen Zwecks zu erbringen hat, sind nach deutschem Recht als Gesellschaftsverträge i.S. von § 705 Abs. 1 BGB zu qualifizieren, s. Kap. 6 Rdn. 4. Soweit sie deutschem Recht unterliegen, ist für ihre Laufzeit § 723 BGB zu beachten. Abs. 1 der Bestimmung unterscheidet zwei Fälle:

– Fall 1: Der Vertrag wird nicht für eine bestimmte Zeit eingegangen. Dann kann jeder Gesellschafter ihn grundsätzlich jederzeit kündigen (Ausnahme bei Kündigung zur Unzeit, s. § 723 Abs. 2 BGB).
– Fall 2: Der Vertrag wird für eine bestimmte Zeit eingegangen. Dann ist vor Ablauf der Zeit eine Kündigung durch einen Gesellschafter nur aus wichtigem Grund zulässig.

»Bestimmte Zeit« bedeutet dabei, dass die Gesellschafter für eine beschränkte Zeit ohne einseitige Beendigungsmöglichkeit an die Gesellschaft gebunden sind.[724]

724 *Sprau* in *Palandt*, § 723 Rn. 3 unter Hinweis auf RG 136, S. 236, 241.

Ein »wichtiger Grund« zur Kündigung ist nach § 723 Abs. 1 BGB insbesondere anzunehmen, wenn ein anderer Gesellschafter eine ihm nach dem Gesellschaftsvertrag obliegende wesentliche Verpflichtung vorsätzlich oder aus grober Fahrlässigkeit verletzt oder wenn die Erfüllung einer solchen Verpflichtung unmöglich ist. Unter der gleichen Voraussetzung ist nach § 723 Abs. 1 BGB, wenn eine Kündigungsfrist bestimmt ist, die Kündigung ohne Einhaltung der Frist zulässig.

Die vorbezeichneten Bestimmungen des § 723 BGB sind grundsätzlich dispositiv, jedoch ist nach § 723 Abs. 3 BGB eine Vereinbarung nichtig, durch welche das Kündigungsrecht ausgeschlossen oder den Vorschriften von Abs. 1 und 2 zuwider beschränkt wird. Damit muss ein deutschem Recht unterliegender, auf bestimmte Zeit eingegangener F&E-Vertrag zur Erreichung eines gemeinsamen Zwecks einerseits jedem Vertragspartner ein Kündigungsrecht bei Vorliegen eines wichtigen Grundes gewähren, der allgemein dann anzunehmen ist, wenn dem kündigenden Vertragspartner eine Fortsetzung des Vertrags bis zum Ende der normalen Laufzeit bzw. bis zu dem Termin, zu dem er den Vertrag durch ordentliche Kündigung beenden könnte, nach Treu und Glauben nicht zuzumuten ist[725]. Der Vertrag kann aber andererseits den Vertragspartnern auch eine Kündigungsmöglichkeit aufgrund von Umständen (einschl. Ablauf bestimmter Fristen) gewähren, aus denen sich kein wichtiger Kündigungsgrund ergibt.

bbb) Kriterien für die Regelung der Laufzeit von F&E-Verträgen des Gesellschaftsvertragstyps

Der Fall, dass F&E-Verträge des Gesellschaftstyps nur die gemeinsame F&E 621
regeln, ohne **Beschränkungen der Vertragspartner in der Verwertung von F&E-Ergebnissen** vorzusehen, ist selten. Erlegen sie, wie zumeist, den Vertragspartnern solche Beschränkungen auf, sind sie, soweit es sich bei ihnen nicht um horizontale Verträge handelt, die eine gemeinschaftliche Verwertung der F&E-Ergebnisse (als Teilbereich der »gemeinsamen Verwertung der Ergebnisse« i.S. von Art. 2 Nr. 11 F&E-GFVO) vorsehen, in der Verwertungsphase auch nicht mehr Verträge zur Erreichung eines gemeinsamen Zwecks.

Es wäre trotzdem verfehlt, die normale Laufzeit dieser Verträge schon mit der Erreichung des gemeinsamen Zwecks enden zu lassen und die Regelung der Verwertungsbeschränkungen in die Klausel über die »nachvertraglichen Rechten und Pflichten« zu verweisen. Der Hauptgrund hierfür besteht darin, dass Vertragspartner, die Verwertungsbeschränkungen einzuhalten haben, mit der Nichteinhaltung eine vertragliche Hauptpflicht verletzen, die jedenfalls bei grober Fahrlässigkeit und Nichtheilung binnen einer festzulegenden Frist für jeden anderen Vertragspartner ein Recht zur a.o. Kündigung auslösen muss bzw. sollte, die Zulassung der a.o Kündigung einer nachvertraglichen Regelung aber zwar denkbar ist, den Vertrag aber unnötig komplizieren würde. Hinzu

725 *Sprau* in *Palandt*, § 723 Rn. 4.

kommt, dass die Klausel über die nachvertraglichen Rechte und Pflichten überfrachtet würde und die Durchsichtigkeit des Vertrags leiden würde, weil der Leser die Regelung der Verwertungsbeschränkungen nicht in dieser Klausel erwartet.

622 Die **Aufhebung von Beschränkungen der Verwertung zu einem bestimmten Zeitpunkt kann kartellrechtlich geboten sein**, so z.B. im Fall der Überschreitung bestimmter Marktanteilsschwellen, s. Art. 4 und 6 F&E-GFVO (Kap. 5 Rdn. 429–438) und Art. 3 und 9 Vertikal-GFVO (Kap. 5 Rdn. 526–528 sowie 534). Vertragstechnisch kann man diesem Erfordernis dadurch Rechnung tragen, dass man eine Beendigung des Vertrags spätestens zu dem Zeitpunkt vorsieht, in dem die Verwertungsbeschränkungen kartellrechtlich nicht mehr zulässig sind, s. dazu für einen Vertrag, der in den Geltungsbereich der F&E-GFVO fällt, Muster A, Klausel 10.1.

623 **Im Fall der Förderung von F&E-Projekten mit öffentlichen Mitteln** ist i.d.R. die **zeitliche Begrenzung der Vertragslaufzeit auf den Förderungszeitraum** angezeigt (s. dazu schon Kap. 8 Rdn. 617), damit die Durchführung von F&E ohne Förderung und jedenfalls das Problem der klaren Abgrenzung geförderter F&E von nicht geförderter F&E vermieden wird.

624 Bei der **Regelung der normalen Laufzeit** sollte der Vertrag nicht nur eine Vertragsbeendigung für den Fall der Erreichung des F&E-Ziels (z.B. automatische Vertragsbeendigung 7 Jahre nach Erreichung des F&E-Ziels) vorsehen, sondern für den Fall, dass das F&E-Ziel binnen einer bestimmten Frist (z.B. 3 Jahre nach Inkrafttreten des Vertrags) nicht erreicht wird, entweder seine automatische Beendigung festlegen oder den Parteien ein Recht zur ordentlichen Kündigung gewähren (s. zur Frage, welche dieser beiden möglichen Regelungen hier vorzuziehen ist, Kap. 8 Rdn. 626). Zwar wird, wenn das F&E-Ziel überhaupt nicht oder nur mit unzumutbarem Aufwand erreichbar erscheint, ein wichtiger Grund zur a.o. Kündigung gegeben sein. Über die Frage, ob diese Kriterien erfüllt sind, kann aber Streit entstehen, der sich durch die vorerwähnte Fristenregelung vermeiden lässt.

625 Sofern das Ende der normalen Laufzeit (auch) von der Erreichung des F&E-Ziels abhängig gemacht wird, sollte dessen Erreichung möglichst leicht nachprüfbar sein. Ist das nicht der Fall, z.B. deshalb, weil das F&E-Ziel nicht nur technisch, sondern auch kommerziell definiert ist, kann man sich damit helfen, dass man seine Erreichung bei erstmaliger kommerzieller Nutzung von Enwicklungsergebnissen durch einen Vertragspartner, z.B. bei Vertrieb eines unter Verwendung von F&E-Ergebnissen hergestellten Produkts, fingiert; s. dazu Muster B, Klausel 6.1.

626 Wird das F&E-Ziel binnen einer bestimmten Frist (z.B. 3 Jahre nach Inkrafttreten des Vertrags) nicht erreicht, stellt sich die Frage, ob der Vertrag für diesen Fall seine automatische Beendigung vorsehen oder den Vertragspartnern nur ein Recht zur ordentlichen Kündigung gewähren sollte. Erstere Variante (s. z.B. Muster A, Klauseln 10.1 und 10.2) ist für einen Vertragspartner vorzuziehen, der vom anderen Vertragspartner stark abhängig ist (das ist bei einem vertikalen F&E-Vertrag oft der Lieferant), da er ein Interesse daran hat, nicht selbst zu

kündigen. Für letztere Variante (s. z.B. Muster B, Klausel 6.2) spricht, dass die drohende Vertragsbeendigung durch eine Kündigung »aktenkundig« gemacht wird und Anlass für den bzw. die nicht kündigenden Vertragspartner sein kann, die Frage der Fortführung des Vertrags mit dem kündigenden Vertragspartner zu diskutieren.

Bei der **Regelung der a.o. Kündigung** sollten zumindest in internationalen 627 F&E-Verträgen des Gesellschaftsvertragstyps die Umstände, die als wichtige Kündigungsgründe gelten sollen, einzeln aufgeführt werden (s. das Regelungsbeispiel in Muster A, Klausel 10.3). Soweit diese Verträge deutschem Recht unterliegen, sollte der Bestimmung über die a.o. Kündigung im Hinblick auf § 723 Abs. 1 und 3 BGB (s. Kap. 8 Rdn. 620) die Grundregel vorangestellt werden, dass jeder Vertragspartner sie aus wichtigem Grund fristlos kündigen kann.

Unter den einzelnen Gründen zur a.o. Kündigung kann der Umstand auf- 628 geführt werden, dass die Parteien binnen einer bestimmten längeren Frist **keine Einigung über ein noch zu erstellendes F&E-Programm** oder, wenn sich die weitere Durchführung eines zunächst vereinbarten Programms als unzweckmäßig erweist, über die Ersetzung bzw. Änderung dieses Programms erzielt haben.

In diesem Zusammenhang ist darauf hinzuweisen, dass es grundsätzlich keinen Sinn macht, einen Vertragspartner, der nach dem Vertrag (als Auftragnehmer oder auch als Beteiligter an einem gemeinsamen F&E-Projekt) F&E-Leistungen zu erbringen hat, gegen seinen Willen am Vertrag festzuhalten. Die Folge wäre vermutlich »Dienst nach Vorschrift« mit mageren Ergebnissen.

Bei Abhängigkeit des Projekterfolgs von der Mitwirkung bestimmter 629 **Beschäftigter eines Partners** erscheint es sinnvoll, ein a.o. Kündigungsrecht jeden anderen Partners auch für den Fall vorzusehen, dass diese Beschäftigten für das Projekt nicht mehr zur Verfügung stehen, s. dazu auch Kap. 2 Rdn. 52.

Es kann sich auch empfehlen, einem Vertragspartner ein a.o. Kündigungs- 630 recht einzuräumen, wenn der andere bzw. ein anderer **Vertragspartner unter die Kontrolle eines Dritten** kommt, der auf dem relevanten Produktmarkt, auf den sich die gemeinsame F&E bezieht, in erheblichem Umfang tätig ist. In diesem Fall kann das Interesse des anderen Partners, sich weiter bei der gemeinsamen F&E oder einer gemeinsamen Verwertung ernsthaft zu engagieren, erlahmen.

cc) Laufzeit von F&E-Verträgen des Dienstvertragstyps

aaa) Regelung der Laufzeit von Dienstverträgen im BGB

Für die Laufzeit eines F&E-Vertrags, der als Dienstvertrag einzustufen ist, (bei 631 einem F&E-Beratungsvertrag ist das stets, bei einem F&E-Auftrag meist der Fall, s. dazu Kap. 6 Rdn. 26 bzw. Rdn. 11–25) kommt es nach der gesetzlichen Regelung (§ 620 BGB) zunächst darauf an, ob es sich um einen Vertrag handelt, dessen Dauer bestimmt oder aus der Beschaffenheit oder dem Zweck der Dienste zu entnehmen ist (**befristeter Dienstvertrag**) oder nicht (**unbefristeter Dienstvertrag**). Eine Befristung ist nur möglich durch Kalenderdaten oder genau bestimmte Zeiträume (Zeitbefristung) oder durch Zweckbefristung.[726]

632 Ein **befristeter Dienstvertrag** endet nach § 620 Abs. 1 BGB mit dem Ablauf der Zeit, für den er eingegangen ist. Zwar sieht § 620 Abs. 2 BGB eine ordentliche Kündigung nur für den unbefristeten Dienstvertrag vor, woraus sich ergibt, dass bei einem befristeten Dienstvertrag eine ordentliche Kündigung nach der gesetzlichen Regelung ausscheidet und nur eine a.o. Kündigung aus wichtigem Grund nach § 626 BGB zulässig ist. Der Vertrag kann aber seine Begrenzung auf eine bestimmte Höchstdauer des Vertrags vorsehen und innerhalb dieser Höchstdauer eine ordentliche Kündigung gestatten.[727] Bei Festlegung einer Mindestdauer ist in der Regel kein befristeter Dienstvertrag, sondern ein unbefristeter Dienstvertrag mit befristetem Ausschluss der ordentlichen Kündigung anzunehmen.[728] Nur wenn Mindest- und Höchstdauer zusammenfallen, liegt ein echter Vertrag auf bestimmte Zeit vor, bei dem nur eine a.o. Kündigung aus wichtigem Grund nach § 626 BGB möglich ist.[729] Folglich ist z.B. ein F&E-Beratungsvertrag mit einer »Evergreen-Klausel« (s. Kap. 8 Rn. 179) kein echter befristeter, sondern ein unbefristeter Dienstvertrag, für den die ordentliche Kündigung jeweils beschränkt ist, indem sie nur zum Ende der anfänglichen Vertragsperiode und ggf. zum Ende der jeweiligen Verlängerungsperiode zugelassen wird. Werden bei einem F&E-Auftrag des Dienstvertragstyps technisch definierte »Meilensteine« vereinbart, wobei dem Auftraggeber jeweils bei Nichterreichung eines Meilensteins innerhalb einer bestimmten Frist die Kündigung des Vertrags gestattet wird (s. dazu Kap. 8 Rdn. 638), ist ebenfalls ein unbefristeter Dienstvertrag mit Beschränkung der Möglichkeit zu ordentlicher Kündigung anzunehmen.

633 Bei **unbefristetem Dienstvertrag** ist nach § 620 Abs. 2 BGB die ordentliche Kündigung nach Maßgabe von § 621 möglich. Dafür sieht § 621 BGB bestimmte Fristen vor, die je nachdem, ob die Vergütung nach Zeitabschnitten bemessen ist oder nicht und wie bei Bemessung nach Zeitabschnitten diese bemessen sind, variieren. § 621 BGB ist jedoch abdingbar[730]. Damit kann die ordentliche Kündigung, wie schon in Kap. 8 Rdn. 632 ausgeführt, für begrenzte Zeiträume vertraglich ausgeschlossen oder an Bedingungen geknüpft werden. Ebenso ist es möglich, für die ordentliche Kündigung eine andere als die nach § 621 BGB maßgebliche Frist zu vereinbaren.

634 Sowohl bei einem befristeten als auch bei einem unbefristeten Dienstvertrag bleibt immer eine **a.o. Kündigung aus wichtigem Grund** nach § 626 zulässig, der nach allgemeiner Meinung zwingendes Recht ist.[731] Ein wichtiger Grund ist

726 *Weidenkaff* in *Palandt*, § 620 Rn. 3.
727 *Belling* in *Erman*, § 620 Rn. 2.
728 *Weidenkaff* in *Palandt*, § 626 Rn. 3.
729 *Belling* in *Erman*, § 620 Rn. 2.
730 *Weidenkaff* in *Palandt*, § 622 Rn. 2 unter Hinweis auf BGH NJW 1964, S. 350.
731 *Weidenkaff* in *Palandt*, § 622 Rn. 2.

nach § 626 Abs. 1 BGB nur bei Vorliegen von Tatsachen anzunehmen, auf Grund derer dem Kündigenden unter Berücksichtigung aller Umstände des Einzelfalls und unter Abwägung der Interessen beider Vertragsteile die Fortsetzung des Dienstverhältnisses bis zum Ablauf der Kündigungsfrist oder bis zur vereinbarten Beendigung des Dienstverhältnisses nicht zugemutet werden kann. Nach § 626 Abs. 2 BGB kann die Kündigung dabei nur innerhalb von zwei Wochen, gerechnet von dem Zeitpunkt, in dem der Kündigungsberechtigte von den für die Kündigung maßgebenden Tatsachen Kenntnis erlangt, erfolgen.

Bei F&E-Verträgen des Dienstvertragstyps, die **AGB** enthalten, welche für 635 die ordentliche Kündigung von der gesetzlichen Regelung abweichende Regelungen vorsehen, könnte § 307 BGB ins Spiel kommen. So könnte eine Regelung nach § 307 BGB nichtig sein, wenn sich der Auftraggeber die jederzeitige Kündigung eines als Dienstvertrag zu qualifizierenden F&E-Auftrags formularmäßig vorbehält, obwohl darin eine unangemessene Benachteiligung liegen kann (z.B. dann, wenn der Auftragnehmer speziell für die Durchführung des Auftrags zusätzliches Personal einstellen und/oder erhebliche Sachinvestitionen tätigen muss).

Daran könnte z.B. im konkreten Fall die Durchführbarkeit der Regelung des 636 Nr. 3.4 NKBF scheitern. Nach dieser Bestimmung hat sich ein Zuwendungsempfänger des BMBF, wenn er einen F&E-Auftrag von erheblichem Gewicht (Vergütung über 100 000 € bei Zuwendungen von mehr als 50 % oder über 500 000 € bei Zuwendungen bis einschl. 50 % im Verhältnis zum Selbstkostenhöchstbetrag) im Rahmen seines Zuwendungsbescheids erteilen will, an das vom BMBF vorgegebene Vertragsmuster (FE-Vertrag-ZE, BMBF-Vordruck 0270b/09.05) und die BEBF-ZE 98 (BMBF-Vordruck 0370b/03.00) zu halten. Dies bedeutet auch, dass er sich die jederzeitige Kündigung des Auftrags vorbehalten muss.

bbb) Kriterien für die Regelung der Laufzeit von F&E-Verträgen des Dienstvertragstyps

Bei **F&E-Beratungsverträgen** kommt eine **»Evergreen-Klausel«** in Betracht, 637 d.h. eine Klausel, nach der sich der Vertrag jeweils automatisch um einen bestimmten Zeitraum verlängert, wenn er nicht vorher von mindestens einer Vertragspartei unter Einhaltung einer bestimmten Frist gekündigt wird.

Eine solche Klausel birgt allerdings das Risiko, dass die rechtzeitige Kündigung »verschlafen« wird oder, wenn sie erfolgt, den Vertragspartner auf Dauer verstimmt. Letzteres gilt insbesondere bei F&E-Beratungsverträgen von Unternehmen mit Wissenschaftlern im Verhältnis zu diesen. Bei solchen Beratungsverträgen ist deshalb eine Regelung vorzuziehen, die statt einer »Evergreen-Klausel« vorsieht, dass sich der Vertrag um einen bestimmten Zeitraum verlängert, wenn jeder Vertragspartner vor dem möglichen Ablauf des Vertrags schriftlich erklärt, dass er eine Verlängerung wünscht.

638 **F&E-Aufträge des Dienstvertragstyps** können auch jeweils eine Kündigung durch den Auftraggeber vorsehen, wenn definierte technische **»Meilensteine«** nach Ablauf bestimmter Fristen nicht erreicht werden.

Solche Meilensteine kommen dem Interesse des Auftraggebers entgegen, nicht weiter für eine F&E zahlen zu müssen, von der aufgrund der Nichterreichung eines Meilensteins binnen einer bestimmten Frist anzunehmen ist, dass sie nicht oder nicht binnen der erwarteten Frist oder nicht mit dem erwarteten Aufwand zum erhofften technischen Erfolg führt. Umgekehrt kann in Fällen, in denen sich der Auftragnehmer nicht hinreichend sicher sein kann, die Meilensteine zu erreichen, die Kündbarkeit des Auftrags für ihn einen erheblichen Nachteil bedeuten, z.B. weil er für den Fall der Erreichung der Meilensteine für die Weiterführung des Auftrags Personal und andere Ressourcen vorhalten muss, die er nicht sofort anderweitig einsetzen kann. Die Lösung wird in solchen Fällen oft darin liegen, dass in die geschuldete Vergütung eine Risikoprämie eingerechnet wird.

639 Wenn ein F&E-Vertrag des Dienstvertragstyps deutschem Recht unterliegt, sollte er als Obersatz eine Regelung enthalten, welche die **Bedingungen für die a.o. Kündigung** in Übereinstimmung mit der zwingenden Vorschrift des § 626 BGB regelt (s. dazu Kap. 8 Rdn. 634). Darüber hinaus kann es sinnvoll sein, einzelne Umstände aufzuführen, deren Vorliegen als wichtiger Kündigungsgrund gelten soll. (Streng genommen kann dies eine Gestattung ordentlicher Kündigung unter bestimmten Bedingungen in Ergänzung der a.o. Kündigung nach § 626 BGB bedeuten, wenn die als wichtige Gründe geltenden Umstände nicht die Merkmale des wichtigen Grundes gemäß § 626 BGB erfüllen.) In Verträgen, welche nicht deutschem Recht unterliegen, so dass für sie § 626 BGB nicht gilt, ist i.d.R. eine Einzelaufführung der Gründe, die eine a.o. Kündigung ermöglichen, notwendig.

640 Unter den Umständen, die als Grund für eine a.o. Kündigung in Betracht kommen (ggf., wenn der Vertrag deutschem Recht unterliegt, zusätzlich zu den Umständen, welche die Kriterien des wichtigen Grundes nach § 626 BGB erfüllen), kann man grundsätzlich die Vertragsverletzung durch einen Partner anerkennen. Sie sollte allerdings entsprechend dem Grundsatz des § 314 Abs. 2 BGB ein Kündigungsrecht des betroffenen Partners nur dann auslösen, wenn der verletzende Partner die Verletzung nicht binnen einer bestimmten Frist – üblich ist eine vertragliche Festlegung dieser Frist auf 60 oder 90 Tage – heilt. Hierbei lässt sich auf dem Wege über eine Härteklausel (s. dazu Kap. 8 Rdn. 658 und 659) vermeiden, dass Miniverletzungen, die sich nicht heilen lassen, z.B. die Verletzung der Geheimhaltungsverpflichtung durch fahrlässige Weitergabe einer Information von marginaler wirtschaftlicher Bedeutung, ein Kündigungsrecht des betroffenen Partners auslösen, sofern die Kündigung für den verletzenden Partner sehr nachteilig ist.

dd) Laufzeit von F&E-Verträgen des Werkvertragstyps

aaa) Regelung der Laufzeit von Werkverträgen im BGB

Bei als Werkverträge zu qualifizierenden F&E-Aufträgen steht dem Auftraggeber nach § 649 Satz 1 BGB bzw. nach § 651 i.V. mit § 649 Satz 1 BGB das **Recht zu jederzeitiger Kündigung bis zur Vollendung des Werkes** zu. Im Falle einer solchen ordentlichen Kündigung kann der Auftragnehmer zwar nach § 649 Satz 2 BGB die vereinbarte Vergütung verlangen, muss sich jedoch dasjenige anrechnen lassen, was er infolge der Aufhebung des Vertrags an Aufwendungen erspart oder durch anderweitige Verwendung seiner Arbeitskraft erwirbt oder zu erwerben böswillig unterlässt. Bei Kündigung aus wichtigem Grund (s. dazu Kap. 8 Rdn. 642) besteht dagegen kein Vergütungsanspruch für noch nicht erbrachte Leistungen.[732] Zu der Frage, inwieweit davon abweichende AGB-Regelungen gültig sind, wird auf Kap. 7 Rdn. 20 verwiesen. 641

Wenn der F&E-Auftrag des Werkvertragstyps ein Dauerschuldverhältnis begründet,[733] was insbesondere bei einer Verpflichtung der Partner zum Zusammenwirken der Fall sein dürfte, kommt gemäß § 314 BGB statt der ordentlichen Kündigung nach § 649 Satz 1 BGB oder nach einer davon abweichenden vertraglichen Regelung eine **Kündigung aus wichtigen Grunde** in Frage. Der wichtige Grund wird in § 314 BGB ebenso wie in § 626 Abs. 1 BGB als der Spezialvorschrift für die a.o. Kündigung von Dienstverträgen definiert, so dass diesbezüglich auf Kap. 8 Rdn. 634 Bezug genommen werden kann. Abweichend von § 626 Abs. 2 BGB, der eine 2-Wochen-Frist für die a.o. Kündigung vorsieht, lässt jedoch § 314 Abs. 3 BGB eine Kündigung durch den Berechtigten binnen angemessener Frist, nachdem er von dem Kündigungsgrund Kenntnis erlangt hat, zu. Außerdem ist nach § 314 Abs. 2 BGB die a.o. Kündigung dann, wenn der wichtige Grund in einer Vertragsverletzung besteht, grundsätzlich nur nach Ablauf einer zur Abhilfe bestimmten Frist oder nach erfolgloser Abmahnung zulässig (Ausnahme: Entbehrlichkeit der Fristsetzung nach den Kriterien des § 323 Abs. 2 BGB). Die Berechtigung des Auftraggebers, Schadensersatz zu verlangen, wird nach § 314 Abs. 4 BGB durch die a.o. Kündigung nicht ausgeschlossen. 642

bbb) Kriterien für die Regelung der Laufzeit von F&E-Verträgen des Werkvertragstyps

Bei F&E-Aufträgen des Werkvertragstyps dürfte die grundsätzliche Regelung des § 649 BGB interessengerecht sein, nach welcher der Auftraggeber zwar den Vertrag bis zur »Vollendung des Werks«, also bis zu dem geschuldeten Erfolg – dieser wird oft in der Erstellung eines Prototyps des zu entwickelnden Produkts liegen – jederzeit durch ordentliche Kündigung beenden und der Auftragneh- 643

732 *Sprau* in *Palandt*, § 649 Rn. 4, 10 und 11.

733 Siehe zu den Merkmalen des Dauerschuldverhältnisses *Grüneberg* in *Palandt*, § 314 Rn. 2.

mer die vereinbarte Vergütung verlangen kann, wobei er sich dasjenige anrechnen lassen muss, was er infolge der Aufhebung des Vertrags an Aufwendungen erspart oder durch anderweitige Verwendung seiner Arbeitskraft erwirbt oder zu erwerben böswillig unterlässt.

Dabei dürfte jedoch oft Anlass bestehen, die Vermutung des § 649 Satz 2 BGB, dass dem Unternehmer 5 % der auf den noch nicht erbrachten Teil der Werkleistung entfallenden Vergütung zustehen, abzubedingen, da diese Vermutung dem Interesse des Auftragnehmers in vielen Fällen zuwiderlaufen dürfte.

644 Jedenfalls muss beiden Partnern daran gelegen sein, die zulässigen Abzüge von der vereinbarten Vergütung zu konkretisieren, wobei allerdings für Konkretisierungen in AGB die durch § 307 BGB gesetzten Grenzen zu beachten sind (s. dazu Kap. 7 Rdn. 20). Zum Beispiel könnten die zulässigen Abzüge in Abhängigkeit von »Meilensteinen«, die der Auftragnehmer bei Kündigung erreicht hat, von vornherein festgelegt werden.

645 Umgekehrt hat der F&E-Auftragnehmer ein Interesse daran, für den Fall, dass er den geschuldeten Erfolg nicht erzielt, eine darauf beruhende Schadensersatzpflicht zu begrenzen. In Frage kommt z.B. eine Begrenzung auf die vereinbarte Vergütung, soweit dem Auftragnehmer nicht Vorsatz oder grobe Fahrlässigkeit nachzuweisen ist.

16. Nachvertragliche Rechte und Pflichten

646 In F&E-Verträgen ist für die Zeit nach Vertragsende bzw. -beendigung zu regeln, welche Rechte und Pflichten fortbestehen bzw. auch neu entstehen. Diese Rechte und Pflichten sollten im Interesse der Durchsichtigkeit des Vertrags i.d.R. in einer separaten Klausel über nachvertragliche Rechte und Pflichten vollständig aufgeführt werden.

Dabei ist der Begriff »nachvertragliche Rechte und Pflichten« natürlich nicht ganz treffend; denn im Vertrag vorgesehene Rechte und Pflichten sind immer »vertraglich«. Der Sache nach bedeuten deshalb nachvertragliche Rechte und Pflichten eine partielle Weitergeltung des Vertrags.

647 Die Klausel über diese Rechte und Pflichten sollte zumindest in internationalen Verträgen zunächst den **Grundsatz des Erlöschens aller Rechte und Pflichten der Vertragspartner nach »Vertragsbeendigung«** aufstellen und dann die Ausnahmen aufführen. Soweit schon einzelne Vertragsklauseln die Geltung bestimmter Rechte bzw. Pflichten über die »Vertragsdauer« hinaus vorsehen, sollte die Klausel über die nachvertraglichen Rechte und Pflichten auf diese Klauseln Bezug zu nehmen.

648 Zu den **Ausnahmen** von der Regel, dass nach Vertragsende alle Rechte und Pflichten erlöschen, zählt standardmäßig der Fortbestand von Ansprüchen der Vertragspartner gegeneinander, die während der »Vertragsdauer« entstanden oder begründet, aber noch nicht erfüllt worden sind. Dabei ist auch zu regeln, auf welche Art und Weise und in welchem zeitlichen Rahmen die Übermittlung

von F&E-Ergebnissen, welche die Vertragspartner zu übermitteln verpflichtet sind, die sie aber bis zum »Vertragsende« noch nicht übermittelt haben, zu erfolgen hat.

Die weiteren Ausnahmen lassen sich überwiegend in der Weise regeln, dass die **Fortgeltung verschiedener Bestimmungen des Vertrags** vorgesehen wird, z.B. der Bestimmungen über die Behandlung zu den F&E-Ergebnissen gehörender Erfindungen und diesbezüglicher Schutzrechte/Schutzrechtsanmeldungen sowie Verpflichtungen zur Geheimhaltung und Nichtverwertung (s. zu letzteren aber Kap. 8 Rdn. 652). 649

Was die **Fortgeltung erteilter Lizenzen** betrifft, ist jedoch, auch unter Berücksichtigung kartellrechtlicher Erfordernisse, zu überlegen, ob die während der »Vertragsdauer« geltende Regelung weiter Bestand haben soll, und wenn ja, wie lange. Dies gilt sowohl hins. Bindungen des Lizenzgebers wie einer vereinbarten Ausschließlichkeit der Lizenz als auch hins. Beschränkungen des Lizenznehmers. 650

Bei der Regelung der nachvertraglichen Rechte ist auch an eine **Differenzierung nach dem Beendigungsgrund** zu denken, insbesondere danach, ob der Vertrag »normal« durch Ablauf bzw. ordentliche Kündigung ohne Vorliegen eines wichtigen Grundes endet oder durch Kündigung aus wichtigem Grund, und welcher Vertragspartner Anlass zur a.o. Kündigung gegeben hat. 651

Normalerweise sollten auch **Verpflichtungen der Vertragspartner zur Geheimhaltung und Nichtverwertung** von »eingebrachtem« Know-how und F&E-Ergebnissen nicht zeitlich unbegrenzt fortgelten. Dabei ist u.a. zu berücksichtigen, dass Unternehmen faktisch nicht zeitlich unbegrenzt die vertrauliche Behandlung von Informationen, die in ihrem Betrieb benutzt werden oder dort im Hinblick auf eine mögliche Benutzung frei zugänglich sind, sichern können. 652

Kann sich **im Falle eines F&E-Auftrags** der Auftraggeber eine jederzeitige Kündigung rechtlich wirksam vorbehalten, stellt sich die **Frage der Entschädigung des Auftragnehmers bei Kündigung durch den Auftraggeber**. Für einen Vertrag, der deutschem Recht unterliegt und als Werkvertrag zu qualifizieren ist, gilt insoweit § 649 BGB. Danach kann der Auftragnehmer grundsätzlich die vereinbarte Vergütung verlangen, muss sich jedoch dasjenige anrechnen lassen, was er infolge der Beendigung des Vertrags an Aufwendungen erspart oder durch anderweitige Verwendung der von ihm bereitgestellten personellen und sachlichen Kapazitäten erwirbt oder zu erwerben böswillig unterlässt. Will man im Vertrag von dieser Regelung abweichen, sind die AGB-Bestimmungen des BGB zu beachten, s. dazu Kap. 7 Rdn. 20. 653

Ist der Auftraggeber ein Zuwendungsempfänger des BMBF, muss er sich, wenn er einen F&E-Auftrag von erheblichem Gewicht (Vergütung von mehr als 500 000 € bei Zuwendungen bis einschl. 50 %) im Rahmen seines Zuwendungsbescheids erteilen will, an das vom BMBF vorgegebene Vertragsmuster (FE-Vertrag-ZE, BMBF-Vordruck 0270b) halten. Dieses sieht in § 4 Abs. 1 ein jederzeitiges Kündigungsrecht des Zuwendungsempfängers vor. Ein solcher Vorbehalt ist allerdings rechtlich nicht wirksam, wenn der Vertrag deutschem Recht unterliegt und als Dienstvertrag zu qualifizieren ist, s. Kap. 8 Rdn. 645. 654

655 Bei **Regelungen über die Folgen der Kündigung** kommen auch die **AGB-Bestimmungen des BGB**, insbesondere des § 307 BGB, ins Spiel, soweit es sich um deutschem Recht unterliegende F&E-Verträge des Dienst- oder Werkvertragstypus handelt.

656 So ergeben sich bei Anwendung des schon erwähnten, vom BMBF vorgegebenen Vertragsmusters (FE-Vertrag-ZE, BMBF-Vordruck 0270b) selbst dann Probleme, wenn der Vertrag deutschem Recht unterliegt und (ausnahmsweise) als Werkvertrag zu qualifizieren ist: Das Vertragsmuster sieht nämlich in § 6 vor, dass die BEBF-ZE 98 Vertragsbestandteil werden. Das hat zur Folge, dass der Zuwendungsempfänger, sofern er sich eine jederzeitige Kündigung des Auftrags gemäß § 4 Abs. 1 des Musters wirksam vorbehält, dem Auftragnehmer im Kündigungsfall eine Entschädigung nach § 15 der BEBF-ZE 98 zu zahlen hat. Da diese Bestimmung erheblich von § 649 BGB zu Ungunsten des Auftragnehmers abweicht, erscheint ihre Wirksamkeit nach § 307 BGB zumindest zweifelhaft, da ihre Geltung im BMBF-Vertragsmuster vorgesehen ist und sie deshalb sicher als AGB einzustufen ist; s. auch Kap. 7 Rdn. 20.

657 In der Klausel mit der Überschrift »Nachvertragliche Rechte und Pflichten« kann auch die Weitergeltung von Bestimmungen festgelegt werden, die unmittelbar keine Rechte und Verpflichtungen für die Vertragspartner vorsehen wie z.B. Bestimmungen über Rechtwahl, Schiedsgerichtsbarkeit und das Wirksamwerden von Willenserklärungen, obwohl diese Bestimmungen eigentlich nicht zu der Überschrift passen. Eine solche ausdrückliche Festlegung ist jedenfalls für internationale Verträge grundsätzlich zu empfehlen.

17. Härteklausel

658 Härteklauseln begründen eine Verpflichtung der Vertragspartner, sich um eine Änderung des Vertrags für den Fall zu bemühen, dass seine Durchführung für einen von ihnen oder für sie beide eine unzumutbare Härte bedeuten würde. Es ist dabei zweckmäßig vorzusehen, dass jeder Vertragspartner im Fall der Nichteinigung binnen einer bestimmten Frist ein Schiedsgerichtsverfahren einleiten kann, und dass das Schiedsgericht befugt ist, die Vertragsänderung festzulegen oder selbst vorzunehmen.

659 Eine Härteklausel empfiehlt sich oft bei internationalen Verträgen. Diese schaffen meist für den zu regelnden Fall eine »eigene Rechtsordnung«, die jedoch, wie unter Kap. 8 Rdn. 26 ausgeführt, notwendig etwas »holzgeschnitzt« ist, so dass sie nicht für alle Fälle passt. Hier kann die Härteklausel unerträgliche Ergebnisse vermeiden helfen. Dies gilt insbesondere bei Verträgen, die dem Recht eines »Common Law«-Landes unterstellt sind. Dort fehlt es nämlich, wie unter Kap. 8 Rdn. 27 ausgeführt, an generellen Auslegungsregeln, so dass dort grundsätzlich der reine Wortsinn einer Klausel maßgeblich ist.

18. Rechtswahl

a) Von der Rechtswahl erfasste Rechtsbereiche

Mit der Rechtswahl treffen die Parteien eines Vertrags eine Regelung darüber, welchem Recht ihr Vertrag unterliegt (Art. 27 Abs. 1 Satz 1 EGBGB). Dabei regelt Art. 32 EGBGB für das deutsche internationale Privatrecht, welche Rechtsbereiche die Rechtswahl erfasst. 660

Nach Art. 32 Abs. 1 EGBGB erstreckt sie sich insbesondere auf folgende Fragen:
- die Auslegung des Vertrags;
- die Erfüllung der durch ihn begründeten Verpflichtungen;
- die Folgen der vollständigen oder teilweisen Nichterfüllung dieser Verpflichtungen einschl. der Schadensbemessung, soweit sie nach Rechtsvorschriften erfolgt, innerhalb der durch das deutsche Verfahrensrecht gezogenen Grenzen;
- die verschiedenen Arten des Erlöschens der Verpflichtungen sowie die Verjährung und die Rechtsverluste, die sich aus dem Ablauf einer Frist ergeben,
- die Folgen der Nichtigkeit des Vertrags.

Nach Art. 32 Abs. 2 EGBGB ist jedoch in Bezug auf die Art und Weise der Erfüllung und die vom Gläubiger im Fall mangelhafter Erfüllung zu treffenden Maßnahmen das Recht des Staates, in dem die Erfüllung erfolgt, zu berücksichtigen.

Außerdem ist nach Art. 32 Abs. 3 Satz 1 EGBGB das für den Vertrag maßgebende Recht insoweit anzuwenden, als es für vertragliche Schuldverhältnisse gesetzliche Vermutungen aufstellt oder die Beweislast verteilt.

b) Beschränkungen der Freiheit zur Rechtswahl nach deutschem Recht

Zwar stellt Art. 27 Abs. 1 EGBGB den Grundsatz auf, dass der Vertrag dem von den Parteien ausdrücklich gewählten Recht unterliegt, wobei die Parteien die Rechtswahl für den ganzen Vertrag oder einen Teil desselben treffen können. Ihrer Gestaltungsfreiheit sind aber die nachfolgend bezeichneten Grenzen gesetzt. 661

Nach Art. 34 EGBGB berührt der erste Unterabschnitt »Vertragliche Schuldverhältnisse« des fünften Abschnitts »Schuldrecht« des EGBGB und damit auch Art. 27 Abs. 1 EGBGB nicht die Anwendung derjenigen Bestimmungen des deutschen Rechts, die ohne Rücksicht auf die Rechtswahl den Sachverhalt zwingend regeln. 662

Die Vorschrift bezieht sich auf einen Ausschnitt aus dem Problemkreis der Sonderanknüpfung zwingender Bestimmungen wirtschafts- oder sozialpolitischen Gehalts, z.B. Kartellbestimmungen und Bestimmungen über den Verbraucherschutz.[734] Ihre Anwendung erfordert einen internationalen Geltungs-

734 *Thorn* in *Palandt*, Art. 34 EGBGB Rn. 1.

willen der betr. Norm, der dieser auch durch Auslegung entnommen werden kann; generelle Kriterien lassen sich dafür nicht aufstellen.[735]

663 Bei F&E-Verträgen lässt sich nach Art. 34 EGBGB insbesondere das deutsche und EG-Kartellrecht nicht durch Wahl eines ausländischen Rechts »abbedingen«.

664 Etwas anderes gilt für die AGB-Bestimmungen des deutschen Rechts. Diese dienen im Hinblick auf § 310 Abs. 3 BGB zwar auch dem Zweck des Verbraucherschutzes. Das gilt jedoch nur, soweit sie Verträge betreffen, die mit Verbrauchern geschlossen werden. Zu diesen Verträgen gehören F&E-Verträge nicht. Die AGB-Bestimmungen des BGB stellen deshalb für F&E-Verträge kein zwingendes Recht i.S. von Art. 34 EGBGB dar, so dass dieser Artikel die Vertragsparteien nicht daran hindert, die Anwendbarkeit dieser Bestimmungen durch Wahl eines ausländischen Rechts auszuschließen (siehe jedoch die nachfolgende Rdn.).

665 Gemäß Art. 27 Abs. 3 EGBGB kann außerdem dann, wenn der »sonstige Sachverhalt« im Zeitpunkt der Rechtswahl nur mit einem Staat verbunden ist, die Wahl des Rechts eines anderen Staates nicht die Bestimmungen berühren, von denen nach dem Recht jenes Staates nicht abgewichen werden kann (zwingendes Recht). Zum »sonstigen Sachverhalt« gehört der gesamte Sachverhalt, abgesehen von der Rechtswahl und ggf. einer flankierenden Gerichtsstandsvereinbarung.[736]

Es ist deshalb davon auszugehen, dass ein F&E-Vertrag, an dem nur deutsche Vertragspartner beteiligt sind und der auch sonst keinen Auslandsbezug hat, den AGB-Bestimmungen des BGB als zwingendem deutschen Recht auch bei Wahl eines anderen Rechts unterliegt.

666 Weiterhin können die Normen des ArbEG nach Art. 30 Abs. 1 EGBGB nicht zugunsten einer ausländischen Rechtsordnung abbedungen werden, wenn nach Art. 30 Abs. 2 EGBGB für das Arbeitsverhältnis bei Fehlen einer Rechtswahl sonst deutsches Arbeitsrecht zur Anwendung käme.[737]

c) Maßgebliches Recht bei nicht getroffener Rechtswahl

667 Mangels gültiger Rechtswahl unterliegt ein Vertrag nach Art. 28 Abs. 1 Satz 1 EGBGB dem Recht des Staates, mit dem er die engsten Verbindungen hat, wobei auf trennbare Vertragsteile, die eine engere Verbindung mit einem anderen Staat aufweisen, ausnahmsweise das Recht dieses anderen Staats angewandt werden kann.

668 Für die Frage, mit welchem Staat der Vertrag die engsten Verbindungen hat, stellt Art. 28 Abs. 2 EGBGB für das deutsche internationale Privatrecht bestimmte Vermutungen auf. Lässt sich die nach dem Vertrag zu erbringende charakteristische Leistung bestimmen, wird grundsätzlich nach Satz 1 dieser

735 *Thorn* in *Palandt*, Art. 34 EGBGB Rn. 3.
736 Vgl. *Thorn* in *Palandt*, Art. 27 EGBGB Rn. 4.
737 *Bartenbach/Volz (ArbEG)*, Rn. 109 und 110 zu § 1.

Bestimmung vermutet, dass der Vertrag die engsten Verbindungen zu dem Staat aufweist, in dem die Partei, welche diese Leistung zu erbringen hat, im Zeitpunkt des Vertragsschlusses ihren gewöhnlichen Aufenthalt oder, wenn es sich um eine Gesellschaft, einen Verein oder eine juristische Person handelt, ihre Hauptverwaltung hat (hier nicht interessierende Ausnahme: Art. 28 Abs. 2 EGBGB). Ist der Vertrag jedoch in Ausübung einer beruflichen oder gewerblichen Tätigkeit dieser Partei geschlossen worden, so wird nach Art. 28 Abs. 2 Satz 2 EGBGB vermutet, dass der Vertrag die engsten Verbindungen zu demjenigen Staat hat, in dem diese Partei ihre Hauptniederlassung hat oder, wenn die Leistung von einer anderen Niederlassung als der Hauptniederlassung zu erbringen ist, sich diese andere Niederlassung befindet. Diese Vermutungen gelten nach Art. 28 Abs. 5 EGBGB wiederum dann nicht, wenn sich aus der Gesamtheit der Umstände ergibt, dass der Vertrag engere Verbindungen mit einem anderen Staat aufweist.

Auf einen F&E-Vertrag zwischen deutschen Vertragspartnern, die ihre 669
Hauptniederlassung in Deutschland haben, wird auch dann, wenn die Parteien im Vertrag keine Rechtswahl treffen, normalerweise deutsches Recht anzuwenden sein, da der Vertrag dann i.d.R. mit Deutschland die engsten Verbindungen i.S. von Art. 28 EGBGB haben wird. Eine ausdrückliche Rechtswahl wird deshalb bei F&E-Verträgen zwischen deutschen Partnern meist entbehrlich sein. Es macht dabei für deutsche Vertragspartner normalerweise auch keinen Sinn, den Vertrag ausländischem Recht zu unterwerfen. Eine Ausnahme kann für einen deutschen Vertragspartner gelten, der die Tochtergesellschaft einer ausländischen Gesellschaft ist, wenn die Rechtsabteilung der ausländischen Mutter in die Vertragsverhandlung eingeschaltet ist.

d) Überlegungen zur Behandlung der Frage der Rechtswahl bei internationalen F&E-Verträgen

Für den deutschen Partner eines internationalen F&E-Vertrags empfiehlt es sich 670
natürlich in der Regel, deutsches Recht zu vereinbaren. Das hat für ihn folgende Vorteile:

Unterliegt der Vertrag deutschem Recht, kann er auftauchende Rechtsfragen meist schnell und mit geringem Aufwand klären, während die Klärung solcher Rechtsfragen bei Maßgeblichkeit eines ausländischen Rechts oft zeitaufwendig und mit einem hohen Aufwand verbunden ist. Hierbei helfen ihm auch die nach deutschem Recht geltenden Auslegungsregeln, während es bei Maßgeblichkeit eines ausländischen Rechts, insbesondere des Rechts eines Landes mit Common-Law-Tradition, oft an generellen Auslegungsregeln fehlt, s. Kap. 8 Rdn. 27.

Insbesondere lässt sich dem deutschen Recht meist auch entnehmen, welche 671
Regelung gilt, wenn der Vertrag eine Regelungslücke enthält. Sie ist gegeben, wenn der Vertrag eine Bestimmung vermissen lässt, die erforderlich ist, um den ihm zugrunde liegenden Regelungsplan zu verwirklichen.[738] Die Lücke kann

738 *Ellenberger* in *Palandt*, § 157 Rn. 3 unter Hinweis auf BGH ZIP 2007, S. 774, Tz. 28.

von Anfang an bestehen oder nachträglich entstehen.[739] Meist wird sie darauf zurückzuführen sein, dass die Parteien an einen bestimmten regelungsbedürftigen Punkt nicht gedacht haben[740], dass sie eine Regelung nicht für erforderlich hielten[741], oder dass sich die bei Vertragsschluss bestehenden wirtschaftlichen oder rechtlichen Verhältnisse geändert haben[742]. Sie kann aber auch darauf beruhen, dass die Parteien einen Punkt bewusst offen gelassen haben, etwa in der Hoffnung, sie würden sich insoweit noch einigen.[743] Auch die Unwirksamkeit einer Vertragsbestimmung kann als Regelungslücke aufzufassen sein.[744] Jedoch werden die Parteien für diesen Fall schon in der »salvatorischen Klausel« des Vertrags unabhängig vom maßgeblichem Recht eine Regelung zur Lückenfüllung treffen, s. dazu Kap. 8 Rdn. 705. Keine Regelungslücke ist dagegen anzunehmen, wenn die getroffene Regelung nach dem Willen der Parteien bewusst abschließend sein sollte.[745]

672 Regelungslücken lassen sich bei Maßgeblichkeit deutschen Rechts oft unter Heranziehung des für den betr. Vertragstyp geltenden deutschen dispositiven Rechts schließen. Hierbei kommt es im Falle eines F&E-Vertrags i.d.R. darauf an, welchem Grundtyp dieser Vertrag (Gesellschafts-, Dienst- oder Werkvertrag) dieser Vertrag zuzuordnen ist, s. dazu Kap. 6.

673 Dieser Weg ist allerdings nicht gangbar, wenn die Heranziehung des dispositiven Rechts dem mutmaßlichen Parteiwillen widerspricht[746] oder wenn das dispositive Recht keine oder keine interessengerechte Regelung zur Schließung der Lücke bereithält[747].

In diesen Fällen kommt nach deutschem Recht die Anwendung der Grundsätze der ergänzenden Vertragsauslegung in Frage. Sie besagen, dass die vertragliche Regelung entsprechend dem »hypothetischen Parteiwillen« zu ergänzen ist.[748] Dabei ist darauf abzustellen, was die Parteien bei einer angemessenen Abwägung ihrer Interessen nach Treu und Glauben als redliche Vertragspartner vereinbart hätten, wenn sie den nicht geregelten Fall bedacht[749] bzw. nicht bewusst offen gelassen hätten.

739 *Ellenberger* in *Palandt*, § 157 Rn. 3 unter Hinweis auf BGH NJW-RR 2008, S. 562 Tz. 14.
740 *Ellenberger* in *Palandt*, § 157 Rn. 3 unter Hinweis auf BGH NJW 1991, S. 177.
741 *Ellenberger* in *Palandt*, § 157 Rn. 3 unter Hinweis auf BGH NJW 2002, S. 1260, 1262.
742 *Ellenberger* in *Palandt*, § 157 Rn. 3 unter Hinweis auf BGH 123, S. 281, 285; NJW-RR 1999, S. 923 und NJW-RR 2005, S. 687.
743 *Ellenberger* in *Palandt*, § 157 Rn. 3 unter Hinweis auf BGH NJW 1975, S. 1116 und NJW 1982, S. 2816 sowie BAG DB 1980, S. 934.
744 *Ellenberger* in *Palandt*, § 157 Rn. 3 unter Hinweis auf BGH 63, S. 132, 135; 90, S. 69, 74 und 137, S. 153, 157 sowie BayObLG 98 S. 13, 18.
745 *Ellenberger* in *Palandt*, § 157 Rn. 3 unter Hinweis auf BGH NJW 1985, S. 1835 und OLG Hamm NJW-RR 2004, S. 298.
746 *Ellenberger* in *Palandt*, § 157 Rn. 5 unter Hinweis auf BGH NJW 1975, S. 1116; NJW 1979, S. 79, 1705 und NJW-RR 1990, S. 817.
747 *Ellenberger* in *Palandt*, § 157 Rn. 6 m.w.N.
748 *Ellenberger* in *Palandt*, § 157 Rn. 7 unter Hinweis auf BGH 11, S. 214, 217.
749 *Ellenberger* in *Palandt*, § 157 Rn. 7 unter Hinweis auf BGH 84, S. 1, 7; NJW 2004, S. 2449; 2006, S. 54; NJW-RR 2008, S. 562 Tz. 15.

Man sollte allerdings bei der Vertragsverhandlung die Bedeutung der Frage, ob bei der Rechtswahl die Geltung deutschen Rechts vereinbart werden kann, nicht überbewerten. Unter Berücksichtigung der nachfolgenden Aspekte sollte deshalb das Beharren einer ausländischen Partei auf der Anwendbarkeit ihres Rechts bei der Aushandlung eines F&E-Vertrags normalerweise kein Grund für den Abbruch der Vertragsverhandlungen sein. 674

Zwar zwingt die Unterstellung eines F&E-Vertrags unter ausländisches Recht dazu, alle wesentlichen Rechtsfragen im Vertrag zu regeln. Wie unter Kap. 8 Rdn. 27 und 28 ausgeführt, ist dies aber bei internationalen F&E-Verträgen mit ausländischen Vertragspartnern, insbesondere solchen aus »Common Law«-Ländern, auch bei Unterstellung des Vertrags unter deutsches Recht kaum zu vermeiden. 675

Dabei kann bei Unterstellung des Vertrags unter ausländisches Recht eine Härteklausel den deutsche Partner (aber nicht nur diesen) vor unerträglichen Rechtsfolgen schützen, wenn er sich aufgrund der Notwendigkeit zur Begrenzung des Vertragsumfangs bei einigen Fragen auf »holzgeschnitzte« Regelungen einlässt; s. dazu Kap. 8 Rdn. 26 und 197. 676

Es ist auch zu berücksichtigen, dass eine Unterstellung des Vertrags unter deutsches Recht für den deutschen Vertragspartner in ihrem Wert gemindert sein kann, wenn es ihm nicht gleichzeitig gelingt, gemäß § 38 ZPO die Zuständigkeit eines deutschen Gerichts, an dem er seinen allgemeinen oder einen besonderen Gerichtsstand hat, zu vereinbaren bzw., wenn der Vertrag ein Schiedsgericht für zuständig erklärt, als Ort des Schiedsgerichtsverfahrens einen in Deutschland gelegenen Ort vertraglich festzulegen. Wäre z.B. ein Gericht oder Schiedsgericht in New York zuständig, könnte die Klärung der Frage, welche deutsche Rechtsnormen anzuwenden und wie diese auszulegen sind, hohe Prozesskosten und Verzögerungen des Verfahrens verursachen. 677

Allgemein ist deshalb folgender Grundsatz zu beachten: Unabhängig davon, welches Recht gewählt wird, sollte diese Wahl einhergehen mit einer Gerichtsstandsvereinbarung bzw. einer Schiedsgerichtsvereinbarung, welche sicherstellt, dass der Prozess in dem Staat des gewählten Rechts stattfindet, damit die Ermittlung der nach diesem Recht anzuwendenden Rechtsnormen und die Klärung diesbezüglicher Auslegungsfragen nicht einen besonderen Aufwand erfordern und den Prozess verzögern. 678

Der Vertrag sollte auf jeden Fall das anwendbare Recht festlegen, wenn die Beantwortung der Frage, welchem Recht er bei Fehlen einer Rechtswahl unterliegen würde, Probleme bereitet. Unterbleibt in einem solchen Fall die Rechtswahl, kann im Falle eines Rechtsstreits die Frage des anzuwendenden Rechts Gegenstand langwieriger Auseinandersetzungen werden, welche die Prozesskosten wesentlich erhöhen. 679

Die Rechtswahlklausel müsste, streng genommen, klarstellen, dass eine Anwendung solcher Rechtsvorschriften, deren Anwendung auf den Vertrag nicht wirksam abbedungen werden kann, z.B. von Kartellrecht und Immaterialgüterrecht eines anderen Staates, der Anwendung des gewählten Rechts vorgeht (s. aber zu den besonderen Voraussetzungen, denen die Geltendmachung von 680

Verletzungen des Kartellrechts eines anderen Staates unterliegen kann, Kap. 5 Rdn 1). Eine solche Klarstellung ist aber jedenfalls dann nicht notwendig, wenn der Vertrag eine »salvatorische Klausel« (s. dazu Kap. 8 Rdn. 702–705) enthält.

19. Wahl zwischen ordentlicher Gerichtsbarkeit und Schiedsgerichtsbarkeit/Schiedsgerichtsklauseln

681 Unter den Vor- und Nachteilen der Schiedsgerichtsbarkeit gegenüber der ordentlichen Gerichtsbarkeit[750] sind besonders zu nennen:

682 **Vorteile:**

- Im Falle der Unwirksamkeit einzelner Bestimmungen und Nichteinigung über eine ersatzweise Regelung können die Parteien diese durch das Schiedsgericht festsetzen lassen, s. Kap. 8 Rdn. 705; Entsprechendes gilt im Falle der Aufnahme einer Härteklausel in den Vertrag bei Nichteinigung der Vertragspartner über eine Änderung des Vertrags im Falle einer unzumutbaren Härte, s. Kap. 8 Rdn. 658.
- Der Schutz von Betriebsgeheimnissen, welche die Parteien im Rahmen des Prozesses offenbaren müssen oder zur Durchsetzung ihrer Rechte offenbaren wollen, ist gewährleistet.
- Als Schiedsrichter können Personen ernannt werden, die für den zu entscheidenden Fall besondere Sachkunde (z.B. bei Streitigkeiten, für die bestimmte technische Fragen relevant sind, auf dem betr. technischen Gebiet) besitzen und das Verfahren in der Vertragssprache durchführen können.
- Es besteht kein Anwaltszwang.
- Die Durchführung eines Schiedsgerichtsverfahrens erfordert meist weniger Zeit als ein mehrinstanzliches Verfahren vor den ordentlichen Gerichten.

Bei internationalen F&E-Verträgen kommt folgender Vorteil hinzu, der in Ausnahmefällen auch bei nationalen F&E-Verträgen besteht:

- Schiedssprüche sind im Ausland nach dem UN-Übereinkommen über die Anerkennung und Vollstreckung ausländischer Schiedssprüche von 1958 (»New Yorker Übereinkommen«)[751] in der Regel leichter zu vollstrecken als Urteile staatlicher Gerichte.

683 **Nachteile:**

- Durch das Verfahren zur Ernennung der Schiedsrichter geht Zeit verloren.
- Den Schiedsrichtern kann es an Neutralität fehlen.

750 Siehe dazu *Lindstaedt/Pilger/Rosenberger*, Anm. zu Art. 29 des Vertragsmusters für einen Patentlizenzvertrag; hins. Konsortialverträgen zwischen den Partnern eines im Rahmen des 6. Rahmenprogramms der EU durchgeführten Projekts: »IPR Helpdesk« zu diesem Rahmenprogramm zum Thema »6. RP: Rechtswahl-, Schieds- und Gerichtsstandsklauseln im Vertrag und in der Konsortialvereinbarung unter IV, 2., über das Internet zugänglich über ein Suchsystem wie »Google« bei Eingabe des Suchworts »IPR Helpdesk« und den Link »Sechstes Rahmenprogramm, Konsortialvereinbarungen«.

751 Über das Internet zugänglich über www.uncitral.org und den Link »Adopted Texts«.

- Schiedssprüche sind nur in sehr eingeschränktem Umfang überprüfbar (Ausnahme z.B. Überprüfung hins. ihrer Vereinbarkeit mit Kartellrecht).
- Die Kosten von Schiedsgerichtsverfahren sind oft höher als die Kosten von Verfahren vor den ordentlichen Gerichten.

Die Vorteile, die mit der Vereinbarung eines Schiedsgerichtsverfahrens verbunden sind, dürften zumindest bei internationalen F&E-Verträgen die Nachteile deutlich überwiegen. 684

Bei der Wahl unter den möglichen Schiedsgerichtsverfahren[752] ist ein institutionalisiertes Verfahren, z.B. nach der Schiedsgerichtsordnung der Deutschen Institution für Schiedsgerichtsbarkeit (DIS), Bonn (abrufbar über www.disarb.de) oder, Auslandsberührung vorausgesetzt, nach der Vergleichs- und Schiedsordnung der Internationalen Handelskammer einem »ad hoc« vereinbarten Schiedsgerichtsverfahren in aller Regel vorzuziehen. So kann im Falle eines Verfahrens nach den Regeln der Internationalen Handelskammer das »Schiedsgericht« (die so bezeichnete Institution hat hier nur administrative Funktionen), soweit es für die Ernennung von Schiedsrichtern zuständig ist, dieselben aus einer großen Zahl ihr bekannter bewährter Schiedsrichter für den konkreten Rechtsstreit auswählen. Zu den Vorteilen institutionalisierter Verfahren gehört weiter meist auch die Existenz einer Gebührenordnung betr. die Gebühren für die Prozessadministration und für die Schiedsrichter. 685

Beispiele für Schiedsgerichtsklauseln für institutionalisierte Verfahren bilden Muster A, Klausel 13.2, Muster B, Klausel 8.3 sowie Muster C, Klausel 13.2. Dabei legen die beiden letztgenannten Klauseln die Anzahl der Schiedsrichter nicht fest, sondern überlassen diese Festlegung der prozessleitenden Institution. Dies kann zweckmäßig sein, wenn sowohl mit »kleinen« als auch »großen« Prozessen zu rechnen ist, um bei »kleinen« Prozessen die Kosten des Verfahrens zu begrenzen. Als Ort des Schiedsgerichts sollte ein Ort in dem Land, dessen Recht zur Anwendung kommt, von den Parteien oder von der prozessleitenden Institution festgelegt werden, da in diesem Fall genügend Personen als Schiedsrichter zur Verfügung stehen, welche mit diesem Recht vertraut sind, s. auch schon Kap. 8 Rdn. 678. Soweit sich ein Vertragspartner in den Vertragsverhandlungen auf die Durchführung des Schiedsgerichtsverfahrens im Ausland einlassen muss, sollte er bei seinem Vorschlag für den Ort des Verfahrens darauf achten, dass er sich dort von einem Anwalt seines Vertrauens vertreten lassen kann. Die Verfahrenssprache sollte die Vertragssprache sein, die wiederum in dem Land des Verfahrens Amtssprache und damit dem/den Schiedsrichter(n) geläufig sein sollte. 686

Bei Verträgen mit Vertragspartnern aus dem »Common Law«-Bereich empfiehlt sich in der Regel auch, in der Schiedsgerichtsklausel den Ausschluss von »Discovery Proceedings« vorzusehen, da diese einen möglichen Rechtsstreit sehr in die Länge ziehen und verteuern können. 687

752 Siehe dazu z.B. *Lindstaedt/Pilger/Rosenberger*, Anm. zu Art. 29 des Vertragsmusters für einen Patentlizenzvertrag.

20. Festlegung des Gerichtsstands bei Fehlen einer Schiedsgerichtsklausel

688 Enthält der Vertrag keine Schiedsgerichtsklausel, sollten sich die Vertragspartner möglichst auf die Zuständigkeit eines Gerichts in dem Staat einigen, dessen Recht der Vertrag unterliegt. Sie vermeiden damit die Zuständigkeit eines Gerichts, das sich erst mit dem anwendbaren Recht und dessen Auslegung vertraut machen muss, und dass sich dadurch die Kosten des Prozesses und seine Länge erhöhen; s. bereits Kap. 8 Rdn. 678.

689 Demgemäß sollte, wenn der Vertrag deutschem Recht unterliegt und keine Schiedsgerichtsklausel enthält, die Zuständigkeit eines deutschen Gerichts vereinbart werden. Dabei kann jedoch, wenn mindestens eine Vertragspartei keinen allgemeinen Gerichtsstand im Inland hat, eine andere Vertragspartei jedoch einen solchen hat, gemäß § 38 Abs. 2 ZPO nur ein Gericht gewählt werden, bei dem die andere Vertragspartei einen allgemeinen oder besonderen Gerichtsstand hat.

21. Form und Zustellung von einseitigen Willenserklärungen und geschäftsähnlichen Handlungen

690 Es erscheint jedenfalls bei internationalen F&E-Verträgen sinnvoll, für einseitige Willenserklärungen und geschäftsähnliche Handlungen[753] Schriftform vorzusehen. Nationale F&E-Verträgen sollten zumindest die Wirksamkeit von Kündigungen wegen deren besonderer Bedeutung von der Einhaltung der Schriftform abhängig machen.

691 Nach deutschem Recht werden Willenserklärungen, die gegenüber Abwesenden abgegeben werden, gemäß § 130 BGB mit ihrem Zugang wirksam. Entsprechendes gilt für geschäftsähnliche Handlungen.[754] Der Zugang ist vollendet, wenn die Kenntnisnahme durch den Empfänger möglich und nach der Verkehrsanschauung zu erwarten ist.[755] Auf dieser Basis haben Lehre und Rechtsprechung die Zugangsregeln weiter verfeinert.[756] Bei einer Verweigerung der Annahme der Erklärung ist der Zugang im Zeitpunkt des Angebots zur Aushändigung anzunehmen,[757] es sei denn, die Verweigerung erfolgt berechtigterweise (z.B. wegen fehlender Frankierung oder unrichtiger Adressierung).

692 Unter diesen Umständen ist bei Verträgen, die deutschem Recht unterliegen, die Frage des Wirksamwerdens von Willenserklärungen und geschäftsähnlichen

753 Siehe zu diesem Begriff *Ellenberger* in *Palandt*, Überblick vor § 104 Rn. 6.
754 Siehe *Ellenberger* in *Palandt*, Überblick vor § 104 Rn. 7.
755 *Heinrichs* in *Palandt*, § 130 Rn. 5.
756 Siehe speziell zum Zugang von Briefen *Ellenberger* in *Palandt*, § 130 Rn. 6 und zum Zugang bei Abgabe gegenüber Mittelspersonen *Ellenberger* a.a.O., Rn. 8 f.
757 *Ellenberger* in *Palandt*, § 130 Rn. 16 unter Hinweis auf BGH NJW 1983, S. 930; 1998, S. 976.

Handlungen kein Problem, so dass dort eine ausdrückliche Regelung verzichtbar erscheint. Bei Verträgen, die ausländischem Recht unterliegen, ist aber die Antwort auf diese Frage für die deutschen Partner ungewiss. Dies gilt u.a. für die Frage, ob eine Willenserklärung bei Annahmeverweigerung wirksam wird. Bei Beteiligung ausländischer Vertragspartner kann auch der Fall eintreten, dass diese vom deutschen Partner unbemerkt ihre Adresse ändern, deshalb die Zustellung an ihre bisherige Adresse fehlschlägt und an die neue Adresse nicht rechtzeitig nachgeholt werden könnte. Eine ausdrückliche Regelung zur Lösung derartiger Probleme erscheint deshalb erforderlich. Der Vertrag kann hierzu z.B. vorsehen, dass eine Willenserklärung oder geschäftsähnliche Handlung, die ein Vertragspartner an einen anderen Vertragspartner richtet, außer im Falle tatsächlichen Empfangs durch den anderen Partner auch dann wirksam wird, wenn die Zustellung an die im Vertrag angegebene Adresse des anderen Partners per ordnungsgemäß frankiertem Einschreiben mit Rückschein vergeblich versucht wird, s. dazu im Einzelnen z.B. Muster A, Klausel 14.

Zu warnen ist allerdings vor einer Fiktion des Zugangs durch Bestimmungen 693
wie: »Brieflich abgegebene Willenserklärungen und Mitteilungen eines Vertragspartners gegenüber einem anderen Vertragspartner gelten bei ordnungsgemäßer Adressierung und Frankierung am 3. Tag der Aufgabe bei der Post als zugegangen.« Bei einer derartigen Klausel, die sich so oder ähnlich nicht selten in Vertragsentwürfen US-amerikanischer Firmen findet, kann sich z.B. bei einem Vertrag, der eine fristlose Kündigung des Vertrags wegen Vertragsverletzung nach Abmahnung und fruchtlosem Verstreichen einer Frist zur Abstellung der Verletzung gestattet, folgender Fall ergeben: Durch ein postalisches Versehen gelangt die Abmahnung tatsächlich nicht an die Adresse des den Vertrag verletzenden Partners. Dieser wird sich deshalb der Vertragsverletzung gar nicht bewusst und stellt sie deshalb auch nicht innerhalb der dafür vertraglich bestimmten Frist ab. Darauf erfolgt die fristlose Kündigung durch den abmahnenden Partner, die den verletzenden Partner auch tatsächlich erreicht. Da die Abmahnung aufgrund der durch die Klausel aufgestellten Fiktion wirksam wird, ist auch die spätere fristlose Kündigung wirksam.

22. Übertragbarkeit des Vertragsverhältnisses oder von einzelnen Rechten und Pflichten aus dem Vertrag

Nach deutschem Recht und wohl auch nach allen ausländischen Rechtsord- 694
nungen kann ein Vertragspartner Vertragspflichten ohne Zustimmung der Vertragsgegenseite nicht auf einen Dritten übertragen. Damit ist auch eine Vertragsübertragung ohne Zustimmung der Vertragsgegenseite ausgeschlossen. Nach deutschem Recht (§ 399 BGB) ist außerdem die Übertragung einzelner Forderungen ausgeschlossen, wenn die Leistung an einen anderen als den ursprünglichen Gläubiger nicht ohne Veränderung ihres Inhalts erfolgen kann oder wenn die Abtretung durch Vereinbarung mit dem Schuldner ausgeschlossen ist. Entsprechendes gilt nach § 413 BGB für die Abtretung anderer Rechte,

soweit sich nicht aus spezialgesetzlichen Bestimmungen (z.B. solchen des Sachenrechts) etwas Anderes ergibt.

695 Die Interessenlage spricht bei F&E-Verträgen dafür, es grundsätzlich bei dieser Rechtslage zu belassen (Ausnahme: Gestattung der Erteilung von Unterlizenzen, insbesondere an verbundene Unternehmen, s. Kap. 8 Rdn. 421) und sogar die Übertragung grundsätzlich übertragbarer Forderungen und sonstiger Rechte auszuschließen, soweit dies rechtlich möglich ist:

So kann bei Vertragsübertragung der neue Vertragspartner nicht verlässlich oder nicht liquide sein. Er kann auch auf dem relevanten Produkt- und Technologiemarkt in anderer Weise präsent sein als der bisherige Vertragspartner, so dass es zu Interessenkollisionen kommt. Schließlich kann sich die kartellrechtliche Beurteilung des Vertrags durch die Auswechslung eines Vertragspartners ändern.

Prekär kann auch die Übertragung von Patentrechten für F&E-Ergebnisse, z.B. unter dem Aspekt des Arbeitnehmererfindungsrechts (s. Kap. 8 Rdn. 174–179) und von Nutzungsrechten für zu den F&E-Ergebnissen gehörende urheberrechtlich geschützte Software an Dritte sein. Selbst die Abtretung von Geldforderungen gegen andere Vertragspartner (z.B. aus vertraglich vorgesehenen Lizenzen an F&E-Ergebnissen) an Dritte kann im Hinblick auf die damit verbundene Aufspaltung der Rechtsverhältnisse (auch unter dem Aspekt möglicher Streitigkeiten über deren Existenz) für die anderen Vertragspartner einen Nachteil bedeuten.

696 Nicht zu verkennen ist allerdings, dass ein Vertragspartner eines F&E-Vertrags unter bestimmten Umständen auch ein starkes Interesse an der Übertragung haben kann. Dies gilt insbesondere für die Übertragung seiner Vertragsposition auf einen Dritten, wenn diese einem bestimmten Geschäftsbereich zuzurechnen ist und er alle diesem Geschäftsbereich zugehörigen Rechte und Pflichten an einen Dritten übertragen möchte. Ein Vertragspartner eines F&E-Vertrags kann auch ein Interesse haben, einzelne Rechte oder Pflichten aus dem Vertrag zu übertragen, etwa Geldforderungen (z.B. aus einer von ihm vertragsgemäß erteilten Lizenz), um sich auf diesem Weg Liquidität zu verschaffen, oder seine Pflichten zu F&E-Leistungen, wenn er im Wege der Umstrukturierung den entsprechenden F&E-Bereich in eine Tochtergesellschaft auslagern möchte.

697 Dem kann man dadurch Rechnung tragen, dass man die Übertragung an die Zustimmung des/der anderen Vertragspartner(s) mit der Maßgabe bindet, dass diese Zustimmung nicht willkürlich verweigert werden darf. Diese Maßgabe dürfte allerdings selten mehr als einen Anknüpfungspunkt für Verhandlungen bedeuten. In diesen wird sich der Interessenkonflikt oft im Wege einer Vereinbarung lösen lassen, welche die Übertragung bei gleichzeitiger Bürgschaft des übertragenden Vertragspartners für die Erfüllung der übertragenen Pflichten gestattet.

698 Von der rechtsgeschäftlichen Übertragung von Rechten und Pflichten ist die Gesamtrechtsnachfolge kraft Gesetzes durch Fusion eines Vertragspartners mit einer anderen Gesellschaft im Wege der Aufnahme in dieselbe (s. für das

deutsche Recht §§ 4 ff., 20 UmwG) zu unterscheiden. Bei einer solchen Fusion können die gleichen oder ähnliche Interessenkonflikte auftreten wie bei rechtsgeschäftlicher Vertragsübertragung. Dem kann man dadurch Rechnung tragen, dass man einem Vertragspartner ein a.o. Recht zur Kündigung einräumt, wenn ein Dritter, der auf dem einschlägigen relevanten Produktmarkt einen erheblichen Marktanteil hat, die Kontrolle über den bzw. einen anderen Vertragspartner erwirbt, s. Muster A, Klausel 10.3 d).

23. Schriftliche Vereinbarungen bzw. Erklärungen als Voraussetzung für Vertragsänderungen bzw. Rechtsverzichte/Fehlen von Nebenabreden

Klauseln, welche die Wirksamkeit einer Vertragsänderung bzw. eines Rechtsverzichts von einer schriftlichen Vereinbarung bzw. von einer schriftlichen Erklärung abhängig machen, 699
- mindern die Gefahr spontaner, aber nicht genügend durchdachter Vertragsänderungen bzw. Rechtsverzichte,
- schließen Vertragsänderungen bzw. Rechtsverzichte aufgrund von nicht vertragskonformen Verhaltensweisen oder Untätigkeit aus,
- erhöhen die Wahrscheinlichkeit, dass jede beabsichtigte Vertragsänderung bzw. jeder beabsichtigte Rechtsverzicht durch einen dafür zuständigen Juristen geprüft und ggf. klar formuliert wird,
- tragen dazu bei, Streitigkeiten über das Zustandekommen einer Vertragsänderung bzw. eines Rechtsverzichts zu vermeiden, und
- wirken der Gefahr entgegen, dass ein Gericht das Zustandekommen einer Änderungsvereinbarung oder eines Rechtsverzichts allein aufgrund von falschen Zeugenaussagen annimmt.

Aus ähnlichen Gründen – Vermeidung von Streitigkeiten über die Existenz und 700
den Inhalt bindender Vereinbarungen, die der Vertragstext nicht widerspiegelt, Sicherheit über den maßgeblichen Vertragsinhalt und Gewährleistung des Zugriffs auf diesen auch für Personen, die an den Vertragsverhandlungen nicht beteiligt waren – empfiehlt sich auch eine Klausel, nach welcher die Vertragspartner außerhalb des Vertrags keine Vereinbarungen bzw. Erklärungen getroffen bzw. abgegeben haben, welche den Vertragsinhalt verändern oder ergänzen.

Hins. einer Klausel, welche schriftliche Vereinbarungen für Vertragsänderun- 701
gen vorschreibt, ist allerdings zu beachten, dass sich nach deutschem Recht der Formzwang für Vertragsänderungen jederzeit formlos aufheben lässt.[758] Ob dies auch dann noch gilt, wenn der Vertrag auch die Klausel über das Erfordernis der Schriftform dem Formzwang unterwirft, ist streitig.[759] Immerhin kann es

758 *Ellenberger* in *Palandt*, § 125 Rn. 19 unter Hinweis auf einschlägige höchstrichterliche Rechtsprechung.
759 *Ellenberger* in *Palandt* a.a.O. m.N. über die einschlägige Rechtsprechung und Literatur.

nicht schaden, eine entsprechende zusätzliche Bestimmung in den Vertrag aufzunehmen, s. hierzu z.B. Muster A, Klausel 20.

24. Salvatorische Klausel

702 Kern einer »salvatorische Klausel« ist die Regelung, dass die Unwirksamkeit einzelner Vertragsbestimmungen nicht zur Unwirksamkeit des gesamten Vertrages führt. Sie sollte darüber hinaus Bestimmungen über Anpassungen des Vertrages aufgrund der Teilunwirksamkeit treffen, damit eine gewisse Balance bei den Rechten und Pflichten der Vertragspartner gewahrt bleibt.

703 Einzelne Regelungen in F&E-Verträgen können hauptsächlich wegen ihrer Unvereinbarkeit mit kartellrechtlichen Vorschriften unwirksam sein. Dabei ist zu berücksichtigen, dass für einen Vertrag mehrere Kartellrechtsordnungen, z.B. neben dem EU-Recht und dem Kartellrecht von EU-Mitgliedsländern auch das Kartellrecht von Ländern außerhalb der EU wie der USA einschlägig sein kann. Da das in einem Land geltende Kartellrecht meist zu dessen »ordre public« gehört, lässt sich seine Anwendbarkeit grundsätzlich nicht durch eine entgegenstehende Rechtswahlklausel ausschließen, s. Kap. 5 Rdn. 1.

704 Unterliegt ein F&E-Vertrag grundsätzlich deutschem Recht, richtet sich der Einfluss der Teilunwirksamkeit auf die Wirksamkeit des Vertrags im Übrigen nach den §§ 139 und 140. § 139 BGB erklärt das ganze Rechtsgeschäft für nichtig, wenn nicht anzunehmen ist, dass es auch ohne den nichtigen Teil vorgenommen sein würde; und § 140 sieht die Umdeutung des nichtigen Teils in eine wirksame Regelung vor, wenn anzunehmen ist, dass die Parteien diese bei Kenntnis der Nichtigkeit gewollt haben würden. Nach der vom BGH zuletzt vertretenen Auffassung[760] kann eine »salvatorische« Klausel § 139 BGB zwar nicht außer Kraft setzen, ist aber bedeutsam für die Darlegungs- und Beweislast. Es ist nicht auszuschließen, dass nach dem Recht anderer Länder gleiche oder ähnliche Grundsätze gelten.

705 Es ist unter diesen Umständen für die meisten F&E-Verträge unabhängig von der Rechtswahl eine salvatorische Klausel zu empfehlen, die neben der Regelung, dass die Nichtigkeit eines Vertragsteils die Wirksamkeit des Vertrags im Übrigen nicht berührt, auch folgende Regelung enthält: Die Vertragspartner bemühen sich, den unwirksamen Teil durch eine wirksame Regelung zu ersetzen, die ihren ursprünglichen Absichten im wirtschaftlichen Ergebnis so weit wie möglich entspricht. Wenn sie darüber keine Einigung erzielen, kann jeder Vertragspartner das vertraglich vorgesehene Schiedsgericht mit dem Ziel anrufen, dass dieses die ersetzende Regelung verbindlich festlegt (s. zur Formulierung im Einzelnen z.B. Muster A, Klausel 22). Bei einer solchen zusätzlichen Regelung wird im konkreten Fall fast immer gemäß § 139 BGB anzunehmen sein, dass die Parteien den Vertrag auch ohne den nichtigen Teil geschlossen haben würden.

760 BGH vom 24. 09. 2002, abgedr. in ZIP, 2003, S. 16; anders noch BGH »Pronuptia«, GRUR 1994, S. 463.

25. Vertragsfuß

Wie der Vertragskopf sollten auch die Unterschriftszeilen die Vertragspartner mit ihrem vollen Namen aufführen. Die Namen und die Stellung der Personen, die für die zu den Vertragspartnern gehörenden Gesellschaften unterzeichnen, sollten auch in Druckschrift eingetragen werden, wenn dies unter den besonderen Umständen des Falles nicht als übertriebener Formalismus erscheinen würde. Das kann auch noch handschriftlich bei Unterzeichnung erfolgen. Das Datum der jeweiligen Unterzeichnung sollte auch dann aufgeführt werden, wenn der Vertrag das Datum seines Inkrafttretens festlegt, da das Unterzeichnungsdatum für die Beurteilung der Einhaltung vorvertraglicher Pflichten (z.B. zur Aufklärung über einschlägige Schutzrechte Dritter) bzw. der Richtigkeit im Vertrag gegebener Versicherungen über das Fehlen der Kenntnis bestimmter Umstände von Bedeutung sein kann. 706

26. Vertragsanlagen

Dem Vertrag sollten nur Anlagen beigefügt werden, auf die er Bezug nimmt. 707
Zur Bezeichnung von Anlagen eignet sich oft die Nummerierung der Klauseln, in denen erstmals auf sie Bezug genommen wird (Beispiel: Eine Vertragsanlage, auf die erstmals in einer Klausel 3.2 Bezug genommen wird, erhält die Bezeichnung *Anlage 3.2*). Es macht Sinn, die Anlagenbezeichnungen im Vertrag in geeigneter Weise, z.B. durch Kursivschrift oder Unterstreichung hervorzuheben, damit schnell erkennbar ist, bei welchen Klauseln die betr. Anlagen von Bedeutung sind. Insbesondere dann, wenn die Vertragsanlagen zahlreich sind, empfiehlt es sich, in den Vertrag eine Liste dieser Anlagen aufzunehmen, damit keine von ihnen bei Fertigstellung der Unterschriftsexemplare des Vertrags vergessen wird. Manchmal kann eine Bestimmung im Vertrag zweckmäßig sein, dass bei Widersprüchen zwischen Vertragstext und Vertragsanlagen der Vertragstext Vorrang hat.

Kapitel 9 Durchführung von F&E-Verträgen

Alle Vertragspartner sollten auf die strikte Einhaltung des F&E-Vertrags achten. Es geht hier nicht in erster Linie um Haftungsrisiken – so sind Schäden aufgrund der Verletzung vertraglicher Verpflichtungen bei dem ohnehin unsicheren Ausgang von F&E-Projekten oft nicht nachzuweisen –, sondern um den Erfolg des gemeinsamen F&E-Projekts. 1

Tauschen die Vertragspartner z.B. nicht laufend die von ihnen erzielten F&E-Ergebnisse, wie im Vertrag vorgesehen, aus, kommt es zu Doppelarbeit oder, wenn die Ergebnisse eines Partners eine Fortsetzung der F&E in einer bestimmten Richtung als sinnlos erscheinen lassen, zu unnötigem F&E-Aufwand. 2

Besonders wichtig ist erfahrungsgemäß auch die genaue Einhaltung der Vertragsbestimmungen betr. die Anmeldung von Schutzrechten für F&E-Ergebnisse. Hier können recht komplizierte Regelungen sinnvoll sein (vgl. Muster A, Art. 3 und die diesbezüglichen Anmerkungen), deren Nichteinhaltung erhebliche Rechtsnachteile oder Kosten nach sich ziehen kann. 3

Die größte Gefahr eines vertragswidrigen Verhaltens besteht in der Zerstörung der Vertrauensbasis, die eine entscheidende Voraussetzung für eine erfolgreiche F&E-Kooperation darstellt. 4

Unter diesen Umständen sollten die Projektleiter der Vertragspartner sich nicht nur selber mit dem Inhalt des F&E-Vertrags vertraut machen, sondern auch sowohl ihre von Anfang an beteiligten als auch ihre später mit der Vertragsdurchführung betrauten Mitarbeiter sowie den zuständigen Patentfachmann entsprechend instruieren. 5

Nachfolgend ein Beispiel aus der Praxis des Verfassers, in dem die Zusammenarbeit zwischen den Vertragspartnern wegen mangelnder Vertragskenntnis seitens der mit der Vertragsdurchführung betrauten Personen aus dem Ruder gelaufen ist: An dem F&E-Projekt hatten sich zwei Unternehmen entsprechend dem Vertragsmuster A zum laufenden Informationsaustausch unter Gewährung gleicher Rechte an allen F&E-Ergebnissen unabhängig von dem Urheber derselben verpflichtet. Offenbar waren die mit der Durchführung des Projekts befassten Mitarbeiter weder des einen noch des anderen Unternehmens mit dem Inhalt des Vertrags vertraut. Sie waren deshalb in der irrigen Vorstellung befangen, jedes Unternehmen habe an den von seinen eigenen Mitarbeitern allein erarbeiteten F&E-Ergebnissen weitergehende Rechte als das andere Unternehmen. Infolgedessen meinten Mitarbeiter des einen Unternehmens, in dessen wohlverstandenem Interesse zu handeln, wenn sie dem anderen beteiligten Unternehmen vertragswidrig wichtige von ihnen erarbeitete F&E-Ergebnisse vorenthielten.[761] 6

761 Nach *Schrader* in *Sauer/Hirsch-Kreinsen,* S. 57 ist dies ein bei vielen Gemeinschaftsprojekten vorkommender Fall.

Den am Projekt Beteiligten des anderen Unternehmens fiel zwar die »gewisse Zurückhaltung« ihres Vertragspartners beim Informationsaustausch auf. Statt nun aber – wie sie es bei Kenntnis des Vertrags sicher getan hätten – auf Vertragserfüllung zu drängen und auf die Vorteile eines vollständigen Informationsaustauschs für beide Seiten hinzuweisen, beschlossen sie, nun ihrerseits beim Informationsaustausch zu »mauern«. Dieser kam daraufhin in einer Atmosphäre wachsenden gegenseitigen Misstrauens praktisch zum Erliegen. Da man bei beiden Unternehmen unter diesen Umständen in einer Fortsetzung des Vertrages keinen Sinn mehr sah, strebte man beiderseits seine Aufhebung an und konsultierte deswegen die jeweils zuständigen Juristen. Nachdem diese auf die beiderseitigen Rechte an allen F&E-Ergebnissen unabhängig von deren Urheber hingewiesen hatten, einigte man sich auf die Aufhebung des Vertrags unter vollständiger Offenbarung noch nicht ausgetauschter F&E-Ergebnisse. Es stellte sich bei diesem Austausch heraus, dass unnötige Doppelarbeit geleistet worden war, so dass jedes der beiden Unternehmen noch weit vom technischen Ziel des Projekts entfernt war.

7 Es gibt natürlich Fälle, in denen sich eine bestimmte Vertragsregelung als nicht sinnvoll oder nicht ausbalanciert erweist. Hier sollte der Vertragspartner, dem dies auffällt, das Problem bei dem bzw. den anderen Vertragspartner(n) so schnell wie möglich auf den Tisch bringen. Wie die Erfahrung zeigt, lassen sich unvernünftige oder unangemessene Regelungen in fast allen Fällen in beiderseitigem Einvernehmen korrigieren.

Kapitel 10 Checklisten

I. Checkliste für die Beurteilung der Zweckmäßigkeit von F&E-Kooperationen

1. **Basiskriterien für die Beurteilung eines ins Auge gefassten gemeinsamen F&E-Projekts**

1.1 Welche Gewinnchance (Höhe und Wahrscheinlichkeit eines Gewinns) eröffnet das gemeinsame Projekt, d.h. welche zusätzlichen Umsätze und Erträge sind mit den zu entwickelnden Produkten zu erzielen und mit welcher Wahrscheinlichkeit im Hinblick auf

a) die Befriedigung aktueller und künftiger Kundenbedürfnisse,
b) ggf. voraussehbare Akzeptanzprobleme bei den Kunden,
c) die zu erwartende Konkurrenzsituation (wichtige Kriterien: Zielt das Projekt auf eine Führungsposition ab? Welche einschlägigen Parallelprojekte laufen bei der Konkurrenz?),
d) die voraussichtlich erzielbaren Preise,
e) die voraussichtlich aufzuwendenden Produktions- und Vertriebskosten,
f) die Kosten der F&E,
g) ggf. den Ergebniseffekt durch Ersetzung bisher vertriebener Produkte,
h) den Produktlebenszyklus auf dem relevanten Markt?

1.2 Welches Verlustrisiko (Höhe und Wahrscheinlichkeit eines Verlusts) besteht im Hinblick auf

a) das technische Risiko (unter Berücksichtigung einer möglichen Verminderung der Ungewissheit über die Erreichbarkeit der Lösung, die ggf. dafür benötigte Zeit und die dafür aufzuwendenden Kosten nach einer Orientierungsphase und der Möglichkeiten eines Projektabbruchs bei ungünstiger Prognose),
b) das Vermarktungsrisiko unter Berücksichtigung
- des Zeitfaktors (Gefahr, dass die Konkurrenz schneller mit gleichwertigen oder besseren Produkten am Markt ist, mögliche nachteilige Änderung der wirtschaftlichen Rahmenbedingungen),
- einer möglichen Blockierung der Vermarktung durch Schutzrechte Dritter und umgekehrt ggf.
- einer Absicherung der Vermarktung durch den kooperierenden Unternehmen verfügbare Basisschutzrechte?

1.3 Wie sind Gewinnchance und Verlustrisiko gegeneinander abzuwägen, wobei folgende Momente besonderes Gewicht haben:
   a) das Vorhandenseins bzw. Nichtvorhandenseins einer geeigneten Vertriebsstruktur bei dem eine Kooperation ins Auge fassenden Unternehmen und von Basis-Know-how bei den Partnern,
   b) Hartnäckigkeit und persönliches Engagement der mit dem F&E-Projekt betrauten Personen und ihr fester Glaube, dass das Projekt Erfolg haben wird, und
   c) Vorhandensein eines Bauchgefühls bei dem über das Projekt entscheidenden Management: »Das ist etwas Gutes«?

1.4 Ist trotz positiven Ergebnisses der Chancen-Risiko-Abwägung für das Projekt bei dessen isolierter Betrachtung von diesem abzuraten, weil
   a) personelle und/oder finanzielle Kapazität zu Lasten wichtigerer F&E-Projekte verbraucht wird, oder
   b) günstigere Alternativen zur Durchführung des F&E-Projekts (Erwerb der erstrebten technischen und kommerziellen Position durch Unternehmenskauf oder Lizenznahme) bestehen, oder
   c) mit dem Projekt in der F&E alles auf eine Karte gesetzt wird?

2. **Bei den Basiskriterien zu berücksichtigende kooperationsbezogene Kriterien für eine Beteiligung Dritter an F&E-Projekten**

2.1 Bewertung folgender (möglicher) Vorteile der Kooperation für das eine Kooperation ins Auge fassende Unternehmen:
   a) Verbesserte Aussichten für die Überflügelung Dritter im Wettbewerb als übergreifendes Ziel der Kooperation (Aussichten sinken mit wachsender Zahl der Kooperationsteilnehmer),
   b) Ausschaltung des Kooperationspartners als Forschungskonkurrent (unter Berücksichtigung der kartellrechtlichen Grenzen),
   c) Verbreiterung der Know-how-Basis des die Kooperation ins Auge fassenden Unternehmens,
   d) Nutzung unterschiedlicher Kompetenzen (z.B. Herstellungs- und Anwendungskompetenz),
   e) Erweiterung der betriebsinternen F&E-Kapazität ohne Personalaufstockung,
   f) Verringerung des Zeitbedarfs für das jeweilige F&E-Projekt,
   g) Zugang zu öffentlicher Förderung,
   h) Verringerung der F&E-Kosten des einzelnen Kooperationspartners,
   i) Verminderung des Risikos eines F&E-Projekts durch Parallelstrategie (Gewinnung der Erkenntnis über den besten Lösungsweg durch parallele Untersuchungen mehrerer Lösungsmöglichkeiten) und
   j) Eröffnung weiterer Kooperationsmöglichkeiten zu dem bzw. den F&E-Partner(n).

2.2 Bewertung folgender (möglicher) Nachteile der Kooperation für das eine Kooperation ins Auge fassende Unternehmen:
   a) Verzicht auf Überflügelung des Kooperationspartners im Forschungswettbewerb und andere Wettbewerbsnachteile (Preisgabe sensibler Unternehmensdaten, Gefahr der Abwerbung von Personal durch den Kooperationspartner),
   b) Teilung der Innovationsvorteile mit dem Kooperationspartner,
   c) Verzicht auf interne Lernprozesse durch Auslagerung von F&E,
   d) Abfluss von bei Beginn des F&E-Projekts vorhandenem einschlägigem Know-how an den Kooperationspartner und Erteilung entsprechender Verwertungsrechte an diesen, im Falle einer Kooperation mit Hochschule zeitlich eng begrenzte Geheimhaltungsverpflichtung,
   e) Gefahr mangelnden Engagements des Partners (insbesondere Gefahr von Trittbrettfahrer-Mentalität desselben),
   f) mangelnde fachliche Eignung des Partners,
   g) Ungleichgewicht der F&E-Beiträge der Partner,
   h) Kommunikations- und Leitungsprobleme,
   i) Unmöglichkeit oder Erschwerung des vorzeitigen Abbruchs des F&E-Projekts,
   j) begrenzte Kontrollmöglichkeit hins. des Engagements des jeweiligen Partners und der Vollständigkeit von Know-how-Übermittlung durch diesen und
   k) erhöhte Kosten der Kooperation im Hinblick auf Ausarbeitung und Verhandlung des Vertrags, Koordination und Kommunikation mit dem jeweiligen Partner und – im Falle von F&E-Aufträgen – Zahlung eines Entgelts und von Lizenzgebühren an den Auftragnehmer.

3. **Besonders wichtige Einzelprüfungen vor dem Eingehen einer F&E-Kooperation**

3.1 Wie ist die Schutzrechtslage auf dem betr. F&E-Gebiet (wichtig für die Erkenntnis des Standes der Technik, paralleler F&E-Projekte Dritter und möglicher Schutzrechtsverletzungen bei Verwertung der angestrebten F&E-Ergebnisse)?

3.2 Hat der in Aussicht genommenen Kooperationspartner auf Dauer ein Interesse an einem guten Verhältnis zu dem die Kooperation ins Auge fassenden Unternehmen?

3.3 Welche Personen würden bei Durchführung des gemeinsamen Projekts auf Seiten des Kooperationspartners beteiligt sein, und wie ist ihre fachliche Kompetenz und ihr Engagement zu beurteilen?

3.4 Bei ins Auge gefasster Kooperation mit einem möglichen Konkurrenten auf dem Projektgebiet: Hat dieser eine vergleichbare Schutzrechts- und Know-how-Position auf dem Projektgebiet?

II. Checkliste für die Beurteilung der Freistellung eines F&E-Vertrags nach der F&E-GFVO

Bei der Frage, ob ein F&E-Vertrag mit Art. 81 EGV bzw. mit den §§ 1 bis 3 GWB vereinbar ist, empfiehlt sich meist mit der Prüfung zu beginnen, ob der Vertrag die Voraussetzungen der einschlägigen GFVO für eine Freistellung gemäß Art. 81 Abs. 3 EGV (und damit auch für eine Freistellung nach § 2 Abs. 2 i.V. mit § 2 Abs. 1 GWB) erfüllt, s. Kap. 5 Rdn. 39. Ist dies zu bejahen, erübrigt sich die unter Umständen schwierige Beantwortung der Frage, ob der Vertrag überhaupt unter Art. 81 Abs. 1 EGV bzw. § 1 GWB fällt.

Im Zentrum steht dabei die F&E-GFVO (s. dazu Kap. 5 Rdn. 351–549), die allerdings nur für **Verträge über »horizontale« F&E-Kooperationen**, d.h. F&E-Kooperationen von industriellen Unternehmen auf der derselben Marktstufe, **sowie über F&E-Kooperationen** mit oder ohne Auftragscharakter **zwischen industriellen Unternehmen und Forschungsdienstleistern** gelten dürften, s. Kap. 5 Rdn. 354.

Die nachfolgende Checkliste beruht auf der Auslegung der F&E-GFVO durch den Verfasser. Sie betrifft nicht die Dauer der Freistellung des Vertrags bzw. seiner einzelnen Klauseln, s. dazu Art. 4 (Kap. 5 Rdn. 433–438), Art. 6 Abs. 2 bis 4 (Kap. 5 Rdn. 500–503) und hins. der zulässigen Dauer von Beschränkungen der Vertragspartner auf einzelne technische Anwendungsbereiche bei »reinen« F&E-Verträgen Art. 3 Abs. 3 Satz 2 (Kap. 5 Rdn. 420).

1. Siehe Art. 1 Abs. 1 (Kap. 5 Rdn. 356–380): Handelt es sich bei dem F&E-Vertrag, um einen Vertrag, welche die Bedingungen betrifft, mit dem die Vertragspartner eines der folgenden Ziele verfolgen:
   a) die gemeinsame Forschung oder die gemeinsame Entwicklung von Produkten und Verfahren und die gemeinsame Verwertung der dabei erzielten Ergebnisse,
   b) die gemeinsame Verwertung der Ergebnisse von F&E in Bezug auf Produkte oder Verfahren, die von denselben Vertragsparteien aufgrund einer früheren Vereinbarung durchgeführt worden sind,
   c) die gemeinsame Forschung und Entwicklung von Produkten oder Verfahren ohne die gemeinsame Verwertung von Ergebnissen
   (wobei davon auszugehen ist, dass auch die im Rahmen eines F&E-Auftrags durchgeführten F&E-Arbeiten meist i.S. von Art. 2 Abs. 11 »gemeinsam« durchgeführt werden, s. Kap. 5 Rdn. 375)? Wenn ja, 2; wenn nein, keine Freistellung nach der F&E-GFVO.
2. Siehe Art. 4 Abs. 1 (Kap. 5 Rdn. 431–433): Gehören zu den »beteiligten Unternehmen« i.S. von Art. 2 Nr. 2, d.h. den Vertragspartnern und den mit ihnen »verbundenen Unternehmen« i.S. von Art. 2 Nr. 3, »konkurrierende Unternehmen« i.S. von Art. 2 Nr. 12? Wenn ja, 3; wenn nein, 4.
3. Siehe Art. 4 Abs. 2 (Kap. 5 Rdn. 435–437): Überschreitet bei Abschluss des Vertrags die Summe der Anteile der beteiligten Unternehmen am relevanten Markt der Produkte, die durch die »Vertragsprodukte« i.S. von Art. 2 Nr. 7

verbessert oder ersetzt werden könnten, (s. zu diesem relevanten Markt Kap. 5 Rdn. 94–98) 25 %? Wenn ja, keine Freistellung des Vertrags nach der F&E-GFVO. Wenn nein, 4.

4. Siehe Art. 1 Abs. 2 (Kap. 5 Rdn. 381–388): Betreffen die Bestimmungen des Vertrags nur dessen »eigentlichen Gegenstand«, d.h. bei einem F&E-Vertrag i.S. von Art. 1 Abs. 1 Buchst. a oder c die Regelung der gemeinsamen F&E und der Verwertung der daraus hervorgegangenen Ergebnisse, und bei einem F&E-Vertrag i.S. von Art. 1 Abs. 1 Buchst. b die Regelung der Verwertung von Ergebnissen, die aus einer früher durchgeführten gemeinsamen F&E der Vertragspartner hervorgegangen sind? Wenn ja, 6; wenn nein, 5.
5. Siehe Art. 1 Abs. 2 (Kap. 5 Rdn. 389, 390, 392 und 393): Sind die Bestimmungen des Vertrags, die nicht zu dessen »eigentlichen Gegenstand« gehören, mit der Durchführung des Vertrags unmittelbar verbunden oder für diese notwendig? Wenn ja, 6; wenn nein, keine Freistellung des Vertrags oder jedenfalls dieser Bestimmungen nach der F&E-GFVO.
6. Siehe Art. 3 Abs. 2 (Kap. 5 Rdn. 396 und 397): Haben alle Vertragspartner tatsächlichen Zugang zu den Ergebnissen der »gemeinsamen« F&E-Arbeiten? Wenn ja, 7; wenn nein, keine Freistellung des Vertrags nach der F&E-GFVO.
7. Siehe Art. 3 Abs. 2 Satz 1 (Kap. 5 Rdn. 396–402): Können alle Vertragspartner die Ergebnisse für weitere F&E verwenden? Wenn ja, 8; wenn nein, keine Freistellung des Vertrags nach der F&E-GFVO.
8. Siehe Art. 3 Abs. 2 Satz 1 (Kap. 5 Rdn. 396–402) und Art. 3 Abs. 3 Satz 2 (Kap. 5 Rdn. 411–421): Hat jeder Vertragspartner Verwertungsrechte an allen Ergebnissen außer Ergebnissen, die nur für einen bestimmten technischen Anwendungsbereich verwendbar sind, auf dem die Verwertung dieser Ergebnisse einem, mehreren oder allen der anderen Vertragspartner vorbehalten ist? Wenn ja, 10; wenn nein, 9.
9. Siehe Art. 3 Abs. 2 Satz 2 (Kap. 5 Rdn. 396 und 403): Handelt es sich bei jedem Vertragspartner, bei dem die Frage gemäß 8 zu verneinen ist, nur um ein Forschungsinstitut, eine Hochschule oder ein Unternehmen, welches bzw. welche die F&E-Leistungen in Form gewerblicher Dienste erbringt und sich üblicherweise nicht als Verwerter von Ergebnissen betätigt? Wenn ja, 10; wenn nein, keine Freistellung des Vertrags nach der F&E-GFVO.
10. Siehe Art. 3 Abs. 3 Satz 1 (Kap. 5 Rdn. 404–410): Handelt es sich um einen F&E-Vertrag i.S. von Art. 1 Abs. 1 Buchst. c, also einen »reinen« F&E-Vertrag (= einen F&E-Vertrag, der lediglich eine i.S. von Art. 2 Abs. 11 »gemeinsame« F&E, nicht jedoch eine i.S. von Art. 2 Abs. 11 »gemeinsame« Verwertung vorsieht)? Wenn ja, 11; wenn nein, 12.
11. Siehe Art. 3 Abs. 3 Satz 2 (Kap. 5 Rdn. 411–421): Waren die Vertragspartner (außer ggf. denjenigen von ihnen, die zur Gruppe der Forschungsinstitute, Hochschulen oder Unternehmen gehören, welche F&E-Leistungen in Form gewerblicher Dienste erbringt und sich üblicherweise nicht als Verwerter von Ergebnissen betätigen) bei Abschluss des F&E-Vertrags

keine konkurrierenden Unternehmen und haben sie ihre Verwertungsrechte an den Ergebnissen einschl. vorbestehenden, für die Verwertung der Ergebnisse erforderlichen Know-hows nicht beschränkt oder nur auf einzelne technische Anwendungsgebiete beschränkt? Wenn ja, 16; wenn nein, keine Freistellung des Vertrags nach der F&E-GFVO.

12. Siehe Art. 3 Abs. 4 (Kap. 5 Rdn. 422–424): Betrifft die »gemeinsame« Verwertung Ergebnisse, die
    - entweder durch Rechte an geistigem Eigentum geschützt sind oder
    - Know-how darstellen, das wesentlich zum technischen oder wirtschaftlichen Fortschritt beiträgt, und
    - für die Herstellung der Vertragsprodukte oder für die Anwendung der Vertragsverfahren von entscheidender Bedeutung sind?

    Wenn ja, 13; wenn nein, keine Freistellung des Vertrags nach der F&E-GFVO.
13. Siehe Art. 3 Abs. 5 (Kap. 5 Rdn. 425): Sieht der Vertrag eine gemeinsame Verwertung der Ergebnisse durch Aufgabenteilung bei der Herstellung der Vertragsprodukte in der Weise vor, dass ein Unternehmen oder mehrere Unternehmen mit der Herstellung betraut werden? Wenn ja, 14; wenn nein, 16.
14. Siehe Art. 3 Abs. 5 (Kap. 5 Rdn. 425–428): Ist das bzw. sind die mit der Herstellung der Vertragsprodukte betraute(n) Unternehmen verpflichtet, Lieferaufträge aller Vertragsparteien zu erfüllen? Wenn ja, 16; wenn nein, 15.
15. Siehe Art. 3 Abs. 5 (Kap. 5 Rdn. 428): Sieht die F&E-Vereinbarung auch den gemeinsamen (i.S. von gemeinschaftlichen) Vertrieb der Vertragsprodukte vor? Wenn ja, 16; wenn nein, keine Freistellung des Vertrags nach der F&E-GFVO.
16. Siehe Art. 5 (Kap. 5 Rdn. 439–490): Enthält der Vertrag eine »schwarze« Klausel i.S. von Art. 5, d.h. eine Klausel, die unmittelbar (z.B. aufgrund ausdrücklicher Vereinbarung) oder mittelbar, für sich allein oder in Verbindung mit anderen Umständen unter der Kontrolle der Vertragsparteien einen der nachfolgend unter a) bis j) aufgeführten Zwecke hat:
    a) s. Art. 5 Abs. 1 Buchst. a (Kap. 5 Rdn. 444–446): den Zweck, die Freiheit mindestens eines der beteiligten Unternehmen zu beschränken, während der F&E-Phase allein oder gemeinsam mit Dritten in einem nicht mit dem F&E-Bereich eng verwandten Bereich oder nach der F&E-Phase in irgendeinem F&E-Bereich F&E zu betreiben;
    b) s. Art. 5 Abs. 1 Buchst. b (Kap. 5 Rdn. 447–451): den Zweck, mindestens eines der beteiligten Unternehmen an der Anfechtung von »Rechten am geistigem Eigentum« i.S. von Art. 2 Nr. 9 zu hindern, über welche eines, mehrere oder alle der »beteiligten Unternehmen« im Gemeinsamen Markt verfügen, (»Nichtangriffsklausel«), mit folgenden Ausnahmen:
        - Das bezweckte Verbot erstreckt sich, soweit es sich bei den Rechten der genannten Art um Rechte handelt, die für die Arbeiten von Bedeutung sind, die aber nicht Ergebnisse der gemeinsamen F&E schützen, nur auf die Phase der gemeinsamen F&E.

- Das bezweckte Verbot erstreckt sich, soweit es sich bei Rechten der genannten Art um Rechte handelt, die Ergebnisse der gemeinsamen F&E schützen, nur auf den Zeitraum der Kooperation (d.h. der gemeinsamen F&E und ggf. der gemeinsamen Verwertung);

c) s. Art. 5 Abs. 1 Buchst. c und Art. 5 Abs. 2 (Kap. 5 Rdn. 452 und 453): den Zweck, mindestens eines der beteiligten Unternehmen hins. der Produktions- oder Absatzmenge zu beschränken, ohne dass die Parteien die gemeinsame Produktion bzw. den gemeinsamen Vertrieb vereinbart und dabei lediglich Produktions- bzw. Verkaufsziele festgelegt haben;

d) s. Art. 5 Abs. 1 Buchst. d und Art. 5 Abs. 2 (Kap. 5 Rdn. 454 und 455): den Zweck, den Preis für den Verkauf eines Vertragsprodukts an einen Dritten, bei dem es sich nicht um ein mit einem Vertragspartner i.S. von Art. 2 Nr. 3 »verbundenes Unternehmen« handelt, festzulegen, ohne dass diese Festlegung, sofern der Vertrag die gemeinsame Verwertung der Ergebnisse auf den gemeinsamen Vertrieb erstreckt, für diesen gemeinsamen Vertrieb erfolgt;

e) s. Art. 5 Abs. 1 Buchst. e (Kap. 5 Rdn. 456–460): den Zweck, die Freiheit mindestens eines beteiligtes Unternehmens hins. der Wahl der zu beliefernden Kunden für den Zeitraum nach Ablauf des 7-Jahres-Zeitraums zu beschränken, der mit dem Tag des ersten Inverkehrbringens eines Vertragsprodukts beginnt;

f) s. Art. 5 Abs. 1 Buchst. f (Kap. 5 Rdn. 461–463): den Zweck, einen Vertragspartner an dem passiven Verkauf eines Vertragsprodukts in einem Gebiet innerhalb des Gemeinsamen Markts zu hindern, das dem anderen bzw. mindestens einem der anderen Vertragspartner vorbehalten ist, wobei unter »passivem Verkauf« ein Verkauf zu verstehen ist, der aufgrund unaufgeforderter Bestellungen individueller Kunden (auch aufgrund allgemeiner, nicht speziell auf das Gebiet dieser Kunden bezogener allgemeiner Werbemaßnahmen in den Medien oder im Internet) zustande kommt;

g) s. Art. 5 Abs. 1 Buchst. g (Kap. 5 Rdn. 464–467): den Zweck, einem Vertragspartner das Inverkehrbringen von Vertragsprodukten durch einen nicht passiven Verkauf in einem Gebiet, das dem anderen bzw. mindestens einem der anderen Vertragspartner vorbehalten ist, oder die Förderung passiver Verkäufe in einem solchen Gebiet durch die Unterhaltung eines Auslieferungslagers zu verbieten, sofern dieses Verbot über den 7-Jahres-Zeitraum hinaus erstreckt wird, der mit dem Tag des ersten Inverkehrbringens eines Vertragsprodukts beginnt;

h) s. Art. 5 Abs. 1 Buchst. h (Kap. 5 Rdn. 468–484): den Zweck der Verpflichtung eines Vertragspartners oder von Vertragspartnern (außer den in Art. 3 Abs. 2 Satz 2 genannten Forschungsinstituten usw.), Dritten (d.h. anderen Unternehmen als den i.S. von Art. 2 Nr. 2 »beteiligten Unternehmen«) für die Herstellung der Vertragsprodukte oder für die Anwendung der Vertragsverfahren nicht selbständig eine Lizenz zu erteilen, sofern

- der Vertrag nicht eine Verwertung dieser Art durch mindestens einen Vertragspartner bezweckt oder
- zwar diesen Zweck hatte, die Vertragspartner aber keine Schritte in dieser Richtung (mehr) unternehmen, und
- eine umfassende Lizenz der genannten Art noch nicht erteilt wurde;

i) s. Art. 5 Abs. 1 Buchst. i (Kap. 5 Rdn. 485 und 486): den Zweck der Verpflichtung eines Vertragspartners oder von Vertragspartnern, außer im Falle eines i.S. von Art. 2 Nr. 11 »gemeinsamen« Vertriebs die Annahme von Bestellungen solcher Nutzer oder Wiederverkäufer zu verweigern, welche in einem für die Belieferung durch ihn bzw. sie freien Gebiet innerhalb des Gemeinsamen Markts ansässig sind, aber die Vertragsprodukte in anderen Gebieten des Gemeinsamen Markts in Verkehr bringen wollen;

j) s. Art. 5 Abs. 1 Buchst. j (Kap. 5 Rdn. 487–489): den Zweck der Verpflichtung mindestens einer Vertragspartei, Nutzern oder Wiederverkäufern den Bezug von Vertragsprodukten bei anderen Wiederverkäufern innerhalb des Gemeinsamen Markts zu erschweren, insbesondere Rechte an »geistigem Eigentum« i.S. von Art. 2 Nr. 9 geltend zu machen, um Nutzer oder Wiederverkäufer daran zu hindern, Produkte, die von einer anderen Vertragspartei entweder selbst oder mit ihrer Zustimmung rechtmäßig im Gemeinsamen Markt in Verkehr gebracht worden sind, zu beziehen oder im Gemeinsamen Markt in Verkehr zu bringen?

Wenn ja, keine Freistellung nach der F&E-GFVO; wenn nein, Freistellung des Vertrags.

Abschnitt 2 Vertragsmuster mit Anmerkungen

Kapitel 11 Vorbemerkung zur Benutzung der Vertragsmuster

Der Benutzung eines Musters für einen F&E-Vertrag sollten die Überlegungen und Maßnahmen vorausgehen, die in Kap. 3 »Anbahnung von F&E-Kooperationen« genannt sind. Das bedeutet insbesondere, dass ein F&E-Vertrag erst in Angriff genommen werden sollte, wenn auf der Basis einer Geheimhaltungsvereinbarung – s. dazu Kap. 3 Rdn. 3 und 7 sowie die Muster I bis K – Vorgespräche mit dem bzw. den in Aussicht genommenen F&E-Partner(n) stattgefunden haben und eine vorläufige Prüfung gemäß Kap. 3 Rdn. 1 (s. dazu auch die Checkliste in Kap. 10 unter I.) ergeben hat, dass die Durchführung des geplanten F&E-Projekts in Kooperation mit dem bzw. den in Aussicht genommenen Partner(n) sinnvoll sein kann.

Die Muster betreffen neben **Mustern für Geheimhaltungsvereinbarungen** im Vorfeld von F&E-Verträgen in deutscher und englischer Fassung (**Muster I, J und K**) folgende Typen von F&E-Verträgen, wobei der für das jeweilige Muster vorausgesetzte konkrete Fall aus der Präambel des betreffenden Musters ersichtlich ist:

Muster A: Internationaler Vertrag (in englischer und deutscher Fassung) zwischen zwei Unternehmen, welche die F&E-Ergebnisse auf der gleichen Marktstufe verwerten wollen;

Muster B: Internationaler Vertrag (in englischer und deutscher Fassung) zwischen einem Unternehmen, dessen primäres Interesse in der Lieferung der zu entwickelnden Erzeugnisse an Verwender derselben liegt, und einem Unternehmen, dessen primäres Interesse in der Verwendung der zu entwickelnden Erzeugnisse liegt;

Muster C: Internationaler F&E-Auftrag des Werkvertragstypus (in englischer und deutscher Fassung) an ein ausländisches Forschungsinstitut zur Entwicklung einer Apparatur auf der Grundlage einer dem Forschungsinstitut gehörenden neuen Technologie, wobei dem Auftraggeber eine Option zum Erwerb einer Lizenz an der Basistechnologie und an den bei der Durchführung des Auftrags erzielten F&E-Ergebnissen eingeräumt wird;

Muster D: Vertrag über arbeitsteilige F&E zwischen einem industriellen Unternehmen und einer deutschen Hochschule mit ergänzender Vereinbarung zwischen dem industriellen Unternehmen und einem auf der Seite der Hochschule als Projektleiter vorgesehenen Hochschulwissenschaftler, der als Erfinder die Kriterien von § 42 Nr. 1 bis 3 ArbG erfüllen würde;

Muster E: F&E-Auftrag des Dienstvertragstypus von einem industriellen Unternehmen an eine deutsche Hochschule mit ergänzender Vereinbarung zwischen dem industriellen Unternehmen und einem auf der Seite der Hochschule als Projektleiter vorgesehenen Hochschulwissenschaftler, der als Erfinder die Kriterien von § 42 Nr. 1 bis 3 ArbG erfüllen würde;

Muster F: Vertrag über ein BMBF-gefördertes Verbundvorhaben zwischen zwei auf verschiedenen Marktstufen tätigen Unternehmen sowie einem Forschungsinstitut und einer Hochschule mit ergänzender Vereinbarung mit einem Hochschulwissenschaftler, der als Erfinder die Kriterien von § 42 Nr. 1 bis 3 ArbG erfüllen würde;

Muster G und H: Beratungsvertrag in Vertragsform bzw. in Briefform zwischen einem Unternehmen und einem nicht in einem öffentlichen oder privaten Dienstverhältnis stehenden Wissenschaftler, von dem sich das Unternehmen wertvolle Beiträge zu bzw. Unterstützung bei seiner F&E auf einem bestimmten technischen Gebiet erhofft.

Die ersten Anmerkungen zu jedem Muster unter den im jeweiligen Deckblatt aufgeführten Anmerkungsnummern betreffen die Einzelbestimmungen übergreifende Themen wie den Regelungsumfang des Vertrags, seine kartellrechtliche Beurteilung, seine Beurteilung nach den AGB-Bestimmungen und Aspekte der formalen Vertragsgestaltung. Die übrigen Anmerkungen nehmen jeweils auf die Präambel, die betr. Klausel oder die betr. Textstelle des Musters Bezug. Sie sollen zusammen mit den darin enthaltenen Verweisungen auf einschlägige Passagen des allgemeinen Teils (Abschnitt 1) die gewählte Vertragsgestaltung begründen und ggf. bedenkenswerte Alternativen aufzeigen. Stets ist vor Übernahme einer Formulierung zu prüfen, ob diese der Interessenlage und den speziellen Problemen des konkreten Falls entspricht.

Die Rechtschreibung der englischsprachigen Versionen der in deutscher und englischer Fassung vorliegenden Muster orientiert sich grundsätzlich an den Rechtschreibregeln der USA. Eine Ausnahme gilt für die englische Fassung des Musters B, weil dieses einen Vertrag mit einem englischen Vertragspartner betrifft.

Wenn der Vertrag zwischen einem deutschen Unternehmen und einem Unternehmen aus einem Land, in dem englisch gesprochen wird, abgeschlossen werden soll, wird sich das deutsche Unternehmen auf einen Vertrag in englischer Sprache einstellen müssen. Die Hoffnung, dass Deutsch als Vertragssprache akzeptiert würde, wäre illusorisch. Dabei ist auch zu berücksichtigen, dass die Vertragsverhandlungen in englischer Sprache stattfinden werden, was auch aus deutscher Sicht für die Abfassung des Vertragtexts in Englisch spricht.

Aus diesem Grund ist z.B. bei den Mustern A bis C die englische Fassung als die maßgebliche anzusehen, die deutsche nur als Übersetzung. Infolgedessen sind bei diesen Mustern die jeweils in Klausel 1 enthaltenen Definitionen nur in der englischen Fassung alphabetisch geordnet. Kann für diese Vertragstypen dagegen deutsch als Vertragssprache gewählt werden wie insbesondere bei Verträgen zwischen Vertragspartnern aus deutschsprachigen Ländern, wären die Definitionen der deutschen Fassung in eine alphabetische Reihenfolge zu bringen und die Annexbezeichnungen entsprechend anzupassen.

Soweit die Muster sowohl in deutscher als auch in englischer Sprache formuliert sind, entsprechen die beiden Fassungen grundsätzlich einander. Bei den englischen Fassungen wurden jedoch die Usancen der englischen bzw. der US-amerikanischen Vertragsformulierung berücksichtigt (Beispiel: Anstelle der deutschen Überschrift »Präambel« und dem die Präambel abschließenden Satz: »Es wird daher Folgendes vereinbart.« wurde für die englische Fassung die Überschrift »WHEREAS:« in Verbindung mit der Schlusspassage »NOW, THEREFORE, it is hereby agreed as follows.« gewählt).

Es wird empfohlen, internationale F&E-Verträge von einigem Gewicht vor ihrer Unterzeichnung noch einmal von einem Anwalt im Land des ausländischen Partners überprüfen zu lassen, insbesondere auf Verstöße gegen zwingendes Recht.

In den Mustern kursiv gedruckte Passagen sind vom Benutzer nicht in einen darauf basierenden Entwurf zu übernehmen. Sie stellen nur Hinweise dar, z.B. zur Lückenausfüllung.

Zwar hat sich der Verfasser bemüht, die Muster für F&E-Verträge so zu formulieren, dass sie – unter der Voraussetzung des angenommenen Sachverhalts – im Einklang mit dem europäischen und deutschen Kartellrecht stehen. Dafür kann aber keine Gewähr übernommen werden. Dabei ist auch zu berücksichtigen, dass sich das europäische Kartellrecht bzw. die diesbezügliche Rechtsprechung des EuGH und des EuGEI sowie die Entscheidungspraxis der Kommission ändern können. Dadurch kann sich entweder die Übernahme von Musterklauseln verbieten, oder es können umgekehrt vertragliche Regelungen, die zur Zeit der Formulierung der Muster unzulässig waren oder als unzulässig galten, unbedenklich werden. Nicht auszuschließen ist auch ein Verstoß gegen nichteuropäische Kartellrechtsordnungen, z.B. US-amerikanisches Kartellrecht. Deshalb ist bei jedem Vertrag, der auf der Basis eines Musters erstellt wird, noch einmal im Einzelnen zu überprüfen, ob er einerseits mit allen einschlägigen, im Zeitpunkt seiner Erstellung geltenden Kartellrechtsordnungen in Einklang steht und andererseits nicht »freier« als das betr. Muster formuliert werden kann. Dies gilt insbesondere für die Regelung der Verwertungsrechte der Vertragspartner.

Bei öffentlicher Förderung eines F&E-Projekts kann der Vertragstext für den F&E-Vertrag durch den Zuwendungsgeber vorgegeben sein, s. z.B. bei BMBF-Förderung für F&E-Aufträge des Zuwendungsempfängers, soweit diese ein bestimmtes Volumen haben, Kap. 4 Rdn. 105. Die Förderbedingungen können auch eine Abweichung von hier vorgeschlagenen Regelungen gebieten, s. dazu Kap. 4 Rdn. 46.

Kapitel 12 Internationaler F&E-Vertrag zwischen Unternehmen gleicher Marktstufe – horizontaler F&E-Vertrag Muster A

[(1),(2),(3)]Internationaler F&E-Vertrag in deutscher und englischer Sprache zwischen Unternehmen, welche die F&E-Ergebnisse auf der gleichen Marktstufe verwerten wollen

Vertrag

(4)zwischen

... *(Name der Gesellschaft)*, eine nach dem Recht des Staates ... organisierte und bestehende Gesellschaft mit einer Geschäftsadresse in ..., USA (»AMCO«)

und

... *(Name der Gesellschaft)*, eine nach dem Recht der Bundesrepublik Deutschland organisierte und bestehende Gesellschaft mit einer Geschäftsadresse in ..., Bundesrepublik Deutschland (»DEUCO«)

– nachfolgend auch einzeln als »PARTEI« und zusammen als »PARTEIEN« bezeichnet –

(5)INHALTSVERZEICHNIS

(6)Annexe 1.10 a) (i), 1.10 a) (ii), 7.3

(7)Präambel:

Jede PARTEI ist unter Anderem mit der Herstellung und dem Vertrieb von Epoxidklebstoffen befasst, die in erster Linie für die Verbindung von Metallen in der Autoindustrie benutzt werden, und hat auf der Basis ihrer Kenntnisse und Erfahrungen auf dem Gebiet dieser Klebstoffe mit der Entwicklung von Dünnfilmklebstoffen für die Verbindung konstruktiver Flugzeugteile begonnen. Die beiderseitige Entwicklung hat schon zu einigen vielversprechenden

Agreement

(4)between

... (*Name of Company*), organized and existing under the laws of the State of ... and having a place of business at ...,... USA (»AMCO«)

and

... (*Name of Company*), organized and existing under the laws of the Federal Republic of Germany and having a place of business at ..., Germany (»DEU-CO«)

– also referred to individually as »PARTY« and collectively as »PARTIES« –

(5)TABLE OF CONTENTS

(6)Annexes 1.10 a) (i), 1.10 a) (ii), 7.3

(7)WHEREAS:

Each PARTY is, inter alia, engaged in the manufacture and marketing of epoxy adhesives primarily used for the bonding of metals in the automotive industry, and has started, on the basis of its knowledge and experience in the field of such adhesives, the development of thin film epoxy adhesives for use in bonding constructive aircraft parts. Each such development has already led to certain promising results, some of which are the object of patent applications filed by or

Ergebnissen geführt, von denen einige bereits Gegenstand von Patentanmeldungen der jeweils entwickelnden PARTEI sind. Beide PARTEIEN sind sich jedoch bewusst, dass wesentliche technische Probleme noch nicht gelöst sind und dass der Eintritt in den weltweiten Markt für solche Dünnfilmklebstoffe im Hinblick auf die starke Wettbewerbsposition der derzeitigen Hauptlieferanten für solche Klebstoffe mit Schwierigkeiten verbunden ist.

(8)Nachdem sie sich unter der am … unterzeichneten Geheimhaltungsvereinbarung wesentliche Teile ihres Know-how mitgeteilt haben, das die Entwicklung solcher Dünnfilmklebstoffe betrifft oder möglicherweise dafür nützlich ist, und sich außerdem über ihre einschlägigen Patentpositionen sowie die Ergebnisse ihrer Recherchen nach einschlägigen Patentpositionen Dritter unterrichtet haben, sind die PARTEIEN daran interessiert, auf dieser Basis die weitere Entwicklung dieser Klebstoffe gemeinsam zu betreiben, mit dem Ziel, in den Markt für solche Klebstoffe erfolgreich einzudringen. Im Falle des Erfolgs der Entwicklung wollen sie die Herstellung dieser Klebstoffe sowie von Abwandlungen und Verbesserungen derselben im Werk von AMCO konzentrieren. (9)Für diesen Fall werden sie auch die Gründung eines Gemeinschaftsunternehmens in der Form einer separaten rechtsfähigen Einheit für die Herstellung und Vermarktung solcher Klebstoffe erwägen, ohne sich dazu bereits jetzt zu verpflichten.

Es wird deshalb Folgendes vereinbart:

1. (10)**Definitionen**

1.1 »FLUGZEUGKLEBSTOFF« ist ein Dünnfilm-Epoxidklebstoff, der für die Verbindung konstruktiver Flugzeugteile bestimmt ist.

1.2 »KOMMISSIONS-VO F&E« ist die Verordnung (EG) Nr. 2659 der Kommission vom 29.11.2000 über die Anwendung von Art. 81 Abs. 3 des Vertrages auf Gruppen von Vereinbarungen über Forschung und Entwicklung.

1.3 »VERBUNDENES UNTERNEHMEN« ist ein »verbundenes Unternehmen« im Sinne von Artikel 3 Nr. 3 der KOMMISSIONS-VO F&E.

1.4 »VERTRAGSVERFAHREN« ist entsprechend der Definition von »Vertragsverfahren« in Artikel 2 Nr. 6 der KOMMISSIONS-VO F&E eine Technologie oder ein Verfahren, die bzw. das aus der GEMEINSAMEN F&E hervorgeht.

1.5 »VERTRAGSPRODUKT« ist entsprechend der Definition von »Vertragsprodukt« in Artikel 2 Nr. 7 der KOMMISSIONS-VO F&E ein Produkt, das aus der GEMEINSAMEN F&E hervorgeht oder unter Anwendung eines VERTRAGSVERFAHRENS hergestellt bzw. bereitgestellt wird.

1.6 »VERTRAGSERFINDUNG« hat die Bedeutung gemäß der Definition in Klausel 3.2.

1.7 »ZEITPUNKT DES INKRAFTTRETENS« ist der … (*Datum*), 0 Uhr.

on behalf of the developing PARTY. Both PARTIES are, however, aware of significant technical problems not yet solved by them and of the difficulties of entering the global market for such thin film adhesives in view of the strong competitive position of the present main suppliers of such adhesives.

(8)Having mutually disclosed, under the confidentiality agreement executed on … essential parts of their know-how pertaining to, or possibly useful to the development of, the said thin film epoxy adhesives, as well as their relevant patent positions and the results of their searches for relevant patent positions of third parties, the PARTIES are interested in conducting, on this basis, the further development of the said adhesives jointly, with the goal of becoming capable of successfully entering the market for such adhesives. In the event that the joint development is successful, the PARTIES want to concentrate the manufacture of such adhesives and of modifications and improvements of the same at the plant of AMCO. (9)In such event they will also consider, but do not yet commit themselves to the assignment of the manufacture and marketing of such adhesives to a joint venture in the form of a separate legal entity.

NOW, THEREFORE, it is hereby agreed as follows:

1. (10)**Definitions**

1.1 »AIRCRAFT ADHESIVE« means any thin film epoxy adhesive determined for the bonding of constructive aircraft parts.

1.2 »COMMISSION REGULATION R&D« means Commission Regulation (EC) No. 2659/2000 of 29 November 2000 on the application of Article 81 (3) of the Treaty to categories of research and development agreements.

1.3 »CONNECTED UNDERTAKING« means a »connected undertaking« in the sense of point 3 of Article 2 of COMMISSION REGULATION R&D.

1.4 »CONTRACT PROCESS« means, in accordance with the definition of »contract process« in point 6 of Article 2 of COMMISSION REGULATION R&D, a technology or process arising out of the JOINT R&D.

1.5 »CONTRACT PRODUCT« means, in accordance with the definition of »contract product« in Article 2 point 7 of COMMISSION REGULATION R&D, a product arising out of the JOINT R&D or manufactured or provided applying a CONTRACT PROCESS.

1.6 »CONTRACTUAL INVENTION« has the meaning assigned to this term in clause 3.2.

1.7 »EFFECTIVE DATE« means … (*Date*), 0 h.

1.8 »GEMEINSAME ANMELDUNG« ist jede Patent- oder Gebrauchsmusteranmeldung, die zu den GEMEINSAMEN NEUPATENTEN gehört.

1.9 »GEMEINSAME F&E« ist die nach diesem Vertrag betriebene F&E, die »gemeinsam« im Sinne von Artikel 2 Nr. 11 der KOMMISSIONS-VO F&E ist.

1.10 »PATENT« ist jedes bestehende oder künftige Patent, jede bestehende oder künftige Patentanmeldung, jedes bestehende oder künftige Gebrauchsmuster und jede bestehende oder künftige Gebrauchsmusteranmeldung für eine Erfindung, die zur ALTTECHNOLOGIE, NEUTECHNOLOGIE oder VERBESSERUNGSTECHNOLOGIE gehört. Für die Zwecke dieses Vertrages gelten dann, wenn nur eine PARTEI als Inhaber eines PATENTS registriert ist, diese PARTEI, und, wenn beide PARTEIEN als Inhaber eines PATENTS registriert sind, beide PARTEIEN als Inhaber dieses PATENTS, außer in dem Fall, dass das PATENT oder ein Anteil daran von der PARTEI, die als Inhaber oder Mitinhaber desselben registriert ist, nach diesem Vertrag an die andere PARTEI zu übertragen ist, welche in diesem Fall als Inhaber bzw. Mitinhaber des PATENTS gilt.

a) »ALTPATENT« ist jedes PATENT, das für ALTTECHNOLOGIE angemeldet oder erteilt wurde oder wird und dessen Inhaber eine PARTEI ist.
   (i) »AMCO-ALTPATENT« ist jedes ALTPATENT, dessen Inhaber AMCO ist. Die bei Unterzeichnung dieses Vertrages durch AMCO bestehenden AMCO-ALTPATENTE sind in **Annex 1.10 a) (i)** gelistet.
   (ii) »DEUCO-ALTPATENT« ist jedes ALTPATENT, dessen Inhaber DEUCO ist. Die bei Unterzeichnung dieses Vertrages durch DEUCO bestehenden DEUCO-ALTPATENTE sind in **Annex 1.10 a) (ii)** gelistet.

b) »NEUPATENT« ist jedes PATENT, das für NEUTECHNOLOGIE angemeldet oder erteilt wird und dessen Inhaber eine PARTEI oder beide PARTEIEN ist bzw. sind.
   (i) »AMCO-NEUPATENT« ist jedes NEUPATENT, dessen Inhaber AMCO ist.
   (ii) »DEUCO-NEUPATENT« ist jedes NEUPATENT, dessen Inhaber DEUCO ist.
   (iii) »GEMEINSAMES NEUPATENT« ist jedes NEUPATENT, dessen Inhaber beide PARTEIEN sind.

c) »VERBESSERUNGSPATENT« ist jedes PATENT, das für VERBESSERUNGSTECHNOLOGIE angemeldet oder erteilt wird und dessen Inhaber eine PARTEI ist oder beide PARTEIEN sind.
   (i) »AMCO-VERBESSERUNGSPATENT« ist jedes VERBESSERUNGSPATENT, dessen Inhaber AMCO ist.

1.8 »JOINT APPLICATION« means any patent or utility model application included in the JOINT FOREGROUND PATENTS.

1.9 »JOINT R&D« is the R&D conducted hereunder being »joint« in the sense of point 11 of Article 2 of COMMISSION REGULATION R&D.

1.10 »PATENT« means any existing or future patent, patent application, utility model or application for an utility model for an invention relating to or useful in the R&D FIELD.

For the purposes of this Agreement, if only one PARTY is registered as the holder of a PATENT, such PARTY, or if both PARTIES are registered as co-holders of a PATENT, both PARTIES shall be deemed the owner(s) of such PATENT, except in the event that the PATENT or a share therein has to be assigned according to this Agreement by the PARTY registered as holder or co-holder thereof to the other PARTY, in which event the PATENT shall be deemed owned or co-owned, respectively, by the other PARTY.

a) »BACKGROUND PATENT« means any PATENT filed or granted in respect of BACKGROUND TECHNOLOGY and owned by either PARTY.
   (i) »AMCO BACKGROUND PATENT« means any BACKGROUND PATENT owned by AMCO. The AMCO BACKGROUND PATENTS existing on the date of execution of this Agreement by AMCO are listed in **Annex 1.10 a) (i)**.
   (ii) »DEUCO BACKGROUND PATENT« means any BACKGROUND PATENT owned by DEUCO. The DEUCO BACKGROUND PATENTS existing on the date of execution of this Agreement by DEUCO are listed in **Annex 1.10 a) (ii)**.
b) »FOREGROUND PATENT« means any PATENT filed or granted in respect of FOREGROUND TECHNOLOGY and owned by either PARTY or both PARTIES.
   (i) »AMCO FOREGROUND PATENT« means any FOREGROUND PATENT owned by AMCO.
   (ii) »DEUCO FOREGROUND PATENT« means any FOREGROUND PATENT owned by DEUCO.
   (iii) »JOINT FOREGROUND PATENT« means any FOREGROUND PATENT co-owned by both PARTIES.
c) »IMPROVEMENT PATENT« means any PATENT filed or granted in respect of IMPROVEMENT TECHNOLOGY and owned by either PARTY or both PARTIES.
   (i) »AMCO IMPROVEMENT PATENT« means any IMPROVEMENT PATENT owned by AMCO.

(ii) »DEUCO-VERBESSERUNGSPATENT« ist jedes VERBESSERUNGSPATENT, dessen Inhaber DEUCO ist.

(iii) »GEMEINSAMES VERBESSERUNGSPATENT« ist jedes VERBESSERUNGSPATENT, dessen Inhaber beide PARTEIEN sind.

1.11 »PATENTKOSTEN« sind die Kosten für die Ausarbeitung, die Einreichung, die Verfolgung, die Aufrechterhaltung und die Verteidigung von NEUPATENTEN oder VERBESSERUNGSPATENTEN.

1.12 »F&E« sind Forschungs- und Entwicklungsarbeiten.

1.13 »F&E-GEBIET« ist das Gebiet der Herstellung und des Gebrauchs von FLUGZEUGKLEBSTOFFEN.

1.14 »F&E-ZIEL« ist das Ziel der PARTEIEN, FLUGZEUGKLEBSTOFFE zu entwickeln, die in technischer und wirtschaftlicher Hinsicht mit allen FLUGZEUGKLEBSTOFFEN, die zu der betreffenden Zeit von Dritten vertrieben werden, wettbewerbsfähig sind.

1.15 (11)»GEHEIM« bedeutet, als ein im Zusammenhang mit einer TECHNOLOGIE benutzter Begriff, dass diese TECHNOLOGIE nicht allgemein bekannt und nicht leicht zugänglich ist.

1.16 »TECHNOLOGIE« sind Kenntnisse und Erfahrungen auf technischem Gebiet.

a) (12)»ALTTECHNOLOGIE« ist im ZEITPUNKT DES INKRAFTTRETENS bei mindestens einer PARTEI vorhandene TECHNOLOGIE,

– deren Berücksichtigung oder Benutzung für die Durchführung der vertragsgemäßen F&E tatsächlich oder voraussichtlich notwendig oder nützlich ist und/oder
– deren Verwertung für die Verwertung von NEUTECHNOLOGIE notwendig oder nützlich ist.

(i) »AMCO-ALTTECHNOLOGIE« ist ALTTECHNOLOGIE, die im ZEITPUNKT DES INKRAFTTRETENS bei AMCO vorhanden ist.

(ii) »DEUCO-ALTTECHNOLOGIE« ist ALTTECHNOLOGIE, die im ZEITPUNKT DES INKRAFTTRETENS bei DEUCO vorhanden ist.

b) (13)»NEUTECHNOLOGIE« ist jede TECHNOLOGIE, die seitens einer PARTEI oder beider PARTEIEN

– bei der Durchführung der vertragsgemäßen F&E gewonnen wird und/oder
– während der Phase der vertragsgemäßen F&E von einer PARTEI oder beiden PARTEIEN entwickelt wird und für die Erreichung des F&E-ZIELS tatsächlich oder voraussichtlich notwendig oder nützlich ist,

(ii) »DEUCO IMPROVEMENT PATENT« means any IMPROVEMENT PATENT owned by DEUCO.
(iii) »JOINT IMPROVEMENT PATENT« means any IMPROVEMENT PATENT co-owned by both PARTIES.

1.11 »PATENT COSTS« mean the costs of the drafting, filing, prosecution, maintenance and defense of FOREGROUND PATENTS or IMPROVEMENT PATENTS.
1.12 »R&D« means research and development.
1.13 »R&D FIELD« means the field of manufacture and use of AIRCRAFT ADHESIVES.
1.14 »R&D GOAL« means the goal of the PARTIES to jointly develop AIRCRAFT ADHESIVES competitive as regards technical and economical aspects with all AIRCRAFT ADHESIVES marketed at the relevant time by third parties.
1.15 (11)»SECRET« means, as a term used in relation to any TECHNOLOGY, that such TECHNOLOGY is not generally known or easily accessible.

1.16 »TECHNOLOGY« means knowledge and experience in the technical field.
a) (12)»BACKGROUND TECHNOLOGY« is TECHNOLOGY known on the part of at least one PARTY at the EFFECTIVE DATE,

- the taking into account or use of which is in fact or presumably necessary or useful for carrying out the contractual R&D, and/or

- the exploitation of which is necessary or useful for the exploitation of FOREGROUND TECHNOLOGY.
  (i) »AMCO BACKGROUND TECHNOLOGY« means BACKGROUND TECHNOLOGY known on the part of AMCO on the EFFECTIVE DATE.
  (ii) »DEUCO BACKGROUND TECHNOLOGY« means BACKGROUND TECHNOLOGY known on the part of DEUCO on the EFFECTIVE DATE.

b) (13)»FOREGROUND TECHNOLOGY« means any TECHNOLOGY developed after the EFFECTIVE DATE, but before the R&D GOAL is reached, on the part of either or both of the PARTIES and
- arising out of the contractual R&D and/or

- being in fact or presumably necessary or useful for reaching the R&D GOAL,

ausgenommen Erfindungen, die ganz oder zum Teil von solchen Arbeitnehmern stammen, deren Rechte an diesen Erfindungen weder auf eine PARTEI noch auf beide PARTEIEN aufgrund gesetzlicher oder vertraglicher Regelungen übertragen werden und nicht von einer PARTEI allein oder von beiden PARTEIEN gemeinsam durch Ausübung einer gesetzlichen Option oder durch Geltendmachung eines bestehenden vertraglichen Anspruchs erworben werden können.

c) (14)»VERBESSERUNGSTECHNOLOGIE« ist jede TECHNOLOGIE, welche die Verbesserung oder Anwendung von NEUTECHNOLOGIE betrifft und nach Erreichung des F&E-ZIELS, aber vor Vertragsende seitens einer PARTEI oder beider PARTEIEN entwickelt wird, ausgenommen Erfindungen, die ganz oder zum Teil von solchen Arbeitnehmern stammen, deren Rechte an diesen Erfindungen weder auf eine PARTEI noch auf beide PARTEIEN aufgrund gesetzlicher oder vertraglicher Regelungen übertragen werden und nicht von einer PARTEI allein oder von beiden PARTEIEN gemeinsam durch Ausübung einer gesetzlichen Option oder durch Geltendmachung eines bestehenden vertraglichen Anspruchs erworben werden können.
   (i) »AMCO-VERBESSERUNGSTECHNOLOGIE« ist VERBESSERUNGSTECHNOLOGIE, die seitens AMCO entwickelt wird.
   (ii) »DEUCO-VERBESSERUNGSTECHNOLOGIE« ist VERBESSERUNGSTECHNOLOGIE, die seitens DEUCO entwickelt wird.
   (iii) »GEMEINSAME VERBESSERUNGSTECHNOLOGIE« ist VERBESSERUNGSTECHNOLOGIE, die seitens beider PARTEIEN entwickelt wird.

1.17 Begriffe, die in Großbuchstaben geschrieben sind und die Mehrzahl der in den Klauseln 1.1, 1.3, 1.4, 1.5, 1.8 und 1.10 definierten Begriffe bilden, sind auf der Grundlage dieser Klauseln zu interpretieren.

2. F&E der PARTEIEN auf dem F&E-GEBIET, Austausch von ALTTECHNOLOGIE, NEUTECHNOLOGIE und VERBESSERUNGSTECHNOLOGIE, F&E-Komitee

2.1 Die PARTEIEN werden F&E auf dem F&E-GEBIET zur Erreichung des F&E-ZIELS nach Maßgabe dieses Vertrags betreiben. (15)Solange die PARTEIEN das F&E-ZIEL noch nicht erreicht haben, wird es jede PARTEI unterlassen, mit einem Dritten F&E auf dem F&E-GEBIET zu betreiben.

2.2 Sobald wie möglich und in jedem Fall innerhalb zweier Monate nach dem ZEITPUNKT DES INKRAFTTRETENS wird jede PARTEI, soweit sie dies ohne Verletzung einer schon zum DATUM DES INKRAFTTRETENS bestehenden Verpflichtung gegenüber einem Dritten tun kann, an die andere PARTEI eine in zumutbarem Maße detaillierte Dokumentation der bei ihr vorhandenen GEHEIMEN ALTTECHNOLOGIE übermit-

except inventions originating in whole or in part from employees, whose rights in such inventions are not assigned on account of legal or contractual provisions to either or both of the PARTIES and cannot be acquired by one PARTY alone or jointly by both PARTIES through the exercise of a legal option or through assertion of an existing contractual claim.

c) [14]»IMPROVEMENT TECHNOLOGY« means any TECHNOLOGY concerning the improvement or application of FOREGROUND TECHNOLOGY and developed, after the R&D GOAL is reached, but before expiration or termination of this Agreement, on the part of either PARTY or both PARTIES, except inventions originating in whole or in part from employees, whose rights in such inventions are not assigned on account of legal or contractual provisions to either or both of the PARTIES and cannot be acquired by one PARTY alone or jointly by both PARTIES through the exercise of a legal option or through assertion of an existing contractual claim.

i) »AMCO IMPROVEMENT TECHNOLOGY« means any IMPROVEMENT TECHNOLOGY developed on the part of AMCO.

(ii) »DEUCO IMPROVEMENT TECHNOLOGY« means any IMPROVEMENT TECHNOLOGY developed on the part of DEUCO.

(iii) »JOINT IMPROVEMENT TECHNOLOGY« means any IMPROVEMENT TECHNOLOGY developed on the part of both PARTIES.

1.17 Terms written in capital letters and forming the plural of the terms defined in clauses 1.1, 1.3, 1.4, 1.5, 1.8 and 1.10 shall be interpreted on the basis of such clauses.

2. R&D of the PARTIES in the R&D FIELD, Exchange of BACKGROUND TECHNOLOGY, FOREGROUND TECHNOLOGY and IMPROVEMENT TECHNOLOGY, R&D Committee

2.1 The PARTIES shall conduct R&D in the R&D FIELD for the purpose of reaching the R&D GOAL according to the provisions of this Agreement. [15]As long as the PARTIES have not yet reached the R&D GOAL, each PARTY shall abstain from conducting R&D in the R&D FIELD with any third party.

2.2 As soon as possible and in any event within the period of two months following the EFFECTIVE DATE each PARTY shall furnish to the other PARTY, to the extent it can do so without violating any obligation existing already at the EFFECTIVE DATE towards any third party, reasonably detailed documentation relating to the SECRET BACKGROUND TECHNOLOGY known to it, including but not limited to documenta-

teln, einschließlich einer Dokumentation der Rezepturen, der Verfahren zur Herstellung und der Ergebnisse von Tests aller von ihr bis zum ZEITPUNKT DES INKRAFTTRETENS entwickelten FLUGZEUGKLEBSTOFFE.

2.3 Jede PARTEI wird Fragen der anderen PARTEI zum Inhalt der Dokumentation, die sie der anderen PARTEI gemäß Klausel 2.2 zu übermitteln hat, schriftlich oder per Fax nach bestem Wissen so schnell wie zumutbar beantworten.

2.4 Nach dem Austausch von ALTTECHNOLOGIE gemäß der Klauseln 2.2 und 2.3 werden beide PARTEIEN gemäß den Klauseln 2.5 bis 2.11 F&E in Verfolgung des F&E-ZIELS organisieren und betreiben sowie NEUTECHNOLOGIE austauschen.

2.5 Zur Steuerung der F&E und zur Erleichterung des Informationsaustauschs nach diesem Vertrag werden die PARTEIEN ein F&E-Komitee unterhalten, das aus vier stimmberechtigten Mitgliedern besteht, von denen zwei Mitglieder von AMCO und zwei Mitglieder von DEUCO zu bestellen sind. Die von jeder PARTEI bestellten Mitglieder sind gleichzeitig die Ansprechpartner der anderen PARTEI für alle Angelegenheiten, welche die nach diesem Vertrag durchzuführende F&E betreffen. Die für den Anfang von AMCO bestellten Mitglieder sind
... (*Name*)
... (*Name*)
Die für den Anfang von DEUCO bestellten Mitglieder sind
... (*Name*)
... (*Name*)
Jedes dieser Mitglieder hat eine Stimme. Jede PARTEI kann jederzeit ein von ihr bestelltes Mitglied des F&E-Komitees durch eine entsprechende Erklärung gegenüber der anderen PARTEI austauschen. Sitzungen des F&E-Komitees finden, soweit von den PARTEIEN nichts Abweichendes vereinbart wird, abwechselnd in ... (*Geschäftssitz von AMCO*) und in ... (*Geschäftssitz von DEUCO*) statt. Die erste Sitzung findet in ... (*Geschäftssitz von AMCO*) innerhalb eines Monats nach dem Austausch von Dokumenten nach Klausel 2.2 statt. Weitere Sitzungen finden während der Dauer des Vertrages mindestens einmal in jedem Kalenderquartal statt, das auf das Kalenderquartal folgt, in dem die erste Sitzung stattfindet. Wenn eines der Mitglieder des F&E-Komitees aus triftigem Grund nicht an einer ordnungsgemäß anberaumten Sitzung teilnehmen kann, wird die PARTEI, die es bestellt hat, zu der Sitzung einen Stellvertreter entsenden, der die Befugnisse des verhinderten Mitglieds (einschließlich des Stimmrechts) während dieser Sitzung hat, sofern sie der anderen Partei durch vorherige Erklärung den Namen und die Position des Stellvertreters bekanntzugeben hat. Eine Sitzung soll nur abgehalten werden, wenn vier Personen, die Mitglieder oder ordnungsgemäß bestellte Stellvertreter sind, daran teilnehmen. Beschlüsse gelten nur dann als gefasst, wenn sie von den Stimmen aller an der Sitzung teilnehmenden stimmberechtigten Personen getragen

tion of the recipes, the manufacturing processes and the results of tests carried out on all AIRCRAFT ADHESIVES developed by it up to the EFFECTIVE DATE.

2.3 Each PARTY shall answer to the best of its knowledge reasonably promptly in writing or via fax any questions of the other PARTY in respect of the content of the documentation to be furnished to the other PARTY according to clause 2.2.

2.4 After the exchange of BACKGROUND TECHNOLOGY according to clauses 2.2 and 2.3, both PARTIES shall organize and conduct R&D in pursuit of the R&D GOAL and exchange FOREGROUND TECHNOLOGY according to clauses 2.5 through 2.11.

2.5 For the purpose of steering the R&D hereunder and of facilitating the exchange of information hereunder, the PARTIES shall maintain a R&D committee consisting of four members entitled to vote, of whom two members are to be appointed by AMCO and two members by DEUCO. The members to be appointed by each PARTY shall also be the contact persons of the other PARTY for all matters concerning the R&D to be performed hereunder. The initial members appointed by AMCO are

... (*Name*)
... (*Name*)
The initial members appointed by DEUCO are
... (*Name*)
... (*Name*)
Each of such members shall have one vote. Each PARTY may at any time replace any member of the R&D committee appointed by it by giving notice to the other PARTY. Meetings of the R&D committee shall be held in ... (*place of business of AMCO*) and in ... (*place of business of DEUCO*) on an alternating basis, where not otherwise agreed upon by the PARTIES. The first meeting shall take place in ... (*place of business of AMCO*) within one month after exchange of documents according to clause 2.2. Further meetings shall be held during the term of this Agreement at least once in each calendar quarter following the calendar quarter in which the first meeting is held. If one of the members of the R&D committee cannot attend a duly scheduled meeting for a valid reason, the appointing PARTY shall delegate to the meeting an alternate member, who shall have the powers (including the power to vote) of the absent member during such meeting, subject to prior notice of the name and position of the alternate member to the other PARTY. Any meeting shall only be held if four persons, being member(s) and/or duly appointed alternate(s), attend the meeting. Resolutions shall only be deemed passed if taken by all four persons attending the meeting and entitled to vote. The content of any proposed resolution and the voting on such resolution shall be documented in a protocol to be signed by all persons attending the

werden. Der Inhalt eines beantragten Beschlusses und die Abstimmung darüber sind in einem Protokoll zu dokumentieren, das von allen an der Sitzung teilnehmenden und stimmberechtigten Personen zu unterzeichnen ist. Das F&E-Komitee kann Beschlüsse auch in der Weise fassen, dass (i) eine Ausfertigung des Beschlusses von den von einer PARTEI bestellten Mitgliedern unterzeichnet wird, dass (ii) diese Ausfertigung der anderen PARTEI zugesandt oder per Fax übermittelt wird, dass (iii) beide von der anderen PARTEI bestellten Mitglieder des F&E-Komitees die Ausfertigung oder die Fax-Kopie derselben unterzeichen, und dass (iv) ein gegengezeichnetes Original oder eine gegengezeichnete Fax-Kopie der Ausfertigung an die zuerst erwähnte PARTEI zurückgesandt oder per Fax übermittelt wird.

2.6 (16)Die PARTEIEN werden das F&E-Komitee veranlassen, so schnell wie möglich durch Beschluss ein erstes F&E-Programm festzulegen, für das die folgenden Grundsätze als Leitlinien zu beachten sind:

a) Jede PARTEI soll in gleichem Umfang an der Arbeit, die nach dem F&E-Programm zu erledigen ist, beteiligt werden.
b) Das Programm soll mit dem F&E-ZIEL in Einklang stehen. Insbesondere sollte das Programm nicht auf Lösungen ausgerichtet sein, die unter mutmaßlich valide PATENTE Dritter fallen, wenn diese PATENTE die PARTEIEN wahrscheinlich an der Erreichung des F&E-ZIELS in dem Fall hindern, dass sie ihr Programm auf diese Lösungen ausrichten.
c) Doppelarbeit (abgesehen von Überprüfungen wichtiger F&E-Ergebnisse, die eine PARTEI erzielt hat, durch die andere PARTEI) sollte vermieden werden.
d) Wo die Anforderungen der Flugzeugindustrien in den USA und in Europa an FLUGZEUGKLEBSTOFFE voneinander abweichen, sollte das Programm die voneinander abweichenden Anforderungen gleichermaßen berücksichtigen.

Wenn die Durchführung des ersten F&E-Programms nicht zur Erreichung des F&E-ZIELS führt, werden die PARTEIEN das F&E-Komitee zur Festlegung eines nachfolgenden F&E-Programms bzw. nachfolgender F&E-Programme veranlassen. Sie werden außerdem das F&E-Komitee veranlassen, das erste F&E-Programm und jedes nachfolgende F&E-Programm zu ändern, wenn immer die obigen Grundsätze eine solche Änderung ratsam erscheinen lassen. Jede PARTEI wird jedes Mal, wenn sie auf Umstände aufmerksam wird, die eine solche Änderung des ersten oder eines nachfolgenden F&E-Programms im Hinblick auf die obigen Grundsätze als ratsam erscheinen lassen, die andere PARTEI davon per Fax oder ähnlich schnelle Kommunikationsmittel informieren.

2.7 Jede PARTEI wird die Arbeit, die ihr nach dem ersten oder einem nachfolgendem F&E-Programm in seiner ursprünglichen oder seiner geänderten Fassung zugewiesen ist, während des dafür vorgesehenen Zeitraums erledigen, indem sie den Stand der Technik sowie PATENTE Dritter im

meeting and entitled to vote. The R&D committee may also pass resolutions in such a way that (i) a form of the resolution is signed by both members of the R&D committee appointed by one PARTY, that (ii) such form is furnished or faxed to the other PARTY, that (iii) both members of the R&D committee appointed by the other PARTY countersign the form or the fax copy thereof and (iv) a countersigned original or fax copy of the form is returned or refaxed to the first mentioned PARTY.

2.6 (16)The PARTIES shall cause the R&D committee to establish by resolution as soon as possible an initial R&D program for which the following principles shall be observed as guidelines:

a) Each PARTY should share equally in the overall R&D work to be performed under the program.
b) The program should be consistent with the R&D GOAL. In particular, the program should not focus on solutions covered by presumably valid PATENTS of third parties where such PATENTS are likely to prevent the PARTIES from reaching the R&D GOAL if focussing on such solutions.

c) Duplicate work (except counterchecks of important R&D results achieved by one PARTY by the other PARTY) should be avoided.

d) Where the demands of the aircraft industries in the USA and in Europe regarding AIRCRAFT ADHESIVES deviate from each other, the program should take into account the deviating demands equally.

If the PARTIES do not achieve the R&D GOAL through the execution of the initial R&D program, the PARTIES shall cause the R&D committee to establish a subsequent R&D program or subsequent R&D programs. Further, they will cause the R&D committee to modify the initial R&D program and each subsequent R&D program, whenever the above principles make such modification advisable. Each PARTY shall, whenever becoming aware of circumstances making such a modification advisable in view of such principles, inform the other PARTY thereof via fax or similarly prompt communication.

2.7 Each PARTY shall execute the work assigned to it according to the initial R&D program or any subsequent R&D program in its original or modified form during the period provided for therein paying attention to the state of the art as well as third parties' PATENTS, provided that the time

Auge behält. Dabei darf die Zeit, die von ihren qualifizierten Ingenieuren in Verfolgung des F&E-ZIELS zu leisten ist, in keinem Fall ... Stunden pro Kalenderquartal unterschreiten. Wenn diese Zeit nicht vollständig für die Durchführung der Arbeiten benötigt wird, die von der betreffenden PARTEI nach dem aktuell gültigen F&E-Programm zu erledigen sind, oder wenn solche Arbeiten noch nicht oder nicht mehr zu erledigen sind, weil das F&E-Komitee noch nicht die Verabschiedung oder die Änderung des ersten oder eines nachfolgenden F&E-Programms gemäß Klausel 2.6 beschlossen hat, ist diese Zeit oder der Teil derselben, der von den betreffenden Ingenieuren nicht oder nicht mehr für die Durchführung von Arbeiten nach einem gültigen F&E-Programm zu verwenden ist, von diesen Ingenieuren nach ihrem vernünftigen Ermessen in Verfolgung des F&E-ZIELS unter Beachtung der obigen Grundsätze als Leitlinien zu nutzen.

2.8 (17)Jede PARTEI hat alle Arbeiten, die von ihren Mitarbeitern auf dem F&E-GEBIET durchgeführt werden, einschließlich der Namen der diese Arbeiten durchführenden Mitarbeiter, der dafür aufgewandten Zeit und der dabei erzielten Ergebnisse, ordnungsgemäß schriftlich zu dokumentieren.

2.9 Jede PARTEI wird für jede Sitzung des F&E-Komitees einen in zumutbarem Maße detaillierten schriftlichen Bericht vorbereiten über die von ihr durchgeführte F&E auf dem F&E-GEBIET und die NEUTECHNOLOGIE, die sie erworben oder entwickelt und der anderen PARTEI noch nicht durch einen früheren Bericht übermittelt hat. Der für die Sitzung vorzubereitende Bericht hat auch auf evtl. Risiken einer Verletzung von PATENTEN hinzuweisen, welche die berichtende PARTEI erkannt hat und welche noch nicht in einem früheren Bericht einer PARTEI erwähnt worden sind. Der Bericht soll mindestens den Zeitraum abdecken, der zwei Wochen vor der Sitzung endet, und ist der anderen PARTEI spätestens eine Woche vor der Sitzung zu übermitteln. In der Sitzung ist der Bericht zu aktualisieren und zu erläutern, und alle diesbezüglichen Fragen der Mitglieder der anderen PARTEI sind zu beantworten. Unabhängig davon hat jede PARTEI die andere PARTEI sofort per Fax oder ähnlich schnelle Kommunikationsmittel in dem Falle zu unterrichten, dass sie NEUTECHNOLOGIE von außergewöhnlicher Bedeutung entwickelt oder Risiken einer Verletzung von PATENTEN Dritter hinsichtlich FLUGZEUGKLEBSTOFFEN erkannt hat, die, wie sie weiß, von der anderen PARTEI bereits vermarktet werden oder zur Vermarktung durch diese in Kürze anstehen. Die Verpflichtungen jeder PARTEI gemäß dieser Klausel 2.9 erstrecken sich nicht auf solche NEUTECHNOLOGIE, welche sie nicht ohne Verletzung einer schon bei Entwicklung dieser NEUTECHNOLOGIE bestehenden Geheimhaltungsverpflichtung gegenüber einem Dritten an die andere PARTEI übermitteln kann.

2.10 Jede PARTEI hat das Recht, eine angemessene Zahl ihrer Geschäftsführer und Angestellten (nachfolgend als »Besucher« bezeichnet) in angemessenen Abständen, jedes Mal für einen angemessenen Zeitraum, zu den

spent on R&D work in pursuit of the R&D GOAL by its qualified engineers shall in no event fall short of ... hours per calendar quarter. Where this time is not fully required for the execution of work assigned to the respective PARTY according to the currently valid R&D program, or where such work is not yet or no more to be done, because the R&D committee has not yet established or modified by resolution the initial R&D program or any subsequent R&D program according to clause 2.6, this time or the part thereof not or no more to be used by the respective engineers for the work to be performed under a valid R&D program shall be used by the respective engineers in the pursuit of the R&D GOAL according to their reasonable discretion, observing the above principles as guidelines.

2.8 (17)Each PARTY shall properly record in writing all work done by its employees in the R&D FIELD, including but not limited to the names of its employees carrying out such work, the time spent thereon and the results thereof.

2.9 Each PARTY shall prepare for each meeting of the R&D committee a reasonably detailed written report on the R&D work relating to the R&D FIELD performed by it and the FOREGROUND TECHNOLOGY acquired or developed by it and not yet disclosed to the other PARTY through any preceding report. The report to be prepared for the respective meeting shall further outline PATENT infringement risks (if any) recognised by the reporting PARTY and not yet mentioned in any preceding report of either PARTY. The report shall cover at least the period ending two weeks before the meeting and shall be furnished to the other PARTY at the latest one week before the meeting. In the meeting the report shall be updated and explained, and all pertinent questions of the members appointed by the other PARTY shall be answered. Notwithstanding the foregoing, if either PARTY develops or acquires any FOREGROUND TECHNOLOGY of extraordinary importance, or if it recognises PATENT infringement risks regarding AIRCRAFT ADHESIVES which, as it knows, are marketed or intended to be marketed within short by the other PARTY, it shall forthwith advise the other PARTY thereof by fax or similarly prompt communication. The obligations of each PARTY according to this clause 2.9 shall not pertain to such FOREGROUND TECHNOLOGY, which it cannot disclose to the other PARTY without violating a secrecy obligation already existing at the time of the development of such FOREGROUND TECHNOLOGY towards any third party.

2.10 Each PARTY has the right to delegate a reasonable number of its officers and employees (hereinafter referred to as »Visitors«) at reasonable intervals, each time for a reasonable period, to the places at which the other

Stätten zu entsenden, an denen die andere PARTEI Arbeiten auf dem F&E-GEBIET durchführt, um dort während normaler Geschäftszeiten die laufende Durchführung derartiger Arbeiten und die Ergebnisse bereits durchgeführter derartiger Arbeiten im Einzelnen zu studieren, mit folgender Maßgabe:

a) Die entsendende PARTEI hat den beabsichtigten Besuch eine angemessene Zeitspanne vorher durch eine entsprechende Erklärung anzukündigen und, falls die andere PARTEI triftige Gründe für eine Verschiebung des Besuchs geltend macht, diesen zu verschieben.
b) Die entsendende PARTEI wird dafür sorgen, dass die Besucher allen angemessenen Sicherheits- und sonstigen Vorschriften der anderen PARTEI entsprechen, solange sie sich auf deren Betriebsstätte aufhalten.
c) Jedem Besucher ist auf dessen Verlangen Zugang zu der von der besuchten PARTEI gemäß Klausel 2.8 erstellten Dokumentation zu geben und zu gestatten, sich davon Kopien zu machen.

2.11 Jede PARTEI hat ihre F&E-Kosten, einschließlich der mit den Sitzungen des F&E-Komitees verbundenen Kosten, allein zu tragen, soweit die PARTEIEN nichts Abweichendes vereinbaren.

2.12 Wenn immer auf Seiten einer PARTEI wesentliche VERBESSERUNGSTECHNOLOGIE entwickelt worden ist, welche diese PARTEI ohne Verletzung einer schon bei Entwicklung dieser VERBESSERUNGSTECHNOLOGIE bestehenden Geheimhaltungsverpflichtung gegenüber einem Dritten an die andere PARTEI übermitteln kann, wird sie an die andere PARTEI unverzüglich schriftlich oder per Fax eine in zumutbarer Weise detaillierte Dokumentation dieser VERBESSERUNGSTECHNOLOGIE übermitteln. Klausel 2.3 gilt entsprechend.

3. (18)NEUPATENTE und VERBESSERUNGSPATENTE

3.1 Wenn eine PARTEI an einer Patent- oder Gebrauchsmusteranmeldung für irgendeinen Teil der NEUTECHNOLOGIE interessiert ist, den sie für eine Erfindung hält, die patentfähig und/oder gebrauchsmusterfähig ist und zu deren Veröffentlichung aufgrund einer Patent- oder Gebrauchsmusteranmeldung die andere PARTEI ohne Verletzung einer Geheimhaltungsverpflichtung gegenüber einem Dritten ihre Zustimmung erteilen kann (nachfolgend als »VERTRAGSERFINDUNG« bezeichnet), wird sie eine Anfrage an die andere PARTEI richten, ob diese sich an einer ersten Patent- oder Gebrauchsmusteranmeldung für die VERTRAGSERFINDUNG beteiligen will.

3.2 (19)Wenn die andere PARTEI der anfragenden PARTEI binnen 45 Tagen nach Zugang der Anfrage ihren Wunsch erklärt, sich an einer solchen ersten Anmeldung zu beteiligen, wird diese, soweit sich aus Klausel 3.5 nichts Anderes ergibt, unverzüglich auf die Namen beider PARTEIEN, d.h. als GEMEINSAME ANMELDUNG eingereicht. Wenn nichts Anderes vereinbart wird, und wenn dies im Einklang mit dem in jedem Land

PARTY carries out work in the R&D FIELD, for the purpose of studying at normal business times the current performance of such work and the results of such work already performed in detail, provided the following:

a) The delegating PARTY must give reasonable prior notice of such visit and shall, in case the other PARTY puts forward valid reasons for a postponement, postpone such visit.

b) The delegating PARTY will ensure that the Visitors comply with all reasonable safety and other directions of the other PARTY whilst on the premises of the latter.

c) Each of the Visitors shall, upon request, be given access to the documentation established by the visited PARTY according to clause 2.8 and be permitted to make copies thereof.

2.11 Each PARTY shall bear its own R&D costs, including but not limited to its costs connected with meetings of the R&D committee, alone, unless otherwise agreed upon by both PARTIES.

2.12 Whenever any substantial IMPROVEMENT TECHNOLOGY shall have been developed on the part of either PARTY, which such PARTY can disclose to the other PARTY without violating any secrecy obligation already existing at the time of development of such IMPROVEMENT TECHNOLOGY towards any third party, such PARTY shall furnish to the other PARTY in writing or via fax reasonably detailed documentation in relation to such IMPROVEMENT TECHNOLOGY without delay. Clause 2.3 shall apply mutatis mutandis.

3. **(18)FOREGROUND PATENTS and IMPROVEMENT PATENTS**

3.1 If either PARTY is interested in a patent or utility model application for any part of the FOREGROUND TECHNOLOGY considered by it as an invention which can be protected through a patent and/or utility model to the publication of which on account of a patent or utility model application the other PARTY can consent without violating a secrecy obligation to any third party (hereinafter referred to as »CONTRACTUAL INVENTION«), it will ask the other PARTY whether the other PARTY desires to participate in a first patent or utility application for such CONTRACTUAL INVENTION.

3.2 (19)If the other PARTY notifies the asking PARTY within 45 days following the date, on which the inquiry has been served upon it, of its desire to participate in such first patent application, the same shall be filed, subject to clause 3.5, without delay in the names of both PARTIES, i.e. as a JOINT APPLICATION. If not otherwise agreed and if consistent with the patent or utility model law, respectively, in each of the PARTIES'

der PARTEIEN anwendbaren Patent- bzw. Gebrauchsmusterrecht steht, wird die erste Anmeldung, falls die VERTRAGSERFINDUNG ganz oder teilweise von der anfragenden PARTEI stammt, für das Land der anfragenden PARTEI, und andernfalls für das Land der anderen PARTEI eingereicht (und zwar als Gebrauchsmusteranmeldung, falls mindestens eine PARTEI eine solche wünscht und eine solche im Land der Anmeldung möglich ist sowie zu einem Schutz für die gesamte Erfindung führen kann, und andernfalls als Patentanmeldung).

3.3 Wenn die andere PARTEI der anfragenden PARTEI nicht innerhalb 45 Tagen nach Zustellung der Anfrage ihren Wunsch erklärt, sich an der ersten Anmeldung zu beteiligen, (20)und einer solchen Anmeldung nicht unter Angabe von überzeugenden Gründen gegen die Schutzfähigkeit der VERTRAGSERFINDUNG oder wegen einer der Anmeldung entgegenstehenden Geheimhaltungsverpflichtung gegenüber einem Dritten widersprochen hat, wird die anfragende PARTEI unverzüglich eine Anmeldung bezüglich ihres Landes für die VERTRAGSERFINDUNG allein auf ihren Namen und ihre Kosten einreichen. Sie wird der anderen PARTEI eine Kopie der Anmeldungsunterlagen geben, diese schriftlich über den Fortgang des Erteilungsverfahrens unterrichten und dieser auf Verlangen auch eine Kopie von jedem zur diesbezüglichen offiziellen Korrespondenz gehörenden Schriftstück geben.

3.4 Jede PARTEI hat das Recht, für ein bestimmtes Land bzw. für bestimmte Länder eine Nachanmeldung bzw. Nachanmeldungen als GEMEINSAME ANMELDUNG(EN) oder allein auf ihren Namen vorzunehmen, wenn sie sich durch eine Erklärung gegenüber der anderen PARTEI innerhalb von (21)neun Monaten nach Einreichung der ersten Anmeldung gemäß Klausel 3.2 oder Klausel 3.3 zur Vornahme einer solchen Nachanmeldung bzw. solcher Nachanmeldungen verpflichtet, mit folgender Maßgabe:

a) Soweit sich aus den Klauseln 3.4 c), 3.4 d) und 3.5 nichts Anderes ergibt, wird jede Nachanmeldung für ein Land oder für Länder, für das bzw. die beide PARTEIEN die besagte Erklärung bis zum Ende der 9-Monats-Frist abgegeben haben, innerhalb von zwölf Monaten nach der Einreichung der ersten Anmeldung als GEMEINSAME ANMELDUNG eingereicht (und zwar als Gebrauchsmusteranmeldung, wenn beide PARTEIEN eine solche bevorzugen, und andernfalls als Patentanmeldung). Für diese Nachanmeldung ist die Priorität der ersten Anmeldung nach der Pariser Verbandsübereinkunft in Anspruch zu nehmen, soweit eine solche Inanspruchnahme nach dem Recht, dem diese Nachanmeldung unterliegt, möglich ist.

b) Soweit sich aus den Klauseln 3.4 c), 3.4 d) und 3.5 nichts Anderes ergibt, wird jede Nachanmeldung für ein Land oder für Länder, für das bzw. die nur eine PARTEI die besagte Erklärung bis zum Ende der 9-Monats-Frist abgegeben hat, innerhalb von zwölf Monaten nach der Einreichung der ersten Anmeldung auf den Namen und auf Kosten dieser PARTEI eingereicht. Der letzte Satz von Klausel 3.3 und der letzte Satz von Klausel 3.4 a)

countries, the first application shall be filed, if the CONTRACTUAL INVENTION originates in whole or in part from the asking PARTY, in relation to the country of the asking PARTY, and otherwise for the country of the other PARTY (as an utility model application, if at least one PARTY prefers such an application and such an application can be filed in relation to the respective country and can lead in such country to protection of the entire invention, and otherwise as a patent application).

3.3 If the other PARTY does not notify the asking PARTY within 45 days after service of the inquiry of its desire to participate in the first application (20)and has not objected within such period to the filing of such first application putting forward convincing arguments against the protectability of the CONTRACTUAL INVENTION, the asking PARTY shall file without delay a first application for the CONTRACTUAL INVENTION in respect of its country solely in its name and at its expense. It shall give the other PARTY a copy of the application documents, inform the other PARTY in writing of the development of the application procedure and furnish to the other PARTY, on the latter's request, a copy of each part of the pertinent official correspondence.

3.4 Each PARTY has the right to file a corresponding application or corresponding applications as JOINT APPLICATION(S) or solely in its own name in respect of a certain country or certain countries on the condition that it assumes the obligation to file such corresponding application or corresponding applications, respectively, by giving notice to the other PARTY within (21)nine months following the filing of the first application according to clause 3.2 or clause 3.3, provided the following:

a) Subject to clauses 3.4 c), 3.4 d) and 3.5, any corresponding application for any country or countries, in respect of which both PARTIES have given the said notice until the end of the 9 month period, shall be filed as a JOINT APPLICATION (as a utility model application, if both PARTIES prefer such an application, and otherwise as a patent application) within twelve (12) months following the filing date of the first application. For such corresponding application the priority of the first application shall be claimed according to the Paris Convention, if such claim is possible according to the patent law applicable to such corresponding application.

b) Subject to clauses 3.4 c), 3.4 d) and 3.5, any corresponding application for any country or countries, in respect which only one PARTY has given the said notice until the end of the 9 month period, shall be filed within twelve (12) months of the filing date of the first application in the name and at the expense of such PARTY. The last sentence of clause 3.3 and the last sentence of clause 3.4 a) above shall apply.

gelten entsprechend. (22)Wenn keine PARTEI die besagte Erklärung bis zum Ende der 9-Monats-Frist für ein noch nicht von der ersten Anmeldung abgedecktes Land abgegeben hat, kann die PARTEI (bzw. jede PARTEI), zu deren Arbeitnehmern der Erfinder oder mindestens einer der Miterfinder der betr. VERTRAGSERFINDUNG zählt, ihre Rechte an der Erfindung für dieses Land auf diesen Erfinder bzw. den/die von ihr beschäftigten Miterfinder übertragen, sofern sie dazu nach dem einschlägigen nationalen Arbeitnehmererfindungsrecht verpflichtet ist.

c) Wo internationale Verträge wie die Europäische Patentübereinkunft und der Patentzusammenarbeitsvertrag die Möglichkeit eröffnen, bestimmte Länder durch eine einzige Nachanmeldung abzudecken, aber wo diese Länder nach den Klauseln 3.4 a) und/oder 3.4 b) aufgrund unterschiedlicher Interessen der PARTEIEN bezüglich der Abdeckung dieser Länder von separaten Nachanmeldungen abzudecken wären, werden die PARTEIEN eine Vereinbarung ins Auge fassen, welche unter Anderem Folgendes vorsieht: Statt solcher separater Nachanmeldungen ist nach dem einschlägigen internationalen Vertrag eine einzige Nachanmeldung im Namen einer PARTEI oder im Namen beider PARTEIEN einzureichen. Danach erfolgen Übertragungen dieser einzigen Nachanmeldung mit der Folge, dass diese oder die darin enthaltenen einzelnen Anmeldungen hinsichtlich jeden Landes, für das beide PARTEIEN eine Nachanmeldung nach den oben erwähnten Erklärungen wünschen, von beiden Parteien gehalten wird bzw. werden, und dass diese oder die darin enthaltenen einzelnen Anmeldungen hinsichtlich jeden Landes, für das nur eine PARTEI eine Nachanmeldung nach den oben erwähnten Erklärungen wünscht, nur von dieser PARTEI gehalten wird bzw. werden.

d) Wenn mehrere VERTRAGSERFINDUNGEN, die Gegenstand von mehreren ersten Anmeldungen sind, zum Gegenstand einer einzigen Nachanmeldung gemacht werden können, werden die PARTEIEN eine Vereinbarung ins Auge fassen, welche die Vornahme einer solchen einzigen Nachanmeldung und die diesbezüglichen Bedingungen betrifft.

3.5 (23)Soweit dies von dem anwendbaren Patent- bzw. Gebrauchsmusterrecht vorgeschrieben wird, ist die Einreichung der betreffenden Patent- oder Gebrauchsmusteranmeldung auf die Namen beider PARTEIEN oder einer PARTEI gemäß den vorhergehenden Bestimmungen zu ersetzen durch die Einreichung auf den Namen des Erfinders bzw. auf die Namen der Erfinder in Verbindung mit einer Übertragung der betreffenden Anmeldung durch den bzw. die Erfinder auf beide PARTEIEN bzw. eine PARTEI.

3.6 (24)Vorbehaltlich der Klauseln 3.4 c) und 3.4 d) ist diejenige PARTEI, für deren Land die erste Anmeldung für eine VERTRAGSERFINDUNG gemäß Klausel 3.2 oder Klausel 3.3 einzureichen ist, hinsichtlich dieser

(22)In the event that no PARTY has given the said notice before the end of the 9 month period in respect of a country not yet covered by the first application, the PARTY (or each PARTY, respectively) employing the inventor or at least one of the co-inventors of the CONTRACTUAL INVENTION may assign its rights in the CONTRACTUAL INVENTION for such country to such inventor or the co-inventor(s) employed by it, where it is obliged to do so according to the applicable national law relating to inventions of employees(17).

c) Where international treaties such as the European Patent Convention and the Patent Cooperation Treaty permit coverage of certain countries by a single corresponding application, but where such countries would have to be covered, according to clauses 3.4 a) and/or 3.4 b), by separate corresponding applications on account of the differing interests of the PARTIES regarding the coverage of these countries, the PARTIES shall consider an agreement providing inter alia the following: Instead of such separate corresponding applications a single corresponding application shall be filed according to the applicable international treaty in the name of one PARTY or in the names of both PARTIES. Thereafter, assignments of such single application are made to the effect that the same or any application included therein is held in respect of any country, for which both PARTIES desire a corresponding application according to the above-mentioned notifications, by both PARTIES, and that the same or the applications included therein is/are held in respect of any country, for which only one PARTY desires a corresponding application according to the above-mentioned notifications, by such PARTY only.

d) If several CONTRACTUAL INVENTIONS which are the object of several first applications can be made the object of a single corresponding application, the PARTIES shall consider an agreement on such single corresponding application and the pertinent terms and conditions.

3.5 (23)Where required by the applicable patent or utility model law, the filing of a patent or utility model application in the names of both PARTIES or in the name of one PARTY according to the foregoing provisions shall be replaced by the filing of such patent or utility model application in the name(s) of the inventor(s) in connection with an assignment by the inventor(s) to both PARTIES or one PARTY (as the case may be).

3.6 (24)Subject to clauses 3.4 c) and 3.4 d), the PARTY, in relation to whose country the first application has to be filed according to clause 3.2 or clause 3.3, shall be the »handling PARTY«. The handling PARTY shall be

VERTRAGSERFINDUNG die »federführende PARTEI«. Die federführende PARTEI hat sich primär um das Entwerfen, die Einreichung, die Verfolgung, die Aufrechterhaltung und die Verteidigung aller diese VERTRAGSERFINDUNG betreffenden GEMEINSAMEN NEUPATENTE zu kümmern. Sie wird außerdem unverzüglich nach dem Zeitpunkt, in dem nach Klausel 3.2 darüber Gewissheit herrscht, dass eine GEMEINSAME ANMELDUNG für die VERTRAGSERFINDUNG einzureichen ist, beim Europäischen Patentamt eine Standardrecherche bezüglich der VERTRAGSERFINDUNG in Auftrag geben. Sie darf wichtige Entscheidungen über den Anmeldungstext, die Verfolgung und die Verteidigung von GEMEINSAMEN NEUPATENTEN nur nach Diskussion mit der anderen PARTEI treffen, wobei sie nützliche Vorschläge derselben befolgen wird. Die andere PARTEI wird die federführende PARTEI bei der Erfüllung der dieser zugewiesenen Aufgaben im notwendigen Umfang unterstützen, z.B. durch Unterzeichnung von Dokumenten, die für die Einreichung einer GEMEINSAMEN ANMELDUNG benötigt werden.

3.7 Vorbehaltlich der Klauseln 3.4 c) und 3.4 d) sind externe PATENTKOSTEN (Patentanwalts-, Patentamts- und Gerichtskosten), die der jeweils federführenden PARTEI durch die Erfüllung der ihr in Klausel 3.6 zugewiesenen Aufgaben erwachsen, einschließlich der Kosten für eine Standardrecherche des Europäischen Patentamts bezüglich der VERTRAGSERFINDUNG, und außerdem die internen PATENTKOSTEN, die bei ihrer Patentabteilung durch die Erfüllung dieser Aufgaben anfallen (soweit diese Kosten nach den von dieser Patentabteilung generell angewandten Grundsätzen festgelegt werden und die Gebühren, die von externen Patentanwälten für diese Tätigkeiten belastet würden, nicht übersteigen), sind von jeder PARTEI zur Hälfte zu tragen.

3.8 (25)Wenn eine PARTEI ein GEMEINSAMES NEUPATENT gegen einen tatsächlichen oder mutmaßlichen Verletzer geltend machen will, wird sie die andere PARTEI fragen, ob sie sich hälftig an den externen Kosten einer im Namen beider PARTEIEN erhobenen Verletzungsklage gegen den Verletzer beteiligen will.

a) Wenn die andere PARTEI innerhalb von zwei Monaten nach Zugang der Anfrage einer solchen Beteiligung zustimmt, werden die PARTEIEN unverzüglich gegen den tatsächlichen oder mutmaßlichen Verletzer vorgehen und dieses Vorgehen gemeinsam betreiben. Sie werden alle dadurch anfallenden externen Kosten und alle Zahlungen, die ihnen dadurch zufließen, hälftig unter sich teilen.

b) Wenn die andere PARTEI innerhalb der vorerwähnten 2-Monats-Frist einer solchen Beteiligung nicht zustimmt, ist die anfragende PARTEI berechtigt, unverzüglich gegen den tatsächlichen oder mutmaßlichen Verletzer im Namen beider PARTEIEN vorzugehen und dieses Vorgehen allein mit aller gebotenen Sorgfalt zu betreiben. Sie wird im Falle eines solchen Vorgehens alle dadurch anfallenden Kosten tragen, darf

primarily obliged to handle the drafting, filing, prosecution, maintenance and defense of any JOINT FOREGROUND PATENTS. It shall also order, as soon as it has become certain according to clause 3.2 that a first JOINT APPLICATION for the respective invention has to be filed, a standard search in respect of the CONTRACTUAL INVENTION with the European Patent Office. It may take important decisions regarding the drafting, prosecution and defense of JOINT FOREGROUND PATENTS only after discussion with the other PARTY, following useful suggestions made by the latter. The other PARTY shall support the handling PARTY in the fulfillment of the tasks assigned to the latter to the extent necessary, including, without limitation, by signing documents required for the filing of any JOINT APPLICATION.

3.7 Subject to clauses 3.4 c) and 3.4 d), the external PATENT COSTS (patent attorney, patent office and court fees) incurred by the handling PARTY through the fulfillment of the tasks assigned to it according to clause 3.6, including the costs of a standard search performed by the European Patent Office in respect of the CONTRACTUAL INVENTION, and the internal PATENT COSTS accruing to its patent department through the fulfillment of such tasks (to the extent that such costs are determined according to general principles applied by such patent department and do not exceed the fees which would be charged by external patent attorneys for such activities) shall be equally shared between the PARTIES.

3.8 (25)In case either PARTY wants to enforce a JOINT FOREGROUND PATENT against any actual or potential infringer, it shall ask the other PARTY whether it is prepared to share equally in the external costs of an infringement action taken in the names of both PARTIES.

a) If the other PARTY agrees, within two months following the date of service of the inquiry, to such sharing, both PARTIES shall without delay take and jointly handle an action against the actual or potential infringer and equally share any external costs incurred and any moneys recovered thereby.

b) If the other PARTY does not agree, within the aforementioned two month period, to such sharing, the asking PARTY shall be entitled to take action against the actual or potential infringer in the names of both PARTIES without delay and to handle such action solely with all due care. In case of such action, it shall solely bear any costs incurred and may keep any moneys recovered thereby. The other PARTY shall

aber alle Zahlungen behalten, die ihr durch ein solches Vorgehen zufließen. Die andere PARTEI wird der anfragenden PARTEI die für ein Vorgehen im Namen beider PARTEIEN erforderliche Vollmacht erteilen. Sie wird außerdem die anfragende PARTEI über Tatsachen informieren, die für das Vorgehen von Bedeutung sind, und ihr verfügbare schriftliche Beweise dieser Tatsachen der anfragenden PARTEI übermitteln.

3.9 (26)Jede PARTEI ist gehindert, ihren Anteil an einem GEMEINSAMEN NEUPATENT auf einen Dritten zu übertragen, d.h. ein solches PATENT kann nur im Ganzen von beiden PARTEIEN auf einen Dritten übertragen werden. (27)Wenn eine PARTEI nicht mehr ihren Anteil an den PATENTKOSTEN eines solchen PATENTS tragen will, wird sie der anderen PARTEI die kostenlose Übertragung ihres Anteils an demselben anbieten. Die andere PARTEI kann dieses Angebot binnen zwei Monaten nach Zugang des Angebots annehmen. Bei Annahme des Angebots innerhalb der 2-Monats-Frist wird die andere PARTEI vorbehaltlich Klausel 3.10 die PATENTKOSTEN für das betreffende PATENT tragen, die nach der Annahme des Angebots anfallen. Wird das Angebot nicht innerhalb der 2-Monats-Frist angenommen, ist keine PARTEI vorbehaltlich Klausel 3.11 mehr verpflichtet, für das betreffende PATENT PATENTKOSTEN zu tragen, die nach Ablauf der 2-Monats-Frist anfallen.

3.10 Vorbehaltlich Klausel 3.11 hat jede PARTEI die Übertragung eines NEUPATENTS, dessen Inhaber sie ist, auf einen Dritten zu unterlassen. Wenn eine PARTEI nicht mehr die PATENTKOSTEN für ein solches PATENT tragen will, wird sie der anderen PARTEI die kostenlose Übertragung desselben anbieten. Die andere PARTEI kann dieses Angebot binnen zwei Monaten nach Zugang des Angebots annehmen. Bei Annahme des Angebots innerhalb der 2-Monats-Frist wird die andere PARTEI die PATENTKOSTEN für das betreffende PATENT tragen, die nach der Annahme des Angebots anfallen, unbeschadet ihrer Option, sich von dieser Verpflichtung durch Rückangebot des PATENTS an die anbietende PARTEI nach dieser Klausel 3.10 zu befreien. Wird das Angebot nicht innerhalb der 2-Monats-Frist angenommen, kann die anbietende PARTEI das PATENT vorbehaltlich Klausel 3.11 fallenlassen.

3.11 Jedes NEUPATENT kann von der PARTEI bzw. den PARTEIEN (je nachdem, wer der Inhaber desselben ist) nur fallengelassen werden, wenn dies im Einklang mit den einschlägigen nationalen Gesetzen über Arbeitnehmererfindungen steht. Wenn ein (mit-)erfindender Arbeitnehmer nach einem dieser Gesetze von einer PARTEI die vollständige oder teilweise Übertragung eines solchen PATENTS im Hinblick auf das beabsichtigte Fallenlassen verlangen kann, ist der Anspruch auf Übertragung, wenn das betreffende PATENT ein GEMEINSAMES NEUPATENT ist, von beiden PARTEIEN oder, wenn nur eine PARTEI Inhaber des betreffenden PATENTS ist, von dieser PARTEI zu erfüllen.

provide the asking PARTY with the power of attorney required by the asking PARTY to take action in the names of both PARTIES. It shall further inform the asking PARTY about facts relevant for the action and furnish to the asking PARTY any written evidence of such facts available to it.

3.9 (26)Each PARTY shall be prevented from assigning its share in any JOINT FOREGROUND PATENT to any third party, i.e. such PATENT can only be assigned by the PARTIES to any third party in its entirety. (27)In case either PARTY is no longer willing to bear its share of the PATENT COSTS of such PATENT, it shall offer to assign its share therein to the other PARTY without cost to the other PARTY. Within two months following the date of service of the offer, the other PARTY has the option to accept the same. In case of acceptance of such offer within the two month period, the other PARTY shall bear, subject to clause 3.10, the PATENT COSTS of the respective PATENT accruing after such acceptance. In case the offer is not accepted within the two month period, neither PARTY shall, subject to clause 3.11, be obligated to bear PATENT COSTS for the respective PATENT accruing after the expiration of the two month period.

3.10 Subject to clause 3.11, each PARTY shall abstain from assigning any FOREGROUND PATENT owned by it to any third party. In case either PARTY is no longer willing to bear the PATENT COSTS for such PATENT, it shall offer to the other PARTY the assignment thereof without cost to the other PARTY. Within two months following the date of service of the offer, the other PARTY has the option to accept the same. In case of acceptance of the offer within the two month period, the other PARTY shall bear the PATENT COSTS of the respective PATENT accruing after such acceptance, without prejudice to its option to terminate such obligation according to this clause 3.10 though re-offering the PATENT to the offering PARTY. In case the offer is not accepted by the other PARTY within the two month period, the offering PARTY may, subject to clause 3.11, lapse the PATENT.

3.11 Each FOREGROUND PATENT may only be lapsed by the owning PARTY or PARTIES, if such lapsing is in line with the applicable national laws relating to inventions of employees. If any (co-)inventing employee can require either PARTY, according to any such law, to assign to him/her such PATENT, in whole or in part, in view of the intended lapsing, such claim shall be settled, if such PATENT is a JOINT FOREGROUND PATENT, by both PARTIES or, if such PATENT is owned by one PARTY only, by such PARTY.

3.12 (28)Jede PARTEI hat dafür Sorge zu tragen, dass sie die Rechte an jeder von ihren Organmitgliedern und Arbeitnehmern stammenden und zur NEUTECHNOLOGIE gehörenden VERTRAGSERFINDUNG bzw. an dem Beitrag ihrer Organmitglieder und Arbeitnehmer zu dieser Erfindung erlangt, soweit dieser Erwerb Voraussetzung für die Erfüllung ihrer Verpflichtungen nach diesem Vertrag ist.

3.13 (29)Die Bestimmungen der Klauseln 3.1 bis 3.12 sind entsprechend anzuwenden bezüglich aller Angelegenheiten, welche VERBESSERUNGSPATENTE für GEMEINSAME VERBESSERUNGSTECHNOLOGIE betreffen, zum Bespiel bezüglich der Anmeldung, Verfolgung, Aufrechterhaltung, Verteidigung oder Geltendmachung solcher VERBESSERUNGSPATENTE, der Zuordnung diesbezüglicher PATENTKOSTEN und der anteiligen oder vollständigen Übertragung sowie des Fallenlassens solcher VERBESSERUNGSPATENTE.

4. (30)Geheimhaltung und Verwertungsbeschränkung

4.1 Soweit sich aus den Klauseln 4.3 bis 4.5, 5 und 6 nichts Anderes ergibt, wird jede PARTEI alle Informationen, welche

- nicht zur NEUTECHNOLOGIE oder GEMEINSAMEN VERBESSERUNGSTECHNOLOGIE gehören, und
- dieser PARTEI von der anderen PARTEI vor oder während der Dauer dieses Vertrages mündlich oder schriftlich, in der Form von Zeichnungen, durch die Gestattung der Besichtigung von Anlagen oder auf andere Weise direkt oder indirekt offenbart worden sind bzw. werden, und
- sich auf die Herstellung, den Gebrauch und die Entwicklung von Epoxidklebstoffen beziehen,

streng vertraulich behandeln, nicht an Dritte weitergeben und nicht verwerten. Dies gilt nicht für solche Informationen, die, wie die empfangende PARTEI nachweisen kann,

a) im Offenbarungszeitpunkt der Öffentlichkeit schon zugänglich sind oder danach der Öffentlichkeit zugänglich geworden sind, oder
b) der empfangenden PARTEI im Offenbarungszeitpunkt schon bekannt sind, oder
c) der empfangenden PARTEI nach diesem Zeitpunkt von einem Dritten offenbart worden sind,

(31)mit folgender Maßgabe:

(i) Die Ausnahme gemäß a) gilt nicht für Informationen, die der Öffentlichkeit nach dem Offenbarungszeitpunkt durch eine Handlung oder Unterlassung der empfangenden PARTEI zugänglich geworden sind; die Ausnahme gemäß b) gilt nicht für Informationen, welche die empfangende PARTEI von einem Dritten, der gegenüber der offenbarenden PARTEI diesbezüglich zur Geheimhaltung verpflichtet ist,

3.12 (28)Each PARTY shall ensure that it acquires the ownership of the rights in respect of any CONTRACTUAL INVENTION made by any of its officers and employees and being part of the FOREGROUND TECHNOLOGY or in any contribution to such invention made by any of its officers and employees (as the case may be), to the extent that such acquirement is a prerequisite to the fulfillment of its obligations under this Agreement.

3.13 (29)The provisions of clauses 3.1 through 3.12 shall apply mutatis mutandis to all matters concerning IMPROVEMENT PATENTS for IMPROVEMENT TECHNOLOGY jointly developed by both PARTIES, e.g. in respect of the filing, prosecution, maintenance, defense or assertion of such IMPROVEMENT PATENTS, the allocation of relevant PATENT COSTS and the partial or entire assignment and the lapsing of such IMPROVEMENT PATENTS.

4. (30)**Secrecy and Restriction of Utilization**

4.1 Subject to clauses 4.3 through 4.5, 5 and 6, each PARTY shall keep strictly confidential, shall not pass on to any third party and shall not utilize any information which

- does not form part of the FOREGROUND TECHNOLOGY or of the JOINT IMPROVEMENT TECHNOLOGY,
- is directly or indirectly disclosed to such PARTY by the other PARTY orally, in writing, through the supply of drawings, through giving permission to visit plants or in any other way during or before the term of this Agreement, and
- relates to the manufacture, use and development of epoxy adhesives,

except such information, which, as the receiving PARTY can show,

a) is already in the public domain at the time of disclosure or has entered the public domain thereafter, or
b) is already known to the receiving PARTY at the time of disclosure, or

c) has thereafter been disclosed to the receiving PARTY by a third party,

(31)provided the following:

(i) The exception under a) shall not apply to information which has entered the public domain after disclosure through any act or failure to act of the receiving PARTY, that the exception under b) shall not apply to information obtained by the receiving PARTY from a third party being under an obligation of secrecy to the disclosing PARTY with respect thereto and that the exception under c) shall not apply to

erhalten hat; und die Ausnahme gemäß c) gilt nicht für Informationen, zu deren Geheimhaltung der Dritte gegenüber der offenbarenden PARTEI verpflichtet ist.

(ii) Eine spezifische Information gilt nicht schon deshalb als im Bereich der vorgenannten Ausnahmen liegend, weil sie von einer allgemeinen Information umfasst wird, die unter die obigen Ausnahmen fällt. Außerdem gilt eine Information, die aus einer Kombination von Merkmalen besteht, nur dann als im Bereich der vorgenannten Ausnahmen liegend, wenn die Kombination als solche unter diese Ausnahmen fällt.

4.2 Soweit sich aus den Klauseln 4.3 bis 4.5, 5 und 6 nichts Anderes ergibt, wird jede PARTEI alle NEUTECHNOLOGIE und GEMEINSAME VERBESSERUNGSTECHNOLOGIE streng vertraulich behandeln, nicht an Dritte weitergeben und nicht verwerten. Dies gilt nicht für solche NEUTECHNOLOGIE und GEMEINSAME VERBESSERUNGSTECHNOLOGIE, die, wie diese PARTEI nachweisen kann,

a) im Zeitpunkt ihrer Entwicklung durch eine PARTEI bzw. beide PARTEIEN der Öffentlichkeit schon zugänglich ist oder der Öffentlichkeit danach zugänglich geworden ist, oder

b) dieser PARTEI nach ihrer Entwicklung von einem Dritten offenbart worden ist,

mit folgender Maßgabe:

(i) Die Ausnahme gemäß a) gilt nicht für NEUTECHNOLOGIE und GEMEINSAME VERBESSERUNGSTECHNOLOGIE, die der Öffentlichkeit durch eine Handlung oder Unterlassung dieser PARTEI zugänglich geworden ist; und die Ausnahme gemäß b) gilt nicht für NEUTECHNOLOGIE und GEMEINSAME VERBESSERUNGSTECHNOLOGIE, zu deren Geheimhaltung der Dritte gegenüber der anderen PARTEI verpflichtet ist.

(ii) Klausel 4.1 (ii) findet Anwendung.

4.3 (32)Keine PARTEI ist durch die Klauseln 4.1 und 4.2 gehindert, gemäß Klausel 3 Patent- oder Gebrauchsmusteranmeldungen für VERTRAGSERFINDUNGEN einzureichen, die Teil der NEUTECHNOLOGIE oder VERBESSERUNGSTECHNOLOGIE sind.

4.4 (33)Die Klauseln 4.1 und 4.2 hindern eine PARTEI nicht daran, ALTTECHNOLOGIE, NEUTECHNOLOGIE und VERBESSERUNGSTECHNOLOGIE an Vertragshändler oder aktuelle oder potenzielle Kunden weiterzugeben, wenn und soweit

a) die Weitergabe Voraussetzung für eine erfolgreiche Vermarktung von Klebstoffen nach diesem Vertrag ist,

b) die andere PARTEI mit der Zustimmung zu einer solchen Weitergabe nicht eine bei Entstehung der betr. TECHNOLOGIE schon bestehende Geheimhaltungsverpflichtung gegenüber einem Dritten verletzen würde, und

information in respect of which the third party is under an obligation of secrecy to the disclosing PARTY.

(ii) Information which is specific shall not be deemed to be within the foregoing exceptions merely because it is embraced by general information which is within said exceptions. In addition, any information consisting of a combination of features shall be deemed to be within the foregoing exceptions only if the combination as such is within the said exceptions.

4.2 Subject to clauses 4.3 through 4.5, 5 and 6, each PARTY shall keep strictly confidential, shall not pass on to any third party and shall not utilize any FOREGROUND TECHNOLOGY and JOINT IMPROVEMENT TECHNOLOGY, except such FOREGROUND TECHNOLOGY and JOINT IMPROVEMENT TECHNOLOGY which, as such PARTY can show,

a) is already in the public domain at the time of development by either PARTY or both PARTIES, respectively, or has entered the public domain thereafter, or

b) has after such development been made accessible to such PARTY by a third party,

provided the following:

(i) The exception under a) shall not apply to FOREGROUND TECHNOLOGY and JOINT IMPROVEMENT TECHNOLOGY having entered the public domain after acquirement or development through any act of failure to act of such PARTY and that the exception under b) shall not apply to such FOREGROUND TECHNOLOGY and JOINT IMPROVEMENT TECHNOLOGY, in respect of which the third party is under an obligation of secrecy to the other PARTY.

(ii) Clause 4.1 (ii) shall apply.

4.3 (32)Neither PARTY shall be prevented by clauses 4.1 and 4.2 from filing according to clause 3 patent or utility model applications on CONTRACTUAL INVENTIONS being part of the FOREGROUND TECHNOLOGY or IMPROVEMENT TECHNOLOGY.

4.4 (33)Clauses 4.1 and 4.2 shall not prevent a PARTY from passing on any BACKGROUND TECHNOLOGY, FOREGROUND TECHNOLOGY and IMPROVEMENT TECHNOLOGY to distributors and actual or potential customers if and to the extent

a) such passing on is the prerequisite to a successful marketing by it of adhesives hereunder,

b) the other PARTY would not violate, by giving its consent to such passing on, a secrecy obligation already existing at the time of development of such TECHNOLOGY to any third party, and

c) die Weitergabe nicht die Möglichkeit der anderen PARTEI beeinträchtigt, gemäß Klausel 3 für eine zu dieser TECHNOLOGIE gehörende Erfindung allein oder gemeinsam mit der an der Weitergabe interessierten PARTEI Patent- oder Gebrauchsmusterschutz zu erlangen. Eine solche Beeinträchtigung ist dann nicht anzunehmen, wenn die andere PARTEI die betr. Erfindung schon seit zwei Monaten oder länger kennt und diesbezüglich noch keine Anfrage einer PARTEI gemäß Klausel 3.1 bzw. Klausel 3.12 in Verbindung mit Klausel 3.1 vorliegt.

4.5 (34)Für die Zwecke der Klauseln 4.1 und 4.2 gilt die Übermittlung von Informationen an ein Organmitglied oder einen Angestellten einer PARTEI als Übermittlung an diese PARTEI selbst, und die bei einem Organmitglied oder Angestellten einer PARTEI bestehende Kenntnis von Informationen als Kenntnis dieser PARTEI selbst. Jede PARTEI wird die Zahl der Angestellten, die Zugang zu den Informationen haben, welche den Verpflichtungen dieser PARTEI gemäß den Klauseln 4.1 bis 4.4 unterliegen, angemessen begrenzen, und haftet für die Erfüllung dieser Verpflichtungen durch ihre Angestellten und Organmitglieder.

4.6 (35)Jede PARTEI hat die Existenz, den Inhalt dieses Vertrags und die Tatsache der Zusammenarbeit nach diesem Vertrag streng geheim zu halten, soweit nicht die Vermarktung von Klebstoffen nach diesem Vertrag eine Offenbarung dieser Umstände erfordert oder diese Umstände der Öffentlichkeit auf andere Weise als durch eine Vertragsverletzung der betreffenden PARTEI zugänglich werden.

4.7 Mit Wirkung zum ZEITPUNKT DES INKRAFTTRETENS tritt die am … unterschriebene Geheimhaltungsvereinbarung außer Kraft unbeschadet von Ansprüchen, die auf einer Verletzung dieser Geheimhaltungsvereinbarung während ihrer Dauer beruhen.

5. Gegenseitige Erteilungen von Lizenzen und Verpflichtungen jeder lizenzierten PARTEI

5.1 (36)Vorbehaltlich Klausel 7 und der Verpflichtungen von DEUCO nach Klausel 5.3, erteilt AMCO an DEUCO

- eine kostenlose, nicht-ausschließliche Lizenz, in allen Ländern der Welt GEHEIME AMCO-ALTTECHNOLOGIE, GEHEIME NEU-TECHNOLOGIE, GEHEIME AMCO-VERBESSERUNGSTECHNOLOGIE und den Anteil von AMCO an GEHEIMER GEMEINSAMER VERBESSERUNGSTECHNOLOGIE zu benutzen, wenn und soweit AMCO eine solche Lizenz zumindest in einem Zeitpunkt nach Unterzeichnung dieses Vertrages ohne Verletzung von Verpflichtungen gegenüber Dritten erteilen kann, sowie
- eine kostenlose, nicht ausschließliche Lizenz, AMCO-ALTPATENTE, AMCO-NEUPATENTE, GEMEINSAME NEUPATENTE, AMCO-VERBESSERUNGSPATENTE und GEMEINSAME VERBESSERUNGSPATENTE zu benutzen.

c) such passing on does not affect the option of the other PARTY to obtain, according to clause 3 alone or jointly with the PARTY interested in such passing on, patent or utility model protection for any invention being part of any such TECHNOLOGY. Such option of the other PARTY shall not be deemed affected through such passing on in the event that the other PARTY has had knowledge of the invention for two months or more and an inquiry by either PARTY according to clause 3.1 or according to clause 3.12 in connection with clause 3.1, respectively, has not yet been made.

4.5 (34)For the purposes of clauses 4.1 and 4.2, the disclosure of information to any officer or employee of a PARTY shall be deemed a disclosure to such PARTY itself, and the knowledge of information on the part of any officer or employee of a PARTY shall be deemed the knowledge of such PARTY itself. Each PARTY shall limit as far as reasonable the number of employees having access to the information being subject to its obligations according to clauses 4.1 through 4.4 and shall be liable for the compliance by its employees and officers with these obligations.

4.6 (35)Each PARTY shall keep strictly confidential the existence and content of this Agreement and the fact of cooperation hereunder, except to the extent that the marketing of adhesives by it hereunder requires such disclosure or that the said facts become otherwise available to the public without any breach of this Agreement by the respective PARTY.

4.7 With effect from the EFFECTIVE DATE, the confidentiality agreement executed on … shall terminate without prejudice to claims resulting from a breach of the said confidentiality agreement during its term.

5. Mutual Grants of Licenses and Obligations of each licensed PARTY

5.1 (36) Subject to clause 7 and the obligations of DEUCO according to clause 5.3, AMCO hereby grants to DEUCO

- a royalty-free, non-exclusive license to use in all countries of the world SECRET AMCO BACKGROUND TECHNOLOGY, SECRET FOREGROUND TECHNOLOGY, SECRET AMCO IMPROVEMENT TECHNOLOGY and SECRET JOINT IMPROVEMENT TECHNOLOGY, if and to the extent AMCO can grant such license at least at one moment following the execution of this Agreement without violating any obligation to any third party, and

- a royalty-free, non-exclusive license to use AMCO BACKGROUND PATENTS, AMCO FOREGROUND PATENTS, JOINT FOREGROUND PATENTS, AMCO IMPROVEMENT PATENTS and JOINT IMPROVEMENT PATENTS.

5.2 Vorbehaltlich Klausel 7 und der Verpflichtungen von AMCO nach Klausel 5.4, erteilt DEUCO an AMCO
- eine kostenlose, nicht-ausschließliche Lizenz erteilen, in allen Ländern der Welt GEHEIME DEUCO-ALTTECHNOLOGIE, GEHEIMER NEUTECHNOLOGIE, GEHEIMER DEUCO-VERBESSERUNGSTECHNOLOGIE und den Anteil von DEUCO an GEHEIMER GEMEINSAMER VERBESSERUNGSTECHNOLOGIE zu benutzen, wenn und soweit DEUCO eine solche Lizens zumindest in einem Zeitpunkt nach Unterzeichnung dieses Vertrags ohne Verletzung von Verpflichtungen gegenüber Dritten erteilen kann,
- AMCO eine kostenlose, nicht-ausschließliche Lizenz erteilen, DEUCO-ALTPATENTE, DEUCO-NEUPATENTE, GEMEINSAME NEUPATENTEN, DEUCO-VERBESSERUNGSPATENTE und GEMEINSAME VERBESSERUNGSPATENTE zu benutzen.

5.3 [37]Während der Dauer dieses Vertrages, aber nicht darüber hinaus, wird DEUCO in den U.S.A. keine aktive Vertriebspolitik für ein VERTRAGSPRODUKT betreiben. Insbesondere wird es DEUCO unterlassen, in Bezug auf ein VERTRAGSPRODUKT eine eigens auf die U.S.A. gerichtete Werbung zu betreiben, dort eine Niederlassung einzurichten oder dort ein Auslieferungslager zu unterhalten.

5.4 Während der Dauer dieses Vertrages, aber nicht darüber hinaus, wird es AMCO unterlassen, in Bezug auf ein VERTRAGSPRODUKT eine eigens auf Territorien außerhalb der U.S.A. gerichtete Werbung zu betreiben, in diesen Territorien eine Niederlassung einzurichten oder dort ein Auslieferungslager zu unterhalten.

5.5 [38]Jede PARTEI erteilt hiermit der anderen PARTEI eine Lizenz, Urheberrechte, die ggf. an von ihr an die andere PARTEI übermittelten Beschreibungen von TECHNOLOGIE bestehen, im Zusammenhang mit der vertragsgemäßen Verwendung und/oder Verwertung der beschriebenen TECHNOLOGIE zu nutzen, mit folgender Maßgabe:
- Die Lizenz gilt nicht für ein Urheberrecht an einer Beschreibung, die in einer Veröffentlichung eines Verlegers enthalten ist und im Wege von einer Vervielfältigung dieser Veröffentlichung übermittelt wird.
- Im Übrigen wird die Lizenz nur für solche Nutzungsarten erteilt, die der Verwendung und/oder Verwertung der beschriebenen TECHNOLOGIE gemäß diesem Vertrag dienen.
- Die andere PARTEI ist auch zur Erteilung von Unterlizenzen berechtigt, soweit sie auf die Erteilung solcher Unterlizenzen bei der vertragsgemäßen Verwertung der beschriebenen TECHNOLOGIE angewiesen ist.

6. Unterlizenzen an TECHNOLOGIE und PATENTEN

6.1 Vorbehaltlich der Klauseln 6.2 bis 6.5 erteilt jede PARTEI, wenn und soweit sie dies zumindest in einem Zeitpunkt nach Unterzeichnung dieses

5.2 Subject to clause 7 and the obligations of AMCO according to clause 5.4, DEUCO hereby grants to AMCO

- a royalty-free, non-exclusive license to use in all countries of the world SECRET DEUCO BACKGROUND TECHNOLOGY, SECRET FOREGROUND TECHNOLOGY, SECRET DEUCO IMPROVEMENT TECHNOLOGY and its share in SECRET JOINT IMPROVEMENT TECHNOLOGY, if and to the extent DEUCO can grant such license at least at one moment following the execution of this Agreement without violating any obligation to any third party, and

- a royalty-free, non-exclusive license to use DEUCO BACKGROUND PATENTS, DEUCO FOREGROUND PATENTS, JOINT FOREGROUND PATENTS, DEUCO IMPROVEMENT PATENTS and JOINT IMPROVEMENT PATENTS.

5.3 (37)During the term of this Agreement, but not beyond such term, DEUCO shall not pursue in the U.S.A. an active sales policy for any CONTRACT PRODUCT. In particular, DEUCO shall not engage, in respect of any CONTRACT PRODUCT, in any advertising specifically aimed at the U.S.A., or establish any branch or maintain any depot for the distribution of any CONTRACT PRODUCT in the U.S.A.

5.4 During the term of this Agreement, but not beyond such term, AMCO shall not pursue in territories outside the U.S.A an active sales policy for any CONTRACT PRODUCT. In particular, AMCO shall not engage, in respect of any CONTRACT PRODUCT, in any advertising specifically aimed at territories outside the U.S.A. or establish any branch or maintain any depot for the distribution of any CONTRACT PRODUCT in such territories.

5.5 (38)Each PARTY hereby grants to the other PARTY a license to exploit copyrights (if any) existing in respect of descriptions of TECHNOLOGY, which are furnished by it to the other PARTY, in connection with the use and/or exploitation in accordance with this Agreement of the TECHNOLOGY described, provided the following:

- The license does not extend to any copyright relating to any description contained in a publication of a publisher and transmitted by way of a copy of such publication.
- Otherwise the license is only granted in respect of those kinds of copyright exploitation serving the use and/or exploitation of the TECHNOLOGY described in accordance with this Agreement.
- The other PARTY is also entitled to the grant of sublicenses to the extent that it is required to grant such sublicenses when exploiting the TECHNOLOGY described in accordance with this Agreement.

6. Sublicenses relating to TECHNOLOGY and PATENTS

6.1 Subject to clauses 6.2 through 6.5, each PARTY hereby grants, if and to the extent it can do so at least at one moment following the execution of this

Vertrags ohne Verletzung von Verpflichtungen gegenüber Dritten tun kann, der anderen PARTEI das Recht, die dieser gemäß den Klauseln 5.1, 5.2 und 5.4 bzw. 5.2, 5.3 und 5.4 erteilten Rechte

a) an ihre VERBUNDENEN UNTERNEHMEN unterlizenzieren, und,

b) (39)wenn eine Verwertung von NEUTECHNOLOGIE durch mindestens eine PARTEI selbst im Sinne von Art. 5 Abs. 1 Buchst. h der KOMMISSIONS-VO F&E nicht erfolgt, an sonstige Dritte unterzulizenzieren,

mit der Maßgabe, dass eine PARTEI bei Erteilung einer Unterlizenz gemäß vorstehend a) nicht zur Zahlung von Gebühren an die andere PARTEI aufgrund dieser Erteilung verpflichtet ist, während eine PARTEI bei Erteilung einer Unterlizenz gemäß vorstehend b) dafür an die andere PARTEI die Hälfte derjenigen Unterlizenzgebühren zu entrichten hat, die unter den Umständen angemessen sind. Wenn immer eine PARTEI eine Unterlizenz gemäß vorstehend b) erteilt, wird sie der anderen PARTEI unverzüglich eine Kopie des betreffenden Unterlizenzvertrags übermitteln.

6.2 Die einem VERBUNDENEN UNTERNEHMEN nach Klausel 6.1 a) erteilte Unterlizenz endet automatisch, wenn dieses aufhört, ein VERBUNDENES UNTERNEHMEN der unterlizenzierenden PARTEI zu sein. Jede PARTEI wird in jedem mit einem VERBUNDENEN UNTERNEHMEN abgeschlossenen Unterlizenzvertrag die Dauer der Unterlizenz entsprechend beschränken.

6.3 Die unterlizenzierende PARTEI hat jedem Unterlizenznehmer Verpflichtungen zu Geheimhaltung und Nichtverwertung aufzuerlegen, die den Verpflichtungen der unterlizenzierenden PARTEI nach den Klauseln 4.1, 4.2 und 4.4 bis 4.7 entsprechen (mit der Maßgabe, dass diese entsprechenden Verpflichtungen nicht unter dem Vorbehalt von Klausel 4.3 und von Rechten zur Unter-Unterlizenzierung entsprechend dieser Klausel 6 stehen und unabhängig davon, wann die Unterlizenz endet, bis zur Beendigung dieses Vertrages und danach mindestens für den Zeitraum gelten, in dem die unterlizenzierende PARTEI nach Klausel 11.3 noch den Bestimmungen von Klausel 4 unterliegt). Außerdem wird jede PARTEI, die eine Unterlizenz gemäß Klausel 6.1 a) an eines ihrer VERBUNDENEN UNTERNEHMEN erteilt, diesem Verpflichtungen auferlegen, die den Verpflichtungen der unterlizenzierenden PARTEI nach Klausel 5.3 bzw. Klausel 5.4 entsprechen.

6.4 (40)Die Verletzung einer Verpflichtung, die eine PARTEI einem Unterlizenznehmer nach Klausel 6.3 auferlegt, durch denselben gilt im Verhältnis zwischen der auferlegenden PARTEI und der anderen PARTEI als Vertragsverletzung durch die auferlegende PARTEI.

6.5 (41)Die Vertriebsrechte jeder PARTEI und jedes ihrer Unterlizenznehmer nach den Klauseln 5, 6.1 und 6.3 umfassen für jeden direkten oder indirekten Kunden dieser PARTEI oder dieses Unterlizenznehmers das Recht, VERTRAGSPRODUKTE, die von dieser PARTEI bzw. diesem

Agreement without violating any obligation to any third party, the other PARTY the right to sublicense its rights under clauses 5.1, 5.2 and 5.4 or clauses 5.2, 5.3 and 5.4, respectively,

a) to any of its CONNECTED UNDERTAKINGS; and

b) (39)on the condition that an exploitation of FOREGROUND TECHNOLOGY by at least one PARTY itself does not take place in the sense of Section 1 h) of Art. 5 of COMMISSION REGULATION R&D, to any other third party,

provided that a PARTY is not obliged to pay any fees to the other PARTY on account of the grant of any sublicense according to a) above, while a PARTY granting any sublicense according to b) above shall pay to the other PARTY on account of such grant one half of the sublicense fees appearing adequate under the circumstances. Whenever a PARTY grants a sublicense according to b) above, it shall furnish to the other PARTY without delay a copy of the respective sublicensing agreement.

6.2 Any sublicense granted by either PARTY according to clause 6.1 a) to a CONNECTED UNDERTAKING terminates automatically if the same ceases to be a CONNECTED UNDERTAKING of the sublicensing PARTY. Each PARTY will in each sublicensing agreement entered into with any CONNECTED UNDERTAKING limit the duration of the sublicense accordingly.

6.3 The sublicensing PARTY shall impose on each sublicensee obligations as to secrecy and restricted use corresponding to the sublicensing PARTY's obligations under clauses 4.1, 4.2 and 4.4 through 4.7 (provided that such corresponding obligations shall not be subject to clause 4.3 and sub-sublicensing rights according to this clause 6 and shall remain valid, irrespective of when the sublicense terminates, for the term of this Agreement and thereafter at least for the period during which the sublicensing PARTY is still subject to the provisions of clause 4 according to clause 11.3). Moreover, each PARTY granting during the term of this Agreement a sublicense according to clause 6.1 a) to any of its CONNECTED UNDERTAKINGS will impose on such sublicensee obligations corresponding to the sublicensing PARTY's obligations under clause 5.3 or clause 5.4, respectively.

6.4 (40)The violation of any obligation, which a PARTY imposes on its sublicensee according to clause 6.3, by the sublicensee shall be deemed, with regard to the relationship between the imposing PARTY and the other PARTY, to be a breach of this Agreement by the imposing PARTY.

6.5 (41)The marketing rights of each PARTY and of each of its sublicensees according to clauses 5, 6.1 and 6.3 shall comprise for any direct or indirect customer of such PARTY or sublicensee the right under BACKGROUND PATENTS, FOREGROUND PATENTS and IMPROVE-

Unterlizenznehmer in Ausübung dieser Vertriebsrechte vertrieben worden sind, unter Benutzung von ALTPATENTEN, NEUPATENTEN und VERBESSERUNGSPATENTEN der anderen PARTEI sowie von GEMEINSAMEN NEUPATENTEN und GEMEINSAMEN VERBESSERUNGSPATENTEN zu benutzen.

7. **(42)Konzentrierung der Fertigung von VERTRAGSPRODUKTEN bei AMCO**

7.1 In dem Fall, dass die PARTEIEN das F&E-ZIEL während der Laufzeit dieses Vertrags erreichen, jedoch noch keine Einigung über die Gründung eines Gemeinschaftsunternehmens in der Form einer separaten rechtsfähigen Einheit für die Herstellung und den Vertrieb von VERTRAGSPRODUKTEN erzielt haben, wird die Herstellung von VERTRAGSPRODUKTEN bei AMCO in ihrem Werk in … konzentriert. Dies gilt unter folgenden Voraussetzungen:

a) Mindestens eine PARTEI ist daran interessiert, mit dem Vertrieb von VERTRAGSPRODUKTEN im kommerziellen Umfang gemäß diesem Vertrag zu beginnen.

b) Zumindest einer der beiden größten Flugzeughersteller hat die erforderlichen Qualifikationen und Freigaben für mindestens ein VERTRAGSPRODUKT erteilt.

c) (43)Die Herstellung von VERTRAGSPRODUKTEN ist mit der Verwertung von NEUTECHNOLOGIE verbunden, die für diese Herstellung im Sinne von Art. 3 Abs. 4 der KOMMISSIONS-VO F&E von entscheidender Bedeutung ist und durch Rechte an geistigem Eigentum geschützt ist oder Know-how darstellt, das wesentlich zum technischen oder wirtschaftlichen Fortschritt beiträgt.

d) Weder AMCO noch DEUCO legt plausibel dar, dass die Herstellung und/oder der Vertrieb von VERTRAGSPRODUKTEN im Hinblick auf PATENTE Dritter nicht bzw. noch nicht ratsam ist.

7.2 Wenn die Herstellung von VERTRAGSPRODUKTEN gemäß Klausel 7.1 bei AMCO zu konzentrieren ist, wird AMCO unverzüglich alle Maßnahmen ergreifen, die erforderlich sind, um die industrielle Herstellung von VERTRAGSPRODUKTEN in ihrem Werk in … für beide PARTEIEN gemäß den erteilten Qualifikationen und Freigaben aufzunehmen. AMCO wird bei der Herstellung von VERTRAGSPRODUKTEN gemäß Klausel 7.1

a) alle einschlägigen gesetzlichen Vorschriften beachten,

b) ein Qualitätsmanagement-System gemäß dem jeweils höchsten internationalen Standard aufrechterhalten bzw. einführen und

c) sich ernsthaft bemühen, die Kosten des Bezugs der benötigten Rohstoffe und der Herstellung so gering wie möglich zu halten.

AMCO wird gesonderte Aufzeichnungen und Bücher hins. dieser Kosten führen. DEUCO kann eine angemessene Zahl ihrer Organmitglieder und

MENT PATENTS of the other PARTY and under JOINT FOREGROUND PATENTS and JOINT IMPROVEMENT PATENTS to use the CONTRACT PRODUCTS marketed by such PARTY or sublicensee in exercise of these marketing rights.

7. (42)Concentration of the Production of CONTRACT PRODUCTS at AMCO

7.1 In case the PARTIES shall have achieved, during the term of this Agreement, the R&D GOAL, but have not yet agreed on the formation of a joint venture in the form of a separate legal entity for the manufacture and marketing of CONTRACT PRODUCTS, the manufacture of CONTRACT PRODUCTS shall be concentrated at the plant of AMCO in ..., if the following conditions are met:

a) At least one PARTY is interested in starting the marketing of CONTRACT PRODUCTS in commercial quantities according to this Agreement.
b) At least one of the two largest aircraft manufacturers has granted the necessary qualifications and approvals for at least one CONTRACT PRODUCT.
c) (43)The manufacture of CONTRACT PRODUCTS involves the exploitation of FOREGROUND TECHNOLOGY which (in the sense of Section 4 of Art. 3 of COMMISSION REGULATION R&D) is decisive for such manufacture and is protected by intellectual property rights or constitutes know-how, which substantially contributes to technical or economic progress.
d) Neither AMCO nor DEUCO plausibly demonstrates that the manufacture and/or marketing of CONTRACT PRODUCTS is not or not yet advisable in view of PATENTS belonging to third parties.

7.2 If the manufacture of CONTRACT PRODUCTS has to be concentrated at AMCO according to clause 7.1, AMCO shall without delay take all measures required to start the manufacture of CONTRACT PRODUCTS at its plant in ... according to the qualifications and approvals granted. In manufacturing CONTRACT PRODUCTS according to clause 7.1, AMCO will

a) meet all relevant legal requirements,
b) maintain or introduce, respectively, a quality management system according to the highest international standard valid at the time of manufacture and
c) make serious efforts to keep the costs of purchase of the required raw materials and the production costs as low as possible.

AMCO will keep separate records and books regarding such costs. DEUCO may delegate during normal business hours a reasonable number

Angestellten in angemessenen Abständen, jedes Mal für einen angemessenen Zeitraum, zu normalen Geschäftszeiten in die betreffenden Verwaltungsbüros und Herstellungsstätten von AMCO entsenden, um die Einhaltung dieser Verpflichtungen zu überprüfen. Diese Organmitglieder und Angestellten gelten als »Besucher« im Sinne von Klausel 2.10, die entsprechend anzuwenden ist.

7.3 Nachdem AMCO die Maßnahmen gemäß Klausel 7.2 getroffen hat, wird AMCO binnen ... Tagen nach dem Eingang jeder Bestellung von DEUCO für einen nach Klausel 7.1 von AMCO herzustellendes VERTRAGSPRODUKT die bestellte Menge dieses VERTRAGSPRODUKTS, ordnungsgemäß verpackt, nach Weisung von DEUCO zum Versand bringen. Der Preis dieser Menge ist zu errechnen und zu zahlen, und die Kosten der Verpackung und der Versendung sind zu berechnen und zu erstatten, wie in **Annex 7.3** vorgesehen. DEUCO wird AMCO jeweils am Ende eines Monats, beginnend mit dem Monat der ersten Bestellung von DEUCO, per Fax oder E-Mail mitteilen, wie ihr voraussichtlicher Bedarf an VERTRAGSPRODUKTEN, die von AMCO nach Klausel 7.1 herzustellen sind, in den kommenden drei Monaten sein wird. (44)Schäden, die AMCO dadurch entstehen, dass sie unwissentlich mit der Herstellung und/oder Lieferung der von DEUCO bestellten VERTRAGSPRODUKTE Schutzrechte Dritter verletzt, trägt DEUCO.

7.4 AMCO gewährleistet, dass jedes VERTRAGSPRODUKT, welches sie nach Klausel 7.1 herstellt und an DEUCO verkauft, frei von Material- und Ausführungsmängeln ist. Soweit eine Begrenzung der Haftung für solche Mängel rechtlich zulässig ist und nicht schon aus der Erfüllung der Verpflichtung von DEUCO gemäß Klausel 7.5 folgt, ist die finanzielle Haftung von AMCO für solche Mängel auf das ...-fache des Preises aller VERTRAGSPRODUKTE beschränkt, die von AMCO aufgrund der Bestellung zu liefern waren, bei deren Ausführung die mangelhaften VERTRAGSPRODUKTE geliefert wurden.

7.5 DEUCO wird sicherstellen, dass eine eventuelle Produkthaftung von AMCO für die von ihr hergestellten und an DEUCO gelieferten VERTRAGSPRODUKTE ganz oder zum Teil durch angemessene Produkthaftpflichtversicherungen gedeckt ist, welche die Flugzeughersteller, für deren Flugzeuge diese VERTRAGSPRODUKTE bestimmt sind, zu ihren Gunsten und zugunsten ihrer direkten und indirekten Lieferanten unterhalten.

8. Qualifikationen und Freigaben der entwickelten VERTRAGSPRODUKTE

Jede PARTEI wird sich angemessen bemühen, für VERTRAGSPRODUKTE, die sie gemäß diesem Vertrag vertreiben will, die notwendigen Qualifikationen und Freigaben der betreffenden Flugzeughersteller zu erhalten. Sie wird außerdem die andere PARTEI bei der Erlangung solcher Qualifikationen und Freigaben in angemessenem Umfang unterstützen.

of its officers and employees at reasonable intervals, each time for a reasonable period, to the relevant administration offices and/or manufacturing facilities of AMCO for the purpose of checking the compliance of AMCO with these obligations. Such officers and employees shall be deemed »Visitors« in the sense of clause 2.10, and the provisions of such clause shall apply.

7.3 After AMCO has taken the measures provided for in clause 7.2, AMCO shall, within ... days after receipt of each order from DEUCO for any CONTRACT PRODUCT to be manufactured by AMCO according to clause 7.1, provide for shipment of the ordered quantity of such adhesive, properly packed, according to the instructions of DEUCO. The price of such adhesive shall be calculated and paid, and the relevant packaging and shipment costs of AMCO shall be calculated and refunded by DEUCO, as provided for in **Annex 7.3**. At the end of each month, beginning with the month of its first order, DEUCO will inform AMCO via fax or e-mail of its presumptive requirement of CONTRACT PRODUCTS to be manufactured by AMCO according to clause 7.1 in the next three months.

(44)DEUCO shall bear any losses suffered by AMCO on account of unknowingly infringing protective rights of third parties through producing and/or supplying the CONTRACT PRODUCTS ordered by DEUCO.

7.4 AMCO warrants that any CONTRACT PRODUCT manufactured by it according to clause 7.1 and sold to DEUCO shall be free of defects in material and workmanship. To the extent that a limitation of AMCO's liability for such defects is legally permitted and does not yet result from the fulfillment of DEUCO's obligation according to clause 7.5, AMCO's financial liability for such defects is restricted to ... times the price of all CONTRACT PRODUCTS to be supplied by AMCO according to the order, in the execution of which the defective CONTRACT PRODUCTS were delivered.

7.5 DEUCO will ensure that any product liability of AMCO for CONTRACT PRODUCTS manufactured by AMCO and supplied to DEUCO is covered in whole or in part, also for the benefit of AMCO, by adequate product liability insurance policies maintained by the aircraft manufacturers, for which these CONTRACT PRODUCTS are determined, for their own benefit and for the benefit of their direct and indirect suppliers.

8. Qualifications

Each PARTY will use reasonable efforts to obtain for CONTRACT PRODUCTS which it intends to market in accordance with the provisions of this Agreement the necessary qualifications and approvals of the relevant aircraft manufacturers. It will also assist the other PARTY within a reasonable scope in obtaining such qualifications and approvals.

9. [45]**Haftung**

9.1 Jede PARTEI versichert und gewährleistet hiermit, dass

a) die in **Annex 1.10 a) (i)** bzw. **Annex 1.10 a) (ii)** gelisteten ALTPATENTE alle ALTPATENTE sind, deren Inhaber sie zum Zeitpunkt der Unterzeichnung dieses Vertrags ist, und dass sie rechtlich in der Lage ist, an diesen ALTPATENTEN Lizenzen gemäß diesem Vertrag zu erteilen,

b) sie bei Abschluss dieses Vertrags nicht von einem Dritten eine Lizenz bezüglich eines bestehenden oder künftigen PATENTS erhalten hat.

c) ihr bei Unterzeichnung dieses Vertrags nicht bekannt ist, dass mit der Benutzung oder Verwertung irgendeines Teils ihrer ALTTECHNOLOGIE oder irgendeines ihrer ALTPATENTE nach diesem Vertrag ein erhebliches Risiko der Verletzung eines solchen PATENTS eines Dritten, das sie gegenüber der anderen PARTEI vor Unterzeichnung dieses Vertrags noch nicht spezifiziert hat, verbunden sein würde,

d) ihr jedes Mal dann, wenn sie der anderen PARTEI schriftlich oder per Fax eine auf dem F&E-GEBIET benutzbare Information vor Inkrafttreten dieses Vertrags oder während dessen Dauer übermittelt hat bzw. übermittelt, nicht bekannt war bzw. ist, dass diese Information unrichtig oder in einer irreführenden Weise unvollständig ist, und

e) ihr jedes Mal dann, wenn sie an die andere PARTEI schriftlich oder per Fax vor Inkrafttreten dieses Vertrags oder während seiner Dauer eine auf dem F&E-GEBIET benutzbare Information übermittelt hat bzw. übermittelt, ihr nicht bekannt war bzw. ist, dass die Benutzung oder Verwertung dieser Information durch die andere PARTEI auf dem F&E-GEBIET mit einer erheblichen Gefahr für Personen oder Sachen verbunden sein würde, außer einer Gefahr, auf die sie die andere PARTEI hingewiesen hat oder von deren Kenntnis seitens der anderen PARTEI sie berechtigterweise ausgehen konnte bzw. kann.

Außerdem wird jede PARTEI die andere PARTEI unverzüglich informieren,

(i) wenn sie nach Unterzeichnung dieses Vertrages Kenntnis davon erlangt, dass mit der Verwertung von ALTTECHNOLOGIE oder ALTPATENTEN nach diesem Vertrag ein erhebliches Risiko der Verletzung eines PATENTS eines Dritten, das sie gegenüber der anderen PARTEI vor Unterzeichnung dieses Vertrags noch nicht spezifiziert hat, verbunden sein würde, oder

(ii) wenn sie, nachdem sie der anderen PARTEI schriftlich oder per Fax eine auf dem F&E-GEBIET benutzbare Information übermittelt hat, Kenntnis davon erlangt, dass diese Information unrichtig oder in einer irreführenden Weise unvollständig ist, oder

(iii) wenn sie, nachdem sie der anderen PARTEI schriftlich oder per Fax eine auf dem F&E-GEBIET benutzbare Information übermittelt hat, Kenntnis davon erlangt, dass die Benutzung oder Verwertung dieser Information durch die andere PARTEI auf dem F&E-GEBIET mit

9. [45]**Liability**

9.1 Each PARTY hereby represents and warrants that

a) the BACKGROUND PATENTS listed in **Annex 1.10 a) (i)** or **Annex 1.10 a) (ii)**, respectively, are all of the BACKGROUND PATENTS owned by it on the date it has executed this Agreement and that it is legally entitled to grant licenses under such BACKGROUND PATENTS as provided for hereunder,

b) it has, when entering into this Agreement, not been granted by any third party a license in respect of any existing or future PATENT.

c) it is not aware when executing this Agreement of a material risk that the use or exploitation hereunder of any part of its BACKGROUND TECHNOLOGY or any of its BACKGROUND PATENTS would infringe any PATENT of any third party other than a PATENT specified by it to the other PARTY prior to the execution of this Agreement,

d) it is or was not aware whenever having transmitted or transmitting to the other PARTY in writing or via fax prior to or during the term of this Agreement any information usable in the R&D-FIELD that such information is incorrect or in a misleading way incomplete, and

e) it is or was not aware whenever having transmitted or transmitting to the other PARTY in writing or via fax prior to or during the term of this Agreement any information usable in the R&D FIELD that the use or exploitation of such information by the other PARTY in the R&D FIELD would involve a material hazard for any person or property other than a hazard made known to the other PARTY or in respect of which the transmitting PARTY could or can be, respectively, reasonably sure that it is known to the other PARTY.

Each PARTY shall further inform the other PARTY without delay in writing or via fax,

(i) when recognising, after having executed this Agreement, that the exploitation hereunder of any part of its BACKGROUND TECHNOLOGY or of any of its BACKGROUND PATENTS involves a material risk of thereby infringing any PATENT of any third party not yet specified by it to the other PARTY prior to the execution of this Agreement, or

(ii) when recognising, after having transmitted to the other PARTY in writing or via fax any information usable in the R&D FIELD, that such information is incorrect or in a misleading way incomplete, or

(iii) when recognising, after having transmitted to the other PARTY in writing or via fax any information usable in the R&D FIELD, that the use or exploitation of such information by the other PARTY in the R&D FIELD would involve a material hazard for any person or

einer erheblichen Gefahr für Personen oder Sachen verbunden sein würde, außer einer Gefahr, auf die sie die andere PARTEI hingewiesen hat oder von deren Kenntnis seitens der anderen PARTEI sie berechtigterweise ausgehen konnte.

9.2 Soweit sich aus den Klauseln 7.3 bis 7.5 nicht Anderes ergibt, haftet jede PARTEI gegenüber der anderen PARTEI nach diesem Vertrag nur für die Verletzung von Gewährleistungen und Verpflichtungen, die sie nach diesem Vertrag ausdrücklich gegeben hat bzw. eingegangen ist. Auf der anderen Seite trägt jede PARTEI, soweit sich aus den Klauseln 7.3 bis 7.5 nichts Anderes ergibt, das gesamte Risiko ihrer Benutzung oder Verwertung jedes ihr von der anderen PARTEI lizenzierten ALTPATENTS, NEUPATENTS oder VERBESSERUNGSPATENTS und jeder Information, die ihr von der anderen PARTEI übermittelt worden ist, soweit dieses Risiko nicht auf einer Verletzung mindestens einer der Gewährleistungen und Verpflichtungen beruht, welche die andere PARTEI nach diesem Vertrag ausdrücklich gegeben hat bzw. eingegangen ist.

(46)Dies wird durch die folgenden Beispiele illustriert:

a) Soweit Klausel 7.3, letzter Satz, nichts Anderes bestimmt, hat jede PARTEI das Risiko ihrer tatsächlichen oder angeblichen Verletzung eines PATENTS eines Dritten aufgrund der Verwendung von ALT-TECHNOLOGIE der anderen PARTEI zu tragen, außer in dem Fall, dass
   - die andere PARTEI bei Unterzeichnung dieses Vertrags von einem erheblichen Risiko der Verletzung dieses PATENTS durch die Benutzung dieser TECHNOLOGIE wusste, gegenüber der erstgenannten PARTEI dieses PATENT vor Unterzeichnung dieses Vertrags jedoch nicht spezifiziert hat, oder die andere PARTEI dieses erhebliche Risiko erst nach Unterzeichnung dieses Vertrags erkannt hat, die erstgenannte PARTEI aber nicht unverzüglich darüber informiert hat, und damit die von ihr gegebene Gewährleistung gemäß Klausel 9.1, b), bzw. die von ihr eingegangene Verpflichtung nach Klausel 9.1 (i) verletzt hat, und
   - die andere PARTEI nicht beweisen kann, dass die erstgenannte PARTEI bei der Benutzung dieser TECHNOLOGIE dieses PATENT kannte.

b) Soweit die Klauseln 7.4 und 7.5 nichts Anderes bestimmen, hat jede PARTEI das Risiko zu tragen, einen Schaden aufgrund fehlender Kenntnis darüber zu erleiden, dass eine auf dem F&E-GEBIET benutzbare Information, welche ihr von der anderen PARTEI schriftlich oder per Fax vor dem Inkrafttreten dieses Vertrags oder während seiner Dauer übermittelt wurde, unrichtig oder in einer irreführenden Weise unvollständig ist, außer in dem Fall, dass die andere PARTEI bei Übermittlung der Information deren Unrichtigkeit oder irreführende Unvollständigkeit kannte, oder die andere PARTEI zwar erst nach Übermittlung dieser Information deren Unrichtigkeit oder irreführ-

property other than a hazard made known to the other PARTY or in respect of which the transmitting PARTY can be reasonably sure that it is known to the other PARTY.

9.2 Subject to clauses 7.3 through 7.5, each PARTY shall only be liable to the other PARTY hereunder for the breach of any of the warranties expressly made and of the obligations expressly assumed by it hereunder. On the other hand, each PARTY assumes, subject to clauses 7.3 through 7.5, the entire risk of using or exploiting any BACKGROUND PATENT, FOREGROUND PATENT or IMPROVEMENT PATENT licensed to it by the other PARTY or any information transmitted to it by the other PARTY except to the extent that such risk results from a breach of any of the warranties or obligations expressly made or assumed, respectively, by the other PARTY hereunder.

(46)This is illustrated by the following examples:

a) Except as otherwise provided for in the last sentence of clause 7.3, each PARTY has to bear the risk of actually or allegedly infringing, on account of the use hereunder of BACKGROUND TECHNOLOGY of the other PARTY, any PATENT of any third party, except in the event, that
   - the other PARTY was aware, when executing this Agreement, of a material risk of infringement of such PATENT through the use of such TECHNOLOGY, but has not specified such PATENT to the first-mentioned PARTY prior to the execution of this Agreement, or the other PARTY has recognized such material risk only after the execution of this Agreement, but has not informed the first-mentioned PARTY of such material risk without delay, thus breaching the warranty made by it according to clause 9.1 b) or the obligation assumed by it according to clause 9.1 (i), respectively, and

   - the other PARTY is unable to prove that the first-mentioned PARTY was aware of such PATENT when using such TECHNOLOGY.
b) Subject to clause 7.4 and 7.5, each PARTY has to bear the risk of suffering any damage on account of lack of knowledge that information in the R&D-FIELD transmitted to it by the other PARTY in writing or via fax before or during the term of this Agreement is incorrect or in a misleading way incomplete, except in the event that the other PARTY was aware. when transmitting such information to the first-mentioned PARTY, of its incorrectness or misleading incompleteness, or the other PARTY recognised such incorrectness or misleading incompleteness after having transmitted such information to the first-mentioned PARTY, but has not so advised the first-mentioned PARTY without delay,

rende Unvollständigkeit erkannte, aber die erstgenannte PARTEI darüber nicht unverzüglich schriftlich oder per Fax informiert hat, d.h. im Fall einer Verletzung der Gewährleistung, welche die andere PARTEI nach Klausel 9.1 b) gegeben hat, bzw. der Verpflichtung, welche die andere PARTEI nach Klausel 9.1 (ii) eingegangen ist.

9.3 Jede PARTEI wird die andere PARTEI, deren Organmitglieder, deren Angestellte und deren Vertreter (nachfolgend zusammen als »freigestellte Parteien« bezeichnet) von jeder Haftung gegenüber einem Dritten freistellen (unabhängig davon, ob diese Haftung auf Tod, Verletzung oder Krankheit irgendeiner Person oder auf unmittelbarem oder mittelbarem oder finanziellem Verlust oder Schaden oder Patent-, Gebrauchsmuster- oder Urheberrechtsverletzung beruht), sowie von jedem Schaden, der von den freigestellten Parteien infolge dieser Haftung erlitten wird, einschließlich von Kosten und Ausgaben, die den freigestellten Parteien durch ein Vorgehen des Dritten zur Durchsetzung seiner Forderungen entstehen, wenn und soweit die Haftung der anderen PARTEI gegenüber dem Dritten auf Umständen beruht, für welche die erstgenannte PARTEI nach Klausel 9.2 der anderen PARTEI haftet oder das Risiko trägt.

10. (47)**Vertragsdauer**

10.1 Dieser Vertrag tritt nach seiner Unterzeichnung durch beide PARTEIEN zum ZEITPUNKT DES INKRAFTTRETENS in Kraft. Soweit sich aus den Klauseln 10.2 oder 10.3 nichts Anderes ergibt, erstreckt sich seine Dauer

a) über eine anfängliche Laufzeit, die mit dem Datum endet, an dem ein VERTRAGSPRODUKT erstmals innerhalb des Gemeinsamen Markts in Verkehr gebracht wird,
b) (48)über eine erste Verlängerungslaufzeit von sieben (7) Jahren und,
c) in dem Fall, dass die Summe der Marktanteile der PARTEIEN auf dem relevanten Markt der VERTRAGSPRODUKTE am Ende der ersten Verlängerungsperiode nicht über 25 % hinausgeht, über eine weitere Verlängerungslaufzeit, die in dem Zeitpunkt endet, in dem die Summe der Marktanteile der PARTEIEN auf dem relevanten Markt der VERTRAGSPRODUKTE die Marktanteilsgrenzen überschreitet, die für eine weitere Freistellung von F&E-Verträgen nach der KOMMISSIONS-VO F&E gemäß Artikel 4 Absatz 3 und Artikel 6 Absätze 2 bis 4 derselben maßgebend sind.

Wenn eine PARTEI annimmt, dass ein VERTRAGSPRODUKT erstmals im Gemeinsamen Markt in Verkehr gebracht wurde, wird sie die andere PARTEI unverzüglich über diese Annahme und deren Gründe informieren.

10.2 Jede PARTEI kann diesen Vertrag jederzeit durch Erklärung gegenüber der anderen PARTEI mit einer Frist von 3 Monaten kündigen, wenn die PARTEIEN das F&E-ZIEL in dem 3-Jahres-Zeitraum nicht erreichen, der auf den ZEITPUNKT DES INKRAFTTRETENS folgt.

i.e. in the event of a breach of the warranty made by the other PARTY according to clause 9.1 c) or of the obligation assumed by the other PARTY according to clause 9.1 (ii), respectively.

9.3 Each PARTY shall indemnify and hold harmless the other PARTY and the other PARTY's officers, employees and agents (hereinafter collectively referred to as »indemnified parties«) from and against any liability to any third party (irrespective of whether such liability relates to death, injury or illness to any person or to direct, consequential or financial loss or damage or patent or copyright infringement), and from and against any loss and damage suffered by the indemnified parties as a result of such liability, including but not limited to, the costs and expenses incurred by them on account of any action taken by the third party for enforcement of its claims, if and to the extent that such liability to the third party is based on circumstances, for which the first-mentioned PARTY is liable to the other PARTY or for which it has to bear the risk according to clause 9.2.

10. (47)**Term**

10.1 This Agreement shall enter into effect, after having been executed on behalf of both PARTIES, on the EFFECTIVE DATE. Subject to clauses 10.2 and 10.3, it shall continue in force and effect

a) over an initial term ending on the date on which a CONTRACT PRODUCT shall have been first put on the market within the common market; and
b) (48)over a first extension period of (7) years; and
c) in case the cumulative market share of the PARTIES of the relevant market of the CONTRACT PRODUCTS shall not have exceeded, at the end of the first extension period, 25 %, over a further extension period ending at the time on which the cumulative market share of the PARTIES on the relevant market of the CONTRACT PRODUCTS shall have exceeded the market share limits for further exemption of R&D agreements under the COMMISSION REGULATION R&D according to Section 3 of Article 4 and Sections 2 through 4 of Article 6 thereof.

If either PARTY believes that a CONTRACT PRODUCT has first been put on the market within the common market, it shall inform the other PARTY without delay of such belief and the reasons therefor.

10.2 Each PARTY may terminate this Agreement at any time by giving three months prior notice to the other PARTY, if the PARTIES have failed to reach the R&D GOAL within the 3 years period following the EFFECTIVE DATE.

10.3 Jede PARTEI kann diesen Vertrag außerdem fristlos durch Erklärung gegenüber der anderen PARTEI kündigen, wenn

a) es dem nach Klausel 2.5 gebildete F&E-Komitee nicht gelingt, (i) bis zum Ablauf des auf den ZEITPUNKT DES INKRAFTTRETENS folgenden 3-Monats-Zeitraums ein erstes F&E-Programm gemäß Klausel 2.6 zu beschließen, oder (ii) innerhalb von 3 Monaten ab dem Zeitpunkt, in dem nach Klausel 2.6 ein F&E-Programm durch ein nachfolgendes Programm zu ersetzen ist oder ein laufendes F&E-Programm zu modifizieren ist, diese Maßnahme zu treffen, oder

b) die andere PARTEI zahlungsunfähig wird oder ein Insolvenz- oder Konkursverfahren gegen die andere PARTEI beantragt oder eröffnet wird, oder

c) die andere PARTEI eine Vertragsverletzung begangen hat und diese Vertragsverletzung nicht innerhalb von 90 Tagen nach Zugang einer Mitteilung, in der die betroffene PARTEI die Vertragsverletzung spezifiziert, geheilt hat, oder

d) [(49)]ein Dritter die direkte oder indirekte Kontrolle über die andere PARTEI oder über ein mit ihr VERBUNDENES UNTERNEHMEN erwirbt, sofern der Dritte oder ein Unternehmen, das schon vor dem Datum des Kontrollerwerbs ein mit dem Dritten VERBUNDENES UNTERNEHMEN gewesen ist, an diesem Datum ein Lieferant von FLUGZEUGKLEBSTOFFEN mit einem Weltmarktanteil von mindestens 5 % ist.

11. [(50)]**Nachvertragliche Rechte und Pflichten**

11.1 Soweit sich aus den Klauseln 11.2 und 11.3 nichts Anderes ergibt, enden alle Rechte und Verpflichtungen der PARTEIEN gemäß diesem Vertrag mit seiner Beendigung.

11.2 Die Vertragbeendigung berührt nicht Ansprüche einer PARTEI gegen die andere PARTEI, die während der Dauer dieses Vertrages entstanden oder begründet und bei Vertragsbeendigung noch nicht erfüllt worden sind. Die PARTEIEN werden das F&E-Komitee zu einer letzten Sitzung einberufen, die, wenn nichts Anderes vereinbart wird, innerhalb eines Monats nach Vertragsbeendigung an dem in Klausel 2.5 vorgesehenen Ort stattzufinden hat. Klausel 2.9, ausgenommen der letzte Satz dieser Klausel, gilt mit der Maßgabe, dass der von jeder PARTEI für die letzte Sitzung vorzubereitende schriftliche Bericht den durch frühere Berichte noch nicht abgedeckten Zeitraum bis zur Vertragsbeendigung abdecken muss.

11.3 Die Bestimmungen der Klauseln 3, 5, 6, 9 und 12 bis 22 gelten für einen unbegrenzten Zeitraum fort, sofern und soweit darin nichts Anderes bestimmt ist. Klausel 4 bleibt für einen weiteren Zeitraum von zehn (10) Jahren in Kraft.

10.3 Further, each PARTY may forthwith terminate this Agreement by giving notice to the other PARTY, if:

a) the R&D Committee formed according to clause 2.5 fails (i) to establish a first R&D program according to clause 2.6 within the 3 month period following the EFFECTIVE DATE, or (ii) to take within 3 months from the date, on which a subsequent R&D program has to be established or a current R&D program has to be modified according to clause 2.6, such measure; or

b) the other PARTY becomes insolvent or if insolvency or bankruptcy proceedings have been applied for or instituted against the other PARTY, or

c) the other PARTY is in breach of this Agreement and has not cured such breach within 90 days after service of a notice by the aggrieved PARTY specifying such breach, or

d) (49)a third party acquires direct or indirect control over the other PARTY or any of its CONNECTED UNDERTAKINGS, provided that such third party or any untertaking, which has been a CONNECTED UNDERTAKING of the third party already before the date of the said acquisition of control, is on such date a supplier of AIRCRAFT ADHESIVES with a global market share of at least 5 %.

11. (50)Post-Termination Rights and Obligations

11.1 Subject to clauses 11.2 and 11.3, all rights and obligations of the PARTIES according to this Agreement shall cease upon termination hereof.

11.2 Termination shall not affect any claims of a PARTY against the other PARTY, arising or founded during the term of this Agreement and not yet settled during such term. The PARTIES shall cause the R&D committee to convene a last meeting, which shall take place, if not otherwise agreed, within one month after termination at the place provided for in clause 2.5. Clause 2.9, except the last sentence thereof, shall apply, provided that the report to be prepared for the last meeting shall cover the period preceding termination and not yet covered by any preceding report.

11.3 Clauses 3, 5, 6, 9 and 12 through 22 shall survive for an unlimited period of time, except if and to the extent otherwise provided therein. Clause 4 shall survive for an additional period of ten (10) years.

12. [51]**Anwendbares Recht:**
Dieser Vertrag und seine Auslegung unterliegen dem Recht des Staates von New York.

13. [52]**Schiedsgerichtsbarkeit:** Alle Streitigkeiten unter oder im Zusammenhang mit diesem Vertrag sollen in freundschaftlicher Weise beigelegt werden. Wenn dies nicht möglich ist, wird über diese Streitigkeiten in zügiger Weise durch Schiedsgerichtsbarkeit gemäß den Schiedsgerichtsregeln der »American Arbitration Association« unter Ausschluss von »discovery proceedings« von drei gemäß diesen Regeln ernannten Schiedsrichtern endgültig entschieden. Das Schiedsgerichtsverfahren findet in New York City, N.Y, statt. Die Verfahrenssprache ist Englisch.

14. [53]**Willenserklärungen und geschäftsähnliche Handlungen**

14.1 Jede Willenserklärung oder geschäftsähnliche Handlung – dieser Begriff ist so zu verstehen, dass er auch jede Anfrage gemäß Klausel 3 einschließt –, die von einer PARTEI gegenüber der anderen vorgenommen wird, ist durch Brief oder per Fax abzugeben. Jede Willenserklärung oder geschäftsähnliche Handlung, die durch Brief vorgenommen wird, ist wie folgt zu adressieren:
im Falle der Übermittlung an AMCO: ... (*Adresse*)
im Falle der Übermittlung an DEUCO: ... (*Adresse*),
und, wenn sie per Fax abgegeben wird, in derselben Weise zu adressieren und an folgende Fax-Nummer zu senden:
im Falle der Übermittlung an AMCO: ... (*Länderkennzahl USA plus Fax-Nummer*)
im Falle der Übermittlung an DEUCO: ... (*Länderkennzahl Deutschland plus Fax-Nummer*)
Jede derartige Mitteilung wird mit ihrer Zustellung wirksam. Jede Willenserklärung oder geschäftsähnliche Handlung, welche eine PARTEI durch Brief oder per Fax übermittelt, gilt als zugestellt, sobald sie von der anderen PARTEI empfangen worden ist. Weiterhin gilt jede Willenserklärung oder geschäftsähnliche Handlung, die durch einen Brief, der nach den obigen Bestimmungen ordnungsgemäß adressiert worden ist und per Einschreiben mit Rückschein franko übermittelt wird, als zugestellt, sobald von der Post bestätigt worden ist, dass die Zustellung an die betreffende Adresse nicht möglich ist oder die andere PARTEI die Annahme verweigert hat. Jede PARTEI, die eine Willenserklärung oder geschäftsähnliche Handlung erhalten hat, wird der PARTEI, welche die Willenserklärung oder geschäftsähnliche Handlung vorgenommen hat, den Empfang sofort per Fax bestätigen.

14.2 Wenn eine PARTEI der anderen PARTEI eine Änderung ihrer nach Klausel 14.1 maßgeblichen Adresse gemäß der vorgenannten Klausel mitteilt, wird die geänderte Adresse die nach der vorgenannten Klausel maßgebliche Adresse, sobald die besagte Mitteilung nach der vorgenannten Klausel als zugestellt gilt.

12. [51]**Governing Law**
This Agreement shall be governed by and construed in accordance with the laws of the State of New York.

13. [52]**Arbitration**
Any disputes arising under or in connection with this Agreement shall be settled amicably. If such amicable settlement is not possible, such disputes shall be finally settled in an expeditious way by arbitration in accordance with the Arbitration Rules of the American Arbitration Association by three arbitrators appointed according to such rules, provided that discovery proceedings shall be excluded. The arbitration proceedings shall take place in New York City, N.Y. The language of the arbitration shall be English.

14. [53]**Notices**

14.1 Any notice (which term shall include, but not be limited to any inquiry made under clause 3) of either PARTY to the other shall be transmitted by letter or via fax. Any notice made by letter shall be addressed as follows:

if to AMCO: … (*address*)
if to DEUCO: … (*address*),
and any fax notice shall be likewise addressed and transmitted to the following fax extension:
if to AMCO: … (country code USA plus fax number)

if to DEUCO: … (country code Germany plus fax number).

Each such notice shall become effective when served. Any notice transmitted by either PARTY via fax or letter shall be deemed served when received by the other PARTY. Further, any notice transmitted by letter properly addressed and delivered by registered or certified mail, return receipt requested, postage prepaid, shall be deemed served upon postal confirmation that delivery to the other PARTY is not possible at the respective address or that the other PARTY has refused acceptance. Each PARTY having received a notice shall promptly confirm such receipt via fax to the PARTY having given such notice.

14.2 If a PARTY informs the other PARTY of a change of its address as set out in clause 14.1 by giving notice to the other PARTY according to such clause, the changed address shall become the relevant address according to such clause as soon as the said notice shall be deemed served according to such clause.

15. [54]**Keine Vertretungsbefugnis**
Nichts in diesem Vertrag ist als Bestellung einer PARTEI als Vertreterin der anderen auszulegen.

16. [55]**Verzicht auf Rechte**
Ein Verzicht einer PARTEI auf irgendwelche Rechte gemäß diesem Vertrag oder gemäß einer seiner Bestimmungen gilt nur dann als erfolgt, wenn er von der PARTEI, zu deren Lasten er geht, gegenüber der anderen PARTEI in einem ordnungsgemäß unterzeichneten Schriftstück erklärt wird.

17. [56]**Inhaltsverzeichnis und Überschriften**
Das Inhaltsverzeichnis und die beschreibenden Überschriften, die bestimmten Klauseln dieses Vertrages vorangehen, dienen nur der Orientierung, gelten nicht als Teil des Vertrages und sind bei der Auslegung des Vertrages nicht zur berücksichtigen.

18. [57]**Fehlen von Nebenabreden**
Dieser Vertrag spiegelt das Verständnis der PARTEIEN hinsichtlich des Vertragsgegenstands vollständig wider, und es gibt daneben keine anderen Versicherungen, Gewährleistungen, Bedingungen und Bestimmungen.

19. [58]**Übertragung von Rechten und Pflichten**
Vorbehaltlich der Klausel 6 kann keine PARTEI diesen Vertrag oder einzelne oder alle Rechte oder Verpflichtungen gemäß diesem Vertrag ohne die vorherige schriftliche Zustimmung der anderen PARTEI übertragen, die nicht willkürlich verweigert werden darf.

20. [59]**Vertragsänderungen**
Dieser Vertrag kann nur durch eine schriftliche, von beiden PARTEIEN unterzeichnete Vereinbarung geändert werden. Dies gilt auch für eine Änderung dieser Klausel 20.

21. [60]**Härteklausel**
Wenn die Durchführung dieses Vertrags für eine PARTEI oder für beide PARTEIEN eine unzumutbare Härte bedeutet, werden sich die PARTEIEN bemühen, eine Einigung über eine angemessene Lösung zu erreichen. Wenn während eines Monats keine Einigung zwischen den PARTEIEN erreicht wird, kann jede PARTEI ein Schiedsgerichtsverfahren gemäß Klausel 13 einleiten und beantragen, dass das Schiedsrichter-Gremium diesen Vertrag, wie im Antrag spezifiziert, oder nach seinem Ermessen ändert, um eine solche unzumutbare Härte zu beseitigen.

15. (54) **No Agency**
Nothing herein contained shall be construed as an appointment of either PARTY as agent of the other.

16. (55) **Waiver of Rights**
No PARTY shall be deemed to have waived any rights under this Agreement or any provision hereof unless such waiver shall have been notified by the PARTY to be charged with such waiver to the other PARTY in a duly executed document.

17. (56) **Table of Contents and Headings**
The Table of Contents and the descriptive headings which precede certain clauses of this Agreement are intended for the purpose of orientation only, shall not be deemed a part of this Agreement and shall not be used in construing or interpreting this Agreement.

18. (57) **Entire Understanding**
This Agreement contains the entire understanding of the PARTIES with respect to the subject matter covered hereby and there are no other representations, warranties, terms, conditions or provisions.

19. (58) **Assignment of Rights and Obligations**
Subject to clause 6, neither PARTY shall assign this Agreement or any or all of its rights or obligations hereunder without the prior written consent of the other PARTY, such consent not to be unreasonably withheld.

20. (59) **Amendments**
This Agreement may not be varied except by an Agreement in writing signed by both PARTIES. This also applies to a change of this clause 20.

21. (60) **Hardship**
If the observance of this Agreement will result in considerable hardship for either Party or for both Parties, the Parties shall endeavor to reach an understanding on an equitable solution. If no understanding is reached by the Parties within one month, either PARTY may institute arbitration proceedings according to clause 13 applying for an amendment of this Agreement, as specified in the application or at the discretion of the arbitrator panel, respectively, in order to remove such considerable hardship.

22. [61]**Salvatorische Klausel**
Wenn sich wider Erwarten eine oder mehrere der Bestimmungen dieses Vertrages trotz der Regelung in Klausel 12 als gesetzwidrig, unwirksam oder nicht durchsetzbar erweisen sollte(n), werden die anderen Bestimmungen davon nicht berührt. Die PARTEIEN werden sich in diesem Fall bemühen, jede gesetzwidrige, unwirksame oder nicht durchsetzbare Bestimmung durch eine gesetzmäßige, wirksame und durchsetzbare Regelung zu ersetzen, die ihren ursprünglichen Absichten im wirtschaftlichen Ergebnis so weit wie möglich entspricht. Wenn darüber keine Einigung erzielt wird, kann jede PARTEI ein Schiedsgerichtsverfahren gemäß Klausel 13 einleiten und beantragen, dass das Schiedsrichter-Gremium die ersetzende Regelung, wie im Antrag spezifiziert, oder nach seinem Ermessen festlegt. Soweit es möglich ist, die Unwirksamkeit einer solchen Bestimmung durch behördliche Genehmigung mit Wirkung für die Vergangenheit und/oder Zukunft zu heilen, werden beide PARTEIEN sich nach besten Kräften um solch eine Genehmigung bemühen.

[62]… (*Firma von AMCO*)	… (*Firma von DEUCO*)
(*Unterschrift der vertretenden Person*)	(*Unterschriften der vertretenden Personen*)
(Name in Druckbuchstaben)	(Namen in Druckbuchstaben)
(Stellung)	(Stellung) (Stellung)
Datum:	Datum:

22. (61) **Severability**

If, contrary to expectation, one or more of the provisions of this Agreement proves or prove, respectively, illegal, invalid or unenforceable in spite of clause 12, the other provisions shall not be affected thereby. In the said event the PARTIES shall endeavor to replace any such illegal, invalid or unenforceable provision with a provision or provisions being legal, valid and enforceable and corresponding best, as regards its/their commercial impact, to the original intentions of the PARTIES. In case no agreement is reached, either PARTY may institute arbitration proceedings according to clause 13 applying for such an substitution, as specified in the application or at the discretion of the arbitrator panel. As far as it is possible to remedy the invalidity of such provision or provisions by official authorization with retrospective and/or prospective effect, both PARTIES shall use best efforts to obtain such an authorization.

(62)... *(Name of AMCO)*	... *(Name of DEUCO)*	
By	By	
(Printed Name)	(Printed Names)	
(Position)	(Position)	(Position)
Date:	Date:	

Anmerkungen zu Muster A

(1) **Zum Regelungsumfang des Musters:** Die im Kap. 8 unter Rdn. 10–38 aufgeführten Kriterien für den Regelungsumfang von Vertragsentwürfen erfordern für einen Vertrag gemäß dem Muster detaillierte und damit umfangreiche Regelungen. Zu berücksichtigen ist dabei im vorausgesetzten Fall u.a.
- die Zugehörigkeit der Vertragspartner zu verschiedenen Rechtskreisen, wobei der ausländische Vertragspartner einem Land mit Common-Law-Tradition angehört,
- der Umstand, dass beide Partner Wettbewerber auf dem Markt der Automobilklebstoffe ohne dauernde Geschäftsbeziehung sind, so dass kein Partner auf längere Sicht auf die Kompromissbereitschaft des anderen Partners angewiesen ist, und
- die Möglichkeit, dass keine Einigung über das angedachte Gemeinschaftsunternehmen zustandekommt, so dass die Partner mittelfristig Wettbewerber auf dem Gebiet der Flugzeugklebstoffe werden können.

(2) **Prüfung der Vereinbarkeit des Vertrags mit Art. 81 EGV:**
Bei der Frage, ob ein F&E-Vertrag mit Art. 81 EGV vereinbar ist, empfiehlt sich grundsätzlich mit der Prüfung zu beginnen, ob er den Freistellungsvoraussetzungen einer GFVO genügt (s. Kap. 5 Rdn. 346).
Einschlägig ist hier die F&E-GFVO, da das der Vertrag zwischen Vertragspartnern auf der gleichen Marktstufe geschlossen wird und damit eine »horizontaler Vertrag« ist. Der Vertrag gemäß dem Muster dürfte die Freistellungsvoraussetzungen der F&E-GFVO erfüllen und deshalb nach Art. 81 EGV zulässig sein, s. dazu die Checkliste in Kap. 10 unter II.

(3) **Annexe (= Vertragsanlagen):** Texte für die vorgesehenen Annexe sind nicht beigefügt.

(4) **Zur Wahl der Vertragspartner** (s. Kap. 8 Rdn. 40–119):
Es ist vorausgesetzt, dass die F&E auf dem F&E-GEBIET zentral bei AMCO bzw. DEUCO durchgeführt werden soll und damit ohne Beteiligung von mit den Vertragspartnern VERBUNDENEN UNTERNEHMEN. Andernfalls wäre es zweckmäßig, diejenigen VERBUNDENEN UNTERNEHMEN von AMCO bzw. DEUCO, die an der gemeinsamen F&E beteiligt werden sollen, wegen der gemäß Klausel 4 auch ihnen gegenüber bestehenden Geheimhaltungspflicht mit unter die Definition von »AMCO« bzw. »DEUCO« aufzunehmen.

(5) Das **Inhaltsverzeichnis** ist bei einem Vertrag von der Länge des Mustervertrags im Interesse der Durchsichtigkeit desselben sehr zu empfehlen, s. Kap. 8 Rdn. 5.

(6) Siehe zur Funktion von **Vertragsanlagen**, die Durchsichtigkeit des Vertrags zu erhöhen, Kap. 8 Rdn. 6 sowie zur Bezeichnung, Hervorhebung und Listung von Vertragsanlagen im Vertrag Kap. 8 Rdn. 707.

(7) Siehe zur Bedeutung und Gestaltung der **Präambel** Kap. 8 Rdn. 122–125.

(8) Siehe zur **Bedeutung des Vorhandenseins gleichgewichtiger Technologien** bei den Partnern einer F&E-Kooperation, welche die Ergebnisse der

gemeinsamen F&E auf der gleichen Produktionsstufe verwerten wollen, Kap. 2 Rdn. 48 und zur **Bedeutung einer Schutzrechtsrecherche** für die Entscheidung über die Durchführung eines F&E-Projekts Kap. 2 Rdn. 18–21.

(9) Die Zusage, über die Gründung eines **Gemeinschaftsunternehmens** nachzudenken, ist rechtlich ohne Bedeutung, bildet aber einen Merkposten für die langfristige Strategie der Vertragspartner. Die Bildung eines Gemeinschaftsunternehmens kann im gedachten Fall insbesondere nach US-amerikanischem Recht (s. dazu Kap. 5 Rdn. 698) und nach deutschem Recht (s. dazu Kap. 5 Rdn. 655) vor Vollzug anmeldepflichtig sein.

(10) Siehe zur Notwendigkeit von **Definitionen** und zur Zweckmäßigkeit ihrer Voranstellung in einer gesonderten Klausel Kap. 8 Rdn. 126–131. Da im gedachten Fall davon auszugehen wäre, dass die englische Fassung des Vertrags die maßgebliche ist, sind die definierten Begriffe nur dort in alphabetischer Reihenfolge aufgeführt. Diese Anordnung ist bei einer großen Zahl von Definitionen dringend anzuraten, um dem Leser des Vertrags die Auffindung einer gesuchten Definition zu erleichtern, s. Kap. 8 Rdn. 131. Die Definitionen unter 1.2, 1.3, 1.4, 1.5, 1.9 und 1.15 dienen der Erfüllung der Voraussetzungen für die Freistellung des Vertrags nach der F&E-GFVO.

(11) Der Begriff **»GEHEIM«** wurde definiert im Hinblick auf die Verpflichtung der PARTEIEN zur Übermittlung von ALTTECHNOLOGIE gemäß Klausel 2.2 und die Lizenzgewährung hins. ALTTECHNOLOGIE, NEUTECHNOLOGIE und VERBESSERUNGSTECHNOLOGIE gemäß Klauseln 5.1 und 5.2. Die Definition orientiert sich an der Definition von »geheim« in Art. 2 Nr. 11 F&E-GFVO, nach welcher der Begriff gleichbedeutend mit »nicht offenkundig« sein dürfte.
Rechtlich relevant ist die Definition im Hinblick auf die Beschränkung der Verpflichtung zur Übermittlung von ALTTECHNOLOGIE auf GEHEIME ALTTECHNOLOGIE. Damit ist klargestellt, dass »Binsenweisheiten« nicht übermittelt werden müssen.
Dagegen folgt die Beschränkung der Lizenzerteilung auf GEHEIME ALTTECHNOLOGIE, NEUTECHNOLOGIE und VERBESSERUNGSTECHNOLOGIE schon daraus, dass eine Lizenz nur hins. einer geschützten Rechtsposition benötigt wird. Diese kann im Geheimnisschutz für die betr. Technologie oder in Schutzrechten für diese bestehen (s. bzgl. Alttechnologie Kap. 8 Rdn. 348 und 349).
Selbst hins. GEHEIMER TECHNOLOGIE benötigt eine PARTEI nach den Klauseln 4.1 und 4.2 keine Lizenz, wenn sie diese TECHNOLOGIE bereits von der anderen PARTEI empfangen hat und sich auf die in den genannten Klauseln vorgesehenen Ausnahmen von den Verpflichtungen zur Geheimhaltung und Nichtverwertung berufen kann.

(12) Siehe allgemein zur **Definition von Alttechnologie** Kap. 8 Rdn. 345. Ein Vertragspartner muss bei Wahl der hier gewählten weiten Definition von »ALTTECHNOLOGIE« in den Vertrag die Erteilung von Lizenzen bzgl.

Alttechnologie und – im Hinblick auf die Möglichkeit, dass Alttechnologie in F&E-Ergebnisse einfließt – bzgl. F&E-Ergebnissen einschränken, wenn bereits bei Abschluss der Vertrags bestehende Verpflichtungen gegenüber Dritten dies gebieten (Kap. 8 Rdn. 351 und 352); s. dazu Klauseln 2.2, 3.1, 5.1, 5.2 und 6.1 des Musters.

(13) Siehe zu den Kriterien, die allgemein für die **Definition von »technischen F&E-Ergebnissen« oder »Neutechnologie«** in Betracht kommen, Kap. 8 Rdn. 422–436, und zur Definition speziell bei horizontalen F&E-Verträgen Kap. 8 Rdn. 445–448.

(14) Der Vertrag sieht in Klausel 7 für den Fall der Erreichung des F&E-ZIELS unter bestimmten weiteren Voraussetzungen eine Konzentrierung der Fertigung von VERTRAGSPRODUKTEN bei AMCO vor. Die Zuweisung des Herstellungsrechts allein an AMCO und die damit verbundene Verpflichtung zur Belieferung von DEUCO erscheint zwar grundsätzlich mit europäischem Kartellrecht vereinbar (s. Kap. 8 Rdn. 527), ist aber evtl. nur während einer begrenzten Zeitspanne möglich (s. dazu die Begrenzung der Vertragsdauer gemäß Klausel 10.1). Im Hinblick auf eine solche zeitliche Begrenzung der erwähnten gegenseitigen Bindung aus kartellrechtlichen Gründen entspricht die Regelung in Klausel 5, dass die PARTEIEN auch Rechte bzgl. »**VERBESSERUNGSTECHNOLOGIE**« (die im Falle der Konzentrierung der Herstellung bei AMCO sicher zum größten Teil von AMCO entwickelt wird) erhalten, in erster Linie dem Interesse von DEUCO, bei Beendigung dieser gegenseitigen Bindung ohne technologischen Rückstand die eigene Produktion von VERTRAGSPRODUKTEN aufnehmen zu können.
Diesem Interesse dienen auch die Informationspflichten gemäß Klausel 2.12 und die Rechte von DEUCO zur Beobachtung der Fertigung bei AMCO gemäß Klausel 7.2.

(15) Siehe zum **Verbot der Parallelforschung** Art. 1 Abs. 2 und Art. 5 Abs. 1 Buchst. a F&E-GFVO und die diesbezüglichen Anmerkungen im Kap. 5 unter Rdn. 381, 391–393, 445.

(16) Siehe zur Frage, wann und für welchen Zeitraum die Vertragspartner das **F&E-Programm** festlegen sollten, Kap. 8 Rdn. 143–144.

(17) Die Verpflichtungen der Partner zur **Dokumentation** bezwecken i.V. mit ihren Verpflichtungen zur Gewährung von Besuchs- und Einsichtsrechten gemäß Klausel 2.10, jedem Partner eine Überprüfung des Engagements des jeweils anderen Partners und der Vollständigkeit der Know-how-Übermittlung durch diesen zu ermöglichen; vgl. dazu Kap. 2 Rdn. 49 und 61.

(18) Siehe zur Bedeutung der **Anmeldeberechtigung** und damit der Inhaberschaft von Schutzrechten für F&E-Ergebnisse im Allgemeinen Kap. 8 Rdn. 152–158. Aus den Gründen, die im Kap. 8 unter Rdn. 201–210 aufgeführt werden, sieht Klausel 3 grundsätzlich gemeinsame Patent- bzw. Gebrauchsmusteranmeldungen vor. Eine solche Vergemeinschaftung des Anmelderechts dürfte mit dem deutschen Arbeitnehmererfinderrecht vereinbar sein, s. Kap. 8 Rdn. 171–174. Die Regelung ist sehr ausführlich,

ohne doch das optimale Vorgehen für alle Fälle festschreiben zu können, s. Klauseln 3.4 c) und d). Es ist vertretbar, sie auch kürzer zu gestalten entsprechend der Regelung für von beiden Parteien stammende F&E-Ergebnisse in Muster B, Klausel 3.3. Tut man dies, sollten die Partner aber immer dann, wenn es um Anmeldungen für F&E-Ergebnisse geht, von Fall zu Fall prüfen, ob eine Abweichung von der vertraglichen Regelung sinnvoll ist, und sich ggf. für den konkreten Fall darüber einigen. Für diese Prüfung kann dann die ausführliche Regelung in Klausel 3 dieses Musters A als Checkliste dienen.

(19) Siehe zur Zulässigkeit von Abweichungen von § 13 Abs. 1 ArbEG hins. der **Anmeldeverpflichtung für das Inland** Kap. 8 Rdn. 165 und 166.

(20) Die Bedingung für die Anmeldung durch nur einen Partner, dass der sich nicht beteiligende Partner der Anmeldung der VERTRAGSERFINDUNG nicht unter Anführung überzeugender Gründe gegen deren Schutzfähigkeit widersprochen hat, soll der unnötigen Offenbarung geheimer F&E-Ergebnisse durch Schutzrechtsanmeldungen entgegenwirken.

(21) Eine Frist von 9 Monaten wurde gewählt, damit einerseits jeder Partner genügend Zeit für die Prüfung hat, ob sich die Nachanmeldung in dem betr. Land bzw. in den betr. Ländern lohnt, und andererseits genügend Zeit vor Ablauf der 12-monatigen Prioritätsfrist nach der PVÜ für die Vorbereitung der Nachanmeldung und die Abstimmung darüber bleibt. In Betracht kommt auch eine Frist von 8 oder 10 Monaten.

(22) Siehe bzgl. der **Verpflichtung zur Freigabe für das Ausland** nach deutschem Arbeitnehmererfindungsrecht § 14 Abs. 2 ArbEG.

(23) Die Regelung, dass Erfindungen zunächst auf die Namen der Erfinder anzumelden sind, gilt z.B. für Patentanmeldungen in den USA. Würde Klausel 3.5 nicht existieren, käme man über Klausel 22, die »salvatorische Klausel«, zu einem inhaltlich gleichen Ergebnis. Man könnte deshalb, wenn man den Vertrag möglichst kurz halten will, Klausel 3.5 streichen.

(24) Die Bestimmungen über die Festlegung einer »**federführenden PARTEI**« hins. VERTRAGSERFINDUNGEN und über deren Befugnisse (s. zur Zulässigkeit nach dem RBerG Kap. 8 Rdn. 223) dienen vor allem einer zügigen Einreichung von GEMEINSAMEN ANMELDUNGEN. Zwar werden sich die PARTEIEN auch in Anbetracht dieser Bestimmungen über das Vorgehen bei der Anmeldung, Verfolgung und Verteidigung der betr. GEMEINSAMEN NEUPATENTE abstimmen. Trotzdem dürfte die Klausel sinnvoll sein, da sie einer Blockierung bzw. nachteiligen Verzögerungen dieser Tätigkeiten wegen Ausbleibens einer Einigung zwischen den PARTEIEN entgegenwirken dürfte.

(25) Siehe zur **Geltendmachung GEMEINSAMER NEUPATENTE** Kap. 8 Rdn. 226 und 227.

(26) Die Bestimmungen der Klauseln 3.9 bis 3.11 betr. die **Übertragung von NEUPATENTEN** oder Anteilen daran auf Dritte basieren auf den Überlegungen gemäß Kap. 8 Rdn. 205.

(27) Siehe zu den Bestimmungen der Klauseln 3.10 und 3.11 betr. die Möglichkeit der **Befreiung von Schutzrechtskosten** Kap. 8 Rdn. 179.

(28) Die Verpflichtung jeder PARTEI zur **Erlangung von Rechten an zur NEUTECHNOLOGIE gehörenden Erfindungen** gemäß Klausel 3.12 dürfte unabhängig von dem Recht, dem der Vertrag unterliegt, auch ohne ausdrückliche Vereinbarung gelten, da jeder Vertragspartner natürlich alle Maßnahmen, die zur Erfüllung seiner Vertragspflichten erforderlich sind, ergreifen muss (s. zur unbeschränkten Inanspruchnahme von Diensterfindungen, welche zu den F&E-Ergebnissen gehören, Kap. 8 Rdn. 174). Die Klausel bildet so nur einen Hinweis für jeden Vertragspartner, dass er die notwendigen Vorkehrungen treffen muss, um die Rechte an bei ihm entstehenden Erfindungen bzw. Beiträgen zu Erfindungen, welche zu den F&E-Ergebnissen gehören, zu erlangen.

(29) Die Erstreckung der Regelungen für »NEUPATENTE« auf **»VERBESSERUNGSPATENTE«**, welche in Klausel 1.10 c) unter Bezugnahme auf die Definition von »VERBESSERUNGSTECHNOLOGIE« eng definiert sind, dürfte gemäß Art. 1 Abs. 2 F&E-GFVO freistellungsfähig sein, s. Kap. 5 Rdn. 390.

(30) Siehe zu Klausel 4 betr. **Geheimhaltung und Verwertungsbeschränkung** Kap. 8 Rdn. 325–344; speziell zum Zusammenhang zwischen Geheimhaltungsverpflichtung und Verwertungsbeschränkungen Kap. 8 Rdn. 325; zur Zweckmäßigkeit von Verpflichtungen zur Geheimhaltung von Computerprogrammen, wenn die F&E-Ergebnisse diese umfassen können, Kap. 8 Rdn. 338 und 339.

(31) Die grundsätzlichen Ausnahmen von der Verpflichtung zur Geheimhaltung und Nichtverwertung unter a) bis c) werden im Hinblick darauf, dass der Anfang des Satzes dafür die Beweislast ausdrücklich der empfangenden PARTEI auferlegt, getrennt von den »Ausnahmen von den Ausnahmen« aufgeführt, weil für diese die offenbarende PARTEI die Beweislast trägt, s. dazu Kap. 8 Rdn. 332 und 333.

(32) Siehe zum Vorrang des Anmelde- vor dem Geheimhaltungsinteresse Kap. 8 Rdn. 334, 1. Teilstrich.

(33) Siehe zu dieser Ausnahme von der Geheimhaltungsverpflichtung Kap. 8 Rdn. 334, 2. Teilstrich.

(34) Siehe zu Klausel 4.5 Kap. 8 Rdn. 335–337.

(35) Die **Erstreckung der Geheimhaltungsverpflichtung auf die Existenz und den Inhalt des Vertrags sowie die Tatsache der Zusammenarbeit** hat den Zweck zu vermeiden, dass die Konkurrenz vorzeitig Kenntnis von dem gemeinsamen F&E-Projekt erlangt. Siehe zur Problematik der Erstreckung der Geheimhaltungsverpflichtung von industriellen Unternehmen, die an einem gemeinsamen F&E-Projekt beteiligt sind, auf andere kommerzielle Betriebsgeheimnisse Kap. 8 Rdn. 340–344.

(36) Siehe zur Regelung der **Benutzungs- und Verwertungsrechte** der Vertragspartner **bzgl. technischer F&E-Ergebnisse** allgemein Kap. 8 Rdn. 438–442 und speziell bei horizontalen F&E-Verträgen Kap. 8 Rdn. 443–454.

(37) Ausgangspunkt für die Klauseln 5.3 und 5.4 ist die »schwarze Klausel« des Art. 5 Abs. 1 Buchst. g F&E-GFVO, s. dazu Kap. 5 Rdn. 464. Nach dieser »schwarzen Klausel« wäre der Vertrag auch dann gemäß der F&E-GFVO freistellungsfähig, wenn er nur eine Verpflichtung von AMCO vorsehen würde, in der EU keine aktive Vertriebspolitik für VERTRAGSPRODUKTE zu betreiben. Soweit die Vertragsklausel 5.4 zusätzlich AMCO eine entsprechende Verpflichtung für alle anderen Länder als die USA und EU-Länder auferlegt und die Vertragsklausel 5.3 umgekehrt DEUCO hins. des aktiven Vertriebs in den USA beschränkt, ist das nicht nach EU-Kartellrecht geboten, sondern aus Gründen der Balance der Verpflichtungen so vorgesehen. Ob die Klausel mit dem Kartellrecht von Ländern außerhalb der EU, u.a. der USA (s. dazu Kap. 5 Rdn. 714–719 und insbesondere Rdn. 716) vereinbar ist, bedarf besonderer Prüfung.

(38) Siehe zur Erteilung von **Verwertungsrechten an urheberrechtlich geschützten Beschreibungen** technischer Kenntnisse Kap. 8 Rdn. 530–537. Wenn zu den F&E-Ergebnissen auch Computerprogramme gehören können, sind Kap. 8 Rdn. 338 und 339 sowie 538–545 zu beachten.

(39) Die Passage unter b) trägt der »schwarzen Klausel« gemäß Art. 5 Abs. 1 Buchst. h Rechnung; s. zur Auslegung des Merkmals »nicht erfolgt« Kap. 5 Rdn. 479 und 482.

(40) Das unbedingte Einstehenmüssen eines unterlizenzierenden Partners für die Verletzung der Verpflichtungen, welche seinen Unterlizenznehmern aufzuerlegen sind, durch diese erscheint trotz der möglichen gravierenden Folgen (Schadensersatzansprüche des anderen Partners und a.o. Kündigung des Vertrags durch diesen nach Klausel 10.3 c)) als angemessen. Dies gilt besonders hins. Unterlizenznehmern, die mit dem unterlizenzierenden Partner verbunden sind. Für andere Unterlizenznehmer lässt sich evtl. von Fall zu Fall eine abweichende Regelung vereinbaren, wenn beide Partner an der Unterlizenzierung interessiert sind.

(41) Klausel 6.5 berücksichtigt **Patentansprüche betr. Verwendung der VERTRAGSPRODUKTE**. Diese Patentansprüche erschöpfen sich nicht mit dem Inverkehrbringen der VERTRAGSPRODUKTE. Die Beschränkung des Rechts der Kunden der PARTEIEN bzw. ihrer Unterlizenznehmer, diese Patentansprüche nur bei der Verwendung der von den PARTEIEN und ihren Unterlizenznehmern gelieferten VERTRAGSPRODUKTE zu benutzen, dürfte nach europäischem Kartellrecht durch Art. 2 Abs. 3 Vertikal-GFVO gedeckt sein (s. dazu Kap. 5 Rdn. 519).

(42) Die Konzentrierung der Herstellung von VERTRAGSPRODUKTEN bei AMCO begründet nach der hier vertretenen Auffassung eine »gemeinsame« Verwertung der Ergebnisse i.S. von Art. 2 Nr. 11 F&E-GFVO (s. Kap. 5 Rdn. 380), die wiederum Voraussetzung für die Freistellung der AMCO auferlegten Beschränkungen hins. des Vertriebs in der EU gemäß der F&E-GFVO ist, die bei einem »reinen« F&E-Vertrag nicht durch die F&E-GFVO gedeckt wären, s. Kap. 5 Rdn. 404–421.

(43) Die in Klausel 7.1 c) genannte Bedingung für die Konzentrierung der Herstellung von VERTRAGSPRODUKTEN bei AMCO ist nach Art. 3 Abs. 4 F&E-GFVO generelle Voraussetzung für die Freistellung der Vereinbarung einer i.S. von Art. 2 Nr. 11 F&E-GFVO »gemeinsamen« Verwertung, s. dazu Kap. 5 Rdn. 422–424.

(44) Der zweite Absatz von Klausel 7.3 und die Klauseln 7.4 und 7.5 stellen einen Versuch dar, für den gedachten Fall die schwierige Frage angemessen zu regeln, inwieweit der die Produktion übernehmende Partner für Schutzrechtsverletzungen durch die Herstellung von VERTRAGSPRODUKTEN für den anderen Partner bzw. deren Lieferung an den anderen Partner sowie für Mängel der an den anderen Partner gelieferten VERTRAGSPRODUKTE haftet.

(45) Aufbau und Inhalt der **Haftungsklausel** entsprechen den Grundsätzen gemäß Kap. 8 Rdn. 609 und 610. Dabei wird den speziellen Haftungsregelungen, die für den Fall einer Herstellung der VERTRAGSPRODUKTE durch AMCO nach dem zweiten Absatz von Klausel 7.3 sowie nach den Klauseln 7.4 und 7.5 gelten, der Vorrang eingeräumt.

(46) Die praktische Bedeutung der abstrakten Regelung in Klausel 9.2 ist für den Leser nur sehr schwer zu ermitteln. Die Beispiele sollen dies sowie Missverständnisse vermeiden helfen.

(47) Siehe zur Regelung der **Vertragsdauer** Kap. 8 Rdn. 614–645 und speziell zur Regelung der Vertragsdauer bei F&E-Verträgen des Gesellschaftsvertragstypus Kap. 8 Rdn. 620–630.

(48) Siehe zu Klausel 10.1 b) Art. 4 Abs. 1 Satz 2 F&E-GFVO.

(49) Die Einräumung eines **a.o. Kündigungsrechts bei Änderung der Kontrolle über eine PARTEI** gemäß Klausel 10.3 d) hat folgendem Grund: Der Erwerb der Kontrolle über einen Vertragspartner durch ein auf dem Markt der Produkte, die Gegenstand der gemeinsamen F&E sind, in erheblichem Umfang tätiges Unternehmen kann dazu führen, dass sich dieser Vertragspartner nur noch formal an der gemeinsamen F&E beteiligt und diese im Interesse der neuen Mutter in Wahrheit torpediert. Auch in der anschließenden Verwertungsphase ist denkbar, dass der Vertragspartner das ursprünglich gemeinsame Interesse der Vertragspartner dem Interesse der neuen Mutter unterordnet.

(50) Siehe zur **Regelung der nachvertraglichen Rechte und Pflichten** Kap. 8 Rdn. 646–657.

(51) Siehe zur Frage der Notwendigkeit einer **Rechtswahlklausel** und zur Bedeutung, den die Vertragspartner der Rechtswahl in den Vertragsverhandlungen zumessen sollten, Kap. 8 Rdn. 660–680. Soweit die Vertragspartner nicht gesetzlich gehindert sind, das anzuwendende Recht zu bestimmen, sollte es im Fall einer Schiedsgerichtsklausel jedenfalls dasjenige Recht sein, welches an dem Ort gilt, an dem das Schiedsgerichtsverfahren nach dem Vertrag durchzuführen ist, s. Kap. 8 Rdn. 678 und 686.

(52) Siehe zur **Wahl zwischen ordentlicher Gerichtsbarkeit und Schiedsgerichtsbarkeit** Kap. 8 Rdn. 681–684 und – im Fall der Vereinbarung von

Schiedsgerichtsbarkeit – zur Auswahl unter den möglichen Schiedsgerichtsverfahren, Festlegung der Zahl der Schiedsrichter und des Orts des Schiedsgerichtsverfahrens sowie zum Ausschluss von »Discovery Proceedings« Kap. 8 Rdn. 685–687.

(53) Siehe zur vertraglichen Regelung betr. die Form und das **Wirksamwerden von Erklärungen und geschäftsähnlichen Handlungen** Kap. 8 Rdn. 690–693.

(54) Der Hinweis auf das **Fehlen einer Vertretungsbefugnis** wäre zwar nach deutschem Recht unnötig. US-amerikanische Vertragspartner legen aber auf eine entsprechende Klarstellung i.d.R. Wert. Sie gehört deshalb zu den Standardklauseln (»boiler plate«) in mit ihnen geschlossenen Verträgen.

(55) Siehe zur Zweckmäßigkeit von Klausel 16 betr. die **Wirksamkeit von Verzichtserklärungen** Kap. 8 Rdn. 699 und 701.

(56) Klausel 17 über die **rechtliche Bedeutungslosigkeit des Inhaltsverzeichnisses und von Überschriften** ist eine in Verträgen mit US-amerikanischen Partnern meist geforderte Standardklausel, s. dazu Kap. 8 Rdn. 27.

(57) Siehe zur Zweckmäßigkeit einer Klausel betr. das **Fehlen von Nebenabreden** Kap. 8 Rdn. 700.

(58) Siehe zum grundsätzlichen **Ausschluss der Übertragbarkeit von Rechten und Pflichten** Kap. 8 Rdn. 694–698.

(59) Siehe zu den Gründen für die Festlegung der **Schriftform für Vertragsänderungen** und zur Frage der Wirksamkeit dieser Festlegung, wenn der Vertrag deutschem Recht unterliegt, Kap. 8 Rdn. 699 und 701.

(60) Eine **Härteklausel** empfiehlt sich in einem internationalen Vertrag wie dem vorliegenden aus den in Kap. 8 Rdn. 659 angeführten Gründen.

(61) Siehe zur Zweckmäßigkeit und Gestaltung einer **salvatorischen Klausel** Kap. 8 Rdn. 702–705.

(62) Siehe zur **Gestaltung des Vertragsfußes** Kap. 8 Rdn. 706.

Kapitel 13 Internationaler F&E-Vertrag zwischen potenziellem Lieferanten und potenziellem Verwender der entwickelten Erzeugnisse – vertikaler F&E-Vertrag Muster B

[1],[2]Internationaler F&E-Vertrag in deutscher und englischer Sprache zwischen einem potenziellen Lieferanten und einem potenziellen Verwender der entwickelten Erzeugnisse

Vertrag

zwischen

Aluminium Products Ltd., mit Sitz in ..., Großbritannien
– nachfolgend als »ALUPRO« bezeichnet –
und
Metall Coating GmbH, mit Sitz in ..., Bundesrepublik Deutschland,

– nachfolgend als »METCOAT« bezeichnet –
(auch einzeln als »PARTEI« und zusammen als »PARTEIEN« bezeichnet)

(3)**Weitere Definitionen:**

KONZERNGESELLSCHAFTEN: Klausel 5.5
ALUPRO-F&E-ERGEBNISSE: Klausel 5.1
VERTRAGSPRODUKT: Präambel
VERTRAGSVERFAHREN: Präambel
VERTRAGSTECHNOLOGIE: Präambel
AUSSCHLIESSLICHKEITSZEITRAUM: Klausel 5.8
ERFINDENDE PARTEI: Klausel 3.2
GEMEINSAME F&E-ERGEBNISSE: Klausel 3.3
METCOAT-F&E-ERGEBNISSE: Klausel 5.1
PROJEKT: Klausel 1.1
EMPFANGENDE PARTEI: Klausel 4.2
RELEVANTE PATENTE: Klausel 5.7
F&E-ERGEBNISSE: Klausel 3.1

(4)**Präambel:**

ALUPRO, ein Hersteller von extrudierten Profilen aus Aluminium oder Aluminiumlegierungen, sucht ein Produkt und Verfahren, welche die Beschichtung dieser Profile unmittelbar nach deren Extrudierung erlauben, so dass Fett- und/oder Oxidkontaminierung vermieden wird. Die Anwendung des Produkts soll auch für eine technisch befriedigende Haftung zwischen dem Aluminium oder der Aluminiumlegierung und der Beschichtung sorgen, und die Beschichtung soll als Grundlage für die nachfolgende Lackierung geeignet sein. Jeder Typ des gesuchten Produkts wird nachfolgend als »VERTRAGSPRODUKT« und das gesuchte Verfahren wird nachfolgend als »VERTRAGSVERFAHREN« bezeichnet. Das »VERTRAGSPRODUKT« und das »VERTRAGSVERFAHREN« werden nachfolgend auch zusammen als »VERTRAGSTECHNOLOGIE« bezeichnet.

METCOAT ist auf Produkte und Verfahren für die Beschichtung von Metallen spezialisiert und liefert an METCOAT bereits seit vielen Jahren Produkte, welche zur Beseitigung von Fett- und Oxidkontaminierungen von extrudierten Profilen aus Aluminium oder Aluminiumlegierungen, welche nicht unmittelbar nach der Extrudierung beschichtet werden, und zur anschließenden Beschich-

Agreement

between
Aluminium Products Ltd., having its registered office in ..., Great Britain
– hereinafter referred to as »ALUPRO« –
and
Metall Coating GmbH, having its registered office in ..., Federal Republic of Germany,
– hereinafter referred to as »METCOAT« –
(also referred to individually as »PARTY« and collectively as »PARTIES«)

(3)Further Definitions:

AFFILIATES: clause 5.5
ALUPRO R&D RESULTS: clause 5.1
CONTRACT PRODUCT: WHEREAS-clauses
CONTRACT PROCESS: WHEREAS-clauses
CONTRACT TECHNOLOGY: WHEREAS-clauses
EXCLUSIVITY PERIOD: clause 5.7
INVENTING PARTY
JOINT R&D RESULTS: clause 3.3
METCOAT R&D RESULTS: clause 5.1
PROJECT: clause 1.1
RECEIVING PARTY: clause 4.2
RELEVANT PATENTS: clause 5.7
R&D-RESULTS: clause 3.1

(4)WHEREAS:

ALUPRO, a producer of extruded profiles made from aluminium or aluminium alloys, is in search of a product and process permitting the coating of said profiles immediately after extrusion so that grease and/or oxide contamination is avoided. The application of the product shall also result in a technically satisfying adhesion between the aluminium or aluminium alloy and the coating, and the coating shall be suitable as a basis for subsequent painting. Each type of the sought product is hereinafter referred to as »CONTRACT PRODUCT« and the sought process is hereinafter referred to as »CONTRACT PROCESS«. The CONTRACT PRODUCT and the CONTRACT PROCESS are hereinafter also collectively referred to as »CONTRACT TECHNOLOGY«.

METCOAT specialises in products and processes for the coating of metals and has already supplied to ALUPRO for many years products suitable for removing grease and oxide contamination of extruded profiles made from aluminium or aluminium alloys, which are not coated immediately after extrusion, and for the subsequent coating of such profiles. METCOAT is prepared to

tung dieser Profile geeignet sind. METCOAT ist bereit, sich in Zusammenarbeit mit ALUPRO um die Entwicklung der VERTRAGSTECHNOLOGIE zu bemühen.

Es wird deshalb Folgendes vereinbart:

1. **Das PROJEKT**

1.1 Die PARTEIEN werden sich um die Entwicklung der VERTRAGSTECHNOLOGIE (das »PROJEKT«) gemäß den folgenden Bestimmungen bemühen.

1.2 ALUPRO wird METCOAT kostenlos einen Extruder für Laborversuche für die Dauer dieses Vertrags sowie Versuchsmengen der Materialien, die sie für die Herstellung extrudierter Profile verwendet, zur Verfügung stellen. ALUPRO wird METCOAT weiter über die Merkmale der Profile, welche diese unmittelbar nach dem Extrudieren haben, (z.B. Oberflächentemperatur) informieren. METCOAT haftet nicht für Mängel des Extruders für Laborversuche, die während der Dauer dieses Vertrags auftauchen, es sei denn, METCOAT führt diese Mängel vorsätzlich oder fahrlässig herbei.

1.3 (5)METCOAT wird angemessene Anstrengungen unternehmen, und zwar im Wege theoretischer Studien und praktischer Versuche unter Verwendung des Extruders für Laborversuche und der Versuchsmengen der von ALUPRO zur Verfügung zu stellenden Materialien, eine Technologie zu entwickeln, welche die Bedingungen der VERTRAGSTECHNOLOGIE möglicherweise erfüllt.

1.4 Sobald die von METCOAT nach Klausel 1.3 zu unternehmenden Anstrengungen nach Ansicht von METCOAT zum Erfolg geführt haben, wird METCOAT die Ergebnisse ihrer betreffenden Laboruntersuchungen ALUPRO präsentieren. ALUPRO kann dann entscheiden, ob die Laboruntersuchungen zunächst in Anwesenheit von ALUPRO-Experten wiederholt werden oder ob Feldversuche mit der entwickelten Technologie in den Betriebsstätten von ALUPRO unter Anwendung der entwickelten Technologie an extrudierten Profilen in Anwesenheit von METCOAT-Experten durchgeführt werden.

1.5 Wenn die Ergebnisse der wiederholten Laborversuche und/oder der Feldversuche, die gemäß Klausel 1.4 durchgeführt werden, sich nicht als befriedigend erweisen, werden die PARTEIEN überlegen, ob Änderungen des Beschichtungsverfahrens möglicherweise zu den gewünschten Ergebnisse führen und sich gegenseitig ihre diesbezüglichen Ideen übermitteln.

1.6 Das in den Klauseln 1.2 bis 1.5 beschriebene Vorgehen ist von Neuem zu beginnen und, sofern die PARTEIEN nichts Anderes vereinbaren, so oft insgesamt oder teilweise zu wiederholen, wie dies zur Entwicklung der VERTRAGSTECHNOLOGIE erforderlich ist.

1.7 Sofern die PARTEIEN nichts Anderes vereinbaren, wird keine PARTEI während der Dauer dieses Vertrages eine Zusammenarbeit mit einem Dritten zur Entwicklung der VERTRAGSTECHNOLOGIE beginnen.

engage in co-operation with ALUPRO in the development of the CONTRACT TECHNOLOGY.

NOW, THEREFORE, it is hereby agreed as follows:

1. **The PROJECT**

1.1 The PARTIES shall engage in the development of the CONTRACT TECHNOLOGY (the »PROJECT«) according to the following provisions.

1.2 ALUPRO shall make available to METCOAT without charge a laboratory test extruder for the term of this Agreement as well as test quantities of the materials used by it for the production of extruded profiles. ALUPRO shall further inform METCOAT about the characteristics of the profiles which they have immediately after the extrusion thereof (e.g. surface temperature). METCOAT shall not be liable for defects of the laboratory test extruder showing up during the term of this Agreement, unless such defects are wilfully or negligently caused by METCOAT.

1.3 (5)METCOAT shall exert reasonable efforts to develop, by way of theoretical studies and practical tests using the laboratory test extruder and the test quantities of the materials furnished to it by ALUPRO, a technology which may fulfil the conditions of the CONTRACT TECHNOLOGY.

1.4 As soon as the efforts to be exerted by METCOAT according to clause 1.3 shall have been successful in the opinion of METCOAT, METCOAT shall present the results of its respective laboratory tests to ALUPRO. ALUPRO may then decide whether the laboratory tests shall first be repeated in the presence of experts of ALUPRO or whether field tests of the technology developed by METCOAT shall be performed at the facilities of ALUPRO applying such technology on extruded profiles in the presence of experts of METCOAT.

1.5 If the results of the repeated laboratory tests and/or of the field tests performed according to clause 1.4 do not prove satisfactory, the PARTIES shall jointly consider whether changes of the coating process may lead to the desired results and communicate to each other pertinent ideas.

1.6 The procedure described in clauses 1.2 through 1.5 shall be started anew and repeated in whole or in part as often as required for the development of the CONTRACT TECHNOLOGY, unless the PARTIES agree otherwise.

1.7 During the term of this Agreement neither PARTY hereto shall start a co-operation with a third party for the development of the CONTRACT TECHNOLOGY, unless the PARTIES agree otherwise.

2. **Kosten**
Jede PARTEI trägt die Kosten, die ihr durch das PROJEKT erwachsen, selbst.

3. **Patentanmeldungen und Patente für F&E-ERGEBNISSE**

3.1 Die Ausarbeitung, Einreichung, Verfolgung, Aufrechterhaltung und Verteidigung von Patentanmeldungen für F&E-ERGEBNISSE sowie die Aufrechterhaltung und Verteidigung daraus hervorgehender Patente richten sich nach den Klauseln 3.2 und 3.3.
(6)Dabei sind unter »F&E-ERGEBNISSEN« Kenntnisse und Erfahrungen zu verstehen, die während der Dauer dieses Vertrags seitens einer PARTEI oder beider PARTEIEN gewonnen werden und für die Realisierung der VERTRAGSTECHNOLOGIE tatsächlich oder voraussichtlich notwendig oder nützlich sind, mit Ausnahme von Erfindungen, die ganz oder zum Teil von solchen Arbeitnehmern stammen, deren Rechte an diesen Erfindungen weder auf eine PARTEI noch auf beide PARTEIEN aufgrund gesetzlicher oder vertraglicher Regelungen übertragen werden und nicht von einer PARTEI allein oder von beiden PARTEIEN gemeinsam durch Ausübung einer gesetzlichen Option oder durch Geltendmachung eines bestehenden vertraglichen Anspruchs erworben werden können.

3.2 (7)Soweit sich aus nachfolgend a) bis e) nichts anderes ergibt, hat bezüglich von F&E-ERGEBNISSEN, die allein seitens einer PARTEI (der »ERFINDENDEN PARTEI«) erzielt werden, diese PARTEI das alleinige Recht, diesbezügliche Patentanmeldungen einzureichen, ist aber nicht verpflichtet, solche Patentanmeldungen einzureichen und zu verfolgen sowie solche Patentanmeldungen und daraus hervorgehende Patente aufrechtzuerhalten und zu verteidigen.

a) Wenn ein mutmaßlich patentfähiges F&E-ERGEBNIS, das Anwendungstechnologie betrifft, seitens der ERFINDENDEN PARTEI entwickelt wird, zu dessen Veröffentlichung aufgrund einer Patentanmeldung die ERFINDENDE PARTEI ihre Zustimmung erteilen kann, ohne damit eine Verpflichtung gegenüber einem Dritten zu verletzen, die zur Zeit der Entwicklung dieses F&E-ERGEBNISSES schon besteht, gelten die Bestimmungen gemäß nachfolgend b) bis e).

b) Für jedes Land, für das die die ERFINDENDE PARTEI nicht selbst eine Patentanmeldung für ein solches F&E-ERGEBNIS vornimmt, wird sie der anderen PARTEI rechtzeitig durch schriftliche Erklärung die Option einräumen, eine solche Patentanmeldung vorzunehmen. Die andere PARTEI kann die Option binnen 45 Tagen nach Zugang der schriftlichen Erklärung über die Einräumung der Option durch schriftliche Erklärung an die ERFINDENDE PARTEI ausüben.

c) Übt die andere PARTEI die Option rechtzeitig aus, wird sie die betreffende Patentanmeldung unverzüglich in ihrem Namen und auf ihre Kosten vornehmen. Sie wird der ERFINDENDEN PARTEI gleichzeitig mit der Anmeldung eine Kopie derselben senden und die ERFIN-

2. **Costs**
Each PARTY shall bear the costs incurred by it through the PROJECT itself.

3. **Patent Applications and Patents for R&D RESULTS**

3.1 The drafting, filing, prosecution, maintenance and defence of patent applications and the maintenance and defence of resulting patents for R&D RESULTS shall be subject to clauses 3.2 and 3.3.

(6)As used herein, »R&D RESULTS« shall mean knowledge and experience developed on the part of either or both of the PARTIES during the term of this Agreement and being in fact or presumably of significance for the realisation of the CONTRACT TECHNOLOGY, except inventions originating in whole or in part from such employees, whose rights in such inventions are not assigned to one PARTY or both PARTIES on account of legal or contractual provisions and cannot be acquired by either or both of the PARTIES through the exercise of a statutory option or on account of an existing contractual claim.

3.2 (7)In respect of R&D RESULTS developed solely on the part of one PARTY (the »INVENTING PARTY«), such PARTY is, subject to a) through e) below, solely entitled to file pertinent patent applications, but not obliged to file and prosecute such patent applications and to maintain and defend such patent applications and any resulting patents in its name and at its expense.

a) In case a presumably patentable R&D RESULT relating to application technology is developed on the part of the INVENTING PARTY, to the publication of which on account of a patent application the INVENTING PARTY can consent without violating any obligation, which already exists at the time of development of such R&D RESULT, towards any third party, the provisions according to b) through e) below shall apply.
b) In respect of any country, for which the INVENTING PARTY does not file a patent application for such R&D RESULT, it shall grant to the other PARTY, by giving written notice to the same, in time the option to file such patent application. The other PARTY may exercise such option, by giving written notice to the INVENTING PARTY, within 45 days after service of the notice granting the option.

c) If the other PARTY exercises the option in time, it has to file without delay the said patent application in its name and at its expense. It will furnish to the INVENTING PARTY, concurrently with the application, a copy thereof will keep the non-filing PARTY informed regarding

DENDE PARTEI über den Fortgang des Erteilungsverfahrens informiert halten. Auf Verlangen der ERFINDENDEN PARTEI wird sie dieser und/oder deren Erfinder(n) auch Einsicht in den Schriftwechsel mit dem Patentamt gewähren.

d) Wenn die andere PARTEI die Option nicht oder nicht rechtzeitig ausübt, kann die ERFINDENDE PARTEI die Rechte an einem solchen F&E-ERGEBNIS bezüglich des betreffenden Landes auf ihren bzw. ihre Arbeitnehmererfinder ohne Vorbehalt eines Verwertungsrechts für die andere PARTEI übertragen, sofern der bzw. die Arbeitnehmererfinder die Übertragung nach dem einschlägigen Gesetz über Arbeitnehmererfindungen verlangen können.

e) Wenn ein PARTEI, welche eine Patentanmeldung oder ein Patent (nachfolgend als »Patentposition« bezeichnet) for ein solches F&E-ERGEBNIS hält, nicht mehr gewillt ist, die Kosten für die weitere Aufrechterhaltung und Verteidigung dieser Patentposition zu tragen, wird sie der anderen PARTEI schriftlich die kostenlose Übertragung dieser Patentposition anbieten. Die andere PARTEI kann dieses Angebot binnen zwei Monaten nach Zugang des Angebots durch schriftliche Erklärung annehmen. Wird das Angebot nicht binnen der Zweimonatsfrist angenommen, kann die PARTEI, welche die Patentposition hält, dieselbe fallenlassen oder, wenn es sich bei ihr um die ERFINDENDE PARTEI handelt, die Patentposition ohne Vorbehalt eines Verwertungsrechts für die andere PARTEI nach dem einschlägigen Arbeitnehmererfindungsrecht auf den/die Arbeitnehmererfinder übertragen.

3.3 Bezüglich von F&E-ERGEBNISSEN, die seitens beider PARTEIEN gewonnen werden (»GEMEINSAME F&E-ERGEBNISSE«), gilt Folgendes:

a) Jede PARTEI, die an Patentschutz für ein bestimmtes GEMEINSAMES F&E-ERGEBNIS interessiert ist, dessen Veröffentlichung aufgrund einer Patentanmeldung die andere PARTEI ohne Verletzung einer bereits bei Erzielung dieses GEMEINSAMEN F&E-ERGEBNISSES schon bestehenden Geheimhaltungsverpflichtung gegenüber einem Dritten zustimmen kann, hat die Möglichkeit, bei der anderen PARTEI anzufragen, ob letztere daran interessiert ist, sich an einer ersten diesbezüglichen Patentanmeldung zu beteiligen.

b) Wenn die andere PARTEI der anfragenden PARTEI innerhalb von zwei Monaten nach Erhalt der Anfrage ihr Interesse erklärt, sich an einer ersten solchen Anmeldung zu beteiligen, wird dieselbe auf die Namen beider PARTEIEN, d.h. als gemeinsame Anmeldung eingereicht. Wenn nichts Anderes vereinbart wird, erfolgt die Anmeldung für das Land der anfragenden PARTEI.

c) Wenn die andere PARTEI der anfragenden PARTEI nicht innerhalb von 45 Tagen nach Erhalt der Anfrage erklärt, sich an einer solchen ersten Anmeldung zu beteiligen und nicht stichhaltige Einwände gegen die Patentfähigkeit des betreffenden GEMEINSAMEN F&E-ERGEBNIS-

the development of the patent grant procedure. On the request of the INVENTING PARTY it will further give the same and/or the inventor(s) of the same insight into the correspondence with the patent office.

d) In case the other PARTY does not or not in time exercise the option, the INVENTING PARTY may assign the rights in such R&D RESULT in respect of the respective country to the inventing employee or employees, where the same can claim such assignment according to the applicable law relating to inventions of employees, without reservation of an exploitation right to the other PARTY.

e) If a PARTY holding a patent application or patent (hereinafter referred to as »patent position«) for such R&D RESULT is no more willing to bear the cost of the further maintenance and defense of such patent position, it will offer to the other PARTY in writing assignment of such patent position without cost to the latter. The other PARTY may accept such offer, by giving written notice to the offering PARTY, within two months following service of the offer. In case the offer is not accepted within the two month period, the holding PARTY may lapse the patent position or, in case the holding PARTY is the INVENTING PARTY, assign the patent position to the inventing employee or employees in line with the applicable law relating to inventions of employees without reservation of any exploitation right to the other PARTY.

3.3 In respect of R&D RESULTS developed on the part of both PARTIES (»JOINT R&D RESULTS«) the following shall apply:

a) Each PARTY interested in patent protection in respect of a certain JOINT R&D RESULT, to the publication of which the other PARTY can consent without violating an obligation already existing at the time of development of such JOINT R&D RESULT to any third party, it may ask the other PARTY, whether the latter is interested in participating in a first pertinent patent application.

b) In case the other PARTY notifies the asking PARTY within two months after receipt of the inquiry of its interest in participating in such first patent application, the same shall be filed in the names of both PARTIES, i.e. as a joint application. If not otherwise agreed upon, the application shall be filed in relation to the country of the asking PARTY.

c) In case the other PARTY does not notify the asking PARTY in writing within two months after receipt of the inquiry of its interest in participating in such first patent application and has not put forward valid objections against the patentability of the respective JOINT R&D

SES geltend gemacht hat, wird die anfragende PARTEI eine solche erste Patentanmeldung für ihr Land allein auf ihren Namen und auf ihre Kosten einreichen.

d) (8)Innerhalb von neun Monaten nach Einreichung der ersten Anmeldung gemäß oben b) oder c) wird jede PARTEI der anderen PARTEI gegebenenfalls das Land oder die Länder mitteilen, für das bzw. die sie die Einreichung einer korrespondierenden Anmeldung wünscht. Für ein Land oder für Länder, bezüglich dessen bzw. deren jede PARTEI der anderen PARTEI während der 9-Monats-Frist ihren Wunsch zur Einreichung einer solchen korrespondieren Anmeldung erklärt hat, wird dieselbe als gemeinsame Anmeldung eingereicht. Für ein Land oder für Länder, bezüglich dessen bzw. deren nur eine PARTEI der anderen PARTEI während der 9-Monats-Frist ihren Wunsch zur Einreichung einer solchen korrespondieren Anmeldung erklärt hat, wird die erstgenannte PARTEI eine solche korrespondierende Anmeldung allein auf ihren Namen und auf ihre Kosten einreichen.

e) Jede PARTEI, die nach vorstehend c) bzw. d) eine Anmeldung allein einreicht, übernimmt damit auch Verpflichtungen gegenüber der anderen PARTEI, welche den Verpflichtungen der anmeldenden PARTEI gegenüber der ERFINDENDEN PARTEI gemäß Klausel 3.2 c), Satz 2 und 3 entsprechen.

f) Soweit die PARTEIEN nichts Anderes vereinbaren, ist diejenige PARTEI, welche die Anfrage gemäß oben a) gestellt hat, die »federführende PARTEI« bezüglich aller gemeinsamen Anmeldungen für das betreffende GEMEINSAME F&E-ERGEBNIS und daraus hervorgehende gemeinsame Patente. Die federführende PARTEI ist in erster Linie für die Ausarbeitung, die Einreichung, Verfolgung, Aufrechterhaltung und Verteidigung solcher gemeinsamen Anmeldungen sowie die Aufrechterhaltung und Verteidigung solcher gemeinsamer Patente verantwortlich. Sie wird wichtige Entscheidungen bei der Erfüllung dieser Aufgaben erst nach Erörterung mit der anderen PARTEI treffen, wobei sie nützliche Vorschläge der Letzteren zu befolgen hat. Die andere PARTEI hat die federführende PARTEI bei der Erfüllung dieser Aufgaben im notwendigen Umfang zu unterstützen, z.B. durch die Unterzeichnung von Schriftstücken, die für die Einreichung gemeinsamer Anmeldungen benötigt werden. Die externen Kosten, d.h. Patentanwalts-, Patentsamts- und Gerichtskosten, welche der federführenden PARTEI durch die Erfüllung ihrer vorerwähnten Aufgaben erwachsen, und die internen Kosten, die bei ihrer Patentabteilung durch diese Erfüllung anfallen (soweit diese Kosten nach den von dieser Patentabteilung generell angewandten Grundsätzen festgelegt werden und die Gebühren, die von externen Patentanwälten für diese Tätigkeiten belastet würden, nicht übersteigen), sind von jeder PARTEI zur Hälfte zu tragen.

g) Wenn eine PARTEI nicht mehr gewillt ist, die Kosten für ein Patent oder eine Patentanmeldung für ein GEMEINSAMES F&E-ERGEBNIS zu

RESULT, the asking PARTY shall file such first patent application for its country solely in its name and at its expense.

d) [8]Within nine months following the filing of the first joint application according to b) or c) above, each PARTY will notify the other PARTY of the country or countries (if any) for which it desires the filing of any corresponding application. For any country or countries, in respect of which each PARTY has notified the other PARTY, during such 9 month period, of its desire to file any such corresponding application, the same shall be filed as a joint application. For any country or countries, in respect of which only one PARTY has notified the other PARTY, during such 9 month period, of its desire to file any such corresponding application, the first-mentioned PARTY shall file the same solely in its name and at its expense.

e) Each PARTY solely filing an application according to c) or d) above, shall be subject to obligations towards the other PARTY corresponding to the obligations of the filing PARTY towards the INVENTING PARTY according to the second and third sentence of clause 3.2 c).

f) If not otherwise agreed upon by the PARTIES, the PARTY which has made the inquiry according to a) above, shall be the »handling PARTY« in respect of all joint applications for the respective JOINT R&D RESULT and resulting joint patents. The handling PARTY is primarily responsible for the drafting, filing, prosecution, maintenance and defence of such joint applications and the maintenance and defence of resulting joint patents. It shall take important decisions with regard to the fulfilment of these tasks only after discussion with the other PARTY following useful suggestions made by the latter. The other PARTY shall support the handling PARTY in the fulfilment of these tasks to the extent necessary, e.g. by signing documents required for the filing of joint applications. The external costs, i.e. patent attorney, patent office and court fees, incurred by the handling PARTY through the fulfilment of its above-mentioned tasks, and the internal costs accruing at its patent department through such fulfilment (to the extent that such costs are determined according to general principles applied by such patent department and do not exceed the fees which would be charged by external patent attorneys for such activities) shall be equally shared between the PARTIES.

g) In case a PARTY is no longer willing to bear or to participate in the costs of a patent or patent application for a JOINT R&D RESULT, it shall

tragen bzw. sich daran zu beteiligen, wird sie der anderen PARTEI die Übertragung dieses Patents bzw. dieser Patentanmeldung bzw. ihres Anteils daran anbieten. Die andere PARTEI kann das Angebot innerhalb einer Frist von zwei Monaten annehmen. Wenn die andere PARTEI das Angebot nicht innerhalb der 2-Monats-Frist annimmt, ist keine PARTEI mehr verpflichtet, künftige Kosten für dieses Patent bzw. diese Patentanmeldung zu tragen, soweit sich aus nachfolgend h) nichts Anderes ergibt.

h) Ein Patent oder eine Patentanmeldung für ein GEMEINSAMES F&E-ERGEBNIS kann von der innehabenden PARTEI bzw. den innehabenden PARTEIEN nur fallengelassen werden, wenn dies im Einklang mit den einschlägigen nationalen Gesetzen über Arbeitnehmererfindungen steht. Wenn ein (mit-)erfindender Arbeitnehmer nach einem dieser Gesetze von einer PARTEI die vollständige oder teilweise Übertragung einer solchen Patentanmeldung bzw. eines solchen Patents im Hinblick auf das beabsichtigte Fallenlassen verlangen kann, ist der Anspruch auf Übertragung, wenn beide PARTEIEN Inhaber des betreffenden Patents bzw. der betreffenden Patentanmeldung sind, von beiden PARTEIEN oder, wenn nur eine PARTEI Inhaber des betreffenden Patents bzw. der betreffenden Patentanmeldung ist, von dieser PARTEI zu erfüllen.

4. (9)**Geheimhaltung und Verwertungsbeschränkung**

4.1 Soweit sich aus den Klauseln 3, 4.2, 4.3, 5.1 bis 5.6, 5.8 und 5.9 nichts Anderes ergibt, verpflichtet sich jede PARTEI, jede technische Information, die ihr von der anderen PARTEI vor oder während der Dauer dieses Vertrages bei der Durchführung des PROJEKTS oder im Hinblick auf das PROJEKT mündlich oder schriftlich, in der Form von Zeichnungen, durch die Gestattung der Besichtigung von Anlagen oder auf andere Weise direkt oder indirekt offenbart worden ist bzw. wird, streng vertraulich zu behandeln, nicht an Dritte weiterzugeben und nicht zu verwerten.

4.2 Eine PARTEI, an welche eine Information im Sinne von Klausel 4.1 von der anderen PARTEI übermittelt wurde, (die »EMPFANGENDE PARTEI«) unterliegt den Verpflichtungen gemäß Klausel 4.1 hinsichtlich dieser Information nicht, wenn sie nachweisen kann, dass diese Information

a) zum Zeitpunkt der Übermittlung der Öffentlichkeit schon zugänglich ist oder danach zugänglich geworden ist, oder
b) bei Übermittlung der EMPFANGENDEN PARTEI schon bekannt war, oder
c) nach Übermittlung der EMPFANGENDEN PARTEI von einem Dritten zugänglich gemacht worden ist,

(10)mit folgender Maßgabe:

(i) Die Ausnahme gemäß a) gilt nicht für eine Information, die der Öffentlichkeit nach der Übermittlung durch ein Handlung oder Unterlassung der EMPFANGENDEN PARTEI zugänglich geworden ist; die Aus-

offer to assign such patent or patent application or its share therein to the other PARTY. The other PARTY shall have two months to accept the offer. In case the other PARTY does not accept the offer within the two month period, neither PARTY is obliged, subject to h) below, to bear future costs in respect of such patent or patent application.

h) A patent or patent application for a JOINT R&D RESULT may only be lapsed by the owning PARTY or PARTIES, respectively, if such lapsing is in line with the applicable national laws relating to inventions of employees. If any (co-)inventing employee can require either PARTY, according to any such law, to assign to him/her such patent or patent application in whole or in part in view of the intended lapsing, such claim shall be settled, if such patent or patent application is owned by both PARTIES, by both PARTIES or, if such patent or patent application is owned by one PARTY only, by such PARTY.

4. (9)**Secrecy and Restriction of Utilisation**

4.1 Subject to clauses 3, 4.2, 4.3, 5.1 through 5.6, 5.8 and 5.9, each PARTY shall keep strictly confidential, shall not pass on to any third party and shall not utilise any technical information which has been directly or indirectly disclosed to it by the other PARTY under or in view of the PROJECT during or before the term of this Agreement orally, in writing, through the supply of drawings, through giving the permission to visit plants or in any other way.

4.2 A PARTY, to which any information as described in clause 4.1 has been disclosed by the other PARTY, (the »RECEIVING PARTY«) shall not be subject to the obligations according to clause 4.1 in respect of such information, if it can show that this information

a) is already in the public domain at the time of disclosure or has entered the public domain thereafter, or
b) is at the time of disclosure already known to the RECEIVING PARTY, or
c) has after disclosure been made accessible to the RECEIVING PARTY by a third party,

(10)provided the following:

(i) The exception under a) shall not apply to information having entered the public domain after disclosure through any act or failure to act of the RECEIVING PARTY, the exception under b) shall not apply to infor-

nahme gemäß b) gilt nicht für eine Information, die der empfangenden PARTEI schon vorher von einem Dritten, der gegenüber der anderen PARTEI diesbezüglich zur Geheimhaltung verpflichtet ist, übermittelt wurde, und die Ausnahme gemäß c) gilt nicht für eine Information, die der Dritte gegenüber der übermittelnden PARTEI geheim zu halten hat.

(ii) Eine spezifische Information gilt nicht schon deshalb als im Bereich der vorgenannten Ausnahmen liegend, weil sie von einer allgemeinen Information umfasst wird, die unter die obigen Ausnahmen fällt. Außerdem gilt eine Information, die aus einer Kombination von Merkmalen besteht, nur dann als im Bereich der vorgenannten Ausnahmen liegend, wenn die Kombination als solche unter diese Ausnahmen fällt.

4.3 Soweit sich aus den Klauseln 3, 5.2 und 5.6 bis 5.8 nichts Anderes ergibt, wird jede PARTEI jedes GEMEINSAME F&E-ERGEBNIS streng vertraulich behandeln, nicht an Dritte weitergeben und nicht verwerten. Dies gilt nicht für ein GEMEINSAMES F&E-ERGEBNIS, das, wie die betreffende PARTEI nachweisen kann,

a) im Zeitpunkt seiner Entwicklung seitens beider PARTEIEN der Öffentlichkeit schon zugänglich ist oder der Öffentlichkeit danach zugänglich geworden ist, oder

b) der betreffenden PARTEI nach seiner Entwicklung von einem Dritten offenbart worden ist,

mit folgender Maßgabe:

(i) Die Ausnahme gemäß a) gilt nicht für ein GEMEINSAMES F&E-ERGEBNIS, das der Öffentlichkeit durch eine Handlung oder Unterlassung der betreffenden PARTEI zugänglich geworden ist; und die Ausnahme gemäß b) gilt nicht für ein GEMEINSAMES F&E-ERGEBNIS, zu dessen Geheimhaltung der Dritte gegenüber der anderen PARTEI verpflichtet ist.

(ii) Klausel 4.2 (ii) findet Anwendung.

4.4 Soweit sich aus den Klauseln 3 und 5.8 nichts Anderes ergibt, hat METCOAT zusätzlich während der in Klausel 5.8 definierten AUSSCHLIESSLICHKEITSPERIODE jedes allein auf ihrer Seite erzielte F&E-ERGEBNIS streng vertraulich zu behandeln, nicht an Dritte weiterzugeben und nicht zu verwerten, sofern dieses nicht

a) zum Zeitpunkt der Entwicklung seitens METCOAT der Öffentlichkeit schon zugänglich ist oder danach zugänglich geworden ist, oder

b) METCOAT nach der Entwicklung seitens METCOAT von einem Dritten zugänglich gemacht worden ist,

mit folgender Maßgabe:

(i) Die Ausnahme gemäß a) gilt nicht für ein F&E-ERGEBNIS, das der Öffentlichkeit nach der Entwicklung durch eine Handlung oder Unterlassung von METCOAT zugänglich geworden ist, und die Ausnahme gemäß b) gilt nicht für ein F&E-ERGEBNIS, das der Dritte gegenüber METCOAT geheim zu halten hat.

(ii) Klausel 4.2 (ii) findet Anwendung.

mation already previously obtained by the RECEIVING PARTY from a third party being under an obligation of secrecy to the other PARTY with respect thereto, and the exception under c) shall not apply to such information, in respect of which the third party is under an obligation of secrecy to the other PARTY.

(ii) Information which is specific shall not be deemed to be within the foregoing exceptions merely because it is embraced by general information which is within said exceptions. In addition, any information consisting of a combination of features shall be deemed to be within the foregoing exceptions only if the combination as such is within said exceptions.

4.3 Subject to clauses 3, 5.2 and 5.6 through 5.8, each PARTY shall keep strictly confidential, shall not pass on to any third party and shall not utilize any JOINT R&D RESULT, except a JOINT R&D RESULT which, as such PARTY can show,

a) is already in the public domain at the time of development by either PARTY or both PARTIES, respectively, or has entered the public domain thereafter, or
b) has after such development been made accessible to such PARTY by a third party,

provided the following:

(i) The exception under a) shall not apply to any JOINT R&D RESULT having entered the public domain through any act or failure to act of such PARTY and that the exception under b) shall not apply to any JOINT R&D RESULT, in respect of which the third party is under an obligation of secrecy to the other PARTY.

(ii) Clause 4.2 (ii) shall apply.

4.4 Subject to clauses 3 and 5.8, METCOAT shall in addition, during the »EXCLUSIVITY PERIOD« as defined in clause 5.8, keep strictly confidential, shall not pass on to any third party and shall not utilise any R&D RESULT originating solely from it, except any R&D RESULT, which

a) is already in the public domain at the time of development by METCOAT or has entered the public domain thereafter, or
b) has after development by METCOAT been made accessible to METCOAT by a third party,

provided the following:

(i) The exception under a) shall not apply to any R&D RESULT having entered the public domain after development through any act of failure to act of METCOAT, and that the exception under b) shall not apply to any R&D RESULT, in respect of which the third party is under an obligation of secrecy to METCOAT.

(ii) Clause 4.2 (ii) shall apply.

4.5 Für die Zwecke der Klauseln 4.1 bis 4.4 gilt die Übermittlung von Informationen an ein Organmitglied oder einen Angestellten einer PARTEI als Übermittlung an diese PARTEI selbst, und die bei einem Organmitglied oder Angestellten einer PARTEI bestehende Kenntnis von Informationen als Kenntnis dieser PARTEI selbst. Jede PARTEI wird die Zahl der Angestellten, die Zugang zu den Informationen haben, welche den Verpflichtungen dieser PARTEI gemäß den Klauseln 4.1 bis 4.4 unterliegen, angemessen begrenzen, und haftet für die Erfüllung dieser Verpflichtungen durch ihre Angestellten und Organmitglieder.

4.6 Soweit eine PARTEI eine Information, die ihren Verpflichtungen nach den Klauseln 4.1 bis 4.5 unterliegt, nach den Klauseln 5.1 bis 5.6, 5.8 und 5.9 an einen Dritten oder Dritte lizenzieren kann, wird sie einem solchen Dritten oder solchen Dritten Verpflichtungen auferlegen, die nicht weniger streng sind als ihre eigenen Verpflichtungen nach den Klauseln 4.1 bis 4.5.

5. **Verwertungsrechte**

5.1 (11)Soweit sich aus den Klauseln 5.3 bis 5.6 und 5.8 nicht Anderes ergibt, steht das Recht, diejenigen F&E-ERGEBNISSE zu benutzen und zu lizenzieren, bezüglich derer eine PARTEI die EMPFANGENDE PARTEI im Sinne von Klausel 4.1 ist und die nicht schon gemäß Klausel 4.2 von den Verpflichtungen dieser PARTEI zur Geheimhaltung und Nichtverwertung ausgenommen sind, allein der anderen PARTEI zu.
F&E-ERGEBNISSE, die allein METCOAT nach dem vorangehenden Satz vorbehaltlich der Klauseln 5.3, 5.5, 5.6 und 5.8 benutzen und lizenzieren kann, werden nachfolgend als »METCOAT-F&E-ERGEBNISSE« bezeichnet, und F&E-ERGEBNISSE, die ausschließlich ALUPRO nach dem vorangehenden Satz vorbehaltlich der Klauseln 5.4, 5.5, 5.6 und 5.8 benutzen und lizenzieren kann, werden nachfolgend als »ALUPRO-F&E-ERGEBNISSE« bezeichnet.

5.2 Soweit sich aus den Klauseln 5.6 und 5.8 nichts Anderes ergibt, erteilt jede PARTEI der anderen das nichtausschließliche Recht, GEMEINSAME F&E-ERGEBNISSE, die nicht schon gemäß Klausel 4.3 von ihren Verpflichtungen zur Geheimhaltung und Nichtverwertung ausgenommen sind, zu benutzen und zu lizenzieren.

5.3 METCOAT erteilt hiermit ALUPRO vorbehaltlich Klausel 5.6 das nichtausschließliche Recht, METCOAT-F&E-ERGEBNISSE in Versuchsanwendungen und industriellen Anwendungen solcher Mengen des VERTRAGSPRODUKTS zu benutzen, die von METCOAT oder mit Zustimmung von METCOAT von einem Dritten geliefert worden sind.

5.4 ALUPRO erteilt hiermit METCOAT vorbehaltlich der Klauseln 5.6 und 5.8 das nicht-ausschließliche Recht, ALUPRO-F&E-ERGEBNISSE bei Versuchsanwendungen des VERTRAGSPRODUKTS zu benutzen und ihren direkten und indirekten Kunden eine Lizenz erteilen, solche F&E-ERGEBNISSE bei industriellen Anwendungen derjenigen Mengen des VERTRAGSPRODUKTS zu benutzen, die von METCOAT oder mit Zustimmung von METCOAT von einem Dritten geliefert worden ist.

4.5 For the purposes of clauses 4.1 through 4.4 above, the disclosure of information to any officer or employee of a PARTY shall be deemed a disclosure to such PARTY itself, and the knowledge of information on the part of any officer or employee of a PARTY shall be deemed the knowledge of such PARTY itself. Each PARTY shall limit as far as reasonable the number of employees having access to the information being subject to its obligations according to clauses 4.1 through 4.4 and shall be liable for the compliance by its employees and officers with these obligations.

4.6 Where a PARTY is entitled, according to clauses 5.1 through 5.6, 5.8 and 5.9, to license information, which is subject to its obligations according to clauses 4.1 through 4.5, to any third party or parties, it shall impose on such third party or parties obligations no less stringent than its own obligations under clauses 4.1 through 4.5.

5. **Exploitation Rights**

5.1 (11)Subject to clauses 5.3 through 5.6 and 5.8, the right to use and license R&D RESULTS, in respect of which a PARTY is the RECEIVING PARTY as defined in clause 4.1 and which are not already exempted from the obligations of this PARTY as to secrecy and non-utilisation according to clause 4.2, shall be solely vested in the other PARTY.

R&D RESULTS, which can be used and licensed, subject to clauses 5.3, 5.5, 5.6 and 5.8, solely by METCOAT according to the foregoing sentence, are hereinafter referred to as »METCOAT R&D RESULTS«, and R&D RESULTS, which can be used and licensed, subject to clauses 5.4, 5.5, 5.6 and 5.8, solely by ALUPRO according to the foregoing sentence, are hereinafter referred to as »ALUPRO R&D RESULTS«.

5.2 Subject to clause 5.6 and 5.8, each PARTY has the non-exclusive right to use and license JOINT R&D RESULTS not already exempted from their obligations as to secrecy and restricted use according to clause 4.3.

5.3 METCOAT hereby grants to ALUPRO, subject to clause 5.6, the non-exclusive right to use METCOAT R&D RESULTS in test and industrial applications of such quantities of the CONTRACT PRODUCT, which are supplied by METCOAT or with the consent of METCOAT by any third party.

5.4 ALUPRO hereby grants to METCOAT, subject to clauses 5.6 and 5.8, the non-exclusive right to use ALUPRO R&D RESULTS in test applications of the CONTRACT PRODUCT and to license its direct and indirect customers to use such R&D RESULTS in test and industrial applications of such quantities of the CONTRACT PRODUCT which are supplied by METCOAT or, with the consent of METCOAT, by any third party.

5.5 Jede PARTEI erteilt hiermit vorbehaltlich Klausel 5.6 der anderen PARTEI das Recht, ihre Rechte nach den Klauseln 5.2 bis 5.4 im Wege der Lizenz auf ihre »KONZERNGESELLSCHAFTEN« zu erstrecken, d.h. auf Gesellschaften, die diese andere PARTEI kontrollieren, von ihr kontrolliert werden oder unter gemeinsamer Kontrolle mit ihr stehen.

5.6 Jede Rechtserteilung durch eine PARTEI gemäß den Klauseln 5.2 bis 5.5 setzt voraus, dass es an dem Datum, an dem dieser Vertrag in Kraft tritt, oder danach zum zumindest einen Moment gibt, an dem diese PARTEI die Rechtserteilung ohne Verletzung einer Verpflichtung gegenüber einem Dritten vornehmen kann.

5.7 Die Klauseln 5.1 bis 5.5 sind, soweit sie nicht auf Klausel 5.6 Bezug nehmen, auch relevant für die Verwertungsrechte der PARTEIEN an Patenten für F&E-ERGEBNISSE (nachfolgend zusammen als »RELEVANTE PATENTE« bezeichnet), solange diese nicht gemäß der Klauseln 3.2 d) und e) bzw. 3.3 g) auf Arbeitnehmererfinder übertragen worden sind, indem

- die Verwertungsrechte der PARTEIEN bezüglich von RELEVANTEN PATENTEN, die allein von ALUPRO gehalten werden, den Verwertungsrechten der PARTEIEN bezüglich der ALUPRO-F&E-ERGEBNISSE entsprechen,
- die Verwertungsrechte der PARTEIEN bezüglich von RELEVANTEN PATENTEN, die allein von METCOAT gehalten werden, den Verwertungsrechten der PARTEIEN bezüglich der METCOAT-F&E-ERGEBNISSE entsprechen, und
- die Verwertungsrechte der PARTEIEN bezüglich von RELEVANTEN PATENTEN, die von beiden PARTEIEN gehalten werden, den Verwertungsrechten der PARTEIEN bezüglich der GEMEINSAMEN F&E-ERGEBNISSE entsprechen.

5.8 Während des »AUSSCHLIESSLICHKEITSZEITRAUMS«, wie nachfolgend definiert, wird METCOAT keine Lizenz an einen Dritten außer einer KONZERNGESELLSCHAFT von METCOAT für die Herstellung des VERTRAGSPRODUKTS erteilen und wird das VERTRAGSPRODUKT nicht an andere Kunden als ALUPRO und KONZERNGESELLSCHAFTEN von ALUPRO liefern. Diese Verpflichtungen wird METCOAT auch ihren lizenzierten KONZERNGESELLSCHAFTEN auferlegen.
Der »AUSSCHLIESSLICHKEITSZEITRAUM« endet an dem früheren der folgenden beiden Daten:

(i) dem Datum, an dem seit dem Tag, an dem METCOAT oder eine KONZERNGESELLSCHAFT von METCOAT erstmals das VERTRAGSPRODUKT an ALUPRO oder eine KONZERNGESELLSCHAFT von ALUPRO verkauft hat, drei Jahre vergangen sind, und
(ii) dem Datum, an dem seit dem Ablauf oder der Kündigung dieses Vertrages fünf Jahre vergangen sind.

5.5 Each PARTY hereby grants to the other PARTY the right to extend, by way of license, its rights according to clauses 5.2 through 5.4 to its »AFFILIATES«, i.e. companies controlling, controlled by or under common control with the other PARTY.

5.6 Any grant of rights by a PARTY according to clauses 5.2 through 5.5 is subject to the condition that there is on or after the effective date of this Agreement at least one moment on which such PARTY can make such grant without violating any obligation to any third party.

5.7 Clauses 5.1 through 5.5 shall, to the extent they do not refer to clause 5.6, also be relevant to the exploitation rights of the PARTIES in respect of patents for R&D RESULTS, (hereinafter collectively referred to as »RELEVANT PATENTS«), as long as these are not assigned to inventing employees according to clause 3.2 d) and e) or 3.3 g), respectively, in that
- the exploitation rights of the PARTIES in respect of RELEVANT PATENTS held by ALUPRO alone shall correspond to the exploitation rights of the PARTIES in respect of ALUPRO R&D RESULTS,
- the exploitation rights of the PARTIES in respect of RELEVANT PATENTS held by METCOAT alone shall correspond to the exploitation rights of the PARTIES in respect of METCOAT R&D RESULTS, and
- the exploitation rights of the PARTIES in respect of RELEVANT PATENTS held by both PARTIES shall correspond to the exploitation rights of the PARTIES in respect of JOINT R&D RESULTS.

5.8 During the »EXCLUSIVITY PERIOD«, as hereafter defined, METCOAT shall not grant a license to any third party other than a METCOAT AFFILIATE for the manufacture of the CONTRACT PRODUCT and shall not supply the CONTRACT PRODUCT to parties other than ALUPRO and ALUPRO AFFILIATES. METCOAT shall also impose such obligations on its licensed AFFILIATES.

The »EXCLUSIVITY PERIOD« shall end at the earlier of (i) the third anniversary of the date, on which the CONTRACT PRODUCT has first been sold by METCOAT or any METCOAT AFFILIATE to ALUPRO or any ALUPRO AFFILIATE and (ii) the fifth anniversary of the date of expiration or termination of this Agreement.

5.9 [12] Benötigt eine PARTEI für die Ausübung ihrer Rechte gemäß den Klauseln 5.1 bis 5.8 eine Lizenz bezüglich einer unpatentierten Technologie, die bei der anderen PARTEI schon vor Inkrafttreten dieses Vertrags vorhanden war, erteilt ihr die andere PARTEI hiermit auf kostenloser Basis eine solche Lizenz nur für die Ausübung der erwähnten Rechte, wenn und soweit sie mit einer solchen Erteilung nicht eine Verpflichtung gegenüber einem Dritten verletzen würde, die schon bei Inkrafttreten dieses Vertrags bestand.

6. [13] **Vertragsdauer**

6.1 Dieser Vertrag tritt mit der Unterzeichnung durch beide PARTEIEN in Kraft. Soweit sich aus den Klauseln 6.2 und 6.3 nichts Anderes ergibt, gilt er bis zu dem Zeitpunkt, an dem die VERTRAGSTECHNOLOGIE entwickelt worden ist. Diese Entwicklung gilt spätestens dann als erreicht, wenn ALUPRO oder eine KONZERNGESELLSCHAFT von ALUPRO im industriellen Umfang Profile aus Aluminium oder einer Aluminiumlegierung verkauft hat, die unter Verwendung eines Produkts, das im Rahmen des PROJEKTS entwickelt wurde und von METCOAT oder einer KONZERNGESELLSCHAFT von METCOAT geliefert wurde, unmittelbar nach der Extrudierung beschichtet wurden.

6.2 [14] Wenn METCOAT nicht in der Lage ist, ALUPRO innerhalb von 18 Monaten nach Inkrafttreten dieses Vertrags die Ergebnisse von Laborversuchen zu präsentieren, welche vermuten lassen, dass eine Technologie entwickelt wurde, welche die Anforderungen der VERTRAGSTECHNOLOGIE erfüllt oder dieser zumindest nahe kommt, oder wenn die Entwicklung der VERTRAGSTECHNOLOGIE innerhalb von 36 Monaten nach Inkrafttreten dieses Vertrags nicht erreicht wird, kann jede PARTEI diesen Vertrag mit einer Frist von 3 Monaten durch Erklärung gegenüber der anderen PARTEI kündigen.

6.3 Jede PARTEI kann diesen Vertrag fristlos durch Erklärung gegenüber der anderen PARTEI kündigen, wenn die andere PARTEI diesen Vertrag verletzt hat und diese Verletzung nicht innerhalb von 90 Tagen nach Zugang einer die Vertragsverletzung spezifizierenden Erklärung der betroffenen PARTEI geheilt hat.

7. [15] **Nachvertragliche Rechte und Pflichten**

In jedem Fall des Ablaufs oder der Beendigung dieses Vertrags bleibt Klausel 3 für einen Zeitraum von zehn (10) Jahren nach dem Ablauf oder der Beendigung in Kraft. Die Klauseln 4, 5 und 8 bleiben so lange in Kraft, wie sie von rechtlicher Bedeutung sein können.

8. **Verschiedenes**

8.1 [16] Dieser Vertrag unterliegt englischem Recht und ist nach diesem Recht auszulegen.

5.9 (12)If either PARTY needs, for the exercise of its rights pursuant to clauses 5.1 through 5.8 a license in respect of any unpatented technology being in the possession of the other PARTY already on the effective date of this Agreement, the other PARTY hereby grants, on a royalty-free basis, such license solely for the exercise of such rights, if and to the extent it can make such grant without violating any obligation already existing on the effective date of this Agreement to any third party.

6. (13)**Term of Agreement**

6.1 This Agreement shall enter into force and effect upon execution by both PARTIES. Subject to clauses 6.2 and 6.3, it shall continue in force until the date on which the CONTRACT TECHNOLOGY shall have been developed. Such development shall be considered to be achieved at the latest when ALUPRO or any ALUPRO AFFILIATE shall have sold in a commercial quantity profiles made of aluminium or an aluminium alloy coated immediately after the extrusion thereof with the use of a product developed under the PROJECT and supplied by METCOAT or any METCOAT AFFILIATE.

6.2 (14)If METCOAT is not able to present to ALUPRO within 18 months following the effective date of this Agreement laboratory tests suggesting the development of a technology meeting the requirements of the CONTRACT TECHNOLOGY or coming at least close to it, or if the development of the CONTRACT TECHNOLOGY is not achieved within 36 months following the effective date of this Agreement, each PARTY may terminate this Agreement by giving 3 months prior notice of termination to the other PARTY.

6.3 Each PARTY may terminate this Agreement with immediate effect by giving notice to the other PARTY, if the other PARTY is in breach of this Agreement and has not cured such breach within 90 days after service of a notice of the aggrieved PARTY specifying such breach.

7. (15)**Post-Term Rights and Obligations**

In any case of expiration or termination of this Agreement, clause 3 shall remain in force until expiration of a period of ten (10) years following the expiration or termination of this Agreement. Clauses 4, 5 and 8 shall survive as long as they can be of legal significance.

8. **Miscellaneous**

8.1 (16)This Agreement shall be governed by and interpreted in accordance with English law.

8.2 (17)Jede Erklärung, die von einer PARTEI gegenüber der anderen abgegeben wird, ist durch Brief oder per Fax abzugeben. Jede Erklärung, die durch Brief abgegeben wird, ist wie folgt zu adressieren:
- **im Falle der Übermittlung an ALUPRO:** ... (*Adresse*)
- **im Falle der Übermittlung an METCOAT:** ... (*Adresse*),

und jede Erklärung, die per Fax abgegeben wird, in derselben Weise zu adressieren und an folgende Fax-Nummer zu senden:
- **im Falle der Übermittlung an ALUPRO:** ... (*Länderkennzahl Großbritannien plus Fax-Nummer*)
- **im Falle der Übermittlung an METCOAT:** ... (*Länderkennzahl Deutschland plus Fax-Nummer*),

oder an diejenige andere Adresse oder Fax-Nummer, welche die betreffende PARTEI der anderen PARTEI durch eine entsprechende Erklärung mitgeteilt hat. Sie wird mit ihrem Zugang wirksam. Jede PARTEI, die eine Erklärung erhalten hat, wird der PARTEI, welche die Erklärung abgegeben hat, den Empfang sofort per Fax bestätigen.

8.3 (18)Streitigkeiten, die sich aus oder im Zusammenhang mit diesem Vertrag ergeben, sollen in freundschaftlicher Weise beigelegt werden. Wenn dies nicht möglich ist, wird über diese Streitigkeiten durch Schiedsgerichtsbarkeit nach den Vergleichs- und Schiedsordnung der Internationalen Handelskammer durch einen oder mehrere nach dieser Ordnung benannte(n) Schiedsrichter unter Ausschluss von »Discovery Proceedings« endgültig entschieden. Das Schiedsgerichtsverfahren findet in London statt und die Sprache des Schiedsgerichtsverfahrens ist Englisch.

8.4 (19)Wenn sich wider Erwarten eine oder mehrere der Bestimmungen dieses Vertrages als gesetzwidrig, unwirksam oder nicht durchsetzbar erweisen sollte(n), werden die anderen Bestimmungen dadurch nicht berührt. Die PARTEIEN werden sich in diesem Fall bemühen, jede gesetzwidrige, unwirksame oder nicht durchsetzbare Bestimmung durch eine gesetzmäßige, wirksame und durchsetzbare Regelung zu ersetzen, die ihren ursprünglichen Absichten im wirtschaftlichen Ergebnis so weit wie möglich entspricht. Wenn darüber keine Einigung erzielt wird, kann jede PARTEI ein Schiedsgerichtsverfahren gemäß Klausel 8.3 einleiten und beantragen, dass der Schiedsrichter bzw. das Schiedsrichter-Gremium die ersetzende Regelung, wie im Antrag spezifiziert, oder nach seinem Ermessen festlegt.

8.5 (20)Jede Änderung dieses Vertrages ist nur gültig, wenn sie schriftlich vereinbart wird. Dies gilt auch für eine Änderung dieser Klausel 8.5.

(21)Aluminium Products Ltd.	Metall Coating GmbH	
(Name in Druckbuchstaben)	(Namen in Druckbuchstaben)	
(Stellung)	(Stellung)	(Stellung)
Datum:	Datum:	

8.2 (17)Any notice of either PARTY to the other shall be transmitted by letter or via fax. Any notice made by letter shall be addressed as follows:

- **if to ALUPRO:** ... *(address)*
- **if to METCOAT:** ... *(address)*,

and any fax notice shall be likewise addressed and transmitted to the following fax extension:

- **if to ALUPRO:** ... (country code Great Britain plus fax number)

- **if to METCOAT:** ... (country code Germany plus fax number)

or to such other address or fax extension of which the PARTY in question may have given notice to the other PARTY, and shall be effective when served. Each PARTY having received a notice shall promptly confirm such receipt via fax to the PARTY having given such notice.

8.3 (18)Any disputes arising under or in connection with this Agreement shall be settled in an amicable way. If that is not possible, they shall be finally settled by way of arbitration according to the Rules of Conciliation and Arbitration of the International Chamber of Commerce by one or several arbitrator(s) appointed in accordance with the said rules, provided that discovery proceedings shall be excluded. The arbitration proceedings shall take place in London, and the language of the arbitration shall be English.

8.4 (19)If, contrary to expectations, one or more of the provisions of this Agreement shall prove illegal, invalid or unenforceable, the other provisions shall not be affected thereby. In the said event the PARTIES shall endeavour to replace any such illegal, invalid or unenforceable provision by a provision or provisions being legal, valid and enforceable and corresponding best, as regards its/their commercial impact, to the original intentions of the PARTIES. In case no agreement is reached, either PARTY may institute arbitration proceedings according to clause 8.3 applying for such an substitution, as specified in the application or at the discretion of the arbitrator or the arbitrator panel, respectively.

8.5 (20)Any amendment of this Agreement shall only be valid if agreed in writing. This shall also apply to a change of this clause 8.5.

(21)Aluminium Products Ltd.	Metall Coating GmbH
By	By
(Printed name)	(Printed names)

Anmerkungen zu Muster B

(1) Zum Regelungsumfang des Musters:

Die im Kap. 8 unter Rdn. 10–38 aufgeführten Kriterien legen dem deutschen Vertragspartner im gedachten Fall nahe, den Umfang seines Vertragsentwurfs angemessen zu begrenzen.

Auf der einen Seite hat er zu beachten, dass der ausländische Vertragspartner einem Land mit Common-Law-Tradition angehört.

Andererseits ist nicht damit zu rechnen, dass sich die Vertragspartner bei der Herstellung und dem Vertrieb der zu entwickelnden Produkte Konkurrenz machen. Zudem besteht eine laufende Geschäftsbeziehung zwischen ihnen, welche eine gewisse wechselseitige Abhängigkeit der Vertragspartner auch für die Zukunft begründet.

Unter diesen Umständen wurde davon abgesehen, die Rechte der Vertragspartner bzgl. der Benutzung von F&E-Ergebnissen und Alttechnologie für die Durchführung der vertragsgemäßen F&E zu regeln, zumal die Partner diesbezüglich im wesentlichen gleichlaufende Interessen haben dürften.

Trotz dieser Regelungslücke erscheint das Muster immer noch ziemlich lang und kompliziert. Es wäre deshalb vertretbar, den Text noch weiter zu kürzen (z.B. durch Weglassung von Klausel 5.6 und damit auch der Verweise auf diese Klausel in anderen Klauseln). Dann sollte jedoch eine Härteklausel in den Vertrag aufgenommen werden (s. dazu Kap. 8 Rdn. 26, 658 und 659).

(2) Zur kartellrechtlichen Beurteilung des Musters nach Art. 81 EGV:

Bei der Frage, ob ein F&E-Vertrag mit Art. 81 EGV vereinbar ist, empfiehlt sich grundsätzlich mit der Prüfung zu beginnen, ob er den Freistellungsvoraussetzungen einer GFVO genügt (s. Kap. 5 Rdn. 346).

Bei dem Vertrag handelt es sich um eine »vertikale Vereinbarung« i.S. von Art. 2 Abs. 1 Vertikal-GFVO. Da die F&E-GFVO für vertikale Vereinbarungen nicht gilt (s. Kap. 5 Rdn. 352–355) und die TT-GFVO zwar auch vertikale Verträge betreffen kann, aber für den Vertrag nicht einschlägig ist (s. Kap. 5 Rdn. 525), bildet die Vertikal-GFVO die für eine Freistellung allein maßgebliche GFVO.

Der Vertrag enthält neben Bestimmungen (s. Klausel 5.3), welche die Nutzung von »geistigen Eigentumsrechten« durch den Käufer (ALUPRO) betreffen und nach Art. 2 Abs. 3 Vertikal-GFVO freistellungsfähig erscheinen (s. dazu Kap. 5 Rdn. 517–522) auch Bestimmungen (s. Klausel 5.4), welche die Nutzung von F&E-Ergebnissen von »geistigen Eigentumsrechten« des Käufers (ALUPRO) durch den Verkäufer (METCOAT) betreffen und damit nicht durch Art. 2 Abs. 3 Vertikal-GFVO gedeckt sind. Da aus Art. 2 Abs. 3 Vertikal-GFVO der Umkehrschluss zu ziehen ist, dass die Freistellung nach dieser GFVO nicht für vertikale Vereinbarungen gilt, welche Bestimmungen betr. die Übertragung von »geistigen Eigentumsrechten« oder die Nutzung solcher Rechte enthalten, welche durch Art. 2 Abs. 3 nicht freigestellt sind (s. Kap. 5 Rdn. 523), entfällt eine Freistellung des Vertrags nach der Vertikal-GFVO.

Zu prüfen ist deshalb, ob der Vertrag mit Art. 81 Abs. 1 EGV vereinbar ist, und, wenn das zu verneinen ist, ob er aufgrund direkter Anwendung von Art. 81 Abs. 3 EGV freigestellt ist.

a) **Relevante Märkte:** Siehe dazu Kap. 5 Rdn. 148–157.

Der Vertrag betrifft die Entwicklung einer Technologie zur Beschichtung extrudierter Aluminium-Profile direkt nach dem Extrudieren als Grundlage für die anschließende Lackierung. Das zu entwickelnde Produkt ist damit ein Zwischenprodukt. Im Falle solcher Zwischenprodukte wirken sich ggf. vereinbarte vertikale Beschränkungen nach den Ausführungen in Rn. 96 Vertikal-LL unter i) (s. Kap. 5 Rdn. 150) im Allgemeinen nur auf dem Lieferanten-/Käufermarkt aus, wobei jedoch im Falle einer Alleinbelieferungsvereinbarung, die hier für den AUSSCHLIESSLICHKEITS-ZEITRAUM nach Klausel 5.8 getroffen wurde (s. unten c), auch die Stellung des Käufers auf den nachgelagerten Märkten von Bedeutung ist.

Welche dieser Märkte im konkreten Fall relevant sind, ist unter Berücksichtigung der Relevanter-Markt-Bekanntmachung (s. dazu Kap. 5 Rdn. 170–175) zu entscheiden. Nach Nr. 7 und Nr. 8 dieser Bekanntmachung ist dabei zwischen dem sachlich und dem räumlich relevanten Produktmarkt zu unterscheiden, wobei der sachlich relevante Produktmarkt sämtliche Erzeugnisse oder Dienstleistungen umfasst, die von den Verbrauchern hins. ihrer Eigenschaften, Preise und ihres vorgesehenen Verwendungszwecks als austauschbar oder substituierbar angesehen werden.

Bei dem Markt für die zu entwickelnden Produkte für die Beschichtung von Aluminiumprofilen sofort nach dem Extrudieren würde es sich wohl aus folgendem Grund um einen neuen Markt handeln: Gelingt die Entwicklung, wäre ALUPRO wohl in Anbetracht der Kostenersparnis bereit, einen Preis für die neuen Beschichtungsprodukte zu zahlen, der nach dem Test, der bei der Beurteilung der Substituierbarkeit gemäß Nr. 17 Relevanter-Markt-Bekanntmachung anzustellen ist, mehr als 5 bis 10 % über dem Preis für herkömmliche Beschichtungsprodukte liegt. Die neu zu entwickelnden Produkte würden unter diesem Aspekt nicht dem vorhandenen Markt für Produkte zur Beschichtung von Aluminium- bzw. Aluminiumoberflächen vor der Lackierung angehören.

Es sind allerdings Rückwirkungen auf diesen Markt möglich, wenn die Entwicklung gelingt. Dann reduzieren sich die Umsätze auf diesem Markt im Hinblick auf die Neuentwicklung. Insoweit dürfte auch dieser Markt relevant sein (s. Kap. 5 Rdn. 157).

Auch der künftige, ggf. neu entstehende Markt ist nach der hier vertretenen Auffassung insoweit relevant, als Klausel 1.7 während der Vertragsdauer eine Kooperation der PARTEIEN zur Entwicklung der VERTRAGS-TECHNOLOGIE verbietet (s. Kap. 5 Rdn. 154). Weiter dürfte auf der Grundlage der hier vertretenen Auffassung, dass künftige Märkte auch hins. Beschränkungen von Vertragspartnern in der Verwertung von ihnen erzielter F&E-Ergebnisse relevant sind (s. Kap. 5 Rdn. 155), der ggf. neu

entstehende Markt auch deshalb relevant sein, weil nach Klausel 5.8 nicht jede PARTEI die von ihr erarbeiteten F&E-ERGEBNISSE frei verwerten kann.
Relevant dürfte weiterhin der (vorhandene) Markt für lackierte Aluminiumprofile als ein nachgelagerter Markt sein.
b) **Beeinträchtigung des Handels zwischen Mitgliedstaaten:** Siehe dazu Kap. 5 Rdn. 178–215.
Unter der Voraussetzung, dass es sich bei dem Vertrag nicht um einen Vertrag zwischen KMU i.S. der Empfehlung der Komm. 96/280/EG handelt (s. dazu Kap. 5 Rdn. 201), besteht für die Erfüllung dieses Merkmals weder nach Nr. 50 noch nach Nr. 52 der Zwischenstaatlichkeitsklausel-LL eine Negativvermutung. Eine Negativvermutung nach Nr. 52 scheidet aus, da sich die F&E auf einen in Entstehung begriffenen, noch nicht existierenden Markt bezieht. Für die Beurteilung der erforderlichen Spürbarkeit der Beeinträchtigung sind nach Nr. 52 der Zwischenstaatlichkeitsklausel-LL die Stellung der Parteien auf benachbarten Produktmärkten oder ihre Stärke in der von der Vereinbarung betroffenen Technologie zu beurteilen. Die Spürbarkeit der Beeinträchtigung wäre danach schon dann gegeben, wenn METCOAT bei den herkömmlichen Beschichtungsmitteln eine starke Marktstellung hat. Hinzu kommt, dass nach Nr. 53 der Zwischenstaatlichkeitsklausel-LL eine Positivvermutung für eine spürbare Beeinträchtigung besteht, da die Vereinbarung Einfuhren und Ausfuhren im Bereich der EU betrifft. Die Zwischenstaatlichkeitsklausel dürfte damit erfüllt sein.
c) **Bezwecken einer Wettbewerbsbeschränkung:**
Das Bezwecken einer Wettbewerbsbeschränkung ist nach Nr. 21 Freistellungs-LL allgemein dann anzunehmen, wenn die Beschränkungen ein derart großes Potential für negative Auswirkungen auf den Wettbewerb haben, dass es für die Anwendung von Art. 81 Abs. 1 nicht notwendig ist, deren tatsächliche Auswirkungen im Markt nachzuweisen. Dafür bieten »schwarze« Klauseln in den GFVO und die in den Bekanntmachungen der Kommission als »Kernbeschränkungen« eingestuften Beschränkungen nach Nr. 23 Freistellungs-LL eine nicht erschöpfende Orientierungshilfe, s. Kap. 5 Rdn. 237. Dabei ist nach Nr. 21 Freistellungs-LL im Falle einer bezweckten Wettbewerbsbeschränkung deren Spürbarkeit nicht mehr zu prüfen, s. dazu Kap. 5 Rdn. 238 und 239.
Der hier zu beurteilende vertikale F&E-Vertrag enthält keine »schwarzen« Klauseln bzw. Kernbeschränkungen i.S. von Art. 4 Vertikal-GFVO (s. dazu Kap. 5 Rdn. 529) und übrigens auch keine »roten« Klauseln i.S. von Art. 5 Vertikal-GFVO (s. dazu Kap. 5 Rdn. 531 und 532). Da es sich bei den Vertragspartnern um Nichtwettbewerber handelt, läge eine Kernbeschränkung i.S. der Bagatellbekanntmachung nur dann vor, wenn der Tatbestand von Nr. 11 Punkt 2 dieser Bekanntmachung erfüllt wäre. Dies ist jedoch nicht der Fall. Damit dürfte eine bezweckte Wettbewerbsbeschränkung zu verneinen sein.

d) **Bewirken einer Wettbewerbsbeschränkung:** Siehe dazu allgemein Kap. 5 Rdn. 216–247 und speziell für Vereinbarungen, die unter die Vertikal-LL fallen, Kap. 5 Rdn. 322–340.
Nach Nr. 16 der Freistellungs-LL (s. Kap. 5 Rdn. 224) beschränkt eine Vereinbarung den Wettbewerb, wenn sie geeignet ist, spürbare negative Auswirkungen auf die Wettbewerbsparameter im Markt wie Preise, Produktionsmenge, Produktvielfalt und Innovation zu haben. Eine Vereinbarung könne diese Auswirkungen haben, wenn der Wettbewerbsdruck zwischen den Parteien der Vereinbarung oder zwischen ihnen und Dritten erheblich gemindert wird.
Solche negativen Auswirkungen sind auf dem vorhandenen Markt für Produkte zur Beschichtung von Oberflächen aus Aluminium bzw. Aluminiumlegierungen vor der Lackierung nicht erkennbar. Auf diesem Markt würde bei Erfolg der Entwicklung der Wettbewerbsdruck für die Anbieter der herkömmlichen Beschichtungsprodukte eher steigen.
Der Vertrag erscheint aber geeignet, solche negativen Auswirkungen auf dem neu entstehenden künftigen Markt für die zu entwickelnden Beschichtungsprodukte, soweit dieser relevant ist – s. oben a) –, zu haben: Diese Auswirkungen können auf der vereinbarten Ausschließlichkeit der Zusammenarbeit der PARTEIEN während der Vertragsdauer und auf der Beschränkung der Verwertungsrechte von METCOAT hins. von ihr selbst erzielter F&E-ERGEBNISSE während des AUSSCHLIESSLICHKEITS-ZEITRAUMS beruhen.
In Frage kommen solche negativen Auswirkungen auch auf dem Markt der lackierten Aluminiumprofile, weil METCOAT während des AUSSCHLIESSLICHKEITSZEITRAUMS gehindert ist, die neu zu entwickelnden Beschichtungsprodukte an andere Kunden – und damit andere Hersteller extrudierter lackierter Aluminiumprofile – als ALUPRO und ihre KONZERNGESELLSCHAFTEN zu liefern, und diese anderen Hersteller damit bei Erfolg der Entwicklung evtl. nicht so günstig produzieren können wie ALUPRO, für die sich der Wettbewerbsdruck durch ihr Alleinbezugsrecht mindert. An der Spürbarkeit dieser Auswirkungen wird man aber zweifeln müssen, da in die Kosten der lackierten Aluminiumprofile viele andere und gewichtigere Kostenfaktoren eingehen als die Kosten der Vorbeschichtung vor der Lackierung.
Im Übrigen verneint die Kommission in der Bagatellbekanntmachung, wenn es sich – wie hier – um einen Vertrag zwischen Nichtwettbewerbern handelt, der keine Kernbeschränkungen i.S. von Nr. 11 Punkt 2 dieser Bekanntmachung enthält, die Spürbarkeit möglicher negativer Auswirkungen, wenn nicht zumindest einer der Vertragspartner auf einem vorhandenen relevanten Produktmarkt einen Marktanteil von mehr als 15 % hat (s. Kap. 5 Rdn. 329). Damit wäre eine spürbare Wettbewerbsbeschränkung dann zu verneinen, wenn METCOAT auf dem Markt für die Beschichtung von Oberflächen aus Aluminium und Aluminiumlegierun-

gen vor der Lackierung oder ALUPRO auf dem Markt für lackierte Aluminiumprofile jeweils nur einen Markanteil bis zu 15 % hat.
Wenn der betr. Marktanteil von METCOAT bzw. ALUPRO darüber liegt, bleibt zu prüfen, ob der Vertrag aufgrund direkter Anwendung von Art. 81 Abs. 3 freigestellt ist.
e) **Freistellung aufgrund direkter Anwendung von Art. 81 Abs. 3 EGV:** Siehe dazu allgemein Kap. 5 Rdn. 348, 349 und 550–583 sowie speziell für vertikale Verträge Kap. 5 Rdn. 616–631.
Die vier Freistellungsvoraussetzungen (s. Kap. 5 Rdn. 348) dürften erfüllt sein (s. dazu auch das ähnlich gelagerte Beispiel in Rn. 213 Vertikal-LL und die diesbezüglichen Ausführungen in Kap. 5 Rdn. 617–626):
Von der Vereinbarung können Effizienzgewinne erwartet werden, und zwar in Form von Kosteneinsparungen (s. dazu Nr. 64 bis 68 Freistellungs-LL/Kap. 5 Rdn. 561–563).
Es ist auch damit zu rechnen, dass die Verbraucher angemessen am Gewinn beteiligt werden (s. zu dieser Freistellungsvoraussetzung Nr. 83 bids 104 Freistellungs-LL/Kap. 5 Rdn. 573–575), weil zunächst bei ALUPRO und später auch bei anderen Herstellern lackierte Aluminiumprofile kostengünstiger hergestellt werden können und dieser Vorteil an die Verbraucher teilweise in Form niedrigerer Preise weitergegeben werden dürfte.
Die vertraglich vorgesehenen Beschränkungen erscheinen auch zur Verwirklichung der gemeinsamen Ziele unerlässlich (s. dazu Nr. 72 bis 82 Freistellungs-LL/Kap. 5 Rdn. 566–572). Die Ausschließlichkeit der Zusammenarbeit trägt dem Interesse jeder PARTEI Rechnung, dass nicht ihre Alttechnologie und von ihr erzielte F&E-ERGEBNISSE mittelbar an ihre jeweilige Konkurrenz gelangen und die Alleinbelieferungs- und Alleinbezugsverpflichtungen gemäß Klausel 5.8 umgangen werden (s. dazu Kap. 5 Rdn. 627). Und die zeitlich begrenzte Verpflichtung von METCOAT und ihrer KONZERNGESELLSCHAFTEN, nur ALUPRO und ihre KONZERNGESELLSCHAFTEN zu beliefern, trägt dem Interesse von ALUPRO Rechnung, ihre Entwicklungskosten zu amortisieren (s. zur Bedeutung der Amortisierungsmöglichkeit Kap. 5 Rdn. 552).
Der Wettbewerb wird auch nicht für einen wesentlichen Teil der betr. Waren ausgeschaltet (s. Nr. 105 bis 116 Freistellungs-LL/Kap. 5 Rdn. 576–582), weil bei Erfolg der gemeinsamen F&E mit Parallelentwicklungen zu rechnen ist.

(3) **Definitionen:** Bei der Vielzahl der Definitionen empfiehlt sich die Angabe der Fundstellen in einer vorangestellten Liste.

(4) Siehe zur Bedeutung und Gestaltung der **Präambel** Kap. 8 Rdn. 122–125.

(5) Gegen das Eingehen einer Verpflichtung, »bestmögliche Anstrengungen« (»**best efforts**«) zu unternehmen, spricht im gedachten Fall neben einem gewissen Haftungsrisiko (s. Kap. 8 Rdn. 612) auch das Interesse von METCOAT, einem zu hohen Optimismus von ALUPRO hins. des Er-

folgs des Projekts und damit einer möglichen Beschädigung ihres Image bei diesem Kunden vorzubeugen.

(6) Siehe zur Definition **technischer F&E-Ergebnisse** allgemein Kap. 8 Rdn. 422–437 und speziell bei vertikalen F&E-Verträgen Kap. 8 Rdn. 456.

(7) Siehe zur Regelung der Rechte und Verpflichtungen der Vertragspartner zur **Anmeldung und Aufrechterhaltung von Patenten** für F&E-Ergebnisse im Allgemeinen Kap. 8 Rdn. 146–200 und speziell bei vertikalen F&E-Verträgen Kap. 8 Rdn. 245–250. Die Rechte der PARTEIEN zur **Geltendmachung von Patenten** wurden nicht besonders geregelt. Sie dürften nach englischem Recht als dem Recht, dem der Vertrag nach Klausel 8.1 unterliegt, der Inhaberschaft an den Schutzrechten folgen, wobei zu klären wäre, ob bei gemeinsamen Patenten jede PARTEI wie nach deutschem Recht (s. Kap. 8 Rdn. 251 i.V. mit Rdn. 243) klagen kann.

(8) Hins. der Mitteilung des Landes/der Länder, für welche eine PARTEI eine Nachanmeldung bzw. **Nachanmeldungen** wünscht, wurde eine Frist von 9 Monaten gewählt, damit einerseits jede PARTEI genügend Zeit für die Prüfung hat, ob und inwieweit sich Nachanmeldungen lohnen, und andererseits genügend Zeit vor Ablauf der 12-monatigen Prioritätsfrist nach der PVÜ für die Vorbereitung der Nachanmeldungen und die Abstimmung darüber bleibt. In Betracht kommt stattdessen auch eine Frist von 8 oder 10 Monaten.

(9) Siehe zu Verpflichtungen von Vertragspartnern zur **Geheimhaltung und Nichtverwertung** Kap. 8 Rdn. 325–344; speziell zum Zusammenhang zwischen Geheimhaltungsverpflichtung und Verwertungsbeschränkungen Kap. 8 Rdn. 325, zum grundsätzlichen Vorrang des Anmeldeinteresses vor dem Geheimhaltungsinteresse Kap. 8 Rdn. 334 i.V. mit Rdn. 180 und 181, zur Problematik von Verpflichtungen zur Geheimhaltung und Nichtverwertung kommerzieller Informationen Kap. 8 Rdn. 342–344 und zur Zweckmäßigkeit von Verpflichtungen zur Geheimhaltung von Computerprogrammen, wenn die F&E-Ergebnisse diese umfassen können, Kap. 8 Rdn. 338 und 339.

(10) Die grundsätzlichen **Ausnahmen von der Geheimhaltungsverpflichtung** unter a) bis c) werden im Hinblick darauf, dass der Anfang des Satzes dafür die Beweislast ausdrücklich der EMPFANGENDEN PARTEI auferlegt, getrennt von den »**Ausnahmen von den Ausnahmen**« aufgeführt, weil für diese die offenbarende PARTEI die Beweislast trägt, s. dazu Kap. 8 Rdn. 332 und 333.

(11) Siehe zur Regelung der **Benutzungs- und Verwertungsrechte** der Vertragspartner **bzgl. technischer F&E-Ergebnisse** allgemein Kap. 8 Rdn. 438–442 und speziell bei vertikalen F&E-Verträgen Kap. 8 Rdn. 461–470.

(12) Klausel 5.9 regelt u.a. die **Verwertungsrechte** jeder PARTEI **bzgl. Alttechnologie**, s. dazu allgemein Kap. 8 Rdn. 345–358 und speziell bei vertikalen F&E-Verträgen Kap. 8 Rdn. 376–379.

(13) Siehe zur Regelung der **Vertragsdauer** Kap. 8 Rdn. 614–645 und speziell zur Regelung der Vertragsdauer des Gesellschaftsvertragstypus Kap. 8 Rdn. 620–630.

(14) Die in Klausel 6.2 vorgesehene **Kündigungsmöglichkeit** ist im gedachten Fall für jede PARTEI, besonders aber ALUPRO, deshalb wichtig, weil sie gemäß Klausel 1.7 während der Vertragsdauer bei der Entwicklung der VERTRAGSTECHNOLOGIE nicht mit Dritten zusammenarbeiten darf.

(15) Siehe zur Regelung der **nachvertraglichen Rechte und Pflichten** Kap. 8 Rdn. 646–657.

(16) Siehe zur Frage der Notwendigkeit einer **Rechtswahlklausel** und zur Bedeutung, den die Vertragspartner der Rechtswahl in den Vertragsverhandlungen zumessen sollten, Kap. 8 Rdn. 660–680. Soweit die Vertragspartner nicht gesetzlich gehindert sind, das anzuwendende Recht zu bestimmen, sollte es im Fall einer Schiedsgerichtsklausel jedenfalls dasjenige Recht sein, welches an dem Ort gilt, an dem das Schiedsgerichtsverfahren nach dem Vertrag durchzuführen ist, s. Kap. 8 Rdn. 678 und 686.

(17) Siehe zu vertraglichen Regelungen betr. die Form und das Wirksamwerden von **Erklärungen und geschäftsähnlichen Handlungen** Kap. 8 Rdn. 690–693.

(18) Siehe zur **Wahl zwischen ordentlicher Gerichtsbarkeit und Schiedsgerichtsbarkeit** Kap. 8 Rdn. 681–684 und – im Fall der Vereinbarung von Schiedsgerichtsbarkeit – zur Auswahl unter den möglichen Schiedsgerichtsverfahren, Festlegung der Zahl der Schiedsrichter und des Orts des Schiedsgerichtsverfahrens sowie zum Ausschluss von »Discovery Proceedings« Kap. 8 Rdn. 685–687.

(19) Siehe zur Zweckmäßigkeit und Gestaltung einer **salvatorischen Klausel** Kap. 8 Rdn. 702–705.

(20) Siehe zu den Gründen für die Festlegung der **Schriftform für Vertragsänderungen** und zur Frage der Wirksamkeit dieser Festlegung, wenn der Vertrag deutschem Recht unterliegt, Kap. 8 Rdn. 699 und 701.

(21) Siehe zur Gestaltung des **Vertragsfußes** Kap. 8 Rdn. 706.

Kapitel 14 Internationaler F&E-Auftrag des Werkvertragstypus an Forschungsgesellschaft mit Lizenzoption des Auftraggebers Muster C

[(1),(2),(3),(4)]Internationaler F&E-Auftrag des Werkvertragstypus in deutscher und englischer Sprache an Forschungsgesellschaft zur Entwicklung einer Apparatur auf der Grundlage einer der Forschungsgesellschaft gehörenden Technologie mit Lizenzoption des Auftraggebers

Vertrag

zwischen
Research Co., Inc. ..., Indien
– nachfolgend als »RESCO« bezeichnet –
und
Motorteile GmbH, ..., Bundesrepublik Deutschland
– nachfolgend als »MT« bezeichnet –
(auch einzeln als »PARTEI« und zusammen als »PARTEIEN« bezeichnet)

(5)Einleitung:

RESCO hat eine Technologie entwickelt, welche die Herstellung von Matten aus keramischen Fasern, die innerhalb der Matten in einer bestimmten Weise angeordnet sind, und die Verwendung solcher Matten als Komponenten von faserverstärkten Gussteilen betrifft. RESCO hat MT mit dieser Technologie unter der am .../... unterzeichneten Geheimhaltungsvereinbarung vertraut gemacht. Diese Technologie ist noch nicht für den industriellen Einsatz geeignet. Einer der Gründe dafür liegt im Fehlen einer Apparatur, welche eine kontinuierliche Herstellung der Matten gestattet. RESCO ist jedoch zuversichtlich, einen Prototyp einer solchen Apparatur erfolgreich entwickeln zu können.

Die besagte Technologie gestattet, wenn sie durch weitere Entwicklung die Eignung für den industriellen Einsatz erlangt, möglicherweise unter Anderem Verbesserungen von Produkten, die gegenwärtig von MT, ihren Konzerngesellschaften und Lizenznehmern hergestellt werden, nämlich von Diesel-Kolben mit faserverstärkten Verbrennungsraum-Rändern.

MT wünscht deshalb (i) die Entwicklung des besagten Prototyps, (ii) den Erwerb einer Option auf eine ausschließlichen Lizenz zur Verwertung der von RESCO schon entwickelten Technologie und von Verbesserungen dieser Technologie, die ggf. seitens RESCO oder seitens beider PARTEIEN entwickelt werden, und (iii) den Erwerb einer Lizenz, um diese Technologie und Verbesserungen, solange sie die Option noch nicht ausgeübt hat, testen und weiterentwickeln zu können.

RESCO ist bereit, den Wünschen von MT zu den Bedingungen dieses Vertrages zu entsprechen.

Es wird deshalb Folgendes vereinbart:

1. **(6)Definitionen**

1.1 »DATUM DES INKRAFTTRETENS« ist der ... (*Datum*), 0 Uhr.

1.2 »PRÜFUNGSPERIODE« ist in dem Fall, dass MT die ihr erteilte Option nicht gemäß Klausel 5 ausübt, die OPTIONSPERIODE, oder, wenn MT diese Option gemäß Klausel 5 ausübt, der Teil der OPTIONSPERIODE, welcher der Ausübung der Option vorausgeht.

1.3 »ERFINDENDE PARTEI« hat die Bedeutung gemäß der Definition in Klausel 8.2 a).

1.4 »MATTENVERSTÄRKTES GUSSTEIL« ist ein Gussteil, in das MATTEN eingeschlossen sind.

Agreement

between
Research Co., Inc. ..., India
– hereinafter referred to as »RESCO« –
and
Motorteile GmbH, ..., Federal Republic of Germany
– hereinafter referred to as »MT« –
(also individually referred to as »PARTY« and collectively as »PARTIES«)

(5)WHEREAS:

RESCO has developed and familiarized MT under the Secrecy Agreement executed on .../... with a technology relating to the production of mats composed of ceramic fibers positioned in a certain way within such mats and the use of such mats as components of fiber-reinforced castings. This technology is not yet fit for industrial use. One of the reasons therefor is the lack of an apparatus permitting a continuous production of such mats. RESCO is, however, confident that it will be able to successfully develop a prototype of such an apparatus.

The said technology may, if made fit for industrial use through further development, inter alia permit improvements of products currently manufactured by MT, its affiliates and licensees, i.e. Diesel pistons having fiber-reinforced combustion chamber edges.

MT therefore desires (i) the development of the said prototype by RESCO, (ii) the acquisition of an option to obtain an exclusive license to exploit the technology already developed on the part of RESCO and improvements of such technology which may be developed on the part of RESCO or in the part of both PARTIES, and (iii) the acquisition of a license for testing and further developing such technology and improvements as long as it has not yet exercised the option.

RESCO is prepared to meet such wishes on the terms and conditions hereinafter set forth.

NOW, THEREFORE, it is hereby agreed as follows:

1. **(6)Definitions**

1.1 »EFFECTIVE DATE« shall mean ... (*Date*), 0 h.

1.2 »EVALUATION PERIOD« shall mean, in case MT does not exercise according to clause 5 the option granted to it, the OPTION PERIOD, or, if MT exercises such option according to clause 5, that part of the OPTION PERIOD which precedes the exercise of the option.

1.3 »INVENTING PARTY« has the meaning assigned to such term in clause 8.2 a).

1.4 »MAT REINFORCED CASTING« shall mean any casting into which MATS are incorporated.

1.5 »MATTEN« sind Matten aus keramischen Fasern, die unter Anwendung des VERFAHRENS hergestellt werden.

1.6 »NETTOVERKAUFSPREIS« ist der Rechnungsbetrag abzüglich von
- Steuern und anderen Belastungen, die direkt auf den betreffenden Verkauf zurückgehen, insbesondere Umsatzsteuern,
- Verpackungs-, Fracht und Frachtversicherungskosten gemäß Spezifikation in der Rechnung und
- Gutschriften für Retouren gemäß diesbezüglicher Gutschriftsanzeigen, jedoch ohne darin ggf. enthaltene Umsatzsteuer.

Wenn ein MATTENVERSTÄRKTES GUSSTEIL nicht als solches verkauft wird, sondern nur als abtrennbarer oder nicht abtrennbarer Teile einer größerer Einheit, werden sich die PARTEIEN unter Beachtung von Treu und Glauben um eine Einigung darüber bemühen, welcher Teil des NETTOVERKAUFSPREISES der größeren Einheit als NETTOVERKAUFSPREIS eines solchen MATTENVERSTÄRKTEN GUSSTEILS anzusehen ist. Wenn keine Einigung erzielt wird, wird dieser NETTOVERKAUFSPREIS auf Antrag einer PARTEI oder beider PARTEIEN durch ein nach Klausel 13.2 zu bildendes Schiedsgericht bestimmt.

1.7 Die »OPTIONSPERIODE« beginnt am DATUM DES INKRAFTTRETENS und endet mit dem Ablauf der nachfolgenden 2-Jahres-Periode.

1.8 »PATENTE« sind Patente und Patentanmeldungen für TECHNOLOGIE.

a) »RESCO-PATENTE« sind PATENTE, deren Inhaber RESCO ist. Diejenigen RESCO-PATENTE, die zur Zeit der Unterzeichnung dieses Vertrags seitens RESCO bestehen, sind in **Annex 1.8 a)** gelistet.

b) »MT-PATENTE« sind PATENTE, deren Inhaber MT ist.

c) »GEMEINSAME PATENTE« sind PATENTE, deren Inhaber beide PARTEIEN sind.

Eine PARTEI gilt als Inhaber eines PATENTS, wenn sie als Inhaber bei dem zuständigen Patentamt registriert ist oder zwar nicht als Inhaber bei dem zuständigen Patentamt registriert ist, aber das PATENT kontrolliert.

1.9 »VERFAHREN« ist ein Verfahren, zur Herstellung von Matten aus keramischen Fasern, das durch die in **Annex 1.9** beschriebenen Merkmale gekennzeichnet ist.

1.10 »PROTOTYP« ist eine Apparatur zur kontinuierlichen Herstellung von MATTEN aus den in **Annex 1.10** spezifizierten keramischen Fasern.

1.11 (7)»TECHNOLOGIE« bedeutet bis zum Ende der VERTRAGSDAUER entstehende technische Kenntnisse und Erfahrungen sowie Erfindungen betreffend das VERFAHREN, Apparaturen zum Betrieb des VERFAHRENS, MATTEN und die Verwendung von MATTEN als Komponenten MATTENVERSTÄRKTER GUSSTEILE, soweit diese Erkenntnisse, Erfahrungen und Erfindungen vollständig seitens einer PARTEI oder seitens beider PARTEIEN entwickelt worden sind oder werden. Als seitens einer PARTEI entwickelt gilt dabei nicht eine Erfindung oder Erfindungsanteil eines Arbeitnehmers, an der bzw. an dem nach dem einschlägigen Arbeit-

1.5 »MATS« shall mean mats of ceramic fibers manufactured using the PROCESS.

1.6 »NET SELLING PRICE« shall mean the invoice price less

- taxes and other charges directly based on the respective sale, in particular turnover tax,
- cost of packing, freight and freight insurance as specified in the invoice and
- any credits for goods returned, as shown by relevant credit notes, except credits for turnover tax which may be included in such credit notes.

If a MAT REINFORCED CASTING is not sold as such, but only as a separable or inseparable part of a larger entity, the PARTIES hereto shall, in good faith, try to reach an agreement as to which part of the NET SELLING PRICE of the larger entity has to be regarded as the NET SELLING PRICE of such MAT REINFORCED CASTING. If no agreement is reached, such NET SELLING PRICE shall be determined, on request of either PARTY or both PARTIES, by arbitration according to clause 13.2.

1.7 The »OPTION PERIOD« shall commence on the EFFECTIVE DATE and shall end on the second anniversary thereof.

1.8 »PATENTS« shall mean patents and patent applications relating to TECHNOLOGY.

a) »RESCO-PATENTS« shall mean PATENTS owned by RESCO. The RESCO-PATENTS existing at the date of execution of this Agreement on behalf of RESCO are listed in **Annex 1.8 a)** hereto.

b) »MT-PATENTS« shall mean PATENTS owned by MT.

c) »JOINT PATENTS« shall mean PATENTS owned by both PARTIES.

A PARTY shall be deemed the owner of a PATENT, if it registered as the owner at the relevant patent office or if it has, though not registered as the owner at the relevant patent office, control over such PATENT.

1.9 »PROCESS« shall mean a process for producing mats of ceramic fibers characterized by the features specified in **Annex 1.8** hereto.

1.10 »PROTOTYPE« means an apparatus determined for the continuous production of MATS made of the ceramic fibers specified in **Annex 1.9**.

1.11 (7)»TECHNOLOGY« shall mean technical knowledge and experience as well as inventions generated up to the end of the TERM OF AGREEMENT and relating to the PROCESS, apparatuses for operating the PROCESS, MATS and the use of MATS as components of MAT REINFORCED CASTINGS, to the extent that such knowledge, experience and inventions have been or are developed on the part of one PARTY or both PARTIES, provided that any invention or any share in an invention of any employee of a PARTY shall not be deemed to be developed on the part of such PARTY, if the rights in such invention or share therein are primarily

nehmererfindungsrecht die Rechte zunächst bei diesen Arbeitnehmern liegen und die/der nicht wenigstens in einem Zeitpunkt einer gesetzlichen Option oder vertraglichem Anspruch dieser PARTEI zum Erwerb derselben/desselben unterliegt.

a) »RESCO-TECHNOLOGIE« ist TECHNOLOGIE, die allein seitens RESCO entwickelt worden ist oder entwickelt wird. Die RESCO-TECHNOLOGIE, die zur Zeit der Unterzeichnung dieses Vertrags durch RESCO besteht, ist in **Annex 1.11 a)** skizziert.

b) »MT-TECHNOLOGIE« besteht aus TECHNOLOGIE, welche der Anwendung von RESCO-TECHNOLOGIE dient oder diese verbessert und allein von MT stammt.

c) »GEMEINSAME TECHNOLOGIE« besteht aus TECHNOLOGIE, welche der Anwendung von RESCO-TECHNOLOGIE dient oder diese verbessert und seitens beider PARTEIEN entwickelt wird.

1.12 »VERTRAGSDAUER« ist der Zeitraum, während dessen dieser Vertrag nach Klausel 11 in Kraft ist.

2. Entwicklung, Lieferung, Installation und Inbetriebsetzung eines PROTOTYPS

2.1 RESCO wird einen PROTOTYP entwickeln, der die Anforderungen gemäß **Annex 2.1** erfüllt, mit folgender Maßgabe:

a) Innerhalb von sechs (6) Monaten nach dem DATUM DES INKRAFTTRETENS wird RESCO MT ein Schema senden, auf dessen Grundlage die Konstruktion eines PROTOTYPS, der die kontinuierliche Herstellung von MATTEN erlaubt, möglich erscheint. MT wird dieses Schema prüfen und RESCO ihre diesbezügliche Stellungnahme unverzüglich übermitteln.

b) Innerhalb von zwölf (12) Monaten nach dem DATUM DES INKRAFTTRETENS wird RESCO MT eine detaillierte Konstruktionszeichnung senden, auf dessen Grundlage die Herstellung eines PROTOTYPS, der die in **Annex 2.1** gelisteten Anforderungen erfüllt, möglich erscheint. MT wird auch diese detaillierte Konstruktionszeichnung prüfen und RESCO ihre diesbezügliche Stellungnahme unverzüglich übermitteln.

c) Innerhalb von achtzehn (18) Monaten nach dem DATUM DES INKRAFTTRETENS wird RESCO einen PROTOTYP herstellen, in ihrer Betriebsstätte einen anfänglichen Test desselben unter Benutzung von Fasern, welche die Spezifikationen gemäß **Annex 1.9** erfüllen, durchführen und den PROTOTYP, ordnungsgemäß verpackt, unter Beifügung einer Kopie der endgültigen detaillierten Konstruktionszeichnung und einer in zumutbarem Umfang detaillierten englischsprachigen Betriebsanleitung CIF (Incoterms ...) ... (*Adresse des Werks von MT*) versenden.

2.2 Sofort nach der Lieferung des PROTOTYPS an MT gemäß Klausel 2.1 c) wird MT den PROTOTYP in einem Raum, der sich für seine Installation und seinen Betrieb (z.B. hinsichtlich elektrischem Anschluss) eignet, auspacken und eine Erklärung gegenüber RESCO abgeben, welche die Liefe-

vested in such employee and are not, at least in one moment, subject to a statutory option of such PARTY or a contractual claim to acquire the same.

a) »RESCO-TECHNOLOGY« shall mean TECHNOLOGY developed solely on the part of RESCO. The RESCO-TECHNOLOGY existing at the date of execution of this Agreement by RESCO is outlined in **Annex 1.11 a)** hereto.
b) »MT-TECHNOLOGY« shall mean such TECHNOLOGY serving the application of or improving the RESCO-TECHNOLOGY, which is solely developed on the part of MT.
c) »JOINT TECHNOLOGY« shall mean TECHNOLOGY serving the application of or improving the RESCO-TECHNOLOGY, which is developed on the part of both PARTIES.

1.12 »TERM OF AGREEMENT« shall mean the period during which this Agreement is effective according to clause 11.

2. Development, Delivery, Installation and Putting into Operation of a PROTOTYPE

2.1 RESCO shall develop a PROTOTYPE meeting the requirements listed in **Annex 2.1** provided the following:
a) Within six (6) months following the EFFECTIVE DATE, RESCO shall send to MT a scheme on the basis of which the construction of a PROTOTYPE permitting the continuous production of MATS appears possible. MT shall review such scheme and communicate its pertinent comments to RESCO without delay;

b) Within twelve (12) months following the EFFECTIVE DATE, RESCO shall send to MT a detailed design on the basis of which the construction of a PROTOTYPE meeting the requirements listed in **Annex 2.1** appears possible. MT shall also review such detailed design and communicate its pertinent comments to RESCO without delay; and
c) Within eighteen (18) months following the EFFECTIVE DATE, RESCO shall construct a PROTOTYPE, perform at its facilities an initial test operation thereof using fibers meeting the specifications listed in **Annex 1.9**, and send the PROTOTYPE to MT, properly packed and accompanied by a copy of the final detailed design thereof and of reasonably detailed operating instructions in the English language, CIF (Incoterms ...) ... (*location of the plant of MT*).

2.2 Promptly upon delivery of the PROTOTYPE to MT according to clause 2.1 c), MT shall unpack the PROTOTYPE in a room fit for the installation and operation thereof (e.g. in respect of power supply) and give notice to RESCO confirming delivery and stating any incompleteness and/or de-

rung bestätigt und ggf. eine Unvollständigkeit und/oder einen Mangel des PROTOTYPS benennt, der von ihr erkannt worden oder auf den ersten Blick nach dessen Lieferung oder nach dem Auspacken desselben erkennbar ist.

2.3 An einem Werktag oder an Werktagen innerhalb der Periode von drei (3) Monaten, die dem Datum des Zugangs der Erklärung folgt, die von MT gemäß Klausel 2.2 abzugeben ist, wobei dieser Werktag oder diese Werktage von RESCO auszuwählen und durch Erklärung gegenüber MT mindestens eine Woche vorher anzuzeigen ist bzw. sind, wird RESCO den PROTOTYP in dem dafür vorgesehenen Raum installieren und in Betrieb setzen und bei Feststellung einer Unvollständigkeit oder Mangelhaftigkeit des PROTOTYPS diese zu beseitigen versuchen (zusammen nachfolgend als »Start-Aktivitäten« bezeichnet). Für die Inbetriebsetzung des PROTOTYPS wird MT RESCO eine ausreichende Menge von Fasern, welche die in **Annex 1.9** gelisteten Anforderungen erfüllen, zur Verfügung stellen. Das zu MT delegierte Personal von RESCO wird MT die Beobachtung der Start-Aktivitäten gestatten und diesbezügliche Fragen von MT beantworten. Nach Abschluss der Start-Aktivitäten wird seitens der PARTEIEN ein Protokoll aufgesetzt und unterzeichnet, das die Installation und Inbetriebsetzung des PROTOTYPS bestätigt und ggf. jede Unvollständigkeit und/oder Mangelhaftigkeit des PROTOTYPS, die noch zu beseitigen ist, aufführt. Unter der Voraussetzung, dass das zu MT entsandte Personal von RESCO die Verpflichtungen gemäß dem dritten Satz dieser Klausel 2.3 erfüllt hat, gilt der PROTOTYP nach Abschluss der Start-Aktivitäten als vollständig und mängelfrei. Dies gilt jedoch nicht für eine solche Unvollständigkeit oder einen solchen Mangel, die/der von einer PARTEI oder beiden PARTEIEN in dem besagten Protokoll erwähnt wird oder, wenn die PARTEIEN ein solches Protokoll nicht aufsetzen oder unterzeichnen, von MT gegenüber RESCO in einer innerhalb von 14 Tagen nach Abschluss der Start-Aktivitäten abgegebenen Erklärung geltend gemacht wird.

3. **Vergütung für PROTOTYP**

Der Preis für den PROTOTYP beträgt … EURO und ist von MT wie folgt zu zahlen:

- … EURO innerhalb von 14 Tagen nach dem DATUM DES INKRAFTTRETENS;
- … EURO innerhalb von 14 Tagen nach dem Datum, an dem MT ein Schema, das die in Klausel 2.1 a) genannten Bedingungen erfüllt, zugegangen ist;
- … EURO innerhalb von 14 Tagen nach dem Datum, an dem MT eine detaillierte Konstruktionszeichnung, welche die in Klausel 2.1 b) genannten Bedingungen erfüllt, zugegangen ist.

ficiency of the PROTOTYPE recognized by it or recognizable at first sight upon the delivery or unpacking of the same.

2.3 On a working day or working days within the period of three (3) months following the date of the service of the notice to be given by MT to RESCO according to clause 2.2, such working day or working days to be selected by RESCO and to be indicated by it to MT through giving at least one week's prior notice, RESCO shall install and put into operation the PROTOTYPE in the room determined therefor by MT according to clause 2.2 and shall try, in case of the ascertainment of any incompleteness and/or deficiency of the PROTOTYPE, to remove the same (collectively hereinafter referred to as the »starting activities«). For the putting into operation of the PROTOTYPE, MT shall make available to RESCO a sufficient quantity of fibers meeting the specifications listed in **Annex 1.9**. The personnel of RESCO delegated to MT shall permit MT the observation of the starting activities and answer any pertinent questions of MT. Upon completion of the starting activities a protocol shall be set up and signed on behalf of the PARTIES confirming the installation and putting into operation of the PROTOTYPE and outlining any incompleteness and/or deficiency of the PROTOTYPE still to be removed. Provided that the personnel delegated by RESCO have fulfilled the obligations set forth in the third sentence of this clause 2.3, the PROTOTYPE shall be deemed complete and not deficient upon completion of the starting activities except as regards any incompleteness and/or deficiency which is mentioned by either or both of the PARTIES in the said protocol or is, in case the PARTIES fail to set up and sign such protocol, asserted by MT by giving notice to RESCO within 14 days following completion of the starting activities.

3. **Consideration for PROTOTYPE**

The price of the PROTOTYPE shall be ... EURO and shall be paid by MT as follows:

- ... EURO shall be paid within 14 days following the EFFECTIVE DATE;
- ... EURO shall be paid within 14 days following the date of service on MT of a scheme conforming to clause 2.1 a);
- ... EURO shall be paid within 14 days following the date of service on MT of a detailed design conforming to clause 2.1 b).

MT wird alle diese Beträge auf das Konto von RESCO Nr. ... bei der ... Bank oder ein Konto bei einer anderen Bank, das ihr ggf. von RESCO angegeben worden ist, überweisen.

4. **Haftung von RESCO für Verletzungen ihrer Verpflichtungen hinsichtlich des PROTOTYPS**
(8)Soweit sich aus Klausel 12.4 nichts Anderes ergibt, hat RESCO an MT keinen Schadensersatz wegen Verletzung ihrer in Klausel 2 angeführten Verpflichtungen zu leisten, mit der Maßgabe, dass RESCO für unerlaubte Handlungen, z.B. Verletzung von Personen oder Schäden an Sachen, die sie durch die Verletzung dieser Verpflichtungen vorsätzlich oder fahrlässig herbeiführt, haftbar bleibt.

5. **Option von MT**
RESCO erteilt hiermit MT die Option, durch eine Erklärung, die bis zum Ablauf der OPTIONSPERIODE, aber nicht nach einer Kündigung dieses Vertrags nach Klausel 11.2 oder 11.3 gegenüber RESCO abgegeben wird, eine Lizenz zu den in **Annex 5** festgelegten Bedingungen zu erwerben.

6. **Rechte der PARTEIEN während der PRÜFUNGSPERIODE**

6.1 RESCO erteilt hiermit MT die alleinige Lizenz, die RESCO-TECHNOLOGIE, die GEMEINSAME TECHNOLOGIE, die RESCO-PATENTE und die GEMEINSAMEN PATENTE für Untersuchungen und die Weiterentwicklung der TECHNOLOGIE während der PRÜFUNGSPERIODE zu benutzen.

6.2 MT erteilt hiermit RESCO die alleinige Lizenz, die MT-TECHNOLOGIE, die GEMEINSAME TECHNOLOGIE, die MT-PATENTE und die GEMEINSAMEN PATENTE für Untersuchungen und die Weiterentwicklung der TECHNOLOGIE während der PRÜFUNGSPERIODE zu benutzen.

7. **Austausch von TECHNOLOGIE während der PRÜFUNGSPERIODE**
Während der PRÜFUNGSPERIODE wird jede PARTEI die andere sofort schriftlich über jede wesentliche von ihr stammende neue TECHNOLOGIE informieren und mündlich, telefonisch oder schriftlich Fragen der anderen PARTEI über Einzelheiten dieser neuen TECHNOLOGIE beantworten.

8. **(9)Künftige PATENTE**

8.1 Die Ausarbeitung, Einreichung, Verfolgung, Aufrechterhaltung und Verteidigung von PATENTEN, die nicht zu den in **Annex 1.8 a)** aufgeführten PATENTEN und den daraus hervorgehenden PATENTEN gehören, richtet sich nach den Klauseln 8.2 bis 8.5.

MT shall remit all such payments to the account of RESCO No. ... with the ... Bank in ... or another bank and account which may have been notified to it by RESCO.

4. **Liability of RESCO for breach of obligations regarding the PROTOTYPE**
(8)RESCO shall, subject to clause 12.4, not be liable for paying damages to MT on account of any breach of any of its obligations set forth in clause 2, provided that RESCO shall remain liable for tort, e.g. for any injury to persons or damage to tangible assets deliberately or negligently caused by it through such breach.

5. **Option of MT**
RESCO hereby grants MT the option to acquire, by giving notice to RESCO during the OPTION PERIOD, but not after any termination of this Agreement according to clause 11.2 or 11.3, a license upon the terms and conditions set forth in this Agreement and **Annex 5** thereto.

6. **Rights of the PARTIES during the EVALUATION PERIOD**

6.1 RESCO hereby grants MT the sole license to use any RESCO-TECHNOLOGY, JOINT TECHNOLOGY, RESCO-PATENTS and JOINT PATENTS for the purpose of testing and further developing the TECHNOLOGY during the EVALUATION PERIOD.

6.2 MT hereby grants RESCO the sole license to use any MT-TECHNOLOGY, JOINT TECHNOLOGY, MT-PATENTS and JOINT PATENTS for the purpose of testing and further developing the TECHNOLOGY during the EVALUATION PERIOD.

7. **Exchange of TECHNOLOGY during the EVALUATION PERIOD**
During the EVALUATION PERIOD each PARTY shall promptly inform the other in writing about any significant new TECHNOLOGY originating from it and shall answer orally, by telephone or in writing, questions of the other PARTY relating to details of such new TECHNOLOGY.

8. **(9)Future PATENTS**

8.1 The drafting, filing, prosecution, maintenance and defence of PATENTS, other than the PATENTS listed in **Annex 1.8 a)** and PATENTS derived therefrom, shall be subject to clauses 8.2 and 8.3.

8.2 Bezüglich von PATENTEN für RESCO-TECHNOLOGIE und MT-TECHNOLOGIE gilt Folgendes:

a) Diejenige PARTEI, auf deren Seite eine mutmaßlich patentfähige TECHNOLOGIE entwickelt wird, (the »ERFINDENDE PARTEI«) ist berechtigt, dafür Patente anzumelden, soweit sich nicht aus nachfolgend b) bis d) etwas anderes ergibt.

b) Für jedes Land, für das die die ERFINDENDE PARTEI nicht selbst eine Patentanmeldung für eine solche TECHNOLOGIE vornimmt, wird sie der anderen PARTEI rechtzeitig durch schriftliche Erklärung die Option einräumen, eine solche Patentanmeldung vorzunehmen. Die andere PARTEI kann die Option binnen 45 Tagen nach Zugang der schriftlichen Erklärung über die Einräumung der Option durch schriftliche Erklärung an die ERFINDENDE PARTEI ausüben.

c) Übt die andere PARTEI die Option rechtzeitig aus, wird sie die betreffende Patentanmeldung unverzüglich in ihrem Namen und auf ihre Kosten vornehmen. Sie wird der ERFINDENDEN PARTEI gleichzeitig mit der Anmeldung eine Kopie derselben senden und die ERFINDENDE PARTEI über den Fortgang des Erteilungsverfahrens informiert halten. Auf Verlangen der ERFINDENDEN PARTEI wird sie dieser und/oder deren Erfinder(n) auch Einsicht in den Schriftwechsel mit dem Patentamt gewähren.

d) Wenn die andere PARTEI die Option nicht oder nicht rechtzeitig ausübt, kann die ERFINDENDE PARTEI die Rechte an einer solchen TECHNOLOGIE bezüglich des betreffenden Landes auf ihren bzw. ihre Arbeitnehmererfinder ohne Vorbehalt eines Verwertungsrechts für die andere PARTEI übertragen, sofern der bzw. die Arbeitnehmererfinder die Übertragung nach dem einschlägigen Gesetz über Arbeitnehmererfindungen verlangen können.

8.3 Bezüglich von PATENTEN für GEMEINSAME TECHNOLOGIE gilt Folgendes:

a) Jede PARTEI kann eine Anfrage an die andere PARTEI richten, ob die letztere sich an einer ersten Patentanmeldung für einen bestimmten Teil der GEMEINSAMEN TECHNOLOGIE beteiligen will.

b) Wenn die andere PARTEI gegenüber der anfragenden PARTEI innerhalb von zwei Monaten nach Zugang der gemäß vorstehend a) an sie gerichteten Anfrage ihr Interesse erklärt, sich an einer solchen ersten Anmeldung zu beteiligen, wird diese erste Anmeldung auf die Namen beider PARTEIEN, d.h. als gemeinsame Anmeldung eingereicht. Sofern nichts Anderes vereinbart wird, wird die Anmeldung für das Land der anfragenden PARTEI eingereicht.

c) Wenn die andere PARTEI der anfragenden PARTEI nicht innerhalb von zwei Monaten nach Zugang der Anfrage ihr Interesse erklärt, sich an einer solcher ersten Anmeldung zu beteiligen und nicht stichhaltige Einwände gegen die Patentfähigkeit des betreffenden Teils der GE-

8.2 In respect of PATENTS for RESCO TECHNOLOGY and MT TECHNOLOGY the following shall apply:

a) The PARTY, on the part of which a presumably patentable TECHNOLOGY is developed, (the »INVENTING PARTY«), is, subject to b) through d) below, entitled to file patent applications therefor.

b) In respect of any country, for which the INVENTING PARTY does not file a patent application for such TECHNOLOGY, it shall grant to the other PARTY, by giving written notice to the same, in time the option to file such patent application. The other PARTY may exercise such option, by giving written notice to the INVENTING PARTY, within 45 days after service of the notice granting the option.

c) If the other PARTY exercises the option in time, it has to file without delay the said patent application in its name and at its expense. It will furnish to the INVENTING PARTY, concurrently with the application, a copy thereof will keep the non-filing PARTY informed regarding the development of the patent grant procedure. On the request of the INVENTING PARTY it will further give the same and/or the inventor(s) of the same insight into the correspondence with the patent office.

d) In case the other PARTY does not or not in time exercise the option, the INVENTING PARTY may assign the rights in such TECHNOLOGY in respect of the respective country to the inventing employee or employees, where the same can claim such assignment according to the applicable law relating to inventions of employees, without reservation of an exploitation right to the other PARTY.

8.3 In respect of PATENTS for JOINT TECHNOLOGY the following shall apply:

a) Each PARTY may ask the other PARTY whether the latter wants to participate in a first patent application in respect of a certain part of the JOINT TECHNOLOGY.

b) In case the other PARTY notifies the asking PARTY, within two months after service of the inquiry made to it according to a) above, of its interest in participating in such first patent application and has not put forward valid objections against the patentability of the respective part of the JOINT TECHNOLOGY, such first patent application shall be filed in the names of both PARTIES, i.e. as a joint application. If not otherwise agreed upon, the application shall be filed in relation to the country of the asking PARTY.

c) In case the other PARTY does not notify the asking PARTY within two months after service of the inquiry of its interest in participating in such first patent application and has not put forward valid objections against the patentability of the respective part of the JOINT TECH-

MEINSAMEN TECHNOLOGIE geltend gemacht hat, wird die anfragende PARTEI diese erste Patentanmeldung für ihr Land allein auf ihren Namen und ihre Kosten einreichen.

d) Innerhalb von neun Monaten nach Einreichung der ersten gemeinsamen Anmeldung gemäß oben b) oder c) wird jede PARTEI der anderen PARTEI gegebenenfalls das Land oder die Länder mitteilen, für das bzw. die sie die Einreichung einer korrespondierenden Anmeldung wünscht. Für ein Land oder für Länder, bezüglich dessen bzw. deren jede PARTEI der anderen PARTEI während der 9-Monats-Frist ihren Wunsch zur Einreichung einer solchen korrespondierenden Anmeldung erklärt hat, wird dieselbe als gemeinsame Anmeldung eingereicht. Für ein Land oder für Länder, bezüglich dessen bzw. deren nur eine PARTEI der anderen PARTEI während der 9-Monats-Frist ihren Wunsch zur Einreichung einer solchen korrespondieren Anmeldung erklärt hat, wird die erstgenannte PARTEI dieselbe allein auf ihren Namen und ihre Kosten einreichen.

e) Soweit die PARTEIEN nichts Anderes vereinbaren, ist diejenige PARTEI, welche die Anfrage gemäß oben a) gestellt hat, die »federführende PARTEI« bezüglich aller gemeinsamen Anmeldungen und daraus hervorgehenden gemeinsamen Patenten für den betreffenden Teil der GEMEINSAMEN TECHNOLOGIE. Die federführende PARTEI ist in erster Linie für die Ausarbeitung, die Einreichung, Verfolgung, Aufrechterhaltung und Verteidigung solcher gemeinsamen Anmeldungen sowie die Aufrechterhaltung und Verteidigung daraus hervorgehender gemeinsamer Patente verantwortlich. Sie wird wichtige Entscheidungen bei der Erfüllung dieser Aufgaben erst nach Erörterung mit der anderen PARTEI treffen, wobei sie nützliche Vorschläge der Letzteren zu befolgen hat. Die andere PARTEI wird die federführende PARTEI bei der Erfüllung dieser Aufgaben im notwendigen Umfang unterstützen, z.B. durch die Unterzeichnung von Schriftstücken, die für die Einreichung gemeinsamer Anmeldungen benötigt werden. Die externen Kosten, d.h. Patentanwalts-, Patentsamts- und Gerichtskosten, welche der federführenden PARTEI durch die Erfüllung ihrer vorerwähnten Aufgaben erwachsen, und die internen Kosten, die bei ihrer Patentabteilung durch diese Erfüllung anfallen (soweit diese Kosten nach den von dieser Patentabteilung generell angewandten Grundsätzen festgelegt werden und die Gebühren, die von externen Patentanwälten für diese Tätigkeiten belastet würden, nicht übersteigen), sind von jeder PARTEI zur Hälfte zu tragen.

f) (10)Wenn eine PARTEI ein GEMEINSAMES PATENT gegen einen tatsächlichen oder mutmaßlichen Verletzer geltend machen will, wird sie die andere PARTEI fragen, ob sie sich hälftig an den externen Kosten eines Vorgehens im Namen beider PARTEIEN gegen den Verletzer beteiligen will. Wenn die andere PARTEI innerhalb von zwei Monaten nach Zustellung der Anfrage einer solchen Beteiligung zustimmt, werden die PARTEIEN unverzüglich gegen den tatsäch-

NOLOGY, the asking PARTY will file such first patent application in relation to its country solely in its name and at its expense.

d) Within nine months following the filing of the first joint application according to b) or c) above, each PARTY will notify the other PARTY of the country or countries (if any) in relation to which it desires the filing of any corresponding application. In relation to any country or countries, in respect of which each PARTY has notified the other PARTY, during such 9 month period, of its desire to file any such corresponding application, the same shall be filed as a joint application. In relation to any country or countries, in respect of which only one PARTY has notified the other PARTY, during such 9 month period, of its desire to file any such corresponding application, the first-mentioned PARTY shall file the same solely in its name and at its expense.

e) If not otherwise agreed upon by the PARTIES, the PARTY which has made the inquiry according to a) above, shall be the »handling PARTY« in respect of all joint applications and resulting joint patents for the respective part of the JOINT TECHNOLOGY. The handling PARTY is primarily responsible for the drafting, filing, prosecution, maintenance and defence of such joint applications and the maintenance and defence of resulting joint patents. It shall take important decisions on the fulfilment of these tasks only after discussion with the other PARTY following useful suggestions made by the latter. The other PARTY shall support the handling PARTY in the fulfilment of these tasks to the extent necessary, e.g. by signing documents required for the filing of joint applications. The external costs, i.e. patent attorney, patent office and court fees, incurred by the handling PARTY through the fulfilment of its above-mentioned tasks, and the internal costs accruing to its patent department through such fulfilment (to the extent that such costs are determined according to general principles applied by such patent department and do not exceed the fees which would be charged by external patent attorneys for such activities) shall be equally shared between the PARTIES.

f) (10)In case either PARTY wants to enforce a JOINT PATENT against any actual or potential infringer, it shall ask the other PARTY whether it is prepared to share equally in the external costs of an infringement action taken in the names of both PARTIES. If the other PARTY agrees, within two months following the date of the service of the inquiry, to such sharing, both PARTIES shall without delay take and jointly handle an action against the actual or potential infringer and

lichen oder mutmaßlichen Verletzer vorgehen und dieses Vorgehen gemeinsam betreiben. Sie werden alle dadurch anfallenden externen Kosten und alle Zahlungen, die ihnen dadurch zufließen, hälftig unter sich teilen.Wenn die andere PARTEI innerhalb der vorerwähnten 2-Monats-Frist einer solchen Beteiligung nicht zustimmt, ist die anfragende PARTEI berechtigt, unverzüglich gegen den tatsächlichen oder mutmaßlichen Verletzer im Namen beider PARTEIEN vorzugehen und dieses Vorgehen allein mit der gebotenen Sorgfalt zu betreiben. Sie wird im Falle eines solchen Vorgehens alle dadurch anfallenden Kosten tragen, darf aber alle Zahlungen behalten, die ihr durch ein solches Vorgehen zufließen. Die andere PARTEI wird der anfragenden PARTEI die für deren Vorgehen im Namen beider PARTEIEN erforderliche Vollmacht erteilen. Sie wird außerdem die anfragende PARTEI über Tatsachen informieren, die für das Vorgehen von Bedeutung sind, und der anfragenden PARTEI schriftliche Beweise dieser Tatsachen, über die sie verfügen kann, übermitteln.

8.4 Wenn eine PARTEI nicht mehr gewillt ist, die Kosten eines PATENTS, dessen Inhaber sie ist, zu tragen oder sich an den Kosten eines GEMEINSAMEN PATENTS zu beteiligen, wird sie der anderen PARTEI die Übertragung des PATENTS bzw. ihres Anteils daran schriftlich anbieten. Die andere PARTEI kann das Angebot innerhalb einer Frist von zwei Monaten annehmen. Wenn die andere PARTEI das Angebot nicht innerhalb der 2-Monats-Frist annimmt, ist, soweit sich aus Klausel 8.5 nichts Anderes ergibt, keine PARTEI mehr verpflichtet, künftige Kosten für dieses GEMEINSAME PATENT zu tragen.

8.5 Ein PATENT, dessen Inhaber eine PARTEI ist oder beide PARTEIEN sind, kann nur fallengelassen werden, wenn dies im Einklang mit den einschlägigen nationalen Gesetzen über Arbeitnehmererfindungen steht. Wenn ein (mit-)erfindender Arbeitnehmer nach einem dieser Gesetze von einer PARTEI die vollständige oder teilweise Übertragung eines solchen PATENTS im Hinblick auf das beabsichtigte Fallenlassen verlangen kann, ist der Anspruch auf Übertragung, wenn beide PARTEIEN Inhaber des PATENTS sind, von beiden PARTEIEN oder, wenn nur eine PARTEI Inhaber des betreffenden PATENTS ist, von dieser PARTEI zu erfüllen.

9. (11)Geheimhaltung und Verwertungsbeschränkung

9.1 Soweit sich aus den Klauseln 8, 9.2 und 9.5 nichts Anderes ergibt, wird jede PARTEI während der VERTRAGSDAUER und während 5 Jahren danach jede TECHNOLOGIE, die ihr von der anderen PARTEI übermittelt wird, geheim halten und nur in dem in diesem Vertrag gestatteten Umfang verwerten. RESCO wird zusätzlich, soweit sich aus Klausel 9.2 nichts Anderes ergibt, während der VERTRAGSDAUER und während 5 Jahren danach jede andere technische Information, die ihr von MT im Rahmen der vertraglichen Zusammenarbeit übermittelt wird, geheim halten und nicht verwerten.

share any external costs incurred and any moneys recovered thereby equally. If the other PARTY does not agree, within the aforementioned two month period, to such sharing, the asking PARTY shall be entitled to take an action against the actual or potential infringer in the names of both PARTIES without delay and to handle such action solely with all due care. In case of such action, it shall solely bear any costs incurred and may keep any moneys recovered thereby. The other PARTY shall provide the asking PARTY with the power of attorney required by the asking PARTY to take action in the names of both PARTIES. It shall further inform the asking PARTY about facts relevant to the action and furnish to the asking PARTY any written evidence of such facts available to it.

8.4 In case a PARTY is no longer willing to bear the costs of a PATENT owned by it or to participate in the costs of a JOINT PATENT, it shall offer in writing the assignment of such PATENT or its share therein to the other PARTY. The other PARTY shall have two months to accept the offer. In case the other PARTY does not accept the offer within the two month period, neither PARTY is, subject to clause 8.5, obliged to bear future costs in respect of such JOINT PATENT.

8.5 Any PATENT owned by one or both of the PARTIES may only be lapsed, if such lapsing is in line with the applicable national laws relating to inventions of employees. If any (co-)inventing employee can require either PARTY, according to any such law, to assign to him/her such PATENT in view of the intended lapsing, such claim shall be settled, if such PATENT is owned by both PARTIES, by both PARTIES or, if such patent or patent application is owned by one PARTY only, by such PARTY.

9. **(11)Secrecy and Restriction of Utilization**

9.1 Subject to clauses 8, 9.2 and 9.5, each PARTY shall, during the TERM OF AGREEMENT and during five years thereafter, keep secret and only utilize within the scope permitted herein any TECHNOLOGY transmitted to it by the other PARTY hereunder. Subject to clause 9.2, RESCO shall in addition, during the TERM OF AGREEMENT and during five years thereafter, keep secret and not utilize any other technical information transmitted to it by MT within the scope of the cooperation hereunder.

9.2 Von den Verpflichtungen nach Klausel 9.1 ist jede Information ausgenommen, die, wie die empfangende PARTEI nachweisen kann,

a) zum Zeitpunkt der Übermittlung der Öffentlichkeit schon zugänglich ist oder danach zugänglich geworden ist, oder
b) der empfangenden PARTEI bei Übermittlung schon bekannt war, oder
c) nach Übermittlung der empfangenden PARTEI von einem Dritten zugänglich gemacht worden ist,

(12)mit der Maßgabe, dass die Ausnahme gemäß a) nicht für eine Information gilt, die der Öffentlichkeit nach der Übermittlung an die empfangende PARTEI durch eine Handlung oder Unterlassung dieser PARTEI zugänglich geworden ist, die Ausnahme gemäß b) nicht für eine Information gilt, welche die empfangende PARTEI von einem Dritten, welcher gegenüber der offenbarenden PARTEI diesbezüglich zur Geheimhaltung verpflichtet ist, erhalten hat, und die Ausnahme gemäß c) nicht für eine Information gilt, die der Dritte gegenüber mindestens einer PARTEI geheim zu halten hat.

9.3 Soweit sich aus den Klauseln 8 und 9.5 nichts Anderes ergibt, wird jede PARTEI während der VERTRAGSDAUER und während 5 Jahren danach auch alle GEMEINSAME TECHNOLOGIE geheim halten und nur in dem in diesem Vertrag gestatteten Umfang verwerten, außer jeder dazugehörigen Information, die wie die betreffende PARTEI nachweisen kann,

a) der Öffentlichkeit schon zu dem Zeitpunkt ihrer Entwicklung zugänglich ist oder später zugänglich geworden ist, oder
b) der betreffenden PARTEI von einem Dritten zugänglich gemacht worden ist,

mit der Maßgabe, dass die Ausnahme gemäß a) nicht für eine Information gilt, die der Öffentlichkeit durch ein Tun oder Unterlassen der betreffenden PARTEI zugänglich geworden ist, und dass die Ausnahme gemäß b) nicht für eine Information gilt, die der Dritte gegenüber mindestens einer PARTEI geheim zu halten hat.

9.4 Soweit sich aus Klausel 8 nichts Anderes ergibt, wird RESCO während der VERTRAGSDAUER auch alle RESCO-TECHNOLOGIE geheim halten und nur in dem in diesem Vertrag gestatteten Umfang verwerten, außer jeder dazugehörigen Information, die wie RESCO nachweisen kann,

a) der Öffentlichkeit schon zu dem Zeitpunkt ihrer Entwicklung zugänglich ist oder später zugänglich geworden ist, oder
b) RESCO von einem Dritten zugänglich gemacht worden ist,

mit der Maßgabe, dass die Ausnahme gemäß a) nicht für eine Information gilt, die der Öffentlichkeit nach Unterzeichnung dieses Vertrags durch RESCO durch ein Tun oder Unterlassen von RESCO zugänglich geworden ist, und dass die Ausnahme gemäß b) nicht für eine Information gilt, die der Dritte gegenüber mindestens einer PARTEI geheim zu halten hat.

9.5 Jede PARTEI kann TECHNOLOGIE, die sie nach den Klauseln 9.1 bis 9.4 geheim zu halten hat, an ihre Unterlizenznehmer im Rahmen der ihr in

9.2 The obligations of the PARTIES under clause 9.1 shall not extend to any information, which, as the receiving PARTY can show,

a) is already in the public domain at the time of disclosure or has entered the public domain thereafter, or
b) is already known to the receiving PARTY at the time of disclosure, or
c) has after disclosure been made accessible to the receiving PARTY by a third party,

(12)provided that the exception under a) shall not apply to information having entered the public domain after disclosure to the receiving PARTY through any act or failure to act of such PARTY, that the exception under b) shall not apply to information already previously obtained by the receiving PARTY from a third party being under an obligation of secrecy to the disclosing PARTY, and that the exception under c) shall not apply to such information, in respect of which the third party is under an obligation of secrecy to at least one of the PARTIES.

9.3 Subject to clauses 8 and 9.5, each PARTY shall, during the TERM OF AGREEMENT and during five years thereafter, also keep secret and only utilize within the scope permitted herein any JOINT TECHNOLOGY, except any information included therein, which, as the respective PARTY can show,

a) is already in the public domain at the time of its development or has entered the public domain thereafter; or
b) has been made available to the respective PARTY by a third party,

provided that the exception under a) shall not apply to information having entered the public domain through any act or failure to act by the respective PARTY and that the exception under b) shall not apply to such information, in respect of which the third party is under an obligation of secrecy to at least one of the PARTIES.

9.4 Subject to clause 8, RESCO shall, during the TERM OF AGREEMENT, also keep secret and only utilize within the scope permitted herein any RESCO-TECHNOLOGY, except any information included therein, which, as RESCO can show,

a) is already in the public domain at the time of its development or has entered the public domain thereafter; or
b) has been made available to RESCO by a third party,

provided that the exception under a) shall not apply to information having entered the public domain after execution of this Agreement by RESCO through any act or failure to act by RESCO and that the exception under b) shall not apply to such information, in respect of which the third party is under an obligation of secrecy to at least one of the PARTIES.

9.5 Each PARTY may pass on TECHNOLOGY to be kept secret by it according to clauses 9.1 through 9.4 to its sublicensees within the scope of

diesem Vertrag gewährten oder von ihr nach diesem Vertrag erworbenen Verwertungsrechte weitergeben, mit der Maßgabe, dass jeder derartige Unterlizenznehmer Verpflichtungen zur Geheimhaltung und eingeschränkter Verwertung bezüglich der in Frage stehenden TECHNOLOGIE übernimmt, die nicht weniger weit gehen als die diesbezüglichen Verpflichtungen der unterlizenzierenden PARTEI.

9.6 Mit Wirkung zum DATUM DES INKRAFTTRETENS tritt die von den PARTEIEN am .../... unterzeichnete Geheimhaltungsvereinbarung außer Kraft, ohne dass dies Ansprüche berührt, die auf einer Verletzung dieser Geheimhaltungsvereinbarung während ihrer Geltungsdauer beruhen.

10. Erfüllung finanzieller Verpflichtungen

10.1 (13)Umsatzsteuer, die deutsche Finanzbehörden aufgrund von Lieferungen und Leistungen gemäß diesem Vertrag ggf. erheben können, ist von MT zu tragen. Soweit RESCO diese Steuer an die zuständigen deutschen Finanzbehörden zu entrichten hat, wird RESCO sie MT unter Beachtung des deutschen Umsatzsteuerrechts in Rechnung stellen mit der Maßgabe, dass RESCO diese Steuer insoweit, als sie von den zuständigen deutschen Finanzbehörden zurückzuzahlen ist, MT unter Beachtung dieses Rechts wieder gutschreiben wird. MT wird RESCO jeweils über das deutsche Umsatzsteuerrecht informieren, das von RESCO nach den vorangehenden Bestimmungen zu beachten ist.

10.2 Umsatzsteuer, die Finanzbehörden anderer Länder als Deutschland aufgrund von Lieferungen und Leistungen gemäß diesem Vertrag ggf. erheben können, geht zu Lasten von RESCO. Soweit MT diese Steuer an die zuständigen Finanzbehörden zu entrichten hat, wird MT sie RESCO unter Beachtung des jeweils einschlägigen Umsatzsteuerrechts in Rechnung stellen mit der Maßgabe, dass MT diese Steuer insoweit, als sie von den zuständigen Finanzbehörden zurückzuzahlen ist, RESCO unter Beachtung dieses Rechts wieder gutschreiben wird. RESCO wird MT jeweils über das einschlägige Umsatzsteuerrecht informieren, das von MT nach den vorangehenden Bestimmungen dieser Klausel 10.2 zu beachten ist.

10.3 (14)Jede PARTEI wird die Zahlungen, die sie an die andere PARTEI gemäß diesem Vertrag unter Berücksichtigung der Klauseln 10.1 und 10.2 zu leisten hat, ohne Abzug vorzunehmen, soweit keine rechtliche Verpflichtung zur Vornahme eines Abzugs besteht. Soweit eine solche Verpflichtung besteht, aber eine teilweise oder gänzliche Befreiung von dieser Verpflichtung durch einen entsprechenden Antrag im Hinblick auf die jeweils geltende Version des Abkommens zwischen der Bundesrepublik Deutschland und der Republik Indien zur Vermeidung der Doppelbesteuerung erreicht werden kann, werden die PARTEIEN im notwendigen Umfang bei der Stellung und Verfolgung eines solchen Antrags zusammenarbeiten.

the utilization rights granted to it or acquired by it hereunder, provided that each such sublicensee assumes obligations as to secrecy and restriction of utilization with respect to the TECHNOLOGY in question no less stringent than the obligations of the sublicensing PARTY hereunder with respect thereto.

9.6 With effect from the EFFECTIVE DATE, the Secrecy Agreement executed on behalf of the PARTIES on .../... shall terminate without prejudice to claims resulting from a breach of such agreement during its term.

10. **Fulfillment of financial Obligations**

10.1 (13)Turnover tax, which German fiscal authorities may impose on account of supplies made and services rendered under this Agreement, shall be borne by MT. To the extent that RESCO has to pay such tax to the relevant German fiscal authorities, RESCO will charge the same to MT in line with German law relating to turnover tax, provided that, to the extent that such tax has to be repaid to RESCO by the relevant German fiscal authorities, RESCO will recredit such tax to MT in line with such law. MT will inform RESCO on a case to case basis about the relevant German law relating to turnover tax.

10.2 Turnover tax, which fiscal authorities of countries other than Germany may impose on account of supplies made and services rendered under this Agreement, shall be born by RESCO. To the extent that MT has to pay such tax to such fiscal authorities, MT will charge the same to RESCO in line with the law relating to turnover tax relevant in each case, provided that, to the extent that such tax has to be repaid to MT by the relevant fiscal authorities, MT will recredit such tax to RESCO in line with such law. RESCO will inform MT on a case to case basis about the relevant law relating to turnover tax to be taken into account according to the foregoing provisions of this clause 10.2.

10.3 (14)All payments to be made by either PARTY to the other according to this Agreement, with due regard to clauses 10.1 and 10.2, shall be made without any deduction except to the extent that a deduction is legally required, provided the following: If an exemption in whole or in part from any legal obligation to make such deduction can be achieved by filing an application for such exemption under the Convention between the Federal Republic of Germany and the Republic of India for the avoidance of double taxation in force at the relevant time, the PARTIES shall cooperate to the extent necessary in filing and prosecuting such application.

11. (15)VERTRAGSDAUER

11.1 Dieser Vertrag tritt nach Unterzeichnung seitens beider PARTEIEN am DATUM DES INKRAFTTRETENS in Kraft und endet, soweit sich aus den nachfolgenden Klauseln 11.2 und 11.3 nichts Anderes ergibt, in dem Fall, dass MT die Option nicht gemäß Klausel 5 ausübt, am Ende der OPTIONSPERIODE und, wenn MT die Option gemäß Klausel 5 ausübt, mit dem Datum des Ablaufs einer 10-Jahres-Periode nach der Ausübung der Option gemäß Klausel 5.

11.2 Wenn eine PARTEI eine Verpflichtung aus diesem Vertrag verletzt und einer Aufforderung der betroffenen PARTEI zur Heilung dieser Verletzung nicht innerhalb von 90 Tagen nach Zugang dieser Aufforderung nachkommt, kann die betroffene PARTEI diesen Vertrag mit sofortiger Wirkung durch Erklärung gegenüber der verletzenden PARTEI kündigen, mit folgender Maßgabe:

(16) Wenn die verletzende PARTEI innerhalb dieser 90-Tages-Frist ein Schiedsgerichtsverfahren gemäß Klausel 13.2 eingeleitet hat, um eine Entscheidung darüber zu erlangen, ob sie sich einer Verletzung schuldig gemacht hat, ist die betroffene PARTEI erst zur Kündigung berechtigt, nachdem das Schiedsgericht die Verletzung festgestellt hat und die verletzende PARTEI die Verletzung nicht innerhalb von 30 Tagen nach Zugang der Entscheidung des Schiedsgerichts geheilt hat.

11.3 MT kann diesen Vertrag weiterhin mit sofortiger Wirkung durch Erklärung gegenüber RESCO kündigen, wenn

a) RESCO diesen Vertrag dadurch verletzt hat, dass sie MT während des Zeitraums von sechs (6) Monaten, der auf das DATUM DES INKRAFTTRETENS folgt, nicht ein Schema, das die in Klausel 2.1 a) bezeichneten Merkmale aufweist, zur Verfügung stellt, und weiter mit der Erfüllung dieser Verpflichtung in Verzug ist, oder

b) RESCO diesen Vertrag dadurch verletzt hat, dass sie MT während des Zeitraums von zwölf (12) Monaten, der auf das DATUM DES INKRAFTTRETENS folgt, nicht eine detailliertes Konstruktionszeichnung, das die in Klausel 2.1 b) bezeichneten Merkmale aufweist, zur Verfügung stellt, und weiter mit der Erfüllung dieser Verpflichtung in Verzug ist, oder

c) RESCO diesen Vertrag dadurch verletzt hat, dass sie während eines Zeitraums von achtzehn (18) Monaten, der auf das DATUM DES INKRAFTTRETENS folgt, nicht einen PROTOTYP an MT liefert und weiter mit der Erfüllung dieser Verpflichtung in Verzug ist, oder

d) RESCO diesen Vertrag dadurch verletzt hat, dass sie innerhalb von drei (3) Monaten, der auf die Zustellung der von MT nach Klausel 2.2 abzugebenden Erklärung folgt, nicht einen PROTOTYP gemäß Klausel 2.3 installiert und in Betrieb setzt, der vollständig und mängelfrei ist oder im Hinblick auf den letzten Satz von Klausel 2.3 als vollständig und mängelfrei gilt, und weiter mit der Erfüllung dieser Verpflichtung in Verzug ist.

11. [15]TERM OF AGREEMENT

11.1 This Agreement shall enter into force and effect, after having been executed on behalf of both PARTIES on the EFFECTIVE DATE and shall, subject to clauses 11.2 and 11.3 below, expire, in case MT does not exercise the option according to clause 5, at the end of the OPTION PERIOD and, if MT exercises the option according to clause 5, at the date of expiry of a period of ten years following the exercise of the option according to clause 5.

11.2 If either PARTY is in breach of any of its obligations under this Agreement and has not met a request of the aggrieved PARTY to cure such breach within 90 days after service of such written request, the aggrieved PARTY may terminate this Agreement with immediate effect by giving notice to the defaulting PARTY, provided the following:

[16] If the defaulting PARTY has within the said 90 day period instituted arbitration proceedings according to clause 13.2 in order to obtain a decision as to whether it is liable for breach, the aggrieved PARTY shall only be entitled to termination after breach has been ascertained by arbitration and the defaulting PARTY has not cured such breach within 30 days after service of the arbitration award.

11.3 MT may further terminate this Agreement with immediate effect by giving notice to RESCO, if

a) RESCO breaches this Agreement by not making available to MT, within six (6) months following the EFFECTIVE DATE, a scheme conforming to clause 2.1 a), and is in further delay regarding this obligation, or

b) RESCO breaches this Agreement by not making available to MT, within twelve (12) months following the EFFECTIVE DATE, a detailed design conforming to clause 2.1 b), and is in further delay regarding this obligation, or

c) RESCO breaches this Agreement by not delivering to MT according to clause 2.1 c), within eighteen (18) months following the EFFECTIVE DATE, a PROTOTYPE, and is in further delay regarding this obligation, or

d) RESCO breaches this Agreement by not installing and putting into operation according to clause 2.3, within three (3) months following the date of service of the notice to be given by MT according to clause 2.2, a PROTOTYPE being complete and not deficient or to be deemed complete and not deficient in view of the last sentence of clause 2.3, and is in further delay regarding this obligation.

12. (17)Nachvertragliche Rechte und Verpflichtungen der PARTEIEN

12.1 Wenn dieser Vertrag nach Klausel 11.1 abläuft, weil MT die ihr in Klausel 5 gewährte Option nicht innerhalb der OPTIONSPERIODE ausübt, haben die PARTEIEN die nachfolgend unter a) und b) festgelegten Rechte.

a) RESCO hat das zeitlich unbegrenzte, weltweite, nicht ausschließliche Recht, mit dem Recht der Unterlizenzierung, die dann bestehende MT-TECHNOLOGIE und GEMEINSAME TECHNOLOGIE ohne Verpflichtung zur Zahlung von Lizenzgebühren und MT-PATENTE sowie GEMEINSAME PATENTE (unabhängig davon, ob sie während der VERTRAGSDAUER oder danach angemeldet worden sind bzw. werden) gegen Zahlung einer zu vereinbarenden angemessenen Lizenzgebühr zu benutzen.

b) MT hat das zeitlich unbegrenzte, weltweite, nicht ausschließliche Recht, mit dem Recht der Unterlizenzierung, die dann bestehende GEMEINSAME TECHNOLOGIE ohne Verpflichtung zur Zahlung von Lizenzgebühren und GEMEINSAME PATENTE (unabhängig davon, ob sie während der VERTRAGSDAUER oder danach angemeldet worden sind bzw. werden) gegen Zahlung einer zu vereinbarenden angemessenen Lizenzgebühr an RESCO zu benutzen, aber nur insoweit, als solche Benutzung ohne gleichzeitige Benutzung von RESCO-TECHNOLOGIE, zu deren Geheimhaltung MT nach Klausel 5 verpflichtet ist, und/oder eines Patents, das zu den RESCO-PATENTEN gehört, möglich ist.

12.2 Wenn dieser Vertrag nach Klausel 11.1 abläuft, nachdem MT die ihr in Klausel 5 gewährte Option ausgeübt hat, haben die PARTEIEN die nachfolgend unter a) und b) festgelegten Rechte.

a) MT hat hinsichtlich dann noch bestehender RESCO-PATENTE und GEMEINSAMER PATENTE sowie hinsichtlich dann noch gemäß den Klauseln 9.1 bis 9.3 von ihr geheimzuhaltender RESCO-TECHNOLOGIE und GEMEINSAMER TECHNOLOGIE eine zeitlich unbegrenzte, weltweite, kostenlose, nicht ausschließliche Lizenz mit dem Recht der Unterlizenzierung.

b) RESCO hat hinsichtlich dann noch bestehender GEMEINSAMER PATENTE und hinsichtlich dann noch von ihr gemäß Klausel 9.3 geheimzuhaltender GEMEINSAMER TECHNOLOGIE eine zeitlich unbegrenzte, weltweite, kostenlose, nicht ausschließliche Lizenz mit dem Recht der Unterlizenzierung.

12.3 Wenn dieser Vertrag vor Ablauf der OPTIONSPERIODE nach Klausel 11.2 oder Klausel 11.3 gekündigt wird, haben die PARTEIEN die in Klausel 12.1 spezifizierten Rechte. Wenn dieser Vertrag, nachdem MT die Option gemäß Klausel 5 ausgeübt hat, nach Klausel 11.2 oder Klausel 11.3 gekündigt wird, hat jede PARTEI hinsichtlich dann noch bestehender GEMEINSAMER PATENTE und dann noch gemäß Klauseln 9.3 von ihr geheimzuhaltender GEMEINSAMER TECHNOLOGIE eine zeitlich unbegrenzte, weltweite, kostenlose, nicht ausschließliche Lizenz mit dem Recht der Unterlizenzierung.

12. (17)Post-Termination Rights and Obligations of the PARTIES

12.1 If this Agreement expires according to clause 11.1 because MT does not exercise, within the OPTION PERIOD, the option granted to it according to clause 5, the PARTIES shall have the rights set forth under a) and b) below.

a) RESCO shall have the perpetual, worldwide, non-exclusive right, including sublicensing rights, to use the then existing MT-TECHNOLOGY and JOINT TECHNOLOGY on a royalty-free basis and MT-PATENTS and JOINT PATENTS (whether filed during the TERM OF AGREEMENT or thereafter) against payment to MT of adequate compensation to be agreed upon.

b) MT shall have the perpetual, worldwide, non-exclusive right, including sublicensing rights, to use the then existing JOINT TECHNOLOGY on a royalty-free basis and JOINT PATENTS (whether filed during the TERM OF AGREEMENT or thereafter) against payment to RESCO of adequate compensation to be agreed upon, but only to the extent, that such use is possible without using RESCO-TECHNOLOGY to be kept secret by MT under clauses 9.1 and 9.2 and/or any patent constituting a RESCO-PATENT.

12.2 If this Agreement expires according to clause 11.1 after MT has exercised the option granted to it according to clause 5, the PARTIES shall have the rights set forth under a) and b) below.

a) MT shall have, with respect to then still existing RESCO PATENTS and JOINT PATENTS and with respect to RESCO-TECHNOLOGY and JOINT TECHNOLOGY still to be kept secret by it according to clauses 9.1 through 9.3 a perpetual, worldwide, royalty-free, non-exclusive license with the right to grant sublicenses.

b) RESCO shall have, with respect to then still existing JOINT PATENTS and with respect to JOINT TECHNOLOGY still to be kept secret by it according to clause 9.3 a perpetual, worldwide, royalty-free, non-exclusive license with the right to grant sublicenses.

12.3 If this Agreement is terminated according to clause 11.2 or clause 11.3 before expiration of the OPTION PERIOD, the PARTIES shall have the rights specified in clause 12.1. If this Agreement is terminated according to clause 11.2 or clause 11.3 after exercise by MT of the option according to clause 5, each PARTY shall have, with respect to then still existing JOINT PATENTS and with respect to JOINT TECHNOLOGY still to be kept secret by it according to clause 9.3 a perpetual, worldwide, royalty-free, non-exclusive license with the right to grant sublicenses.

12.4 Wenn dieser Vertrag von MT nach Klausel 11.2 oder Klausel 11.3 gekündigt wird, hat RESCO unverzüglich alle Zahlungen, die an sie gemäß Klausel 3 von MT geleistet worden sind, zurückzuerstatten, und zusätzlich Zinsen auf diese Zahlungen zu entrichten, die ... % pro Jahr betragen und hinsichtlich jeder dieser Zahlungen für den Zeitraum zu berechnen sind, der mit dem Datum der Zahlung beginnt und mit dem Datum ihrer Rückzahlung endet. Andererseits wird MT auf Wunsch von RESCO unverzüglich nach Empfang einer solchen Rückzahlung und solcher Zinsen den PROTOTYP oder Teile desselben und diesbezügliches Material (je nachdem, was RESCO geliefert hat) auf Gefahr und Kosten von RESCO zurücksenden, jedoch nur in dem Umfang und in dem Zustand, in dem der PROTOTYP oder Teile desselben und dieses Material noch vorhanden sind.

12.5 Wenn dieser Vertrag von RESCO nach Klausel 11.2 gekündigt wird, hat MT auf Wunsch von RESCO unverzüglich den PROTOTYP oder Teile desselben und diesbezügliches Material (je nachdem, was RESCO geliefert hat) auf Gefahr und Kosten von MT zurückzusenden, jedoch nur in dem Umfang und in dem Zustand, in dem der PROTOTYP oder Teile desselben und dieses Material noch vorhanden sind. RESCO wird daraufhin an MT (i) den Verkehrswert des PROTOTYPS oder der Teile desselben oder (ii) die Zahlungen, die dafür von MT an RESCO geleistet wurden (je nachdem, welcher Betrag geringer ist) erstatten.

12.6 Der Ablauf oder die Kündigung dieses Vertrags hat keine Auswirkungen auf Ansprüche einer PARTEI gegen die andere PARTEI, die während der VERTRAGSDAUER entstanden oder begründet worden sind.

12.7 In jedem Fall des Ablaufs oder der Kündigung dieses Vertrags bleiben die Klauseln 8 bis 10 sowie 12 bis 15 für einen unbegrenzten Zeitraum in Kraft, sofern und soweit darin nicht etwas Anderes bestimmt ist.

13. Anwendbares Recht und Schiedsgerichtsverfahren

13.1 (18)Dieser Vertrag unterliegt englischem Recht und ist gemäß diesem Recht auszulegen.

13.2 (19)Streitigkeiten, die sich aus oder im Zusammenhang mit diesem Vertrag ergeben, sollen in freundschaftlicher Weise beigelegt werden. Wenn dies nicht möglich ist, wird über diese Streitigkeiten durch Schiedsgerichtsbarkeit nach den Vergleichs- und Schiedsordnung der Internationalen Handelskammer durch einen oder mehrere nach dieser Ordnung benannte(n) Schiedsrichter unter Ausschluss von »Discovery Proceedings« endgültig entschieden. Das Schiedsgerichtsverfahren findet in London statt. Die Sprache des Verfahrens ist englisch.

12.4 In case of termination of this Agreement by MT according to clause 11.2 or clause 11.3 RESCO shall promptly return to MT any payments made to it by MT according to clause 3, and pay in addition interest based on such payments, which interest shall be equal to ... % p.a. and calculated in respect of each of such payments for the time commencing on the date of the payment and ending on the date of repayment thereof. On the other hand, MT shall, upon request of RESCO, promptly after receipt of such repayment and interest return to RESCO, at the risk and expense of RESCO, the PROTOTYPE or parts thereof and pertinent material (whatever RESCO may have delivered), but only to the extent and in the condition that such PROTOTYPE or parts thereof and such material still exist.

12.5 In case of termination of this Agreement by RESCO according to clause 11.2, MT shall, upon request of RESCO, promptly return to RESCO, at the risk and expense of MT, the PROTOTYPE or parts thereof and pertinent material (whatever RESCO may have delivered), but only to the extent and in the condition that such PROTOTYPE or the parts thereof still exist, whereupon RESCO shall refund to MT the lesser of (i) the fair value of the PROTOTYPE or parts thereof and (ii) the payments made by MT to RESCO therefor.

12.6 Expiration or termination of this Agreement shall not affect any claims of a PARTY against the other PARTY, arising or founded during the TERM OF AGREEMENT. In any case of expiration or termination of this Agreement clauses 8 through 10 and 12 through 15 shall remain in force and effect for an unlimited period of time, except if and to the extent provided otherwise therein.

13. Governing Law and Arbitration

13.1 (18)This Agreement shall be governed by and interpreted in accordance with English law.

13.2 (19)Any disputes arising under or in connection with this Agreement shall be settled amicably. If such amicable settlement is not possible, such disputes shall be exclusively and finally settled by arbitration in accordance with the Rules of Conciliation and Arbitration of the International Chamber of Commerce, Paris, by one or more arbitrators appointed according to such rules, provided that discovery proceeding shall be excluded. Arbitration shall take place in London. The language of the arbitration shall be English.

14. (20)**Unwirksamkeit von Bestimmungen**
Wenn sich wider Erwarten eine oder mehrere der Bestimmungen dieses Vertrages (einschließlich seiner Annexe) als gesetzwidrig oder nicht durchsetzbar erweisen sollte(n), werden die anderen Bestimmungen dadurch nicht berührt. Die PARTEIEN werden sich in diesem Fall bemühen, jede gesetzwidrige, unwirksame oder nicht durchsetzbare Bestimmung durch eine gesetzmäßige, wirksame und durchsetzbare Regelung zu ersetzen, die ihren ursprünglichen Absichten im wirtschaftlichen Ergebnis so weit wie möglich entspricht. Wenn darüber keine Einigung erzielt wird, kann jede PARTEI ein Schiedsgerichtsverfahren gemäß Klausel 13.2 einleiten und beantragen, dass der Schiedsrichter bzw. das Schiedsrichter-Gremium eine ersetzende Regelung gemäß dem Antrag oder nach seinem Ermessen festlegt.

15. (21)**Erklärungen**

15.1 Jede Erklärung, die von einer PARTEI gegenüber der anderen abgegeben wird, ist durch Brief oder per Fax abzugeben. Jede Erklärung, die durch Brief abgegeben wird, ist wie folgt zu adressieren:
im Falle der Übermittlung an RESCO: … (*Adresse*)
im Falle der Übermittlung an MT: … (*Adresse*)
und, wenn sie per Fax abgegeben wird, in derselben Weise zu adressieren und an folgende Fax-Nummer zu senden:
im Falle der Übermittlung an RESCO: … (*Ländervorwahl Indien plus Fax-Nummer*)
im Falle der Übermittlung an MT: … (Ländervorwahl Deutschland plus Fax-Nummer):
Jede derartige Erklärung wird mit ihrer Zustellung wirksam. Jede Erklärung, welche eine PARTEI durch Brief oder per Fax übermittelt, gilt als zugestellt, sobald sie von der anderen PARTEI empfangen worden ist. Weiterhin gilt jede Erklärung, die durch einen Brief, der nach den obigen Bestimmungen ordnungsgemäß adressiert worden ist und per Einschreiben mit Rückschein franko übermittelt wird, als zugestellt, sobald von der Post bestätigt worden ist, dass die Zustellung an die betreffende Adresse nicht möglich ist oder die andere PARTEI die Annahme verweigert hat. Jede PARTEI, die eine Erklärung erhalten hat, wird der PARTEI, welche die Erklärung abgegeben hat, den Empfang sofort per Fax bestätigen.

15.2 Wenn eine PARTEI der anderen PARTEI eine Änderung ihrer nach Klausel 15.1 maßgeblichen Adresse durch eine Erklärung gemäß der vorgenannten Klausel mitteilt, wird die geänderte Adresse die nach der vorgenannten Klausel maßgebliche Adresse, sobald die besagte Erklärung nach der vorgenannten Klausel als zugestellt gilt.

14. [20]**Invalidity of Provisions**
If, against expectation, one or more of the provisions of this Agreement (including the Annexes thereto) proves invalid or unenforceable, the other provisions shall not be affected thereby. In the said event the PARTIES shall endeavour to replace any such illegal, invalid or unenforceable provision by a provision or provisions being legal, valid and enforceable and corresponding best, as regards its/their commercial impact, to the original intentions of the PARTIES. In case no agreement is reached, either PARTY may institute arbitration proceedings according to clause 13.2 applying for the determination of such a substitution according to the application or at the discretion of the arbitrator or the arbitration panel.

15. [21]**Notices**

15.1 Any notice of either PARTY to the other shall be transmitted via fax or by letter. Any notice made by letter shall be addressed as follows:

if to RESCO: … (*address*)
if to MT: … (*address*),
and any fax notice shall be likewise addressed and transmitted to the following fax extension:
if to RESCO: … (country code India plus fax number)

if to MT: … (country code Germany plus fax number):

Each such notice shall become effective when served. Any notice transmitted by either PARTY via fax or letter shall be deemed served when received by the other PARTY. Further any notice transmitted by letter properly addressed and delivered by registered or certified mail, return receipt requested, postage prepaid, shall be deemed served upon postal confirmation that delivery to the other PARTY is not possible at the respective address or that the other PARTY has refused acceptance. Each PARTY having received a notice shall promptly confirm such receipt via fax to the PARTY having given such notice.

15.2 If a PARTY informs the other PARTY of a change of its address relevant according to clause 15.1 by giving notice to the other PARTY according to such clause, the changed address shall become the address relevant according to such clause as soon as the said notice shall be deemed served according to such clause.

(22)Research Co., Inc.	Motorteile GmbH
(Name in Druckbuchstaben)	(Namen in Druckbuchstaben)
(Stellung)	(Stellung) (Stellung)
Datum:	Datum:

(23)Annexe 1.8 a), 1.9, 1.10, 1.11 a), 2.1, 5

Annex 5
Lizenzbedingungen
mit Gültigkeit nach Ausübung der Option durch MT gemäß Klausel 5 des Vertrags

§ 1 Erlangung einer Lizenz durch Optionsausübung

1.1 (24)Durch die Ausübung der Option gemäß Klausel 5 des Vertrags erlangt MT von RESCO eine Lizenz, mit dem Recht der Erteilung von Unterlizenzen, die RESCO-PATENTE sowie die GEMEINSAMEN PATENTE und die RESCO-TECHNOLOGIE sowie die GEMEINSAME TECHNOLOGIE zu verwerten. Die Lizenz ist ausschließlich(23) außer in Bezug auf diejenigen Teilen der RESCO-TECHNOLOGIE und der GEMEINSAMEN TECHNOLOGIE, die nicht unter die Definition von »Know-how« i.S. von Art. 1 Abs. 1 Buchst. i der Verordnung (EG) Nr. 772/2004 der Kommission fallen. Solange die Lizenz (mit der vorgenannten Einschränkung) ausschließlich ist, gilt Klausel 8.3 f) des Vertrags auch für die Geltendmachung von RESCO-PATENTEN gegen tatsächliche oder mutmaßliche Verletzer dieser PATENTE.

1.2 (25)RESCO kann die Lizenz, soweit sie ausschließlich ist, durch Erklärung gegenüber MT in eine nicht ausschließliche Lizenz umwandeln, wenn MT die Lizenz nicht für kommerzielle Zwecke verwertet und während eines Zeitraums von mehr als einem Jahr keine ernsthaften Schritte mehr unternimmt, die direkt oder indirekt auf eine solche Verwertung zielen.

§ 2 (26)Anfängliche Lizenzgebühr und laufende Lizenzgebühren

2.1 Innerhalb von 30 Tagen nach Ausübung der Option wird MT an RESCO eine nicht rückzahlbare anfängliche Lizenzgebühr in Höhe von … EURO zahlen.

2.2 MT hat an RESCO laufende Lizenzgebühren, wie nachfolgend festgelegt, zu zahlen:

a) bezüglich von MATTEN, die als solche von MT an einen Dritten, der kein Unterlizenznehmer von MT ist, oder von einem Unterlizenznehmer von MT an einen solchen Dritten verkauft werden:

(i) für jede derartige MATTE, die unter Benutzung eines RESCO-PATENTS für eine Erfindung, die vor dem DATUM DES INKRAFTTRETENS gemacht wurde, hergestellt, verwendet oder verkauft wird, eine laufende Lizenzgebühr in Höhe von … % des NETTO-VERKAUFSPREISES dieser MATTE;

(22)Research Co., Inc.	Motorteile GmbH
By	By
Printed Name	Printed Names
Title	Titles
Date:	Date:

(23)Annexes 1.7 a), 1.8, 1.9, 1.10 a), 2.1, 5

Annex 5
License Terms and Conditions
valid upon Exercise of the Option by MT according to clause 5 of the Agreement

§ 1 **Acquisition of License by MT through Exercise of the Option**

1.1 (24)By the exercise of the option according to clause 5 of the Agreement MT acquires from RESCO a license, with the right to grant sublicenses, to exploit the RESCO-PATENTS and the JOINT PATENTS as well as the RESCO-TECHNOLOGY and the JOINT TECHNOLOGY. This licence shall be exclusive(23), except as regards those parts of the RESCO-TECHNOLOGY and the JOINT TECHNOLOGY not constituting »Know-how« in the sense of Section 1 (i) of Commission Regulation (EC) No. 772/2004. As long as the license is (subject to the aforementioned exception) exclusive, clause 8.3 f) shall also apply to the assertion of RESCO-PATENTS against any actual or potential infringer of such PATENTS.

1.2 (25)RESCO may convert the license, to the extent it is exclusive, into a non-exclusive license by giving notice to MT, if MT does not exploit for commercial purposes the license granted to it and has failed, during a period exceeding one year, to take serious steps directly or indirectly aiming at such exploitation.

§ 2 (26)**Initial License Fee and running Royalties**

2.1 Within 30 days following the exercise of the option, MT shall pay to RESCO a non-returnable initial license fee of … EURO.

2.2 MT shall pay to RESCO running royalties as follows:

a) in respect of MATS sold as such by MT to a third party not being a sublicensee of MT or by a sublicensee of MT to such third party:

(i) for each such MAT, which is manufactured, used or sold under any of the RESCO-PATENTS based on an invention made before the EFFECTIVE DATE, a running royalty equal to … % of the NET SELLING PRICE of such MAT;

(ii) für jede derartige MATTE, für die keine Lizenzgebühr nach vorstehend (i) geschuldet wird, die aber unter Benutzung eines RESCO-PATENTS für eine Erfindung, die nach dem DATUM DES INKRAFTTRETENS gemacht wurde, oder von unpatentierter RESCO-TECHNOLOGIE, die von MT nach den Klauseln 9.1 und 9.2 des Vertrags geheim zu halten ist, hergestellt, verwendet oder verkauft wird, eine laufende Lizenzgebühr in Höhe von ... % des NETTOVERKAUFSPREISES dieser MATTE;

b) bezüglich MATTENVERSTÄRKTER GUSSTEILE, die von MT oder einem ihrer Unterlizenznehmer verkauft werden und MATTEN enthalten, für die keine Lizenzgebühr nach vorstehend a) geschuldet wird:

(i) für jedes derartige MATTENVERSTÄRKTE GUSSTEIL, das eine MATTE enthält, die unter Benutzung eines RESCO-PATENTS für eine Erfindung, die vor dem DATUM DES INKRAFTTRETENS gemacht wurde, hergestellt, verwendet oder verkauft wird, eine laufende Lizenzgebühr in Höhe von ... % des NETTOVERKAUFSPREISES dieses MATTENVERSTÄRKTEN GUSSTEILS; und

(ii) für jedes derartige MATTENVERSTÄRKTE GUSSTEIL, für das keine Lizenzgebühr nach vorstehend (i) geschuldet wird, das aber eine MATTE enthält, die von RESCO oder einem ihrer Unterlizenznehmer unter Benutzung eines RESCO-PATENTS für eine Erfindung, die nach dem DATUM DES INKRAFTTRETENS gemacht wurde, hergestellt, verwendet oder verkauft wird, eine laufende Lizenzgebühr in Höhe von ... % des NETTOVERKAUFSPREISES dieses MATTENVERSTÄRKTEN GUSSTEILS; und

(iii) für jedes derartige MATTENVERSTÄRKTE GUSSTEIL, für das keine Lizenzgebühr nach vorstehend (i) oder (ii) geschuldet wird, das aber eine MATTE enthält, die von RESCO oder einem ihrer Unterlizenznehmer unter Benutzung von RESCO-TECHNOLOGIE, die von MT nach den Klauseln 9.1 und 9.2 des Vertrags geheim zu halten ist, hergestellt oder verwendet worden ist, eine laufende Lizenzgebühr in Höhe von ... % des NETTOVERKAUFSPREISES dieses MATTENVERSTÄRKTEN GUSSTEILS;

mit folgender Maßgabe: Die nach § 2.1 geschuldete anfängliche Lizenzgebühr ist als eine Vorauszahlung auf diese laufenden Lizenzgebühren zu betrachten ist, so dass eine Zahlung von laufenden Lizenzgebühren nur insoweit zu erfolgen hat, als der Gesamtbetrag der laufenden Lizenzgebühren den Betrag der anfänglichen Lizenzgebühr übersteigt. Die Abrechnungen für und ggf. Zahlungen von laufenden Lizenzgebühren haben innerhalb von 45 Tagen nach jedem Kalenderhalbjahr zu erfolgen, für das die Lizenzgebühren nach diesem § 2.2 zu berechnen sind.

(ii) for each such MAT, for which no royalty is due according to (i) above, but which is manufactured, used or sold by MT or any of its sublicensees under any of the RESCO-PATENTS based on an invention made after the EFFECTIVE DATE or with use of any unpatented RESCO-TECHNOLOGY to be kept secret by MT according to clauses 9.1 and 9.2 of the Agreement, a running royalty equal to ... % of the NET SELLING PRICE of such MAT;

b) in respect of MAT REINFORCED CASTINGS sold by MT or any of its sublicensees containing MATS for which no royalty is due according to a) above:

(i) for each such MAT REINFORCED CASTING which contains a MAT manufactured, used or sold under any of the RESCO-PATENTS based on an invention made before the EFFECTIVE DATE, a running royalty equal to ... % of the NET SELLING PRICE of such MAT REINFORCED CASTING; and

(ii) for each such MAT REINFORCED CASTING, for which no royalty is due according to (i) above, but which contains a MAT manufactured, used or sold by MT or any of its sublicensees under any of the RESCO-PATENTS based on an invention made after the EFFECTIVE DATE, a running royalty equal to ... % of the NET SELLING PRICE of such MAT REINFORCED CASTING; and

(iii) for each such MAT REINFORCED CASTING, for which no royalty is due according to (i) or (ii) above, but which contains a MAT manufactured or used by MT or any of its sublicensees with use of any RESCO-TECHNOLOGY to be kept secret by MT according to clauses 9.1 and 9.2 of the Agreement, a running royalty equal to ... % of the NET SELLING PRICE of such MAT REINFORCED CASTING,

provided that the initial fee due to RESCO according to paragraph 2.1 shall be regarded as a prepayment on such running royalties, so that payment of running royalties has only to be made to the extent that the total amount of running royalties exceeds the amount of the initial license fee, and further provided that reports on and payments (if any) of running royalties shall be made within 45 days after each calendar half year, for which such royalties have to be calculated according to this paragraph 2.2.

Anmerkungen zu Muster C

(1) **Werkvertragstypus des Vertrags:** Unterläge der Vertrag gemäß dem Muster nicht englischem, sondern deutschem Recht, wäre er unter Berücksichtigung der Kriterien nach Kap. 6 Rdn. 11–25 als Werkvertrag einzustufen. Mit der Verpflichtung des Auftragnehmers RESCO, einen Prototyp mit bestimmten Merkmalen zu entwickeln und an den Auftraggeber MT zu liefern, wird ein Erfolg geschuldet. Das ergibt sich auch daraus, dass das Risiko eines Fehlschlags der Entwicklung hauptsächlich bei RESCO liegt: MT kann den Vertrag u.a. dann nach Klausel 11.3 fristlos kündigen, wenn die Lieferung des Prototyps nicht rechtzeitig oder nicht mängelfrei (mängelfrei heißt auch: unter Erfüllung der Anforderungen gemäß Annex 2.1) erfolgt. Im Falle einer solchen Kündigung hat RESCO aber die bereits von MT gemäß Klausel 3 geleistete Vergütung für den Prototyp nach Klausel 12.4 zurückzuerstatten.

(2) **Zum Regelungsumfang des Musters:** Die in Kap. 8 Rdn. 9–29 aufgeführten Kriterien für den Regelungsumfang von Vertragsentwürfen erfordern für einen Vertrag gemäß dem Muster detaillierte und damit umfangreiche Regelungen. Zu berücksichtigen ist dabei im vorausgesetzten Fall u.a.
- die Zugehörigkeit der Vertragspartner zu verschiedenen Rechtskreisen, wobei der Vertrag einem Land mit Common-Law-Tradition unterstellt wird,
- das Fehlen einer dauernden Geschäftsbeziehung zwischen MT und RESCO und eines Interesses an einer solchen dauernden Geschäftsbeziehung.

(3) **Zur kartellrechtlichen Beurteilung des Musters:**

1. **Prüfung der Freistellung nach den GFVO:**
Bei der Frage, ob ein F&E-Vertrag mit Art. 81 EGV vereinbar ist, empfiehlt sich grundsätzlich mit der Prüfung zu beginnen, ob er den Freistellungsvoraussetzungen einer GFVO genügt (s. Kap. 5 Rdn. 346). Es wird deshalb zunächst erörtert, ob die Freistellungsvoraussetzungen nach der F&E-GFVO bzw. der TT-GFVO erfüllt sind.
   a) **Freistellungsvoraussetzungen nach der F&E-GFVO:** Der Vertrag ist teilweise als Vertrag zum Zwecke der gemeinsamen Forschung und Entwicklung ohne die gemeinsame Verwertung der Ergebnisse i.S. von Art. 1 Abs. 1 Buchst. c F&E-GFVO einzustufen. Die Voraussetzung der Gemeinsamkeit der F&E i.S. von Art. 2 Nr. 11 F&E-GFVO dürfte gegeben sein, weil MT z.B. gemäß den Klauseln 2.1 a) und b) gewisse Prüffunktionen wahrzunehmen hat und dadurch an der Lenkung der Arbeiten beteiligt ist, s. zur Frage der Gemeinsamkeit der F&E: Kap. 5 Rdn. 363 und 380.
   Die im Vertrag enthaltenen Bestimmungen sind nach Art. 1 Abs. 1 und 2 F&E-GFVO nur insoweit nach der F&E-GFVO zu beurteilen, als sie den »eigentlichen Gegenstand dieses Vertrags« i.S. von Art. 1 Abs. 2 F&E-GFVO bilden oder »mit seiner Durchführung unmittelbar verbunden und für diese notwendig sind«, s. dazu Kap. 5 Rdn. 381–393).

Den »eigentlichen Gegenstand« bilden nach hier vertretenen Auffassung (s. Kap. 5 Rdn. 384) Bestimmungen, welche Regelungen über die gemeinsame F&E und die Verwertung der daraus hervorgehenden Ergebnisse betreffen. Dazu dürften auch die Regelungen in Annex 5, § 1.1, nach denen MT bei Ausübung der Option zur Verwertung von RESCO TECHNOLOGIE und von RESCO PATENTEN berechtigt ist, auch insoweit gehören, als RESCO TECHNOLOGIE auch Alttechnologie von RESCO umfasst und zu den RESCO PATENTEN auch Patente von RESCO für Alttechnologie gehören; vgl. Kap. 5 Rdn. 383 und 386. Die RESCO TECHNOLOGIE umfasst aber auch Technologie, welche RESCO nach Ausübung der Option durch MT erarbeitet. Dementsprechend können zu den RESCO PATENTEN auch solche gehören, die erst nach der Ausübung der Option durch MT von RESCO erarbeitete Technologie betreffen. Insoweit gehört die Abrede gemäß Annex 5, § 1.1 nicht mehr i.S. von Art. 1 Abs. 2 F&E-GFVO zum »eigentlichen Gegenstand« des Vertrags und ist auch nicht mehr i.S. von Art. 1 Abs. 2 F&E-GFVO unmittelbar mit seiner Durchführung verbunden und für diese notwendig, s. Kap. 5 Rdn. 390.
Damit gewährt die F&E-GFVO jedenfalls nicht eine den ganzen Vertrag erfassende Freistellung.
Auch für den Vertragsteil, für den eine Freistellung nach der F&E-GFVO in Betracht kommt, dürfte sie schon daran scheitern, dass MT bei Ausübung der Option ausschließliche Verwertungsrechte an den F&E-Ergebnissen erhält. Damit sind die Freistellungsvoraussetzungen gemäß Art. 3 Abs. 2 F&E-GFVO (s. dazu Kap. 5 Rdn. 396–403) nicht erfüllt: Zwar gilt der Grundsatz von Art. 3 Abs. 2 Satz 1, dass jeder Vertragspartei Verwertungsrechte an den Ergebnissen der gemeinsamen F&E-Arbeiten einzuräumen sind, nach Art. 3 Abs. Satz 2 dann nicht, wenn Verwertungsrechte einem Forschungsinstitut versagt werden, das F&E-Leistungen in Form gewerblicher Dienste erbringt und sich üblicherweise nicht als Verwerter von Ergebnissen betätigt. RESCO dürfte jedoch generell die Verwertung der von ihr erzielten Forschungsergebnisse in Form der Übertragung bzw. Lizenzierung ihrer Forschungsergebnisse betreiben und deshalb nicht zu diesen Forschungsinstituten gehören (s. Kap. 5 Rdn. 403).

b) **Freistellungsvoraussetzungen nach der TT-GFVO:** In dem Regelungsbereich, in dem die F&E-GFVO nicht anwendbar ist, dürfte der Vertrag auch die Freistellungsvoraussetzungen der TT-GFVO nicht erfüllen. Dies gilt auch dann, wenn MT keinen Marktanteil von über 30 % auf einem relevanten Produkt- und/oder Technologiemarkt besitzt und damit die Marktanteilsschwellen gemäß Art. 2 TT-GFVO nicht überschritten hat. Die Lizenz umfasst nämlich auch Verwertungsrechte von MT an Anwendungs- und Verbesserungstechnologie zu F&E-Ergebnissen, welche RESCO nach Beendigung der gemeinsamen F&E erarbeitet. Für die Beurteilung der Verwertungsrechte an

F&E-Ergebnissen ist aber allein die F&E-GFVO die einschlägige GFVO, so dass die Lizenz an den F&E-Ergebnissen nicht nach der TT-GFVO zu beurteilen ist und damit die Basis für eine Freistellung der Lizenz an Anwendungs- und Verbesserungstechnologie zu F&E-Ergebnissen nach der TT-GFVO grundsätzlich fehlt, s. im Einzelnen Kap. 5 Rdn. 543–546.

2. **Prüfung der Vereinbarkeit mit Art. 81 Abs. 1 EGV:**
   a) **Relevante Märkte:** Siehe dazu Kap. 5 Rdn. 105–147 und die Zusammenfassung in Kap. 5 Rdn. 158–166.
   Die vereinbarte F&E zielt auf die Verbesserung von faserverstärkten Gussteilen, insbesondere von Diesel-Kolben. Die ggf. verbesserten Produkte dürften keinen neuen Markt bilden. Sie lassen zwar eine höhere Standfestigkeit erwarten als herkömmliche Produkte. Letztere haben aber schon eine lange Lebensdauer, die für die Endkunden akzeptabel ist, so dass relative Preiserhöhungen für die zu entwickelnden Produkte im Bereich von 5 bis 10 % ein Ausweichen der Kunden von MT auf herkömmliche Produkte nach sich ziehen dürften. Da MT neben Produkten der relevanten Produktmärkte auch die entsprechenden Technologien durch Lizenzen vermarktet, sind auch die Technologiemärkte, denen die lizenzierten Technologien zuzurechnen sind, zu den relevanten Märkten zu rechnen.
   b) **Beeinträchtigung des Handels zwischen Mitgliedsstaaten (Zwischenstaatlichkeitsklausel):** Siehe dazu Kap. 5 Rdn. 178–215.
   Vorausgesetzt, dass MT kein KMU i.S. der Empfehlung der Komm. 96/280/EG ist (s. dazu Kap. 5 Rdn. 201) und auf mindestens einem relevanten Markt Umsätze von über 40 Mio. € hat, greifen die Negativvermutungen gemäß Nr. 50 und 52 der Zwischenstaatlichkeitsklausel-LL hins. der erforderlichen Spürbarkeit der Beeinträchtigung nicht. Die Zwischenstaatlichkeitsklausel dürfte damit erfüllt sein.
   c) **Bewirken einer Wettbewerbsbeschränkung:** Der für das Muster vorausgesetzte Fall hat gewisse Ähnlichkeit mit dem Beispielsfall gemäß Nr. 76 der Horizontal-LL, bei dem schon fraglich war, ob die Komm. auch heute noch das Bewirken einer spürbaren Wettbewerbsbeschränkung verneinen würde (s. dazu Kap. 5 Rdn. 311 und 312). Von diesem Fall unterscheidet sich der Fall des Musters u.a. darin, dass das Forschungsunternehmen (RESCO) auch Technologie, die es nach Beendigung der gemeinsamen F&E erarbeitet, bei Ausübung der Option durch das industrielle Unternehmen (MT) noch lizenzieren muss, und zwar sogar auf ausschließlicher Basis. Unter der Voraussetzung, dass MT auf dem relevanten Produktmarkt einen erheblichen Marktanteil hat, dürfte der Vertrag deshalb trotz des fehlenden Wettbewerbsverhältnisses zwischen den Vertragspartnern eine spürbare Wettbewerbsbeschränkung bewirken.

3. **Freistellung aufgrund direkter Anwendung von Art. 81 Abs. 3:** Die vier Freistellungsvoraussetzungen, schlagwortartig bezeichnet als »Effizienzgewinne«, »angemessene Beteiligung der Verbraucher«, »Unerlässlichkeit« und »Keine Ausschaltung des Wettbewerbs« (s. Kap. 5 Rdn. 348 und 349) dürften erfüllt sein. Das gilt auch im Hinblick auf die MT eingeräumte Möglichkeit, durch Ausübung der Option nach Klausel 5 eine ausschließliche Lizenz an der RESCO TECHNOLOGIE, der GEMEINSAMEN TECHNOLOGIE, den RESCO PATENTEN und den GEMEINSAMEN PATENTEN zu erlangen; s. hins. der Freistellungsfähigkeit der in dieser Lizenz enthaltenen ausschließlichen Lizenz bzgl. Alttechnologie von RESCO und den diesbezüglichen Patenten von RESCO das Beispiel in Rn. 76 Horizontal-LL/Kap. 5 Rdn. 310–312 und hins. der Freistellungsfähigkeit der in dieser Lizenz enthaltenen ausschließlichen Lizenz bzgl. Verbesserungstechnologie von RESCO und den diesbezüglichen Patenten von RESCO Kap. 5 Rdn. 611–613. Siehe auch unten Anm. 35.

(4) **AGB:** Auch wenn der Vertrag von MT verwendete AGB enthält, sind die AGB-Bestimmungen des BGB nicht zu beachten, weil der Vertrag nicht deutschem Recht unterliegt, s. Kap. 7 Rdn. 3. Da der Vertrag englischem Recht unterliegt, kann allerdings eine Prüfung nach englischem AGB-Recht veranlasst sein.

(5) Siehe zur Bedeutung und Gestaltung der **Präambel** Kap. 5 Rdn. 35–38.

(6) Siehe zur Notwendigkeit von **Definitionen** und zur Zweckmäßigkeit ihrer Voranstellung in einer gesonderten Klausel Kap. 8 Rdn. 126–131. Da im gedachten Fall davon auszugehen wäre, dass die englische Fassung des Vertrags die maßgebliche ist, sind die definierten Begriffe nur in dieser Fassung in alphabetischer Reihenfolge aufgeführt. Diese Anordnung ist bei einer großen Zahl von Definitionen anzuraten, um dem Leser des Vertrags die Auffindung einer gesuchten Definition zu erleichtern.

(7) Der Begriff »TECHNOLOGIE« ist so definiert, dass er sowohl **Alttechnologie** (s. zur Definition Kap. 8 Rdn. 345), **F&E-Ergebnisse** (=Neutechnologie), s. zur Definition allgemein Kap. 8 Rdn. 422–437 und speziell bei F&E-Verträgen des Werkvertragstyps Kap. 8 Rdn. 509 **und Verbesserungstechnologie** zu den F&E-Ergebnissen umfasst.
Dabei weicht im Hinblick auf die besondere Konstruktion des Vertrags – nur Option des Auftraggebers zur Verwertung von F&E-Ergebnissen – und die besondere Interessenlage, die auf dem Einbringen wertvoller Alttechnologie durch den Auftragnehmer und der Erwartung der Fortführung der F&E-Arbeiten durch den Auftraggeber beruht, die von der in der Definition »TECHNOLOGIE« enthaltene Definition der F&E-Ergebnisse von der für den Normalfall empfohlenen Definition ab.
Auf diesen Umständen beruhen auch die Einbeziehung von Verbesserungstechnologie zu den F&E-Ergebnissen in die Definition von »TECHNOLOGIE« und die diesbezüglichen Rechtsgewährungen.

(8) Der Grund für den **grundsätzlichen Ausschluss einer Schadensersatzpflicht von RESCO** liegt darin, dass RESCO bei Nichterfüllung der Verpflichtungen nach Klausel 2 schon dadurch »bestraft« wird, dass MT den Vertrag gemäß Klausel 11.2 oder Klausel 11.3 kündigen kann und dann gemäß 12.4 Rückzahlung bereits geleisteter Zahlungen für den PROTOTYP einschl. eines Zinsaufschlags verlangen kann. Diese Regelung übt auch einen erheblichen Druck auf RESCO aus, sich intensiv um eine erfolgreiche Durchführung des Auftrags zu bemühen.

(9) Siehe zu den Regelungen betr. **Anmeldung, Aufrechterhaltung und Geltendmachung von Schutzrechten** für Vertragserfindungen im Allgemeinen Kap. 8 Rdn. 146–200 und speziell bei F&E-Verträgen des Werkvertragstypus Kap. 8 Rdn. 313–316.

(10) Eine Regelung über die Geltendmachung GEMEINSAMER PATENTE gegen mutmaßliche Verletzer erschien zweckmäßig, da im gedachten Fall zwar, wenn überhaupt, nur mit wenigen GEMEINSAMEN PATENTEN zu rechnen ist, mangels dauernder Geschäftsbeziehung zwischen den PARTEIEN aber nicht damit zu rechnen ist, dass sie sich ggf. über die Geltendmachung und die Verteilung der daraus resultierenden Kosten und Erträge schnell einigen würden. Ergänzend sieht Annex 5, § 1.1, vor, dass Klausel 8.3 f) des Vertrags im Falle des Erwerbs einer ausschließlichen Lizenz durch MT aufgrund Optionsausübung gemäß Klausel 5 des Vertrags für die Dauer der Ausschließlichkeit der Lizenz auch für die Geltendmachung von RESCO-PATENTEN gilt.

(11) Siehe zu Verpflichtungen von Vertragspartnern zur **Geheimhaltung und Nichtverwertung** Kap. 8 Rdn. 325–344; speziell zum Zusammenhang zwischen Geheimhaltungsverpflichtung und Verwertungsbeschränkungen Kap. 8 Rdn. 325, zum grundsätzlichen Vorrang des Anmeldeinteresses vor dem Geheimhaltungsinteresse Kap. 8 Rdn. 334 i.V. mit Rdn. 180 und 181 und zur Problematik von Verpflichtungen zur Geheimhaltung und Nichtverwertung kommerzieller Informationen Kap. 8 Rdn. 342–344.

(12) Die grundsätzlichen **Ausnahmen von der Geheimhaltungsverpflichtung** unter a) bis c) werden im Hinblick darauf, dass der Anfang des Satzes dafür die Beweislast ausdrücklich der empfangenden PARTEI auferlegt, getrennt von den **»Ausnahmen von den Ausnahmen«** aufgeführt, weil für diese die offenbarende PARTEI die Beweislast trägt, s. dazu Kap. 8 Rdn. 332 und 333.

(13) Siehe zu den Regelungen der Klauseln 10.1 und 10.2 betr. **Umsatzsteuer** Kap. 8 Rdn. 587–598.

(14) Klausel 10.3 betrifft **Einkommen- bzw. Körperschaftssteuer**, s. dazu Kap. 8 Rdn. 599–604.

(15) Siehe zur Regelung der **Vertragsdauer** Kap. 8 Rdn. 614–645 und speziell zur Regelung der Laufzeit von F&E-Verträgen des Werkvertragstypus Kap. 8 Rdn. 643–645.

(16) Eine Vertragsverletzung kann für MT, wenn sie zur a.o. Kündigung des Vertrags durch RESCO führt, sehr einschneidende Folgen haben, insbesondere den Verlust der Lizenz an RESCO-PATENTEN und RESCO-TECHNOLOGIE nach sich ziehen, s. Klausel 12.3. Ohne die nachfolgende Regelung könnte es deshalb für MT ein erhebliches Risiko bedeuten, eine von RESCO behauptete Vertragsverletzung zu bestreiten, auch wenn MT dafür beachtliche Gründe hat.

(17) Siehe zur Regelung der **nachvertraglichen Rechte und Pflichten** Kap. 8 Rdn. 646–657.

(18) Siehe zur Frage der Notwendigkeit einer **Rechtswahlklausel** und zur Bedeutung, den die Vertragspartner der Rechtswahl in den Vertragsverhandlungen zumessen sollten, Kap. 8 Rdn. 660–680. Soweit die Vertragspartner nicht gesetzlich gehindert sind, das anzuwendende Recht zu bestimmen, sollte es im Fall einer Schiedsgerichtsklausel jedenfalls dasjenige Recht sein, welches an dem Ort gilt, an dem das Schiedsgerichtsverfahren nach dem Vertrag durchzuführen ist, s. Kap. 8 Rdn. 678 und 686.

(19) Siehe zur **Wahl zwischen ordentlicher Gerichtsbarkeit und Schiedsgerichtsbarkeit** Kap. 8 Rdn. 681–684 und – im Fall der Vereinbarung von Schiedsgerichtsbarkeit – zur Auswahl unter den möglichen Schiedsgerichtsverfahren, Festlegung der Zahl der Schiedsrichter und des Orts des Schiedsgerichtsverfahrens sowie zum Ausschluss von »Discovery Proceedings« Kap. 8 Rdn. 685–687.

(20) Siehe zur Zweckmäßigkeit und Gestaltung einer **salvatorischen Klausel** Kap. 8 Rdn. 702–705.

(21) Siehe zu vertraglichen Regelungen betr. die Form und das Wirksamwerden von **Erklärungen und geschäftsähnlichen Handlungen** Kap. 8 Rdn. 690–693.

(22) Siehe zur Gestaltung des **Vertragsfußes** Kap. 8 Rdn. 706.

(23) **Annexe:** Dem Muster ist nur der Annex 5 beigefügt. Am Ende des Vertrags wurden alle Annexbezeichnungen aus den in Kap. 8 unter Rdn. 707 genannten Gründen gelistet.

(24) Die durch Ausübung der Option in Kraft tretende **Lizenz** gemäß Annex 5, § 1 erstreckt sich infolge der weiten Definition von »TECHNOLOGIE« und der Erstreckung der Vertragsdauer gemäß Klausel 11.1 auf den 10-Jahres-Zeitraum, welcher der Ausübung der Option durch MT folgt, auf **Alttechnologie, F&E-Ergebnisse und Verbesserungstechnologie** und diesbezügliche Schutzrechtspositionen; s. zur Gewährung von Benutzungs- und Verwertungsrechten bei Verträgen des Werkvertragstypus bzgl. Alttechnologie Kap. 8 Rdn. 410 und 411 und bzgl. F&E-Ergebnissen Kap. 8 Rdn. 504–510.

(25) Die Bestimmung gemäß Annex 5, § 1.2, erscheint nicht nur aus kommerziellen Gründen geboten, sondern auch im Hinblick auf die »schwarze Klausel« gemäß Art. 5 Abs. 1 Buchst. h (s. dazu Kap. 5 Rdn. 468–483).

(26) Die festgelegten **Lizenzgebühren** betreffen wie die erteilten Lizenzen (s. Anm. 24) zugleich Alttechnologie, F&E-Ergebnisse und Verbesserungstechnologie bzw. diesbezügliche Patentpositionen; s. zu den Regelungen betr. die Zahlung von Lizenzgebühren bei Verträgen des Werkvertragstypus, soweit diese Alttechnologie und diesbezügliche Schutzrechtspositionen betreffen, Kap. 8 Rdn. 561 sowie 562 und, soweit sie F&E-Ergebnisse und diesbezügliche Schutzrechtspositionen betreffen, Kap. 8 Rdn. 575–577.

Kapitel 15 F&E-Kooperationsvertrag zwischen einem Industriepartner und einer Hochschule/Ergänzende Vereinbarung mit Hochschulwissenschaftler Muster D

I. (1), (2) Vertrag über arbeitsteilige F&E zwischen einem industriellen Unternehmen und einer deutschen Hochschule/II. (3)Ergänzende Vereinbarung zwischen dem industriellen Unternehmen und einem auf der Seite der Hochschule als Projektleiter vorgesehenem Hochschulwissenschafter, der als Erfinder die Kriterien von § 42 Nr. 1 bis 3 ArbEG erfüllen würde

I. Vertrag

zwischen

1. ...– nachstehend »HOCHSCHULE« genannt –
   und
2. ...– nachstehend »INDUSTRIEPARTNER« genannt –
   (einzeln oder zusammen auch »PARTNER« genannt)

(4)**Präambel:**

INDUSTRIEPARTNER entwickelt, produziert und vertreibt Produkte der in (5)**Anlage A** bezeichneten Produktgruppe. Solche Produkte werden derzeit industriell für ... eingesetzt.

INDUSTRIEPARTNER hat inzwischen Versuche mit bestimmten Produkten der erwähnten Produktgruppe durchgeführt, welche ergeben haben, dass diese Produkte grundsätzlich auch für den NEUEN EINSATZZWECK, wie nachfolgend definiert, geeignet sind. Sie werden aber den diesbezüglichen Anforderungen bisher nur teilweise gerecht, s. dazu **Anlage B**.

HOCHSCHULE beschäftigt sich in ihrem Institut für ... seit langem generell mit den Eigenschaften und Wirkungsweisen von Produkten der erwähnten Produktgruppe.

Die PARTNER möchten deshalb arbeitsteilig mit dem Ziel zusammenarbeiten, Produkte der erwähnten Produktgruppe zu entwickeln, welche allen Anforderungen des NEUEN EINSATZZWECKS genügen.

(6)Dabei sollen seitens der HOCHSCHULE nur Beschäftigte ihres Instituts für ... unter Leitung von Herrn Prof. X, dem Direktor dieses Instituts, mit der Durchführung der von ihr durchzuführenden Arbeiten nach näherer Maßgabe dieses Vertrags betraut werden.

(7)Nachdem die PARTNER unter der am … unterzeichneten Geheimhaltungsvereinbarung Informationen betr. Produkte der erwähnten Produktgruppe ausgetauscht haben und sich außerdem über ihre einschlägigen Schutzrechtspositionen sowie ihnen bekannte einschlägige Schutzrechtspositionen Dritter unterrichtet haben, vereinbaren sie hiermit Folgendes:

1. (8)Weitere Definitionen

1.1 »ALTPATENT« ist jedes PATENT, das auf den Schutz von ALTTECHNOLOGIE gerichtet ist.

1.2 (9)»ALTTECHNOLOGIE« sind bei einem PARTNER zum Zeitpunkt des Inkrafttretens dieses Vertrags vorhandene Kenntnisse und Erfahrungen,
a) deren Berücksichtigung oder Benutzung für die Erreichung des F&E-ZIELS tatsächlich oder voraussichtlich notwendig oder nützlich ist und/oder
b) deren Verwertung tatsächlich für die vertragsgemäße Verwertung von NEUTECHNOLOGIE notwendig ist.

1.3 (10)»ERFINDUNG« ist jede mutmaßlich patent- oder gebrauchsmusterfähige Erfindung, deren Veröffentlichung im patentamtlichen Erteilungsverfahren kein PARTNER aufgrund einer bei Entstehung der Erfindung schon bestehenden Geheimhaltungsverpflichtung gegenüber einem Dritten verhindern muss und die
– entweder zur NEUTECHNOLOGIE gehört oder
– nur deshalb nicht zur NEUTECHNOLOGIE gehört, weil sie neben mindestens einem Erfindungsteil, den ein PARTNER nach dem Arbeitnehmererfindungsgesetz (ArbEG) unbeschränkt in Anspruch nehmen kann, mindestens einen Erfindungsanteil umfasst, den kein PARTNER nach dem ArbEG unbeschränkt in Anspruch nehmen kann.

1.4 »F&E-ZIEL« ist die Entwicklung von VERTRAGSPRODUKTEN, welche alle Anforderungen des NEUEN EINSATZZWECKS erfüllen.

1.5 (11) »GEHEIM« bedeutet, als ein in Zusammenhang mit Kenntnissen und Erfahrungen benutzter Begriff, dass die betr. Kenntnisse und Erfahrungen der Öffentlichkeit nicht allgemein bekannt und nicht leicht zugänglich sind.

1.6 »GEMEINSCHAFTSERFINDUNG« ist jede ERFINDUNG, die zur NEUTECHNOLOGIE gehört und mehrere Erfindungsanteile umfasst, von denen mindestens ein Erfindungsanteil bei INDUSTRIEPARTNER und mindestens ein Erfindungsanteil bei HOCHSCHULE entstanden ist.

1.7 »HOCHSCHUL-ERFINDUNG« ist jede ERFINDUNG, die zur NEUTECHNOLOGIE gehört und allein bei HOCHSCHULE entstanden ist.

1.8 »HOCHSCHUL-NEUTECHNOLOGIE« ist NEUTECHNOLOGIE, die allein bei HOCHSCHULE gewonnen wird.

1.9 »INDUSTRIEPARTNER-ERFINDUNG« ist jede ERFINDUNG, die zur NEUTECHNOLOGIE gehört und allein bei INDUSTRIEPARTNER entstanden ist.

1.10 »INDUSTRIEPARTNER-NEUTECHNOLOGIE« ist NEUTECHNOLOGIE, die allein bei INDUSTRIEPARTNER entsteht.

1.11 »NEUER EINSATZZWECK« ist die Verwendung von VERTRAGSPRODUKTEN zum Zwecke der ...

1.12 »NEUPATENT« ist jedes PATENT, das nur oder auch auf den Schutz von NEUTECHNOLOGIE gerichtet ist.

1.13 (12)»NEUTECHNOLOGIE« sind Kenntnisse und Erfahrungen, die entweder aus dem PROJEKT hervorgehen oder, ohne daraus hervorzugehen, doch dem F&E-ZIEL dienen oder dienen können und keine Erfindungen sind, die von einem PARNTER oder beiden PARTNERN nicht bzw. nicht bezüglich aller Erfindungsanteile nach dem ArbEG unbeschränkt in Anspruch genommen werden können, und zwar

a) einerseits Kenntnisse und Erfahrungen dieser Art, die während der Dauer dieses Vertrags allein bei einem PARTNER gewonnen werden, sowie

b) andererseits Kenntnisse und Erfahrungen dieser Art, welche Erfindungen darstellen, von denen jeweils mindestens ein Erfindungsanteil bei HOCHSCHULE und mindestens ein Erfindungsanteil bei INDUSTRIEPARTNER entstanden ist.

1.14 »PATENT« ist ein Patent, eine Patentanmeldung, ein Gebrauchsmuster oder eine Gebrauchsmusteranmeldung.

1.15 »PROJEKT« ist die Durchführung von F&E gemäß Klausel 2.

1.16 »VERTRAGSPRODUKTE« sind Produkte der in **Anlage A** bezeichneten Produktgruppe.

2. Das PROJEKT

2.1 Soweit sich aus Klausel 2.3 nichts anderes ergibt, werden die PARTNER unter Berücksichtigung ihnen zugänglicher Informationen arbeitsteilig F&E zur Erreichung des F&E-ZIELS mit Hilfe von theoretischen Überlegungen und Experimenten betreiben, und zwar auf der Grundlage des Arbeits- und Zeitplans gemäß **Anlage C**. Jeder PARTNER wird dabei auch, soweit er daran nicht durch Rechte Dritter bzw. Verpflichtungen gegenüber Dritten gehindert ist und sich aus Klausel 2.2 nichts anderes ergibt, bei ihm im Zeitpunkt des Inkrafttretens dieses Vertrags vorhandene und ihm gemäß Klausel 9.1 bis 9.3 lizenzierte und übermittelte ALTTECHNOLOGIE sowie ihm gemäß Klausel 9.4 lizenzierte ALTPATENTE benutzen. Sollten sich Änderungen des Arbeits- und Zeitplans gemäß **Anlage C** als sinnvoll erweisen, werden sich die PARTNER jeweils über solche Änderungen verständigen, soweit solche Änderungen für keinen PARTNER eine erhebliche Mehrbelastung bedeuten. Jeder PARTNER wird seinen Arbeitsanteil gemäß dem (ggf. geänderten) Arbeits- und Zeitplan spätestens bis zum ... erbringen.

2.2 (13)HOCHSCHULE hat jedoch bei der Erbringung ihres Arbeitsanteils GEHEIME ALTTECHNOLOGIE, die bei ihr im Zeitpunkt des Inkrafttretens dieses Vertrags vorhanden war, nur dann gemäß Klausel 2.1 zu berücksichtigen und zu benutzen, soweit bzw. sobald mindestens ein an der vertragsgemäßen F&E beteiligter Hochschulbeschäftigter davon Kenntnis erlangt hat.

2.3 (14)HOCHSCHULE wird nur Dienstverpflichtete bzw. Arbeitnehmer ihres Instituts für … an der F&E gemäß diesem Vertrag beteiligen, wobei andere Hochschulwissenschaftler als Herrn Prof. X, deren Erfindungen § 42 Nr. 1 bis 3 ArbEG unterliegen, nur nach schriftlicher Zustimmung von INDUSTRIEPARTNER beteiligt werden dürfen.

2.4 HOCHSCHULE wird Herrn Prof. X zu ihrem Projektleiter bestellen, wobei die Projektleitung folgende Aufgaben bzw. Funktionen umfasst:
a) die Steuerung der von HOCHSCHULE durchzuführenden F&E-Arbeiten;
b) die Funktion des primären Ansprechpartners von INDUSTRIEPARTNER hinsichtlich der Zusammenarbeit der PARTNER gemäß diesem Vertrag;
c) das Bemühen um Koordinierung der technischen Zusammenarbeit der PARTNER bei der Verfolgung des F&E-ZIELS; und
d) die Einberufung und Leitung von Konferenzen gemäß Klausel 2.9.

2.5 INDUSTRIEPARTNER wird Herrn Y zu ihrem Projektleiter bestellen, wobei die Projektleitung folgende Aufgaben bzw. Funktionen umfasst:
a) die Steuerung der von INDUSTRIEPARTNER durchzuführenden F&E-Arbeiten;
b) die Funktion des primären Ansprechpartners von HOCHSCHULE hinsichtlich der Zusammenarbeit der PARTNER gemäß diesem Vertrag;
c) das Bemühen um Koordinierung der technischen Zusammenarbeit der PARTNER bei der Verfolgung des F&E-ZIELS; und
d) die Einberufung und Leitung von Konferenzen gemäß Klausel 2.9 im Falle der Verhinderung von Prof. X.

Wenn INDUSTRIEPARTNER die Aufgaben und Funktionen des Projektleiters einer anderen Person als Herrn Y überträgt, wird sie HOCHSCHULE unverzüglich darüber informieren.

2.6 Jeder PARTNER wird dafür sorgen, dass alle in Erfüllung seines Arbeitsanteils gemäß dem (ggf. geänderten) Arbeits- und Zeitplan geleisteten Arbeiten unter Angabe des jeweiligen Datums der Durchführung, der Namen der diese Arbeiten durchführenden Personen und der dabei erzielten Ergebnisse ordnungsgemäß aufgezeichnet werden. Er wird dem anderen PARTNER auf dessen Wunsch Kopien dieser Aufzeichnungen zu Händen von dessen Projektleiter übermitteln. HOCHSCHULE kann dabei Aufzeichnungen zurückhalten, die Diensterfindungen solcher Hochschulwissenschaftler betreffen, welche die Offenbarung dieser Diensterfindungen gemäß § 42 Nr. 2 ArbEG ablehnen und nicht melden.

2.7 Jeder PARTNER wird NEUTECHNOLOGIE, welche für die beim anderen PARTNER durchzuführenden F&E-Arbeiten und/oder für die Erreichung des F&E-ZIELS und/oder die Erreichbarkeit der kommerziellen Ziele dieses Vertrags als von erheblicher Bedeutung erscheint und an deren Übermittlung er nicht durch Verpflichtungen gegenüber Dritten gehindert ist, dem anderen PARTNER jeweils unverzüglich schriftlich zu Händen seines Projektleiters mitteilen.

2.8 Jeder PARTNER wird außerdem jeweils mindestens eine Woche vor dem Termin jeder nach Klausel 2.9 abzuhaltenden Konferenz an den anderen PARTNER zu Händen dessen Projektleiters eine Beschreibung der bei ihm bis dahin gewonnenen NEUTECHNOLOGIE übermitteln, soweit diese noch nicht in schriftlicher Form übermittelt wurde.

2.9 Jeweils mindestens einmal in jeder 3-Monats-Periode der Laufzeit dieses Vertrags, erstmals in der Zeit vom ... bis ... und letztmals in der Zeit vom ...bis ..., ist eine Konferenz abzuhalten, an der außer den Projektleitern seitens jeden PARTNERS mindestens ein weiterer an der Durchführung der vertragsgemäßen F&E beteiligter Beschäftigter teilnehmen soll. Die Konferenzen sind abwechselnd in ... *(Adresse der HOCHSCHULE)* und in ... *(Adresse des INDUSTRIEPARTNERS)* an jeweils zwischen den Projektleitern abzustimmenden Terminen abzuhalten. Diese Konferenzen dienen der Klärung von Fragen betr. der jeweils ausgetauschte NEUTECHNOLOGIE und ALTTECHNOLOGIE und, sofern es sich nicht um die letzte Konferenz handelt, der Diskussion, mit welchen Schwerpunkten die vertragsgemäße F&E, ggf. unter Änderung des Arbeits- und Zeitplans, fortgesetzt werden sollte.

2.10 Über jede Konferenz ist ein Protokoll anzufertigen. Als Protokollführer fungieren abwechselnd ein Teilnehmer der HOCHSCHULE und ein Teilnehmer des INDUSTRIEPARTNERS. Der PARTNER, dem der Protokollführer jeweils angehört, wird eine Kopie desselben unverzüglich an den anderen PARTNER zu Händen von dessen Projektleiter übermitteln. Das Protokoll gilt als genehmigt, soweit ihm der andere PARTNER nicht binnen eines Monats nach Zugang unter Angabe der nach seiner Meinung zu korrigierenden bzw. zu ergänzenden Punkte schriftlich widerspricht.

2.11 (15)Die PARTNER werden während der Dauer dieses Vertrags keine F&E zur Erreichung des F&E-ZIELS mit Dritten betreiben

3. Vergütung für die Beteiligung von HOCHSCHULE an dem PROJEKT

3.1 INDUSTRIEPARTNER wird an HOCHSCHULE für deren Beteiligung an dem PROJEKT eine Vergütung in Hohe von € ... zahlen. Davon werden € ... zwei Wochen nach Inkrafttreten dieses Vertrags, € ... ein Jahr nach Inkrafttreten dieses Vertrags, € ... zwei Jahre nach Inkrafttreten des Vertrags und € ... zwei Wochen nach Abhaltung der letzten Konferenz gemäß Klausel 2.9 fällig.

3.2 Soweit sich aus Klausel 3.1 nichts anderes ergibt, trägt jeder Partner die bei ihm anfallenden Kosten für die Durchführung des PROJEKTS selbst.

4. (16)Geheimhaltung und Verwertungsbeschränkung

4.1 Soweit sich aus den Klauseln 4.3 und 8 nichts anderes ergibt, wird jeder PARTNER NEUTECHNOLOGIE streng vertraulich behandeln und Dritten nicht zugänglich machen (HOCHSCHULE auch nicht bei ihr Beschäftigten, die sie nicht mit der Durchführung des PROJEKTS betraut hat), soweit es sich nicht um NEUTECHNOLOGIE handelt, die

a) im Zeitpunkt ihrer Entwicklung der Öffentlichkeit schon zugänglich ist oder der Öffentlichkeit danach ohne Verschulden des betreffenden PARTNERS zugänglich geworden ist, oder

b) dem betreffenden PARTNER nach ihrer Entwicklung rechtmäßig von einem nicht zu den PARTNERN gehörenden Dritten zugänglich gemacht worden ist, der diesbezüglich keiner Geheimhaltungspflicht gegenüber einem PARTNER unterliegt.

Eine spezifische NEUTECHNOLOGIE gilt nicht schon deshalb als im Bereich der vorgenannten Ausnahmen liegend, weil sie von einer allgemeinen Information umfasst wird, die unter die obigen Ausnahmen fällt. Außerdem gilt eine Information, die aus einer Kombination von Merkmalen besteht, nur dann als im Bereich der vorgenannten Ausnahmen liegend, wenn die Kombination als solche unter diese Ausnahmen fällt.

4.2 Soweit sich aus den Klauseln 4.3 und 9 nichts anderes ergibt, wird jeder PARNER alle technischen Informationen, welche

- sich auf die Herstellung, den Gebrauch und die Entwicklung von VERTRAGSPRODUKTEN beziehen,
- nicht zur NEUTECHNOLOGIE gehören und
- diesem PARTNER von dem anderen PARTNER vor oder während der Dauer dieses Vertrages mündlich oder schriftlich, in der Form von Zeichnungen, durch die Gestattung der Besichtigung von Anlagen oder auf andere Weise direkt oder indirekt offenbart worden sind bzw. werden,

streng vertraulich behandeln, Dritten nicht zugänglich machen (HOCHSCHULE auch nicht ihren Beschäftigten außerhalb ihres Instituts für …) und nicht verwerten. Dies gilt nicht für solche Informationen, die

a) zur Zeit ihrer Übermittlung bereits der Öffentlichkeit zugänglich sind oder nach ihrer Übermittlung (z.B. aufgrund von Veröffentlichungen des übermittelnden PARTNERS) ohne Verschulden des empfangenden PARTNERS der Öffentlichkeit zugänglich geworden sind, oder

b) dem empfangenden PARTNER zur Zeit ihrer Übermittlung schon bekannt sind und weder direkt noch indirekt von dem übermittelnden PARTNER stammen, oder

c) dem empfangenden PARTNER nach ihrer Übermittlung rechtmäßig von einem nicht zu den PARTNERN gehörenden Dritten zugänglich gemacht worden sind, der diesbezüglich keiner Geheimhaltungspflicht gegenüber dem übermittelnden PARTNER unterliegt.

Die letzten beiden Sätze von Klausel 4.1 gelten entsprechend.

4.3 Für die Geheimhaltung von ERFINDUNGEN gilt Folgendes:

a) HOCHSCHULE wird jede INDUSTRIEPARTNER-ERFINDUNG streng vertraulich behandeln und Dritten nicht zugänglich machen. Diese Verpflichtung endet 6 Monate nach Mitteilung der ERFINDUNG gemäß Klausel 5 oder, wenn die ERFINDUNG ohne Verschulden von HOCHSCHULE der Öffentlichkeit an einem früheren Datum zugänglich geworden ist, bereits an diesem früheren Datum.

b) INDUSTRIEPARTNER wird jede HOCHSCHUL-ERFINDUNG und jede GEMEINSCHAFTSERFINDUNG streng vertraulich behandeln und Dritten nicht zugänglich machen. Diese Verpflichtung endet im Falle der Optionsausübung gemäß Klausel 6.3 d) mit dem Datum der Einreichung der Inlandsanmeldung und andernfalls 6 Monate nach Mitteilung der ERFINDUNG gemäß Klausel 5 oder, wenn die ERFINDUNG ohne Verschulden von INDUSTRIEPARTNER der Öffentlichkeit an einem früheren Datum zugänglich geworden ist, bereits an diesem früheren Datum.

c) HOCHSCHULE wird jede HOCHSCHUL-ERFINDUNG und jede GEMEINSCHAFTSERFINDUNG streng vertraulich behandeln und Dritten nicht zugänglich machen. Diese Verpflichtung gilt zunächst für den Zeitraum, in dem INDUSTRIEPARTNER die Option gemäß Klausel 6.3 d) noch ausüben kann, und, wenn INDUSTRIEPARTNER diese Option ausgeübt hat, bis zum Ablauf von 6 Monaten nach Mitteilung der ERFINDUNG gemäß Klausel 5 oder, wenn die ERFINDUNG ohne Verschulden von HOCHSCHULE der Öffentlichkeit an einem früheren Datum zugänglich geworden ist, bereits an diesem früheren Datum.

d) Bei ERFINDUNGEN, an denen auch Erfinder beteiligt sind, auf deren Erfindungsanteile keiner der PARTNER Zugriff hat, gelten die Bestimmungen gemäß vorstehend a) bis c) entsprechend mit der Maßgabe, dass in jedem Fall Geheimhaltungsverpflichtungen gegenüber den vorgenannten Erfindern zu berücksichtigen sind.

4.4 (17)Für die Zwecke der Klauseln 4.1 und 4.2 gilt die Übermittlung von Informationen an ein Mitglied des Leitungsorgans oder einen Beschäftigten eines PARTNERS, der an der Durchführung des PROJEKTS beteiligt ist, als Übermittlung an diesen PARTNER selbst, und die bei einem Mitglied des Leitungsorgans oder einem Beschäftigten eines PARTNERS bestehende Kenntnis von Informationen als Kenntnis des beschäftigenden PARTNERS selbst.

4.5 Mit dem Inkrafttreten dieses Vertrags tritt die am … unterschriebene Geheimhaltungsvereinbarung zwischen den PARTNERN außer Kraft unbeschadet von Ansprüchen, die auf einer Verletzung dieser Geheimhaltungsvereinbarung während ihrer Dauer beruhen.

5. Mitteilung von ERFINDUNGEN

5.1 Jeder PARTNER, welcher eine Technologie, welche zur NEUTECHNOLOGIE gehört, für patent- oder gebrauchsmusterfähig im Sinne des deutschen Patent- bzw. Gebrauchsmusterrechts hält, wird dies dem anderen PARTNER unverzüglich schriftlich mitteilen, soweit er an einer solchen Mitteilung nicht durch eine gegenüber einem Dritten bestehende Geheimhaltungsverpflichtung gehindert ist. Dabei wird er angeben, ob er diese Technologie für eine HOCHSCHUL-ERFINDUNG, eine INDUSTRIEPARTNER-ERFINDUNG oder eine GEMEINSCHAFTS-ERFINDUNG hält. Der andere PARTNER wird sich unverzüglich dazu äußern, ob er diese Einschätzung teilt und ggf. seine abweichende Auffassung schriftlich begründen. Jeder PARTNER, dem nachträglich Umstände zur Kenntnis gelangen, die darauf schließen lassen, dass die betr. Technologie nicht oder nur zum Teil nach deutschem Recht patent- oder gebrauchsmusterfähig ist, wird den anderen PARTNER darüber unverzüglich schriftlich verständigen. Wenn ein Hochschulwissenschaftler der HOCHSCHULE gemäß § 42 Nr. 1 ArbEG anzeigt, dass er die betreffende NEUTECHNOLOGIE im Rahmen seiner Lehr- und Forschungstätigkeit offenbaren will, oder die Offenbarung der betr. NEUTECHNOLOGIE gemäß § 42 Nr. 2 ArbEG ablehnt, wird die Hochschule dies dem INDUSTRIEPARTNER sofort mitteilen.

5.2 Klausel 5.1 gilt entsprechend für eine ERFINDUNG, an der mindestens ein Erfinder beteiligt ist, dessen Erfindungsanteil von keinem PARTNER nach dem ArbEG unbeschränkt in Anspruch genommen werden kann.

6. Rechte und Pflichten der PARTNER bezüglich ERFINDUNGEN

6.1 (18)Jeder PARTNER, der eine ERFINDUNG nach Klausel 6.3 zumindest für das Inland allein oder gemeinsam mit dem anderen PARTNER zum Patent oder Gebrauchsmuster anmeldet, hat dafür zu sorgen, dass der andere PARTNER nicht durch Schutzrechte für die ERFINDUNG gehindert wird, diese für F&E-Zwecke zu benutzen.

6.2 Auch wenn einem PARTNER gemäß Klausel 6.3 bzw. Klausel 6.4 keine weiteren Rechte an der betr. ERFINDUNG zustehen, ist er an der Verwertung der ERFINDUNG nicht gehindert, soweit er mit der Verwertung weder ein Schutzrecht noch seine Verpflichtung zur Geheimhaltung der ERFINDUNG nach Klausel 4.3 verletzen würde.

6.3 (19)Unter den Rahmenbedingungen gemäß den Klauseln 6.1 und 6.2 sind die Rechte der PARTNER bezüglich INDUSTRIEPARTNER-ERFINDUNGEN, HOCHSCHUL-ERFINDUNGEN und GEMEINSCHAFTS-ERFINDUNGEN wie folgt geregelt:

a) Die Rechte an INDUSTRIEPARTNER-ERFINDUNGEN stehen im Verhältnis der PARTNER zueinander allein dem INDUSTRIEPARTNER zu. INDUSTRIEPARTNER ist allein berechtigt, aber nicht verpflichtet, diesbezüglich Patente und Gebrauchsmuster anzumelden.

b) Die Rechte an HOCHSCHUL-ERFINDUNGEN stehen im Verhältnis der PARTNER zueinander der HOCHSCHULE zu, soweit sich aus nachfolgend d) bis i) nichts anderes ergibt.

c) Die Rechte an GEMEINSCHAFTSERFINDUNGEN stehen den PARTNERN im Verhältnis zueinander gemeinsam zu, soweit sich aus nachfolgend d) bis i) nichts anderes ergibt.

d) HOCHSCHULE räumt dem INDUSTRIEPARTNER für jede HOCHSCHUL-ERFINDUNG eine Option ein, daran alle Rechte zu erwerben, und hinsichtlich jeder GEMEINSCHAFTSERFINDUNG die Option ein, den/die auf Seiten der HOCHSCHULE entstandenen Erfindungsanteil(e) zu erwerben, mit folgender Maßgabe:

aa) Die Option kann nur durch schriftliche Erklärung während der Optionsfrist ausgeübt werden. Diese endet, soweit sich aus dem nachfolgenden Satz nichts anderes ergibt, an dem Tag, an dem 45 Tage seit Zugang der Mitteilung der ERFINDUNG gemäß Klausel 5 vergangen sind.
Handelt es sich um eine HOCHSCHUL-ERFINDUNG, die ein Hochschulwissenschaftler gemacht hat, für den § 42 Nr. 1 des Arbeitnehmererfindungsgesetzes (ArbEG) gilt, und hat dieser seine Absicht zur Offenbarung der ERFINDUNG im Rahmen seiner Lehr- und Forschungsfreiheit nach dieser Bestimmung angezeigt mit der Folge, dass er die ERFINDUNG nach § 42 Nr. 1 ArbEG ohne Verletzung seiner Verpflichtungen gegenüber HOCHSCHULE schon ab einem Datum vor dem im vorangegangenen Satz bezeichneten Tag offenbaren kann, endet die Optionsfrist bereits drei Tage vor diesem Datum.

bb) Im Fall gemäß vorstehend aa), letzter Satz, ist die Erklärung der Optionsausübung nur wirksam, wenn der INDUSTRIEPARTNER eine Patentanmeldung oder, wenn bei verständiger Würdigung der Verwertbarkeit der ERFINDUNG der Gebrauchsmusterschutz zweckdienlicher erscheint, eine Gebrauchsmusteranmeldung für die ERFINDUNG vorbereitet hat und diese Anmeldung in der vom Deutschen Patentamt geforderten Form spätestens mit der Erklärung der Optionsausübung an HOCHSCHULE übermittelt.

cc) Liegt der Fall gemäß vorstehend aa), letzter Satz, nicht vor, hat der INDUSTRIEPARTNER der HOCHSCHULE eine Anmeldung für die ERFINDUNG in der vom Deutschen Patentamt geforderten Form unverzüglich nach Optionsausübung zu übermitteln, jedoch in dem Fall, dass ein Hochschulwissenschaftler die ERFINDUNG gemacht hat und seine Absicht zur Offenbarung derselben im Rahmen seiner Lehr- und Forschungsfreiheit nach § 42 Nr. 1 ArbEG angezeigt hat, spätestens drei Tage vor dem Datum, ab dem eine Offenbarung durch ihn zulässig ist.

dd) HOCHSCHULE wird im Falle der Ausübung der Option die betr. ERFINDUNG bzw. jeden Anteil an der betr. ERFINDUNG, der von einem ihrer Beschäftigten stammt, sofort nach dem ArbEG unbeschränkt in Anspruch nehmen, sofern bzw. soweit sie dies nicht schon früher getan hat, und die vom INDUSTRIEPARTNER vorbereitete Inlandsanmeldung sofort nach Erhalt vom INDUSTRIEPARTNER beim Deutschen Patentamt unter Zahlung der Anmeldegebühr einreichen und INDUSTRIEPARTNER eine Kopie der Anmeldebestätigung und der Bestätigung der Zahlung der Anmeldegebühr übermitteln. INDUSTRIEPARTNER wird ihr daraufhin die Anmeldegebühr unverzüglich erstatten.

e) Hat INDUSTRIEPARTNER die Option zum Erwerb der Rechte von HOCHSCHULE an einer HOCHSCHUL-ERFINDUNG oder GEMEINSCHAFTSERFINDUNG gemäß vorstehend d) ausgeübt, hält HOCHSCHULE die Inlandsanmeldung bzw. ihren Anteil daran nur noch treuhänderisch für INDUSTRIEPARTNER. Soweit INDUSTRIEPARTNER bzw. sein Vertreter für die Durchführung des Erteilungsverfahrens Vollmachten von HOCHSCHULE benötigt, wird HOCHSCHULE solche Vollmachten auf Wunsch von INDUSTRIEPARTNER erteilen. HOCHSCHULE wird die Inlandsanmeldung bzw. ein daraus hervorgegangenes Schutzrecht bzw. ihren Anteil daran unverzüglich auf INDUSTRIEPARTNER übertragen, wenn eine Offenlegung der Inlandsanmeldung erfolgt ist oder ohne vorherige Offenlegung der Inlandsanmeldung ein daraufhin erteiltes Schutzrecht veröffentlicht worden ist.

f) Vorbehaltlich nachfolgend i) übernimmt INDUSTRIEPARTNER, wenn er die Option zum Erwerb der Rechte von HOCHSCHULE an einer HOCHSCHUL-ERFINDUNG oder GEMEINSCHAFTSERFINDUNG gemäß vorstehend d) ausgeübt hat, folgende Verpflichtungen: Er wird der HOCHSCHULE binnen 9 Monaten nach Einreichung der Inlandsanmeldung gemäß vorstehend d) dd) schriftlich mitteilen, ob und ggf. für welche Länder er eine Nachanmeldung bzw. Nachanmeldungen vorzunehmen beabsichtigt. Er wird jede Nachanmeldung, die er nach dieser schriftliche Mitteilung vorzunehmen beabsichtigt, während 12 Monaten nach dem Anmeldetag der Inlandsanmeldung, und zwar, soweit möglich, unter Inanspruchnahme der Priorität der Inlandsanmeldung nach der PVÜ, auf seinen Namen und seine Kosten einreichen.

g) Vorbehaltlich nachfolgend i) hat INDUSTRIEPARTNER seine Rechte an einer HOCHSCHULERFINDUNG bzw. GEMEINSCHAFTSERFINDUNG für Länder des Auslands, die nicht von einer von INDUSTRIEPARTNER gemäß vorstehend f) vorzunehmenden Nachanmeldung abgedeckt werden, an HOCHSCHULE (zurück) zu übertragen.

h) Vorbehaltlich nachfolgend i) wird INDUSTRIEPARTNER ein ihm gehörendes NEUPATENT für eine HOCHSCHUL-ERFINDUNG oder eine GEMEINSCHAFTSERFINDUNG, das nicht gemäß § 8 des

Gesetzes über Internationale Patentübereinkommen seine Wirkung verloren hat, nur im Sinne von § 16 Abs. 2 ArbEG aufgeben, wenn er der HOCHSCHULE die Übertragung dieses NEUPATENTS schriftlich angeboten hat und HOCHSCHULE dieses Angebot nicht innerhalb zweier Monate nach Zugang angenommen hat.

i) INDUSTRIEPARTNER kann jeweils die Geltung von Klausel 6.3 f) bis h) für eine HOCHSCHUL-ERFINDUNG oder GEMEINSCHAFTSERFINDUNG, für die er die Option gemäß vorstehend d) ausgeübt hat, durch eine Erklärung abbedingen, die HOCHSCHULE bis zum Ablauf des 9. Monats nach Einreichung der Inlandsanmeldung zugehen muss. In jedem Fall einer solchen Abbedingung ist er verpflichtet, an die HOCHSCHULE jeweils unverzüglich nach Abgabe der Erklärung einen Ausgleich zu entrichten. Dieser beträgt in dem Fall, dass die Option für eine HOCHSCHUL-ERFINDUNG ausgeübt wurde, € ..., und in dem Fall, dass die Option für eine GEMEINSCHAFTSERFINDUNG ausgeübt wurde, die Hälfte dieses Betrages.

6.4 (20)Klausel 6.3 gilt entsprechend für die Rechte und Pflichten der PARTNER hins. ERFINDUNGEN, an denen auch Erfinder beteiligt sind, auf deren Erfindungsanteile keiner der PARTNER Zugriff hat, soweit sich aus den Rechten dieser Erfinder nichts anderes ergibt.

7. Vergütungsanspruch von HOCHSCHULE für die Verwertung von NEUPATENTEN durch INDUSTRIEPARTNER

7.1 INDUSTRIEPARTNER zahlt an HOCHSCHULE eine Vergütung nach Maßgabe der Klauseln 7.2 und 7.3 für die Verwertung jedes ihm gehörenden oder zustehenden NEUPATENTS für eine HOCHSCHUL-ERFINDUNG oder GEMEINSCHAFTSERFINDUNG. INDUSTRIEPARTNER wird HOCHSCHULE über den Bestand der ihm gehörenden oder zustehenden NEUPATENTE auf dem Laufenden halten.

7.2 Eine Verwertung durch INDUSTRIEPARTNER im Sinne von Klausel 7.1 ist anzunehmen, sobald und soweit sich bezüglich des betr. NEUPATENTS ein Erfindungswert in entsprechender Anwendung der Grundsätze des geltenden deutschen Arbeitnehmererfindungsrechts errechnet.

7.3 (21)Die nach den Klauseln 7.1 und 7.2 zu zahlende Vergütung bildet

- im Falle von NEUPATENTEN für HOCHSCHUL-ERFINDUNGEN jeweils einen Betrag in Höhe von ...% des Erfindungswerts und
- im Falle von NEUPATENTEN für GEMEINSCHAFTSERFINDUNGEN jeweils die Hälfte dieses Betrags.

INDUSTRIEPARTNER wird die jeweils geschuldete Vergütung binnen eines Monats nach Ablauf des Kalenderquartals, in dem er ein NEUPATENT erstmals verwertet, für den zurückliegenden Zeitraum und anschließend für jedes nachfolgende Kalenderquartal binnen eines Monats nach dessen Ablauf schriftlich gegenüber HOCHSCHULE abrechnen und auf ein von HOCHSCHULE anzugebendes Konto überweisen.

7.4 Die Vergütungsansprüche von HOCHSCHULE bestimmen sich in dem Fall, dass INDUSTRIEPARTNER NEUPATENTE für ERFINDUNGEN verwerten kann, die zumindest einen Erfindungsanteil enthalten, die von keinem PARTNER nach dem ArbEG unbeschränkt in Anspruch genommen werden kann, nach den Grundsätzen über die ergänzende Vertragsauslegung.

8. (22)Rechte der PARTNER zur Benutzung und Verwertung von GEHEIMER NEUTECHNOLOGIE außer ERFINDUNGEN

Jeder PARTNER erteilt dem anderen, soweit er dies ohne Verletzung von Verpflichtungen gegenüber Dritten tun kann, das nicht-ausschließliche Recht, mit dem Recht der Lizenzerteilung und zur Gestattung der Erteilung von Unterlizenzen, in allen Ländern der Welt GEHEIME NEUTECHNOLOGIE, die keine ERFINDUNG beinhaltet, zu F&E-Zwecken zu benutzen und zu kommerziellen Zwecken zu verwerten, mit folgender Maßgabe: Soweit es sich bei dieser GEHEIMEN NEUTECHNOLOGIE um eine solche handelt, deren Verwertung ihre Weitergabe an einen Dritten (z.B. einen Kunden) voraussetzt, von dem Dritten jedoch die Übernahme einer diesbezüglichen Geheimhaltungsverpflichtung realistischerweise nicht erwartet werden kann, ist ein PARTNER, der diese NEUTECHNOLOGIE verwerten will, nicht verpflichtet, diesem Dritten eine diesbezügliche Verpflichtung zur Geheimhaltung aufzuerlegen.

9. (23)Rechte der PARTNER bzgl. ALTTECHNOLOGIE und Übermittlung lizenzierter GEHEIMER ALTTECHNOLOGIE

9.1 Jeder PARTNER erteilt hiermit, soweit er daran nicht durch Verpflichtungen gegenüber Dritten gehindert ist, dem anderen PARTNER eine kostenlose, nicht-ausschließliche Lizenz, die bei ihm vorhandene GEHEIME ALTTECHNOLOGIE zu F&E-Zwecken zu benutzen.

9.2 Jeder PARTNER erteilt hiermit dem anderen PARTNER außerdem, soweit er daran nicht durch Verpflichtungen gegenüber Dritten gehindert ist, das kostenlose, nicht-ausschließliche Recht, die bei ihm vorhandene GEHEIME ALTTECHNOLOGIE, soweit diese für die vertragsgemäße Verwertung von NEUTECHNOLOGIE und/oder NEUPATENTEN benötigt wird, zum Zwecke dieser Verwertung zu benutzen und zu lizenzieren. Der letzte Satz von Klausel 8 gilt entsprechend für lizenzierte ALTTECHNOLOGIE außer solcher GEHEIMEN ALTTECHNOLOGIE, die der lizenzierende PARTNER aufgrund von Verpflichtungen gegenüber Dritten nur unter Bindung des anderen PARTNERS zur Geheimhaltung weitergeben darf.

9.3 Für die Übermittlung der gemäß Klausel 9.1 bzw. Klausel 9.2 lizenzierten GEHEIMEN ALTTECHNOLOGIE gilt Folgendes:

a) Soweit sich aus nachstehend b) nichts anderes ergibt, wird jeder PARTNER unverzüglich nach Inkrafttreten dieses Vertrags den anderen PARTNER über solche diesem lizenzierte GEHEIME ALTTECH-

NOLOGIE schriftlich informieren, deren Berücksichtigung oder Benutzung für die Erreichung des F&E-ZIELS voraussichtlich notwendig oder nützlich ist und die er nicht schon vor Inkrafttreten dieses Vertrags schriftlich übermittelt hat. Sobald für ihn erkennbar wird, dass sich die Lizenz auf weitere bei ihm vorhandene GEHEIME ALTTECHNLOGIE erstreckt, wird er auch diese weitere GEHEIME ALTTECHNOLOGIE jeweils unverzüglich an den anderen PARTNER übermitteln, soweit er diese nicht schon vorher schriftlich übermittelt hat. Soweit der übermittelnde PARTNER die GEHEIME ALTTECHNOLOGIE aufgrund einer Verpflichtung gegenüber einem Dritten an den anderen PARTNER nur unter Auferlegung einer Geheimhaltungsverpflichtung weitergeben darf, wird der übermittelnde PARTNER darauf bei der Übermittlung unter Angabe der Dauer dieser Verpflichtung hinweisen.

b) (24)HOCHSCHULE ist erst dann verpflichtet, GEHEIME ALTTECHNOLOGIE an INDUSTRIEPARTNER gemäß vorstehend a) zu übermitteln, wenn zumindest einer ihrer am PROJEKT beteiligten Beschäftigten von solcher ALTTECHNOLOGIE Kenntnis erlangt hat.

9.4 Jeder PARTNER erteilt hiermit weiter, soweit er daran nicht durch Rechte Dritter gehindert ist, dem anderen PARTNER das kostenlose, nicht-ausschließliche Recht, ALTPATENTE für die Durchführung des PROJEKTS zu benutzen.

10. Rechte der PARTNER zur Nutzung von Urheberrechten

(25)Jeder PARNER erteilt hiermit dem anderen PARTNER eine kostenlose Lizenz, Urheberrechte, die ggf. an Beschreibungen von ALTTECHNOLOGIE oder NEUTECHNOLOGIE bestehen, welche von ihm an den anderen PARTNER übermittelt werden, im Zusammenhang mit der vertragsgemäßen Offenbarung, Verwendung und/oder Verwertung von ALTTECHNOLOGIE bzw. NEUTECHNOLOGIE zu nutzen, mit folgender Maßgabe:

a) Die Lizenz gilt nicht für ein Urheberrecht an einer Beschreibung, die in einer Veröffentlichung eines Verlegers enthalten ist und im Wege einer Vervielfältigung dieser Veröffentlichung übermittelt wird.
b) Im Übrigen wird die Lizenz nur für solche Nutzungsarten erteilt, die der Offenbarung, Verwendung und/oder Verwertung der beschriebenen ALTTECHNOLOGIE oder NEUTECHNOLOGIE gemäß diesem Vertrag dienen.
c) Der andere PARTNER ist auch zur Erteilung von Unterlizenzen berechtigt, soweit er auf die Erteilung solcher Unterlizenzen bei der vertragsgemäßen Verwertung der beschriebenen ALTTECHNOLOGIE oder NEUTECHNOLOGIE angewiesen ist.

11. [26]Haftung

11.1 Jeder PARTNER haftet dem anderen PARTNER gegenüber nur für Schäden, die durch von ihm abgeschlossene Versicherungen abgedeckt sind, und darüber hinaus nur für vorsätzlich oder grobfahrlässig verursachte Schäden.

11.2 Bei grob fahrlässiger Verletzung vertraglicher Pflichten ist die Haftung jeden PARTNERS für Schäden, die nicht durch eine von ihm abgeschlossene Versicherung abgedeckt sind, auf € ... pro Schadensereignis begrenzt. Dabei beschränkt sich die Gesamthaftung von INDUSTRIEPARTNER für grob fahrlässig verursachte Schäden auf € ... und die Gesamthaftung von HOCHSCHULE für grob fahrlässig verursachte Schäden auf die Höhe des Gesamtbetrags der Vergütung gemäß Klausel 3.

12. Vertragsdauer

12.1 [27]Dieser Vertrag tritt nach Unterzeichnung zweier Vertragsexemplare seitens HOCHSCHULE und Übermittlung an INDUSTRIEPARTNER unter der Voraussetzung in Kraft, dass INDUSTRIEPARTNER binnen 14 Tagen nach Erhalt der seitens HOCHSCHULE unterzeichneten Vertragsexemplare ein gegengezeichnetes Exemplar an HOCHSCHULE übermittelt hat. HOCHSCHULE wird den Zugang des gegengezeichneten Exemplars, sofern dieses nicht von einem Mitglied des ... *(Leitungsorgans)* oder Beschäftigten von INDUSTRIEPARTNER ausgehändigt wird, unter Angabe des Zugangsdatums unverzüglich bestätigen. Der Vertrag hat eine Laufzeit von 3 Jahren.

12.2 Jeder PARTNER kann diesen Vertrag aus wichtigem Grund durch schriftliche Erklärung gegenüber den anderen PARTNERN mit sofortiger Wirkung kündigen. Ansonsten ist der Vertrag nicht kündbar.
Ein wichtiger Grund zur Kündigung ist für einen PARTNER jedenfalls dann gegeben,

a) wenn er den anderen PARTNER zur Abstellung einer von diesem begangenen Vertragsverletzung schriftlich aufgefordert hat und der andere PARTNER die Verletzung nicht innerhalb von ... Tagen nach Zugang der Aufforderung abgestellt hat; oder
b) wenn er nachweist, dass das F&E-ZIEL nicht erreichbar ist; oder
c) wenn Prof. X aus dem Institut für ... ausscheidet oder für einen längeren Zeitraum als 3 Monate an der Erfüllung seiner Aufgaben gemäß Klausel 2.3 gehindert ist.

13. [28]Nachvertragliche Rechte und Pflichten der PARTNER

13.1 Soweit sich aus den Klauseln 13.2. bis 13.6 nichts anderes ergibt, erlöschen alle Rechte und Verpflichtungen der PARTNER gemäß diesem Vertrag mit seinem Ablauf bzw. mit seiner Beendigung.

13.2 Der Ablauf bzw. die Beendigung dieses Vertrags berührt nicht Ansprüche eines PARTNERS gegen den anderen PARTNER, die während der Dauer dieses Vertrags entstanden oder begründet und bei Ablauf bzw. Beendigung des Vertrags noch nicht erfüllt worden sind.

13.3 Die Bestimmungen der Klauseln 2.6, Satz 2 und 3, 2.10, Satz 2 und 3, 4.3, 6, 8 bis 11 und 13 bis 15 gelten für einen unbegrenzten Zeitraum fort, sofern und soweit darin nichts anderes bestimmt ist. Klausel 4.2 gilt nur insoweit fort, als sie GEHEIME ALTTECHNOLOGIE betrifft, die der übermittelnde PARTNER aufgrund einer Verpflichtung gegenüber einem Dritten nur unter Bindung des anderen PARTNERS zur Geheimhaltung weitergeben durfte, aber auch insoweit nur für die Dauer der Verpflichtung des übermittelnden PARTNERS gegenüber dem Dritten.

13.4 HOCHSCHULE hat INDUSTRIEPARTNER binnen eines Monats nach Vertragsende noch eine Beschreibung von bei ihr gewonnener GEHEIMER NEUTECHNOLOGIE zu übermitteln, soweit diese noch nicht in einer vorher übermittelten Aufstellung beschrieben wurde. Für die Mitteilung von ERFINDUNGEN gilt dabei weiterhin Klausel 5.

13.5 Der Vergütungsanspruch von HOCHSCHULE gemäß Klausel 3 bleibt bestehen, soweit er noch nicht erfüllt wurde, mit folgender Maßgabe: Wenn HOCHSCHULE die von ihr durchzuführenden F&E-Arbeiten bei Vertragsende nicht oder nicht vollständig geleistet hat, entfällt der Vergütungsanspruch rückwirkend oder wird rückwirkend herabgesetzt, sofern ein Wegfall bzw. eine Herabsetzung des Vergütungsanspruchs angemessen erscheint. Zahlungen, welche INDUSTRIEPARTNER im Hinblick auf Klausel 3 bereits geleistet hat, sind ihm, wenn der Vergütungsanspruch rückwirkend vollständig entfallen ist, in voller Höhe zurückzuerstatten bzw. dann, wenn der Vergütungsanspruch rückwirkend herabgesetzt wurde und die von INDUSTRIEPARTNER geleisteten Zahlungen den rückwirkend herabgesetzten Vergütungsanspruch übersteigen, in Höhe der Überzahlung zurückzuerstatten.

13.6 Wenn bzw. soweit ein PARTNER Verpflichtungen gemäß diesem Vertrag, die er während seiner Dauer zu erfüllen hatte, bei Vertragsende noch nicht erfüllt hat, richten sich die Rechtsfolgen nach den gesetzlichen Bestimmungen, soweit sich nicht aus den Klauseln 11, 13.3 und 13.5 etwas anderes ergibt.

14. (29)Streitigkeiten

Ergeben sich aus oder im Zusammenhang mit diesem Vertrag Streitigkeiten, werden die PARTNER versuchen, diese in freundschaftlicher Weise beizulegen. Dieser Versuch gilt als gescheitert, sobald der Vorschlag eines an den Streitigkeiten beteiligten PARTNERS zur Beilegung derselben von einem daran beteiligten anderen PARTNER abgelehnt oder nicht innerhalb eines Monats nach Zugang angenommen wird. Jeder daran beteiligte PARTNER kann dann zur Erlangung einer Entscheidung über die Streitigkeiten oder einen Teil derselben ein Schiedsgerichtsverfahren nach der Schiedsgerichtsordnung der Deutschen Institution für Schiedsgerichtsbarkeit e.V. durch Erhebung einer Schiedsklage einleiten. Über diese Klage wird in dem schiedsrichterlichen Verfahren unter Ausschluss des ordentlichen Rechtsweges endgültig entschieden. Der Ort des schiedsrichterlichen Verfahrens ist …

15. Sonstiges

15.1 (30)Nach diesem Vertrag zu leistende Zahlungen erhöhen sich um die ggf. anfallende gesetzliche Mehrwertsteuer und werden, ggf. einschließlich der Mehrwertsteuer, erst nach Rechnungsstellung fällig.

15.2 (31)Vertragsänderungen und -ergänzungen bedürfen der Schriftform. Dies gilt auch für Änderungen dieser Klausel 15.2.

15.3 (32)Wenn eine oder mehrere der Bestimmungen dieses Vertrages gesetzwidrig, unwirksam oder nicht durchsetzbar sein oder werden sollte(n), so berührt dies nicht die Gültigkeit der übrigen Bestimmungen. Die PARTNER werden sich in diesem Fall bemühen, den gesetzwidrigen, unwirksamen oder nicht durchsetzbaren Teil dieses Vertrags durch eine gesetzmäßige, wirksame und durchsetzbare Regelung zu ersetzen, die ihren Absichten im wirtschaftlichen Ergebnis so weit wie möglich entspricht. Wird ein diesbezüglicher Vorschlag eines PARTNERS von einem anderen PARTNER abgelehnt oder von diesem nicht innerhalb eines Monats nach Zugang angenommen, kann jeder PARTNER gemäß Klausel 14 Schiedsklage erheben. Dabei kann er beantragen, dass das Schiedsgericht die Ersetzung nach dessen Ermessen verbindlich festlegt.

…, den … …, den …

(HOCHSCHULE) *(INDUSTRIEPARTNER)*

....

II. Vereinbarung

zwischen

1. … – nachstehend »Prof. X« genannt –
   und
2. … – nachstehend »INDUSTRIEPARTNER« genannt –

Präambel:

INDUSTRIEPARTNER beabsichtigt, bei Zustandekommen dieser Vereinbarung einen F&E-VERTRAG, wie in § 1.2 definiert, mit der … (nachfolgend HOCHSCHULE genannt) gemäß den Bedingungen des in Kopie beigefügten, bereits seitens HOCHSCHULE unterzeichneten Vertragsexemplars abzuschließen.

Prof. X ist bereit, an dem PROJEKT, wie im F&E-VERTRAG definiert, als Projektleiter auf Seiten der HOCHSCHULE mitzuwirken und zum Zustandekommen des F&E-VERTRAGS, das auch in seinem Interesse liegt, durch den Abschluss dieser Vereinbarung beizutragen.

Es wird daher Folgendes vereinbart:

§ 1 Weitere Definitionen

1.1 Die Definitionen gemäß dem F&E-VERTRAG sind auch für diese Vereinbarung maßgebend.

1.2 »F&E-VERTRAG« ist der F&E-Vertrag, den INDUSTRIEPARTNER nach der Präambel abzuschließen beabsichtigt.

1.3 »X-ERFINDUNGEN« sind

- alle mutmaßlich patent- oder gebrauchsmusterfähigen Erfindungen, die von Prof. X stammen und Kenntnisse und Erfahrungen darstellen, die während der Dauer des F&E-VERTRAGS von Prof. X gewonnen werden und entweder aus dem PROJEKT hervorgehen oder, ohne aus dem PROJEKT hervorzugehen, doch dem F&E-ZIEL dienen oder dienen können, sowie
- Anteile von Prof. X an mutmaßlich patent- oder gebrauchsmusterfähigen Erfindungen, die während der Dauer des F&E-VERTRAGS von Prof. X und einem oder mehreren Miterfinder(n) gewonnen werden und entweder aus dem PROJEKT hervorgehen oder, ohne aus dem PROJEKT hervorzugehen, doch dem F&E-ZIEL dienen oder dienen können.

§ 2 Verpflichtungen von Prof. X in Bezug auf X-ERFINDUNGEN

Für jede X-ERFINDUNG, die eine Diensterfindung im Sinne des Arbeitnehmererfindungsgesetzes (ArbEG) darstellt bzw. wie solche zu behandeln ist, gilt Folgendes: Prof. X verpflichtet sich hiermit gegenüber INDUSTRIEPARTNER,

- (33)der HOCHSCHULE nicht gemäß § 42 Nr. 1 ArbEG anzuzeigen, dass er eine solche X-ERFINDUNG im Rahmen seiner Lehr- und Forschungstätigkeit zu offenbaren beabsichtigt, und
- (34)von seinem gegenüber der HOCHSCHULE bestehendem Recht gemäß § 42 Nr. 2 ArbEG, aufgrund seiner Lehr- und Forschungsfreiheit die Offenbarung einer solchen X-ERFINDUNG abzulehnen und deren Meldung an die HOCHSCHULE zu unterlassen, keinen Gebrauch zu machen.

§ 3 (35)Geheimhaltungsverpflichtungen von Prof. X

Prof. X übernimmt hiermit gegenüber INDUSTRIEPARTER Geheimhaltungsverpflichtungen, die den Geheimhaltungsverpflichtungen der HOCHSCHULE gegenüber dem INDUSTRIEPARNTER nach dem F&E-VERTRAG entsprechen.

§ 4 Fehlen von GEHEIMER ALTTECHNOLOGIE und ALTPATENTEN von Prof. X

Prof. X versichert hiermit, dass er keine GEHEIME ALTTECHNOLOGIE und kein ALTPATENT besitzt, über die/das HOCHSCHULE nicht verfügen kann.

§ 5 Inkrafttreten der Vereinbarung

Diese Vereinbarung tritt nach Unterzeichnung durch beide Parteien und Austausch von Vereinbarungsexemplaren zwischen ihnen gleichzeitig mit dem F&E-VERTRAG in Kraft, sofern dieser binnen 14 Tagen nach Unterzeichnung dieser Vereinbarung seitens beider Parteien zustandekommt.

§ 6 Haftung

Prof. X haftet gegenüber INDUSTRIEPARTNER nur für den Fall, dass die Versicherung gemäß § 4 falsch ist und Prof. X ihre Unrichtigkeit kannte oder grob fahrlässig nicht erkannt hat, sowie für vorsätzliche und grob fahrlässige Verletzungen seiner Verpflichtungen gemäß §§ 2 und 3.

§ 7 Sonstiges

Die Klauseln 14, 15.2 und 15.3 des F&E-VERTRAGS gelten für diese Vereinbarung entsprechend.

…, den …	…, den …
(Prof. X)	*(INDUSTRIEPARTNER)*
....	....

Anmerkungen zu Muster D

(1) **Zum Regelungsumfang des Musters:** Unter Berücksichtigung der Kriterien für den Regelungsumfang gemäß Kap. 8 Rdn. 9–38 erscheinen trotz der Möglichkeit, dass sich Vertragslücken nach deutschem dispositiven Recht bzw. nach den im deutschen Recht geltenden Grundsätzen über die ergänzende Vertragauslegung schließen lassen, ausführliche Regelungen erforderlich:
Es kann nicht von einer laufenden Geschäftsbeziehung zwischen den Partnern des Hauptvertrags ausgegangen werden. Zwar mögen die Mitglieder des Hochschulinstituts, das für die seitens der Hochschule durchzuführende F&E zuständig ist, an weiteren Kooperationen mit dem Industriepartner und deshalb bei auftauchenden vertraglichen Problemen an Kompromissen interessiert sein. Die Hochschule wird aber als öffentliche Einrichtung darauf bedacht sein, die ihr durch den Vertrag gewährten Rechtspositionen voll auszunutzen.
Außerdem erfordert die Kompliziertheit der Rechtsfragen, besonders auch im Hinblick auf die seit 2002 geltende Neufassung von § 42 ArbEG, eine ausführliche Regelung, und zwar auch unter dem Aspekt, dass sich der Vertrag sich als Richtschnur für das praktische Handeln eignen sollte.
Allerdings erschiene eine Kürzung des Vertrags durch Nichteinbeziehung von Erfindungen gemäß Klausel 1.3, 2. Teilstrich, in den Begriff der ERFINDUNGEN und ein Verzicht auf vertragliche Regelungen hins. dieser Erfindungen vertretbar, s. unten Anm. 10.

(2) **Zur kartellrechtlichen Beurteilung des Musters:** An den Voraussetzungen für eine Freistellung des Hauptvertrags nach der F&E-GFVO dürfte es fehlen (s. Punkte 8 und 9 der Checkliste gemäß Kap. 10, II.): Der Industriepartner kann alle Rechte an Hochschulerfindungen und Gemeinschaftserfindungen, die zu den F&E-Ergebnissen gehören, durch Ausübung der ihm in Klausel 6.3 d) gewährten Optionen an sich ziehen. Damit kann die Hochschule von der Verwertung eines wesentlichen Teils der F&E-Ergebnisse ausgeschlossen werden, so dass die grundsätzlich für die Freistellung bestehende Voraussetzung gemäß Art. 3 Abs. 2 Satz 1 F&E-GFVO nicht erfüllt ist. Eine Freistellung ist auch nicht ausnahmsweise nach Art. 3 Abs. 2 Satz 2 F&E-GFVO anzunehmen, weil sich die Hochschule nach der Neufassung von § 42 ArbEG üblicherweise auch als Verwerter ihrer Forschungsergebnisse betätigen wird.
Zweifelhaft ist aber bereits, ob der Vertrag die Verbotsvoraussetzungen gemäß Art. 81 Abs. 1 EGV erfüllen würde:
Bei der Prüfung der Tatbestandsmerkmale von Art. 81 ist zunächst zu klären, welcher Markt bzw. welche Märkte relevant ist/sind. Die für diese Klärung maßgebenden Kriterien werden für einen unter die Horizontal-LL fallenden Vertrag, um den es sich hier handelt (s. Kap. 5 Rdn. 72–85), in Kap. 5 Rdn. 105–147 mit Zusammenfassung unter Kap. 8 Rdn. 543–586 erörtert.

Als relevanter Markt kommt danach zunächst einmal ein vorhandener Markt für nicht zu den VERTRAGPRODUKTEN gehörende Produkte, die schon dem NEUEN EINSATZZWECK dienen, in Frage. Würden die für den NEUEN EINSATZZWECK zu entwickelnden VERTRAGSPRODUKTE gegenüber den bereits bestehenden, dem NEUEN EINSATZZWECK dienenden Produkten einen neuen Markt bilden, weil die Kunden bei einer Preisanhebung zwischen 5 und 10 % nicht auf die herkömmlichen Produkte ausweichen würden (s. Nr. 17 Relevanter-Markt-Bekanntmachung/Kap. 5 Rdn. 172), würde auch dieser neue Markt relevant sein.

Eine Wettbewerbsbeschränkung auf dem vorhandenen relevanten Produktmarkt bzw. auf dem relevanten neuen Produktmarkt könnte sich daraus ergeben, dass der Industriepartner alle Rechte an Hochschulerfindungen und Gemeinschaftserfindungen, die zu den F&E-Ergebnissen gehören, durch Ausübung der ihm in Klausel 6.3 d) gewährten Optionen an sich ziehen kann.

Soweit nur der vorhandene Produktmarkt relevant ist, ist allerdings diese Wettbewerbsbeschränkung nicht als spürbar zu beurteilen. Dies ergibt sich bereits aus Nr. 7 b) der Bagatellbekanntmachung, da der Industriepartner auf dem vorhandenen Produktmarkt keinen Marktanteil – und damit einen Marktanteil von unter 15 % – hat und keine Kernbeschränkung i.S. von Nr. 11 Punkt 2 der Bagatellbekanntmachung vorliegt (s. dazu Kap. 5 Rdn. 318).

Bildet dagegen der Markt für VERTRAGSPRODUKTE, welche dem NEUEN EINSATZZWECK dienen, einen relevanten neuen Markt, könnte allerdings die Wettbewerbsbeschränkung auf diesem neuen Markt spürbar sein.

Dann dürften allerdings die Voraussetzungen für eine Einzelfreistellung gemäß Art. 81 Abs. 3 EGV erfüllt sein, s. dazu allgemein Kap. 5 Rdn. 348, 349 und 550–583 sowie speziell für Verträge, die unter die Horizontal-LL fallen, Kap. 5 Rdn. 584–615.

(3) **Ergänzende Vereinbarung:** Siehe zur Frage, ob an dem PROJEKT zu beteiligende Hochschulwissenschaftler (und ggf. weitere Einzelpersonen) als weitere Parteien des Vertrages zwischen Hochschule und dem Industriepartner fungieren sollten oder durch ergänzende Vereinbarungen gebunden werden sollten, Kap. 8 Rdn. 105–108.

(4) Siehe zur Bedeutung und Gestaltung der **Präambel** Kap. 8 Rdn. 122–125.

(5) Die **Vertragsanlagen** wurden nicht beigefügt.

(6) Siehe zur Zweckmäßigkeit der **Beschränkung der Hochschule hins. der Auswahl der Personen, die für die vertragsgemäße F&E eingesetzt werden,** Kap. 8 Rdn. 109 und 110.

(7) Siehe zur **Bedeutung einer Schutzrechtsrecherche** für die Entscheidung über die Durchführung eines F&E-Projekts Kap. 2 Rdn. 18–21.

(8) Siehe zur Notwendigkeit von **Definitionen** und zur Zweckmäßigkeit ihrer Voranstellung in einer gesonderten Klausel Kap. 8 Rdn. 126–131.

(9) Die **Definition von Alttechnologie** ist hier enger als die »Ausgangsdefinition« gemäß Kap. 8 Rdn. 345, und zwar im Hinblick auf die eingeschränkte Rechtsgewährung gemäß Klausel 9, welche der in Kap. 8 Rdn. 395 und 396 empfohlenen Rechtsgewährung entspricht.

(10) Siehe zur **Definition der Vertragserfindungen** (im Vertrag als »ERFINDUNGEN« bezeichnet) allgemein Kap. 8 Rdn. 146–148 und speziell bei Verträgen über arbeitsteilige F&E zwischen Industrieunternehmen und Hochschulen Kap. 8 Rdn. 269. Im Hinblick darauf, dass der Vertrag deutschem Recht unterliegt, nach deutschem Recht die Grundsätze der ergänzenden Vertragsauslegung gelten (s. Kap. 8 Rdn. 38), und nach diesen Grundsätzen die Rechtslage wohl der Regelung gemäß Klausel 6.4 entsprechen würde, erschiene es vertretbar, den ERFINDUNGEN nur NEUTECHNOLOGIE zuzurechnen und auf ausdrückliche vertragliche Regelungen für Erfindungen gemäß Klausel 1.3, 2. Teilstrich zu verzichten.

(11) Der Begriff **»GEHEIM«** wurde definiert im Hinblick auf die Verpflichtungen der PARTNER zur Übermittlung von ALTTECHNOLOGIE gemäß Klausel 9.3 und zur Lizenzgewährung hins. NEUTECHNOLOGIE gemäß Klausel 8 sowie hins. ALTTECHNOLOGIE gemäß der Klauseln 9.1 und 9.2. Die Definition orientiert sich an der Definition von »geheim« in Art. 2 Nr. 11 F&E-GFVO, nach welcher der Begriff gleichbedeutend mit »nicht offenkundig« sein dürfte.

(12) Siehe zur **Definition von technischen F&E-Ergebnissen** (im Vertrag als »NEUTECHNOLOGIE« bezeichnet) allgemein Kap. 8 Rdn. 422–436, und zur Definition speziell bei Verträgen über eine arbeitsteilige Kooperation zwischen einem Industriepartner und einer Hochschule Kap. 8 Rdn. 268.

(13) Siehe zur Einschränkung der Verpflichtungen der Hochschule zur Berücksichtigung und Benutzung von GEHEIMER ALTTECHNOLOGIE Kap. 8 Rdn. 383 Nr. 5, 389 und 391.

(14) Siehe schon Anm. 6.

(15) Siehe zum **Verbot der Parallelforschung** Art. 1 Abs. 2 und Art. 5 Abs. 1 Buchst. a F&E-GFVO und die diesbezüglichen Anmerkungen im Kap. 5 unter Rdn. 381, 391–393, 445.

(16) Siehe zu Verpflichtungen von Vertragspartnern zur **Geheimhaltung und Nichtverwertung** Kap. 8 Rdn. 325–344; zur Verpflichtung der Hochschule zur Geheimhaltung auch gegenüber ihren nicht mit der Durchführung des F&E-Projekts betrauten Beschäftigten Kap. 8 Rdn. 91; zum Zusammenhang zwischen Geheimhaltungsverpflichtung und Verwertungsbeschränkungen Kap. 8 Rdn. 325, zum grundsätzlichen Vorrang des Anmeldeinteresses vor dem Geheimhaltungsinteresse Kap. 8 Rdn. 334 i.V. mit Rdn. 180 und 181, zur Problematik von Verpflichtungen zur Geheimhaltung und Nichtverwertung kommerzieller Informationen Kap. 8 Rdn. 342–344 und zur Zweckmäßigkeit von Verpflichtungen zur Geheimhaltung von Computerprogrammen, wenn die F&E-Ergebnisse diese umfassen können, Kap. 8 Rdn. 338 und 339.

(17) Siehe zu Klausel 4.4 Kap. 8 Rdn. 335–337.

(18) Die Sicherung des Rechts jeden Partners zur **Benutzung einer Vertragserfindung für F&E-Zwecke** dürfte, sobald mindestens eine Inlandsanmeldung seitens eines oder beider Partner erfolgt ist, auch im Hinblick auf die Rechte der Arbeitnehmererfinder nach § 14 Abs. 2 ArbEG (Anspruch auf Freigabe der Erfindung für das Ausland bei Nichtanmeldung durch den Arbeitgeber) oder nach § 16 Abs. 1 ArbEG (Anspruch auf Übertragung von Schutzrechtspositionen bei Aufgabeabsicht des Arbeitgebers) wegen § 14 Abs. 3 ArbEG sowie wegen des Fortbestand von Lizenzen nach § 15 Abs. 3 PatG/§ 22 Abs. 3 GebrMG und entsprechenden ausländischen Regelungen keine rechtlichen Probleme bereiten und auch nicht erhebliche finanzielle Ansprüche der Arbeitnehmererfinder nach sich ziehen; vgl. Kap. 8 Rdn. 176–178.

(19) Siehe zur Regelung der **Rechte und Pflichten der Partner bzgl. Vertragserfindungen, die nur bei einem Partner oder beiden Partner entstanden sind,** Kap. 8 Rdn. 267–279, 475–483 sowie 570–572 und zu abweichenden Konzepten Kap. 8 Rdn. 254–266 (*Berliner Vertrag*) sowie Kap. 8 Rdn. 484–488 (Konzept von *Winzer*).

(20) Für die Rechte der Partner bzgl. **Vertragserfindungen, auf die weder ein Partner noch beide Partner vollständigen Zugriff haben,** enthält Klausel 6.4 eine Art Generalklausel. Es kann sein, dass der Dritte, auf dessen Erfindungsanteil die Partner keinen Zugriff haben, seine Mitanmelderechte nicht wahrnimmt. Dann können die Partner die Vertragserfindung so behandeln, als sei sie nur bei einem von ihnen bzw. bei ihnen beiden entstanden. Es kann aber auch sein, dass sich der Dritte an einer Anmeldung bzw. an mehreren Anmeldungen beteiligen will. Dann ergeben sich eine ganze Reihe verschiedener Varianten (z.B. in Abhängigkeit davon, ob und inwieweit seitens der Partner Mitanmelderechte wahrgenommen werden), deren vertragliche Detailregelung zu weit führen würde.

(21) Siehe zur Ermittlung der **Lizenzvergütung für die Hochschule**, insbesondere auch zur Festlegung des im Muster offen gelassenen Prozentsatzes, Kap. 8 Rdn. 570–572.

(22) Siehe zur Regelung der Rechte der Partner zur **Benutzung und Verwertung von geheimen, nicht schutzrechtsfähigen F&E-Ergebnissen** bei Verträgen über arbeitsteilige F&E zwischen Industrieunternehmen und Hochschulen Kap. 8 Rdn. 478–480.

(23) Siehe zur Regelung der **Rechte der Partner bzgl. Alttechnologie** schon oben Anm. 9 sowie Kap. 8 Rdn. 395 und 396.

(24) Siehe schon Anm. 12.

(25) Siehe zur Erteilung von **Verwertungsrechten an urheberrechtlich geschützten Beschreibungen** technischer Kenntnisse Kap. 8 Rdn. 530–537. Wenn zu den F&E-Ergebnissen auch Computerprogramme gehören können, sind Kap. 8 Rdn. 338 und 339 sowie 538–545 zu beachten.

(26) Siehe allgemein zur Regelung der **Haftung** Kap. 8 Rdn. 605–613. Für Hochschulen ist die erhebliche Beschränkung ihrer Haftung normaler-

weise Bedingung für den Abschluss von F&E-Verträgen. Bei Erfüllung dieser Bedingung hat natürlich auch der Industriepartner ein legitimes Interesse an einer ähnlichen Beschränkung seiner Haftung.

(27) Siehe zur Regelung der **Vertragsdauer** Kap. 8 Rdn. 614–645 und speziell zur Regelung der Vertragsdauer bei F&E-Verträgen des Gesellschaftsvertragstypus Kap. 8 Rdn. 620–630.

(28) Siehe zur **Regelung der nachvertraglichen Rechte und Pflichten** Kap. 8 Rdn. 646–657.

(29) Siehe zur **Wahl zwischen ordentlicher Gerichtsbarkeit und Schiedsgerichtsbarkeit** Kap. 8 Rdn. 681–684 und – im Fall der Vereinbarung von Schiedsgerichtsbarkeit – zur Auswahl unter den möglichen Schiedsgerichtsverfahren, Festlegung der Zahl der Schiedsrichter und des Orts des Schiedsgerichtsverfahrens Kap. 8 Rdn. 685–687.

(30) Für die Abzugsfähigkeit ggf. anfallender **Umsatzsteuer** als Vorsteuer ist deren Belastung in einer Rechnung Voraussetzung, s. dazu Kap. 8 Rdn. 595.

(31) Siehe zu den Gründen für die Festlegung der **Schriftform für Vertragsänderungen** und zur Frage der Wirksamkeit dieser Festlegung, wenn der Vertrag deutschem Recht unterliegt, Kap. 8 Rdn. 699 und 701.

(32) Siehe zur Zweckmäßigkeit und Gestaltung einer **salvatorischen Klausel** Kap. 8 Rdn. 702–705.

(33) Die Verpflichtung von Prof. X gegenüber dem Industriepartner, seine gegenüber der Hochschule bestehende **»positive Publikationsfreiheit«** nicht wahrzunehmen und deshalb auch keine Anzeige gemäß § 42 Nr. 1 ArbEG zu machen, ergibt sich an und für sich schon aus § 3 der Vereinbarung, wird aber hier noch einmal unterstrichen. Hins. der Wirksamkeit dieser Verpflichtung gilt das gleiche wie für die »negative Publikationsfreiheit« (s. die nachfolgende Anm.).

(34) Siehe zur Zweckmäßigkeit der Verpflichtung eines Hochschulwissenschaftlers, seine **»negative Publikationsfreiheit«** gemäß § 42 Nr. 2 ArbEG nicht wahrzunehmen, Kap. 8 Rdn. 94 und zur Wirksamkeit einer solchen Verpflichtung Kap. 8 Rdn. 95–104.

(35) Da wegen Art. 5 Abs. 3 Satz 1 GG nicht auszuschließen ist, dass sich ein Hochschulwissenschafter über den Rahmen von § 42 Nr. 1 ArbEG hinaus gegenüber der Hochschule auf seine »positive Publikationsfreiheit« auch dann berufen kann, wenn er sich zur Beteiligung an der Durchführung eines von der Hochschule mit einem Dritten vereinbarten F&E-Projekts bereiterklärt hat, sollte er gegenüber dem Industriepartner eine **Geheimhaltungsverpflichtung** übernehmen, welche derjenigen der Hochschule entspricht, s. Kap. 8 Rdn. 91.

Kapitel 16 F&E-Auftrag des Dienstvertragtypus eines Industriepartners an eine Hochschule/Ergänzende Vereinbarung mit Hochschulwissenschaftler Muster E

I. (1),(2)F&E-Auftrag des Dienstvertragstypus von einem industriellen Unternehmens an eine deutsche Hochschule/II. (3)Ergänzende Vereinbarung zwischen dem industriellen Unternehmen und einem auf der Seite der Hochschule als Projektleiter vorgesehenem Hochschulwissenschafter, der als Erfinder die Kriterien von § 42 Nr. 1 bis 3 ArbEG erfüllen würde

I. Vertrag

zwischen
1. … – nachstehend »HOCHSCHULE« genannt –
und
2. … – nachstehend »INDUSTRIEPARTNER« genannt –
(einzeln oder zusammen auch »PARTNER« genannt)

(4)Präambel:

INDUSTRIEPARTNER befasst sich unter anderem mit der Entwicklung, der Herstellung und dem Vertrieb von Seltenerdverbindungen, u.a. als Katalysatoren für die chemische Synthese bzw. Polymerisation folgender chemischer Verbindungen: …

INDUSTRIEPARTNER möchte von HOCHSCHULE F&E-Arbeiten mit dem Ziel durchführen lassen, neue Seltenerdverbindungen zu entwickeln, die ebenfalls für die chemische Synthese bzw. Polymerisation von chemischen Verbindungen verwendet werden können.

HOCHSCHULE beschäftigt sich in ihrem Institut für … seit langem generell mit den Eigenschaften und Wirkungsweisen von Seltenerdverbindungen und ist bereit, die von INDUSTRIEPARTNER gewünschten Untersuchungen mit von INDUSTRIEPARTNER zu lieferndem Material durchzuführen.

(5)Dabei sollen nur Beschäftigte des Instituts für … mit der Durchführung der von HOCHSCHULE durchzuführenden Arbeiten unter Leitung von Herrn Prof. X, dem Direktor dieses Instituts, nach näherer Maßgabe dieses Vertrags betraut werden.

(6)Nachdem die PARTNER unter der am … unterzeichneten Geheimhaltungsvereinbarung Informationen betr. Seltenerdverbindungen und ihre Verwendung als Katalysatoren ausgetauscht haben und sich außerdem über ihre einschlägigen

Schutzrechtspositionen sowie ihnen bekannte einschlägige Schutzrechtspositionen Dritter unterrichtet haben, vereinbaren sie hiermit Folgendes:

1. (7) Weitere Definitionen

1.1 »ALTPATENT« ist jedes PATENT, das auf den Schutz von ALTTECHNOLOGIE gerichtet ist.

1.2 (8)»ALTTECHNOLOGIE« sind bei einem PARTNER zum Zeitpunkt des Inkrafttretens dieses Vertrags vorhandene Kenntnisse und Erfahrungen,
a) deren Berücksichtigung oder Benutzung tatsächlich oder voraussichtlich für die Erreichung des F&E-ZIELS notwendig oder nützlich ist und/oder
b) deren Verwertung tatsächlich für die vertragsgemäße Verwertung von NEUTECHNOLOGIE notwendig ist.

1.3 (9)»ERFINDUNG« ist jede mutmaßlich patent- oder gebrauchsmusterfähige Erfindung, deren Veröffentlichung im patentamtlichen Erteilungsverfahren kein PARTNER aufgrund einer bei Entstehung der Erfindung schon bestehenden Geheimhaltungsverpflichtung gegenüber einem Dritten verhindern muss und die
– entweder zur NEUTECHNOLOGIE gehört oder
– nur deshalb nicht zur NEUTECHNOLOGIE gehört, weil sie neben mindestens einem Erfindungsteil, den ein PARTNER nach dem Arbeitnehmererfindungsgesetz (ArbEG) unbeschränkt in Anspruch nehmen kann, mindestens einen Erfindungsanteil umfasst, den kein PARTNER nach dem ArbEG unbeschränkt in Anspruch nehmen kann.

1.4 »F&E-ZIEL« ist die Entwicklung neuer VERTRAGSPRODUKTE, die zur Katalyse bzw. Polymerisation von chemischen Verbindungen geeignet sind.

1.5 (10)»GEHEIM« bedeutet, als ein in Zusammenhang mit Kenntnissen und Erfahrungen benutzter Begriff, dass die betr. Kenntnisse und Erfahrungen der Öffentlichkeit nicht zugänglich sind.

1.6 »GEMEINSCHAFTSERFINDUNG« ist jede ERFINDUNG, die zur NEUTECHNOLOGIE gehört und mehrere Erfindungsanteile umfasst, von denen mindestens ein Erfindungsanteil bei INDUSTRIEPARTNER und mindestens ein Erfindungsanteil bei HOCHSCHULE entstanden ist.

1.7 »HOCHSCHUL-ERFINDUNG« ist jede ERFINDUNG, die zur NEUTECHNOLOGIE gehört und allein bei HOCHSCHULE entstanden ist.

1.8 »NEUPATENT« ist jedes PATENT, das nur oder auch auf den Schutz von NEUTECHNOLOGIE gerichtet ist.

1.9 (11)»NEUTECHNOLOGIE« sind Kenntnisse und Erfahrungen, die während der Dauer dieses Vertrags gewonnen werden und entweder aus dem PROJEKT hervorgehen oder, ohne daraus hervorzugehen, doch dem F&E-ZIEL dienen oder dienen können und keine Erfindungen sind, die von HOCHSCHULE oder beiden PARTNERN nicht bzw. nicht bezüglich aller Erfindungsanteile nach dem ArbEG unbeschränkt in Anspruch genommen werden können, und zwar

a) einerseits Kenntnisse und Erfahrungen dieser Art, die allein bei HOCHSCHULE gewonnen werden, sowie
b) andererseits Kenntnisse und Erfahrungen dieser Art, welche Erfindungen darstellen, von denen jeweils mindestens ein Erfindungsanteil bei HOCHSCHULE und mindestens ein Erfindungsanteil bei INDUSTRIEPARTNER entstanden ist.

1.10 »PATENT« ist ein Patent, eine Patentanmeldung, ein Gebrauchsmuster oder eine Gebrauchsmusteranmeldung.

1.11 »PROJEKT« ist die Durchführung von F&E durch HOCHSCHULE gemäß Klausel 2.

1.12 »VERTRAGSPRODUKTE« sind Seltenerdverbindungen.

1.13 »VERTRAGSVERFAHREN« sind Verfahren zur Herstellung von VERTRAGSPRODUKTEN oder zur Herstellung von chemischen Verbindungen unter Verwendung von VERTRAGSPRODUKTEN als Katalysatoren.

2. Das PROJEKT

2.1 HOCHSCHULE wird sich darum bemühen, das F&E-ZIEL unter Berücksichtigung des Standes der Technik mit Hilfe von theoretischen Überlegungen und Experimenten unter besonderer Berücksichtigung der Fragestellungen gemäß der (12)Anlage zu diesem Vertrag so weit wie möglich zu erreichen. INDUSTRIEPARTNER wird HOCHSCHULE für Experimente jeweils seltene Erden in den von HOCHSCHULE benötigten Versuchsmengen zur Verfügung stellen. HOCHSCHULE wird dabei auch, soweit sie daran nicht durch Rechte Dritter bzw. Verpflichtungen gegenüber Dritten gehindert ist und soweit sich aus Klausel 2.2 nichts anderes ergibt, bei ihr im Zeitpunkt des Inkrafttretens dieses Vertrags vorhandene ALTTECHNOLOGIE, ihr gemäß Klausel 9.1 bis 9.3 lizenzierte und übermittelte ALTTECHNOLOGIE sowie ihr gemäß Klausel 9.4 lizenzierte ALTPATENTE benutzen. Die von HOCHSCHULE durchzuführenden F&E-Arbeiten sind unverzüglich nach Inkrafttreten dieses Vertrags in Angriff zu nehmen und einen Monat vor seiner Beendigung abzuschließen.

2.2 (13)HOCHSCHULE hat bei der Erbringung ihres Arbeitsanteils GEHEIME ALTTECHNOLOGIE, die bei ihr im Zeitpunkt des Inkrafttretens vorhanden war, jedoch nur dann gemäß Klausel 2.1 zu berücksichtigen und zu benutzen, soweit bzw. sobald mindestens ein an der vertragsgemäßen F&E beteiligter Hochschulbeschäftigter davon Kenntnis erlangt hat.

2.3 (14)HOCHSCHULE wird nur Dienstverpflichtete bzw. Arbeitnehmer ihres Instituts für … an der F&E gemäß diesem Vertrag beteiligen, wobei andere Hochschulwissenschaftler als Herrn Prof. X, die sich bei von ihnen gemachten Erfindungen auf § 42 Nr. 1 bis 3 ArbEG berufen können, nur nach schriftlicher Zustimmung von INDUSTRIEPARTNER beteiligt werden dürfen.

2.4 HOCHSCHULE wird Herrn Prof. X zum Projektleiter bestellen, wobei die Projektleitung folgende Aufgaben bzw. Funktionen umfasst:
a) die Steuerung der von HOCHSCHULE durchzuführenden F&E-Arbeiten;
b) die Funktion des primären Ansprechpartners von INDUSTRIEPARTNER hinsichtlich dieser Arbeiten; und
c) die Einberufung und Leitung von Konferenzen gemäß Klausel 2.6.

Primärer Ansprechpartner auf Seiten von INDUSTRIEPARTNER ist Herr Y. Über jeden Wechsel des primären Ansprechpartners wird INDUSTRIEPARNTER die HOCHSCHULE jeweils unverzüglich schriftlich unterrichten.

2.5 Außer Herrn Prof. X und dem für die Experimente benötigten Laborpersonal wird HOCHSCHULE für die Durchführung der F&E-Arbeiten gemäß Klausel 2.1 mindestens … bei ihr beschäftigte Diplomchemiker(innen), jede(n) von ihnen mindestens … Stunden pro Monat, einsetzen.

2.6 HOCHSCHULE wird dafür sorgen, dass alle in Erfüllung der vertragsgemäßen F&E geleisteten Arbeiten unter Angabe des jeweiligen Datums der Durchführung, der Namen der diese Arbeiten durchführenden Personen und der dabei erzielten Ergebnisse ordnungsgemäß aufgezeichnet werden. Sie wird dem INDUSTRIEPARTNER auf dessen Wunsch Kopien dieser Aufzeichnungen zu Händen von dessen primärem Ansprechpartner übermitteln. HOCHSCHULE kann dabei Aufzeichnungen zurückhalten, welche Diensterfindungen von Hochschulwissenschaftlern betreffen, welche die Meldung dieser Diensterfindungen gemäß § 42 Nr. 2 ArbEG unterlassen.

2.7 HOCHSCHULE wird NEUTECHNOLOGIE, welche für das F&E-ZIEL und/oder die Erreichbarkeit der kommerziellen Ziele von INDUSTRIEPARTNER als von erheblicher Bedeutung erscheinen und an deren Übermittlung HOCHSCHULE nicht durch Verpflichtungen gegenüber Dritten gehindert ist, INDUSTRIEPARTNER jeweils unverzüglich schriftlich zu Händen von dessen primärem Ansprechpartner übermitteln.

2.8 HOCHSCHULE wird außerdem jeweils mindestens eine Woche vor dem Termin jeder nach Klausel 2.9 abzuhaltenden Konferenz an INDUSTRIEPARTNER zu Händen von dessen primären Ansprechpartner eine Beschreibung der bei ihm bis dahin gewonnenen NEUTECHNOLOGIE übermitteln, soweit diese noch nicht vorher in schriftlicher Form übermittelt wurde.

2.9 Jeweils mindestens einmal in jeder 3-Monats-Periode der Laufzeit dieses Vertrags, erstmals in der Zeit vom … bis … und letztmals in der Zeit vom …bis …, ist eine Konferenz der PARTNER abzuhalten, an der außer Prof. X mindestens ein weiterer an der Durchführung der vertragsgemäßen F&E beteiligter Beschäftigter von HOCHSCHULE teilnehmen soll. Die Konferenzen sind in … *(Adresse der HOCHSCHULE)* an jeweils zwischen den primären Ansprechpartnern beider PARTNER abzustimmenden Terminen abzuhalten. Diese Konferenzen dienen der Klärung von Fragen hins. der jeweils von HOCHSCHULE übermittelten NEUTECHNOLOGIE und der jeweils von beiden PARTNERN übermittelten ALTTECHNOLOGIE. Die Konferenzen sind jeweils in … *(Adresse der HOCHSCHULE)* abzuhalten. Nach Möglichkeit sollen die Termine dieser Konferenzen so gelegt werden, dass sich INDUSTRIEPARTNER Einblick in laufende Experimente von HOCHSCHULE gemäß Klausel 2.1 verschaffen kann. Die letzte Konferenz soll unverzüglich nach Abschluss der von HOCHSCHULE durchzuführenden F&E-Arbeiten stattfinden.

2.10 Über jede Konferenz ist ein Protokoll anzufertigen. Als Protokollführer fungieren abwechselnd ein Teilnehmer der HOCHSCHULE und ein Teilnehmer des INDUSTRIEPARTNERS. Der PARTNER, dem der Protokollführer jeweils angehört, wird eine Kopie desselben nach Unterzeichnung durch den Protokollführer an den anderen PARTNER übermitteln. Das Protokoll gilt als genehmigt, soweit ihm der andere PARTNER nicht binnen eines Monats nach Zugang unter Angabe der nach seiner Meinung zu korrigierenden bzw. zu ergänzenden Punkte schriftlich widerspricht.

2.11 (15)Die PARTNER werden während der Dauer dieses Vertrags keine F&E zur Entwicklung neuer VERTRAGSPRODUKTE mit Dritten betreiben

3. Vergütung für die Durchführung des PROJEKTS

3.1 INDUSTRIEPARTNER wird an HOCHSCHULE für die Durchführung des PROJEKTS eine Vergütung in Hohe von € … zahlen. Davon werden € … zwei Wochen nach Inkrafttreten dieses Vertrags, € … ein Jahr nach Inkrafttreten dieses Vertrags, € … zwei Jahre nach Inkrafttreten des Vertrags und € … nach Abhaltung der letzten Konferenz gemäß Klausel 2.9 fällig.

3.2 Soweit sich aus Klausel 3.1 nichts anderes ergibt, trägt jeder PARTNER die bei ihm aufgrund des PROJEKTS anfallenden Kosten selbst.

4. (16)Geheimhaltung und Verwertungsbeschränkung

4.1 Soweit sich aus den Klauseln 4.3 und 8 nichts anderes ergibt, wird jeder PARTNER NEUTECHNOLOGIE streng vertraulich behandeln und Dritten nicht zugänglich machen (HOCHSCHULE auch nicht bei ihr Beschäftigten, die sie nicht mit der Durchführung des PROJEKTS betraut hat), soweit es sich nicht um NEUTECHNOLOGIE handelt, die

a) im Zeitpunkt ihrer Entwicklung der Öffentlichkeit schon zugänglich ist oder der Öffentlichkeit danach ohne Verschulden des betreffenden PARTNERS zugänglich geworden ist, oder
b) dem betreffenden PARTNER nach ihrer Entwicklung rechtmäßig von einem nicht zu den PARTNERN gehörenden Dritten zugänglich gemacht worden ist, der diesbezüglich keiner Geheimhaltungspflicht gegenüber einem PARTNER unterliegt.

Eine spezifische NEUTECHNOLOGIE gilt nicht schon deshalb als im Bereich der vorgenannten Ausnahmen liegend, weil sie von einer allgemeinen Information umfasst wird, die unter die obigen Ausnahmen fällt. Außerdem gilt eine Information, die aus einer Kombination von Merkmalen besteht, nur dann als im Bereich der vorgenannten Ausnahmen liegend, wenn die Kombination als solche unter diese Ausnahmen fällt.

4.2 Soweit sich aus den Klauseln 4.3 und 9 nichts anderes ergibt, wird jeder PARTNER alle technischen Informationen, welche
- sich auf die Herstellung, den Gebrauch und die Entwicklung von VERTRAGSPRODUKTEN beziehen,
- nicht zur NEUTECHNOLOGIE gehören und
- diesem PARTNER von dem anderen PARTNER vor oder während der Dauer dieses Vertrages mündlich oder schriftlich, in der Form von Zeichnungen, durch die Gestattung der Besichtigung von Anlagen oder auf andere Weise direkt oder indirekt offenbart worden sind bzw. werden,

streng vertraulich behandeln, Dritten nicht zugänglich machen (HOCHSCHULE auch nicht ihren Beschäftigten außerhalb ihres Instituts für ...) und nicht verwerten. Dies gilt nicht für solche Informationen, die

a) zur Zeit ihrer Übermittlung bereits der Öffentlichkeit zugänglich sind oder nach ihrer Übermittlung (z.B. aufgrund von Veröffentlichungen des übermittelnden PARTNERS) ohne Verschulden des empfangenden PARTNERS der Öffentlichkeit zugänglich geworden sind, oder
b) dem empfangenden PARTNER zur Zeit ihrer Übermittlung schon bekannt sind und weder direkt noch indirekt von dem übermittelnden PARTNER stammen, oder
c) dem empfangenden PARTNER nach ihrer Übermittlung rechtmäßig von einem nicht zu den PARTNERN gehörenden Dritten zugänglich gemacht worden sind, der diesbezüglich keiner Geheimhaltungspflicht gegenüber dem übermittelnden PARTNER unterliegt.

Die letzten beiden Sätze von Klausel 4.1 gelten entsprechend.

4.3 Für die Geheimhaltung von ERFINDUNGEN gilt Folgendes:

a) HOCHSCHULE wird jede ERFINDUNG streng vertraulich behandeln und Dritten nicht zugänglich machen. Diese Verpflichtung gilt zunächst für den Zeitraum, in dem INDUSTRIEPARTNER die Option gemäß Klausel 6.3 c) noch ausüben kann, und, wenn INDUSTRIEPARTNER diese Option ausgeübt hat, bis zum Ablauf von 6 Monaten nach Mitteilung der ERFINDUNG gemäß Klausel 5 oder, wenn die ERFINDUNG ohne Verschulden von HOCHSCHULE der Öffentlichkeit an einem früheren Datum zugänglich geworden ist, bereits an diesem früheren Datum.
b) INDUSTRIEPARTNER wird jede ERFINDUNG streng vertraulich behandeln und Dritten nicht zugänglich machen. Diese Verpflichtung endet im Falle der Optionsausübung gemäß Klausel 6.3 c) mit dem Datum der Einreichung der Inlandsanmeldung und andernfalls 6 Monate nach Mitteilung der ERFINDUNG gemäß Klausel 5 oder, wenn die ERFINDUNG ohne Verschulden von INDUSTRIEPARTNER

der Öffentlichkeit an einem früheren Datum zugänglich geworden ist, bereits an diesem früheren Datum.

c) Bei ERFINDUNGEN, an denen auch Erfinder beteiligt sind, auf deren Erfindungsanteile keiner der PARTNER Zugriff hat, gelten die Bestimmungen gemäß vorstehend a) und b) entsprechend mit der Maßgabe, dass in jedem Fall Geheimhaltungsverpflichtungen gegenüber den vorgenannten Erfindern zu berücksichtigen sind.

4.4 (17)Für die Zwecke der Klauseln 4.1 und 4.2 gilt die Übermittlung von Informationen an ein Mitglied des Leitungsorgans oder einen Beschäftigten eines PARTNERS, der an der Durchführung des PROJEKTS beteiligt ist, als Übermittlung an diesen PARTNER selbst, und die bei einem Mitglied des Leitungsorgans oder einem Beschäftigten eines PARTNERS bestehende Kenntnis von Informationen als Kenntnis des beschäftigenden PARTNERS selbst.

5. Mitteilung von ERFINDUNGEN

5.1 Jeder PARTNER, welcher eine Technologie, welche zur NEUTECHNOLOGIE gehört, für patent- oder gebrauchsmusterfähig im Sinne des deutschen Patent- bzw. Gebrauchsmusterrechts hält, wird dies dem anderen PARTNER unverzüglich schriftlich mitteilen, soweit er an einer solchen Mitteilung nicht durch eine gegenüber einem Dritten bestehende Geheimhaltungsverpflichtung gehindert ist. Dabei wird er angeben, ob er diese Technologie für eine HOCHSCHUL-ERFINDUNG oder eine GEMEINSCHAFTSERFINDUNG hält. Der andere PARTNER wird sich unverzüglich dazu äußern, ob er diese Einschätzung teilt und ggf. seine abweichende Auffassung schriftlich begründen. Jeder PARTNER, dem nachträglich Umstände zur Kenntnis gelangen, die darauf schließen lassen, dass die betr. Technologie nicht oder nur zum Teil nach deutschem Recht patent- oder gebrauchsmusterfähig ist, wird den anderen PARTNER darüber unverzüglich schriftlich verständigen. Wenn ein Hochschulwissenschaftler der HOCHSCHULE gemäß § 42 Nr. 1 ArbEG anzeigt, dass er die betreffende NEUTECHNOLOGIE im Rahmen seiner Lehr- und Forschungstätigkeit offenbaren will, oder die Offenbarung der betr. NEUTECHNOLOGIE gemäß § 42 Nr. 2 ArbEG ablehnt, wird die Hochschule dies dem INDUSTRIEPARTNER sofort mitteilen.

5.2 Klausel 5.1 gilt entsprechend für eine ERFINDUNG, an der auch ein Erfinder beteiligt ist, dessen Erfindungsanteil keiner der PARTNER nach dem ArbEG unbeschränkt in Anspruch nehmen kann.

6. Rechte und Pflichten der PARTNER bezüglich ERFINDUNGEN

6.1 (18)Jeder PARTNER, der eine ERFINDUNG nach Klausel 6.3 zumindest für das Inland allein oder gemeinsam mit dem anderen PARTNER zum Patent oder Gebrauchsmuster anmeldet, hat dafür zu sorgen, dass der andere PARTNER nicht durch Schutzrechte für die ERFINDUNG gehindert wird, diese für F&E-Zwecke zu benutzen.

6.2 Auch wenn einem PARTNER gemäß Klausel 6.3 bzw. Klausel 6.4 keine weiteren Rechte an einer ERFINDUNG zustehen, ist er an der Verwertung der ERFINDUNG nicht gehindert, soweit er mit der Verwertung weder ein Schutzrecht noch seine Verpflichtung zur Geheimhaltung der ERFINDUNG nach Klausel 4.3 verletzen würde.

6.3 (19)Unter den Rahmenbedingungen gemäß den Klauseln 6.1 und 6.2 sind die Rechte der PARTNER bezüglich ERFINDUNGEN wie folgt geregelt:

a) Die Rechte an HOCHSCHUL-ERFINDUNGEN stehen im Verhältnis der PARTNER zueinander der HOCHSCHULE zu, soweit sich aus nachfolgend c) bis h) nichts anderes ergibt.

b) Die Rechte an GEMEINSCHAFTSERFINDUNGEN stehen den PARTNERN im Verhältnis zueinander gemeinsam zu, soweit sich aus nachfolgend c) bis h) nichts anderes ergibt.

c) HOCHSCHULE räumt dem INDUSTRIEPARTNER für jede HOCHSCHUL-ERFINDUNG eine Option ein, daran alle Rechte zu erwerben, und hinsichtlich jeder GEMEINSCHAFTSERFINDUNG eine Option ein, den/die auf Seiten der HOCHSCHULE entstandenen Erfindungsanteil(e) zu erwerben, mit folgender Maßgabe:

aa) Die Option kann nur durch schriftliche Erklärung während der Optionsfrist ausgeübt werden. Diese endet, soweit sich aus dem nachfolgenden Satz nichts anderes ergibt, an dem Tag, an dem 45 Tage seit Zugang der Mitteilung der ERFINDUNG gemäß Klausel 5 vergangen sind. Handelt es sich um eine HOCHSCHUL-ERFINDUNG, die ein Hochschulwissenschaftler gemacht hat, für den § 42 Nr. 1 ArbEG gilt, oder an der ein solcher Hochschulwissenschaftler einen Anteil hat und hat dieser seine Absicht zur Offenbarung der ERFINDUNG im Rahmen seiner Lehr- und Forschungsfreiheit nach dieser Bestimmung angezeigt mit der Folge, dass er die ERFINDUNG nach § 42 Nr. 1 ArbEG ohne Verletzung seiner Verpflichtungen gegenüber HOCHSCHULE schon ab einem Datum vor dem im vorangegangenen Satz bezeichneten Tag offenbaren kann, endet die Optionsfrist bereits drei Tage vor diesem Datum.

bb) Im Fall gemäß vorstehend aa), letzter Satz, ist die Erklärung der Optionsausübung nur wirksam, wenn der INDUSTRIEPARTNER eine Patentanmeldung oder, wenn bei verständiger Würdigung der Verwertbarkeit der ERFINDUNG der Gebrauchsmusterschutz zweckdienlicher erscheint, eine Gebrauchsmusteranmeldung für die ERFINDUNG vorbereitet hat und diese Anmeldung in der vom Deutschen Patentamt geforderten Form spätestens mit der Erklärung der Optionsausübung an HOCHSCHULE übermittelt.

cc) Liegt der Fall gemäß vorstehend aa), letzter Satz, nicht vor, hat der INDUSTRIEPARTNER der HOCHSCHULE eine vorbereitete Anmeldung für die ERFINDUNG in der vom Deutschen Patentamt geforderten Form unverzüglich nach Optionsausübung zu übermitteln, jedoch in dem Fall, dass ein Hochschulwissenschaftler die ERFINDUNG gemacht hat und seine Absicht zur Offenbarung derselben im Rahmen seiner Lehr- und Forschungsfreiheit nach § 42 Nr. 1 ArbEG angezeigt hat, spätestens drei Tage vor dem Datum, ab dem eine Offenbarung durch ihn zulässig ist.

dd) HOCHSCHULE wird im Falle der Ausübung der Option die betr. ERFINDUNG bzw. jeden Anteil an der betr. ERFINDUNG, der von einem ihrer Beschäftigten stammt, sofort nach dem ArbEG unbeschränkt in Anspruch nehmen, sofern bzw. soweit sie dies nicht schon früher getan hat, und die vom INDUSTRIEPARTNER vorbereitete Inlandsanmeldung sofort nach Erhalt vom INDUSTRIEPARTNER beim Deutschen Patentamt unter Zahlung der Anmeldegebühr einreichen und INDUSTRIEPARTNER eine Kopie der Anmeldebestätigung und der Bestätigung der Zahlung der Anmeldegebühr übermitteln. INDUSTRIEPARTNER wird ihr daraufhin die Anmeldegebühr unverzüglich erstatten.

d) Hat INDUSTRIEPARTNER die Option zum Erwerb der Rechte von HOCHSCHULE an einer HOCHSCHUL-ERFINDUNG oder GEMEINSCHAFTSERFINDUNG gemäß vorstehend c) ausgeübt, hält HOCHSCHULE die Inlandsanmeldung bzw. ihren Anteil daran nur noch treuhänderisch für INDUSTRIEPARTNER. Soweit INDUSTRIEPARTNER bzw. sein Vertreter für die Durchführung des Erteilungsverfahrens Vollmachten von HOCHSCHULE benötigt, wird HOCHSCHULE solche Vollmachten auf Wunsch von INDUSTRIEPARTNER erteilen. HOCHSCHULE wird die Inlandsanmeldung bzw. ein daraus hervorgegangenes Schutzrecht bzw. ihren Anteil daran unverzüglich auf INDUSTRIEPARTNER übertragen, wenn eine Offenlegung der Inlandsanmeldung erfolgt ist oder ohne vorherige Offenlegung der Inlandsanmeldung ein daraufhin erteiltes Schutzrecht veröffentlicht worden ist.

e) Vorbehaltlich nachfolgend h) übernimmt INDUSTRIEPARTNER, wenn er die Option zum Erwerb der Rechte von HOCHSCHULE an einer HOCHSCHUL-ERFINDUNG oder GEMEINSCHAFTS-ERFINDUNG gemäß vorstehend c) ausgeübt hat, folgende Verpflichtungen: Er wird der HOCHSCHULE binnen 9 Monaten nach Einreichung der Inlandsanmeldung gemäß vorstehend c) dd) schriftlich mitteilen, ob und ggf. für welche Länder er eine Nachanmeldung bzw. Nachanmeldungen vorzunehmen beabsichtigt. Er wird jede Nachanmeldung, die er nach dieser schriftliche Mitteilung vorzunehmen beabsichtigt, während 12 Monaten nach dem Anmeldetag der Inlandsanmeldung, und zwar, soweit möglich, unter Inanspruchnahme der Priorität der Inlandsanmeldung nach der PVÜ, auf seinen Namen und seine Kosten einreichen.

f) Vorbehaltlich nachfolgend h) hat INDUSTRIEPARTNER seine Rechte an einer HOCHSCHULERFINDUNG bzw. GEMEINSCHAFTSERFINDUNG für Länder des Auslands, die nicht von einer von INDUSTRIEPARTNER gemäß vorstehend e) vorzunehmenden Nachanmeldung abgedeckt werden, an HOCHSCHULE (zurück) zu übertragen.

g) Vorbehaltlich nachfolgend h) wird INDUSTRIEPARTNER ein ihm gehörendes NEUPATENT für eine HOCHSCHUL-ERFINDUNG oder eine GEMEINSCHAFTSERFINDUNG, das nicht gemäß § 8 des Gesetzes über Internationale Patentübereinkommen seine Wirkung verloren hat, nur im Sinne von § 16 Abs. 2 ArbEG aufgeben, wenn er der HOCHSCHULE die Übertragung dieses NEUPATENTS schriftlich angeboten hat und HOCHSCHULE dieses Angebot nicht innerhalb zweier Monate nach Zugang angenommen hat.

h) INDUSTRIEPARTNER kann jeweils die Geltung von Klausel 6.3 e) bis g) für eine HOCHSCHULER-FINDUNG oder GEMEINSCHAFTSERFINDUNG, für die er die Option gemäß vorstehend d) ausgeübt hat, durch eine Erklärung abbedingen, die HOCHSCHULE bis zum Ablauf des 9. Monats nach Einreichung der Inlandsanmeldung zugehen muss. In jedem Fall einer solchen Abbedingung ist er verpflichtet, an die HOCHSCHULE jeweils unverzüglich nach Abgabe der Erklärung einen Ausgleich zu entrichten. Dieser beträgt in dem Fall, dass die Option für eine HOCHSCHUL-ERFINDUNG ausgeübt wurde, € …, und in dem Fall, dass die Option für eine GEMEINSCHAFTSERFINDUNG ausgeübt wurde, die Hälfte dieses Betrages.

6.4 (20)Klausel 6.3 gilt entsprechend für die Rechte und Pflichten der PARTNER hins. ERFINDUNGEN, an denen auch Erfinder beteiligt sind, auf deren Erfindungsanteile keiner der PARTNER Zugriff hat, soweit sich aus den Rechten dieser Erfinder nichts anderes ergibt.

7. Vergütungsanspruch von HOCHSCHULE für die Verwertung von NEUPATENTEN durch INDUSTRIEPARTNER

7.1 INDUSTRIEPARTNER zahlt an HOCHSCHULE eine Vergütung nach Maßgabe der Klauseln 7.2 und 7.3 für die Verwertung jedes ihm gehörenden oder zustehenden NEUPATENTS für eine HOCHSCHUL-ERFINDUNG oder GEMEINSCHAFTSERFINDUNG. INDUSTRIEPARTNER wird HOCHSCHULE über den Bestand der ihm gehörenden oder zustehenden NEUPATENTE auf dem Laufenden halten.

7.2 Eine Verwertung durch INDUSTRIEPARTNER im Sinne von Klausel 7.1 ist anzunehmen, sobald und soweit sich bezüglich des betr. NEUPATENTS ein Erfindungswert in entsprechender Anwendung der Grundsätze des geltenden deutschen Arbeitnehmererfindungsrechts errechnet.

7.3 (21)Die nach den Klauseln 7.1 und 7.2 zu zahlende Vergütung bildet
- im Falle von NEUPATENTEN für HOCHSCHUL-ERFINDUNGEN jeweils einen Betrag in Höhe von ...% des Erfindungswerts und
- im Falle von NEUPATENTEN für GEMEINSCHAFTSERFINDUNGEN jeweils die Hälfte dieses Betrags.

INDUSTRIEPARTNER wird die jeweils geschuldete Vergütung binnen eines Monats nach Ablauf des Kalenderquartals, in dem er ein NEUPATENT erstmals verwertet, für den zurückliegenden Zeitraum und anschließend für jedes nachfolgende Kalenderquartal binnen eines Monats nach dessen Ablauf abrechnen und auf ein von HOCHSCHULE anzugebendes Konto überweisen.

7.4 Die Vergütungsansprüche von HOCHSCHULE bestimmen sich in dem Fall, dass INDUSTRIEPARTNER NEUPATENTE für ERFINDUNGEN verwerten kann, die zumindest einen Erfindungsanteil enthalten, auf die keiner der PARTNER Zugriff hat, nach den Grundsätzen über die ergänzende Vertragsauslegung.

8. (22)Rechte von INDUSTRIEPPARTNER zur Benutzung und Verwertung von GEHEIMER NEUTECHNOLOGIE außer ERFINDUNGEN

Jeder PARTNER erteilt dem anderen, soweit er dies ohne Verletzung von Verpflichtungen gegenüber Dritten tun kann, das nicht-ausschließliche Recht, mit dem Recht der Lizenzerteilung und zur Gestattung der Erteilung von Unterlizenzen, in allen Ländern der Welt GEHEIME NEUTECHNOLOGIE, die keine ERFINDUNG beinhaltet, zu verwerten und zu F&E-Zwecken zu benutzen, mit folgender Maßgabe: Soweit es sich bei dieser GEHEIMEN NEUTECHNOLOGIE um eine solche handelt, deren Verwertung ihre Weitergabe an einen Dritten (z.B. einen Kunden) voraussetzt, von dem Dritten jedoch die Übernahme einer diesbezüglichen Geheimhaltungsverpflichtung realistischerweise nicht erwartet werden kann, ist ein PARTNER, der diese NEUTECHNOLOGIE verwerten will, nicht verpflichtet, diesem Dritten eine diesbezügliche Verpflichtung zur Geheimhaltung aufzuerlegen.

9. (23)Rechte der PARTNER bzgl. ALTTECHNOLOGIE

9.1 Jeder PARTNER erteilt hiermit, soweit er daran nicht durch Rechte Dritter gehindert ist, dem anderen PARTNER das kostenlose, nicht-ausschließliche Recht, die bei ihm vorhandene GEHEIME ALTTECHNOLOGIE zu F&E-Zwecken zu benutzen.

9.2 Jeder PARTNER erteilt hiermit dem anderen PARTNER außerdem, soweit er daran nicht durch Verpflichtungen gegenüber Dritten gehindert ist, das kostenlose, nicht-ausschließliche Recht, die bei ihm vorhandene GEHEIME ALTTECHNOLOGIE, soweit diese für die vertragsgemäße Verwertung von NEUTECHNOLOGIE und/oder NEUPATENTEN benötigt wird, zum Zwecke dieser Verwertung zu benutzen und zu lizenzieren. Der letzte Satz von Klausel 8 gilt entsprechend für lizenzierte

ALTTECHNOLOGIE außer solcher GEHEIMEN ALTTECHNOLOGIE, die der lizenzierende PARTNER aufgrund von Verpflichtungen gegenüber Dritten nur unter Bindung des anderen PARTNERS zur Geheimhaltung weitergeben darf.

9.3 Für die Übermittlung der gemäß Klausel 9.1 bzw. Klausel 9.2 lizenzierten GEHEIMEN ALTTECHNOLOGIE gilt Folgendes:

a) Soweit sich aus nachstehend b) nichts anderes ergibt, wird jeder PARTNER unverzüglich nach Inkrafttreten dieses Vertrags den anderen PARTNER über solche diesem lizenzierte GEHEIME ALTTECHNOLOGIE schriftlich informieren, deren Berücksichtigung oder Benutzung für die Erreichung des F&E-ZIELS voraussichtlich notwendig oder nützlich ist und die er nicht schon vor Inkrafttreten dieses Vertrags schriftlich übermittelt hat. Sobald für ihn erkennbar wird, dass sich die Lizenz auf weitere bei ihm vorhandene GEHEIME ALTTECHNLOGIE erstreckt, wird er auch diese weitere GEHEIME ALTTECHNOLOGIE jeweils unverzüglich an den anderen PARTNER übermitteln, soweit er diese nicht schon vorher schriftlich übermittelt hat. Soweit der übermittelnde PARTNER die GEHEIME ALTTECHNOLOGIE aufgrund einer Verpflichtung gegenüber einem Dritten an den anderen PARTNER nur unter Auferlegung einer Geheimhaltungsverpflichtung weitergeben darf, wird der übermittelnde PARTNER darauf bei der Übermittlung unter Angabe der Dauer dieser Verpflichtung hinweisen.

b) (24)HOCHSCHULE ist erst dann verpflichtet, GEHEIME ALTTECHNOLOGIE an INDUSTRIEPARTNER gemäß vorstehend a) zu übermitteln, wenn zumindest einer ihrer am PROJEKT beteiligten Beschäftigten von solcher ALTTECHNOLOGIE Kenntnis erlangt hat.

9.4 INDUSTRIEPARTNER erteilt hiermit weiter, soweit er daran nicht durch Rechte Dritter gehindert ist, HOCHSCHULE das kostenlose, nicht-ausschließliche Recht, ALTPATENTE für die Durchführung des PROJEKTS zu benutzen.

10. Rechte der Partner zur Nutzung von Urheberrechten

(25)Jeder PARNER erteilt hiermit dem anderen PARTNER eine kostenlose Lizenz, Urheberrechte, die ggf. an Beschreibungen von ALTTECHNOLOGIE oder NEUTECHNOLOGIE bestehen, welche von ihm an den anderen PARTNER übermittelt werden, im Zusammenhang mit der vertragsgemäßen Offenbarung, Verwendung und/oder Verwertung von ALTTECHNOLOGIE bzw. NEUTECHNOLOGIE zu nutzen, mit folgender Maßgabe:

a) Die Lizenz gilt nicht für ein Urheberrecht an einer Beschreibung, die in einer Veröffentlichung eines Verlegers enthalten ist und im Wege von einer Vervielfältigung dieser Veröffentlichung übermittelt wird.

b) Im Übrigen wird die Lizenz nur für solche Nutzungsarten erteilt, die der Verwendung und/oder Verwertung der beschriebenen ALTTECHNOLOGIE oder NEUTECHNOLOGIE gemäß diesem Vertrag dienen.

c) Der andere PARTNER ist auch zur Erteilung von Unterlizenzen berechtigt, soweit er auf die Erteilung solcher Unterlizenzen bei der vertragsgemäßen Verwertung der beschriebenen ALTTECHNOLOGIE oder NEUTECHNOLOGIE angewiesen ist.

11. (26)Haftung

11.1 Jeder PARTNER haftet dem anderen PARTNER gegenüber nur für Schäden, die durch von ihm abgeschlossene Versicherungen abgedeckt sind, und darüber hinaus nur für vorsätzlich oder grobfahrlässig verursachte Schäden.

11.2 Bei grob fahrlässiger Verletzung vertraglicher Pflichten ist die Haftung jeden PARTNERS für Schäden, die nicht durch eine von ihm abgeschlossene Versicherung abgedeckt sind, auf € … pro Schadensereignis begrenzt. Dabei beschränkt sich die Gesamthaftung von INDUSTRIEPARTNER für grob fahrlässig verursachte Schäden auf € … und die Gesamthaftung von HOCHSCHULE für grob fahrlässig verursachte Schäden auf die Höhe des Gesamtbetrags der Vergütung gemäß Klausel 3.

12. (27)Vertragsdauer

12.1 Dieser Vertrag tritt nach Unterzeichnung zweier Vertragsexemplare seitens HOCHSCHULE und Übermittlung an INDUSTRIEPARTNER unter der Voraussetzung in Kraft, dass INDUSTRIEPARTNER binnen 14 Tagen nach Erhalt der seitens HOCHSCHULE unterzeichneten Vertragsexemplare ein gegengezeichnetes Exemplar an HOCHSCHULE übermittelt hat. HOCHSCHULE wird den Zugang des gegengezeichneten Exemplars, sofern dieses nicht von einem Organmitglied oder Beschäftigten von INDUSTRIEPARTNER ausgehändigt wird, unter Angabe des Zugangsdatums unverzüglich bestätigen. Der Vertrag hat eine Laufzeit von 3 Jahren.

12.2 Jeder PARTNER kann diesen Vertrag aus wichtigem Grund durch schriftliche Erklärung gegenüber den anderen PARTNERN mit sofortiger Wirkung kündigen. Ansonsten ist der Vertrag nicht kündbar.
Ein wichtiger Grund zur Kündigung ist für einen PARTNER jedenfalls dann gegeben,

a) wenn er den anderen PARTNER zur Abstellung einer von diesem begangenen Vertragsverletzung schriftlich aufgefordert hat und der andere PARTNER die Verletzung nicht innerhalb von … Tagen nach Zugang der Aufforderung abgestellt hat; oder
b) wenn er nachweist, dass das F&E-ZIEL nicht erreichbar ist; oder
c) wenn Prof. X aus dem Institut für … ausscheidet oder für einen längeren Zeitraum als 3 Monate an der Erfüllung seiner Aufgaben gemäß Klausel 2.3 gehindert ist.

13. (28)Nachvertragliche Rechte und Pflichten der PARTNER

13.1 Soweit sich aus den Klauseln 13.2 bis 13.6 nichts anderes ergibt, erlöschen alle Rechte und Verpflichtungen der PARTNER gemäß diesem Vertrag mit seinem Ablauf bzw. mit seiner Beendigung.

13.2 Der Ablauf bzw. die Beendigung dieses Vertrags berührt nicht Ansprüche eines PARTNERS gegen den anderen PARTNER, die während der Dauer dieses Vertrags entstanden oder begründet und bei Ablauf bzw. Beendigung des Vertrags noch nicht erfüllt worden sind.

13.3 Die Bestimmungen der Klauseln 2.6, Satz 2 und 3, 2.10, Satz 2 und 3, 4.3, 6, 8 bis 11 und 13 bis 15 gelten für einen unbegrenzten Zeitraum fort, sofern und soweit darin nichts anderes bestimmt ist. Klausel 4.2 gilt nur insoweit fort, als sie GEHEIME ALTTECHNOLOGIE betrifft, die der übermittelnde PARTNER aufgrund einer Verpflichtung gegenüber einem Dritten nur unter Bindung des anderen PARTNERS zur Geheimhaltung weitergeben durfte, aber auch insoweit nur für die Dauer der Verpflichtung des übermittelnden PARTNERS gegenüber dem Dritten.

13.4 HOCHSCHULE hat INDUSTRIEPARTNER binnen eines Monats nach Vertragsende noch eine Beschreibung von bei ihr gewonnener GEHEIMER NEUTECHNOLOGIE zu übermitteln, soweit diese noch nicht in einer vorher übermittelten Aufstellung beschrieben wurde. Für die Mitteilung von ERFINDUNGEN gilt dabei weiterhin Klausel 5.

13.5 Der Vergütungsanspruch von HOCHSCHULE gemäß Klausel 3 bleibt bestehen, soweit er noch nicht erfüllt wurde, mit folgender Maßgabe: Wenn HOCHSCHULE die von ihr durchzuführenden F&E-Arbeiten bei Vertragsende nicht oder nicht vollständig geleistet hat, entfällt der Vergütungsanspruch rückwirkend oder wird rückwirkend herabgesetzt, sofern ein Wegfall bzw. eine Herabsetzung des Vergütungsanspruchs angemessen erscheint. Zahlungen, welche INDUSTRIEPARTNER im Hinblick auf Klausel 3 bereits geleistet hat, sind ihm, wenn der Vergütungsanspruch rückwirkend vollständig entfallen ist, in voller Höhe zurückzuerstatten bzw. dann, wenn der Vergütungsanspruch rückwirkend herabgesetzt wurde und die von INDUSTRIEPARTNER geleisteten Zahlungen den rückwirkend herabgesetzten Vergütungsanspruch übersteigen, in Höhe der Überzahlung zurückzuerstatten.

13.6 Wenn bzw. soweit ein PARTNER Verpflichtungen gemäß diesem Vertrag, die er während seiner Dauer zu erfüllen hatte, bei Vertragsende noch nicht erfüllt hat, richten sich die Rechtsfolgen nach den gesetzlichen Bestimmungen, soweit sich aus den Klauseln 11, 13.3 und 13.5 nichts anderes ergibt.

14. (29)Streitigkeiten

Ergeben sich aus oder im Zusammenhang mit diesem Vertrag Streitigkeiten, werden die PARTNER versuchen, diese in freundschaftlicher Weise beizulegen. Dieser Versuch gilt als gescheitert, sobald der Vorschlag eines an den Streitigkeiten beteiligten PARTNERS zur Beilegung derselben von einem daran beteiligten anderen PARTNER abgelehnt oder nicht innerhalb eines Monats nach Zugang angenommen wird. Jeder daran beteiligte PARTNER kann dann zur Erlangung einer Entscheidung über die Streitigkeiten oder einen Teil derselben ein Schiedsgerichtsverfahren nach der Schiedsgerichtsordnung der Deutschen Institution für Schiedsgerichtsbarkeit e.V. durch Erhebung einer Schiedsklage einleiten. Über diese Klage wird in dem schiedsrichterlichen Verfahren unter Ausschluss des ordentlichen Rechtsweges endgültig entschieden. Der Ort des schiedsrichterlichen Verfahrens ist …

15. Sonstiges

15.1 (30)Nach diesem Vertrag zu leistende Zahlungen erhöhen sich um die ggf. anfallende gesetzliche Mehrwertsteuer und werden, ggf. einschließlich der Mehrwertsteuer, erst nach Rechnungsstellung fällig.

15.2 (31)Vertragsänderungen und -ergänzungen bedürfen der Schriftform. Dies gilt auch für Änderungen dieser Klausel 15.2.

15.3 (32)Wenn eine oder mehrere der Bestimmungen dieses Vertrages gesetzwidrig, unwirksam oder nicht durchsetzbar sein oder werden sollte(n), so berührt dies nicht die Gültigkeit der übrigen Bestimmungen. Die PARTNER werden sich in diesem Fall bemühen, den gesetzwidrigen, unwirksamen oder nicht durchsetzbaren Teil dieses Vertrags durch eine gesetzmäßige, wirksame und durchsetzbare Regelung zu ersetzen, die ihren Absichten im wirtschaftlichen Ergebnis so weit wie möglich entspricht. Wird ein diesbezüglicher Vorschlag eines PARTNERS von einem anderen PARTNER abgelehnt oder von diesem nicht innerhalb eines Monats nach Zugang angenommen, kann jeder PARTNER gemäß Klausel 14 Schiedsklage erheben. Dabei kann er beantragen, dass das Schiedsgericht die Ersetzung nach dessen Ermessen verbindlich festlegt.

…, den …	…, den …
(HOCHSCHULE)	*(INDUSTRIEPARTNER)*
....	....

II. Vereinbarung

zwischen

1. … – nachstehend »Prof. X« genannt –
und
2. … – nachstehend »INDUSTRIEPARTNER » genannt –

Präambel:

INDUSTRIEPARTNER beabsichtigt bei Zustandekommen dieser Vereinbarung den Abschluss eines F&E-VERTRAGS, wie in § 1.2 definiert, mit der … (nachfolgend HOCHSCHULE genannt) gemäß den Bedingungen des in Kopie beigefügten, bereits seitens HOCHSCHULE unterzeichneten Vertragsexemplars.

Prof. X ist bereit, an dem PROJEKT, wie im F&E-VERTRAG definiert, als Projektleiter mitzuwirken und zum Zustandekommen des F&E-VERTRAGS, das auch in seinem Interesse liegt, durch den Abschluss dieser Vereinbarung beizutragen.

Es wird daher Folgendes vereinbart:

§ 1 Weitere Definitionen

1.1 Die Definitionen gemäß dem F&E-VERTRAG sind auch für diese Vereinbarung maßgebend.

1.2 »F&E-VERTRAG« ist der F&E-Vertrag, den INDUSTRIEPARTNER nach der Präambel abzuschließen beabsichtigt.

1.3 »X-ERFINDUNGEN« sind

- alle mutmaßlich patent- oder gebrauchsmusterfähigen Erfindungen, die von Prof. X stammen und Kenntnisse und Erfahrungen darstellen, die während der Dauer des F&E-VERTRAGS von Prof. X gewonnen werden und entweder aus dem PROJEKT hervorgehen oder, ohne aus dem PROJEKT hervorzugehen, doch dem F&E-ZIEL dienen oder dienen können, sowie
- Anteile von Prof. X an mutmaßlich patent- oder gebrauchsmusterfähigen Erfindungen, die während der Dauer des F&E-VERTRAGS von Prof. X und einem oder mehreren Miterfinder(n) gewonnen werden und entweder aus dem PROJEKT hervorgehen oder, ohne aus dem PROJEKT hervorzugehen, doch dem F&E-ZIEL dienen oder dienen können.

§ 2 Verpflichtungen von Prof. X in Bezug auf X-ERFINDUNGEN

Für jede X-ERFINDUNG, die eine Diensterfindung im Sinne des Arbeitnehmererfindungsgesetzes (ArbEG) darstellt bzw. wie solche zu behandeln ist, gilt Folgendes:

Prof. X verpflichtet sich hiermit gegenüber INDUSTRIEPARTNER,

- (33)der HOCHSCHULE nicht gemäß § 42 Nr. 1 ArbEG anzuzeigen, dass er eine solche X-ERFINDUNG im Rahmen seiner Lehr- und Forschungstätigkeit zu offenbaren beabsichtigt, und
- (34)von seinem gegenüber der HOCHSCHULE bestehendem Recht gemäß § 42 Nr. 2 ArbEG, aufgrund seiner Lehr- und Forschungsfreiheit die Offenbarung einer solchen X-ERFINDUNG abzulehnen und deren Meldung an die HOCHSCHULE zu unterlassen, keinen Gebrauch zu machen.

§ 3 (35)Geheimhaltungsverpflichtungen von Prof. X

Prof. X übernimmt hiermit gegenüber INDUSTRIEPARTER Geheimhaltungsverpflichtungen, die den Geheimhaltungsverpflichtungen der HOCHSCHULE gegenüber dem INDUSTRIEPARNTER nach dem F&E-VERTRAG entsprechen.

§ 4 Fehlen von GEHEIMER ALTTECHNOLOGIE und ALTPATENTEN von Prof. X

Prof. X versichert hiermit, dass er keine GEHEIME ALTTECHNOLOGIE und kein ALTPATENT besitzt, über die/das HOCHSCHULE nicht verfügen kann und deren/dessen Berücksichtigung oder Benutzung voraussichtlich für die Erreichung des F&E-ZIELS und/oder die Verwertung von NEUTECHNOLOGIE gemäß dem F&E-VERTRAG notwendig oder nützlich ist.

§ 5 Vereinbarungsdauer

Diese Vereinbarung tritt nach Unterzeichnung durch beide Parteien und Austausch von Vereinbarungsexemplaren zwischen ihnen gleichzeitig mit dem F&E-VERTRAG in Kraft, sofern dieser binnen 14 Tagen nach Unterzeichnung dieser Vereinbarung seitens beider Parteien zustandekommt.

§ 6 Haftung

Prof. X haftet gegenüber INDUSTRIEPARTNER nur für den Fall, dass die Versicherung gemäß § 3 falsch ist und Prof. X ihre Unrichtigkeit kannte oder grob fahrlässig nicht erkannt hat, sowie für vorsätzliche und grob fahrlässige Verletzungen seiner Verpflichtungen gemäß § 2.

§ 7 Sonstiges

Die Klauseln 14, 15.2 und 15.3 des F&E-VERTRAGS gelten für diese Vereinbarung entsprechend.

…, den …	…, den …
(Prof. X)	*(INDUSTRIEPARTNER)*
....	....

Anmerkungen zu Muster E

(1) **Zum Regelungsumfang des Musters:** Unter Berücksichtigung der Kriterien für den Regelungsumfang gemäß Kap. 8 Rdn. 9–38 erscheinen trotz der Möglichkeit, dass sich Vertragslücken nach deutschem dispositiven Recht bzw. nach den im deutschen Recht geltenden Grundsätzen über die ergänzende Vertragauslegung schließen lassen, ausführliche Regelungen erforderlich. Wegen der Gründe wird auf Anm. 1 zu Muster D verwiesen.

(2) **Zur kartellrechtlichen Beurteilung des Musters:** An den Voraussetzungen für eine Freistellung des Hauptvertrags nach der F&E-GFVO dürfte es fehlen, weil es an den Freistellungsvoraussetzungen gemäß Art. 3 Abs. 2 F&E-GFVO fehlen dürfte. Insoweit gilt das Gleiche wie für den Vertrag gemäß Muster D (s. dort Anm. 2, Abs. 1). Deshalb ist im Einzelnen zu prüfen, ob der Vertrag mit Art. 81 EGV vereinbar ist.

Für diese Prüfung ist zunächst die Frage des relevanten Markts bzw. der relevanten Märkte zu klären. Welche Kriterien für diese Klärung relevant sind, wird für einen unter die Horizontal-LL fallenden Vertrag, um den es sich hier handelt (s. Kap. 5 Rdn. 72–85), in Kap. 5 Rdn. 105–147 mit Zusammenfassung unter Kap. 5 Rdn. 158–166 erörtert.

Die Kooperation zielt auf die Entwicklung neuer Seltenerdverbindungen, die zur Katalyse bzw. Polymerisation von chemischen Verbindungen geeignet sind. Berücksichtigt man, dass sowohl die bestehenden Seltenerdverbindungen als auch die mit ihnen herstellbaren bekannten chemischen Verbindungen wegen der unterschiedlichen Verwendungszwecke unterschiedlichen vorhandenen Produktmärkten angehören dürften, könnten zugleich mehrere vorhandene Märkte für bestimmte Seltenerdverbindungen, mehrere vorhandene Märkte für bestimmte andere chemische Verbindungen und neue Märkte für bestimmte Seltenerdverbindungen relevant sein. Das Vertragsmuster lässt nicht erkennen, welche Märkte dies jeweils sein könnten. Allenfalls könnten die aus der in Klausel 2.1 erwähnten Vertragsanlage bzw. eine Befragung des Industriepartners darüber Aufschluss geben.

Fehlt es an einem identifizierbaren relevanten Markt, dürfte der Vertrag schon aus diesem Grund als mit Art. 81 vereinbar zu beurteilen sein.

Lassen sich dagegen relevante Märkte identifizieren, würde sich eine Wettbewerbsbeschränkung auf diesen Märkten daraus ergeben, dass der Industriepartner alle Rechte an Hochschulerfindungen und Gemeinschaftserfindungen, die zu den F&E-Ergebnissen gehören, durch Ausübung der ihm in Klausel 6.3 c) gewährten Optionen an sich ziehen kann. Diese Wettbewerbsbeschränkung muss allerdings spürbar sein, um den Tatbestand des Art. 81 Abs. 1 EGV zu erfüllen.

Wenn nur ein vorhandener Produktmarkt bzw. mehrere vorhandene Produktmärkte relevant ist/sind, könnte, da keine Kernbeschränkung i.S. von Nr. 11 Punkt 2 der Bagatellbekanntmachung vorliegt (s. dazu Kap. 5 Rdn. 318 und 329), die Spürbarkeit der Wettbewerbsbeschränkung schon nach der Bagatellbekanntmachung zu verneinen sein. Voraussetzung dafür

wäre nach Nr. 7 b) dieser Bekanntmachung, dass der Industriepartner auf diesem Produktmarkt bzw. auf jedem dieser Produktmärkte nur einen Marktanteil von unter 15 % hat.
Soweit nur oder auch ein neuer Produktmarkt relevant ist, könnte allerdings die Wettbewerbsbeschränkung auf diesem neuen Markt/diesen neuen Märkten spürbar sein.
Dann dürften allerdings die Voraussetzungen für eine Freistellung gemäß Art. 81 Abs. 3 EGV erfüllt sein, s. dazu allgemein Kap. 5 Rdn. 348, 349 und 550–583 sowie speziell für Verträge, die unter die Horizontal-LL fallen, Kap. 5 Rdn. 584–615.

(3) **Ergänzende Vereinbarung:** Siehe zur Frage, ob an dem Forschungsprojekt zu beteiligende Hochschulwissenschaftler (und ggf. weitere Einzelpersonen) als weitere Parteien des Vertrages zwischen Hochschule und dem Industriepartner fungieren sollten oder durch ergänzende Vereinbarungen gebunden werden sollten, Kap. 8 Rdn. 105–108.

(4) Siehe zur Bedeutung und Gestaltung der **Präambel** Kap. 8 Rdn. 122–125.

(5) Siehe zur Zweckmäßigkeit der **Beschränkung der Hochschule hins. der Auswahl der Personen, die für die vertragsgemäße F&E eingesetzt werden,** Kap. 8 Rdn. 109 und 110.

(6) Siehe zur **Bedeutung einer Schutzrechtsrecherche** für die Entscheidung über die Durchführung eines F&E-Projekts Kap. 2 Rdn. 18–21.

(7) Siehe zur Notwendigkeit von **Definitionen** und zur Zweckmäßigkeit ihrer Voranstellung in einer gesonderten Klausel Kap. 8 Rdn. 126–131.

(8) Die **Definition von Alttechnologie** entspricht hier der »Ausgangsdefinition« gemäß Kap. 8 Rdn. 345.

(9) Siehe zur **Definition der Vertragserfindungen** (im Vertrag als »ERFINDUNGEN« bezeichnet) Kap. 8 Rdn. 146–148. Im Hinblick darauf, dass der Vertrag deutschem Recht unterliegt, nach deutschem Recht die Grundsätze der ergänzenden Vertragsauslegung gelten (s. Kap. 8 Rdn. 38), und nach diesen Grundsätzen die Rechtslage wohl der Regelung gemäß Klausel 6.4 entsprechen würde, erschiene es vertretbar, den ERFINDUNGEN nur NEUTECHNOLOGIE zuzurechnen und auf ausdrückliche vertragliche Regelungen für Erfindungen gemäß Klausel 1.3, 2. Teilstrich zu verzichten.

(10) Der Begriff **»GEHEIM«** wurde definiert im Hinblick auf die Verpflichtungen der PARTNER zur Übermittlung von ALTTECHNOLOGIE gemäß Klausel 9.3 und zur Lizenzgewährung hins. NEUTECHNOLOGIE gemäß Klausel 8 sowie hins. ALTTECHNOLOGIE gemäß der Klauseln 9.1 und 9.2. Die Definition orientiert sich an der Definition von »geheim« in Art. 2 Nr. 11 F&E-GFVO, nach welcher der Begriff gleichbedeutend mit »nicht offenkundig« sein dürfte.

(11) Siehe zur **Definition von technischen F&E-Ergebnissen** (im Vertrag als »NEUTECHNOLOGIE« bezeichnet) allgemein Kap. 8 Rdn. 422–436, und zur Definition speziell bei F&E-Aufträgen des Dienstvertragtypus von industriellen Unternehmen an Hochschulen Kap. 8 Rdn. 493 und 494.

(12) Die Vertragsanlage ist nicht beigefügt.

(13) Siehe zur Einschränkung der Verpflichtungen der Hochschule zur Berücksichtigung und Benutzung von geheimer Alttechnologie bei den F&E-Arbeiten und zur Übermittlung von geheimer Alttechnologie an den Industriepartner auf diejenige geheime Alttechnologie, von der mindestens einer der Hochschulbeschäftigten, die an der Durchführung des betr. F&E-Projekts beteiligt werden, Kenntnis hat, Kap. 8 Rdn. 408.

(14) Siehe schon Anm. 5.

(15) Siehe zum **Verbot der Parallelforschung** Art. 1 Abs. 2 und Art. 5 Abs. 1 Buchst. a F&E-GFVO und die diesbezüglichen Anmerkungen im Kap. 5 unter Rdn. 381, 391–393, 445.

(16) Siehe zu Verpflichtungen von Vertragspartnern zur **Geheimhaltung und Nichtverwertung** Kap. 8 Rdn. 325–344; zur Verpflichtung der Hochschule zur Geheimhaltung auch gegenüber ihren nicht mit der Durchführung des F&E-Projekts betrauten Beschäftigten Kap. 8 Rdn. 91; zum Zusammenhang zwischen Geheimhaltungsverpflichtung und Verwertungsbeschränkungen Kap. 8 Rdn. 325, zum grundsätzlichen Vorrang des Anmeldeinteresses vor dem Geheimhaltungsinteresse Kap. 8 Rdn. 334 i.V. mit Rdn. 180 und 181, zur Problematik von Verpflichtungen zur Geheimhaltung und Nichtverwertung kommerzieller Informationen Kap. 8 Rdn. 342–344 und zur Zweckmäßigkeit von Verpflichtungen zur Geheimhaltung von Computerprogrammen, wenn die F&E-Ergebnisse diese umfassen können, Kap. 8 Rdn. 338 und 339.

(17) Siehe zu Klausel 4.4 Kap. 8 Rdn. 335–337.

(18) Siehe zur Vereinbarkeit des jedem Partner in Klausel 6.1 erteilten Rechts zur **Benutzung einer Vertragserfindung für F&E-Zwecke** Anm. 18 zu Muster D.

(19) Siehe zur Regelung der **Rechte und Pflichten der Partner bzgl. Vertragserfindungen, die nur bei einem Partner oder beiden Partner entstanden sind**, Kap. 8 Rdn. 269 i.V. mit Rdn. 267–279, Rdn. 501 i.V. mit 475–483 sowie 574 i.V. mit 570–572 und zu abweichenden Konzepten Kap. 8 Rdn. 298–307 (*Berliner Vertrag*) sowie Kap. 8 Rdn. 484–488 (Konzept von *Winzer*).

(20) Für die Rechte der Partner bzgl. **Vertragserfindungen, auf die weder ein Partner noch beide Partner vollständigen Zugriff haben,** enthält Klausel 6.4 eine Art Generalklausel. Siehe dazu schon Anm. 20 zu Muster D.

(21) Siehe zur Ermittlung der **Lizenzvergütung für die Hochschule**, insbesondere auch zur Festlegung des im Muster offen gelassenen Prozentsatzes, Kap. 8 Rdn. 574 i.V. mit 570–572.

(22) Siehe zur Regelung der Rechte der Partner zur **Benutzung und Verwertung von geheimen, nicht schutzrechtsfähigen F&E-Ergebnissen** bei F&E-Aufträgen des Dienstvertragstypus von Industrieunternehmen an Hochschulen Kap. 8 Rdn. 503 i.V. mit Rdn. 496.

(23) Siehe zur Regelung der **Rechte der Partner bzgl. Alttechnologie** schon oben Anm. 8 sowie Kap. 8 Rdn. 407 i.V. mit Rdn. 400, 402 und 404 sowie Rdn. 408.

(24) Siehe schon Anm. 13.

(25) Siehe zur Erteilung von **Verwertungsrechten an urheberrechtlich geschützten Beschreibungen** technischer Kenntnisse Kap. 8 Rdn. 530–537. Wenn zu den F&E-Ergebnissen auch Computerprogramme gehören können, sind Kap. 8 Rdn. 338 und 339 sowie 538–545 zu beachten.

(26) Siehe allgemein zur Regelung der **Haftung** Kap. 8 Rdn. 605–613. Für Hochschulen ist die erhebliche Beschränkung ihrer Haftung normalerweise Bedingung für den Abschluss von F&E-Verträgen. Bei Erfüllung dieser Bedingung hat natürlich auch der Industriepartner ein legitimes Interesse an einer ähnlichen Beschränkung seiner Haftung.

(27) Siehe zur Regelung der **Vertragsdauer** Kap. 8 Rdn. 614–645 und speziell zur Regelung der Vertragsdauer bei F&E-Verträgen des Dienstvertragstypus Kap. 8 Rdn. 631–640.

(28) Siehe zur **Regelung der nachvertraglichen Rechte und Pflichten** Kap. 8 Rdn. 646–657.

(29) Siehe zur **Wahl zwischen ordentlicher Gerichtsbarkeit und Schiedsgerichtsbarkeit** Kap. 8 Rdn. 681–684 und – im Fall der Vereinbarung von Schiedsgerichtsbarkeit – zur Auswahl unter den möglichen Schiedsgerichtsverfahren, Festlegung der Zahl der Schiedsrichter und des Orts des Schiedsgerichtsverfahrens Kap. 8 Rdn. 685–687.

(30) Für die Abzugsfähigkeit ggf. anfallender **Umsatzsteuer** als Vorsteuer ist deren Belastung in einer Rechnung Voraussetzung, s. dazu Kap. 8 Rdn. 595.

(31) Siehe zu den Gründen für die Festlegung der **Schriftform für Vertragsänderungen** und zur Frage der Wirksamkeit dieser Festlegung, wenn der Vertrag deutschem Recht unterliegt, Kap. 8 Rdn. 699 und 701.

(32) Siehe zur Zweckmäßigkeit und Gestaltung einer **salvatorischen Klausel** Kap. 8 Rdn. 702–705.

(33) Die Verpflichtung von Prof. X gegenüber dem Industriepartner, seine gegenüber der Hochschule bestehende **»positive Publikationsfreiheit«** nicht wahrzunehmen und deshalb auch keine Anzeige gemäß § 42 Nr. 1 ArbEG zu machen, ergibt sich an und für sich schon aus § 3 der Vereinbarung, wird aber hier noch einmal unterstrichen. Hins. der Wirksamkeit dieser Verpflichtung gilt das gleiche wie für die »negative Publikationsfreiheit« (s. die nachfolgende Anm.).

(34) Siehe zur Zweckmäßigkeit der Verpflichtung eines Hochschulwissenschaftlers, seine **»negative Publikationsfreiheit«** gemäß § 42 Nr. 2 ArbEG nicht wahrzunehmen, Kap. 8 Rdn. 94 und zur Wirksamkeit einer solchen Verpflichtung Kap. 8 Rdn. 95–104.

(35) Da wegen Art. 5 Abs. 3 Satz 1 GG nicht auszuschließen ist, dass sich ein Hochschulwissenschafter über den Rahmen von § 42 Nr. 1 ArbEG hinaus gegenüber der Hochschule auf seine »positive Publikationsfreiheit« auch dann berufen kann, wenn er sich zur Beteiligung an der Durchführung eines von der Hochschule mit einem Dritten vereinbarten F&E-Projekts bereiterklärt hat, sollte er gegenüber dem Industriepartner eine **Geheimhaltungsverpflichtung** übernehmen, welche derjenigen der Hochschule entspricht, s. Kap. 8 Rdn. 91.

Kapitel 17 F&E-Vertrag zwischen den potenziellen Teilnehmern eines BMBF-geförderten Verbundvorhabens/Ergänzende Vereinbarung mit Hochschulwissenschaftler Muster F

I. (1),(2),(3),(4)F&E-Vertrag zwischen den potenziellen Teilnehmern eines BMBF-geförderten Verbundvorhabens, nämlich zwei auf verschiedenen Marktstufen tätigen Unternehmen sowie einem Forschungsinstitut und einer Hochschule/II. (5)Ergänzende Vereinbarung mit einem auf der Seite der Hochschule am Verbundvorhaben beteiligten Hochschulwissenschaftler, der als Erfinder die Kriterien von § 42 Nr. 1 bis 3 ArbEG erfüllen würde.

I. Vertrag

zwischen
1. … – nachstehend »MATERIALHERSTELLER« genannt –
2. … – nachstehend »VERWENDER« genannt –
3. … – nachstehend »FORSCHUNGSINSTITUT« genannt –
4. … – nachstehend »UNIVERSITÄT« genannt –
– einzeln oder zusammen auch »PARTNER« genannt –

(6)Weitere Definitionen:

ARBEITSPLAN: § 1.1
BEWILLIGUNGSFALL: § 1.3
F&E-ERGEBNISSE: § 2.3
FEDERFÜHRENDER PARTNER: § 4.3 c)
GEMEINSAME F&E-ERGEBNISSE: § 4.3
KONZERNGESELLSCHAFTEN: § 2.5 a)
KOORDINIERENDER PARTNER: § 2.1
MITERFINDENDER PARTNER: § 4.3 a)
PROJEKT: Präambel, § 1.1
PROJEKTDAUER: § 1.1
PROJEKTGEBIET: Präambel
PROJEKTTRÄGER: Präambel
PROJEKTZIEL: § 1.1

(7)**Präambel:**

Die PARTNER wollen das in § 1.1 dieses Vertrags näher beschriebene Verbundvorhaben (nachfolgend als »PROJEKT« bezeichnet) bei Förderung desselben durch das Bundesministerium für Bildung und Forschung (BMBF) durchführen.

Die PARTNER haben auf der Grundlage der am ... unterzeichneten (8)Geheimhaltungsvereinbarung den anderen PARTNERN ihr bis zur Unterzeichnung dieses Vertrags entwickeltes (9)Know-how auf dem Gebiet der ... (»PROJEKTGEBIET«) ausgetauscht. (10)Das dabei von jedem einzelnen PARTNER offenbarte Know-how ist in **Anlage A** skizziert. (11)Die PARTNER haben sich weiter gegenseitig darüber unterrichtet, ob und ggf. inwieweit sie über technische Schutzrechte und Schutzrechtsanmeldungen auf dem PROJEKTGEBIET verfügen. Diese Schutzrechte und Schutzrechtsanmeldungen sind in **Anlage B** gelistet. Sie haben sich außerdem gegenseitig über ihnen bekannte technische Schutzrechte und Schutzrechtsanmeldungen Dritter informiert, welche ihrer Meinung nach für die Durchführung des PROJEKTS und/oder für die Verwertung der dabei erzielten F&E-Ergebnisse relevant sind oder doch werden könnten. Diese Schutzrechte/Schutzrechtsanmeldungen sind in **Anlage C** gelistet.

Gespräche mit ... als Projektträger für das Fachprogramm "..." des BMBF (nachfolgend als »PROJEKTTRÄGER« bezeichnet) haben ergeben, dass die Förderung des PROJEKTS gemäß § 1.2 dieses Vertrags als möglich erscheint.

Es wird deshalb Folgendes vereinbart:

§ 1 Das PROJEKT und die Voraussetzungen für seine Durchführung

1.1 Das »PROJEKT« ist ein geplantes Verbundvorhaben, das die PARTNER unter den in § 1.3 genannten Voraussetzungen gemäß dem als **Anlage D** beigefügten Arbeitsplan (»ARBEITSPLAN«) in der Zeit vom ... bis ... (»PROJEKTDAUER«) arbeitsteilig zur Erreichung folgenden Ziels (»PROJEKTZIEL«) durchführen werden: ...

1.2 Jeder PARTNER wird unverzüglich nach Abschluss dieses Vertrags einen Antrag auf Bundeszuwendungen beim PROJEKTTRÄGER für Kosten und/oder Ausgaben stellen, die bei ihm innerhalb der PROJEKTDAUER für die von ihm nach dem ARBEITSPLAN zu erbringenden Leistungen anfallen, bis zu folgenden Höchstgrenzen und mit folgenden Förderquoten:

	€	Förderquote
Im Falle von MATERIALHERSTELLER:	...	... %
Im Falle von VERWENDER:	...	... %
Im Falle von FORSCHUNGSINSTITUT:	...	... %
Im Falle von UNIVERSITÄT:	...	... %
Summe	...	
Das maximale Fördervolumen beträgt damit	...	

1.3 Das PROJEKT wird nur dann durchgeführt, wenn die nach §§ 1.2 zu beantragenden Bundeszuwendungen bis zum … bewilligt werden und dieser Vertrag mit allen Bewilligungsbescheiden vereinbar ist (»BEWILLIGUNGSFALL«).

§ 2 Koordinierung des PROJEKTS/Zusammenarbeit zwischen den PARTNERN und mit Dritten bei dessen Durchführung/Erfüllung der Verpflichtungen gegenüber dem Zuwendungsgeber

2.1 Die PARTNER haben sich darauf verständigt, dass … als der »KOORDINIERENDE PARTNER« für das PROJEKT fungiert.

(12)Der KOORDINIERENDE PARTNER hat über die von ihm nach dem ARBEITSPLAN zu erfüllenden Aufgaben hinaus die zusätzlichen Aufgaben,

- sich um die Koordinierung der technischen Zusammenarbeit der PARTNER im Rahmen des PROJEKTS zu bemühen sowie
- die Zusammenkünfte gemäß § 2.3 einzuberufen und zu leiten.

Für die Erfüllung dieser zusätzlichen Aufgaben erhält der KOORDINIERENDE PARTNER unter Berücksichtigung des Umstands, dass die Erfüllung dieser zusätzlichen Aufgaben auch in seinem Interesse liegt, von jedem anderen PARTNER eine Pauschale von € …, zahlbar bei Beendigung des PROJEKTS. Die anderen PARTNER werden den KOORDINIERENDEN PARTNER bei der Erfüllung seiner zusätzlichen Aufgaben gemäß diesem § 2.1 nach besten Kräften unterstützen. Sie werden dem KOORDINIERENDEN PARTNER insbesondere Unterlagen und Informationen, die er zur Erfüllung dieser zusätzlichen Aufgaben benötigt, rechtzeitig, vollständig und inhaltlich richtig übermitteln und an dem vom KOORDINIERENDEN PARTNER einberufenen Sitzungen teilnehmen. Der KOORDINIERENDE PARTNER ist nicht berechtigt, die anderen PARTNER rechtsgeschäftlich zu vertreten.

2.2 Soweit ein PARTNER im Besitz von Kenntnissen und Erfahrungen ist, von denen er weiß oder wissen muss, dass sie von einem anderen PARTNER für die Erfüllung der von ihm nach dem ARBEITSPLAN durchzuführenden Arbeiten benötigt werden oder dafür nützlich sind, wird er diese Kenntnisse und Erfahrungen an diesen anderen PARTNER übermitteln, soweit er dies nicht schon getan hat. Dies gilt jedoch nicht für solche Kenntnisse und Erfahrungen, die er gegenüber einem Dritten geheim zu halten hat.

(13)Außerdem ist die UNIVERSITÄT nicht verpflichtet, zu den vorstehend bezeichneten Kenntnissen gehörende Diensterfindungen bzw. erfinderische Beiträge zu solchen Diensterfindungen von Hochschulwissenschaftlern an den anderen PARTNER zu übermitteln, die ihr diese Hochschulwissenschaftler gemäß § 42 Nr. 2 ArbEG nicht zu melden haben und ihr tatsächlich nicht gemeldet haben.

2.3 Die PARTNER werden erstmals am … in … und danach jeweils im 2. und 4. Quartal eines jeden Jahres in … zusammenkommen. Dem PROJEKT-

TRÄGER ist Gelegenheit zu geben, an diesen Zusammenkünften teilzunehmen. Jeder PARTNER wird bei diesen Zusammenkünften über die vom BMBF geforderte Berichtererstattung hinaus über den Stand der Erfüllung der von ihm gemäß dem ARBEITSPLAN übernommenen Aufgaben sowie über die ihm in diesem Rahmen zur Kenntnis gelangten Ergebnisse im Sinne von Nr. 9.1 NKBF 98 (»F&E-ERGEBNISSE«) berichten.

(14)Als F&E-ERGEBNISSE gelten dabei nicht solche Diensterfindungen oder solche erfinderischen Beiträge zu Diensterfindungen von Hochschulwissenschaftlern, welche die Hochschulwissenschaftler nach § 42 Nr. 2 ArbEG der UNIVERSITÄT nicht zu melden haben und ihr tatsächlich nicht gemeldet haben.

2.4 Soweit sich die Aufgaben von PARTNERN tangieren oder überschneiden sollten, werden sich die betreffenden PARTNER jeweils rechtzeitig gegenseitig über die von ihnen angestrebten Lösungen dieser Aufgaben, die von ihnen hierzu geplanten Arbeiten sowie die Zeitpläne für deren Durchführung unterrichten. Soweit sinnvoll, werden die betreffenden PARTNER versuchen, sich über eine entsprechende Aufteilung der Arbeiten und den Zeitplan für deren Durchführung und den Austausch der dabei erzielten F&E-ERGEBNISSE abzustimmen. Sie werden auch den PROJEKTTRÄGER in jeden Informationsaustausch und alle Abstimmungsdiskussionen gemäß diesem § 2.4 einbeziehen.

2.5 Jeder PARTNER kann zur Erfüllung der von ihm nach dem ARBEITSPLAN zu erfüllenden Aufgaben Aufträge an Dritte nur in Übereinstimmung mit dem für ihn geltenden Bewilligungsbescheid und nur nach folgender Maßgabe erteilen:

a) Jeder der PARTNER MATERIALHERSTELLER und VERWENDER kann solche Aufträge nach Bekanntgabe an die anderen PARTNER an Gesellschaften, die mit ihm konzernmäßig im Sinne von § 18 Abs. 1 Aktiengesetz verbunden sind, (»KONZERNGESELLSCHAFTEN«) erteilen.

b) Jeder PARTNER kann solche Aufträge auch an andere verlässliche Dritte erteilen, darf dabei aber Informationen, die er gegenüber mindestens einem anderen PARTNER nach § 5 geheim zu halten hat, nur nach vorheriger Zustimmung des PARTNERS bzw. der PARTNER weitergeben, dem bzw. denen gegenüber die Geheimhaltungspflicht besteht.

c) Wenn ein PARTNER Aufträge an einen Dritten gemäß vorstehend a) und b) erteilt, wird er den Dritten Verpflichtungen auferlegen, die seinen Verpflichtungen gemäß § 5 entsprechen, und haftet den anderen PARTNERN dafür, dass der Dritte diese Verpflichtungen erfüllt.

d) F&E-ERGEBNISSE, die ein beauftragter Dritter bei Durchführung des Auftrags erzielt, gelten als F&E-ERGEBNISSE des beauftragenden PARTNERS. Dieser unterliegt deshalb bezüglich dieser F&E-ERGEBNISSE den gleichen Verpflichtungen, die er nach diesem Vertrag hins. der von ihm selbst stammenden F&E-ERGEBNISSE zu erfüllen hat.

2.6 Jeder PARTNER führt die von ihm nach dem ARBEITSPLAN zu erfüllenden Aufgaben, ggf. unter Beauftragung Dritter gemäß § 2.5, in eigener Verantwortung durch. (15)Er hat jeden nach seinem Zuwendungsbescheid zu erstellenden Bericht direkt dem PROJEKTTRÄGER übermitteln, wird aber gleichzeitig an jeden anderen PARTNER eine Kopie dieses Berichts senden.

2.7 Die PARTNER werden während der Dauer dieses Vertrags nicht mit Dritten auf dem PROJEKTGEBIET zusammenarbeiten, soweit sich aus § 2.5 nichts Anderes ergibt. Als Dritte gelten im Falle der UNIVERSITÄT auch Angehörige derselben, die nicht bei ihr beschäftigt sind, z.B. bei ihr nicht angestellte Studenten.

2.8 (16)Die UNIVERSITÄT wird Hochschulwissenschaftler, welche im Falle von Diensterfindungen ihr gegenüber die Rechte gemäß § 42 Nr. 1 bis 3 ArbEG haben, nur nach vorheriger schriftlicher Zustimmung von MATERIALHERSTELLER, VERWENDER und FORSCHUNGSINSTITUT am PROJEKT beteiligen.

2.9 (17)Die PARTNER sind auch im Verhältnis zueinander verpflichtet, ihre Verpflichtungen gegenüber dem Zuwendungsgeber und seinen Beauftragten, insbesondere Berichtspflichten, Verpflichtungen zur Gestattung von Prüfungen der Mittelverwendung und von Erfolgskontrollen sowie Auskunftspflichten, zu erfüllen.

§ 3 Kosten für die Durchführung des PROJEKTS

(18)Soweit sich aus § 2.1 nichts Anderes ergibt, ist kein PARTNER verpflichtet, sich an den Kosten, die einem anderen PARTNER aufgrund der Durchführung des PROJEKTS erwachsen, zu beteiligen.

§ 4 Schutzrechtsanmeldungen und Schutzrechte für F&E-ERGEBNISSE

4.1 Die Ausarbeitung, Einreichung, Verfolgung, Aufrechterhaltung und Verteidigung von Schutzrechtsanmeldungen für F&E-ERGEBNISSE, die von einem PARTNER, mehreren oder allen PARTNERN erzielt werden, sowie die Aufrechterhaltung und Verteidigung daraus hervorgehender Schutzrechte richten sich nach § 4.2 und § 4.3.

4.2 (19)Bezüglich F&E-ERGEBNISSEN, die allein von einem PARTNER stammen, hat dieser PARTNER das ausschließliche Recht und, soweit ihm die NKBF 98 eine solche Verpflichtung auferlegen, auch die Verpflichtung, diesbezügliche Schutzrechtsanmeldungen auszuarbeiten, einzureichen, zu verfolgen, aufrechtzuerhalten und zu verteidigen sowie daraus hervorgehende Schutzrechte aufrechtzuerhalten und zu verteidigen, mit folgender Maßgabe: Will ein PARTNER ein Schutzrecht gemäß vorstehendem Satz anmelden, wird er die anderen PARTNER über das F&E-ERGEBNIS, für das er eine Schutzrechtsanmeldung beabsichtigt, vollständig informieren und die Anmeldung nicht vor Ablauf eines Monats nach Vornahme dieser Information einreichen. (20)Jeder der anderen PARTNER kann der Anmeldung vor Einreichung derselben widersprechen, wenn er dabei stichhaltige Einwände gegen die Schutzrechtsfähigkeit des betreffenden F&E-ERGEBNISSES geltend macht.

4.3 Bezüglich von F&E-ERGEBNISSEN, die von mehreren oder allen PARTNERN stammen (»GEMEINSAME F&E-ERGEBNISSE«), gilt Folgendes:

a) Jeder PARTNER, der an einem GEMEINSAMEN F&E-ERGEBNIS beteiligt ist, (nachfolgend als »MITERFINDENDER PARTNER« bezeichnet) und dieses für eine patent- oder gebrauchsmusterfähige Erfindung hält, wird die anderen MITERFINDENDEN PARTNER unverzüglich über diese Einschätzung informieren. Daraufhin wird für das betreffende F&E-ERGEBNIS – soweit dieses ganz oder zum Teil eine Diensterfindung darstellt, nach unbeschränkter Inanspruchnahme gegenüber allen beteiligten Arbeitnehmererfindern – unverzüglich eine Schutzrechtsanmeldung für das Inland auf die Namen aller MITERFINDENDEN PARTNER eingereicht, es sei denn, dass ein MITERFINDENDER PARTNER vor der Einreichung der Schutzrechtsanmeldung stichhaltige Einwände gegen die Schutzrechtsfähigkeit des betreffenden F&E-ERGEBNISSES geltend gemacht hat. Die Anmeldung erfolgt als Patentanmeldung oder, wenn der Gebrauchsmusterschutz zweckmäßiger erscheint, als Gebrauchsmusteranmeldung, es sei denn, ein MITERFINDENDER PARTNER hat vor der Einreichung stichhaltige Einwände gegen die Schutzrechtsfähigkeit des betreffenden F&E-ERGEBNISSES geltend gemacht. Erfolgt eine Schutzrechtsanmeldung, ist zusammen mit deren Einreichung ein Antrag auf Sofortrecherche und auf Lieferung der ermittelten Druckschriften gemäß Nr. 10.1 NKBF 98 zu stellen.

b) Innerhalb von neun Monaten nach Einreichung der ersten Anmeldung gemäß oben a) wird jeder MITERFINDENDE PARTNER jedem anderen MITERFINDENDEN PARTNER gegebenenfalls das Land oder die Länder mitteilen, für das bzw. die er die Einreichung einer korrespondierenden Anmeldung wünscht. Für ein Land oder für Länder, bezüglich dessen bzw. deren mehrere oder alle MITERFINDENDEN PARTNER während der 9-Monats-Frist ihren Wunsch zur Einreichung einer solchen korrespondierenden Anmeldung erklärt haben, wird dieselbe als gemeinsame Anmeldung auf die Namen derjenigen MITERFINDENDEN PARTNER eingereicht, die binnen der 9-Monats-Frist ihren Wunsch zur Einreichung dieser Anmeldung erklärt haben. Für ein Land oder für Länder, bezüglich dessen bzw. deren nur ein MITERFINDENDER PARTNER während der 9-Monats-Frist seinen Wunsch zur Einreichung einer solchen korrespondieren Anmeldung erklärt hat, wird dieser MITERFINDENDE PARTNER eine solche korrespondierende Anmeldung allein auf seinen Namen und auf seine Kosten einreichen.

c) Soweit die MITERFINDENDEN PARTNER nichts Anderes vereinbaren, ist derjenige MITERFINDENDE PARTNER, welcher den bzw. die anderen MITERFINDENDEN PARTNER gemäß oben a) darüber informiert hat, dass er das betreffende GEMEINSAME F&E-ERGEBNIS für patent- oder gebrauchsmusterfähig hält, der »FEDERFÜHRENDE PARTNER« für alle gemeinsamen Schutzrechtsanmeldungen und Schutzrechte, an denen er sich beteiligt. Hinsichtlich gemeinsamer Schutzrechtsanmeldungen und Schutzrechte, an denen sich dieser MITERFINDENEDE PARTNER nicht bzw. nicht mehr beteiligt, wird der FEDERFÜHRENDE PARTNER von den MITERFINDENDEN PARTNERN, die sich daran beteiligen, gemeinsam ernannt oder bei fehlender Einigung durch das Los bestimmt. Der jeweils FEDERFÜHRENDE PARTNER ist für die Dauer seiner Beteiligung für die Ausarbeitung, die Einreichung, Verfolgung, Aufrechterhaltung und Verteidigung von gemeinsamen Anmeldungen sowie für die Aufrechterhaltung und Verteidigung daraus hervorgehender gemeinsamer Schutzrechte in erster Linie verantwortlich. Er wird wichtige Entscheidungen bei der Erfüllung dieser Aufgaben, insbesondere hinsichtlich der Formulierung des Anmeldungstextes, erst nach Erörterung mit jedem anderen MITERFINDENDEN PARTNER, der an der gemeinsamen Schutzrechtsanmeldung nach vorstehend a) bzw. b) zu beteiligen ist bzw. Miteigentümer einer erfolgten gemeinsamen Schutzrechtsanmeldung bzw. eines darauf hervorgehenden gemeinsamen Schutzrechts ist, treffen, wobei er nützliche Vorschläge desselben zu befolgen hat.

d) Jeder MITERFINDENDE PARTNER hat jeden anderen MITERFINDENDEN PARTNER, der gemäß vorstehend b) eine Schutzrechtsanmeldung allein vornimmt, bei der Einreichung einer solchen Anmeldung in notwendigem Umfang zu unterstützen. Bei gemeinsamen Anmeldungen ist der jeweils FEDERFÜHRENDE PARTNER von jedem anderen MITERFINDENDEN PARTNER bei der Erfüllung dieser Aufgaben im notwendigen Umfang zu unterstützen. Die notwendige Unterstützung im vorstehenden Sinn erstreckt sich insbesondere auf die Abgabe von Erklärungen, die für die Einreichung der jeweils vorzunehmenden Anmeldung oder im Zusammenhang damit benötigt werden, in der dafür vom jeweiligen Patentamt geforderten Form.

e) Die externen Kosten, d.h. Patentanwalts-, Patentsamts- und Gerichtskosten, welche dem jeweiligen FEDERFÜHRENDEN PARTNER durch die Erfüllung seiner Aufgaben gemäß vorstehend d) bezüglich einer gemeinsamen Anmeldung bzw. eines daraus hervorgehenden gemeinsamen Schutzrechts erwachsen, und ggf. die internen Kosten, die bei seiner Patentabteilung durch diese Erfüllung anfallen (soweit diese Kosten nach den von dieser Patentabteilung generell angewandten Grundsätzen festgelegt werden und die Gebühren, die von externen Patentanwälten für diese Tätigkeiten belastet würden, nicht übersteigen), sind von allen PARTNERN, welchen die gemeinsame Schutzrechtsanmeldung bzw. das gemeinsame Schutzrecht gehört, zu gleichen Teilen zu tragen.

f) Wenn ein PARTNER, der Eigentümer oder Miteigentümer eines Schutzrechts oder einer Schutzrechtsanmeldung für ein GEMEINSAMES F&E-ERGEBNIS ist, nicht mehr gewillt ist, die diesbezüglichen Kosten zu tragen bzw. anteilig mitzutragen, wird er dem bzw. den anderen MITERFINDENDEN PARTNER(N) die Übertragung dieses Schutzrechts bzw. dieser Schutzrechtsanmeldung bzw. seines Anteils daran mit der Maßgabe anbieten, dass der bzw. die andere(n) MITERFINDENDE(N) PARTNER mit der Annahme des Angebots die hierauf bezogenen Verpflichtungen des anbietenden MITERFINDENDEN PARTNERS gemäß Nr. 16.1 NKBF für sich und seine/ihre Rechtsnachfolger übernimmt/übernehmen. Jeder interessierte andere MITERFINDENDE PARTNER kann das Angebot innerhalb einer Frist von zwei Monaten annehmen. Wenn kein anderer MITERFINDENDER PARTNER das Angebot innerhalb der 2-Monats-Frist annimmt, ist keiner der MITERFINDENDEN PARTNER mehr verpflichtet, künftige Kosten für dieses Schutzrecht bzw. diese Schutzrechtsanmeldung zu tragen, soweit sich aus nachfolgend g) nichts Anderes ergibt.

g) Der MITERFINDENDE PARTNER bzw. die MITERFINDENDEN PARTNER, dem bzw. denen das Schutzrecht oder die Schutzrechtsanmeldung gehört, können ein Schutzrecht oder eine Schutzrechtsanmeldung für ein GEMEINSAMES F&E-ERGEBNIS nur fallen lassen, wenn dies im Einklang mit den Verpflichtungen aller MITERFINDENDEN PARTNER nach Nr. 10.4 NKBF 98 und dem Arbeitnehmererfindungsgesetz steht. Eine Übertragung auf einen, mehrere oder alle der beteiligten Arbeitnehmererfinder setzt voraus, dass dieser bzw. diese gemäß Nr. 16.1 NKBF 98 die Verpflichtungen der MITERFINDENDEN PARTNER aus deren Zuwendungsbescheiden übernimmt bzw. übernehmen.

h) (21)Wenn ein PARTNER, der an einem gemeinsamen Patent oder an einem gemeinsamen Gebrauchsmuster beteiligt ist, dieses gegen einen tatsächlichen oder mutmaßlichen Verletzer geltend machen will, wird er den bzw. die anderen daran beteiligten PARTNER fragen, ob er/sie sich an den externen Kosten eines gemeinsamen Vorgehens beteiligen will bzw. wollen. Wenn mindestens ein anderer beteiligter PARTNER innerhalb von zwei Monaten einem solchen gemeinsamen Vorgehen zustimmt, erfolgt ein Vorgehen gegen den tatsächlichen oder mutmaßlichen Verletzer im Namen aller an dem betreffenden Schutzrecht beteiligten PARTNER. Der anfragende PARTNER und derjenige/diejenigen PARTNER, welche(r) dem gemeinsamen Vorgehen gemäß dem zweiten Satz dieses Unterabsatzes h) zugestimmt haben/hat, tragen alle durch dieses Vorgehen anfallenden externen Kosten und profitieren von allen Zahlungen, die ihnen dadurch zufließen, zu gleichen Teilen. Stimmt keiner der anderen an dem Schutzrecht beteiligten PARTNER einem gemeinsamen Vorgehen gemäß dem ersten Satz dieses Unterabsatzes h) zu, ist der anfragende PARTNER berechtigt, unverzüglich gegen den tatsächlichen oder mutmaßlichen Verletzer allein, jedoch im Namen aller an dem Schutzrecht beteiligten PARTNER, vorzugehen. Er wird im Falle eines solchen Vorgehens dieses mit der gebotenen Sorgfalt betreiben. Er trägt alle dadurch anfallenden Kosten, darf aber umgekehrt alle Zahlungen behalten, die ihm durch ein solches Vorgehen zufließen. Gehen nicht alle an dem betr. Schutzrecht beteiligten PARTNER gegen den tatsächlichen oder mutmaßlichen Verletzer vor, wird jeder an dem Schutzrecht beteiligte PARTNER, der sich nicht an dem Vorgehen beteiligt, dem bzw. den vorgehenden PARTNER(N) und dem von ihm/ihnen eingeschalteten Anwälten alle erforderlichen Vollmachten für ein Vorgehen im Namen aller beteiligten PARTNER erteilen. Außerdem wird jeder MITERFINDENDE PARTNER den bzw. die vorgehenden PARTNER über Tatsachen informieren, die für das Vorgehen von Bedeutung sind und mit deren Kenntnis seitens des/der vorgehenden PARTNER(S) nicht zu rechnen ist, und diesem bzw. diesen schriftliche Beweise dieser Tatsachen, über die er verfügt, übermitteln.

§ 5 (22)Geheimhaltung und Verwertungsbeschränkung

5.1 Soweit sich aus den §§ 4, 5.2, 6, 7 und 8 nichts Anderes ergibt, verpflichtet sich jeder PARTNER, technische Informationen, die ihm von einem anderen PARTNER vor oder während der Dauer dieses Vertrages bei der Durchführung des PROJEKTS oder im Hinblick auf das PROJEKT mündlich oder schriftlich, in der Form von Zeichnungen, durch die Gestattung der Besichtigung von Anlagen oder auf andere Weise direkt oder indirekt offenbart worden sind bzw. werden, während der Dauer dieses Vertrags und während der darauf folgenden 2-Jahres-Periode streng vertraulich zu behandeln, nicht an Dritte (UNIVERSITÄT auch nicht an bei ihr Beschäftigte, die sie nicht mit der Durchführung des PROJEKTS betraut hat) weiterzugeben und nicht zu verwerten.

5.2 Die vorstehenden Verpflichtungen gelten nicht für solche Informationen, die

- zur Zeit ihrer Übermittlung bereits der Öffentlichkeit zugänglich sind oder nach ihrer Übermittlung (z.B. aufgrund von Veröffentlichungen des übermittelnden PARTNERS) ohne Verschulden des empfangenden PARTNERS der Öffentlichkeit zugänglich geworden sind, oder
- dem empfangenden PARTNER zur Zeit ihrer Übermittlung schon bekannt sind und weder direkt noch indirekt von einem anderen PARTNER stammen, oder
- dem empfangenden PARTNER nach ihrer Übermittlung rechtmäßig von einem nicht zu den PARTNERN gehörenden Dritten zugänglich gemacht worden sind, der diesbezüglich keiner Geheimhaltungspflicht gegenüber einem anderen PARTNER unterliegt.

Eine spezifische Information gilt nicht schon deshalb als im Bereich der vorgenannten Ausnahmen liegend, weil sie von einer allgemeinen Information umfasst wird, die unter die obigen Ausnahmen fällt. Außerdem gilt eine Information, die aus einer Kombination von Merkmalen besteht, nur dann als im Bereich der vorgenannten Ausnahmen liegend, wenn die Kombination als solche unter diese Ausnahmen fällt.

5.3 Das FORSCHUNGSINSTITUT und die UNIVERSITÄT unterliegen den Verpflichtungen gemäß § 5.1 und § 5.2 auch bezüglich des kommerziellen Know-how des MATERIALHERSTELLERS und des VERWENDERS, das ihnen vor oder während der Dauer dieses Vertrages bei der Durchführung des PROJEKTS oder im Hinblick auf das PROJEKT übermittelt worden ist bzw. wird.

5.4 Soweit sich aus den §§ 4, 6 und 7 nichts Anderes ergibt, wird jeder MITERFINDENDE PARTNER während der Dauer dieses Vertrags und während der darauf folgenden 2-Jahres-Periode auch jedes GEMEINSAME F&E-ERGEBNIS streng vertraulich behandeln, nicht an Dritte weitergeben und nicht verwerten, es sei denn, dieses GEMEINSAME F&E-ERGEBNIS

a) ist im Zeitpunkt seiner Entwicklung der Öffentlichkeit schon zugänglich oder ist der Öffentlichkeit danach ohne Verschulden des betreffenden MITERFINDENDEN PARTNERS zugänglich geworden, oder

b) ist dem betreffenden MITERFINDENDEN PARTNER nach seiner Entwicklung rechtmäßig von einem nicht zu den PARTNERN gehörenden Dritten zugänglich gemacht worden, der diesbezüglich keiner Geheimhaltungspflicht gegenüber einem PARTNER unterliegt.

Die letzten beiden Sätze von § 5.2 gelten entsprechend.

5.5 Für die Zwecke der §§ 5.1 bis 5.4 gilt die Übermittlung von Informationen an ein Organmitglied oder einen Beschäftigten eines PARTNERS als Übermittlung an diesen PARTNER selbst, und die bei einem Organmitglied oder Beschäftigten eines PARTNERS bestehende Kenntnis von Informationen als Kenntnis dieses PARTNERS selbst, soweit sich aus § 5.6 nichts anderes ergibt. Jeder PARTNER wird die Zahl seiner Beschäftigten, die Zugang zu den Informationen haben, welche den Verpflichtungen dieses PARTNERS gemäß den §§ 5.1 bis 5.4 unterliegen, angemessen begrenzen, und haftet für die Erfüllung dieser Verpflichtungen durch seine Organmitglieder und Beschäftigten.

5.6 Im Falle der UNIVERSITÄT gelten als deren Beschäftigte i.S. von § 5.5 nur die bei ihr Beschäftigten, die mit Leitungs- oder Durchführungsaufgaben hins. des Arbeitsanteils der UNIVERSITÄT an dem PROJEKT betraut worden sind.

§ 6 Veröffentlichungen

6.1 F&E-ERGEBNISSE, die allein von einem PARTNER stammen, können von diesem – ggf. nach Einreichung einer Schutzrechtsanmeldung gemäß

§ 4.2 – veröffentlicht werden. Die Manuskripte sind den übrigen PARTNERN möglichst frühzeitig vor der Veröffentlichung zur Kenntnis zu bringen.

6.2 F&E-ERGEBNISSE, die von mehreren PARTNERN stammen und von ihnen gemäß § 5.4 geheim zu halten sind, können – ggf. nach Einreichung einer Schutzrechtsanmeldung gemäß § 4.3 a) – von diesen nur nach Abstimmung und im gegenseitigen Einvernehmen veröffentlicht werden. Die Zustimmung eines PARTNERS gilt als erteilt, wenn und soweit er nicht innerhalb von vier Wochen nach Zugang der Mitteilung über die beabsichtigte Veröffentlichung Widerspruch einlegt.

6.3 Die Verpflichtungen aus den §§ 6.1 und 6.2 erlöschen zwei Jahre nach Beendigung dieses Vertrages.

6.4 Die Verpflichtungen der PARTNER zur Veröffentlichung gemäß Nr. 11 NKBF 98 gehen ihren Verpflichtungen aus den §§ 6.1 bis 6.3 vor.

§ 7 (23)Verwertungsrechte

7.1 Die PARTNER haben den als <u>Anlage E</u> beigefügten Verwertungsplan erstellt. Sollten eine oder mehrere der Bestimmungen der §§ 7.2 bis 7.11 nicht mit dem Verwertungsplan vereinbar sein, ist die damit nicht vereinbare Bestimmung bzw. sind die damit nicht vereinbaren Bestimmungen so zu ändern, dass sie mit dem Verwertungsplan vereinbar wird bzw. werden. § 12.5 gilt entsprechend.

7.2 Soweit sich aus den §§ 5, 6 und 7.3 bis 7.10 nichts Anderes ergibt, steht das Recht zur Verwertung eines F&E-ERGEBNISSES und diesbezüglicher Schutzrechte im Verhältnis zwischen den PARTNERN allein dem PARTNER bzw. den PARTNERN zu, von dem/denen dieses F&E-ERGEBNIS stammt bzw. dem/denen diese Schutzrechte gehören. Dabei gilt im Falle von Urheberrechten an F&E-ERGEBNISSEN derjenige PARTNER als Eigentümer derselben, dessen Mitarbeiter hins. dieser Urheberrechte der/die Urheber ist/sind.

7.3 Jeder PARTNER hat das nicht ausschließliche Recht, F&E-ERGEBNISSE, die einem anderen PARTNER oder anderen PARTNERN gehören, sowie dessen bzw. deren diesbezügliche Schutzrechte kostenlos für die Durchführung des PROJEKTS zu benutzen. Er kann dieses Recht im Rahmen von § 2.5 auf Dritte erstrecken.

7.4 MATERIALHERSTELLER hat das nicht ausschließliche Recht, F&E-ERGEBNISSE sowie diesbezügliche Schutzrechte, die einem anderen PARTNER oder anderen PARTNERN (mit-)gehören, bei der Herstellung, beim Gebrauch und beim Vertrieb von Materialien, die auf dem PROJEKTGEBIET verwendbar sind, zu benutzen. Die vorgenannten Vertriebsrechte schließen das Recht ein, unmittelbaren und mittelbaren Beziehern dieser Materialien die Benutzung der lizenzierten Schutzrechte bei der bestimmungsgemäßen Verwendung dieser Materialien und beim Vertrieb der aus dieser Verwendung hervorgehenden Produkte zu gestatten. Diese Rechte umfassen keine Lizenz an Schutzrechten Dritter.

7.5 VERWENDER hat das nicht ausschließliche Recht, F&E-ERGEBNISSE sowie diesbezügliche Schutzrechte, die einem anderen PARTNER oder anderen PARTNERN (mit-)gehören, bei der Verwendung und Weiterverarbeitung von Materialien, die auf dem PROJEKTGEBIET verwendbar sind, zu benutzen und die dabei entstehenden Produkte bestimmungsgemäß zu verwenden und zu vertreiben. Die vorgenannten Vertriebsrechte schließen das Recht ein, unmittelbaren und mittelbaren Beziehern dieser Produkte die Benutzung der lizenzierten Schutzrechte bei der bestimmungsgemäßen Verwendung dieser Produkte und beim Vertrieb der aus dieser Verwendung hervorgehenden Folgeprodukte zu gestatten. Diese Rechte umfassen keine Lizenz an Schutzrechten Dritter.

7.6 Wenn MATERIALHERSTELLER oder VERWENDER bei Ausübung seiner Verwertungsrechte gemäß § 7.4 bzw. § 7.5 ein bestehendes Patent/ein bestehendes Gebrauchsmuster für ein F&E-ERGEBNIS bzw. für F&E-ERGEBNISSE oder eine Anmeldung dazu verwertet, welche(s) einem, mehreren oder allen der anderen PARTNER gehört oder mitgehört, gilt Folgendes:

a) MATERIALHERSTELLER bzw. VERWENDER hat für eine solche Verwertung an den bzw. die betr. anderen PARTNER marktübliche Lizenzgebühren zu zahlen.

b) [(24)]Bei der Frage der Marktüblichkeit ist ggf. der Anteil von MATERIALHERSTELLER bzw. VERWENDER an dem betr. Schutzrecht/der betr. Schutzrechtsanmeldung zu berücksichtigen, wobei davon auszugehen ist, dass die Anteile der daran beteiligten PARTNER gleich groß sind.

MATERIALHERSTELLER ist jedoch nicht zur Zahlung von Lizenzgebühren an VERWENDER nach diesem § 7.6 verpflichtet, soweit er das betr. Schutzrecht bzw. die betr. Schutzrechtsanmeldung bei der Herstellung und/oder dem Vertrieb von Materialien verwertet, die er an VERWENDER oder eine KONZERNGESELLSCHAFT von VERWENDER liefert.

7.7 Jeder der beiden PARTNER MATERIALHERSTELLER und VERWENDER kann seine Rechte gemäß § 7.4 bis 7.6 auf jede seiner KONZERNGESELLSCHAFTEN erstrecken, hat aber auch für die Ausübung dieser Rechte durch die betr. KONZERNGESELLSCHAFT ggf. Lizenzgebühren entsprechend § 7.6 zu zahlen. Er wird der betr. KONZERNGESELLSCHAFT Verpflichtungen gegenüber den anderen PARTNERN auferlegen, die seinen eigenen Verpflichtungen gemäß § 5 entsprechen, und haftet den anderen PARTNERN für die Erfüllung dieser entsprechenden Verpflichtungen durch die betr. KONZERNGESELLSCHAFT. Eine KONZERNGESELLSCHAFT, auf die MATERIALHERSTELLER bzw. VERWENDER seine Rechte gemäß § 7.4 bis 7.6 erstreckt hat, behält diese Rechte nur, wenn derjenige PARTNER, der MATERIALHERSTELLER bzw. VERWENDER diese Rechte gewährt hat, dem zustimmt. Der gewährende PARTNER wird jedoch eine solche Zustimmung nicht willkürlich verweigern. Verhält sich eine ehemalige KONZERNGESELLSCHAFT von MATERIALHERSTELLER bzw. VERWENDER trotz Verlustes ihre Rechte so, als besäße sie die erwähnten Rechte noch, haftet MATERIALHERSTELLER bzw. VERWENDER (je nachdem, zu wem die KONZERNGESELLSCHAFT gehörte) dem gewährenden PARTNER für den ihm dadurch entstehenden Schaden.

7.8 Jeder der beiden PARTNER FORSCHUNGSINSTITUT und UNIVERSITÄT hat das kostenlose Recht, F&E-ERGEBNISSE, die einem anderen PARTNER oder anderen PARTNERN gehören, sowie dessen bzw. deren diesbezügliche Schutzrechte zu Forschungszwecken zu benutzen. Gleiches gilt hins. F&E-ERGEBNISSEN und diesbezüglichen Schutzrechten, die im Miteigentum von FORSCHUNGSINSTITUT bzw. UNIVERSITÄT und einem oder mehreren der anderen PARTNER stehen.

7.9 Die Benutzungs- bzw. Verwertungsrechte jedes PARTNERS gemäß §§ 7.2 bis 7.8 schließen das Recht mit ein,

a) Schutzrechte und Schutzrechtsanmeldungen für vor Abschluss dieses Vertrags bestehende Kenntnisse, über die ein anderer PARTNER frei verfügen kann, sowie

b) vor Abschluss dieses Vertrags bestehende Erfahrungen und technische Kenntnisse,
   - die bereits vor Abschluss dieses Vertrags bestehen,
   - über die ein anderer PARTNER frei verfügen kann und
   - die Gegenstand einer diesem PARTNER gegenüber bestehenden Geheimhaltungsverpflichtung gemäß § 5.1 und 5.2 sind,

zu benutzen bzw. zu verwerten, soweit diese Benutzung bzw. Verwertung im Zusammenhang mit der Ausübung der Benutzungs- und Verwertungsrechte dieses PARTNERS gemäß §§ 7.2 bis 7.8 erfolgt und dafür erforderlich ist. MATERERIALHERSTELLER bzw. VERWENDER sind entsprechend § 7.6 sowie § 7.7 zur Zahlung von Lizenzgebühren bei Ausübung der ihnen durch diesen § 7.9 eingeräumten zusätzlichen Verwertungsrechte verpflichtet.

7.10 Die Erteilung von Lizenzen an F&E-ERGEBNISSEN und diesbezüglichen Schutzrechten/Schutzrechtsanmeldungen, die mehreren oder sämtlichen PARTNERN gehören, über den Rahmen von §§ 7.3 bis 7.9 hinaus bedarf der schriftlichen Zustimmung aller dieser PARTNER.

§ 8 (25)Haftung

8.1 Jeder PARTNER haftet den anderen PARTNERN gegenüber nur für Schäden, die durch von ihm abgeschlossene Versicherungen abgedeckt sind, und darüber hinaus nur für vorsätzlich oder grobfahrlässig verursachte Schäden.

8.2 Bei grob fahrlässiger Verletzung vertraglicher Pflichten ist die Haftung jeden PARTNERS außer der UNIVERSITÄT für Schäden, die nicht durch eine von ihm abgeschlossene Versicherung abgedeckt sind, auf TDM 100 pro Schadensereignis begrenzt, bei einer Begrenzung der Gesamthaftung auf TDM 500. Im Falle der UNIVERSITÄT ist die Haftung für Schäden, die sie durch grob fahrlässige Verletzung vertraglicher Pflichten verursacht und die nicht durch eine von ihr abgeschlossene Versicherung abgedeckt sind, auf TDM 50 pro Schadensereignis begrenzt, bei einer Begrenzung der Gesamthaftung auf die Höhe des Betrages der Gesamtzuwendung, die UNIVERSITÄT vom BMBF hins. des PROJEKTS bewilligt worden sind. Außerdem erstreckt sich die Haftung der PARTNER für grob fahrlässige Verletzung vertraglicher Pflichten nicht auf Folgeschäden wie entgangenen Gewinn oder Produktionsausfall.

§ 9 (26)Vertragsdauer

9.1 Dieser Vertrag tritt nach Unterzeichnung durch alle PARTNER in Kraft und endet, soweit sich aus §§ 9.2 und 9.3 nichts Anderes ergibt, im BEWILLIGUNGSFALL mit dem Ablauf der PROJEKTDAUER und bei Nichteintreten des BEWILLIGUNGFALLS mit dem Ablauf des in § 1.3 genannten Datums, d.h. des …

9.2 Jeder PARTNER kann diesen Vertrag aus wichtigem Grund durch schriftliche Erklärung gegenüber den anderen PARTNERN mit sofortiger Wirkung kündigen.

9.3 Ein wichtiger Grund zur Kündigung ist für einen PARTNER jedenfalls dann gegeben,

a) wenn er einen anderen PARTNER zur Abstellung einer von diesem begangenen Vertragsverletzung schriftlich aufgefordert hat und der andere PARTNER die Verletzung nicht innerhalb von … Tagen nach Zugang der Aufforderung abgestellt hat; oder

b) wenn im BEWILLIGUNGSFALL der für ihn gültige Zuwendungsbescheid widerrufen oder zu seinen Ungunsten geändert wird, ohne dass dies auf einer Verletzung mindestens einer seiner Verpflichtungen gegenüber dem Zuwendungsgeber beruht; oder

c) wenn er nachweist, dass das PROJEKTZIEL nicht erreichbar ist.

§ 10 (27)Nachvertragliche Rechte und Pflichten der PARTNER

10.1 Die Verpflichtungen gemäß den §§ 2.9, 5 und 6 bleiben nach Maßgabe dieser Bestimmungen bestehen.

10.2 Endet dieser Vertrag, nachdem der BEWILLIGUNGSFALL eingetreten war, wird jeder PARTNER den anderen PARTNERN alle F&E-ERGEBNISSE, die er bis zum Vertragsende noch nicht übermittelt hat, unverzüglich schriftlich übermitteln und seinen Verpflichtungen zur Abgabe der vom BMBF geforderten Berichte nachkommen.

10.3 Die im BEWILLIGUNGSFALL gemäß § 7 erteilten Lizenzen außer solchen, die zum Zweck der Durchführung des PROJEKTS erteilt wurden, bleiben zu den Bedingungen des § 7 in Kraft.

10.4 Die §§ 4, 8, 11 und 12 bleiben in Kraft, soweit und solange sie nach Vertragsende noch von rechtlicher Bedeutung sein können.

§ 11 (28)Streitigkeiten

11.1 Ergeben sich aus oder im Zusammenhang mit diesem Vertrag Streitigkeiten, werden die betr. PARTNER versuchen, diese in freundschaftlicher Weise beizulegen. Dieser Versuch gilt als gescheitert, sobald der Vorschlag eines an den Streitigkeiten beteiligten PARTNERS zur Beilegung derselben von einem daran beteiligten anderen PARTNER abgelehnt oder nicht innerhalb eines Monats nach Zugang angenommen wird. Jeder daran beteiligte PARTNER kann dann zur Erlangung einer Entscheidung über die Streitigkeiten oder einen Teil derselben ein schiedsrichterliches Verfahren nach der Schiedsgerichtsordnung der Deutschen Institution für Schiedsgerichtsbarkeit e.V. durch Erhebung einer Schiedsklage einleiten. Über diese Klage wird in dem schiedsrichterlichen Verfahren unter Ausschluss des ordentlichen Rechtsweges endgültig entschieden. Der Ort des schiedsrichterlichen Verfahrens ist …

11.2 Klagen mehrere PARTNER oder werden mehrere PARTNER verklagt, so können sie entweder einen gemeinsamen Schiedsrichter benennen, oder es müssen die Streitigkeiten zwischen je zwei PARTNERN in gesonderten Verfahren ausgetragen werden. Schiedsrichter und Obmann können in mehreren Verfahren auftreten.

§ 12 Sonstiges

12.1 Die am … abgeschlossene Geheimhaltungsvereinbarung tritt mit dem Abschluss dieses Vertrages außer Kraft unbeschadet von Ansprüchen, die auf einer Verletzung derselben während ihrer Dauer beruhen.

12.2 Nach diesem Vertrag zu leistende Zahlungen erhöhen sich um die ggf. anfallende gesetzliche Mehrwertsteuer und werden, ggf. einschließlich der Mehrwertsteuer, erst nach Rechnungsstellung fällig.

12.3 (29)Vertragsänderungen und -ergänzungen bedürfen der Schriftform. Dies gilt auch für Änderungen dieses § 12.3.

12.4 (30)Die PARTNER werden sich konform mit europäischem und deutschem Beihilferecht, insbesondere mit Art. 87 EGV, sowie den NKBF 98 verhalten. Die Verpflichtungen der PARTNER aus dem vorstehenden Satz gehen für den Fall, dass andere Bestimmungen dieses Vertrags mit diesen Verpflichtungen unvereinbar sind, diesen anderen Bestimmungen vor.

12.5 (31)Wenn eine oder mehrere der Bestimmungen dieses Vertrages gesetzwidrig, unwirksam oder nicht durchsetzbar sein oder werden sollte(n), so berührt dies nicht die Gültigkeit der übrigen Bestimmungen. Die PARTNER werden sich in diesem Fall bemühen, den gesetzwidrigen, unwirksamen oder nicht durchsetzbaren Teil dieses Vertrags durch eine gesetzmäßige, wirksame und durchsetzbare Regelung zu ersetzen, die ihren Absichten im wirtschaftlichen Ergebnis so weit wie möglich entspricht. Wird ein diesbezüglicher Vorschlag eines PARTNERS von einem anderen PARTNER abgelehnt oder von diesem nicht innerhalb eines Monats nach

Zugang angenommen, kann jeder PARTNER gemäß § 11 Schiedsklage unter Stellung eines der folgenden Anträge erheben:

a) Das Schiedsgericht legt die Ersetzung in der im Klageantrag spezifizierten Weise verbindlich fest.
b) Das Schiedsgericht legt die Ersetzung in der im Klageantrag spezifizierten Weise, hilfsweise nach seinem Ermessen verbindlich fest.
c) Das Schiedsgericht legt die Ersetzung nach seinem Ermessen verbindlich fest.

..., den ...	..., den ...
... (*MATERIALHERSTELLER*)	... (*VERWENDER*)
..., den ...	..., den ...
... (*FORSCHUNGSINSTITUT*)	... (*UNIVERSITÄT*)

(32)Anlagen A bis E

II. Vereinbarung

zwischen
1. ... – nachstehend »Prof. X« genannt –
2. ... – nachstehend »MATERIALHERSTELLER« genannt –
3. ... – nachstehend »VERWENDER« genannt –
4. ... – nachstehend »FORSCHUNGSINSTITUT« genannt –

Präambel

Es wird Bezug genommen auf den anliegend in Kopie beigefügten Vertrag (nachfolgend als »F&E-VERTRAG« bezeichnet).und die darin enthaltenen Definitionen. Prof. X ist an einer Mitwirkung am PROJEKT interessiert. Der F&E-VERTRAG gestattet jedoch der UNIVERSITÄT den Einsatz von Prof. X bei der Durchführung des PROJEKTS nur für den Fall, dass MATERIALHERSTELLER, VERWENDER und FORSCHUNGSINSTITUT dem zustimmen.

Es wird deshalb Folgendes vereinbart:

1. MATERIALHERSTELLER, VERWENDER und FORSCHUNGSINSTITUT werden ihre Zustimmung zum Einsatz von Prof. X bei der Durchführung des PROJEKTS für den Fall des Abschlusses dieser Vereinbarung erteilen.

2. »X-ERFINDUNGEN« sind
   - alle mutmaßlich patent- oder gebrauchsmusterfähigen Erfindungen, die von Prof. X stammen und Kenntnisse und Erfahrungen darstellen, die während der Dauer des F&E-VERTRAGS von Prof. X gewonnen werden und entweder aus dem PROJEKT hervorgehen oder, ohne aus dem PROJEKT hervorzugehen, doch dem F&E-ZIEL dienen oder dienen können, sowie
   - Anteile von Prof. X an mutmaßlich patent- oder gebrauchsmusterfähigen Erfindungen, die während der Dauer des F&E-VERTRAGS von Prof. X und einem oder mehreren Miterfinder(n) gewonnen werden und entweder aus dem PROJEKT hervorgehen oder, ohne aus dem PROJEKT hervorzugehen, doch dem F&E-ZIEL dienen oder dienen können.

3. Prof. X verpflichtet sich hiermit gegenüber MATERIALHERSTELLER, VERWENDER und FORSCHUNGSINSTITUT,
   - (33)der UNIVERSITÄT nicht gemäß § 42 Nr. 1 ArbEG anzuzeigen, dass er eine X-ERFINDUNG im Rahmen seiner Lehr- und Forschungstätigkeit zu offenbaren beabsichtigt, und
   - (34)von seinem gegenüber der UNIVERSITÄT gegenüber bestehendem Recht gemäß § 42 Nr. 2 ArbEG, aufgrund seiner Lehr- und Forschungsfreiheit die Offenbarung einer X-ERFINDUNG abzulehnen und deren Meldung an die UNIVERSITÄT zu unterlassen, keinen Gebrauch zu machen.

4. (35)Prof. X übernimmt hiermit gegenüber MATERIALHERSTELLER, VERWENDER und FORSCHUNGSINSTITUT Geheimhaltungsverpflichtungen, die den Geheimhaltungsverpflichtungen der UNIVERSITÄT gegenüber dem MATERIALHERSTELLER, VERWENDER bzw. FORSCHUNGSINSTITUT nach dem F&E-VERTRAG entsprechen.

..., den ...	..., den ...
... *(Prof. X)*	... (*MATERIALHERSTELLER*)
..., den ...	..., den ...
... (*VERWENDER)*	... (*FORSCHUNGSINSTITUT*)

Anmerkungen zu Muster F

(1) **Kriterien für die Beurteilung der Zweckmäßigkeit von Initiativen zur Erlangung von Subventionen für Verbundvorhaben:** Siehe zu den diesbezüglichen Kriterien Kap. 4 Rdn. 110–127.

(2) **Voraussetzungen der Förderung von F&E-Projekten durch das BMBF:** Siehe zu den Voraussetzungen staatlicher Beihilfen nach Art. 87 EGV Kap. 4 Rdn. 54 bis 82, zu den Förderprogrammen des Bundes Kap. 4 Rdn. 84–88 und zu den Voraussetzungen für die Gewährung von F&E-Subventionen im Rahmen der Förderprogramme durch den Bund Kap. 4 Rdn. 89–96. Förderungsbedingung ist u.a. der Abschluss einer Kooperationsvereinbarung zwischen den Teilnehmern, für den das vorliegende Muster konzipiert ist. Für die Kooperationsvereinbarung stellt das Merkblatt gem. BMBF-Vordruck 0110 bestimmte Grundsätze auf, s. dazu Kap. 4 Rdn. 96. Zusätzliche Bedingungen können sich aus dem betr. Förderprogramm und der jeweils einschlägigen Ausschreibung zu diesem ergeben. Es ist in jedem Fall zu empfehlen, die Kooperationsvereinbarung vor ihrem Abschluss zumindest in allen für die Förderentscheidung relevanten Punkten mit dem BMBF bzw. mit dem von ihm beauftragten Projektträger abzustimmen.

(3) **Zum Regelungsumfang des Musters:** Die im Kap. 8 unter Rdn. 10–38 aufgeführten Kriterien erfordern detaillierte Regelungen. Zwar handelt es sich um einen Vertrag zur Erreichung eines gemeinsamen Zwecks (des »PROJEKTZIELS«) und damit um einen Gesellschaftsvertrag i.S. von § 705 BGB, so dass die Bestimmungen und Grundsätze des deutschen Gesellschaftsrechts (z.B. der Grundsatz, dass alle Gesellschafter zur Förderung des Gesellschaftszwecks verpflichtet sind) ergänzend herangezogen werden können. Es ist aber vorausgesetzt, dass jedenfalls zwischen dem MATERIALHERSTELLER sowie dem VERWENDER einerseits und dem FORSCHUNGSINSTITUT sowie der UNIVERSITÄT andererseits keine laufenden Geschäftsbeziehungen bestehen, welche eine gewisse wechselseitige Abhängigkeit auch für die Zukunft begründen. Deshalb unterliegen das FORSCHUNGSINSTITUT und die UNIVERSITÄT im gedachten Fall keinem besonderen Druck, strittige Fragen einvernehmlich mit dem MATERIALHERSTELLER bzw. dem VERWENDER zu regeln und Lücken des Vertrags unter Berücksichtigung der Interessen der letztgenannten PARTNER auszufüllen. Außerdem erfordert das Konzept gemäß § 1.3 des Vertrags, dass das PROJEKT nur dann durchzuführen ist, wenn der Vertrag mit allen Bewilligungsbescheiden vereinbar ist, detaillierte Regelungen, welche diese Vereinbarkeit erwarten lassen.

(4) **Zur kartellrechtlichen Beurteilung des Musters nach Art. 81 EGV:** Bei den wenigen kommerziellen Informationen, die der Mustervertrag bietet, ist natürlich eine abschließende kartellrechtliche Beurteilung nicht möglich. Es können deshalb nur einige Aspekte betr. die kartellrechtliche Prüfung erörtert werden.

Bei der Frage, ob ein F&E-Vertrag mit Art. 81 EGV vereinbar ist, empfiehlt sich grundsätzlich mit der Prüfung zu beginnen, ob er den Freistellungsvoraussetzungen einer GFVO genügt (s. Kap. 5 Rdn. 346).
Die Partner MATERIALHERSTELLER und VERWENDER, also die industriellen Partner, sind auf verschiedenen Marktstufen tätig, so dass eine Freistellung nach der F&E-GFVO ausscheidet.
Ebenso wenig erscheint aber eine Freistellung nach der Vertikal-GFVO möglich, da diese nach Art. 2 Abs. 1 nur Vereinbarungen zwischen zwei oder mehr Unternehmen erfasst, von denen jedes zwecks Durchführung der Vereinbarung auf einer unterschiedlichen Produktions- oder Vertriebsstufe tätig ist, UNIVERSITÄT und FORSCHUNGSINSTITUT, also die Forschungsdienstleister, aber nicht zu diesen Unternehmen gehören.
Deshalb muss anhand der einzelnen Tatbestandsmerkmale von Art. 81 EGV geprüft werden, ob der Vertrag mit dieser Bestimmung vereinbar ist. Dabei wird man allerdings, was das Verhältnis zwischen den industriellen Partnern betrifft, die für vertikale Verträge geltenden Grundsätze zu beachten haben, wenn diese Partner auf den relevanten Märkten keine Wettbewerber sind, und, was das Verhältnis zwischen den industriellen Partnern und den Forschungsdienstleistern betrifft, die für Verträge zwischen industriellen Unternehmen und Forschungsdienstleistern geltenden Grundsätze (s. Art. 3 Abs. 2 Satz 2 F&E-GFVO) berücksichtigen müssen.
Zu den relevanten Märkten gibt das Vertragsmuster keine näheren Anhaltspunkte. Jedenfalls geht es einerseits um die Entwicklung eines bestimmten Grundmaterials auf dem im Muster nicht beschriebenen PROJEKTGEBIET und andererseits um die Verwendung und Weiterverarbeitung dieser Materialien (s. § 7.4 und 7.5). Damit sind jedenfalls die (bestehenden und/oder künftigen) Märkte für die vorgenannten Materialien als auch die (bestehenden und/oder künftigen) Märkte für die daraus herstellbaren Produkte relevant.
Beschränkungen auf diesen Märkten, die den Tatbestand des Art. 81 Abs. 1 EGV erfüllen, könnten sich vor allem unter folgenden Aspekten ergeben:

- Die industriellen Partner könnten Wettbewerber auf einem oder beiden dieser Märkte sein. Dann kann eine bezweckte Wettbewerbsbeschränkung oder spürbare bewirkte Wettbewerbsbeschränkung darin liegen, dass die industriellen Partner ihre Rechte auf diesen Märkten gemäß § 7.4 und 7.5 aufteilen.
- Die Forschungsdienstleister werden gänzlich von der Verwertung der F&E-ERGEBNISSE ausgeschlossen, obwohl sie sich vermutlich beide üblicherweise als Verwerter von F&E-Ergebnissen durch Lizenzvergabe betätigen, so dass die Freistellungsvoraussetzungen gemäß Art. 3 Abs. 2 F&E-GFVO im Falle der Anwendbarkeit der F&E-GFVO nicht erfüllt wären.

Wenn der Tatbestand des Art. 81 Abs. 1 erfüllt ist, bliebe zu prüfen, ob die Freistellungsvoraussetzungen des Art. 81 Abs. 3 EGV erfüllt sind, s. dazu allgemein Kap. 5 Rdn. 348, 349 und 550–583. Danach ist zu vermuten, dass dann, wenn die industriellen Partner keine Wettbewerber auf relevanten vorhandenen Produktmärkten sind, die Freistellungsvoraussetzungen erfüllt sind.

(5) **Ergänzende Vereinbarung:** Siehe zur Frage, ob an dem PROJEKT zu beteiligende Hochschulwissenschaftler (und ggf. weitere Einzelpersonen) als weitere Parteien des Vertrages zwischen Hochschule und dem Industriepartner fungieren sollten oder durch ergänzende Vereinbarungen gebunden werden sollten, Kap. 8 Rdn. 105–108.

(6) Siehe zur Notwendigkeit von **Definitionen** und zur Zweckmäßigkeit ihrer Voranstellung in einer gesonderten Klausel Kap. 8 Rdn. 126–131.

(7) Siehe zur Bedeutung und Gestaltung einer **Präambel** allgemein Kap. 8 Rdn. 122–125. Auch wenn das Muster den technischen und kommerziellen Hintergrund der Kooperation nicht erkennen lässt, kann wohl davon ausgegangen werden, dass dieser durch die Vertragsanlagen und die Definition des PROJEKTZIELS (§ 1.1) ausreichend beleuchtet wird, so dass die Präambel kurz gefasst werden kann.

(8) Gedacht ist an eine **bestehende Geheimhaltungsvereinbarung** vom Typ des Musters I.

(9) Der **vorherige Austausch vorhandenen Know-hows** ist für die beteiligten Unternehmen wichtig, weil er eine wesentliche Grundlage für die Beurteilung der Zweckmäßigkeit des F&E-Projekts als solchem (s. Kapitel 10, Checkliste I. unter I. 2.1 g) und der Eignung des FORSCHUNGSINSTITUTS und der UNIVERSITÄT als Kooperationspartner (Checkliste I. unter 2.2 f) bilden kann.

(10) Diese **Skizzierung des** bei dem jeweiligen Partner vorhandenen **Know-hows** empfiehlt sich, um Streitigkeiten darüber, was zur Alttechnologie und was zu den F&E-Ergebnissen zu rechnen ist, und damit über den Umfang der Verwertungsrechte der beteiligten Unternehmen vorzubeugen.

(11) Siehe zur **Bedeutung einer Schutzrechtsrecherche** für die Entscheidung über die Durchführung eines F&E-Projekts Kap. 2 Rdn. 18–21.

(12) Als weitere **Aufgaben des KOORDINIERENDEN PARTNERS** kommen in Betracht (s. Muster für eine Vereinbarung nach Nr. 4.6 der Richtlinie zum Programm des BMWi »Förderung von innovativen Netzwerken« – Kurzbezeichnung InnoNet – vom 01.06.2006, abrufbar unter www.vdivde-it.de/innonet/foerderung/antrag/Kooperations_Vereinbarung.doc):
- Bündelung der Einzelberichte der anderen PARTNER in einem Gesamtbericht und die Weiterleitung aller Einzelberichte und ggf. des Gesamtberichts an den PROJEKTTRÄGER;
- bei (Teil-)Finanzierung des FORSCHUNGSINSTITUTS und der UNIVERSITÄT durch den MATERIALHERSTELLER und den VERWENDER: Annahme und Verteilung der von ihnen zu leistenden Beiträge.

(13) Die UNIVERSITÄT muss der **negativen Publikationsfreiheit** von Hochschulwissenschaftlern gemäß § 42 Nr. 2 ArbEG Rechnung tragen, welche diese aber nach der jeweils abzuschließenden ergänzenden Vereinbarung (Muster unter II.) nicht geltend machen dürfen.

(14) Siehe schon Anm. 13.

(15) Es ist vor Abschluss des Vertrags zu klären, ob der Zuwendungsgeber mit der hier vorgesehenen **Regelung betr. die Übermittlung der Berichte** einverstanden ist oder stattdessen eine Kanalisierung der Berichte über und eine Zusammenfassung durch den KOORDINIERENDEN PARTNER wünscht.

(16) MATERIALHERSTELLER, VERWENDER und FORSCHUNGSINSTITUT werden der **Beteiligung von Hochschulwissenschaftlern** am PROJEKT nur zustimmen, soweit diese eine ergänzende Vereinbarung (Muster unter II) unterzeichnen.

(17) § 2.9 wurde aufgenommen, weil der Umstand, dass ein PARTNER Verpflichtungen gegenüber dem Zuwendungsgeber und seinen Beauftragten nicht erfüllt, die Auszahlung von Fördermitteln an die anderen PARTNER verhindern bzw. verzögern und zu einer Rückforderung von Fördermitteln, welche an diese gezahlt wurden, führen könnte.

(18) In Betracht kommt auch eine (teilweise) »**Querfinanzierung**« des FORSCHUNGSINSTITUTS und der UNIVERSITÄT durch die industriellen PARTNER. Im Fall einer solchen Querfinanzierung dürfte es i.d.R. angemessen sein, dies bei der Frage der Marktüblichkeit der von den industriellen PARTNERN ggf. nach § 7.6 zu zahlenden Lizenzgebühren zu berücksichtigen (s. Kap. 8 Rdn. 571 und 572). Hierüber muss aber im Hinblick auf das EG-Beihilferecht Einvernehmen mit dem PROJEKTTRÄGER erzielt werden, s. unten Anm. 24.

(19) Siehe zur Regelung der **Rechte zur Anmeldung von Schutzrechten** bei BMBF-geförderten Projekten Kap. 8 Rdn. 183.

(20) Das Verbot der Anmeldung durch den grundsätzlich anmeldungsberechtigten PARTNER in dem Fall, dass ein anderer PARTNER der Anmeldung unter Anführung stichhaltiger Gründe gegen die Schutzfähigkeit des betr. F&E-ERGEBNISSES widerspricht, soll eine unnötige Offenbarung von technischen Informationen, an deren Geheimhaltung der andere PARTNER ein Interesse hat, ausschließen.

(21) Zwar kann jeder Partner, der an einem gemeinsamen Schutzrecht beteiligt ist, dies jedenfalls nach deutschem Recht auch allein gegen Verletzer geltend machen und Zahlung von Schadensersatz an alle Teilhaber beantragen, s. Kap. 8 Rdn. 204. Diese Möglichkeit trägt aber dem besonderen finanziellen Risiko eines solchen Prozesses nicht ausreichend Rechnung. Deshalb erscheint die hier vorgesehene **Regelung über die Geltendmachung gemeinsamer Schutzrechte** gegen mutmaßliche Verletzer im gedachten Fall zumindest aus der Sicht der beteiligten Unternehmen zweckmäßig, da diese mangels dauernder Geschäftsbeziehung zum FORSCHUNGSINSTITUT und zur UNIVERSITÄT nicht damit rechnen können, sich mit diesen schnell über die Geltendmachung gemeinsamer Patente und die Verteilung der daraus resultierenden Kosten und Erträge einigen zu können.

(22) Siehe zu Verpflichtungen von Vertragspartnern zur **Geheimhaltung und Nichtverwertung** Kap. 8 Rdn. 325–344; zur Verpflichtung der Hochschule zur Geheimhaltung auch gegenüber ihren nicht mit der Durchführung des F&E-Projekts betrauten Beschäftigten Kap. 8 Rdn. 91; zum Zusammenhang zwischen Geheimhaltungsverpflichtung und Verwertungsbeschränkungen Kap. 8 Rdn. 325, zum grundsätzlichen Vorrang des Anmeldeinteresses vor dem Geheimhaltungsinteresse Kap. 8 Rdn. 334 i.V. mit Rdn. 180 und 181, zur Problematik von Verpflichtungen zur Geheimhaltung und Nichtverwertung kommerzieller Informationen Kap. 8 Rdn. 342–344 und zur Zweckmäßigkeit von Verpflichtungen zur Geheimhaltung von Computerprogrammen, wenn die F&E-Ergebnisse diese umfassen können, Kap. 8 Rdn. 338 und 339.

(23) Die hier vorgesehen **Regelung der Verwertungsrechte** entspricht dann, wenn die industriellen Partner auf vorhandenen relevanten Produktmärkten keine Wettbewerber sind, vermutlich auch den kartellrechtlichen Erfordernissen, s. dazu oben Anm. 4.
Diese Regelung erscheint auch im Wesentlichen sachgerecht. Es wäre aber bzgl. § 4.2 eine Verfeinerung zu erwägen, nach der entsprechend Muster C, Klauseln 8.2, 8.4 und 8.5 jeder industrielle Partner bzgl. vermutlich schutzrechtsfähiger F&E-ERGEBNISSE, die allein von einem anderen Partner stammen und an denen er nach § 7.4 bzw. 7.5, soweit er keine Schutzrechte verletzt, Verwertungsrechte hat, ein subsidiäres Anmelderecht hat und der andere Partner umgekehrt die Möglichkeit erhält, sich von den Kosten diesbezüglicher Schutzrechtspositionen zu befreien, indem er diese fallen lässt bzw. auf seine Arbeitnehmererfinder mit allen Verwertungsrechten überträgt, wenn er sie zuvor dem betr. industriellen Partner angeboten hat und dieser das Angebot nicht bzw. nicht innerhalb der vertraglich festgelegten Annahmefrist angenommen hat.

(24) Siehe zum grundsätzlichen Erfordernis der **Marktüblichkeit der Lizenz** nach dem Beihilferecht der EG Nr. 3.2.2 des Gemeinschaftsrahmens 2007, Kap. 4 Rdn. 77. Siehe aber auch oben Anm. 18 für den Fall der »Querfinanzierung« der Forschungsdienstleister durch die industriellen Partner.

(25) Erfahrungsgemäß bestehen Hochschulen auf weitgehenden **Haftungsausschlüssen**, wie sie hier für die UNIVERSITÄT vorgesehen sind.

(26) Siehe zur Regelung der **Vertragsdauer** allgemein Kap. 8 Rdn. 614–645 und speziell zur Regelung der Vertragsdauer bei F&E-Verträgen des Gesellschaftsvertragstypus Kap. 8 Rdn. 620–630. Die Begrenzung der Vertragsdauer auf die PROJEKTDAUER ist deshalb wichtig, weil nur während dieser mit öffentlicher Förderung des PROJEKTS zu rechnen ist.

(27) Siehe zur **Regelung der nachvertraglichen Rechte und Pflichten** Kap. 8 Rdn. 646–657.

(28) Siehe zur **Wahl zwischen ordentlicher Gerichtsbarkeit und Schiedsgerichtsbarkeit** Kap. 8 Rdn. 681–684 und – im Fall der Vereinbarung von Schiedsgerichtsbarkeit – zur Auswahl unter den möglichen Schiedsgerichtsverfahren, Festlegung der Zahl der Schiedsrichter und des Orts des Schiedsgerichtsverfahrens Kap. 8 Rdn. 685–687.

(29) Siehe zu den Gründen für die Festlegung der **Schriftform für Vertragsänderungen** und zur Frage der Wirksamkeit dieser Festlegung, wenn der Vertrag deutschem Recht unterliegt, Kap. 8 Rdn. 699 und 701.

(30) Siehe zum Erfordernis der Beachtung des **europäischen Beihilferechts** (Art. 87 EGV, dazu erlassene GFVO und Gemeinschaftsrahmen 2007) Kap. 4 Rdn. 54–82.

(31) Siehe zur Zweckmäßigkeit und Gestaltung einer **salvatorischen Klausel** Kap. 8 Rdn. 702–705.

(32) Die erwähnten **Vertragsanlagen** sind nicht beigefügt. Sie sollten – zweckmäßig am Vertragsende – genannt werden, damit (was in der Praxis häufig passiert) ihre Beifügung nicht vergessen wird.

(33) Die Verpflichtung von Prof. X gegenüber den industriellen Partnern und dem FORSCHUNGSINSTITUT, seine gegenüber der UNIVERSITÄT bestehende **»positive Publikationsfreiheit«** nicht wahrzunehmen und deshalb auch keine Anzeige gemäß § 42 Nr. 1 ArbEG zu machen, ergibt sich an und für sich schon aus Punkt 4 der Vereinbarung, wird aber hier noch einmal unterstrichen. Hins. der Wirksamkeit dieser Verpflichtung gilt das gleiche wie für die »negative Publikationsfreiheit« (s. die nachfolgende Anm.).

(34) Siehe zur Zweckmäßigkeit der Verpflichtung eines Hochschulwissenschaftlers, seine **»negative Publikationsfreiheit«** gemäß § 42 Nr. 2 ArbEG nicht wahrzunehmen, Kap. 8 Rdn. 94 und zur Wirksamkeit einer solchen Verpflichtung Kap. 8 Rdn. 95–104.

(35) Da wegen Art. 5 Abs. 3 Satz 1 GG nicht auszuschließen ist, dass sich ein Hochschulwissenschafter über den Rahmen von § 42 Nr. 1 ArbEG hinaus gegenüber der Hochschule auf seine »positive Publikationsfreiheit« auch dann berufen kann, wenn er sich zur Beteiligung an der Durchführung eines von der Hochschule mit einem Dritten vereinbarten F&E-Projekts bereiterklärt hat, sollte er gegenüber dem Industriepartner eine **Geheimhaltungsverpflichtung** übernehmen, welche derjenigen der Hochschule entspricht, s. Kap. 8 Rdn. 91.

Kapitel 18 F&E-Beratungsvertrag mit nicht im öffentlichen oder privaten Dienst stehendem Wissenschaftler – Vertragsform Muster G

[(1),(2),(3),(4),(5)] F&E-Beratungsvertrag mit nicht im öffentlichen oder privaten Dienst stehendem Wissenschaftler – Vertragsform

Vereinbarung

zwischen

Herrn Prof. Dr. …, Emeritus der Technischen Universität …, (*Adresse*)
– nachfolgend kurz »Prof. X« genannt –
und
…, (*Adresse*)
– nachfolgend »FIRMA« genannt –
einzeln oder zusammen auch »PARTNER« genannt

Einleitung:

FIRMA betreibt Forschung und Entwicklung auf dem Gebiet … (nachfolgend als »SACHLICHES VERTRAGSGEBIET« bezeichnet) und wünscht hierzu eine Beratung durch Prof. X.

Prof. X hat in den Vorgesprächen zu diesem Vertrag erklärt, dass er auf dem SACHLICHEN VERTRAGGEBIET keine Schutzrechte/Schutzrechtsanmeldungen und kein Know-how, das der Öffentlichkeit nicht zugänglich ist, besitzt, und ist auf dieser Basis zu der von FIRMA gewünschten Beratung gemäß den nachfolgenden Bestimmungen bereit.

Es wird deshalb Folgendes vereinbart:

§ 1 Beratungsleistungen

1.1 Prof. X wird FIRMA laufend hins. ihrer Forschung und Entwicklung auf dem SACHLICHEN VERTRAGSGEBIET beraten. Dies soll in erster Linie im Rahmen von Kolloquien im Hause von FIRMA geschehen, zu denen FIRMA Prof. X jeweils einladen wird und deren Termine jeweils zwischen den Vertragspartnern abgestimmt werden. Auf Wunsch von FIRMA wird Prof. X hierzu auch schriftliche Ausarbeitungen anfertigen.

1.2 Auf Wunsch von FIRMA wird Prof. X auch wissenschaftliche Unterstützung bei der Begründung von Anträgen auf öffentliche Zuwendungen, welche Projekte auf dem SACHLICHEN VERTRAGSGEBIET betreffen, gegenüber den für die Entscheidung über eine Förderung zuständigen Behörden gewähren. Soweit zweckmäßig und von FIRMA gewünscht, wird Prof. X solche Unterstützung auch in Besprechungen mit den betr. Behörden leisten.

1.3 Prof. X ist nicht verpflichtet, gemäß § 1.1 und § 1.2 Leistungen zu erbringen, mit denen eine über 10 Arbeitstage pro Kalenderquartal hinausgehende Beanspruchung von Prof. X verbunden wäre.

§ 2 Ausschließlichkeit der Beratung

Prof. X wird während der Dauer dieser Vereinbarung mit Dritten auf dem SACHLICHEN VERTRAGSGEBIET nur mit schriftlicher Zustimmung von FIRMA zusammenarbeiten.

§ 3 (6)Geheimhaltung

3.1 Soweit sich aus § 3.2, § 3.4, § 4.1, § 4.3 und § 4.4 nichts Anderes ergibt, wird Prof. X

- alle das SACHLICHE VERTRAGSGEBIET betreffenden technischen Kenntnisse und Erfahrungen, die ihm FIRMA direkt oder indirekt (z.B. durch Hinzuziehung von Prof. X zu Laborversuchen von FIRMA) im Rahmen der vertraglichen Zusammenarbeit zugänglich macht, während der Dauer dieser Vereinbarung und während … Jahren nach ihrer Beendigung sowie
- kommerzielle Kenntnisse und Erfahrungen, die FIRMA an Prof. X im Rahmen der vertraglichen Zusammenarbeit direkt oder indirekt übermittelt, ohne zeitliche Begrenzung

vertraulich behandeln und Dritten nicht zugänglich machen.

3.2 Die Verpflichtungen von Prof. X gemäß § 3.1 gelten nicht für Kenntnisse und Erfahrungen,

a) welche bei Abschluss dieser Vereinbarung bereits offenkundig sind oder ohne Verschulden von Prof. X nach Abschluss dieser Vereinbarung offenkundig werden, oder
b) welche Prof. X vor Übermittlung durch FIRMA schon bekannt waren und ihm nicht von einem Dritten übermittelt wurden, der diesbezüglich gegenüber FIRMA zur Geheimhaltung verpflichtet ist, oder
c) welche Prof. X nach Übermittlung durch FIRMA von einem Dritten mitgeteilt werden, der diesbezüglich gegenüber FIRMA keiner Verpflichtung zur Geheimhaltung unterliegt.

3.3 (7)Soweit sich aus § 3.4, § 4.1, § 4.3 und § 4.4 nichts Anderes ergibt, wird Prof. X auch alle technischen Kenntnisse und Erfahrungen, die er auf dem SACHLICHEN VERTRAGSGEBIET während der Dauer dieser Vereinbarung erarbeitet, während der Dauer dieser Vereinbarung geheim halten, soweit diese Kenntnisse und Erfahrungen nicht

a) bei Erarbeitung bereits offenkundig sind oder später ohne Verschulden von Prof. X offenkundig werden oder

b) Prof. X nach Erarbeitung von einem Dritten mitgeteilt werden, der diesbezüglich gegenüber FIRMA keiner Verpflichtung zur Geheimhaltung unterliegt.

3.4 Während der Dauer dieser Vereinbarung und während ... Jahren nach ihrer Beendigung wird Prof. X jedes zur Veröffentlichung bestimmte Manuskript, das ganz oder zum Teil das SACHLICHE VERTRAGSGEBIET betrifft, FIRMA so rechtzeitig vorlegen, dass FIRMA einen Monat Zeit hat, eventuelle durch die Geheimhaltungsverpflichtung von Prof. X begründete Einwände gegen die Veröffentlichung vorzubringen, und solche ggf. während der Monatsfrist vorgebrachten Einwände vor der geplanten Veröffentlichung noch berücksichtigt werden können. Erhebt FIRMA während der Monatsfrist keine Einwände gegen die Veröffentlichung des Manuskripts, kann diese erfolgen.

§ 4 Rechte an VERTRAGSERFINDUNGEN

4.1 (8)»VERTRAGSERFINDUNGEN« sind mutmaßlich patent- oder gebrauchsmusterfähige Kenntnisse und Erfahrungen, die während der Dauer dieses Vertrags auf dem SACHLICHEN VERTRAGSGEBIET entstehen und entweder von Prof. X allein gewonnen werden (»ALLEINERFINDUNGEN«) oder von Prof. X gemeinsam mit mindestens einer Person aus dem Kreis der Mitglieder des ... *(Leitungsorgans)* und der Beschäftigten von FIRMA gewonnen werden (»GEMEINSCHAFTSERFINDUNGEN«).

4.2 Prof. X wird jede VERTRAGSERFINDUNG unter genauer Beschreibung derselben an FIRMA zu Händen von ... schriftlich melden. (9)FIRMA hat die Option, die Rechte von Prof. X an jeder ALLEINERFINDUNG bzw. an seinem Anteil an einer GEMEINSCHAFTSERFINDUNG durch eine auf diesen Rechtserwerb gerichtete schriftliche Erklärung unter Bezugnahme auf die Meldung von Prof. X oder, wenn Prof. X noch keine Meldung abgegeben hat, unter genauer Beschreibung der VERTRAGSERFINDUNG zu erwerben. FIRMA kann die Option dann, wenn Prof. X die VERTRAGSERFINDUNG gemeldet hat, nur während 4 Monaten nach Zugang der Meldung ausüben. Sowohl Prof. X als auch FIRMA sind verpflichtet, die VERTRAGSERFINDUNG geheim zu halten, solange sie noch nicht ohne sein bzw. ihr Verschulden offenkundig geworden ist, längstens jedoch während eines Zeitraums von acht Monaten nach Meldung durch Prof. X bzw. Optionsausübung seitens FIRMA.

4.2 (10)Wenn FIRMA die Option zum Erwerb der Rechte von Prof. X an einer VERTRAGSERFINDUNG oder an seinem diesbezüglichen Anteil gemäß § 4.2 ausgeübt hat, wird FIRMA diese Erfindung bzw. den Erfindungsanteil von Prof. X entsprechend dem Gesetz über Arbeitnehmererfindungen (ArbEG) so behandeln und vergüten, als wäre die Erfindung bzw. der Erfindungsanteil von Prof. X eine von FIRMA unbeschränkt in Anspruch genommene Diensterfindung von Prof. X, und als wäre Prof. X ein Mitarbeiter im Forschungsbereich von FIRMA(11), mit folgender Maßgabe:

a) Handelt es sich bei der VERTRAGSERFINDUNG um eine GEMEINSCHAFTSERFINDUNG, wird für die Erfindervergütung von Prof. X unterstellt, dass er zu 50 % an der Erfindung beteiligt ist.

b) FIRMA ist nur verpflichtet, die Erfindung unverzüglich mit Wirkung für die Bundesrepublik Deutschland zum Patent oder, wenn bei verständiger Würdigung der Verwertbarkeit der Erfindung der Gebrauchsmusterschutz zweckdienlicher erscheint, zum Gebrauchsmuster anzumelden.

c) Vorbehaltlich nachfolgend f) wird FIRMA Prof. X binnen 10 Monaten nach Einreichung der Inlandsanmeldung gemäß vorstehend a) schriftlich mitteilen, ob und ggf. für welche Länder sie eine Nachanmeldung bzw. Nachanmeldungen vorzunehmen beabsichtigt. Sie wird jede Nachanmeldung, die sie nach dieser schriftlichen Mitteilung vorzunehmen beabsichtigt, während 12 Monaten nach dem Anmeldetag der Inlandsanmeldung, und zwar, soweit möglich, unter Inanspruchnahme der Priorität der Inlandsanmeldung nach der PVÜ, auf ihre Kosten einreichen.

d) Vorbehaltlich nachfolgend f) wird FIRMA ihre Rechte an der VERTRAGSERFINDUNG für Länder des Auslands, die nicht von einer Nachanmeldung abgedeckt werden, welche FIRMA gemäß vorstehend b) vorzunehmen hat, auf Prof. X übertragen.

e) Vorbehaltlich nachfolgend f) wird FIRMA eine ihr gehörende Schutzrechtsposition für eine VERTRAGSERFINDUNG, die nicht in einem Schutzrecht besteht, das gemäß § 8 des Gesetzes über Internationale Patentübereinkommen seine Wirkung verloren hat, nur dann im Sinne von § 16 Abs. 2 ArbEG aufgeben, wenn sie Prof. X die Übertragung dieser Schutzrechtsposition gegen Erstattung ihrer externen Übertragungskosten angeboten hat und Prof. X dieses Angebot nicht binnen 2 Monaten seit Zugang des Angebots angenommen hat.

f) FIRMA kann jeweils die Geltung von vorstehend c) bis e) für eine VERTRAGSERFINDUNG durch eine schriftliche Erklärung abbedingen, die Prof. X bis zum Ablauf des 10. Monats nach Einreichung der Inlandsanmeldung zugehen muss. In jedem Fall einer solchen Abbedingung ist er verpflichtet, an Prof. X unverzüglich nach Abgabe der Erklärung für den Fall, dass die Abbedingung eine ALLEINERFINDUNG betrifft, einen Ausgleich in Höhe von € … und für den Fall, dass die Abbedingung eine GEMEINSCHAFTSERFINDUNG betrifft, die Hälfte dieses Betrages entrichten.

§ 5 Rechte von FIRMA an von Prof. X während der Dauer dieser Vereinbarung gewonnenen, nicht erfinderischen Kenntnissen und Erfahrungen auf dem SACHLICHEN VERTRAGSGEBIET und an Urheberrechten von Prof. X

5.1 (12)Prof. X wird FIRMA auch alle nicht erfinderischen Kenntnisse und Erfahrungen, die er auf dem SACHLICHEN VERTRAGSGEBIET während der Dauer dieser Vereinbarung gewinnt, im Rahmen der in § 1.1

erwähnten Kolloquien oder im Wege schriftlicher Darstellungen übermitteln. FIRMA hat an diesen Kenntnissen und Erfahrungen, solange sie Prof. X gemäß § 3.3 geheim zu halten hat, ein ausschließliches umfassendes Verwertungsrecht und danach ein nicht ausschließliches umfassendes Verwertungsrecht.

5.2 (13)Prof. X erteilt FIRMA hiermit eine zeitlich unbegrenzte, nicht-ausschließliche Lizenz, mit dem Recht der Erteilung von Unterlizenzen und der Gestattung der Weiterlizenzierung, Urheberrechte, die ggf. an von ihm an FIRMA im Rahmen dieser Vereinbarung übermittelten Beschreibungen von Kenntnissen und Erfahrungen auf dem SACHLICHEN VERTRAGSGEBIET bestehen, im Rahmen der Verwertung der beschriebenen Erfindungen, Kenntnissen und Erfahrungen bzw. der darauf gerichteten Aktivitäten (einschließlich der Anmeldung von Patenten im Rahmen von § 4) zu nutzen. Die Lizenz gilt jedoch nicht für Urheberrechte an Manuskripten, zu deren Veröffentlichung Prof. X nach § 3.4 berechtigt ist.

§ 6 Beratungsvergütung und Ersatz von Aufwendungen

6.1 FIRMA wird Prof. X für die am … endende Periode und jede darauf folgende 3-Monats-Periode, die in die Laufzeit dieser Vereinbarung fällt, jeweils ein Basishonorar von € … jeweils nachträglich unverzüglich nach Erhalt einer diesbezüglichen Rechnung zahlen. Das Basishonorar deckt in jeder dieser Perioden den Arbeits- und Zeitaufwand von Prof. X für von FIRMA gewünschte Reisen bis zu 7 vollen Reisetagen mit ab. Bei der Berechnung der vollen Reisetage ist ein Tag, an dem Prof. X eine Reise in gegenseitiger Abstimmung bis 12 Uhr beginnt, als voller Reisetag, und ein Tag, an dem Prof. X eine Reise in gegenseitiger Abstimmung nach 12 Uhr beginnt, als halber Reisetag zu berücksichtigen. Entsprechend ist ein Tag, an dem Prof. X eine von FIRMA gewünschte Reise beendet, als voller Reisetag zu berücksichtigen, wenn Prof. X die Reise nach 12 Uhr beendet, und als halber Reisetag, wenn Prof. X die Reise vor 12 Uhr beendet.

6.2 Für jeden vollen Tag einer von FIRMA gewünschten Reise, für den die Vergütung nicht schon durch die Basisvergütung gemäß § 6.1 abgedeckt ist, wird FIRMA an Prof. X eine zusätzliche Vergütung von € … unverzüglich nach Erhalt einer diesbezüglichen Rechnung zahlen. Für die Berechnung der nicht gemäß § 6.1 abgedeckten vollen Reisetage gelten die beiden letzten Sätze von § 6.1 entsprechend. Ein bei dieser Berechnung ggf. überschießender halber Reisetag wird mit € … vergütet.

6.3 Schriftliche Ausarbeitungen, die Prof. X gemäß § 1.1 auf Wunsch von FIRMA vornimmt, sind gesondert zu vergüten. Über die Höhe dieser gesonderten Vergütung und die diesbezüglichen Zahlungsmodalitäten werden sich die Vertragspartner von Fall zu Fall einigen.

6.4 Für Reisen, die Prof. X mit vorherigem Einverständnis von FIRMA durchführt, werden ihm gegen Vorlage der jeweiligen Belege die Kosten der Bahnfahrt 1. Klasse nebst Zuschlägen oder – bei Reisen im eigenen PKW – ein Pauschalsatz von € … pro km sowie die Übernachtungskosten erstattet. Außerdem erhält Prof. X eine Verpflegungspauschale, die für jeden gemäß § 6.1 und § 6.2 voll zu rechnenden Reisetag € … und für jeden gemäß § 6.1 und § 6.2 hälftig zu rechnenden Reisetag € … beträgt. Prof. X wird die Reisekostenabrechnungen jeweils auf den Formblättern von FIRMA vornehmen und mit den Belegen an FIRMA weiterreichen.

§ 7 Rechnungsstellung und Mehrwertsteuer

Die nach diesem Vertrag an Prof. X zu zahlenden Vergütungen sind erst nach Rechnungsstellung durch Prof. X fällig. Sie verstehen sich, soweit sie mehrwertsteuerpflichtig sind, zuzüglich Mehrwertsteuer.

§ 8 Vereinbarungsdauer und nachvertragliche Rechte und Pflichten

8.1 (14)Diese Vereinbarung gilt nach ihrer Unterzeichnung zunächst bis … Sie verlängert sich jeweils um eine weitere Jahresperiode, wenn jeder Vertragspartner gegenüber dem anderen Vertragspartner vor dem möglichen Ablauf schriftlich erklärt, dass er eine Verlängerung wünscht.

8.2 Soweit Prof. X während der Dauer dieser Vereinbarung noch nicht alle Erfindungen, Kenntnisse und Erfahrungen an FIRMA übermittelt hat, die er in diesem Zeitraum auf dem SACHLICHEN VERTRAGSGEBIET gemacht bzw. gewonnen hat, wird er dies unverzüglich auf schriftlichem Wege nachholen. Die Bestimmungen der §§ 3, 4, 5 und 7 gelten fort, soweit sie ihre Geltungsdauer nicht selbst begrenzen.

§ 9 (15)Schriftform

Änderungen und Ergänzungen dieser Vereinbarung sowie ihre Kündigung aus wichtigem Grund bedürfen zu ihrer Wirksamkeit der Schriftform. Das gilt auch für Änderungen dieses § 8.

§ 10 (16)Unwirksame Bestimmungen

Wenn sich wider Erwarten eine Bestimmung dieses Vertrages als gesetzwidrig oder nicht durchsetzbar erweisen sollte, wird die Gültigkeit und Durchsetzbarkeit der anderen Bestimmungen dadurch nicht berührt. Die Vertragspartner werden sich in diesem Fall bemühen, diesen Vertrag in der Weise zu ändern, dass das ursprünglich beabsichtigte Gleichgewicht der beiderseitigen Rechte und Pflichten so weit wie möglich wiederhergestellt wird.

…, den … …, den …

(Prof. X) *(FIRMA)*

Anmerkungen zu Muster G

(1) Die **Wahl von Prof. X als Vertragspartner** ist möglich, weil er als Emeritus nicht § 42 ArbEG unterliegt und damit seine neuen Erfindungen auf dem SACHLICHEN VERTRAGSGEBIET nicht als Diensterfindungen in Anspruch genommen werden können: Die entpflichteten Professoren sind nicht mehr zur Abhaltung von Vorlesungen und anderen amtlichen Tätigkeiten verpflichtet. Damit entfällt im Übrigen auch der Grund für die Beschränkung der Nebentätigkeiten (s. *Thieme* S. 534).
Wäre Prof. X noch nicht emeritiert, wäre auf jeden Fall sein Dienstherr (die ihn beschäftigende Hochschule bzw. das ihn beschäftigende Unternehmen) vertraglich einzubinden. Dies würde sogar dann gelten, wenn Prof. X die F&E-Beratung als Nebentätigkeit genehmigt worden wäre. Seine ggf. aus der Beratung hervorgehenden Erfindungen wären dann zwar keine Diensterfindungen i.S. von § 4 Abs. 2 Nr. 1 ArbEG (»Aufgabenerfindungen«), s. Kap. 8 Rdn. 57–66, könnten aber immer noch Diensterfindungen i.S. von § 4 Abs. 2 Nr. 2 ArbEG (»Erfahrungserfindungen«) sein, s. Kap. 8 Rdn. 67 und 68.

(2) **Zum Regelungsumfang des Musters:** Die in Kap. 8 Rdn. 10–38 aufgeführten Kriterien sprechen im gedachten Fall für einen kurzen Vertrag: Die Bedeutung des Vertrags ist begrenzt. Er unterliegt deutschem Recht. Ein Wettbewerb der Vertragspartner auf dem Produktmarkt ist ausgeschlossen. Ein überlanger Vertragsentwurf der FIRMA könnte Prof. X verstimmen; denn er wird sich als ehemaliger Hochschullehrer weiterhin seinen wissenschaftlichen Interessen widmen und sich nicht mit diffizilen juristischen Regelungen herumschlagen wollen. Aus Unternehmenssicht ist es umgekehrt vertretbar, auf manche an und für sich wünschenswerte Regelung zu verzichten. Das gilt z.B. für die Vereinbarung von Schiedsgerichtsbarkeit. Mit einem kurzen Vertrag wird FIRMA insbesondere dann gut leben können, wenn bei Prof. X mit einem Interesse an längerer Zusammenarbeit zu rechnen ist. Dabei können Beschränkungen der Vertragslänge auch für FIRMA ihre positiven Seiten haben, die wie bei diesem Muster G und beim Muster H z.B. in dem Fehlen von Bestimmungen über die Haftung liegen können. Würde FIRMA dieses Thema ansprechen, würde Prof. X sicher auf einer vertraglichen Haftungsbegrenzung bestehen. Bis zu einem gewissen Grad würde FIRMA eine solche vermutlich akzeptieren müssen, wenn sie erhebliches Interesse am Zustandekommen der Zusammenarbeit hat. In Frage käme z.B. eine Begrenzung der Haftung von Prof. X für nicht vorsätzlich herbeigeführte Schäden auf die vertraglich vereinbarte Vergütung. Dabei sollte FIRMA die Haftungsfrage nicht überbewerten, weil sie Investitionen größerer Art auf der Basis der von Prof. X übermittelten technischen Kenntnisse und Erfahrungen ohnehin erst nach deren Überprüfung im eigenen Hause in Angriff nehmen dürfte. Unter den genannten Aspekten liegt die Länge des Musters bereits an der oberen Grenze. Vertretbar erschiene eine Kürzung entsprechend Muster

H, z.B. bei der Regelung über Erfindungen von Prof. X, und durch Streichung der »salvatorischen Klausel«.

(3) **Vertragsform oder Briefform?** Rechtlich macht es grundsätzlich keinen Unterschied, in welcher der beiden Formen der Vertrag formuliert wird. Für die Vertragsform kann der »offiziellere Anstrich« sprechen, auf den Prof. X u.U. Wert legt. Andererseits lässt sich ein Vertrag in der Briefform gefälliger formulieren. Allerdings passen Überschriften, die bei Verträgen von einiger Länge (zu denen der vorliegende Mustervertrag gehört) im Interesse ihrer Durchsichtigkeit zu empfehlen sind, nicht zur Briefform.

(4) **Kartellrechtliche Beurteilung nach Art. 81 EGV bzw. §§ 1 bis 3 GWB:** Prof. X dürfte ein »Unternehmen« i.S. von Art. 1 Abs. 1 F&E-GFVO sein, s. Kap. 5 Rdn. 176. Die Vertragspartner dürften die vereinbarte F&E i.S. von Art. 2 Nr. 11 F&E-GFVO wegen ihres Zusammenwirkens bei dieser »gemeinsam« vornehmen, s. Kap. 5 Rdn. 375. Unter der vermutlich erfüllten Voraussetzung, dass sich Prof. X üblicherweise nicht mit der Verwertung von Ergebnissen i.S. von Art. 2 Nr. 8 F&E-GFVO betätigt, kann sich FIRMA alle Rechte zur kommerziellen Verwertung der Ergebnisse nach Art. 3 Abs. Satz 2 F&E-GFVO vorbehalten. Damit erfüllt der Vertrag die Freistellungsvoraussetzungen der F&E-GFVO.

(5) **AGB:** Bei einem F&E-Beratungsvertrag von der Art des Musters sind die AGB-Bestimmungen des BGB zu berücksichtigen. Dabei dürften die § 305 Abs. 2 und 3 sowie die §§ 308 und 309 BGB gemäß § 310 Abs. 1 BGB keine Anwendung finden, da Prof. X als »Unternehmer« i.S. von § 310 Abs. 1 BGB anzusehen sein dürfte, s. Kap. 7 Rdn. 11: Für den Begriff des »Unternehmers« gilt die Definition des § 14 Abs. 1 BGB, nach der auch eine nebenberufliche unternehmerische Tätigkeit unter diesen Begriff fällt, vgl. Kap. 7 Rdn. 11. Ein Vertrag gemäß dem Muster dürfte mit den AGB-Bestimmungen des BGB, die nach den vorstehenden Ausführungen anwendbar sind, vereinbar sein.

(6) Siehe zu § 3 Kap. 8 Rdn. 325–344. Die **Geheimhaltungsverpflichtung von Prof. X** dürfte de facto auch als Verwertungsverbot wirken, so dass der Vertrag sie nicht ausdrücklich mit einem solchen Verbot koppeln muss.

(7) Die Verpflichtung von Prof. X zur **Geheimhaltung der** von ihm erzielten **technischen F&E-Ergebnisse** (technische Kenntnisse und Erfahrungen, die er während der Vereinbarungsdauer auf dem SACHLICHEN VERTRAGSGEBIET erarbeitet, s. zur Definition der technischen F&E-Ergebnisse bei F&E-Beratungsverträgen Kap. 8 Rdn. 518–522) wurde grundsätzlich (Ausnahme: VERTRAGSERFINDUNGEN, s. § 4.2 des Musters) auf die Vereinbarungsdauer beschränkt, um Prof. X die Möglichkeit späterer Beratungen Dritter auf dem SACHLICHEN VERTRAGSGEBIET offenzuhalten.

(8) Siehe zur **Definition der Vertragserfindungen** auf der Basis der Definition der technischen F&E-Ergebnisse Kap. 8 Rdn. 146–148.

(9) Siehe zur Regelung der **Anmeldung, Aufrechterhaltung und Geltendmachung von Schutzrechten für Vertragserfindungen** bei F&E-Bera-

tungsverträgen Kap. 8 Rdn. 320–322. Auf eine vertragliche Regelung der Geltendmachung Schutzrechten für Vertragserfindungen wurde im Interesse der Begrenzung des Vertragsumfangs verzichtet. Es gilt der Grundsatz, dass demjenigen Vertragspartner die Rechte zur Geltendmachung eines Schutzrechts zusteht, dem dieses gehört.

(10) Siehe zur Regelung der **Vergütung für Erfindungen** von Prof. X Kap. 8 Rdn. 578.

(11) Die Fiktion, dass Prof. X ein Mitarbeiter im Forschungsbereich von FIRMA ist, hat zur Folge, dass bei der Bemessung des Anteilsfaktors von Prof. X als Wertzahl c (betr. »Aufgaben und Stellung des Arbeitnehmers im Betrieb«) gemäß Nr. 33 der Vergütungsrichtlinien »3« anzusetzen ist (3. Gruppe). Die analoge Anwendung der Vergütungsrichtlinien bei Bemessung der Wertzahlen a und b (betr. »Stellung der Aufgabe« bzw. »Lösung der Aufgabe«) dürfte keine erheblichen Schwierigkeiten bereiten.

(12) Siehe zur Regelung der **Rechte zur Benutzung- und Verwertung von nicht schutzrechtsfähigen F&E-Ergebnissen** bei F&E-Beratungsverträgen Kap. 8 Rdn. 523.

(13) Siehe zur Erteilung von **Verwertungsrechten an urheberrechtlich geschützten Beschreibungen** technischer Kenntnisse Kap. 8 Rdn. 530–537. Wenn zu den F&E-Ergebnissen auch Computerprogramme gehören können, sind Kap. 8 Rdn. 338 und 339 sowie 538–545 zu beachten.

(14) Siehe zur Regelung der **Vertragsdauer** Kap. 8 Rdn. 614–645 und speziell zur Regelung der Vertragsdauer bei F&E-Verträgen des Dienstvertragstypus Kap. 8 Rdn. 631–640. Die Regelung, dass sich der Vertrag nur dann um jeweils eine Jahresperiode verlängert, wenn jeder Partner seinen Wunsch zur Verlängerung vor dem möglichen Ablauf schriftlich erklärt, ist bei F&E-Beratungsverträgen aus der Sicht des beteiligten Unternehmens i.d.R einer »Evergreen-Klausel« aus den im Kap. 8 unter Rdn. 637 genannten Gründen vorzuziehen.

(15) Siehe zu den Gründen für die Festlegung der **Schriftform für Vertragsänderungen** und zur Frage der Wirksamkeit dieser Festlegung, wenn der Vertrag deutschem Recht unterliegt, Kap. 8 Rdn. 699 und 701.

(16) Siehe zur Zweckmäßigkeit und Gestaltung einer **salvatorischen Klausel** Kap. 8 Rdn. 702–705.

Kapitel 19 F&E-Beratungsvertrag mit nicht im öffentlichen oder privaten Dienst stehendem Wissenschaftler – Briefform Muster H

(1)F&E-Beratungsvertrag mit nicht im öffentlichen oder privaten Dienst stehendem Wissenschaftler – Briefform

Sehr geehrte Frau …
oder
Sehr geehrter Herr …
Wir würden es sehr begrüßen, wenn Sie mit uns ab … eine Zusammenarbeit entsprechend den nachfolgenden Ausführungen beginnen könnten:

1. Sie machen uns Ihre Erfahrungen, Vorstellungen und Ideen auf dem folgenden Sachgebiet zugänglich: … Auf diesem Sachgebiet beraten Sie uns auch bei der Durchführung und Auswertung von Experimenten.
2. Das soll in der Weise geschehen, dass Sie uns durch Notizen Hinweise geben und uns auf unsere Bitte hin hier im Hause für fachliche Aussprachen zur Verfügung stehen. Derartige Aussprachen sollen nach unserer Vorstellung alle … Wochen stattfinden.
3. Auf unseren Wunsch werden Sie auch Gutachten für uns erstellen sowie im Rahmen der bei Ihnen bestehenden Möglichkeiten auch experimentelle Arbeiten für uns durchführen. Über derartige Gutachten und experimentelle Arbeiten sowie deren Vergütung wäre dann jeweils von Fall zu Fall eine gesonderte Vereinbarung zu treffen.
4. (2)Erfindungen auf dem Sachgebiet gemäß Nr. 1 werden Sie uns schriftlich zur Übernahme anbieten. Wir können das Angebot jeweils binnen vier Monaten nach Zugang durch schriftliche Erklärung annehmen.
5. Im Falle rechtzeitiger Annahme Ihres Angebots werden wir für die Erfindung unverzüglich eine Patentanmeldung, oder, wenn bei verständiger Würdigung der Verwertbarkeit der Erfindung der Gebrauchsmusterschutz zweckdienlicher erscheint, eine Gebrauchsmusteranmeldung für das Inland anmelden.
6. Wir werden Ihnen binnen 10 Monaten nach Einreichung der Inlandsanmeldung gemäß Nr. 5 mitteilen, für welche Länder wir Nachanmeldungen vornehmen werden. Soweit sich aus Nr. 8 nichts anderes ergibt, können Sie für Länder des Auslands, die nicht zu diesen Ländern gehören, auf Ihren Namen und Ihre Kosten anmelden und haben an den dort von Ihnen oder Ihren Rechtsnachfolgern gegebenenfalls erwirkten Schutzrechten ausschließliche Verwertungsrechte.

7. Soweit sich aus Nr. 8 nichts anderes ergibt, werden wir Ihnen Schutzrechtspositionen für Erfindungen gemäß Nr. 4, bevor wir sie aufgeben, zur Übernahme anbieten. Sie können das Angebot jeweils binnen 2 Monaten nach Zugang annehmen. Bei rechtzeitiger Annahme des Angebots haben Sie an Schutzrechten, die zu den Ihnen übertragenen Schutzrechtspositionen gehören oder aus diesen hervorgehen, ausschließliche Verwertungsrechte.
8. Unsere Verpflichtungen gemäß Nr. 6 Satz 2 und 7 können wir mit der Mitteilung gemäß Nr. 6, Satz 1, abbedingen. Für den Fall einer solchen Abbedingung zahlen wird Ihnen jeweils einen Betrag von € …
9. (3)Wir zahlen Ihnen für die Verwertung von Schutzrechtspositionen für Erfindungen gemäß Nr. 4, eine gesonderte Vergütung, die auf der Grundlage einer entsprechenden Anwendung des Arbeitnehmererfinderrechts einvernehmlich festzulegen ist. Für die Zwecke der Festlegung dieser Vergütung gelten Sie als wissenschaftlicher Mitarbeiter in unserem Forschungsbereich. Stammt eine Erfindung sowohl von Ihnen als auch mindestens einer Person aus dem Kreis unseres … *(Leitungsorgans)* und unserer Beschäftigten, reduziert sich die Ihnen zustehende Vergütung um die Hälfte.
10. Für Ihre Bemühungen überweisen wir Ihnen monatlich den Betrag von € … (in Worten: EURO …). Daneben erstatten wir Ihnen diejenigen finanziellen Aufwendungen, die zur Durchführung dieser Vereinbarung erforderlich werden, soweit wir ihnen vorher im Einzelfall zugestimmt haben. Dies gilt insbesondere für Reisen, für die wir Ihnen im Falle unseres vorherigen Einverständnisses die Kosten für die Übernachtung sowie die höchsten steuerlich zulässigen Pauschalsätze, wie sie auch für Angehörige unseres Hauses gelten, vergüten (s. Anhang).
11. (4)Sie erteilen uns eine nicht-ausschließliche Lizenz, mit dem Recht der Erteilung von Unterlizenzen und der Gestattung der Weiterlizenzierung durch unsere Unterlizenznehmer, zur Nutzung von Urheberrechten an schriftlichen Ausarbeitungen, die Sie uns gemäß dieser Vereinbarung übermitteln, mit Ausnahme der uns gemäß Nr. 8 vorgelegten, von Ihnen für die Veröffentlichung vorgesehenen Manuskripte.
12. (5)Sie werden technische und kommerzielle Kenntnisse und Erfahrungen, die wir Ihnen im Rahmen dieser Vereinbarung zugänglich machen, während der Dauer derselben und danach sowie die Tatsache unserer Zusammenarbeit sowie Kenntnisse und Erfahrungen, die Sie auf dem Sachgebiet gem. Nr. 1 während der Dauer dieser Vereinbarung erarbeiten, während deren Dauer geheim halten. Dies gilt mit der Maßgabe, dass Sie Erfindungen, die Sie uns gemäß Nr. 4 angeboten haben, auf jeden Fall während der 4-Monats-Frist der Nr. 4 und für den Fall, dass wir Ihr Angebot während dieser Frist annehmen, für einen zusätzlichen Zeitraum von 6 Monaten geheim halten.

    Ihre Geheimhaltungsverpflichtung gemäß dem ersten Absatz dieser Nr. 12 gilt jedoch nicht für

    - Erfindungen, die Sie uns gemäß Nr. 4 angeboten haben, die wir aber nicht durch rechtzeitige Annahme Ihres Angebots übernommen haben,

- Kenntnisse und Erfahrungen, die ohne Ihr Zutun der Öffentlichkeit (z.B. durch von uns vorgenommene Schutzrechtsanmeldungen) zugänglich werden, und
- Kenntnisse und Erfahrungen in von Ihnen vorgenommenen Veröffentlichungen, die Manuskripten entsprechen, die wir genehmigt haben oder die gemäß Nr. 8 als genehmigt gelten.

13. Wenn Sie eine Veröffentlichung auf dem Sachgebiet gemäß Nr. 1 während der Dauer dieser Vereinbarung oder während des anschließenden 5-Jahres-Zeitraums auf dem Sachgebiet gemäß Nr. 1 planen, werden Sie uns das zur Veröffentlichung vorgesehene Manuskript so rechtzeitig vorlegen, dass wir einen Monat Zeit für die Prüfung haben, ob dieses den Bestimmungen von Nr. 12 entspricht, und ggf. von uns während der Monatsfrist erhobene Einwände noch vor der geplanten Veröffentlichung berücksichtigt werden können. Das Manuskript gilt als genehmigt, wenn wir binnen der Monatsfrist keine Einwände dagegen erheben.
14. Während der Dauer unserer Zusammenarbeit werden Sie auf dem Sachgebiet gemäß Nr. 1 nicht mit Dritten zusammenarbeiten.
15. Die nach diesem Vertrag an Sie zu zahlenden Beträge sind erst nach Rechnungsstellung fällig. Sie verstehen sich, soweit sie mehrwertsteuerpflichtig sind, zuzüglich Mehrwertsteuer.
16. (6)Diese Vereinbarung gilt zunächst für die Zeit bis … Sie verlängert sich jeweils um ein Jahr, wenn sowohl Sie als auch wir bis zum … des jeweils laufenden Jahres schriftlich erklären, dass eine Verlängerung gewünscht ist.
17. (7)Änderungen und Ergänzungen dieser Vereinbarung sowie ihre Kündigung aus wichtigem Grund bedürfen zu ihrer Wirksamkeit der Schriftform. Dies gilt auch für Änderungen dieser Nr. 16.

Wir gehen davon aus, dass Sie nach Beendigung ihres Dienstverhältnisses mit … rechtlich nicht am Abschluss der vorgeschlagenen Vereinbarung gehindert sind.

Der Einfachheit übersenden wir Ihnen unseren Vorschlag in doppelter Ausfertigung und bitten Sie, falls Sie einverstanden sind, uns ein Exemplar unterschrieben zurückzusenden.

Mit freundlichen Grüßen

…

Anhang

Nach unserer gegenwärtig geltenden Reisekostenordnung erstatten wir Ihnen außer den Übernachtungskosten gegen Vorlage der Hotelrechnung den höchsten steuerlich zulässigen Tagespauschalsatz von € … Für Reisen, die Sie mit unserem vorherigen Einverständnis ausführen, erstatten wir Ihnen die Bahnfahrt 1. Klasse nebst Zuschlägen oder – wenn Sie im eigenen PKW reisen – einen Pauschalsatz von € …/km.

Bei Hotelreservierungen werden wir Sie auf Ihren Wunsch hin gern unterstützen.

Wir bitten Sie, Ihre Reisekostenabrechnungen auf unseren Formblättern vorzunehmen und jeweils unter Beifügung der Belege an uns weiterzureichen, um unserer Abrechnungsstelle die Arbeit zu erleichtern.

Anmerkungen zu Muster H

(1) Siehe
- zur **Wahl von Prof. X als Vertragspartner.**
- zum **Regelungsumfang des Musters,**
- zur **Frage »Vertragsform oder Briefform?«,**
- zur **kartellrechtlichen Beurteilung des Musters** und
- zur Berücksichtigung der **AGB-Bestimmungen des BGB**

Anm. 1 bis 5 zu Muster G.

(2) Siehe zur **Definition der Vertragserfindungen** und zur Regelung der **Anmeldung, Aufrechterhaltung und Geltendmachung von Schutzrechten für Vertragserfindungen** Anm. 8 und 9 zu Muster G.

(3) Siehe zur Regelung der **Vergütung für Erfindungen** von Prof. X Anm. 10 und 11 zu Muster G.

(4) Siehe zur Erteilung von **Verwertungsrechten an Urheberrechten** von Prof. X Anm. 13 zu Muster G.

(5) Siehe zur **Geheimhaltungsverpflichtung von Prof. X** und dem damit einhergehenden **Verwertungsverbot** Anm. 6 und 7 zu Muster G.

(6) Siehe zur Regelung der **Vertragsdauer** Anm. 14 zu Muster G

(7) Siehe zu den Gründen für die Festlegung der **Schriftform für Vertragsänderungen** und zur Frage der Wirksamkeit dieser Festlegung Anm. 15 zu Muster G.

Kapitel 20 Internationale vorgeschaltete Geheimhaltungsvereinbarung zwischen zwei Parteien mit Geheimhaltungsverpflichtung nur einer Partei Muster I

Internationale vorgeschaltete Geheimhaltungsvereinbarung in deutscher und englischer Sprache zwischen zwei Parteien mit Geheimhaltungsverpflichtung nur einer Partei(1)

Vereinbarung

zwischen
... (»X«)
und
... (»Y«)
– einzeln auch PARTEI oder zusammen auch PARTEIEN genannt –

Einleitung:

Die PARTEIEN erwägen eine Zusammenarbeit bei der Forschung und Entwicklung (»F&E«) auf dem Gebiet der ... (nachfolgend als »SACHLICHES VERTRAGSGEBIET« bezeichnet), bei der Y für X bestimmte F&E-Leistungen erbringen würde. Um Y die Prüfung der Frage zu ermöglichen, ob und zu welchen Bedingungen sie eine solche Zusammenarbeit eingehen will, (»INFORMATIONSZWECK«), wird ihr X bestimmte technische und kommerzielle Informationen, die das SACHLICHE VERTRAGSGEBIET betreffen oder damit im Zusammenhang stehen, übermitteln.

X möchte die vorerwähnten Informationen einschließlich der (2)Information, dass sie auf dem SACHLICHEN VERTRAGSGEBIET F&E betreibt und auf diesem Gebiet eine Zusammenarbeit mit Y erwägt, (nachfolgend zusammen als »KNOW-HOW« bezeichnet), gegen nicht genehmigte Weitergabe und Verwendung schützen.

Es wird deshalb Folgendes vereinbart:

1. Y verpflichtet sich, das ihr von X mündlich, schriftlich, durch Aushändigung von Zeichnungen, durch die Gestattung von Besichtigungen oder auf andere Weise direkt oder indirekt übermittelte KNOW-HOW streng vertraulich zu behandeln, nicht an einen Dritten weiterzugeben und nur zu dem INFORMATIONSZWECK zu benutzen, außer solchem KNOW-HOW, das, wie sie nachweisen kann,
   a) zur Zeit der Übermittlung der Öffentlichkeit schon zugänglich war oder danach zugänglich geworden ist, oder
   b) ihr zur Zeit der Übermittlung bereits bekannt war, oder
   c) ihr nach der Übermittlung rechtmäßig von einem Dritten zugänglich gemacht worden ist,

   mit folgender Maßgabe(3):
   (i) Die Ausnahme gemäß a) gilt nicht für KNOW-HOW, das der Öffentlichkeit nach der Übermittlung durch eine Handlung oder Unterlassung von Y zugänglich geworden ist; die Ausnahme gemäß b) gilt nicht für KNOW-HOW, das Y von einem Dritten, der diesbezüglich gegenüber X zur Geheimhaltung verpflichtet ist, übermittelt wurde, und die Ausnahme gemäß c) gilt nicht für KNOW-HOW, das der Dritte gegenüber X geheim zu halten hat.
   (ii) Ein spezifisches KNOW-HOW gilt nicht schon deshalb als im Bereich der vorgenannten Ausnahmen liegend, weil es von allgemeinem KNOW-HOW umfasst wird, das unter die genannten Ausnahmen fällt. Außer-

Agreement

between

... (»X«)

and

... (»Y«)

– hereinafter referred to individually as »PARTY« and collectively as »PARTIES« –

WHEREAS:

The PARTIES are contemplating a research and development (R&D) cooperation in the field of ... (hereinafter referred to as »FIELD«), in the scope of which Y would render to X certain R&D services. For enabling Y to evaluate the question of whether and on which terms and conditions it will enter into such cooperation, (»PURPOSE OF INFORMATION«), X will furnish to Y certain technical and commercial information relating to or connected with the FIELD.

X wants to protect the aforementioned information including the (2)information that it is engaged in R&D in the FIELD and is contemplating a cooperation with Y relating to the FIELD (hereinafter collectively referred to as »KNOW-HOW«) against unauthorized disclosure and use.

NOW, THEREFORE, it is hereby agreed as follows:

1. Y shall treat as strictly confidential, shall not pass on to any third party and shall only use for the PURPOSE OF INFORMATION any of the KNOW-HOW directly or indirectly disclosed to it by X orally, in writing, through the supply of drawings, through giving the permission to make visitations or in any other way, except KNOW-HOW, which, as Y can show,

   a) was already in the public domain at the time of disclosure or has entered the public domain thereafter, or
   b) was already known to it at the time of disclosure, or
   c) has after disclosure been made accessible to it by a third party,

   provided the following(3):
   (i) The exception under a) shall not apply to KNOW-HOW having entered the public domain after disclosure through any act or failure to act of Y; the exception under b) shall not apply to KNOW-HOW made accessible to Y by a third party being under an obligation of secrecy to X with respect thereto; and the exception under c) shall not apply to KNOW-HOW, in respect of which the third party is under an obligation of secrecy to X.
   (ii) KNOW-HOW which is specific shall not be deemed to be within the foregoing exceptions merely because it is embraced by general KNOW-HOW which is within said exceptions. In addition, any KNOW-HOW

dem gilt ein KNOW-HOW, das aus einer Kombination von Merkmalen besteht, nur dann als im Bereich der vorgenannten Ausnahmen liegend, wenn die Kombination als solche unter diese Ausnahmen fällt.

2. (4)Für die Zwecke von Klausel 1 gilt die Übermittlung von KNOW-HOW an ein Organmitglied oder einen Angestellten von Y als Übermittlung an Y selbst, und die bei einem Organmitglied oder Angestellten von Y bestehende Kenntnis von KNOW-HOW als Kenntnis von Y selbst. Y wird die Zahl der Angestellten, die Zugang zu KNOW-HOW haben, das ihren Verpflichtungen gemäß Klausel 1 unterliegt, angemessen begrenzen, und haftet für die Erfüllung dieser Verpflichtungen durch ihre Angestellten und Organmitglieder.
3. (5)Diese Vereinbarung ist nicht dahingehend auszulegen, dass sie die Erteilung einer Lizenz an einem Patent oder einem anderen Schutzrecht für irgendeine Erfindung durch X an Y einschließt.
4. Diese Vereinbarung gilt für einen Zeitraum von ... Jahren, wenn sie nicht vorher durch eine Vereinbarung über die ins Auge gefasste F&E-Zusammenarbeit ersetzt wird.
5. Diese Vereinbarung unterliegt ... Recht und ist nach diesem Recht auszulegen.
6. (6)Jede Streitigkeit, die im Zusammenhang mit dieser Vereinbarung entsteht und nicht freundschaftlich beigelegt werden kann, wird nach der Schiedsgerichtsordnung der Internationalen Handelskammer von einem gemäß dieser Ordnung ernannten Schiedsrichter endgültig entschieden. Das Schiedsgerichtsverfahren findet in ... statt, und die Verfahrenssprache ist Englisch.

(X)	(Y)
Position(en)	Position(en)
Datum	Datum

consisting of a combination of features shall be deemed to be within the foregoing exceptions only if the combination as such is within said exceptions.

2. (4)For the purposes of clause 1, the disclosure of KNOW-HOW to any officer or employee of Y shall be deemed a disclosure to Y itself, and the knowledge of KNOW-HOW on the part of any officer or employee of Y shall be deemed the knowledge of Y itself. Y shall limit as far as is reasonable the number of employees having access to KNOW-HOW, which is subject to its obligations according to clause 1, and shall be liable for the compliance by its employees and officers with these obligations.

3. (5)Nothing herein contained shall be construed to be a grant of a license by X to Y in respect of any patent or other protective right for any invention.

4. This Agreement shall be valid for a period of ... years, unless previously replaced by an agreement providing for the envisaged R&D cooperation.

5. This Agreement shall be governed by and interpreted in accordance with ... law.

6. (6)Any dispute arising in connection with the performance of this Agreement, which cannot be settled amicably, shall be finally settled by way of arbitration according to the Rules of Conciliation and of Arbitration of the International Chamber of Commerce (ICC) by one arbitrator appointed in accordance with the said rules. The arbitration proceedings shall take place in ..., and the language of such proceedings shall be English.

(X)	(Y)
By	By
Title(s)	Title(s)
Date	Date

Anmerkungen zu Muster I

(1) Es ist für ein industrielles Unternehmen, das eine F&E-Kooperation erwägt, in aller Regel notwendig, zum Schutz von Betriebsgeheimnissen, die es bei den Vertragsverhandlungen offenbaren muss, eine Geheimhaltungsvereinbarung abzuschließen, s. dazu Kap. 3 Rdn. 3 und 7. Das Muster beruht auf der Annahme, dass der in Aussicht genommene Kooperationspartner in den Vertragsverhandlungen seinerseits keine Betriebsgeheimnisse offenbaren muss, und sieht deshalb nur eine einseitige Verpflichtung des Partners zur Geheimhaltung und Nichtverwertung (nachfolgend zusammen als »Geheimhaltungsbindung« bezeichnet) vor. Es setzt weiter voraus, dass der Partner keine Produktions- und Vertriebsinteressen hat, und erstreckt unter diesen Umständen die Geheimhaltungsbindung des Partners auch auf im Rahmen der Vertragsverhandlungen übermitteltes kommerzielles Know-how (s. zur Problematik, industrielle Unternehmen auch einer Geheimhaltungsbindung hins. kommerziellem Know-how zu unterwerfen, Kap. 8 Rdn. 340–344).

(2) Die Erstreckung des Begriffs »KNOW-HOW« auf die nachfolgend bezeichnete Information soll vermeiden, dass die Konkurrenz von X von dem Vorhaben und dem Plan von X, dieses Vorhaben in Kooperation mit Y durchzuführen, Kenntnis erhält. Wie sich aus Kap. 3 Rdn. 7 ergibt, ist es wichtig, dass X auf ihren Wunsch, die Geheimhaltungsverpflichtung auch auf diese Informationen zu erstrecken, schon bei dem ersten Kontakt mit Y hinweist.

(3) Die grundsätzlichen Ausnahmen unter a) bis c) werden im Hinblick darauf, dass der Anfang des Satzes dafür die Beweislast ausdrücklich Y auferlegt, getrennt von den »Ausnahmen von den Ausnahmen« aufgeführt, weil für diese X die Beweislast trägt, s. dazu Kap. 8 Rdn. 332 und 333.

(4) Siehe zur Zweckmäßigkeit der Bestimmungen dieser Klausel Kap. 8 Rdn. 336 und 337.

(5) Diese Bestimmung soll einem Verständnis der Ausnahmen von der Geheimhaltungsverpflichtung und damit vom Verwertungsverbot vorbauen, nach dem die unter die Ausnahmen fallenden Informationen auch unabhängig davon verwertet werden können, ob dafür Schutzrechte bestehen. Dass dieses Verständnis falsch ist, dürfte sich von selbst verstehen, wenn der Vertrag deutschem Recht unterliegt. Bei Anwendbarkeit ausländischen Rechts erscheint jedoch eine entsprechend Klarstellung, die sich übrigens auch oft in US-amerikanischen Vertragsentwürfen findet, sinnvoll.

(6) Siehe zur Wahl zwischen ordentlicher Gerichtsbarkeit und Schiedsgerichtsbarkeit und – im Fall der Vereinbarung von Schiedsgerichtsbarkeit – zur Festlegung der Zahl der Schiedsrichter und des Orts des Schiedsgerichtsverfahrens Kap. 8 Rdn. 686.

Kapitel 21 Internationale vorgeschaltete Geheimhaltungsvereinbarung zwischen zwei Parteien mit wechselseitigen Geheimhaltungsverpflichtungen Muster J

Internationale vorgeschaltete Geheimhaltungsvereinbarung in deutscher und englischer Sprache zwischen zwei Parteien mit wechselseitigen Geheimhaltungsverpflichtungen(1)

Vereinbarung

zwischen
... (»X«)
und
... (»Y«)
– einzeln als »PARTEI« und zusammen als »PARTEIEN« bezeichnet –

Einleitung:

Die PARTEIEN möchten sich gegenseitig über ihre technischen Kenntnisse und Erfahrungen auf dem Gebiet der ... (»SACHLICHES VERTRAGSGEBIET«) informieren, soweit dies erforderlich ist, um jeder PARTEI die Prüfung zu ermöglichen, ob und zu welchen Bedingungen eine Zusammenarbeit mit der anderen PARTEI auf diesem Gebiet zweckmäßig ist, (»INFORMATIONSZWECK«).

Jede PARTEI möchte ihre vorerwähnten technischen Kenntnisse und Erfahrungen sowie die (2)Information, dass sie auf dem SACHLICHEN VERTRAGSGEBIET F&E betreibt und auf diesem Gebiet eine Zusammenarbeit mit der anderen PARTEI erwägt, (nachfolgend zusammen als »KNOW-HOW« bezeichnet) gegen nicht genehmigte Weitergabe und Verwendung schützen.

Es wird deshalb Folgendes vereinbart:

1. Jede PARTEI verpflichtet sich, das ihr von der anderen PARTEI mündlich, schriftlich, durch Aushändigung von Zeichnungen, durch die Gestattung von Besichtigungen oder auf andere Weise direkt oder indirekt übermittelte KNOW-HOW streng vertraulich zu behandeln, nicht an einen Dritten weiterzugeben und nur zu dem INFORMATIONSZWECK zu benutzen, außer solchem KNOW-HOW, das, wie sie nachweisen kann,
   a) zur Zeit der Übermittlung der Öffentlichkeit schon zugänglich war oder danach zugänglich geworden ist, oder
   b) ihr zur Zeit der Übermittlung bereits bekannt war, oder
   c) ihr nach der Übermittlung von einem Dritten zugänglich gemacht worden ist, mit folgender Maßgabe(3):
   (i) Die Ausnahme gemäß a) gilt nicht für KNOW-HOW, das der Öffentlichkeit nach der Übermittlung durch eine Handlung oder Unterlassung der empfangenden PARTEI zugänglich geworden ist; die Ausnahme gemäß b) gilt nicht für KNOW-HOW, das der empfangenden PARTEI von einem Dritten, der diesbezüglich gegenüber der übermittelnden PARTEI zur Geheimhaltung verpflichtet ist, übermittelt wurde, und die Ausnahme gemäß c) gilt nicht für eine Information, die der Dritte gegenüber der übermittelnden PARTEI geheim zu halten hat.
   (ii) Ein spezifisches KNOW-HOW gilt nicht schon deshalb als im Bereich der vorgenannten Ausnahmen liegend, weil es von allgemeinem KNOW-HOW umfasst wird, das unter die genannten Ausnahmen fällt. Außerdem gilt ein KNOW-HOW, das aus einer Kombination von

Agreement

between

... (»X«)

and

... (»Y«)

– hereinafter referred to individually as »PARTY« and collectively as »PARTIES« –

WHEREAS:

The PARTIES intend to exchange their knowledge and experience in the field of ... (hereinafter referred to as »FIELD«) to the extent required for evaluation of the advisability of joint research and development in the aforementioned field (»PURPOSE OF INFORMATION«).

Each PARTY wants to protect its afore-mentioned knowledge and experience and the (2)information that it is engaged in R&D in the FIELD and is contemplating a cooperation with the other PARTY relating to the FIELD (hereinafter collectively referred to as »KNOW-HOW«) against unauthorized disclosure and use.

NOW, THEREFORE, it is hereby agreed as follows:

1. Each PARTY shall treat as strictly confidential, shall not pass on to any third party and shall only use for the PURPOSE OF INFORMATION any of the KNOW-HOW directly or indirectly disclosed to it by the other PARTY orally, in writing, through the supply of drawings, through giving permission to make visits or in any other way, except KNOW-HOW, which, as it can show,
   a) was already in the public domain at the time of disclosure or has entered the public domain thereafter, or
   b) was already known to it at the time of disclosure, or
   c) has after disclosure been made accessible to it by a third party, provided the following(3):
      (i) The exception under a) shall not apply to KNOW-HOW having entered the public domain after disclosure through any act or failure to act of the receiving PARTY; the exception under b) shall not apply to KNOW-HOW made accessible to the receiving PARTY by a third party being under an obligation of secrecy to the disclosing PARTY with respect thereto; and the exception under c) shall not apply to KNOW-HOW, in respect of which the third party is under an obligation of secrecy to the disclosing PARTY.
      (ii) KNOW-HOW which is specific shall not be deemed to be within the foregoing exceptions merely because it is embraced by general KNOW-HOW which is within said exceptions. In addition, any KNOW-HOW consisting of a combination of features shall be

Merkmalen besteht, nur dann als im Bereich der vorgenannten Ausnahmen liegend, wenn die Kombination als solche unter diese Ausnahmen fällt.

2. (4)Für die Zwecke von Klausel 1 gilt die Übermittlung von KNOW-HOW an ein Organmitglied oder einen Angestellten einer PARTEI als Übermittlung an diese PARTEI selbst, und die bei einem Organmitglied oder Angestellten einer PARTEI bestehende Kenntnis von KNOW-HOW als Kenntnis dieser PARTEI selbst. Jede PARTEI wird die Zahl der Angestellten, die Zugang zu KNOW-HOW haben, das ihren Verpflichtungen gemäß Klausel 1 unterliegt, angemessen begrenzen, und haftet für die Erfüllung dieser Verpflichtungen durch ihre Angestellten und Organmitglieder.
3. (5)Diese Vereinbarung ist nicht dahingehend auszulegen, dass sie die Erteilung einer Lizenz an einem Patent oder einem anderen Schutzrecht für irgendeine Erfindung durch eine PARTEI an die andere einschließt.
4. Diese Vereinbarung gilt für einen Zeitraum von … Jahren, wenn sie nicht vorher durch eine Vereinbarung über die ins Auge gefasste gemeinsame Forschung und Entwicklung ersetzt wird.
5. Diese Vereinbarung unterliegt … Recht und ist nach diesem Recht auszulegen.
6. (6)Jede Streitigkeit, die im Zusammenhang mit dieser Vereinbarung entsteht und nicht freundschaftlich beigelegt werden kann, wird nach der Schiedsgerichtsordnung der Internationalen Handelskammer von einem gemäß dieser Ordnung ernannten Schiedsrichter endgültig entschieden. Das Schiedsgerichtsverfahren findet in … statt, und die Verfahrenssprache ist Englisch.

(X)	(Y)
Position(en)	Position(en)
Datum	Datum

deemed to be within the foregoing exceptions only if the combination as such is within said exceptions.

2. (4)For the purposes of clause 1, the disclosure of KNOW-HOW to any officer or employee of a PARTY shall be deemed a disclosure to such PARTY itself, and the knowledge of KNOW-HOW on the part of any officer or employee of a PARTY shall be deemed the knowledge of such PARTY itself. Each PARTY shall limit as far as is reasonable the number of employees having access to KNOW-HOW, which is subject to its obligations according to clause 1, and shall be liable for the compliance by its employees and officers with these obligations.
3. (5)Nothing herein contained shall be construed to be a grant of a license by either PARTY to the other in respect of any patent or other protective right for any invention.
4. This Agreement shall be valid for a period of ... years, unless previously replaced by an agreement providing for the envisaged joint research and development.
5. This Agreement shall be governed by and interpreted in accordance with ... law.
6. (6)Any dispute arising in connection with the performance of this Agreement, which cannot be settled amicably, shall be finally settled by way of arbitration according to the Rules of Conciliation and of Arbitration of the International Chamber of Commerce (ICC) by one arbitrator appointed in accordance with the said rules. The arbitration proceedings shall take place in ..., and the language of such proceedings shall be English.

(X)	(Y)
By	By
Title(s)	Title(s)
Date	Date

Anmerkungen zu Muster J

(1) Siehe zur Zweckmäßigkeit vorgeschalteter Geheimhaltungsvereinbarungen Anm. 1 zu Muster I. Für Muster J ist vorausgesetzt, dass jeder Partner bei den Vertragsverhandlungen geheimes Know-how an den anderen Partner übermitteln muss.

(2) Eine Erstreckung der Geheimhaltungsverpflichtungen auf anderes kommerzielles Know-how als der Information, dass jede PARTEI auf dem SACHLICHEN VERTRAGSGEBIET F&E betreibt und auf diesem Gebiet eine Zusammenarbeit mit der anderen PARTEI erwägt, wurde aus den im Kap. 8 unter Rdn. 340–344 genannten Gründen nicht vorgesehen.

(3) Siehe Anm. 3 zu Muster G.

(4) Siehe Anm. 4 zu Muster G.

(5) Siehe Anm. 5 zu Muster G.

(6) Siehe Anm. 6 zu Muster G.

Kapitel 22 Internationale vorgeschaltete Geheimhaltungsvereinbarung zwischen mehr als zwei Parteien mit wechselseitigen Geheimhaltungsverpflichtungen Muster K

Internationale vorgeschaltete Geheimhaltungsvereinbarung in deutscher und englischer Sprache zwischen mehr als zwei Parteien mit wechselseitigen Geheimhaltungsverpflichtungen(1)

Vereinbarung

zwischen
... (»X«)
und
... (»Y«)
und
... (»Z«)
– einzeln als »PARTEI« und zusammen oder in der Mehrzahl als »PARTEIEN« bezeichnet –

Einleitung:

Die PARTEIEN möchten sich gegenseitig über ihre Kenntnisse und Erfahrungen auf dem Gebiet der ... (im folgenden als »KNOW-HOW« bezeichnet) informieren, soweit dies erforderlich ist, um jeder PARTEI die Prüfung zu ermöglichen, ob und zu welchen Bedingungen eine Zusammenarbeit mit den anderen PARTEIEN auf diesem Gebiet zweckmäßig ist, (»INFORMATIONSZWECK«).

Jede PARTEI möchte ihr gehörendes KNOW-HOW, das einer anderen PARTEI zugänglich gemacht wird, gegen nicht genehmigte Weitergabe und Verwendung schützen.

Es wird deshalb Folgendes vereinbart:

1. Jede PARTEI verpflichtet sich, das ihr von einer anderen PARTEI mündlich, schriftlich, durch die Aushändigung von Zeichnungen, durch die Gestattung von Besichtigungen oder auf andere Weise direkt oder indirekt übermittelte KNOW-HOW streng vertraulich zu behandeln, nicht an einen Dritten (d.h. eine Partei, die keine PARTEI ist) weiterzugeben und nur zu dem INFORMATIONSZWECK zu benutzen, mit Ausnahme von KNOW-HOW, das
   a) zum Zeitpunkt der Übermittlung der Öffentlichkeit schon zugänglich ist oder danach zugänglich geworden ist,
   b) ihr bei Übermittlung schon bekannt war, oder
   c) ihr nach der Übermittlung von einem Dritten zugänglich gemacht worden ist,

   mit folgender Maßgabe(2):
   (i) Die Ausnahme gemäß a) gilt nicht für solches KNOW-HOW, das der Öffentlichkeit nach der Übermittlung durch eine Handlung oder Unterlassung der empfangenden PARTEI zugänglich geworden ist; die Ausnahme gemäß b) gilt nicht für solches KNOW-HOW, das der empfangenden PARTEI durch vorherige Übermittlung seitens einer anderen PARTEI oder seitens eines Dritten, der diesbezüglich gegenüber einer anderen PARTEI zur Geheimhaltung verpflichtet ist, zur Kenntnis gelangt ist, und die Ausnahme gemäß c) gilt nicht für solches KNOW-HOW, das der Dritte gegenüber einer anderen PARTEI geheim zu halten hat.
   (ii) Eine spezifisches KNOW-HOW gilt nicht schon deshalb als im Bereich der vorgenannten Ausnahmen liegend, weil es von einer allgemeinen

Agreement

between
... (»X«)
and
... (»Y«)
and
... (»Z«)
(hereinafter referred to individually as »PARTY« and collectively or in the plural as »PARTIES«)

WHEREAS:

The PARTIES intend to exchange their knowledge and experience in the field of ... (hereinafter referred to as »KNOW-HOW«) to the extent required for evaluation of the advisability of joint research and development in the aforementioned field (»PURPOSE OF INFORMATION«).

Each PARTY wants to protect its proprietary KNOW-HOW made accessible to another PARTY against unauthorized disclosure and use.

NOW, THEREFORE, it is hereby agreed as follows:

1. Each PARTY shall keep strictly confidential, shall not pass on to any third party (i.e. a party not being a PARTY) and shall only use for the PURPOSE OF INFORMATION any of the KNOW-HOW directly or indirectly disclosed to it by another PARTY orally, in writing, through the supply of drawings, through giving permission to make visitations or in any other way, except KNOW-HOW, which, as it can show,
   a) was already in the public domain at the time of disclosure or has entered the public domain thereafter, or
   b) was already known to it at the time of disclosure, or
   c) has after disclosure been made accessible to it by a third party,

   provided the following(2):
   (i) The exception under a) shall not apply to KNOW-HOW having entered the public domain after disclosure through any act or failure to act of the receiving PARTY; the exception under b) shall not apply to KNOW-HOW having become known to the receiving PARTY on account of a prior disclosure by another PARTY or by a third party being under an obligation of secrecy to another PARTY; and the exception under c) shall not apply to KNOW-HOW, in respect of which the third party is under an obligation of secrecy to another PARTY.

   (ii) KNOW-HOW which is specific shall not be deemed to be within the foregoing exceptions merely because it is embraced by general KNOW-

Information umfasst wird, die unter die obigen Ausnahmen fällt. Außerdem gilt ein KNOW-HOW, das aus einer Kombination von Merkmalen besteht, nur dann als im Bereich der vorgenannten Ausnahmen liegend, wenn die Kombination als solche unter diese Ausnahmen fällt.

2. (3)Für die Zwecke von Klausel 1 gilt die Übermittlung von KNOW-HOW an ein Organmitglied oder einen Angestellten einer PARTEI als Übermittlung an diese PARTEI selbst, und die bei einem Organmitglied oder Angestellten einer PARTEI bestehende Kenntnis von KNOW-HOW als Kenntnis dieser PARTEI selbst. Jede PARTEI wird die Zahl der Angestellten, die Zugang zu KNOW-HOW haben, das ihren Verpflichtungen gemäß Klausel 1 unterliegt, angemessen begrenzen, und haftet für die Erfüllung dieser Verpflichtungen durch ihre Angestellten und Organmitglieder.
3. (4)Diese Vereinbarung ist nicht dahingehend auszulegen, dass sie die Erteilung einer Lizenz an einem Patent oder einem anderen Schutzrecht für irgendeine Erfindung durch eine PARTEI an eine andere PARTEI einschließt.
4. Diese Vereinbarung gilt für die Dauer von ... Jahren, wenn sie nicht vorher durch eine Vereinbarung über die ins Auge gefasste gemeinsame Forschung und Entwicklung ersetzt wird.
5. Diese Vereinbarung unterliegt ... Recht und ist nach diesem Recht auszulegen.
6. (5)Jede Streitigkeit, die im Zusammenhang mit dieser Vereinbarung entsteht und nicht freundschaftlich beigelegt werden kann, wird nach der Schiedsgerichtsordnung der Internationalen Handelskammer von einem gemäß dieser Ordnung ernannten Schiedsrichter endgültig entschieden. Das Schiedsgerichtsverfahren findet in ... statt, und die Verfahrenssprache ist Englisch.

, den ...	, den ...	, den ...
(X)	(Y)	(Z)
Position(en)	Position(en)	Position(en)
Datum	Datum	Datum

HOW which is within said exceptions. In addition, any KNOW-HOW consisting of a combination of features shall be deemed to be within the foregoing exceptions only if the combination as such is within said exceptions.

2. (3)For the purposes of clause 1, the disclosure of KNOW-HOW to any officer or employee of a PARTY shall be deemed a disclosure to such PARTY itself, and the knowledge of KNOW-HOW on the part of any officer or employee of a PARTY shall be deemed the knowledge of such PARTY itself. Each PARTY shall limit as far as reasonable the number of employees having access to KNOW-HOW, which is subject to its obligations according to clause 1, and shall be liable for the compliance by its employees and officers with these obligations.
3. (4)Nothing herein contained shall be construed to be a grant of a license by any PARTY to another PARTY in respect of any patent or other protective right for any invention.

4. This Agreement shall be valid for a period of ... years, unless previously replaced by an agreement providing for the envisaged joint research and development.
5. This Agreement shall be governed by and interpreted in accordance with ... law.
6. (5)Any dispute arising in connection with the performance of this Agreement, which cannot be settled amicably, shall be finally settled by way of arbitration according to the Rules of Conciliation and of Arbitration of the International Chamber of Commerce (ICC) by one arbitrator appointed in accordance with the said rules. The arbitration proceedings shall take place in ..., and the language of the proceedings shall be English.

(X)	(Y)	(Z)
By	By	By
Title(s)	Title(s)	Title(s)
Date	Date	Date

Anmerkungen zu Muster K

(1) Siehe zur Zweckmäßigkeit vorgeschalteter Geheimhaltungsvereinbarungen Anm. 1 zu Muster I.
Wenn eine Kooperation mit mehr als 2 Partnern ins Auge gefasst ist, empfiehlt es sich aus den im Kap. 3 unter Rdn. 3 genannten Gründen, statt mehrerer bilateraler Geheimhaltungsvereinbarungen nur eine Vereinbarung vorzuschalten, die für alle prospektiven Partner wechselseitige Geheimhaltungsverpflichtungen und korrespondierende Verwertungsverbote vorsieht. Eine Erstreckung der Geheimhaltungsverpflichtungen auf kommerzielles Know-how wurde aus den in Kap. 8 unter Rdn. 340–344 genannten Gründen nicht vorgesehen.

(2) Siehe Anm. 3 zu Muster I.

(3) Siehe Anm. 4 zu Muster I.

(4) Siehe Anm. 5 zu Muster I.

(5) Siehe Anm. 6 zu Muster I.

Anhang

Übersicht | **Seite**

Anhang 1 Verordnung (EG) Nr. 1/2003 des Rates vom 16. Dezember 2002 zur Durchführung der in den Artikeln 81 und 82 des Vertrags niedergelegten Wettbewerbsregeln (Art. 1–3)

Artikel 1
Anwendung der Artikel 81 und 82 des Vertrags

(1) Vereinbarungen, Beschlüsse und aufeinander abgestimmte Verhaltensweisen im Sinne von Artikel 81 Absatz 1 des Vertrags, die nicht die Voraussetzungen des Artikels 81 Absatz 3 des Vertrags erfüllen, sind verboten, ohne dass dies einer vorherigen Entscheidung bedarf.

(2) Vereinbarungen, Beschlüsse und aufeinander abgestimmte Verhaltensweisen im Sinne von Artikel 81 Absatz 1 des Vertrags, die die Voraussetzungen des Artikels 81 Absatz 3 des Vertrags erfüllen, sind nicht verboten, ohne dass dies einer vorherigen Entscheidung bedarf.

(3) Die missbräuchliche Ausnutzung einer marktbeherrschenden Stellung im Sinne von Artikel 82 des Vertrags ist verboten, ohne dass dies einer vorherigen Entscheidung bedarf.

Artikel 2
Beweislast

In allen einzelstaatlichen und gemeinschaftlichen Verfahren zur Anwendung der Artikel 81 und 82 des Vertrags obliegt die Beweislast für eine Zuwiderhandlung gegen Artikel 81 Absatz 1 oder Artikel 82 des Vertrags der Partei oder der Behörde, die diesen Vorwurf erhebt. Die Beweislast dafür, dass die Voraussetzungen des Artikels 81 Absatz 3 des Vertrags vorliegen, obliegt den Unternehmen oder Unternehmensvereinigungen, die sich auf diese Bestimmung berufen.

Artikel 3
Verhältnis zwischen den Artikeln 81 und 82 des Vertrags und dem einzelstaatlichen Wettbewerbsrecht

(1) Wenden die Wettbewerbsbehörden der Mitgliedstaaten oder einzelstaatliche Gerichte das einzelstaatliche Wettbewerbsrecht auf Vereinbarungen zwischen Unternehmen, Beschlüsse von Unternehmensvereinigungen und aufeinander abgestimmte Verhaltensweisen im Sinne des Artikels 81 Absatz 1 des Vertrags an, welche den Handel zwischen Mitgliedstaaten im Sinne dieser Bestimmung beeinträchtigen können, so wenden sie auch Artikel 81 des Vertrags auf diese Vereinbarungen, Beschlüsse und aufeinander abgestimmten Verhaltensweisen an. Wenden die Wettbewerbsbehörden der Mitgliedstaaten oder einzelstaatliche Gerichte das einzelstaatliche Wettbewerbsrecht auf nach Artikel 82 des Vertrags verbotene Missbräuche an, so wenden sie auch Artikel 82 des Vertrags an.

(2) Die Anwendung des einzelstaatlichen Wettbewerbsrechts darf nicht zum Verbot von Vereinbarungen zwischen Unternehmen, Beschlüssen von Unternehmensvereinigungen und aufeinander abgestimmten Verhaltensweisen führen, welche den Handel zwischen Mitgliedstaaten zu beeinträchtigen geeignet sind, aber den Wettbewerb im Sinne des Artikels 81 Absatz 3 des Vertrags erfüllen oder durch eine Verordnung zur Anwendung von Artikel 81 Absatz 3 des Vertrags erfasst sind. Den Mitgliedstaaten wird durch diese Verordnung nicht verwehrt, in ihrem Hoheitsgebiet strengere innerstaatliche Vorschriften zur Unterbindung oder Ahndung einseitiger Handlungen von Unternehmen zu erlassen oder anzuwenden.

(3) Die Absätze 1 und 2 gelten unbeschadet der allgemeinen Grundsätze und sonstigen Vorschriften des Gemeinschaftsrechts nicht, wenn die Wettbewerbsbehörden und Gerichte der Mitgliedstaaten einzelstaatliche Gesetze über die Kontrolle von Unternehmenszusammenschlüssen anwenden, und stehen auch nicht der Anwendung von Bestimmungen des einzelstaatlichen Rechts entgegen, die überwiegend ein von den Artikeln 81 und 82 des Vertrags abweichendes Ziel verfolgen.

Anhang 2 Verordnung (EG) Nr. 2659/2000 der Kommission vom 29. November 2000 über die Anwendung von Artikel 81 Absatz 3 des Vertrages auf Gruppen von Vereinbarungen über Forschung und Entwicklung

(Text von Bedeutung für den EWR)

Die Kommission der Europäischen Gemeinschaften

gestützt auf den Vertrag zur Gründung der Europäischen Gemeinschaft,

gestützt auf die Verordnung (EWG) Nr. 2821/71 des Rates vom 20. Dezember 1971 über die Anwendung von Artikel 85 Absatz 3 des Vertrages auf Gruppen von Vereinbarungen, Beschlüssen und aufeinander abgestimmten Verhaltensweisen,[762] zuletzt geändert durch die Akte über den Beitritt Österreichs, Finnlands und Schwedens, insbesondere auf Artikel 1 Absatz 1 Buchstabe b),

nach Veröffentlichung des Entwurfs der Verordnung,[763]

nach Anhörung des Beratenden Ausschusses für Kartell- und Monopolfragen,

in Erwägung nachstehender Gründe:

(1) Die Kommission wird durch die Verordnung (EWG) Nr. 2821/71 ermächtigt, das Verbot des Artikels 81 (ex-Artikel 85) Absatz 1 EG-Vertrag gemäß Artikel 81 Absatz 3 durch Verordnung für nicht anwendbar zu erklären auf Gruppen von Vereinbarungen, Beschlüssen und aufeinander abgestimmten Verhaltensweisen, welche die Forschung und Entwicklung von Produkten oder Verfahren bis zur Produktionsreife sowie die Verwertung der Ergebnisse einschließlich der Bestimmungen über Rechte an geistigem Eigentum zum Gegenstand haben.

(2) Nach Artikel 163 Absatz 2 EG-Vertrag unterstützt die Gemeinschaft Unternehmen, einschließlich der kleinen und mittleren Unternehmen, bei ihren Bemühungen auf dem Gebiet der Forschung und technologischen Entwicklung von hoher Qualität und fördert ihre Kooperationsbestrebungen. Nach dem Beschluss 1999/65/EG des Rates vom 22. Dezember 1998 über Regeln für die Teilnahme von Unternehmen, Forschungszentren und Hochschulen sowie für die Verbreitung der Forschungsergebnisse zur Umsetzung des Fünften Rah-

762 ABl. L 285 vom 29.12.1971, S. 46.
763 ABl. C 118 vom 27.04.2000, S. 3.

menprogramms der Europäischen Gemeinschaft (1998–2002)[764] und nach der Verordnung (EG) Nr. 996/1999 der Kommission vom 11. Mai 1999 mit Durchführungsbestimmungen zu dem Beschluss 1999/65/EG[765] sind indirekte Aktionen in den Bereichen Forschung und technologische Entwicklung (FTE-Aktionen), die von der Gemeinschaft im Rahmen des Fünften Rahmenprogramms unterstützt werden, in Zusammenarbeit durchzuführen.

(3) Vereinbarungen über die gemeinsame Durchführung von Forschungsarbeiten oder die gemeinsame Entwicklung der Forschungsergebnisse bis zur Produktionsreife fallen normalerweise nicht unter das Verbot des Artikels 81 Absatz 1. Unter bestimmten Umständen, etwa wenn sich die Vertragsparteien dazu verpflichten, in demselben Bereich keinen weiteren Forschungs- und Entwicklungstätigkeiten nachzugehen, und damit auf die Möglichkeit verzichten, gegenüber den übrigen Vertragsparteien Wettbewerbsvorteile zu erlangen, können solche Vereinbarungen unter Artikel 81 Absatz 1 fallen und sollten deshalb in den Anwendungsbereich dieser Verordnung aufgenommen werden.

(4) Auf der Grundlage der Verordnung (EWG) Nr. 2821/71 hat die Kommission in diesem Zusammenhang die Verordnung (EWG) Nr. 418/85 vom 19. Dezember 1984 über die Anwendung von Artikel 85 Absatz 3 des Vertrages auf Gruppen von Vereinbarungen über Forschung und Entwicklung erlassen,[766] zuletzt geändert durch die Verordnung (EG) Nr. 2236/97.[767] Die Verordnung (EWG) Nr. 418/85 tritt am 31. Dezember 2000 außer Kraft.

(5) Es ist eine neue Verordnung zu erlassen, die zugleich den Wettbewerb wirksam schützen und den Unternehmen angemessene Rechtssicherheit bieten sollte. Bei der Verfolgung dieser beiden Ziele ist darauf zu achten, dass die behördliche Beaufsichtigung und der rechtliche Rahmen soweit wie möglich vereinfacht werden. Wird ein gewisser Grad der Marktmacht nicht erreicht, so kann im Hinblick auf die Anwendung von Artikel 81 Absatz 3 grundsätzlich davon ausgegangen werden, dass die Vorteile von Vereinbarungen über Forschung und Entwicklung mögliche Nachteile für den Wettbewerb aufwiegen.

(6) Eine Freistellungsverordnung, die die Kommission gestützt auf die Verordnung (EWG) Nr. 2821/71 erlässt, muss folgende Elemente enthalten: eine Beschreibung der Gruppen von Vereinbarungen, Beschlüssen und aufeinander abgestimmten Verhaltensweisen, auf die die Verordnung Anwendung findet; eine Benennung der Beschränkungen oder Bestimmungen, die in den Vereinbarungen, Beschlüssen und aufeinander abgestimmten Verhaltensweisen enthalten oder nicht enthalten sein dürfen; und eine Benennung der Bestimmungen, die in den Vereinbarungen, Beschlüssen und aufeinander abgestimmten Verhaltensweisen enthalten sein müssen, oder der sonstigen Voraussetzungen, die erfüllt sein müssen.

764 ABl. L 26 vom 1.02.1999, S. 46.
765 ABl. L 122 vom 12.05.1999, S. 9.
766 ABl. L 53 vom 22.02.1985, S. 5.
767 ABl. L 306 vom 11.11.1997, S. 12.

(7) Es ist angemessen, künftig anstelle einer Aufzählung der vom Verbot des Artikels 81 Absatz 1 freigestellten Bestimmungen die Gruppen von Vereinbarungen zu beschreiben, die von dem Verbot freigestellt sind, solange die Marktmacht der Beteiligten ein bestimmtes Maß nicht überschreitet, und die Beschränkungen oder Bestimmungen zu benennen, die in solchen Vereinbarungen nicht enthalten sein dürfen. Dies entspricht einem wirtschaftsorientierten Ansatz, bei dem untersucht wird, wie sich Vereinbarungen zwischen Unternehmen auf den relevanten Markt auswirken.

(8) Für die Anwendung von Artikel 81 Absatz 3 durch Verordnung ist es nicht erforderlich, diejenigen Vereinbarungen zu umschreiben, welche geeignet sind, unter Artikel 81 Absatz 1 zu fallen; bei der individuellen Beurteilung von Vereinbarungen nach Artikel 81 Absatz 1 sind mehrere Faktoren, insbesondere die Struktur des relevanten Marktes, zu berücksichtigen.

(9) Die Gruppenfreistellung sollte nur Vereinbarungen zugute kommen, von denen mit hinreichender Sicherheit angenommen werden kann, dass sie die Voraussetzungen von Artikel 81 Absatz 3 erfüllen.

(10) Zusammenarbeit in Forschung und Entwicklung sowie bei der Verwertung der entsprechenden Ergebnisse trägt in der Regel zur Förderung des technischen und wirtschaftlichen Fortschritts bei, indem sie die Verbreitung von Know-how unter den Vertragsparteien verbessert und doppelte Forschungs- und Entwicklungsarbeiten vermeiden hilft, durch den Austausch von sich ergänzendem Know-how Anstoß zu weiteren Fortschritten gibt und die Herstellung bzw. Anwendung der aus den Forschungs- und Entwicklungsarbeiten hervorgegangenen Produkte und Verfahren rationalisiert.

(11) Die gemeinsame Verwertung der Ergebnisse kann als logische Folge gemeinsamer Forschung und Entwicklung angesehen werden. Sie kann in der Herstellung von Produkten, in der Verwertung von Rechten an geistigem Eigentum, die wesentlich zum technischen oder wirtschaftlichen Fortschritt beitragen oder in der Vermarktung neuer Produkte bestehen.

(12) Den Verbrauchern dürften die Vorteile, die mit der verstärkten und wirksameren Forschungs- und Entwicklungstätigkeit einhergehen, grundsätzlich in Form neuer oder verbesserter Erzeugnisse oder Dienstleistungen oder in Form niedrigerer Preise infolge des Einsatzes neuer oder verbesserter Verfahren zugute kommen.

(13) Damit die Vorteile und Ziele gemeinsamer Forschung und Entwicklung erreicht werden können, sollte diese Verordnung auch für Bestimmungen in Forschungs- und Entwicklungsvereinbarungen gelten, die zwar nicht den eigentlichen Gegenstand solcher Vereinbarungen bilden, aber mit der Durchführung der Vereinbarung unmittelbar verbunden und für diese notwendig sind.

(14) Um die Freistellung zu rechtfertigen, sollte sich die gemeinsame Verwertung nur auf Produkte oder Verfahren beziehen, für welche die Nutzung der Forschungs- und Entwicklungsergebnisse von entscheidender Bedeutung ist und jede Vertragspartei die Möglichkeit erhält, die Ergebnisse zu nutzen, die für sie gegebenenfalls von Interesse sind. An Forschungs- und Entwicklungs-

arbeiten beteiligte Hochschulen, Forschungsinstitute oder Unternehmen, die Forschungs- und Entwicklungsleistungen in Form gewerblicher Dienste erbringen und sich üblicherweise nicht als Verwerter von Ergebnissen betätigen, können jedoch vereinbaren, die Forschungs- und Entwicklungsergebnisse ausschließlich für weitere Forschungsarbeiten zu verwenden. Entsprechend können nicht miteinander konkurrierende Unternehmen vereinbaren, ihr Verwertungsrecht auf einzelne technische Anwendungsbereiche zu beschränken, um die Zusammenarbeit zwischen den Vertragsparteien mit ergänzenden Kompetenzen zu erleichtern.

(15) Die durch diese Verordnung gewährte Freistellung vom Verbot des Artikels 81 Absatz 1 sollte auf Vereinbarungen über Forschung und Entwicklung beschränkt werden, die den Vertragsparteien nicht die Möglichkeit geben, den Wettbewerb für einen wesentlichen Teil der betreffenden Erzeugnisse oder Dienstleistungen auszuschalten. Vereinbarungen zwischen konkurrierenden Unternehmen, die bei Abschluss der Vereinbarung am Markt der Erzeugnisse oder Dienstleistungen, die aufgrund der Ergebnisse der Forschungs- und Entwicklungsarbeiten verbessert oder ersetzt werden könnten, einen gemeinsamen Anteil halten, der eine bestimmte Größenordnung überschreitet, sind von der Gruppenfreistellung auszuschließen.

(16) Um auch bei der gemeinsamen Verwertung der Ergebnisse wirksamen Wettbewerb zu gewährleisten, sollte geregelt werden, dass die Gruppenfreistellung ihre Geltung verliert, wenn der gemeinsame Anteil der Vertragsparteien am Markt der aus den gemeinsamen Forschungs- und Entwicklungsarbeiten hervorgegangenen Produkte zu groß wird. Die Freistellung sollte ungeachtet der Höhe der Marktanteile der Vertragsparteien während eines bestimmten Zeitraums nach Beginn der gemeinsamen Verwertung weiterhin gelten, damit sich – insbesondere nach Einführung eines völlig neuartigen Produktes – die Marktanteile der Vertragsparteien stabilisieren können und zugleich ein Mindestzeitraum für die Verzinsung des investierten Kapitals gewährleistet wird.

(17) Diese Verordnung darf keine Vereinbarungen freistellen, welche Beschränkungen enthalten, die für die Herbeiführung der vorgenannten günstigen Wirkungen nicht unerlässlich sind. Bestimmte schwerwiegende wettbewerbsschädigende Beschränkungen sollten unabhängig vom Marktanteil der betroffenen Unternehmen grundsätzlich von dem Vorteil der Gruppenfreistellung ausgeschlossen werden, die durch diese Verordnung gewährt wird; dies gilt für die Einschränkung der Freiheit der Vertragsparteien, Forschungs- und Entwicklungsarbeiten in einem Bereich durchzuführen, der mit dem der betreffenden Vereinbarung nicht zusammenhängt; die Festsetzung von Preisen für dritte Abnehmer; die Einschränkung der Erzeugung oder des Absatzes; die Aufteilung von Märkten oder Abnehmerkreisen sowie die Einschränkung des passiven Verkaufs von Vertragsprodukten in Gebieten, die anderen Vertragsparteien vorbehalten sind.

(18) Durch die Begrenzung des Marktanteils, den Ausschluss bestimmter Vereinbarungen von der Gruppenfreistellung und die Voraussetzungen, die in

dieser Verordnung vorgesehen sind, wird in der Regel sichergestellt, dass Vereinbarungen, auf welche die Gruppenfreistellung Anwendung findet, den beteiligten Unternehmen nicht die Möglichkeit eröffnen, den Wettbewerb für einen wesentlichen Teil der betreffenden Erzeugnisse oder Dienstleistungen auszuschalten.

(19) Wenn im Einzelfall eine Vereinbarung zwar unter diese Verordnung fällt, dennoch aber Wirkungen zeitigt, die mit Artikel 81 Absatz 3 unvereinbar sind, kann die Kommission den Vorteil der Gruppenfreistellung entziehen.

(20) Die Gruppenfreistellung sollte ferner ungeachtet der Höhe des Marktanteils auf Vereinbarungen zwischen Unternehmen angewendet werden, die bei den Produkten, die durch die Forschungs- und Entwicklungsergebnisse verbessert oder ersetzt werden könnten, nicht als Hersteller miteinander in Wettbewerb stehen, weil solche Vereinbarungen wirksamen Wettbewerb in Forschung und Entwicklung nur unter ganz besonderen Umständen ausschalten, unter denen der Rechtsvorteil entzogen werden sollte.

(21) Da Vereinbarungen über Forschung und Entwicklung und insbesondere solche, bei denen sich die Zusammenarbeit auch auf die Verwertung der Ergebnisse erstreckt, häufig für einen langen Zeitraum geschlossen werden, sollte die Geltungsdauer dieser Verordnung auf zehn Jahre festgesetzt werden.

(22) Diese Verordnung lässt die Anwendung von Artikel 82 EG-Vertrag unberührt.

(23) Entsprechend dem Grundsatz des Vorrangs des Gemeinschaftsrechts dürfen Maßnahmen, die auf der Grundlage der nationalen Wettbewerbsgesetze getroffen werden, nicht die einheitliche Anwendung der Wettbewerbsregeln der Gemeinschaft auf dem gesamten gemeinsamen Markt oder die volle Wirksamkeit der zu ihrer Durchführung ergangenen Maßnahmen einschließlich dieser Verordnung beeinträchtigen –

Hat folgende Verordnung erlassen:

Artikel 1
Freistellung

(1) Artikel 81 Absatz 1 des Vertrages wird gemäß Artikel 81 Absatz 3 unter den in dieser Verordnung genannten Voraussetzungen für unanwendbar erklärt auf Vereinbarungen zwischen zwei oder mehr Unternehmen (im Folgenden: Vertragsparteien), welche die Bedingungen betreffen, unter denen die Vertragsparteien eines der nachstehenden Ziele verfolgen:

a) die gemeinsame Forschung und Entwicklung von Produkten oder Verfahren und die gemeinsame Verwertung der dabei erzielten Ergebnisse oder
b) die gemeinsame Verwertung der Ergebnisse von Forschung und Entwicklung in Bezug auf Produkte oder Verfahren, die von denselben Vertragsparteien aufgrund einer früheren Vereinbarung durchgeführt worden sind, oder
c) die gemeinsame Forschung und Entwicklung von Produkten oder Verfahren ohne die gemeinsame Verwertung der Ergebnisse.

Die Freistellung gilt, soweit diese Vereinbarungen Wettbewerbsbeschränkungen enthalten, die unter Artikel 81 Absatz 1 des Vertrages fallen (im Folgenden: Forschungs- und Entwicklungsvereinbarungen).

(2) Die Freistellung nach Absatz 1 gilt auch für Bestimmungen in Forschungs- und Entwicklungsvereinbarungen, die nicht den eigentlichen Gegenstand solcher Vereinbarungen bilden, die aber mit deren Durchführung unmittelbar verbunden und für diese notwendig sind, wie zum Beispiel die Verpflichtung, allein oder im Verbund mit Dritten im Laufe der Durchführung der Vereinbarung keine Forschung und Entwicklung in dem der Vereinbarung unterliegenden Bereich oder in einem eng verwandten Bereich zu betreiben.

Dies gilt jedoch nicht für Bestimmungen, die den gleichen Zweck haben wie die in Artikel 5 Absatz 1 aufgeführten wettbewerbsbeschränkenden Bestimmungen.

Artikel 2
Definitionen

Im Rahmen dieser Verordnung gelten folgende Begriffsbestimmungen:

1. »Vereinbarung«: eine Vereinbarung, ein Beschluss einer Unternehmensvereinigung oder eine aufeinander abgestimmte Verhaltensweise;
2. »beteiligte Unternehmen«: die Vertragsparteien der Forschungs- und Entwicklungsvereinbarung und die mit diesen jeweils verbundenen Unternehmen;
3. »verbundene Unternehmen«:
   a) Unternehmen, bei denen ein an der Forschungs- und Entwicklungsvereinbarung beteiligtes Unternehmen unmittelbar oder mittelbar
      i) über mehr als die Hälfte der Stimmrechte verfügt oder
      ii) mehr als die Hälfte der Mitglieder des Leitungs- oder Verwaltungsorgans oder der zur gesetzlichen Vertretung berufenen Organe bestellen kann oder
      iii) das Recht hat, die Geschäfte des Unternehmens zu führen;
   b) Unternehmen, die in einem an der Forschungs- und Entwicklungsvereinbarung beteiligten Unternehmen unmittelbar oder mittelbar die unter Buchstabe a) bezeichneten Rechte oder Einflussmöglichkeiten haben;
   c) Unternehmen, in denen ein unter Buchstabe b) genanntes Unternehmen unmittelbar oder mittelbar die unter Buchstabe a) bezeichneten Rechte oder Einflussmöglichkeiten hat;
   d) Unternehmen, in denen eine der Vertragsparteien der Forschungs- und Entwicklungsvereinbarung gemeinsam mit einem oder mehreren der unter den Buchstaben a), b) oder c) genannten Unternehmen oder in denen zwei oder mehr als zwei der zuletzt genannten Unternehmen gemeinsam die in Buchstabe a) bezeichneten Rechte oder Einflussmöglichkeiten haben;

e) Unternehmen, in denen
   i) Vertragsparteien der Forschungs- und Entwicklungsvereinbarung oder mit ihnen jeweils verbundene Unternehmen im Sinne der Buchstaben a) bis d) oder
   ii) eine oder mehrere Vertragsparteien der Forschungs- und Entwicklungsvereinbarung oder eines oder mehrere der mit ihnen im Sinne der Buchstaben a) bis d) verbundenen Unternehmen und ein oder mehrere dritte Unternehmen

   gemeinsam die unter Buchstabe a) bezeichneten Rechte oder Einflussmöglichkeiten haben;

4. »Forschungs- und Entwicklungsarbeiten«: in Bezug auf Produkte oder Verfahren der Erwerb von Know-how und die Durchführung theoretischer Analysen, systematischer Studien oder Versuche, einschließlich der versuchsweisen Herstellung und der technischen Prüfung von Produkten oder Verfahren, die Errichtung der dazu erforderlichen Anlagen und die Erlangung von Rechten an geistigem Eigentum an den Ergebnissen;
5. »Produkt«: eine Ware und/oder eine Dienstleistung in Form eines Zwischen- oder eines Endprodukts;
6. »Vertragsverfahren«: eine Technologie oder ein Verfahren, die bzw. das aus den gemeinsamen Forschungs- und Entwicklungsarbeiten hervorgeht;
7. »Vertragsprodukt«: ein Produkt, das aus den gemeinsamen Forschungs- und Entwicklungsarbeiten hervorgeht oder unter Anwendung des Vertragsverfahrens hergestellt bzw. bereitgestellt wird;
8. »Verwertung der Ergebnisse«: die Herstellung oder der Vertrieb der Vertragsprodukte, die Anwendung der Vertragsverfahren, die Abtretung von Rechten an geistigem Eigentum oder die Vergabe diesbezüglicher Lizenzen oder die Weitergabe von Know-how, das für die Herstellung oder Anwendung erforderlich ist;
9. »Rechte an geistigem Eigentum«: gewerbliche Schutzrechte, Urheberrechte und verwandte Schutzrechte;
10. »Know-how«: eine Gesamtheit nicht patentierter praktischer Kenntnisse, die durch Erfahrungen und Versuche gewonnen werden und die geheim, wesentlich und identifiziert sind; hierbei bedeutet »geheim«, dass das Know-how nicht allgemein bekannt und nicht leicht zugänglich ist; »wesentlich« bedeutet, dass das Know-how Kenntnisse umfasst, die für die Herstellung der Vertragsprodukte oder die Anwendung der Vertragsverfahren unerlässlich sind; »identifiziert« bedeutet, dass das Know-how umfassend genug beschrieben ist, so dass überprüft werden kann, ob es die Merkmale »geheim« und »wesentlich« erfüllt;
11. »gemeinsam«: im Zusammenhang mit Forschung und Entwicklung oder mit der Verwertung der Ergebnisse die Ausübung der betreffenden Tätigkeiten:
    a) durch eine gemeinsame Arbeitsgruppe oder Organisation oder ein gemeinsames Unternehmen oder
    b) durch einen gemeinsam bestimmten Dritten oder

c) durch die Vertragsparteien selbst, von denen jede eine bestimmte Aufgabe – Forschung, Entwicklung, Herstellung oder Vertrieb – übernimmt;

12. »konkurrierendes Unternehmen«: ein Unternehmen, das ein Produkt anbietet, welches durch das Vertragsprodukt verbessert oder ersetzt werden kann (tatsächlicher Wettbewerber), oder ein Unternehmen, das unter realistischen Annahmen die zusätzlichen Investitionen oder sonstigen Umstellungskosten auf sich nehmen würde, die nötig sind, um auf eine geringfügige dauerhafte Erhöhung der relativen Preise hin ein solches Produkt im Markt anbieten zu können (potenzieller Wettbewerber);
13. »relevanter Markt der Vertragsprodukte«: der sachlich und räumlich relevante Markt bzw. die sachlich und räumlich relevanten Märkte, zu dem bzw. denen die Vertragsprodukte gehören.

Artikel 3
Freistellungsvoraussetzungen

(1) Die Freistellung nach Artikel 1 gilt unter den in Absatz 2 bis 5 genannten Voraussetzungen.

(2) Alle Vertragsparteien müssen Zugang zu den Ergebnissen der gemeinsamen Forschungs- und Entwicklungsarbeiten für weitere Forschungs- oder Verwertungszwecke haben. Forschungsinstitute, Hochschulen oder Unternehmen, die Forschungs- und Entwicklungsleistungen in Form gewerblicher Dienste erbringen und sich üblicherweise nicht als Verwerter von Ergebnissen betätigen, können jedoch vereinbaren, die Ergebnisse ausschließlich zum Zwecke der Durchführung weiterer Forschungsarbeiten zu verwenden.

(3) Unbeschadet der Bestimmungen des Absatzes 2 muss es in Fällen, in denen die Forschungs- und Entwicklungsvereinbarung lediglich die gemeinsame Forschung und Entwicklung vorsieht, jeder Vertragspartei freistehen, die dabei erzielten Ergebnisse und vorher bestehendes, für die Verwertung erforderliches Know-how selbständig zu verwerten. Ein solches Verwertungsrecht kann sich auf einzelne Anwendungsbereiche beschränken, sofern die Vertragsparteien bei Abschluss der Forschungs- und Entwicklungsvereinbarung keine konkurrierenden Unternehmen sind.

(4) Eine gemeinsame Verwertung muss Ergebnisse betreffen, die durch Rechte an geistigem Eigentum geschützt sind oder Know-how darstellen, das wesentlich zum technischen oder wirtschaftlichen Fortschritt beiträgt, und die Ergebnisse müssen für die Herstellung der Vertragsprodukte oder für die Anwendung der Vertragsverfahren von entscheidender Bedeutung sein.

(5) Die bei einer Aufgabenteilung mit der Herstellung betrauten Unternehmen müssen Lieferaufträge aller Vertragsparteien erfüllen, es sei denn, dass die Forschungs- und Entwicklungsvereinbarung auch den gemeinsamen Vertrieb vorsieht.

Artikel 4
Marktanteilsschwelle und Freistellungsdauer

(1) Sind die beteiligten Unternehmen keine konkurrierenden Unternehmen, so gilt die Freistellung nach Artikel 1 für die Dauer der Durchführung der Forschungs- und Entwicklungsarbeiten. Werden die Ergebnisse gemeinsam verwertet, so gilt die Freistellung für einen weiteren Zeitraum von sieben Jahren, beginnend mit dem Tag des ersten Inverkehrbringens der Vertragsprodukte im Gemeinsamen Markt.

(2) Sind zwei oder mehrere beteiligte Unternehmen konkurrierende Unternehmen, so gilt die Freistellung nach Artikel 1 für den in Absatz 1 genannten Zeitraum nur, wenn zum Zeitpunkt des Abschlusses der Forschungs- und Entwicklungsvereinbarung die Summe der Anteile der beteiligten Unternehmen am relevanten Markt derjenigen Produkte, die durch die Vertragsprodukte verbessert oder ersetzt werden könnten, 25 % nicht überschreitet.

(3) Nach Ablauf des in Absatz 1 genannten Zeitraums gilt die Freistellung solange, wie die Summe der Anteile der beteiligten Unternehmen am relevanten Markt der Vertragsprodukte 25 % nicht überschreitet.

Artikel 5
Nicht unter die Freistellung fallende Vereinbarungen

(1) Die Freistellung nach Artikel 1 gilt nicht für Forschungs- und Entwicklungsvereinbarungen, die unmittelbar oder mittelbar, für sich allein oder in Verbindung mit anderen Umständen unter der Kontrolle der Vertragsparteien Folgendes bezwecken:

a) die Freiheit der beteiligten Unternehmen zu beschränken, eigenständig oder in Zusammenarbeit mit Dritten Forschung und Entwicklung in einem anderen Bereich oder – nach Abschluss der Arbeiten – in demselben Bereich oder einem damit zusammenhängenden Bereich zu betreiben;

b) die beteiligten Unternehmen daran zu hindern, nach Abschluss der Forschung und Entwicklung die Gültigkeit von Rechten an geistigem Eigentum, über die sie im Gemeinsamen Markt verfügen und die für die Arbeiten von Bedeutung sind, oder nach Beendigung der Forschungs- und Entwicklungsvereinbarung die Gültigkeit von Rechten an geistigem Eigentum, über die sie im Gemeinsamen Markt verfügen und die die Ergebnisse der Arbeiten schützen, anzufechten; dies gilt unbeschadet der Möglichkeit, die Beendigung der Forschungs- und Entwicklungsvereinbarung für den Fall vorzusehen, dass eine Vertragspartei die Gültigkeit solcher Eigentumsrechte anficht;

c) Beschränkung der Produktion oder des Absatzes;

d) Festsetzung der Preise für den Verkauf des Vertragsprodukts an dritte Abnehmer;

e) Einschränkung der Freiheit der beteiligten Unternehmen hinsichtlich der Wahl der zu beliefernden Kunden für den Zeitraum nach Ablauf des mit dem Tag des ersten Inverkehrbringens der Vertragsprodukte im Gemeinsamen Markt beginnenden Siebenjahreszeitraums;
f) Verbot des passiven Verkaufs der Vertragsprodukte in Gebieten, die anderen Vertragsparteien vorbehalten sind;
g) Verbot, die Vertragsprodukte in Gebieten innerhalb des Gemeinsamen Markts, die anderen Vertragsparteien vorbehalten sind, in Verkehr zu bringen oder im Rahmen einer aktiven Verkaufspolitik abzusetzen für den Zeitraum nach Ablauf des mit dem Tag des ersten Inverkehrbringens der Vertragsprodukte im Gemeinsamen Markt beginnenden Siebenjahreszeitraums;
h) Verpflichtung, Dritten keine Lizenzen für die Herstellung der Vertragsprodukte oder für die Anwendung der Vertragsverfahren zu erteilen, wenn die Verwertung der Ergebnisse der gemeinsamen Forschungs- und Entwicklungsarbeiten durch mindestens eine Vertragspartei selbst nicht vorgesehen ist oder nicht erfolgt;
i) Verpflichtung, die Annahme von Bestellungen von in ihrem jeweiligen Gebiet ansässigen Nutzern oder Wiederverkäufern, die die Vertragsprodukte in anderen Gebieten innerhalb des Gemeinsamen Marktes in Verkehr bringen wollen, zu verweigern oder
j) Verpflichtung, Nutzern oder Wiederverkäufern den Bezug der Vertragsprodukte bei anderen Wiederverkäufern innerhalb des Gemeinsamen Marktes zu erschweren und insbesondere Rechte an geistigem Eigentum geltend zu machen oder Maßnahmen zu treffen, um Nutzer oder Wiederverkäufer daran zu hindern, Produkte, die von einer anderen Vertragspartei entweder selbst oder mit ihrer Zustimmung rechtmäßig in der Gemeinschaft in Verkehr gebracht worden sind, zu beziehen oder im Gemeinsamen Markt in Verkehr zu bringen.

(2) Absatz 1 gilt nicht für
a) die Aufstellung von Produktionszielen, wenn die Verwertung der Ergebnisse die gemeinsame Produktion der Vertragsprodukte einschließt;
b) die Aufstellung von Verkaufszielen und die Festsetzung von Preisen gegenüber Direktabnehmern, wenn die Verwertung der Ergebnisse den gemeinsamen Vertrieb der Vertragsprodukte einschließt.

Artikel 6
Anwendung der Marktanteilsschwelle

(1) Für die Anwendung der Marktanteilsschwelle im Sinne des Artikels 4 gelten folgende Regeln:
a) Der Marktanteil wird anhand des Absatzwerts berechnet; liegen keine Angaben über den Absatzwert vor, so können zur Ermittlung des Marktanteils Schätzungen vorgenommen werden, die auf anderen verlässlichen Marktdaten unter Einschluss der Absatzmengen beruhen.

b) Der Marktanteil wird anhand der Angaben für das vorhergehende Kalenderjahr ermittelt.
c) Der Marktanteil der in Artikel 2 Nummer 3 Buchstabe e) genannten Unternehmen wird zu gleichen Teilen jedem Unternehmen zugerechnet, das die in Artikel 2 Nummer 3 Buchstabe a) bezeichneten Rechte oder Einflussmöglichkeiten hat.

(2) Beträgt der in Artikel 4 Absatz 3 bezeichnete Marktanteil zunächst nicht mehr als 25 % und überschreitet er anschließend diese Schwelle, übersteigt jedoch nicht 30 %, so gilt die Freistellung nach Artikel 1 im Anschluss an das Jahr, in welchem die 25 %-Schwelle erstmals überschritten wurde, noch für zwei weitere Kalenderjahre.

(3) Beträgt der in Artikel 4 Absatz 3 bezeichnete Marktanteil zunächst nicht mehr als 25 % und überschreitet er anschließend 30 %, so gilt die Freistellung nach Artikel 1 im Anschluss an das Jahr, in welchem die Schwelle von 30 % erstmals überschritten wurde, noch für ein weiteres Kalenderjahr.

(4) Die in den Absätzen 2 und 3 genannten Vorteile dürfen nicht in der Weise miteinander verbunden werden, dass ein Zeitraum von zwei Kalenderjahren überschritten wird.

Artikel 7
Entzug der Freistellung

Gemäß Artikel 7 der Verordnung (EWG) Nr. 2821/71 kann die Kommission im Einzelfall den Vorteil der Anwendung dieser Verordnung entziehen, wenn sie von sich aus oder auf Antrag eines Mitgliedstaats oder einer natürlichen oder juristischen Person, die ein berechtigtes Interesse geltend machen kann, feststellt, dass eine nach Artikel 1 freigestellte Forschungs- und Entwicklungsvereinbarung gleichwohl Wirkungen hat, die mit den Voraussetzungen des Artikels 81 Absatz 3 des Vertrages unvereinbar sind; dies gilt insbesondere dann, wenn

a) die Möglichkeiten für Dritte, Forschungs- und Entwicklungsarbeiten in dem relevanten Bereich durchzuführen, durch die Existenz der Forschungs- und Entwicklungsvereinbarung erheblich eingeschränkt werden, weil anderswo Forschungskapazitäten nur in begrenztem Umfang zur Verfügung stehen;
b) der Zugang Dritter zum Markt der Vertragsprodukte infolge der besonderen Angebotsstruktur durch die Existenz der Forschungs- und Entwicklungsvereinbarung erheblich eingeschränkt wird;
c) die Vertragsparteien ohne sachlich gerechtfertigten Grund die Ergebnisse der gemeinsamen Forschungs- und Entwicklungsarbeiten nicht verwerten;
d) die Vertragsprodukte im Gemeinsamen Markt oder in einem wesentlichen Teil desselben nicht mit gleichen Produkten oder mit Produkten, die von den Nutzern aufgrund ihrer Eigenschaften, ihres Preises und ihres Verwendungszwecks als gleichartig angesehen werden, in wirksamem Wettbewerb stehen;

e) wirksamer Wettbewerb bei Forschung und Entwicklung in einem bestimmten Markt durch die Existenz der Forschungs- und Entwicklungsarbeiten ausgeschaltet würde.

Artikel 8
Übergangsfrist

Das Verbot des Artikels 81 Absatz 1 des Vertrages gilt vom 1. Januar 2001 bis zum 30. Juni 2002 nicht für wirksame Vereinbarungen, die am 31. Dezember 2000 bereits in Kraft waren und die Voraussetzungen für eine Freistellung zwar nach der Verordnung (EWG) Nr. 418/85 nicht aber nach dieser Verordnung erfüllen.

Artikel 9
Geltungsdauer

Diese Verordnung tritt am 1. Januar 2001 in Kraft.

Sie gilt bis zum 31. Dezember 2010.

Diese Verordnung ist in allen ihren Teilen verbindlich und gilt unmittelbar in jedem Mitgliedstaat.

Brüssel, den 29. November 2000

Anhang 3 Bekanntmachung der Kommission über Vereinbarungen von geringer Bedeutung, die den Wettbewerb gemäß Artikel 81 Absatz 1 des Vertrags zur Gründung der Europäischen Gemeinschaft nicht spürbar beschränken (de minimis)[768]

(2001/C 368/07)
(Text von Bedeutung für den EWR)

I.

1. Gemäß Artikel 81 Absatz 1 sind mit dem Gemeinsamen Markt unvereinbar und verboten alle Vereinbarungen zwischen Unternehmen, die den Handel zwischen Mitgliedstaaten zu beeinträchtigen geeignet sind und eine Verhinderung, Einschränkung oder Verfälschung des Wettbewerbs innerhalb des Gemeinsamen Marktes bezwecken oder bewirken. Der Gerichtshof der Europäischen Gemeinschaften hat präzisiert, dass diese Vorschrift nicht eingreift, wenn die Vereinbarung keine spürbaren Auswirkungen auf den innergemeinschaftlichen Handel hat oder keine spürbare Wettbewerbsbeschränkung vorliegt.
2. In der vorliegenden Bekanntmachung quantifiziert die Kommission anhand von Marktanteilsschwellen, wann keine spürbare Wettbewerbsbeschränkung gemäß Artikel 81 EG-Vertrag vorliegt. Diese negative Definition der Spürbarkeit bedeutet nicht, dass Vereinbarungen zwischen Unternehmen, deren Marktanteile über den in dieser Bekanntmachung festgelegten Schwellen liegen, den Wettbewerb spürbar beschränken. Solche Vereinbarungen können trotzdem nur geringfügige Auswirkungen auf den Wettbewerb haben und daher nicht dem Verbot des Artikels 81 Absatz 1[769] unterliegen.

768 Diese Bekanntmachung ersetzt die Bekanntmachung über Vereinbarungen von geringer Bedeutung, die im ABl. C 372 vom 09.12.1997 veröffentlicht wurde.

769 Siehe z.B. Urteil des Gerichtshofs in den verbundenen Rechtssachen C-215/96 und C-216/96: Bagnasco (Carlos) geg. Banca Popolare di Novara und Casa di Risparmio di Genova e Imperia (1999), Slg. I-135, Rdnrn. 34–35. Diese Bekanntmachung lässt die Grundsätze für die Bewertung gemäß Artikel 81 Absatz 1 unberührt, die dargelegt sind in der Bekanntmachung der Kommission »Leitlinien zur Anwendbarkeit von Artikel 81 EGV auf Vereinbarungen über horizontale Zusammenarbeit«, ABl. C 3 vom 06.01.2001, S. 2, insbesondere Ziffern 17–31,

3. Ferner können Vereinbarungen außerhalb des Anwendungsbereichs des Artikel 81 Absatz 1 liegen, wenn sie nicht geeignet sind, den Handel zwischen Mitgliedstaaten spürbar zu beeinträchtigen. Diese Frage wird von der vorliegenden Bekanntmachung nicht behandelt. Die Bekanntmachung macht somit keine Angaben dazu, wann keine spürbaren Auswirkungen auf den Handel vorliegen. Allerdings ist zu berücksichtigen, dass Vereinbarungen zwischen kleinen und mittleren Unternehmen, wie sie im Anhang zur Empfehlung 96/280/EG der Kommission[770] definiert sind, selten geeignet sind, den Handel zwischen Mitgliedstaaten spürbar zu beeinträchtigen. Als kleine und mittlere Unternehmen anzusehen sind nach der genannten Empfehlung derzeit Unternehmen, die weniger als 250 Mitarbeiter haben und deren Jahresumsatz 40 Mio. EUR oder deren Bilanzsumme 27 Mio. EUR nicht übersteigt.
4. In Fällen, die in den Anwendungsbereich dieser Bekanntmachung fallen, wird die Kommission weder auf Antrag noch von Amts wegen ein Verfahren eröffnen. Gehen Unternehmen gutgläubig davon aus, dass eine Vereinbarung in den Anwendungsbereich der Bekanntmachung fällt, wird die Kommission keine Geldbußen verhängen. Die Bekanntmachung soll auch den Gerichten und Behörden der Mitgliedstaaten bei der Anwendung von Artikel 81 als Leitfaden dienen, auch wenn sie für diese nicht verbindlich ist.
5. Die Bekanntmachung gilt auch für Beschlüsse von Unternehmensvereinigungen und aufeinander abgestimmte Verhaltensweisen.
6. Die Bekanntmachung greift der Auslegung von Artikel 81 durch den Gerichtshof und das Gericht erster Instanz der Europäischen Gemeinschaften nicht vor.

II.

7. Die Kommission ist der Auffassung, dass Vereinbarungen zwischen Unternehmen, die den Handel zwischen Mitgliedstaaten beeinträchtigen, den Wettbewerb im Sinne des Artikels 81 Absatz 1 nicht spürbar beschränken,
   a) wenn der von den an der Vereinbarung beteiligten Unternehmen insgesamt gehaltene Marktanteil auf keinem der von der Vereinbarung betroffenen relevanten Märkte 10 % überschreitet in Fällen, wo die Vereinbarung zwischen Unternehmen geschlossen wird, die tatsächliche oder potenzielle Wettbewerber auf einem dieser Märkte sind (Vereinbarung zwischen Wettbewerbern),[771] oder

sowie in der Bekanntmachung der Kommission »Leitlinien für vertikale Beschränkungen«, ABl. C 291 vom 13.10.2000, S. 1, insbesondere Ziffern 5–20.

770 ABl. L 107 vom 30.04.1996, S. 4. Diese Empfehlung wird angepasst werden. Es ist beabsichtigt, den Schwellenwert für den Jahresumsatz von 40 Mio. EUR auf 50 Mio. EUR und den Schwellenwert für die Bilanzsumme von 27 Mio. EUR auf 43 Mio. EUR anzuheben.

771 Zum Begriff des tatsächlichen oder potenziellen Wettbewerbers siehe die Leitlinien der Kommission zur Anwendbarkeit von Artikel 81 EG-Vertrag auf Vereinbarungen über hori-

b) wenn der von jedem der beteiligten Unternehmen gehaltene Marktanteil auf keinem der von der Vereinbarung betroffenen relevanten Märkte 15 % überschreitet in Fällen, wo die Vereinbarung zwischen Unternehmen geschlossen wird, die keine tatsächlichen oder potenziellen Wettbewerber auf diesen Märkten sind (Vereinbarung zwischen Nichtwettbewerbern). Treten Schwierigkeiten bei der Einstufung einer Vereinbarung als Vereinbarung zwischen Wettbewerbern oder als Vereinbarung zwischen Nichtwettbewerbern auf, so gilt die 10 %-Schwelle.

8. Wird in einem relevanten Markt der Wettbewerb durch die kumulative Wirkung von Vereinbarungen beschränkt, die verschiedene Lieferanten oder Händler für den Verkauf von Waren oder Dienstleistungen geschlossen haben (kumulativer Marktabschottungseffekt durch nebeneinander bestehende Netze von Vereinbarungen, die ähnliche Wirkungen auf dem Markt haben), so werden die in Ziffer 7 genannten Marktanteilsschwellen auf 5 % herabgesetzt, sowohl für Vereinbarungen zwischen Wettbewerbern als auch für Vereinbarungen zwischen Nichtwettbewerbern. Bei einzelnen Lieferanten oder Händlern mit einem Marktanteil, der 5 % nicht überschreitet, ist in der Regel nicht davon auszugehen, dass sie wesentlich zu dem kumulativen Abschottungseffekt beitragen.[772] Es ist unwahrscheinlich, dass ein kumulativer Abschottungseffekt vorliegt, wenn weniger als 30 % des relevanten Marktes von nebeneinander bestehenden (Netzen von) Vereinbarungen, die ähnliche Wirkungen auf dem Markt haben, abgedeckt werden.

9. Die Kommission ist weiter der Auffassung, dass Vereinbarungen auch dann nicht wettbewerbsbeschränkend sind, wenn die Marktanteile die in den Ziffern 7 und 8 angegebenen Schwellenwerte von 10 %, 15 % oder 5 % während zwei aufeinander folgender Kalenderjahre um höchstens 2 Prozentpunkte überschreiten.

zontale Zusammenarbeit, ABl. C 3 vom 6. 1. 2001, Ziffer 9. Ein Unternehmen wird als tatsächlicher Wettbewerber angesehen, wenn es entweder auf demselben relevanten Markt tätig ist oder wenn es auch ohne Vereinbarung in der Lage wäre, in Erwiderung auf eine geringe aber dauerhafte Erhöhung der relativen Preise seine Produktion auf die relevanten Produkte umzustellen und sie kurzfristig auf den Markt zu bringen, ohne spürbare zusätzliche Kosten oder Risiken zu gewärtigen (sofortige Substituierbarkeit auf der Angebotsseite). Ein Unternehmen wird als potenzieller Wettbewerber angesehen, wenn es Anhaltspunkte dafür gibt, dass es ohne die Vereinbarung die notwendigen zusätzlichen Investitionen und andere erforderliche Umstellungskosten auf sich nehmen könnte und wahrscheinlich auch würde, um als Reaktion auf eine geringfügige, aber dauerhafte Heraufsetzung der relativen Preise gegebenenfalls in den Markt einzutreten.

772 Siehe auch die Leitlinien der Kommission für vertikale Beschränkungen, ABl. C 291 vom 13.10.2000, insbesondere die Ziffern 73, 142, 143 und 189. Während in den Leitlinien für vertikale Beschränkungen bei bestimmten Beschränkungen nicht nur auf den gesamten, sondern auch auf den gebundenen Marktanteil eines bestimmten Lieferanten oder Käufers abgestellt wird, beziehen sich alle Marktanteilsschwellen in der vorliegenden Bekanntmachung auf den gesamten Marktanteil.

10. Zur Berechnung des Marktanteils muss der relevante Markt bestimmt werden, und zwar sowohl der relevante Produktmarkt als auch der räumlich relevante Markt. Bei der Definition dieses Marktes sollte auf die Bekanntmachung der Kommission über die Definition des relevanten Marktes im Sinne des Wettbewerbsrechts der Gemeinschaft zurückgegriffen werden.[773] Bei der Marktanteilsberechnung sollte grundsätzlich der Absatzwert, oder, wo es darauf ankommt, der Wert der auf dem Markt getätigten Käufe zugrunde gelegt werden. Sind keine Wertangaben vorhanden, dürfen auch begründete Schätzungen vorgenommen werden, die auf anderen verlässlichen Marktdaten, einschließlich Mengenangaben, beruhen.
11. Die Ziffern 7, 8 und 9 gelten nicht für Vereinbarungen, die eine der nachstehenden schwerwiegenden Beschränkungen (Kernbeschränkungen) enthalten:
    1. bei Vereinbarungen zwischen Wettbewerbern, wie sie in Ziffer 7 definiert sind, Beschränkungen, die unmittelbar oder mittelbar, für sich allein oder in Verbindung mit anderen Umständen unter der Kontrolle der Vertragsparteien Folgendes bezwecken[774]:
       a) die Festsetzung der Preise beim Verkauf von Erzeugnissen an Dritte;
       b) die Beschränkung der Produktion oder des Absatzes;
       c) die Aufteilung von Märkten oder Kunden;
    2. bei Vereinbarungen zwischen Nichtwettbewerbern wie sie in Ziffer 7 definiert sind, Beschränkungen, die unmittelbar oder mittelbar, für sich allein oder in Verbindung mit anderen Umständen unter der Kontrolle der Vertragsparteien Folgendes bezwecken:
       a) die Beschränkung der Möglichkeiten des Käufers, seinen Verkaufspreis selbst festzusetzen; dies gilt unbeschadet der Möglichkeit des Lieferanten, Höchstverkaufspreise festzusetzen oder Preisempfehlungen auszusprechen, sofern sich diese nicht infolge der Ausübung von Druck oder der Gewährung von Anreizen durch eine der Vertragsparteien tatsächlich wie Fest- oder Mindestverkaufspreise auswirken;
       b) Beschränkungen des Gebiets oder des Kundenkreises, in das oder an den der Käufer die Vertragswaren oder -dienstleistungen verkaufen darf, mit Ausnahme der nachstehenden Beschränkungen, die keine Kernbeschränkungen sind:
          – Beschränkungen des aktiven Verkaufs in Gebiete oder an Gruppen von Kunden, die der Lieferant sich selbst vorbehalten oder ausschließlich einem anderen Käufer zugewiesen hat, sofern dadurch Verkäufe seitens der Kunden des Käufers nicht begrenzt werden;

773 ABl. C 372 vom 19.12.1997, S. 5.

774 Dies lässt Fälle einer gemeinsamen Produktion mit oder ohne gemeinsamen Vertrieb unberührt, wie sie in Artikel 5 Absatz 2 der Verordnung (EG) Nr. 2658/2000 der Kommission und Artikel 5 Absatz 2 der Verordnung (EG) Nr. 2659/2000 der Kommission, ABl. L 304 vom 05.12.2000, S. 3 bzw. 7, definiert sind.

- Beschränkungen des Verkaufs an Endbenutzer durch Käufer, die auf der Großhandelsstufe tätig sind;
- Beschränkungen des Verkaufs an nicht zugelassene Händler, die Mitgliedern eines selektiven Vertriebssystems auferlegt werden;
- Beschränkungen der Möglichkeiten des Käufers, Bestandteile, die zwecks Einfügung in andere Erzeugnisse geliefert werden, an Kunden zu verkaufen, welche diese Bestandteile für die Herstellung derselben Art von Erzeugnissen verwenden würden, wie sie der Lieferant herstellt;

c) Beschränkungen des aktiven oder passiven Verkaufs an Endverbraucher, soweit diese Beschränkungen Mitgliedern eines selektiven Vertriebssystems auferlegt werden, welche auf der Einzelhandelsstufe tätig sind; dies gilt unbeschadet der Möglichkeit, Mitgliedern des Systems zu verbieten, Geschäfte von nicht zugelassenen Niederlassungen aus zu betreiben;

d) die Beschränkung von Querlieferungen zwischen Händlern innerhalb eines selektiven Vertriebssystems, auch wenn diese auf unterschiedlichen Handelsstufen tätig sind;

e) Beschränkungen, die zwischen dem Lieferanten und dem Käufer von Bestandteilen, welche dieser in andere Erzeugnisse einfügt, vereinbart werden und die den Lieferanten hindern, diese Bestandteile als Ersatzteile an Endverbraucher oder an Reparaturwerkstätten oder andere Dienstleistungserbringer zu verkaufen, die der Käufer nicht mit der Reparatur oder Wartung seiner eigenen Erzeugnisse betraut hat;

3. bei Vereinbarungen zwischen Wettbewerbern wie sie in Ziffer 7 definiert sind, wenn die Wettbewerber zwecks Durchführung der Vereinbarung auf unterschiedlichen Produktions- oder Vertriebsstufen tätig sind, jede der in den Absätzen 1 und 2 genannten Kernbeschränkungen.

12.1. Die Begriffe des »Unternehmens«, »beteiligten Unternehmens«, des »Händlers«, des »Lieferanten« und des »Käufers« im Sinne dieser Bekanntmachung schließen die mit diesen jeweils verbundenen Unternehmen ein.

2. Verbundene Unternehmen sind:

a) Unternehmen, in denen ein an der Vereinbarung beteiligtes Unternehmen unmittelbar oder mittelbar
   - über mehr als die Hälfte der Stimmrechte verfügt oder
   - mehr als die Hälfte der Mitglieder des Leitungs- oder Verwaltungsorgans oder der zur gesetzlichen Vertretung berufenen Organe bestellen kann oder
   - das Recht hat, die Geschäfte des Unternehmens zu führen;

b) Unternehmen, die in einem an der Vereinbarung beteiligten Unternehmen unmittelbar oder mittelbar die unter Buchstabe a) bezeichneten Rechte oder Einflussmöglichkeiten haben;

c) Unternehmen, in denen ein unter Buchstabe b) genanntes Unternehmen unmittelbar oder mittelbar die unter Buchstabe a) bezeichneten Rechte oder Einflussmöglichkeiten hat;

d) Unternehmen, in denen eine der Vertragsparteien gemeinsam mit einem oder mehreren der unter den Buchstaben a), b) oder c) genannten Unternehmen oder in denen zwei oder mehr als zwei der zuletzt genannten Unternehmen gemeinsam die in Buchstabe a) bezeichneten Rechte oder Einflussmöglichkeiten haben;

e) Unternehmen, in denen
   - Vertragsparteien oder mit ihnen jeweils verbundene Unternehmen im Sinne der Buchstaben a) bis d) oder
   - eine oder mehrere der Vertragsparteien oder eines oder mehrere der mit ihnen im Sinne der Buchstaben a) bis d) verbundenen Unternehmen und ein oder mehrere dritte Unternehmen.

   gemeinsam die unter Buchstabe a) bezeichneten Rechte oder Einflussmöglichkeiten haben.

3. Bei der Anwendung von Absatz 2 Buchstabe e) wird der Marktanteil des Unternehmens, an dem die gemeinsamen Rechte oder Einflussmöglichkeiten bestehen, jedem der Unternehmen, das die in Absatz 2 Buchstabe a) bezeichneten Rechte oder Einflussmöglichkeiten hat, zu gleichen Teilen zugerechnet.

Anhang 4 Bekanntmachung der Kommission Leitlinien zur Anwendbarkeit von Artikel 81 EG-Vertrag auf Vereinbarungen über horizontale Zusammenarbeit (bis einschließlich Abschnitt 2 »Vereinbarungen über Forschung und Entwicklung«)

(2001/C 3/02)
(Text von Bedeutung für den EWR)

1. Einleitung

1.1 Zweck

1. In diesen Leitlinien werden die Grundsätze für die Bewertung von Vereinbarungen über horizontale Zusammenarbeit gemäß Artikel 81 EG-Vertrag dargelegt. Eine horizontale Zusammenarbeit liegt vor, wenn auf derselben Marktstufe zwischen Unternehmen eine Vereinbarung geschlossen oder eine Verhaltensweise aufeinander abgestimmt wird. In den meisten Fällen geht es um eine Zusammenarbeit zwischen Wettbewerbern, z.B. auf den Gebieten Forschung und Entwicklung (FuE), Produktion, Einkauf oder Vertrieb.
2. Horizontale Zusammenarbeit kann zu Wettbewerbsproblemen führen. Dies ist z.B. der Fall, wenn die an einer Zusammenarbeit beteiligten Unternehmen gemeinsam Preise oder Produktionsmengen festsetzen, Märkte aufteilen oder aufgrund der Zusammenarbeit Marktmacht behalten, erlangen oder ausbauen und auf diese Weise negative Auswirkungen bei den Preisen der Produktion, der Innovation oder der Vielfalt und Qualität der Produkte verursachen.
3. Andererseits kann die horizontale Zusammenarbeit erheblichen wirtschaftlichen Nutzen erbringen. Die Unternehmen müssen sich im Zuge der Globalisierung, des raschen technischen Wandels und der zunehmenden Dynamik der Märkte dem wachsenden Wettbewerbsdruck und den sich verändernden Märkten stellen. Die Zusammenarbeit kann einen Weg darstellen, um Risiken zu teilen, Kosten einzusparen, Know-how zusammenzulegen und die Innovation zu beschleunigen. Insbesondere für kleine und mittlere Unternehmen ist die Zusammenarbeit ein wichtiges Mittel der Anpassung an die sich verändernden Marktbedingungen.

4. Auch wenn sich die Kommission bewusst ist, dass durch Zusammenarbeit wirtschaftlicher Nutzen entstehen kann, muss sie die Aufrechterhaltung eines wirksamen Wettbewerbs gewährleisten. Artikel 81 ist der rechtliche Rahmen für eine ausgewogene Bewertung, wobei die wettbewerbswidrigen Auswirkungen gegen den wirtschaftlichen Nutzen abzuwägen sind.
5. Bisher haben zwei Bekanntmachungen und zwei Gruppenfreistellungsverordnungen Anleitungen für die Bewertung der horizontalen Zusammenarbeit gemäß Artikel 81 enthalten. Mit der Verordnung (EWG) Nr. 417/85,[775] zuletzt geändert durch die Verordnung (EG) Nr. 2236/97[776] und der Verordnung (EWG) Nr. 418/85[777] der Kommission, zuletzt geändert durch die Verordnung Nr. 2236/97, wurden bestimmte Formen von Spezialisierungsvereinbarungen bzw. Vereinbarungen über Forschung und Entwicklung (FuE) freigestellt. Diese beiden Verordnungen sind durch die Verordnung (EG) Nr. 2658/2000 vom 29. November 2000 über die Anwendung von Artikel 81 Absatz 3 des Vertrages auf Gruppen von Spezialisierungsvereinbarungen[778] (»die Gruppenfreistellungsverordnung über Spezialisierung«) und die Verordnung (EG) Nr. 2659/2000 vom 29. November 2000 über die Anwendung von Artikel 81 Absatz 3 des Vertrages auf Gruppen von Vereinbarungen über Forschung und Entwicklung[779] (»die FuE-Gruppenfreistellungsverordnung«) ersetzt worden. Die beiden Bekanntmachungen enthielten Leitlinien für bestimmte von Artikel 81[780] nicht erfasste Arten von Kooperationsvereinbarungen und für die Bewertung kooperativer Gemeinschaftsunternehmen.[781]
6. Die Marktveränderungen haben zu vielfältigeren Erscheinungs- und Anwendungsformen der horizontalen Zusammenarbeit geführt. Es sind vollständigere und aktuellere Leitlinien erforderlich, um die Klarheit und Transparenz bei der Anwendung von Artikel 81 in diesem Bereich zu erhöhen. Bei der Bewertung muss größerer Nachdruck auf ökonomische Kriterien gelegt werden, um so den jüngsten Entwicklungen in der Entscheidungspraxis und der Rechtsprechung des Gerichtshofes und des Gerichts erster Instanz besser Rechnung zu tragen.
7. Mit diesen Leitlinien soll ein analytischer Rahmen für die Bewertung der üblichsten Formen der horizontalen Zusammenarbeit gesteckt werden. Ihm liegen Kriterien zugrunde, anhand deren das wirtschaftliche Umfeld einer Kooperationsvereinbarung untersucht werden kann. Wirtschaftliche Kriterien wie die Marktmacht der Beteiligten und andere Merkmale der Marktstruktur sind ein wesentlicher Bestandteil bei der Ermittlung der von einer Zusammenarbeit zu erwartenden Auswirkungen und damit für eine Bewer-

775 ABl. L 53 vom 22.02.1985, S. 1.
776 ABl. L 306 vom 11.11.1997, S. 12.
777 ABl. L 53 vom 22.02.1985, S. 5.
778 ABl. L 304 vom 05.12.2000, S. 3.
779 ABl. L 304 vom 05.12.2000, S. 7.
780 ABl. C 75 vom 29.07.1968, S. 3.
781 ABl. C 43 vom 16.02.1993, S. 2.

tung gemäß Artikel 81. Angesichts der großen Vielfalt der Arten und Kombinationen horizontaler Zusammenarbeit und der jeweiligen Marktbedingungen wäre es unmöglich, eine verbindliche Aussage zu jedem Einzelfall zu machen. Dieser auf wirtschaftlichen Kriterien beruhende analytische Rahmen soll die Unternehmen bei der Ermittlung der Vereinbarkeit ihrer jeweiligen Kooperationsvereinbarung mit Artikel 81 unterstützen.

8. Die Leitlinien ersetzen nicht nur die in Ziffer 5 erwähnten Bekanntmachungen, sie erfassen darüber hinaus eine breitere Palette der üblichsten Formen horizontaler Vereinbarungen. Sie ergänzen die FuE-Gruppenfreistellungsverordnung und die Gruppenfreistellungsverordnung über Spezialisierungsvereinbarungen.

1.2 Anwendungsbereich der Leitlinien

9. Diese Leitlinien erstrecken sich auf Vereinbarungen oder aufeinander abgestimmte Verhaltensweisen (im Folgenden: Vereinbarungen), die zwischen zwei oder mehr Unternehmen eingegangen werden, die auf derselben Marktstufe, z.B. derselben Stufe der Produktion oder des Vertriebs, tätig sind. Der Schwerpunkt liegt hierbei auf der Zusammenarbeit zwischen Wettbewerbern. Der Ausdruck »Wettbewerber« bezieht sich in diesen Leitlinien sowohl auf tatsächliche[782] als auch auf potenzielle Wettbewerber.[783]

782 Ein Unternehmen wird als tatsächlicher Wettbewerber angesehen, wenn es entweder auf demselben relevanten Markt tätig ist oder wenn es auch ohne Vereinbarung in der Lage wäre, seine Produktion auf die relevanten Produkte umzustellen und sie kurzfristig auf den Markt zu bringen, ohne spürbare zusätzliche Kosten oder Risiken in Erwiderung auf eine geringe aber dauerhafte Erhöhung der relativen Preise zu gewärtigen (sofortige Substituierbarkeit auf der Angebotsseite). Dieselbe Überlegung kann zu einer Gruppierung unterschiedlicher geographischer Gebiete führen. Ein Unternehmen, das aus Gründen der Substituierbarkeit auf der Angebotsseite vorhandene materielle und immaterielle Vermögenswerte in größerem Umfang umstellen, zusätzliche Investitionen tätigen, strategische Entscheidungen treffen oder Verzögerungen hinnehmen müsste, wird jedoch nicht als tatsächlicher, sondern potenzieller Wettbewerber angesehen (siehe unten). Siehe auch Mitteilung der Kommission über die Definition des relevanten Marktes im Sinne des Wettbewerbsrechts der Gemeinschaft (ABl. C 372 vom 09.12.1997, S. 5, Ziffer 20–23).

783 Ein Unternehmen wird als potenzieller Wettbewerber angesehen, wenn es Anhaltspunkte dafür gibt, dass es ohne die Vereinbarung die notwendigen zusätzlichen Investitionen und andere erforderliche Umstellungskosten auf sich nehmen könnte und wahrscheinlich auch würde, um als Reaktion auf eine geringfügige, aber dauerhafte Heraufsetzung der relativen Preise gegebenenfalls in den Markt einzutreten. Dieser Einschätzung müssen realistische Erwägungen zugrunde liegen; die rein theoretische Möglichkeit eines Marktzutritts reicht hierzu nicht aus (siehe Mitteilung der Kommission über die Definition des relevanten Marktes im Sinne des Wettbewerbsrechts der Gemeinschaft, Ziffer 24; siehe auch Dreizehnter Bericht über die Wettbewerbspolitik, Ziffer 55 und Entscheidung 90/410/EWG in der Sache Elopak/Metal Box-Odin (IV.92.009) im ABl. L 209 vom 08.08.1990, S. 15). Ein Marktzutritt muss so schnell erfolgen, dass diese Drohung das Verhalten der Marktteilnehmer diszipliniert. Dies bedeutet in der Regel, dass der Eintritt innerhalb einer kurzen Frist erfolgen muss. In Rand-

10. In den vorliegenden Leitlinien können jedoch nicht alle möglichen horizontalen Vereinbarungen behandelt werden. Erörtert werden nur diejenigen Arten der Zusammenarbeit, die zu Effizienzgewinnen führen können, wie Vereinbarungen über FuE, Produktion, Einkauf, Vermarktung, Normung und Umweltschutz. Andere horizontale Vereinbarungen zwischen Wettbewerbern, z.B. über den Informationsaustausch oder Minderheitsbeteiligungen, müssen getrennt behandelt werden.
11. Vereinbarungen zwischen Unternehmen, die auf unterschiedlichen Ebenen der Produktions- oder Vertriebskette tätig sind, d.h. vertikale Vereinbarungen, sind grundsätzlich von diesen Leitlinien ausgenommen und werden in der Verordnung (EG) Nr. 2790[784] (der »Gruppenfreistellungsverordnung über vertikale Beschränkungen«) und den Leitlinien für vertikale Beschränkungen[785] behandelt. Werden aber vertikale Vereinbarungen, z.B. Vertriebsvereinbarungen, zwischen Wettbewerbern geschlossen, so können ihre Wirkungen im Markt und etwaige Wettbewerbsprobleme mit solchen von horizontalen Vereinbarungen vergleichbar sein. Deshalb müssen diese Vereinbarungen gemäß den Grundsätzen der vorliegenden Leitlinien gewürdigt werden, was die ergänzende Anwendung der Leitlinien über vertikale Beschränkungen nicht ausschließt, um die in den betreffenden Vereinbarungen enthaltenen vertikalen Beschränkungen zu ermitteln.[786]
12. Vereinbarungen können verschiedene Stufen der Zusammenarbeit, z.B. FuE und die Nutzung ihrer Ergebnisse betreffen. Soweit sie nicht von der Verordnung (EWG) Nr. 4064/89 des Rates vom 21. Dezember 1989 über die Kontrolle von Unternehmenszusammenschlüssen,[787] zuletzt geändert durch die Verordnung (EG) Nr. 1310/97[788] (Fusionskontrollverordnung), erfasst werden, werden derartige Vereinbarungen in diesen Leitlinien erörtert. Der Schwerpunkt einer Zusammenarbeit entscheidet darüber, welcher Abschnitt dieser Leitlinien auf die jeweilige Vereinbarung anwendbar ist. Bei der Ermittlung des Schwerpunkts sind insbesondere zwei Faktoren zu berücksichtigen: Erstens der Ausgangspunkt der Zusammenarbeit und zweitens der Grad der Integration der verschiedenen miteinander kombinierten Funktionen. Eine Zusammenarbeit, die sowohl die gemeinsame Forschung und Entwicklung, als auch die gemeinsame gewerbliche Nutzung ihrer Ergebnis-

nummer 26 der Leitlinien für vertikale Beschränkungen ist im Hinblick auf die Anwendung der Gruppenfreistellungsverordnung für vertikale Beschränkungen (ABl. C 291 vom 13.10.2000; S. 1, Randnr. 26) eine Frist von höchstens einem Jahr vorgesehen. In Einzelfällen können jedoch auch längere Zeiträume berücksichtigt werden. Zur Ermittlung des jeweiligen Zeitraums können die Fristen herangezogen werden, die von den in dem betreffenden Markt tätigen Unternehmen benötigt werden, um ihre Kapazitäten entsprechend anzupassen.

784 ABl. L 336 vom 29.12.1999, S. 21.

785 ABl. C 291 vom 13.10.2000, S. 1.

786 Die Abgrenzung zwischen horizontalen und vertikalen Vereinbarungen wird in den Kapiteln über gemeinsamen Einkauf (Kapitel IV) und gemeinsamen Vertrieb (Kapitel V) vertieft (siehe auch Randnummern 26 und 29 der Leitlinien für vertikale Beschränkungen).

787 ABl. L 395 vom 30.12.1989; korrigierte Fassung ABl. L 257 vom 21.09.1990, S. 13.

788 ABl. L 180 vom 09.07.1997.

se umfasst, wird normalerweise in dem Abschnitt »Forschungs- und Entwicklungsvereinbarungen« behandelt, da eine gemeinsame Fertigung nur aufgenommen wird, wenn die gemeinsame Forschung und Entwicklung erfolgreich war. Dies bedeutet, dass die Ergebnisse der gemeinsamen Forschung und Entwicklung ausschlaggebend für die gewerbliche Nutzung sind. Die FuE-Vereinbarung kann somit als der Ausgangspunkt für die Zusammenarbeit angesehen werden. Diese Einschätzung würde sich ändern, wenn eine Vereinbarung zwar eine vollständige Integration im Bereich der Produktion, aber nur eine Teilintegration von einigen FuE-Tätigkeiten vorsieht. In einem solchen Fall würden mögliche wettbewerbswidrige Wirkungen und der wirtschaftliche Nutzen der Zusammenarbeit weitgehend die gemeinsame Produktion betreffen, weshalb die Vereinbarung nach den Grundsätzen des Abschnitts über »Produktionsvereinbarungen« zu untersuchen wäre. Komplexere Vorgänge wie strategische Allianzen, bei denen unterschiedliche Bereiche und Instrumente der Zusammenarbeit auf verschiedene Weise miteinander verbunden werden, werden von diesen Leitlinien nicht erfasst. Die Bewertung eines jeden Bereichs der Zusammenarbeit innerhalb einer Allianz kann anhand des entsprechenden Kapitels der Leitlinien vorgenommen werden. Komplexe Vorgänge müssen jedoch auch in ihrer Gesamtheit untersucht werden. Angesichts der Vielfalt der in einer Allianz miteinander verbundenen Bereiche ist es unmöglich, generelle Leitlinien für eine solche Gesamtbewertung aufzustellen. Allianzen oder sonstige Formen der Zusammenarbeit, die im Wesentlichen aus Absichtserklärungen bestehen, können gemäß den Wettbewerbsregeln erst bewertet werden, wenn ihr Anwendungsbereich genau umrissen ist.

13. Die in diesen Leitlinien dargelegten Kriterien gelten für die Zusammenarbeit sowohl in Bezug auf Waren als auch Dienstleistungen, die gemeinsam als »Produkte« bezeichnet werden. Die Leitlinien gelten jedoch nicht, wenn sektorspezifische Regeln, wie z.B. in den Bereichen Landwirtschaft, Verkehr oder Versicherungen, anwendbar sind.[789] Von der Fusionskontrollverordnung erfasste Vorhaben sind ebenfalls nicht Gegenstand dieser Leitlinien.

789 Verordnung Nr. 26 des Rates: Landwirtschaft (ABl. 30 vom 20.04.1962, S. 993/62); Verordnung (EWG) Nr. 1017/68 des Rates vom 19. Juli 1968: Eisenbahn-, Straßen- und Binnenschiffsverkehr (ABl. L 175 vom 23.07.1968, S. 1); Verordnung (EWG) Nr. 4056/86 des Rates: Seeverkehr (ABl. L 378 vom 31.12.1986, S. 4); Verordnung (EWG) Nr. 3975/87 des Rates: Luftverkehr (ABl. L 374 vom 31.12.1987, S. 1); Verordnung (EWG) Nr. 3976/87 des Rates: Luftverkehr (ABl. L 374 vom 31.12.1987, S. 9); Verordnung (EWG) Nr. 1617/93 der Kommission: Gruppenfreistellung für Vereinbarungen über die gemeinsame Planung und Koordinierung von Flugplänen, den gemeinsamen Betrieb von Flugdiensten, Tarifkonsultationen im Personen- und Frachtlinienverkehr sowie die Zuweisung von Zeitnischen auf Flughäfen (ABl. L 155 vom 26.06.1993, S. 18); Verordnung (EWG) Nr. 479/92 des Rates vom 25. Februar 1992: Linienreedereien (ABl. L 55 vom 29.02.1992, S. 3); Verordnung (EG) Nr. 870/95 der Kommission vom 20. April 1995: Gruppenfreistellung für bestimmte Vereinbarungen von Linienreedereien (ABl. L 89 vom 21.04.1995, S. 7); Verordnung (EWG) Nr. 1534/91 des Rates vom 31. Mai 1991: Versicherungswirtschaft (ABl. L 143 vom 07.06.1991, S. 1); Verordnung (EWG) Nr. 3932/92 der Kommission vom 21. Dezember 1992: Gruppenfreistellung für bestimmte Vereinbarungen von Versicherungsunternehmen (ABl. L 398 vom 31.12.1992, S. 7).

14. Artikel 81 gilt nur für diejenigen horizontalen Kooperationsvereinbarungen, die den Handel zwischen Mitgliedstaaten beeinträchtigen können. Die vorliegenden Leitlinien befassen sich nicht mit der Frage, ob eine bestimmte Vereinbarung den Handel beeinträchtigen kann. Den nachstehenden Grundsätzen über die Anwendbarkeit von Artikel 81 liegt die Annahme zugrunde, dass der Handel zwischen Mitgliedstaaten beeinträchtigt wird. Diese Frage muss allerdings konkret in jedem Einzelfall untersucht werden.
15. Artikel 81 gilt nicht für Vereinbarungen von geringer Bedeutung, weil solche Vereinbarungen nicht geeignet sind, eine erhebliche Einschränkung des Wettbewerbs zu bezwecken oder zu bewirken. Diese Leitlinien lassen daher die Anwendung der geltenden Bekanntmachung über Vereinbarungen von geringer Bedeutung[790] oder künftiger einschlägiger Bekanntmachungen unberührt.
16. Die in diesen Leitlinien dargelegte Würdigung gemäß Artikel 81 erfolgt unbeschadet einer parallelen Anwendung des Artikels 82 EG-Vertrag auf horizontale Kooperationsvereinbarungen. Von diesen Leitlinien unberührt bleiben auch mögliche Auslegungen des Gerichts erster Instanz und des Gerichtshofs der Europäischen Gemeinschaften in Bezug auf die Anwendbarkeit von Artikel 81 auf horizontale Vereinbarungen.

1.3 Grundsätze für die Bewertung nach Artikel 81

1.3.1 *Artikel 81 Absatz 1*

17. Artikel 81 Absatz 1 gilt für horizontale Kooperationsvereinbarungen, die eine Verhinderung, Beschränkung oder Verfälschung des Wettbewerbs bezwecken oder bewirken (nachstehend: Wettbewerbsbeschränkungen).
18. In manchen Fällen weist die Art der Zusammenarbeit bereits auf die Anwendbarkeit des Artikels 81 Absatz 1 hin. Dies gilt z.B. für Vereinbarungen, die durch die Festsetzung der Preise, Begrenzung der Produktion oder Aufteilung der Märkte oder Kunden eine Wettbewerbsbeschränkung bezwecken. Bei diesen Vereinbarungen wird davon ausgegangen, dass sie negative Auswirkungen auf den Markt haben. Daher brauchen ihre tatsächlichen Auswirkungen auf den Wettbewerb und den Markt nicht im Hinblick auf die Erfüllung der Tatbestandsmerkmale des Artikels 81 Absatz 1 untersucht zu werden.
19. Viele horizontale Kooperationsvereinbarungen bezwecken jedoch keine Wettbewerbsbeschränkung, weshalb deren Wirkungen untersucht werden müssen. Für eine solche Analyse reicht es nicht aus, dass eine Vereinbarung den Wettbewerb zwischen den Beteiligten einschränkt. Sie muss auch den Wettbewerb im betroffenen Markt in einem Maße beeinträchtigen können, dass negative Auswirkungen hinsichtlich Preisen, Produktion, Innovation oder Vielfalt und Qualität der Waren und Dienstleistungen zu erwarten sind.

790 Siehe Bekanntmachung über Vereinbarungen von geringer Bedeutung (ABl. C 372 vom 09.12.1997, S. 13).

20. Ob eine Vereinbarung nachteilige Marktwirkungen zeitigen kann, hängt von dem jeweiligen wirtschaftlichen Umfeld ab, wobei sowohl auf die Art der Vereinbarung als auch auf die gemeinsame Marktmacht der Vertragspartner abzustellen ist, die – zusammen mit anderen strukturellen Faktoren – darüber entscheiden, ob und inwieweit eine Zusammenarbeit den Wettbewerb insgesamt in einem erheblichen Maße beeinträchtigen kann.

Art der Vereinbarung

21. Die Art einer Vereinbarung ergibt sich aus Faktoren wie dem Gebiet und Zweck der Zusammenarbeit, dem Wettbewerbsverhältnis zwischen den Beteiligten und dem Umfang, in welchem sie ihre Tätigkeiten zusammenlegen. Diese Faktoren entscheiden über die Wahrscheinlichkeit einer Koordinierung des Marktverhaltens der Beteiligten.
22. Bestimmte Arten von Vereinbarungen, z.B. die meisten FuE-Vereinbarungen oder die Zusammenarbeit bei der Festsetzung von Normen oder der Verbesserung von Umweltbedingungen, bewirken nur in seltenen Fällen Beschränkungen bei den Preisen und der Produktion. Nachteilige Wirkungen derartiger Vereinbarungen ergeben sich, wenn überhaupt, bei der Innovation oder der Produktvielfalt. Außerdem können sie Probleme der Marktabschottung aufwerfen.
23. Andere Arten der Zusammenarbeit, z.B. Vereinbarungen über die Produktion oder den Einkauf, bewirken in der Regel eine gewisse Angleichung der (Gesamt-)Kosten. Wenn diese Angleichung erheblich ist, können die Beteiligten einfacher die Marktpreise und ihre Produktion abstimmen. Eine erhebliche Angleichung der Kosten kann nur unter bestimmten Voraussetzungen erreicht werden: Erstens muss auf den Bereich der Zusammenarbeit, z.B. die Produktion oder den Einkauf, ein hoher Anteil der Gesamtkosten in einem Markt entfallen; zweitens müssen die Vertragspartner ihre Tätigkeiten in dem Bereich der Zusammenarbeit in einem erheblichen Umfang zusammenlegen. Dies ist z.B. der Fall, wenn sie ein wichtiges Zwischenerzeugnis oder einen hohen Anteil des Enderzeugnisses gemeinsam herstellen bzw. einkaufen.

Vereinbarungen, die nicht von Artikel 81 Absatz 1 erfasst werden

24. Bestimmte Gruppen von Vereinbarungen werden ihrem Wesen nach nicht von Artikel 81 Absatz 1 erfasst. Dies gilt normalerweise für eine Zusammenarbeit, die keine Koordinierung des Wettbewerbsverhaltens der Vertragspartner bedingt, wie
    - die Zusammenarbeit zwischen Nichtwettbewerbern,
    - die Zusammenarbeit zwischen Wettbewerbern, wenn sie die von der Zusammenarbeit erfasste Tätigkeit oder das Projekt nicht eigenständig durchführen können,

– die Zusammenarbeit bei einer Tätigkeit, welche die relevanten Wettbewerbsparameter nicht beeinflusst. Diese Arten der Zusammenarbeit fallen nur dann in den Anwendungsbereich des Artikels 81 Absatz 1, wenn Unternehmen mit einer erheblichen Marktmacht[791] beteiligt sind und die Zusammenarbeit zu Abschottungsproblemen gegenüber Dritten führen kann.

Vereinbarungen, die fast immer von Artikel 81 Absatz 1 erfasst werden

25. Eine andere Art von Vereinbarungen kann normalerweise sofort als eine Gruppe angesehen werden, die in den Anwendungsbereich des Artikels 81 fällt. Hierbei handelt es sich um Kooperationsvereinbarungen, die durch die Festsetzung von Preisen, die Beschränkung der Produktion oder die Aufteilung von Märkten oder Kunden eine Einschränkung des Wettbewerbs bezwecken. Diese Beschränkungen werden als äußerst schädlich angesehen, weil sie unmittelbar das Wettbewerbsgeschehen beeinflussen. Die Festsetzung von Preisen und die Beschränkung der Produktion haben unmittelbar zur Folge, dass die Abnehmer höhere Preise zahlen müssen oder nicht die gewünschten Mengen erhalten können. Die Aufteilung von Märkten oder Kunden führt zu einer Einschränkung des Angebots und folglich zu höheren Preisen oder einer verminderten Produktion. Deswegen kann davon ausgegangen werden, dass diese Beschränkungen negative Wirkungen im Markt haben und daher fast immer untersagt sind.[792]

Vereinbarungen, die von Artikel 81 Absatz 1 erfasst werden können

26. Vereinbarungen, die den erwähnten Kategorien nicht angehören, bedürfen einer weitergehenden Untersuchung, um über die Anwendbarkeit von Artikel 81 Absatz 1 zu befinden. Diese Untersuchung muss sich auf marktbezogene Kriterien, z.B. die Marktstellung der Partner und sonstige strukturellen Faktoren stützen.

791 Unternehmen können auch unterhalb der Marktbeherrschung, bei der Artikel 82 greift, über erhebliche Marktmacht verfügen.

792 Dies gilt jedoch ausnahmsweise nicht für Produktions-Gemeinschaftsunternehmen. Charakteristisch für die Funktionsweise solcher Gemeinschaftsunternehmen (GU) ist nämlich, dass Entscheidungen über die Produktion von den beteiligten Unternehmen gemeinsam getroffen werden. Wenn das GU die gemeinsam hergestellten Produkte außerdem vermarktet, müssen auch die Preisentscheidungen von den an der Vereinbarung beteiligten Unternehmen gemeinsam getroffen werden. In diesem Fall führt die Aufnahme von Bestimmungen über Preise nicht automatisch dazu, dass die Vereinbarung unter Artikel 81 Absatz 1 fällt. Die Bestimmungen über Preise oder Produktion werden in Verbindung mit den anderen Auswirkungen des Gemeinschaftsunternehmens auf den Markt daraufhin geprüft werden müssen, ob Artikel 81 Absatz 1 anwendbar ist (siehe auch Ziffer 90).

Marktmacht und Marktstruktur

27. Ausgangspunkt für die Untersuchung ist die Stellung der Beteiligten in den von der Zusammenarbeit betroffenen Märkten, um zu ermitteln, ob die Partner durch die Zusammenarbeit Marktmacht behalten, erlangen oder ausbauen können, ob sie also die Möglichkeit haben, den Markt hinsichtlich Preisen, Produktion, Innovation oder Vielfalt sowie Qualität der Waren und Dienstleistungen negativ zu beeinflussen. Hierzu müssen die relevanten Märkte anhand der in der Bekanntmachung der Kommission über die Definition des relevanten Marktes[793] verwendeten Methode abgegrenzt werden. Für bestimmte Arten von Märkten, wie Einkaufs- oder Technologiemärkte, enthalten diese Leitlinien zusätzliche Regeln.
28. Ist der gemeinsame Marktanteil der beteiligten Unternehmen niedrig,[794] so ist eine wettbewerbsbeschränkende Wirkung der Zusammenarbeit unwahrscheinlich und eine weitere Untersuchung in der Regel nicht erforderlich. Wenn eines von nur zwei beteiligten Unternehmen einen unbedeutenden Marktanteil hält und nicht über bedeutende Ressourcen verfügt, dann ist in der Regel auch ein hoher gemeinsamer Marktanteil nicht als Anzeichen für eine wettbewerbsbeschränkende Wirkung im Markt zu betrachten.[795] Angesichts der Vielzahl der Arten von Zusammenarbeit und der von ihnen unter verschiedenen Marktverhältnissen verursachten Wirkungen ist es nicht möglich, eine allgemein verbindliche Marktanteilsschwelle zu nennen, oberhalb der ausreichende Marktmacht zur Verursachung beschränkender Wirkungen angenommen werden kann.
29. Neben der Marktstellung der beteiligten Unternehmen und der Addition von Marktanteilen kann auch die Marktkonzentration, d.h. die Stellung und Anzahl der Wettbewerber, als zusätzlicher Faktor zur Ermittlung der Auswirkungen der Zusammenarbeit auf den Wettbewerb herangezogen werden. Eine Messgröße, mit der die Summe des Quadrats der Marktanteile sämtlicher Wettbewerber gebildet wird, ist der Herfindahl-Hirshman-Index (HHI)[796]: Bei einem HHI von unter 1000 wird von einer niedrigen, zwischen 1000 und 1800 von einer mäßigen und jenseits von 1800 von einer

793 Bekanntmachung der Kommission über die Definition des relevanten Marktes im Sinne des Wettbewerbsrechts der Gemeinschaft (ABl. C 372 vom 09.12.1997, S. 5).

794 Die Marktanteile sind normalerweise anhand der Umsätze zu ermitteln (siehe Artikel 6 der FuE-Gruppenfreistellungsverordnung und Artikel 6 der Gruppenfreistellungsverordnung für Spezialisierungsvereinbarungen. Bei der Ermittlung des Marktanteils eines Vertragspartners sind die mit ihm verbundenen Unternehmen zu berücksichtigen (Artikel 5 Absatz 1 der FuE-Gruppenfreistellungsverordnung und Artikel 5 Absatz 1 der Gruppenfreistellungsverordnung für Spezialisierungsvereinbarungen).

795 Sind mehr als zwei Unternehmen beteiligt, muss der gemeinsame Marktanteil aller kooperierenden Wettbewerber beträchtlich höher sein als der Marktanteil des größten unter ihnen.

796 Ein Markt bestehend aus vier Unternehmen mit Anteilen von 30, 25, 25 bzw. 20 % hat einen Index von 2550 (900+625+625+400) vor der Zusammenarbeit. Sollten die ersten zwei Marktführer zusammenarbeiten, würde der Index auf 4050 (3025+625+400) nach der Zusammenarbeit steigen. Diese Zahl ist für die Ermittlung möglicher Marktwirkungen einer Zusammenarbeit relevant.

hohen Marktkonzentration ausgegangen. Eine weitere mögliche Messgröße wäre der Konzentrationsgrad der führenden Unternehmen, worin die jeweiligen Marktanteile der führenden Wettbewerber zusammengefasst sind.[797]

30. Je nach Marktstellung der Beteiligten und Konzentration des Marktes sind auch andere Faktoren wie die Stabilität der Marktanteile über einen bestimmten Zeitraum, die Wahrscheinlichkeit eines Markteintritts, die Nachfragemacht der Käufer/Lieferanten oder die Beschaffenheit der Produkte (z.B. Homogenität, Produktreife) in Erwägung zu ziehen. Ist von Auswirkungen auf den Wettbewerb im Bereich der Innovation auszugehen und können diese auf der Grundlage der vorhandenen Märkte nicht ermittelt werden, sind spezifische Faktoren zur Ermittlung dieser Auswirkungen heranzuziehen (siehe Kapitel 2, FuE-Vereinbarungen).

1.3.2 *Artikel 81 Absatz 3*

31. Von Artikel 81 Absatz 1 erfasste Vereinbarungen können freigestellt werden, sofern die Voraussetzungen von Artikel 81 Absatz 3 erfüllt sind. Dies ist der Fall, wenn die Vereinbarung
    - zur Verbesserung der Erzeugung oder Verteilung von Produkten oder zur Förderung des technischen oder wirtschaftlichen Fortschritts beiträgt
    - den Verbraucher angemessen am entstehenden Gewinn teilhaben lässt und
    - keine Beschränkungen auferlegt, die für die Verwirklichung der genannten Ziele nicht unerlässlich sind und
    - nicht die Möglichkeit eröffnet, für einen wesentlichen Teil der betreffenden Waren den Wettbewerb auszuschalten.

Wirtschaftlicher Nutzen

32. Die erste Voraussetzung besteht darin, dass die Vereinbarung zur Verbesserung der Erzeugung oder Verteilung von Produkten oder zur Förderung des technischen oder wirtschaftlichen Fortschritts beiträgt. Da diese Vorteile mit statischer oder dynamischer Effizienz zusammenhängen, können sie als »wirtschaftlicher Nutzen« bezeichnet werden. Der wirtschaftliche Nutzen kann ein größeres Gewicht haben als wettbewerbsbeschränkende Wirkungen. So kann zum Beispiel eine Zusammenarbeit Unternehmen in die Lage versetzen, Waren oder Dienstleistungen zu niedrigeren Preisen oder in einer besseren Qualität anzubieten oder Neuerungen schneller einzuführen. Die meisten Leistungsgewinne ergeben sich aus der Zusammenlegung unterschiedlicher Fertigkeiten oder Ressourcen. Die Beteiligten

797 Z.B. ist die Kennziffer CR3 die Summe der Marktanteile der drei in einem Markt führenden Wettbewerber.

müssen jedoch nachweisen, dass die Zusammenarbeit wahrscheinlich zu Leistungsgewinnen führt und nicht durch weniger beschränkende Mittel herbeigeführt werden kann (siehe unten). Behauptete Leistungsgewinne müssen nachgewiesen werden. Mutmaßungen oder allgemeine Angaben zu Kosteneinsparungen reichen hierfür nicht aus.

33. Die Kommission berücksichtigt hierbei nicht Kosteneinsparungen, die sich aus einer Drosselung der Produktion, einer Marktaufteilung oder der Ausübung von Marktmacht ergeben.

Angemessene Beteiligung der Verbraucher

34. Wirtschaftlicher Nutzen muss nicht nur den Beteiligten, sondern auch den Verbrauchern zugute kommen. Die Weitergabe des wirtschaftlichen Nutzens an die Verbraucher wird im allgemeinen von der Wettbewerbsintensität im relevanten Markt abhängen. Wettbewerbsdruck sorgt normalerweise dafür, dass Kosteneinsparungen in Form niedrigerer Preise weitergegeben werden oder dass Unternehmen einen Anreiz erhalten, so schnell wie möglich neue Produkte auf den Markt zu bringen. Wenn ein ausreichender Wettbewerb, der die Partner wirksam diszipliniert, am Markt aufrechterhalten wird, so wird das Wettbewerbsgeschehen normalerweise dafür sorgen, dass die Verbraucher in angemessener Weise an dem wirtschaftlichen Nutzen beteiligt werden.

Unerlässlichkeit

35. Die Beschränkung des Wettbewerbs muss erforderlich sein, um die wirtschaftlichen Vorteile zu erzielen. Sind weniger einschränkende Mittel vorhanden, um die gleichen Vorteile zu erzielen, kann der behauptete Nutzen nicht so schwer wiegen, um die Beschränkungen des Wettbewerbs zu rechtfertigen. Die Erforderlichkeit einzelner Beschränkungen hängt von den Marktbedingungen und der Dauer einer Vereinbarung ab. So können zum Beispiel Ausschließlichkeitsvereinbarungen andere Unternehmen am Trittbrettfahren hindern und damit zulässig sein. Unter bestimmten Voraussetzungen mögen diese Vereinbarungen jedoch nicht erforderlich sein und die beschränkende Wirkung verschärfen.

Keine Ausschaltung des Wettbewerbs

36. Das letzte Kriterium – Ausschaltung des Wettbewerbs für einen wesentlichen Teil der betreffenden Produkte – betrifft die Frage der Marktbeherrschung. Wenn ein Unternehmen eine beherrschende Stellung innehat oder infolge einer horizontalen Vereinbarung erlangt, kann eine Vereinbarung, die wettbewerbsschädliche Wirkungen im Sinne des Artikels 81 zeitigt, grundsätzlich nicht freigestellt werden.

Gruppenfreistellungsverordnungen für FuE und Spezialisierung

37. Unter bestimmten Voraussetzungen kann man davon ausgehen, dass die Kriterien von Artikel 81 Absatz 3 bei einigen Arten von Vereinbarungen erfüllt sind. Dies trifft insbesondere auf FuE- und Produktionsvereinbarungen zu, bei denen die Zusammenlegung sich ergänzender Fertigkeiten oder Vermögenswerte eine Quelle umfangreicher Leistungsgewinne sein kann. Die vorliegenden Leitlinien sollten als Ergänzung zu den geänderten Gruppenfreistellungsverordnungen über Forschung und Entwicklung und über Spezialisierung gesehen werden. Diese Gruppenfreistellungsverordnungen stellen die am meisten verbreiteten Formen von Vereinbarungen im Bereich der Produktion/Spezialisierung bis zu einer Marktanteilsschwelle von 20 % und im Bereich von FuE bis zu einer Schwelle von 25 % frei, sofern die Vereinbarungen die Voraussetzungen für die Anwendung der Gruppenfreistellung erfüllen und keine Kernbeschränkungen (»schwarze Klauseln«) enthalten, die eine Gruppenfreistellung unmöglich machen. Die Gruppenfreistellungsverordnungen sehen keine Abtrennbarkeit von Kernbeschränkungen vor. Bereits bei einer Kernbeschränkung geht die gruppenweise Freistellung für die gesamte Vereinbarung verloren.

1.4 Aufbau der nachstehenden Kapitel über die Arten der Zusammenarbeit

38. Diese Leitlinien sind in Kapitel unterteilt, die sich auf bestimmte Arten von Vereinbarungen beziehen. Jedes Kapitel ist gemäß dem in Ziffer 1.3 beschriebenen analytischen Rahmen aufgebaut. Falls erforderlich wird ein besonderer Hinweis für die Definition der relevanten Märkte, z.B. im Bereich von FuE oder in Bezug auf Einkaufsmärkte, gegeben.

2. Vereinbarungen über Forschung und Entwicklung

2.1 Definition

39. Forschungs- und Entwicklungsvereinbarungen unterscheiden sich von ihrer Form und Tragweite her. Sie betreffen die Auslagerung bestimmter FuE-Tätigkeiten, die gemeinsame Verbesserung bestehender Techniken oder die Zusammenarbeit bei Forschung, Entwicklung und Vermarktung völlig neuer Erzeugnisse. Dabei können sie die Form einer Kooperationsvereinbarung oder eines gemeinsam kontrollierten Unternehmens annehmen. Dieses Kapitel bezieht sich auf sämtliche Formen der FuE-Vereinbarungen einschließlich miteinander verbundener Vereinbarungen über die Produktion oder den Vertrieb von FuE-Erzeugnissen, sofern der Schwerpunkt der Zusammenarbeit im Bereich von Forschung und Entwicklung liegt. Ausgenommen sind Fusionen und Gemeinschaftsunternehmen, die von der Fusionskontrollverordnung erfasst werden.

40. Die Zusammenarbeit im Bereich von Forschung und Entwicklung verringert unnötige Doppelkosten, steigert die gegenseitige Befruchtung mit Ideen und Erfahrungen und fördert somit eine schnellere Entwicklung von Produkten und Techniken, als dies ohne Vereinbarung der Fall wäre. Grundsätzlich bewirkt die Zusammenarbeit im Bereich von FuE eine Steigerung der FuE-Tätigkeiten insgesamt.
41. Kleine und mittlere Unternehmen (KMU) bilden eine dynamische und vielgestaltige Gruppe, die einer Vielzahl von Herausforderungen einschließlich der zunehmenden Ansprüche größerer Unternehmen gegenübersteht, für die sie häufig als Zulieferer tätig sind. In FuE-intensiven Sektoren können schnell wachsende KMU auch als neugegründete Unternehmen zum Marktführer in ebenso schnell wachsenden Marktsegmenten werden. Um sich diesen Herausforderungen zu stellen und wettbewerbsfähig zu bleiben, müssen KMU fortlaufend Neuerungen einführen. Durch die Zusammenarbeit bei Forschung und Entwicklung erhöht sich die gesamte Forschungs- und Entwicklungstätigkeit von KMU, wodurch sie in die Lage versetzt werden, im Wettbewerb mit größeren Unternehmen besser bestehen zu können.
42. Unter bestimmten Voraussetzungen können FuE-Vereinbarungen Wettbewerbsprobleme wie z.B. beschränkende Wirkungen auf die Preise, Produktion, Innovation oder die Vielfalt und Qualität von Produkten verursachen.

Relevante Märkte

43. Bei der Definition der relevanten Märkte zur Bewertung der Auswirkungen einer FuE-Vereinbarung müssen diejenigen Produkte, Techniken und FuE-Arbeiten ermittelt werden, die als Gegenkraft im Wettbewerb wirken. An einem Ende des Spektrums möglicher Sachverhalte kann die Innovation zu einem Produkt oder einer Technologie führen, die den Wettbewerb in einem bereits vorhandenen Produkt- oder Technologiemarkt ergänzt. Dies ist der Fall bei Forschung und Entwicklung, die auf kleine Verbesserungen oder Abwandlungen neuer Modelle eines bestimmten Produkts abzielen. Hierbei betreffen mögliche Wirkungen den Markt der vorhandenen Produkte. Am anderen Ende des Spektrums kann die Innovation zu einem vollständig neuen Produkt führen, das einen eigenen neuen Markt bildet (z.B. ein neuer Impfstoff für eine bisher unheilbare Krankheit). In einem solchen Fall sind die vorhandenen Märkte nur insofern relevant, als sie mit der betreffenden Innovation in Zusammenhang stehen. Hierbei sind die Wirkungen der Zusammenarbeit auf die Innovation zu würdigen. Die meisten Fälle werden jedoch zwischen diesen beiden Extremen liegen, d.h. die Innovationsanstrengungen schaffen Produkte oder Technologien, die im Laufe der Zeit vorhandene Produkte oder Technologien ersetzen (z.B. Compact-Discs als Ersatz für Schallplatten). Eine genaue Untersuchung derartiger Sachverhalte wird sowohl die vorhandenen Märkte als auch die Wirkung der Vereinbarung auf die Innovation einbeziehen müssen.

Vorhandene Märkte

a) Produktmärkte

44. Betrifft die Zusammenarbeit Forschungs- und Entwicklungsarbeiten zur Verbesserung bestehender Produkte, so bilden die bestehenden Produkte einschließlich ihrer nahen Substitute den die Zusammenarbeit betreffenden relevanten Markt.[798]
45. Zielt die Forschung und Entwicklung auf eine spürbare Veränderung eines bestehenden Produkts oder gar ein vollständig neues Produkt zur Ersetzung eines bestehenden Produktes ab, kann die Substitution des vorhandenen Produkts unvollkommen sein oder erst langfristig erfolgen. Deshalb ist nicht davon auszugehen, dass die alten und die neu entstehenden Produkte demselben relevanten Markt angehören. Der Markt der vorhandenen Produkte kann dennoch betroffen sein, wenn die Zusammenlegung der FuE-Tätigkeiten zur Koordinierung des Verhaltens der Partner als Lieferanten bestehender Produkte führt. Die Anwendung von Macht in dem bestehenden Markt ist jedoch nur möglich, wenn die Beteiligten zusammen sowohl auf dem vorhandenen Produktmarkt als auch bei den FuE-Tätigkeiten eine starke Stellung einnehmen.
46. Betrifft die Forschung und Entwicklung einen wichtigen Bestandteil eines Endproduktes, kann nicht nur der Markt für diesen Bestandteil, sondern auch der bestehende Markt für das Enderzeugnis für die Bewertung von Bedeutung sein. Wenn z.B. Automobilhersteller bei der Forschung und Entwicklung für einen neuen Motorentyp zusammenarbeiten, kann der Automobilmarkt hiervon betroffen sein. Der Markt für die Enderzeugnisse ist für die Bewertung jedoch nur von Belang, wenn der Bauteil, der Gegenstand von FuE ist, technisch oder wirtschaftlich ein Schlüsselelement ist und wenn die Partner einer FuE-Vereinbarung wichtige Wettbewerber bei den Enderzeugnissen sind.

b) Technologiemärkte

47. Die Zusammenarbeit im Bereich von Forschung und Entwicklung kann sich über die Produkte hinaus auch auf die entsprechende Technologie erstrecken. Werden die geistigen Eigentumsrechte getrennt von den betreffenden Produkten vermarktet, so muss auch der entsprechende Technologiemarkt definiert werden. Technologiemärkte bestehen aus dem in Lizenz vergebenen geistigen Eigentum und den nahen Substituten, d.h. anderen Technologien, welche die Kunden bei vergleichbaren Kosten substituieren würden.

798 Zur Marktdefinition siehe Bekanntmachung der Kommission über die Definition des relevanten Marktes.

48. Die Methode zur Definition von Technologiemärkten folgt den gleichen Grundsätzen wie die Definition des Produktmarktes.[799] Ausgehend von der von den Beteiligten umgesetzten Technologie sind die anderen Technologien zu ermitteln, zu denen die Kunden in Erwiderung auf eine geringe, jedoch dauerhafte Erhöhung der relativen Preise überwechseln könnten. Sind jene Technologien ermittelt, können die Marktanteile errechnet werden, indem man die von den Beteiligten erzielten Lizenzeinnahmen durch die gesamten Lizenzeinnahmen sämtlicher Erteiler substituierbarer Technologien dividiert.
49. Die Stellung der Beteiligten auf dem Markt der bestehenden Technologie ist ein relevantes Bewertungskriterium, wenn die FuE-Zusammenarbeit auf eine spürbare Verbesserung einer bestehenden Technologie oder auf eine neue Technologie abzielt, die das Potential hat, die bestehende Technologie abzulösen. Der Marktanteil der Beteiligten kann bei dieser Untersuchung nur als Ausgangspunkt genommen werden. In den Technologiemärkten muss der potenzielle Wettbewerb besonders gewürdigt werden. Unternehmen, die noch keine Lizenzen für ihre Technologie erteilt haben, jedoch in den Technologiemarkt einzutreten gedenken, könnten die Beteiligten in ihrer Fähigkeit schwächen, die Preise für ihre Technologie zu erhöhen (s. Beispiel 3 nachstehend).

Innovationswettbewerb (FuE-Arbeiten)

50. Die Zusammenarbeit in Forschung und Entwicklung kann den Wettbewerb über die bestehenden Märkte hinaus auch im Bereich der Innovation beeinträchtigen. Dies ist der Fall, wenn die Zusammenarbeit auf die Entwicklung neuer Produkte/Technologien abzielt, die eines Tages die vorhandenen Produkte und Technologien ersetzen können, oder die für einen neuen Verwendungszweck entwickelt werden und deshalb nicht die vorhandenen Produkte ersetzen, sondern eine vollständig neue Nachfrage begründen sollen. Die erheblichen Auswirkungen auf den Wettbewerb im Bereich der Innovation können in einigen Fällen nicht durch die Analyse des tatsächlichen oder potenziellen Wettbewerbs bei vorhandenen Produkt-/Technologiemärkten hinreichend gewürdigt werden. Hierbei sind je nach Art des in einem Wirtschaftszweig stattfindenden Innovationsprozesses zwei Sachverhalte zu unterscheiden.
51. Im ersten Szenarium, das z.B. in der pharmazeutischen Industrie gängig ist, ist der Innovationsprozess so strukturiert, dass in einem frühen Stadium FuE-Pole ausgemacht werden können. FuE-Pole sind FuE-Arbeiten, die auf ein neues Produkt oder eine neue Technologie gerichtet sind, und die Arbeiten, die auf die Entwicklung von Substituten für diese Produkte oder

799 Siehe Bekanntmachung der Kommission über die Definition des relevanten Marktes; siehe auch z.B. die Entscheidung 94/811/EG der Kommission vom 8. Juni 1994 in der Sache IV/M.269 »Shell/Montecatini« (ABl. L 332 vom 22.12.1994, S. 48).

Technologien abzielen, einen ähnlichen Zugang zu den Ressourcen haben und den gleichen Zeitplan aufweisen. In diesem Fall kann untersucht werden, ob nach Abschluss der Vereinbarung eine ausreichende Anzahl von FuE-Polen übrig bleibt. Ausgangspunkt der Marktanalyse sind die Forschungs- und Entwicklungsarbeiten der Beteiligten. Daraufhin müssen glaubhafte konkurrierende FuE-Pole ausgemacht werden. Hierbei sind folgende Gesichtspunkte zu berücksichtigen: Art, Erfassungsbereich und Umfang möglicher anderer FuE-Arbeiten, deren Zugang zu Finanz- und Humanressourcen, Know-how/Patente oder andere spezifische Aktiva sowie der entsprechende Zeitplan und die Fähigkeit, die entstehenden Ergebnisse zu nutzen. Ein FuE-Pol ist kein glaubhafter Wettbewerber, wenn er z.B. im Hinblick auf den Zugang zu Ressourcen oder den Zeitplan nicht als ein nahes Substitut für die FuE-Arbeit der Beteiligten angesehen werden kann.

52. In dem zweiten Szenarium sind die Innovationsarbeiten eines Wirtschaftszweiges nicht so eindeutig strukturiert, dass FuE-Pole ausgemacht werden können. Sofern keine außergewöhnlichen Umstände vorliegen, versucht die Kommission bei diesem Sachverhalt nicht, die Auswirkungen einer FuE-Zusammenarbeit auf die Innovation in einem Markt zu ermitteln; vielmehr beschränkt sie sich auf die Bewertung der Produkt- und/oder Technologiemärkte, die mit der betreffenden FuE-Zusammenarbeit verbunden sind.

Errechnung von Marktanteilen

53. Bei der Errechnung der Marktanteile im Sinne der FuE-Gruppenfreistellungsverordnung und dieser Leitlinien ist zwischen bestehenden Märkten und dem Wettbewerb bei der Innovation zu trennen. Zu Beginn einer Zusammenarbeit ist der Markt der Produkte, die von den zu entwickelnden Produkten verbessert oder ersetzt werden können, der Ausgangspunkt. Zielt die FuE-Vereinbarung nur auf die Verbesserung oder Verfeinerung bestehender Produkte ab, sind in diesen Markt die unmittelbar von der FuE betroffenen Produkte einzubeziehen. Die Marktanteile können somit anhand des Umsatzwertes der bestehenden Produkte errechnet werden. Zielt die FuE jedoch auf die Ersetzung bestehender Produkte ab, wird das neue Produkt im Erfolgsfall zum Substitut der bestehenden Produkte. Um die Wettbewerbsstellung der Parteien zu ermitteln, können die Marktanteile wiederum anhand des Umsatzwertes der bestehenden Produkte ermittelt werden. Deshalb wird in der FuE-Gruppenfreistellungsverordnung für die Freistellung der Marktanteil in dem relevanten Markt dieser Produkte zugrunde gelegt, die durch die Vertragserzeugnisse verbessert oder ersetzt werden können. Für die automatische Freistellung darf dieser Anteil 25 % nicht übersteigen.[800]

800 Artikel 4 Absatz 2 der FuE-Gruppenfreistellungsverordnung.

54. Zielt die FuE auf die Entwicklung eines Produkts ab, das eine vollständig neue Nachfrage schaffen soll, können die Marktanteile nicht anhand des Umsatzwertes errechnet werden. Es kann lediglich eine Analyse der Auswirkungen der Vereinbarung auf den Wettbewerb bei der Innovation vorgenommen werden. Deshalb werden mit der FuE-Gruppenfreistellungsverordnung diese Vereinbarungen unabhängig vom jeweiligen Marktanteil für sieben Jahre nach der Erstvermarktung des Erzeugnisses freigestellt.[801] Der Vorteil der Freistellung kann jedoch entzogen werden, wenn die Vereinbarung zur Beseitigung eines wirksamen Wettbewerbs bei der Innovation führen würde.[802] Nach Ablauf der sieben Jahre können die Marktanteile anhand des Umsatzwertes errechnet werden, wobei die 25 %-Schwelle anwendbar wird.[803]

2.3 Bewertung nach Artikel 81 Absatz 1

2.3.1 *Art der Vereinbarung*

2.3.1.1 Von Artikel 81 Absatz 1 nicht erfasste Vereinbarungen

55. Die meisten FuE-Vereinbarungen werden nicht von Artikel 81 Absatz 1 erfasst. Dies gilt vor allem für Vereinbarungen über die FuE-Zusammenarbeit in einem noch theoretischen Stadium, weit entfernt von der Verwertung möglicher Ergebnisse.
56. Die FuE-Zusammenarbeit zwischen Nichtwettbewerbern beschränkt im Allgemeinen nicht den Wettbewerb.[804] Die Wettbewerbsbeziehung zwischen den Partnern muss in Bezug auf die betroffenen vorhandenen und/oder die Innovationsmärkte untersucht werden. Sind die Beteiligten nicht in der Lage, die notwendigen Forschungs- und Entwicklungsarbeiten eigenständig durchzuführen, kann keine Beschränkung des Wettbewerbs vorliegen. Dies gilt z.B. für Unternehmen, die sich ergänzende Fertigkeiten, Technologien und sonstige Ressourcen zusammenlegen. Die Frage des potenziellen Wettbewerbs muss auf einer realistischen Grundlage ermittelt werden. So können Partner nicht als potenzielle Wettbewerber eingestuft werden, nur weil die Zusammenarbeit sie in die Lage versetzt, FuE-Tätigkeiten durchzuführen. Die entscheidende Frage ist vielmehr, ob jeder Beteiligte für sich über die erforderlichen Mittel hinsichtlich Aktiva, Knowhow und sonstiger Ressourcen verfügt.

801 Artikel 4 Absatz 1 der FuE-Gruppenfreistellungsverordnung.
802 Artikel 7 Buchstabe e) der FuE-Gruppenfreistellungsverordnung.
803 Artikel 4 Absatz 3 der FuE-Gruppenfreistellungsverordnung.
804 Eine FuE-Zusammenarbeit zwischen Nichtwettbewerbern kann jedoch Abschottungswirkungen im Sinne von Artikel 81 Absatz 1 zeitigen, wenn sie sich auf die ausschließliche Nutzung von Ergebnissen bezieht und von Unternehmen vereinbart wird, von denen eines bei einer Schlüsseltechnologie erhebliche Marktmacht hat.

57. Eine FuE-Zusammenarbeit im Wege der Auslagerung von zuvor selbst durchgeführter Forschung und Entwicklung wird häufig von spezialisierten Unternehmen oder Forschungsinstituten oder anderen akademischen Einrichtungen vorgenommen, die mit der gewerblichen Nutzung der Ergebnisse selbst nicht befasst sind. Derartige Vereinbarungen sehen häufig die Weitergabe von Know-how und/oder eine ausschließliche Lieferklausel für die entstehenden Ergebnisse vor. Da sich die Arbeiten der Partner bei einer solchen Zusammenarbeit ergänzen, kommt Artikel 81 Absatz 1 nicht zur Anwendung.
58. Eine FuE-Zusammenarbeit, die sich nicht auf die gemeinsame Nutzung der Ergebnisse durch die Erteilung von Lizenzen, die Produktion und/oder den Absatz erstreckt, wird nur in seltenen Fällen von Artikel 81 Absatz 1 erfasst. Solche »reinen« FuE-Vereinbarungen können nur Wettbewerbsprobleme schaffen, wenn wirksamer Wettbewerb in Bezug auf die Innovation wesentlich verringert wird.

2.3.1.2 Vereinbarungen, die fast immer von Artikel 81 Absatz 1 erfasst werden

59. Wird mit einer Vereinbarung in Wirklichkeit nicht die Zusammenarbeit auf dem Gebiet der Forschung und Entwicklung bezweckt, sondern die Bildung eines verdeckten Kartells, das verbotene Praktiken wie Festsetzung von Preisen, Beschränkung der Produktion oder Aufteilung von Märkten verschleiern soll, so fällt sie unter das Verbot von Artikel 81 Absatz 1. Eine FuE-Vereinbarung, welche die gemeinsame Vermarktung zukünftiger Forschungsergebnisse einbezieht, beschränkt allerdings nicht notwendigerweise den Wettbewerb.

2.3.1.3 Vereinbarungen, die von Artikel 81 Absatz 1 erfasst werden können

60. FuE-Vereinbarungen, die von vornherein nicht als eindeutig unbedenklich zu bewerten sind, könnten unter Artikel 81 Absatz 1 fallen[805] und bedürfen einer Untersuchung ihres wirtschaftlichen Umfelds. Dies gilt für die FuE-Zusammenarbeit, die in der Phase kurz vor der Markteinführung zwischen Unternehmen vereinbart wird, die Wettbewerber entweder in bestehenden Produkt-/Technologiemärkten oder den Innovationsmärkten sind.

2.3.2 *Marktmacht und Marktstrukturen*

61. Die FuE-Zusammenarbeit kann nachteilige Wirkungen in dreierlei Hinsicht zeitigen: Erstens kann sie die Innovation einschränken, zweitens kann sie zu einem abgestimmten Verhalten der Beteiligten in vorhandenen

805 Gemäß Artikel 4 Absatz 2 (Nummer 3) der Verordnung Nr. 17 des Rates vom 6. Februar 1962 können Vereinbarungen, die ausschließlich gemeinsame Forschung und Entwicklung zum Gegenstand haben, bei der Kommission angemeldet werden, sind aber nicht anmeldungspflichtig.

Märkten führen und drittens könnten Abschottungsprobleme bei der Nutzung der FuE-Ergebnisse entstehen. Derartige negative Marktwirkungen ergeben sich in der Regel nur, wenn die Beteiligten erhebliche Macht in den vorhandenen Märkten ausüben, und/oder der Wettbewerb im Bereich der Innovation wesentlich zurückgeht. Ohne Marktmacht besteht kein Anreiz für ein abgestimmtes Verhalten in den vorhandenen Märkten oder einen Abbau bzw. ein Hinauszögern der Innovation. Probleme der Marktabschottung können sich nur im Falle einer Kooperation stellen, an der in Bezug auf eine Schlüsseltechnologie wenigstens ein Unternehmen mit erheblicher Marktmacht beteiligt ist, sofern die ausschließliche Nutzung der Ergebnisse vereinbart wurde.

62. Es gibt keine Marktanteilsschwelle, die anzeigt, dass eine FuE-Vereinbarung ein bestimmtes Maß an Marktmacht begründet und damit unter Artikel 81 Absatz 1 fällt. FuE-Vereinbarungen sind jedoch freigestellt, wenn die Summe der Marktanteile der beteiligten Unternehmen 25 % nicht übersteigt und wenn die übrigen Voraussetzungen für die Anwendung der FuE-Gruppenfreistellungsverordnung erfüllt sind. Deshalb sind bei den meisten FuE-Vereinbarungen nachteilige Wirkungen nur zu untersuchen, wenn der gemeinsame Marktanteil der beteiligten Unternehmen 25 % überschreitet.

63. Vereinbarungen, die wegen einer stärkeren Marktstellung der Partner von der FuE-Gruppenfreistellungsverordnung nicht erfasst sind, müssen den Wettbewerb nicht notwendigerweise beschränken. Je stärker die gemeinsame Stellung der Beteiligten auf den vorhandenen Märkten ist und/oder je mehr der Innovationswettbewerb beschränkt wird, desto wahrscheinlicher wird die Anwendung von Artikel 81 Absatz 1 und damit auch das Erfordernis einer eingehenderen Untersuchung.

64. Ist die Forschung und Entwicklung auf die Verbesserung oder Verfeinerung vorhandener Produkte/Technologien gerichtet, so entstehen mögliche Wirkungen auf den relevanten Märkten dieser vorhandenen Produkte/Technologien. Auswirkungen auf die Preise, die Erzeugung und/oder Innovation in vorhandenen Märkten sind jedoch nur anzunehmen, wenn die Partner gemeinsam eine starke Stellung einnehmen, ein Markteintritt schwierig ist und nur wenige andere innovative Tätigkeiten auszumachen sind. Außerdem sind Auswirkungen auf den Wettbewerb bei den Enderzeugnissen nur sehr begrenzt, wenn die Forschung und Entwicklung ausschließlich ein unbedeutendes Einsatzgut eines Endprodukts betrifft. Grundsätzlich ist zu unterscheiden zwischen reinen FuE-Vereinbarungen und einer umfassenderen Zusammenarbeit, die verschiedene Stufen der Nutzung der Ergebnisse (z.B. Lizenzerteilung, Produktion, Absatz) umfasst. Wie erwähnt, werden reine FuE-Vereinbarungen nur selten von Artikel 81 Absatz 1 erfasst, was insbesondere für Vereinbarungen gilt, die eine begrenzte Verbesserung eines vorhandenen Produkts oder einer vorhandenen Technologie bezwecken. Umfasst in einem solchen Fall die FuE-Zusammenarbeit lediglich die gemeinsame Nutzung auf dem Wege der

Lizenzvergabe, ist von beschränkenden Wirkungen wie z.B. Marktabschottung kaum auszugehen. Sind jedoch die gemeinsame Herstellung und/oder Vermarktung des geringfügig verbesserten Produkts darin einbezogen, muss die Zusammenarbeit genauer untersucht werden. Dabei werden nachteilige Wirkungen hinsichtlich Preisen und Produktion in bestehenden Märkten wahrscheinlicher sein, wenn es sich um starke Wettbewerber handelt. Auch kann sich die Kooperation einer Produktionsvereinbarung annähern, wenn die FuE-Tätigkeiten de facto nicht den Schwerpunkt der Zusammenarbeit bilden.

65. Sind Forschung und Entwicklung auf ein neues Produkt oder eine neue Technologie gerichtet, die einen eigenen neuen Markt bilden, so werden Wirkungen auf die Preise und die Produktion in bestehenden Märkten eher unwahrscheinlich sein. Die Bewertung muss sich dann auf Innovationsbeschränkungen z.B. bei der Qualität und Vielfalt möglicher zukünftiger Produkte und Technologien oder der Geschwindigkeit der Innovation konzentrieren. Derartige beschränkende Wirkungen können entstehen, wenn zwei oder mehr der wenigen an der Entwicklung dieses neuen Produkts beteiligten Unternehmen ihre Zusammenarbeit in einem Stadium aufnehmen, wo sie einzeln jeweils kurz vor der Einführung des neuen Produkts stehen. In einem solchen Fall kann die Innovation auch durch eine reine FuE-Vereinbarung beschränkt werden. Grundsätzlich ist jedoch eine FuE-Vereinbarung in Bezug auf vollständig neue Produkte wettbewerbsfördernd. Diese Grundannahme ändert sich nicht erheblich, wenn die gemeinsame Nutzung der Ergebnisse oder auch die gemeinsame Vermarktung vereinbart werden. Die Frage der gemeinsamen Nutzung ist in derartigen Fällen nur von Bedeutung, wenn die Abschottung von Schlüsseltechnologien eine Rolle spielt. Derartige Probleme stellen sich nicht, wenn die Partner Lizenzen an Dritte erteilen.

66. Die meisten FuE-Vereinbarungen sind zwischen den beiden geschilderten Sachlagen angesiedelt. Sie können Auswirkungen nicht nur in den vorhandenen Märkten, sondern auch auf die Innovation zeitigen. Somit können sowohl die vorhandenen Märkte als auch die Wirkung auf die Innovation Bedeutung für die Bewertung der gemeinsamen Stellung der Vertragspartner, des Konzentrationsgrades, der Anzahl der Marktteilnehmer/Innovatoren und der Marktzugangsbedingungen haben. In einigen Fällen können durch die Verlangsamung der Entwicklungsgeschwindigkeit beschränkende Preis-/Produktionswirkungen in vorhandenen Märkten und eine nachteilige Wirkung auf die Innovation eintreten. Wenn z.B. wichtige Wettbewerber in einem bestehenden Technologiemarkt zusammenarbeiten, um eine neue Technologie zu entwickeln, mit der eines Tages vorhandene Produkte ersetzt werden könnten, können bei dieser Zusammenarbeit beschränkende Wirkungen entstehen, wenn die Beteiligten erhebliche Macht auf dem bestehenden Markt (die Anreize für eine Ausnutzung dieser Stellung bietet) ausüben und im FuE-Sektor eine starke Stellung haben. Eine ähnliche Wirkung kann sich ergeben, wenn das beherrschende Unternehmen in

einem bestehenden Markt mit einem wesentlich kleineren oder gar einem potenziellen Wettbewerber zusammenarbeitet, der kurz vor der Einführung einer neuen Ware/neuen Technologie steht, mit der die Stellung des beherrschenden Marktteilnehmers bedroht werden könnte.

67. Vereinbarungen können unabhängig von der Marktmacht der Vertragspartner nicht gruppenweise freistellbar sein, z.B. wenn sie den Zugang eines Vertragspartners zu den Ergebnissen der Arbeit beschränken, da sie im Allgemeinen nicht durch die verstärkte Weitergabe von technischem Wissen unter den Partnern den technischen oder wirtschaftlichen Fortschritt fördern.[806] Die Gruppenfreistellungsverordnung enthält ausdrücklich eine Ausnahme von dieser Regel bei akademischen Einrichtungen, Forschungsinstituten oder spezialisierten Unternehmen, die FuE als Dienstleistung erbringen und die sich nicht mit der gewerblichen Nutzung der Ergebnisse befassen.[807] Dennoch können Vereinbarungen, die ausschließliche Zugangsrechte vorsehen und unter Artikel 81 Absatz 1 fallen, die Kriterien für eine Freistellung erfüllen, vor allem, wenn derartige Rechte angesichts des Marktes, der Risiken und des Umfangs der zur Nutzung der Ergebnisse von Forschung und Entwicklung erforderlichen Investitionen unerlässlich sind.

2.4 Bewertung nach Artikel 81 Absatz 3

2.4.1 *Wirtschaftlicher Nutzen*

68. Die meisten FuE-Vereinbarungen erbringen – mit oder ohne gemeinsamer Nutzung der Ergebnisse – einen wirtschaftlichem Nutzen durch Kosteneinsparungen und die gegenseitige Befruchtung mit Ideen und Erfahrungen, wodurch verbesserte oder neue Produkte oder Technologien schneller entwickelt werden, als dies ohne Vereinbarung der Fall wäre. Deshalb ist es vertretbar, die Freistellung solcher Vereinbarungen vorzusehen, die eine Beschränkung des Wettbewerbs bis zu einer Marktanteilsschwelle führen, unterhalb der für die Anwendung von Artikel 81 Absatz 3 davon ausgegangen werden kann, dass die Nutzwirkungen der FuE-Vereinbarungen stärker wiegen als die nachteiligen Wirkungen auf den Wettbewerb. Deshalb stellt die FuE-Gruppenfreistellungsverordnung verschiedene Formen von FuE-Vereinbarungen frei, die bestimmte Voraussetzungen erfüllen (Artikel 3) und die keine Kernbeschränkungen enthalten (Artikel 5), sofern der gemeinsame Marktanteil der Beteiligten in den betroffenen vorhandenen Märkten 25 % nicht überschreitet.

69. Wird durch die Zusammenarbeit erhebliche Marktmacht begründet oder verstärkt, müssen die Beteiligten spürbare Vorteile aufgrund der FuE, die schnellere Einführung neuer Produkte/Techniken oder sonstige Leistungsgewinne nachweisen.

806 Artikel 3 Absatz 2 der FuE-Gruppenfreistellungsverordnung.
807 Artikel 3 Absatz 2 der FuE-Gruppenfreistellungsverordnung.

2.4.2 *Unerlässlichkeit*

70. Eine FuE-Vereinbarung kann nicht freigestellt werden, wenn sie Beschränkungen auferlegt, die zur Erzielung der erwähnten Vorteile nicht unerlässlich sind. Die in Artikel 5 der FuE-Gruppenfreistellungsverordnung genannten Einzelklauseln werden in den meisten Fällen eine Freistellung auch nach einer Einzelbewertung unmöglich machen, und können deshalb als ein guter Hinweis auf Beschränkungen angesehen werden, die für die Zusammenarbeit nicht unerlässlich sind.

2.4.3 *Keine Ausschaltung des Wettbewerbs*

71. Eine Freistellung ist nicht möglich, wenn die Beteiligten durch die **Vereinbarung** die Möglichkeit erhalten, den Wettbewerb für einen wesentlichen Teil der betreffenden Waren oder Technologien auszuschalten. Eine beherrschende Stellung auf vorhandenen Märkten und bei der Innovation darf weder begründet noch verstärkt werden. Für die Innovation ist dies z.B. der Fall, wenn mit einer Vereinbarung die einzigen beiden bestehenden Forschungspole zusammengelegt werden.

Bewertungszeit und Dauer der Freistellung

72. FuE-Vereinbarungen, die sich auf die gemeinsame Herstellung und Vermarktung neuer Produkte/Technologien erstrecken, erfordern eine besondere Aufmerksamkeit bei der Bewertungszeit.
73. Am Anfang einer FuE-Zusammenarbeit sind Erfolg und Faktoren wie z.B. die zukünftige Marktstellung der Vertragspartner sowie die Entwicklung zukünftiger Produkt- oder Technologiemärkte noch nicht bekannt. Deshalb ist die Bewertung zum Zeitpunkt der Entstehung der Zusammenarbeit auf die zu jener Zeit vorhandenen Produkt- oder Technologiemärkte und/oder Innovationsmärkte wie in diesem Kapitel beschrieben beschränkt. Ergibt diese Bewertung keine Ausschaltung des Wettbewerbs, kann die FuE-Vereinbarung freigestellt werden. Die Freistellung erstreckt sich in der Regel auf die Dauer der FuE-Phase und, bei der gemeinsamen Produktion und Vermarktung entstehender Ergebnisse, auf eine zusätzliche Phase für die zu erwartende Einführung im Markt. Die zusätzliche Freistellungsphase ist dadurch begründet, dass Unternehmen, die zuerst mit einem neuen Produkt oder einer neuen Technologie in den Markt gehen, am Anfang häufig sehr hohe Marktanteile erzielen; außerdem wird eine erfolgreiche Forschung und Entwicklung in vielen Fällen durch geistige Eigentumsrechte entlohnt. Eine starke Marktstellung aufgrund der Vorteile des Zuerstkommens kann in der Regel nicht als Ursache für eine Ausschaltung des Wettbewerbs angesehen werden. Deshalb wird eine gruppenweise Freistellung von FuE-Vereinbarungen für einen zusätzlichen Zeitraum von sieben Jahren, d.h. über die FuE-Phase hinaus, unabhängig davon gewährt,

ob die Vertragspartner mit ihren neuen Produkten/Technologien einen hohen Marktanteil innerhalb dieses Zeitraums erzielen. Gleiches gilt für die Einzelbewertung von Fällen, die von der Gruppenfreistellungsverordnung nicht erfasst sind, aber die Kriterien von Artikel 81 Absatz 3 bei den übrigen Aspekten der Vereinbarung erfüllen. Dies schließt nicht die Möglichkeit aus, dass auch ein Zeitraum von mehr als sieben Jahren die Kriterien von Artikel 81 Absatz 3 erfüllt, wenn nachgewiesen werden kann, dass dies der Mindestzeitraum ist, um einen angemessenen Ertrag aus dem eingesetzten Kapital zu gewährleisten.

74. Wird z.B. im Zuge einer Beschwerde eine Neubewertung einer FuE-Vereinbarung nach diesem Zeitraum vorgenommen, muss die zu jener Zeit bestehende Marktlage zugrunde gelegt werden. Die Gruppenfreistellung besteht fort, wenn der Anteil der Beteiligten an dem zu jener Zeit relevanten Markt 25 % nicht überschreitet. Auch Artikel 81 Absatz 3 gilt weiterhin für FuE-Vereinbarungen, die von der Gruppenfreistellungsverordnung nicht erfasst werden, sofern die Kriterien für eine Einzelfreistellung erfüllt sind.

2.5 Beispiele

75. **Beispiel 1**

Lage: Es gibt zwei große Unternehmen auf dem europäischen Markt für die Herstellung vorhandener elektronischer Bauelemente: Das Unternehmen A mit einem Marktanteil von 30 % und das Unternehmen B mit ebenfalls 30 %. Sie haben beide erhebliche FuE-Investitionen zur Entwicklung elektronischer Miniaturelemente vorgenommen und erste Prototypen entwickelt. Nunmehr beschließen sie, ihre FuE-Arbeiten zusammenzulegen und ein GU für die Vervollständigung von Forschung und Entwicklung und die Herstellung der Komponenten zu gründen, die an die Muttergesellschaft verkauft werden, von der sie wiederum getrennt auf den Markt gebracht werden. Der übrige Markt verteilt sich auf kleine Unternehmen, die nicht über ausreichende Ressourcen für die notwendigen Investitionen verfügen.

Analyse: Elektronische Miniaturkomponenten mögen zwar in einigen Gebieten mit vorhandenen Komponenten im Wettbewerb stehen, sind im Wesentlichen jedoch eine neue Technologie, weshalb die dem zukünftigen Markt gewidmeten Forschungspole untersucht werden müssen. Ist das GU erfolgreich, wird es nur einen Weg zur entsprechenden Herstellungstechnologie geben, während man davon ausgehen könnte, dass A und B getrennt mit eigenen Produkten die Marktreife erreichen könnten. Die Vereinbarung könnte zwar die Vorteile einer schnelleren Einführung der neuen Technologie erbringen, jedoch ebenso die Vielfalt verringern und eine Angleichung der Kosten zwischen den Partnern bewirken. Außerdem ist die Möglichkeit zu bedenken, dass die Partner ihre starke Stellung auf dem vorhandenen Markt ausnützen. Da sie keinem Wettbewerb auf der FuE-Ebene ausgesetzt wären, wäre für sie der Anreiz erheblich eingeschränkt, die Einführung der neuen Technologie zu beschleunigen. Wenn auch einige dieser Bedenken dadurch ausgeräumt werden könnten, dass man den Beteiligten auferlegt, Know-how-Lizenzen für die Herstellung von Miniaturkomponenten an Dritte zu vertretbaren Bedingungen zu erteilen, könnte es sich als unmöglich erweisen, sämtliche Bedenken auszuräumen und die Voraussetzungen für eine Freistellung zu erfüllen.

76. **Beispiel 2**

Lage: Ein kleines Forschungsunternehmen A, das keine eigene Vertriebsorganisation unterhält, hat eine pharmazeutische Substanz mit einer neuen Technologie entdeckt und patentieren lassen, mit der neue Wege zur Behandlung einer bestimmten Krankheit beschritten werden können. A geht eine FuE-Vereinbarung mit einem großen Arzneimittelhersteller B ein, dessen Erzeugnisse bisher für die Behandlung dieser Krankheit verwendet worden sind. Das Unternehmen B verfolgt kein vergleichbares FuE-Programm. Bei den vorhandenen Produkten hält B einen Marktanteil von rund 75 % in sämtlichen Mitgliedstaaten, seine Patente laufen jedoch in den nächsten fünf Jahren aus. Es gibt zwei weitere Forschungspole, die sich ungefähr in der gleichen Entwicklungsphase befinden und die gleiche neue Grundlagentechnologie anwenden. Das Unternehmen B wird umfangreiche Geldmittel und Know-how für die Produktentwicklung bereitstellen und den zukünftigen Zugang zum Markt ermöglichen. Es erhält eine Lizenz für die ausschließliche Herstellung und Verteilung des entstehenden Produkts für die Laufzeit des Patents. Es ist zu erwarten, dass die Partner gemeinsam das Produkt in fünf bis sieben Jahren auf den Markt bringen können.

Analyse: Das Produkt gehört voraussichtlich einem neuen relevanten Markt an. Die Partner bringen sich ergänzende Ressourcen und Fertigkeiten in die Zusammenarbeit ein, und die Wahrscheinlichkeit, dass das Produkt auf den Markt kommt, nimmt erheblich zu. Die bei dem Unternehmen B anzunehmende erhebliche Macht auf dem vorhandenen Markt wird in Kürze abnehmen, und das Vorhandensein anderer Forschungspole wird jegliche Versuchung beseitigen, die FuE-Bemühungen zu verringern. Das Unternehmen wird die Nutzungsrechte während der verbleibenden Patentlaufzeit benötigen, um die erforderlichen umfangreichen Investitionen tätigen zu können, außerdem hat das Unternehmen A keine eigenen Vertriebsressourcen. Es ist somit nicht davon auszugehen, dass der Wettbewerb durch die Vereinbarung beeinträchtigt wird.

77. **Beispiel 3**

Lage: Zwei Mechanik-Unternehmen, die Fahrzeugteile herstellen, vereinbaren die Zusammenlegung ihrer FuE-Arbeiten in einem Gemeinschaftsunternehmen, um die Produktion und die Leistungsmerkmale eines vorhandenen Fahrzeugteiles zu verbessern. Außerdem legen sie ihr vorhandenes Technologie-Lizenzgeschäft in diesem Bereich zusammen, werden jedoch die Produktion weiterhin getrennt vornehmen. Die Marktanteile der Unternehmen auf dem europäischen Erstausrüstungsmarkt betragen 15 bzw. 20 %. Es sind zwei weitere bedeutende Wettbewerber im Markt, hinzu kommen mehrere hauseigene Forschungsprogramme großer Fahrzeughersteller. Auf dem Weltmarkt zur Erteilung von Lizenzen für die Technologie dieser Produkte halten die beiden Unternehmen Anteile von 20 bzw. 25 % gemessen an den Verkaufserlösen. Es gibt noch zwei andere bedeutende Technologien für dieses Produkt. Der Produktzyklus des Bauteils beträgt in der Regel zwei bis drei Jahre. In jedem der vergangenen fünf Jahre wurde von einem der führenden Hersteller eine neue Version oder eine Verbesserung eingeführt.

Analyse: Da die FuE-Arbeiten beider Unternehmen nicht auf ein vollständiges Produkt abzielen, sind die Märkte der bestehenden Komponenten und der Erteilung von Lizenzen für die entsprechende Technologie heranzuziehen. Obwohl sich die FuE-Programme der beiden Unternehmen weitgehend überschneiden, kann die Zusammenarbeit durch die Vermeidung von Doppelaufwendungen die Unternehmen in die Lage versetzen, mehr für FuE als einzeln aufzuwenden. Es sind noch mehrere andere Produkttechnologien vorhanden, und auch der gemeinsame Anteil der Partner am Erstausrüstungsmarkt verschafft ihnen keine beherrschende Stellung. Obwohl ihr Anteil an dem Technologiemarkt mit 45 % sehr hoch ist, handelt es sich um konkurrierende Technologien. Außerdem sind die Fahrzeughersteller, die gegenwärtig ihre Technologien nicht in Lizenz vergeben, als potenzielle Marktzugänger anzusehen, wodurch die Partner in ihrer Fähigkeit zur Preiserhöhung eingeschränkt werden. Das Gemeinschaftsunternehmen wird somit für eine Freistellung in Betracht kommen.

Anhang 5 Nebenbestimmungen für Zuwendungen auf Kostenbasis des Bundesministeriums für Bildung und Forschung an Unternehmen der gewerblichen Wirtschaft für Forschungs- und Entwicklungsvorhaben

(NKBF 98)

Stand: April 2006

Die NKBF 98 enthalten Nebenbestimmungen (Bedingungen und Auflagen) im Sinne des § 36 des Verwaltungsverfahrensgesetzes sowie notwendige Erläuterungen. Die NKBF 98 sind Bestandteil des Zuwendungsbescheids, soweit dort nicht ausdrücklich etwas anderes bestimmt ist.

Inhalt

Anlagen

1: Muster Zwischenbericht zu Nr. 8.1
2: Muster Schlussbericht zu Nr. 8.2

Verzeichnis der Abkürzungen

ArbnErfG	Gesetz über Arbeitnehmererfindungen
BEBF — ZE	Bestimmungen für Forschungs- und Entwicklungsverträge der ZE des Bundesministeriums für Bildung und Forschung
BGB	Bürgerliches Gesetzbuch
BGBI	Bundesgesetzblatt
BHO	Bundeshaushaltsordnung
BMBF	Bundesministerium für Bildung und Forschung
EU	Europäische Union
KMU	Kleine und Mittlere Unternehmen i.S. der jeweils gültigen Definition der Europäischen Kommission
LSP	Leitsätze für die Preisermittlung auf Grund von Selbstkosten (Anlage zur Verordnung PR Nr. 30/53)
TIB	Technische Informationsbibliothek – Deutsche Forschungsberichte – Welfengarten 1 B, 30167 Hannover
UrhG	Gesetz über Urheberrecht und verwandte Schutzrechte
Ust	Umsatzsteuer
VO	PR 30/53 Verordnung PR Nr. 30/53 über die Preise bei öffentlichen Aufträgen
VwVfG	Verwaltungsverfahrensgesetz
ZE	Zuwendungsempfänger
ZG	Zuwendungsgeber (Bundesrepublik Deutschland, vertreten durch das Bundesministerium für Bildung und Forschung)

1 Verwendung der Zuwendung

1.1 Die Zuwendung darf nur zur Erfüllung des im Zuwendungsbescheid bestimmten Zwecks verwendet werden.
Die Zuwendung ist wirtschaftlich und sparsam zu verwenden.

1.2 Alle mit dem Zuwendungszweck zusammenhängenden Einnahmen (insbesondere Zuwendungen, Leistungen Dritter, Einnahmen, die mit dem Vorhaben in wirtschaftlichem Zusammenhang stehen, nicht jedoch Einnahmen im Sinne der Nr. 15) und die Eigenbeteiligung des ZE sind als Deckungsmittel für alle mit dem Zuwendungszweck zusammenhängenden Kosten einzusetzen. Die Gesamtvorkalkulation ist hinsichtlich der Gesamtkosten als Höchstbetrag verbindlich.

1.3 Abweichungen von den Ansätzen der Gesamtvorkalkulation sind nur zulässig, wenn sie sich im Rahmen des Höchstbetrages halten, die Aufgabenstellung nicht einschränken und für die erfolgreiche Durchführung erforderlich sind.

1.4 Abweichungen vom Arbeitsprogramm, die die Zweckbindung der Zuwendung berühren, bedürfen der vorherigen schriftlichen Zustimmung des ZG.

2 Nachträgliche Ermäßigung der Kosten oder Änderung der Finanzierung

2.1 Ermäßigen sich nach der Bewilligung die in der Gesamtvorkalkulation veranschlagten Kosten für den Zuwendungszweck (Selbstkostenhöchstbetrag), erhöhen sich die Deckungsmittel oder treten neue Deckungsmittel hinzu, so ermäßigt sich die Zuwendung

2.1.1 bei Anteilfinanzierung anteilig mit etwaigen Mitteln aus anderen Fördermaßnahmen des Bundes, der Länder oder einer Gemeinschaft der EU sowie sonstigen Mitteln Dritter und den vorgesehenen eigenen Mitteln des ZE, soweit die Mittel anteilig gegeben werden,

2.1.2 bei Vollfinanzierung um den vollen in Betracht kommenden Betrag.

2.2 Wegen der Berücksichtigung von Investitionszulagen siehe Nrn. 4.4 und 9.6.

3 Aufträge an Dritte

3.1 Der ZE hat Aufträge nur an fachkundige und leistungsfähige Anbieter nach wettbewerblichen Gesichtspunkten zu wirtschaftlichen Bedingungen zu vergeben. Soweit möglich, sind dazu mindestens drei Angebote einzuholen.

Die Kosten eines Auftrags an ein mindestens 50 % gesellschaftsrechtlich mit dem ZE verbundenes Unternehmen können nur dann als zuwendungsfähig abgerechnet werden, wenn nachweislich die fachlich notwendige Teilaufgabe nicht vom ZE selbst wahrgenommen werden kann.

3.2 Der ZE hat die vorherige schriftliche Zustimmung des ZG einzuholen, wenn er bei der Durchführung des Vorhabens einen Auftrag mit einer Vergütung (ohne USt) von mehr als 100 T€ für den Einzelauftrag an einen Dritten vergeben will. Die vorstehende Verpflichtung entfällt bei Aufträgen, deren Auftragnehmer bereits bei der Antragstellung benannt worden sind, und bei marktgängigen Leistungen.

3.3 Falls ein Beschaffungsauftrag mit einer Vergütung über

- 100 T€ (nur bei Zuwendungen von **mehr als 50 %** im Verhältnis zum Selbstkostenhöchstbetrag lt. Zuwendungsbescheid)
- 1 Mio. € (nur bei Zuwendungen bis **einschließlich 50 %** im Verhältnis zum Selbstkostenhöchstbetrag lt. Zuwendungsbescheid)

für den Einzelauftrag (ohne USt) – auch mit einem Entwicklungsanteil bis zu 25 % der Vergütung – nicht zu Marktpreisen vergeben werden kann, ist bei der Vergabe im Inland ein Selbstkostenpreis gemäß dem geltenden Preisrecht zu vereinbaren. Die Bestimmungen des Mustervertrags und der BEBF-ZE 98 über Gesamtvorkalkulation, Gewinnregelung, anerkennungsfähige Selbstkosten und Zahlungsregelung sind anzuwenden. Ferner ist ein Prüfungsrecht entsprechend Nr. 20.1 auszubedingen. Beschaffungsaufträge mit einem Entwicklungsanteil von über 25 % der Vergütung sind wie Forschungs- und Entwicklungsaufträge nach Nr. 3.4 zu behandeln.

3.4 Bei der Vergabe eines Forschungs- und Entwicklungsauftrags mit einer Vergütung über

- 100 T€ (nur bei Zuwendungen von **mehr als 50 %** im Verhältnis zum Selbstkostenhöchstbetrag lt. Zuwendungsbescheid)
- 500 T€ (nur bei Zuwendungen bis **einschließlich 50 %** im Verhältnis zum Selbstkostenhöchstbetrag lt. Zuwendungsbescheid)

für den Einzelauftrag (ohne USt) im Inland sind der Mustervertrag und die BEBF-ZE 98 anzuwenden. Ferner ist ein Prüfungsrecht entsprechend Nr. 20.1 auszubedingen. Falls der einzuschaltende Dritte nicht über ein geordnetes Rechnungswesen nach Nr. 2 LSP verfügt, sind die Bestimmungen der BEBF-ZE 98 sinngemäß anzuwenden. Anstelle von Kosten sind Ausgaben im Sinne der Nr. 5.4 abzurechnen.

3.5 Soll ein Dritter mit Hilfe der Zuwendung im Falle eines Auftrags auf Ausgabenbasis Gegenstände im Einzelwert von über 400 € erwerben oder herstellen, um sie zur Erfüllung des Zuwendungszwecks zu nutzen, ist zu vereinbaren, dass nach Nutzungsende

- dem ZE ein angemessener Wertausgleich zufließt oder
- die Gegenstände zu einem angemessenen Preis zu veräußern sind und der Verkaufserlös an den ZE abzuführen ist (gelten als Deckungsmittel i.S. der Nr. 2).

Für den Fall, dass eine Einigung über den Wertausgleich oder den zu erzielenden Verkaufserlös nicht zustande kommt, ist zu vereinbaren, dass dem ZE oder einem von ihm zu bestimmenden Dritten die Gegenstände frei von Rechten Dritter unentgeltlich übereignet und herausgegeben werden. Über die weitere Verwendung dieser Gegenstände entscheidet der ZG dann nach Anhörung des ZE.

3.6 Der ZE hat bei Forschungs- und Entwicklungsaufträgen an Dritte seine Verfügungsmacht über die dabei entstehenden Schutzrechte und sonstigen Ergebnisse der Dritten in der Weise sicherzustellen, dass er auch insoweit den Verpflichtungen aus Nr. 13 nachkommen kann. Ausnahmen bedürfen der vorherigen schriftlichen Zustimmung des ZG.

3.7 Aufträge ins Ausland außerhalb der EU darf der ZE nur dann erteilen, wenn sie im Gebiet der EU nicht oder nicht zu angemessenen Bedingungen vergeben werden können. Der ZE hat bei solchen Aufträgen, deren Vergütung 100 T€ (ohne USt) übersteigt, unter Vorlage eines begründeten Antrags die vorherige schriftliche Zustimmung des ZG einzuholen. Die Zustimmung des ZG gilt als erteilt, wenn dieser innerhalb von einem Monat nach Eingang des Antrags nicht widersprochen hat.

4 Bestimmungen zu einzelnen Kostenarten

4.1 Kalkulatorische Zinsen (Nrn. 43 bis 46 LSP) dürfen jährlich bis zu 6 % des betriebsnotwendigen Kapitals anteilig auf das Vorhaben verrechnet werden. Der ZG behält sich vor, den kalkulatorischen Zinssatz allgemein durch öffentliche Bekanntmachung im Bundesanzeiger vom Beginn des folgenden Kalenderjahrs oder Geschäftsjahrs an zu ändern.

4.2 Nicht zuwendungsfähig sind

4.2.1 Vertriebskosten einschl. Werbekosten,

4.2.2 Gewerbeertragsteuer,

4.2.3 kalkulatorische Kosten für Einzelwagnisse (Nrn. 47 bis 50 LSP),

4.2.4 Kosten der freien Forschung und Entwicklung (Nrn. 27 und 28 LSP),

4.2.5 kalkulatorischer Gewinn (Nrn. 51 und 52 LSP),

4.2.6 Zinsanteil in den Zuführungen zu den Pensionsrückstellungen.

4.3 Kalkulatorische Abschreibungen sind nur von den Anschaffungspreisen oder Herstellkosten zulässig.

4.4 Der ZE ist verpflichtet, alle gesetzlich geregelten Investitionszulagen, die ihm zustehen, für solche Gegenstände in Anspruch zu nehmen, die ausschließlich für das Vorhaben beschafft oder hergestellt wurden und die während der Laufzeit des Vorhabens voll abgeschrieben werden sollen. Der ZG hat gegenüber dem ZE einen Zahlungsanspruch bis zur Höhe dieser Investitionszulagen, und zwar bei Vollfinanzierung in voller Höhe und bei Anteilfinanzierung in Höhe des Anteils des ZG. Der zu zahlende Betrag ist innerhalb von 2 Wochen nach Eingang beim ZE zu überweisen.

Bitte benutzen Sie dazu folgende Bankverbindung:
Empfänger/Kontoinhaber: **Bundeskasse Halle**
für Inlandszahlungen
Bankleitzahl: 860 000 00
Kontonummer: 860 010 40
Bank: BBk Leipzig (DEUTSCHE BUNDESBANK Filiale Leipzig)
für Auslandszahlungen
BIC: MARKDEF1860
IBAN: DE38860000000086001040
Bank: DEUTSCHE BUNDESBANK Filiale Leipzig

Wird der Betrag nicht fristgerecht an den ZG abgeführt, so kann der ZG in entsprechender Anwendung der §§ 286 Abs. 2 Nr. 2, 288 Abs. 1 bzw. Abs. 2 und 247 BGB ab dem Zeitpunkt des Fristablaufs Verzugszinsen verlangen. Die vorstehenden Regelungen gelten auch für Investitionszulagen, die erst nach Abschluss oder nach endgültiger Abrechnung des Vorhabens eingehen.

Bei der Abrechnung des Vorhabens (Nachkalkulation) sind die Investitionszulagen außer Ansatz zu lassen, d.h. bei der Abschreibung der ausschließlich für das Vorhaben beschafften oder hergestellten Gegenstände sind die vollen Anschaffungspreise oder Herstellkosten zugrunde zu legen.

5 Abrechnung nach Selbstkosten, pauschalierte Abrechnung

5.1 Nach Maßgabe des Zuwendungsbescheids und dieser Nebenbestimmungen dürfen nur solche Selbstkosten verrechnet werden, die durch das Vorhaben verursacht und bei wirtschaftlicher Betriebsführung im Bewilligungszeitraum entstanden sowie angemessen und nachzuweisen sind. Übersteigen die tatsächlichen Selbstkosten des Vorhabens den Selbstkostenhöchstbetrag, so hat der ZE den Mehrbetrag selbst zu tragen.

5.2 Die Selbstkosten sind unter Beachtung der zum Zeitpunkt der Erteilung des Zuwendungsbescheids geltenden Fassung der LSP zu ermitteln.

5.3 Eingeräumte Skonti sind bei der Ermittlung der Einstandspreise der für das Vorhaben beschafften Gegenstände und der erbrachten sonstigen Fremdleistungen abzusetzen.

5.4 Verfügt der ZE nicht über ein geordnetes Rechnungswesen im Sinne der Nr. 2 LSP und ist er nicht in der Lage, die geltend gemachten Kosten anhand der kaufmännischen Buchführung zu ermitteln und nachzuweisen, so wird die Zuwendung nach den nicht vermögenswirksamen Ausgaben abgerechnet, die der ZE nachweisen muss, zuzüglich 5 % zur Abgeltung der Gemeinkosten. Dies gilt nur für Ausgaben, die im Bewilligungszeitraum verursacht und dem Vorhaben als wirtschaftlich angemessen zuzurechnen sind.

5.5 Werden für Teilleistungen anstelle von Selbstkosten Preise für marktgängige Leistungen (ohne USt) zugrunde gelegt, sind diese um 10 % für kalkulatorischen Gewinn, Gewerbeertragsteuer und Vertriebskosten zu kürzen. Die über diese gekürzten Marktpreise abgerechneten Teilleistungen dürfen 20 % des Selbstkostenhöchstbetrags nicht übersteigen.

5.6 Der ZE rechnet, soweit im Zuwendungsbescheid auf seinen Antrag zugelassen, nach Nrn. 5.6.1 bis 5.6.3 ab (pauschalierte Abrechnung).

5.6.1 Folgende Einzelkosten sind zuwendungsfähig:

- Materialkosten,
- FE-Fremdleistungen,
- Personalkosten, ermittelt aus den einkommen-/lohnsteuerpflichtigen Bruttolöhnen und -gehältern je Kalenderjahr ohne Arbeitgeberanteile zur Sozialversicherung und ohne umsatz- oder gewinnabhängige Zuschläge. Soweit Geschäftsführer bzw. Vorstandsmitglieder o.ä. Leitungspersonal im Vorhaben tätig werden, dürfen hierfür nur Personaleinzelkosten von entsprechenden leitenden Mitarbeitern im Projekt (z.B. Projektleiter) verrechnet werden; dies gilt auch für ohne feste Entlohnung tätige Unternehmer. Aus der Division der ermittelten Jahreslöhne/-gehälter durch die theoretisch möglichen Jahresarbeitsstunden (ohne Abzug von Fehlzeiten) lt. Tarifvertrag/Betriebsvereinbarung/Arbeitsvertrag ist ein Stundensatz zu bilden. Soweit die tatsächlich geleisteten Gesamtstunden über den tarifvertraglich/betrieblich/-arbeitsvertraglich vereinbarten Gesamtstunden liegen, ergibt sich der Stundensatz durch Division des Jahresgehalts durch die tatsächlich geleisteten Stunden.

Als Personaleinzelkosten dürfen nur die direkt für das Vorhaben geleisteten und durch Zeitaufschreibungen erfassten Stunden (produktive Stunden) durch Multiplikation mit dem gemäß Absatz 1 gebildeten jahresbezogenen Stundensatz abgerechnet werden.

- Reisekosten,
- Abschreibungen auf vorhabenspezifische Anlagen,
- Rechnerkosten,
- Dienstleistungen durch Dritte, soweit nicht FE-Fremdleistungen,
- Notwendige Kosten von KMU für Schutzrechtsanmeldungen (Patentanwalt und Patentamt) zur Erfüllung des Zuwendungszwecks.

Diese Kosten sind unter Beachtung der Nrn. 5.1, 5.2, 4.3 und 4.4 zu ermitteln.

5.6.2 Die übrigen durch das Vorhaben verursachten Kosten werden pauschal durch einen Zuschlag von 120 v.H. auf die Personaleinzelkosten nach Nr. 5.6.1 abgegolten. Mit dem Zuschlag sind insbesondere auch Personalkosten für Feiertage, Urlaub, Krankheit und sonstige Fehlzeiten sowie Arbeitgeberanteile zur Sozialversicherung abgegolten.

5.6.3 Die Art der Ermittlung der abrechnungsfähigen Personaleinzelkosten wird vom ZG vorgegeben.

6 Durchführung des Vorhabens, Inanspruchnahme von Informationseinrichtungen, Verwertungsplan

6.1 Der ZE hat bei Durchführung des Vorhabens vom **Stand der Wissenschaft** und **Technik** auszugehen, der **durch aktuelle Informationsrecherchen zu ermitteln** ist. Hierbei sollten möglichst elektronische Quellen (z.B. Datenbanken, Informationen in Netzwerken) benutzt werden. Eine »Übersicht über Fachinformationszentren und überregionale Informationseinrichtungen« ist als Anlage dem Zuwendungsbescheid beigefügt.

6.2 Der ZE ist verpflichtet, den mit dem Antrag vorgelegten Verwertungsplan mit den Berichten gemäß Nr. 8 fortzuschreiben.

6.3 Der ZG und seine Beauftragten sind berechtigt, den Fortgang der Arbeiten zu beobachten, alle hierfür notwendigen Unterlagen einschließlich Aufschreibungen über Material und Arbeitsaufwand einzusehen und die Einhaltung der technischen Bestimmungen zu überwachen.

7 Zahlungen

7.1 Die Anforderung der Zuwendung richtet sich nach den anfallenden Kosten. Die Anforderung jedes Teilbetrags muss die zur Beurteilung des Mittelbedarfs erforderlichen Angaben enthalten. Einnahmen, die mit dem Vorhaben in wirtschaftlichem Zusammenhang stehen, sind in der Zahlungsanforderung abzusetzen. Die Zuwendung darf jeweils nur anteilig mit etwaigen Zuwendungen anderer ZG einschließlich Leistungen Dritter und den vorgesehenen eigenen Mitteln des ZE in Anspruch genommen werden.

7.2 Der ZG leistet

7.2.1 nach Abrechnung der entstandenen Kosten eine Zahlung in Höhe seines Anteils an den bis zur Bestandskraft des Zuwendungsbescheids entstandenen Kosten, sofern ihre Verrechnung im Zuwendungsbescheid zugelassen wurde.

7.2.2 nach Vorlage eines Kostennachweises für das vorangegangene Kalendervierteljahr eine Zahlung in Höhe seines Anteils. Sofern sich für das abgelaufene Kalendervierteljahr eine Mittelanforderung erübrigt, hat der ZE dem ZG dennoch eine Kostenabrechnung vorzulegen.

7.2.3 eine Abschlusszahlung von höchstens 10 % der Zuwendung erst nach formgerechter und vollständiger Vorlage des Verwendungsnachweises, soweit Kosten in entsprechender Höhe nachgewiesen und zumindest vorläufig anerkannt worden sind.

7.3 Die Kostennachweise sind entsprechend den Ansätzen der Gesamtvorkalkulation zu gliedern (siehe Hinweise für Zahlungsempfänger, Teil I).

7.4 Überzahlungen bei den laufenden Zahlungen nach Nr. 7.2.2 – mit Ausnahme der letzten Zahlungsrate –, die sich nachträglich aus korrigierten Kostennachweisen ergeben, sind vom ZE für jedes volle Kalendervierteljahr der Überzahlung pauschal mit einem Viertel des Zinssatzes von 5 Prozentpunkten über dem Basiszinssatz nach § 247 BGB zu verzinsen. Anzuwenden ist der gültige Basiszinssatz des auch für die Feststellung der Überzahlung jeweils maßgebenden Tages. Zinsbeträge bis 50 € bleiben unberücksichtigt. Die Zinsen sind bei der nächsten Zahlungsanforderung zu berücksichtigen und werden vom ZG einbehalten.

7.5 Überzahlungen, die sich nach Abschluss des Vorhabens, insbesondere aus dem Verwendungsnachweis und der Kostenprüfung ergeben, sind vom ZE unverzüglich und unaufgefordert unter Angabe des Kassenzeichens zurückzuzahlen.

Bitte benutzen Sie dazu folgende Bankverbindung:
Empfänger/Kontoinhaber: **Bundeskasse Halle**
für Inlandszahlungen
Bankleitzahl: 860 000 00
Kontonummer: 860 010 40
Bank: BBk Leipzig (DEUTSCHE BUNDESBANK Filiale Leipzig)
für Auslandszahlungen
BIC: MARKDEF1860
IBAN: DE38860000000086001040
Bank: DEUTSCHE BUNDESBANK Filiale Leipzig

Überzahlungen sind mit 5 Prozentpunkten über dem Basiszinssatz nach § 247 BGB jährlich zu verzinsen. Der ZE hat dem ZG eine Zinsberechnung zu übersenden. Der Verzinsungszeitraum beginnt mit dem Tage, der auf den Tag der Auszahlung der letzten Zahlungsrate folgt und endet mit dem Tage der Wertstellung der Rücküberweisung bei der Bundeskasse. Übersteigt die Überzahlung den Betrag der letzten Zahlungsrate, so beginnt für die verbleibende Überzahlung der Verzinsungszeitraum ab Auszahlung der jeweils vorhergehenden Zahlungsrate. Zinsen sind auf das vorgenannte Konto der Bundeskasse unter Angabe des Kassenzeichens zu überweisen.

8 Berichte

8.1 Der ZE hat dem ZG oder seinem Beauftragten innerhalb von sechs Wochen nach Ablauf eines Kalenderhalbjahrs einen Zwischenbericht über die Durchführung und den Stand des Vorhabens entsprechend dem als Anlage 1 beigefügten Muster vorzulegen. Sachberichte als Teil des Zwischennachweises dürfen mit dem nächsten fälligen Sachbericht verbunden werden, wenn der Berichtszeitraum für ein Haushaltsjahr drei Monate nicht übersteigt. Der Verwertungsplan (Nr. 6 des Musters Anlage 1) ist jährlich fortzuschreiben.

8.2 Nach Beendigung des Vorhabens hat der ZE innerhalb von sechs Monaten einen Schlussbericht entsprechend dem als Anlage 2 beigefügten Muster vorzulegen.

8.3 Zwischenberichte und Schlussbericht (einschließlich Erfolgskontrollbericht und Kurzfassung) sind in vierfacher Ausfertigung vorzulegen.

9 Ergebnisse

9.1 Ergebnisse im Sinne dieser Nebenbestimmungen sind alle Erkenntnisse, Erfindungen, entwickelten Gegenstände, Verfahren und Rechenprogramme, die bei der Durchführung des Vorhabens entstehen und in Aufzeichnungen festgehalten sind oder die für den ZE in anderer Form branchenüblich verfügbar sind. Zu den Ergebnissen zählen ebenfalls deren Beschreibungen und die hierbei hergestellten Aufzeichnungen, Versuchsanordnungen, Modelle und Baumuster (Prototypen) in allen Entwicklungs- und Fertigungsphasen.

9.2 **Die Ergebnisse gehören dem ZE. Sie sind zu Innovationen zu nutzen; der ZE hat eine Ausübungs- bzw. Verwertungspflicht.**

9.3 Der ZE darf Verpflichtungs- und Verfügungsgeschäfte über Gegenstände, Versuchsanordnungen, Modelle und Baumuster (Prototypen), die bei der Durchführung des Vorhabens entwickelt werden und die nicht für Innovationen genutzt werden, vor Abschluss des Verfahrens nach den Nrn. 9.4 und 9.5 nur mit vorheriger schriftlicher Zustimmung des ZG eingehen.

9.4 Verkaufserlöse oder mit dem ZG nach Nr. 9.5 vereinbarte Werte für entwickelte Gegenstände, Versuchsanordnungen, Modelle und Baumuster (Prototypen), die vom ZE veräußert werden oder in dessen Eigentum verbleiben, jedoch nicht für Innovationen genutzt werden, sind Deckungsmittel, auf die die Vorschrift der Nr. 2 anzuwenden ist. Ist eine weitere Nutzung – auch nach Umbau oder durch Dritte – nicht möglich, so ist der bei der Verschrottung sich ergebene Reinerlös anzusetzen.

9.5 Der ZE hat bei Anwendung von Nr. 9.4 Vorschläge zur Bewertung der genannten Teile des Ergebnisses spätestens mit dem Verwendungsnachweis vorzulegen (Anlage zum Zuwendungsbescheid). Wenn der ZG den vorgesehenen Verkaufserlös oder den vorgeschlagenen Wert für zu niedrig hält, ist der ZE verpflichtet, diese Teile des Ergebnisses dem ZG oder einem von diesem benannten Dritten zu übereignen und herauszugeben. Der ZE erhält den Anteil des vorgeschlagenen Wertes, der der prozentualen Eigenbeteiligung des ZE laut Zuwendungsbescheid entspricht, vergütet.

9.6 Wurden für Ergebnisse oder deren Teile Investitionszulagen gewährt, so ist entsprechend Nr. 4.4 Sätze 2 bis 5 zu verfahren.

10 Erfindungen, urheberrechtlich geschützte Ergebnisse

10.1 Der ZE hat **vor der Veröffentlichung** bei der Durchführung des Vorhabens gemachte Erfindungen seiner Arbeitnehmer, die für das Ergebnis bedeutsam sein können, nach dem ArbnErfG unbeschränkt in Anspruch zu nehmen und sie sowie eigene Erfindungen zur Erteilung eines Schutzrechts für das Inland **anzumelden.** Zusammen mit der Patentanmeldung hat der ZE einen Antrag auf Sofortrecherche und auf Lieferung von Ablichtungen der ermittelten Druckschriften zu stellen. Ausnahmen bedürfen der vorherigen schriftlichen Zustimmung des ZG. Soweit der ZE weder aufgrund des ArbnErfG noch aufgrund von Arbeits-, Dienst- oder Werkverträgen ein Schutzrecht oder ein übertragbares, umfassendes Benutzungsrecht erwirbt, hat er sicherzustellen, dass er seine Verpflichtungen nach Nr. 13 erfüllen kann. Die notwendigen **Kosten** i.S. von Nr. 5.6.1 werden **bei KMU** als **zuwendungsfähig** anerkannt.

10.2 Gegen Erstattung der dem ZE entstehenden Kosten, Auslagen und Arbeitnehmererfindervergütungen kann der ZG verlangen, dass der ZE nach Verweigerung der Zustimmung gemäß Nr. 10.1 Satz 3 um Schutzrechte nachsucht, bestehende Schutzrechte aufrechterhält und verteidigt oder nicht beabsichtigte Auslandsanmeldungen vornimmt und diese Rechte auf den ZG überträgt. Stellt der ZG kein solches Verlangen, so ist der ZE nicht zur Anmeldung nach Nr. 10.1 verpflichtet.

10.3 Der ZE hat dem Deutschen Patentamt das Formblatt »Mitteilung des Förderkennzeichens bei Schutzrechtsanmeldungen« (Anlage zum Zuwendungsbescheid) bei nationalen deutschen Schutzrechtsanmeldungen zusammen mit der Anmeldung zu übersenden. Bei allen anderen Schutzrechtsanmeldungen mit Wirkung für die Bundesrepublik Deutschland ist das Formblatt ebenfalls beim Deutschen Patentamt nach deren Veröffentlichung unverzüglich unter Angabe des entsprechenden amtlichen Aktenzeichens einzureichen. Auf Verlangen des ZG oder seines Beauftragten hat der ZE Durchschriften sämtlicher Anmeldungen sowie je ein Exemplar der patentamtlichen Druckschriften (insbesondere Offenlegungs- und Patentschrift, Gebrauchsmusterurkunde) zu übersenden.

10.4 Will der ZE Schutzrechte nicht aufrechterhalten oder verteidigen, so hat der ZE spätestens acht Wochen vor Ablauf bestehender Fristen dies dem ZG schriftlich mitzuteilen. Dem ZG stehen die Rechte aus Nr. 10.2 zu.

10.5 Hinsichtlich in sonstiger Weise (insbesondere urheberrechtlich) geschützter Teile des Ergebnisses hat der ZE entsprechend Nr. 10.1 sicherzustellen, dass er seine Verpflichtungen nach Nr. 13 erfüllen kann. Die notwendigen **Kosten** i.S. der Nr. 5.6.1 werden **bei KMU** als **zuwendungsfähig** anerkannt.

11 Veröffentlichungen

11.1 **Vor Veröffentlichung ist das Ergebnis des Vorhabens durch Anmeldung gewerblicher Schutzrechte zu sichern.**

11.2 Der ZG ist berechtigt, über das Vorhaben folgende Angaben bekannt zugeben

11.2.1 das Thema des Vorhabens,

11.2.2 den ZE und die ausführende Stelle,

11.2.3 den für die Durchführung des Vorhabens verantwortlichen Projektleiter,

11.2.4 den Bewilligungszeitraum,

11.2.5 die Höhe der Zuwendung und der Eigenbeteiligung des ZE.

11.3 Binnen eines Monats nach Empfang des Zuwendungsbescheids

11.3.1 kann der ZE eine begründete Textänderung des Themas des Vorhabens vorschlagen,

11.3.2 muss der ZE den ZG benachrichtigen, wenn seines Wissens durch eine Bekanntgabe des Vorhabens Rechte oder Interessen Dritter beeinträchtigt werden können oder der Gegenstand des Vorhabens der Geheimhaltung unterliegt,

11.3.3 muss der ZE die Gründe darlegen, sofern von der Bekanntgabe des verantwortlichen Projektleiters abgesehen werden soll.

11.4 Der ZE ist unter Beachtung des Grundsatzes nach Nr. 11.1 verpflichtet, das Ergebnis – mindestens im sachlichen Gehalt des Schlussberichts – innerhalb von neun Monaten nach Abschluss des Vorhabens auf geeignete Weise den fachlich interessierten Stellen in der Bundesrepublik Deutschland zugänglich zu machen (z.B. auf Fachkongressen) oder in anderer angemessener Weise zu veröffentlichen (z.B. in Fachzeitschriften).
Von der Veröffentlichung sind dem BMBF drei gedruckte Freistücke zuzuleiten.

11.5 Der ZE ist bei Veröffentlichung des Ergebnisses verpflichtet, auf dem Deckblatt oder an anderer deutlich sichtbarer Stelle folgenden Hinweis aufzunehmen: »Das diesem Bericht zugrundeliegende Vorhaben wurde mit Mitteln des Bundesministeriums für Bildung und Forschung unter dem Förderkennzeichen ... gefördert. Die Verantwortung für den Inhalt dieser Veröffentlichung liegt beim Autor«.

11.6 Der ZG und die TIB sind unbeschadet der nach Nr. 11.4 bestehenden Verpflichtung des ZE berechtigt, vom Schlussbericht und seiner Kurzfassung nach Nr. 8.2 ohne die vom ZE als vertraulich gekennzeichneten Teile fachlich interessierten Stellen Kopien – auch auf elektronischen Speichermedien – zur Verfügung zu stellen. Der ZE hat dazu der TIB den Schlussbericht sowie die »Kurzfassung« – ggf. ohne den vertraulichen Teil – unter Angabe des Förderkennzeichens als gedrucktes Freistück und zusätzlich auf einem elektronischen Speichermedium zuzuleiten.

11.7 Falls der ZE im begründeten Ausnahmefall einen Schlussbericht i.S. der Nr. 8.2 nicht zu erstellen hat, ist der TIB von den Veröffentlichungen i.S. der Nr. 11.4 ein Freistück zuzuleiten.

12 Ausschließliche Nutzung

12.1 Der ZE hat das Recht auf ausschließliche Nutzung des Ergebnisses.

12.2 Der ZE behält ein nicht ausschließliches Nutzungsrecht, wenn die ausschließliche Nutzung zu einer wettbewerbswidrigen Stellung führen würde.
In diesem Fall kann der ZG dem ZE aber gegen Zahlung eines marktüblichen Entgelts bis zur Höhe der Zuwendung die ausschließliche Nutzung gestatten.

12.3 Das ausschließliche Nutzungsrecht im Umfang des Schlussberichts kann, soweit der Verwertungsplan keine Nutzung vorsieht oder bei neu erkannten Nutzungsmöglichkeiten vom ZE dann nicht innerhalb angemessener Frist ergänzt wird, zeitlich, sachlich und geographisch beschränkt werden.

12.4 Der ZE hat den ZG bei gerichtlichen und außergerichtlichen Auseinandersetzungen mit Dritten über die Gestattung der ausschließlichen Nutzung zu unterstützen. Der ZE hat insbesondere auf Anforderung dem ZG Informationen über die Markt- und Wettbewerbssituation zu verschaffen.

13 Übertragung von Benutzungs- und Nutzungsrechten auf Dritte

13.1 Die Ergebnisse sind Forschung und Lehre in Deutschland auf Anfrage unentgeltlich zur Verfügung zu stellen. Informationen über die Ergebnisse sind zunächst dem veröffentlichten Schlussbericht zu entnehmen. Anfragen nach Informationen, die dem nicht veröffentlichten Teil III des Schlussberichts zu entnehmen sind, braucht der ZE nur auf der Grundlage einer Vertraulichkeitsvereinbarung zu beantworten.

13.2 Der ZG hat in Fällen eines besonderen öffentlichen Interesses an den Ergebnissen und den urheberrechtlich geschützten Teilen der Ergebnisse ein nicht ausschließliches, übertragbares Benutzungs- und Nutzungsrecht.

14 **Bedingt rückzahlbare Zuwendungen**

Erhält der ZE eine bedingt rückzahlbare Zuwendung, so ist diese mit 5 Prozentpunkten über dem Basiszinssatz nach § 247 BGB jährlich zu verzinsen. Einzelheiten der Rückzahlungsverpflichtung und der Verzinsung sind im Zuwendungsbescheid geregelt. Die Rückzahlungsraten und Zinsen sind unter Angabe des Kassenzeichens zu überweisen.
Bitte benutzen Sie dazu folgende Bankverbindung:
Empfänger/Kontoinhaber: **Bundeskasse Halle**
für Inlandszahlungen
Bankleitzahl: 860 000 00
Kontonummer: 860 010 40
Bank: BBk Leipzig (DEUTSCHE BUNDESBANK Filiale Leipzig)
für Auslandszahlungen
BIC: MARKDEF1860
IBAN: DE38860000000086001040
Bank: DEUTSCHE BUNDESBANK Filiale Leipzig

15 **Einnahmen aus der Verwertung der Ergebnisse**

Einnahmen des ZE durch den Abschluss von Verträgen, die die Verwertung des Ergebnisses oder Teile davon zum Gegenstand haben, z.B. durch Übertragung von Schutzrechten und/oder Know-how, die Vergabe von Lizenzen, von sonstigen Kenntnissen oder Unterlagen, **verbleiben beim ZE.**

16 **Sonstige Verpflichtungen**

16.1 Der ZE darf Schutzrechte nur veräußern, wenn der Erwerber die hierauf bezogenen Verpflichtungen (z.B. die Verwertungspflicht) aus dem Zuwendungsbescheid für sich und seine Rechtsnachfolger übernimmt.

16.2 Werden vom ZE Verträge mit Dritten im In- oder Ausland abgeschlossen, die eine Verwertung des Ergebnisses oder Teile davon zum Gegenstand haben (z.B. durch Übertragung von Schutzrechten und/oder Know-how, die Vergabe von Lizenzen, von sonstigen Kenntnissen oder Unterlagen), hat der ZE innerhalb eines Monats nach Vertragsabschluß dem ZG Vertragsinhalt (in Kurzfassung), -partner und -dauer mitzuteilen. **Verträge mit Dritten im Ausland außerhalb der EU bedürfen der vorherigen schriftlichen Zustimmung des ZG, sofern sie vom Verwertungsplan abweichen.**
Das Recht zur Verwertung außerhalb der EU kann von der Zahlung einer angemessenen Vergütung bis zur Höhe der Zuwendung abhängig gemacht werden. Die Zustimmung gilt als erteilt, wenn der ZG nicht innerhalb von acht Wochen nach Beantragung der Zustimmung Bedenken geltend gemacht hat.

16.3 Steht der ZE unter dem bestimmenden Einfluss ausländischer Kapitaleigner oder gelangt er unter solchen Einfluss und wird das Ergebnis ohne vorherige schriftliche Zustimmung des ZG ausschließlich oder überwiegend im Ausland verwendet, kann der ZG den Zuwendungsbescheid mit Wirkung für die Vergangenheit widerrufen.

17 Mitteilungspflichten des ZE

17.1 Der ZE ist verpflichtet, unverzüglich dem ZG anzuzeigen, wenn

17.1.1 er nach Vorlage der Gesamtvorkalkulation weitere Zuwendungen für denselben Zweck bei anderen öffentlichen Stellen beantragt oder von ihnen erhält oder sich eine Ermäßigung der Gesamtkosten um mehr als 10 % oder mehr als 50 T€ oder sich eine Änderung der Finanzierungsanteile von mehr als 10 T€ ergibt,

17.1.2 der Verwendungszweck oder sonstige für die Bewilligung der Zuwendung maßgebliche Umstände sich ändern oder wegfallen,

17.1.3 er vom Arbeitsprogramm abzuweichen beabsichtigt,

17.1.4 er vom Verwertungsplan abzuweichen beabsichtigt,

17.1.5 er Kenntnis davon erhält, dass das Ergebnis inzwischen von Dritten erreicht wurde,

17.1.6 sich herausstellt, dass der Zuwendungszweck nicht oder mit der bewilligten Zuwendung nicht zu erreichen ist,

17.1.7 ein Insolvenzverfahren gegen ihn beantragt oder eröffnet wird.

17.2 Der ZE ist verpflichtet, die einer Verwertung des Ergebnisses entgegenstehenden Schutzrechte und Schutzrechtsanmeldungen, soweit erforderlich, zu ermitteln und dem ZG aufgrund der Informationsrecherchen gemäß Nr. 6.1 unverzüglich anzuzeigen, soweit diese in den Antragsunterlagen nicht bereits aufgeführt sind. Entgegenstehend sind solche Schutzrechte und Schutzrechtsanmeldungen Dritter, die bei einer Verwertung des FE-Ergebnisses benutzt werden müssen. Im Hinblick auf den Verwertungsplan hat der ZE mitzuteilen, unter welchen Voraussetzungen nach seiner Ansicht eine Benutzung dennoch voraussichtlich möglich ist.

18 Nichtbeachtung der Verwertungspflichten

18.1 **Kommt** der **ZE** seiner **Verwertungspflicht** innerhalb einer angemessenen Zeit – soweit im Verwertungsplan nicht anderes festgelegt: 2 Jahre – nach Beendigung des Vorhabens ohne ausreichende Gründe **nicht nach, erlischt** das **Recht** der **ausschließlichen Nutzung**.

18.2 In diesem Fall hat der ZE Dritten auf Verlangen ein nicht ausschließliches und nicht übertragbares Benutzungs- bzw. Nutzungsrecht für das Inland am Ergebnis (Schlussbericht Anlage 2), an den Rechten am Ergebnis und an den urheberrechtlich geschützten Teilen des Ergebnisses zu erteilen, und zwar zu branchenüblichen Bedingungen. Auf

Wunsch des Dritten hat der ZE das Benutzungs- oder Nutzungsrecht zu erstrecken auf den Vertrieb solcher Gegenstände, die im Inland unter Ausnutzung des Benutzungs- oder Nutzungsrechts hergestellt werden, in bestimmte Länder. Dies gilt nicht, wenn der ZE nachweist, dass er in einem dieser Länder um Patente nachgesucht hat oder über solche verfügt, und glaubhaft macht, dass er ein wesentliches Interesse an einer eigenen Verwertung hat (unmittelbar oder über Lizenzvergabe).

18.3 Der ZE hat dem ZG darüber hinaus am Ergebnis und an den damit verbundenen in- und ausländischen Rechten ein unwiderrufliches, unentgeltliches und nicht ausschließliches Benutzungs- bzw. Nutzungsrecht zu erteilen.

18.4 Der ZG ist berechtigt, seine Rechte aus Nr. 18.3 an Dritte zur Förderung von Wissenschaft, Technik und Innovationen, auch im Rahmen von internationaler Zusammenarbeit, zu vergeben.

18.5 Erfolgt eine Verwertung außerhalb der EU ohne vorherige Zustimmung des ZG, kann der ZG die Zuwendung zurückfordern.

19 Nachweis der Verwendung (Verwendungs- und Zwischennachweis)

19.1 Die Verwendung der Zuwendung ist innerhalb von sechs Monaten nach Erfüllung des Zuwendungszwecks, spätestens jedoch mit Ablauf des sechsten auf den Bewilligungszeitraum folgenden Monats dem ZG nachzuweisen (Verwendungsnachweis). Der ZE kann in sachlich zwingenden Fällen die Vorlage eines vorläufigen Verwendungsnachweises beantragen (z.B. bei vom Kalenderjahr abweichendem Geschäftsjahr, Beendigung des Vorhabens innerhalb des Kalenderjahrs). Die noch nicht vorgenommene Kostenprüfung durch die Prüfungsstellen ist kein Grund für einen vorläufigen Verwendungsnachweis mit einer vorläufigen Nachkalkulation. Ggf. ist der Verwendungsnachweis mit Nachkalkulation unter Angabe der Gründe ausdrücklich als vorläufig zu bezeichnen. Die Sechsmonatsfrist für die Vorlage des Verwendungsnachweises mit der endgültigen Nachkalkulation beginnt in diesen Fällen mit dem Wegfall des Hinderungsgrunds.

19.2 Ist der Zuwendungszweck nicht bis zum Ablauf des Haushaltsjahrs erfüllt, ist innerhalb von vier Monaten nach Ablauf des Haushaltsjahrs ein Zwischennachweis zu führen. Der Zwischennachweis besteht aus den Zwischenberichten (siehe Nr. 8.1) als Sachbericht und einem zahlenmäßigen Nachweis (siehe »Hinweise für Zahlungsempfänger, Teil II« gemäß Anlage zum Zuwendungsbescheid). Der ZG behält sich bei pauschalierter Abrechnung vor, die Übersicht der Personalkosten bei pauschalierter Abrechnung mit dem zugehörigen Stundennachweis (Anlage zum Zuwendungsbescheid) anzufordern.

19.3 Der Verwendungsnachweis besteht aus dem Schlussbericht (siehe Nr. 8.2) als Sachbericht und einem zahlenmäßigen Nachweis (Anlage zum Zuwendungsbescheid).

19.4 Der zahlenmäßige Verwendungsnachweis besteht aus einer Nachkalkulation und einem Nachweis über die Finanzierung des Vorhabens. Die Nachkalkulation ist wie die Gesamtvorkalkulation zu gliedern und hat die endgültigen zuwendungsfähigen Kosten entsprechend Nr. 5 zu enthalten, die im Bewilligungszeitraum verursacht wurden. Im Falle einer pauschalierten Abrechnung nach Nr. 5.6 ist die Übersicht der Personalkosten bei pauschalierter Abrechnung mit dem zugehörigen Stundennachweis (Anlage zum Zuwendungsbescheid) beizufügen. Zinsen für Überzahlungen sind unberücksichtigt zu lassen. Mit dem zahlenmäßigen Nachweis sind die Verträge nach den Nrn. 3.3 und 3.4 mit Schlussrechnung und Schlussniederschrift vorzulegen.

19.5 Der ZE hat die Finanzierung des Vorhabens nachzuweisen. Dabei sind aufgegliedert anzugeben

19.5.1 die Eigenbeteiligung des ZE,

19.5.2 die Zuwendung des ZG, andere Zuwendungen und sonstige Finanzierungsbeiträge aus öffentlichen und privaten Mitteln,

19.5.3 Einnahmen, die mit dem Vorhaben in wirtschaftlichem Zusammenhang stehen. Abweichungen gegenüber der bei Bewilligung vorliegenden Finanzierung sind darzustellen.

19.6 Der Zuwendungsempfänger hat die Rechnungsunterlagen 5 Jahre nach Vorlage des Verwendungsnachweises aufzubewahren, sofern nicht nach steuerrechtlichen oder anderen Vorschriften eine längere Aufbewahrungsfrist bestimmt ist. Zur Aufbewahrung können auch Bild- oder Datenträger verwendet werden. Die Rechnungsunterlagen sowie das Aufnahme- und Wiedergabeverfahren müssen den Grundsätzen ordnungsgemäßer Buchführung entsprechen.

20 Prüfung der Verwendung

20.1 Der ZG ist berechtigt, Bücher, Belege und sonstige Geschäftsunterlagen anzufordern sowie die Verwendung der Zuwendung durch örtliche Erhebungen zu prüfen oder durch Beauftragte prüfen zu lassen. Der ZE hat die erforderlichen Unterlagen bereitzuhalten und die notwendigen Auskünfte zu erteilen.

20.2 Der Bundesrechnungshof und seine Prüfungsämter sind berechtigt, beim ZE zu prüfen (§§ 91, 100 BHO).

21 Widerruf des Zuwendungsbescheids, Einstellung des Vorhabens

21.1 Der Zuwendungsbescheid kann mit Wirkung für die Zukunft widerrufen werden, wenn sich herausstellt, dass der Zuwendungszweck nicht zu erreichen ist. Darüber hinaus behält sich der ZG vor, den Bescheid aus zwingenden Gründen zu widerrufen und die Förderung ganz oder teilweise einzustellen (Widerrufsvorbehalt nach § 49 Abs. 2 Nr. 1 i.V.m. § 36 Abs. 2 Nr. 3 VwVfG).

21.2 Nach dem Widerruf hat der ZE unverzüglich alle Maßnahmen zu ergreifen, um weitere Kosten auf das unbedingt erforderliche Maß zu beschränken. Es können nur noch solche Kosten verrechnet werden, die unvermeidbar entstanden sind.

22 Erstattung der Zuwendung, Verzinsung

22.1 Die Zuwendung ist zu erstatten, soweit ein Zuwendungsbescheid nach Verwaltungsverfahrensrecht (§§ 48, 49 VwVfG) oder anderen Rechtsvorschriften unwirksam oder mit Wirkung für die Vergangenheit zurückgenommen oder widerrufen wird.

22.2 Dies gilt insbesondere, wenn

22.2.1 eine auflösende Bedingung eingetreten ist (z.B. nachträgliche Ermäßigung der Kosten oder Änderung der Finanzierung, siehe Nr. 2),

22.2.2 die Zuwendung durch unrichtige oder unvollständige Angaben erwirkt worden ist,

22.2.3 die Zuwendung nicht oder nicht mehr für den vorgesehenen Zweck verwendet wird.

22.3 Ein Widerruf mit Wirkung für die Vergangenheit kann auch in Betracht kommen, soweit der ZE

22.3.1 die Zuwendung – mit Ausnahme der sich auf kalkulatorische Kosten beziehenden Beträge – nicht alsbald nach Auszahlung zur Erfüllung des Zuwendungszwecks verwendet oder

22.3.2 Auflagen nicht oder nicht innerhalb einer gesetzten Frist erfüllt, insbesondere den vorgeschriebenen Verwendungsnachweis nicht rechtzeitig vorlegt sowie Mitteilungspflichten nicht rechtzeitig nachkommt.

22.4 Der Erstattungsanspruch ist nach Maßgabe des § 49a Abs. 3 VwVfG mit 5 Prozentpunkten über dem Basiszinssatz nach § 247 BGB jährlich zu verzinsen.

Anlage 1
(zu Nr. 8.1 NKBF 98)

Muster

Zwischenbericht zu Nr. 8.1

(Beantwortung in Stichworten genügt)

ZE:	Förderkennzeichen:
Vorhabenbezeichnung:	
Laufzeit des Vorhabens:	
Berichtszeitraum:	

Der Zwischenbericht soll zu folgenden Punkten/Fragen kurzgefasste Angaben enthalten:

1. Aufzählung der wichtigsten wissenschaftlichtechnischen Ergebnisse und anderer wesentlicher Ereignisse.
2. Vergleich des Stands des Vorhabens mit der ursprünglichen (bzw. mit Zustimmung des ZG geänderten) Arbeits-, Zeit- und Kostenplanung.
3. Haben sich die Aussichten für die Erreichung der Ziele des Vorhabens innerhalb des angegebenen Berichtszeitraums gegenüber dem ursprünglichen Antrag geändert (Begründung)?
4. Sind inzwischen von dritter Seite FE-Ergebnisse bekannt geworden, die für die Durchführung des Vorhabens relevant sind (auch Darstellung der **aktuellen** Informationsrecherchen nach Nr. 6.1 NKBF 98)?
5. Sind oder werden Änderungen in der Zielsetzung notwendig?
6. Jährliche Fortschreibung des Verwertungsplans. Diese soll, soweit im Einzelfall zutreffend, Angaben zu folgenden Punkten enthalten (Geschäftsgeheimnisse des ZE brauchen nicht offenbart zu werden):
   - Erfindungen/Schutzrechtsanmeldungen und erteilte Schutzrechte, die vom ZE oder von am Vorhaben Beteiligten gemacht oder in Anspruch genommen wurden, sowie deren standortbezogene Verwertung (Lizenzen u.a.) und erkennbare weitere Verwertungsmöglichkeiten.
   - Wirtschaftliche Erfolgsaussichten nach Projektende (mit Zeithorizont) – z.B. auch funktionale/wirtschaftliche Vorteile gegenüber Konkurrenzlösungen, Nutzen für verschiedene Anwendergruppen/-industrien am Standort Deutschland, Umsetzungs- und Transferstrategien (Angaben, soweit die Art des Vorhabens dies zulässt).

- Wissenschaftliche und/oder technische Erfolgsaussichten nach Projektende (mit Zeithorizont) – u.a. wie die geplanten Ergebnisse in anderer Weise (z.B. für öffentliche Aufgaben, Datenbanken, Netzwerke, Transferstellen etc.) genutzt werden können. Dabei ist auch eine etwaige Zusammenarbeit mit anderen Einrichtungen, Firmen, Netzwerken, Forschungsstellen u.a. einzubeziehen.

Wissenschaftliche und wirtschaftliche Anschlussfähigkeit für eine mögliche notwendige nächste Phase bzw. die nächsten innovatorischen Schritte zur erfolgreichen Umsetzung der FE-Ergebnisse.

Anlage 2
(zu Nr. 8.2 NKBF 98)

Muster

Schlussbericht zu Nr. 8.2

I. Kurze Darstellung zu
   1. Aufgabenstellung
   2. Voraussetzungen, unter denen das Vorhaben durchgeführt wurde,
   3. Planung und Ablauf des Vorhabens,
   4. wissenschaftlichem und technischem Stand, an den angeknüpft wurde, insbesondere
      – Angabe bekannter Konstruktionen, Verfahren und Schutzrechte, die für die Durchführung des Vorhabens benutzt wurden,
      – Angabe der verwendeten Fachliteratur sowie der benutzten Informations- und Dokumentationsdienste,
   5. Zusammenarbeit mit anderen Stellen.

II. Eingehende Darstellung
   1. der Verwendung der Zuwendung und des erzielten Ergebnisses im Einzelnen, mit Gegenüberstellung der vorgegebenen Ziele,
   2. der wichtigsten Positionen des zahlenmäßigen Nachweises,
   3. der Notwendigkeit und Angemessenheit der geleisteten Arbeit,
   4. des voraussichtlichen Nutzens, insbesondere der Verwertbarkeit des Ergebnisses im Sinne des fortgeschriebenen Verwertungsplans,
   5. des während der Durchführung des Vorhabens dem ZE bekannt gewordenen Fortschritts auf dem Gebiet des Vorhabens bei anderen Stellen,
   6. der erfolgten oder geplanten Veröffentlichungen des Ergebnisses nach Nr. 11.

   Wenn zur Wahrung berechtigter Interessen des ZE oder Dritter oder aus anderen sachlichen Gesichtspunkten bestimmte Einzelheiten aus dem Bericht vertraulich zu behandeln sind (z.B. Wahrung der Priorität bei Schutzrechtsanmeldungen), so hat der ZE den ZG ausdrücklich darauf hinzuweisen.

III. Dem Schlussbericht ist als Anlage ein kurzgefasster Erfolgskontrollbericht beizufügen, der nicht veröffentlicht wird. Dieser muss darstellen:
   1. den Beitrag des Ergebnisses zu den förderpolitischen Zielen, z.B. des Förderprogramms (ggf. unter Angabe des Schwerpunkts),– soweit dies möglich ist-,
   2. das wissenschaftlich-technische Ergebnis des Vorhabens, die erreichten Nebenergebnisse und die gesammelten wesentlichen Erfahrungen,
   3. die Fortschreibung des Verwertungsplans. Diese soll, soweit im Einzelfall zutreffend, Angaben zu folgenden Punkten enthalten (Geschäftsgeheimnisse des ZE brauchen nicht offenbart zu werden):
      – Erfindungen/Schutzrechtsanmeldungen und erteilte Schutzrechte, die vom ZE oder von am Vorhaben Beteiligten gemacht oder in

Anspruch genommen wurden, sowie deren standortbezogene Verwertung (Lizenzen u.a.) und erkennbare weitere Verwertungsmöglichkeiten,

- Wirtschaftliche Erfolgsaussichten nach Projektende (mit Zeithorizont) – z.B. auch funktionale/wirtschaftliche Vorteile gegenüber Konkurrenzlösungen, Nutzen für verschiedene Anwendergruppen/-industrien am Standort Deutschland, Umsetzungs- und Transferstrategien (Angaben, soweit die Art des Vorhabens dies zulässt),
- Wissenschaftliche und/oder technische Erfolgsaussichten nach Projektende (mit Zeithorizont) – u.a. wie die geplanten Ergebnisse in anderer Weise (z.B. für öffentliche Aufgaben, Datenbanken, Netzwerke, Transferstellen etc.) genutzt werden können. Dabei ist auch eine etwaige Zusammenarbeit mit anderen Einrichtungen, Firmen, Netzwerken, Forschungsstellen u.a. einzubeziehen,
- Wissenschaftliche und wirtschaftliche Anschlussfähigkeit für eine mögliche notwendige nächste Phase bzw. die nächsten innovatorischen Schritte zur erfolgreichen Umsetzung der FE-Ergebnisse,

4. Arbeiten, die zu keiner Lösung geführt haben,
5. Präsentationsmöglichkeiten für mögliche Nutzer – z.B. Anwenderkonferenzen (Angaben, soweit die Art des Vorhabens dies zulässt),
6. die Einhaltung der Kosten- und Zeitplanung.

Im Erfolgskontrollbericht kann auf Abschnitte des Schlussberichts (Nrn. I. u. II.) verwiesen werden.

IV. Mit dem Schlussbericht ist außerdem eine »Kurzfassung« (Berichtsblatt) des wesentlichen fachlichen Inhalts des Schlussberichts nach den dem Zuwendungsbescheid beigefügten »Hinweisen zur Ausfüllung des Berichtsblattes« vorzulegen.

Entscheidungsverzeichnis Kartellrecht

1. EG-Kommission

Stichwort	Datum	ABl.-EG	WuW/E EV	GRUR Int.
Eurogypsum	26.02.1968	1968 L 57,9	193	1968, 298
ACEC/Berliet	17.07.1968	1968 L 201, 7	195	1969, 64
Lichtwellenleiter	14.07.1968	1968 L 236, 30		
Chappée/Buderus	22.07.1969	1969 L 195, 1	276	1970, 24
Jaz/Peter	22.07.1969	1969 L195, 5	260	
Sopelem/Langen	20.12.1971	1972 L 13, 47	387	
Henkel/Colgate	23.12.1971	1972 L 14/14	397	1972, 173
MAN/Saviem	17.01.1972	1972 L 31/29	401	
RANK/SOPELEM	20.12.1974	1975 L 29, 20		1975, 255
Bayer/Gist Brocades	15.12.1975	1976 L 30/13	639	
United Reprocessors	23.12.1975	1976 L 51, 7	664	
KEWA	23.12.1975	1976 L 51, 15	670	
Vacuum Interruptors Ltd. I	20.01.1977	1977 L 48, 32	701	
de Laval/Storck	25.07.1977	1977 L 215, 11	715	1978, 95
GEC-Weir	23.11.1977	1977 L 327, 26	733	
Natriumumwälzpumpen Sopelem/Vickers	21.12.1977	1978 L 70, 47	753	
Beecham/Parke Davis	17.09.1979	1979 L 70, 11		1979, 350
Vacuum Interruptors Ltd. II	11.12.1980	1980 L 383, 1		
Rockwell/Iveco	13.07.1983	1983 L 224, 19	993	1984, 427
VW/MAN	05.12.1983	1983 L 376, 11	1003	1984, 432
Carbon Gas Technologies	08.12.1983	1983 L 376, 17	999	1984, 435
BP/Kellog	02.12.1985	1985 L 369, 6		
Siemens/Fanuc	08.12.1985	1985 L 376, 9	1145	
Olivetti/Canon	22.12.1987	1988 L 52, 51		
BBC Brown Boveri/NGK	11.10.1988	1988 L 301, 68		1989, 141
Continental/Michelin	11.10.1988	1988 L 305, 33		1989, 144
Alcatel/Espace/ANT	12.01.1990	1990 L 32, 19	1499	
Elopak/Metal Box – Odin	13.07.1990	1990 L 209, 15	1503	1991, 114
Konsortium ECR	27.07.1990	1990 L 228, 31	1511	
KSB/Goulds/Lowara/ITT	12.12.1993	1991 L 19, 25	1529	
Pasteur-Mérieux/Merck	06.10.1994	1994 L 309, 1		
Asahi/Saint Gobain	16.12.1994	1994 L 354, 87		

2. Bundeskartellamt

Stichwort	Datum	WuW/E EV	TB	BT-Drucks.	Seite
Einheitshydraulik	03.11.1960	271			
Rohstickstoff	09.03.1961	341			
Langfräsmaschine	04.10.1962	516			
Superphosphat	30.01.1962	434			
Kali II	10.05.1963	695			
Bleiweiß	14.05.1963	668			
Drehbänke	20.08.1963	687			
Montanzement	14.11.1963	773			
Hydromechanik	16.06.1964	846			
Lokomotiven			1968	5/4236	41 f.
Textilveredelungsindustrie			1969	6/950	83
ARGE Transrapid			1975	7/5390	36
Elektronisch gesteuerter Vergaser			1977	8/1925	57
Bohrwerkzeug für Bergbaumaschinen			1979/80	9/565	57
Institut für genbiologische Forschung			1983/84	10/3550	84
Bertelsmann/IBM			1987/88	11/4611	73 f.
VW/Ford u.a.			1991/92	12/5200	86 f.
Abgaszentrum der Automobilindustrie			1995/96	13/7900	112 f.

Sachregister

Fett gedruckte Zahlen beziehen sich auf Kapitel. Normal gedruckte Zahlen verweisen auf Randnummern; mehrere Randnummern sind durch Kommata abgeteilt. Weitere Kapitel sind durch Strichpunkte abgeteilt. *Kursiv* gedruckte Zahlen verweisen auf die Haupt-Fundstellen.
Beispiel: 5, 19, 26; 12, 1 (= Kapitel 5 Rdn. 19 und Rdn. 26; Kapitel 12 Rdn. 1)